サルトルの世紀

ベルナール＝アンリ・レヴィ

石崎晴己 監訳

澤田直・三宅京子・黒川学 訳

Le Siècle de Sartre

藤原書店

Bernard-Henri LEVY

LE SIECLE DE SARTRE

サルトルの世紀／目次

プロローグ　9

第Ⅰ部　「世紀人」

1　サルトルの栄光　20
サルトルと女たち——カストールという名の恋　流行とは何か？　サルトルは国家なり　反ド・ゴール　サント＝ブーヴに賛同する　お涙支配に反対して　憎しみについて　若きサルトル

2　スタンダールとスピノザ　75
全体的知識人　哲学的小説とは何か？　哲学者にして芸術家　文学とは何か？　マラルメ・ドゥボール枢軸

3　ジィドと訣別するために　126
ジィドの世紀　ジィド主義者サルトル　ドス・パソス、ジョイス、セリーヌ　文学とは、戦争だ

4　「ドイツ系」の哲学者　173
哲学のモニュメント、ベルクソン哲学　ベルクソン・ジィド商会　物の味方　サルトルとハイデガー　ニーチェ主義者サルトル

5　ハイデガー問題メモ　226
証拠物件　ハイデガーのための『サント＝ブーヴに反駁する』　いかにして、二十

世紀最大の哲学者であると同時にナチ党員であることが可能なのか

第Ⅱ部　サルトルに公正な裁判を

1　実存主義は反ヒューマニズムである　274
物の味方　ジャン・カヴァイエス、論理によって抵抗を選んだ者　アルチュセールの先駆者か?　アルチュセールのケースに関する補足的覚え書き　主体とは何か　サルトルと現代人　ライプニッツ・スピノザ・メルロー・ドゥルーズ系列対デカルト・フッサール・レヴィナス・サルトル枢軸

2　怪物とはなにか?　伝記的断片　337
自伝／内観／透明性／精神分析／怪物としてのエクリチュール／薬物／またしても怪物／沈黙／モーターの回転数を落とすか／再び、モーターの回転数を落とすか／またしても薬物／サルトルという狂気／サルトルと女たち／サルトルの鷹揚なところ／作品の浪費／未完成／再び、未完成／〈歴史〉／思考すると呼ばれるのは何か／またしても、そして結局、断絶／我れとは他者である／自己批判／自己批判／書物／相変わらず自己批判／爆発／フーコー／パゾリーニ／サルトルは臆病だったのか／プルースト／誓約／サルトルの貧しさ／サルトルと金銭／サルトルと家／サルトルとホテル／書物／栄誉／ノーベル賞／なおも、ノーベル賞／最後に、サルトルと時間

3　徹底的反ファシスト　398
論争好き　自然な共同体などない　悪の問題　サルトルの醜さについての短い覚え書き　神学者、哲学者、専制君主

4　ヴィシー問題メモ　レジスタンス闘士としてのサルトル　449
サルトルの戦前　脱走に疑問あり、だって？　『バリオナ』の一件　『蝿』
占領下における二人のラスティニャック　不当な非難　基本的問題　レジスタンス闘士、サルトル

5　サルトルは今　491
反ペタン派とは何か　サルトル　対　フーコー　サルトルとユダヤ人――サルトル問題の考察　夢のサルトル……　カミュの問題　それにしてもやはり、カミュと同意見で正しいよりは、サルトルと同意見で間違う方が正しいのは、なぜか

第Ⅲ部　時代の狂気

1　もう一人のサルトル　スナップショット　536
自己への憎悪　反米主義について　「ソ連における批判の自由は全面的である」
フランス最後のスターリン主義者か？　ブダペスト以後　サルトルがソルジェニツィンを侮辱していた頃　気前の良い男　想像力　わが友、カストロ
暴力、新たな観念？　テロリズム称賛　経営者どもを豚のように屠殺せよ！
水流のもつれ　冒険家の誘惑　イタリアへの愛　フローベールを書いて死ぬ、ということか？

2　知識人の人生における過誤の管理規則について　588
思想史における「状況」の概念について　思想の生命における真理のステイタス

政治における赦免の重みについてのメモ

3 告 白 629
サルトルの「転回」　自分自身の〈独学者〉になる　『バリオナ』を読む　アラゴン、ドリュー、ロラン一味——三〇年代への回帰　改宗宣言　ヒューマニスト、ゆえにファシスト?　文学に救われて

4 サルトルの挫折 677
ヘーゲル、コジェーヴ、世紀　「ヘーゲルのユダヤ人たち」とは何か　再び哲学、もしくはヘーゲルの魔法の円からいかに抜け出すか　哲学者たちにとどめを刺す極左のコジェーヴ

5 文学のための墓 731
偽の自伝　『言葉』は本当は何を言っているのか　文学への別れ——一つのフランス的伝統　ニザン、ブルトン、ポリツェール、他　毛沢東主義の本、『言葉』

エピローグ 盲目の哲学者 783
ベニィ・レヴィとの出会い　サルトル信奉者たちの顰蹙　ユダヤ教徒サルトル?
サルトルのようにユダヤ的　サルトルとレヴィナス　われらが若い人

訳者解説　827
サルトル略年譜 1905-1980　839
原　註　872
訳　註　896
人名索引　909

サルトルの世紀

母に捧ぐ

プロローグ

その日、モンパルナスでは優しさと不安の取り留めのないざわめきの中ですべてが滞っていた。四月の空。肌寒い日の光。自動車の走っていないパリの空気。そして界隈の至る所で、名残惜しげに解散して行く群衆の取り留めのない熱気が沸き立っていた。ここでもあそこでもすれ違う顔という顔には、何やら妙な気持の昂りの余韻が漂っていた。ラスパイユ大通りとディド通りのカフェにはいくつもの少人数のグループが形作られていた。かと思うと、一人で所在なげに歩いている人もいた。おそらくはこの瞬間がいつまでも続いてくれればよいと思っているのだろう。私もその一人だった。私も彼らと同様にサルトルの埋葬に付き従うためにやって来たのだ。葬儀は祝祭の雰囲気の中で始まった。そして今、歩道の上でいきなり終了したデモのように終って行くのだった。

そう言えば、私はそのあとエドガル・キネ大通りを下って、サルトルのアパルトマンがあった陰気なビルのところまで歩いて行ったものだ。その前には人だかりがしていた。パキスタン人のグループだった。どうやらそこまで来て、昔からの議論を続けているらしかった。私がほんのちょっと知っているソ連の反体制派が一人。それに地方から上京した人たち。観光バスが側に控えていた。それから目を泣き腫らした若い女性がただ一人。まるで反体制運動華やかなりし頃のように、労働組合員と学生からなる警備班が臨時の警備に当たっており、野次馬どもが早くも神聖不可侵の場所となったこの歩道の一区画にたたずむのを規制していた。ほんの一瞬、私はビルの正面を見つめた。私の眼差しは下から数えて九階目まで来て止まった。そこには何度か来たことがあった。あの小さなアパルトマン、仕事机、彼の最後の秘書がいつも座っていた薄汚れたグレーの安楽椅子、半分しか埋まっていない書架、こういったものが目に浮かんだ。

あの高名な人物が住んでいたのは、あそこだったのだろうか？　あれらの言葉はあそこから発信され、まるでいつまでも離れ離れにならない蜜蜂の群れのように、地球上のあらゆる場所をくるくると旋回したのちに、その日の午後に墓地に佇む私たちの頭上に舞い戻ったというのだろうか？　サルトルは他にもいるのだろうか？　それとも彼は、あの種族の唯一の個体だったのだろうか？　種なき個体、もしかしたらその種の最後の個体であって、その種は彼の死と共に絶滅したのかも知れない。当の私自身、いったい何でそこにいたのか？　好きだったと必ずしも言えないあの男、とは言え好きでなかったとも言えないあの男に、私もまた最後の敬意を表したいという欲求を感じたのは、いったいどういう訳なのか？　それにこの儀式それ自体……この数千人、もしかしたら数万人の男女、世界のあらゆる地域からやって来て、ほんの数分の間に墓地内の通路という通路を埋め尽くした無数の男女。これらの生者たち、これらの亡者たち、反逆の徒も、プチ・ブルジョワも、ともに押し殺したざわめきの中に混じり合っている。これらの極左主義者たち、これらの子供たち、パリ・ブリュンヌ*の郵便局員たちの赤と黒の旗で本性を隠した社交界の人士の代表団。NRF関係者の群れと、在仏アルジェリア人友好協会の群れ、シャッター・チャンスを狙っているパパラッチたち、涙に暮れるご婦人たち、おそらくサルトルを読んだことなどないと思える若者たちもそこにいた。あちこちの木によじ登って、ぶどうの房のようになってぶら下がっている。アフリカ人たち、アジア人たち、「光明の島」*系統のヴェトナム人もいれば、ホー・チ・ミン系統のヴェトナム人もいた。彼らは互いに避けたいと思っていただろうが、この手の論争に立ち入らない群衆に押し戻されて、互いに面突き合わせることになってしまうのだった。有名な顔がいくつも、そして無名の顔の数々、何人ものカップルが、押し合いへし合いに引き裂かれて、遠くから名前を呼び合っていたが、やがて完全に姿を見失ってしまう。かつて敵対関係にあった者たちもいた。ある者はその禿頭をてらてらさせて、またある者は憂愁に沈む眼差しをして……。彼らは実に悲しみに打ち震える様子なので、あやうくかつての辛辣な皮肉や情け容赦のない批判を忘れてしまうところだ。それにもちろん身内の一団、使徒たちがいた。彼らは雑踏に呑まれ、時には人波に運ばれ、時には葬列の外に押し出され、あちらに流されたかと思えば今度はこちらという具合に漂っていた。彼らの名は、真の信仰を目撃した者に捧げられる恭しい敬意を込めて囁かれていた。そしてさらに遠くの方に、美しい女性が、覆いを取った墓の前に一人の美しいご婦人が、悲しげに折り畳み椅子に座って、悲嘆の中に没入していた。忠実な側近がげんこつさえ振るって、彼女の周りに多少の隙間を作ろうと一生懸命だったが、彼女ももみくちゃにされ、頭に巻いたターバンも乱れて、他の者と同様にほとんど虐待されていた。このような奇跡に等しい出来事を引き起こすことのできる男とは、そも何者なのか？　ただ一人の人間の生涯がこれほど多くのかくも種々雑多な人びととの熱い思いを一堂に集めることができたというのは、いかなる摩訶不思議な魅惑の力によってなのだろうか？　どうやって、どうして、一つの声、たった一つの声、サルトルの乾いた金属的な声が、かくも多くの言語で、実に多種多様なそれぞれの運命を生きたかくも多くの個人によって聞き取られたということが、可能になったのだろうか？　大作家というのは、そういうことでもあったのだろうか？　感情と知性を融合させる機械だったということ？　同時代の人々にとって避難場所であったと……？　羅針盤だったと……？　そして彼がこうして消え去った今となっては、彼に別れの言葉を言うことは、一つの時代にお別れすることに他ならないと……？

私は三十歳だった。

私は熱狂と幻想と幻滅の長い歳月を目の前にしていた。

私には分かっていた、とまでは言えないとしても、少なくとも期待していた。私の世代と共に、サルトルの死によって中断されたままになった、あの奇妙な歴史を最後まで突き詰める時間が私には残っているということが。

さらにまた分かっていた——その時に分かったのだ——そのためにはいつの日か、かくも多くの疑問の背後に身を潜めている人間とその著作とを見つけ出す必要があるだろうということが。早晩、サルトルという名を持つ、複雑で逆説に満ちた、一筋縄ではいかぬこの遍歴がいかなるものであったかを、しっかりと見極めることに取り組まねばならなくなるだろうということが、分かっていたのである。

長い間、私はこの本と共に生きてきた。これを書き上げる決心がつかないままに。私はこの本を夢見た。何度も思い巡らしては、そのままに打ち捨て、また取り上げるという具合だった。書き上げはしたが実は書いておらず、忘れはしても断念することはなかった。それは私の目の前にあった。この形をなさない、定かならぬ草稿を、いつの日か私はこの不確かな境涯から引き出す積りであったが、当面それは死文化したままだった。

とは言え、一日また一日と過ぎ行く日々、長々と続く今世紀の世紀末の予期せざる出来事はどれもこれも、この計画の完成を急ぐよりは先へと延ばすための、執筆に取りかかるよりはこの本を全く書かないための理由を、提供しているように私には思えた。

あれほどにもサルトルの生涯と作品に磁力を帯びさせていた革命の観念は紙提灯のように消えて行った。共産主義は、サルトルの情熱の対象であり、少なくとも三〇年間というもの、彼の欲望の対象だったが、これは闘争も論争もなしに崩れ去った。

サルトルは、テクストというものはそれの誕生を規定する周囲の情勢との関わりにおいてしか価値を持たないものだと、常々言ってはいなかっただろうか？　そのような情勢はもはや姿を消していた。すべての背景がくるりと回転し、虚無の中に滑り落ちて行ったかのようだった。そして彼の作品のいくつもの側面がまるまる彼と共に消え去り、枯れ木が倒れるような音をたてて崩れて行った。

その頃は——私たちは今やその時代を抜け出しているだろうか？——サルトルに関心を抱く、もっと悪く言うなら、サルトルの口を通して二十世紀が何を言ったのかを問いかける本の計画を練るということは、最低の悪趣味に見える時代だった。マルローだって？　もちろん結構。カミュだって？　まあ、どうしてもと言うのならね。しかしサルトルは……いや、サルトルは駄目だ……サルトルだけは駄目だ……私がいつの日かサルトルを論ずる本を書こうと考えていると言ったとしたら、七〇年代の私の恩師たちは仰天したことだろう。その恩師たちももういなかった。彼らもやはり姿を消していた。しかし禁止条項は頑固に居残っていた。さまざまなお面を売る店の陳列棚に並んだ当時の文学の仮装用セットの中で、もっとも人気がなく、だれも買おうとしないお面は、異論の余地なく、断トツで、サルトルのお面だった。

そこで私は読んだ。読み直した。パリで『嘔吐』を再発見した日のことを思い出す。ロンドンで、『自由への道』はそれほど悪くはないと言った友人のことを思い出す。彼の言ったことは嘘ではなかった。大分あとになってからだが、初めて『存在と無』を読んだ時の目の眩むような驚嘆の念を思い出す。それから『弁証法的理性批判』を読み進みながら、これがフェルナンド・ペソア*の多数の筆名の使用やロマン・ギャリィ*の別名での執筆活動にも匹敵する、派手な哲学的信仰放棄の一事例であることを発見して呆然自失したことも思い出す。

　私はこうした状況が気に入っていた。

サルトルは大勢の関心を引かなくなっていたのだから、私のサルトルを人知れず醸成するのだという考えは、気に入らないではなかったのである。

　カミュ系統、と彼らは私のことを言っていた。人権の擁護者なのだから、当然カミュ系統の人間だ……と。それにまた当然マルロー系統でもある。ヒロイズムや、冒険への郷愁をあの男は抱いているのだから……と。それに肉体が作品全体と一体化しているような「偉大な生涯」への郷愁も……。私は言わせておいた。もちろん私は、真の「偉大な生涯」、全体的作家の模範、新たな時代にどうしようもなく欠落するであろう知識人という人物像、こうしたものが具現されているのはサルトルにおいてであるということを、承知していたけれども。

　しかしやがていくつもの偶然の巡り合わせがあり、中でも特に二つの巡り合わせに出会うことになる。そしてその時からすべてが急速に動き出すのである。

　その第一は一九八九年、ベルリンでのこと。ベルリンの壁の崩壊の直後に、私は一人の老コミュニスト作家と知り合い、ウルブリヒトとホーネッカーの友人で、スターリニズムの追随者であった彼のお宅にお邪魔した。彼はかつて体制の犯したすべての犯罪に同意していた。そして今なおよろめく権威でそれを庇い続けていた。いつの日かわれわれの正しさが明らかになるだろう、と彼は言った。いつの日か、かつて反ファシズム運動に身を挺し、のちに赤色帝国の貴族となったわれわれが、最良の民主主義者であったことが明らかになるだろう。そして彼は、まるで自分の発言の裏付けを示すとでも言うように、書斎から『分別ざかり』を一部引き出して来た。それには次のような献辞がきちんと書き込まれていた。「シュテファン・ヘルムリンに捧げる。（以下、記憶だけで引用する）彼は己の自由を意欲された自由となし得たのだ。友情を込めて。ジャン＝ポール・サルトル」

それから三年後、サラエヴォにて。戦争が始まって最初の年のことだった。

包囲された首都に留まる決心をしたボスニアの知識人たちは、毎週水曜日にセルビアの狙撃兵をものともせず、町中の至る所から、前線に近いドブリニヤの地下室までやって来ては、極度の精神集中の雰囲気の中で、一ページ一ページと『方法の問題』を注釈するのであった。地下墓地《カタコンブ》のサルトル研究者たち、砲撃下のサルトル研究者たち。死なないためにサルトルを読むのだ。サルトルの中から思考する力を、同時にまた抵抗する力、闘う力をも汲み取ろうとして……。

一人の作家の作品が、札付きのスターリニストからも、本物の抵抗者からも拠り所とされるということがいかにして可能なのか？

作品がその著者の死から一〇年、一五年経ったのちにも、単に哀悼の意だけではなく、これほど根底的に相異なる世界像を合わせ集め得るには、いったいどんなことが必要だったのだろうか？

もしかしたら彼の作品は、二十世紀の後半が体験した最良のものと最悪のものの原因だったということになるのだろうか？　同じ著者の作品の中から、すべてを奪われ、追い詰められた人間に反逆へと立ち上がる可能性を与える高貴な規範を汲み取ることと、その逆に隷属の原理を汲み取ることとが、果たして可能だったのだろうか？

そうなると、私がサルトルを好きだったか嫌いだったか、嫌いながらも愛したか、逆に愛しながら嫌ったのか、などということはどうでもよくなった。

ただ彼が彼の時代に抱かせた、とりわけ彼が吹き込んだ、複雑に混じり合った感情だけが、重要になっていた。

ただサルトルの死後の運命にかつてなく執着するこの不安定な情熱だけが重要だった。そして執着すればするほど、作品はますますその情熱を掻き立てるのだった。

しばしば死は平穏をもたらす。死は感情を安定させる。著者の死によってついに与えることが可能になった意味とか称するものの中に、テクストを閉じ込めて凝固させることなど、もちろんありはしないけれども、それでも死は少なくとも言葉の戯れに決着をつけ、主要な争いに裁定を下すことに貢献する。ところがサルトルの場合はどうも逆のようで、彼が煉獄の季節を開始した当のその瞬間にも、彼はかつてなく相矛盾する政治的・形而上学的な利害の衝突の係争の的となった感があった。

事が動き始めたのは、要するにこの時からだった。

この本がその形を見出したのは、この数年間であった。その頃、この膨大な作品系、癌のように生きており、自分の時代と格闘すると同時に、それ以上ではないにしても、同じ程度に自分と格闘する、この化け物じみた膨大な作品系の中に含まれる、将来起こりうる野蛮性に再び同伴する危険性のあるものと、逆にそれに反抗する可能性を与えるものとを識別するのは、難しいとますます思えて来たものだったが。

不安定な感情の効用。

愛と憎しみ、讃嘆と猜疑の、流動して止まない混淆というものは、よくよく考えてみると、彼の著作についても私たち自身についても、私たちにより多くを語ってくれるという利点をもっているのだ。サルトルの中には時間が畳み込まれている。サルトルとは、世紀を縦断し、世紀の中に呑み込まれるあらゆるやり方が一堂に会する場に他ならず、二十世紀の暗い傾斜を厄払いし、今や二十一世紀に乗り出して行くあらゆるやり方が一堂に会する場である。両義性の中に踏み入るのは、いつだって損な話ではない。

第Ⅰ部 「世紀人」

L'Homme Siècle

Ⅰ サルトルの栄光

サルトル、四十歳。

それまで彼は二編の短い現象学の著作と小説を一冊ものしていた。その小説、『嘔吐』は最初はガリマールから出版を断られたものだ。彼が経験した戦争は、言われたほど屈辱的なものではなかったが、彼が夢見たほどには栄光に満ちたものではなかった。ところが今や彼は次から次へと『存在と無』、次いで『自由への道』を刊行し、初めはドイツの占領下にあり、次いで解放されたパリの劇壇に尋常ならざる権威をもって進出して行く。

このような順風を経験し、言わば同じ生涯の中で二回目の誕生を果たした作家というのは、彼が初めてではない。しかし、これほど重大な出来事を生き延び、時代が変わっても持ちこたえ、別の言い方をするなら、片足はこちらの岸に、もう一方の足は向こう岸にかけて、「人民戦線」の時代から「アウシュヴィッツ後」の時代へと飛び移ったという例は、もっと希になる。しかも彼はその移動に当たって、この隔たりに苦しむことも、地歩を失うこともなかっただけでなく、他の者に水を開け、己の卓越性を確立し、やすやすと絶対的知識人の地位を獲得したのである。

モラン*はフランス解放の際、国外に逃亡した。セリーヌは、呪われた者の役回りを宣告されて、姿を眩ませた。モンテルランやシャルドンヌ*は、己の失敗を反芻し、苦渋を噛み締める。ブルトンはアメリカから帰国する。しかし心はここにあれども、読者も、シュールレアリスムの同伴者たちも、風土も、もはやここにあらずだった。マルローさえも例外ではない。他の者とは違って、積極的レジスタンスという選択を行なったあの偉大なるマルローは、奇妙な形で矮小化された遍歴の中から姿を現すことになる。戦争が始まった時、彼はスペインの「大佐」という威光を帯びていた。彼は若者たちの王者であり、あらゆる偉大な戦闘に加わった男だった。ところが今や彼はド・ゴール派となっており、かつての同志から、労働者階級を裏切った男、民族主義者、背教者と罵倒される身となっていた。彼がスーステル*と並んでフランス人民連合の演壇に立った時、あるいはジャック・ボーメルに「同伴者」と呼ばれるのに甘んじた時、奇妙な悲壮さが漂っていた。

ところがサルトルは逆だった。彼は勝利を収め、進出して行く。雑誌の世界に君臨し、自分の雑誌を創刊する。我こそはルールなりとばかり好き勝手に振舞うが、それが通ってしまう、――粛正に関わる各種委員会の中で。グレコ*のためにシャンソンを書き、愛人たちのために戯曲を書き、生涯の女、シモーヌ・ド・ボーヴォワールと共に新たな生活スタイルを作り出す。その生活スタイルは間もなく伝説的なものとなる。

彼は四十歳。

その数年のサン・ジェルマン・デ・プレにおけるほど、彼が若く、幸せに見えたことは決してない。数十年来、そしてさらにその後の数十年にわたって、このような至高性と自由の印象を与えた作家は一人もいない。

この作家は一種の新たな生き方に道を開く。今度は彼が若者たちの王者となったのである。若者たちは彼のモットー、彼の信念、タブーと順応主義を打破しようとする彼の性向、思想を生活そのものにしてしまう彼の感覚を、彼の著作の中から汲み取ろうとするのである。物事や世界や人々をまるで初めて見たような気がするという感情を抱いたのも、彼のおかげなのだ。守り神、サルトル。

サルトルと女たち――カストール*という名の恋

彼の生涯の女、シモーヌ・ド・ボーヴォワール、渾名はカストール〔ビーバー〕、との関係についての短いノート。

愛と自由。純潔への意志なき透明性。各人は自分のために夢見、各人は相手のために書く。自分の欲望について譲歩もしなければ、愛する者の欲望についても譲歩しない。絶対的共謀。極限的親密さ。しかし大きな相違。それにサルトルはボーヴォワールを「あなた」と呼ぶ。彼は大勢の人間を「きみ」と呼ぶ。ところがボーヴォワールには「あなた」と言うのだ。距離を置いている証拠だろうか？　不信の証拠か？それとも逆に選り抜きの印だろうか？　もちろん選り抜きの印だ。ひと所にあって動くことのない恒星。サルトルの言葉を聴く必要がある。「私は一人の人を力の限り愛した、情熱的な恋心でも奇跡のような恋でもなかったが、しかし内側から一人の人を愛した、ということが私の生涯にはあった、ということになるだろう」と、彼は語っている。さらに続けて、「恋人よ、それはあなたでなくてはならなかった。かくも緊密に私と混じり合っているので、私のものとその人のものが区別がつかなくなっているようなだれか、というのは。愛しています」[1]。また別の時にはこうも言っている。「私はあなたと離れてはいられない。何しろあなたは私という人間の内実のようなものだからだ」[2]。さらに「私の人生はもはや私に由来しない」、あなたは「いつだって私」だ、あなたと私「より以上に一つに結ばれている」ことはだれにもできはしない[3]。

「内実」とは重い言葉だ。もし言葉に意味があるなら──しかしサルトルにとって言葉に意味がないなどということは想像もできない──この言葉の意味するところは、「恋人よ、あなたは私の存在の存在そのものだ、私の心の核心であり、あなたによって、私の実存の代わりとなっている、誤解と偶然が入り混じったこの偶然性の塊にも、多少の必然性がある、ということがもたらされるのだ」ということに他ならない。コクトーは『ポトマック』[4]の中で、「カストール、高貴な建築家。私は自分のために避けがたい家を建てたいものだ」と書いているが、その時期のカストールは、サルトルという家の建築家であり、避けがたい女であり、必然的な愛であった。

「一つに結ばれている」というのも、重い言葉だ。それに、そのことははっきりと感じ取れるのだが、それはあまりサルトル的な言葉ではない。だとするとその言葉にそのすべての重みを認めてやる必要があるだろう。この女とこの男を一生の間、さらに死後にまで結び付けることになるこの忠誠の協定、この契約を真剣に受け止める必要があるだろう。それにしても「魂の結婚」の気配と同時に自由奔放な放蕩三昧の気味もある、幸せであると同時に危険な、明快に澄み渡っていると同時に謎に満ちた、純然たる十八世紀様式のこの関係が、二十世紀の真っ最中に成立し得たことには驚きを禁じ得ない。時には彼は、例えば一九三九年十月〔実際は三八年七月十四日〕に最近ものにした女のことを彼女に語る。「あなたもよく知っているはずだ。栄養の悪い、あまり身だしなみに気をつけない女子学生の小さな吹出物、それはむしろ優しい気持を誘う」[5]。――これはまるでメルトゥイユ侯爵夫人への手紙の中でセシール・ヴォランジュのことに触れるヴァルモンそのものではないか。また時にはこんなことも書いている。「今度、休暇で帰ったら、寝る前に一緒に書こう、あなたはあなたの日記を、私は私の手帖を」。これには苦笑させられる。とは言えマリー・スーランジュ宛のラクロの最後の手紙を読んだときほどではないけれども。

と言うのもサルトルには他にも女がいるのだ。よく知られていることだが、彼はいつでも女と一緒にいる方が好きだった。彼はいつもこう言っていた。男といると「救い難く」退屈してしまう、人類のこちらの半分は自分にとっては存在しないも同然だ、自分は「アロンと哲学を語るよりは一人の女性とほんの些細なつまらぬ話をする方が」いいのだ、と[6]。そう言う訳で他にも女がいた。大勢いた。それは彼の小説の女主人公になったり、彼の劇を演じる女優になったりした。それは少なくとも『不謹慎な宝石』以来確立した法則に従って、作中人物として小説への登場の可能性を実現する瞬間を飽くことなく狙い続ける女の群れだった。彼の養女もいたし、最後にはサガンもいた。あらゆる用途のあらゆる種類の女たち。しかし見事なのは、どの女も――あのアメリカの恋人、ドロレスさえも――カストールに対する時を超越したこの忠実さから彼を引き剥がすことは決してないということである。同様に彼女カストールも、『レ・マンダラン』のルイス・ブロガンのモデルである「大西洋の彼方の恋人」ネルソン・オルグレンによって、生涯の男から引き剥がされることは決してない。

サルトルと女たち、その二。他の女たち。これらの女たちとの関係は、彼がそれをカストールに物語る限りでしか意味を持たず、ほとんど存在さえしない。彼はオルガと寝る。しかしそれは「カストールへの手紙」の一通の中で、紙の上で彼女――オルガ――と寝るためなのだ。その手紙の中で彼は、たとえ極限的にプライヴェートなことであっても、どんな些細なことも書き落とすことはないのである。彼はワンダ*やミシェル*を誘惑する。しかしそれは彼サルトルをカストールの目の前に開陳するもう一通の手紙の中に彼女たち——ミシェルやワンダ——を盛り込むためなのだ。サルトルはセックスする。女の体を愛撫する。彼自身の用語を用いるなら、(7)実際のところ彼が「どちらかと言えば性交が得意な方」か「どちらかと言えば手で喜ばせる方」かは、あまりよく分からない。これはカミュの推測だが、(8)彼は、とりわけ不能や同性愛や倒錯的遊戯に魅了された「盗み見」「覗き」をこととする男でないとは限らないのである。そんな倒錯的遊戯を彼は、一九三七年に『異郷の生』と題された売春宿を舞台とする中編小説の中で描いたばかりだ。実を言えば、肉体は彼の得意分野なのかどうかは分からないし、彼は、これもコクトーの言葉だが、「恋愛より友情の方が得意な」人間の一人であるのかも知れないのである。証言はいくらでもあるが、例えば『カストールへの手紙』の中にルイーズ・ヴェドリーヌとして登場するビヤンカ・ランブラン*は、サルトルとの関係があってからずっとのちに、彼が「恋人としてはお粗末」で、「その分野にはあまり才能がなかった」(9)という点で、カストールと意見が一致したと証言している。ニザンは『トロイの木馬』の中で、高等師範学校のかつての同級生〔サルトル〕を「ランジュ氏」という名の人物に仕立てているが、その人物の特徴に暗示されているのは、このようなタイプの「天使志向《アンジェリスム》」だったかも知れない。しかし疑いを容れないことが一つだけある。それは彼の快楽の動機の一つは、予想される展開がどんなどんなものであれ、その話を事細かにカストールにぶつけるという展望から生れる、ということである。(10)文字の眩惑。シニフィアンの陶酔。性的快楽とそれを味わう感覚。これらの語られた話の常規を逸した猥褻さ。そして快楽は二人に共有されていると、私は想像する。相手の女性の肉体の上機嫌振りやその輝くばかりの美しさ、あるいはその人知れぬ惨めさ、——語られないものは何一つない。「彼女の脚は（相手は若い娘である）鬚を剃っていない男の顎のようにチクチクする」。「水滴のような形の尻、たるんではいないが、上よりも下の方がより重く、より広がっている」(11)。あるいはまたタニア*、すなわち「可愛いブルダン」の処女喪失の信じられないほど精密で具体的な話。代理を立てて快楽を味わうというのではない。言葉を介して快楽を味わうのである。それをするのがポルトガルの尼僧*なら、素晴しいと人は言う。しかし主人公がサルトルとシモーヌ・ド・ボーヴォワールという名なら、少なくとも同じくらい見事なのではなかろうか？　愛のカストール化とカストールへの絶対的愛。サルトルはビヤンカとセックスするが、彼が快楽に達するのはカストールとなのだ。

サルトルと女たち、その三。小説の登場の要求。必然的にそれは文学と実生活の二重の小説である。さらに二重のそのまた二重の小説でさえある。何しろ彼らはサルトルとボーヴォワールという二人であって、この二人とも、恩寵と免罪と不死の命の契約とを分かち与えることのできる立場にあるのだから。しかしながら時には要求が滑稽なものとなってしまうこともある。例えばビヤンカ・ランブラン、サルトルは恋人としてはお粗末だと非難したあの若い女性は、彼女の登場する小説が待切れなくなって、ある日の午後、二人をラヌラグ公園〔パリ一六区〕に呼び出す。そう、二人ともだ。彼女が彼ら二人に言おうとしていたことは重要なことであり、そこで彼女は必ず二人ともがやって来るよう念を押したのである。彼女は妊娠したのだ。ところがそれは二人にとって、女性の体に起こり得るおよそ最も嫌悪すべきこと、そしておそらくは最も喜劇的なことだった。彼女は激怒し、そのためにいささか滑稽になった、と私は想像する。「それじゃあ、あの小説はどうなの？　あの小説の人物は？　ちゃんと出来るのでしょうね」。ところが彼らは当惑したかびっくりした様子で、彼女を小説の魔法の世界にもいちど登場させる気持はこれっぱかりも見て取れなかったので、彼女はこう言い放つ。「あなたたちに禁止するわ、ちゃんと聞こえてる？　こんな具合に埒があかないのですもの、あなたたちの汚らわしい小説の登場人物を作り出すのに、私の言葉を引用したり、私という人間のなんらかの特徴を用いたりすることを禁止しますからね」。そして二人をその場に残して立ち去る。彼女はばかげていて、可哀想で、少し惨めだ。もちろん悪知恵に長けた彼ら二人の共犯関係にかすり傷さえ負わせられなかったのである。(12)「犠牲者」だろうか、ビヤンカ・ランブランは？多分そうだろう。それに二人の当事者もそれを認めている。晩年になって、彼女も含めて、彼ら二人が生涯の間に気をそそった上で、落胆させ、最後は小さな死体のように置き去りにしたすべての情熱の対象に思いを馳せながら、「あまり自慢のできる話ではない」と結論しているのである。まあ、そんなところだろう。しかしもいちど言うが、彼女は「犠牲者」だと言っても、ヴォランジュ嬢以上でも以下でもない。それに二人の餌食となった時、いったい何に対して己をさらけ出していたのかが彼女には分かっていたという点では、彼女はラクロの女主人公よりはるかにましなのだ。そう、ラクロ、相変わらずラクロだ。二人は自分たちの関係からいくつもの本を引き出したが、その最悪のものについてもまた最良のものについても、ラクロという模範と先例を念頭に置かなければ、サルトルとボーヴォワールの関係については何も理解できないのである……。「さよなら、私の素敵なカストール。彼女がいまやって来た。彼女の目の前でこれを書き終えるところだ。あなたには私の気持が分かっている。しかしそれをいま書くわけにはいかない。向こう側からも読めるからね(13)」。これはまるで『危険な関係』かカザノヴァの生涯の一場面だ。

サルトルと彼の本。サルトルは書く。絶えず書き続ける。要するに、これらの手紙を。それは手紙による奇想天外な小説だ。生きられた『危険な関係』なのである。しかしもちろん他のもの、小説、試論、戯曲などもあるが、これについてはあとで触れる。さて手紙だが、彼は自分が書いたもの、たったいま書き上げたものがいかなるものなのか、カストールがそれを読んで判断を下す時にならなければ、知るに至らない。「私の判定者であるあなた」と、彼は『存在と無』の際に書いている。私の最初の読者、私の「検閲者」、私の「良き助言者」たるあなた。私の「いとしい道徳意識」たるあなた。私の目、私の耳、私の「証人」。あなたは「小型王璽を持っており、私が経験するすべてのものの上にそれを捺す」。私をきちんと判定して下さい。もしそれが必要なら、私をこきおろして下さい。あなたは私より以上に私、私の超自我なのだ。私はあなたの「裁き」、あなたの「御心」に委ねられていた。私が書くものは、あなたの「評決」、あなたの「定め」を得るのでなければ現実に存在するものとはならなかった。これには笑ってしまうかも知れない。サルトル的「マゾシスム」をからかってやろうという気になるかも知れない。カストールのあたかもサルトルの世界を牛耳る摂政の如きこの役割にいちゃもんをつけて、カストールは去勢《カストラート》コンプレックスを押し付ける役回りだなどと、下手な洒落の一つも言ってみたくなるかも知れない。しかしまた単に二人のこの親近性に見とれるだけでもかまわない。サルトル自身が言っていることだが、作家というものはだれしも、一人ないし複数の「特権読者」を持っているものであって、彼女はまさにそうした読者だったということを、思い出してもいいのである。そして生涯の終りに当って、本当の最後の言葉（「いとしいカストール、あなたが大好きだ」）の直前に、彼はこう言い切ったということを、感嘆して受け止めたってかまわないのである。「カストールは生涯の間に私に数百ページも書き直しをさせた。戯曲を何編も全面的にね。彼女は私にとって唯一の本物の批評家だった(14)」。

　彼女、つまりカストールも、本を書いた。彼女もかなりの量に上る自分の作品群を持っている。しかしこの作品群のかなりの部分は、沈黙の内に彼女の伴侶の作品群によって支配されている限りにおいてしか存在しない。例えば『女ざかり』や『ある戦後』や『決算のとき』。これはサルトルが書くことのなかった「回想録」に他ならない。『両義性のモラルについて』、これはサルトルの「倫理学」だ。彼は絶えずそれを予告し続けたが、結局、発表するに至らず、そこで彼女が代わりに発表するのである。一九四一年から四二年までの間、毎朝〈カフェ・フロール〉のストーブの側に陣取って、彼女は『精神現象学』〔ヘーゲル〕を勉強した。自分の伴侶が強行軍で『存在と無』を書いているところなので、いずれヘーゲルが必要になるだろう、ということが分かっていたからである。それからもっとあとに、ずっとあとになってから、彼が視力を失い、したがって書くのをやめたのちに企てられたあの『別れの儀式』。これは厳しい批判を受けたが、これもあの冒険の一直線の延長なのだ。終りから三つ目の対談であるこの対談こそ、彼の作品と生涯の真相に他ならない。二人で哲学し、目で見、かつ考え続けるということ、一人の女の目によってきちんと見よう《ボー・ヴォワール*》とすること、まさに絶対的な愛の印。

いったいどうして、こうしたこと一切を理解するのに人々はこれほど苦労するのか？

二十世紀が知った、もっとも奇妙なラヴ・ストーリィの一つかも知れないが、同時にもっとも麗しいラヴ・ストーリィの一つでもあるものを、どうして人々はかくも執拗に戯画化し、滑稽化し、矮小化することに血道をあげるのか？

なぜ大サルトル女*などと茶化すのか？

なぜシモーヌ・ド・バヴォワール〔涎垂らし、あるいは、中傷屋〕などと言うのか？

なぜカストールという渾名が男性名詞であることにくどくどと分析を加えるのか？

サルトルの死後、なぜ彼女への憎しみの叫びが上がったのか？　とりわけ『カストールとその他何人かの女への手紙』〔邦訳表題『女たちへの手紙』『ボーヴォワールへの手紙』〕の刊行に踏み切ったことを非難して。ああ、この「その他何人かの女」という文言……。この「他の何人か」なるものは、サルトルとボーヴォワールをさんざん苛立たせたものだったが。しかしこの文言は、彼女たちを苛立たせたのだ。それは今日まで、カストールに突き付けられる主要な糾弾理由の一つとなっている。しかし要するにそれは本当のところだったのではないか？　実のところ、ジャン＝ポール・サルトルの生涯には、一人の主要人物、必然的人物、カストールがいた、そしてカストールによって光を奪われて、偶然的な存在にさせられてしまった「他の何人かの女」、つまり彼女の影でしかなかった、あるいは彼女が分け与えてくれる光によってしか存在しなかった若い女性が何人かいた、ということではないのか？

どうして彼らはこの死後出版の刊行物の中に「横領」の行為を見ようとしたのか？　どうして彼らは摂政の君のクーデタなどと喚き立てたのであろうか？　彼女がこれらの手紙を刊行したのは、サルトル自身が決めた真相開示予定表の方針通りに行動しただけの話だということを確認するのは、実に簡単なことだったのに。

どうして『別れの儀式』の第一部――このほとんど臨床的な、具体的で事細かな、この長い記録の中で、彼女は生涯の伴侶の最後の日々を何憚ることなく語っている――の発表が、それだけであれほどの顰蹙を買ったのだろうか？　たしかにそこにはサルトルの肉体を襲ったさまざまの異変が何一つ包み隠さず暴露されている。たしかに彼の悲壮な衰弱振りを大して手心を加えずに語っている。遅鈍状態に陥ったサルトル、足元がふらつくサルトル、言葉が見つからないサルトル、失禁し、言い訳するサルトル……「おや、変だな……猫がやって来て、私の体の上におしっこをしたみたいだ……」。しかしそれが何だと言うのか？『手紙』の時と同様に、彼女は、サルトルによって望まれ、理論化され、歌い上げられた透明性の終身秘書に、最初からいきなり彼女を任じたあの不死の協定に最後まで忠実だっただけではないか？

このガラス張りの透明性、これを猥褻か、さもなければテロ行為に等しいとみなすこともできる。この点についてはのちに触れる積りだ。私自身も別のところで行なったことだが、すべてを見せ、すべてを委ね、自分についても他者についても何ものも闇の中に残すまいとするこの意志の背後に何が隠れているのか、疑問を抱いてもかまわない。ガラス張りの透明性というものは、純粋性と同様に「危険な」ものだと考え、倦まず弛まず、自由とは秘密のことであると、繰り返し訴えることもできよう。そして実際、ある恋人がセル通りのホテルの小さな部屋でのサルトルとの最初の逢引の場面を描写するのを聞いた時には、身震いがする。サルトルはカーテンを引くのを拒んで、「私たちがこれからすることは、明るい光の下でなされるべきだ」[15]と言った。それから服を脱ぎ、洗面台で足を洗い、テーブルにカードを並べて、なんと前日にこの同じベッドで、別の若い娘の処女を奪った一部始終を語って見せた。象徴的暴力、自由奔放の顔をしたピューリタニスム、そしてその先には「押入れから出て来い」、もう「嘘はつくな」、神の判断にではないが、解放された俗人の共同体に服従せよ、という呼び掛けが窺えるのだ。

しかしなぜ何もかも混同しようとするのか？

いま問題になっているのはカストールだ。『別れの儀式』で己が伴侶の秘密と私生活を踏みにじった、と非難されている彼女、カストールなのだ。ところでこの点について、サルトルの宗教は疑いを容れない。それは一九七一年に再び次のように再確認されることになる。「手紙類や私の個人生活に関する資料を始末してしまおうなどという気にはならないだろうね。こうしたものすべてはやがて人の知るところとなるだろう。それによって、フローベールが私の目に透明であるのと同じぐらいに、私が後世——後世が私に関心を持つならの話だが——の目に透明になることができるとすれば、結構なことだ」[16]。

そしてそれはさらにのちに、「七十歳の自画像」[17]の中で再び確認されることになる。

私生活と公的生活の区別はなくなる。「ある時代には男と女の名誉をなすものと信じられたあの秘密なるもの」は、私には「馬鹿げたもの」に思われる。「私は、透明性がどんな場合にも秘密に取って替わるべきだと考える。そして二人の人間が、誰に対してももう秘密を持たぬがゆえに、お互いに秘密を持たなくなるような日、そういう日を私はかなりはっきりと思い描くことができる」。カストールは、まさにこの約束、この願いを、額面通りに受け取ったというだけではないか？

しかし結局のところ、彼らの物語は人に恐怖を覚えさせる。

おそらく彼ら二人の間には、二人だけの秘密結社のごときもの、エロスに関わる悪事をこととする者の結託があったのだ。やはりラクロだ。自由放縦の技法、最大限の明晰性と自由性、そして、一種貴族的モラルの極致のごときもの。それが旧秩序の黄昏にではなく、新たな体制の予感と一致しているのである。

このタイプの絆というものは、おそらくはおぞましいものであろう。おそらく人はその中に脅威、裏切り、欠落を見抜くことだろう。自由な男と女が二人だけの合い言葉、まさに二人だけの言葉、二人だけの象徴交換のタイプ、現用通貨、法規を考え出し、二人だけの神秘的な言語でしか真実を語らず、それによって二人一緒に偽善者や信心家の規則の裏をかく手を考え出すというのは、おそらくは目にするだに堪え難いことなのだ。

もしかしたら彼ら自身も、自らその歌い手たらんとしたあの凄まじい透明性への欲求の犠牲者かも知れない。それは彼ら自身にもやがて跳ね返って来るのだ。人々は彼らがもう一つの透明性、恋人同士の透明性ではなく、恋人たちと社会の間の透明性という、社会が何を措いても手放そうとはしない透明性に対する活ける侵犯であることを許しはしないだろう。例えばカストールの性生活、……例えば、ザザ*、オルガ*、リーズと呼ばれたナタリー・ソロキーヌ*……彼女はどうやってかくも長い間、己の欲望のもう一つの本性をわれわれの目から隠し遂せることができたのだろうか？　彼女はどうやって文学警察が張り巡らせた網という網をまんまとすり抜けて、その本性を護り通すことができたのだろうか？　このように己の秘密を守り抜き、アラゴンが犯した失敗*をせずに済んだについては、高い地位にある者、しかもすぐ身近にいる者の助力、つまり相棒のサルトルの助力を仰ぐ必要があったのではなかろうか？

一七九三年の「共和派」は、「友人」を持たない者を警戒し、「友好関係」を公権力に「申告」するよう強要した。人の目に触れない密かな昵懇というものの存在そのものの中に、スキャンダル、黒い力、闇の取り分――彼らの権力への挑戦を見て取っていたからである。

恋人たちについても同様である。あらゆる大恋愛の中には、そして特にこの恋の中には、かくも大きな解体の力、秘密への閉じこもり、共同体の掟に加えられたかくも手酷い侮辱が含まれているのであり、永遠の共和派としては選択の余地とてないのである。恋人たちを撃て！　サルトルとボーヴォワールを撃て！　この悪魔ども、この分裂をもたらす者たちを！　奴らが最後には告白せざるを得なくなるように！　どっちつかずの曖昧さから奴らを引きずり出せ！　奴らは忠実なのか、どうなんだ？　ヘテロなのかホモなのか？　何年何月何日まで奴らは愛し合ったのか？　カストールは淫蕩な女だったのか？　彼女は体臭をむんむんさせた裸の娘が好きだったというのは本当なのか？　彼女は本当にプラストロンをゴム紐で固定して付けていたのだろうか？　彼女の三つ編みは付け毛だったのか？　で、ネルソン・オルグレンは？　どうなんだ、ネルソン・オルグレンとの間では何があったのだ？　彼は彼女に性的満足を与えたのか？　どうやって？　全部で何度ほど？　一度に何回のペースで？　彼が何度もシカゴの屠殺場に彼女を連れて行って、一晩中一緒にいた時に、彼らふたりは何をしていたのだろう？　もっとも同じセックスでも、相手がオルグレンなら、まだ真に受けることもできよう。次のような情熱に燃える告白を彼女にさせたのは、あのひきがえるのような体躯、ぶよぶよの肉、虫歯だらけの歯並び、死んだような目をしたサルトルではなかったのだから。「私の口は彼の胸にそってさがって行った。彼の子供のような臍に軽く触れ、それから獣の毛の茂み、心臓が小刻みに脈打っている性器へと……」[18]。女主人公が次のようなことを書くような「ラヴ・ストーリィ」には、どれほどの力があるというのか[19]？　「秘かな病が私の骨をむしばんでいた。（中略）私は子供の時から隠そうとしていたある真実を認めざるを得なかった。肉体の欲望は私の意志をはみ出していた。（中略）私の孤独の悩ましさは、どんな男の気もそそるのだった。パリ・トゥール間の夜行列車の中で見知らぬ男の手が私の脚に伸び、ときめきを呼び覚ました。私はくやしさで動転した」。女主人公がついにそのアメリカ人の「ブロンドの夫」の腕の中で快楽を発見し、「私の肉体は死者の間から立ち上がった、……私の全生涯は長い病にすぎなかった」と書くに至るというのに、それを「二十世紀が知ったもっとも奇妙であるかも知れないが、同時にもっとも見事なラヴ・ストーリィの一つ」などと言うことができるだろうか？　それにランズマンは？　クロード・ランズマン*との衝撃的な出合いは、どうなのか？　彼女が自分は「もう一度生まれ変わる（中略）私はふたたび肉体を見出したのだ[20]」と語った、あのランズマンとの出会いは？

ああ、かん高い憎しみの叫び……悪意の深淵……最後まで彼ら二人に取付くことになる、雨と降り注ぐ苦汁……彼らのことより、スコットとゼルダ*の話をしよう。少なくとも女の方は男がものを書くのを妨げ、さらには男を殺そうとした！　アラゴンと、あの永遠を前にした女そのもの、エルザ*の話をしようじゃないか。ボウルズ*とジェーンの取りまとめられた結婚の話をしよう。彼女は男どもを、彼は女どもを整理して、あとの人生はなるようになれだ。ぎりぎりのところ、ジィドとマドレーヌ*の方がまだましじゃないか。あの二人は「偶然の恋と必然的な恋」という分野では、あれほどの優雅と慎みとを見せてくれたではないか。ところがサルトルとボーヴォワールと来たら……このようないつまでも続く物議……ピューリタニスムへの罵詈雑言……二人ともこの絆が常規を逸したものであることを承知していただけに、この絆は声高に主張されたのである。これほど奇妙なラヴ・ストーリィは、二十世紀にはほとんどない。これほど阿呆どもに系統的に中傷されたラヴ・ストーリィもないのである。そしてこのことがこのラヴ・ストーリィの奇妙さの理由でもあるのだ。

流行とは何か?

その当時のサルトルの栄光を想像してみる必要がある。

その後も彼はつねに栄光に満ちているだろう。晩年になって、彼の本が売れなくなり、実存主義が最盛期を過ぎ、若い知性がフーコーや、アルチュセールや、ラカンといった人物の中に新たな思想の師を見出した時にも、彼はかつてのオーラをいくぶんは持ち続けるだろう。いずれにせよ、「毛沢東主義者」たちが絶対的な知的栄光を身にまとおうと考えた時に、彼を求めてやって来るくらいには、彼はオーラを持ち続けていた。

しかしあの頃は、オーラどころの話ではなかった。まさに神格化だった。

熱狂どころの話ではなかった。帝王の戴冠式の狂乱だった。

彼の名は、それ自体が一つの旗だった。彼の講演は暴動に変わるのだった。その都度、押し合いへし合い、イスは壊れ、警備班の手に負えなくなり、やがて小競り合いが始まり、失神、ヒステリーの叫び、というありさまだった。斜視で鼻声の小男が、実存主義とは要するにヒューマニズムであると説明するのを聴くために、人々は中央工芸学校会館に押し寄せるのだった。ちょうどハリィ・ベラフォンテやフランク・

シナトラを聴くためにオランピア劇場に行くように。

だれもが彼の本を読んだ。あるいは読む振りをした。マナーの本や聖体拝領の教本のように。彼の最初の強権発動とは、世論とともに哲学をしたということではなかろうか？　彼が行なった真の偉業とは、デカルト以来、省察に値する対象なり言表なりと、値しないそれとを区別すると称していた旧来の規則をお払い箱にしたことではなかろうか？　そしてそれによって、およそ日常的な物品と日々の気掛かりとを形而上学的尊厳の高みに引き上げて、賢人と同様にそこらの街行く人も、真理の探究に携わることができるとしたことではなかろうか？

だれもが彼の小説を読んだ。貪り読んだ。『自由への道』の登場人物の身の上にはおよそ小説の人物の身に起こりうる最良のことが起こった。それは「ほら、ボリス*はボスト*に似ている。イヴィッチ*はオルガに似ている。マチュー*はサルトル自身に似ているぞ」といった類いの、「モデル小説」の古典的論理ではない。そうではなく、「私こと読者は、ボリスとマチューの兄弟であることを発見する。私はイヴィッチのようにお茶を飲む。ローラ*のように感じ、愛する。人生はダニエル・セレノ*が感じるような味や臭い、あるいは逆に味気なさをしている」というようなことなのだ。つまり手本としての主人公たち、人生と思考の師としての虚構の人物たち。(21)あらゆることを目で見、体験した紙の上の男や女。彼らは全体として、人生と運命のカタログをなしている。型紙、原器。人間の尺度。一人一人の人間にとっての鏡。マチューの姓はドラリュだった。ドラリュ〔＝街の〕人間。そんじょそこらの人間。みなさんも彼も、終戦直後の意味と生に飢えた若者のうちのだれかなのだ。ホルヘ・センプルン*はいつかこんなことを言った。『嘔吐』と『壁』がなかったなら——さらに公平を期するために、マルローの『希望』と『人間の条件』がなかったなら——彼はその後「こうなった」ような人間には「決してならなかった」だろう、と。サルトルの小説の力。情熱と資質と欲求を網羅したリスト。時に「バイブル」と言われるが、そうではない。むしろ「キリストにまねびて」と言うべきだ。

単なる流行ではないのか？ おそらく単なる流行という奴だ。しかしそれが現行の道徳の表現、生活となった哲学の表現であるなら、流行というのも悪いものではない。何度も繰り返されたこれらの言葉、盗み見され、次いで解説され模倣されたこれらの身振りが、生活と思考の民主的技法のアルファベットとなるのならば。

単なる登場人物ではないのか？ もちろんそうだ。しかしそれが、同時に哲学者でもある芸術家が作り出したものであって、その哲学者＝芸術家が己自身の実存のありようを造型し、自分の著作を差し出すと同時に、その造型物をも同時代人の注釈と模倣の対象として提供してくれるのなら、登場人物というのはすばらしいものだ。思想を濃縮したエキス。人類のエッセンスを集めた撰文集。一つの肉体から離脱して、他の肉体との出会いへと向かう強烈な、もしくは強度のモメント、それはドゥルーズが文学のもう一つの真実と言っていた、半ば非現実、半ば現実のクリナメン*のごときものに他ならない。しっかり構築され、うまく出来た登場人物とは、実体験された虚構に他ならないが、これに対して人格の想像上の「真実性」などという概念をいつの日まで対置し続けようというのか？ 己の作品と己の栄光とを、紙の上に書かれた実人生と実体験された本という二重の声域で上演した何人かの作家たち（マルロー、カミュ、モーリヤックといった作家だが、しかしまた他のだれよりも、この初期サルトルである）に、何故に、いかなる純粋主義の名において不平を鳴らすのか？

それは何かの出現のようだった、と証人たちは言う。爆発、爆燃のようだった、と。一つの世界の誕生だった。とてつもない出来事、感性の断絶、大地の振動だった。

それはロマンティスム以来一度も見たことのない道徳の革命だった。いや、それ以上だ。ロマンティスムはこれほどまでに街中に降りて行っただろうか？　これほど日常生活の奥底まで潜り込んだだろうか？　これほど深く魂の闇と魂の隅々にまで谺を響かせたであろうか？

それは理論の革命だった。フランスではマルクス主義以降最初の理論革命だった。考えてもみたまえ。「爆発」から一〇年経った、一九五五年頃、サルトルは、当時フランス共産党の公認イデオローグだったガローディ*に、かの有名な挑戦を突き付けた。なんと「だれか一人、作家を取り上げましょう。だれでも結構、例えばフローベールなどを。そしてこの作家を、それぞれの方法で説明してみようではありませんか。あなたはマルクス主義で、私は実存主義で」と言ったのだ。ガローディも共産党も、この「対等の武器」による決闘に文句のつけようがなかったようである。それ以降、このような卓越を敢然として目指した哲学はあっただろうか？　構造主義がその教養一式を、マルクス主義とフロイト主義を結合した諸科学への信頼できる対案として提出することなど、想像できるだろうか？

あのサルトルの野心は今では忘れられてしまった。

あのサルトルという衝撃、あの出来事、あの振動、あの氾濫、あの津波は、忘れられてしまった。

それに伴って、あの辞書への放火、言語への突然の電流注入も忘れられた。それは世界中に燃え広がっていったのだったが。

一言で言えば、文学と思想の歴史始まって以来、初めて民衆的であると同時に世界的であろうとし、現にそうなったこの言説の効力は忘れられてしまったのである。

サルトルは国家なり

世界中を股にかけたサルトルのこともまた忘れられた。ニューヨーク、キューバ、やがて北京、モスクワ、中東、ラテン・アメリカ、スペイン、そして再びキューバ。私は好きだ。この旅するサルトルが。もちろん時には彼も間違えることはある。しかし彼は並外れた目を持っている。彼は人間を描写するように描写する。ヴェネツィアの「現実生活」、ナポリの「巨大な肉食の生命」、ローマの「溺れた太陽」、「あまりにも風変わりで愛することさえできない」都市、北京の「心を揺さぶる」側面、さらにまたルポルタージュ「砂糖に吹く嵐」では、「明け方まで身震いしている」キューバの「夜」、「昆虫」と「透明な羽根」の「奇妙な、絶え間ないそよぎ」、「沼から上って来る」「牛がえるの鳴き声」を。ついでに言っておくなら、私は確信している。ついに観光旅行イデオロギーを告発する日が来た時、旅人と旅人を迎える家の主とを同じ動きによって一挙に無化してしまい、真の旅人の情熱の対象であった前代未聞の場面というものではなく、新奇さゼロ度のピトレスクしか持たない風景を提供するにすぎない貧弱な見世物路線を、異郷と差異への権利を口実にして提供する言説と実践を猥褻と見ることに人々が同意する日が来た時、その時にはサルトルというこの旅する伝書鳩をだれもが師と認めるだろう、と私は確信する。シモーヌ・ド・ボーヴォワールが、もし完成したならば壮年期の『嘔吐』となったはずだと述べた『アルブマルル女王』、そしてまた、近代の旅の文学に終止符を打つものであり、あらゆる型通りの言説を排してヴェネツィアを再創造することになるはずであり、さらには、スタンダールの『ローマ散歩』に倣って、あるいはもしかしたらコロセウムをそぞろ歩くあのスタンダールに反駁して、「最後の観光客」の、あの「ルサンチマンの男」の、あの「否定的概念の王者」――「目で見た事物を絵画と比較する」ことと「死んだ者や不在の者を夢想するために都市の現実生活を殺す」ことに長けた――の肖像画をざっと描き出すだろうと、サルトル自身が考えていたあの『アルブマルル女王』が未完に終ったことを、だれもが遺憾に思うだろうと、私は確信する。さらに私は確信する。カルチエ＝ブレッソンの写真集――それはあらゆる「神秘的《ピトレスク》＝観光的中国像」に逆らい、ロチ流異国情緒やバレス流の死の詩情に逆らって、「貧窮はこれまで絵になるところを持っていたが、今ではそれを失った」こと、そして幸いなことに、もう二度とそれを取り戻すことはないだろうということを、われわれに告げる通知状たらんとした――へのサルトルのすばらしい序文を、だれもが読み直してみると良い。大衆観光旅行に背を向けるサルトル、観光旅行の全地球規模での統一に抵抗する、驚嘆すべき遊牧《ノマド》の民サルトル、何も目に見えないと言われた男、ものを見たと言えるためには、シモーヌ・ド・ボーヴォワールが彼にそれを物語ってくれるまで待たなければならないと、彼女への媚びから称していた、あの完全に概念的な男としては、これは何とも好都合な雪辱ではあるまいか？

　しかし今ここで私の興味を引くのは、これではなくて、別のことである。旅の物語ではなくて、旅のあり方そのもの、彼がどのように迎えられ、出会われ、もてはやされ、ほめ称えられたかだ。彼の旅の厖大な反響、全地球規模の評判である。この移動するサルトルというのは、並外れた見世物である。言ってみれば、彼一人で一つの党のようなもの、一つの国家であり、国家元首、恒常的な見世物国家で、彼はその出演者にして、作者、演出者、舞台監督であって、地球全域がその公演会場であり、劇場である。国土・国民なき国家、観念のヴァチカン。我あるところ、これローマなり。サルトルという教会は、領土を持たない。

　ときには一九五五年九月、北京におけるように、彼はフランスの公式代表として扱われる。その資格で四九年の革命〔中華人民共和国の成立〕の記念日の式典に貴賓席から臨むべく招待された者として。そしてニューヨーク、東京、メキシコ、キューバでも同様である。

また時には、ブラジルの場合がそうだったが、彼は「対抗良心」として立ち現れる。国務大臣のマルローがド・ゴール派のアルジェリア政策を擁護した一年後に、マルローの跡を辿るようにやって来て、アルジェリア独立の大義を弁護したのである。サン・パウロでの講演会は、民族解放戦線支援の街頭デモとなって終る（これほど作家冥利に尽きることはあるまい。後にも先にも、このような成功を誇り得た者はいないだろう）。

また時には、中東の場合がそうだったが、彼は一方の側から他方の側へと、つまりテル・アヴィヴからカイロへと、あるいは逆かもしれないが、移動する。そして自分の効果を計算し、自分が施す祝福の加減を案配し、原則としては国家の権限に属するのだけれども、当時のいかなる国家もやる意志がなかったと思われること、すなわち大政治、非常に大局的な政治というものをやっていたのである。ここでもサルトルは国家なのだ。サルトルとその野営国家。サルトルが国家元首のように迎えられ、その言葉が傾聴されたというだけではない。彼自身が一種移動する国家のごときものとして生きていたのである。

いずれの場合も彼は黄金の言葉を持った男である。一人の人格の中に具現された自由と真理。全地球規模の道徳的権威であり、それが与える免償を人々は我先に手に入れようとする。そして実際、この五〇年代、さらには六〇年代でさえも、民族解放の運動、革命的集団ないしセクト、圧制の被害者や何らかの政治信条の信奉者の団体、反乱し、銃殺され、迫害された学生の結社で、いずれかの時点で彼に密使を急派しようとしなかったものはないのである。(22) 一九四八年二月、「自由パレスチナ支援フランス同盟」への彼の支持声明がすさまじい反響をよぶ。アメリカと世界への挑戦。彼がキューバに赴くとのニュースが流れるや、各国大使館は上を下への大騒動となった。ファノン*はランズマンに、サルトルは彼にとって生ける神だと説明する。そしてフランソワ・マスペロ*には、こう言う。私の本に序文を書いてくれるよう、サルトルに頼んでくれ！　ローマで、チュニスで、ブリダ〔アルジェの南方〕で、アルジェで、私が「地に呪われたる者」の怒りを言葉に書き表わそうと机に座るたびに私の念頭に浮かんだのは、彼の顔、彼の名前だ、と彼に伝えてくれ！　怒りと言えば、逆にファノンの未亡人、ジョジーの怒りもある。怒りと失望だ。それから六年後、六日戦争の真っ最中に、彼女は『ムジャヒッド』紙でのインタビューの中で、サルトルがイスラエル寄りの「フランス左翼のヒステリックな叫び」に同調し、「暗殺者たち」の陣営に他ならない「向こうの陣営に乗り換えた」ことを非難し、彼女としては今後『地に呪われたる者』の一切の再版からサルトルの有名な序文を削除するよう出版人に要求せざるを得なくなったと、述べることになる。

このサルトルはもはや作家ではない。ラベルだ。

ラベル以上のもの、象徴だ。

それはフランスの声、対抗する声で、それが伝えるどんな言葉も比類ない反響を呼んだのである。

この役回りで彼のライヴァルは一人しか見当たらない。これに比肩し得る威信を全世界に対して持っていたフランス人は、一人、たった一人だけいた。ド・ゴール将軍である。

反ド・ゴール

サルトルは、もう一人のド・ゴール。

ド・ゴールは、歴史を作るサルトル。

それは本当に存在したのだろうか？　フランス二十世紀の真の作家と政治家の組み合わせ《カップル》というものは。

そして、ペンと剣との、知と権力との関係についての大ロマンは、ド・ゴールとマルローの関係の中でより以上に、このド・ゴール＝サルトルのコンビの中で書かれたのであろうか？

政治家とは作家になり損なった人間たちか？　そしてまた極めて大きな文学的栄光の核心には、政治家への道の挫折への未練があるのだろうか？　私は最初からそう考えている。[23]　ただしこの場合だけは違う。この二人の場合は、交叉する二人の運命の二重の糸はもつれ、互いに相手を模倣するライヴァル関係は、正面衝突と、容赦なき暴力の形を取る。

その頃のフランスには二つの正統性があった。

外国で「フランス」のことを頭に浮かべる時、フランスの「イメージ」なり「偉大さ」を引き合いに出す時、ニューヨークなりキューバで、亡命スペイン共和派の間でなりエルサレムで、いかなる点でフランスは偉大もしくは親切であるかということではなく、フランスはどんなことが出来て、世界にどんなことを提供することができるかということを考える時、念頭に浮かぶのは、この二つの名前であって、他にはなかった。

ド・ゴールはそのことを承知していた。それがあの名高い「ヴォルテールは投獄するわけにはいかない」という科白の意味である。

サルトルも承知していた。さもなければ、彼が一生涯、偉大なるライヴァル、ド・ゴールに向け続けたあの奇妙な憎しみは説明がつかない。一九四七年十月のラジオ放送『レ・タン・モデルヌ』討論会」は、ド・ゴールにはヒトラーと似ている点があると主張する。一年後、革命的民主連合のポスターは、「類似」を強調するためにド・ゴールの口鬚を黒く塗る。一九五八年の「個人権力」への攻撃の数々——「志願者」、次いで「侮蔑の憲法」、次いでさらに激烈な「王様をほしがる蛙たち」と「国民投票の分析[24]」。ド・ゴールが、ラッセル法廷*のフランスでの開廷を禁じた一九六七年の手紙の中でサルトルを「先生」と呼んだのに答えて、サルトルは「私が『先生』であるのは、私がもの書きであることを知っているカフェのボーイにとってだけだ」と言い捨てる。『反逆は正しい』の中でヴィクトールとガヴィに、彼はこう打ち明ける。一九六八年に「ド・ゴールの権力が動揺した」のには「私は満足だった」。なぜなら私は彼を「占領下にペタンを嫌ったのと同じくらいに嫌いだった」からだ、と。「ペタンと同じくらいに」、そして「占領下に」とは……実際、際限のない嫌悪でなければ、とてもこうは言えない。さらには、自由フランスの指導者の死に際して彼が漏らした言葉。「私はあの男に一度も尊敬の念を抱いたことはない」。何と彼は「一度も」と言っているのだ。それにまたフランス・テレビの第二チャンネル用にマルセル・ジュリヤンが注文した、あの名高い番組では、「彼の」世紀の伝説となるはずであったもののために一〇時間が予定されていたが、その一〇時間分のシナリオの中で、六八年五月〔いわゆる五月革命〕のためにはたっぷり一時間が当てられ、五月後の「闘争」に三時間が当てられたのに対して、一一年にわたるド・ゴール政権には一分も費やされず、わずかに〔一九四〇年〕六月十八日のアピール*が間接的に言及されるにすぎない。六八年対五八年*。五月対五月。左翼主義対ド・ゴール主義の名残。時代の憎悪だろうか？　おそらくそうだろう。まるまる一世代の憎悪なのだ。ソレルスが伝えるところによると、バタイユは陽気な好意の口調で「カトリックの将軍としては、あの人はなかなか『愉快』だと思うよ[25]」と打ち明けたそうだが、バタイユというこの注目すべき例を別として、あの世代は、「個人的権力」とは政治の「本質的堕落」〔ブランショ〕だと考え、この堕落の「卑劣さ」〔マスコロ*〕を糾弾する陳情書を数限りなく提出し、それを雑誌にしてしまう〔マスコロの『カトルズ・ジュイエ』〔七月十四日〕はまさにそうなのだ。ブランショも一九五八年から一九五九年にかけてその編集長を務めている〕。サルトルはこの風潮に棹さしている。彼の嫌悪には、もちろん時代の偏見がいささか混じっている。

その偏見とは、やはり偉大なる人物の死に際して、ブランショにこんなことを呟かせた底のものだ。「正直言うと、しばらくの間、私は前より自由に呼吸しているのに気付いてびっくりした。そして夜目がさめた時、こう呟くのだった。『いったいどうしたんだ、何かの重みがなくなったというこの感じは？　ああ、そうか、ド・ゴールの重さなんだな』」。罪あることの重さ。サルトルにはより混濁した次のような感情もある。それは彼だけが持つ感情で、ド・ゴールとの模倣的ライヴァル関係なのである。ド・ゴールの地上の権力に対して、何らかの形での霊的権力を体現しているという意識。そしてこの二つの権力の間には、敵対と競争、歴史の承認を得、歴史を書くための死闘しかあり得ない、という考え。一九六四年に彼はこう言うだろう。「私の論説の中でド・ゴールに対してあまりにも恭しすぎたことを自己批判している(26)」。

要するに知識人がこのような威信を帯びたことは一度もなかったのだ。

一度も、ヴォルテールの世紀においても、ユゴーの世紀においても、作家がその時代の想像界の中でこのような位置を占めたことはないのである。

まさにド・ゴールのせいなのだろうか？

偉大な反権力が伸し上がるためには、偉大な権力が必要だったからだろうか？

今日、知識人がこのような光輝を失い、二十世紀におけるサルトルの存在を二十一世紀において実現するような、もう一人のサルトルを想像することがかくも困難なのは、社会の全般的世俗化の故であろうか？　威信と預言との魔力が失われたことの故なのであろうか？　二つの権力はともに、この絶対的信念の黄昏の餌食となったのだと考えるべきなのだろうか？

然りにして否である。反対の命題を提出することさえできる。政治権力と象徴権力のゼロ・サム的関係に基づいて、権威と威信の新たな「マリオットの法則*」を打ち立てることもできるだろう。国家が強ければ強いほど、聖職者の力は弱くなる。ジャコバン党員やナポレオンの支配の下、あるいはロシアでのボリシェヴィキやドイツでのナチスが相手の時は、知識人の権力は政治的なものに融合するか、政治に全面的に服従するか、恐怖《テロル》の中で生きる、ということはつまり、地下に潜って秘密の中で生き延びるかである。逆に政治権力が衰退すると、知識人たちは頭をもたげ、政治権力に取って替わることになる。「文学者」が、トックヴィルが『アンシャン・レジームと大革命』の第三巻第一章で述べているように、「国の主だった政治家」となり、「しばらくの間」「自由な国において通常は政党の党首が占めている」「地位」を占めるのは、政治的圧力が弱い時期、サーベルが権力を放棄し、君主が降伏する時である。クイユ政権下でのサルトル、そしてカミュ……ド・ゴールの復帰と構造主義知識人たちの慎ましさ……ジスカール・デスタンのオルレアニスムとともに、思想家たちが再び覚醒する……ミッテラン時代の始まり、そして再び「知識人の沈黙」……

いずれにせよサルトルのケースはまことに明瞭である。彼は絶対的知識人だ。他のだれにも決して期待しなかったこと、おそらく今後も決して期待しないであろうこと、サルトルにはこれを期待するのだ。

これこそが彼の極めて大きな強みなのだ。人々は彼から何かを待っていた。彼は信仰の対象であっただけでなく、熱情の、待切れなくて焦れったい思いの対象でもあった。このような待機、このような待切れない焦れったさが、他の芸術家なり作家なりに注がれることはもう二度とないだろう。

サント＝ブーヴに賛同する

さて要するに、栄光である。

子供の夢がある。『言葉』に報告されているのは、次の通りだ。[27]「私はペール＝ラシェーズ墓地と、もしかしたらパンテオンに墓を持ち、パリには自分の名前のついた大通りを、そして地方や外国には、辻公園や広場を持っていた」。

若い頃、シモーヌ・ジョリヴェ*に宛てた手紙の中で、彼は自分の未来の生活を想像している。[28]「ぼくの名誉を祝って盃をあげている燕尾服姿の紳士や夜会服姿の淑女でいっぱいの舞踏室。これは全くもって月並みなイメージですが、ぼくは子供のころからこのイメージを思い描いていました」。（同じ場面の貧弱なヴァージョンが『言葉』の中に見える。[29]盃の中身はオレンジエードとスパークリング・ワインで、「燕尾服の男」はいても、傍らに「夜会服姿の淑女たち」はおらず、部屋は「埃だらけ」で「賃貸し」の臭いがぷんぷんしている。）

ル・アーヴル時代*に、思想ノートの中に書き留められたトゥプフェル*の引用がある。そのころ彼は早くも焦りだしていたが、幸い、その先さらにあれほど待たなくてはならないことを知らないでいた。「二十八歳で有名でない者は永遠に栄光を諦めねばならない」。（私が初めてタンジールでポール・ボウルズに会った時、彼は同じことを言った。そして彼の友人のシュークリはこう言って歯軋りした。「五十歳で有名になるなんて、何という悲惨だろう。ことわざに言う、歯がなくなってから、パンにありつく男、という奴さ」。）

レイモン・ルーセルは、ジャネの語るところによれば、[30]際限のない「栄光」ないし「輝かしさ」の感情に取付かれていて、それは『代役』の失敗によってようやく消え去った。通りに出て、この最初の本の出版が、彼が道を行くと人々が振り返るという即時的効果をもたらさなかったことに気付くと、彼は「正真正銘の鬱病の発作に」沈んだ、という話は名高いが、若きサルトルもその点ではレイモン・ルーセルに似ていて、果てしないデビュー前の期間があった。この長い雌伏期に、青年サルトルはうんざりし、カストールはじりじりし、出版社は彼らの原稿に不平を言い、突っ返し、刊行したとしても、アルカン社の場合は、一部分しか刊行しなかったし、ガリマール社の場合は、猥褻もしくはアナーキーと判断された文章を削除した上で、『嘔吐』を刊行した。彼らの立場にあったら、だれだって諦めただろう。地方の預言者という、実は伝統的なステータスを甘受したことだろう。それはラニョー*、ボーフレ*、アラン、初期のクラヴェル*、ジャン＝ルイ・ボリィ等々、実に多くの優れたリセ教授のステータスだった。ところがどっこい、そんなことは話にもならない。こんりんざい絶望などしはしないのだ。カストールの伝えるところによれば、「将来」に対する「絶対的信頼」(31)を捨てることも、栄光の天使はずっと前からこの先ずっとサルトルと共にあるという、ほとんど生理的な確信を捨てることも、思いもよらないのである。

フランスの作家で、このような栄光を、かくも執拗に、同時にまたかくも確固たる愚直さをもって欲し、かつ信じた者はそうはいない。

作家で、これほど単刀直入に「栄光というものは、四十歳になろうと五十歳になろうと、いいものだ。栄光は望ましい。そのように明るい光を浴びて立つことには、幸福と快楽がある」などと言った者はほとんどいない。

彼のように栄光への関心というものは正当なことなのだと評価した者もそうはいない。彼がそれを行なったのは、かくも見事な「冒険家の肖像(32)」の中においてであったが、そこで彼は栄光への関心は、人を自分の「未来の葬儀」に「すっかり心を奪われた」者にしてしまうのであり、栄光において人は「いささかも自己を切り捨てずに万人に対して存在する」と述べている。これはやがて彼の後半生において、「闘士的友愛」の理想が導き出すことになる結論とは逆のあり方に他ならない。

私はこの単純率直さが好きだ。

この歓喜――彼は「恍惚」と言うことさえある――が好きだ。

私は好きだ。正確に言えば、承認されたいというこの欲求が好き、というのではなく、光へのこうした星辰的関わり方が好きなのである。

もちろん逆の選択をすることもできる。

このような栄光と光明を望まないこともできる。

バタイユの方を好むこともできる。バタイユはいくつもの偽名の陰に隠れ、『空の青』を出版するのに二〇年以上も待ち、死に際して未発表の作品群の一部を残した。見られないこと、称揚されないこと、原則として鮮やかすぎるきらめき、強すぎる日の光を逃れること。「私は自分の名を消すためにものを書く」……

サリンジャーの方を好むこともできる。現代文学の中で人の目につかぬ男である彼は、人の目につかぬというこの原則に最後まで忠実だった。「私はいま不審と受け取られるおそれもある見解を表明する。すなわち、無名の匿名性、あるいはこう言った方がよければ、匿名の無名性は、作家にとって、生産の歳月の間、自分の管理に任されたもっとも貴重な倉庫の一つなのである[33]」。

そう言えば、スピノザもやはり同じ種族だった。彼の名で出た本はただの一冊——それもなんたる本なのか！——、彼の著作の中でもっとも「スピノザ的」ではない、『デカルト哲学の原則』なのである。それは「愛」弟子のカセアリウスのために口述されたのだが、実はこの弟子は彼の「重荷」になっており、彼は「警戒」していた。だから彼に「真の思想」を「伝える」のに、彼が「より一層の成熟を獲得する」まで待たねばならなかったのである。これ以外のものには、著者名はない。もっとはっきり言うなら、出版されなかったのである。『短論文』〔『神、人間そして人間の幸福に関する短論文』〕、『神学・政治論』、『エチカ』、これらの本は、バタイユの『死』や『わが母』と同様に、著者が死んでしまってからようやく世に出たのである。

さらにまた、もう一人の「汎神論者」、ヘーゲル。彼の青年期の著作のかなりの部分は最後まで刊行されなかった。それはフランクフルトとベルリンとチュービンゲンの間で書かれた、「コスモポリタニスム」を擁護し、「国家」の永続性に異を唱えた原稿を初めとする、もっとも痛烈でもっとも不遜な部分なのだが。国家の信任篤く堅苦しい、謹厳なベルリン大学教授が、投獄の危険を引き起こしかねない「イエスの生涯」の著者であったなどと、だれが信じただろう？　彼の若い弟子たちのだれが推測しただろうか？　彼があの異端臭いジャン＝ジャック・カールの『書簡集』の注釈付き翻訳の著者であったなどと。それにまた、少数の友人や「加担者」に配付された革命的なビラやパンフレットの著者でもあったなどと……それらの文書はちょっとした地下出版著作集とも言うべきものをなしているのであるが。

このような選択の理由は何か？

このような照明と明るい光への拒否はどういう訳なのか？

バタイユの場合は、用心をしたということである。実際、国立図書館の模範職員が、仮面で顔を隠すことなく、『マダム・エドワルダ』や『息子』や『眼球譚』のような作品の作者を名乗ることは、想像しにくい。

ヘーゲルの場合も、用心をしたわけだが、スピノザの場合は、さらにその必要があった。デカルトでさえも、『方法叙説』と『省察』を出版すべきかどうか迷ったではないか？　ガリレオ裁判の情景、ヴァニーニ*とジャン・フォンテニエの火刑の情景は、『エチカ』執筆の間、彼の念頭に凄惨に去来したことだろう。いずれにせよスピノザは恐怖を覚えた。そして二十三歳の時に、彼に永久独居を言い渡すすさまじい判決文を読めば、それも無理からぬことと納得が行く。「天使の命により、聖人の言葉によって、吾人は律法に記されたすべての呪いをこめて、バルーフ・デ・エスピノザを追放し、排斥し、呪い、破門を宣告するも者によって為され、もしくは書かれた紙を読むことを得ぬものと通告するものである」。

しかしまた別のことがある。

迫害への恐れというだけでない、もう一つの理由。

これについても真相を漏らしてくれるのは、スピノザである。彼は『エチカ』を書き上げた時、おおむね次のようなことを言っている。このような本にどうして私ごときが署名できよう？ どうしてそんな大それたことができよう？ これらの完璧なページ、これは理性の声が口述したものではなかろうか？ 私はその声を集積し、代弁する者、本来の意味での「殉教者」*以外の何ものでもないのではなかろうか……？

これは傲慢というものだ。見せかけの謙虚さのうしろに、およそ極端な自信過剰が露呈している。謙虚だというのか、「名を名乗らない者」たちは？ 慎ましい人物像だと？ 文学的栄光とそれに伴う虚栄の数々を固辞したと？ ほんの少し掘り下げ、表面を剥がし、耳を傾けるだけで、もう一つの声の極端な誇張が聞こえてくる。「いえ、いえ、私ではありません。それは私の手になるものにしては見事すぎます。それは荘厳なる理性がこの『私』を通してお話しになったものなのです。それは人類の『ひと』であり、その非人格的な呟きなのです。私はそれのみすぼらしい神官に過ぎず、その前に平伏するのです」。聖職者の論理だ。聖職者特有の態度だ。文面の熱狂の背後に、聖なるものとの近接性という旧い装置が再現されている。スピノザはまだ敬虔なのである。ブランショもそうだ。彼はこう言っている。「死ぬことができるために書く」作家などもう沢山だ、だれもが「書くことができるために死ぬ」危険を冒す、そういう文学に栄えあれ。ボウルズも敬虔だ。彼は次のように説明している（祭司のような口調、大神官のような口調で！）。作家とは「死の軍勢によって生の中に送り込まれたスパイ」である、作家の仕事とは、この死者の王国に「国境の向こう側で」収集した「情報」を持ち帰ることとなるであろう、そしてそれが故に、この不法越境者という役回りと、このほとんど神聖不可侵な使命との故に、作家はすべてのスパイと同様に「表立つことなく、できるだけ匿名」である義務があるのだ、と。(34) サルトルは無神論者だ。正真正銘の無神論者だ。たしかに彼はかつて敬虔だったことがある。そして、のちに検討するが、それこそまさに『言葉』の主題そのものである。しかし彼は敬虔でなくなった。もの書きの仕事の中にある聖職者的な反射的反応を思い起こさせる一切のものを彼は捨て去った。私はこうしたサルトルの無神論が好きだ。彼の考える栄光も好きだ。それは彼の無神論の持つ顔の一つに他ならない。この「実存主義の法王」がかくも明快に教会の諸原則と絶縁しているのは、まことに結構なのだ。

しかし理由はもう一つある。明るい光を恐れる第三の理由がある。そして今度はサルトルがそれを明示してくれる。明るい光の中にすっぽりと潜り込んだサルトルが、光明の危険を特定することになる。名前というもの、名声というもの、名声の影は、作品を隠し、作品を押し潰してしまう、と彼は言っている。名前というものは、作品の同盟者ではなく、作品の奥深く入り込もうとする意欲を阻喪させ、作品を読むことを妨げる要因として働く危険がある。

ボーヴォワールが『ある戦後』の中で報告している、サルトル自身の例。彼女によると、彼はある意味では、フランス解放期に頭の上に落ちて来た栄光を、「全面的破局」として、「神の死」――ママ――に等しいものとして経験した。彼の「本の普及」は、彼に本の「価値を保証」してくれはせず、それどころか彼は心配になり、狂おしいばかりに不安にかられ、当惑に沈んだのである。「ボードレールが世に知られなかったこと」と較べると、この「馬鹿げた栄光」には「何かしら自尊心を傷つける」ところがありはしないか？　断っておくが、こう語るのは、ボーヴォワールである。「かくも多くの凡庸な作品が評判になるのを目の当たりにすれば、評判とはそれ自体では「ほとんど」「凡庸さの印」なのではないかと思いたくもなる。作家にとって羨むべき唯一の運命とは、一言でいうなら、己の作品のはるか手前に留まる謙虚な人間であり続けるというものではなかろうか？　セルバンテスが『ドン・キホーテ』に及ばず、モリエールが『タルチュフ』に及ばず、ジョイスが『フィネガンズ・ウェイク』に及ばないように、あるいはまた賢人バルタサール・グラシアン*があの危険な『宮廷人』に及ばないように、己の小説の大きさに及ばないということ。サルトル自身もメルロー＝ポンティとの友情を語った文の中で述べている。「私の方が有名だったが、私はそれを自慢に思っていたわけではない。それは酒倉の鼠たちの時代であり、実存主義的自殺の時代だった。(35)立派な新聞は私をくそみそにやっつけたし、悪質な新聞も同様だった。誤解ゆえに有名だったのだ……」

ティントレット*の例もある。ここでティントレットというのは、単に「ヴェネツィアの幽閉者」の中だけでなく、サルトルが一生の間に彼を主題として書き続けたすべての著作の中に姿を現している限りでのティントレットであるが、このこま切れの「ティントレット」は、『アルブマルル女王』が壮年期の『嘔吐』であったのと同様に、彼の青年期の『家の馬鹿息子』となり得たかも知れない。いずれにせよサルトルは、一人の画家のことを語っていると称しつつ、自分自身のことを語っているのである。平民の画家たるティントレットのことを、サルトルは「小商店主」とか「染物屋の小僧」とか書いている。「ヴェネツィアの名士たち」はティツィアーノ*の方を好んで、彼を無視した。彼の一部分は次のように自分に言い聞かせた。栄光に満ちていなければならない。この世間において勝利を収め、ティツィアーノを彼の土俵の上で打ち倒す必要がある。おそらく彼の一部分はそのように確信するに至ったのだ。「社会的成功」は「霊的勝利の唯一の明白な印」なのだ。もし芸術家がこの地上で勝利を収め、絵がよく売れるなら、それは「彼方」で勝利したということなのだ、と。「ああ、栄光ですって……それが何になりましょう？　負けるが勝ちです。私は私自身のために絵を描くのです。私は私自身の証人です。同時代の人間など何ほどのこともありません」などと巧言を弄する者の見せかけの謙虚さほど危険で馬鹿げたものはない。しかし彼のもう一方の部分が彼にこう答える。「馬鹿げた栄光」に注意しろ！　ティツィアーノの「国有財産」ないし「法人」みたいなところはご免だ。称賛に取り巻かれるが、もはや実際に鑑賞されることはない。香を捧げるように褒めそやすというのは、人を石化してしまうやり方の一つだ。もしなんなら、二つの墓を見に行くといい。フラーリ教会堂の「砂糖」と「ヌガー」と「ラードの山」の下に「埋もれた」（それが「彼の詩的な懲罰」なのだ）「屍体」と、マドンナ・デロルトという「町内の教会の定かならぬ闇の中の、一枚の敷石の下に眠る」小男ヤコポ（ティントレット）の墓とを較べてみるといい。何の飾りもない一枚の石という栄誉！　彼の名前が記されていれば、それだけで充分なのだ！　人から認められずに一生を送ったこと、「リアルトのうわばみ」（ティツィアーノ）の影で一生を送り、「壁が栄光のしぶきを浴びて濡れている迷路」の中で半世紀以上もさまよい続けたということ、「他者の情け容赦ない名声の光で目が眩み、ライトに追い詰められて逃げまどう、夜行動物」さながらの一生を送ったということ、これこそが「もぐらのティントレット」に以後の諸世紀からする真の承認を約束するのである。[36]

名前、要するに、名声。この名声によって作品が覆い隠されてしまうという危険。自分の名が、名声が肥大化し、ついには自分の小説と競合関係に入ってしまうという危険を冒した小説家たち（ドリュー*、マルロー、カミュ等、かくも大勢の作家たち。その筆頭はサルトルだ）。才能を本の中に注ぎ込み、天才を生活の中に注ぎ込んだ者たちの病とは、生きる技法とその技法に与えられた鮮烈な輝きが芸術そのものを覆い隠してしまうということに他ならない。このような方向を選ぶ危険を語る時、サルトルが真剣でなかったと信ずる理由はない。しかしまた、最終的には彼が事態を承知の上で、明晰にそうした危険と災難を引き受ける覚悟をしたことも、疑う理由はないのである。ではどうして？　かくも明らかにものごとが見えており、かくも明らかに薄暗がりに魅了されていたというのに、彼はどうして、正反対の選択の誘惑に負けてしまったのだろうか？　ここでサルトルの目の来歴の最後に訪れたあの悲痛なエピソード、つまりあの現実の薄暗がりの中への沈下――それはやがて失明へと至ってしまうのだが――に思いを致すまでもないが、いったいどうしてサルトルは、見たところ大した後悔もなしに、ティントレット路線を棄てて、ティツィアーノ路線を選んだのだろうか？　つまりはこの栄光が、と言うことはこの明るい光が好きだった、ということか。同時にまた、法則は逆転するかも知れず、ひとは思うさま明るい光を浴び、己の姿を人前に曝すことによって、時としてはまんまと近付き難い者になり遂せる、という予感もしないではない。しかしまたより単純に、彼には選択の余地はなかったのかも知れない。人生というカジノの二つのテーブル（文学と世界、書物と行動、「修道僧」の論理と「世紀」の論理）の上で勝負をし、気質からして、ジェスチャー（行為）とテクストの両方（この混淆を私は『喜劇』の中で「ジェクスト」と名付けたものだが、ロマン・ギャリィのように、こうした二つの人生と二つの〈我れ〉の使い分けを認めない偉大な冒険好きのだれにも、この混淆への愛好がひそんでいると私は考えていた）を志向した彼は、どんなに光から逃れたいという欲求を抱くとしても、逃れることはできないのだ。

サント＝ブーヴを採るか、サント＝ブーヴを採らないか。

いつものことだが、それこそが事の核心である。

何しろ二つに一つなのだ。

人目を憚る地下生活の、無名の生活というゲームをするか。それは、ノエシス的〈我れ〉[*]と実生活の〈我れ〉を区別し、考える〈我れ〉と目に見える肉体を区別し、本を作り出す〈我れ〉と名前を持つ〈我れ〉を区別すること、何らかの形で、二つの〈我れ〉の分離というプルースト流の虚構を信じ、この二つの〈我れ〉のうち、文学的〈我れ〉に特権を与える、ということに他ならない。それこそはサルトルが本当に心惹かれたことである。いずれにせよロカンタン[*]が、「生きるか物語るか、選ばなくてはならない」、なぜなら「生きるならば、何ごとも起こらない」と書いたときに、ロカンタンが心惹かれたことである。それは自分の人間としての遍歴のすべてを自分の作品に還元してしまう作家が心惹かれることである。そうした作家は、自分の名前はおろか、肉体も、顔も、そして結局は主観性さえもどこかに置き去りにするのであり、跡には文学を養うもののみが煌めき続けることになる。

さもなければ、それとは反対のゲームをするか。作品と人生の二股をかけたゲーム、一方に書物、他方に女たち、友人たち、演劇、バーでの談笑、革命的民主連合の政治集会、フィレンツェや北京への旅行、という二股のゲームをすること。言い換えれば、書物とは苦行であり、世界からの隔絶である、芸術とは欲望の命ずるところから抜け出させてくれる義務であるという、プルースト的先入見に叛旗を翻すこと。芸術家が友人と一時間お喋りするために一時間の執筆を断念するとしたら、それは「真に存在するわけではないもののために真の実在を」犠牲にすることであり、それは「自分を待っている厖大な責務に真っ向から背く」ことに他ならないとして、そんな芸術家のイメージは忌避されることになるが、それを切り抜けるには、プルーストに逆らって、複数の〈我れ〉の究極の単一性に賭けるしかない。〈我れ〉はたしかにいくつもあり、互いに戦争状態にある。そしてサルトルほど、〈我れ〉を包囲し、〈我れ〉に取り付く複数の声による〈我れ〉の「ヴァンパイア化」を見事に上演してみせた者は少ない。一つの意識を構成する、いくつもの状態のこの「散乱」、その騒々しさ、ほとんど無限のその自己増殖を、彼ほど数多く描き出した者は少ない。しかしこの多数性は、単なる散乱でもなければ、形は同じで中身が違うということでもない。〈我れ〉の総括でも、その内密な戦略の総括でもない。それは最後に集合する。寄り集まるのである。無名性の否定のごときものとなった一つの名前の中に集中するのだ。そしてサルトルは、『存在と無』を構想した者と、同じ頃、ポルクロール島〔コートダジュール付近〕の陽光の下で、オルガのために『蝿』の台本を書いた者とが同一人物であると、最終的には考えたという点で、反プルーストなのである。『家の馬鹿息子』も、テクストの中に書かれた記号と、肉体の中に刻み込まれた記号という、記号の二重のありようを同一の平面に据え付けるものに他ならない。

奇妙な戦争〔一九三九年九月―一九四〇年六月〕の頃、彼はハイデガーの『形而上学とは何か?』を発見し、自分の生涯において哲学はいかなる役割を果すかを自問していたが、『カストールへの手紙』にはこう書かれている。「私は自分の生活を後から哲学によって保護しよう――それは姑息だ――などとは思わないし、生活を自分の哲学に合致させよう――それは衒学的だ――とも思わない。本当に生活と哲学はもはや一つのものなのだ[37]」。

全体としてのサルトルは、やがて見るように多様な速度〔文学、政治、またも文学、演劇〕で進む一つの冒険であるが、分割線が生活と作品の間に来ることは決してなかったし、作品への気掛かり、あるいは政治行動の気掛かりさえも、決してサルトルに自分がどのように生きているのかを述べ、示すことを思い止まらせることはなかった。

サルトルが彼自身の『サント＝ブーヴに賛同する』*をわれわれに残してくれなかったのは、なんとも残念なことである。

お涙支配に反対して

またしても、歓喜。

私はこのサルトル流の歓喜が好きだ。

時に幸福で時に獰猛な歓喜と哲学は矛盾するものではないという、この考えが私は好きだ。

この大哲学者のイメージ、陽気で軽薄な大哲学者、大喜びや大騒ぎ、お笑い芸や、異様で滑稽なお話もしくは奔放で露骨なお話、おどけやパロディや派手な悪ふざけ、こういったものを欠かしたことのない大哲学者のイメージが好きだ。

一九四四年にミシェル・レリス夫妻のサロンで、ピカソやその他の連中とともに、『尻尾を捉まえられた欲望』を演じている彼を想像するのが好きだ。「大足」役のレリス、「従妹」を演じたボーヴォワール、「高脂肪不安」役のドラ・マール、「玉ねぎ」を演じたクノー*、場の転換を告げる劇の進行係を務めたカミュ、そしてバタイユとシルヴィア・バタイユ、それにランブール、それにジャン＝ルイ・バロー、そして「丸端」を演ったサルトルは、ブラッサイの有名な写真の中で、ピカソの足元に座って写っている。

私は好きだ。相変わらずレリス宅で、「道徳的なピエロ」、「崇高な宮廷道化」、シラノ、お喋り女の役回りを演じている彼を想像するのが。適量を越えて飲み、バタイユとダンスをする彼を。「向かい合って」ダンスした、とバタイユは語っている。「馬のたてがみと、黄色とモーヴ色の縞の馬鹿でかい部屋着でできたマネキン人形」をとてつもない証人とする「不条理のポトラッチ」、と[38]。滑稽か？　もちろんだ。奇妙だろうか？　それほどではない。何故なら、くそ真面目ではない、ひょうきん者のサルトルという考えに慣れる必要があるからだ。真面目くさったサルトルという紋切り型に対抗するために。言葉のガリ勉、人類の救済、多産性、教育術、私の希望はみなさんの救済です、『存在と無』が売れたその一冊一冊は、また一人、人間の魂が天啓を受けて明るく輝くことであり、飢えた子供が好きなだけ食べることなのだ、といった一切の紋切り型に対抗するために。この世界の変動を記録する地震計にして予言者たるサルトル、世紀の人、ユゴーのオルガン、オリンピックの表彰台、旗指物のざわめき、偉大なるアンガジュマンの数々、こういったサルトルのイメージと並んで、この耐え難くない軽さ*が明白な事実であることに慣れておく必要があるのだ。踊るすべを知る神しか私は信じることが出来ないだろう、とニーチェは言っていた。サルトルはそんなものを信じない。自分が踊るのだ。

ジュリエット・グレコのためにシャンソンを書くサルトル、女優のために劇を書くサルトルが、私は好きだ。自分は劇も、小説も哲学書も、女を誘惑するためだけに書いたのだと――半分本当で、半分は嘘だが――彼が言ってのけたことが好きだ。彼はメルロー＝ポンティの友人だったが、それと同じ程度にヴィアン*とムルージ*の友人だったことが好きだ。この足取りの自由さ、自由そのものが好きだ。タルチュフの徒〔偽善者〕や、職業的泣き真似屋たち、興を削ぐ白けさせ屋ども、アルセスト*の徒、くそ真面目の宗教を後生大事に奉じる連中、こういう奴等へのサルトル一流のあかんべーが好きだ。それこそは、この全力疾走で走り抜かれた生涯の情景にほかならない。

「いまいましい限りだ、笑いというやつは！」とプラトンは言っていた。だからこの点でも他の点でも、サルトルは反プラトンである。

「打倒、歓喜!」とルソーは言っていた。「真理は涙の中、愛惜の中、鬱病の中、孤独感の中、死の中にある!」と。この点でも他の点でも、彼は徹底的な反ルソーの徒である。

「メランコリー」と、気の早い読者たちは思いこんでいる。まさに無への不安たるメランコリー……『嘔吐』は長い間、『メランコリア』という表題を持っていたはずだ。ガリマールが最初、この作品を断ったのは、ロマン的で暗いこの表題を持っていたからだ、と。これも間違ったつながりだ。過った結論だ。この愉快な男、「テノール」のような「良く響く美声」の持ち主たる、元気はつらつとしたこの男ほど、メランコリックからほど遠い者はいなかっただろうからである。奇妙な話だが、彼の声のことはメルロー=ポンティが思い出を語っている[39]（それからずっと後に、サルトルの死後、セルジュ・ジュリィも「彼の耳につきまとう声」のことを語るだろう。そしてこう言うだろう。「サルトルの魅惑の源は声である。ハスキーな美声、言葉が短く切れて尻上がりになるため、その声は喘いでいるように聞こえた[40]」）。ちっぽけな文化の教会の大司祭たち、その惨めな聖職者集団、その抹香臭い聖具納室係どもには申し訳ないが、彼ほどルサンチマンを育むことから遠かった者もいない。

彼の一族、彼の本当の家族は、別のところにいる。

まずはまたしてもニーチェ。その悲痛な情熱と否定性の追跡。彼は言う。神々は「聖なる儀式の中でさえも、笑わずにはいられない」と。

ベルクソン。われわれを「より陽気に、より強く」することを目的とする哲学への愛好。彼にあっては哲学とは笑いの学校であり、「純然たる歓喜」の教養課程にほかならない。

スピノザ。存在することの力強さを減少させるかも知れないあらゆるものへの拒否。それゆえ悲嘆を拒否し、例の「慎重に」〔Caute〕、つまり彼の印章の上に刻み込まれた「用心せよ」さえも拒否すること。それは青年サルトルにとってはあまりにも慎重で、ルサンチマン的にすぎるのだ。

人生は涙の谷ではない。

哲学はお涙学の一変種などではない。

「もし私の人生に何らかの統一性があるとしたら、それは一度もくそ真面目に生きようとしたことはないということだ」と、一九四〇年に彼は言った。

さらに続けて、こうも言っている。「一度だってくそ真面目を経験したことはない。私のこれまでの全生涯は、一個のゲームにほかならなかった。時には長く、うんざりすることもあり、時には趣味が良いとは言えないこともあったが、ともかくゲームなのだ(41)」。

こうしたことは、一切の小ニヒリズム文学からわれわれの精神を抜け出させてくれるものではないだろうか？　この小ニヒリズム文学は、私がこの本を書いているいまこの瞬間、不吉な二十世紀のこの終焉にあって、われわれにこんなことを囁くのだ。大作家とは、悲嘆にくれた陰気な作家のことである。文学の価値は、どれほど多くの悲惨、不幸、愛惜、憂鬱、悲嘆、不安を、念入りに加工して、われわれの心の中にかき立てることができるかで決まる、と。

サルトルは反ルサンチマンである。

サルトルは、文学的・政治的神経衰弱に対する、われわれの持つ最良の解毒剤なのだ。

サルトルはやがて、何とまあ、「政治参加《アンガジェ》する」知識人になる。だから必然的に、有罪性の、やましさの、自己欺瞞の技を実践することになるだろう。しかしそうなった後でも、かくも頻繁にアンガジュマンのイメージの付き物と考えられた「禁欲的」ないし「聖職的」な様相ほど、彼に無縁なものはないだろう。

陽気な傭兵隊長のような知識人の肖像。

愛惜と羨望の解き難い結び目を解くために、知識人が果すべき役割。

またしてもスピノザ。彼の『短論文』の中には、こうある。「憎しみと悔恨は、人類の二つの根本的な敵である」。

これこそサルトルの基本方針にほかならない。万国のお涙筆記者たちよ、消え失せろ！

憎しみについて

しかし同時に、彼が的になった憎しみ(42)のことも想像する必要がある。この両方がもちろん平行しているのだ。

彼はもちろん最初でも最後でもない。

あの当時、マルローはド・ゴール主義に与したことを口実として、ファシスト扱いされたが、例えばこのマルローの境遇の方がはるかに羨むべきものであるかどうか、私は確信を持てない。

しかしサルトルに襲いかかる憎しみはそれとは性格を異にする。

それは例えば三〇年代にブルトンやアラゴンのような左翼青年の意識を蝕んだようなタイプの、通常の政治的憎しみではない。

それは、出身一族への裏切り者、転向者——右翼の場合はモーリヤックやベルナノス、戦後の左翼の場合はカミュやマルロー——を責め立てる「部族の報復」的傾向の憎しみではない。

ジィド、さらにはコクトー、あるいは理由は異にするが、政治風刺文書を発表した後のセリーヌを責め立てる、個人攻撃的なタイプの憎しみでさえない。

全体的な憎しみなのだ。世論のあらゆるグループにまたがり、墓の中にまで追いかけて来る憎しみである。とりわけそれは糞尿譚的であると同時に、殺人的な暴力をもって表現される憎しみであり、他にそれほど例があるとは思えない。

二十世紀の後半にフランスで、存命中に法王庁によって禁書目録に載せられ、その作品を読んだ者は破門され、教会の説教台上の司祭によってその名への呪いが口にされた、そんな作家は何人いるだろうか？

（ジィドは禁書目録に載せられたが、それはまるで、彼の存命中は最後の最後まで回心を期待していたのに、期待が裏切られたためやむを得ない、とでもいうように、死後に採られた措置だった……）

『フィガロ』の編集長、ピエール・ブリッソンは、「今やあの男の魂から悪魔を払い、体に硫黄を塗って、ノートル・ダム寺院前の広場で火炙りにすべきだ。それこそがあの男の魂を救うもっとも慈悲深いやり方であろう」と書いた。『ラ・フランス・オー・コンバ』〔闘うフランス〕は、サルトルは「だらけと汚穢の勝利」を体現している、もはや「実存〔エグジスタンス〕主義」と言うべきではなく、「糞便〔エクスクレマン〕主義」と言うべきだ、「ダダ運動」の跡を継いだのは「カカ〔糞〕運動」だと書いた。のちにパリ大学学長になるレイモン・ラス・ヴェルニャスは、サルトルの哲学は——全くもって！——「敢えて踏み込むなら竹馬に乗った方が良い、糞便だらけの小径」に喩えられると書いた。こんなことを書かれた哲学者は他にいないだろう。

今日、『フランス・ソワール』の編集長——その当時はピエール・ラザレフだった——が、「私も実存主義が身についてしまう」と言ってこぼすなどということは想像できるだろうか？

『自由への道』についてはほぼ全員一致で、それは「兵営の簡易便所の汚らしい臭い」を発散する「吐き気を催すような本」である〔『ル・モンド』〕とか、「もし本というものが臭うものなら」、この本を読む時は「鼻を塞ぐ」必要があるだろう〔『エチュード』〕とか、「人生の問題をもっぱら糞便についてだけ考え、実存をどぶと肥だめのレベルにまで引きずり降ろすというのが、まさに」『自由への道』における「サルトルの意図である」（またしても『エチュード』）、などと書かれたが、こんなことを書かれた小説が他にただの一編でもあっただろうか？

サルトルの読者は「本能に引かれるままの獣」とか、「本の中であれ劇場の舞台の上であれ」師が「脚を挙げる」その度毎に、走り寄ってその「臭いを嗅ぎ」、それから「紙の上でペンを動かして」自分の「満足」を表わす、そうした「不能の若者と老人」の「さくら」たちとして描写された（エミール・アンリオ*）が、フランス小説の歴史全体を通じて、こんな仕打ちを受けた小説家が他にただの一人でもいただろうか？

彼の私生活は非難を浴びた。

彼の品行や嗜好について、どうやらこれが隠されていた真相だなどと言われることに、人々の関心は集まった。

『壁』と『嘔吐』以来、「教え子の半ズボンの中の研究」だけを「専門」とするこの「一風変わった哲学教授」について、デタラメな出任せが放言された。

四つんばいになってものを書くとか、汚穢の中を転げ回るとか、トイレの中にいると満足なのだとか、若い女性を引き寄せるけれども、セックスするためではなく、カマンベールの臭いを嗅がせるためだとか、あらゆる非難がごちゃまぜに浴びせられた。

『分別ざかり』末尾の酒に酔ったイヴィッチの描写――「彼女のあれほど清純な口許からげろのかすかに饐えた臭いが漏れていた。マチューは夢中になってその臭いを吸い込んだ」――をあげつらって、サルトルは「あさましく醜いもの一切に対してむかつくような愛着を示す」とか、彼の住む「国は」「いかがわしいホテルと堕胎の企ての国」であるとか、「美や軽快さ、光や幸福、空想や自然、こういったものは彼にとっては何かしら許し難いところがあるのだ」などという結論を引っぱりだした者もいる〔クレベール・エダン〕[43]。

彼が実生活で付き合った女性たちを捜しまわった者もいる。

新たな哲学の法王の太鼓腹、白くて毛むくじゃらのふくらはぎ、へこんだ肩、すぐにへたばるセックスの話を、彼女たちの口から語らせたのである。

彼の近所の人間に、サルトルが大通りの男子用小便所の前で鼻孔をひくつかせながらうろついているのを目にしたことがあると、〔誓いの印として〕胸に手を当てて証言させもした。

彼がカフェ〈フロール〉を買ったという噂が流れ、〈フロール〉の不動産登記証書を見つけようとして夜中に彼のゴミ箱を漁った者もいる。

ある税関吏を探し出して、次のような話をさせた者もいる。どこかの国境で一人の男を呼び止め、スーツケースを開かせたが、中にあった下着類からものすごい臭いが発散して来たので、検査もせずに閉めざるを得なかった、という話だが、これもやはり『フランス・ソワール』だ。

サルトルはフランスを汚し、若者を堕落させるとして糾弾された。

彼がレストランに入って来ると、客は出て行った。

彼は「淫乱なまむし」、「タイプを打つハイエナ」、「万年筆を手にしたジャッカル」、「ねばねばした鼠」、「民族の赤い癌」と扱われた。

『汚れた手』はヘルシンキで、『出口なし』はイングランドで禁止された。

彼のアパルトマンは二度にわたって、『レ・タン・モデルヌ』の社屋は一度、プラスチック爆弾を仕掛けられた。

シャンゼリゼでは「サルトルを銃殺しろ！」と叫ぶ行進が行なわれた。『パリ・マッチ』は、サルトルは彼一人だけで「内戦の兵器」になると書き立てた。またしても『サムディ・ソワール』だが、「憎しみの、嫉妬の、愚かさの、もっとも俗悪な性欲の、奇妙なかび」、これこそが「実存主義者たちの相貌」であり、これこそが「彼らの生活信条」であると、書いた。サルトルは、神と科学の名において、道徳と礼節の名において非難された。若者の名において、老人の名において、右翼の名において、左翼の名において、極右の名において、極左の名において、嘲弄された体制順応主義の名において、共産主義と反共主義の名において、国の名誉と土足で踏みにじられた国旗の名において、必要な法規違反の名において、対独抵抗《レジスタンス》の名において、対独協力の名において、非難された。

彼は偽の作家だと考える者もおり、不真面目な哲学者だと考える者もいた。セリーヌが好きだと言って非難を浴びたが、当のセリーヌは、彼のことを「ケツの狂躁患者*」と決めつけた。「ヒトラー主義者ハイデガー」との同盟を責める者もいたが、当の「ヒトラー主義者」ご本人は学者然としたメルロー＝ポンティの方を彼よりも好んだ。クノーは『存在と無』がヒットしたのは、この本の重さがきっちり一キロで、食料品屋が秤の分銅代わりに用いたからだと説明している。また彼が中国旅行から戻った時、彼が紅衛兵の応援をしに行ったのだと非難した者がいたが、それは中国に最初の「紅衛兵」の影も形も現れる一〇年前のことだった。クローデル*は彼を「悪魔的小説家」と決めつけ、ガストン・ガリマールに、『聖ジュネ』を出版したのはガリマール社にとって、「拭い去れない」恥辱である――この本が貴方のお孫さんたちの目にとまった時、彼らは何と思うでしょう――と書き送った[44]。ホルクハイマーは彼を「ごろつき」、「やくざ」と決めつけた。セリーヌは「さなだ虫」、「犬の糞」と決めつけた（この言葉は、モーリヤックが『フィガロ』でジュネの作品を決めつけたのと同じ言葉である[45]）。スキャンダルの張本人たるホモのジュネの「庇護者」であると彼を非難する者もいた。クロード・レヴィ＝ストロースは彼を「下劣な輩」、「下種」と呼び、ボーヴォワールが『招かれた女』の中で描いている、彼の分身たるピエール・ラブルースの人物描写を読んでしまうと、彼は友達として付き合うことのできない、憎むべき人間としか思えなくなると――人もあろうにドロレスに――語っている。アルチュセール、我が師アルチュセールは、『愛と文体　フランカへの手紙』の中で、「あの幸福な精神病から彼を抜け出させる必要がある」、「そのためには鞭で打つしかない」と書いている。「あの男が持っている教鞭で顔を打つ」必要があると、彼は勧告するのだ。「あのぺてんに沈黙を強いるには、顔面への鞭打ちしかないと思う[46]」。そう言えばかの偉大なるマラパルテを忘れるところだった！　彼はサルトルをネタにしてこんな恥ずべき文章を残している。「不潔なケツ、汗ばんだ脇の下、よく洗っていない性器、こういったものの臭いが、歩道から立ち昇り、カフェのドアから、地下室から、〈フロール〉や〈ドゥー・マゴ〉でテーブルを囲むグループから発散していた〔……〕ジャン＝ポール・サルトルの率いる軍隊は、羊の軍団、牝羊の軍団でしかあり得ない……胸のむかつくような、汗ばんだピンクの手をした……黒人たちと黒人の子供たち……これらの色情狂の黒人たちから発散する、性器と精液に汚れた毛の臭い……[47]」

　こうした憎しみの爆発でサルトルは結構得をしたというのは、十分あり得ることである。

　この憎しみを彼自身が追い求め、進んでそれに身を晒したと、仮定することができる。サルトル的なあり方、哲学的・実存的主体を恒常的に人目に晒すそのやり方の中には、さらにはつねに透明でありたいという彼の欲求、もしくはのちにモーリヤックによって名付けられる「彼の殉教への渇望」の中にさえも、根底的な憎しみに対する挑発があると、仮定することもできる。

　さらに言うなら、このような憎しみは、サルトル的偉大さの尺度からすれば、それ自体一つの価値であったのであり、彼に言わせれば、作家は大々的に憎まれれば憎まれるほど偉大なのだ、ということは、数多ある証言の中でも特に、あの驚異的な「生きているジィド」を読めば、一目瞭然である。この「生きているジィド」の中で彼は、『コリドン』の作者〔ジィド〕が、生涯最後の夜に至るまで、己の身を付け狙う「右と左の正統的な考えの持ち主たちの連合」を「実現」したということに、有頂天になっている。追悼の言葉を捧げる段になっても、彼らのこうした「困惑」と「怨恨」は、「彼のために不承不承、編み上げた葬式の桂冠越しに透けて見える」のであり、それらのものは、ジィドが「いまだに嫌われており、今後も長いこと嫌われ続けるだろうことを示している」、と述べながら、サルトルは、そのことがまことに驚異的なことであり、栄光であり、究極の尊厳にほかならないと、強調しているのである。

そして私は、サルトルのケースと、サルトルから見たジィドのケースを越えて、一般的に、憎まれ、もしくは排斥されるいかなる作家にも、支配力と憎しみとは切り離しがたく相伴うものであるという漠とした意識があるということを承知している。この二つは切っても切り離せないものであり、一方を受け取るなら、もう一方も引き継がなければならない。光と影、表と裏、冠とそれに伴う茨のとげ、そう、そう、まさにそれと同じようにばかげたことなのだ、冠には茨のとげが付き物だということと同じように。しかしまたそうした作家には、秘かな歓喜、ほとんど快楽の一形態とでも言うべきものも、場合によってはあるのだ。それは二重の冠が最悪の激発に達した時の法則である。すなわち、役者にして殉教者*として、人に不快感を与えるという貴族的な楽しみ。人の激怒こそが証言であり、人の不機嫌と悪意こそ、真理の指標である。「私は私の時代の社会の普遍的憎悪を受ける価値があった。このような社会の目から見てそれ以外の価値があったとしたら、私は気を悪くしただろう！」(48)

しかしだからといって、この現象がまことに奇妙であるということは一向に変わらない。もう一度言うが、敵のない作家はいない。非常に激しく、時として耐え難いような敵意の的となった者もいる。それに少なくともラ・ブリュイエール以来、「名声を博し始めた人間には、だれもが反感を抱くものだ」という法則は、知られている。この冷ややかな態度、容赦なき嫌悪、終りなきいびりは、墓の彼方にまで彼につきまとい、ジィドの身辺に見られたことをはるかに凌駕しているが、これこそまことに少数の人間の特権なのだ。スピノザは恐らくその一員だろう。ヴォルテールも。しかしスピノザについてもヴォルテールについても、このような卑劣な言葉は決して書かれはしなかった。さらにスピノザについてもヴォルテールについても、死後に及んでも、パリの真ん中で、銅像の目を抉るという紛れもない死者へのテロ攻撃が行なわれるなどというところまで行きはしなかった。なしくずしの死*というわけだ。お前たちを墓の中にまで追い掛けるぞ。

スピノザ・ヴォルテール・サルトルの軸。

偉大なる嫌われ者のクラブ。容易なことではその会員にはなれない。

これらの偉大なる真実の人たち、人類全体にとって憎むべき人たち。口当たりの良いことを言うことを潔しとせず、そのために高価な償いを強いられた人たち。

このような憎悪をかき立てたという恐るべき名誉。

若きサルトル

それにもかかわらず、彼の声の非常な力強さを想像してみる必要がある。

彼の溌溂としたさま、その元気一杯、その並外れた若々しさを想像してみる必要がある。こうしたものは最後の最後、最後の一連のインタビューの、盲目で、病に伏したサルトルに再び見出されるのだ。

この声の美しさ、彼の内なる声の紛れもない美しさを、われわれは忘れてしまった。そしてその声が現れるや否や、当時の他の声を粉砕し、大口を叩く物言いができないようにさせて、消え入るようにさせてしまう力を持っていたことも、忘れてしまった。人に沈黙を強いるがゆえに力強い、そうした声もある。嵐の種を播き、それが通り過ぎたあとには、喧噪はさらに喧しくなるがゆえに、力強い声というものもある。この声、サルトルの声は、言うならば、この二つの力を持っている。それに加えてこの声は、自分の邪魔になる声を笑い者にし、取るに足らぬと仮定された通りに取るに足らぬものであることを暴き立て、有効性を失ったものとして名指しし、そうして権力を奪取する秘訣を心得ているのだ。

戦前、彼はすでにモーリヤックに攻撃を加えている。このカトリックの大作家は『夜の終り』を刊行した。古典的小説だ。批評家から絶賛され、読者からは歓迎されていた。今から振り返って見ると、モーリヤックの紛れもない傑作小説の一つである。ところがここにサルトルが登場し、『新フランス評論』に批評を掲載し(50)、先輩モーリヤックの小説作法は上から下まで、小説家とは「その創造人物たちにとって、あたかも万物を創造した神のごときもの」であるという仮説に立脚しているが、自分ことサルトルは、一年前に唯一『嘔吐』を刊行しただけで身に帯びることとなった正統性の高みから、次のように断定する資格と力量を有するものである、と説明した。すなわち、そこには許しがたい「技法上の誤り」があり、さらにそれは哲学的誤りに裏打ちされている。作家は「いささかも神ではない」。作家には「そのような絶対的判断を下す権利はな」く、それによって登場人物を操り人形にしてしまう権利もない。登場人物の理性や狂気の中、全智の語り手たる作家の見え透いた下心で仕組まれた人物たちの貧弱な矛盾の中に、入り込む権利もない。そして以上に鑑みて、彼サルトルとしては次のような評決を言い渡さざるを得ないのである。『夜の終り』は「小説ではない」。何となれば、「神は芸術家ではなく、モーリヤック氏もまた芸術家ではない」からである。被告は攻撃を耐え忍んだ。批判に答えることなく、耐え忍び、フェアなプレイヤーとして、長い歳月の間には、例えばサルトルが『アデン、アラビア』の序文を書いた時などに、宿敵サルトルの才能に敬意を表することも厭わない。しかし思い切って新たに小説を発表するまで、実に三〇年も待つことになる。サルトルは「二〇年前に、初手から、私を絞め殺」そうとした、とのちに彼は言うことになる。[51]また別の機会に、かくも長い沈黙の理由を尋ねた『フランス・ソワール』紙の記者にこう答えている。『夜の終り』は「サルトルにこきおろされた」。「新進の著作家であっただけでなく、同時にその世代の栄光」であったサルトルに。そしてあの「攻撃」は私を「意気阻喪」させた、というところまでは行かないが、私に「反省材料を与えた」ことは、認める必要がある。[52]のちにサルトルはこのこきおろしを遺憾とすることになる。一九六〇年に、[53]「技法というものはすべてトリックである」、そして彼が当時モーリヤックの文学的介入主義に対抗して打ち出そうとしていた、例の「アメリカ的方法」も、人為的なものである点ではほとんど差がないと、認めるのである。しかし当時はそうだったのだ。ある雑誌に載った文学的こきおろしが、三〇年間もの反省を強いる、そういう時代だった。二十世紀の半ば、一九三九年に、非常に若いサルトルは、小説家を一人殺してしまうだけの力をすでに持っていたのだ。

それから六年経った。サルトルの声はさらに明瞭さと論争性と権威を獲得した。そしてこの戦争の歳月は、長い沈黙の反芻の期間であり、その間に『存在と無』が刊行され、最初の戯曲が数編上演され、また憎しみもすでに生まれ、だれからも非難され、あらゆるものを分断する陰鬱な天才が発揮され、サルトルがそこから効果を引き出したわけだが、あたかもこの戦争の歳月は彼の力を数倍に増大させ、彼の言説に電気を帯びさせたかのようなのだ。事態はあたかも、単に彼が登場し、声を発した、たったそれだけのことで、あたりの景観は相貌を変えてしまい、当時栄光に包まれていた人々の大部分は、時代遅れで失効したものという刻印を押されてしまうかのようだった。

彼が「対独協力者の肖像」、ないし単にブルジョワ小説家の肖像を描き出し、フランスの小説家たちに、「われわれは、そうとは自覚せぬままに、われわれの伝統と文化の重みで押しつぶされていた」と説明し、「どんな発言も反響を呼ぶのであり、どんな沈黙もまた同様である」という大音声を響かせる時、彼の言葉に反論する者はいなかった。

ところがサルトルが他の者から攻撃を加えられた時、ブータンが致命的な打撃のつもりで書いた攻撃文書の中で「サルトルは悪霊に取り付かれた者か(54)」と言った時、ジャック・ロ－ラン*がサルトルをポール・ブールジェになぞらえ、モーリヤックがやられたのと同じ仕打ちを今度は逆に彼に対して仕掛けようとした——重っ苦しい散文、内容空疎な思想、特定の思想のひも付き文学、などとあげつらって——時、さらにもう一人別の人間が、「カミュの肺とサルトルの肩」を皮肉るのが気の効いたことだなどと思いこんで、この二つだけですでにフランス文学の衰退を示す印となっていると述べた時、サルトルはわざわざ反撃するにも及ばなかった。「屠殺人のように書く小者のダンディども(55)」に雷を落す必要さえなかった。だれの目にも明らかに、大胆さ、現代性、精神の自由が、追い風となって吹いているのは、この青年の方、サルトルの方なのだ。そしてあやつら、軽騎兵*どもの方は、あやつら一流の偽物の傲岸不遜、安物の若作り、気取りをもってしても、またたく間にすえた臭いを発散することになってしまう。年老いた若者、年寄り向きの若者、ナフタリンとヴィシー時代の鼻持ちならない臭い——「息苦しい埃」、「虫にくわれてぼろぼろの信心」と、のちにベルナール・フランクは言うだろう(56)。

そしてジィドが、すでに戦前に『壁』が出版された時から、この「新しい哲学」と自分自身の哲学との親近性を理解していた（「このジャン＝ポールという新人は何者かね」と彼はポーラン*に尋ねた。「彼は大いに期待できると思います。（彼の中編小説は、傑作だと思いますよ」とポーランは答えた）。ジィドは、この実存主義なるものの若き使徒を囲んでみんなが「大騒ぎ」をしているのを見て驚いて、「そんなことは彼よりも前にジィドが言っているじゃないか」と抗議の声を上げてくれる「注意深い読者」が、たった一人でいいからいないものかと、『日記』の中で思いあぐねることになるが、そこには苛立ちや焦りもさることながら、諦めも感じ取れるのだ。[57]もう遅い、「注意深い読者」が現れることはもはやないだろう、権力はサルトルに移りつつあり、自分としてはもはやサルトルに丁重に降伏するしか手立てはない、ということをジィドは承知していた。「『恭しき娼婦』は一応の傑作だと思う」と、一九四七年に彼は『日記』[58]の中に記している。その後に例の二度にわたる会見があった。一度目はマルク・アレグレがカプリで撮影し、二度目はニコール・ヴェルデスが映画用に撮影している。[59]いまその映像を眺めてみる。二人の顔をじっと観察してみる。生涯最後――その時はまだそうなるとは思わなかったが――にカメラの前でポーズを取る文学の長老。それもかなり前から自分に追い付いた後継者のために。その後継者は、自分には時間がある、いくらでも時間がある、なぜなら人生は明日はじまるからだ、ということを承知している者の無造作で鷹揚な態度を見せている。それに事態は火を見るよりも明らかなのだ。勢力は逆転した。そこにいるのはもはや、一九三九年に、先輩ジィドがアドリエンヌ・モニエに企画してくれるよう頼んだ夕食会の時に、若く才能ある弟子として先輩に紹介されたあの男ではない。もはや、一九四一年にジィドがグラースのカフェに迎えたあの小男サルトルでもない。その時サルトルは、レジスタンスに加わるようジィドを説得しようとしに来たのだった。ジィドの前に、ダニエル・メイエルに同じ説得を試みており、ジィドの後には、マルローに同じ説得を試みるのであったが。しかし今や、先輩は武器を引き渡し、後輩が凱歌を上げるのである。

私は以前からこの場面が好きだった。年老いた作家が、「私こそは最後の作家だ」とか「哲学は終った」

といった言葉を吐くのではなく、己の後継者を選び、松明を渡して彼に引き継いでいるかに見えるこの瞬間が、以前から好きだった。時としてこのような引き継ぎは、自分が永遠に生き残り、後輩を通して一種任期延長、猶予のごときものを手に入れよう（ニミエ*にバトンタッチするモラン）という下心で行なわれることもある。時としてそれは、全体的戦略の一環として新兵を加入させる（一九七七年のテレビ番組「アポストロフ*」でのクラヴェルと「新哲学者たち」）ために行なわれることもある。さらには時として、引き継ぎは、相手の魅力の虜となり、目を奪われた、利害得失とは無縁の行為として（バレス*は、『合掌』を書いた二十四歳の未知の青年、フランソワ・モーリヤックの魅力に征服された）行なわれることもある。ジィドがサルトルに対して行なった騎士叙任式には、これらの要素がいくぶんかずつ含まれている。したたかな計算と心の動揺、戦術と目が眩む思い——サルトルなら「用心深さと大胆さ」[60]と言っただろう——の混淆、そして恐らくは、この偉大なるジィドにして、言わば恩寵を失ったという感情。賭はなされた。抗っても無駄だ。いまや直ちに顕彰すべき「模範的同時代人」が姿を現している。その男はジィドを玉座から退かせることになるだろう。

2 スタンダールとスピノザ

「大」知識人とは何か？　このジッドの松明を引き継いだのが、サルトルであり、サルトルただ独りであるというようなことになったのは、どうしてなのか？　ある時点において、これこれの巡り合わせの中で、絶対的支配権保持者の地位を占めたのが、あの男ではなくてこの男であるということになったのは、どうしてなのか？　そして彼がこのようにして、先輩たちにだけでなく、同時代の同輩たちにも自分を押しつけて幅を効かせるようになったのは、何故なのか？　サルトルの場合には、弟子筋の者、若者層、身内もしくは身内周辺の者からなる親衛隊から承認を得ただけでなく、より難しいライバルたちからの承認も、直ちに得ることになり、彼らは一人また一人と、もはや何の説明もなしに、降伏し、臣従の誓いをするのであったが、それは何故なのか？

レイモン・アロンの態度は腑に落ちない。彼は魅惑され、ほとんど強迫観念に取り付かれ(1)、長い歳月の間に、「仲良しのクラスメート」を論じる本を三冊も（『知識人の阿片』、『架空のマルクス主義』、『暴力の歴史と弁証法』）書いて、不思議とも思わなかった。ところがサルトルの方は、彼に答えることはおろか、読もうとさえしなかったのだ。「いや、駄目だよ。レイモン・アロンと議論する積りはない。何にもならないのだから[2]」。一度だけ、ずっとずっと後になってから、サルトルはわざわざお出まし下さって、何らかの反応を示し、昔の同級生の名前を活字にする労をお取りになる。しかしそれは「レイモン・アロンのバスチーユ」で非常に「紅衛兵」的な口調で彼を叱りつけるためであったが、叱られた当人は相変わらず気を悪くした気配も見せないのである。「今やフランス中がド・ゴールが真っ裸のところを目にした以上、学生たちもレイモン・アロンの真っ裸を眺めることができなければならない。彼が体制批判を受け入れない限り、衣服を返してやらなければ良いのだ……」

　メルロー＝ポンティの態度も不思議だ[3]。エリート知識人たち（ゲルー*、ヴュイユマン*、イポリット*、カンギレム*、ジャン・ヴァール*）の言うところを信じるなら、メルロー＝ポンティは当時最大の哲学者であり、唯一の厳密にして真面目な哲学者、とりわけドイツ語のテクスト一般に、そして個別的にはヘーゲルとマルクスのテクストの直接的知識を持つ唯一の哲学者であるとのことである。「サルトルだって？　むしろメルローの話をして下さいよ。彼は堅実だ！　本物だ！　社交界に出入りする軽薄な人間とは違う！」ところがメルローもたちまち、服属とまでは言わないが、依存の立場に身をおいてしまうのだ。一九三六年には『想像力』を解説する。占領下では『蝿』の救援に駆けつける。一九四五年からは『レ・タン・モデルヌ』誌上でカトリックとマルクス主義者の攻撃に対して『存在と無』擁護の論陣を張る。『フィガロ・リテレール』誌では矢面に立って、「異端臭い」作者となったサルトルを弁護するのである。この後、離反し、『レ・タン・モデルヌ』をやめ、『弁証法の冒険』という、サルトル流「ウルトラ・ボリシェヴィズム」との訣別の大作を発表するが、彼の読みが非常に注意深く、テクストの分析がまことに綿密にして忍耐強いところからすれば、これもまた別の形のオマージュであり、別の形で敬意を表明し、友人サルトルに主導権と支配権を認めているということになろう。ところがそれに対して、当のサルトルは、身じろぎもせず、心を動かす気配もなく、答えたり仕打ちを責めることもしない（ようやくメルローの死に際して、弔辞の中で「実際には起こりはしなかった仲違い、われわれの友情」、次いで論争とその理由、それが後に抱かせることになる悔恨、要するに、あの歳月に「われわれ二人を角突き合わさせ、そのすぐ後にそれぞれを相手の対極に立たせることになった」[4]「大波」に言及することになるにすぎない）。

さらにはバタイユ、ブランショ、それにカミュその人の振舞いも不思議である。カミュもまた、サルトルとサルトル一派があらん限りの粗暴さで彼を批判していた論争の絶頂期にさえも、こうしたサルトルの王座に異義を唱えることなど思いもよらなかった。彼の「回答」の気息奄々たる口調、「決裂」の苦痛、そして彼の反論たる「『レ・タン・モデルヌ』編集長殿」の中にも、それ以降のテクストの中にも、サルトルの優位という原則そのものを疑問に付す動きは決して見られなかったのである（いくつもの逸話があるが、特にジャン・ダニエル*が報告している逸話を見てみよう。それは、カミュのあの伝説的な「心の広さ」と「優雅さ」を証すものではあるが、さらにまた二人の力関係のありようが最後まで変わっていなかったことを証言してもいる。それはグルニエ*との長い会話の逸話で、会話はマダム通りで始まり、サン=ジェルマン大通りのマルチニック風カフェバーで終った。グルニエはカミュの耳には心地よい話題だと思って、『共産主義者と平和』の著者を皮肉った。ところがカミュは、だれもが驚いたことには、旧友サルトルの弁護をしたのだ。自分はサルトルを知的俗悪の現行犯と思ったことは一度もない、と彼は言った。「あの男にはやや精神錯乱の気配がある。それは心配な点だが、しかし高貴さもある」[5]）。

要するに、「大知識人」とは何なのか？

この知識人がこのような不抜の支配力を帯びたのは何故なのか？

このような罪障の神秘と恩寵が、一つの声、一つの生き方、一つの冒険、ある一つの主体の軌跡、独自性の航跡に結びつくのは、何故なのか？　如何にしてなのか？

これがこの長いサルトルの世紀の謎、その最初の謎である。

全体的知識人

まず第一に行なわれる説明、最も基本的で一目瞭然の説明は、サルトルの才能、というかむしろ、野心、彼の食欲、その飽くことを知らぬ好奇心、彼がよく口にするように、「全世界」を所有しようと決意し、その途方もない覇権を実現する手段を手に入れようと決意した、欠けることなき全面的知識人の側面である。別の言葉で言えば、彼は当時着手可能であったあらゆるジャンルを試み、そしてしばしば優れた結果を生み出した唯一の人物であるという事実である。

哲学は無論のこと、政治も、そして文学、ジャーナリズム、文芸批評、ルポルタージュ、さらには、これだけでは足りない、すべてを試みたということだけでなく、その中で他に十分な差をつけたというのが確実でなければならないとでも言うように、演劇、シャンソンの歌詞、講演、ラジオ放送、映画、等々といった具合である。

すでに一九四七年には彼はこう叫んでいた。「ラジオと映画の文学技法があり、新聞論説とルポルタージュの文学技法がある。映像で語り、われわれの書物の思想を新たな言語に移し換えるすべを学ばなければならない」(6)。そして早くもル・アーヴルのリセの卒業式で、生徒たちに向かって次のように語りかけている。聴いていた父母たちは、吃驚して開いた口が塞がらなかった。映画、万歳。この文明の学校、生ける哲学のモニュメント、この芸術、映画が栄えんことを。映画は諸君に「諸君が現に生きている世界の美しさ、スピードと機械の詩情、工業の人間離れした華麗な不可避性を教えてくれるだろう。頻繁に映画に行きたまえ！」[7]（ついでに言っておくが、サルトルはだれにもまして映画を知り、理解し、分析した――「私は映画が沈黙する権利を買い取りつつあると考える」――が、それに満足せず、すでにあの時点で、『賭はなされた』のシナリオを書き、『傲慢な者たち』『狂熱の孤独』のシナリオ執筆に加わり、フロイトの生涯のシナリオ作成でヒューストン*に協力する態勢が出来ていた。そのサルトルと映画の出会いは「失敗」だったと判断する向きも多いが、それはまことに奇怪なことである）。

サルトルはあらゆるジャンルをこなした。

サルトルは、時代のあらゆる状態に臨在した。

もう一度言うが、サルトルは、彼以後は他の何びとにも見出されることのない唯一無比の精力で、絶対的作品系という構想を試みた、彼の世代で唯一の人物なのだ。[8]

例えばバタイユもまた、同じくらい重要な作家であるが、作家でしかない。本当の哲学者とは言えない。三〇年代には、ファシズムに対する抗議のあらゆるシュールレアリスム的ないし隠れシュールレアリスム的イニシアチヴに加わり、『コントル・アタック』誌を創刊して、あれほど多くの反ヒトラーの論説を書いた彼は、戦後は突然、政治をやめてしまった。

ブランショは政治をやっている。これまで常に政治をやって来た（例えば戦前の三〇年代の極右への参画）し、戦後もかつてないほどに政治をやっている（彼は一二一人宣言*の起草者の一人だった）。しかし哲学者ではない。ある意味では、友人のバタイユよりもさらに哲学者である度合は低いとさえ言えよう。もしくは、哲学者であるにはあるが、文学的なもしくは無秩序なやり方で哲学者なのであって、「良心の導き手」を演じるにはあまり適切とは言えない。ハイデッガー哲学を「根づき」の哲学、もしくは「いささか恥ずべき中立者の思想」に単純化してしまったり、『存在と時間』を、「存在者」に対する「存在」の「先行性」――「存在論的」な「先行性」ではあるが――の理論として読み取ったり、ヘーゲルを、マラルメの精神的兄弟とし、そのメッセージの本旨は、言語を「殺人」と同等のものとし、「名付け」の行為そのものを何やら知らぬ「徘徊する死」と同一視することであると称する等、誤解も甚だしいし、何とも軽い。(9)

メルローは哲学者だ。サルトル以上に、『レ・タン・モデルヌ』の哲学に関する保証人だった（ヴュイユマンは、メルローがいた間は同誌に署名入りの記事を書くことを承諾したが、メルローが訣別した瞬間に寄稿をやめている）。それにメルローは、輝かしい政治関係の専門家でもあった。『レ・タン・モデルヌ』の政治関係の唯一の責任者でもあった。「心の奥底では」(10)依然として「時代遅れの無政府主義者」のままだったサルトルを「回心」させたのも彼だった。一九五〇年まで、「TM」〔「タン・モデルヌ」の頭文字〕と署名された論説の大部分を執筆し、そのようにして同誌の共通路線を決定していたのも、彼であった。「彼が知っていたことを私が学ぶには、さらに五年を要した」(11)と、サルトルは彼の死後、「生けるメルロー＝ポンティ」の中で述べることになる。しかもこのエッセイの初稿は、死んだ者にあまりにもおもね、残ったサルトルにはあまりにも自虐的であるとカストールが判断したため、発表されなかった。その上この初稿では、友人メルローがアロンに対して自分の政治的傾向を弁護した公開の論争に言及しつつ、サルトルはメルローに対して、詐欺師まがいのほら吹きの役回りを演じてもいたのだ……。しかし、結局のところ、メルローは作家ではない。演劇人でもない。芸術家でもない。どんなに努力しても、所詮は哲学教授のままだった。

アロン。彼についても同じだ。彼も哲学者だ。しかもサルトルから見れば、自分の歴史性への回心、つまりフッサール、そしてもしかしたらハイデガーへの手ほどきが行なわれたのは、彼によってなのだ。サルトルはそのことを『弁証法的理性批判』の中で誠実に認めている。彼は『存在と無』より五年前に出された『歴史哲学入門』の著者だが、この本は実存主義のパイオニア的大著だと考えることも出来なくはない。それに彼の政治意識は少なくとも「仲の良いクラスメート」〔サルトル〕のそれ、メルロー=ポンティのそれと比べても遜色のない鋭いものであった。終戦直後に彼がフランスに帰国した時、彼は二重の後光に包まれていた。すなわち早くも一九三〇年から一九三三年までの、ケルンとベルリンでの滞在の間に、ヒトラーがいかにおぞましい恐怖を意味するのかを察知し、「全く同時に」「自分の人生の意味」と「政治の悲劇性」と「自由の脆さ」を発見した男、次いでサルトルが『存在と無』を書いている最中に、自分の本がユダヤ人著者の禁書目録であるオットー・リストに載っていることを知り、一九四〇年六月末にはロンドンのド・ゴール将軍に合流して、その指揮下で非の打ち所なき軍歴を果した男という後光であった。しかもロンドンへ赴く前に、〈自由フランス〉の戦闘部隊に加入しようとしてもいるのである。しかし彼も文学的才能がなかった。メルローと同様に、作家であることが欠けていたのである。

ところがカミュの場合は、その反対である。カミュは作家だ。ジャーナリストで、政治行動も行ない、演劇人であるが、作家でもある。しかもそんじょそこらの作家ではない。驚嘆すべき小説家だ。『異邦人』は、サルトルの見解からしても、「現代《タン・モデルヌ》」の最大傑作の一つである。ムルソーはもう一人のロカンタンか、ロカンタンがもう一人のムルソーか。当時、新たな精神の風が吹いていたのは、この二つの小説のうちのどちらの中だったろう。しかしやはり問題がある。今度は問題は哲学の側にあるのだ。カミュの哲学は素人芸なのだ。『反抗的人間』は哲学的には重みがなく、敵対者たちとしては「出典が孫引きばかりだ」と非難のし放題だし、政治的直観は力強いとしても、形而上学的土台がそれに全く追い付いていない。もちろんサルトルだって、フランスのハイデガーたるにはほど遠かった。しかし少なくとも彼はかくあらんと努力した。少なくともモデルたるドイツの巨匠たちの優秀性の水準と要求水準とによじ登ろうと試みることはしたのである。その間、彼のライヴァルたるカミュは、「エッセイ」の権威たるに甘んじていたように見える。

要するにサルトルは、同時にすべてのジャンルを動員した、彼の世代で唯一の人物なのである。戦場を制圧した、征服すべきすべての戦場を制圧した唯一の人物。後に彼は、「事物が言語から言語へと移行して行く限り、それだけの数の言語で書く[12]」と述べているが、そんなことをやってのけた唯一の人物なのだ。

ところがもしかしたらそれは、強さの告白であると同程度に、弱さの告白でもある。もしかしたらコクトーについてしばしば言われることをサルトルについても言うことができるかも知れない。つまり、彼はどれか一つに秀でるという確信があったなら、すべての種目に手を出すことはなかっただろう、ということである。あらゆる分野で二番手であるが、一番手となれる分野がない。普遍的な達人、何にでも手を出したがる才能、真の王冠を戴くことなき君主。彼があちらの王冠からこちらの王冠へと駆け回り、幽霊を手玉に取るのは、一つのジャンル、ただ一つのジャンルで絶対的に他を圧倒するという、もう一つ別の王たる道は自分の手には届かぬことを、おぼろげに承知しているからなのだ。そしておそらく、この選択の中には、いく分は漠然とした合理性が伺えなくはない。それは後に見るように、サルトルの自我のきわめて特異なありよう、その流動性、一つの本質に凝固できないという特性に根差している。一つの本質に凝固できないのだから、一つの形式にも、専門にも、ジャンルにも凝固できない道理だ。しかし結局のところ、次のことは事実である。すなわちサルトルは、当時の文学・文化空間をすっぽりと埋め尽くすことに成功したということ。それを進める手法がいく分は意識的で計算されたものでなかったとは信じられないが。サルトルは戦後のすべての知識人の中で、いかなる言表と発言の方式も己の支配を逃れることがないという力業を為し遂げた唯一の人物、あらゆる舞台での演出家なのだ。私の舞台と私の王国は、この世界そのもの、この世界の全体である。この世界であるものは何一つとして、私に無縁ではなく、無縁であるはずはない。これが彼の支配力の第一の説明である。

しかしここにもう一つ、第二の説明がある。

さらに近寄って眺めてみると、サルトルはその時々の巡り合わせや、インスピレーションや気紛れのままに、あるジャンルをやっては今度は別のジャンルをやる、というようなことではない。まさしく彼はコクトーではないのだ。逆に現代のレオナルド〔ダ・ヴィンチ〕でもない。あの万能の芸術家、千手観音、行くところ可ならざるはなく、それほどにその天才は多彩であり、何を選ぼうともその都度、最も目映いばかりであることが確実な、そのような人間ではない。そうではないのだ。彼はそれよりも目覚ましいことをしたのだ。そして逆に私は、それが何らかの計算の結果であるとは信じられない。すなわち、これらすべてのジャンルを同時にプレーする。本当に具体的に同時にプレーするのだ。このジャンルであのジャンルに手を加える。二つのジャンルを相互に反応させる。複数のジャンルを交配し、本来の姿を歪めるのだ。文学と哲学という例だけを取ってみても、今日は小説、明日は哲学という風に、気紛れ、もしくは規則的な一種の交代によって書くというわけではない。哲学と文学が混ざり合い、互いに痛めつけあい、強めあい、ほとんど解け合うのだ。独創性と力強さがあるとすれば、それはこの二つを一緒に、一まとまりのもの——融溶と言うべきか?——として行なうということである。そのようなまとめ方というのは、あの時代においても、あの世紀全体においても、サルトルだけのものだったのである。

哲学的小説とは何か？

サルトルの文学。

だれもが口にする常套句はこうだ。サルトルは下手な小説家である、それは、彼がまた哲学者でもあるからであり、哲学のせいで彼の小説の仕掛けには鉛の錘りが付けられているからだ、と。

これに対しては二つの答えを寄せることにしよう。

第一の答え（しかしこれは証明できない）――そんなことはない、良い小説家だ。それがかくも過少評価されているのは、実に怪しからぬことだ。当時の最良の作家の一人でもあれば、現在の最良の作家でもある。彼の本はだれもが知っているのに、だれも読んだことはない、というこの不可解。

第二（こちらの方は証明することができる）――独創的な小説家だ。新たな形式と文体を作り出した作家である。それは彼が哲学者であるからであり、彼の哲学が彼の文学技法に働きかけたからである。つまり彼の哲学にも拘わらず、ではなくて、哲学のゆえになのだ。

証明せよ、というのか。

最初期の小説を取り上げよう、とミシェル・コンタとミシェル・リバルカは言う[13]。『真理伝説』なり『ふくろうジェジュ』という、あの好ましいが、甘ったるい虚構作品を取り上げてみよう。

とりわけ『真理伝説』を取り上げてみよう。「確実な事象」、「蓋然的な事象」、「孤独者の伝説」という三部に分かれるこのコント、高等師範学校受験準備学級生の小論文のように、誇張して気取ったこのコントを。

これは哲学以前の文学だ。

彼の哲学が虚構作品の重荷となっていると考える者たちの分析に従うなら、これらのテクストは、まだ『自我の超越性』や『存在と無』の理論的装備をぎっしりと積み込む前の、哲学から「独立した」サルトルによって書かれたものである。

ところがこれらのテクストで目につくのは、甘ったるさ、幼稚さ、そして時には鈍重さもさることながら、何の創意もない、学校的な、型通りのものだという点である。サルトルはまだ哲学者になっていない。実存主義という鉛の錘りを付けていない。しかして彼はポール・ブールジェのような書き方をしているのである。

さらに論証。

今度は逆に『嘔吐』を取り上げよう。

ロカンタンの「日記」という、この異論の余地なき傑作を取り上げよう。

型通りのものが傑作になるまでに、何が起こったのか？

出版することもできない習作の小説から、このような巨大な本へとたどり着くには、いったい何が起こらねばならなかったのだろうか？

サルトルは年をとった、というのはもちろんある。彼は成熟した。しかし彼は年をとった、成熟した、と言うだけで、もし彼はとりわけ哲学者になった、ないしはより正確に言えば、彼は哲学を変えたのだ、と言わないとしたら、それは何も言わないに等しい。

彼は以前は借り物の哲学を持っていたが、今や自前の哲学を持っている。

以前は高等師範学校生の哲学（ラランド*、ブランシュヴィック*一味——ニザンの言う「番犬*」）の哲学を持っていたが、複雑な哲学（フッサール、もしかしたらハイデガー、この両者の綜合。これは実存主義となって行くものの土台となる）に移行した。

そしてこの変化は、彼の小説技法を鈍重にするなどということはなかった。この五〇年来、繰り返し言われて来たように、哲学が虚構作品を踏みつぶし、窒息させ、もしくはその自由を奪う、などということはなかった。それどころか哲学は、虚構作品に最良の効果をもたらし、プルーストが作家が読者に提供すると述べていたあの「光学器械」の威力を増大させたのである。この「光学器械」のおかげで読者は、この本がなかったら「彼がおそらくは自分自身の中に見出すことがなかったはずの(14)」ものを見分けることができるようになるのだ。

『嘔吐』の始めの方に出て来る鏡のエピソード。これはまるで、『自我の超越性』（『自我の超越』）の「このようなものとして、自我はわれわれにとって未知のものであり続ける*」という指摘から、そのまま出て来たようではないか(15)。

ブーヴィルの日曜日の群衆の描写。そののろのろとした歩み、宗教儀式のように規則に従った挨拶と物腰、牛のような息遣いを描くサルトルはすでにして、のちに彼が集列的集団と名付けることになる、あの愚かな大集団を描写するサルトルである。

終りの方の、主人公が、いったん失われ、のちに再び見出された己の自己同一性について自問する、あの目眩の瞬間。「私は静かにあくびをする。だれもいない。だれにとってもアントワーヌ・ロカンタンは存在しない。アントワーヌ・ロカンタンというのは、いったい何なのだ。抽象物だ。私の意識の中で私についてのくすんだ思い出がぐらつく……」次いで「突然、〈私〉が色褪せる。そら来た。消えて行くぞ」。それからさらに二ページ先で、例のジャズの曲が内面の声となって、最後に鳴り響いている時に、そう、またしても「私」が「意識の中に吹き出して来る」。それは私、アントワーヌ・ロカンタンだ。「私は間もなくパリへと発つ。女将に最後の別れを言いに来た」[16]。消え去り、隠れ、生き返る〈自我〉をめぐるこれらの変奏、破裂し実体を失うが、最後には見出される意識のこのバレー、自然に空ろになって、己につきまとい耳許でぶんぶんとざわめいて責めさいなむ多数の声のなすがままとなる人物のイメージ、事物のざわめきが内面の声に変わり、内面の声が無となって行く、この変貌、こうした一切は、『想像界』〔『想像力の問題』〕と『自我の超越性』の諸定理がなかったら、構想されることさえなかったのではなかろうか。

そして最後に、登場人物たちの身体の現前。この現前の極端な強調。サルトルは、この点でもまた世評とは裏腹に、非常に物質的な作家なのだ。登場人物の身体について、素晴しい描写を残しているのである。「上着を脱いでシャツ姿となり」「ズボン吊り」をしている、女将のいとこのアドルフは、カウンターの内側で立ったまま眠っている。独学者*は、「驢馬のような大きな顎」をして、「煙草と淀んで腐った水の臭い」がする。さらに後の『自由への道』になると、マルセル*の「美しい乳房はたわんでいる」し、ゼゼットの「粉っぽい頬」と「猥褻な目」、そしてさまざまに変化するイヴィッチの顔——「改まった、よそ行きの」顔、「見せかけの」顔、「動転した」顔——彼女の無数の顔はその都度、マチューを困惑させ、次々と繰り出される彼女の顔が、物語を押し進める原動力の一つとなっている。サルトルは一九五六年にあるインタビュー[17]の中で、次のように説明している。「われわれが身体のどんな取るに足らぬ機能をも見逃さないのは、精神は身体にまで降りて来る、別の言葉で言うなら、心理的なものは生理的なものにまで降りて来る、ということを忘れた振りをしてはならないからだ。私の考えでは、作家は人間をまるごと掴まなければならない」。しかしとりわけ彼はそれ以前に『存在と無』の中で、すでに自分の立場を説明している。時の唯心論に抗して、フランスの教育界に君臨していた天空に漂うベルクソン哲学——彼の世代のすべての者と同様に彼もそこから自らを解放して行くことになる——に抗して、彼が物それ自体への回帰、事物の鈍く聴き取りにくいが、陶然とさせる物質性へと帰ることを、フッサールに倣って主張している箇所においてである。ここでも文学的美は、哲学的確信の結果に他ならない。概念がイメージに指図をし、理論的なものが美的なものに指図をする。サルトルが何かを見出し、示し、描くとすれば、それはまず始めにそれを理解したからなのだ。

相変わらず、論証。

『自由への道』について。

私は、『自由への道』が、本当に、ここ三〇年来、貧弱でしばしば怠慢な批評が、読みづらくて、退屈で、かさばる等々と記述して来たあの小説であるのかどうかという問題を議論する気はない。この批評は、サルトルがモーリヤックに向けたあの残酷な言葉を当のサルトルに突き付けて、「神は芸術家ではない。サルトル氏もやはり芸術家ではない」と言いたくて仕様がなかったのだが。

しかし逆に私は、——なにしろそれは事実なのだから——これが二十世紀の最も革新的な文学の企ての一つであることを確認する。『自由への道』の中、とくに『猶予』の中には、アメリカ人の功績とされる形式上の革新の大部分が見られることを、私は確認する。ミラン・クンデラは、これらの革新をわれわれの間近で再び取り上げ、体系化し、部分的には、その淵源はムジル*とブロッホ*という偉大なる「オーストリア・ハンガリー人たち」にあるとしている。しかしこれらの革新が実現したとすれば、この小説技法が『猶予』の中、そしてまた『魂の中の死』の中で、かくも力強く展開したとすれば、そしてこの技法がこれらの革新を単に反復し、適用し、フランス化する——あまりにもしばしばこのように言われて来たが、そうではないのだ——だけではないとするなら、彼が「フランスのドス・パソス」なり「ハイゼンベルクの時代のアインシュタイン」[18]*なりに留まることからほど遠く、アメリカの技法に「さらにそれ以上のもの」をもたらしているとするなら、それは哲学的成分が文学テクストの中で作用したお蔭なのである。哲学的成分が積み込まれたことで語りが重くなることはなく、却って軽くなって、刺激され、著しくエネルギーを帯びるのだ。

例えば、心理主義への批判を実作によって行なったこと。ヌーヴォー・ロマンに先立つこと一〇年にして、内面描写主体の心理主義小説を、それに付き物の真実味のなさと芸のなさともども、告発してみせたのだ。登場人物たちは「内面性」も「予め決められたもの」も持たず、その「性格」は、物語が進行するに従って形作られるのであって、彼らが行動する以前には、彼らが何者であるかは決して分からない。これがまさに志向性の理論の応用であることは、容易に見て取れる。これが例の「実存は本質に先立つ」の直接的帰結であることは、認めざるを得ないだろう。伝統的哲学はこう言っていた。「性格というものがある。それは一セットの潜在性と特徴である。ここに見られる身振りや態度や振舞いや言葉は、それから生じる」。そしてここから、語りについての古典的な考え方がまるまる流出して来るのだった。サルトル哲学は仕掛けを転倒させる。「身振りや態度や世界を目指す行為や振舞いがある。こちらの方が最初にあるのだ。それらが何度も繰り返されるうちに、主体の性格というものが形成されることになる。性格とは、最初は何でもなく、いずれにせよ形式的にも物質的にも意識の中にはなかったものなのである」。時代の文学的景観の中では全く独特な、一風変わった魅力を備えたあの人物たちを肉付き豊かに存在させることが可能になったのは、ひとえにこの転倒のお蔭なのである。時には全く不透明で、時には逆に透明で、常に読む者を困らせるこれらの人物は、絶えず己を創造し、己の存在をその場その場で作って行く。『自由への道』の登場人物とは、こうした自由なる、自己自身を作る芸術家たちなのである。

例えば視点の循環。複数の視覚と些細な知覚の技法。こうして眼差しを多数にすることによって、『自由への道』の物語は、時にはマチューによって、時にはブリュネ、時にはダニエルによって、導かれることになる。しかもこれらの視点のうちのどれか一つが特権的であることはなく、一人の語り手が物語の真相を握っているということもない。それはまさしく「フランソワ・モーリヤック氏と自由」の筆者が『夜の終り』の著者に勧告していたことである。しかし勧告は勧告であり、実行はまた別の話だ。そしてサルトルの才能は、彼以前にも彼以後にも、いかなるフランス人もなし得なかったように見事にそれを実行した、という点に他ならない。彼の作品を読むと、ドス・パソスやフォークナーというこのジャンルの巨匠の作品におけるのと同様に、エクリチュールが人物一人一人の知覚システムと合致しており、それらの知覚システムは相互に完全に等価であるという感覚を実際に抱くというところに、彼の力と絶対的独創性が由来するのだ。このようにするのに、彼はどのような手順に訴えたのだろうか？　もちろん映画だ。それにキュビスムだ。次のようなことが言われており、[19]それは間違いではない。すなわち、『猶予』とは、映画の焦点距離や角度やフレーミングの切り換えと、キュビスムの分析的技法の文学への導入であり、まさにパッチワークへの頌歌、断片と破片の讃歌、世界〈観念〉のランクへの万華鏡の昇格に他ならない。さらには、ジョイスの技法、その「媒介も距離もない主観性」による「むき出しのリアリズム」、読者を掴んで意識の中に「潜り込」ませる手法の応用でもある、と。しかしそれはまさにカンギレムの主張する科学史と同様なのだ。彼は、技術的発見というものは、哲学的直観が先にあり、それに導かれるのでなければ、決して科学の相貌を一変させることはない、と言った。人体の構造も、ドイツ・ロマン派の民主主義的ヴィジョンが見たアトム化された社会と同じようなものだろうという、突拍子もない直観が予備的に存在したのでなければ、顕微鏡の発明が細胞理論を生み出すことはなかっただろう。同じように、著者が、語りの技法に関わる問題を越えたところで、「時間」や「空間」の問題、彼が知覚の現象学についての考察において必要と主張している、「ニュートン力学」から「一般相対性」への移行の問題につきまとわれていなかったなら、映画なりキュビスムの流儀、つまり技法上の壮挙だけでは、こうした小説技法の革命を遂行することはできなかっただろう。「すべてを知る証人」はいない、と一九四七年に、『文学とは何か』の著者――哲学者――は主張している。世界の上空から覗き込み、他の意識の時空の上に張り出しているような「特権化された視点」などというものはない。複数の「状況」があるだけだ、と彼は強調する。「半ば明晰」で「半ば不明瞭」な複数の意識があるのであり、その視覚はいずれも等価で、しかもそれぞれが盲点を持っている。複数のモナドがあり、そのそれぞれが他のすべてに干渉するが、そのどれ一つとして存在論的特権を主張することはできない。哲学的教義のこの要点こそが、技法的・文学的独創性の根源となっているのである。この形而上学的決断が、語り手から語り手への移動を可能にしたわけだが、それに留まらず、複数の語りが次々に継起して行く中にいかなる序列も存在しないということをも可能にしたのである。『魂の中の死』の始まりが、ゴメスはニューヨークにおり、サラはパリ、ボリスはマルセイユでイギリスに発とうとしており、ダニエルはまだパリにおり、オデットは逃走中で、マチューは戦場という具合に、同じ状況にいる六つの視点から見た展望が絡み合うページであるのは、サルトルが哲学者であるからであり、彼が、アメリカ作家に続いて、プルーストとセリーヌの後に、フランス流のポリフォニー小説を作り直すことができたのは、彼がこの哲学者であるから、それぞれが絶対的宇宙である意識の無限の集合としての世界という概念を、彼が哲学的に生み出したから、一言で言えば、彼が神なきライプニッツ派ないし信仰なきパスカル派で、宇宙とは、中心が至る所にあり、周縁がどこにもない、そのような炸裂した全体性であると思い描いていたからなのである。

例えばまた、『猶予』の語りそのもの。声が多数であることもさることながら、それらの声は交差する。多数の声の多声《ポリフォニー》だけでなく、不協和音《カコフォニー》でもある。複数の語り手が競合するだけでなく、それらの語り手が一斉に語る。彼らの言説は混ざり合い、もつれあい、ぐるぐると渦を巻き、だれかの発した言葉が別のだれかに引き継がれるか、そのだれかの口許に降り立っては、さらに続けられるのである。マチューの口から発せられた言葉が、ブリュネの口の中で終る。マチューもしくはダニエルのものだった言葉は、物語の遠心機によって、文が終る時にはボリスのものとなっている。ピトーと精神科医の会話と、ジョルジュとカフェのギャルソンの会話が一緒くたになる。ヒトラーの演説とブリュネの内的独白が混ざり合う。大通りで女性たちに「戦争反対、打倒ダラディエ、平和万歳！」と訴えているフィリップと、ラーンの事務所でラジオを聴いているイヴィッチ父娘が同じショットで捉えられる。「外だわ……すべては外で起こっている……自分の部屋は牢獄だ……」とイヴィッチは呟く。と、語りは実際に外に出る。しかしそこはラーンではなく、パリで、マチューがポン・ヌフ橋の欄干に腰掛けて、セーヌ川の流れを見つめ、「漠然とした自殺」――これも「また」一つの「絶対」だ――に思いを馳せている。マチューとイレーヌ。マチューは「しずかに体を起こして、彼女の上に体を滑り込ませた」。ところがこの文が終ると、ローラが現れ、「目を閉じたまま、仰向けに寝ている」。ボリスが「不意に体を引き離し、シーツを引っ張って、横向きになる」。するとその次には、ラジオの前で聞き入るビルナンシャッツ夫妻。そして次にはヒトラーとチェンバレンの会話。これはバックグラウンドノイズのように、全編を通じてざわめいている。そして次には、戦争は「マラケシュの城壁の周りを徘徊している」という文が続いている間に、「モーリスの鼻孔」に「便所の臭い」が届く、となる……。こうした語りの異常とも見えかねないもの、――この本の最初のページから言われていることだが、同じ瞬間にアングーレム、マルセイユ、ベルリン、ドーヴァー、ヘント、ロンドン、プラハで反響し合い、混ざり合い、カードのように切られ、何度も切り直される、こうした声の戯れ、――会話は中断しては、その中断の中に他の会話を滑り込ませるが、その新たな会話は最初の会話を混乱に陥れるものの、それに寄生することはない、そうした会話と語の旋回、ジグザグが跋扈する、省略だらけのこのテクスト、――サルトルがやはりライプニッツに倣って述べている言葉を用いるなら、互いに話を交わすことなく対話し、自分の声が聴き取られたわけでもないのに互いに答え合うこれらの「瞬間的な魂」、――小説の空虚な空から転げ落ちて来る言葉の雨、虚構の飽和した大気の中を漂う、もはやだれの言葉とも決めがたいこれらのアトム状の語、ないし語の粉塵、――ぶつかり合い、衝突し合い、互いに反響し合い、その巨大な反響が小説のノイズを成している、これらの応答、――これらのものを前にして、またしてもドス・パソスという先例、もしくは『ダロウェイ夫人』のヴァージニア・ウルフを持ち出すことはできよう。サルトル自身も、この本の書評依頼状でそうしている。しかしやはり同じことなのだ。サルトルは、哲学的直観を持っていなかったなら、ヴァージニア・ウルフもドス・パソスも読まなかったかも知れないし、このような読み方をしなかっただろうし、いずれにせよ、このような独自の結論を引き出しはしなかっただろう。その直観とは、歴史性の直観である。それはハイデガーにヒントを得て、新たに『存在と無』の中で開陳されたものだが、われわれの「個人としての生」は、「どんな些細な細部に至るまでも、得体の知れない集団的な力に支配されて」いる、という考えである。「被造物」たる人間たちの現実性とは、「各人が万人に下し」「万人が各人に下す」「評価が織り成された錯綜し矛盾する織り物」の中に存するという考えである。別の言葉で言えば、「どんなに個人的な」心の動きも、「世界全体の状態」の「反映」

であり、逆に「世界の状態」とは、一種塊のごときもの、絶えず動いている練り粉のごときものであり、その中から時々、意識と呼ばれるこの微少な物質のはみ出し分、この小さな凝塊がはみ出すが、すぐに呑み込まれたかと思うと、またはみ出す、そのようなものだという考えである。一たび与えられるや最終的に存続する至高の主体など、もはや存在しない。主体はいかなる状況でも己の掟に従って方針を決めることができるという、無関心の自由など、もはやない。各人の各人に対する、そして世界の全体に対する責任という新たな考え方への転換。この確信がなかったなら、『猶予』はなかった。この哲学がなかったなら、小説はなかった。初期のサルトル哲学の細部にはいずれ踏み込んで行く必要があるが、それが『自由への道』の尋常ならざる小説的爆発の源泉となっていることは確かなのである。

哲学が染み込んだこれらの小説の美しさ。

このような小説を見事に作り出し得た哲学の偉大さ。

これらの小説がサルトルの哲学の妥当性の証拠であると、言っているわけではない。しかし小説による耐火テストに合格した――この点は確かだ――哲学というのは、〈歴史〉の中にそうそうあるわけではない。そのような作品化に向いていると想像することができるような哲学はほとんどあるまい。『エチカ』にヒントを得た小説などというものを、想像してみよう。『実践理性批判』が小説に書き換えられた、とか、『論理学研究』や『デカルト的省察』が文学そのものによって証明される、もしくは剥き出しにされる、といった場合を……。[20] それこそは同時代の者すべてに立ちまさる、サルトルの偉大な独創性の第一の点なのである。すなわち、哲学を――もっともそれは哲学の最も昔からの使命、しかしながら最も昔に忘れられた使命の一つであるが――ものを見るための光学器械、内密な目、眼差しの操作因子、さらには、この眼差しが向かうところに従って観念と真理を出現させる操作因子に、することが出来たということこそが。

哲学者にして芸術家

サルトルの哲学。

逆に、彼の哲学の中での文学の取り分。

彼は哲学を、哲学者として行なうだけでなく、まず第一に文学者として行なうのだ。

第一条。哲学者はすべて作家である。最も偉大な哲学者たちは、また偉大な作家でもある。そして偉大な哲学者で、理論の中に虚構性の役割を導入しなかった者はあまりいない。[21] プラトンにおける洞窟の神話。エピクロスにおけるアトムの物語。デカルトとその「悪しき霊」。パスカルとその「賭け」。「主と奴の弁証法」〔ヘーゲル〕。フッサールにおいては、現象学に先立って、意味の誕生について記述するという行為があり、さらにこの同じフッサールには、「猫」とその「鼠との二重性」や、「馬」とその「勝負」、「トランプ・ゲーム用のカード」についての、いささか途方もない、いずれにせよ途方もなく小説的な省察がある。ソクラテスは、要するに小説の登場人物であり、カリクレス*は、概念上の人物。ヒュラス*やフィロノウス*もそうだ。デカルトの『省察』の「私」。実際、『省察』は全体として、自伝的大小説であり、手に汗握る「私の精神の物語」であって、ところどころ、バロック精神を共有していたデカルトの同時代人、ゴンゴラ*風に書かれている。レヴィナスには顔の小説があり、メルロー＝ポンティには身体の小説がある。スピノザには実体の叙事詩がある。ストア派の〈師〉とニーチェの〈神官〉。『ツァラトゥストラ』。『ディオニュソス』。相変わらずニーチェだが、鷲とその軽快さ、鈍重の精神の象徴たる駱駝、蛇、そして大地の意味のあらゆる両義性。ハイデガーによる詩の模倣。『存在と時間』では詩は思考の交代要員と考えられている。摩滅し、疲弊し、疲労困憊した言語に再び活気を取り戻させるという恐るべき責務を、詩は与えられているとするこの「理論的ロマン主義」。文学と哲学のいずれを取るか、ということではない。文学も哲学も、なのだ。文学による、文学を通した哲学。哲学者たちは、これを否定するかも知れない。後期プラトンのように、そう、自作の詩編を焼き、詩人たちを都《ポリス》から追い出して、唯一弁証法のみが真へと導くことを可能にするとわれわれに述べたあの男のように、この考えに同意せず、そこに詭弁術の勝利の印そのものを見るかも知れない。なぜなら真と偽、学と作り話、勝利するロゴスとミュトスとは、実証主義者の主張とは異なって思いのほか混ざり合っており、純粋な知も、幻想なき真理も、決して存在しない。同時に作家でもないような哲学者は決して存在しないのである。いずれかの時点で文学を操縦室に入れることのなかった哲学体系を（プラトンのそれも含めて）、私はただの一つも知らない。

第二条。この論理を絶頂にまで押し上げた時代があるとしたら、虚構への、それゆえに言語へのこうした哲学的情熱からあらゆる教訓を引き出した世紀があるとしたら、言うまでもなくそれは二十世紀である。要するにハイデガーがいる。フッサールもいる。しかしまた、アルチュセールの徴候的読解もある。ハイデガーより前に始まり、彼と同時に進行した、フロイトの言語への働きかけ。ラカンの「言語のように構造化された」無意識。彼の「それが話す」。『論理哲学論考』のヴィトゲンシュタインが考えていたこととは反対だが、言語の中には思考の中よりも多くの可能性があり、明瞭にも不明瞭にも考えられないものを述べるための手段は残されているという、彼――これもやはりラカン――の確信。ラカンの「言われた言及」の理論、すなわち、「言《パロール》」以前には、何ものもなく、何ものもない訳ではない」、なぜなら「真あるいは偽である物、つまりは存在する物と、存在しない物とがあるのは、ただ言《パロール》のみによってである」からだ、という考え。「現実界の中に真理が穿たれるのは、言《パロール》の次元によってである[22]」という考え。フーコーとその、言説の堆積と考えられた知の「考古学」。生物学者の遺伝「暗号」。経済学モデルの「統語法」。精神病は、これもまたフーコーによれば、その輪郭を定め、それを対象として検討し、それを抑圧し、最終的にはそれを定義した諸々の「言説」が交差することによって形成される。ファシズムは、ファイユ*によれば、語と略号と名称の輪舞によって構造化されている。英米哲学。言語工学の発達。レヴィナスと文字の優位、そして文字の精神に対する抵抗。バルト曰く、言語は「ファシスト」である。フロイト派曰く、そんなことはない、逆だ、言語は反対に、解放の力を有する。語は物へと至らしめるか、それとも逆に物への道を塞ぐのか、という問いを巡る、ハイデガー派と反ハイデガー派の論争。要するに、フレーゲ*のような言い方をするなら、現代哲学は「言語論的転回」を行なったのだ。言語それ自体が、至高の哲学的対象のレベルにランク付けされた。存在論はロゴス学に変貌し、思考の実践そのものが「基本的解釈学」もしくは「一般文献学」に変貌した。二十世紀は言語の世紀だったのだ。言語が、思考の超越論的領域、その中心、その決定的環境、その唯一の対象、その主体となった、そういう世紀なのだ[23]。もう一度繰り返して言うが、今日まで哲学の歴史は二つの大きな志向によって二分されて来た。一方には、詩人たちを駆逐し、純粋な弁証法を夢見る、プラトンの決断。他方には、言語活動によって、芸術によって、言語によって見えるようにしようとするロマン派的、ないしソフィスト的決断。この場合、言語こそが真なるものの現実の身体となる。二十世紀は、この観点からすると、この上なく反プラトン的な世紀である[24]。思想史の上で、ソフィスト的・ロマン派的な潮流が最も華々しく優位に立った時期ということになろう。それゆえにこそ、言語の芸術、ないしは芸術一般が、真理の基本要素となったのだ。いくつもある例のうちのほんの一つに過ぎない――私が行き当りばったりにこの例を挙げるわけではないことは、すぐにお分かり頂けるだろう

――が、ベルクソンは『笑い』の中で、「芸術」は、芸術において知覚は「拡張する」がゆえに、「現実についてのより直接的な視覚」を提供するのだと主張している。

第三条。二十世紀にあって、見たところこの「言語論的転回」を実行するための装備が不十分な哲学者が一人いる。その哲学者とは、サルトルのことだ。形式の偶像崇拝に似たものとなりそうなあらゆるものに対して、彼が政治的な――なにしろこの場合については、政治を切り離すことは出来ない――批判を言外ににじませる場面は、いずれ目にすることになろう。また『言葉』から「毛沢東主義」時代まで、己のうちなる文学者を粛正し、文学の誘惑を抹殺すること、文学が、そして当然ながら哲学が、「決してそれであることを止めてはならなかった」もの、つまり純然たる「社会的機能」に再び立ち返るようにすることに、いかに熱中するかも目にすることになろう。当面は以下のものを見ておこう。ブリス・パラン*への手紙。「言語活動は私に抵抗し、私を惑わすかも知れない。しかし私は自分からその気にならない限り、言語活動に騙されることは決してないだろう」。『文学とは何か』の、よく知られた箇所。「作家の役割とは、猫を猫と呼ぶことである。言葉が病んでいるなら、われわれとしてはその病を直さなければならない。ところが病を直すどころか、多くの作家がこの病に罹っている。現代文学は、多くの場合、言葉の癌なのである」。それより少し後になるが、ピエール・ヴェルストラーテンとの対話。これはこの問題に関する彼の立場の総括的な表明となるわけだが、彼はとくに「『テル・ケル』一派」との関係について説明している。しばしば人々は「頭の中に言葉がある」と信じる。ところが私は逆に「言葉は、巨大な電子システムのように、自分の外にあるような気が」してならない。「機械をいじる」と、「何らかの結果が出て来る」という印象なのだ。このような印象が、まことに単純で、まことに道具的な言語観に属するものであることは、だれしも認めるだろう。[25] その次はとりわけ『聖ジュネ』である。これは彼の大著の中でも、言語、文学の機能、文学の力といった問題に最も真剣に取り組んだ作品だが、彼がそこで代わる代わる採用する視点は、いずれも期待外れで、嘆かわしいものばかりだ。[26] まず最初が、月並みな慣例主義と功利主義を帯びた散文的見方、言語活動の力と罠について熟考したことのない人間の見方で、記号とは、「ここに現在する対象を不在の対象の代用物にする慣例的関係」であり、「虚偽」であり、「真実を言うために嘘を言う」ことである（詩と詩人に対するプラトンの断罪を、ほとんどそのまま繰り返しているにすぎない）などと述べる。次に出て来るのが、ロマン派的見方で、これもまたひどく月並みであって、第一の見方に対してバランスを取るためのカウンターウェイト、つまりは自責の念として機能したいところなのだが、第一の見方の素朴さを裏返しにしただけの話で、結局は素朴さの上塗りをするにすぎない。言葉《ヴェルブ》の「奇蹟」と文学による「救済」、「詩としての語」と「聖なる対象」、「言《パロール》とは身振りであり、語とは事物である」（「なぜなら語とは言葉《ヴェルブ》であり、言葉《ヴェルブ》とは神であるから」というユゴーの雄叫びの明らかなこだま）といった具合である。最後が、記号の形而上学。これは明示的にブランショに依拠し、「夜の森」のように「ひとりでにざわめきを立てている」言語活動を歌い上げようとする。言語活動とは「存在の意味の中への逃亡であり、意味の蒸発であり、要するに無化である。そしてまた、強打された空気、書かれ、彫り刻まれた語であり、つまりは存在である」。ブランショとブルトン……プラトンとユゴー……ここには言語への実際の関心を証言するものは何一つない。意味とその真実の場そのものとなった大テクストに関する独創的で個人的な現代的考察に似たものは何一つないのだ。なぜなら彼は強迫的にフッサール派であり、「物そのものに帰る」という文言に、最も初歩的な意味を与え、ソシュール以来流通しているあらゆる記号理論の中でも最も慣例的な形態のものに依拠しているのであるから、サルトルは原則として、かつ原則により、言語、ということはつまり文学が、思考の果すべき責務を支配し、ひいては乱してしまうことに対して、現代の哲学者の中で最も不寛容な人間であると断定しても、あながち誇張ではない。彼は『弁証法的理性批判』の中で、言語活動を「実践的惰性態」、つまりは物質性、非人格的反復、人を欺く道具と同一視することになるではないか？　また「フローベール論」の時期、つまり『言葉』以後の「毛沢東主義」時代の絶頂期にあっては、「美しい文などを作って時間を無駄にする」[27]のが何になるのか、という奇怪な告白をすることになるではないか？

第四条。口で言うことと、実際にすることとは、また別の話だ。サルトルが主張していると、もしくは主張するのが正しいと信じていることと、彼が実際に書くものとは、別の話である。そして彼は芸術家でもあるのだし、『言葉』のあのお話を作る少年、プールー*は、サルトルの中で全く死んでしまったわけでは決してなく、さらには恐らく、彼は掛け値なしにフッサール派であって、「物そのものへ帰る」というフッサール的な考え方は、何と言っても、言語活動の魔術に対する単なる猜疑心などよりは複雑なものであるがゆえに、サルトルは本性を顕わして、自分が掲げた原則に背き、作り話を作る能力を、現代の哲学者の中ではおそらくは最も発揮した哲学者であることを、自分の著作の現実の姿の中で露呈したのである。彼の伝記的作品群は、試論ともとれるし、同じ程度に小説ともとれる。ジャン・ジュネの泥棒への転身をめぐる、あの有名な「その推移がこうだったか、こうではなかったかは、大したことではない」という言葉がある。そしてあのフローベール論については、彼はその「登場人物を部分的には勝手に作り上げた」と白状しており、それを書くためには「その都度、想像力が必要」だったのであり、その上、自分としてはそれを「小説とみなす」つもりであって、「人々がそれは本当の小説だと言ってくれるのが」最善であろうと、明瞭に述べている。[28]この本に見える多数の仮説は、実際、恣意的であり、ということはつまり、小説的である。例えば、父のフローベール医師の人物像については、情報がないため、彼は自分の祖父、シュヴァイツァーの分身に仕立て上げている。例の「神経の病」の正確な正体については、彼は自分の「実存的精神分析」の原理が当てはまるようにするために、それが「神経症」であって、「てんかん」ではないとする絶対的な必要があった。デュ・カン*も、ゴンクール兄弟も、ブイエ*も、医者たちも、一致して逆のことを言っているが、そんなことはお構いなしだ。あるいはまた、この「馬鹿息子」の幼少時代について、前出のに劣らず有名な「正直言えば、これはお話で、事態がこうだったという証拠は何もない[29]」という言葉もある。これには彼の師デカルトの『方法叙説』冒頭の「この書き物をひとつの史話として、あるいは寓話としてお目にかけるだけです」という文がこだまするのが聞き取れるのは確かだとしても、とりわけそこには、彼の「私が想像する限りのフローベール」が文学的なもの、疑いようもなく決定的に文学的なものであることの確認を見なくてはならない。彼の哲学論考それ自体も、文学がぎっしり詰め込まれている。『存在と無』の中に出て来る、欲望を、意識が肉体の中で「練り粉となる」こと、世界の中に「肉体が鳥もちで捕らえられること」として描き出す記述は、小説の一部のようである。また「肥満」を肉体の過剰で過度の「事実性」と捉える箇所とか、ぷるんぷるんと揺れる尻が、いきなり「それだけ独立したクッション」か脚に運ばれる「事物」のように見えた時の滑稽さについての記述なども、まさに小説である。肉体の「偶然性」に関する箇所も、やはり小説だ。そこで彼は、肉体が「普通は、衣服や白粉や、髪や髭の型、顔の表情といった仮面で覆い隠されている」が、「一人の人間との長い交際の間には」「そうした仮面がすべて剥がれ」、「私は現前の純然たる偶然性を目の当たりにする」そういう瞬間が必ずやって来るものだ、と語っている。サディズムに関する分析は、『存在と無』の第三部の中に紛れ込んでおり、別の形で『文学とは何か[30]』の中で再び取り上げられているが、これらの目を覆うばかりの叙述の中では、欲望はその動揺を「抜き取られ」、完璧に冷徹なサディズム的主体は、相手を対象＝物に変えてしまい、道具のように扱い、相手が順応できずますますむき出しになって行くような身振りや姿勢を無理強いし、拷問を受けた惨めな肉体という、汚され、汗をかき、辱められ、息も絶え絶えのイメージの中に己の姿を認めるよう強制し、次いで最後には、相手の疲れ果てた眼差しの中に、最終的な無力の印が現れるのを待ち構えることで、快感を覚えるわけだが、これらの分析はバタイユのものであってもおかしくはない。これは余談だが、これらの分析の方が、彼の『手紙』や『手帖』の最も大胆な件《くだり》よりも、サルトルのファンタスムをはるかに雄弁に語っている（告白は「化粧を施して哲学的言説となるものだ」。ドゥブロフスキー）[31]*。エッセイだって語られるのさ、と『手帖』の頃に彼はカストールに言っていた。そして彼はカストールに構想中の『存在と無』を物語っている。当時、自分の小説については彼女に物語っていたわけだが、それと全く同じように、どのように効果に気を配るか、どのように叙述に具体例や笑い話や譬え話や逸話をちりばめるか、どうやって上の空の読者の注意を引き付けようとするのか、本の結末に「穴」と「ねばねば」を持って来て、どのように読者を罠に掛けてやろうというのか、カストールに話すのである。「私の思想という奴は、気紛れな思いつきばかりだった」と、のちに彼は、己の哲学作品群というこの倒壊した巨大な作業現場を振り返って言うことになろう。彼はまさに、気紛れな思いつき、と言っている。少し気の触れた考え、気ままな着想、茶目っ気たっぷりか突飛な仮説、多少は調節された荒唐無稽な叙述、突拍子もない思いつき、と彼は言う。しかしそれらの言葉が当然のことながら意味しているのは、暗示しているのは、虚構や詩で用いられるような、錯乱や幻想や狂気や妄想や無頼の連想を踏まえた言語活動である。エクリチュールの誇示。悲壮味としての、言語活動の悲壮な構造としてのエクリチュール。ものを書くという行為そのものが、全身を巻き込む肉体的体験として生きられ、哲学者の意識は、己のダイモンと格闘する、猛り狂う主観性として了解される。サルトルは確かに、ある一つの考え方を主張するが、具体例を示す段になると別の考え方の例を示すということをしばしば仕出かしてしまう。道具的にして非虚構的な言葉の使用法を理論化するのだが、いざペンを取る段になると、全く正反対のことをするのだ。彼は哲学者であったがゆえに作家であったが、いまや作家であるがゆえに哲学者なのだ。自分の小説の形式的発明の最良の部分を哲学から引き出したが、今度は自分の存在論と倫理学の最も大胆にして最も力強い仮説を、小説家としての才能から引き出すのだ。響きの良い文とは、正しい思考の印ということか？　ある概念がうまく構築されている証拠なのだろうか？　その概念が開陳される際の言語の諧調というものは。

こうなると、彼を侮辱するジャーナリストや、彼の評判を貶めようとする下劣な根性の輩が出て来たって不思議はない。

ジュール・ヴュイユマンとかジャン・ヴァールといった連中は、メルロー＝ポンティの方が真面目にやっていると考えるかも知れないし、『嘔吐』より『死の宣告』〔ブランショ〕の方が良いと考える者も出て来よう。

このような冒険、小説に哲学が接ぎ木され、哲学に小説が接ぎ木されるこの接ぎ木、哲学者としての仕事を文学的冒険として生き、作家としての仕事を哲学者としての宿命の一つの結果として生きるこうした生き方、哲学を文学の一領域とし、文学を哲学の一領域とする定義そのもの、こうしたこと一切において、彼は唯一無比であり、何ぴとも比較を絶している。

シモーヌ・ド・ボーヴォワールはこの点を見事に喝破する言葉を発していた。一つの文を。彼女は何度かこう口にした。(32)「スピノザとスタンダール。……私があなたと知り合った頃、あなたは同時にスピノザとスタンダールになりたいのだと言ったわね」と。それはいつもながら、あの初期サルトルの最良の定義である。二十世紀には、スタンダールになるか、然らずんば無、と考えた作家は何人もいる。スピノザになるか、存在しないかだ、と考えた哲学者も何人かいる。しかし両方同時に、スタンダールとスピノザ、スピノザとスタンダールになりたいというのは、……一方は他方の中に、一方は他方によって、スピノザはスタンダールを歪め、スタンダールはスピノザを疎外する、このような二つの名前の組み合せ、二つの音域と二つの威信の交差、これこそは、彼女によれば、サルトルだけのものであり、彼の支配権の独自性の所以のものなのである。

ベルクソンは、彼自身の小説を書くという厄介な仕事をプルーストに依託した。

ヴォルテールは哲学者としてはパッとしなかったが、自分の形而上学に差し錠をかけるという恐るべき責務については、ドルバックに委任した。

サルトルは、理論の人と作り話の天才の両方を、蕩尽することなく、巧みに分かち合った最初の、しかも唯一の人間である。

文学とは何か?

それに結局、サルトルのあの天才的着想がある。

彼の偉大な思考、彼の直観がある。それはおよそ常軌を逸したものであるが、同時に時代にとっては最も実りあるものなのだ。

彼が世に問うた単純な考えがある。それは時代がおぼろげながら待ち望んでいたものと共鳴関係に入ったがゆえに、戦争を乗り切ったまるまる一世代全体が、作家について、その重みとその沈黙の重みについて提起していた問いに対して、まるで奇蹟のように答えを出したがゆえに、この上なく熱狂的な賛同を彼の方へと引き寄せることになる。

一言で言うなら、彼のアンガジュマン理論があるのだ。

というのも、アンガジュマンについてのサルトルの理論は**二通り**あるのである。

五〇年代に、次いで六〇年代に支配的となる理論、残念ながら、アンガジュマンと言えばだれもがすぐに思い浮かべる理論とは、共産主義への同伴、ソ連やキューバを訪れたサルトルとボーヴォワールのあのお馴染みの遺憾千万な映像、プロパガンダに奉仕し、全体主義的権力の祭壇に生け贄として捧げられた——なにゆえに、いかなる情熱に支配されてそうなったかは、やがて見ることになろう——偉大な哲学と、それに劣らず偉大な文学の破滅、要するに文学の隷属と屈辱と滅亡、文学への憎悪として了解されるアンガジュマンである。

しかしこれとは別のアンガジュマン理論、全く別の理論がある。アンガジュマンについてのサルトルの最初の理論は、いま見たカリカチュアとは大して関係がない。初期のサルトル、若きサルトルは、ヨーロッパの意識に課せられた前例のない試練が終ったばかりの一九四四年に、実はブランショが『最後の人間』で、バタイユが最後期のテクストで提起したのと同じタイプの問いを提起している。彼がこの提起を行なっている著作は、素晴しいものなのだが、普通はサルトル思想の後半期というバックミラーで振り返って見られたため、誤読され、悪く思われており、それを戦後と当時の現実の論争というコンテクストの中に置いてみる必要があるのだ。それは実際にそれらの論争を反響するものであったからだ。この著作こそ、『文学とは何か』である。それはサルトルのすべてのテクストの中で、最も一貫して中傷を浴びた作品の一つであり、ついにはサルトルの著作というレベルを越えて、文学と精神の価値との隷属化という観念と同一視されるに至った基準テクストなのである。この点については、七〇年代末における、サルトル的知識人の埋葬を明示的に標榜するピエール・ノラ*の『デバ』誌の誕生を参照のこと。しかし読んでみるだけで良いのだ。この本を読みさえすれば、ここでも誤解がどれほど巨大であったかが分かるだろう。

『文学とは何か』は、言っていない、文学はアンガジュマンを行なわなければならない、それは文学にとって、義務であり、行程指示書であり、使命なのである、とは。彼がそのことを言わず、アンガジュマンを「呼びかける」ことなく、作家たちに向かって、「目覚めよ！　動員態勢を取れ！　私は文学の警察なり、私は諸君にアンガジュマンを行なうことを勧める」と言わないのは、文学とは生来、自発的に、いわば自動的に「巻き込まれている《アンガジェ》」という単純にして正当な理由からである。彼がアンガジュマンを「説き奨める」ことをしないのは、そしてもう五〇年以上も前から、ほとんどパヴロフの条件反射のように、繰り返し言われたところとは反対に、彼がアンガジュマンを熱烈な義務、至上命令、一つの路線にすることがないのは、アンガジュマンを行なうべく、自らを拘束するなり拘束されるなりするべく努力するということが問題になるのではいささかもないのは、このアンガジュマンなるものが、文学が言葉で書かれるという事実、物の上に一つの言葉を被せるということは、その物に本来備わっていた「無垢」を失わせ、それを「変質させ」、もう一つ別の「現実存在」、「新たな次元」をそれに与え、それを「変化させ」、そのことによってそれを「巻き込む《アンガジェ》＝拘束する」ことであるという事実の帰結以外の何ものでもないからである。サルトルにとって、巻き込まれている《アンガジェ》とは、何よりも先ず、言の力を自覚することを意味する。アンガジェされた作品とは、『文学とは何か』の中では、(33)言葉には力がある、まるで弾をこめたピストルのようなものだ——ファブリス*とサンセヴェリナ夫人*を乗せて遠ざかる馬車を見送りながらため息をついたモスカ伯*が「もし愛という言葉があの二人の間に姿を現すようなことになったら、私は終りだ」と呟いたように――という、作家たちだけでなく、人間の心を観察する術を心得た者ならだれでもよく承知しているあの明白な事実を、十分に踏まえた作品というもの以外の何ものでもない。従って、アンガジュマンの理論家が厳密に言って散文家に対して期待する根拠を有する唯一のこと、場合によっては散文家に対して向けて然るべき唯一の願いとは、それを欲すると否とにかかわらず、「蚊屋の外ではなく」「流れに棹さした」、パスカルの言葉を借りるなら「船に乗り込んでいる」そうした発言であるようにせよ、文学とは言葉で出来ているのだから、不可避的に世界に働きかけ、世界を変化させる力を持っている――私としてはもう一度そう繰り返して言うしかない――、そのような文学であれ、ということであるだろう。理論家たる私は、たまたま手中にしたこの状態を作家がより良く自覚することを期待する。この体験を「直接的自発性」から「熟慮されたもの」へと移すこと、自分は「事に関わって」おり、自分の言葉は「巻き添えに」なっているという事実を「最大限に明晰に意識するよう努める」（「意識に変える」とマルローは言っていた）ことを期待する。私は作家が、逃避の文学の信奉者のように、「自分が掲げるランタンを暗くしようと」するのではなく、「事情を承知の上で」書くことを要求する。ピストルを手にして撃つのならば、「子供のように、銃声を聞くことだけが楽しみで、目をつぶったまま、当てずっぽうに発射するのではなく、一人前の男として、ちゃんと標的に狙いをつけて」[34]発射することを要求する。アンガジュマンの概念とは、作家の社会的義務を主張する政治的概念ではない。言語活動の形而上学的威力を指し示す哲学的概念である。アンガジュマンを口にするということは、ものを書く人間たちを「徴発する」ことではない。だれもが知っていること、知らなければならないことを思い起こさせることなのである。すなわち、ものを名付けるという行為はその都度「客観的精神の中に統合される」のであり、このように統合されることによって、命名行為は言葉と物とに「新たな次元」を賦与する。発せられた一つ一つの言葉は、世界の「覆いを剥ぐ」ことに貢献し、世界の覆いを剥ぐとは、常にそれだけですでに世界を「変える」ことである、ということを。

やはり『文学とは何か』は、言っていない。またしても、決して言っていないし、途方もない意味のずれを覚悟するのでなければ、言わせることはできなかった。すなわち、文学は、中でもとりわけて、政治的大義と政治闘争に奉仕しなければならない、〈正義〉や〈真〉や〈善〉のために闘う詩や小説を文学に期待する、などとは。ただし他の場面で、作家が力強い政治的態度決定を行なわなければならないこと、市民として、ヴィシー精神の後遺症やフランコと、拷問やアメリカ合衆国での人種差別と闘う義務を持つこと、将来において、アメリカの「ペストのごときリッジウェイ*」将軍のパリ到着に、アルジェリア人労働者ベライド・ホシンヌの死に、デュクロの逮捕に、ジュリアスとエセルのローゼンバーグ夫妻*の死刑判決に、アルジェリアでの最初期の虐殺に、拷問についてのアンリ・アレッグ*の本に、フェルナン・イヴトン*の死刑執行に、恭しき左翼の妥協に、イヴトンの「共犯」とされたアブデルカデルとジャックリーヌのゲルージ夫妻*の起訴に、反応して行動する必要があること、さらにあとの話だが、ヨーロッパの政治の舞台へのソ連の反体制派の出現や、ポーランドやチリでの弾圧の中に、発言と思考の材料があり得るし、あるのでなければならないということ、こうしたすべての戦線においてアンガジュマンを緊急にしなければならず、時代は己が擁する「知識人たち」に遠くまで届く力強い発言を期待しているということ、こうしたことはすべて自明であり、サルトルこそはそのことに最初に気付いた者に他ならない。しかしそれにはそれなりの場というものがある、と彼は言う。つまり論壇だ。まさにそれを機能とする文体やレトリック――アピール、請願、新聞の論説、講演――があり、彼はそれらのものも惜しみなく手掛けた。しかし小説は、わけが違う。小説はこうした問題には介入すべきではない。いかなる場合にも、アルジェリアでのフランスの不名誉だとか、ペストに罹った獣――アメリカの――といった問題を扱う場ではない。こういったことの小説を書いたのはアラゴンだ。彼は『レ・コミュニスト』という、野卑な意味でのアンガジュマン小説を書いた。アラゴン以前に、特定の主張を持つ小説を考案し、具体化したのは、アナトール・フランスである。また意味はかなり異なるけれども、「メッセージ」を持った小説[35]を説いたのは、フェルナンデス*だ。サルトルは、本当の主張小説、メッセージ小説を書いたことは決してない。彼は初期の小説で何らかの「路線」を主張などしていない。一義的かつ単純な「倫理」など提唱していない。『自由への道』には、主たる語り手はなく、中心的な物語もない。それでどうやって路線を主張することが出来るというのか？　だれの声でそれを行なうというのか？　主張とやらは、世界観は、視点は、どの人物のものだというのか？

　あの頃、方針を決め、何らかの主張を展開するのに適したジャンルがあった。そのジャンルとは演劇である。この演劇芸術は、『バリオナ』以来、サルトルのもう一つの情熱の対象であり、例えば『アルトナの幽閉者』のように、アルジェリアでの拷問の問題を、場所を移し、装いを変え、普遍化し、最終的には恐ろしいほど効果的に扱うことを可能にしてくれるのである。ただし、こういう点がある。ジャンルについてのサルトルの性格分類学の中で演劇は、完全に文学ジャンルであるわけではないのである。確かに想像界と固く結ばれている。『聖ジュネ』が指摘しているように、文学の本分である世界の非現実化のこの上ない場の一つでさえある。ちなみに、ギリシャ人がテスピス*に石を投げた時以来、あるいはもっと現代に近い、キリスト教会が俳優に埋葬の許可を出すことを拒んだ時以来、演劇が「働きアリの社会」に秘かな猜疑心を抱かせるのは、この所為である。こうした社会は、「これは現実のことではない[36]」という科白を常に標榜している演劇作品の上演に「漠然とした危険を嗅ぎとる」のだ。しかし演劇が文学の「領域」から逸脱する、決定的な特徴がある。文学とは不在である。書き手とその読み手との、そして読み手同士の、徹底的な分離である。順境にあっても逆境にあっても、分裂の、分化の――差延の、と言う者もあろう――

操作子なのである。ところが演劇は――もう一人の演劇愛好家、ルソーがしっかりと見抜いたことであり、また彼に続いて、サルトルが何度も繰り返し言っていることでもあるが――それとは正反対の特色を持つ。すなわち、観客の具体的現前、この現前の持つ交流の熱気、習慣的な読み手たちが一堂に会して緊密な群衆となり、その群衆がメッセージを、この合体の熱気の中で、しかもいかなるずれもなく直接に受け取る、要するに、〈美〉なり〈真〉なりの必要以前に、友愛と有効性という二重の必要が支配するという点である。そのことを喜ぶ者もあろうし、嘆き悲しむ者もあろう。サルトルはと言えば、季節によって、「芸術家」的気分でいるか「闘士」的気分でいるかによって、その点を、演劇は「劣ったもの」だとする理由にしたり、演劇は優れたものであるという証拠にしたりすることになろう。しかし疑いを容れない点が一つある。演劇とは、完全に一個の芸術であるわけではないという点である。より正確に言うなら、文学と非文学の境界ジャンルなのだ。この点がカミュとの大きな違いの一つである。カミュは、演劇を「文学ジャンルの中で最も高尚なもの、いずれにせよ最も普遍的なもの」[37]と考えた。ついでに言うなら、そのことは、サルトルの演劇がどちらかと言うと「ブールヴァール劇的」な発想で書かれている理由の一つである。[38]小説技法の現代性にあれほどまでに気遣いを見せた哲学者、芸術家、一九六〇年に、ソルボンヌでの講演で、舞台技法を革新するもう一人のブレヒトが出現しないことは残念だと語った、演劇における現代性をかなり承知しているこの前衛芸術家、この見識ある愛好家が、まさにブレヒトや、賛嘆していたピランデルロより、ベルンスタン*やギトリ*、もしくはディドロの教訓的戯曲の方に近い劇を作るなどということをした、その理由はこれで説明がつく。演劇は芸術ではない。道具なのだ。ジャンルではない。伝達手段なのだ。時代の問題に介入するための機械であり、ものすごく有効だが、散文的で、ほとんど通俗的な機器なのである。そしてそのような目的を達成するには、ブールヴァール劇の、その喜劇の、そのお涙頂戴もしくは教訓的な政治悲劇の、手管が透けて見える技巧で十分事足りる、というわけである。

要するに作家がおり、そして知識人がいるのだ。己の道を進む作家がおり、知識人の方は、時々論説や戯曲を通して、何らかの大義のために挺身する。知識人というのは、断続的な存在であり、プラトンの『国家』で、ある日は笛を吹き、次の日は体操をし、三日目は商売をし、四日目は何もせず、五日目は哲学をするか戦争をする、と述べられている民主的市民の姿に似て、世界の事柄から必要とされていると感じることもあれば、感じないこともある。そして作家の方は、時代の要請には無関心に、『自由への道』や『嘔吐』や『家の馬鹿息子』の晦渋な冒険の中を進んで行く。このサルトルは、作家が厳密な意味でアンガジュマンを行なう時、無実の者の弁護に立ったり、アルジェリアでの拷問の使用に反対して挺身する時に、それはまさに作家として行なっているのではない、と考えていると言えないことはない。彼はペンを替えるか、同じペンを使うとしても、インクは別のものにするのだ。このサルトルが、何かを主張するとすれば、それは実はシュールレアリストたちと同様に、文学と政治の同調に反対するため、ジャンル〔属〕と種類〔目〕の分離、すなわち二つの言表システムの堆積の速度とそれぞれの辛辣さをはっきりと区別することを要求するためである。したがって、このアンガジュマンの理論とは文学に対する猜疑心の証拠であると、常に言われ、サルトル自身も、『言葉』の時代、次いで『家の馬鹿息子』と毛沢東主義への転向の時代に、ついにはそう言うことになるけれども、実はそんなことはなく、当面はこの理論は、どのような角度から考察しても、そうしたものとは正反対のもの、すなわち文学そのものの賛美であり、称揚なのである。

というのも、アンガジュマンとは何なのか。

その肯定性と言表において、アンガジュマンはどのように定義されるのか。

『文学とは何か』がアンガジュマンとは何でないかをわれわれに言ったとするなら、それが何であるかということについては、われわれに何を言っているだろうか。

実は三つのことを言っている。アンガジュマンの問題系は、三つの具体的質問に対する具体的な解答であると言っているのだ（それは通常サルトルのものとされる「政治活動家」的なありきたりの発言のカタログより、はるかに興味深くまた大胆な事柄である）。

第一の質問は、何について書くのか？ 答えは、今日について。いま現在のこの時についてで、他のどの時でもない。私はサルトルは何も勧告していないと言ったが、それは必ずしも正確ではない。政治の舞台に降りて行き、自分の小説の中でこの方針よりはこちらの方針を擁護するなどということをやれと、作家たちをせき立てることを彼はしないとしても、現在のこの時をしっかりと抱き締めるよう勧めるのであり、そして現在のこの時が作家たちをせき立てるのだ。自分の時代に他ならないこの時代を両手で抱きとめるよう、彼は彼ら作家たちに強く勧める。この時代から逃亡しようとしたら、文学的な破産であろう。一言で言うなら、いつもは文学があぐらをかいて悦にいっている、エーテル漂う天空から下界へと下って、文学がどこに位置するのか、従ってまたわれわれはどこに位置するのかを語るよう促すのである。巻き込まれている《アンガジェ》とは、歴史的の反対である。作家にとって、アンガジュマンをするというのは、アラゴンが気をそそられたもう一つの方向、つまり歴史小説というものを拒むことに他ならない。これは実はアラゴンの最初の方向のちょうど裏返しで、アラゴンは『聖週間』で、より良く現代を語るために別の時代を用いるのだと主張する歴史小説を書いた。アンガジュマンの小説とは、われわれにギリシャ人や、中世や、ジェリコーやドラクロワの時代について語る小説ではなく、今日のブーヴィルについて、解放後*〔ママ〕のパリのメトロやナイトクラブの臭い、愛人のために堕胎医を探してパリ中を駆け回るリセの教師の心の内、同性愛者の狼狽、ミュンヘン、ヒトラーに対する宥和的態度、ユダヤ人たち、機関車について語る小説である。いま現在のこの時代、われわれの時代、たまたまわれわれのものとなったこの時代、われわれ作家は、これを真っ向から取り上げる義務があり、それを神話にしてしまわないようにする義務があるのだ。ことほど左様にサルトルは小説と、自分がたまたま出現し生きる機会を得た、白熱した現に生きている時代とを緊密に同一視し、文学とそれを取り巻く情勢との間に本質的つながりがあることを確信しており、それゆえに、小説は時代とともに、悪くすると年とともに気が抜けて変質するとさえ述べることになる。例えば『海の沈黙』は、それが出版された一九四一年のパリにおいては意味を持っていた。その年には、フランスはまだ敗戦のショックとドイツによる占領が始まったというショックに打ちひしがれていたのである。しかしニューヨークやロンドンでは同じ意味を持たず、パリにおいても、占領とレジスタンスとがともに先鋭化した翌年には、同じ意味を持たない。ヴェルコール*の読者とは「一九四一年の人間であった」。翌年、「四二年の終りには」もはや彼は「読者を失っており」、したがって「その効力」を失った、とさえ言うのである。生きている本でなければならない。生きている者の情熱や怒りや恐れについて、生きている者によって書かれた本でなければならない。少しでも時が経つのを許してしまえば、図書館の埃の積もった書架に赴いて、過去の偉大な書物の仲間入りをする時間を本に許してしまえば、その本は「めり込み、崩れてしまう」。たちまちのうちに「かびの生えた紙の上にインクの染みが」残るだけとなるだろう。そしてその本の血肉を備えた主人公たち、生きている者のようにそこに現前し、絶えず動き回ってじっとしていない、生《なま》の登場人物たちは、「模範的情愛」と永遠のものと称する「諸価値」の広大な墓地へと向かい、スワン*やベルゴット*やテスト氏*といった人物たちの仲間入りをすることになってしまうだろう。[40]

第二の質問は、何のため、と言うよりはむしろ、だれのために、だれに向けて書くのか？　答えは、今日のために。いま現在のこの時のためで、他のいかなる時のためでもない。いまわれわれが見た通り、作家が己の対象とするべく決心した、当のその時代のために書くのである。アンガジュマンの作家とは、遠い未来の、それゆえに夢見られたものに他ならない時代ではなく、己がその同時代人であるまさにその時代へと呼びかけることを、断固として、決然として、いかなる曖昧さもなしに、決断する者のことである。自分の時代であるこの時代について語るだけでなく、それに向かって語りかけることをも決定する者である。バルザックのように「本の使命」とは「風俗慣習の変化によって引き起こされた災厄を示す」ことだと考えるだけでなく、時代の風俗慣習にこちらの方から働きかけようという確固たる意図をもって書く者なのである。これと逆の選択をする作家はいる。「私は未来の、まだ姿を現していない読者たちのために書くのだ。真の生はここにはない。真の法廷もやはりここ以外のところにある。私の作品は、彼方で、控訴審で判定されることだろう。後世のみが重要なのだ」と言う作家はいる。[41] そしてサルトルももちろん、このように考えることがないわけではない。のちにはすべての大作家と同様に、彼もまた、後世という案件、偉大なる死者たちとの神秘の協定、永遠の栄光という案件をめぐって想像力を巡らせることになる。そして作品の、さらには魂の不滅という観念に、他の者と同様に、サルトルも時とともに篭絡されて行くわけだが、こうした夢、こうした誘惑の現れは、私が「第二のサルトル」ないし「最後から二番目のサルトル」とこれから呼ぶはずの人物の中には、いくらでも目にすることができる。例えば「サルトルは、自分の著作が不死を保証してくれるので、死など恐くないと称していた」とするジョン・ジェラシの証言。[42] そのジェラシはまた、臆面もなく死後の不滅の戦略を開陳するサルトルも登場させている。[43]「私が将来というものに期待するのは、将来がどんなものとなろうと、私の作品が読まれるということだ」、そして「そのために」私が必要とするのは「ゴルツ*のような、私について論ずる月並みで正統的な何番目かの本を書く人間」よりは、「ここまで来たからにはいっそのこと、私がタルムードやカバラやコーランの影響を、ずっと以前から受けている」と考える材料を与えてくれる対話の相手、すなわちベニィ・レヴィ*の方なのだ、と。例えばまた、『家の馬鹿息子』の出版に際して行なわれた、コンタおよびリバルカとの鼎談。[44]「死後の審判に対して恐れを」抱かないか、という質問に対して、彼はこちらが当惑してしまうような安らかな無邪気さとともに、「全然」と答え、次いで言いたいことがきちんと伝わったかどうか、念のためとでもいうように、こう付け加える。「その審判が良いものとなると確信しているわけではないけれども、ともかく死後の審判が行なわれることを願っている、という意味だがね」。さらにまた『七十歳の自画像』[45]。その中で彼は、「百年後にも読まれることを願っている。それほど確信があるわけではないがね」と、同じことを繰り返している。あるいはまた、毛沢東主義者の友人たちと対話を繰り返したまさにあの時代になされた一連の告白。「私が作家の仕事を選んだのは、死に抗してであり、私が無信仰だったからだ」とか「文学による不死という観念は、その時以来それを私は捨て去ったが、確かに当初は私の備給の中心をなしていた」[46]とか、さらにはガヴィおよびヴィクトールとの鼎談、『反逆は正しい』の中の、次のような発言。すなわち、だれもが死から身を守るための「さまざまな手段を」探し求めた。私もまた「書くことへの愛好の中に、死後も生き延びたいという欲求をこめた」のは明白である。[47]以上の通りであるが、しかし当面は、彼は死後の不死を信じない。そんなものを信じようとしない。このサルトル、『文学とは何か』と最初のアンガジュマン理論のサルトルは、己の内にあるだけでなく、われわれの内、いずれにせよ彼の同時代人の中にある、作品は控訴審に最終的審判を求めて行くという観念そのものを痛めつけるために、すべての現代人の中で最も多くのことを行なった人物でさえある。これを行なうにあたって彼は、バナナの喩えを持ち出す。それはこの本の中でもそれ以外の場でも、[48]極めて執拗に繰り返されるのである。「私はこれまで常に、バナナというのは死んだ果物で、それが生きている時の本当の味は、私には手が届かない、と考えて来た」とか、「バナナが何であるのかを知るためには、もいだばかりのをその場で食べなければならない」とか、さらに「書かれた時代とは別の時代に移った本というのは、死んだ果物だ。それが摘み取られた時には、それは別の、渋くて強烈な味をしていた。『エミール』や『ペルシャ人への手紙』は、摘み取ったばかりで読む必要があったのだ」とか、さらには「バナナは、もいだばかりの時が、一番美味であるらしい。精神の作品も同様に、その場で消費されなければならない」。このバナナの喩えで彼が何を言いたいのかというと、文学は、バナナと同じで腐り易い、ということ、文学はバナナと同じで、消費が遅れると死んでしまう、ということである。彼は、有限のものの文学を欲する。いまこの現在の時間性の中に根差し、来るべき時には何も期待しない、そうした文学を。その時になったならば、バナナと同じく本の場合も、くすんだ香気と、かび臭くなったか気が抜けた味わいしか残っていないだろう。この場合も他の場合と同様に、世界を「未来の目で」見ることの拒絶。古典時代を成り立たせた、「まだ生まれていない」[49]対話相手を自分に与えるという原則への異議申し立て。ニーチェを見るが良い、と彼は言う。そしてボードレールを。そしてまたニザンを。あの社会から自殺に追い込まれた者たち、あの絶望した者たちを。「死後の名誉回復」というものが何と卑劣なものか、お分かりだろう。「われわれの内の一人を取り上げて、激高か悲嘆のあまり死に至らしめた末、今度はそれから二、三〇年後に彼のために記念碑を建てるのだ。そしてその同じ連中、同じジャッカルが、彼の肖像に向かって演説をするのだ」[50]。いや、文学はその場において、その時において、その時のために書かれるのであり、書かれるのでなければならない。その時の範囲の外側への脱出の可能性はなく、それゆえに上訴もない。文学とは、生死に関わる、本質的な、人々を焼き尽くすような活動である。もしそれがここで、「最初に読まれた」時から、直ちに焼き尽くすことがないのなら、焼き尽くすということは一切ないだろうし、何の価値もないのだ。サルトルにとってこの「最初の読み」というのが、「最も重要な読み」なのである。[51] 一つ一つの文は、「人間と社会のすべての層に響きわたる」義務がある、と彼は強調する。もしその義務を果さないのなら、「すべて」であることを諦めるなら、文学は「一時間の手間」[52]にも値しないだろう。しかし、誤解してはならない。文学はそれでもなお、それと同時に、かりそめの、偶然的な活動なのである。それは現在の瞬間の枠内に、決然として、全面的に刻み込まれているからだ。要するに小説にとって「巻き込まれている《アンガジェ》」とは、非時間性の幻想に背を向ける、という意味に他ならない。「アンガジュマン」のカードを切るということは、ヴァレリィのように、生きている時から「死後出版の本」を書こうとする誘惑に抗うことである。アンガジュマンの作家とは、「死ぬまでの間は生きている」作家のことである。アンガジュマンを擁護するということは、死後の不滅の蜃気楼を断念すること以外の何ものでもない。

最後の質問は、ものを書く時、だれに向けて書くのか？　答えは、多数の人々に向けて。非常に多くの人々に向けて。哲学は、いわんや文学は、非常に多くの読者、突き詰めて言えば、万人に向けて書かれるのでなければ、もう一度言うが、何の価値もないであろう。これはマスメディア的サルトルである。新聞愛好者たるサルトルである。新聞を読むサルトルであるが、同時にまた、『フランクフルター』紙に拠るマルクスのように、あるいはイエナを後にしてから、ほとんど独力で『バンベルク新聞』の執筆・編集にあたったヘーゲルのように、『レ・タン・モデルヌ』から『リベラシオン』*まで、倦まず弛まず、落胆することもなく、新聞を作るという欲求を抱き続けるサルトルでもある。このサルトルは、メディアへの、ということはつまり、読者公衆への気遣いを極端にまで押し進め、その結果、この上なく高貴なるジャンルをどれか一つ選ぶとするなら、いまや彼がアンガジュマンの文学と呼ぶものの特質である、有限性、即時性、そして現在という時の枠内に刻み込まれていることといった特質が顕揚されるようなジャンルを、名指しすることが絶対に必要なら、それはジャーナリズムということになろうと信じ、やはり『文学とは何か』の中でだが、そのように述べてもいる。とりわけジャーナリズムが、ヘミングウェイの文学的ルポルタージュの文体とトーンを持つのが望ましいという留保があるのは確かではあるが。このサルトルはなるほど確かに、同伴者時代の「悪しき巻き込《アンガジェ》まれ方をした」知識人とは正反対であるとは言えない。すでにあの道を踏み外した作家、労働者階級の後、もしくは若者の後を追いかけ、あるいはその両方の後を追いかけることになるあの作家に他ならない。生涯の残り半分を、忌わしいとされた階級〔ブルジョワジー〕の出身であるという罪を償おうとして、民衆という実体の中に全力で溶け込もうと試みることに費やす、いささか破廉恥な知識人に他ならない。彼はその後、空想を追いかけていたことを悟るや、たちまちにしてすべてを中止しようとし、万人に語ることができなかったのだから、もはや何びとにも語らぬようにしようとする。つまるところ、こうした現前の妄想、文字とそれが向けられる相手、もしくは文字とその文字自身の間の距離をほぼ完全に短縮することに成功したと称する書物を夢見るということ、文字とは一つの行為であり、行為とは、これもデリダの言葉の借用だが、「差延」を持たず、完璧に充満してそれ自体であるという考え、こうしたものの中には、さきほどの文学と演劇の間の距離を無くし、サルトル的ブールヴァール劇というこの非ジャンル、ないし半ジャンルに、すべての文学ジャンルを同調させてしまおう、そして自分自身は、慣例的なルソー主義に同調しようとする誘惑が潜んでいるのである。このルソー主義は、晩年の全体主義的妄想をいくぶん予告してもいる（本はバナナと同様、その場で、直ちに消費されねばならないと、彼が語る時、その都度彼の筆先には『エミール』という模範が去来したのではなかろうか）。しかし彼はまだそうなっていない。今のところここにあるのは、紛れもない祝福された瞬間であり、彼はまさに、彼の幸せな少数者《ハッピー・フュー》が彼を閉じ込めようとする馬鹿げた囲いを突き破る、力強く、要求がましい文学の夢を声高に語っている。そのような文学の原則は、『レ・タン・モデルヌ』誌上でも『フランス・ソワール』紙上でも、場所を選ばずに主張して行く必要があるだろう。ここにいるのは、哲学の象牙の塔の壁を抜け出した哲学者である。彼はビストロで原稿を書く。ほとんど往来で書くのに等しい。彼が毎日、サン・ブノワ通りとサン・ジェルマン大通りの角で新聞を買っているところには、出くわすことができる。何しろ彼は新聞を大量に消費するのだ。かの有名なレイモン・アロンの杏のカクテルについて哲学するだけに甘んじることなく、彼は、バナナと同様に、カクテルが消費される当のその場所で哲学することを名誉と心得、明らかにそれを楽しんだ。新しい部類の一般向けの作家、もはや世人の争いの上に超然とするのでなく、その真只中に身を置く、だれもが近付くことができる、開かれた存在。この夢は生半可のものではない。相変わらず透明性。光の、誇示の、スキャンダルの愛好。公衆の眼差しの下に、己の全身をさらそうとする激しい欲求。彼の生活と彼の栄光の自我の顕示は、常打ちの公演となり、ほとんど見世物となってしまい、公衆はそこへ駆り立てられる。奇妙な、しかし頑強な確信。見せること、己の姿を見せることとは、その当人がサルトルである場合は必ず、よく見えるように他人を手助けし、暗がりの世界を燦々たる明かりに浸すこととなるのである。しかしここで言っておく必要があるが、それはまた本物の気前の良さ、存在の溢れんばかりの過剰、濫費に他ならず、ということはつまり、ある形の勇気に他ならないのである。

マラルメ・ドゥ ボール枢軸

念のため言っておく。この初期のサルトルの目から見ると、二つの姿勢があり得る。この点を整理するために、一方にはマラルメとその宗教的文学の企てがある、と言っておこう。それは宗派的で排他的な文学と言うべきもので、彼が一般大衆と呼ぶものには禁じられている。大衆は無意味な発言を垂れ流しにする「下水口」だとするマラルメ的な記述があり、それと相関する、「穢れなき言語」の観念がある。それは、「神聖な文言」からなり、「そうした文言の研究は無味乾燥であって、そんなことに手を出したら、俗人は失明してしまう」。そしてそこには「時宜をわきまえぬ者を近付けぬように」十分に目配りされるのである（この姿勢の現代版は、ドゥボール*である。彼は「いかなる時代であれ、たとえペリクレスの時代の人間からなるにせよ、大衆に気を遣うことによって、重要なことが何一つ伝達されたためしはない」と断言し、特にこの現代においては、「かくも完璧に自由を奪われ、あらゆることを耐え忍んだこの大衆は、他のいかなる大衆よりも気遣われるに値しない[53]」と主張している）。この陣営に対立するのが、反マラルメたるサルトルで、彼は生涯の内の数年を、マラルメその人と闘うことに、とまでは言えないとしても、いずれにせよ、時代がマラルメをその創始者に仕立て上げたあの難解性の宗教と闘うことに費やした。この難解性の宗教に対しては、プルーストも、記念すべき論文[54]の中で、ほとんど同じ言葉を用いて批判を展開している。サルトルとは、マラルメに抗し、おそらくはドゥボールに抗して（私の知る限りでは、サルトルに関するあらゆる資料を渉猟しても、ドゥボールというこのもう一人の枢要の同時代人と出会った痕跡も、言及した痕跡さえも見出すことはできないのだが）、大衆を「気遣おう」とする意志であり、決意なのである。

事はそう単純ではない、と言うのか？　確かにその通り。それにサルトルは、マラルメのケースについて「自分なりの考え[55]」を持っている。「それは世人が彼に与えたイメージとは、かなり違う」と、サルトルは言う。まず第一に、マラルメは「情熱的な」人間である。「兇暴な人間であり、単に声門を動かすだけで自殺することができるほどに、自分自身を完全に制御していた」。この男の真の夢は「世界を吹き飛ばす」ことであり、彼が「礼節というテロリズム」を選んだのは、もう一つのテロリズムは自分には禁じられていることを知っていたため、やむを得なかったからに他ならない。別の言い方をするなら、マラルメの「アンガジュマン」があるのだ。それはもちろん「詩的」アンガジュマンであるが、それでもそれはアンガジュマンであるとサルトルは言い、それを大いに尊重しているようである。マラルメは、「群衆」のため、「大衆」のために書くという夢を持つ男だったと、サルトルは強調する。そのためにはもう一つ別の群衆が必要だったのだ。つまり「統合されて国民となった」群衆が。この群衆、この「統合された」群衆、この「国民」に対してなら、彼は「難解が明解になる」ことに同意しただろう。もっとも彼は、「普遍的ルポルタージュ」の痛烈な批判者として、ジジ、オランプ、マルグリット・ド・ポンティ、ミス・サタンといった一風変わった偽名で、女性新聞『ラ・デルニエール・モード〔最新流行〕』を発行するという奇妙な冒険に身を投じたあの頃は、「難解が明解になる」ことを実行したのではないか、「明解になる」寸前にあったのではなかろうか。実際は、マラルメは、夢見た群衆が見出せないために『ラ・デルニエール・モード〔最新流行〕』を諦め、「沈黙というストライキ」を行なったのである。[56] そしてサルトルは、マラルメに対する断罪にどれほど微妙な陰影を付けようと、「アナトールの墓」の作者に対してどれほど感歎の念を覚えようと、どれほど彼の言語に取り付かれていようと、時として純然たるパスティッシュにどれほど近付いてしまう——それほど感情移入が激しいのだ——にせよ（多くの例がある中で、例えばヴェルストラーテンとの対話[57]から、以下の断片を挙げてみよう。そこでサルトルは、自分の「コミュニケーション」観を定義しようとして、「その相互の関わり」と「相互に刺激しあうそのやり方」によって、読者に「そこに存在しないテーブルを」与えるであろう「言葉」を擁護している。「そのテーブルは、そこにはないが、それは単に一つの記号であるからではなく、喚起されたテーブルだからなのだ」。この言い方はまさに純然たるマラルメ・スタイルであり、これはまるで『詩句と散文』〔マラルメ撰文集〕から括弧も付けずに、直に抜け出て来たような文言ではないか）、要するに、このサルトルは、それでもマラルメ的姿勢と呼ぶことのできるような姿勢が示す行き過ぎた貴族主義に反対して、『文学とは何か』を書いたのである。二十世紀はマラルメの世紀であってはならない、と彼はプルーストと共に主張する。文学は、少なくとも権利上は、普遍的に伝達可能なものであるのでなければ、意味を持たないし、マラルメにもそのことはよく分かっているのだ。別の言い方をするなら、彼の理想とするところは、もう一人のマラルメ派であるジャック・ラカンが、やがてマテーム〔mathème〕と呼ぶことになるものの秩序において、愛好家と学者、単なる読者と弟子とを両立させることなのである。

己の時代について書く……己の時代のために……そしてこの時代の中で、最大多数に向けて書く。……このような文言が危険な点を持ち得ることは、よく分かる。もちろん何やら知らぬ秘蹟的な価値をそれに与えることが問題なのではない。それに出来事へのサルトル的なこうした従順さと、例えばドゥボール風の——彼は「時の変化」とともに「考えを変える」どころか、むしろ時が「自分の意見に従って」変わったのだと豪語している(58)——より尊大な態度との間を絶対的に切断してしまうことのないようにしなければならない。しかし私としてはここで単に、この二つの態度を取り巻く状況の巡り合わせの中で、この二つの断絶の強さを浮き彫りにしてみようと思う。その時代の中にまさにそれを復元し、それがその時代において直ちにどのような厖大で幸福なひんしゅくを引き起こすかを想像してみようというのだ。

アヌイとジロードゥーのフランスを想像する必要がある。彼らに次のように言ったらどうなるか。「ギリシャ人はもうお終いだ。勿体ぶった作り話はもうお終いだ。オレステス物語*やトロイア戦争などは、ヴィシー向きのものだった。しかしヴィシーはお終いになった。文学はいまや、この現在の世界について、その偉大と悲惨についてわれわれに語るためのものとなったのだ」。

ジィドを想像する必要がある。彼の文学の営みのすべて、古典主義への意志の内容とは、まさに己の時代のためには可能な限り書かないようにしようということであった。確かに『コンゴ紀行』がある。『ソ連から帰る』がある。しかしあれは文学だったろうか。彼の作品系にあって、あれらの著作は文学治外法権を享受していなかったのではないか。それに「真の」文学に関するジィドの立場は、状況の巡り合わせと瞬間とに価値を付与しようとするサルトル的姿勢とは正反対ではなかろうか。「控訴審で判定される」という科白は、ジィドのものである。後世の審判というイメージは、彼のものなのだ。新聞に書くのは、ペンを金で売り、己の才能を卑しめることだ、と考え、口にしたのは、彼だ。「ジャーナリズムとアメリカニズに抗して」(59)『NRF』を、他の者の協力を仰いで創刊したのは、彼だ。そしてこの有限性の哲学、現在性の文学が、ジィドの耳にどのように激しいひんしゅくを引き起こすか、想像する必要がある。ジィドの薫陶を受けて自己形成したどんな読者にとっても（もっとも「今朝の新聞より年老いたものはない。ホメーロスは常に若いのである」と述べたペギーの薫陶でも同じことだが）、ジャーナリズムとアメリカ作家への称賛を本旨とする文学理論とともにアメリカから戻って来た「このジャン＝ポール」がいかに不作法者と見えたか、想像する必要がある。

最後にバンダ*を想像する必要がある。〈永遠〉の使徒、超越的と言われる価値、つまりまさしく時から逃れた価値を偏執的に愛する者たるバンダを。彼が聖職者の裏切りの、おぞましい最新の様相としてしかみなすことのできないものを前にして、激怒のあまり息を詰まらせる様を想像する必要がある。あの頃、バンダは取るに足らぬ存在ではなかった。確かにサルトルは彼の文を引用しない。彼が引くのはジィドで、バンダではない。しかしながらバンダは、彼以前に、彼とともに、今世紀の最も憎まれた知識人……二〇年代末に、際限なく解説され、あるいは罵倒され、あるいは逆に剽窃された、あの重要な本、『聖職者の裏切り』の著者……その彼が一九四七年に、裏切りを行なうことになる。サルトルと同様に、最後期のスターリン裁判を承認しはじめるのだ。……そしてもう一つの本、『ある聖職者の青春』、『言葉』がこれにヒントを得た可能性は排除されない。[60]……いくつかの主題とまるまるいくつかのモチーフから、サルトルというあの疲れを知らぬ読書家が、意識的と否とを問わず、ヒントを得なかったとは信じられないのである。中でも生殖嫌悪症と出産への憎悪がそうだ。この大げさな挑発者は、三〇年代の出産奨励主義の家族主義的フランスの只中、道徳的新秩序の真只中において、次のように言い放った。すなわち、「妊娠した女、襁褓に包まれた子供、乳をやる母親、こういったものは嫌悪を催させる」――これはまるで『嘔吐』か『自由への道』のサルトルのようではないか――とか、「生殖行為を排斥するカタリ派は敬うべきだ」(これもまた、後に見るように、純然たるサルトル的発言である)と……。さてそこで、『文学とは何か』が出た時のバンダの反応を想像してみる必要がある。例えば、第二章の終りでは、彼の名がまさに名指しで引用され、「バンダの言う裏切り以前の聖職者のように、理想的諸価値の番人となるべきだろうか」と嘲笑されており、その次の章の冒頭では、彼ははっきりと、「民族社会主義とスターリン的共産主義と資本主義的民主主義が、みんな同時に己の原理として主張している永遠の自由」を、「だれの迷惑にもならず」「名調子で滔々と」語る「くどくど話す老いぼれ」扱いされているのだ。[61]何と厚かましい！　と彼は息を詰まらせる。何たる卑劣！

それにとりわけ、何たる自己欺瞞か！　これは偽りの精神の中でも最も偽りの精神の持主にこそ相応しい。というのもサルトルがいくら策を弄したところで、無駄なのだ。「常にゼロからやり直される」生きている自由のために闘い、「状況の巡り合わせ」に由来する「情熱」からその自由を勝ち得、要するに「われわれの時代という特異にして独自なもの」の中で決断しながら、最後には「これらの社会的・政治的論争の中に前提とされている永遠性の諸価値を暗示し」「永遠なるものに合流する」ことになると、いくら彼が口先で言ったところで、[62]そんなのはご冗談にすぎない。彼は「天空の叡智界」の様相を呈するようなあらゆるものに背を向けるのであり、そのことは彼自身が認めるところだ。そしてこのように己の時代のために書く、ということはつまり、過渡的なもの、滅ぶべきもの、束の間のもののために書くということは、精神の諸価値に背を向けるための最も確実な手段なのだ。なにしろ、精神の諸価値などというものは、「さすがに二世紀ほどを経ただけのことはあって、空虚で無に等しい、内実を削ぎ落した諸原則」と同じものと考えるべき——まさに大胆の極みだ！——ものだからである。

以上。すべてはこれに尽きる。サルトル革命の一切がこれに尽きる。私がアンガジュマンの理論は、サルトルという名を冠したこの衝撃、この地震の一部をなすと言うのは、この意味においてなのである。諸君が一九四五年に二十歳であったとしたら、ルサンチマンと悲痛な思いを抱き、悲憤慷慨する大司教のような顔をした吝嗇漢、バンダについて行くか、それとも、本とは生と一体のものだと称する、無秩序を煽る者、この狂人について行くか、どちらにするだろうか。

3 ジィドと訣別するために

しかし、それだけでは足りない。もう一度問い直してみよう。「偉大な」知識人とは何か。「世紀人」とは何か。ジィドの松明を受け継ぎ、その時から、時代に君臨したのはなぜサルトルであって、別の誰かではなかったのか。

もちろん、多様なジャンルをカバーするという才能があったし、文体と姿勢もあった。「哲学」に歪められた文学の力と、文学によって粉砕された哲学の力。哲学によって演出される法廷と化した戯曲、その戯曲の付属物であるようなジャーナリズム。一言で言えば、言表のあり方と声とを多様化し、回転数と介入の速度を多様化するのがサルトル一流のやりかただった。そしてまた、おそらく同時代人たちが待ち望んでいたアンガジュマン理論を提起したこともあった。

しかし、また別の要素もある。この要素は修辞《レトリック》の問題ではなく、ポール・ヴァレリィやサント゠ブーヴが、サルトルに先駆けて、自らの「状況」と呼んだであろうようなものだ。つまり、物事の合流点に身を置くサルトルのやり方だ。ジャンルの合流点だけでなく、当時の思潮の合流点にもサルトルは身を置いた。そして、サルトル一流の全体化を行なった。手に入るさまざまな様式《スタイル》＝文体を全体化するのみならず、言説の内容や、その可視性の強度の違い、その思考や思考の外にあるもの、そこに投入された想像的なものの図像《フィギュール》、その感情や予感、不安や夢想、エネルギーや隠された教え、誤謬など、すべてを全体化するのだ。要するに、その時代の悟性のただ中にあることなのであり、その時代のためにこそ作家は書くのだとサルトルは考えていた。

「偉大な知識人」、それは本能的であれ、計算づくであれ、時代の最も強烈な磁力が集中する場であるような精神の位置に身を置く者のことである。

「偉大な知識人」というときの「偉大」とは、それが必ずしも意識されていないとしても、一つの言《パロール》のうちに、一時代の最も強いさまざまな言《パロール》を集約する術のことである。

サルトルが偉大であり、最も偉大であるのは、世界がいついかなる時にも見えない軸を中心に回転しており、同時代の人間たちのうちでこの秘密の軸の最も近くに身を置くに至ったのが、サルトルだったからである。それは、必然的決定因と偶然とにそれぞれどれほど負っているのかを明確には言い難いが、その調合やさまざまな動きや、沈殿や操作を再構成することが、少なくとも権利上は可能であるような、ある種の錬金術によって行なわれた。

サルトルの錬金術。

錬金術師としてのサルトルを考古学的に発見すること。

サルトルはどのような一連の操作によって、時代の実質を飲み込み、自らのものにし、転換し、口から吐き出すことができるようになったのか。

一連の出会い（というのも、これらの「操作」はつねに出会いという形式で行なわれ、これらの出会いは、そのつど固有名詞をもつからだ）がサルトルを彼の世紀の要約《レジュメ》に仕立てあげたのだ。

サルトルがジィドの「場所を奪取」した、などと言うことはできまい。サルトルは自分の玉座を作り上げ、錫杖を彫り上げたのだ。自分自身が作り上げた動きそのもののなかで新たな場所を描き出し、そこに身を落ち着けたのだ。いかなる種にも属さない動物のように、どんな予兆ももたない隕石のように、偉大な知識人に「継承」はありえない。かつてはジィドやマルローやモーリヤック（いやバレスだってかまわない）が座っていた席が空席となり、そこにサルトルが座ったというわけではないのだ。サルトルは霊感《インスピレーション》に駆られた測量士のようなもので、彼の登場によって、新たな地勢＝景観が描かれ、この景観のうちに新たな席が描き出されたというだけでなく、空間、景観、座席の集まりが、彼のまわりに少しずつ再編成されたのだ。

つまり、化学であり計量幾何法なのだ。

錬金術であると同時に、地形測定《トポグラフィ》でもある。

しかし、このトポグラフィの発想の源は、場所や審級ではなく、言《パロール》や言表なのだ。

このような半ば化学的、半ば地勢学的な仕事が、つまり魂と同時に景観の「製造《メイキング・オフ》」とも言うべきものは、ジィドやバレスやゾラやユゴーやヴォルテールの時代に、サルトルと同様、時代を凝縮し、要約した「世紀人」であった彼らの名前を中心にして遂行された。

そしてサルトルもまた新たに、称号の最後の保持者たる名前と声を中心として、作業を遂行している。私は、新たな「新批評」を夢想する。魂ではなく、本に関する小説を物語ることができるような、そしてこの小説を舞台にして展開した軌跡と放浪と略奪作戦とテクストそのものの横領と逃亡のどれでもよりどりみどりで開陳することができるような「新批評」を。私はテクストの化学を夢見るのだ。文学の領域においても哲学の領域においてもサルトルがその摩訶不思議な実験室となった、燃焼と結合と結晶化と蒸留と融合と変換の過程を何一つ見逃すことのないテクストの化学を。

ジィドの世紀

文学。

はじめにジィドありき。

ジィドとは、ライバル関係だけでなく、影響もあった。

権限の委譲、叙任式があっただけではない。他の同時代人と同様、サルトルもまた自分自身になる以前に、まずはジィド主義者として誕生したのである。

サルトルはのちにすぐれて現代的な存在となり、五〇年代、六〇年代のスター知識人となり、マルクス主義者となり、構造主義のライバルとなり、フロイトに反論する一方で、フォークナーをフランスに紹介し、中国やキューバ、さらにはカンボジア革命の証人となり、最後のヒューマニストになり、最初のポスト・ヒューマニストになる。しかし、人びとが考えないことがある。そのことを思い出しさえすれば、展望はすっかり変わることになるだろう。サルトルは極端な現代性に片足をつっこんでいたとはいえ、もう片足は、一九三〇年代に、さらには一〇、二〇年代に置いていた。片足はたしかに『言葉』で語っているように、この時期[1]、つまり第一次世界大戦勃発の一九一四年以前のフランスに片足を突っ込んでおり、その時期に生まれ、十九世紀の人間で、「ルイ＝フィリップ治下に流行していた思想」の虜である祖父によって教育された、ということ、要するに、『言葉』が述べているように、二つのロシア革命に挟まれた時期に知的・道徳的根源を有している、ということは、彼の場合には、望むと望まざるとにかかわらず、そしてそこから脱出しようと努力したにもかかわらず、かつてジィドにつきまとわれ、魅了されていたし、現在もやはり同様である、ということに他ならないのである。

いつか、フランスにおけるジィド主義の歴史が書かれねばならないだろう。『地の糧』と『パリュード』の作者が、世紀の最良の精神たちに及ぼした多大な影響が語られねばならないだろう。

我が国の国民的「大作家」がどれほど、「模範的な同時代人」であったかを思い起こす必要があるだろう。その時代は、一九二〇年代、三〇年代で終ることはないのだ。

二十世紀がサルトルの世紀である前には、どれほどジィドの世紀であったのかも思い起こすべきであろう。一つの例を挙げよう。ジル・ドゥルーズだ。この上なく現代的思想家、何ものにも縛られない『アンチ・オイディプス』や『千のプラトー』の著者である。その彼が珍しく出演したアルテ放送の番組がある。ドゥルーズはテレビに出ることを極力避け、この番組も死後になって放送されたものだが、[2] そこでジィドについて語っている。ドーヴィルで過ごした少年時代を語り、最初にジィドを読んだときのこと、その感動を語っている。ドゥルーズの姿は視聴者にとってはちょっとまどろっこしいという印象があるもしれない。ちょっとぎこちない感じもするだろう。メディア嫌いが、毛嫌いしているレンズの覗き穴の罠にかかって、出演を承諾したのを不満に思っているようにも見える。もちろん、間近に迫っていた彼の自殺が、この画面のドゥルーズに礼儀正しいが冷たい幽霊のような様子を与えているのかもしれない。その彼が、突然、活気をおび、私の知っていた、軽やかで、茶目っ気があり、いたずらっ子のような彼に戻る瞬間がある。

文学の教授のアルプヴァックスの話をしたときのことで、ドーヴィルの砂丘で『地の糧』を読んでもらい、それに魅了されたことを語っていた。現代主義者ドゥルーズ、あらゆる懐疑の師であるドゥルーズがいる。また若きドゥルーズがいる。ミシェル・トゥルニエが、『聖霊の風』で書いたように、すでに師の風格をもち、極度の非妥協性、体系の霊感、すでにテロリズム色の濃い気質をもっていた。さらにまた、一九四五年に、サルトルが歴史の「ゴミ箱」から「使い古された」「ヒューマニズム」を拾い出してきたことを彼らが属していたグループが知ったときに――これには後で触れるが――彼が感じたあの怒りも抱いていた。しかし、このテレビ放送のときは、死ぬ間際のドゥルーズは、最後の決算を行ない、高くつく告白、というか解放してくれる告白をする時が来たかのように、夢見る青年であり、砂丘に寝ころび波しぶきを眺める詩人のような、ジィドにかぶれていたときのイメージを見せたのだ。

もう一つ別の例を出そう。ジャック・ラカンだ。フロイトの継承者。ドゥルーズ、そしてアルチュセール、レヴィ＝ストロース、フーコーとともに、現代思想を発明したひとりだ。嘆賞すべき「教育者」であり――ニーチェがショーペンハウワーについて語った意味で、六〇年代後半のラカンについても私たちはそう言っていた――、私たちの世代があらたにヒューマニズムと訣別するのを手助けしてくれた。『エクリ』に収められた「アンドレ・ジィドの青春」と題されたラカンの論考は、(3) ジャン・ドレのジィド論に関する書評だが、『コリドン』は「アジビラ以上」のものであり、「リビド理論の驚くべき概観」であり、ジィドは偉大な「臨床的繊細さ」をもった「分析家」であり、「自我の縦割り」理論の先駆者であり、「神を適切に用いるすべを知っていた」驚嘆すべき「文学人《ホモ・リテラリウス》」であることを説明し、あるいはまた、結婚した従姉マドレーヌ・ロンドーとの関係において、ラカンが用いた表現を借りるなら、「自分が持っていないものを与える」ことを本質とする「愛」というものの模範だとも述べる。これはラカンの口から発せられると、なんという誉め言葉になるだろう。そして、このテクストの末尾に見える「われわれの頭のなかでわんわんと音をたてているこれらの文章」への感動的な想起、そして「あの手の動き」――「これらの文章、つまりジィドが記した文章の続きをここで記している私の文章の中に」残っている――に対する讃辞は、何と風変わりに響くことだろうか。そしてわれわれも、あの当時、このラカンの論考を携えて、『狭き門』や『贋金つくり』に殺到したものだった。そこにラカンと、われわれの時代に関するなにがしかの真実を見出すと信じながら。

さらにはコクトーと、『ルヴュ・ブランシュ〔白い雑誌〕』のレオン・ブルム*も挙げる必要があろう。ピエール・クロソウスキー*は、バタイユ、レリスなどともに、社会学研究所を設立する前には、ジィドの「助手」をしていた。マルローは「人間は好きではないが、人間を貪り喰らうものが好きだ」という、ジィドがプロメテウスに言わせている科白について熟考している。ヴァレリィやアンドレ・ブルトンもいる。モーリヤックは、一九四四年八月、フランス解放の際に初めてド・ゴール将軍に出会ったときに、将軍が彼にジィドの話しかしようとしなかったのに驚いたという。カミュもそうだ。若きカミュは結核にかかり、病のなかに自分の力を探し求め、ジィドの『アマンタス』〔一九〇六〕を自らの聖書としていた。「磯辺に裸で横たわりたい。砂は熱く、柔らかく、軽い……」。そして、後になると、幸福、アルジェリア、ドストエフスキー、明晰さ、感覚、演劇、こういったものに対するジィド的な情熱が、ごた混ぜになる。(4) クロード・ロワ*の例も挙げるべきだろう。彼はモーラスとニーチェの間にいるジィドの中から、「快楽への許可」を汲み上げることになる。(5) クラウス・マン*はナチズムの絶頂期に、アンドレ・ジィド伝を計画し、これが仕上がれば出征して死んでもよいと思った。セリーヌ、そうセリーヌの芸術はすっかりジィドと彼の美文への強迫観念への反発として形成された観がある。だが、誰かへの反発によって自己形成をすること、自分が願い下げにしたもの、自分の存在の陰画となったものを探し求めに行くことはたやすいことではない。そして、『コンゴ紀行』は、『夜の果てへの旅』の明らかな源泉のひとつだ。さらにはバタイユの名前も挙げるべきだろう。年少の頃よりニーチェやドストエフスキーと同時にジィドも読み、それが自分の「回心」の道具となったこと、『パリュード』に魅了され、これほどの大胆さと美にはうち勝てないと思い、絶望して若書きの詩を焼き捨てたことを、バタイユ自身が語っている。[6] また、モーリス・サックス*の『サバト』のいくつかの章の中身は、モンモランシー荘とヴァノー通りの家でのジィドとの「出会い」である。[7] そして、公認の相続人、公式のジィド主義者ともいえるバルトがいる。バルトにはすべてがある。ジィドのすべてがバルトに結集しているように見える。というのも、ある種の遺産相続に見られるように、ジィド主義というものは、分割相続せざるを得なかったのだ。ご近所の、あるいはご町内のジィド主義と言いたくなるようなものがある。機転や接触や愛想よく柔和な交流といったものだ。地球規模のジィド主義もある。政治ビラ、歯に衣着せぬ発言、ソ連やコンゴへの旅行などがそれだ。さらに晩年のジィド振りもある。謎に満ち、ゲーテ主義で、少し気難しくなり、肩掛けや厚手のケープを羽織り、バック通りでピアノを弾き、薬の小瓶を傍らに置き、病弱で、お茶とビスケットの匂いがし、整理整頓狂だった。そして、こうしたものはバルトの美徳なのだ。彼は彼なりに、波風を立てず、平穏に、遺書のくだけた破片を己の一身に拾い集めたのだ。『断章』のバルト、ブレヒト時代のバルト、晩年の「マミー」のバルト。

ジィドとは巨大な歴史建造物のようなものだ。ジィドは、言語と思想の複雑で矛盾に満ちた巨大な冒険なのだ。マルローがある日サックスに言ったように、ジィドとは地下鉄への降り口なのだ。地下鉄をみんなが通過するように、みんながジィドを通過する。完璧な前衛主義者で、生と死の思考の師である預言者としてのジィドがいて、同時代人たちに、バルトやラカンやドゥルーズまで含めたあらゆる同時代人に、作家たるものがなしうる最大の奉仕を行なう。というのも、ジィドは彼らに対して時代の未知の相貌を報せるだけでなく、自分自身の未知なる相貌までも顕示するからだ。そして、このジィドの世紀のただなかに、条件反射や言葉にあらわせない思考やモデルまで含めてすべてがジィド化されたこの時代に、初期サルトルは、「若き」サルトルは、生きていたのである。

少し脱線になるが、同時代と次世代に対して、自らの知られざる相貌を顕示するという作家のこの逆説に関して、もう少し付け加えておこう。しかし、結局のところ、それをほんとうに「知られざる相貌」と言うべきかどうかは確かではない。よく考えてみれば、ほんとうはまったく逆のことを言うべきかもしれない。つまり、偉大な作家とは（この場合は、偉大な知識人ではなく、厳密な意味での偉大な作家のことだが）、すでに知られている相貌、知られすぎている相貌に自分自身の刻印と印章とを捺す者のことではなかろうか。大きな心の動きや感情の相貌は、この作家を待って初めて存在したわけではなく、言ってみれば作家はそれに文学的な形象を与えただけなのだ。モーリヤックと信仰とか、スタンダールと幸福とか、バレスと自我崇拝とか、カミュと快楽とか、ヴォルテールと自由とか、あるいはヒロイズムについてはマルローとか。どの場合も、自らの姓名と作品を不可逆的なしかたで重要な感情に結びつける才能であった。どの場合も、自分の思い出をみんなが共有しうるような人間的な情念の中で最も美しく最も偉大な情念の一つと結合する名人芸だったのである。そこにいること、まさにその場所にいること、つまり、人類の精神的大移動の場そのものに、世界が世界となって以来あらゆる男と女が必ず通過しなければならなかった大いなる通路の出口にいるという、全くの天才芸なのだ。それが高貴な形で行なわれる場合は、偉大な人びととは、〈精神〉の監視人のようなもの、〈存在〉の歩哨のようなものであり、そうだからこそ、われわれは彼らの作品を読み、賛嘆して、彼らに感謝する。野卑な形で行なわれる場合もある。その場合は、万人のものである財産に対する承認と栄光の配当金をせしめたり、想像物の法定納本受付事務所に赴き、〈存在〉の動きに他ならない動きについて特許登録を行ない、その出口で「人が英雄的であったり、自由であったり、敬虔であったり、逸楽的であったりするのは、私に讃辞を捧げるも同然であり、私に貢ぎ物を納めるのも同然であるのだから、私は上前を頂戴するぞ」と言うようなものだ。こういった連中は精神の守り手ではなく、税吏であり、抜け目のない窓口係なのだ。しかし、どちらの場合にしても、彼らは〈普遍〉に達している。そして、これはおそらく文芸における〈普遍性〉のもっとも異論の余地の多い定義ではある。

ジィド主義者サルトル

しかし、サルトルに戻ろう。サルトルの生涯と作品のうちで、ジイドはどのような位置を占めているのだろうか。

一九三九年、サルトルは『ＮＲＦ』誌のために『贋金つかい』の作者の「小説の実験者」としての才能に関する論考を書くと、ポーランに約束した。つまり、ジィドの現代性、形式における大胆さ、鏡の戯れや入れ子構造への愛好、どの小説作品も「自己反論」を含んでいるそのありかた、視点の多様化と多数の焦点設定という技法。これらの技術の一切はすでにこの年に彼のものになろうとしていた。時がくれば、サルトルはそれを自分自身で見つけたとか、フォークナーやドス・パソス経由でそれを見出したのだなどと主張することになるだろうが、ジィド方式を全く度外視してしまったら、それを採用することはできないということは十分に感じていた。ジィドというアメリカ人。モーリヤック世代にあって、あたかもモーリヤック精神の解毒剤のごときジィド。モーリヤック氏は芸術家ではなかったが、*アンドレ・ジィドは芸術家だ。サルトルはモーリヤックの素朴さに対しては、目測だけで攻撃を仕掛けたものだが、ジィドが相手となると、もっと慎重で、妥協する必要があることを承知していた。

戦後になると、例の「『レ・タン・モデルヌ』誌創刊の辞」がある。これは傲慢と不遜に満ちたテクストだが、実存主義の発案者が、その恐怖政治と栄光の絶頂でおこなった大虐殺を逃れた作家の一人が、意味深くもジィドなのだ。後に同じ『レ・タン・モデルヌ』誌上で、ジィドの死の数ヶ月後に「生きているジィド」という素晴らしいテクストが発表される。サルトルは逝去した偉大な作家に対して荘重な弔辞を捧げ、ジィドに負っているものをはっきりと述べている。「一人の同じ男が勇敢にも、『コリドン』という信仰告白と『コンゴ紀行』という植民地政策への非難を発表した」。同じ男が「それを行なうことが危険であったとき、ソ連の側に立つ勇気を示し、また、その是非はともかく、自分が間違ったと思ったときに、公然と以前の意見を撤回するというさらに大きな勇気を示した」。こういったことすべて、「この用心深さと大胆さの混合」、この「時代と結婚」し「考える」という態度、それがジィドを完璧に「模範的な」人物に仕立て上げたのだ。それから、この同じテクストの中には、はるかに重要な、より近い、何とも人を惑わす音が響いており、それが一〇年後のサルトルにこだまして、彼は『言葉』のなかで「無神論とは残酷で長く続く仕事であり、私はそれを最後まで続けたと思う」と書くことになるのだが、その響きとは、「ジィドがわれわれに示す最も貴重なもの、それは神の断末魔の苦しみと死とを、最後まで生きようと決意したことである」というこのもう一つの讃辞なのである。この讃辞はさらに続けて、こうも言う。ジィドが同時代人と次世代とにもたらすものは、「半世紀の探索の末にゆっくりと己のものとした」この無神論であり、それは「彼の具体的真理となり、われわれの真理ともなったのだ」、と。(8)

この最初と最後の二つの讃辞の間に、『戦中日記』がある。この日記そのものを、ジィドの『日記』に魅了されてサルトルが付したコメントとして読むことも可能だろう。一九三九年秋に刊行されたこのジィドの『日記』は、ボーヴォワールによって万難を排して兵舎に送られた。九月十七日にサルトルは「ジィドを受け取った」と記している。そして、翌十八日のボーヴォワール宛の手紙に、「ジィドを大いに楽しんで読んでいる」と書く。さらに、数ヶ月にわたって、『分別ざかり』の第一稿と、すでに予告されていた「大倫理学」の大枠を練り上げる傍ら、次のような無数の記載を『日記』と『手紙』の中に残すのである。すなわち、自分とジィドの「道徳感情」には非常な近接性がある（「ジィドにも、私にも、取り返し不可能なことは起こったことがない」）とか、持ち合わせた感情と運命の扱い方はこれまた非常に異なっている（「昨日ジィドの『日記』をまためくっていて、その宗教的様相に驚かされた」〔三九年十二月一日〕）――そこで「私の手帖へと立ち戻りたい」という気持ちがおこり、「自分の日記がジィドのそれとどれほど異なっているか」が分かった――とか、またしても、非常な近さ、ほとんど危険なほどの近接性がある（「この日記は私自身を疑問に付すことであり、ジィド的な告白によく似ているとすることができるだろう」）――その結果、魅惑を払い除け、遠ざかろうとする（「しかし、それは見せかけにすぎない」、というのも、ジィドは「うめきながら、そして謙虚に」告白したのだが、一方、私ことサルトルは、「冷徹に、そして前進するために」それを行なったのだ）――とか述べる、無数の記載。そうだ、それらの記載は、思考の成熟の道のほうへと進んで行くために、サルトルが一段一段上がって行った、ジィドとの格闘の各段階なのである。こうして彼は、ジィドとともに進み（「私は、本来性に達するためには、何かが砕けなければならないとますます思うようになっている」。これは「ジィドがドストエフスキーから引き出した教訓であり、私が自分の小説の第二巻で示そうとするものだ」）、ジィドに抗して進み（私が近づこうとしているこの本来性が、どの点でジィド的な純粋さと異なるかは私には明瞭に見てとれる）、ジィドに面と向かって、そしてジィドから出発して進み（「これらの指摘はすべて」「ジィドの道徳的自己形成と私の道徳的自己形成とを突き合わせる」ためのものだ)、さらにもう一度ジィドに抗して、しかし、さらに暴力的に進み(「ジィドの道徳」は「富裕な穀物商の息子が銀行家となったようなものだ」、「ブルジョワ的な広大な所有地」から「資本主義の抽象的な所有物」への移行を画する神話のひとつ」だ)、ジィドにぴったり寄りかかって進み(「私は『現実性の少なさ』に関するジィドの日記の一節を写そうとしたが、写さなかった。しかしそれは間違いだった」、というのも、「彼の現実感覚の欠如」や「最も重要な出来事」が彼には「仮装舞踏会のように見えるという、マルタン・デュ・ガールに対してなされたこの告白の中には、「私の軽薄さ」のすべての秘密があるからだ)、そしてジィド主義の流れに沿って進む(手帖五の驚くべき頁では、未来の革命家がヴァレリィ・ラルボー*のバルナブースの金銭への関わり方を称賛しているが、同時にジィドの金銭への関わり方も称賛しており、そこで用いられている用語は、生涯の終りまで、サルトル的用語であり続けるものであることが分かるだろう。すなわち、財産から「身を引き離し」、それを「非物質化」する……「現実的所有」と「象徴的所有」を物々交換する……「不動産という財産」を「記号という財産」と交換する……たとえ「証券の束」という形でもよいから、財産の「抽象的な様相」のみを保持する……「ジィド的融通無碍(自由なる自己処分可能性)」の夢を「自分の資本の可処分性」にまで押し進めること……)。

それから、時には奇妙な告白もある。数年のちに、パリで、ジィドから模範的知識人の役を奪い取ったという事実が、彼にとって何を意味したかを理解するためには、これらの告白を常に念頭に置いておかなければならない(「ジィドの日記を読むことは、うまく書くということがどういうことか私には分かっていないということを、私に不断に感じさせた」。私の小説は「鼻がひん曲がるほどくさいし」、私の文体は「病人の重苦しい息のように、身体器官的な臭いがする」。それに対して「ジィドの良い文章には匂いがない」……)。

その頃、あるいはその後、サルトルの作品系と生涯を通して、多少とも本質的な数多くの出会いがあった。それを通じて『存在と無』の著者は、ジィド思想に捉えられては逃れ、そこから発想を汲み取っては脱出しようとする、ということを果てしなく繰り返していることが感じ取れるのだ。『汚れた手』の議論は、ジィドが書いた唯一の政治的戯曲『ロベールないしは公益』の議論をもう一度取り上げたものだ。『悪魔と神』における私生児性と裏切りをめぐる変奏は『「贋金つかい」の日記』や『贋金つかい』から発想を得ているように思われる。『蠅』では、決定的で不可逆的で、やり直しのきかない、真の行為への郷愁がオレストの心理全体を貫いている。人間と神々に向かってオレストが叫ぶあの有名な「おれは自分の行為をなしたのだ」という科白の中には、『法王庁の抜け穴』のラフカディオの声のこだまがどうしても聞こえてしまう。そして、ラフカディオがフルーリソワール*を殺すことになる行為を今まさに行なおうとする時に呟く、「さぁ、さぁ、カディオ、やり直しはきかないぞ」とか、「チェスと同様にやり直しの権利はない」という科白は、サルトルの問題系の正確な先取りであるのみならず、最も有名なサルトル的文言の先取りであるように見える。一九三八年の終りに彼がジィド的な小説と予告した『分別ざかり』の主人公は、「全面的で人を酔わせる自由」に突き動かされ、「無償行為の快楽」を味わう準備ができており、明らかに、「ラフカディオに続いて」やって来る者として提示されている。『分別ざかり』で、(ナイトクラブ)「スマトラ」でマチューが自分の手にナイフを突き刺すシーン(これは『法王庁の抜け穴』でラフカディオが錐を脚につきさす場面の剽窃)、あるいはまたボリス少年が本を盗もうとしている現場*をダニエルが押さえる場面(同じ場面は『贋金つかい』、次いで『「贋金つかい」の日記』で、エドゥアールとジョルジュ少年のあいだで起こる。ただし、ジィドでは盗まれた本はアルジェリアのガイドブックの古本であり、盗みは失敗する。一方、サルトルでは「家具みたいに大きい」辞典で、ダニエルの見守る中、最後の瞬間に盗みは成功する。ずっと、ずっと後になるが、一九七五年の対談で、[10] サルトルはこの場面に関して、ジィドが直接インスピレーションの源泉になっていることを認めている)。また、マチューという人物や、彼の標榜する「何ものの ためでもない自由」、「アンガジュマン」の拒否、「自己欺瞞」、「良心のやましさ」、「明晰性」、こういった特徴すべてを理解し解読するためには、この小説を執筆していたまさにその頃、サルトルはジィドの『日記』を発見し、貪り、ボーヴォワールに宛てた手紙や日録でこの『日記』について注釈しているという事実を、念頭に置く必要があるだろう。ジィドの『日記』は戦中のサルトルにとってフェティッシュな書であり、枕頭の書であり、彼の日々の読書であり、祈りでもあったから、自分の書くもののうちにこれを張り巡らし、吸い込み、浸透させたのはごく当然だった。それに結局のところ、『自由への道』の筋立て、あまり愛情深くない恋人が妊娠した女をどうにかして堕胎させようとし、そのあと彼女を、まるで申し訳のように友人の腕の中にくずおれさせ、その友人に慰めさせるという物語自体、これまた、当然彼も思い出す『贋金つかい』の筋立ての一つの再演なのだ。どうして同時代の人びとはわれわれのように、この近接性の突拍子のなさに気づくことがなかったのだろうか。大量の明白な借用を彼らがすぐさま暴き出し、解説しなかったことは驚きではなかろうか。

『言葉』もある。この作品が「文学」との訣別を語った時、その文学とはアンドレ・ジィドの文学を意味することはすでに証明されている。[11] この本は何と素晴らしいパリンプセストゥスだろう。それは「新古典主義的アルカイスム」にさらに輪をかけ」、「二番目掛ける二」のエクリチュールが進むままに「書き直し」、偉大なるジィドに対する文体の戦いに「判定勝ちする」ことを目指し、最後の最後まで、『贋金つかい』の「誰でもよい誰かになるために、私自身から逃れる時」というエドワールの科白からインスピレーションを受けたが、この本は最後には、『一粒の麦もし死なずば』か、もしくは『テゼ』に対する純然たる復讐のように見えるのだ。仮定してみよう。サルトルが結局のところは、『一粒の麦もし死なずば』に対する戦いに敗れたのだとしたら、どうだろうか。サルトルが彼の文体の「悪臭」や「身体器官的な臭い」や「重苦しい臭い」に決定的に打ちのめされたとしたら、どうだろうか。そして、それがサルトルが『言葉』の後、沈黙することに決め、それをある意味で実行し、事実、もはや小説を書かなくなった理由だとしたら、どうだろうか。

サルトルはまた『言葉』の未定稿の中で、ジィドを、モンテルランや、『オスタンドとの会談』を書いたベルギーの劇作家、ゲルデロード*と同様に、当時の最悪の「中傷」もしくは「駄作」を書いた作家だとか、下種の中の下種、人類を憎む者[12]、『フィロクテート』のなかで禿鷹を人間たちの頭上に旋回させ、ヒューマニズムを冒瀆するという最大の罪を犯した罪人となった冷笑的な反ヒューマニストと評価しているようにも見える。しかし、しかし、しかし、その語調の激しさのうちにも、無遠慮にずけずけと引用する振りをすることにも、かつて尊敬した師を侮辱し、汚そうとするこれ見よがしの意志のうちにさえも、一九六三、四年になってもまだ癒されていない悪性の近接性の告白が潜んでいるのではなかろうか。

そうしたこと一切に先立って、『嘔吐』とその自由にして明晰な主人公、何ものにも何びとにも騙されることなき主人公があった。『嘔吐』は、新時代の最初の小説であろうか、それとも戦前の最後の小説なのか。実存主義の予感なのか、それともジィド主義の真珠貝が吐き出した最後の真珠なのだろうか。『聖ジュネ』のうちには、「ふてくされにすぎない、ルサンチマンによる悪=病」を捨て、「無償の」悪の方へと向かうジュネをめぐる一連の変奏がある。ここで「無償性」は「最終的な目的」となるが、そこにもジィド主義の臭いがする。

『家の馬鹿息子』[13]の中には、次のような最後の言及が見える。それは軽薄であると同時に怒りのこもったロバの一蹴り〔卑怯者が恐れる必要のなくなった敵に加える攻撃〕であるが、『家の馬鹿息子』の中にあるということは、サルトルの道程の終りにあって、文学という幻想、つまりはジィド的な幻想が、彼の作品系の中に、そしてこの世紀の中に作り出した長いトンネルの出口をそろそろ見つけたいと、彼が考え始めていた頃にあるということに他ならない。そしてその言及を読むとわれわれとしては、議論も尽き果て、もう限界で、時間ばかりたったのに、ジィド問題はあいかわらず、強迫観念のようにそこにあり続け、ずきずきと疼き、結局は治癒不可能であるという事実を自覚して、サルトルは、もっとも私的な部分、最も低劣な部分に攻撃を加えることにしたのだという気持になるのである。すなわち「彼は（ここではフローベールのことだ）、ジィドのようにぼくは他の人たちみたいじゃないんだと叫びながら母親のスカートのなかに隠れてしまうことはない」。

それから最後に、哲学がある。小説の哲学だけでなく、エッセーの哲学だ。『戦中日記』に表現されている世界像だけでなく、形而上学的冒険の聖者のなかの聖者たる『存在と無』それ自体の中で表現されている世界像。そしてサルトルがフッサールやヘーゲルやハイデガーの庇護のもとにあると称する一群の言葉や概念。しかしジィド風の耳はそこに新たに、今まで以上に同じこだまを聞き取らずにはいない。「誠実さ」の称揚はジィド的だし、「態度」の批判もそうだ。「習慣」を斥けて「即興」を呼びかけ、「お芝居」を斥けて「自然」を求める態度もジィド的だ。「本来性」の問題系は、少なくともハイデガー的であると同じくらいにジィド的なものなのだ。ジィド（あるいはベルクソン、これについては後ほど触れる）においても同じように「本来性」は「機械的な自動的行為」に対置されている。「社会的な仮面」に対する非難もジィド的だ。それは真理の墓に他ならない（『贋金つかい』は「われわれは承認された感情を糧として生きている」と述べる）。あるいはまた、他者の視線によって規定され、包囲され、構造化された存在という、超サルトル的原則に基づく観念もジィド的である（「人間の行為の多くは、利害が絡んでいない場合でさえも、他者の視線や、虚栄心や、流行によって影響を受ける」とジィドはつねづね言っていた）[14]。「硬直化した」世界に反抗しようという情熱もジィド的である。「硬直化」を、サルトルは「ねばねば」とか、後には「実践的=惰性態」と呼ぶようになる。逆に、自己を創出することへの愛好、これもジィド的である。使い道のない自由への恐れもジィド的である。フッサールとシェリングへの参照が続く中で、フィロクテテス*に言及するのも、ジィド的、まことに明示的にジィド的である。しかもその言及は、ジィドの戯曲〔『フィロクテート』〕をわざわざ引用するという形でなされている。このフィロクテテスへの参照は、完全に強迫観念的で、その後何度も繰り返し姿を見せる。『存在と無』の中、『文学とは何か』の中に、次いで「黒いオルフェ」、『倫理学ノート』、『聖ジュネ』の中に。さらには、〔『存在と無』で展開される〕恋人同士のあいだの愛の「マゾシズム」とか「自己超越」の「禁欲的モラル」に関する分析——これは『狭き門』からの明瞭な引用で補強されている——も、ジィド的である。(15)

若きサルトルにとってスタンダールが人生の師であることはすでに述べた。サルトルの特異な明晰性の文体の源泉としての、パスカル、ラ・ブリュイエール、ラ・ロシュフーコーといった、偉大なフランス・モラリストたちのこともすでに論じた。そこまでは良い。しかし、これらのサルトルのテクストからまず聞こえてくるのはジィドの声である。また、サルトルが純粋な文学的冒険の意味と無意味について果てしなく説明を続けるとき、われわれはジィドのことを考えるし、サルトルも確実にジィドのことを考えている。一九七二年に、アストリュック*とコンタの提案を受けて、サルトルが『言葉』の続編を映画で作ることに同意したときも、ジィドの偉大なる模範があった〔マルク・アレグレの映画『アンドレ・ジィドとともに』は一九五〇年に公開(16)〕。そして、サルトルがノーベル賞を拒否したとき、反対模範は、アルベルト・シュヴァイツァーだけでなく、ここでもジィドだったのであり、ジィドは払いのけるべき人物、絶対的な引き立て役だったた〔老いたるジィドの亡霊。彼は名誉に飢え、聖別を自称するこの賞を受けるという狂気の沙汰を行なった日から、若者と反抗の大義を失った、とサルトルは考えた〕。

「生きているジィド」で、サルトルはカブリの師*〔ジィド〕の肖像を思い起こしながら、次のように書いている。「フランス人がどんな外国に行こうとも、その国に一歩をしるせば、必ずフランスに近づくか、遠ざかるかのどちらかなのだが、それと同様に、精神のあらゆる活動は私たちをジィドに近づけるか遠ざけるかのどちらかである」[17]。

さらにもう少し先では、こんなびっくりするような告白もしているのだが、この一語一語の重みを実感する必要があろう。「この三十年間のフランス思想は、望むと望まざるとにかかわらず、またマルクス、ヘーゲル、キルケゴールといった他の座標があろうとも、ここでもジィドとの関係で規定されるべきであった」。

明らかであろう。初めに、ジィドがあるのだ。サルトルは、ジィドとともに、ジィドの中で生まれたのだ。このことは彼自身も認めている。ジィド風の美学と倫理は、「前世紀の文学の習慣」[18]が「しみ込んだ」――こう言っているのはサルトル本人である――すべての若い作家たちと同様、彼がまだ自分が何ものであるのか知らなかったまだ不安定なこの時期にサルトルに与えられたものなのである。そのものになろうと決意してはいたとしても。従って、『嘔吐』を書き、次いで『自由への道』を書くという作業、つまり、サルトルがサルトルになる、つまりその時代の主要にして異論の余地なき知識人になるという結果を招来した文学的な一大作業、彼が同輩の列から抜け出したあの目覚ましい進出、その結果、彼がヴォルテール、ユゴー、ゾラ、そしてジィド自身からのバトンを受け継ぐことになったあの躍進、こうしたこと一切は、次のような課題――「単純な」課題と言うことは憚られるにしても――にほとんど要約できるのである。すなわち、ジィド主義の果の果まで突き進み、ジィド思想から己を解放し、抜け出すという課題、頭のうちに住みついて自分を魅了し、自分がサルトルになることを妨げているジィドを追い払うという課題である。これは息の長い仕事であり、無神論の企てと同様に、生涯続くことになる。

ドス・パソス、ジョイス、セリーヌ

どうすればジィドから出ることができるのか。具体的には、どうしたら脱出することができるのか。書くという作業のなかで、どのようにこのジィドの呪縛を払い除けるのか。この出口は、日付のついた一連の作戦に要約できるだろう。そして、これらの作戦もまたそれぞれ一つないし複数の固有名を持っている。

アメリカ小説作戦。これに触れるのは、あくまでもメモとしてにすぎない。サルトルがそれほど──自分で言うほどに[19]──、アメリカの大作家たちを愛したとはどうも思えないのだ。実はこういうことではないのか。文学的現代性へ向かう道としてはジィド的行き方があった。ついでに言っておくと、フランス人としてはもう一人いた。ジュール・ロマンが、同じ頃、文学に「分析的キュビズム」や「同時話法」を導入しようとして、それなりに成功していた。そこでサルトルは、ジィドを（そしてロマンを）回避するため、フランス人たちを避け、フランス人とは別の方法を用いて、「炸裂した」語りの諸原則を見いだすため、とりわけそれを豊かにし、それを豊かにすることで自らのものとするための手段として、アメリカ人を使ったようなのである。『自由への道』の会話や演劇的様相のためにはヘミングウェーを使い、ドス・パソスとその万華鏡《カレイドスコープ》的テクニックも使った。フォークナーはおそらく「反動的」で、「抒情的」すぎ、伝統的な「ヒューマニズム」の残滓がこってりとつき、そのために最終的にはサルトルは一線を画すことになるが、しかしその代わり、暴力を描かせたら並ぶものがなく、文学そのものを暴力と考えていた。それに、とくに言語、たえまなく続くうなり声、非人称的で途切れることのない、この言語の囁きが登場人物たちにも、世界にも住みついている。ハイデガーは、匿名で騒々しい、この「ひと」（ダス・マン）について哲学的直観をもった。いまひとりの同時代人ラカンの言うことはさらに上手だ。のちに見るようにラカンはサルトルと、一般に言われるよりもずっと緊密な関係を持ち続けた。この関係は公言されず、密かな、しかし緊密な関係であった。「それはけっして黙ることはない」とか、「それは黙っているときでさえ喋る」とか、「無意識の声は低いが、つねに同じことを言っている」。こういったものすべてを、サルトルは、『一九一九年』や『北緯四十二度線』といった、戦旗のように掲げられたこれらの傑作、これらの合言葉によって、小説的自由の道を通って見出したのである。このハイデガー・ラカン的教えを、彼は早くも、『サートリス』や『響きと怒り』を論評した際に、芸術を通して発見する。要するにアメリカ人は、そうと公言せずに、ジィド風をやるための手段であり、モーリヤックと縁を切りながら、なおかつそんな素振りも見せないで、単なるジィド風をまたやり直すための手段なのだ。アメリカ人は、サルトルがフランス小説に対して仕掛ける国内ゲリラの兵隊であって、その勝利は、推測するところ、ジィドにとりわけ何も依存しないということが必須の条件なのだ。戦時にあっては手段を選ばず。これが正々堂々の戦いというものだ。

ジョイス作戦。サルトルは、ラルボーと並んで、そしてもちろんジィドとならんで、フランスにおけるジョイスの最初の読者である。マルローはまるでジョイスを理解しなかった。プルーストはジョイスを知らなかったし、ジョイスのほうもプルーストを知らなかった。クローデルは送られてきた署名入りの『ユリシーズ』を、「悪魔的な」本だと見なし、送り返した。多くの批評が、愚かさと狂気のごたまぜしか認めなかったとき、サルトルはそれを読み、解説した。そこから、はっきりと口には出さないものの、己の方法の土台をなす直観のいくつかを汲み取った。少なくとも、とても古く深層の気掛りのこだまを聞き取っている。たとえば、父親との関係の強迫観念である。断ち切られた、あるいは築かれ得ない父子関係という固定観念は、『言葉』の中にも姿を見せている。これもまた『言葉』に見られるアンキセス・コンプレックス*の観念を、彼は早死にした父と結びつけているが、私としては、サルトルはそのモデルを部分的には、『ユリシーズ』におけるブルームとディーダラスに体現されるような親子関係の逆転可能性から取っていると、想像したい。そしてとくにサルトルは形式に関する二、三の教示をジョイスから受けている。それは少なくとも、アメリカ小説と同じくらい、また炸裂した語りのスタイルと同じくらい、サルトルのエクリチュールに影響を与えたし、小説技法を形成したものでもある。第一の教えは、「サイレント・モノローグ」の技法である。サルトルはル・アーヴル時代に、後の文学批評の論考をテストするような講演を何度かリセの講堂で行なっているが、その一つで彼は、「サイレント・モノローグ」は、一八八七年、象徴主義の花盛り、無意識の理論がまだ完全な定式化に達していない頃、デュジャルダンの『月桂樹は切られた』とともに生まれたが、やはりジョイスこそが『ユリシーズ』において、それを技術的に完成したと述べている。このようにして、『嘔吐』の独白、『分別ざかり』や『魂のなかの死』におけるマチューの独白は生まれたのだ。「私」と「彼」のあいだの戯れ、というかむしろ「私」と「ひと」との間の戯れ、これもまたジョイスの適用だ。「媒介も距離もない主観性の生《なま》のリアリズム」のモデルは、ジョイスの中に見出したのだと、彼は『文学とは何か』で述べることになるだろう。第二の教えは、碩学の人にして多言語に通じたジョイスその人である。ジョイスとその小説。それは変造された引用、古いテクストの沖積層、言語や文体の炸裂、想像上の本と現実の本、こうしたものから織り上げられている。ジョイスとは、言葉の魔術がかけられた世界からも祖父シュヴァイツァーの書斎からも外に出なくても、そしてそうしたものを自分の語りの素材にしても、天才作家になることができるという証拠である。ジョイスは、知のあらゆる源泉とそれら源泉の無限の入れ子構造と戯れ、しかもそれを公言する。パリンプセストゥスの大の愛好家たる若きサルトルにとって、もっけの幸いなのだ。ジョイスと、小説の原料の無限の多様性、これこそまさに、他人の本を貪り読むサルトルにとって必要なものだった。ジョイスとその声と身振りに変換され、際限なく砕かれ、意味で一杯になった百科事典、これこそ『猶予』の語りの文体の源泉のひとつではあるまいか。こうしたものの中に、いったい真正の〔本物の〕ものはあるのだろうか。内臓とか臓物とかはらわたは、小説の食卓に載せられるのだろうか。まさに臓物などもはやないのだ。プロメテウスの肝臓を啄《ついば》むことしか好まない禿鷹にとっては、悪い知らせだ。ジョイスとは、真正性〔本物であること〕のイデオロギーを破壊する兵器なのだ。そして、第三の教えは、混ぜ合わせること、言語だけでなく、ジャンルの混合・攪拌である。ジャンルは、一人の作家の作品系の中で混ざっているだけでなく、一つの小説の中でも混ざっている。小説のジャンルとはどのようなものか。その文体とは。より正確に言えば、原則として小説の中に自分本来の場所をもたないような文体とはどのようなものだろうか。ジョイス以来、したがって、サルトル以来、いかなる文体もないのだ。というのも、それこそが、ジョイスの、そしてジョイスの読者サルトルの偉大なる教えなのである。それこそが、サルトルがジョイスのお陰で、モーリヤックの教条的な確信――この場合についてはジィドの確信でもあるのだが――に対置した直観である。小説とは全体的なジャンルである。この上なく文学的な機械である。この機械の豊かさと力と特質はさらに先まで、哲学的なものと文学的なものの錯綜するさらにその先まで進んで行く。対話、幻想的物語、過去の哲学の再創出、自動筆記の断片、演劇、演劇化されたエッセーの切れ端、霊感を受けた省察、叙情的な小論文、会話、現象学的還元、詩。小説にはどんなジャンルも無縁ではない。このジャンルなきジャンル、あらゆるジャンルを呑み込むジャンルを探索すること、そして制度化されたジャンルを衰退させてしまおう、したがって、作品というものについての伝統的な考え方と「偉大な形式」への未練の機能を解除してしまおうとする巨人的な努力を実践し、試み尽くすこと、これこそ、サルトルが『自由への道』で行なうことになるものである。そしてそれもジョイスのお蔭で彼が手にいれたものなのである。

そして最後はセリーヌ作戦だ。

『ユダヤ人問題の考察』における、少なくとも実に簡潔な判決を思い起こそう。「セリーヌがナチスの社会主義的主張を支持したのは、買収されたからである」[20]。

それに対するセリーヌの回答の信じられないほどの暴力性は忘れることが出来ない。これは初めポーランに送られ、掲載を拒否され、アルベール・パラスの著書『牝牛たちのガラ』の末尾に著者の好意によって「ケツの狂躁病者」という表題で発表された。そこでセリーヌが自分を罵倒したサルトルについて描き出した肖像画は次のような具合だ。「私も随分沢山とケツに引きずってるんだ、その手の下らん『なぞり書き』どもを……息苦しくて、執念深く、臆病な、ひどい裏切り者の、半チクのヒルみたいな、半人前のサナダムシみたいな連中だ……糞の山の中のサナダムシ、似非オタマジャクシ……性悪で、不潔で、恩知らずで、執念深くて、石頭……笛吹きサナダムシ……茶化し屋で哲学者のサナダムシ」[21]。

この二つのくだりを思い浮かべ、それからこの二人の男の間に入り込んだ長い沈黙と相互の無視、どちらにも共通する軽蔑のことを思うとき、二度と口をきかなくなり、相手のことすら口にしなくなることを考えたとき、そして特に、あれほど同時代人のことについて書き、ほんのわずかでも接触のあった現代の作家について、『シチュアシオン』としてまとめられる多数の批評的論考、怪物のような長大な序文や大河のような讃辞を執筆したサルトルが、セリーヌについては決して書かなかったことを考えるとき、そして最後に、ボーヴォワールが回想録のなかで『虫けらどもをひねりつぶせ』や『苦境』や『死体派』という政治諷刺文書の著者たるセリーヌについて書いた、わずか二つ三つの、しかし苛烈で、決定的であろうとする言葉(『なしくずしの死』によって私たちは目をひらかれた)。その本のなかには「庶民に対する憎しみのこもった軽蔑」があり、それは「前ファシスト的な態度」であった)のことを考えたとき、これらの要素をすっかり並べてみたとき、『嘔吐』の作家にとって「セリーヌ問題」とか「セリーヌという謎」ましてや「セリーヌ効果」や「セリーヌの影響」があっただろうと考えるのは難しいだろう。

ところが……。

手がかりがある。「われわれ全員の中で、もしかしたらセリーヌだけが残るかもしれない」という、サルトルがずっと後になって漏らした言葉。これを真面目に受け取らないとしたら、間違いであろう。

手がかり。この回想録の同じページに見えるボーヴォワールの告白。『なしくずしの死』が刊行されたとき、サルトルと、そして彼女自身の失望を回想しつつ、彼女はその前年に刊行された『夜の果てへの旅』に彼らが魅了されたことを語っている。「その年、フランスの本の中で、私たちにとって最も重要な本だった」。私たちは、多くの「くだり」を「暗記」した。彼の「アナーキズム」、「戦争」や「植民地主義」や「凡庸さ」や「常識」に対する批判に共感した。セリーヌは、「新しい道具、つまり話し言葉とおなじくらいに生き生きした書き言葉《エクリチュール》を発明したのである」。

さらに別の手がかり。『嘔吐』の巻頭銘句の信じがたい話である。これは周知のようにセリーヌからとってきたものだ。「あれは、集団的重要性をもたない男で、せいぜい個人と言えるくらいだ」。どうして信じがたいということになるのか。第一に、少なくともこれだけは言えるが、サルトルは銘句などを用いる人間ではない。唯一の例外は、シャトーブリアンの文*（「私は自分が本を作る機械でしかないことを知っている」）が見られる『言葉』だが、この文は章の真ん中に置かれており、「中間的な」銘句というべきであろう。したがって、『嘔吐』はこの儀式に供物を捧げた唯一の本なのであり、従ってサルトルはそれをセリーヌを標榜するという形で行なうことを選んだのだ。第二に、一九三八年という年は、『なしくずしの死』が出たすぐ後だったが、それだけでなく、『夜の果てへの旅』の著者の反ユダヤ主義政治諷刺文書三部作の第一作である『虫けらどもをひねりつぶせ』の出版直後でもあったのだ。この本の成功と、それが引き起こしたスキャンダルの大きさを考えたとき、サルトルが自分の文学へのデビューをいかなる作者の星のもとに行なうのかを自覚していなかったとは思えないのである。セリーヌは、ボーヴォワールが『なしくずしの死』の中に告発した「前ファシズム」から、前のついていない「ファシズム」へ、さらには、彼に決定的な汚名を着せることになる『虫けらどもをひねりつぶせ』から「ナチズム」へと軽快に移行していった。次いで第三に、この文がセリーヌのものであることは誰もが知っていたとしても、それが『夜の果ての旅』から取られているとしばしば言われ、サルトル自身も最後にはそう信じ込んでしまったにもかかわらず、実は『教会』から取られている、ということはそれほど知られていない。『教会』は『夜の果ての旅』と比べると知名度の低い作品で、セリーヌ作品のコーパスの構成の中での位置づけはより不確実である。ごく初期の作品で、一九二七年に書かれ、『NRF』誌に拒否され、最終的に一九三三年にドゥノエル社から出版された。通常、戯曲という形をとった『夜の果てへの旅』の下書きないしは素案と紹介されることが多いが、一九三三年の時点で、すでに反ユダヤ主義的であるというはなはだ具合の悪い特徴をもったテクストである。サルトルは、よく状況を知らずにこの文章をどこからか孫引きしたと、コンタに語っているが、果してそうなのだろうか。この戯曲自体は、ジューヴェ*とデュラン*に拒否され、千八百部出版されているが、あまりにも内密な出版であったから、サルトルはそれを知ることもなく、この銘をどこから取ろうとしているのか明確に自覚しなかった、とでも言うのだろうか。あるいは、ジャック・ルカルムの言うように[23]、この文は、当時新聞などに載った書評の類には一切触れられていないのだから、サルトルはこのおぞましい第三幕を直接手にとって読まなければ、この文を目にすることはできなかった、ということになるのだろうか。この第三幕とは最悪の部分で、国際連盟の本部でユダヤ人、ユーデンツヴェック（国際連盟妥協局局長）、モザイク（仮初《かりそめ》業務局局長）、モイーズ（不謹慎局局長）の全能振りを見せつける場面である。彼らは世界中のあらゆる地点でくすぶる戦争の火種をとろ火でとろとろとかきたてているが、その唯一の目的というのは彼らの権力の必要性を証明し、永続的に確定することである。「あれは、集団的重要性をもたない男で、せいぜい個人と言えるくらいだ」という科白はユーデンツヴェックのものであり、個人主義がやがてはシオンの賢者たちの計画に不都合をもたらすかも知れないという理由で国際連盟から解任された心優しいバルダミュを目している。『嘔吐』と『教会』のテクストそのもの間に見られる、形式上・内容上の他の一致についての目録を作ることも可能だった。これもルカルムが行なったことだ。『嘔吐』のラストシーン（ラグタイムの曲、「いつかある日」が最後にもう一度ブーヴィルのビストロの蓄音機でかけられ、書くべき作品の概要とともに、可能な救済のイメージをもたらす）が、『教会』のラストシーン（これもジャズの曲「くよくよするなよ〔No more worries〕」が、『嘔吐』の「いつかある日」のように、この戯曲のライトモチーフとなっており、これもまた最後に郊外のビストロで鳴り響くときに、「ダンサー」のエリザベトが登場して、バルダミュと世界との和解を告げる）の剽窃とも言うべきものであることを示すことも、やはり可能だった。私自身も、二つの具体的な思い出があるが、何と、その二つとも同じ方向に向かうものなので、私としてはこのような見解に賛同せざるを得ない。その一つは、ジュネーヴでのアルベール・コーエンとの会談である。彼は『教会』について最初に私に話してくれた人間だが、それはおそらく彼がユダヤ人ユーデンツヴェックの人物像のうちに彼の作品の主人公ソラル*かもしくは彼自身の特徴が見出されると信じており（実は彼は時間的順序を無視しているのだが、それはまた別の話だ）、この芝居が当時かなりの物議をかもしたと主張していた。次いで一九九一年に私は、カーンの国立劇場でJ・L・マルチネリの演出で、忘却から引き出されたこの芝居を実際に観たが、第三幕で非常に強い不快感を覚えた記憶がある。それから、幕が下りると、既視感《デジャヴュ》の印象を抱いたが、それはそのラストシーンが、当時再読したばかりの『嘔吐』の末尾と似ていることによって説明ができた。しかし、そういったこと以前に、この悪名高い第三幕のいくつかの科白を聞いて私自身が感じた「吐き気」よりも強く、不快感と既視感《デジャヴュ》を掻き消すほどだったのは、この戯曲の滑稽さ、道化振り、作劇上の巧妙さに対して感じた目の眩むほどの驚嘆だった。この言葉が強すぎるということはない。このテクストは明らかに『夜の果てへの旅』の出来損ないの粗描、下書き、引出しの奥にしまわれた原稿といったものとは別のものなのだ。このテクストはサルトルを魅了したのだ、と私は誰にもまして想像する。というのも、私自身が劇作に手を染めようとする決意がなされたのは、その夜、このテクストを前にしてであったからである。要するに、私としては第二の仮定のほうに傾くものである。私としてはサルトルが『夜の果てへの旅』と同じ特質を持つ演劇作品であるこのテクストを実際に読み、愛したということを疑ういかなる理由も見あたらないのである。したがって、私には、サルトルが自分の最初の本の銘句としてこのテクストを借りながら、自分の行為に無自覚だったとは想像できない。だとすると、問題はさらに深刻なものとして提起される。『教会』の第三幕の作者は、当然サルトルにも嫌悪感を催させたであろうが、その嫌悪感を無視して、さらには良心のためらいにも、ユーデンツヴェックと彼がモザイク相手に行なうおぞましい謀議にも、その時点ですでにセリーヌが何者になっていたかにも——この点は繰り返し言っておくが——かかわらず、サルトルがセリーヌから、その演出者ではなく、彼が文学にデビューする時の旗印を借用することを、言わば要求されていると感じていたとするなら、その必要性はよほど大きく、絆はよほど強く、巨額の、払いきれない負債を抱えていたに違いないし、よほど感歎の念は強く、讃辞を呈したいという欲求は身悶えするほどに激しかったのだろう。

さて、その負債である。

サルトルはセリーヌに何を負っているのか。

著書（『嘔吐』、『自由への道』さらには『存在と無』）のうちに、サルトルの思想や小説へのセリーヌの影響の痕跡を認めることができる。

政治的な影響もある。ボーヴォワールが語っているサルトルの「無政府主義」は、実は初期のセリーヌのトレードマークである。この右ではなく左の無政府主義に、セリーヌはある意味では最後まで忠実でありつづけた。セリーヌは政治諷刺文書《パンフレット》の中でさえも、例の「ラビッシュ式の共産主義*」を擁護していたではないか。それに、「政治諷刺文書のなかでさえも」などと言うべきではないのだ。というのも、よく知られているように、『夜の果てへの旅』のあの暗澹たる著者、世紀の夜の果てにはいかなる光も、ほんとうにいかなる光もないと考えたあの人間が、出口を、共同の可能な幸福を探しはじめたのは、『ウジ虫ども』をはじめとする政治諷刺文書の中においてなのだからだ。もちろん、あらかじめ、社会全体を病人にしてしまうユダヤ人という悪質なウイルスを駆逐した上での話であるが。しかし、少し先走りすぎたようだ。いまのところは、『ユマニテ』紙上でアルトマンやニザンが『夜の果てへの旅』を称賛していた時代の話をしているのだから。アラゴンとエルザ・トリオレがわざわざこの小説をロシア語に翻訳し、それを読んだトロツキーが「フランスの天才はこの小説において比類のない表現を見出した」とまで書くことになる時代の話。セリーヌ自身が『メダンでの演説』（『ゾラに捧ぐ*』）を行ない、そのなかで、ドレフュス事件以降の偉大な良心ならば否定できないような、ゾラへの讃辞を捧げた時代のことだ。そして、それは若きサルトルが矛盾なく「左翼のセリーヌ」に依拠することができた時代だ。そのセリーヌの中には次のようなものがあった。すなわち平等への愛好、権威への反抗、貧窮への認識——それを彼は貧者を治療する医者としての経験という最良の学校で学んだのだ——、そして当の『教会』における、植民地主義と人道主義の二重のペテンへの告発、これには他の人びと同様、サルトルとボーヴォワールも当然のことながら共感していた。

　小説の技法における影響もある。またしても、フィクションとエッセーの混合、自伝と寓話の混合、文明・人類・世界への執拗な糾弾と詩情との混合である。小説とは全体的なジャンルであるという定義。次々に回転する視点や不明確で炸裂した語りという装置。これらの技術革新をサルトルは自分のものだと主張し、それを誇りにしたが、それによって、ある種のフランス精神との訣別が可能になった。これらの革新、修辞学的で理論的な軌道修正を、おそらくサルトルはジョイスとヘミングウェーに負っている。しかし実は、半ば彼らに負っているにすぎない。それは、死者と外国人の方が、つねにそして原則的に、あまりに生気のありすぎる存命のフランス人よりましだという、どうやら当時すでに機能していた周知の法則のおかげなのである。サルトルはアメリカ人たちにすべてを負っていると、本気で思いこむかも知れない。しかし、同時代人たちは、それらの革新が、あの狂暴な男、ムードンの下町のラブレー、またときにはデトゥーシュ医師とよばれることもある男〔セリーヌ〕に由来することをよく知っていた。彼らは知っていたし、聞き取ってもいたのだ。『嘔吐』の作者であるこの新参者の声のうちに聞き取れるすべてのものが、セリーヌ的な憎しみと苦しみの叫びや、その猛り狂った息遣いから借用したものであることを。モーリヤックに敵対するサルトル、これもまたセリーヌなのだ。フランス精神に敵対するサルトル、これもまた『夜の果てへの旅』である。サルトルはもちろん評論集『シチュアシオン』をフォークナーとドス・パソスに捧げる〔費やす〕だろう。しかしおそらく、サルトルがフォークナーやドス・パソスを真に読み、論じたのは、セリーヌ的反吐と妄想を通して、その黒い預言者の鈴の音、サイレンのようなうなり声、セリーヌ的風景の泥と沼、汚水溜めのなかの幻灯、わめき、泣き叫んで声も潰れてしまったセリーヌ的な言語を通してだったに違いない。

そう、まさに言語。あの「むき出し」のあるいは「話すままの」言語、しかし、カストールが語るように、本当は入念に手が加えられている。あの砕かれ、骨を抜かれ、孔を穿たれた統辞法、しかし実はひそかに峻厳な規則にしたがっている。あの卑猥にして洗練された文体、怒鳴り散らしたままでいて、何度も書き込まれた文体。生き生きとした、リズムのある文体だ。その俗語の語彙はつねに変転する。シンコペーションは計算しつくされている。音楽的にして不可触民《パリア》の言語。大声でがなるかと思えば、苦渋に満ちた、場末の詩人のようなところ。あの威勢の良さ。あの哄笑。それは統辞法と語彙の領域を、文学的闘争の未知の地帯まで拡張した。「私は言葉の色彩画家だ」とセリーヌはミルトン・ヒンダス*宛の手紙に書いている(24)が、その手紙の中で奇妙にも自分をマラルメになぞらえている。この「色彩の技」がサルトルに衝撃を与えた。言語を脱構築し、言語の効果をさらに豊かにすること、禁じられた語を愛好し、そのような言葉を通して、その背後にある悪や、卑劣なものや、汚物を愛好すること、それが『嘔吐』のためにサルトルが拾い集めたものなのだ。「ジィド、アラン、ヴァレリィなどの大理石のような冷たい文章の後で、それはなんというくつろぎだったろう。サルトルはセリーヌの文体を手本にした」(『女ざかり』上一二六)とボーヴォワールは書いている。なんとも運が良かった。確かにそうだ。「ブルジョワ的」伝統文学の美食的美文や、長いフレーズや、気取りや、くだくだしい議論や、接続法半過去〔通常は口語では用いられない〕から抜け出せたのだから――とはいえわれわれはそれから抜け出したことがあるのだろうか――、そして、この市の立つ日のお祭りの雰囲気や、俗語や、いたずら書きと軍隊用語のまぜこぜや、群れをなして足並み揃えて押し寄せる言葉が、文学言語のなかに侵入するのを目の当たりにするのだから。[25] 解毒剤としてのセリーヌ。抗体としてのセリーヌ。言語に対する暴力としての、また言語を通しての、文学の中にあるあらゆる石化したものへの暴力としてのセリーヌ。二十世紀には暴力の二つの「流派」がある。一九二〇—三〇年代の空気の根底にある「ある種の激怒状態」には、二つの「変種」がある。まずはシュールレアリスト。しかし、サルトルはその一人ではない。彼は同時代人の中ではシュールレアリスム革命に賭けられていたものが何なのかを、奇妙なことだが、やがて見るように、ずっと後になってからでなくては、感じることのなかった数少ない人間のひとりである。次いでもう一つが、セリーヌである。時代の暗鬱な顔、極端への愛好の怒りっぽい暗黒のヴァージョンたるこの男は、アラゴンが次々とスクリーンに映し出される心地よいパノラマを探検していたときに、ベレジナ河*の渡河の血みどろの迷路の中で道を見失っていた。

それから、形而上学。『嘔吐』の冒頭の銘句を選んだとき、サルトルはじつは『教会』を読んでおらず、それがセリーヌのごく初期の反ユダヤ的作品であることを知らなかった——私はそうは思わないが——と、認めても良い。その代わり、サルトルは『夜の果てへの旅』の方は読んでいた。セリーヌ的プロットが浸っている世界の終りの雰囲気を知っていたのだ。根底的な〈悪〉の病毒とウイルスに侵されて、腐敗が進んだ世界、白痴と地獄落ちの決まった者、フォークナーの作品に出てきそうな人物やらサーカスの人物やらが住まう世界という、セリーヌの世界像を彼は知っていた。その代わり、彼はそれを、悲劇的道化振りと滑稽な呪詛のこのセリーヌ風の混淆を、ためらいも恥じらいもなしに発想の源泉としたのである。

もちろん具体的な研究が必要だろう。一語一語対照する研究が。サルトルの小説とその先輩の小説とを並行して読む必要があるだろう。しかしそれにしても、そのような研究が実現していない今においても、脚韻の一致、響きあう音に驚かずにはいられない。メタフォールの体系の目を疑うほどの近接性には、呆然とするのである。

サルトルの吐き気（嘔吐）は、バルダミュの嘔吐や『なしくずしの死』の嘔吐する者たちを乗せた船にこだまする。

サルトルにおける「偶然性」や「無」の感情、これもまた『夜の果てへの旅』の美しいページの再演ないしは、準引用なのだ。「いつも（語っているのはセリーヌ、いやより正確に言えばバルダミュだが、これはまるでロカンタンみたいではないか）、いつも、おれは、ほとんどからっぽで、要するに存在するいかなる理由もないのではないかと、恐れていた。ところが、とうとう事実を突き付けられたのだ。おれの個人的無という奴は確実になった。おれがしみったれた習慣を持っていた世界とは違い過ぎるこの世界に入るや、たちまちおれは溶けちまった。全く単に、もう存在しなくなったような気がしていたのだ。こうやっておれはこの世界を発見して行ったのだ。人がおれに馴染みのことについて話をしなくなると、たちまちおれは、一種の抗いがたい倦怠、言わば魂の甘ったるく、恐ろしい破滅、不快な嫌悪感の中に沈んで行くのをどうしようもなくなっていた」。

「軟らかいもの」、「ねばねばしたもの」への強迫観念が、サルトルの性愛観の中で、しかしまた彼の形而上学の中でも中心的な役割を演じていることは、知られているが、同じ強迫観念がセリーヌにも見出される。『なしくずしの死』の中には、同じ「軟らかいものへの批判」がある。後に『虫けらども』では「幼虫状態の軍団とねばねばした部隊からなるブルムの軍隊」に対する呪詛が述べられるが、それよりも前に、『なしくずしの死』の若い話者は、「太って、ふにゃふにゃのむかつくような」女によって童貞を失う。

まさに女たち。女の肉と、それがサルトルに呼び起こす、聖なる、「キリスト教的な」恐怖（これはのちにジュネを論ずる際の、サルトル自身の言葉だ）。この恐怖はほんとうに「キリスト教的な」のだろうか。むしろセリーヌ的ではなかろうか。もちろん、セリーヌだ。というのも、ここでもまたサルトルがごちゃまぜで(しかしそのごちゃまぜ振りの規則と原理は、セリーヌ的小説世界の中に見出される)以下のような描写を繰り広げるのを見ていると、セリーヌが見出されるのだ。妊娠したマルセルは、「沼」に似ている。マルセルとその「下痢」。マルセルの吐瀉物の「泡立ち濁った水」。妊娠は一般に「膿漏」に似ている。この女の不格好な哀れな身体は「腹のなかに病をもって」おり、「スカートの下で静かに腐ってゆく」。女の肉体の「リキュール」、「アルコール溶液」「開花」。「なま暖かく」て「味けのない」女。女はセックスをする時は「毛虫のようにぶよぶよしている」。女ってものは「月の満ち欠けごとに、尿のように血を出す」。「エイのように繁殖力がある」。「どんなに洗っても」やはり「臭う」。「女の肉」は「パン生地のようにかき混ぜられる」。そして、「食道」「肝臓」「大腸」、それに女の諸器官が「セックス」の中に姿を現す。これはセリーヌだろうか。いや、これもまたサルトルだ。相変わらずサルトル。特に『自由への道』ではそうだ。しかし、まるでセリーヌの言葉が聞こえるようではないか。サルトルがセリーヌ的言語と世界像の中に入り込んだようではないか。

サルトルはセリーヌを否認するだろうか。『なしくずしの死』以降、サルトルはセリーヌ問題に沈黙を守ることになる。遠慮からだろうか、それとも困惑からだろうか。セリーヌを引用するときにも、公言はしなくなる。とくに戦後はそうだ。つまり、「政治風刺文書」の著者が現実に、この呪われた者、いささか神聖にして、不可触の怪物的人物、下劣の中に生きたまま幽閉された、ほとんど口にすることも憚られる名前となった戦後には。たしかにその通りだ。そして、この態度はアラゴンとは対照的である。アラゴンもまた距離は置くようになったが、のちにセリーヌによる救済を否認したり、困惑したりするどころか、一九六八年になってもなおかつ、若いときにはセリーヌの最初の雄大な本がそこから刊行されたという理由のみから、ドゥノエル社で出版されるのが夢だったと語り、その本の功績は「その作者のその後の行動」によって「取り消される」ものではないとしている。それにしても、サルトルにとって、当初、影響が染み込んだという事実は変わらない。それにしても、「セリーヌのお陰で」あらゆることが一挙に「適法」となった——とサルトルは言っている——ことに変わりはない。それまでは魂の優雅な心理劇だけが君臨していた（相変わらずジィドだ）文学の舞台に身体が堂々と登場したことをはじめとして、あらゆることが。それにしてもやはり、サルトルは、一言でいえば、セリーヌという名の暴風《サイクロン》のあとで、サルトルになったのである。

文学とは、戦争だ

この初期のサルトルの系譜の中に、さらにもう一人、カフカを想起することもできよう。『嘔吐』の初版の「書評依頼状」には、「人の心に忍び込む変身」という言及が見えるからである。また、一九四三年に書かれた二つの論考は、カフカについてではなく、カミュとバタイユに関するものだが、カフカとの関係においてサルトルのライバルたるこの二人の作家に関して、サルトルは彼らが『審判』の文体を専有する権利を暗黙のうちに否認しているからである。

もちろんバルザックの名も挙げることができよう。サルトルは口にはださないが、バルザックの発明した人物再登場の手法を借用している。マチュー、ダニエル、マルセル、ジャック、オデット、ゴメス、サラ、パブロ、ブリュネは、ラスティニャックやニュシンゲンやビアンションのように、『分別ざかり』から『魂の中の死』まで、何度も登場する。この自己引用の作用によって、登場人物だけでなく、ある種の象徴的場面、たとえば〈スマトラ〉でマチューが自分の手にナイフを突き立てるシーンなども、複製することが可能になったのである。

一覧表を作ることもできるだろう。いや、実際すでに作られている。[26]引用（『ウージェニー・グランデ』、『百科全書』）、文体模写《パスティシュ》（ディドロ、デカルト、コンディヤック、ラシーヌ、ボードレール）、再読の試み（プルースト）、完全な借用、見せかけの共通項、偽装された紋切り型、リフレーンとシャンソンの切れ端、寄せ集め、パロディー、逆転させた韻文、公言されたりされなかったりの無意識的想起、こうしたもの一切の一覧表を。これらあらゆる剽窃と映像の怒濤のごとき瀑布、この虹、このお祭り騒ぎが、たとえば『嘔吐』にはちりばめられている。それによって『嘔吐』は、あちこちからもたらされた意味作用の溢れるすばらしい蜘蛛の巣となっているのだ。

『嘔吐』を再読し、まさに『嘔吐』に現れるあらゆる恐怖の映像を解釈し直すこともできるだろう。「マロニエの樹」、蟹の場面、幻覚の瞬間――ロカンタンは、生命を帯びた物質や動物となった即自や、獣なのか物なのか、あるいは同時にその二つなのか分からぬものに取り囲まれ、それらのものは彼に襲いかかって、増殖し、その結果、言語は突然、死に向かってわめき出す――、こういったことすべてを『マルドロールの歌』とその多義的な動物図鑑をめぐる陽気な変奏として読み直すこともできるだろう。物を吸い込む巨大な蟹、四百もの吸盤をもった蛸、人喰い蜘蛛、ねばねばした虱、獰猛な爪をもった肉食の貝類、そしてその絶頂には、「人間、この野獣」がいる――これはロートレアモンの世界だろうか、それともサルトルの世界だろうか。

若い頃のサルトルには「文体がなかった」としばしば言われる。

まさにセリーヌが言ったように。[27]「文体というのは稀なものだ。一世代に一つか二つ、せいぜい三つだ。何千という作家がいるが、訳の分からないことを言うだけの哀れな連中だ。文章の中をよじ登り、他人が言ったことを繰り返すが、本当の文体はもっていない」と、言われたものだ。そこでこうも言われた。最初のサルトルはまさにこのケースで、才能があったとしても、それは模倣や偽造の才能、せいぜい昔のものを復活させる才能にすぎない、とも言われた。

また、ヴァレリィのように、「われわれの時代」には文体がない、と言うものもいた。[28] 誰も「あえて口にはしない」が、文体という考えそのものが、現代には馴染みの薄いものになったのだ。そこでだれもが「模倣の言語」や「借用の組合せ」の方へと向かうことになる。そしてサルトルは他の誰にもまして、このような事態の具体例だと言われた。彼はある時はジョイスのように書き、またある時はラ・ロシュフーコーやボシュエやシャトーブリアンやパスカルのように書き、またある時はドス・パソスのように書き、またある時はマルローのように書く。このような細切れはそれでもなお文体なるものに似ていると言えるだろうか。一冊の本のなかを幽霊船のように、世界文学のいくつもの側面がまるまる横切って行くのを、「文体」などと言うことができるだろうか。文化のこちらの岸からあちらの岸へと、果てしなくローリングし、ほとんどピッチングする、しっかり固定されていない、この不明確な言語はいったい何なのだ。そして、結局のところ、『嘔吐』の主人公ロカンタンとは、『十九世紀ラルース辞典』が定義する一般名詞の「ロカンタン」、つまり「古語。他の歌の断片を寄せ集めて、継《チェント》ぎはぎとして一緒に縫いあわされた歌のこと。大抵の場合リズムの変化や陽気もしくは滑稽な意外性で、思考の筋道の中に奇妙な効果を産み出す[29]」のではあるまいか。

もっともサルトル自身、おそらくはこのような考えやイメージを嫌いはしなかった。『言葉』のなかで、サルトルはプールー少年が作家の真似をするために、つまり母を喜ばせるために、手近にある本を手当りしだいに入念に写したと書いているではないか。「黒いコント、白い冒険、想像上の出来事、辞典の項目」だけでなく、七歳のときには「ラ・フォンテーヌの『寓話』」さえ写した。彼自身、「剽窃が大好きだった」し、それを「極限に」まで押し進めたと言っているではないか[30]。そしてティントレットの肖像を描くとき、サルトルはこの画家を、模写の王、あらゆるカテゴリーの「何々風」の大家、この上ない七変化の画家、カメレオンマンのゼリグ*として描き出しているではないか。ヴェネツィアで只一人、注文に応じて、ヴェロネーゼ風でもティツィアーノ風でもポルデノーネ風でも何でもできる画家として。

実のところは、サルトルはこの場合、新たに登場する大作家たちの大部分と同じことをした、ということなのだ。

実のところは、サルトルはセリーヌと同じことをした、ということなのだ。『夜の果てへの旅』もまたさまざまな作家の引用で織り上げた織物として読むことが可能だろう。ラミュ*、フロイト、バルビュス*（『砲火』の最初の百頁、そこに展開する戦争の描写、「兵隊」の会話、こういったもののゆえに）、モラン（「フランス語をジャズ演奏した最初のフランス作家……言語のとびきり本物の彫たく師……文体を発見した者……生まれながらの作家……類い希な人……私は彼を私の師と認める[31]」）、ダビとその郊外生活情景、腹黒くみすぼらしい登場人物、建ち並ぶ灰色で倦怠に満ちた一戸建ての家々、そしておそらくプルーストもだ。「本を読んだかって？　ものすごく読んださ。手に入るものならなんだって読んだ。小説であろうとなかろうと。良いものも悪いものも[32]」。

実のところは、サルトルはラカンのようにした、ということなのだ。やはり飽くなき読書家で、やはり剽窃に取り憑かれた人であったラカンは、借用したものに自分の名を署名し、盗品をラカン化し、言わばその最終的な作者になろうとすることを止めなかった。ただし、反対に（しかし、これは本当に反対だろうか。むしろ同じ作業の反転図像ではなかろうか）、彼が己の先駆者たちに己の発明になる文体を投影し、フロイトやヘーゲルやハイデガーを、ラカン派という言葉が存在する以前の、もちろん本人もそうは自覚していないラカン派に仕立て上げるということはあった。例えば、「連中はわれわれがペストを運んできたことを知らない」という科白は、『夢判断』の作者〔フロイト〕がユングとともにニューヨークに到着したときに、自由の女神を見ながら船上で発したものだとラカンはしているが、この「歴史的」言葉は、それ以来、誰もが我先に口にするものの、誰一人として、それが本物かどうかを問題にしていない。ところが、これはどうやらラカンがでっちあげた科白らしいのである。(33)

実のところは、われわれは若者になるために長い時間を必要とするのだし、自分自身の文体を見出す、あるいは発明するには実に長い時間を必要とするのだ、ということである。いつも決まって、まるで作家とは、こんな具合に完全に武装して生まれて来るのであり、その声は奇蹟のように、人々に受け入れられ、際立つのであり、一挙に他のどの声とも似ていないのだ、とでもいうように思われる。まさか、それでは単純すぎる。普通は作家たちは、誕生の際にはもっと内気で、借り物が多いのだ。したがってもっと育ちが悪く、やくざ者なのだ。他の作家の作品を略奪し、独占し、古物商のように安値でさばき、文学の墓場を荒らし、遺失物を着服する者であり、紙を喰らう食紙種で、文学の吸血ヒルで、食人種なのだ。人間蒸留器であり、蜜蜂だ。ベケットが言ったように、そして後にサルトルも言うように、他人の本と言葉から出来た本人間もしくは言葉人間で、他人の金を使って、他人の世話になって生きており、事物の筋立てと同じくらい他人の文章の筋立ての中で仕組まれているのだ。そうだ、実のところは、登場して初めて発言すると同時に、不必要になったものを整理し、自分に先行する言葉を処分することができる作家など稀なのだ。普通は、長い間、とても長い間、彼の言葉越しに透かし模様でそうした他人の言葉を読み続けることになる。作家は発言する〔言を取る〕。この言を「取る」という観念に、その十全の意味を、重さを与えなければならない。前から存在する言を、ストックを、トポスと語の状態を想像すること、現実に想像してみることが必要なのだ。そして、そこに到達した作家——セリーヌ、サルトル——は、この状態の一員として登録し、そこにあるストックに気付き、それを独り占めし、自分のための装備一式を選び、自分の声を作りあげ、自分の道を切り開くのである。大作家とは、国家の建設者のようなものだと想像する必要がある。彼らはまた、無垢なる処女言語、もしくは言語の処女地帯を相手にする者たちではなく、すでにだれかが占拠していて、それ以上人口を受け入れる余地のない、それゆえに敵対的な国土を相手にする者であり、その国土は華々しい戦いの末に奪取して、最初の占拠者を追い払い、植民地としなければならないのである。ものを書く行為というこの最初の犯罪の重大さを把握しなければならない。生まれつつある作家とはいわば文学の獣で、他の作家たちの作品のなかに、自分の穴を、ほとんど巣穴ともいうべきものを作り、この穴から、この終ることなき狩り立てから、文体と呼ばれるものを創り出すのだ。一生涯、ときには長い一生が必要なのだ。そして、生涯の終りに、老齢がすっかり進んだ頃、さいころが最後にもう一度転がって、ついに作品そのものが到来する。それが本当の誕生なのだ。『ランセ伝』〔シャトーブリアン〕、『判断力批判』のカント、セザンヌ、ティツィアーノ、晩年のピカソ、イヴェンスの『風の物語』。そして、後に見るように晩年のサルトル、最晩年のサルトル、死ぬ間際のサルトルもそうだ。いずれも至高の自由の作品なのである。

例外はないのだろうか。もちろんある。何人かの詩人。恍惚状態で霊感を語る者たちがそうだ。おそらくフロイトもそうだろう。サルトルは少なくともフロイトを「映画化」したし、トーマス・マンは、一九三六年、精神分析運動の絶頂期に行なった講演の中で、「フロイトはただ一人、独立独歩で、研究の辛い道のりを踏破したが、それをただ医者として、自然の観察者としてのみ行なったのであり、文芸が与えてくれたかも知れない慰めも励ましも手にすることはなかった」と語っている。彼はニーチェ、ショーペンハウワー、キルケゴール、ノヴァーリスのように、自分の「見解」を「先取り」した者たちの「先取りしたものを知らず」、ほとんど彼らの著作を「読む」こともなく、「自己流で」「己の体系の方法的征服」をやり直したのである。

しかし、大部分の者については、あれが原則なのである。

飽和と敵対が、作家の「境遇」の二つの特徴なのだ。

「どうぞ、お入りになって、お楽になさって下さい。言語はあなただけを待っていたのですよ」とはいかない。「言語はけっして待ってなどいない。それは気難しく、敵意を抱いている。上から下まで、作家の行く手を妨げるように仕組まれているのだ」。

このような事態を前にして、己の文体をものにするまでは、そしていつの日か実際にものにするためには、作家にとって選択の余地などないのだ。この境遇から抜け出すには、策略を弄し、駆け引きを用い、力ずくでクーデターを行なうしかないのだ。誰かの仮面を被り、別の誰かの背後に隠れ、さらに別の誰かと同盟を結ぶふりをしながらその警戒の裏をかき、また別の誰かの領地を少しずつ浸食し、そこに足場を築き、生者たちを呑み込み、死者たちを補食し、文芸の術を、全般化された、活発に活動する重ね書き羊皮紙《パリンプセストゥス》にするしかないのである。

作家たちは戦時下にある、と言った者がいる。(34)

作家たちは、最後まで不断に戦争中である。彼らの存在を妨げようとするあらゆる種類の力が生きている限りは。

しかし、同じ戦争中といっても、あの最初の時期ほど激しいことはない。生き延びるのではなく、出現しなければならないのだ。音が多すぎる、もうすでに音が多すぎるのだ。この上さらに、新しい作家の誕生に拍手しろというのか。

だからこそ私は、サルトルが過去の大作家や哲学者に対して行なったあらゆる模倣や借用や露骨な目配せや引用符なしの引用や野蛮な解釈というのは、文学の論理だけでなく、軍事の論理でも解釈すべきだ、と確信している。

ジィドを忘れるために、セリーヌを後ろ盾とする。……それからセリーヌを厄介払いするために、シャトーブリアンやユゴーを拠り所とする。……カミュやブランショを称賛するが、それは彼らからカフカを取り上げてしまうより巧妙な手なのだ。……ジュール・ルナールでポンジュを訂正し、ポンジュでルナールを訂正する。……フォークナーとブランショを持ち上げる。……メルロー＝ポンティにカミュをぶつけ、カミュにメルロー＝ポンティをぶつける。……マルタン・デュ・ガールをやっつけるためにドス・パソスを使う。……アラゴンにはマルローを使う。……バタイユ砦を襲撃するためにニーチェ連隊を投入し、次いで、バタイユを用いてジィドとマルローと闘う。……『猶予』のなかではダニエルの独白で、『内的体験』の最良のページのパロディーを行ない、一九五二年には『聖ジュネ』においてバタイユ大陸の制圧に再び乗り出す。……ジュール・ロマンは避け、……ブールジェを迂回し、……フローベールを厄介払いするためのより巧妙な手として、ボードレールをサルトル化する。……「探偵小説」という「低俗な小説」も忘れてはならない。奇妙な戦争の間、サルトルは、ジィドの『日記』と一緒に「探偵小説」を沢山送ってくれとボーヴォワールに頼んでおり、生涯にわたってそれらを大量に消費した。美食的文体に対する癒しとして、「ジャンル別」文学に対する解毒剤として。

サルトルは批評を行なったと信じられているが、実は戦略を行なったのだ。

序文や論考を書いたと信じられているが、それらは兵器だったのだ。

また、こんなことも言われる。サルトルの本は、雑集、骨董店、他人の本を照らす祭のかがり火、彼の蔵書とわれわれの蔵書が映る鏡、模倣物、偽造物なのだ、と。とんでもない。一筋縄では行かない本なのだ。戦士たちなのだ。本というゲリラなのだ。サルトルはパルダイヤン流で他人の言葉を奪う。まるでありあわせの馬に飛び乗り、ぎりぎり限界まで走らせて、乗りつぶし、疲れ切ったら、次の宿駅で乗り捨てるようなものなのだ。

フローベールは――しかしまた、ポンジュ、ナタリー・サロート、ジュネも――サルトルにとって生涯をかけた戦争の相手である。

ボードレールとマラルメは――しかしまたジャコメッティも――彼の文学というスペクタクル映画のエキストラであり、長期にわたる本物の戦争もどきに徴用された兵士なのだ。

スタンダールはサルトルの友人であり、同盟者だ。精神からすると同時代人であり、おぞましきシャトーブリアンに攻撃をかける際の、彼の最良の遊撃兵、義勇兵、エリート狙撃兵である。

シャトーブリアンは、まさに、裏切り者だ。裏切り者の軍隊の元帥だ。カストールとともにサン・マロ〔シャトーブリアンの生地〕の海岸まで出かけて行って、この裏切り者の墓に小便をひっかけたあの懲罰遠征[35]を真剣に受け止めてみる必要がある。怒りと憎悪の情熱。飽くなき戦争の欲望。「美しくみること」*〔ボーヴォワール〕と共謀して、「美しく書くこと」の象徴に小便をひっかける。大理石流派の象徴、変造文学の、「均衡のとれた」美文の象徴を訪ねて行って、いかにも西部劇風の男と男の一対一で、このような決定的な侮辱を加える。これが人を戦士にするのだ。これこそが彼が戦争をし、ものを書く目的はいかなるものかを如実に物語っているのだ。モーリヤックのように[36]、「あのサルトル的排尿は、文学史の中で、ゲーテにとってのヴァルミィの大砲と同じくらい重要だ」などと考えるまでもない。ひとつの「時代」がそこで始まった、「高名な墓に唾と小便を引っかける時代」が、などと言うには及ばないのだ。私はサルトルの行なったこの灌奠《かんてん》〔お神酒を注ぐ儀式〕のほうが、酒に酔った医学生の集団が行なったちょっとしたシュールレアリスム的挑発よりも真剣なものだと考える。その医学生たちは、アナトール・フランスの死体にビンタを喰わせると誓ったが、そのビンタは金輪際、紙のビンタにすぎなかったのである。

過去と現在の偉大な作品に対するサルトルは、ある写真に写っているマルローのようなものである。私はその写真がとても好きなのだが、そのマルローは、ブーローニュの彼の家で、きちんとしすぎたスーツを窮屈そうに着込んで、とても上品に、サロンの絨毯の上に寝ころんでいる。そして彼の周りには、お気に入りの作品の複製が拡げられている。マルローは無頓着でいて、集中してもいる。自分の夢と人知れぬ論争の中に、かつてなく耽っていることが感じられる。ところがすべてそこにあるのだ。絨毯の上に。セザンヌとフラ・アンジェリコ、プーサン、ゴルゴンの首、ピカソの『アヴィニョンの娘たち』、アステカの神、シャルダン、ラスコーの野牛、ミケランジェロによるシスティーナ礼拝堂の壁画、ブラックの『鳩』、上エジプトの浮き彫り、シャルトル大聖堂の彫像、シャガールの天井画の部分。これらの作品はそこにある。それらは彼のものだ。それらは彼の意のままになり、思う通りに使うことができる。彼はそれらのものを、二階の小さな部屋の中で音も立てずに遊んでいる操り人形の鉛の兵隊のように、ここへ置いたり、あちらに降ろしたり、また取り上げては、別の場所に移したりすることができる。別の場所に移す時は、短縮法や対話や無限の変貌を仕掛けることもある。だから私は、過去の作品や同時代の者たちの作品に対するサルトルは、自分の美術館の見えざる壁に囲まれた旧敵マルローに似ていると想像するのである。

そして最後に哲学者たち、過去の哲学の偉大なテクストのサルトルによる使い方について、いよいよ取り掛かることにしよう。哲学者については、少なくとも二つの読み方がある。教授たちの読み方というのがあるが、これは、哲学者が言っていることを恭しく受け止め、その学説の本体そのものに忠実で、論理的で、とりわけその論理と体系の秩序を見出すことに留意する。次に哲学者、すなわち作家の読み方がある。彼らが他者の思想を援用するのは、まだ敢えて自分の思想を主張し、自分の声を置き、それを引き受け、自分の名前で思考する手段がない（しかしいつの日か手に入れることになるのだろうか？）からにすぎない。だから粗暴な読解である。略奪者の読解、さらには戦士の読解である。先輩の思考を読むのは、そこにまだ胚胎中の自分の思想を見出すためにすぎないのだ。『戦中日記』の言葉で言えば、「行き詰りに陥るまで」[37]は、「先輩の出費で自分自身の観念」を作り上げる。フッサールやハイデガーを引用するのは、表現や、武器や、援軍をそこから取り出すためだ。一方によってもう一方を訂正する。そして二人をヘーゲルに対抗させる。引用が忠実でなかったとしても仕方がない。そんなことをして、引用された思考の神聖不可侵の「動き」を取り逃がすとしても、やむを得ない。その思考の意味が脱歴史化され、いかなる文脈、つまり、いかなる体系、いかなる歴史からも、いかなる状況――と彼自身なら言うだろうが――からも切り離された、何やら知らぬ天空の中に据え付けられることになっても、やむを得ない。そしてその思考が、サルトルにとっては、マルローにとっての空想美術館に該当するものである本の博物館の中を、文学的テクストのように漂いはじめるとしても、やむを得ないのだ。水車小屋の中にはだれでも自由に入れるが、死者たちのなかにも自由に入り込むわけだ。そしてそこでは偉大な生者たちの思考が臼で挽かれるのだ。死んでいようが生きていようが、他人の思考のなかから、自分の思考の材料を取り出す。この自分の思考はまだ完全にはできあがっておらず、つねにそれ自体が未決状態にある。これが形成中の思考の法則だ。一方にとって形態だったものが、他方にとっては材料となる。彼が仕上げたものを、私は自分自身の無限の言の糸車にかける。もはや略奪することも嘘をつくこともない思考、他の思考に対して思考の海賊として振舞い、それらに華々しい戦いを挑んで、ついでに自分の思想の毒液を植えつけてしまう、そうしたことをやめてしまった思考は、思考なき思考、死んだ思考、凝固した思考となってしまうだろう。それは、偉大な生者たちの偉大な思考の終焉であるだろう。

サルトルはまさにこのような偉大な生者である。

このような野蛮人、戦士、言葉の押し込み強盗であり、他者の芸術と思考の生死の境から石材を切り出して、自分自身の芸術と思考を鍛え上げるのだ。

時に戦士はあまりにも先へ進んでしまい、自分の読解と全能の権利をあまりに傲慢に主張して、自分が読んでいると称する作家の思考を吸収し、無化し、消滅させてしまうことにもなる。そして、ボードレールがポーをその翻訳の中に呑み込んでしまったように、マラルメがお気に入りの詩人ボードレールを、彼に捧げたと称する墓碑のごとき詩篇のうちに閉じこめてしまったように、サルトルもまたじっさいには自分が選びとった者を自分自身の思考のブラック・ホールのなかへと追い込んでしまう。これがサルトルの捧げた讃辞によって押しつぶされてしまったジュネの災難であった。ジュネはサルトルによって、食人種が人肉を食うように食われ、無に還元され、『聖ジュネ』の刊行後、ほとんど書くことを、つまりは存在することをやめてしまった。この本は霊廟のようなもので、サルトルは生きたままジュネを埋葬してしまったのだ（それも自己欺瞞とこの上ない厚かましさで、ジュネのことを、「雄どもを食べる」ことしかできない「カマキリ」だと言って告発した上でのことだ）。しかし、これはまた画家ラプジャード*の悲劇でもある（これこそ、サルトルがこの行為の常習者であり、危険な再犯者であって、この死を告げる接吻は突発事故ではなく、またジュネの人となりゆえの例外でもなく、感嘆する芸術家に対する彼の最も通常の接し方の一つであるということの証拠である）。サルトルが鋭利な素晴らしいエッセーを書いて、論じているラプジャード[38]、彼もまた立ち直ることができなかったのである。あたかも彼は、サルトルという哲学者の筆で描き出された、巨大で模範的な画家、この新たなゴヤになるのに耐えられなかった、というような具合なのだ。この抽象と同時に具象の画家は、「彼の絵によって、芸術家の仮面を剥ぐ」と同時に、「絵画をその本質である壮麗な飾り気のなさに還元する」という二重の功績を持つとサルトルに称賛されたが、結局、絵を描くのをやめてしまう。彼もまた紙の墓の下に埋められてしまうのだ。

戦時には手段を選んでいられない。

戦士としての、芸術家の、そして哲学者の肖像。

4「ドイツ系」の哲学者

哲学。

哲学の分野にも、ジィド的な存在がサルトルにはいる。

思考の分野においても、形式や文体の場合と同様、源泉ともいうべき存在がいて、彼をつかまえて放さず、彼がサルトルとなることを遅らせた。

源泉であると同時に障害でもある著作家、このいわば知的な実践的＝惰性態、「真の」サルトルが形作られるために抜け出さねばならない思想の質料、作家サルトルにとってのジィドに哲学の分野で相当するもの、それはアンリ・ベルクソンである。

哲学のモニュメント、ベルクソン哲学

ここでもまた、フランスにおけるベルクソン思想の歴史はあまりよく知られていない。

このもうひとつの雷鳴のことは、忘れられてしまった。それは早くも十九世紀末から思想の天空に轟いた言説の出現、哲学を解放し、その主権を回復し、それによってその主権が科学だけでなく芸術にも及ぶことを再び示して見せようとする言説の出現であった。

この言説がもっていた威光は忘れられてしまった。

当時ほとんど並ぶものがなかったその輝きは忘れられてしまった。

コレージュ・ド・フランスにおける「社交界的」成功、彼の講義を聴くために詰めかけた群衆は忘れられてしまった。着飾った女性や文人が学生たちと混じり、『カイエ』誌の読者とともに、マリー・ボナパルト*やアンナ・ド・ノアイユ*もいた。いわば六〇年代の高等師範学校でのジャック・ラカンの「ミサ」と呼ばれたセミナールに対するのと同じような敬い崇める雰囲気が、当時としてはあったのだ。

一九二七年のノーベル賞受賞者は忘れられてしまったわけだ。おやおや、ジィド、ベルクソン、サルトルと来れば、まるでノーベル賞受賞者クラブではないか。

サルトルの場合ほどではなかったにせよ、ベルクソンに対しても人身攻撃、魔女裁判が行なわれ、モーラスから侮辱され、禁書指定をとりつけようと教皇庁に画策したマリタンからも侮辱を加えられたことは、忘れられてしまった。

一九一四年六月にベルクソンが実際に法王庁から禁書に指定されたことは、忘れられてしまった（全くの

話、ジィド、ベルクソン、サルトルは、二十世紀の三大禁書作者だ）。それと同時に彼は、さまざまな栄誉（フランス学士院、人文社会科学学士院、レジオン・ドヌールの最高十字勲章および同評議会、ノーベル賞）に押しつぶされ、もしくはやがて押しつぶされることになるのだが。

ベルクソンが沈黙と静寂のうちで極めて厳密な作品群を構築する厳格な哲学者であったと同時に、外交官であり、王侯貴族の助言者であり、画家のモデルであり、スターでもあったことは、忘れられてしまった。

そして、特に、現代思想において、さらには現代文学において、この思弁の武力行使、自由と新奇さの風から何が生じたかは、忘れられてしまった。われわれには、ジィド主義の歴史と同じくらい、二十世紀の中にベルクソンの思想が残した跡を探し出そうとするベルクソン主義の歴史が欠けている。今日ではともするとこの思想は、型にはまった、時代遅れの思想のミイラたちの眠る地獄に追いやられがちであるが、実際は、ジャン・イポリットが述べているように、[1]「一九二五年に支配的であった」「新たな哲学」であったのだ。

すでにジィドがそうだった。ジィドの本が出版されると当時の人士は、「無償の行為」を、『時間と自由（意識の直接与件に関する試論）』で論じられている「自由な行為」に関連させて受け止めた。

プルーストもそうだ。『サント＝ブーヴに反駁する』で示した「二つの自我」という考え。『失われた時を求めて』の「無意志的記憶」の理論。これに接した人々はすぐさま、機械的な世界に迷い込んだ「表層の自我」と純粋持続である「深層の自我」というベルクソン的二分法に思いを馳せた。当時は各人が思いを馳せていたのである。

ジョルジュ・ソレル*もそうだ。「ゼネラル・ストライキ」の思想家、そしてより一般的には「暴力」の思想家。ペギーの友人で、政治的左翼の大立者。フランス・マルクス主義の領域侵犯者で、後にはファシズムへの懸け橋となった。レーニン・ムッソリーニ枢軸というわけだ。つまり、キーパーソンであり、当時の枢要な生きた出会い――ただし政治の次元での――である。彼自身、『社会主義運動』誌に掲載した『道徳と宗教の二つの源泉』に関する多くの注釈――全部で五つ――のなかで、自分をベルクソンの「弟子」と定義していたではないか。ソレルはベルクソンを一種の「フランスのマルクス」と定義し、「自分の哲学を自然科学に適用するというあまり実りのありそうでない試みを諦め」て、「それを適用すれば、かくも鮮やかに解明することができるはずの諸問題」、すなわち「大いなる社会運動」という諸問題に取り組んでほしい、と述べていた。これに対してベルクソンは、こうした政治的な結論には「少々おそれをなす」[2]と言いつつ、要するに距離を置こうとしたわけだが、ソレルの「独自性」と「精神の独立性」を強調して見せ、ソレルはあまりにも「自由」であるから、ベルクソン自身のそれも含めて「何者かの旗の下に馳せ参じる」[3]ことはできないだろう、との見解を表明してはいるものの、この同じ文章のなかで、この厄介な弟子が自分を引用していることを認めているし、しかも「注意深く読み」、「完全に理解した」者として引用していることを認めているのである。さらには、自分の影響の痕跡を、ソレルのうちにだけでなく、ソレルの友人のうちの何人かにおいても、何度も見出すものであると、進んで述べてもいるのだ。それはさらに剣呑な連中であり、その筆頭のエドゥアール・ベルトは、「極左のモーラス主義者」で、あの有名な『知識人の悪行』の著者であるが、そのなかで、『創造的進化』がマルクス主義に欠けていた「自然哲学」をもたらした、と主張していた。一九一四年以前に「プルードン・サークル」を創設し、「組合主義的君主制」の使徒として、マルクス主義と原理主義的国粋主義とベルクソン思想を融合することを説いたこのベルトに対して、ベルクソンは、ずっとのちの一九三六年に執筆した手紙[4]のなかで、彼が「常に」ジョルジュ・ソレルとその一党に対して、「知的な共感」を抱き続けた、と堂々と書いているのである。

ペギーもそうだ。『付注』の著者で、ベルクソンから「既成《レディ・メイド》の概念」への批判と、「柔軟な道徳」と「硬直した道徳」の区別を借用している。高等師範学校での彼の教え子であり、ベルクソンの著書が禁書に指定された際には、『グランド・ルヴュ』誌に「ベルクソン氏とベルクソン哲学」に関する「覚え書き」を発表し、それから、あの有名な手紙を旧師に向けて書いた。「人々が私をそこに押し込むことに成功した絶対的な孤独のうちで、私は、あなたも孤独のうちで生きていると感じます。だが、あなたの孤独は、喧噪によって侵されているがゆえに、いっそう恐ろしい孤独です」。この騒がしい弟子であるペギーは、「聖者」として、「英雄」として死んだが、一九三九年一月、迫り来るいまひとつの戦争を前にして、ベルクソンは最晩年にペギーのためにテクストを書いており「ペギーに名誉を、フランスに栄光を」と締めくくっている。

さらには、マチス*（『日記』を参照）、ヴァレリィ、ラッセル*、バーナード・ショウ*、ポパー*への影響もある。そして、特に、一九三〇年代の反カント主義、そして反実証主義の流れへの影響もある。その代表は、ジャン・ヴァールであり、ガブリエル・マルセル*であり、ジャンケレヴィッチだ。

バシュラールにおける「障害物」という概念。思考は「停止」すると「凝固」し、「凝固」すると「誤った」思考となるという考え。これは『思想と動くもの』の原則そのものだ。ベルクソンの定義によれば、認識とは持続的な進歩であり、終りのない過程であり、必然的で止むことのない運動だ。

さらにバシュラール。『持続の弁証法』の中で、彼は「ベルクソン的連続主義」ならびに存在論的連続性の「内的確実性」と論争している。しかし、「弁証法」と「連続主義」とはバシュラールが言うほどに対立するものだろうか。むしろ、彼がベルクソン的「確実性」に対置しているのは、何か「エラン・ヴィタール」の理論と取り違えるほどに似ているものなのではなかろうか。そして、この論争が激しいのは、それが完全にベルクソン的空間の内部に収まっているからなのではないだろうか。つまり、ベルクソン対ベルクソンというわけである。

カンギレムは、批判的ベルクソン主義者（『科学史・科学哲学研究』）である場合もあれば、素直なベルクソン主義者（『正常と病理』）である場合もある。

メルロー＝ポンティは、晩年になって「生成するベルクソン像」（一九五九）のなかで、自分の「肉」の哲学、意識と世界が肉の観念の中で「共生」するという哲学が「新たなヘラクレイトス（ベルクソン）」に何を負っているかを発見する。

初期のゲシュタルト心理学的研究における「体験（生きられたもの）」や「内部」の優越性もそうだ。

そして、またもやドゥルーズ。ドゥルーズの、「生」と「内在性」の哲学、「差異」と「多様性」の哲学。弁証法に対する憎悪。「運動イマージュ*」という概念と映画の哲学。メルロー＝ポンティ監修の『著名な哲学者』で「ベルクソン」の項目を書いたのは、ドゥルーズだ。論考「ベルクソンにおける差異の概念」を彼は少しのちに『ベルクソン研究』誌に発表する。それは二重のオマージュに他ならない。彼への臣従は何度も表明されており、『創造的進化』の著者の「さりげない革命」の系譜に属することを、彼は決して否認することはなかった。

そして、最後にバンダ。バンダの場合は、むしろ逆で、ベルクソン思想のうちに、例の「知識人の裏切り」の、唯一の主たる源泉ではないにしても、モーラス主義とマルクス主義と並ぶ三つの源泉の一つを見るという姿勢を変えなかった。科学者たちは、自分の概念が「現実というものの本質をなす動性の中で現実性を取り戻す」ことを望んでいる。これは『思想と動くもの』の影響だ。「合理主義者」のブランシュヴィックともあろう者が、「現実をその動性の中で捉える」のに適した「流動的な概念」という「ドグマ」

を打ち出す。これも、ベルクソン思想と、「硬直した」概念に対するその警戒心の影響だ。「近代形而上学の」新「教育は、人間が、己の存在の厳密に思惟する領域をかなり軽視し、行動し意志する領域を全幅の崇拝で尊ぶよう推奨している」。このような新たな反知性主義が一九二〇年代を支配した。これもまたベルクソン思想であり、『創造的進化』――この本の「真のモットー」は「われ考える、ゆえにわれあらず」、もしくは「われ増大す、ゆえにわれあり」となった――の深層に達する影響なのである。現代の倫理はどうか。「力動的」と称するこの倫理は？　それが示す諸理念は、「目標の本性」とは無関係に、「おそらくは全く目標などなしに」、「永遠の生成」のうちに捉えられ、「動いてやまない」ものである。しかも吐き気さえ催させるほどに熱狂的な「戦士的本能」なるものの「功利的」ロマン主義にまでいたるのだ。これもやはりベルクソンだ。「独自主義の称揚」というものも、ベルクソン思想の「もう一つの形」であり――これも相変わらずバンダが述べていることである――、「同じように注目すべきもの」である。この「独自主義」とは、「詩人たち」の作品においても、「文学批評」の最近の潮流においても同様に、また我が国の「モラリスト的歴史家」たちにおいても、キリスト教「教理」の神学者においても、ただ「時間のうちに」あるかぎりにおいてのみ、「あらゆるものを考察する」、つまりただ「状況化されたもの」、「歴史的なもものの様相」の下においてのみ見る、ということを本旨とするものである。おそらく、こうした「あらゆるのの」を、その生成において見ようとする意志」の中には、何かしら「ゲルマン的」なものがある、ということはバンダも認める。おそらく、あるものについて、もはやそれが「正しいか良いか」を述べるのではなく、それがただ「時代に即している」とか「相対的に時代にかなっている」などとだけ述べる、このような全般的な傾向を判断するためには、「発展＝展開」(Entwicklung)を説くドイツの形而上学者のフランスでの影響力を考慮する必要があるだろう。しかし、バンダによれば、決定的な影響力は、やはりフランスのヘーゲル、フランスのニーチェの影響、つまりここでもまたベルクソンの影響力なのである。

要するに、どちらの方向であれ、巨大な影響があったのだ。

無言の、重い浸透が——私はここで、アガトン*による『新ソルボンヌ精神』に関する調査のことを考えている——フランスのイデオロギーと思想の深層部にまで及んでいたのである。

最後にもう一つ証拠が欲しいと言うのか。二十世紀前半の核心にベルクソン思想があったこと思想があったことの最後の印が欲しいと。それは当時最高の本、最も革新的であると同時に最も急進的であり、二十世紀後半のヨーロッパ哲学全体を予告し、早くも包含している本、すなわち『存在と時間』の中に、ベルクソンの最後の証拠があることである——ベルクソンの処刑というべきであろうか——。その本はまた、ベルクソンを埋葬し、その無効を宣告し、哲学の先史時代の底辺へ、さらには深淵へと追いやる役割を果たすことになる。確かにハイデガーが言及するのは、ベルクソンのラテン語論文「アリストテレスの場所論」のみについてである。そして、この言及は、『時間と自由（意識の直接与件に関する試論）』を読んだ者ならだれしも、奇妙どころか馬鹿げているとさえ思うはずの、「時間は空間に同化することができる」という考えが、ベルクソンから出て来るものだと示すためだけになされている。しかし、ベルクソン以外にハイデガーがわざわざ引用した現代の思想家などいないのだ。現代の思想家の中で——サルトルは例外として——他にフランス人などいないのである。ハイデガーがベルクソンを論じたという事実、たとえこのように軽く、間違った、そしていずれにしろ簡略な形であったにしても、このフランス・イデオロギーの旗手を処刑する必要を感じたという事実、自分自身の思考を対置すべき混乱を代表させるために、数ある哲学者の中からベルクソンを選んで議論を始めたという事実、これらの事実は、ハイデガーがベルクソンを彼のライバルの一人と捉えていたこと、最も尊敬すべきではないとしても、最も恐るべきライバルと見なしていたことの証左ではなかろうか。

この世紀はベルクソンのものであった。

ジィドのものであったのと同じくらい、ベルクソンのものであったのだ。

奇妙に思われるかもしれないし、想像するのも難しいかもしれないが、ベルクソン思想は、まるまる一つの時代の思想、文学、政治史の乗り越え不可能な地平線であったのだ。

このベルクソンの世紀の中、この膨大で輪郭のはっきりしない後継者の群れのただなか、ジィド一族以上ではないまでも、同じくらい蓋然性の低いこの一族のただなかに、ジャン゠ポール・サルトルのケースがあるのである。

ベルクソン・ジィド商会

サルトルがベルクソン主義者だと？

こんな仮定は奇妙に見えるだろう。

この仮定は、サルトルをはじめ彼の同時代人たちがみな、ベルクソン思想を何としてでも縁を切りたいと考えていた哲学の象徴と見なしていたという事実に矛盾する。ニザンはそれを「番犬」と称し……初期のメルロー゠ポンティは皮肉たっぷりの嘲弄を浴びせ……ポリツェール*は「哲学の閲兵式」と呼んだ。彼はベルクソンの「美文」は「滑稽」で、その哲学は「脆弱」だとするだけでは満足せず、「エラン・ヴィタール」理論の「非合理性」が「ナチズムのイデオローグたち(5)」の発想の根源となったのも故なきことではない、とまで言い切っている（この非難がまるで根拠薄弱であることは、一九三七年に書かれた「遺言」でベルクソンが示した賛嘆すべき毅然たる態度を思い出せば明らかだ。「いまや世界を席巻しようとしている反ユダヤ主義の波が数年前から準備されているのを目にしなかったなら、私はカトリックに改宗していたことであろう」。そこで私は「将来、迫害を受けるであろう者の間に留まることを欲したのである」。そしてサルトル当人もまた、『想像力の問題』の一章全体を費やし、さらには全編に散見するあてこすりで、ベルクソン思想の解体を行なっている。彼の頭の中では、ベルクソン思想は、当時の彼の目から見て最悪のもの、すなわちル・センヌ*やラヴェル*の唯心論と混同されていたのである。

しかしながら、プルーストやソレルにおいて、ドゥルーズやメルロー＝ポンティにおいてと同様に、そして、『言葉』(6)が伝説的な思い出として語っているように、ある日「アンリ・ベルクソンと一緒にジュネーヴの湖」を渡ったサルトルの祖父シャルル・シュヴァイツァーにおいてと同様に、サルトルにおいても、ベルクソン主義の影響に目を向けなければ、彼の哲学的冒険を何一つ理解できない、と私は思う。ベルクソン主義は、ジィド主義と同様、彼にとって「所与」であり、ジィド主義と同様に彼の「境遇」の主要な要素の一つであったし、彼自身が後に告白しているように、そこから身を引き剥がそうとやっきになっていたその時にさえ、彼の「理想」でもあった(7)。ベルクソンの亡霊。ベルクソンの影との格闘。サルトルは、ベルクソンを引用していない時でさえも、却ってそういう時こそ、ベルクソンを用いて己の考えを説明し、ベルクソンのうちで考えることをほとんど一度も止めたことはないのである。

例えば、「実存」の概念がそうだ。これは、たしかにハイデガーだ。しかし、ハイデガー以前に、ベルクソンなのだ。サルトルのハイデガー読解には、控えめに言っても奇妙な点が多々あること――私もこれには賛成だが――を承知しており、彼がハイデガーの徒となるにはかなりの時間がかかるであろうことを知っているなら、彼がドイツ人のうちよりはフランス人のうちからより多くの着想をくみ出したのであり、サルトルの中でハイデガーの影響と考えられているものは、実はベルクソンの影響であると、考えざるを得なくなるのではなかろうか。

「本来性」と「自己欺瞞」の概念。これも、「時間」(空間化され、社会化され、それゆえ、非本来的である)と「持続」(充実し、自由で、創造的、創意的で、連続し、それゆえ「真である」)とのベルクソン的対立を下敷きにしたものではあるまいか。すくなくとも、ここでもまた、ハイデガー的分割を下敷きにしているのと同じくらいには。そしてわれわれは同じような回顧的錯覚に陥っているのではあるまいか。そのために、サルトルが哲学を学んでいた当時にフランスの大学を支配していたベルクソンにも同じように見出すことができたものを、『存在と無』執筆前にはおそらく読んでいなかったハイデガーの影響だとしてしまうのではないだろうか。

「喜劇《コメディ》」という問題設定もそうだ。たしかにこれはジィドである。しかしまたベルクソンでもあり、彼が述べた「機械的なもの」と「生きたもの」の対立なのだ。

サルトルが、人間をその諸状態の総体へと還元してしまう「分析的」方法に、要素の総体を超出し、超越する心理的全体性という観念を対置するときにも、ベルクソンの影響がうかがえる。

サルトルが無という観念についての我々の知覚そのものに施したと主張する転換にもまた、ベルクソンの影響が見られる。サルトルによれば、「始めに無があり、この無の空虚の中に存在が現れた」のではなく、「始めに存在があり、この存在を地《じ》として、その充満のただなかに、無が浮かび上がってくる」のであるが、これは『創造的進化』における無についての省察の単なる焼き直しで、そこでは無の観念は「哲学思考の隠れた原動力、見えざる推進力」であるとされていた。

「即自」と「対自」、つまり、事物の凝固した世界と、意識の自由との対立。たしかにベルクソンはこれほど二元論的ではない。いや、原則的にはまったく二元論者ではないのだ。『物質と記憶』は、「無限に存在する程度の差」をどれほど強調していたことだろうか。この「程度の差」によって「物質と精神の間」の移行が実現するのであり、その事実によって、「主体」と「客体」の間にあるとされた形而上学的対立は無効になってしまうのである。それでもやはり、サルトルにおける即自と対自の対立は『精神のエネルギー』の「物質は必然であり、意識は自由である」に呼応しているのであり、『創造的進化』の中に展開する生（持続、エラン、エネルギー）と、生に抗うもの（物質、自然、人類の物質性や自然への絶え間なく繰り返される転落）とのあいだの永遠の葛藤の――二元論は別として――反復であることに変わりはない。

この自然についての定義そのものもそうだ。サルトルの固定観念の中で、自然はつねに重く、練り粉的で、ねばねばしていると形容される。無気味な現前であり、不定形な塊であり、息苦しい充満であり、植物的な窒息した厚みであり、ゼラチン状のへたりこみであり、鳥もちであり、あまりの充満である。これはベルクソン的な物質の定義からそう遠くはないのではないか。

事物に対する郷愁、というか、より正確にいえば、サルトルがフッサール現象学のうちに、そして後にハイデガーのうちに見出すことになる事物との新たな出会い。しかし、メルロー゠ポンティはこれをベルクソン哲学の生きた核心としている。この点についてもまた、サルトルがそれを知らなかったとは信じがたい。大学や時代の空気や、高等師範学校のサルトルの教師たちの精神状態がどのようなものであったかを考慮すれば、サルトルが、後に見るように、事物をして語らせようという計画を育んだとき、フッサールやハイデガーだけでなく、ベルクソンのことも考えなかったとは信じがたいのである。

ベルクソンはさらにこうも述べていたではないか。物質と自由が「たとえ互いに対立しようとも」、生はつねに「両者を和解させる方法を」見いだす。なぜなら、「生とはまさに自由そのものであり、それは必然性の中に入り込み、それを自らの利益に合わせて変えるのだからである」と。これこそサルトルが『存在と無』で述べていることだ。これこそが、この一筋縄では行かないフッサール主義者のありのままの姿勢なのだ。それはまさにベルクソン的な、当然ながらベルクソン的な姿勢であって、彼は、どのような好みを「事物」に対して持っていようと、万難を排して、自由がつねに事物に対して打ち勝つという信念を持ち続けるのである。

「体験〔生きられたもの〕」への愛好と、「ステレオタイプ」への憎悪。

「体験〔生きられたもの〕」の概念それ自体も、『家の馬鹿息子』では、従来の「意識」の概念にとってかわるのであり、サルトルはそれを、フロイトの無意識理論に抗して、実存的精神分析の原則とするのである。(8)

観念は、「鉱物化」したとき、あるいは「石化」したとき、消滅するという考え。

「物象化」、「静止」を憎むこと。

言語作用への批判（これもベルクソン思想の古典中の古典だ）は、青年期の作品の中でサルトルにこんなことを言わせている。「おれは自分の言葉が欲しかった。ところがおれが持っていた言葉は、数えきれないほど沢山の意識のなかに散らばっていたのだ。そしておれ頭の中にやって来ても、他人のところで身につけた習慣のおかげで、ひとりでに整理をつけてしまうのだ」(9)。またそれは、特に『嘔吐』を貫いている。マロニエの場面の後でロカンタンはこう叫ぶ。「ああ、どうやってこれを言葉で固定することができるだろうか」。……そしてその少し先では「私は言葉が萎んで行き、怖ろしい速度で意味がこぼれ出して、空っぽになるのを感じた」。……その三〇ページほど前では、ロルボン氏に関する本のために書かれる言葉が、書かれる側から、彼のものであるのをやめてしまう。彼が「考えた」この「文」は、「いささか彼自身の一部」であったのに、「ひとたび紙の上に刻み込まれると」、彼に対抗する「塊」となり、凝固してしまう。……さらに前の、メクネス〔モロッコ〕の思い出の箇所では、メクネスの思い出という「言葉」が「感覚の編目スクリーンの下にほのかに萌す」のが見え、ロカンタンは、それがたちまちいくつもの愛された「イメージ」に「とって替わる」だろうと「見抜く」。「すぐに私はやめる。急いで別のことを考える。私は思い出をくたびれさせたくないのだ」。さらには、言葉、「この甲羅」、この記憶を「凝固させる」機械。これらの文言に、サルトルは後に、『文学とは何か』のなかで再会する。しかしその時には、そのヒントを与えてくれた者の名を引用している。すなわち、作家は「今世紀の初めに」言葉を「用いるすべをもはや知らないこと」を発見し、「ベルクソンの有名な文言──ママ──によれば、作家は、言葉を半分しか再認しなくなった」(10)。

出来事を好む、つまり不測のことを好むこと。

「疎外」という概念ですらそうだ。サルトルはマルクス主義者──少しだけだが──になるのにかなりの時間を要したが、それ以前から、「疎外」されるとは、「物象化」されること、もしくは「凝固する」こと、もしくは「凝結する」ことだと考える者の一人だった。これもやはりベルクソンである。

実際、サルトルの政治学全体がそうなのだ。

「階級」、次いで階級の表現であるべき「党」が構成される際の意識の役割に関する思想の展開も、最晩年のテクストの中でまで、一切がやはりそうなのだ。

暴力、この「自由の苛立ち」の魅惑の力もそうだ。

そう、暴力を好むことを、これほどまでに彼が引き受けることができたのは、そこに跳躍《エラン》、活力、脱自、停滞するものへの憎悪、創造的なリスク、人類が己自身を超越し、己の未来へと開かれる動きをみたからである。これもまたベルクソンだ。レーニンよりは遙かにベルクソンなのである。『地に呪われたる者』の序文で、「ソレルのファシスト的おしゃべり」に対してどんなに慎重に距離をとろうとしても、ソレルの影は、ということはつまりベルクソンの影は、〈歴史〉を生み出す、解放的な暴力に対するサルトルの信仰の上に落ちているのである。

「革命」の観念。「革命」とは、即自や実践的=惰性態や集列性の世界から身を引き離すことと考えられる。すなわち、ストックに対するフローの勝利、凝固に対する動きの勝利なのだ。

「抑圧」の観念。「抑圧」は『存在と無』から『弁証法的理性批判』にいたるまでつねに、凝固したもの、鉱物的なものと同一視されている。これらもやはりベルクソン的観念なのである。

反知性主義的傾向は、「サルトル思想」の支配的感興でも、その最も好感のもてる側面でもない——私もその点については賛成である——が、それは確かに存在する。この傾向は、『自我の超越性』（現象学的意識の「具体的な流れ」が「超越論的な」認識の重苦しさに対立する）から、晩年の毛沢東主義的テクスト（「共産社会」では、「古典的タイプの知識人」は消滅し、「誰もが哲学者」、つまり「知的・肉体労働者[11]」になる）にいたるまで、連綿と続いており、その間には『黒いオルフェ』（ハイチからカイエンヌ*やタナナリヴ*までの各地で、西洋的な「文化という牢獄[12]」）の壁を打ち壊すことを第一の機能とする「オルフェウス的な」詩が忽然と姿を現す）があり、『存在と無[13]』（「直観的でないような認識はない」）さえもある。そして、こういった文言の中に、抽象的言語や出来合いの表現や形式主義といったものの惨めさ、要するに、事物のなかに拡散して呑み込まれ、そこに生の跳躍《エラン》を再び見いだすことができないある種の知性の惨めさに関して、ベルクソンが展開した論旨のこだまを聞き取らずにはいられないだろう。

「溶融集団」までも、「缶詰のなかのグリーンピース」のような「原子化した個人の集まり」が突然、再結集し、「生き生きとした創造的な全体」となるという理論までもそうなのだ。これは、以前に言われていたように、「マルクス主義理論の中には見いだされない」もので、その概念的母型は、パラダイムを変換し、またもやベルクソン思想とその「生き生きとした創造的な全体」という考えの方に目をやることを受け入れるやいなや、はるかに目につくものとなるのだ。

私はどこまでも、いついかなる時にも、私の事実性であるが、それに与える意味についてはつねに自由であるという考えもそうだ。

私が最後まで、私の過去の意味を変えることができ、過去から身を引き離し、その余勢を駆って、同じ跳躍《エラン》で、世界の重みが私に運命として課したものを選択へと変えることができるという考え。ハイデガー主義者なら、むしろ逆のことを考えるだろう。彼らの目には、「事実性」の重みはより重く見えることだろう。サルトルがこの自由の選択をすることができ、ハイデガーの影響下にあった時代においてさえ、ハイデガーその人に抗って、存在者の平凡さから身を引き剥がすという素晴らしい誓いを実行することができたのは、彼のうちに、たとえ彼自身がそれを認めないとしても、ベルクソン思想の痕跡が生き残っていたからである。「ひと」とその「機械的な」呟きに対する告発もまた、ベルクソン思想に繰り返し現れるテーマであった。「存在忘却」の思想に抗う生気論というわけである。

もちろん、この生気論を他の源泉に結びつけることもできるだろう。シェリングによれば、世界は弛緩（物質）とシェリングとその世界像とに結びつけることも可能だろう。シェリングによれば、世界は弛緩（物質）と緊張（精神）の二重の作用に則って動いているという。

別の言い方をするなら、公式に認められている筋書きをさらに増強して、より高貴で、より伝説的な系譜、つまりはドイツ的な系譜をサルトルのために作ってやることもできるだろう。

しかし、もう一度言うが、大学は大学にすぎず、大学が持ち合わせ、教えているほんの一握りの哲学は、

『番犬たち』の言葉を信じるならば、「非常にフランス的な」唯心論であって、他に大哲学者と言える者としては、ブートルー、ブロンデル、ブランシュヴィックぐらい[14]しかいなかった――このことを忘れてはなるまい――のだから、やはりフランスのシェリングを持ち出す方がはるかに簡単で信憑性があるのである。この我が国のシェリングは、我が国のハイデガーでもあり、当時の乗り越え不可能な哲学者であった。つまりサルトルの抱いた直観の大部分は、最初はベルクソン的直観であって、それをサルトルは、後にハイデガーやフッサールの様式に基づい定式化し直したのだ、と想定するほうがより説得力があるのである。

サルトルはこの点でも、十九世紀の人間と言える。十九世紀の人間だが、その一切の努力は、フーコーが後に言うように[15]、「二十世紀に入り、二十世紀を考える」ために、十九世紀から身を引き離すことに向けられた。そして、サルトルの文学的冒険は要するに、ジィドという名をもった十九世紀という監獄の中の文学獄舎から脱出するための一連の実力行使ということに尽くされるのと同様に、彼の哲学的生涯は、ジィド主義の哲学における等価物であるベルクソン思想という万力をこじ開けるための一連の急襲、攻撃、ゲリラ作戦として語ることもできるのである。

物の味方

まずはフッサールである。

「フッサール作戦」。

フッサールという名前の「驚嘆」と「賛嘆」と「呆然自失」。

イポリットの証言を聞こう。「一九二九年に、われわれの先生のレオン・ブランシュヴィックは「超越論的現象学入門」の連続講演がフッサールによってソルボンヌで行なわれると予告し、それは哲学史上希な大事件だと言った。そこでわれわれは十分な注意を注いでその講演プログラムを読んだ」。しかし、「白状すると、この新たな言語とこのような哲学する仕方を前にして、私は仰天し、理解できなかったのである。フッサールの哲学はたしかに従来の哲学を思わせることもあるにはあったが、やはり非常に異なるものだったからだ」とイポリットは続けている。

よく知られているように、サルトルは当時、高等師範学校の学生だったが、――高等師範学校は、ソルボンヌとは目と鼻の先のユルム通りにある――、奇妙なことにこの「歴史的な」四回の連続講演に行っていない。講演は後に『デカルト的省察』として出版された。

しかしその代わりに、サルトルがフッサールのテクストと出会った――この出会いは現実に起こった――その顛末を語る三つの物語が存在する。そして、この三つのどれが本物なのかを見極めるのは非常に難しいし、サルトルの場合しばしばそうであるように、どこまでが再構成でどこからが真実なのか、どこまでが伝説でどこからが記憶なのかを識別するのはさらに難しいとしても、三つとも、この発見がどれほど晴天の霹靂であったか、という点については一致していることは、認めざるをえない。

アロン・ヴァージョンは以下の通りだ。これはシモーヌ・ド・ボーヴォワールが回想録の中で報告しているものである。(16)「私たちは、一緒にモンパルナス通りの〈ベック・ド・ガズ〉で一夕を過ごした。私たちはこの店のお薦めである杏《あんず》のカクテルを注文した。アロンは彼のグラスを指さしながら、『ねぇ君、君が現象学者ならば、このカクテルについて語ることができ、しかもそれは哲学なのだ』と言った。サルトルは、それを聞いて感動で青ざめた。ほとんど青ざめた、と言って良い。それこそまさに、彼が何年も前から望んでいたことだったのだ。事物について触れるがままに語り、しかもそれが哲学である、ということは」。レヴィナス・ヴァージョンは、アロン・ヴァージョンと関連していて、サルトル自身が報告している（「私はレヴィナスによって現象学に辿り着いた」[17]）と同時に、ボーヴォワールが先の話と同じページで報告している。アロンは現象学のことを話し終えると、サルトルに『フッサールの現象学における直観の理論』という本を読んだらよい、と勧めたという。これはエマニュエル・レヴィナスという無名の著者の最初の本だが、アロンによればフッサールの思想という途方もない思想への入門としては絶好のものだ、ということだった。そこで、サルトルはサン＝ミシェル大通りの本屋に急いで向かった。本を買うとすぐさま、彼は歩道の上で仮綴じ本のページを切り始めた。それは衝撃だった、とボーヴォワールは記している。誰かに「出し抜かれた」かもしれないとすぐさま感じたのだ。後に、『別れの儀式』に収録された最後の対話で、ボーヴォワールはこう言っている。「あなたは、少しのあいだ完全に狼狽してたわね。『ああ、奴はぼくの考えをみんな先に見つけてしまった』と言っていたじゃない」。

そしてジェラシ・ヴァージョンがある。フェルナンド・ジェラシは、若い将軍で、スペイン内戦時に包囲されたマドリードの防衛にあたったスペイン共和国軍の英雄で、『自由への道』のゴメスのモデルだが、若い頃、エドムント・フッサールの授業をハイデガーと一緒に受けていた。息子のジョン・ジェラシによれば[18]、彼は、サルトルが一緒に哲学の議論を交わしても良いと思う数少ない友人のひとりだった。この戦士は、画家でもあり、哲学的な付き合いができそうな数少ない対話者の一人だったが、ある日、サルトルは彼に「一つの石を、霊的ないし形而上学的カテゴリーとのつながりで覆い尽くす」ことなく「哲学的に記述したい」のだ、と打ち明けたという。それに対してジェラシはこう答えた。そうなんだ。分かるだろう。それこそが、「まさに」フッサールが「現に行なっている」ことなのだ、と。

いずれにしろ、初期のサルトルにとって、フッサールを読むことは、決定的であると同時にセンセーショナルな発見だったのである。

ベルリン滞在を挟んで、その前後数年間を、この思想を吸収し、取り込むことに費やすことになる、とサルトルはのちに説明している。

そして、この本質的で解放的な出会い、最終的にはかなり希な暴力性を帯びるこの衝撃――ニーチェとショーペンハウワーの出会いの衝撃、また、幾世紀を隔ててヒュームと経験論者の「叫び」が再び耳に聞こえると思った時のヘーゲルの受けた衝撃を思わせる――の結果として、テクストの経済という論理からすれば、少なくとも次の四つのタイプを見いだすことができる。

1 物。物自体に帰ること。観念論的、批判主義的、ないしはとりわけベルクソン主義のあらゆる図式を、少なくとも外見上は、忘れること。こういった考えは、「物」とは、偽りの幻影（バークリー）、到達しがたい深淵（カント）、持続から流出したもの、もしくは純然たる潜在性（ベルクソン）であると考えさせる結果になりかねない。物の物質性を再発見すること、物の「おぞましさ」や物の「魅惑の力」に身を開くこと、別の言い方をするなら、物を救い出すことが、肝要である。これらの事物の「客体性」、「現実存在」、「現れ」、さらには「自己宣言」さえも、哲学的に、ということはつまり、フッサールが師であり、サルトルがその継承者である「現象学的存在論」の観点から論じる必要がある。事物というものを、あらゆる種類の内在主義――またしても、ベルクソンを筆頭として――は、残念ながら、意識の単なる結果にしてしまいがちなのだ。私の「コーヒーカップ」を哲学的対象のランクに格上げすること。私の「杏《あんず》のカクテル」。『嘔吐』のマロニエの樹の「偶然性」。「私のテーブルの上に置かれたこの白い紙片」。こういった事物もさることながら、労働者の悲惨や、強制収容所や、ユダヤ人や植民地民衆の屈従や、第三世界化された地域の反逆、といった対象もなのである。なんと素晴らしいことだろう。なんという革命だろう。そして、なんと観念論とその「番犬」たちから遠く離れたことか。

2　主体性。たしかに奇妙な主体性だ。後に見るように——しかもその目的はひたすらこの「物そのものへの権利」(Zu den Sachen selbst) を「救い出す」ことが完全に保証されるようにするということであるが——、サルトルは不断に、主体性からその内面性、統一性、自己同一性を抜き取り続けるだろう。いずれにせよ、それは、一般に信じられているよりはるかに「現代的な」主体性である。そして、デカルトからカントの批判主義に、メーヌ・ド・ビラン風の「内的生」からル・センヌやラシュリエの心理主義にいたるまで、「人間主義」の風景を描いて来たあの「主体の哲学」のあらゆる先入観から引き離されたものでもある。そしてこの「人間主義」からも、サルトルは訣別するのだ。『自我の超越性』のなかでサルトルは、フッサールその人が、己の直観を最後まで推し進めなかったといって非難していたではないか。晩年のフッサール、つまり『イデーン』のフッサールが初期の著作と比べて後退し、実体化され、自分の殻に閉じこもった意識のモナド主義へと戻ってしまったことを、遺憾としていたではないか。しかしそうはいっても、これは主体性であることに変わりはない。事物に抵抗し、対立し、事物の中に解消されることを拒む主体性のある部分、意識のこの部分について、現象学の創設者は、初期の著作から『イデーン』にいたるまで、それが最後の最後には、事物の唯一の「根源的構成」であり、その資格において、存在論的な「優位」を持つ、と絶えず繰り返し述べていた。「自然に消去線を引いてみたまえ。還元という行為によって消去を行なう自我が残る。精神に消去線を引いてみたまえ。自然の身振りとは精神にとって、精神のうちにおいて組織化されるのであるが、その意識がなくなると自然は崩れ去ってしまう[19]」と、リクールはフッサールを解説しつつ、記している。そこでサルトルはこの仮説を保持する。なんとかして意識という仮説を維持するために、フッサールを利用するのだ。とくに、ベルクソン思想に対抗して、事物の中で、もしくは生の大洋のごとき大きな動きの中で意識がすっかりくつろいでしまうに任せる傾向を常に持っているベルクソン思想に対抗して、あるいはまた、ベルクソン思想に由来するにせよしないにせよ、二十世紀の後半にいたるまで、「すべて」と「自我」、「存在論的なもの」と「心理主義的なもの」とを同一の「内在平面」に沈めてしまう傾向のある、あらゆる種類の生気論に対抗して、サルトルは、この意識が存在するという賭けをフッサールから受け継ぐ。この意識は、たしかに脆く、ほとんど空虚であるが、脆く空虚であっても、毀損不可能、還元不可能で、至上権を有するのである。

3　事物と意識……。

事物対意識、意識対事物……。フッサールはサルトルが二つの作戦を行なうに当って役に立つ。フッサールを用いて、フッサールの武器を用いて、サルトルは世界の存在の不確かさと、主体性の存在の不確かさという二つの戦線で戦う。同時代の他のすべての者とは異なり、さらには先駆者たちとさえ異なり、サルトルは次のように言う。「私は実在論と独我論、唯物論と観念論という二者択一を拒否する。意識なき世界の信奉者と世界なき意識の狂信者の対立という、哲学史を貫くこの不毛な対立を拒否する。我々が事物について知覚しているものは、全面的に事物によってわれわれに伝えられたものであり、事物の実体のうちに書き込まれた真実の反映にすぎない、ということを信じないならば、事物の物質性など信じることはできないではないか。逆に、事物に対して、その真実性と意味との大部分を付与するのは、意識の働きであると、自らに言い聞かせるところまで行かなければ、意識の働きなど信じることはできないではないか」。要するにこういうことだ。フッサールなのだ。フッサールに依拠することによって、この方程式を解くことが可能になる。ベルクソンも、彼なりにこの方程式を解こうと試みた。しかし、それは満足のいく解法ではなかった。というのも、それはまさに解法、つまり解消することだったのだ。

彼は、この両項を維持し、かつ二者択一を乗り越えることに、両項の一方を他方の中に溶かしてしまうこと、つまりは両項を解消することによって、初めて成功するのである。サルトルはベルクソンの解決を忌避する。彼は、「真の」物、「真の」主体を欲するのであり、この両者の間の弁証法、事物主義と主観主義の不毛な対決を乗り越える弁証法を欲するのである。そして、ベルクソンに抗してこれを果すためには、フッサールこそが役に立つのである。

4　最後に、**他我**《アルテルエゴ》の問題。フッサールは、「他我」というこの「最初の即自」、と述べている(『第五省察』)。彼はまた「自我の〈無限の複数性〉が形成するこの間主観性の空間もまた、その物質性を持つ」とも言っている(『ヨーロッパ諸学の危機と超越論的現象学』)。フッサールは、ある種の「社会的主体性」ないしは「『共同』で知覚される世界」を仮定しており、「人類の公僕」となった哲学者が、それについて責任を持つとしている。普通は、主体から神へと向かうものだ。人間的なものから超人間的なものへと向かう――そして、「超越」と呼ばれるのは、まさにこの運動である――のが通常である。ところが、この三〇年代に定式化されたばかりの現象学においては、超越はその場に留まるのである。ただ違うのは、それが〈他者〉の経験へと通じている点である。超越は、具体的で、生き生きとした、生きられた複数の超越を「構成すること」へと通じる。これらの超越は、「他なるものとして出現」し、「自我に固有のものとして属する」ものを超出するのであり、この「非–我の世界」、すなわち「共通の意味における客観的世界」の別名であるこの世界の可能性の条件でさえある。またそれらの超越は、融合と排除、親近性と異質性の二重の戯れのうちで、厳密に言えば、私の複数の他我《アルテルエゴ》の内在・超越の次元を形成するのである。レヴィナスの全体がそこから発している。他の人間、顔、等々についての彼の人間主義の全体が。しかしサルトルの例の〈倫理学〉も、やはりそこから発しているのだ。サルトルはそれを完成することは決してできなかったが、それについて考えることを止めたことはない。それは無言のうちで彼の刊行された本のすべてを貫いており、フッサールという模範、ほとんどフッサールへの憧憬とも言うべきものは、サルトルの生涯を通じて、その倫理学に対する悔恨と欲求を維持し続けるという結果のみを残したのである。「対自の責任性は圧倒的に重い」と彼は言う。あるいは、「個人は万人について、すべてのことについて、責任がある」。あるいは、「人間的でないような状況はない」。あるいはまた、一九四四年十一月の『アクション』誌においては、「私の行為のひとつひとつが、世界の意味と、宇宙の中での人間の位置を左右するのだ」。これらの文言はどれも、ベルクソン的地平に留まっている限り、理解不可能である。ベルクソン的言語とその生気論の中では口に出されることはあり得ない。例えば『ヨーロッパ的人間性の危機』〔一九三五年の講演〕に関連づけたときに、そしてそのときにのみ、初めて意味をもつのである。そして、最後の最後に、政治的幻想と血なまぐさいお伽話から戻ってきて、倫理へと再び立ち戻ろうとするとき、晩年の対話で「そう、倫理学を手にしている。おそらく今は……、私に残された時間の中で……」とサルトルが言う時、のちに見るように、新たな作戦を可能にするのは、フッサールの思い出なのだ。忘れられ、閉鎖された古い回路、ずっと以前から何も通らなくなっていた古い回路を通って戻ってきたフッサールの思い出なのである。しかし焦ってはならない。今のところは、このことだけにしておこう。すなわち、まだまだフッサール、最後までフッサール。まだ始まったばかりのこの道程の、最初にして最後の同伴者、フッサール。この道程は、もう一度言うが、世紀の果てまで行き着くことになるのだが。

この点については、サルトルが、フッサールを「正しく」理解したかどうかは重要ではない。サルトルのこれこれの解釈だとか、『論理学研究』を『イデーン』にぶつけるこれこれのやり方だとか、あるいはフッサールの仕事のある部分、つまり論理学、数学に関わる部分——その部分は実のところ、サルトルがフッサールの作品系について抱いていた悲壮《パテティック》でロマン主義的な見方をはみ出してしまうのだ――をそっくり無視したことを、いくらでも非難することはできるだろう。「影響を与えられた哲学」から何を「受け継ぐか」と、レヴィナスは一九五九年に、フッサールの生誕百年に際して書かれたテクストの中で、まさにフッサールに関して、問うている。「絶対知」の真理だろうか。それとも「いかなる言説――内的な言説であろうと――にも必要な対話相手の顔」を作り出すような「ある種の仕草」と「声の抑揚」だろうか。サルトルにとって、答は疑いを容れない。作家の場合と同様に、疑問の余地はないのである。というのも、同じ掠奪の論理がここでもまかり通るからである。ここでも相変わらず、自由に選択された言語と声のなんらかの抑揚から出発して、自分自身の言語、自分の声、自分の文体を作り上げたいという同じ欲望が貫徹するからである。フッサール――ある形でのフッサール――をベルクソン主義の重み――それはそれ自体が重いものであり、また当時はなおさら重いものであった――にぶつける。ドゥルーズが言ったように、フッサールの知らないうちに子どもを作ってしまうこと、そして、その子どもを、打倒ベルクソンの煽動者とすること。これこそが、まさにサルトルが行なったことであった。

サルトルとハイデガー

「ハイデガー作戦」。

もう一つの「驚嘆」と「賛嘆」と「哲学的呆然自失」。それは、サルトルにとって、しかし彼にとってだけではなく、ハイデガーという名を持っていた。

ひとりの知識人がいる。アンリ・コルバンという名で、三〇年後にはフランスにイランの神秘主義を紹介することになるあの人物だが、彼は早くも一九三〇年に、ベルリンから戻ると、日記にあっさりと記した。「ハイデガーを読んだ」と。この言葉はまるで啓示のように響くではないか。そして、すっかり魅了され、歓喜に身を委ねた彼は、『存在と時間』の最初の断章の訳に取りかかる。

もうひとりの知識人、アレクサンドル・コイレ。* 彼はこの時代にパリに居を定めたコスモポリタンな知識人の一人で、ヘーゲル研究の大家であり、『大論理学』の著者〈ヘーゲル〉の没後百年記念の催し——なんとも慎ましいものだったが——に参画し、相変わらずベルクソン主義か、逆に新カント主義に支配されていた大学の停滞の原因たる地方主義と保守主義に厳しい批判を加えた。彼は一九三一年に、雑誌『ビフュール』の最終号に掲載されたコルバンの翻訳に序文を寄せている。[20] そして彼もまた恍惚として、こう述べている。[21] ハイデガーは「この戦後という時代に、哲学を天上から地上へと引き戻し、我々に我々自身のことを語るということを敢然として行なった」「最初」の人間である。大胆にも「哲学において」、「実存」と「死」とか「存在」と「無」といった「単純な」事柄を語った最初の人である。「比類のない新鮮さと力とをもって」、真の「解放的にして破壊的なカタルシス」のうちで、「いかなる真の哲学にとっても永遠のものである二重の問い、われの問題と存在の問題、すなわち、われとは何者であるか、存在とは何を意味するのか」を「問い直した」最初の人である。なんという解放、そうだ。なんという革命だろうか。

テクストに接することが困難であったり、テクストが基本的に難解であることをものともしない人々がいた。彼らは、後にハイデガーがフライブルク大学学長となり、職務的なレベルだけでなく、政治的、イデオロギー的、さらには哲学的にもヒトラー主義に賛同したことにもめげることはなかった。確かに、フランスでベームとヴァーレンスによる『存在と時間』の最初の翻訳——まだ部分訳だった——が出版されるまでには二〇年も待たねばならなかったし、全訳〈マルティノー訳、一九八五年、フランソワ・ヴザン訳、一九八六年）が出るまでにはさらに二〇年が必要だった。しかし結局、この時代に、新カント主義とデカルト主義とベルクソン主義が支配していたフランスにおいて、最初の真の「ハイデガー時代」が出現したのである。

サルトルはこの時代の一員だったのだろうか。

彼はコイレやラカンやバタイユや、さらにはメルロー＝ポンティのように、すぐさまこの思想の重要性を感じ取り、それに飛びついた者たちの一人だっただろうか。

一九二八年から一九三四年の間、『存在と時間』の原書は、高等師範学校の図書館でもっとも貸し出し件数の多かった本である。(22) サルトルは、決定訳を待とうとせず、待つこともできなかったこういった高等師範学生《ノルマリヤン》の一人だったのだろうか。

そうだった、と彼は後に主張する。

彼はこの本に没頭したと、つねに言っている。ただ正確には高等師範の頃ではなく、もう少し後、ベルリン滞在の頃のことではあるが。

さらには、この奇跡的な、ほとんど予定されていたかのような出会いという主張を裏付けようとさえしている。曰く、それは彼であり、私であったからなのだ……私のなかで、すべてが彼を望んでいた……彼のうちで、すべてが私を予告していた……コルバンが『形而上学とは何か』を翻訳したのは、私のためだったし、ほとんど私のせいだった。というのも、「私は、他の人々の只中で、己を自由に、この翻訳を待つ読者層として構成していたからである」……ハイデガーがいなかったら、私の思想はどうなっていたことだろうか。「本来性」と「歴史性」というこの二つのハイデガー的概念の「天佑」のような影響がなかったなら、私の思想がどうなっていたか、「想像する」ことすらできない……。

しかし、本当のところは、おそらくさらに数年待つことになる。実際は、一九四〇から四一年、つまり捕虜収容所での俘虜時代に、『存在と無』を執筆していたその間に、初めてドイツ語のテクストを手に入れたのである。

実際にはこの本をもっと早く、一九三〇年代になるやいなや手に入れるのに、彼ほど良い位置にいた者はいなかったのだ。コイレの序文とコルバンの翻訳が掲載された『ビフュール』誌には、信じられないほどの偶然だが、サルトル自身の最初のテクスト『真理伝説』もまたニザンの推挽で掲載されたからである。しかし奇妙なことに、ソルボンヌでのフッサールの講演の際に作用するのが目の当たりにされた遅刻強迫——これはのちに、政治の場でも、同じように該当し、しかしながら全く異なる結果をもたらすことになるのだが——のせいで、さらには、どう考えても、世界に対する、そしてまた書物に対する彼のあり方の基本的な構造としか考えられない、この「出会い損ない」という要素のせいで、サルトルは当初はハイデガーを無視し、文字通り脇を通り過ぎてしまう。

実際、彼がようやくハイデガーのテクストに触れたとき、遅ればせながらも、ハイデガーに会い、その存在に気付き、読もうと決意したとき、捕虜収容所でマリウス・ペランやポール・フェレールといった、彼と一緒に捕虜になっていた司祭たち——最初の戯曲『バリオナ』を書いたのは彼らのためである——との長い会話の話題としてハイデガーを取り上げた時、彼の読み方は、奇妙な読解、少なくともぞんざいな読解であり、フッサール読解の場合よりもさらに衝撃的な一連の誤解を刻み込まれた読解であった。

たとえば「**現存在**」という概念である。サルトルはこれを「人間的現実」と訳す。より正確に言えば、サルトルはアンリ・コルバンの訳を採用したのだ。コルバンは、伝統にしたがって、たとえば『純粋理性批判』で Dasein Gottes が existence de Dieu〔神の実存〕と訳される伝統にしたがって、「ダーザイン」をまずは「実存」と訳し、次いで「人間的現実」としたのだった。しかし、こうすることで、彼は「現存在」を主体化してしまう。人間主義的な視野の中に再び組み込んでしまうわけだが、ハイデガーの企てとは、まさにそれをそこから外に出すことだったのだ。かくして、彼は、『存在と時間』の中でこの言葉に結びついている「出現」の次元、「現前」と「出現」の次元を捕らえ損ねてしまう。「現存在」が、「主体」だと言うのか？ そんなことはない。それは主体の脱自〔extase〕だ。主体の ek-sistence〔脱自存在〕である。コルバンはこれを「ex-sistance」と書いている（彼はこうして難しさを強調しているのだが、同時にこれで誤解の可能性も際立ってしまうのだ）。それは厳密に言えば主体ではあるが、しかしそれは、主体が〈存在〉の境域のうちに生まれる限りにおいてのみならず、主体がこの〈存在〉の問いが練り上げられる場である限りにおいての話なのである。それは、人間そのものが、〈存在〉の「出現」や「照らし」としてしか、存立することも意味を持つことない、そうした場なのだ。このダーザインという語によって、問題は主体の真理の問題から真理の聴取の問題へと移行したのだと考えることが可能になる。ところがこういったことすべては、明らかに「人間的現実」なる訳語によって理解することが不可能になってしまう。ハイデガーを発見したサルトルはこういったことをごく曖昧にしか意識していなかったように思われる。もっとも、彼がそれでも最後には理解に達したと思わせるようなテクストがあることはあるのだが。それは『文学とは何か』の第二章の次のような文である。「われわれの知覚の一つ一つには、人間的現実とは『隠れていたものを露わにするもの』だという意識が伴う。すなわち、人間的現実によって、存在が『そこにある』という意識、あるいは、人間はそれによって物が顕現する手段だという意識である」[23]。

人間主義。ハイデガーは人間主義を根底的に批判した。たしかに、『存在と時間』には、有名な第十節があり、そこでは、「基礎的存在論」は、「哲学的人間学」で「あり」かつ「あることができない」という逆説的な状況に置かれている、と述べられている。しかし、ここにおいては、「あることができない」の方が、「ある」よりもずっと重い。そして、「歴史性」についての探求の目的、ほとんど標的と言うべきものは、人間学に類似し得るあらゆるものを破壊することである、ということを忘れてしまうなら、ハイデガーの存在論的企図をいささかも理解し得なくなるのである。この本の核心は、〈存在〉の問題をすぐれて哲学的な問いの地位に引き上げることであり、同時に、主体を「自己」との関係なりこの「自己」と「世界」との関係において考えるのではなく（これがプラトンからヘーゲルまで、ニーチェまでもが行なった人間主義的な足どりであった）、〈存在〉――主体は〈存在〉の「住処」、「牧人」、あるいは「命運」である――との関係において考えようとする決意であるということこの「細部」を取り逃がすなら、やはりハイデガーの存在論的企図を理解できないだろう。「まさに、われわれは人間だけがいる次元にいる」とサルトルは言う。これに対してハイデガーは、テクストの中でフランス語で、しかし出来の悪い弟子たち用に取っておいた突っ慳貪な調子で、答えている。(24)「まさに、われわれは主に〈存在〉がある次元にいる」と。サルトルはもちろん「凡庸な」人間主義者ではない。もう少し先で見るように、サルトルはデカルト的、さらにはフッサール的な、伝統的モデルとも大きな距離をとる。しかし、当面、〈人間〉とは、もはやたかだか真理の場、真理の生起と到来の場を指示するにすぎないとするこのハイデガーの考えを、サルトルはどうするのだろうか。人間というもの、いまだに人間と名付けられてはいるが、それは習慣によって、仮の措置としてそう呼ばれているにすぎないものを、「〈存在〉が始めた詩(25)」にしてしまうこの武力行使を、サルトルはどうするのだろうか。この「詩」は、そのまま続くこともあるが、残念ながら大抵の場合は、あまりに人間的な散文によって横領されてしまうのではあるが。さて、サルトルはどうするか。何もしないのである。彼は理解しないのだ。いや、もしかしたら、理解したくないのかも知れない。サルトルは依然として、ハイデガー思想とは、人間主義の形而上学以後の一形態だと考え続け、その行跡を自分にとってより馴染みのフッサールの地平へと引き戻してしまう。ハイデガーはヘラクレイトスとアリストテレスの継承者——唯一の継承者——たらんとしたのだが、一種代理人のごときもの、うまく行ってキルケゴールのドイツにおける代理人、悪くするとサン＝テグジュペリの通信員になりさがってしまうのである。

時間の問題。ハイデガーの企図の全体、いずれにしろ彼の企図の最良のもの、要するに彼の企ての中で、少なくとも一九三四年の彼の政治参加をはみ出る部分、それゆえにその後も生き延びる部分とは、これもやはり、時間の観念を「通俗的な」表象から引き剥がすことであった。通俗的な時間の表象とは、キリスト教とともに生まれ、ヘーゲルに至るまで永続し、今日でもなお、「衰退」や「没落」、「起源」や「始源」といった言葉で表されるものである。ところがサルトルは、このことも理解しない。結局はコジェーヴ[*]の『講義』によって供給された暗号解読表に囚われたままなのだ。それだと、ハイデガーは『精神現象学』の、いささか洗練された継承者という風に位置付けられてしまう。メルロー＝ポンティや若きラカンやブルトンとは異なり、サルトルはコジェーヴの授業には出なかったではないか。それはその通りだ。しかし、この授業は当時の時代風潮そのものであり、サルトルが『嘔吐』や『存在と無』を構想し始めたころの哲学的な事柄の現状そのものとなっていたのである。そして、彼がハイデガーに従って「歴史性」について語るとき、彼が自分の日記を読み返して、一九四〇年一月九日、カストール宛の手紙で、「自分の戦争」について費やしたこの百ページほど、自分が明確に考えを述べようと試みたこれらすべての「もの」は、ハイデガーの「二番煎じ」にすぎず、数ヶ月前から彼がしていることは、「ハイデガーが十頁ほどで」言ったことを「さんざん苦労して敷衍する」ということにすぎないと、物悲しくも記す時、要するに、彼が自分の思想の「曖昧さ」や無害な「優しさ」を、師の天才的な「歴史性」に対置する時、あるいは『存在と無』[26]

でハイデガーに従って「生《なま》の事物」ないしは「生《なま》の存在物」、つまり「歴史性」なき存在物について語る時、サルトルは明らかに、あたかも相変わらず人間の時間であるかのように、意識とその苦悩の時間であるかのように、この歴史性を論じているのである。これではまるで、ハイデガーのあらゆる努力、彼の介入の意味と、彼の名を持った哲学革命の意味は、ここでもまた、人間学のあらゆる罠を、したがって歴史主義の罠を逃れることではなかった、とでも言うようではないか。

これらの誤解、そしてそこから派生する他の誤解に対する、ハイデガーの反応は迅速だった。すでにフランス哲学会宛の一九三一年の手紙で、ハイデガーは、彼の思想にジャン・ヴァールが行なった実存主義的解釈にストップをかけている。しかし、サルトルの作戦とそれが引き起こした甚大な反響に対しては、もっと踏み込んで、実に厳しい見解を表明する。その一方で、一九四四年一月の手紙のような社交的な譲歩もあった。そこでは、「私が思考の出発点とした領域を隅々までよく知っている自律的思想家(27)」に感謝する素振りを見せている。しかしその一方で、いきなり冗談はこれまでと言い放った作品があるのだ。それは『ニーチェ(28)』だが、その中で彼は、「こうしたことすべて」、『存在と時間』という表題を冠するこの理論的努力の一切は、「実存の哲学や実存主義の外に」位置していたのであり、今なお位置するものと考えられるべきである、と述べていた。さらに、『ヒューマニズム書簡』では、私が『存在と時間』のなかで「Existenz」〔実存〕という語の意味としているものと、サルトルが「existence」〔実存〕という語で理解しているもの間には、「何も」、「いかなる共通項も」ない、と述べる。私は『存在と時間』の第九節で、「現存在の〈本質〉はその実存に存する」と言ったではないか、と言うのか。いかにもそう言った。しかし、「Existenz」は、「生きられたもの〔体験〕やフランス語の意味での「existence」を意味せず、「開けにおける人間」、「そこにおいて人間が存在者のただ中で立つ存在の空地」[29]を意味するのである。そして、ここでの「本質」という語に関して言えば、それはイタリックで書かれてあり、このイタリックがすべてを変える。主体の形而上学を信奉し、その最後の遺産相続人であるこの若き文学者が、「実存は本質に先立つ」などと間抜けな翻訳をするの禁じておけば良かったのだ。

フレデリック・ド・トワルニッキによれば、ハイデガーは『存在と無』の「数ページ」、おそらくスキーに関する件《くだり》を読んだらしい。「人間の行動についての記述の文学的才能が印象に残った」ことは認めている。そして、もちろん、著者に会いたいとも言っている。早々と一九四五年に訪問してくれていた、自分にとっては大きな助けになっただろうとも言っている。しかし、この本はほとんど読まれることはなかった。実際は四十頁ほどページが切られているにすぎない。[30]当時のフランス語の本としては、ハイデガーは一冊しか目を通していない。それはボーフレが『存在と無』と同時に贈ったサン＝テグジュペリの『星の王子さま』で、これには欄外にびっしりとメモを書き込んだ。彼が敬意を抱き、少しは近いと感じた同時代のフランス人哲学者は誰だろうか。サルトルではもちろんなかった。サルトルは馬鹿げた狂騒を演じ、讃辞を繰り返し、頼まれもしないのにこの自分のことを四六時中語り続けている。奴はしまいには自分に迷惑をかけることになりはしまいか。この自分を巻き込むのではないか、ナチスがらみの「大変な愚行《へま》」、訴訟、世間一般の悪意、あの戦後の不吉な一連の出来事だけで、もう手一杯ではないか。その上、こんな操り人形に煩わされることもあるまい。それに『自由への道』だ。小説に『自由への道』なんて名前をつけるなんてどんな了見なのか。『杣径《そまみち》』つまり「どこにも通じない道」〔フランス語訳の題名〕のみを好む者に依拠すると公言しながら、その一方で『自由への道』なんて馬鹿げた文言を編み出すなんて、無定見も甚だしい。駄目だ。もし誰か、もちろん全く近いというわけではないにしても、なんらかの価値のあるように思われる者がいるとしたら、一人だけ挙げよと言われたら、メルローだろう。そう、メルローということになる。私は、メルローの本だって読んでいないし、メルローのほうも私のものを本当に読んでもいないで、私の思想とは完全に離れたところで自分の思想を展開している。しかしまぁ、しようがない。というか、いっそ、そのほうが好都合だ。私としては、その方が良い。この自分をベルクソン（現代思想のこの魔法の三角形の頂点はメルロー＝ポンティにとっては、ハイデガー、フッサール、ベルクソンである）やフッサール（『存在と時間』全体がフッサールの一つの指示から発しているのであり、要するに自然的世界観の一つの説明にすぎない[31]）と混同する非常にフランス的なこの思想家の方が、あの苛立たしい熱狂的なプロパガンダの徒よりはましだ。そこでハイデガーは、非情にも、もう一人の対話相手が唖然とするその面前で、メルローを「フランスにおける自分のもっとも忠実な弟子[32]」であるとおごそかにのたまわった。フランスの最良の存命の哲学者で、「自由で率直な精神」であるこの人は、「思想という事柄がどういうものであり、それが何を要求するのか」を知っている人間、「友人」である、と（ハイデガーはメルロー＝ポンティに会うことは一度もなかった。サルトルとは異なり、メルローはフライブルクに赴くことはなかった。しかし、そんなことはどうでも良い。彼はそれでもやはり「友人」なのだ！）。そう、友人、つまり「利権屋的な喧噪や扇動にけっして冒されたことのない」人なのだ。

ハイデガーはラカンにも同じ仕打ちをすることだろう。ラカンもまたハイデガーの託宣的な調子に魅了され、その力と文体を褒め讃えるのだが[33]、ハイデガーは精神科医メダルト・ボス宛の手紙の中で、「あなたもきっとラカンの分厚い本をお受け取りになったことでしょう」と述べつつ、書いている。「私としては、今のところ、このあきらかに風変わりなテクストの中にあるものは、何であれ読むに至っていません」。この本は「かつてサルトルの『存在と無』が引き起こしたのに比較できる騒ぎを引き起こしている」ようですが。さらにそれから数ヶ月後、再びボスに宛てて、「ラカンからの手紙を同封して送ります。この精神科医は別の精神科医を必要としているように私には思われます[34]」と書いている。いずれにせよ、サルトルに対してはこれ以上ひどい侮辱は難しいと思われるような仕打ちをした。このずかずかと踏み込んでくる後輩に対して、これ以上は難しいというほど徹底的なやり方で一線を画したのである。もっともサルトルもしまいにはメッセージを理解するにいたった。彼は一九五二年、ハイデガー宅を訪るためにフライブルクまで行っているが、帰って来た時には、ジャン・コー*の伝えるところによると、ものすごく不機嫌になっていた。おそらくは自尊心を傷つけられたか、怒り猛っていたのだ。「話はまったく噛み合わず」……「『魔の山』の老人」に似た……「退役大佐」の顔つき……「私はハイデガーの帽子に向かって話しかけていたのだ。シャモワ〔野性の山羊〕猟の猟師の帽子にだよ……」。

この時以来サルトルは理解した。それ以降、サルトルはハイデガーに関しては完全に沈黙することになる。わずかに一言、それも一言とさえ言えないような脚注が一つあるだけだ。『弁証法的理性批判』のあるページの下に付けた、「ハイデガーの例はあまりに複雑であり、ここで解説することはできない[35]」という脚注である。ハイデガー問題と特に国家社会主義《ナチズム》との関係を扱うには、いささか短すぎることは、誰しも認めるところだろう。別の一言は、一九六一年に高等師範学校で行なった講演会で、サルトルは自分が以前にハイデガーに関して「完全な勘違い」をしていたことを認めている。さらにもう一言。同じ年に、メルロー=ポンティへのオマージュ[36]の中で、自分は「ドイツ哲学者」のうちに、その「存在」への「唯一の気掛り」の中に、何かしら「疎外」に似たものを「嗅ぎとっている」と述べ、また友人のメルロー=ポンティは、「その生涯の最後に」、『存在と時間』の著者に近づいたが、この接近は、「彼の母の死」や「母とともに消えた少年時代」、そして「喪」や、この喪によって引き起こされた「不在と現前、〈存在〉と〈非存在〉」の新たな混同の結果――ママ――として「了解する」必要がある、とも述べている。この同じ「疎外」という語は、ヴェルストラーテンとの対話[37]の中にも登場する。そこではサルトルは、『テルケル』に代表される文学潮流に対する自分の立場についての説明を続け、その途中でそれを構造主義やヌーヴォー・ロマンと一緒くたにしたりしつつ、「エクリチュール観の根拠を、ハイデガーの哲学、少なくとも大抵の場合〈存在〉をエクリチュールそれ自体ないしは言語として理解しようとする、後期における方向性に求めよう」とする現代的な「傾向」に対しては、距離をおいている。それは「私にとっては疎外を意味する」と繰り返し述べるのである。「〈存在〉へと逆行するいかなる関係も、あるいは〈存在〉へのいかなる開け――それは開けの前にも後ろにも、開けの条件となるものとしての〈存在〉を想定する――も、私には一つの疎外だと思われます」。同じ対話のなかで、『存在と無』の当時、ハイデガーの主要な概念を彼がフランス語に訳した際のその訳し方に対してなされた批判に関する質問に答える形で、ごく一般的で、やや凡庸な一連の考察を展開しているが、その中で、諸言語間の「等価性」や、ある言語を別の言語に移し換えるときに行使せざるを得ない暴力、そして当時は「Dasein」を「人間的現実」と訳すしか選択の余地がなかったという事実に、触れている。さらに『家の馬鹿息子[38]』の中には、ハイデガーの「nur-vorhandemsein」(事物的存在にすぎないもの)への仄めかしがある。それはフローベールに「少しずつ」「露わ」になって来た世界の「陰気で冷ややかな堅さ」の別名であるが、この部分はサルトルの分析の真骨頂をなしている。しかし、以上の言及を除けば何もない。あるいはほとんどない。かくも多くの論考や仄めかしや言明や讃嘆と取り込みの実行後に、「目の眩むような驚嘆」の中で過ごしたと想定されるあの歳月の後に、こうして沈黙の決裂、断絶がやって来たわけである。

以上の通りであって、サルトルは、ハイデガーも他の著作家と同様に、いつもの読み方で読んだ、つまり勝手に採取したり、有無を言わさず略奪したりする、誤った読み方で読んだ、ということは認めざるを得ない。バンダのように、乱雑な斜め読みで、しばしば「ものの三〇分もかけずに」読み飛ばし、そうやって自分の議論を補強するために必要となるような引用を「釣り上げ」ていた[39]ということは疑いを容れない。ハイデガーもフッサールも、サルトルが終戦直後の歳月を回想した際に、だれだって「ありあわせの手段[40]」と呼んだものであって、「ありあわせの手段」に「忠実で」あるには及ばないというのは確かなのだ。したがって忠実さの問題というのは、もう一度繰り返すが、本質的な問題ではなく、その上、彼の作品系に対するハイデガーの刻印は、いずれにせよこれまで言われて来たよりは浅いものであったわけである。それはそれとして、もう一つの問題は残る。それにしてもサルトルはハイデガーから具体的に何を引き出したのか、それもいかなる用途のために。まさにあの時点において、彼の生涯と作品系のあの契機において、いかなる点で彼は、サルトルというあの人物になるために自分はハイデガーの徒であると称する必要があったのだろうか、という問題である。

1 事物の特権。もちろん、「物そのもの」に立ち返るということを述べたのはフッサールであり、サルトルはこの合言葉を理解するためにいささかもハイデガーを必要とはしなかった。ただ、フッサールにもいろいろある。後期のフッサール、つまり、『危機』のフッサール、そして「世界の無動機の噴出」を語る遺稿でのフッサールがある。ただ、この時期のサルトルはそもそもこれについては知らなかったはずだ。そして、もうひとつのフッサール、前期のフッサール、あらゆる認識の原則として「超越論的に還元された」意識を措定するフッサールがあるが、この意識が依然として多くの点で現前と意識の形而上学の図式に捕われていることは、見た通りである。サルトルとしては、ある意味でこの方が嬉しいのだ。しかしそれと同時に、これは主体性と事物の間のゼロサム・ゲームなのであるから、主体性に与えられるのは事物から取り上げただけのものであることに、気付かずにはいられない。ところが逆にハイデガーがここに登場する。それはフッサール派のハイデガーで、この立場をさらに徹底させて、自我の「還元」を最終的になし遂げ、物の重みに最大の加重値を与えるのである。事物の厚み、と彼は言う。事物の力、事物の「自己宣言」、と。事物は語り始め、われわれ、つまりこの語りの「現（存在）＝そこに」に対して、言うことのうちで事物について応答するように促すのである。この原初の言《パロール》は、われわれを義務づける、われわれに負債を負わせ、証人に関して言われる意味において、われわれを召喚するのだ。『存在と時間』の著者によって特権を回復した事物の、言と存在とへのこの二重の「出現」。もはや現存在が事物に発言を許すのでもなければ、まして事物に己の声を貸し与えるのでもない。そうではなくて、事物の「現（存在）＝そこに」そのものが、事物の語る真底部が語るのである。このハイデガーは、超フッサールなのだろうか。ある意味ではそうだと言える。それはおそらく真のハイデガーではないだろう。しかしサルトルが読み取ったのは、そのハイデガーなのだ。サルトルが動員するハイデガーは、これなのだ。そのハイデガーが、一九三六年以来、彼に「葉の緑や麦畑の黄色、鳥の黒や、空の灰色といった、事物そのものの彩りと鮮度」(41)を考えることを可能にしてくれ、フッサールとともに、そしてフッサールに続いて、事物そのものの魅惑と恐怖、非情さ、抵抗、怒りを語ることを可能にしてくれたわけである。

2　「事実性」——サルトルは「偶然性」とも言う——**の観念**。主体が主体となり、主体であり続けるのは、偶然性ないしは事実性という、根拠付け不可能にして根拠づけられない土台に基づいてである。偶然性のこの分け前、それはまさにサルトルが「状況」と呼ぶものである。これの上で、投－企、つまり未来への飛躍、サルトルが「アンガジュマン」と名づける倦むことのない対自生成が展開する。しかしそれはまた、ハイデガーが「現存在」の決定的構造の一つとした、「Geworfenheit〔被投性〕」、「投げ出されてあること」、この「常に - すでに」世界に投げ出されてあることでもあるが、これを最初の翻訳者は、「déréliction〔遺棄＝孤独〕」と訳した。たしかにこの二つの概念は同義ではない。ハイデガーにおいて、「ダス・マン」〔ひと〕の中への「失墜」は、〈存在〉の決定的な次元であるが、それに対してサルトルにおいては、それはいついかなる時にも取り返し可能なものと考えられている。彼にあっては、主体は己の事実性に与えられた意味から無限に自由であるが、それに対して、ハイデガーにおいては、「現存在」がそれから完全に抜け出すのは不可能である。従って、「無」や「不安」現象に与えるべき意味に関しては、この二つの思想体系は見解を異にする〔サルトルにとっては内的な生の範疇であるが、ハイデガーにとっては「存在者の転落」であり、サルトルにとっては「自由が自分自身を反省的に捉えること」[42]であるのに対し、ハイデガーにとっては、この存在者の「呑み込まれること」であり、世界の「世界性」における動揺である〕[43]。それは確かだ。しかしそうはいっても、この二つの問題系の間には、共通の思考の動きがあるのもまた事実である。「アンガジュマン〔巻き込まれていること〕」の「事実性」、あるいは、もう一度言うが、「状況」への関係、「アンガジュマン〔巻き込まれていること〕」は、取り返し可能かどうかは別として、それに先立ち、人間の条件の所与を表示する「現存在〔そこに - ある〕」との関係においてしか意味を持たないということ、これらのことをサルトルは、彼が『存在と時間』のうちに見いだしたと思いこんだものと、『存在と時間』における、「Geworfenheit〔被投性〕」〔投げだされ〕に対する解答としての「Entwurf〔投企〕」〔投 - 企〕というモデルにしたがって考えたことは明白なのである。

3　そして最後に、**未来の意味**。人間の運命はその過去から出発してではなく、その未来から出発して決められる、という非常にサルトル的な直観。主体とは、「それがあるところのものでしかない」「即自」

とは異なり、永遠に「それがいまだないところのものである」「存在」である、として定義される。したがって「人間的現実」は、「前方」から出発して、自己自身の「先取り」のうちで、自らの「投企」となる「可能へ向けて己を投げ出すことによって」[44]のみ、己を時間化する、という考え。言い換えれば、存在とは時間であり、その全体を時間から出発して考え直すべきものである、という考え。過去とは、ベルクソンが考えたように、自らの力を未来へと与えるような時間の次元ではさらさらなく、未来を養い、未来を未来化し、未来にそのエネルギーと意味を吹き込むものでもなく、まったく逆のことが起こるのだ。すなわち、未来こそが過去に力を貸し与え、磁化し、意味を与えるのであり、存在の秩序においては、未来は過去に先立つのだ。もちろん、ハイデガーの概念はここでもまたサルトルによって歪曲された、と呟くこともできよう。サルトルは、現前と跳躍の形而上学というベルクソン的プリズムを通して、それらのハイデガー的概念を読んでいるのだ、と何度も繰り返して言うこともできようし、むしろ言う必要がある。しかし、サルトルが最後にはこのプリズムを砕き、当初のベルクソン主義から脱却し、彼の倫理学、政治論、革命なり反抗なりについての考え方が、やがて時至らば、エラン・ヴィタールや運動といったベルクソン的概念をめぐる単なる変奏ではなくなったのは、ハイデガーのテクスト——たとえその読み方と解釈は誤っていたとしても——の遡及的効果によるものなのである。存在が、その現在の中で開花するのは、未来の中に己を投企することができたからであるという、この「不合理ナルガ故ニ我信ズ」を考えさせたのは、ハイデガーなのだ。人間を「来るべき存在」として定義することを可能にしたのは、確かに正しく理解されていたとは言えないにしても、〈存在〉を「目標」あるいは「発送」と定義する、ハイデガーの定義なのだ。そしてそのことは、『存在と時間』においては文字通りに述べられていたわけだが、そこで用いられていた文言は、サルトルによって文字通りに剽窃されことになる。「人間的現実は常にすでに、自らの存在のなかで己自身より先に進んでいる」、あるいは「運命が〈現存在〉の根源的歴史性を構成するのであるなら、〈歴史〉の本質的な重みは、過ぎ去ったものの中にあるわけでも、現在のものの中にあるわけでも、〈現在〉と過ぎ去ったものとの連関の中にあるわけでもない」、あるいはさらに、「〈歴史〉の経歴〔Geschehen der Geschichte〕は、世界＝内＝存在の経歴である」[45]。

繰り返すが、このような読み方の有効性に関しては果てしなく議論を続けることができるだろう。サルトル的読解の失策や誤解のリストを長々と連ねることもできるだろう。アラン・ルノーが鋭利な著書[46]の中で行なったように、さらに綿密に分析して、これらの誤解は故意の誤解ではなかったか、『存在と無』の著者がハイデガーの概念を「混乱させた」のは意図してのことではなかったか、と問うこともできるだろう。しかし、問題はそこにはない。問題は決してそこにはないのだ。以下のように書いたのはハイデガーではなかったか。「偉大な思想家たちは互いに相手を理解しないが、それはまさに彼らが〈同一のこと〉を自らに固有の偉大さの形象の下に望むからなのである」[47]。ハイデガーがこのテクストの中で論じているのは、ヘーゲルとシェリングの関係についてであり、ヘーゲルの死にいたるまで彼らを隔てた——あるいはつないだ——印象的な一連の誤解についてである。しかし、おそらくハイデガーはまた、そうとは言明していないが、レヴィナスと同様に、自分が否認した師であるフッサールとの自分自身の関係に思いを馳せていたのだろう。そして、ハイデガーとサルトルとの関係のことも、やはり野蛮で、不当に手を加えられた、サルトルによる『存在と時間』の読解のことも、ハイデガーに倣って考えないわけには行かないだろう。

サルトルは「フランスのハイデガー」ではない。『存在と無』は「ハイデガー的」な書ではない。それはそうだとしても、以下のこともまた事実なのである。すなわち、この本は偉大な書であり、またその著者サルトルは、彼にとってはベルクソンがその最後の体現者であった「第一哲学」の伝統から、部分的で不完全な仕方とはいえ、ともかく訣別することができたことを証明している、と言える。そしてその後サルトルは、マルクスを読むことができ、フロイトと出会う、もしくは論争する——結局は同じことになるが——ということを行ない、またヘーゲルとの間で、非常に特殊なタイプの議論、精神的な格闘の関係を持った。その過程については、段階を追って詳細に検討する必要があるだろうが、サルトルの後半生における「誤謬」の原因は、これによって大幅に説明がつくことだろう。そしてまた、サルトルは、自由の神秘と「選択の瞬間、そして一個の人間の倫理観と全生涯とを巻き込む自由な決断の瞬間」に取り憑かれており、「人間」は、たとえ「世界のうちに投げ込まれて」いて、「自分が望まなかったこと」を引き受け、「与えられたものを自分に与え」ないわけには行かないとしても、それでも依然として「自由である」ことができる、と信じることができた。また人間は「自らなしたこと以外の何ものでもない」と言い、「人間はまず最初に存在し、出会われ、世界内に出現する」のであって、「後になって」からでしか「定義されない」と述べた。サルトルは歴史性を信じた。そして『弁証法的理性批判』にいたるまで、実践的＝惰性態でさえも歴史化される、と繰り返し言い、さらには、常にすでに人間化されているのでないような物質にはいかなるところでも決して出会うことはない、エルコラーノの火山〔ヴェスヴィオ山〕の噴火も含めて、見たところどんなに知と無縁な物質といえども、この「対人間存在」を証言するのでないようなものは一つとして存在しないと、[48] 述べた。サルトルは、こうした文言やその他多くの文言を次から次へと発して行った。それらはサルトル思想の商標に他ならないが、詰まるところ、いずれも事実性と投企の絡み合いを表現している。以上のことすべてが事実であるとしたら、サルトルがそのすべてを果すことができたのは、やはりハイデガーとの「失敗した出会い」のお蔭なのである。

ニーチェ主義者サルトル

そして、最後に、ニーチェがいる。

カネッティは、現代哲学の全歴史を、ただひとつの基準にしたがって書き直すことができるにちがいない、と言った。ニーチェを読んだか、読まなかったか、ニーチェによって思考させられている者、ニーチェに頼ることなしに思考している者、という基準である。そして、前者、つまりニーチェの思考の放射に抵抗するすべを知らず、その意志も持たなかった者たちは、また次のように分けられる。一方に、「ツァラトゥストラの猿ども」、そしてもう一方には、実際にニーチェによって、豊かになり、肥沃になり、横溢された者たち……

サルトルの場合、若きサルトルの場合は、かなり明らかである。サルトルはニーチェをほとんど引用していない。それは確かだ。フッサールやハイデガーの引用、さらにはキルケゴールの引用と比べても少ない。しかし、それが何の証拠になるだろうか。ラカンがニーチェを引用するだろうか。バタイユを引用するだろうか。ラカンのテクストの中にバタイユやニーチェが引用されていないという事実は、彼の精神とテクストの中に彼らが現前していることを妨げるものではない。ところで、ごく初期のサルトルのケース、最初の小説『ある敗北』のケースがある。ニーチェ、コジマ、リヒャルト・ワグナーの三角関係にインスピレーションを得たものだが、著者は明らかにニーチェに自己同一化を行なっている。また次の二件については、アロンの証言がある。レオン・ブランシュヴィックの演習でサルトルは「ニーチェは哲学者か？」という発表を行なったが、ハイデガーを発見するずっと以前のこの機会に初めて、偶然性に関する自分の考えを表明したという。またその頃サルトルはよく新たに思いついた概念の「テストをしていた」が、そんなある晩、「ニーチェから出発して」、「対自」と「事物の不条理な惰性」の対立という例の図式を開陳してみせた。この他にも散発的な参照や暗示が、さらに後の時期にも散見する。例えば次のような言及。ニーチェは「彼の道徳的孤独と、文学上の挫折と、生まれつつあることを感じ取っていた狂気と、半ばまで進行した」盲目と、それからその身の数々の不幸を通じて、世界そのものとを、意欲することを意欲したのだ（強調はサルトル自身）[49]。さらにはまた、一九六六年の『状況の演劇』の中には、「アポロ的」と「ディオニュソス的」という例のこの上なくニーチェ的な区分が援用されている[50]。また逆に、まるで突然ニーチェに対して距離を置こうとするためとでもいうような、手っ取り早い、軽率とさえ言える断定もある。例えばブリス・パランの本の批評の中に見える断定である。「パランは、『権力への意志』のうちに見出したコギトに関するお粗末な分析を焼き直すことを恐れなかった。周知のように、ニーチェは哲学者ではない。なぜ、哲学を専門とするパランが、こういった戯言に依拠しようとしたのだろうか[51]」。しかしとりわけ、作品そのもの、彼の主要作がある。その筆頭は、一九三八年に出版された『嘔吐』であり、これは時として、『存在と無』や『自由への道』も同様だが、『ツァラトゥストラ』の作者の、告白されない（告白することのできない？）、秘匿された引用がいっぱい詰まっているという感じがするのである。

一九三八年当時、ニーチェ主義者である様々のあり方があった。

ジィドのニーチェがあった。『地の糧』や『新しき糧』のうちには暗黙の形で、「アンジェルへの手紙」や『ドストエフスキー論』では明示的にニーチェがいた。「獰猛」で「反逆的」で、正当と認められているあらゆる「偶像」や「価値」の破壊者としてのニーチェ。「休息や安楽や、生に減退と鈍化と眠りを勧めるあらゆるものへの嫌悪」を抱くニーチェ。あらゆるものを「壊し」「覆す」ニーチェ。「しかしそれはいささかも落胆した者としてではなく、獰猛な者としてである。新たな征服者が古き物どもを荒々しく強いるように、高貴に、栄光に満ち、超人的にそれを行なうのである」[52]。

ベルクソン流ニーチェもある。しかし思い違いをしてはならない。このベルクソンは、もっと自由で、もっと反逆的で、異端の臭いがする。大まかに言えば、それは、真なるものの持つあらゆる利点を持ち（「遠近法主義」、抽象的「知性」の拒否、公然たる「反カント主義」、「権力への意志」と言い換えられる「エラン・ヴィタール」、当時の「自由精神」の主要な敵である「デュルケーム主義」に対する戦いの可能性）、支障を持たない（制度的側面、番犬にしてコレージュ・ド・フランス教授、仰々しさ、虚栄、精緻にすぎる明晰さ、社交界の寵児）ベルクソンである。ニーチェの伝記を書いたシャルル・アンドレルは、ニーチェのことを、「彼の後に続き」、「彼を乗り越える」哲学の「先駆者」であると紹介していたではないか。その哲学とは、まさしく、『物質と記憶』と『創造的進化』の著者ベルクソンの哲学に他ならなかった[53]。

ドイツ的なニーチェというのもある。それは、ドイツ思想に根ざし、ドイツの他の思想家たちによって解説されるニーチェである。例えばカール・ヤスパースは、『道徳の系譜学』とは悲劇的で反ファシスト的な「偉大な政治学」の基礎であると見ている。ある者たち（多かれ少なかれ「アクション・フランセーズ」とつながりがある知識人たち[54]）にとっては、もちろんそれは致命的な欠陥であり、間もなく、ニーチェを、フランス的明晰さとその良識、その古典主義、その中庸の精神に対して敵意を抱く――ママ――有害なロマン主義の徒として片づけてしまう誹謗文も現れる。他の者（ジャン・ヴァール[55]やグレトゥイゼン[56]といった大学内の反逆者や単独行動者）にとっては、そうした点は逆にニーチェの長所でもあり、功績でもあって、ニーチェに没頭するさらに上乗せされた理由であった。彼らにとっては、ニーチェ思想の巧い使い道というものがあり、ヘーゲル思想やハイデガー思想、さらにはジンメルやディルタイの哲学と同様、ニーチェ思想も、大学に巣食う田舎じみた因襲遵守や哲学での外国恐怖症を木っ端微塵にするのに役立つのである。

アンリ・ルフェーヴルによる社会主義者ニーチェ（一九三九年）がある。これはおそらく、第一次世界大戦前にジョレスがジュネーヴで行なった、今では散逸してしまった有名な講演の中ですでに語られているニーチェである。

絶対自由主義者、政治的無政府主義の公認の理論家としてのニーチェもある。当時ニーチェは、バクーニンや、とりわけマックス・スティルナーに近いと見なされてもいた。[57]

スノッブたちのニーチェもある。ジュール・ド・ゴーチェのニーチェだ。非道徳的でスキャンダラスなニーチェもある。これはきちんと読まれることはないが、とくに若者たちの間で熱狂的に流行していた。

そしてもちろん、ファシストのニーチェがある。ニーチェの妹エリザベットのニーチェだ。永劫回帰の理論に対する唯一内実ある反論、とニーチェ自身が言っていた。モーラス主義のうちにあって、モーラスに距離を置くためにニーチェを用いたフランス人たちのニーチェ。その中からは、一九三三年にリーデル社から発行されたチエリー・モーニエのエッセーや、ジョルジュ・ヴァロワの『到来する男』が出て来た。ドリュー・ラ・ロシェルもそうだ。彼は、〈アクション・フランセーズ〉の創立者（モラス）に対して、「悪」と「生」の間の「謎めいたつながり」を持ち出して反論している。これは彼が、ニーチェに続き、そしてニーチェにならって見抜いたつながりなのである。[58] それからまた、「ソレル主義者」にして「左翼モーラス派」のエドゥアール・ベルトのニーチェという、もっと込み入ったものもある。ベルトは「プルードン・サークル」の創立者であり、先に見たようにベルクソンの弟子であった。[59]

しかし、またそれに真っ向から対立する急進的反ファシストの陣営では、三〇年代に前衛たちの一大攻勢が展開したが、そのモットーは、「ナチスの手に何も残すな、奴等の沼地を乾上がらせてしまえ、とりわけニーチェを奴等の手に渡すな」であった。その中心はカイヨワであり、バタイユである。雑誌『アセファル』の四つの号がそれだ。一九四五年になって、この雑誌は、『芸術手帖《カイエ・ダール》』から取られた他の論考を併せて、『ニーチェ、好運への意志』の表題で再版された。いずれも社会学研究会の業績である。それは、一九三〇年代のヨーロッパとフランスを舞台とする、ニーチェの名をめぐる冷酷で非情な占有権争いであった。バタイユは、民主主義に対するニーチェの批判をいささかも隠蔽しようとはしなかった。「人道主義的感傷癖」や「自由主義的観念論」に対するニーチェによる告発を強調し、「倫理学の教授たちの群れの至上の幸福」や「停滞」に対するニーチェの拒絶を褒め称えた。ただしバタイユは、どのようにこれらすべての主題が、反ファシスト的戦略という全般的文脈の中で捉え直されるべきか——そして捉え直すことができるか——も示していた。

サルトルは、一九三八年に、これらすべての合流点にいた。ジィドとベルクソン、そしてジィド主義とベルクソン哲学から脱け出そうとするあらゆる試みの合流点にいた。

グレトゥイゼン、ジャン・ヴァールと接触があったし、ニザンを通してルフェーヴルとも接触があった。社会学研究会の連中とはほとんどつきあいがなかったが、〈超人〉やニヒリズムの超克や永劫回帰の「偉大な思想」を、ナチスの思想圏域やエリザベット・フェルスターによる詐取の企みからもぎ取ろうとする戦いの反響が、サルトルの耳に届いていなかったとは想像できない。

そして、『嘔吐』がニーチェ思想の染みこんだテクストであるという事実がある。また『嘔吐』だけに留まらず、この最初の時代だけでなく、時としては随分と後になっても、サルトルのテクストは、繰り返して言うが、明示的な引用はなく、まことに控え目な形ではあるものの、若き日のこのニーチェへの傾倒の痕跡を留めているのである。

具体例を挙げよう。ロカンタンの政治的無神論。社会やあらゆる共同体に対するロカンタンの憎悪。日曜日の群衆やその猥雑なうごめきから遠く離れて、丘の高みから独り俗世を見下ろすかのような、単独者の視覚。数への偏執と嫌悪。「淘汰」の考え。単独者に有利に働くのではなく、多数者にとって有利に働く淘汰だ。人間は、権利上、自由にしてかつ別個のものとして生まれる。独り孤独に到来するが、いたるところで群れをなすのだ。無神論。サルトルの生涯の大冒険の一つたる、この無神論の大いなる冒険。ジィドはこの無神論の冒険を「極限まで」生きた、と言ってサルトルは、ジィドを賞賛したものだが、その同じテクストの中で、ジィドはその冒険にあたって、ニーチェ思想から教訓を引き出した、と述べている。そして『嘔吐』より五年経っても、バタイユの『内的体験』に寄せた批評文の中の、滅多に解説されることのない件《くだり》で、(60) 無神論としてのニーチェへの強い関心を繰り返し述べている。「己の無神論から、あらゆる帰結を厳しく、かつ論理的に引き出す無神論者」と。普遍主義の拒否。生殖への憎悪。「バリオナ」、『自由への道』から『ボードレール』にまで続く、非生殖の賛美。スウィフト、サド、ショーペンハウワーと同じように、——しかしそこに聞こえるのはニーチェの言葉だ——種の連続というおぞましき掟が中断するきっかけをもたらす者たろうとする意志。罪としての無垢。精神の病としての憐憫。文字通り、互いに我慢することのできない荒廃した人間共同体というこのヴィジョンは、未来のサルトルを思うなら、偉大なるサルトル、成熟期のアンガジュマンのサルトルを考えるなら、実に奇怪に見えるだろう。しかし、まさにそうなのだ。一人の人間であるということは、ドゥンス・スコトゥスが言っていたように、「あらゆる孤独の中で最悪の孤独を知る」ことなのだから。

独学者のぬるぬるしたヒューマニズムと「聖職者的な心理」。ロカンタンの尊大な貴族主義。それはやがて、マチューのものともなるだろうし、サルトル自身の告白によれば、かつてニザン時代には彼自身のものでもあった。奴らのモラルに対するに、私のモラル。私の自由に対して、奴らの群衆性。孤独と逃亡への愛好。党派や価値や宗教への嫌悪。挑戦。アイロニー。徹底的な社会への不信。原則へと祭り上げられた無責任性。人に嫌われる術。超人。言葉がまさにそこにあるのだ。超人の観念だけでなく、超人という言葉が。サルトル、大サルトル、未来のマルクス主義者にして共産党の同伴者、労働者階級のために全身全霊を捧げることになるこの男が、若い頃は「超人」を口にしていたのだ。それは、ニザンについて語るテクストの中でのことだ。「こうした変容へとニザンと私を導いたのは、超人性の中に二人が潜伏していた時期であるということはよくわかっている。〔……〕また人びとに対する軽蔑ゆえに、私たちは彼らの列から退いて立て籠らざるを得なかったのだということもわかっている。こうして私たちは人間性を一挙に失って行った」[61]。またやはりニザンについて語るテクスト、今度は『アデン・アラビア』の序文の中に、超人が出て来る。サルトルは「十六歳だったとき」、ニザンが彼に「超人になろうと提案」し「彼は喜んで承知」した日のことを喚起している[62]。それからまた別の日に、二人の「待命中の超人」は、サクレ・クール寺院の丘に登り、パリに向かって「おーい、ラスティニャック」*と呼びかけたが、それは彼らの心づもりでは、自分たちの文学知識のほどを示すためであると同時に、彼らの常軌を逸した野心を示すためでもあった。同じ言葉は初期の短編「エロストラート」の中にも出て来る。主人公ポール・イルベールは自分を超人と考え、いつの日か、自分の「暗い人生」の終りにあたって、世界を「マグネシウムの閃光のような荒々しくも短い炎によって」(ニーチェ『人間的な、あまりに人間的な』III、六六節、「極限的なエロストラート主義——自分自身の時〔時代〕を焼き尽くすようなエロストラートもいるだろう〕〕照らすだろうと考える。(63) これはまた『家の馬鹿息子』の中にも出て来るだろう。これまでほど良い意味で使われていないのは、確かだが。「超人の観念、逆転した人間への憎悪の裏返し、機械論的進化説と進歩の内面化された神話との出会う場所……(64)」。

超人であるか否か、よい意味か否かは、どうでも良い。ブーヴィル*の「ブルジョワたち」の描写の中に、「ロバの顎」、「むくんで」「締まりのない」肉体、哀れな「臭い息」でロカンタンに吐き気を催させる「下種ども」の住まうこの泥の町、ないしは牛の町の、滑稽極まる、それでいて凄まじい情景の中に、愛や熱意を述べたいのだが、犬のような破廉恥さしか表現できないこれらの生ける屍たちの獰猛な肖像画の中に、ニーチェの言う「最悪の人間」、最も「おぞましい者」、「仕返しの意志」と「ルサンチマン」に突き動かされる者の姿を認めないことは難しい。そして逆に、「おれは別の種に属しているのだ」とか、「奴らの安心しきった分厚い顔をまたぞろ見に行くと考えただけで、実におぞましい」とか、また「人間に対する愛に満ちた魂が溢れているあの善良で虚ろな目にナイフを突き立てることを、おれは夢想する」などと言ってのける〔語っているのは常にロカンタンだが〕、自分で自分のモデルとなった偉大な「反道徳主義者」のイメージの中には、『権力への意志』の一つの断章が、「大いなる健康」は「隠されて」はならないと述べる、あの「高貴」な魂、もしくは「真実」の魂の代表を認めないことは難しい。さらにはまた、恒常的自己創出の夢。自我を彫り出し、不断に再創造し、出来合いのもの、仮面、喜劇を乗り越えようとする企て。ジィドだろうか。たしかにそうだ。ベルクソンだろうか。もちろんそうだ。しかし、ニーチェでもある。何よりもまず、ニーチェだ。同様に、サルトルが主体性というものを自己を産み出すこととして、つまり不断の噴出として捉えるとき、彼が考えているのは、そしてわれわれが考えるのも、ニーチェなのだ。また、『分別ざかり』を貫いている、永遠に宙づりにされた「何もののためでもない自由」と「積極的な」自由、「何かのための自由」をめぐる議論全体も同様である。前者は、スペイン戦争にも、恋人マルセルにも、共産党にも投下されることはなく、決して訪れることのない一つの理由のために保留された自由(主人公マチューの考える自由)であり、後者は、その「何かのため」がたとえ「共産党のため」でしかないとしても、自由とは「何かのため」のものであるべきとする自由(ブリュネの考える自由)だが、これは、間違いなく『ツァラトゥストラ』に出て来る「ラクダ、ライオン、子どもの譬え」の反響である。あの有名な「自らに抗して考える」というサルトル的モットーでさえそうだ。サルトルはこのモットーを決して捨てることはなく、『言葉』と『家の馬鹿息子』の中でもやはり標榜しているが、そこには『さまざまな意見と箴言』[65]のニーチェの声が聞こえるではないか。「自分自身への反対の側にまわることになると、信奉者たちはわれわれを決して許さない」と語るあのニーチェの声が。今や『嘔吐』からは遠く、若きサルトルからも遠い。しかしこの最初の刻印は実に強烈で、ニーチェの方に顔を向ける習性は非常に根強かったため、『共産主義者と平和』に始まり毛沢東主義時代まで続く、最も教条的で最も厳しい時代の只中にも、それは多少は残っていたのである。

マルクス主義者サルトルはよく知られている。物そのものへと戻り、デカルト主義を逃れるために、ハイデガーとフッサールを利用した、ハイデガー・フッサール主義者サルトルはよく知られている。しかしここには、こうしたサルトルほど明確に断定されていない、より密かなもう一つのサルトルがある。そのサルトルは、貴族主義者と言うべきか、ダンディと言うべきか、決然たる反逆者、過度なまでの個人主義者、芸術家、耽美主義者、異端、ロマン主義者、偶像破壊者、悲劇的人間、自由人、悲壮な反俗物、断固たる反カント主義者、磊落な悲観主義者と言うべきか……。だが私としてはニーチェ主義者と言いたいところだ。サルトルはレリスやカイヨワや、とくにバタイユといった同時代人と同じくらいニーチェ思想にとりつかれていたのだ。それに、ニーチェをめぐるサルトルとバタイユの近接性を常に念頭に置いていなければ、彼とバタイユとの論争については何一つ理解できないだろうし、この論争の深層の意味を理解できないままに終るだろう。この対話の本質を取り逃がしてしまうだろう。この論争は、一九四三年に『カイエ・ド・スュド』誌に発表されたサルトルの論考[66]に端を発し、それに対するバタイユの反論が、サルトルの『ボードレール』に対する、次いで『聖ジュネ』に対する批評という形で書かれ、後に『ニーチェ論』に収録されるという形で続けられたわけであるが、この対話は、カミュや、メルロー＝ポンティ――アロンは言うに及ばず――との対話よりはるかに長く続き、はるかに饒舌であったのである。

『内的体験』という「殉教エッセー」に対するサルトルの攻撃の獰猛さ。「いま彼はわれわれの目の前にいる。まるで、黒ずくめの喪服を着て、死せる妻の追憶に耽るという孤独の大罪に身を委ねる、慰めようもない寡夫のように、陰気で滑稽な姿をして……」。

邪険に、残酷に、敵を精神科の患者扱いしてしまう遣り口。「後は精神分析のなすべき仕事である。とはいえ講義なさるには及ばない。精神分析と言っても、私がここで念頭に浮かべているのは、フロイトやアドラーやユングの粗雑でいかがわしい方法ではないのだから。他にも色々な精神分析がある」。

とりわけ、『内的体験』に染み込んだ、「喘ぐような無秩序」、「情熱に駆られた象徴主義」、「預言者気取りの預言」に対する強烈な皮肉。それらのものはまるで「『この人を見よ』や『権力への意志』から抜き出されたよう」ではないか。

ニーチェの論法そのものを、ニーチェ主義者のバタイユへとぶつけようとする意志。バタイユを「背後世界の幻覚に捕われた者」、つまり普通の用語で言うなら、キリスト教徒だと決めつけるのは、ニーチェ的な最悪の侮辱を、ニーチェの言葉をそっくりそのまま使って、バタイユに投げ返すことに他ならない。三〇年代に「ニーチェ復権」の企ての先頭に立って以来、フランスにおけるニーチェの公式の代表であった者に向けて、ニーチェ思想の講義をしているに等しいのである。

疑いの余地はない。この論争の争奪の的は、まさしくニーチェなのだ。「ニーチェ事件」があり、これは「サルトル思想」の構築の過程で決定的な役割を演じている。ニーチェ大陸の管理をめぐる争いがあり、これは初期のサルトルにとっては、少なくともフッサールやハイデガーをめぐる争いと同じくらい枢要であった。そして、この三度目の勝利に、絶対的知識人の玉座を長期的に占拠できるかどうかがかかっていたのだ。しかし何よりも先ず、この勝利は、共産党の同伴者になる以前の「初期」のサルトルの基調を決定したのである。そのサルトルはまさに自由そのものであったことを、私はこれから示そうと思う。

5 ハイデガー問題メモ

しかし、まず初めに、ハイデガーについて決着をつけておこう。

サルトルは、ベルクソン思想から脱却するのにハイデガーに多くを負っている。ニーチェの影響はどうあれ、ニーチェやフッサールと同じくらい、ハイデガーに負うところが大きいのだ。

しかし、それはフーコーも同じだ。サルトルと同様、彼もまたハイデガーの徒というよりは、ニーチェ主義者だが、ハイデガーを通してニーチェを読み、自らの反ヒューマニズムの源泉としてハイデガーの名を必ず挙げた。

ラカンもいる。彼は一九五五年にヘラクレイトスの断片五〇に関するハイデガーの注釈である『ロゴス』を訳し、ハイデガー思想のうちにある「世界で最も高く屹立する思想」、その「至高の意味創出力」に敬意を表した。(1)

デリダは、一九七二年以来、『ポジション』で、あらゆるものをハイデガーに負っていること、ロゴス中心主義と形而上学の乗り越えをはじめ、すべてを彼に負っていることを明言している。

バルトは――やはりハイデガーの歩みを踏襲して――「作者の死」を告げた。

シャール*は、彼が戦ったナチズムにわずか数年前に荷担していたハイデガーに対して「恒星的な友愛」を表明している。

アルチュセールは『未来は長く続く』のなかで、「彼が介入する」ことになった「哲学の状況」がどのようなものであったかを記述しようとして、『ヒューマニズム書簡』に言及し、それが「マルクスの理論的反人間主義に関する〔自分の〕テーゼに影響を与えたと言えなくもない」と述べている(2)。

レヴィナスもそうだ。レヴィナスは、一九三二年に『哲学雑誌』に発表した論文によって『存在と時間』をフランスに最初に紹介した人物と、ボーフレによって(3)指名されているが、彼もまた、「ハイデガー問題」なるものによって、ハイデガーとの絆を断ち切る気になることはなかった。レヴィナスはのちにこう語る。一九三三年にはすでに、「あるいはさらにその前からも」「今は亡きアレクサンドル・コイレ」のお陰で、私は「ハイデガーが国家社会主義《ナチズム》に共感を抱いていること」は知っていた。しかしだからといって、戦後になっても私は、『存在と時間』が「現代の存在論の新機軸」であると考えるのを止めはしなかった。その後、ある程度の距離をとるようになり、ハイデガーの存在論と論争を行なわざるを得なくなった。彼の存在論は、「他者との関係を〈存在〉一般との関係に従属させ」、そのことによって、「物象化された人間に対する技術の単なる拡張とは言えない専制主義」を再び持ち込んでしまうからだ。しかし私は、青年期にハイデガーに抱いた賞賛の念を後悔したり、否認したことは一度もない(4)。

別の言い方をするなら、まるまる一つの時代全体が、国家社会主義に対して「共感」――レヴィナスの控えめな言い方で言うなら——を抱いていたことが戦後すぐに判明した思想家を、思想的根拠として仰ぐことを公言していたのである。

まるまる一時期の思想全体が、ナチスと関係していたこの哲学者のうちに、自らの思想を認めていたのだ。もちろん、おそらく当時は、彼の犯した過ちの詳細は知られていなかった（詳細に関しては、たとえば、「二十世紀最大の哲学者」が上着の折り返しに誇らしげにナチスの党章をつけていたとか、数年間にわたって手紙の末尾に「ハイル・ヒトラー」と記していたとか、戦争が終るまで党費を払っていたといった詳細に関しては、フーゴ・オット、ついでヴィクトル・ファリアスの本によって明らかにされた）が、彼が正式に「入党」していたこと、少なくとも学長時代は熱心なヒトラー信奉者であったこと、当時ヨーロッパを焼き尽くしていたこの運動のうちに、ドイツ民族が「アドルフ・ヒトラーの神楯の下で」「内部的団結」と「刷新」を実現する希望を見出していたことは、早くから知られていた事実であった（フランス解放時に『クリティク』誌に発表されたコイレの論文、さらには早くも一九四六年に創刊早々の『レ・タン・モデルヌ』誌上に三号にわたって連載された、糾弾派のエリック・ヴェイユ、カール・レーヴィットと擁護派のアルフォンス・ド・ヴァーレンス、フレデリック・ド・トワルニッキ、モーリス・ド・ガンディヤックの間で行なわれた論争を参照のこと）。

二十世紀の最も犯罪的なイデオロギーを奉じただけでなく、そしてこの罪に関してけっして、一言の後悔の言葉も否認の言葉も発することがなかっただけでなく、最後まで——戦争の終りではなく、生涯の終りまでなのだ——、次のような見解を保持し続けた男を、われわれと無縁とは言えない一時代全体が、それもレヴィナスやハンナ・アーレントさえも含むあらゆる潮流をこぞって、己の師と認めたのだ。彼の見解について最低限言えることは、それらがいかなる悔悟も表現することはないだろうということであるが、それは、現代世界に対する根底的な批判、「教養人」(die Gebildeten) や、「知識人」(die Intelligenz) や

「根こぎにされた人々《デラシネ》」(die Bodenlosen) に対する繰り返し表明された嫌悪感、さらには、自由主義や平和主義や恒久平和の計画や普遍主義、そしてカトリック教徒やインターナショナルに対する、要するに、民主主義者たちの掲げる祭司風の理想から派生すると見なされるあらゆるもの、彼が勝利を確信していた「民族的 völkisch」精神に悖ると見なされるあらゆるものに対する、変わることなき反感、そして最後に、民主主義的理想そのものへの告発、なのである。一九六六年に行なわれた『シュピーゲル』誌のインタビューで彼は、「民主主義」が「どのようにして一般的に技術の時代に対して何らかの政治システムを対応させることができるか、そしてそれはいかなるシステムであり得るか、という決定的な問いに」答えることができると、常に「確信しているわけではない」と再び断言していたではないか。そして、一九七四年、弟子で友人の美術批評家ハインリッヒ・ヴィーガント・ペッツェットに宛てた最晩年の手紙の一つのなかで、「我らがヨーロッパ」は「民主主義のせいで難破し(5)」かかっているという確信を裏付けるために、ブルクハルトの言葉を引用していたではないか。

こういったことすべてが問題となるのは当然のことだ。サルトル思想の核心に、さらに言えば、サルトルの世紀の核心部に、「マルクス問題」以上とは言えないまでも、同じくらい厄介な問題である「ハイデガー問題」があるということは、明瞭なように私には思われる。

この問題を、少なくとも私は取り上げてみようと思う。サルトルのケースを越えて、サルトルの世紀を旅するこの機会を捉えて、ハイデガーのナチズムというこの二重の謎をここでしばし考察してみよう。そして、もっとも思いがけない思想家にいたるまであらゆる人びとが、ナチスであったことが明らかなこの人物の思想のうちに自らの思想を見出したという謎を考察してみよう。

マルクスの後は、ハイデガーだということなのだろうか。マルクス主義がその権威を失った今、ハイデガーはある意味で、時代の言説の体系の中で、懐疑に長けた批判的思考としての機能を取り戻すということなのだろうか。おそらくそうだろう。だからこそ、はっきりさせておく必要があるのだ。例えばアーレントは、『八十歳のハイデガー』の中で、ハイデガー以前に「専制主義」に荷担した他の哲学者の前例を引き合いに出して、まるでヒトラーがシラクサの僭主ディオニュシオスであり、「学長就任演説」が、プラトンのかの『第七書簡*』の少々強硬な現代版であるとでも言いたげであるが、その程度の説明で済ますことはできない。

証拠物件

まずは事実から始めよう。もう一度言っておくが、これらの事実は周知のことだった。それもずっと以前からだ。その中でも誰からも異論を差し挟まれることのなかった事実、サルトルだけでなく、レヴィナス、フーコー、アルチュセール、ラカン、デリダが常に知っていた事実だけを想起するにとどめよう。

第一の時期、学長時代がある。偉大な哲学者は、「労働」「知」「防衛」という三重の「奉仕」を謳い上げた。これは教授たる者が、いささかでも「ドイツ的現存在」の「名誉」と「命運」に対して連帯責任を有すると感じるならば、果さねばならぬ義務だとされる。彼は学生たちに（一九三三年十一月十二日の演説）、「ドイツ精神の未来の気高き学府」を打ち立て、「拒否」においても「忠誠」と「服従」（Gefolgschaft）においてと同様、つねにより「強硬で」「明晰で」「確実」であり、一言で言えば、「その人こそが、その人のみが、現在と未来のドイツの現実にして掟である」「総統《フューラー》」の足元に馳せ参じて、「進行中の革命」に参加するよう呼びかけている。ハイデガーはまた、「兵士シュラーゲーター」を称賛する演説を行なっている。一九一四年の戦争〔第一次世界大戦〕に志願したこの兵士は、一九一八年にフランス軍によるルール地方の占領に反対する「遊撃隊」に加わり、妨害工作のかどで逮捕され、一九二三年デュッセルドルフにおいて占領軍によって銃殺された。「兵士シュラーゲーター」はナチズム初期の象徴的人物「そのもの」であり、『我が闘争』以来、彼に対して紛れもない崇拝を捧げているヒトラーは、彼こそ「最初のドイツ国家社会主義の兵士である」とことさらに明言している。ところが、『存在と時間』の著者であり、やがて堂々たる『ニーチェ』を著すマルティン・ハイデガーともあろうものが、そんじょそこらのヒトラー主義宣伝工作員のように、「堅固な意志」と「明瞭な心」をもった「ドイツの若き英雄」を讃えているのだ。この兵士は、「フランス軍の銃口の前に武器ももたず」「ただ独り」「すっくと立ち」、「暗闇と屈辱と裏切りのうちに」、「最も困難で、最も偉大な死を迎えたのだ[6]」。ハイデガーはまた、後にノーベル賞を受賞することになる化学者ヘルマン・シュタウディンガー教授をナチス当局に告発している。また、ゲッチンゲンの民族社会主義教授連盟会長に宛てて、例の「バウムガルテン報告書」を執筆して発送している。その報告書は、フライブルクでの彼の隣人で友人である「バウムガルテン博士」は、「その家門からして、マックス・ウェーバー周辺のリベラル民主主義的な知識人のサークルの出身であり」、「ユダヤ人のフレンケル*と密接な交友関係」を持っており、この事実からして「突撃隊はもとより大学教官同盟にも」入会することは不適切である、と述べている。さらに彼は、大学が革命化し、「新たな帝国《ライヒ》」とその「存在の意志」に奉仕するよう祈念を表明し、この大学から「かくも自画自賛されてきた大学の自由」が追放されたことを慶賀している。それは「否定的で非本来的な自由」にすぎないからだ。さらにまた、「ドイツ民族の一員でありながらも、国境の外に暮らしているために帝国《ライヒ》に属さない」「一八〇〇万人のドイツ人」との連帯の運動を支持する。これはチェコスロヴァキアとポーランドをドイツの領土に併合することへの、ほぼ公然たる呼びかけと言えよう。さらに、ドイツ国民の運命がしっかりと引き受けられ制御されること」を唯一の条件として、「国際連盟を脱退する」との「総統」の決定に賛意を表明する。これもまた、ヒトラー政権とその戦略と戦争目標に対する支持表明という、明瞭に政治的な振る舞いである。要するに、知識人の務めを、さらには教授としての務めを果たし、それ以外のところではいわば最小限のイデオロギー的奉仕を行なって、嵐が過ぎるのを待とうという態度からはほど遠く、ハイデガーは身も心もナチスに荷担し、労働者や学生に向けた覚え書きやメッセージや演説、論文や熱のこもった行動指針や熱狂的な宣言を大量生産したのだ。ヒトラー主義者の「偉大な」学長にふさわしい積極性、まさに直接行動主義とも言うべき積極性を証明したのである。

それに続く時代、つまり一九三四年六月三十日の「長いナイフの夜」*という決定的な日付――ハイデガー本人が、戦後になって息子ヘルマンに託した自筆の回想録の中で明確に述べていることだが、その事件は、「学長辞任」の結果、「起こり得る帰結」や、彼が運動に「参加」して、「ともに」活動していた人々の正体について、抱いていた「幻想」が崩れた瞬間であった――より後の時期、つまり学長を辞めて、自分が一年間にわたって奉仕するという「大変な愚行《へま》」をしでかした当の政権に対して距離を置くようになったとされるこの長い期間においても、証拠一覧はほとんど一層のっぴきならないものとなるのだ。先ず第一に、この日付を選んでいるという事実、それをこのように強調しているという事実からして、己の運命をナチズムの最も強固な一翼である「レームの勢力圏」と結びつけることに他ならず、彼は実際それに、とくに学生突撃隊フライブルク支部長のハインリッヒ・フォン・ツァ・ミューレンを通して結びついていたのであるが、こうしたこと一切はむしろ、ハイデガーが最も急進的な傾向のナチス党員であったことを証明する方向に働くだろう。彼は、熱狂よりはむしろ熱狂の鎮静化の方に、イデオロギーよりはイデオロギーの正常化の方に違和感を抱いたのであり、彼がナチスから離れていったのは、ナチスの指導者たちがナチズムの中にさらに深く踏み込んで行くと感じたからではなくて、逆にナチズムから逸脱し、ナチス創建当時の原則を裏切って、ブルジョワ化しつつあると感じたからなのである（これがファリアス*の主張であり、これに異議を申し立てるのは難しい）。さらにとりわけ、このように距離を置いたとしても、ハイデガーはあいかわらず、ナチ政権の最も重要な政治学校であったベルリンのドイツ政治大学で、ゲーリング*、ゲッベルス*、ローゼンベルク*、ルドルフ・ヘス*などと並んで講演を続けたのであり、のちに戦犯となるハンス・フランク*や、ベルリン人類学・遺伝学・優生学研究所所長、オイゲン・フィッシャー*との交友関係を持つか、持ち続けたのである。オイゲン・フィッシャーこそは、親衛隊の行なった最悪の「医学」実験の責任者で、あのヨーゼフ・メンゲレを助手としていたが、[7]ハイデガーは五〇年代の終りまで彼と交際を続けることになる。さらにハイデガーは、妻のエルフリーデが完全にナチス的精神に基づいて執筆したテクストを発表することも受け入れる。彼女は、「ドイツの女性」に「我らのドイツ的本質の価値多き人種的遺産」を引き受けるように呼びかけ、「人種と民族の多様性」という考えに立脚する「全人類の平等を信じるという致命的な誤謬」を告発しているのである。[8]つまり、ナチスに対して距離を置いたといっても、それで彼の行動に動揺が生じたわけではないし、彼のありようはほとんど変わらないのだ。それゆえカール・レーヴィットが誤った姿勢を正し、誤りを告白するように勧めたときにも、彼は、何も訂正すべきことはないし、何も、全く何も告白すべきことはないと答えたのである。ナチスの党章をつけたまま、ハイデガーは大声で述べる。唯一悔やまれることは、大学のご立派な「紳士」諸君が、「この運動に参加するには上品すぎる」と信じたために、気がついてみると、ナチス革命を健全化しようと試みたのは私「一人」になっていたということだけだ、と。[9]ハイデガーは揺らぐこともなく、弟子のひとりで、東部戦線に従軍していたカール・ウルマーに、彼ウルマーこそ正しいのであり、唯一彼のみが「ドイツ人の名に相応しい」[10]生活〔＝実存〕を送っているのだと書いている。また、政治浄化委員会の委員長をつとめる別の弟子には、[11]ヒトラーが一九三三年に「民族全体の責任」を引き受けた後は、「西欧についての責任」を引き受ける高みに達するだろうと、最後まで自分は信じ続けた、と書いている。彼は、自分はナチスに参加するに当ってただ一つの目標しか持ったことはなく、その目標とは西欧を「救う」ために働くことであった、と信じ続け、述べ続けたのである。

　反ユダヤ主義はどうだろうか。ハイデガーは反ユダヤ主義者でなかったということは一般的に認められている。五十年前からハイデガー主義者たちは、「現存在」と「気掛り」の哲学者は、ドイツ共同体の「völkisch〔民族的〕な」形象を「血」や「人種」や「頭蓋骨測定」といった言葉で解釈する言説は無縁でしかあり得ない、と繰り返し述べてきた。「生物学主義」という考えそのものが彼には無縁だ、と執拗に主張して来たのである。無縁でしかあり得ないのであって、それゆえにその考えは概念的には、彼の主要な論敵である「形而上学的主体主義」の周辺から取り出されたものなのだ。それに、ハイデガーの『ニーチェ』は、一九三六年から一九四一年まで続けられたこの膨大な省察は、全体として、この「生物学主義的」傾向を告発することを目的としている。『権力への意志』の著者ニーチェが時に屈することがないわけではなかったこの傾向を、まさにナチスは目ざとく飛びついて己の足場としたわけであるが。ハイデガー主義者たちのなかにはさらに、次のように主張するものさえいる〔ジャック・デリダ『精神について』〕。すなわち、ハイデガーの最も評判の悪いテクスト、殊に「学長就任演説」の中で、ヨーロッパ再生の招命を受けたドイツ「ガイスト」、つまり「精神」が強調されていること、あまりハイデガー的ではないこの概念は、本来の哲学的テクストの中では括弧にくくられ、相対化されていたのに対して、当該テクストでは括弧がなくなっていること、このようにして、陳腐な精神主義的概念であり、真のハイデガー、「大変な愚行《へま》」以前と以降のハイデガーなら真っ先に嘲笑するようなものであり、当然のことながら自分の理論の都《くに》の中に入り込むことを認めはしなかっただろうが、そんな概念をわざわざ探しに行ったということ、こうしたことはすべて、生物学主義すなわち自然主義に根拠を置く国家的人種主義に対して、手持ちの道具を用いてしかけられた、「狡猾な」戦争機械にちがいない、というのである。そうであるとしよう。しかし、だとすれば、彼の行なった密告行為についてはどう考えるべきなのか。ペツェットの打ち明け話をどう考えるべきだろうか。エルフリーデが然るべく見直しを行なった本の中で、ペツェットは「西欧の大都市を支配しているユダヤ人サークルの世間的精神」に対してハイデガーは嫌悪感をもっていたと語っている。(12) ハイデガーが実際に助けた何人かのユダヤ人の友達がいる。タンハウザー教授とフォン・ヘヴェシー教授だ。ハイデガーは、これらの「価値あるユダヤ人」――ママ――の価値を証明しようとする一九三三年の手紙の中で、自分が「公務員制度再建法」そのものを疑問に付すつもりは毛頭ないと述べながら、彼らを排除することはドイツ学問の名声と新しい帝国とその使命の名声をもそこなうだろうと記している。(13) 弟子のヘレーネ・ヴァイスの例や、ハイデガーが、焚書やユダヤ人貼り紙《ユーデン・プラカット》を拒否したということは、バウムガルテンの例や、マックス・ミュラーという別の学生の例を忘れる理由にはならない。この学生に関しては、ハイデガーは「政権に好感を持って」いないことを通報する必要があると信じたのだ。あるいは、ナチズムの勝利以前に書かれ、一九八九年に週刊誌『ツァイト』によって公表された怖るべき手紙を忘れることもできない。この中で『存在と時間』の著者は、「ドイツの精神生活」が次第に「狭義かつ広義において」「ユダヤ化」(Verjudung) の度合を強めていることに対抗する必要があると説いている。また、彼が第三帝国によって実行された「ユダヤ人解放の否定」の最初の措置に賛意を示し、フライブルクでは熱意をもってではないにしても、抵抗することもなく、ユダヤ人教員の排除の指令を適用したという事実を、どう解釈したらよいのだろうか。

ユダヤ人学生会の禁止はどうだろう。また、第一次世界大戦でドイツのために血を流した父を持つユダヤ人学生に対する優遇装置を剥奪する通達は。そして、『存在と時間』からフッサールへの献辞を取り除いたことは（これらすべての行為のなかで、唯一この件に関してのみは彼は、「過失」ないし「非礼」を認めている）。そして、オーストリアの宮廷付き説教師であり、激烈な反ユダヤ主義者であった十二世紀のアウグスチノ派修道会士、アブラハム・ア・サンタ・クララ*のことを彼が生涯にわたって信奉し続けたという奇妙な事実はどうだろうか。また、『学長就任演説』における、「ある民族の精神的な力」とは、単に「文化の上部構造でも、いわんや有用な知識や価値を蓄えておく兵器庫」でもなく、まさしく「民族の大地と血に根ざした諸力（erd und bluthaften Kräfte）を最も深いところで保持する力なのである」という主張はどうなのか。

こうしたことすべては、確かに標準的な反ユダヤ主義とは言えないとしても、実際に反ユダヤ主義であり、しかも苛烈な反ユダヤ主義であるとしか言い様がないが、この反ユダヤ主義をハイデガーはけっして否認することはなかった。否認しなかったばかりでなく、一九五二年に『形而上学入門』という題で一九三五年夏学期のセミナーを出版したとき、彼は国家社会主義運動の「内的真理と偉大」に関するおぞましい文章を削除したりはしなかったのである。一九五二年といえば、収容所の公開とガス室の存在の露見より七年も経っているのだが、彼は国家社会主義運動について、その「内的真理と偉大」などと言い続けているのだ！　それだけではない、何と一九六六年に『シュピーゲル』誌で最後のインタビュー——これは彼の死後出版され、いわば遺言のような価値を持つものであり[14]、フッサールに関して「過失」や「落ち度」（Versagen）といった言葉がさり気なく口にされている——を行なった際にも、いまだにハイデガーは次のように述べ続けるのだ。すなわち、時代の一切の問題とは、「人間が全地球規模の技術の世界の中に置かれているということ」であるというのが真実であり、結局は「アメリカニズム」と「共産主義運動」という二つの顔を持つものである「技術」に対して「人間が満足のいく関係を打ち立てることができるように手助けすること」が緊急の問題であるというのが真実であるとすれば、まさに「国家社会主義こそがこの方向に進んだ」のであり、否定することのできない「内的真理と偉大」を持っていたのだ、と。そしてショアー〔ユダヤ人殲滅〕に関しては、戦後に声が上がり、ハイデガーに撤回は無理としても、せめて同情の言葉を言わせようとする圧力があちこちから加えられたにもかかわらず、彼はパウル・ツェラン*にも、ハンナ・アーレントにも、モーリス・ブランショにも、フランツ・ローゼンツヴァイク*にも譲歩しなかった。ただマルクーゼ*に、連合国側も東部のドイツ人に対してはほとんど同じようなことを行なったと、ほんの一言漏らすだけなのだ。一九四九年に、ブレーメンで行なった技術に関する四つの講演の中に、次のようなこれまた凄まじい科白がある。「ガス室絶滅収容所における死体の製造」は、「その本質に関して言えば」、「一国を飢餓に陥れること」や「水爆の製造」や「機械化された食品産業」と「同じこと」である。[15]

〔ユダヤ人〕殲滅が政治的現象であると同時に産業的現象だったということ、その特殊性の一半が、それを実行するために前例のない技術的手段、つまり産業的手段を動員したという事実に由来したということ、この前代未聞の動員、前例のない技術的仕組みの発明、世界の虐殺の歴史始まって以来のガス・トラック*とガス室の出現、これによって、ランズマンがその見事な『ショアー』において捉えかつ示したように、「なぜ」という問い——これは答を見出すことができず、大抵は猥褻な問いとなってしまう——よりも、「いかにして」という問いのほうを特権化せざるをえなくなったこと、これらのことはもちろん正しい。しかしだからといって、問題をそれのみに限定すること、この「出来事」を産業という観点、したがって技術の観点からのみ捉えること、例えば、政治的な、さらには軍事的ないかなる理由も口実も論拠もなく、一つの民族を殲滅しようと企てるということもまた、人類の歴史上初めてのことであるという事実について何も言わないこと、言い換えれば、余すところがないばかりか、いかなる痕跡も記憶も残すことのない根絶を行なおうという狂気の意志について沈黙することは、沈黙では済まず、侮辱となるのではなかろうか。別の時ならば、歴史修正主義と形容することになったはずの月並み化〔事件をありきたりのことと扱う〕の道を選ぶことではなかろうか。そして、ハイデガー思想そのものの視点から見ても、この〈出来事〉が、完遂されたニヒリズムに達した「西欧」の真実——「技術的」真実であるかどうかはともかくとして——となったその要因を取り逃がすことなのではなかろうか。

ハイデガーのための『サント＝ブーヴに反駁する』

事実については以上の通りだ。これらの事実、行為——私はそのうちサルトルの同時代人も含めて、いかなる歴史家も、異論を差し挟もうとはしないであろうものだけを取り上げた——は、『レ・タン・モデルヌ』誌がガンディヤックの最初の物語の解説の論考の「前書き《リード》」で書いているように、その「勇気」と「政治的明晰さ」には明らかに「大した値打」がなかった男に失格の烙印を押す理由となり、十分な根拠ともなるものである。しかし別の問題が残る。真の、そしてある意味で唯一の問題、つまり、ナチズムへの荷担がいかなる影響を作品に及ぼしたか、もしくはその作品の中の何がこの荷担を導きだし、生みだし、プログラム化したのか、という問題である。この「前書き《リード》」は、おそらくはサルトルによって書かれたのだろうが、そこで提起されている問題、すなわち「ハイデガーの実存主義のうちでナチズムを受け入れる動機となったものは何か」、あるいは、逆から言うと、ナチズムを受け入れることは、彼の実存主義に何を植え付けたのか、という問題が残るのだ。別の言葉で言うなら、その二ヶ月後の『レ・タン・モデルヌ』誌で、アルフォンス・ド・ヴァーレンスが問うたように、「ハイデガーの哲学」は、「国家社会主義と内在的に結びついているのか」、彼の哲学はそこへと「論理的に導いた」のか——「私的人格の個人的反応は、それが幸運であれ不幸であれ、正当であれ不当であれ、一貫性があろうとなかろうと、英雄的であれ卑劣であれ犯罪的であれ、捨象して」の話である——、それとも逆に、哲学の領域と政治の領域という二つの領域は根本的に、そして幸いにも「分離」しているのか、という問題が残るのである。

というのも、結局のところ私的人格と哲学とのあいだには防水膜があると想像することも可能だからだ。二重の生涯というものを仮定することもできよう。私人、学長、等々の、最悪の汚辱の烙印をおされた生涯（「ハイデガーは気骨がなかった、これが真実だ」とサルトルは言っている）。そして、夢想に耽り、頭を雲の上に突き出して、やがてはタレス*のように、ナチスという「大変な愚行《へま》」の井戸に落ちてしまった偉大な哲学者の伝記である。しかしもちろん、夢想それ自体には汚点はついていない（これもまたサルトルが言っていることだ。すなわち、ハイデガーは気骨がなかった、ということから、「彼の哲学が卑劣さの正当化である、と結論しようとする」者があろうか。「ルソーが自分の子どもを捨てたことを理由に、『社会契約論』を断罪」する必要があるだろうか[16]」。）

真のハイデガー、『存在と時間』の巨大な著者である哲学者に関しては、彼自身がアリストテレスについて述べたことを述べることができるだろうし、できれば述べたいところかも知れない。「彼は生まれ、働き、死んだ」と。ディオゲネス・ラエルティオス*のように、哲学者の伝記というものをいくつかの精妙な特質と荘重な紋切り型《クリシェ》だけに切り詰めようとする者たちに軍配を上げたくもなるかもしれない。それ以外のことはすべて、ナチズムへの荷担も含めて、「思考の道筋」に突発した偶発事で、偶然性であり、付帯現象にすぎないのだ、と。

いわば新たな『サント＝ブーヴに反駁する』を夢見るわけだ。夢見ること自体は、てんから馬鹿げたこと決まっているわけではない。つまり、哲学者もまた二重の作動様態で作動するのだと主張する『サント＝ブーヴに反駁する』である。実生活では、ナチス党に加入し、必要とあれば、この加担を正当化し、それに随伴し、増幅する時事的テクストに署名する表層の自我と、次いで、汚染から守られた無傷の深層の自我という、二つの自我がある。深層の自我の方は、すばらしく自由で、とりわけ見事なテクストを生み出す能力を備えている。それらのテクストに同じ署名がされているのは、ひとえに誤解のせいなのだ。その誤解は、文学史の中にあってはいくらでも例があるのだが、哲学の領域では、これがまさに新たな明白な実例となっている。だとすれば、この目には見えないが越えることのできない境界線を知らぬ振りをする連中の策謀は何ともやりきれない……。著者の私的な逸脱をあげつらって、その作品を焚書にする根拠にしようとする連中には、思考への憎悪、おぞましきデマゴギーがある……というわけだ。なんと都合が良い話だろう。だれもが共有する責任を一人の人間におっ被せることができるなんて、なんという好運だろうか。例えばアドルノは、一九三四年六月に「帝国《ライヒ》の青年指導の公認の機関誌」たる『ディ・ムジーク』〔音楽〕誌上に掲載された論文――そこで彼は「新ロマン主義」の観念を擁護しているが、この観念はあからさまに、ゲッベルスの「ロマン派的リアリズム」の権威のもとに置かれていた――について問い質された時、ずっと重大なケースである、ハイデガー哲学のケースを告発して反論し、ハイデガーは「その最も内的な構成要素にいたるまでファシストである」(17)と述べた。なんとうまい巡り合わせだろう。もっけの幸いという奴だ。ヴァレリィが言ったように、「理論を攻撃できないとき」には、「論者」を攻撃することができるのだから。(18)かくして、五〇年前から、ほとんど同じ表現で永遠の「ハイデガー問題」が表面化する度に、おなじ戸棚から同じファイルの同じ書類が引き出され、それをふりかざして、ついにハイデガーを読まずにすませる「真の」理由を見出したことに安堵して、欣喜雀躍する劣等生たちの踊りが始まる、というわけである。

しかし、不幸なことに、ハイデガー問題においては、このヴァレリィの金言をしばしば引用するハイデガー主義者とハイデガー自身には申し訳ないが、この図式はあてはまらない。

そしてこの図式があてはまらず、それを援用することが不可能であるのは、ハイデガーのケースは、他の哲学者や、他の作家たちの場合とさえ全く反対の、以下のようなごく単純な理由からである。例えばセリーヌの場合、二つの領域は結局のところ奇跡的とも見えるほど分離されており、彼の小説は、初期のものだけでなく、反ユダヤ主義の時期以降に書かれた『リゴドン』や『北』や『城から城』は、『教会』という例外を除けば、三つの政治風刺文書《パンフレット》を汚染している錯乱を免れている。それに対して、ハイデガーは、同じテクストのうちで、同じ調子で、さらには同じ言葉を用いて、天才的哲学者であると同時にナチス党員であるという独自性を見せるのである。彼のナチス的発言は、時局のために書かれた時事的テクストの中に見出され、それと並んで、純粋な思考の霊気の中で、より晴朗なリズムで彼の「真の」哲学作品が聳えて行く、というわけではないのだ。同じ作品の中、最も嘆賞すべきテクストのただなかに、彼の概念的作品の中でも最良のもの、最も高貴なもの、最も豊穣なもの、一見最も現世の利害と無縁に見えるものに混じって、ヒトラーへの忠誠宣言や、戦局やドイツにおける国家社会主義建設に荷担したコメントが、つまりおぞましい卑劣さが姿を現すのである。調子の断絶はない。思考の断絶もない。そうではなくて、大部分のテクストの中（おそらくは、トラークル*とリルケに関するいくつかの論考と、一九三五年の『物への問い』を除いて）に、非常に厳密な思考と最も下劣な〈行為的表出〉の、他に例を見ない驚くべき混交が見られるのだ。しかも、この点は強調しておくが、あるページやある演繹が終ったと思う間もなく、何の警報もなしに、そのような混交が現れるのであり、それゆえ、〈行為的表出〉が、いわばそれがはめ込まれている分析の質を本当に悪化させることもないのである。

実例を挙げよう。(19)

国家社会主義の「内的真理」と「偉大」という一節は、予想されるように、プロパガンダのテクストの中に現れるのではなく、『形而上学入門』の中に出現する。

その同じ『形而上学入門』の中、つまり、「存在者の〈存在〉」に関する問いを立て、それゆえに「基礎的存在論」の問いを立てる偉大なるテクストの中に、「西欧の中心に位置する我が民族の歴史的使命」への賛歌が出て来たり、「形而上学的視点」からすれば「同じもの」とされる「ロシアとアメリカ」に対する激しい非難が出て来たりする。ロシアとアメリカは、同様な「猛り狂う技術の狂騒」、同様の「規格化された人間の根なしの組織」の二重の形象なのだ。

一九四二年夏学期に行なわれたヘルダーリンについての講義では、力強い省察が展開し、ヘルダーリンの主導語〔Leitworte〕をめぐる霊感溢れる、それ自体が詩的な注釈がなされるが、そうした注釈と注釈の間に、「ボリシェヴィズム」は「アメリカニズム」の一変種——ママ——であるとの発言が挿まれる。

一九四三年夏学期のヘラクレイトスに関する講義では、相変わらず同じ〈存在〉の遍歴という文脈の中に、こんな文章が読み取れる。「地球は炎に包まれ、人間の本質は完全解体した。世界史的省察は、ドイツ人がドイツ性を見出し防衛するのであるなら、ただドイツ人のみから到来することがあり得るのである」。

『杣径《そまみち》』の中にもやはりアメリカニズム批判が出て来る。

これもまた『ヘラクレイトス』だが、その断片三三で、「万物を生み出す父性」と考えられる戦争に関する理論的・詩的考察が展開するそのただ中において、ハイデガーは言う（それは一九三四年のことだ）。「ヘラクレイトスのこの文章を真に理解するためには、人間と民族の実存について、昨年までわれわれが持っていたのとは異なる意識を持つ必要がある」。つまり、一九三三年という年が、ヒトラーの政権奪取とナチズムの勝利が必要だったわけだ。

『ヘルダーリンの賛歌』の中にはまたしても、アメリカの参戦に関する分析がある。アメリカは「恥を知れ」、とハイデガーは言う（すると、文が加速化されることや、言葉の選択やアクセントの中にまで、もう一つ別の声が上がり、最初の声に浸透し、一時それを覆い尽くし、それから退いて行くのが、感じられるのである）。「歴史喪失」(Geschichtslosigkeit)と、「軽蔑の眼差し」にしか値しないこの民族の「自己破壊」(Selbstverwustung)への嗜好について、恥を知るが良い。「本来的なるドイツ共同体」に栄光あれ。このすぐれて「形而上学的な民族」の「決定的な勝利」の時を告げる鐘が、おそらくやがて鳴り出すのだ、と。

さらに『ヘラクレイトス』の他のページでは、ハイデガーはドイツ人たちに「最大の本来的な試練」がこれから訪れるはずであると警告する。ドイツ人は「死に対する準備だけでなく、さらにその先にある「〈存在〉の真理」に出会う準備ができているだろうか。ドイツ人は「慎ましい衣装をまとった〈始原のもの〉」(das Anfängliche in seine unscheinbare Zier)を救うすべを知っているだろうか。ドイツ人は、戦時下のドイツの地が西欧の「諸民族の聖なる心」以外の何ものでもないことを知っているだろうか。

『パルメニデス』には、さらにもう一つ実例が見える。『パルメニデス』は、「ソクラテス以前の思想の広範な解釈」であり、ハイデガーは後に『シュピーゲル』誌のインタビューで、このテクストは、この年、つまり一九四二―四三年度における彼の「仕事」の最も重要な部分をなすものであり、その見事な飾り気のなさは、それだけでも十分に、彼自身と「出来事」との間に隔たりを作り出している、と述べているのだが、この『パルメニデス』の中には、ハイデガーが「歴史の瞬間」が近付いていることを喚起する奇妙なページがある。その「懸かっているもの」は、ある「歴史的な民族」なり「ヨーロッパ文化」なりの「〈存在〉」なり「〈非-存在〉」なりを越えたところにある。というのも、それは「その本質における、その本質の真理における〈存在〉と〈非-在〉に関わる」ものだからである。ところが、こうした美しい語句、非の打ち所のない哲学の横溢、真のハイデガー主義者にお馴染みの分析形式、こうした詩学的厳密性、予言的ポエジー、瞑想とほとんど祈祷の口調、こうしたものが何を語っているかと言うと……なんとスターリングラードでの敗北なのだ。

一九三六年から四〇年にかけて行なわれたニーチェに関する講義は、スカンジナヴィアへのパラシュート部隊の攻撃についての「ニュース映画」が「形而上学的過程」のランクにまで持ち上げられている一ページによって汚染されている。この箇所でハイデガーは戦前にバタイユが行なったのとちょうど正反対のことを行なっている。つまり、ニーチェの無実を明らかにしてニーチェを釈放するのではなく、またナチスに向かって「手を出すな、哲学者に触るな」と言うのではなく、逆に、彼らの手にニーチェを引き渡し、彼らの陣営に組み込んでしまう。しかもそれを、最も厳しい哲学の言語そのものにおいて行なうのである。

同じ『ニーチェ』の別の箇所では、「装甲戦車」「飛行機」「通信機器」などが話題となり——そう、そうなのだ、ここで語っているのは紛れもなくハイデガーであり、これは相変わらず『ニーチェ』なのだ。ところがまさに、装甲戦車、飛行機、通信機器が論じられるのである！——、それを背景として、一九四〇年におけるドイツのフランスに対する勝利の問題が出現する。ハイデガーは述べる。それは「不完全なニヒリズム」に対する「完全で能動的なニヒリズム」の勝利である。「新たな人間性」——まさしくそれに他ならない——の到来が、「現在の人間を越えて」、「無限の機械的経済学の高みに」達する。「国防軍

〈Wehrmacht〉の完全機械化」は「技術主義」や「物質主義」の証拠ではなく、本質的な「形而上学的行為」なのだ。それに対して、フランスの敗北の方は、フランスが「己自身の歴史の形而上学的結果の高さに」相応しいことを証明することができなかったところから、出来したのである。

この二つの技術を区別するものは何か。いかなる点で、ドイツの装甲車や飛行機は、フランスの通信機器以上に能動的なニヒリズムの特徴を帯びるのか。これは現実性のある問題提起ではないし、実のところこの問題はさして重要ではない。こんな具合に引用はまだいくらでも挙げることはできるし、いたるところに見いだすことができる。あるいは問題を逆向きに扱い、弟子たちがあれほど公表を長引かせた直接政治に関わるテクストをとりあげ、哲学的テクストが政治的なものをいっぱい詰め込んでいたのと同じように、政治的テクストが哲学的な要素に満ちていることを示すこともできよう。[20] プラトンの引用（「あらゆる偉大なものは嵐の中に屹立する」）で締めくくられる「学長就任演説」そのものを取り上げることもできるだろう。一九三三年十一月十二日の国民投票への呼びかけでは、ドイツの国際連盟脱退に関して、ハイデガーは「知の要請の限界を定める」「知の意欲」について解説する。別の時局的テクスト「ドイツ教員に告ぐ」は、平板かつ公然と政治的なテクストであるが、それでもハイデガーはそんなものの中にも、労働の「近代的形態」とそれが露呈させる「存在論的」断絶、「技術」と「ポイエシス」の対立、本来的「労働存在（仕事にかかっていること）」と「存在者に捕われた存在（存在者に捕われていること）」との対立などについてきわめて学問的で精緻な分析を行なう手段を見出すのだ。そうしたものはすべて、差し迫った時局の諸懸案に立ち返り、最初期の「労働収容所」を擁護する見解を最終的に表明するためなのだ。彼は、「労働収容所」は「連帯」と「犠牲」を学ぶ学校であり、「肉体」労働と「知的」労働の区別が廃止される場所と主張している。つまり、ブルジョワ社会の廃墟の上に現れる、本来的な「人民共同体」の「啓示」なのだ。こういった枚挙を続けるのはやりきれない。というのも、いずれの場合にも、法則は常に同じだからである。それは思考と卑劣さの二重の歴史の中で、二つのモチーフが、留保なしに、絶対的にもつれて絡み合うという法則なのだ。ぐるぐるととぐろを巻き、分かちがたい二つの音色を響かせる、二重の声の法則なのである。

余談を少し。私は、「労働の近代的形式」に関するこの「ドイツ教員に告ぐ」を読み、読み直す。国際連盟脱退への賛同のテクストも読み、読み直す。再読してみる。それからさらに、一九三四年一月二十二日の『労働者への演説』も読み、読み直す。「肉体」労働と「知的」労働の間にある溝を乗り越えよとの勧め……。「大学に所属する若き同志たち」は、——と学長は言う——労働者に「知」をもたらす準備ができているとの確信……。ハイデガーによれば、彼らはまた、労働者たちの「問い」や「必要」や「困難さ」や「疑い」に耳を傾け、労働者とともに「それについて熟慮」し、「共通の労働の中で労働者を真理の光明へと到達させる」「準備」ができているという事実……。「肉体労働者と知的労働者」の間にこれから架けようとするこの「生きた橋」……。その日、この橋が架けられた暁には、「知」と「学」という言葉によって「我々が考えているもの」は「これまでとは別の意味」を持つようになるだろうという事実……。そう、思弁的に中心をずらすことで、「我々が『労働者』とか『労働』という言葉によって理解しているものに、「別の意味」を与えることになろう……。学問というものの身分の変更。学問は、これまではつねに「市民の特権階級の所有物」であったが、「労働者」と「真の科学的知を有する者」とは「対立する範疇」ではなく、学者の知は「農民や木こり、大地や鉱山で働く者や職人の知とその本質においては絶対的に異なるものではない」……。さらには、「各々の労働者がそれぞれの仕方で真の知を持つ者」なのであり、「結局のところは、このような知を持つかぎりにおいて初めて労働者は労働することができるのである」との確信……。このテクストはナチス的テクストであり、「この前代未聞の意志の人である我らが総統アドルフ・ヒトラーに三度の『ジーク・ハイル〔勝利万歳〕』を」という叫びで終っている。ところが多少なりとも鋭敏な耳を持つ者は、終いにはここに、より最近のよく耳にする修辞《レトリック》を聞き取らずにはいないだろう。すなわち、それから三〇年後にパリで、左翼主義者や毛沢東主義者の集まりで、知識階級の「下放」の必要性と、知的労働者と肉体労働者の境界の廃絶に関して言われる言葉のこだまを聞き分けずにはいられないだろう。この軍事的で急進的な修辞《レトリック》は、その口調そのもの、言い回し、知の人間たちに彼らの知を民衆に提供するよう厳しく命ずる文の均整において、ルイ・アルチュセールが高等師範学校で一九六六年に行なった、かの有名な「科学者のための哲学講義」の調べと同じものであると認めずにはいられないだろう。アルチュセールは、当時彼が採用していたけたたましい戦闘的な調子で、誰の目にも明らかな隠喩を繰り出しつつ、「知識人」が「プロレタリア」の方へと向かうように、「哲学者たち」も「科学労働者たち」の方へと赴くようにと勧告している。さらにわれわれとしては、とりわけ、ナチスの四〇年後に、世界のもう一方の端で起こったもう一つの革命のテーマや合言葉や、最後には流血で終った夢のことを思わずにはいられない。この革命もまた、科学の観念の定義をやり直し、知的労働と肉体労働の分離を廃止し、木こりの知と概念を作る者の知とを近づけ、結局のところ、後者が前者から破廉恥にだまし取った超知識は始末してしまおう、という野心を実現しようとした。そして、周知の通り、この計画が到達した絶頂は、もう一つのジェノサイドであった。となると、ハイデガーこそ、はるか彼方からポルポト派にその思想を吹き込んだ者だ、ということになるのであろうか。ハイデガーは先駆的に、先ずは「紅衛兵」、次いで「クメール・ルージュ」の理論家であり、それゆえカンボジアの悲劇の理論家だったということになるのか。もちろん、そんなことはない。こんなやり方で突き合わせを行なっても、意味はなかろう。しかしそうはいっても……偉大な思想は、どのような歩みを見せるか分からないのだ。ひとつの〈テクスト〉の破片が、摩訶不思議な経過をたどって、遙か遠く離れた場所まで飛んで行って、きらきらきらめくということは本当に考えられないことだろうか。ハイデガーの最後の狡知……、その狡猾な真の戦略……。

誤解しないで貰いたい。私はもちろん、政治ジャンルと哲学ジャンルの混交という原則そのものを批判しているわけではない。哲学者が労働収容所の問題に関心を示したことに腹を立てているわけではないし、同様に、ドイツの国際連盟脱退、国防軍の完全機械化、一九四〇年の機甲部隊のフランス進撃、スカンジナヴィアへのパラシュート降下、スターリングラード攻防戦に関心を示したことに腹を立てているわけでもない。それに私は、例えばヘーゲルは――彼の例だけに留めるが――、新聞を読むことを哲学者たる者の朝の日課と心得ていたヘーゲル、窓の下をナポレオンが通り過ぎたことに主要な形而上学的出来事を見て取ったヘーゲルは、『バンベルク新聞』の編集者であった時代には、フリードラントの戦いやイエナの戦い、ダンチッヒ攻略、フランス軍のポルトガル遠征、フランス海軍によるコペンハーゲン砲撃、エルフルト会談、ティルジット講和といった「世間的」な出来事に夢中になったということも承知している。熱中したのだ。そうなのだ。もちろん、私の気掛りは、何よりも先ず、ハイデガーの政治参加、彼にとっての世間的出来事、彼のエルフルト会談、彼のティルジット講和、そしてそれらに対して関心を寄せるその仕方が、つねに悪い方へ悪い方へと進んでいったことなのだ。しかしまたとりわけ、彼のテクストの、したがって、彼の魂の、あるいはプルースト的表現を借りるなら、彼の二つの魂の非常に特異な構造も気掛りである。二つの霊感はあまりに緊密に絡み合っており、ヘーゲルにおけるように、あるいはマルクスにおけるように、事柄は事柄として区別して、彼のナチズムだけを分離するということは不可能なのである。

さらに念のため言っておく。ハイデガーはときに、ヒトラーに対する信条表明は囮だったと称して自己弁護した。スピノザやヘーゲルや他の多くの例を挙げながら、哲学者が野蛮人の監視のもとで執筆する場合に余儀なくされる、韜晦と、二重の言葉遣い、ないし二重の哲学に訴えるやむを得ざる義務という昔からの論法を持ち出した。そして例えば、一九六八年三月付けのS・ゼマッハ[21]というイスラエルの研究者に宛てた手紙の中で、次のように言っている。すなわち、フランスの敗北、ナチズムの真理と偉大、スカンジナヴィアへのパラシュート降下に関するこれらの文章は、大学の講堂に潜んでいるかもしれないナチスのスパイたちに向けられた情報遮断の要素であり、それ以外のことについては、自分は何を考えているのかをよく分かっていた、と。これは基本的には受け入れがたい論証というわけではない。というのも、二つの入り口を持つテクストというものを想像することができたかも知れないからである。野蛮人、つまり検閲官用の入り口と、より秘密の、踏み込む者がはるかに少ない、「永遠の哲学《フィロソフィア・ペレンニス》」を愛する者の入り口である。しかしこれもまた、巧くは行かない。というのも、またしても、テクストの二つの流れは混じり合っており、厳密に言って分離不可能であるという明白事に突き当たるのだ。絶えず〈理念〉と〈事象〉との間を、最も洗練された概念と最も卑劣な政治的仄めかしの間を行ったり来たりするこのテクストの、思想の歴史の中でも類を見ない——この点は何度強調しても足りない——構造に突き当たるのである。もう一度言うが、ヘーゲルやマルクスの作品群の中において、あるいはセリーヌやアラゴンなど、人生の一時期に多少とも深く下劣なものと関わり合った作家や哲学者の場合に起こったこととは反対に、この概念のラプソディーにおいては、二つの声は互いに溶け合い、互いの中に忍び込み合って、結局のところ、区別することが不可能になってしまうという極端な特異性に直面するのである。

ドイツ民族を「優れて形而上学的民族」と定義するのは、哲学者なのか、ナチス党員なのか。彼がヒトラーの「運動」の中に「その不十分さと粗雑さを越えて、遙か彼方へと進み、ドイツ的なるものの西欧的・

歴史的本質についていつの日か何らかの瞑想をもたらすかも知れない要素」があるとする時、果して、国家社会主義が「基礎的存在論」を具体化しているのか、それとも「基礎的存在論」が国家社会主義のプログラムを決定しているのだろうか。[22]ハイデガーは一人しかいない。これが真実だ。ただ一つのインク、ただ一つの声。しかしより正確に言えば、もしかしたら二つなのかもしれない。そうしたいのなら、「一方に」哲学者が、「他方に」ナチス党員がいると主張し続けることもできよう。しかし、その境界線は、本と本の間を通ってはいない。それぞれの本の内部を通っている。いや、それどころではない。それぞれの本の中で、それぞれのページの内部、さらには、それぞれの言葉、ないしは少なくともそれぞれの概念の内部を通っているのである。境界線は引くことが不可能なのだ。考えることさえ不可能なのだ。「二人のハイデガー」がいるとすれば、彼らは同じ名のもとに、同じ頭のなかに共存しているだけでなく、言語と思考の同じ形象の中に共存している。だからこそ、「ナチス党員は打っちゃっておいて、哲学者だけをとっておこう。密告の手紙は忘れ、詩人たちに関する省察を思い起こそう。狡猾さや私的な卑劣さは別にしよう。こうして、あとには不滅のテクストだけが残る。これらのテクストなくしては、今後長きにわたり、思考の責務は覚束なくなるだろう」といった逃げ口上を言うのは、不可能であり、馬鹿げてもいる。ハイデガーとは不可分の一塊なのである。

いかにして、二十世紀最大の哲学者であると同時にナチス党員であることが可能なのか

最後の問いに取りかかろう。哲学において一塊であるとは何か。

思考の具体的な作業の中で、この塊はどのように機能するのか。

概念そのものの内部にかくもすさまじい境界線が通っているこの哲学の謎とは何なのか。二つに裂け、一方は卑劣なものの方を向き、他方は思考の要請の方を向いた、二つの顔を持つ……いやいや、二つの顔というのは、言い過ぎだ。何しろそれは同じ発話であり、ある意味で同じ顔だからである。

終着点に達した二十世紀（アルチュセール、フーコー、ラカン、そして何よりも先ず、もちろんサルトル）はどのようにして、思考を促す一方で、最悪のことをも引き起こしたこれらの概念と折り合いをつけることができたのだろうか。そして、来るべき世紀（先ほどの人物たち、プラス他の何人か）はいかにして、ハイデガーなしに思考することができないと同時に、ハイデガーとともに思考することもできないという二重の至上命令と折り合いをつけることができるのだろうか。そしてそれをしなければならないのだろうか。

いくつかの例をあげよう。

つまり、いくつかの言葉、いやより正確に言えば、いくつかの概念を。

私としては、ハイデガー思想というこの途方もない仕組みの最も枢要の要素に他ならない、次の四つの概念を選ぶことにする。

1　主体の問題。早くも『存在と時間』においてハイデガーが実行した思弁の中心を移動させる操作は、〈主体〉の概念が形而上学的な諸前提を伴うことを露呈させ、すぐれて哲学的な問いは、「〈主体〉」ではなく「〈存在〉」に関する問いかけであることを想起させるという二重の結果をもたらした。「アレーテイア*」が問題なのであり、「現存在《ダーザイン》」が問題なのではない、とハイデガーは言う。あるいは、「現存在」が問題になるとしても、それは厳密に非・人間学的な意味でそれを理解するという条件においてであり、決裂の行為を完遂して、サルトル的誤解をきっぱりと一掃するという条件においてなのだ。つまり、無名で意識を持たない「現存在」、もはや「本性」などというものは存在しないのだから、「人間の本性」を示すことのない「現存在」、一言で言えば、人間主義の抵当から解放された「現存在」である。

このような身振りは現代的である。現代のあらゆる反人間主義は、すでに述べたように、ここから始まる。「人間とは、人間の知に対して提起された、最も古くからの問題でも、最も恒常的な問題でもなく」、一つの発明にすぎない。その発明が「最近のこと」であり、「その終りが近い」ことは、「考古学」が容易く証明するところである、とする思潮全体が、ハイデガーの中に真の典拠を見出すのだ。ハイデガーを忘れられるものなら、忘れれば良い。「現存在は時間存在以外の何ものでもない。Dasein ist nichts anderes als Zeit-Sein」という簡単な言葉を忘れれば良い。現代思想の流れ全体が、考えられない、あり得ないものになってしまう。フーコーだけでなく、ラカン、アルチュセール、バルト、レヴィ＝ストロースといった名前が、二十世紀から姿を消してしまうのだ。フランスの現代思想の半分が一挙に消えてしまうのだ、「波打ち際の、砂で作った顔のように」……

この身振りは政治的であり、政治的にはどちらかと言えば適正である。第一に、主体の聖別と人間の「労働する動物」――つまり己の権力の増大のみを気にかける「地球規模の技術生成」の行為者――への変貌が、その結果として、古代にはみられなかった世界の「破壊」ないし「荒廃」をもたらしたと主張することは、もちろん誤りではないからである。今日では誰もが日々この事実を自分自身の目で身の回りに観察することができる。第二に、ひとたび「実体としての自我」なり、カントやフッサールの「超越論的エゴ」の威信が一掃されたあと、「現存在」の中に残る「人間的」なもの、主体主義的で本質主義的なあらゆる郷愁から解き放たれた世界の中に残る「主体」らしきものは、それゆえに、甚だしく特異なものとなり、ハイデガー自身が「各自的 (je-meinig)」と呼んだものの刻印を押されるからである。したがって、定義も特質もない主体という観念、個の概念がその様態をなすはずの属や類の観念のない個という概念は、極限的な主体性の権利を強化するという、いかにも逆説的ではあるが不可避的な結果に立ち至ることになる。最後にとりわけ、全体主義政体は、つねに己が考えた「人間の本性」とか人間の「本質」とか「真理」といった観念に依拠して、具体的な人類のうちでこの規範に合致しない部分を一掃し、浄化し、作り直そうとしたからであり、それゆえにハイデガーの首尾一貫した政治思想は、結果的に、スターリン主義やヒトラー主義からその〈人間〉についての理想的な定義を奪うことで、彼らの企ての核心をなす「新たな人間」作戦というものを概念としては考えられないものとしたはずであると考えることは、馬鹿げたことではないからである。

しかし、この身振りは、同時にまた危険でもある。それは適正であり、なおかつ危険なのだ。というのも、実体なく、それゆえに性質も特性もなきこの人間、中心からはずされたこの〈主体〉、もはやそれが何であるのか、何を望んでいるのか、それの中で何がいまだに神聖なのかをもはや言うことができないこの主体の中には、何か守るべきものがあるとは考えられないのだ。それが踏みにじられないことを何が保証するのか。何の名において、それが拷問され、虐待され、殺害されないことを保証しようというのか。この質問に対して、「出来の悪い」ハイデガー主義者であるサルトルは、後ほど見るように、主体の最小限の形象を「救う」ことによって答える。この形象は本質主義の地平からもぎ取られたものだが、殺そうとする意志に対する防御策として機能する。新ハイデガー主義者であるレヴィナスは、「選ばれた」、さらには「霊感を受けた」主体のイメージによって答える。この主体は、もはや「歴史的」ではなく、「予言的」な時間性の中に組み込まれ、無限という観念に取り付かれていると言う。構造主義の思想家たちはこの問いに答えないが、気には掛けており、例えばクラヴェルとともにフーコーは、「人間の死」を告げた彼自身が、「人権」の名のもとに、死んだ人間の権利を擁護するという逆説について、不安に満ちた自問自答をしていることを、私は思い出す。ハイデガーにとっては、問いは発せられていない。発せられることができないのだ。〈主体〉が例えば〈権利〉の空間に組み込まれるために必要なほんのわずかな自律性も、それが「意志の意志」や「猛り狂う技術」の勝利への道を開くことになるという理由で、その原則そのものを拒否したのだ。かくして、人間主義的な普遍性と抽象とからもぎ取られた主体というものの、頑固一徹な特異性の概念を考えるための助けになっており、今後も長く助けとなるはずの、当のハイデガー思想が、同じテクストの中で、さらに、もう一度繰り返して言うが、同じ概念の中で、我々がこの特異な主体を民主主義と呼ばれる時空の中に組み込むことを不可能にしてしまうのである。

2　〈歴史〉の問題。自らの歴史性に対する〈西欧〉の盲目。長く続いた奇妙な素朴さゆえに、西欧は、時代的《エポカル》なものの秩序に属するものを、永遠の、あるいは自然なものと受け止めて来た。このような形而上学的無邪気さのために西欧は、別の言葉で言えば、〈歴史〉に対する各人の関係、〈歴史〉のそれ自身に対する関係、それぞれの時代の「形相的なもの」に対する関係を「忘却」したのだ。この形相的なものが、それぞれの時代に、何が聴き取れ、何が聴き取れないか、何が目に見え、何が見えないかという規則を指定するのだが。

すべては歴史だ。要するにハイデガーは、これら素朴な連中に対してこう答える。すべて。もちろん人間も。人間の言葉もだ。人間が信じ込み、素朴にもどことも知れぬ純粋な理想性の天上に投影している諸価値もだ。そればかりか、人間の周りにある世界もだ。自然も。そう、自然もまた歴史的である、とハイデガーは、『存在と時間』の中の最も見事な箇所の一つで記している。たしかに、「自然は、自然史〈＝博物学〉と言うような時には、歴史的ではない」。しかし、「風景として、定住と開発の領地として、また戦場や祭祀の場として、自然は完全に歴史的なのだ」。さらにハイデガーは付け加える。「これらの世界内的存在者は、世界内的であるかぎりで歴史的であるのであって、その歴史は何らかの『外部的』な枠組を形作って、それが魂の『内面』の歴史に全く単に随伴する、ということではない。この存在者を、世界史的なものと呼ぶことにしよう[23]」。

これもまた、現代的な身振りだ。もちろん、フーコー、そしてその「エピステーメ」。アルチュセール。彼は、『マルクスのために』の中で、己にとって見えるものと見えないものとが分布することになるフィールドを構造化するのは、それぞれの時代の責任に帰着する、ということを示した。この発想は、『資本論』や『経済学批判要綱』よりははるかに『存在と時間』に近い。科学哲学《エピステモロジー》の原理や現代科学の作業の原理もそうだ。歴史的に構成されたのであり、それゆえに再検討の対象となるのだということが知られていないような、「知」もなければ、「理論」もなく、「事実」さえもない、と現代科学は言う。そこでもまた、ハイデガーを忘れるなら忘れるが良い。「すべては歴史である。あらゆるもの（〈人間〉……、〈国家〉……、神や悪魔への信仰……諸価値……風景……重力や相対性の理論……負の量や物質や反物質といった概念）が生年月日を持っているのであり、やがて死亡証明書を持つことになる」という単なる数語の文を、消してしまうが良い。そうすると、またしても、六〇年代が、構造主義が、ラカンが、現代人類学が、科学哲学《エピステモロジー》が、科学が消え去ってしまうだろう。何たる破滅であることか！

これもまた政治的な身振りだ。まず第一に、このようにすべてが歴史であるとすることは、解放的な効果を発揮するからである。もしすべてが歴史であるとすれば、己自身の支配権は永遠であるとする主《あるじ》たちの主張は、お終いであるからだ。もはや、いかなる秩序も事態も、このようにしてこの構成する歴史性の烙印を押されており、それゆえに不安定なものとされてしまう。別の言い方をすれば、ハイデガーからは、反乱の精神の存在論的正当化を引き出すことができるのである。ちなみに、これこそサルトルが行なったことであるが、サルトルだけでなく、六〇年代をリードし、五月革命を敢行した知識人や学生の運動が行なったことでもある。彼らの運動にも、またしても「急進性」への欲求に特有のあらゆる両義性が付きまとっていた。しかしまた第二に、もしすべてが歴史であり、それぞれの主体、それぞれの民族が、現にある通りのものであるのは、〈歴史〉が彼らをかく作り成したからであるにすぎないのであるならば、それはまた——なかんずく——生来主義〔自然主義〕の終りを意味するからである。したがって、過去・現在・未来のあらゆるファシズムの最も強固な基盤であったし、また現にあり続けている生物学主義は、お払い箱なのだ。そして、ハイデガーは己自身の立脚点を護持することができなかったし、己の政治的な身振りを徹底化することができず、徹底化しようともしなかったとしても、また彼は理論上は、クリーク、ボイムラー、ローゼンベルクや親衛隊のあらゆるイデオローグたちに対抗する、人種的反ユダヤ主義の断固たる敵対者であったのだが、まさに彼が人種的反ユダヤ主義への拒否を口にしたその瞬間に、彼の作品系の論理そのものによってそれを否認することになってしまったのだとしても、それでも、彼以降の二十世紀——例えば、相変わらずサルトル、少なくとも『ユダヤ人問題に関する考察』の彼——が、反ユダヤ主義への拒否の諸原理、人種主義への反対と反ユダヤ主義への反対の法則を明言することができたのは、まさにこの地点から、ハイデガー思想のこの部分から出発して、唯一ハイデガーのみから出発してである、ということには目をつぶることができないだろう。将来もまた、あのおぞましい恐怖の再来を不可能にしてくれる理論的仕組みが発達するだろうが、そうした理論的仕組みの中で、この「すべては歴史だ」がいかに重みを持つものか、知らずに済ますことはできない。

しかし、ここでも気をつけなければならない。彼の身振りは両義的である。二重の意味があるのだ。まず第一に、もしすべてが歴史であるとしたら、つまり「人間」だけでなく、人間が依拠する「諸価値」もまたこの歴史性の刻印を捺されており、したがって、この相対性の刻印を捺されているのだとすれば、またしても、いったい何の名において、例えば人を殺すことへの禁止を根拠づければよいのか、分からなくなるからである。〈脱自存在者〉を、まさにもはやそれであるはずがないものとして、つまり歴史性を免除された、どんな事物とも同様にいずれは滅びる単なる「物」として扱われることから救ってくれるものが何であるのか、分からなくなってしまう。次に、「歴史性」とは、少なくとも、二つの意味で言われるのだからである。個体、これもたしかにそうだろう。個別的な現存在だ。しかし同様に、民族と呼ばれる「歴史的単一体」でもある。これはどうしようもない。ハイデガーは、それはある一つの身体や脳の中に集約された歴史的単一体と同じほど「具体的」であり、同じほど明確に「規定されて」おり、やはり同じほど、歴史を持たない空虚な人類という抽象的な普遍性に対立するものだ、と述べている。だとすれば、民族より個体を優遇する手段はどこにあるのか。「歴史性」を至高の原理に高めたとき、実存論的分析法によって現れるような「人格的現存在」の歴史性を選んで、そのような現存在の「運命」であると見なされる「民族的・国家的現存在の」歴史性を選ばない理由はどこにあるのだろうか。こちらの現存在は、個人に対して民族を、単独的なものに対して特殊的なものを対立させ、ゲマインシャフト（共同体）のパトスを「各自性」の情念に対立させることになるだろうが……。そのような理由はないのだ。「あらゆるものが歴史である」という文言の中には、すでに『存在と時間』において始まっていたこの恐るべき意味のずれを祓い除けることを可能にするものは何もないというのが真相なのだ。例えば主体主義が「非本質的なものの中への逸脱[24]」のイメージを与えるからと言って、「本質的なもの」を救い出すために、「存在者のただなかへの人間」の「遺棄」に対して、「大地に根ざした新たな統一体[25]」をぶつけようとするのを妨げることのできるものは何もない。今風の言葉で言えば、主体に対して民族をぶつけ、主体性に対して差異と特殊性をぶつけることを禁止するものはもはや何もない。何もなくなってしまったのだ。そして最後に第三の理由は、この歴史性の原理が、今度はまさに破局的である最後の地滑りを引き起こす、ということである。ハイデガーは問う。機械主義や物質主義や技術主義、要するに、個人だけでなく、民族の歴史性をなしているものの摩滅と水平化の拡大を特徴とする「歴史的状況」を前にして、じっさいのところ何をすればよいのか、と。地球全体が、トーマス・マンが「純然たる有用性の文化」と呼んだものへと身を捧げ、存在者の歴史性に背を向けている時に、何をすればよいのか。この歴史性を復元することしか残っていない。残された方途は、それを複製すること、あるいは製造することでさえある。アリストテレスにとってのギリシャ人のように、「中心的位置」に置かれているか、ないしはブルクハルト*が言ったように、ロシアとアメリカという「二つのタイプの野蛮人」に囲まれているがゆえに、「すぐれて歴史的な民族」となり、「歴史性の祖国」となり、したがって、「西欧」の救済者になる使命を持っている民族を認知することなのである。ドイツ民族を褒め称えることである。ヒトラーの政権奪取より二十年前に、超《ウルトラ》民族主義者だった初期のトーマス・マンは、すでにドイツ民族は「形而上学的民族」であり、ドイツ民族のみが、西欧「文明」〔Zivilisation〕とその「エスペラント語」の画一化的な圧力に抵抗することができると述べていた。このようにドイツ民族を褒め称えることを、まさにハイデガーはトーマス・マンより二十年後に行なったのだ。このことを彼は決意した。ところがその決意がなされたのは、「形而上学の民族」が魔法にかけられ、暴走し、野蛮人ユビュ王*に対して周知のような拍手喝采を送っている瞬間のことだった。

3　言語の問題。

これも天才的な考えだ。すなわち、言語はもはや「道具」ではなく、〈存在〉の要素、その住処、私の住処である、私がそれで出来ている布地であると同時に、事物がそれで織られている布地である、という考え。もの（Ding）と詩作すること（dichten）とを示すのは同じ言葉ではあるまいか。言《パロール》の光によって作り上げる以外に、存在者（事物だけでなく、主体や意識である存在者も）の〈存在〉を「露わにする」仕方があるだろうか。

言語とはそれゆえに、そもそもそこに住まう者よりも古い、という考え。私が「私は話す」と言うと、まるで「我れ」が指令ポストにいて、事を行ない、行為しているかのようであり、言葉を所有物のように所有しているかのように聞こえる。何たる誤りか、とハイデガーは言う。何たる盲目振りであることか、と。言語の方が私を所有しているのだ。言語が私を通して語っているのだ。言語が私を用いるのであって、私が言語を用いるのではない。もちろんそう言いたいのなら、「私は語る」と言ってもよい。しかし、この語りは常に二次的である。常にすでにそれに先立っている語りに答えているのだ。実は、私はさまよう語のざわめき、真の語り手も持たぬ絶え間ない呟きの中で生きている。そして、この呟き、この絶えざる唸りは、時として何らかの個別的な言によって断ち切られる。この呟き、この唸りが、またしても私を構成するのである。

そこで、言語は豊かであり、生きている、という考えが出てくる。一つの言語の単語とは、〈歴史〉によって構成された事物であり、その中に供託された意味——それは事物の失われた存在との接触を保ち続けていると思われる——をたっぷりと抱え込んでいる、という考え。ハイデガーによって読み直されたアリストテレスのように語るなら、言語は〈存在〉の家、〈開け〉の住処、真理の顕現の場となったのであり、命題学的な機能を持つという考え。言語を踏破するべきだ、と言うのか。否、言語の中に立ち止まり、そこに留まるのだ。言葉を言葉通り受け取るのだ。というのも、そこにこそ、言葉の中にこそ、世界の精髄があるのだからである。

ギリシャ人だけに話を限っても、言語と現実物との関係に関して、対立する二つの態度があり、ラカンが言ったように、明瞭に異なる二つの伝統がある。一方に、プロタゴラス、ゴルギアス、ソフィストたちがおり、ソシュールより二五〇〇年前に、シニフィアンの恣意性、シニフィアンとシニフィエの間につながりはないこと、純粋に遊戯的表層に還元された言語の偶然性、といったことを強調している。他方で、「プラトンとかいう人の『クラテュロス』*という著作があり、これは「シニフィエ」と「シニフィアン」の間には「なんらかの関係があるはずであるということを証明しようとする努力」から——こう述べているのはラカンだ——執筆された。つまり「シニフィアン」は「それ自体、何かを言わんとしている」のであり、したがって本格的な哲学的素材として扱われるべきなのである。そこから語に関する研究が行なわれ、あっと驚くような語源、事物と音素の間の生まれながらの共犯関係、事物は己の名前の呼びかけに答え、逆に名前は真の事物の重みを帯びている、そうした事物と名前の間の生まれながらの共犯関係が明るみに出されるのだ。

さて、ハイデガーは、クラテュロス派である。彼もまた、お伽話のような語源探求に熱中し、巫女《ピュティア》よろしく、成功した語源探求が、神託のように解き放ったメッセージを己の前へと立ち昇らせる。哲学を実践するほとんど詩的なそのやり方、言葉をそれ自身に対して開らき、こじ開け、無理やり開け、穴を開け、犯し、痛めつけるか白状させ、胸ぐらを掴んで意味を吐き出させるか、逆に喉に押し戻そうとするその意欲、何としても解釈しようとする熱狂、解釈とは拷問であるという解釈観、言葉の中に突き入り、突破する態度、こういったものも、クラテュロス派たる所以である。潜在的な忘れられたエネルギーを噴出させ、真理の代わりに意味を、理論の範疇の代わりに解釈の範疇を求めるそのやり方、弁証法の実践に置き換えてしまうこと、これもそうだ。ハイデガー自身は正確には注解とは言わずに、「ヘルメネイア」とか「解釈」〔Aus-legung〕と言う。つまり、覆い隠され、潜在的で不明瞭だが、「陳列台に並べられている」意味の解読というわけである。彼は、古来のクラテュロスの意欲を現在化しようとする企てのうち、最も豊穣で、最も近年のものを代表していることになる。ゴルギアスかクラテュロスか。ソシュールかハイデガーか。これこそが問題の一切である。現代思想を貫く論争、フレーゲのいわゆる「言語論的大転回」の枠内において、ラカンと例えばフーコーが対立する論争の一切なのだ。したがって、ここでもまた、ハイデガーがいなかったなら失われてしまうものが何なのか、そのすべては明らかなのだ。この場合は、フーコーはまだしも、ラカンはなくなってしまうだろう。それも、ラカンの最良の部分が、それゆえに、フロイトの最良の部分が消えてしまうのだ。言語を〈歴史〉と真理の顕示の特権的な場としたすべての思想家たちが消えるのである。

しかし、ここでも注意しなくてはならない。

ここから、二つの結論の仕方、実のところ、二つの可能な道が出て来る。そのどちらも同じように、ハイデガーがたどった道に他ならない。

時にはハイデガーは、歴史性の原則に忠実に、こう言う。「自然〔生来〕の」言語はない。何やら知らぬ、運命を持たぬ非歴史的な人間本性に属すような本源的ないし本質的言語はない。諸言語は、もちろん、ある土台に根を下ろしているのであり、この土台は共通の土台である。しかし、「共通の土台」は言語ではない。「言語」が到来するためには、人が「土台」から抜け出していることが必要なのだ。言語が浮上するやいなや、言語がなんらかの主体の言語、あるいは主体の集まりと民族の言語となるやいなや、それは日付、出来事、それゆえに歴史をなすのであり、この事実のみによって、自然性を逃れてしまう。このような秩序においては日付同士は等価であり、出来事同士も等価であって、言語と言語の間に優劣や序列をつける手段はない。

しかし時には、もう一人のハイデガーはこう言う。いや、それにしてもそんなことはない。「自然の」言語はおそらく存在しないだろうが、他の言語より自然ではないにしろ、少なくともより「古く」、より「真正の」言語はある。より豊かで、より鮮烈で、より意味と記憶に満ちた言語はある。そうした言語の一つが、クラテュロスとゴルギアス、プロタゴラスとアリストテレスの言語である。それはこの上ない言語であり、歴史性そのものの言語、歴史性に熟達した者たちの言語であった。そしてそもそも「かつてあった」ものは「新たにある」ことができるという原理によって、「かつてあった」が「失われて」しまったものは、思考の働きによって「再び見出され」得るし、そのはずであるという単純な観念によって、このもう一人のハイデガーは、ギリシャ語の聴き取りに乗り出し、このほとんど聖なる言語の偉大なる祭司となるのだ。そしてさらにその上、とはいえ同じ動きの延長なのだが、このギリシャ人の言語の痕跡、その遺産とその相続人たちの探索に出発し、徐々に、とはいえ全く自然に、それらをドイツ人の許に見出すことになる。ドイツ人こそ、この忘れられたギリシャ語との絆を保ち続けている唯一の言語の番人なのだ。

まず第一に、ハイデガーはこう言う。つい今しがた述べたばかりの歴史性の原理にもかかわらず、他の民族よりも歴史的な、歴史性により熟達した民族がいる。それはギリシャ民族である。第二に、彼はこう言う。同じ時代性《エポカリテ》の原理にもかかわらず、「民族」はけっして「主体」ではないという原理にもかかわらず、ギリシャ人の言語が残した最良の部分の貯蔵庫となったひとつの言語がある。それはドイツ語である。すべてはここにある。すべては、この二重の身振りの中、このアテネ・ベルリン枢軸の中にある。すべてが、ギリシャがドイツのうちに再生するという考え、今や不可視となったギリシャが可視のドイツのうちに残っているという考えに起因するのだ。もちろん、この不当前提を断罪することはできよう。愚弄することもできるだろう。同様に、彼が一九六六年に行なった『シュピーゲル』誌のインタビューでの発言、すなわち、フランス人は思考し始めた時には……ドイツ語を話しているのだ、という断定を断罪し愚弄することもできよう。だが、消すことはできない。それがなかったかのようにすることもできない。ハイデガーの仕掛けが卑劣なものへと雪崩を打って陥ったのは、ソクラテス以前の世界がドイツに輪廻転生したというこの夢と、この夢を可能にした、この再生の使命を帯びた民族の自称「実体」と「共存在《ミット・ザイン》」との混同のせいなのである。

4　最後に〈存在〉の問題。

〈存在〉への問いそのものは、優れてハイデガー的な問いであるが、ここでも同じ大移転の動きが見られる。

ここでも、すべては順調に始まる。

哲学は、ハイデガーに至るまでは存在者への問いしか立てるすべを知らなかった。哲学が、アリストテレスが「存在することとしての〈存在〉」の問いと呼んだ問いを立てたとき、あるいは立てたと思いこんだとき、その問いを立てたと称する〈存在〉は、他の存在者のうちの一つの存在者でしかなかった。おそらく第一の存在者、最も卓越した存在者であっただろうが、やはり結局は、一つの存在者でしかなかった。レヴィナスが『実存から実存者へ』で述べているように、「ザインとしての存在」ではなく、「ザイエンデスとしての存在」だったのである。つまり、存在の秘密、つまり諸存在があるようにさせるところの神秘ではなく、存在、人間、世界のミクロな秘密、世界の神秘、要するに、ブレンターノが言ったように、「存在者の多数の意味」だったのである。

ところが、ハイデガーは初めて、〈存在〉への問いを「その意味とその真理に関して」立てた。もはや原因でも根拠でも神でもなく、現象の背後に隠れている〈物自体〉でさえなく、いかなる仕方でも存在者ではない〈存在〉についての問いを立てたのである。彼の探究のフィールドは、フッサールのそれとは異なり、たとえ最も卓越した存在者であれ、一つ一つの存在者とあれこれの他の存在者との関係、さらには、自分という存在者との関係でもなく、存在者と、他の存在者たちの「存在」との関係、さらには、自分もまたそれである存在者の「固有の存在」なのである。だとすれば真の問題とは、それが解明しようとしている謎とは、この〈存在〉の問いの忘却、さらにはより奇妙なことだが、〈起源〉以来、つまりギリシャ以来、凋落を続ける西欧において、この忘却そのものが忘却されていたということであろう。

何もハイデガー主義者でなければならないという法はない。フライブルクの師のパトスや瞑想のスタイルに怖気をふるう者があっても構わない。ただし、彼がギリシャ人以来、〈存在〉とその〈忘却〉に対するこの問いを立てる手段を手にした唯一の人間であることだけは知らなければならない。彼が「存在論的差異」の問題を、したがって、哲学の問題そのものともいえる、「存在」と「存在者」の「襞」の問題を、しかも何とも厳密に提起した唯一の現代の哲学者であることだけは知っている必要がある。

こうなると、二つに一つなのだ。哲学の欲望とその対象を真面目に受け止め、例えば、ただこの〈存在〉の問いのみが哲学的言説を他のものと区別する、とりわけ技術的・科学的言説と区別するということを悟るか。その場合には、なんらかの仕方でハイデガーを受け入れる必要がある。その朗唱風の文体や、神聖な雰囲気や、「大変な愚行《へま》」、その他を我慢しなければならない。さもなければ、ハイデガーとともに思考するという考え自体を拒否し、その人格や生涯やスタイルを理由にして、原則的に、彼の提起した諸問題に失格を宣告するか。この場合は、専門主義の一形式以外のものとしての哲学的問いかけという観念そのものに別れを告げねばならない。哲学史がカントで急停止したことを甘受する必要がある。〈存在〉の問いを、不可能なもの、ないしはベルクソンが「偽りの問題」と呼んだものの領域に片付けてしまう慎ましい言説を哲学と呼ぶことを覚悟しなければならない。一言で言うなら、再びベルクソン派となることに同意しなければならないだろう。

ただし、ここで再び、二つの道が開かれる。我々がこの質問に「然り《ウィ》」と答えたと仮定した場合、そして、哲学の未来はハイデガーの「ミサ」となるべきだと考え、この著者その人の「政治参加」ではなく、彼の作品がヒトラーの「時代性」の中に十全かつ全面的に「参加している」ことに関して我々が知っていることから当然導き出される嫌悪感や、この作品の最も美しく最も力強いページのただなかにまで残る、その参加のこだまに蓋をする決意をしたと仮定した場合、またもや、二つの解決法が現れる。その二つは、彼が〈存在〉とその〈忘却〉という問題を立てるときの二つの仕方に対応している。より正確に言うなら、彼のテクストの中で、「生まれ故郷」としての「ギリシャ」という隠喩が用いられる際の、二重の使い方に対応しているのである。

一方で、ハイデガーは、この〈存在〉の出現と〈忘却〉とが起こった時代として、ギリシャ人の時代、とりわけソクラテス以前の時代を指名するのは隠喩であると言う。初めにギリシャ人ありき、と私は言ったが、時間的順序と存在論的順序を混同してはならない、とハイデガーは主張する。この「起源」は、〈存在〉の瞬間なのであって、時の瞬間なのではない。私が説き勧めるギリシャ人への回帰を、「復興」とか「再生《ルネサンス》」と捉えないようにしよう。悲嘆は永遠のものであり、凋落は構造的なものである。この凋落は、他の二つの「実存範疇」である「実存」と「事実性」と同様に、「実存範疇」なのであり、あらゆる「現存在」の「あり方」なのである。(26) 実は、起源の忘却と〈存在〉の退隠は、早くも起源から、ギリシャに想定されるこの起源の場そのものにおいて、起源化している。そして哲学史の全体が、本来的なものと非本来的なものとの、「現存在」に固有に属しているものと本来「現存在」ではないものとの、つまり、「現存在」の中で〈存在〉へと開かれるものと、逆に〈存在〉のこの穴――これは哲学者がその祈願によって呼び起こすものである――を塞ぐものとが、ギリシャ人におけるだけでなくその後においても、もつれ合っていることを証明しているのである。言い換えるなら、ギリシャ人にあっても、良いことばかりではない。彼らも起源を手にし損なったのだ。彼らもまた悪しき牧人だった。逆に近代人においても悪いことばかりではない。近代人もまた、ギリシャ人のように存在の問題を予感しており、圧倒的多数による虚無的な思想の暗闇に埋もれてはいても、すべての偉大な思想家たちにあっては、「存在の空き地」の方へと向かう「森の径」や通路や穴がある。カントとその「超越論的なもの」、フッサールとその「還元」、ヘーゲルにおける形而上学の存在論への変換、それにニーチェによるニヒリズムを超克しようとする努力……。こうした第一のハイデガーは、何やら知らぬ「古き良き時代」への郷愁などとは無縁だ。ハイデガー思想を失われた純粋性というあの定理の何番目かの変奏にすぎないと捉える者たちは間違っている。例の「形而上学の根拠へと遡る」ための「後退《あとずさり》」(Schritt zurück) を文字通りに受け取る者は誤解しているのだ。したがって、何らかの祖国へと向かう遡行を行なう良き行為者を、今ここで、見出したなどと主張するような政治は、いかなるものと言えども忌避する必要がある。そのような祖国というのは想像の国にすぎないのであるから、何ぴとたりともこの祖国を再び見出す依託を受けてはいないのである。

ところが別のテクストがある。あるいは、同じテクストでも、違う形で読まれ、強調され、結局は違う形で書かれたものがある。そこに入ると、理論的な景色は突然すっかり変わる。『学長就任演説』がそれであり、そこではドイツ国民は「原初（Anfang）の力のもとに新たに」身を置くよう求められているが、「この原初とはギリシャ哲学の開闢（der Aufbruch）であり」、「すでに二五〇〇年もの歳月が背後に」あるのだ、と了解されている（とはいえ、同様にこのような発言もある。すなわち、原初は、「これから到来するあらゆるものの前方に、そしてすでに我々を通して」「我々の眼前にある」）。しかし、かならずしも学長時代のテクストではない、他のテクストもそうである。その中でハイデガーは、『存在と時間』の第一ページで述べているように、次のように述べるのである。すなわち、「かつては露わになっていた」〈存在〉の問いは、「隠蔽」のうちに沈み込んでいる。そして、その「ギリシャでの誕生」から、本当にそのギリシャでの誕生の時から、存在の問いは「伝統へと凋落した」のだ。そして、この事実から、単に新たな退隠の様式ではもはやなく、起源との絆を取り戻すことでこの忘却を癒すことを可能にするような〈存在〉の新しい時代《エポック》を想像することも、十分に可能なのだ、と。この第二のハイデガーにとっては、起源は本当にひとつの起源である。本物の原初的な時期があるのであり、この時期は本当にギリシャの時期なのだ。古代ギリシャの共同体という、本物の奇跡的な共同体があり、それは本物の共同体であった。そこからの本物の失墜（Verfall, Verfallenheit, Hinfall, vergehen）があり、それは本物の段階と本物の歴史と本物の責任者を持った本物の破局であった。そして、歴史的であるものはみな、そもそも定義からして、逆転可能なのであるから、この過程を中断すること、凋落のメカニズムを食い止めることは完全に可能である。例えば、（これが一九四〇年から一九四二年までの間に行なわれたヘルダーリンに関する講義の主題の全体である）「ロゴス」の形象から、キリスト教的伝統がそこに沈澱させた鉱滓を取り除く「大いなる決断」をし、それゆえに、この語についての「命令」とか「指令」とか「言葉」などという語による解釈とは縁を切って、ギリシャ人、つまり完璧な者たちにあっては、「〈存在〉」もしくは

「〈自然《ピュシス》〉」を意味していたこの語の原初的な意味との絆を取り戻すことは、完全に可能である。換言すれば、あの最初のギリシャ人たちの時代に我々がそうであった、あの〈存在〉の牧人に再びなることは、考えられることなのである。我々がそれであり続けることを断念したのは、ひとえに我々の怠慢のゆえであった。そして、再び牧人となるために、「歴史性の祖国たる、すぐれて形而上学的な民族」に依拠することは、何ものにも禁じられていない。そしてこの民族は、言語や歴史性や主体の場合と同じ揺れ動きの運動によって、その最も政治的な主張の中で形而上学的に強められる。この第二のハイデガーによれば、ヘラクレイトスはすでに一種のドイツ人だったことになる（西欧・ゲルマンの歴史的現存在の原力（Urmacht des abendländisch-germanischen Daseins）、とハイデガーは言っている）。一九四二年のヘルダーリン講義によれば、同じ「聖なる心」、同じ「運命の力」（das Schickliche）、「始源のもの」への同じ嗜好が、ギリシャの都市国家《ポリス》と「ドイツという祖国」の活力の源となっている、ということになる。また、パルメニデス講義は、ドイツの勝利だけでなく、ドイツ性（das Deutschtum）の最終的な勝利は、〈存在〉の終末論によって不可避になった、と我々に告げていたではないか。ここでは、二十世紀の最大の哲学者の一人がニーチェの残忍な予言を実現するさまを、再び目にするのである。ギリシャ人を求めて出発したはずが、ドイツ人を見つけることになった。原初的なものを求めて出発したはずが、キリスト紀元一世紀に、アテネの月はコリントの月に勝るとのたまった連中の罠にはまってしまうのだ。それにしてもヒトラーのドイツは、ペリクレスのアテネであるはずではないか。

ギリシャ人よりギリシャ人なのか、ドイツ人は。

ハイデガーの夢見た「極限のギリシャ」なのだろうか、ドイツは。

ここでもまた、至極当然のことながら、「最も高く屹立する」瞑想が野蛮のうちに沈み込む。

要約しよう。

ある意味で、二人のハイデガーがいる。

もし何なら、「良い」ハイデガーと「悪い」ハイデガーがいる、と言っても良い。

ただし、今や「政治的人物」と「哲学者」がいるということではない。

もはやうす汚いナチス党員と「心優しきタレス」がいるわけではない。夢想にひたり、時代の恐怖には無関心なタレス。そのタレスを、かつて『レ・タン・モデルヌ』誌が行なおうとしたように、ナチス党員の毒牙から救わなければならない、という話ではないのだ。

区分は哲学の内部にある。

勝負、真の勝負は、ハイデガーの省察のただなかで行なわれるのだ。

ハイデガーの二つの哲学が、正反対の方向に加わる一対の力のように、同じテクストを、そして、もう一度言うが、同じ概念を奪い合っているのである。

一方に、悲観的で、取り返しのつかない凋落を信じる、すさまじく暗いハイデガーがおり、彼はもちろん、出口はないのであるから、どんなものであれ、〈歴史〉と思想のなんらかの体制を特権化するつもりはない。このハイデガーにとっては、地球規模での技術の展開は、プラトンに始まり、当面は国家社会主義で完成に達している主観性の形而上学の、最終段階直前の結果なのである。この国家社会主義それ自体は、この結果の結果、つまり鎖の時系列的に言って最後の輪に過ぎない。彼としては、この国家社会主義が「ギリシャの始源の再来」であってくれれば良かったのに、と思っていた。しかしそれだけの話だ。本物の始源はないのだ。だから、本物の始源の再来などがあるわけはない。そうなると、ナチズムは千年にわたる〈存在〉の忘却の、もしかしたら最後の、しかしもしかしたら最後のではない、転生した姿に過ぎない、ということになる。それに打ち勝つ望みはあまりなく、したがって、それと戦う理由はあまりないとしても、それ以上に、それに賛同する理由もない。この一人目のハイデガーは、結局のところ、ナチス革命が自称する「再生的」役割にほんの一瞬ですら賭けるには、あまりにも暗すぎる。

一方で、より肯定的なハイデガー、より確信をもったハイデガーがいて、彼は、自分が認めたばかりの永遠の凋落を諦めて受け入れることを、突然やめる。この同じハイデガーは、同じ調子で「技術の地球規模化」と「大地の精神的退廃」を描写する。この同じ偉大な哲学者は、〈存在〉の忘却や、この忘却のせいで人類が際限なく暗黒の中で生き続けるという事実について評釈する。ただし、まるでハイデガーは突然、こうした不吉な情景に甘んじていられなくなったかのようなのだ。あたかも、彼はこの悲観主義の中に、病的な快楽を見、この悦楽の中に、彼自身が告発するニヒリズムの結果を見ているかのようなのだ。そしてそのニヒリズムの砂漠は、拡大を止めることがない。砂漠の拡大を放置すべきなのか？　いや、もう砂漠にはうんざりした、と彼は言っているようだ。かくして、彼は自分の言説をほんのわずか修正する「大いなる決定」を行ない、凋落と忘却の坂道を下から上がり始める――それもほんのわずか、気づかれないほどかすかに――手段はないものかと自問する決断を下すのである。そして、「現存在」の分析法によって得た成果を放棄する。歴史性の学説、言語の理論、〈存在〉の開けそれ自体のうちに忘却が刻み込まれているという考えに立ち返る。そして、ドイツの中に、ドイツの中ではナチズムの中に、ギリシャでの思想の曙光に至る道をたどり直すことを可能にしてくれる乗り物を認めるのである。

ハイデガーがナチスになるのは、彼が楽観的になった時なのだ。

衰退は逆転することができる、破局の流れを遡ることができると、いきなり信じ始めた時、つまり、進歩主義になった時、彼はヒトラー主義に賛同するのだ。

ハイデガーのヒトラー主義は魂の闇ではない。それは光の瞬間なのだ。世紀の闇の中に、希望と光明の光線を導き入れようと決意した瞬間なのである。

以上が、この二人のハイデガーの間の分離の原則である。

以上が、この「批評」の本来の意味における、現実態における分割の原理なのだ。この批評は、サルトルや他の思想家たちが、必ずしも明確に文言化するには至らなかったが、事実上遂行したものであったが。そうなのだ、以上が、ハイデガー主義者であることも、ハイデガー主義者でないことも不可能である、という文言で表現されるこの袋小路を逃れようとするならば、今度は我々が実行し始めなければならない批評の形式なのである。

そして最後に、以上が、この批評の教訓である。この批評が、幕を閉じた世紀について我々に述べること、これから始まる世紀について我々に告げること、それは、全体主義は——サルトルがよく理解したように——常に闇よりも、むしろ光明の息子であったということなのである。

第II部　サルトルに公正な裁判を

Justice pour Jean-Paul Sartre

I 実存主義は反ヒューマニズムである

しかしまたサルトルに戻ろう。

あのサルトルの初期の思考に戻ることにしよう。ジィドとベルクソンの影響から身を引き剥がすために、ハイデガーに、フッサールに、セリーヌに、そしてとりわけニーチェに立脚しようとしたあの思考に。あのサルトル、共産党への追随以前の、マルクス以前の、キューバ支持、ソ連支持、毛沢東主義支持という過誤を犯す以前のあのサルトルに戻ることにする。

私が「初期」サルトルの思考と呼ぶあの思考に戻ることにする。もっとも実際問題、どこからそれが始まり、とりわけいつそれが終るのかは、明言することができない。それほどその歩みは分かりにくい種類のものであり、複数の系譜が錯綜しているのだ。

しかし要するに私としては、そこに戻るものであり、それにたっぷりと時間をかけたいとさえ思っている。この思考の輪郭をはっきりと確定し、それ本来の厚みを取り戻してやるようにしたい。それ本来の論理を復元してやりたいのであって、その中にあのもう一人のサルトル、あの規範としての「偉大なる」サルトル、円熟期の大きな過誤を犯したサルトルの下書き、ないし予感を見ようとするのではないのである。私としてはとりわけ手始めに、早くも五〇年代初頭から、マルクス主義者の「唯物論的」批評とハイデガー思想のこちこちの信奉者たちからする二重の攻撃によって培われた馬鹿げた伝説、この初期サルトルとは、何やら知らぬ、デカルト主義者の愚直な二元論の徒で、現代哲学の成果に耳も貸さない、古臭い、主体の哲学をこととする哲学者であるとしてしまう伝説を検討したいと思う。サルトルは金科玉条たる「意識」に完全に取り付かれていたため、結局は、一貫したフッサール主義者なら最大の気掛かりであったはずの、物そのものとの邂逅を取り逃がしてしまった、というのだ。私としては、まず手始めに、『嘔吐』と『存在と無』の作者は、一言で言うなら、二十世紀が断罪することとなった「唯心論」ないし「ヒューマニズム」の典型であるとする誤解を一掃すべく試みようとするものである。

物の味方

さて物の問題である。

この初期サルトルには、ある形の二元論がある、というのは確かだ。

物と意識の対立においては、サルトルはどちらかと言うと意識の側に立っている、ということは認めても良い。

また、『存在と無』の中、さらにはそれよりあとのテクストの中にさえも、主体を物質ないし即自の支配の中に溶解させてしまうかも知れないものから主体が自らを引き剥がすということを述べる箇所があり、自由にして、世界から切り離されているかの如き意識というものの賛美が見出されるということ、サルトルはその意識が、たとえ「コギタンス」〔考えるもの〕であっても、一つの「レス」〔物〕であると考えることは肯んじないということ、「意識がないところには意味もまたない。したがって主体がないところには、本当に事物があることはないのである。事物は、存在するために、意識を待っている」と述べているようなテクストがいくつもあるということ、最後の最後まで人間を「物質の動きの上方をひらひらと舞っている移ろいやすい幻想」――その夢をのちに彼はマラルメに帰することになるが[1]――と見なし続けるサルトルがいたということ、こうしたことはいずれも疑問の余地のないところであり、それこそが彼とハイデガーの不一致の動機でさえあった。

ただしサルトルは、――その点こそ、サルトルの偉大なところなのだが――このような論点先取りが含み持つかも知れない素朴ないしは怠惰な点を直ちに修正した。他のテクストの中、あるいは同じテクストの中でも、視野を逆転させ、いずれにせよ、「観念論的」ないし「ヒューマニズム的」というレッテルを貼ることが困難になるように、補足を加えたのである。

彼が強調するように、意識は確かにそのような尊厳を持つだろう。意識は確かに、事物の連続体の中に解消されることを肯んじない卓越性を持つはずである。しかし事物もまた、存在する。意識から独立して存在するだけでなく、意識以前に存在しているのであり、意識はその事物を承認することになるのである。そして例えばメルロー＝ポンティに反対して、事物の大海への沈没を免れた主観性の岩礁を突き付けはするが、逆に、知覚された存在は知覚する存在に先行するという点、またこの点に関して、フッサール的「超越論的エゴ」の概念は、意識の作用を過大に評価し、それと平行して、ノエマの、ということはつまり事物の、現実性を弱める傾向を有するものであって、この上ない誤りの元である、という点については、彼に同意している。意識がないところには事物はない、というのは真である。しかし事物がなければ、意識もまたない。これはさらにいっそう真である。確かに、意識がないところでは、事物は無言で、不定形の、塊的な物質性を持つのみである。しかしともかくある物質性を持ってはいる。それに対して意識は、事物がないのなら、空虚な場、無にすぎないのであり、存在するためには事物を必要とする。ところが事物はそれ自身のみを必要とするのである。「存在は無に先行するものである」と、『存在と無』ははっきりと述べている。そして存在は「考えられるために無を必要」とすることはいささかもないのであり、「無」、すなわち主体は、存在から借り受けた「借りものの現実存在〔existence〕」を持つと言うべきであり、「無がその存在〔être〕を得てくるのは、存在〔être〕からである」[2]と言うべきなのである。

もっと分りやすく言うと、先行性だけでなく、存在の密度がより高いと称することのできるのは、「事物」と「主体」のどちらなのか？　どちらかに存在論的特権を認めるという話になった時、それはどちらに帰着するのか？　こうした点について、サルトルはまことに明快である。彼はもちろん意識の存在を信じる。その特典を何度も何度も主張している。しかし意識は副次的で、後発的なものであるとわれわれに告げるに留まらず、また事物は意識の「到来」以前からそこにあると繰り返し述べるに留まらず、意識はとりわけ存在より貧弱なものであり、存在の重みと充満と尊厳と豊かさは、反対側、即自の、つまりは事物と身体の側に移動したのだと、われわれに断言するのである。事物の「存在」、意識の「無」……世界の「過剰存在」と主観性の「非存在」。主観性は、己の中、己の周りに、何ものでもないものを増大させることによってしか存在できないのだ。人間というこの「何ものでもないものの存在」の否定性。それに対して、ほとんど淫猥なほどの、塊的物体＝肉体の肯定性。彼は人が何と言おうと、それを存在の核心とすることを放棄することは決してなかった。これはサルトルのハイデガー的側面である。サルトルの中で、フッサールに対抗して切られたハイデガー・カードなのだ。サルトル的な非常に自由なハイデガーの読み方なのである。ハイデガーは『形而上学入門』の中で、存在と思考の「本源的・根本的な所属」の問題を問い、意識に対する存在の、時間的前後関係における優位のみならず、論理的優位を主張した。さてこのサルトルが『存在と無』の中で、「存在論的論証」を口にするのは、何やら知らぬ慣例的「デカルト主義」に戻るためではない。「意識は意識でない存在に向けられて生まれる」と述べるためである。そしてこの意識でない存在は、もう一度言うが、「あるところのもの」の尊厳を十全に有している。そして晩年に、『フローベール論』を仕上げつつ、最後にもう一度、自分の計画の根源そのものに立ち返り、さらに『フローベール論』を越えて、『ジュネ論』、『ボードレール』、『マラルメ論』の草稿以来、もしかしたら彼の名と方法をそこに留めようとしつつあった〔伝記という〕このジャンルの定義そのものに立ち返った時、彼は次のような異様な発言をしている。[3]「伝記というものは、下から、足元から、体を支える両脚から、性器から、要するに下半身から出発して書かれるべきだろう」。さらに付け加えて、彼は次のような指摘を添えている。それが彼の唯心論と言われるものとあまり噛み合わないことは、だれもが認めることだろう。「こういう風に伝記を書きたかったんだ、フローベールの伝記を。彼の本は棚上げしておいて、身体全体の要約として……」

もっと分りやすく言おう。物は荒々しい。時宜にそぐわない。単に意識に先んじて与えられている「所与」であり、意識は物がそこにあるということと、その穏やかな存在性の密度に同調しなければならない、というだけの話ではない。所与は所与でも、怒りっぽく、辺り一面を荒し回る所与だ。ほとんど野生の「荒々しい若い力」で、主体に襲いかかり、顔面に飛びかかって犯し、暴行を加えるのだ。それに『嘔吐』の中に描かれたような世界の沸き立つような興奮に対して、受動性、さらには平穏を想定させるこの「所与」という語は、果して依然として当てはまるのかどうか、それさえ定かではない。その世界は次のようなものに満ちているのだ。蟹、地を這う怪物、狂乱した木の根、生きて動き回る茂み、葉むらと色彩を吐き出す木々、うじゃうじゃと増殖する昆虫、「大きな白い蛆虫」のような手、幻想的なフォーク、鎖を解かれた生きた獣のようなドアの把っ手やナイフの柄、風に吹き飛ばされて、腐った肉の断片に変貌した脂で汚れた紙……以下省略。事物というのは「本当に得体が知れない」と、すでに一九二七年に書いた未完の小説『ある敗北』の主人公、フレデリックは言っていた。実に「敵対的」だ、と。しかし敵対的であるがゆえに、同時にかくも甘美なのだ！　フレデリックは、ゴミ箱から発散する臭いを吸い込んだ。この「土と、ジャガ芋や果物などの剥いた皮と、そして湿り気とが混ざったかすかな醜い臭い」を嗅いで快感を覚えたのである。彼の顔面に飛びかかり、衝撃で頭を「くらくら」させ、襲いかかる事物がうようよいる風景のただ中をそぞろ歩く春の散策を、楽しんでいるという言葉を用いても、別に強すぎる言葉ということにはならない有り様だった。やはり『嘔吐』はずっと長引くのだ。『嘔吐』は、事物の怒りを描く陰気で陽気なこの大ロマンを、素朴さを削ぎ落して、続行しているのだ。『嘔吐』は――『存在と無』もそうなのだが――、主体に対して投げ付けられる存在の汲めども尽きせぬ多様性へのこの讃歌の、延長に他ならない。もう一人のサルトルがいるということ、『嘔吐』においてさえも、「自由以前」の存在を、塊的な肯定性として、鳥もちとして、目の前にある「軟らかな」ものとして、意識に鉛の重しを付けてその軽やかさを奪ってしまう「巨大などろどろした粥[4]」として描き出したサルトルがいるということ、それを私は知っている。『存在と無』の、「無関心、欲望、憎悪、サディズム」の間の関係について論じる同じ章の同じページで[5]、「意識が己の事実性によってねばねばしたものとなること」、「世界が身体を鳥もちで捕らえること」、さらに註の中で、「事物の逆行率」、事物の「粗さ」、「耳障りな点」、「硬さ」などという言葉を述べるサルトル

――やはり同じサルトル――さえいるということ、これは明らかだ。しかしまた、次のような全く別のサルトルもいる。事物に狂おしく恋するサルトル。それと同時に彼は、事物に怯え、ほとんど人間の不可思議よりも、事物の「魅惑の力」と「恐ろしさ」に魅了されているのだ。存在の沸き立つような興奮、存在の不断の横溢、その騒がしさ、つまりは、意識に襲いかかる事物の予期しがたい突然の出現、これを描写する時に限って、かくも大きな才能を発揮したあの物質主義者がいるのだ。

さてそれではこれらの事物の本性は？　それの意識に対する関係は、いかなるものなのか？　少なくともこの両者は何らかの秘かな協定によってつながりがあるのではなかろうか。共通の本質、共通の実体を持つのではないだろうか？　事物が存在の領域においても現実存在の領域においても意識に先立つものであり、その先行性はそのような予期しがたい野生を伴って顕現するしかないのだとしても、二つの領域の合同、そのあり得る適合は、どういうことになるのだろうか。意識というものが、時間的に後発のものであるにしても、それでも事物についての意識であり、事物を対象とし、事物を認識し、思い浮かべる、こうしたことが可能であるためには、少なくとも意識と事物は近親性を持つのでなければならない、同じ素材から作られた、共犯者でなければならないのではないか？　いや、私はそのような仮説もまた必要としない、とまたしてもサルトルは言う。そしてそれこそ、彼のもう一つの固定観念であり、もう一つの概念的強権発動なのだ。そのことはあらゆる楽観論者たちに敵対して、最後の最後まで頑として曲げることなく主張され続けた。楽観論者というのは、やがて分かるが、ヒューマニストたちのことであり、彼らヒューマニズムの徒は、観念論（物とは私の目に見えるところのものである。事物の存在は、私がそれについて抱く表象と同一である。事物がその意味とその真実性を引き出すのは私からであり、私だけからであるのだから、私は事物にうまく適応するのだ）からにせよ、実証主義（事物の真実性と意味は、その物質性、その身体そのものに刻み込まれている。意識が事物を知ろうとするなら、この声なき言葉を写し取り、それに耳を傾け、それを取り戻させるだけで良いのだ）からにせよ、知覚される事物とそれを知覚する意識との間の秘かな近親性を確信している。[6]だが事物は他なるものである。事物の時間と人間の時間は完全に不調和だ。この両者は、「交通不可能」で「絶対的に切り離された二つの存在領域」であり、互いにいかなる種類の「存在論的絆」も持たない。[7]それゆえ、この「観念論者」を自称する者、魂を司令部に据え、司令部の中でも、世界全体の立入検査の指揮を取る立場に魂を置いていると想定されるこの男は、おそらく現代の哲学者の中で、二つの領域の間の隔たりを掘り下げる点で最も先まで進んだ者なのだ。事物は私に対して「敵対的」であるだけでなく、私には「無縁のもの」だ、と『ある敗北』のフレデリックは言っていた。事物は、私に「飛びかかって」「私を襲う」だけでなく、私の実体とは何の関係もない実体から成り立っている。そして私が事物をこれほど愛し、これらの「染みのついた卵の殻」や「腐ったにんじん」を目にすると楽しいのは、事物と私とが「いかなる近親性の絆」も持たず、それゆえに私は「近親相姦なしにそれらを愛する」ことができるからなのだ。すでにすべてが言われていた。ここでもまた勝負はついていたのだ。意識の勝ちか、だって？　そんなことはない。反対に事物の特権は明らかなのだ。見ての通り、その不抜の自律性が確証されたのだから。

せめて隔たりは縮小されるのだろうか。事物はたしかに別の素材で出来ており、果てしなく自由で躍動するが、やがては意識の技術的創造作業（テクネー、ポイエーシス……）に服従することになるのではなかろうか。それにそれこそはまさに、事物を意識するということの意味するところではないのだろうか？　すなわち当初の異質性を還元し、馴致し、飼い馴らし、臨検し、同化すること。事物は頑強に抵抗することもあろうが、思考の中に溶かし込むことが可能なのではなかろうか？　いや、違う。またしても。やはり違うのだ。こうした事物の異質性を呑み込んでしまうとか称する「食物消化的哲学」ほど、この初期サルトルにとって無縁なものはない。思考が、事物から噴出し、事物の本質をなすとか称する、何やら知らぬ「分泌液」やら「白い流出物」やらを表現するという観念ほど、この「意識の哲学者」の考えと正反対のものはない。事物は「思い通りになる」という考えは、ジュール・ルナールなどの犯した大きな誤りなのだ、と彼は言う。単にルナールがどうこうというだけでなく、それこそはおそらく悪しき文学とはどのようなものかという最も正しい定義なのだ。〈存在〉の「超現象性」に気付かず、「物それ自体」を描写している積りでいるが、その実、常識の語る月並みを語るにすぎないこうした詩人たちは、何たる誤解をしていることか！ 彼らの詩の、何と退屈なことか！ 彼、サルトルの立場は、シニフィエと物との決定的な異質性を想定するストア派の立場にほかならない。「事物をまるまる取り上げて、それを示し」、それによって「神秘を取り逃がしてしまう」高踏派を嘲笑ったマラルメの立場でもある。彼の教義は、次のように言う詩人たち——例えばポンジュ*——のそれである。すなわち「物の秘密というものがある。物の中には、永遠に入り込むことのできない部分がある。たしかに近付くことはできる。牛乳の『秘かな黒さ』を描写する時、自分は外見と月並みの枠の外に一歩踏み出したと思うことはできる。しかし近付くというのは、入り込むことではない。そして詩人がどれほどの天才に恵まれていようと、彼はつねにこの不透明性の部分に突き当たるだろう。そこには、いかなる命名行為も力づくで押し入ることはできない。名付け得ないものはあるのだ。そしてこの名付け得ないものと、それを名付けようとする、絶えずやり直されるが、つねに徒労に終る努力との間で行なわれる戦争は、永遠に続き、情け容赦もなく苛烈である……」

それにしてもこの入り込めない不可入性というのは、何に由来するのか？ 意識が、たとえ詩人の意識であっても、結局は物の秘密に到達する力を持たないのは、なぜなのか？ サルトルはこの点について、二つのタイプの説明を動員している。時には（ポンジュを論ずるテクスト）、闇の核心、事物の内在的内密性、人間の手を逃れる詩的な厚みを問題とする。しかし時には（フッサールを論ずるテクスト）次のように言う。すなわち「即自は秘密を持たない」、即自は「それではないものといかなる関わりも」保つことはなく、「いかなる否定も」含み持つことはなく、「他性を知らない(8)」、そしてこの異質性は逆にまさに超越性と呼ぶべきものの印なのである、と。それこそは最も華々しい逆転にほかならない。そこにおいてサルトルは、何くわぬ顔をして、観念論の図式の脱構築を最も先まで押し進めているのである。伝統的観念論は——彼自身も、観念論者を演じている時は——主体や意識やエゴについて、「超越」という語を口にしていた。ところが彼は、その逆を行なう。このもう一人別のサルトルは、フッサールの立場を徹底化して、事物はその外形に還元することはできない——なぜなら顕現と現象の無限の潜在性を持つからだが——という概念をそのぎりぎり限界にまで押し進めて、二つの項の関係を逆転し、哲学のコードを撹乱する。真の超越性とは、物の超越性なのだ。カントにあって、そしてフッサールにあっても、超越的なのは意識だったが、いまやそれは事物の方なのだ。この絶対的他性、無限の現れとなって生じることができるというこの能力、汲めども尽きせぬ潜在性と抵抗力の働きによって意識に対立して行くそのあり方、これを彼は「事物」と呼ぶのである。首尾一貫した物質主義＝唯物論のこれ以上の定義があるかどうかは分からない。しかしサルトルは唯心論者、すなわち意識、主観性、〈人間〉、こうしたものに取りつかれた者ではないことは確かだ。彼は二十世紀の偉大なる唯物論哲学者なのだ。

ジャン・カヴァイエス*、論理によって抵抗を選んだ者

ヒューマニズムの問題。

たしかに「ヒューマニズムの徒」たるサルトルがいる。

たしかに、その生涯のある時期に、何らかの理由——それはこれから解明しなければならないが——で、このヒューマニストとなったサルトルがいる。

そして彼は、フランス解放期に、ある名高い講演の中で、「実存主義」とは「ヒューマニズム」であると喚き散らした最初の人間でもある。

しかし彼はそのことを言っただけだろうか？　それに、その場合も他の場合と同様、彼が言ったことを言葉通りに信じる必要があるのだろうか？　私はそうは思わない。というのもこのヒューマニズムの問題は、サルトルにおいて、そして特に初期サルトルにおいて、少なくとも事物とその物質性の問題と同じくらい複雑で、逆説的で、矛盾的なのだから。

予備的な指摘。私は、もうあれからほぼ三〇年になるが、アルチュセールが『ジョン・ルイスへの回答』の中で、スターリン主義は本質的にはヒューマニズムという株に芽生えたひこばえであると言ったのは、間違いではなかったと今でも思っている。というのも、スターリン主義とは詰まるところ何だったのか？　それは何を言っていたのか？　その言説はどのように述べられていたのか？　二つのうち一つである。それは何も言わず、言説など全く持たず、ヒトラー主義と同様に、野蛮な興奮の爆発、純然たる力、低劣な治安装置以上の何ものでもなかった、と評価するか。その場合にはアルチュセールの言葉は、擁護しがたいものとなる。それはおぞましいか、ばかばかしいかの、どちらかだということになる。さもなければ反対に、二十世紀の複数の全体主義が言おうとしていたことに注意を向け、バタイユがヒトラー主義に対して行なったように、全体主義の壮大な主張を、ということはスターリン主義者のそれも同様に、聴取する訓練を積むか。その場合には、そう、アルチュセールは正しかったということになる。というのも、スターリン主義者たちは詰まるところ、何を言っていたのだろうか？　彼らのおびただしい大量虐殺が始まろうとしていたまさにその瞬間に、彼らは何を夢見ていたのだろうか？　その着想は新しい人間を作るということだった。旧い人間を一掃して、その廃屋と抜け殻の上に明日の人間を出現させるということだった。もちろん、収容所だ。強制収容所。恐怖とおぞましさの群島。たしかに大抵の場合は、残忍と殺人への純然たる愛好が支配的だった。しかし少なくとも過去の記憶として、もしくは機構のテロル的エネルギーを増大させる手段として、初めはレーニン的着想であった、悪しき人間を良き人間に入れ替え、人類が罹っている、ブルジョワジー、階級闘争、階級国家、疎外という名の長期にわたる病を癒そうという考えがあった。この言説が大抵の場合、虚偽であり、プロパガンダであったということは、もう一度言うが、大いにあり得る。現実のスターリン主義はまず第一に、人間の獣《けだもの》化の獣《けだもの》的な企てであったということは、認めることができるし、認めなければならない。しかしながら……暗殺者の言うことに耳を傾けることがあっても良い。彼らがその犠牲者たちに「お話をする」（これもアルチュセール独自の表現だが）必要を実感した時に、その話を真剣に受け止めようとすることはあっても良い。〈人間〉の定義のやり直しのないところに、スターリン主義はない、とスターリン主義者自身が言っている。人間をその最も深い部分で変えようとする意志のないところに、スターリン主義は（それに毛沢東主義も）ない。全般的に、（人類そのものを）改造しようとする計画のないところに、共産主義はないのだ。そしてもしこれらの言葉に何らかの意味があるのならば、この改造計画は、ヒューマニズム的と形容するに値する。現実の歴史の中にある人間たちの生来の不純さに直面して、より純良な本質に、もしくはヒューマニズムの徒たるサルトルが自身で「より良質な人間」と名付けるものに訴えようとすることを、「ヒューマニズム」と名付けることが適切であるのなら、その時は、諸赤色全体主義、すなわち諸スターリン主義はいずれも、実際、ヒューマニズムの特に堕落的な形態であったということになる。堕落的な形態であるにしても、ヒューマニズムの一形態であることに変わりはないのだ。

予備的な指摘、その二。スターリン主義に該当することは、必要な修正を施すなら、その非対称的な分身たるヒトラー主義にも該当する。ヒトラー主義はヒューマニズムである、だと？　このような形で明言されるとなると、この命題は猥褻である。それは、例えばレヴィ＝ストロースが「絶滅収容所」を説明するために、「人間」が「それ以外のあらゆる被造物から隔離」され、それゆえに「防御緩衝帯を失い」、「もはや己の権力の限界を」悟ることなく、「己自身を破壊する」(9)に至ったという事実を持ち出している時にも、やはり猥褻である。しかしヒトラー主義の中にも、新たな世界という計画、ということは新たな人間という計画が含まれており、そこにもまた、世界の歴史をゼロからやり直そうとする野心があったということ、そして「ギャング的なやり口」なり純然たる「狂気」はこの企ての真骨頂ではなかったということ、このことは残念ながら異論の余地なき事実なのだ。そして人間という種をより良いものにしようとするナチスの考えと、ヒューマニズムの大仮説との間に「形而上学的」近接性があるということ、ヒトラー流優性学と、人類の祖先から受け継いだ呪いが最終的に克服されたとか称する、もう一つ別の世界に対するヒューマニズムの信仰とが、何やら同じ韻を踏んでいるということ、これはハイデガーのケースを分析した際に検証したことであり、その点を完全に納得するには、ナチスたち、そしてヒトラーその人が、己の妄想を言語化したテクストを読んでみるだけで良い。ユダヤ人への憎悪、というのは確かだ。ユダヤ人というばい菌、ウイルス、害虫の駆除、これは明らかだ。しかしこの憎しみがかくも公然と断言されたのは、それが何らかの愛、新たな人間、民族的(völkisch)にしてナチス的な新たな人間に捧げられた愛の、必然的な裏側であった、もしくはあると称していたからにほかならない。このメカニズムは抗い難い。永続するに値する人類は、「アーリア人」という形象に一体化する。それに対する人にあらざる他者は、ユダヤ人に一体化し、アーリア人が出現し繁栄するために、これは絶滅させなければならない、というわけだ。要するに恐るべき機械が設置されたのだ。それは、まず初めに他を産み出すのでなければ、同を産み出すことができず、まず初めに何頭もの怪物を作り出すのでなければ、〈一者〉を作り出すことができない。人類のまるまる一部分を淘汰し、下劣な突然変異の夜と霧の中に呑み込んでしまわなければならない。そうして初めてあの理想の人間、純化され、浄化された理想の人間、あの大文字で始まる、大文字のH*で始まる人間が生まれるのであり、これ以降は、ナチス的人間こそがそのような人間であるだろう。

予備的な指摘、その三。もしそういうことであるなら、もしナチズムとスターリン主義がこうしたヒューマニズムの忌わしい形態であるのなら、それらは妄想には違いないが、しかしもしそれらの妄想が新たな人間、もしくは理想的な人間、もしくは単に人間の本性のイメージに立脚しており、それらの妄想がそのイメージを正確に表現するものであるのなら、一つの本性をもう一つの本性に対置し、良き理想を悪しき理想に対置しても何にもならない。人間の抒情的な定義を持ち出して、人間改造のどす黒い計画表に対処しようとしても何にもならない。この人間固有の本性の形而上学——それはヒューマニズムの形而上学であると同時に、諸全体主義の形而上学でもある——の中で身動きできなくなっても、何にもならないのである。ここでもまたアルチュセールは正しかった。ここでも彼は——もっともデリダもそうだったが——正しい反応をした。そしてその反応に対して、私が二十歳の頃に信奉した構造主義に対して、アルチュセールとデリダの教訓に対して、その二人が行なったヒューマニズムの諸規定の棚上げに対して、私は今でも忠実である。ヒューマニズムに対するこの批判は、より良き人類、もしくは改善された人類、もしくは生まれ変わった人類という幻想と訣別したがゆえに、また「進歩主義」——その前提は、ファシズムと共産主義の前提であり続けた――に対して距離を置いたがゆえに、思想が獲得した成果であると、私は今でも考えている。世紀の変わり目に向けて、われわれの貴重な財産となるものは何か？　この転換点において、あれほど過酷な中傷を被ったあの「六八年の思想*」の中で保持されなければならないのは何か？　どちらにどう転んでも、このことである。すなわち、詰まるところ人間とはこういうものであると、われわれに言おうとし、今後も言おうとするであろうあらゆる狂人たちに対する、強固な不信感である。そしてそれゆえに、明瞭かつ決定的に理論的反ヒューマニズムを選び取る必要があるのだ。

予備的な指摘、その四。念のため言っておくのだが、二十世紀には、二つ、もしくは場合によって三つの反ヒューマニズムがある。それらの反ヒューマニズムは互いに無縁ではない。その系譜は交差し、重複し、照応している。しかしまさにこの総決算の時において、それらの区分を試みるのは、手順として悪くはない。まずヘーゲル的反ヒューマニズムがある。その原理はさらにハイデガーの原理ともなるだろう。それは、人間とは〈観念〉の道具にすぎず、〈存在〉ないし〈ロゴス〉の一時的な顕現にすぎないという理由で、人間からその権限を取り上げてしまう。人間は〈目的〉でも〈絶対〉でもなく、〈絶対〉と〈目的〉が集い合い、理解し合う〈場〉、〈絶対〉と〈目的〉とに提供された媒介手段、〈絶対〉と〈目的〉の必然的だが束の間の顕現であり、その輝きの当のその瞬間に消え去る運命にある。ヘーゲル――真理と現実、反省的理性と実存的理性、〈精神〉の壮大な遍歴が展開する純然たる劇場としての「魂」。ハイデガー――〈存在〉の開けの中に「滞在し」、「技術の本質の中に顕現し、自分自身が支配することのない力からする統制と依頼と命令を蒙る」者と考えられた「人間」。例えば「大〈芸術〉」において、芸術家とは、何やらどうでも良いものであって、「まるでほとんど作品の誕生のための通過点であって、作品創造の行為の中に消え去ってしまうかのようなのだ」。ブランショの解説によるマラルメ――「詩的発言とはもはや何らかの人物それ自身の発言ではない。その中では何者も話しておらず、話しているのは何者でもない。発言だけがひとりでに自らを話している……」。第二に、スピノザ的反ヒューマニズム、つまり二十世紀の用語で言えば、ドゥルーズ的反ヒューマニズムがある。それは、〈存在〉をめぐるドラマの構成の中でこのような役割を主体に与えるのは、主体に譲歩しすぎだと考える。主体とは場でさえない、とそれは言う。媒介手段でさえない。いわんや「滞在地」でも「牧者」でもない。そしてこの〈存在〉への開け以外の何ものでもないというこの最後の特権もまた、廃棄する必要があり、人間たちにそれを放棄して貰う必要がある。〈人間〉が「実体」溶解し、その「内在平面」の中に沈み込むようにして貰う必要があるのだ。そうなると残るは、粉々になった主体、したがって、非人称的主体である。残るは、あるかなきかの主観性だけであって、そこにおいては、別々に分離された身体もしくは魂としての例の「自我」なるものは、いかなる内実も失ってしまう。私はかつて、『人間の顔をした野蛮』の頃、このような徹底性のもたらす効果を告発した。その後、意見を変えたわけではない。私は今でも、それとは反対のものに賭け、この無関心な内在平面の表面に浮かぶか、もしくは浮かぶ振りをする主体のごときものという仮説（虚構？）を維持するのでない限り、世界は住むことのできるものではない、と信じ続けている。さてそれから第三の反ヒューマニズムがある。それはより慎ましいもので、存在論的慎ましさが、その原理そのものであり、実はアルチュセールというあの逆説的マルクス主義者が擁護していたものなのだ。大文字で始まる〈人間〉はない。〈人間〉の本性はない。とりわけ、〈人間〉の将来、もしくは現実の人間たちの運命ないし真実であるとか称する超人はない。ちりぢりに分散した人類。最終的に本性を持たず、純粋でなく、完成に達することのない人間たちの純然たる四散。そしてこのような人間たちを考えるためには、さらに彼らの決定的な本性の不在を考え、その上で行動し、介入するためには、さらには彼らの運命を考え、彼らに近いものの運命と遠いものの運命を考え、彼ら人間のために抗議と抵抗の良き戦略を開陳し、それらの抵抗を考え、理解するためには、もちろん概念が必要だろうし、概念をめぐる戦略が必要になるだろう。しかしそれらの戦略は、もはや〈人間〉というかさばる概念を経由することはないだろう。道徳化的形而上学――ニーチェは「モラリーヌ」〔moraline〕と言っていた――の、巨大で愚直な仕掛けを避けて通るだろう。道徳化的形而上学は常にわれわれに、一人の抵抗者の頭の中、肉体の中、そして生涯の中で何が起こっているかということより、装置を考案した者たちのこと、彼らの秘められた動機、彼らに取りついた力のことについてより多くを教えるのである。

　最後に最後の指摘。ジャン・カヴァイエスのケース(10)を取り上げよう。このレジスタンスのリーダーのケースを取り上げる。〈北部解放〉の指導委員会メンバーで、地下活動での通称は「マルティ」、もしくは「エルヴェ」、もしくは「シェヌヴィエール」、もしくは「カリエール」〔キャリア〕、もしくは「シャルパンチエ」〔大工〕。すさまじく大胆不敵で、疲れを知らぬ、この一〇の顔を持った地下活動員のことを思う。彼はいずれも危険に満ちた無数の使命をこなす中で、特にドイツ第三帝国海軍への破壊活動とフランスの海岸に設置されたドイツの無線標識局の破壊を担当した。カヴァイエスは、キリスト教徒だった。高等師範学校では「カトリック系学生」のグループとつながりがあり、一九二〇年代の終りに、高等師範を出る頃、ドイツにおけるキリスト教伝道活動についての長期にわたる調査を行なっている。しかし彼はまた数学者でもあり、その点でもやはり熱烈であった。レジスタンス活動の間に、ロンドンに二度赴き、〈南部解放〉の責任者たちと秘密の会見を二度行なうという多忙の中で、もう一人別のレジスタンス活動家、アルベール・ロートマンに手紙を書いて、ゲーデル、フッサール、もしくはデュ・ボワ＝レイモン*の著作を送ってくれるよう頼んだりしている。より正確に言うなら、抽象的集合論、微積分学、関数の展開、超限数と連続体に関する研究を、青年時代の神の探求と同じ熱烈さと、実のところ〈真なるもの〉の最終的再臨への同じ信頼をもって行なった人物なのである。そしてそこでまことに印象的なのは、神と数学へのこの二重の信仰の複合的な影響によって、また神の超越性と、カヴァイエスが「数学的観念性」と名付け、のちにジャン＝トゥーサン・ドサンティ*も彼に倣ってそう名付けることになるものによって表わされるもう一つの超越性という二重の拘束の下で、彼は最後には、もはや「意識」に余地を与えない認識理論を作り上げたということである。存在の脱主体化。「構成する数学的主体」と認識一般の主体の脱構築。「われわれは何においても導かれている」と、青年時代の彼は言っていた。そしてある意味で、また別の意味で、それは彼があの対独抵抗の過酷な歳月の間信じていたことでもあるのだ。収容所送り、地下活動、拷問、再び地下活動、決死的任務、一二回もの尋問、しかしそれは彼から一言も引き出すことはなかった、フレーヌ監獄、再び拷問、そしてそれからついに、アラス要塞での死刑執行小隊、共同墓穴……彼はここでも相変わらず「導かれて」いた。そして私は、最後の尋問が終った時の、拷問者たちの唖然とした顔を思い浮かべる。この大ブルジョワで、しかも第一線の大学人、全国規模のエリートたる輝かしい精神をして、このように命を危険に晒し、絶望的な闘争の中で命を失うに至らしめた動機はいかなるものかと尋問した時に、この腫れ上がった美しい顔は、ほんの一瞬、平静な様子を取り戻し、おそらく彼がかつて教授資格試験志願者たちに集合論の難解なポイントを説明していた時に見せていた親切で賢明な態度を見せて、彼らの質問に答えたのである。真理……真理の守り神……私は私の闘いの中で、ドイツ人の師たち、そう私のドイツ人の師たちの深甚な思想を現実化したのだ。彼らは、例えばフッサールがそうだが、真に対して仕えることこそ己の生涯を捧げるに値する唯一のものであると私に教えてくれた……ジョルジュ・カンギレムはこれをジャン・カヴァイエスの「論理による抵抗」と呼び、それを論じる本を上梓した。(11) 彼はこの男の逆説についてじっくりと思いを巡らしている。この男は、カントールのように、「数学の本質とは、自由である」と考えていたが、ナチスとヴィシーという二重の軍靴に踏みにじられたフランスのあれこれの具体的な男女を、野蛮に対して武器を手にして護るために、意識もしくは人格の哲学も、カント的定言命令も、超越論的にして構成的主体という仮説さえも必要としなかった。そしてこの一風変わった――それに何と教育的なことか――この冒険をめぐって、実は思索はまだ終っていない。〈人間〉を信じてはいなかったのに、レジスタンスの最も高貴な英雄たちの一人となった男。カント思想から「純粋な思考」、ということは「確実な思考」という夢しか採用することをしなかったのに、最も無謀な危険を引き受けたモラリスト。真理しか愛さず、しかも真理をフッサール学徒として愛する謹厳な数学者であるのに、人間たちの取るに足らない名誉の中で救えるものを救うためにだれよりも献身した人物。それから、もう一度言うが、このような思想から出発して、「唯一論理のみという狭い道を通って」、手にする武器としては、人間が、その美徳や情熱や英雄主義といった付随物も含めて、「徹底的に不在」である――カンギレムはこう繰り返し述べている――そうした哲学を持つのみで、このように「二度と戻れない入口に」まで突き進んだその生き方、そして任務を遂行したのちに、「プラトンの教えに従って、精神のみによらず、魂全体をこめて真理を探求した者が示す晴朗と簡素とで、あらゆるものを真っ向から見据えていたが、それと同じ態度で、死が近付くのを見据えた」――これはカンギレム自身の言葉である――一人の生者の静かな勇気。

私がこのカヴァイエスの姿を喚起するのは、サルトルが彼に会ったことがあるからであり、また一九四三年から一九四四年にかけて彼がすれ違う機会を持ったすべてのレジスタンス活動家の中で、彼は、証人たちの述べるところによると、サルトルに最も感銘を与えた者であるからだ。例えば当時ヌイイ〔パリ北西郊〕のリセ〈パストゥール〉でのサルトルの生徒だった、プロデューサーのラウル・レヴィが語るあの場面。[12]珍妙だが、今から振り返ってみるとまことに心を動かされるあの場面だ。ヴァル＝ド＝グラス通りの〈テラス・ホテル〉での二人の男の秘密の邂逅。サルトルのぎこちなさ。彼の気持をほぐしてやろうとするカヴァイエスの親切さ。ところがどっこい。サルトルに対してカヴァイエスが上であることはどうしようもない。レヴィも驚いてしまう。サルトルが自分以外の哲学者の前でこんな態度を見せたのは初めてだ、と彼は語る。サルトルがおどおどするのを目にした最初で最後の場面……これ以外にも、カヴァイエスにフッサールの本を届けていた男、アルベール・ロートマンの言葉を引用することもできよう。あるいはまた、ウィット兄弟の殺害の後に、「究極の野蛮」を公然と非難するビラを貼り出そうとしたスピノザを引くこともできよう。スピノザは例えばカントなどよりは、はるかに権力に屈しない気質の持主ではなかろうか。そしてもし、「論理の学」ではなく、意識の責任と権利をベースに口当たりの良いヒューマニズムを調合したのなら、カヴァイエスはこのような向こう見ずな明晰性を持つこともなく、このような楽観論なき毅然たる態度を堅持することもなく、要するにあの英雄になることはなかっただろう、と私が言ったなら、私が彼の物語と伝説的な生涯を喚起したことをだれも非難しはしないだろう。

この三番目の反ヒューマニズムに、私は忠実であり続ける。

あれから三〇年たっても、私は彼について考え続け、まさに彼は私に彼について考えさせるのである。

彼とても悪しき結果を全く持たないわけではなく、「切断」——認識論者なら、それが大抵は架空のものであることを知らぬはずはない——の名において、イデオロギーのいい加減さに対して純粋科学の断定性を押し立てる実証主義に陥るという危険性を見せているとしても、私に例えば、この世のあらゆる抵抗というもの、そしてあの対独抵抗運動《レジスタンス》の具体的な作動のあり方を理解させてくれるのは、やはり彼なのである。

アルチュセールの先駆者か？

ところでサルトルはこうしたことすべてについてどんなことを言っているか？

この「公認の」ヒューマニスト、この「ヒューマニスト・でも・また・ある・実存主義者」は、ヒューマニズム形而上学の、こうした現代的な問い直しについて何を言っているのだろうか？

結局のところ、ヒューマニズムそのものについて何と言っているのか？　カヴァイエス、アルチュセール、デリダその他によって、実際の行動や著作の中で告発されているこの〈人間〉の哲学、しかも彼がその最後の防壁であると非難された当のその〈人間〉の哲学について、どう言っているのか？

彼は『嘔吐』という本の著者だ。この本は、『存在と無』より一〇年前、『弁証法的理性批判』より二〇年前、いずれにせよかの有名な、そしておそらくは遺憾千万な講演『実存主義はヒューマニズムである』よりずっと以前に、彼自身がヒューマニズムと呼ぶものの、最も滑稽だがまた最も獰猛な肖像画を描き出している。

舞台はブーヴィル。

ロカンタンはレストラン〈ボタネ〉にいる。

彼の傍らには「独学者」がおり、「雌羊のように頑固な」様子でいつもの「素晴しい集中力」をこめて、いささか「息を切らし」、「口を開けたまま」「臭い息を吐きながら」、ロカンタンを見つめている。

彼らの周りにいるのは、行商人が一人、「白ワインを飲みながらムール貝を味わっている」「赤ら顔でずんぐりした」二人連れの男、暑さでぐったりとなった、お遊びの恋人同士、頭の鈍いウェイトレス、そして「口をとんがらせた」女が一人。

二人の会話は、絵画とか文学などの「高尚な」話題に及んだ。

独学者はすっかり信頼して、黒革の小さな手帖を取り出した。感銘を受けた引用をそこに記すのが習慣だったのだ。

そしてそこで彼は大胆になり、「両の眼に魂をみなぎらせて」物語り始める。一九一七年、ドイツでの捕虜生活のことを。板張りのバラックに二〇〇人の捕虜がぎゅうぎゅう詰めになっていた。臭い、呼吸する息の音、ごたまぜの集団、中は闇、窒息するような感覚、雨、そしてそれから、こういったことすべてにもかかわらず（あるいはそれがゆえに？）、彼の身内に沸き上がる「力強い歓喜」、気兼ねのない快適さで「気が遠くなる」ような感じ、ほとんど「恍惚」。「私はこの人たちを兄弟のように愛していました」と彼はロカンタンに言う。「彼らすべてと抱き合いたい」、彼らと「交わり」に入りたいと思いました。「私の周りにいる」これらの肉体ともはや「一体である」と感じました。ロカンタンさん、そこにおいて、その不潔極まる、しかしこの上なく心地よいバラックの中で、私は「人間に対する私の愛情の深さ」と「私を彼らの方へと運んで行く飛躍（エラン）の力」を発見したのです。人類に対する私の愛情の「神聖」さを発見したのは、そこでなのです。

ロカンタンは聴いている。

何も言わないで、ただ聴いている。

しかしこの愛情宣言のじとじとした卑猥さを目の当たりにし、彼のこともばかげた愛をこめた様子で見つめているこの虚ろで厳かな眼を目の当たりにして、彼は身内に「すさまじい怒り」がこみ上げて来るのを感じる。彼の手は震え、血が顔面に上る。この上なく相手を殺したいという欲望が頭をかすめる。その気になったなら、大声で喚きもしただろう。独学者をぼかぼか殴りつけただろう。自分の心の声を聞いたなら、彼の眼にチーズ・ナイフを突き刺しただろう。彼はじっとこらえて、二人の間だけで事を留めるが、彼の顔付きは内心にこみ上げるものを隠すことはできなかったようだ。なにしろ独学者は「敵を嗅ぎつけた」のだから。ロカンタンの脳裏には、これまでに知ったヒューマニストたちのあらゆる種類の顔がすべて次から次へと現れては消えて行く。彼はその一つ一つに呪いを吹きかけるのである。

「官吏たちの味方」である「急進派のヒューマニスト」がいる。

「左翼と言われる」ヒューマニストは、「一般的に」誕生日に涙を流す「男やもめ」だ。

命の、したがって動物の友であるヒューマニストもいる。その愛情は猫や犬、すべての「高等哺乳類」にまで向けられる。

「第二次五カ年計画」以来、人間を愛するようになった「コミュニスト」のヒューマニスト。

「最後にやって来た」カトリックのヒューマニストは、「しばしばフェミナ賞を獲得する、悲しく美しい長い小説を書く」。

「兄のように同胞を上から覗き込み」、「責任感」を持っている「ヒューマニスト哲学者」。

「あるがままの人間を愛する」ヒューマニスト、「あるべき姿の人間を愛する」ヒューマニスト。

「人間の意に反して人間を救おうとする」ヒューマニスト、「同意を得てから救おうとする」ヒューマニスト。

「新たな神話を作り出そう」とするヒューマニスト、「古い神話で満足する」ヒューマニスト。「人間の中にその死を」愛するヒューマニスト、「人間の中にその生を愛する」ヒューマニスト。

なにかにつけて「冗談を言う」「陽気な」ヒューマニスト、「特に通夜で」出会う「陰気な」ヒューマニスト。

人間に恋しているヒューマニストと「人間嫌い」のヒューマニスト。

要するにいずれ劣らぬグロテスクな「役柄」が「むら雲」のごとくわき上がって来るのだ。それを思い出しただけで、ロカンタンの胸には激怒、憎悪、絶望がかき立てられ、最後には「吐き気」がまたもや襲って来るのだった。

サルトルは具体的にはだれのことを思い浮かべているのだろうか？ マンシー技師*のことだというのは、間違いない。ノーベル賞受賞者アルベルト・シュヴァイツァー*のことでもあろう。よく言われたことだが、作家ジャン・ゲエノ*のことでもあるかも知れない。いずれにせよ、バルザックの未完の小説、『小ブルジョワたち』の主人公、テオドーズ・ド・ラ・ペイラード以来、ヒューマニズムの形象そのものへのこのような虐殺ゲームは見たことがない。

実存主義がヒューマニズムだって？

とんでもない。もちろん違う。実存主義とは、現代の反ヒューマニズムの最初の顕現なのだ。初期の実存主義は、あらゆるヒューマニズムを訴訟準備の予審にかけるという前代未聞のことを、「六八年の思想」の代表者たちすべてよりはるかに徹底的に行なったのだ。

と言うか、より正確に言うなら、さらに区別をしなければならない。

おそらくヒューマニズムの第一の意味というものがあるだろう。この初期サルトルはどうやらそれに思い至らなかったようで、暗黙のうちにそれを見逃してやっている。それは「すべての人間と同じ値打ちがあり、どんな人間も彼と同じ値打ちがある、そんな、すべての人間から出来ている人間」という、かの有名な『言葉』の最後の言葉にほかならない。サルトルが、どんな人間とも同じだって？ その通り。彼の一部はそれを信じている。彼の一部はそれを夢見ている。彼の中のこの部分は、ジィドのように、どんな人間も「証言するために生まれた」、そして仮に人間が何ものにも値しないとしても、何ものでもないものはもう一つ別の何ものでもないものに値するのであり、どんなに取るに足らず、どんなに見下げ果てた生であっても、どんな人間の生にもそれなりの偉大さと尊厳はある、と考え続ける。そんじょそこらの人間への称賛。問題外の主体の称揚。スピノザならこう言っただろう。「彼は彼なりに、欠けているものは何もない。いかなる個別的実在もそうであるように、彼は完璧である。したがって彼は、尊厳において、他の実在と同等である」と。同じくあのマラルメ的〈人間〉も想起される。その〈人間〉は「神とも、どんな人間とも、同等になろう」とするのであり、その「矜持」と「謙遜」のまことに注目すべき混淆は、「だれでもその気のある者——君や私」なら手に入れることのできるものなのだ、とサルトルは言っている。[13]「すべての人間から出来ている人間」と言う時、彼は二つのことを言わんとしているのであり、この二重の意味において、サルトルはやはりヒューマニストだと考えることができる。すなわち、一人一人の人間の中には人間なるもののあらゆる種類がすべて含まれている、ということ。最悪の下種《げす》どもの中にも聖性のきらめきがあり、聖人の中の聖人にも微量の悪意は認められる。それとまた、主体同士の平等性。すなわち主体の生成への到達においては平等なのだ。そしてのちに見るように、この主体への生成とは、一つ一つの具体的主体にとっては、最も危険を孕んだ、最も運を天に任せた冒険であるが、同時にまた最も熱情をかき立てる冒険でもある。一人一人において、真理への通路が可能となるのであり、一人一人において、少なくとも一度は主体として振る舞うことが可能となる。

しかしそれだけではない。それ以外のすべてのヒューマニズムがあり、彼はそのカタログを作成したが、それらのものの主旨は結局のところ、人間とは大文字で始まる〈人間〉であり、本質によって永遠に存在するのであり、その本質とその永遠性は、最も希有なる善、最も貴重な資本、現実の人間たちの名誉である、そしてこの「人間であることの名誉」は、万物の中心にして核心にして尺度である、ということに帰着する。このヒューマニズムを、サルトルは情け容赦なく攻撃した。全霊をこめて否認した。この主題は決して完全に消え去ってしまうことはない。七〇年代の初めになっても、ゴーリキー*が発した「人間、これは誇らしく響く言葉だ」という有名な言葉を、痛烈な皮肉をこめて喚起していることが、それを証明している。このゴーリキーの言葉は、その友人の官僚たちが「何人もの具体的人間たちを行政勾留の留置所に送り込むことを決定している(14)——ママ——」まさにその瞬間に発せられたものである。そして私は、アルチュセールを初めとする私の師たちによって予審にかけられたヒューマニズム訴訟が全く新しいものだと、これほど長い間、信じていたのは、我ながら不明の至りだと思わざるを得ない。何とすぐ手許に、『嘔吐』のこの驚嘆すべきページの中に、並外れた先行例があったにもかかわらず……。おそらく私は『嘔吐』を読まなかったか、よく読まなかったのだ。このサルトルがヒューマニズムに反対する理由を、分りやすく言おう。第一に、思想は心理学にあらず。人々は常に、まるで思想とは純然たる心理学に関わる事柄であるかのようにしてしまう。しかし、思想の中には、その仕組みそのものの中には、単なるプシュケ〔心的なもの〕をはるかに越えたものがあるのだ。第二に、人間の中には人間的ならざるものがあり、人間はそれを決して斟酌しない。人間的ならざるものの手前で立ち往生してしまう〈人間〉観などというものに何の価値があるのか？　性や犯罪や、その両者が結託して起こる不可思議な事どもを無視しようとするヒューマニズムなど、何の価値があるのか？　第三に、人間であるというのは、そんなに大したことなのか？

そんなに名誉で特権なのか？　『戦中日記——奇妙な戦争』が述べているように、「人間の尊厳の全面的喪失」を早めたということは、戦争の功績ではなかっただろうか？　「そのことは原則としては、それほど悪いことではない」[15]。最後に第四として、われわれは人間を執行猶予中のものとしてしか、つねに作るべき、建設すべきものとしてしか、知ることがない。人間は、サルトルがその予定表をハイデガーの中に見出したか、見出したと思った、あの投企へと向かう途上にあるものである。一つの「投企」が「本質」を持つわけはなかろう。目的＝終末を持たない「投企」が、人類と世界の目的＝終末であるはずはなかろう。さらに第五として、主体の理論がある。それは伝説が述べているよりはるかに独創的なもので、ヒューマニズムの形而上学に対する最も徹底的な反証として機能することになろう。

アルチュセールのケースに関する補足的覚え書き

果して私はこんな風に、きちんとした手続も踏まずに、「私はアルチュセールに忠実であり続ける……アルチュセールのように、理論的反ヒューマニズムの正しさを信じ続ける……」と言うだけにしておくだけで良いのだろうか？　私はまるで何ごともなかったかのように、殺人、狂気、苦痛、死、そして死の後に墓の彼方から立ち現れた物語——かくも異様な、このジャンルの物語としては第一級の——、最後には殺人で終ったこの地獄の季節の物語、こうしたものが何もなかったかのように振る舞っても良いのだろうか？　分りやすく言うなら、彼のその後の人生、その後の作品、あれ以来、ルイ・アルチュセールの現実の主観性について、彼の精神的混乱、彼の感じた激しい恐怖、彼を病苦におけるアントナン・アルトー*の兄弟にしているあの躁鬱病的精神病についてわれわれが知ったすべてのことは、果して……要するに、あの犯罪の後に書かれた『未来は長く続く』——彼は「免訴」となり、それによって「生ける屍」となったわけだが、この本はこの「免訴」という「墓石」を持ち上げ始めるために書かれたのだ（これはアルチュセール自身が言っていることである）——、そしてそののちにあった『愛と文体　フランカへの手紙』——こちらは生涯を通じて、哲学活動と幸福の歳月の間に書かれたものだが——の刊行、こうしたもの一切は果して……この不安と苦悩の、時には正常な（『愛と文体　フランカへの手紙』）、時には病理学的な（『未来は長く続く』）、しかしいずれにせよ人間的な、かくも人間的な負荷の一切は果して、「理論的反ヒューマニズム」の誇らかな宣言と矛盾しないのであろうか？

あるいは逆なのかも知れない。この二つはまさしくつながりがあるのではないか？　反ヒューマニズムの先駆けが、実人生においてはこのような病苦に悩む悲壮な人間であったというのは、理の当然なのではないか？　自分がこのような魔に取りつかれていることを承知している人間が、主体は存在しないと宣告することによって身を護ろうとしたのは自然なことではないか？　そしてもしそれが「自然な」ことであるなら、教養と人生の間にこのような辛く苦しい、無気味なつながりがあるのなら、理論的反ヒューマニズムというものが、くっきりと姿を現しつつある死に対抗する頼みの綱として考えられたものであるなら、「主体なき過程」、人間は「マルクス主義理論の中には見出されない」といった見事な宣言がいずれも、精神錯乱の亡霊に襲われて、何とかそれを祓い退けようとした理性が考え出した策略であるのなら、ヒューマニズムの問題が、「問題」としてではなく、「解答」として、夜の間、多少は眠れ、昼間は多少なりとも仕事ができるようにするために、この呪われた男が見出した「解答」——サルトルなら「逃げ道」と言っただろう——として生きられたのだとしたら、要するに始めにこのような恐怖と自己憎悪があったのだとしたら、そして殺人と免訴という墓石のはるか以前に、最初の平墓石、最初の墓石が、その恐怖と憎悪に蓋をするように置かれていたのだとしたら、そして反ヒューマニズムはこの平墓石であり、主体への訴訟がこの墓石であったのなら、アルチュセール形而上学そのものはすべて、狂気の有害な放射能を押さえ込むためのチェルノブイリのコンクリートであるのなら、どのようにして彼の見事な理論的構築物一切を真に受けることができようか？　逆らうのはまことに難しいことではないか……「あれ」を遠くに隔離しておくのは、大変なことだ……彼はよく承知していた、彼につきまとう亡霊の一つ一つを……彼がただ一人向き合う時、それもランセ*のように、自分の情熱にではなく、ドストエフスキーの作中人物のように、己の狂気に向き合う度ごとに自分を脅かす亡霊が何者であるかをしっかりと見抜いていた……だからそれらを追い払うため、せめて遠ざけるため、沈黙を命じ、頭の中の不幸の元であるこの絶えざる耳鳴りを抑えるため、ほんのしばらくの間でも、アルチュセールであること、本物とも偽者とも知れないが、ともかくアルチュセール、一つの世代の若者たちの思考の師にして完全無欠の理論家たるアルチュセールであることを演じるために、反ヒューマニズムというお伽話が、教義上の理論主義があったのだ。この呪われた主体を概念の下に埋め尽くし、そんなものは存在しないと宣言することができる。こうすれば主体は最後には沈黙するだろうか？　粉砕されて、私を休息させてくれるだろうか？　多少はそっとしておいてくれるだろうか？

ルイ〔・アルチュセール〕の姿が目に浮かぶ。高等師範学校の小さなオフィスにいる姿が。本と書類に埋もれたそのオフィスも、もう一つの墓だったのだ。彼は元気な頃、そこに担当する高等師範生を招じ入れた。陰謀家のような様子で。「お邪魔ですか？」とわれわれは、感情の高まりで震える声で、尋ねるのだった。すると彼は、明らかに仕事中の様子ではあっても、良き師として、何も面には現すまいとしながら、「ええ、仕事中でしたが、まあ良い……せっかく来たんだから……入りたまえ、少し話でもしよう……」

彼のオフィスの乱雑振りが目に浮かぶ。それもいつも同じ乱雑さだった。書類は同じ場所から動くことがなかった。本さえも同じページが開けられたままだった。タイプ用紙がジャピー〔タイプライター〕にセットされていて、不断に仕事をしているという感じをかもしていた。もっと正確に言うなら、私はあの日のことを思い出す。それが同じ用紙で、同じ箇所で同じ小型のジャピーにセットされていたということをついに悟った（それにしても何年間、心ときめかせて何度訪れた後だっただろう）日のことを。そのジャピーは、彼がかつてゴルド〔南仏、アヴィニョンの近く〕の別荘からの帰りの汽車の中で、『資本論を読む』の担当部分の原稿を一気にタイプしたという伝説のあるタイプライターである。それに気付いた日、まさかという思いで信じられなかったことを思い出す。何だって？　偽の生活なのか？　ここにある品々は、静物画の静物のようなものなのか？　あの棚の埃についた指の跡も、もしかしたら彼の指跡ではないのかも知れない。精神のポンペイ、と私は呟いた……そう書いたことさえあると思う……このポンペイを『悪魔に導かれて』の一場面の背景にしたこともある……おっと、比喩を間違えた……「チェルノブイリ」の代わりに「ポンペイ」と言っていたのだ……しかしそれはチェルノブイリ以前のことだったが……それにとりわけ、とりわけ私は、この熱を帯びた頭脳から発散される放射能の致死力の激しさを、これっぱかりも想像することができなかった。

その頃の彼の姿が目に浮かぶ。私の向いに、ニス塗の木製の安楽椅子に座り、ひどく寡黙で、物思いに耽る彼の姿を。純朴だった私は、この重々しい様子は私の言うことに耳を傾けて、判定している印だと思っていた。そこで私は苦心惨憺してアルチュセール派の振りをした。先生、ご覧の通り、私は反ヒューマニストなんです。ご覧の通り、人間の概念というのはイデオロギー的な概念であって、マルクス主義の理論の中には見つからないということを確信しています。今日の午後、〈バルザール〉でガローディと出会いましたが、奴をうす汚いヒューマニストと決めつけてやりました。先日はミッテランにビエーヴル通り〔のミッテラン家〕で会いましたが、やはり彼は超ヒューマニストのカナパ*にマルクス主義の個人教授をして貰っていることは断言できます。それから彼が二週に一回水曜日に、娼婦の町、マルゼルブ横町で開いている例の専門家の委員会ですが、あれはロカール*からピザニ*、ベレゴヴォワ*からエルニュまで、さらにファビユス*、エディット・クレソン*といった、新世代の社会主義者の中の若い社会的裏切者や札付きの修正主義者をすべて糾合していますが、自主管理関係の資料を調べるためにそこに入るかどうか、決断するためにご意見を伺いたいのです。それはミッテランにとっては得な話だと思います。あの若いシュヴェヌマン*が左から彼を出し抜こうとしていて、この自主管理の件はシュヴェヌマンの独壇場になっているようなので、ミッテランとしてはわれわれの中の一人をシュヴェヌマンにぶつけるのは、得策だというのが良く分かります。しかしわれわれにとっては……私はこの「われわれ」という言葉が楽しくて仕方なかった。嬉しくて悦に入っていた。それでなおも、何度も何度も、「われわれにとっては」と繰り返した。この自尊心をくすぐる、得も言えぬ「われわれ」を申し分なく味わい尽くしていた……われわれアルチュセール派にとっては、それは敵組織への潜入という利点をもたらしますが、そこに入っていささかわれわれの魂を失う、巻き添えになる危険もあるのではないでしょうか？　ルイは首を振っていた。ノンとも言わなければ、同意もしていなかった。ただあの奥深い眼差し。それが意味していたのは、実は——しかし私は知らなかったのだ——「話したまえ、話したまえ……何を言っても良いから、話すのを止めることだけはしないでくれ……ミッテラン……ガローディ……カナパ……ミッテラン……何でも良い、そう、お願いだ、何でも良いから、家で待っているエレーヌ*と、明日の電気ショック治療のことを考えないで済むのなら、それに……それに……」

「切断」や「境界線」、「自己批判」の必要性や「理論の刃」について語る彼を思い出す。私が受講した唯一の彼の講義のことを思い出す（しかもそれは私が高等師範に入る前年のことだ。というのもこの高等師範学校の教員はあまり講義をすることがなかったので、私は高等師範在学の四年間に、皮張りの家具のある不幸張りの小さなオフィス以外のところで彼が話すのを耳にしたことは一度もないのである）。さて要するに私は、その講義を思い出す。それは認識論の全般的枠組みについての講義で、一つ（数学）はギリシャ人、二つ目（物理学）はガリレイ、三つ目（歴史）はマルクスとエンゲルス、四つ目（無意識）はフロイトによって開かれた、都合四つの大陸という、何度も何度も、それも手を替え品を替えて繰り返された主題だけに限定されていたが、その中で彼は、哲学というものの定義をやり直すべきだと説いていた。哲学は諸学に対する政治の表象であると同時に、政治に対する諸学の表象でもあるものと了解される、というのである。私はその明るく明解な言葉を思い出す。スローガンのようにぱたぱたとはためくあの概念の数々を思い出す。あの学者が、あの生ける理論の塊そのものが、自分の目の前で、嫌悪感なり、恐怖なり、女への愛ないし欲望なりといった普通の心の動きをはしなくも見せようものなら、だれであろうと雷で打ちのめしかねなかった——とわれわれは思っていた——あの反主体が、あの彼がまさか、躁と鬱とを繰り返す循環気質というあの地下で進行するもう一つの生活、陰鬱でもあり、場合によっては逆に幸福感に満ちた生活を持っていたとは、思いもよらないことだった。いかなる哲学的・政治的条件においてマルクス・レーニン主義は科学としての確実な道に踏み込むことになるかを考究しているまさにその瞬間に、心理主義を蔑視する者と考えられ、われわれとしては愛や愛への執着も蔑視する者と思っていた彼が、まさか女性に向かって次のような手紙を書き送っていようとは、思いもよらないことだったのだ。「暗い琥珀の愛しの君よ、砂色の影の愛しの君よ」[16]だとか、「この写真の君はなんて綺麗なんだろう。息をのむほどに、腕を折るほどに、心臓を打つほどに。まさに君がいる」とか、さらにはもっと奇妙な文だが、「いまや僕は、海藻に覆われたまま海から上がる。まるで犬になった老いぼれの貝みたいだ」。これこそは「生命の第二の息吹だ。それは第一の息吹よりも差し迫っている」。これこそは「極めて迅速に生きたいという欲求だ」。その欲求は僕に襲いかかり、「僕は喉と心臓がくっついてしまうほどだ」。「君はここにいる。そしてあそこにいる。僕が前に進むと、壁は僕の声のこだまを送り返して来る。そして僕の声が部屋中に張り巡らす蜘蛛の巣を通して、僕は目隠しをしたまま、その蜘蛛の巣が破れる箇所を捜す。するとまさに君がそこで待っているのだ。分かるだろう、難しいことだ、手に手を取るというのは。分かるだろう、難しいのだ。手に手を取るはずの手が、残りのものすべてを巻き込んでしまうことを承知している時には……」[17]。われわれのうち、一体だれが想像できただろうか。このような炎と燃える宣言の前日か翌日に、彼が再び錯乱に陥り、病院のベッドに縛り付けられていたとは。口から涎を垂らし、拘束衣は吐瀉物だらけで、舌を噛まぬよう口には布巾が銜えさせられていたとは。

あの何度かの朝を思い出す。私と彼が高等師範学校のエルネスト池の回りや第一中庭を行ったり来たりしていたあの朝を。そこにあった医務室の中に、それから十年後にアルチュセールは、エレーヌを殺害したのちに逃げ込み、警官と医師たちの到着を待つことになる。いつも明け方になると彼は私を呼んだものだ。謎めいた、有無を言わさぬ口調だった。「来たまえ。話をする必要がある」。私は彼のところへ行き、われわれは話をした。もっとも話をしたのは、もっぱら彼の方だった。重い足取りで、精神を集中し、両手は碁盤縞のウールの大きな部屋着のポケットに突っ込んで、彼は話す。一、二……一、二……私は勝利を占めたアルチュセール思想の勇敢なる少年兵士だ……単独移動許可証を、派遣命令を貰いに来たのだ……。ルクールは大学戦線にいた……。ドゥブレ*はボリビアに……アルモガートことブラーグは、カトリック教会の中にいた……。ところが私は……おお、この私こそは、麾下の兵士の中の最若年で、ある意味では最も機動的な兵士なのだ。だから時にはミッテラン家に、時には出版者や新聞に派遣され、時にはソレルスが何を企んでいるかを探るために『テル・ケル』の戦線に送られもした。彼と私は大機動部隊で、彼はその想像上の将軍であって、「哲学戦争」は彼と私の共同の運命だった……。そう言えば、もう一つ別の映像がある……アルチュセールのではなく、ドゥブレの映像だ。時は一九七三年、所はグルノーブルのとあるカフェ。社会党大会が行なわれている時だった……彼は大きなポケットがいくつも付いたカーキ色のシャツを着て、軍隊式のズボンをはいていた。それが私が目にした彼の最初の映像である。私の頭の中では彼は「ゲバラの戦友*」という威信を後光のようにまとっていた……。彼の周りには、一群の非常に若い青年たちがひしめいていた。コリヤール、シュヴェヌマン、ブナセイヤックなどといった若者たちが。そしてまるでまだボリビアのジャングルの中にいるようなぼさぼさの口髭のままの彼は、突然、軍隊式の身のこなしで、二つのテーブルをくっつけた上にグルノーブル市街の参謀本部地図を広げた……その地図は一体何に連動していたのだろう。いかなる将来の戦闘の秘密をそれは漏らそうとしていたのだろうか。そして哲学者は、ビストロのテーブルを囲んで机上の作戦を練る軍人の真似をする時、一体何を考えているのだろうか。というのも問題はまさにそのことなのだ。アルチュセールは、他の者とともに私を国家のイデオロギー装置への攻撃に派遣したあの極度の幸福感の瞬間に、何を考えていたか、ということなのだ。そして彼の話を聴いている際に、私はどうして、その前日に穿孔手術を行なっていただとか、神経弛緩薬で痴呆化していただとか、鼻孔から発散する病院の臭いといった、今日では承知していることを何一つ察知することができなかったのだろうか。まだまだある。耳の奥に響く狂人たちの叫び声、エレーヌのために、今後の彼女の苦悩を思って彼自身があげるわめき声、吐血、またしても目眩、それからほどなくして手はしっかりと締め付けることになる。目は狂った者の目となる。彼女の目も怯え、やはり錯乱に陥っている。それから平安が訪れる。断念と平安が。もはや彼に彼女を愛していたかと尋ねる必要はない。

こうしたことすべてを、要するに私は知っている。

今では私は、アルチュセールには二つの生涯があったことを知っている。二つの作品系列があったことを知っている。一つは『マルクスのために』と『資本論を読む』の系列、もう一つは『未来は長く続く』や『愛と文体　フランカへの手紙』がその驚嘆すべき証言をなしている、しばしば秘密の、時として死後に発見された、夜に紡がれた作品系列。二つの魂——理論に偏執する者と狂気の愛の詩人という——が、この同じ肉体に宿っていたことも、知っている。そしてこの二つの魂は、互いに見失い、互いに憎み合いながら、断ち難い絆で結ばれ、一体であったことも知っている。

理論主義の時代のテクストの中に、例えばラカンについて、もしくはフロイトについてのテクストのそここに、彼の痛めつけられた哀れな肉体の押し殺した声——当時は聞き取れなかったのだが——を聞き取るすべを、私はいま身につけている。彼の「偶然の唯物論」の説明の中に見られたあの神秘主義的な口調。「誕生からエディプスの清算までの間に、一組の男女が産み落とした小動物を人間の子供に変貌させる」「尋常ならざる冒険」へのあの喚起。「レーニンと哲学」に見られたあの声の震え。『ジョン・ルイスへの回答』の中のあの奇妙にロマンチックな註。「彼がその名を崇める、スピノザ、マルクス、ニーチェ、フロイトという何人かの希有なる人物たちの境遇」に思いを馳せながら、「現実を覆い尽くす」「墓石」という言葉を持ち出した、一九六四年のあのテクスト。その希有なる人物たちが「後世に残したものを書くことができるためには」、彼らはその墓石を持ち上げねばならなかった、と言うのだ。今から振り返ると、そのテクストはわれわれに警告を発していたわけではないということに、私は呆然とする。墓石とは！　この言葉そのものが、二五年後の今では、あの罪を犯したのちに彼がなってしまった生きたままの幽閉者の身分というものを言い当てているではないか！　それに彼が行なうスピノザへの参照は、正直言って、私にはこれまで謎と思えていたのだが、今やこれらの同じテクスト、これらの正典的な大テクストの中で、ようやくその意味を理解することができるのだ。挑発なのか、巨匠の気紛れなのか、はたまた気取りなのだろうか。いやいやそうではない。呪われた者が呪われた者に語りかけていたのだ。呪われ、追放された者のインターナショナルなのだ。スピノザの「唖然とするような肉体観」。スピノザの考える「肉体の潜在力の多くは、実はわれわれに知られていない」。そしてそのような肉体の「観念」は、「見事に」彼の意向に合致していた……。このスピノザ主義は、おそらく私のマルクス主義とはつながらないが――と、彼は『未来は長く続く』の中で述べるだろう――、私は自分の肉体の「経験」をその中に見出す。それは、「まず最初に分断され、失われた肉体」であり、「とてつもない恐怖と希望に満ちた、もぬけの殻の肉体」であ る。「肉体が、その力の発揮によって、かつその中で、思考することができるということ」、これこそ「私がこれまでに体験し、私のものとなっている現実と真実」として「私の目を眩ませる」ものなのだ……その現実と真実を考えるのがスピノザであったとしても。

それとは反対に今日では、発狂以後のテクスト、さらには墓の彼方のテクストの中に――そちらの方がほとんどより衝撃的なのだが――あの理論主義の名残が聞き取れるのである。それは変わることのないレトリックの地《じ》の上にルイ・アルチュセールの姿を浮かび上がらせるが、そのアルチュセールは、すっかり面変わりしているとはいえ、結局は決して武装を放棄していない。この年老いた一徹者は、『未来は長く続く』の中で、エレーヌの傍らにひざまずき、彼女の体の上にのしかかってものも言わずに絞め殺した、あの十一月の灰色の日の物語と、肉体的接触――それも単にエレーヌだけでなく、女たち一般との――が「極端な嫌悪」を催させたという告白を行ないながらも、その合間に次のようなことをわれわれに説明する沈着さをいまだ失っていない。すなわち従来の哲学は「イデオロギー的ぺてん」であり、史的唯物論は今日の「偉大な哲学」であり、「自分自身に対してでたらめな話をしない」ということは、『マルクスのために』や『ジョン・ルイスへの回答』の時と同様、その時の彼の目から見ても、依然として唯物論の唯一の定義であり続けている、ということを。御し難い、そう、悔い改めることのない男。決して治ることのない病としての思想。

それではアルチュセールを清算すべきだろうか。

現実にはそれがどのような強迫観念の裏返しであったか、よく分かっているという理由で、この哲学を処分してしまう方が良いのか。

もちろん違う。まさに否である。そしてまさにそれゆえに、この世紀の変わり目にあって、私の生涯の半ばにあって、二十歳の時にも、三十歳の時にもそう言っていたように、私はわが師、ルイ・アルチュセールと言い続ける。彼は私にものを書き、ものを考えるすべを教えてくれた人間であり、私の処女作『赤いインド』の後見人である（「インドだって、本当かい。インドに行くのか。それじゃあ、ベテランに会いに行くと良い。彼は私の現実問題での文通相手だ。君の案内をしてくれるだろう。うまくすると、君の役に立つコンセプトのストックがあるかも知れない」。ベテランとその蟻のような目。彼は私の思い出の中で、ますますエレーヌに似通って来る）。次の著作『人間の顔をした野蛮』の中でも、私はそう言ったし、今でもそう言い続けている。何しろこうした事柄においては、前言を撤回することは容易いことではないから。すなわち「私は危うく、すべてを彼のお蔭で手に入れるところだった」と。すべてだって？　もちろんすべてだ。私のマルクス主義と私の反マルクス主義。決裂と中断への愛好。出来事のセンス。薄い層がいくつも重なった、序列化された多数の時間性。弁証法の終りと、〈歴史〉の終りの終り。反動的な進歩観念。歴史的ペシミズム。主体の過程でもあった主体なき過程と、〈歴史〉の集団的主体というものに似たものとなり得るようなあらゆるものへの拒否。起源と終りについての思考の拒否。終末論（たとえそれが民主的で自由主義的なものであろうと）と、その代わりとしてのメシア思想（しかし本物のメシア思想、マイモニデス*とプラハのマハラルのメシア思想なのだ。それがわれわれに予告するメシアとは、顔を持たず、世界との真の出会いもなく、本来の意味ではいかなる瞬間にも到来しつつある）の拒否。要するに、一つの思考の解放である。今日では私はそれが彼にとっては最後の不安の発作と同時に起こったことを知っているが、われわれはこの解放の恩恵に浴している。そしてさらに突き詰めて考えるなら、必然的に理論的反ヒューマニズム、ということになる。

主体とは何か

しかしここでまたサルトルに戻ろう。サルトルにおける中心的問題たる主体と、主体と事物の関係の問題に。つまるところサルトルは何を「主体」と呼んでいるのか。彼が「主体」と言い、この言葉を事物の消化し難い鉱物性に対置する時、彼は一体何を言っているのか。この主体なるものを、どう定義しており、彼のその定義は彼の反ヒューマニズムとどのように組み合わさるのだろうか。これこそが真の問題であり、同時にまた誤解が、伝説と決まり文句の重圧が、おそらくは最も多くの被害をもたらした点なのである。

すべてはあの極めて単純な文、『自我の超越性』の冒頭に掲げられた引用文、「いかなる意識も何ものかの意識である」で始まる。

サルトルはまさに「いかなる意識も」と言っている。

意識ではない「何ものか」を志向するということの外では、意識はなく、この何ものかこそが意識に存在を付与することになると、言っているのだ。

意識は決して純粋状態では存在せず、自らを産出するには、「容赦なく世界の中に自己を投射し」、この地球の「波乱万丈の街道」の上に己を投げ出す、要するに己自身とは根底的に異質な何ものかを思い描く必要がある、というこの考えをサルトルは力説する。これこそは、『存在と無』から『弁証法的理性批判』に至るまで、彼が決して変えることのない数少ない教義のポイントの一つである。

それは確かにフッサールの考えではあるが、ある意味ではすでにヘーゲルの考えでもあった。ヘーゲルが舞台にのせた、勤勉に労働し、物を加工する主体性は、己自身に与える対象を通してしか現実存在することがない。それはまたマルロー（人間とは「それが行なう行為の総体」である）やジュール・ロマン*（「人間とは蜜蜂のようなもので、その産出物の方がそれ自身より価値がある」）の考えでさえある。要するに時代の観念なのだ。ただしこの時代の観念、己の対象の中に姿を没する主体という、何の問題もない馬鹿みたいなこの観念に、サルトルはあらん限りの素晴しい射程距離を与えることになる。

まず第一に、この主体はもはや内面性を持たない。主体とは、それが標的にしているあの事物である。あの物なのだ。事物を目指す志向そのもの、事物の方へ己を投げる、ないし投げ出すという事実そのものなのである。しかし――とサルトルは言う――もし主体が己を取り戻そうとし、一瞬それらの事物を忘れて、己自身と合致しようとするなら、意識の内密性――それはもはや、そこからさらに次の侵略が用意されることになる、じっとりとした場所にほかならない――の中に「鎧戸を閉ざして、ぬくぬくと」立てこもろうとするなら、その時は主体は姿を消し、溶解してしまう。「無となる」[18]と、サルトルは言う。それが「われわれはこうしてプルーストから解放された」、そして「同時に、内面生活からも」解放された、という有名な言葉の意味である。『失われた時を求めて』へのかくも不当な攻撃――「プルーストの心理学だって？　それはベルクソンの心理学でさえない。テオデュール・リボ*の心理学だ！」――の意味なのである。サルトルはプルーストに恨みがあるわけではない。それどころか、彼はしばしば、それも特にジョン・ジェラシ(19)に向かって――自分は「スワンとシャルリュスを内側から知って」おり、「彼らのほんの些細な気分」にも「欲求」にも猛烈に精通しており、あまりにも頻繁に「この二人のどちらかであることを演じ」さえしたと、述べているのである(何という告白であることか!)。ところがどうだ。彼は内密な自我の存在を信じない。かれの信ずる自我とは、自己の抜け落ちた、自己の中に住まうことを禁じられた、そうした自我なのだ。一九三九年のこの同じフッサール論の中で、サルトルはこう言い切っている。「意識は純化された。それは大空の風のように明快で、その中には己を逃れる動き以外に何もない」。内側というものを持たない意識。この奇妙きてれつな「実体であることの拒否」以外の何ものでもないとされる意識。この拒否を、哲学者サルトルは完遂しなければならない。プルーストに対する、しかしまたアミエルに対する攻撃をプログラム化するのは、彼であり、彼のみなのだ。内面性を抹殺せよ、と彼は絶叫する。内側なるものの総司令部を砲撃せよ。これがサルトルの最初の戦争だ。この戦争の最初の動きなのである。そして三十年代初頭に始まったこの戦争は、長期にわたり、最後に『存在と無』で完了する。

主体はもはや同一性を持たない。というのも事実、こちらのこの事物を目指しているこの主体が見え、また、あそこのあの事物を目指すのに専念しているあの主体が見えるのであるから。しかしもし理論が正しいのなら、主体であるということは、この物なりあの物なりを目指す動き以外の何ものでもないのであるなら、その時には、その都度それぞれある対象に結びついている、ばらばらの主体化を集め、まとめ上げ、統一する力を持った超主体は、どこにも見当たらないということになる。もちろん、あたかもそういうものがあるように振る舞うことはできる。安らぎを得るために、もしくは社会の中での生活を円滑に送るために、これらのばらばらの主体化の間に何らかの連続性を仮定し、その連続性を、性格なり気質なりと名付けることはできる。さらにまた、目眩から身を護るために、人物と呼ばれるこの主体の代用品にしがみつくこともできる。おそらくはこれが、サルトルが栄誉のサーカス興行を受け入れた理由の一つなのだ。彼がティントレット論の中で、その恐るべきよこしまな効果を証明していた栄誉のサーカスを。しかし振りをするのと、確立するのとは、別のことだ。この連続性が現実に存在するかのように振る舞うのと、そのことを信じ、それに密度を与えるのとは、別のことだ。さらに、このメディア上の自我、社会的な自我、人物、仮面、といったこの模造の主体性、要するに、新聞の一面に写真が載ったり、街頭で『人民の大義』を売っていたりする、形は同じでも一皮剥いた奥にある自我とは違うこれらの自我——プルーストは、それは「他人の考えから作り出されたもの」と言っており、当のサルトルがそう言ってもおかしくはない——にほかならないこの模造の主体性を備えるということと、それを実感し、それと合致するということは、別のことである。このような主体を仮定してくれても構わない、とサルトルは言う。それは「対象もどき」であり、その唯一の確たる特性は、指定することができず、把握することができないということである。それについて語ってくれても構わない。それは依然として、あの囁き、あの申し合わせのままだろう。あのお伽話、あの蜃気楼、あの喜劇、あの習慣、あの仮定——あの儀礼、あのぺてんと、もうほんの少しでサルトルは言ったかも知れない——のままだろう（これもニーチェ主義の効果だ）。主体は何らかの場所ではないが、それと同様に自我は、そうした場所に住まい、形而上学的徳性として自由を所有するとされる「小さな神」などではない。主体は内面性を持たないが、それと同様に自我は、散乱した自我に召集を命ずるような統一性を持つことはない。サルトルの確信とは、厳密に言って、主体を語る時は複数形で語らなければならない、ということにほかならない。単一の意識ではなく、複数の意識、単一の主体化ではなく、複数の主体化、というわけである。各人にとって、意識と主体化は無限にあり、生活の便宜のために、時としてそこから一つの主体が作り出される。この無限性に連動し、あの出発点での分裂に結びついて、文体とエクリチュールもまた種々雑多で、それがサルトル文学の一つの特徴であることは、すでに見たところだ。

主体はもはや安定性を持たない。というのも、それはもう一つの帰結なのだ。主体というものが、まず初めに存在し、次いで現実存在するものであるあの本質ではないのなら、主体というものが、現実存在と思考を属性とするあの実体でないのなら、言い換えれば、主体の存在そのものが、現実存在することと思考することの中に存するのであり、その現実存在することと思考することそれ自体は、事物と世界に対して開かれている限りでしか意味を持たないというのであるなら、その時には、未決定状態の中で、現実存在する機会が与えられるのを待っている主体という、型通りのイメージはもうお終いである。主体であるということは、状態ではない。行為なのだ。運動なのだ。一連の行為と運動なのである。アルチュセールなら「過程」と言ったところだ。サルトルも結局のところ、実は主体なき過程である主体の過程という観念を完璧に自分のものとしただろう。人は主体に生まれない。主体になるのだ。* 期日も起源も持たぬ、不断の主体への生成があり、それこそが主体であることの特性なのである。しかも主体が「生成する」と言うこと自体、言い過ぎなのだ。というのもこの場合の生成は、与えられてはいないまでも、時間の持続の中に展開するような、一種の本質、ないし真理のごときものを前提とするだろう。ところがそれこそまさに、もう一度言うが、サルトルが警戒していることなのだ。実体はない。実体的なものはない。定点も、中心も、核も、原理もない。文字通り、無政府的な主体である。底もなく、それゆえに休息もない主体。しばしば人間主義者《ヒューマニスト》たちは、主体について、それが万物の基底——尺度？——だと言う。とんでもない、とサルトルは彼らに答える。主体それ自体に底がないのに、どうやって基底になれというのか。しばしばこんなことを呟く者もいる。すべては動く。ただし私だけは動かない、と。とんでもない、全く逆だ。私は、この動くすべてと同時に動いているのだ！　もっともこのすべてというものは、それを知覚する私がまず最初に動く限りでしか、動かないのであるが。約束はない。誓約はない。不実、一貫性の欠如、そしてほとんど裏切りの称揚である。全く単純なことだ、とこの初期サルトルは結論する。人をからかうような口調で。「だれかが私の自我の恒常性に感銘を受けたように見えるたびに、私は不安で取り乱す」。

さて最後に、主体はもはや永続性を持たない。それはこの事物を目指すがゆえに、いまこの瞬間には存在する。あの事物の方へと向かうがゆえに、あの瞬間には存在する。しかしそれがこの事物もあの事物も、他のいかなる事物も目指さない場合を想像してみよう。あるいは――この方がもっともらしいが――ある物を目指しているが、つい先ほど別の物に注いでいた勢いも強さもなく、弱々しく目指している場合を想像してみよう。さてそこで、最初の場合には、主体は全くない。私はこの瞬間には主体だが、先立つ瞬間には主体ではなかったし、次の瞬間にも主体ではないだろう。主体性は、まるで切れた電球のように、私の中で消えてしまった。第二の場合には、主体はある。が、弱々しく、ほとんど血の気がない。私は沢山主体だったり、少なく主体だったりするのだ。いついかなる時にも、同じ強さと執拗さをもって主体であるわけではない。私は丸ごとすっかり主体であるわけでもない。私の一部は主体であるかも知れないが、もう一方の部分はもはや主体ではないか、いまだ主体ではないのである。主体の脆弱さ。主体たろうとする欲求の断続性。主体であるということは、行ったり来たりする。人はフルタイムで主体であるわけでも、百パーセント主体であるわけでもない。主体であることの、不均等発達がある。志向の強度により、主体の意向によって変動する、主体化のスライド制のごときものがあるのだ。等級表を打ち立てる？　志向の変動を計算する？　これは、最悪の場合も最良の場合も含めて、サルトル的政治の対象となるだろう。最悪の場合というのは、「溶融集団」の理論である。これは主体は瞬間であり、その瞬間は希である（「集列的」な〈歴史〉の長い沈黙の水面が続き、次いで突然、出来事の熱で集列が溶解し、いつもとは違う仕方で凝結し、集団的主体を産み出す）という考えから派生した一つの結果にほかならない。最良の場合というのは、反抗のセンスと愛好である。反抗もまた、出来事とその勃発の野蛮さというこの同じ法則が個人にも妥当する（長い同意の歴史。実践的惰性体が支配する生活の規則性。次いで突然、風穴が開き、一個の人間が「ノー」とか「私」という言葉を発し、そうして軛を揺り動かす）のでなければ、可能ではない。主体性という、この偶発事。主体性という、この瞬間。この偶発事とこの瞬間の奇蹟と尊厳。

サルトルと現代人

サルトルは何喰わぬ顔で、フッサールならびにその超越論的エゴの仮説と手を切った。事物に巻き込まれてはいるものの、依然として事物の上に超然としているとするこの超越論的エゴの仮説は、すでにカヴァイエスも拒否していた。私はこの仮説を必要としない、と彼は言う。とりわけそれは一貫性を欠くと、私は考える。なぜエポケーをそのエゴにまで押し進めなかったのか？　なぜ伝統的意識のこの最後の形象もまた還元する、ということを遂行しなかったのか？　〈我れ〉は良しとしよう。この連続性の錯覚も良しとしよう。この錯覚ゆえに私は、自分がXを憎み、次いでYを憎むことを口実として、この憎しみは一つの気質に属するものであり、したがって私は「人間嫌い」であると述べることになる。しかしもう一度言うが、この人間嫌いは演繹から導き出された結論であって、何らかの体質などではない。ジンテーゼであって、テーゼではない。そしてこの綜合＝ジンテーゼないし仮説が、日々の生活の中で私にとって実践的にはどのように役に立つかはよく分かるとしても、その代わり〈存在〉の中にはいかなる種類の真理ないし根拠も持ちはしないことも、私は承知しているのである。

もっとはっきり言うなら、彼は自分の師であった人、すなわちデカルトと手を切った。そして彼以前の哲学にとってかくも長い間、自明のこととされていたあのコギトという長期的確信とも手を切ったのである。われ考える、ゆえにわれ在り、だと？　そんなことはない。私は在ることなしに考えることができる。私の意識にはさまざまな思念が貫き、稲妻のような着想や考察がよぎるかも知れない。しかしそれだからといって、私はいずれも存在の属性とされる、内面性、安定性、同一性、永続性を与えられているわけではない。これこそ『一指導者の幼年時代』の教訓なのだ。この作品の述べていることは、文字通り、「われ考える、ゆえにわれ在らず」なのである。私は考えることなしに、在ることができる。考えること以外の在り方はいくつもある。例えば、情動、想像、感覚、幻覚、夢、それにまた、なぜ口にしないのか？あの非思考、ないし思考への憎悪、——これのこともやはり考えてみる必要がある。それは二十世紀とその野蛮さの教訓である。エゴ〔われ〕なきコギト〔われ考える〕、コギトなきエゴ。サルトルは主体を放棄したわけではない。この点は誤解しないようにしよう。主体の全面的な解体に対して彼が打ち出すのは、これから見るように、原則として、人間たちが決して獣や物のように扱われないようにするべきであるような、そうした主体の仮説である。彼はその主体にこれまでになく執着しており、彼はそれが脆く、はかないものであり、もはや在らぬという危険にしょっちゅう晒されている流れであり、波であり、情動、夢、「切れ切れの思念」の洪水であることを承知しているだけに、この主体は彼にとっていっそう貴重なのだ、とさえ言えるかも知れない。しかしそれはもはやデカルト的主体ではない、というわけである。普及版の解説書が語る「自然の主にして所有者」たるあの人間ではもはやない。哲学の伝統がこぞってその幻想を作り出し維持して来た、あの実体的主体と称するものではもはやない。サルトルの観点からすれば、そのような主体は、無用で寄生的な盲腸となってしまうのである。

したがって、もしサルトルに共犯者もしくは同時代人がいるとするなら、それはデカルトでもフッサールでもない。いわんやカントでもシェリングでもない。この初期サルトルに血縁の者がいるとしたら、それは、人が不当にもサルトルもその一味だと決めつけたあの古典的哲学者たち、哲学の教科書がサルトルは彼らの体系を繰り返し述べているだとか、完成させただとか主張しているあの古典的哲学者たちのだれかれではない。そうではなくて、それは「現代人」たちなのだ。例えばヴィトゲンシュタインである。彼はラッセル宛の手紙の中で、「Identity is the very devil（同一性とは悪魔そのものだ）」と書き、手紙の末尾の挨拶には「L・W（ルードヴィヒ・ヴィトゲンシュタイン）のようなものがある限り、あなたの僕《しもべ》」と記して署名していた。[20] さらにはとりわけ、例の「六八年の思想」の代表者たちである。『野生の思考』から『知の考古学』や『ジョン・ルイスへの回答』に至るまで、あらん限りの激しさでサルトルを攻撃し、サルトルに対する激しい怒りの感情を共有していたあの面々なのである。そのためサルトルの側からも同じように乱暴な反撃を呼ぶことになったのであったが。こうした事態にもかかわらず、実は、少なくとも〈人間〉という主題に関しては、サルトルは彼らの最も実り豊かな企てを、素知らぬ顔で、予告していたのである。なんと二〇年から二五年以前に！　不動の大股開きにして天才的な先取りである。思想の歴史の中にも、こんなことはそうそう例を見ない。

例えばアルチュセール。『ジョン・ルイスへの回答』と『マルクスのために』の「理論的反ヒューマニズム」。彼が人間が〈歴史〉を「作る」という神話を攻撃する度に、標的となったのはサルトルではなかったか。支配的な「プチ・ブルジョワ」イデオロギーの暗黙のヒューマニズム、ないしフランス共産党の公認思想家、ロジェ・ガローディの暗黙のヒューマニズムに対する宣戦布告を行なおうとした時、アルチュセールが念頭に置いていたのはサルトルではなかったか。そしてイギリスの無名の共産主義者、ジョン・ルイスを批判して、あの歴史的な小冊子をこの男のために執筆するという名誉なことをしてやった時、人知れず心に秘めた自分の師の名は——ママ——ジャン゠ポール・サルトルだときっぱり口にして、秘密を漏らしたのではなかったか。[21]ところでこの反ヒューマニズムは、『嘔吐』のそれに大して付け加えてはいない。もっと正確に言うなら、ロカンタンが作成した反ヒューマニズム分類表の中に収まってしまう。それゆえ彼があのようにサルトルを特権的標的としたのは、純然たる近接性もしくは模倣者の競争意識という以外の他の理由によるとは考えられないのである。

ラカン。フロイトの読み手にして、分裂した主体——自己に対して無縁であり、その分裂そのものによって構成される——の理論家、ジャック・ラカン。このような主体とは、サルトルの描くフローベールが言っていることではないか。サルトルによればフローベールは、自分が「無数の」生を持ち、それらの生を全体化することができないこと、さらに知覚や情動の断続性、仮定された同一性というこの「生まれながらの傷口」に感動している。それはまたサルトル当人が、フローベールのケースを解説しつつ、フローベールの名において述べていることではないか。彼は、自我とは創造物であり、他所で作られたものであり、他者の眼差しによって帰納された構造の純然たる結果にすぎないとし、自己との一致の唯一の瞬間、若きフローベールが、いささかでも自己が組み立て直され、見失われた自己が見出され、自分自身と内密な関わりを持ち、傷口、ないしは亀裂が克服されるという感情を抱く唯一の瞬間は、鏡の前に立つ……そうした瞬間であると指摘している。さらにそれは、サルトルが、この世のものとも思われないあの『ヴェネツィア、わが窓から』の中で、大運河の両岸の無気味な類似に注釈をつけた際に、再び述べていることではないのか。それは裏返しになっているので、装置がさらに複雑になっているわけだが、彼はこう書いている。「鏡に近付く自分を想像してみると良い。一つの映像が形作られる。これはあなたの鼻だ。あなたの目だ。口だ。着ているスーツだ。それはあなただ。あなたであるはずだ。ところが鏡に映った映像には、目の緑の色でも、口の形でも、スーツの仕立てでもない何かがある。その何かが、いきなりあなたにこう呟かせる。鏡の中に、だれかが私の映像の代わりに別の映像を入れたのだ」と。あるいはまた、かの有名な『嘔吐』の場面。もう一つの鏡の場面、鏡の罠にかかって解体する顔のもう一つの例。この鏡を前にして、触れるまでにガラスに近付くと、顔はまとまりを失って、溶けてしまい、「光の中を滑って行く巨大な青白いハロ」になってしまう。あるいはまた、『猶予』の中のフィリップ。「彼の姿が鏡の中に見えていた。こうして座ったまま、自分の姿を眺め続け、いつまでもこの音楽を聴いていることもできた……一〇時に起きて、自分の映像を手でつかまえてやろう。鏡の面からそれを引き剥がしてしまおう。死んだ皮膚のように。目の表面の白斑のように……鏡のガラスに白内障の手術をするように……」。鏡像段階と反段階。ラカンと同意見のサルトル、あるいは反対のサルトル。「私は彼のことをあまり知らない」と、サルトルはコンタとリバルカに答えている。[22]『家の馬鹿息子』刊行の際に行なったインタビューの中で、彼らが『エクリ』の著者といかなる関係があるかと尋ねたのに対して、「フローベールの素質構成を描写する時」ラカンのことを考えることはなかった、と言っているのだ。しかしそれでもこのインタビューの数ページ先で、確かに謎めいた言い方ではあるが、「間接的な読書を通していくつかの考えを吸収した。例えばラカンの場合がそうだ」と告白してはいる。[23]あるいはすでに一九六九年、いわゆる「テープレコーダーの男」のエピソードの際に、精神分析医が突然実感する「違和」感に言及した時、あるいはそれよりさらに三年前、[24]「他者の言説の否定としての」意識について、ラカンとの間に打ち立てた関係を正確にのべるよう促された時、彼はこう答えている。「ラカンは、言語活動《ランガージュ》を通して分離を行なう言説としての無意識、あるいはこう言った方が良ければ、言活動《パロール》の反目的性としての無意識を、解明した」、そしてそのようなラカンとは自分は同意見である、と。これに対して『エクリ』の著者は、サルトルに、次のようにまことに華々しい称賛の言葉を捧げている。哲学者サルトルは「『存在と無』の最も輝かしい箇所において」眼差しを「対象a」として理論化した、と。そしてこう述べて、敬意を表している。「サルトルが考える眼差しとは、私が不意を打たれる眼差しである。それがあらゆる視野を、私の世界の力線を変化させ、有機体の放射状に広がる網状結合のごときものの中で、私が存在する無の点から、私の世界を秩序立てる限りで、私は不意を打たれるのである」。そしてさらに先で「眼差しはそこにおいて、眺めている私に、私を対象として眺める者の目を暗点化させるところまで行くという特典を持つことになる」[25]。確実な事実が一つある。「フローベール論」より四〇年前に、ひびの入った、亀裂の入った主体、なかなか統一に達することなく、その有機体性は他者の眼差しの鏡像効果にすぎないとされる主体の観念が初めて登場した本である、『自我の超越性』が刊行された一九三六年という年は、マリエンバードでラカンが鏡像段階の理論の最初の発表を行なった年である、という事実。もう一つの確実な事実とは、この同じ鏡像段階を論ずる本の初版は、一九四九年、チューリッヒで行なわれた第十六回国際精神分析学会の直後に出版されたが、それはサルトルの名を引いてはいなかったものの、「存在と無をめぐる現代哲学」[26]に依拠するものと明示的に名乗っていたことである。このことこそフーコーが、サルトルとラカンを「交代する現代人」と形容したときに、言おうとしたことではなかろうか。

だからまさにフーコーなのだ。そう、あのフーコー。サルトルの「ぎこちなく歪んだ反省」には、例の「哲学的笑い、つまりその一部が沈黙の笑いであるような哲学的笑い」[27]しか対置できないと称していたフーコー。それに対してサルトルの方も、負けてはいられないと、荒々しさと、忌憚なく言えば、下品さをもう一段アップさせて、フーコーの思想は「ブルジョワ階級がマルクスに対してなおも打ち立て得る最後の障壁」[28]であると告発して応えるのだった。しかしそのフーコーは、本質に対する歴史性の優位、実体に対する実践と生産の優位を主張したり、主体とは「時の流れの中のある時点に発生する」ものであり、多数の「過程、実践、作法、戦略的装置、ないし出来事」の結果として生まれたものであるとしている。これは厳密にサルトル的な言説ではなかろうか？　フーコーは著述家としてのデビュー当時[29]、私のすべての努力の目的は、語る主体を細分化し、主体がちりぢりに四散するようにすることである、と言っていた。それはサルトルの計画そのものではないか。フーコーは終いには[30]、私は結局、「さまざまな主体化様態」とそれらの主体化様態が「人間存在にしてかつ主体存在を変形する」方法の「歴史を産み出す」ということ以外には何もしなかった、と述べている。これもまた正確に、サルトルが予告し、大幅に遂行したまさにそのことではなかろうか。六八年五月以降、サルトルとフーコーが接近し、共に手を携えて政治活動を行なうのに、時として人々は驚いたが、彼ら二人はもともと非常に近かったのだ。心の底では最初からずっと近かったのである。もっともサルトルはそのことを承知していた。彼は『ボヴァリー夫人』の分析に当てられる『家の馬鹿息子』最終巻を、いわゆる構造論的方法と技法で書く予定だった。フーコーも承知していた。彼は一生涯、『弁証法的理性批判』の著者とは非常にアンビヴァレントな関わりを持ち続けた。時にはこのような近接性のことなどいささかも知りたくないと主張した。しかしその言い方が唐突で乱暴なために、かえって怪しかった。例えば偉大な人の葬儀の日に、彼はダニエル・ドゥフェールに「何で僕が行かなきゃならないんだ。彼には何の恩義もないんだから」と答えておきながら、もちろん彼は出かけて行って、葬列の人込みの中に紛れ込んだ。おそらくは心を揺さぶられながら[31]。時には打って変わって、サルトルに敬意を表明し、とりわけ最後のインタビュー[32]の中で、『自我の超越性』のサルトルのお蔭で何を得たかを述べている。そうなると、一つは、晩年のサルトルの本来性の倫理と、それが前提とする自己との一致、そしてもう一つは、同時に「複雑にして多数的な」「自己の実践」、われわれに「己を構成し、製造し、芸術作品のように秩序立てる」よう強いる――こう語るのは相変わらずフーコーである――「自己の実践」、この二つのものの間の尋常ならざる緊張を、フーコーほど見事に体現した者はだれもいないということになるだろう。

それから最後にドゥルーズ。現代人の中で、主体の分解の企て――分解した主体は、フーリエ*の企てを踏襲して、虚構、術策、寓意のごときものに変形されてしまう――を最も先へと押し進めた者。しかしそれゆえに彼は、サルトルから最も遠く離れた者、サルトルの関心と世界に最も無縁な者と、想像されている。ところが……サルトルとドゥルーズを結ぶ軸があるのだ。その軸の原理をなすのは、両者とも反ヒューマニズム的伝統に属しているという共通点に他ならない。そのことはトゥルニエ*が証言するところだ。彼は『精霊の風』の中で、若きドゥルーズと彼自身とが、一九四六年〔ママ〕に、敬愛する師たる、哲学する青年たちの帝王サルトルが、実存主義はヒューマニズムであると全世界に宣言して、主体の哲学の古めかしい御託への忠誠を改めて表明したと知った時に、いかにがっかりしたかを語っている。ところがその主体の哲学と決別するすべを教えてくれたのは、当のサルトルだったのだ。この軸はずっと続いたこと、少なくとも懐旧の情、後悔の念、距離を置いた、あからさまに口に出せない承認という形で維持されて来たことは、ドゥルーズ自身の証言するところである。彼は一九七八年に、クレール・パルネにこう告白している[33]。「幸いサルトルがいた。サルトルはわれわれの〈外〉だった。本当に裏庭に吹き込む風だった。彼は唯一無比の組み合せであって、それがわれわれに新たな秩序の再編に耐える力を与えてくれたのだ。サルトルはそれであることを止めたことは決してない。模範とか、方法とか、手本とかいうものではない。ほんの少しの澄んだ風、風通しといったものだった。彼が〈フロール〉にやって来る時は、そんな感じだった。知識人の置かれた境遇を独特の仕方で変えてしまう知識人というわけだ」。私にも具体的な思い出がある。それより少し前のこと、私とドゥルーズがまだ会っていた――午後の終りにカフェで一杯やったり、ブルジョワ的だがだらしのない、ビゼルト通りの彼のアパルトマンを訪ねたりしていた――頃のことである。彼の顔にはすでに皺が刻まれており、前髪は乾いていた。綺麗な手をしていたが、いささか気掛かりでもあった。一度も切らないものだから、爪が長く伸びていたからだ。いたずらっぽいがらがら声で、彼一流の貪婪な調子で、当時私が組み立てつつあった、新哲学という名の「奇妙な仕掛け」について彼は私を問い詰めたものだ。「いいかい……もう一度言ってみてくれたまえ……あいつとあいつはどうやって意見が一致するのかね、それにあのもう一人とも、さらにあのもう一人とは？　それからあの『再び哲学を』という合言葉を、君たちは本当に信じているのかね？　いいかい、それは随分と滑稽な話だ……もうすっかり終ってしまったのだ……もう哲学などない、もうないだろうさ……最後の哲学者はサルトルだった。分かるだろう、何から何まで彼のお蔭なのだ……」。その時の事情というものもある。それに何よりもそれは挑発だったということを考慮しなければならない。しかしそれと同時に……事実、サルトル思想の中には、壮大な「全体的」構築とは無縁な、ドゥルーズの主張する「分子的」同一性の予示があったのではなかろうか。ドゥルーズの語る、寓意あるいは虚構と見なされる「人格」に対する拒否について、サルトルはすでにすべてを述べていたのではなかろうか？　さらにはドゥルーズが、存在するものとは決して「単一の」意識ではなく、意識の断片、意識のheccéité*〔此性〕であると述べる時、彼はドゥンス・スコトゥス*の概念を下敷きにしていると称しているが、しかしそれと同時に、サルトルの昔の直観を下敷きにしているのではないだろうか？　これは問いかけではない。明々白々の事柄なのだ。二十世紀がドゥルーズの世紀となったとするなら、それは彼が最初はサルトル学徒であったからに他ならない。この場合にもサルトルは、主体とヒューマニズムの確実性との解体という現代の潮流全体の出発点なのである。

ライプニッツ・スピノザ・メルロー＝ドゥルーズ系列　対　デカルト・フッサール・レヴィナス・サルトル枢軸

しかし同時に彼はそこから遠ざかる。

そしてそれこそ、彼の天才たる所以、彼の偉大なる力、私の目から見て、彼の巨大な功績なのだ、彼が立ち止まったということは。ただし中途で止りはしなかった。この行程の最後の区間の手前で止まったのだ。そして主体の理論的脱構築の方向にかくも前進したのちに、主体を屈服させる必要性についてかくも多くを述べたのちに、彼はまたしても自分自身に逆らい、自分が予審に取り組んでいた訴訟を中断したのである。まるで、あらゆる現代思想家の中で、人間的なものの真の骨組に他ならない非人間性の探査の道を最も奥地まで突き進んだ当のサルトルが、深淵を前にして突然急停止し、もちろん後退したわけではないものの、脇に飛び退いたかのようなのである。

改めて例を挙げよう。

三つの系列の例、三つの系列のテクストが、サルトルの作品系の最良の解説者の一人によって取り上げられ、関連付けられている。(34)

サルトルはドス・パソスに何を非難しているのか？　また、彼から語りのモデルを借用しながら、主体と世界についての彼の見方に完全に同意することが決してなかったのは、どういうわけなのか？　彼の登場人物たちは、大都会の呟きの中に捕らえられ、化石となっている、とサルトルは言う。饒舌でもあり同時にまた物言わぬ人物たち、彼らは確かに話をしているように見える。ところがそれは彼らではない。彼らの頭の中で話をしているのは、「ひと」なのだ。彼らの口を通して考えを述べているのは「群衆」なのだ。そして彼らの口と頭の中でざわめいているのは、大都会の名も知れぬ合唱隊の、途切れることはないが空虚な言葉なのである。実を言えば、サルトルはドス・パソスに対して、あまりにも完璧にサルトル的な主体を非難しているのである。要するに、自分自身が予審に取り掛かった反ヒューマニズム訴訟の果ての果てまで行き着いたことを非難していることになる。かくも完璧に非人間化され、もはや自由の気配を一切残さない人間たちを作り出してみせたことを非難しているということなのだ。

フォークナーについてはどうだ？　これもまた空虚で、からっぽの意識たち。そこには人間という種もしくは大地のつぶやきが住みついている。微細な、ほとんど薄弱とさえ言える魂たち。それは何やら知れぬ非常に暗く分かりにくい、昔からの宿命に繋がれている。サルトルは『死の床に横たわりて』と『アブサロム、アブサロム』*を読む。そして讃辞を呈し、自分の理論の根拠に仕立て上げ、情け容赦なき闘いを挑むと自ら宣言したフランス流の小振りな小説（魂の情念、ブルジョワ的ドラマ、内面生活の取り合わせ）に対する武器として用いるのである。しかし、フォークナーの暗い大ロマンの中でどうしても自分としては馴染めない点を述べる機会を逃すことはない。すなわち喧噪の中に、それも事物の喧噪ではなく、人間たちの喧噪に呑み込まれた「ばか者」の人物たち、主体が姿を消してしまった種族と夜の大規模な蠢動、不透明でおどろおどろしい底荷、密かな、しかし基本的なひび割れ、絶対的な反主体、それらの主体がかくも見事に主体主義の幻想を葬り去ってしまったために、ここでもまた自由の希望そのものが息の根を止められてしまった、という点を。

ではポンジュはどうか？　彼はポンジュに対して何を非難しているのか？　そして極度の近接性にもかかわらず、ここでもまた最後にはポンジュから離れることになったのはどうしてなのか？　問題はやはり、人間と事物の融合という鉱物的な夢なのだ。それは石の世界に転落し、緩慢だが確実な石化の作用に捕らえられた人間という、すぐれてポンジュ的な景観である。彼はポンジュが物の味方をすること――これはポンジュの言葉であるが、彼自身の言葉でもあり得ただろう――ではなく、物が勝利してしまうこと、詩をその対象によって暗殺しようと企てること、人間の言語が、「始まりの嵐」でもあり、物の嵐である原初の言語に水没してしまうこと、こうしたことをポンジュに対して非難する。『物の味方』は言う。「幸福の秘訣」は一にかかって、「人格が物によって侵入されることを悪と考えることの拒否」の中に存する、と。いやいや、そうではない、とサルトルは答える。そしてここでも彼は、脚で踏ん張って急停止する。主体から、統一性、安定性、同一性へのその旧来の自負を奪い去りながら、彼自身も同様にかつて物に与えたあの特権から生じ得るあらゆる結果にぞっとして後ずさりするのである。

サルトルはこの三人に対して何を非難しているのだろうか？　かつては彼の師の名であったが、ほどなくして彼の考えを要約することを止めてしまったこの三つの偉大な名前から、いつどこで別離したのだろうか？　このように非人間的なものが人間的なものを征服するがままにしておくこと。物と言葉、世界と意識の間の境界をこのように抹消してしまうこと。彼はそんなことを言ったのではない、サルトルは。そんなことを望んだのではない。とりわけ、彼がベルクソンと訣別したのは、そんなことのためではない。だから一人のサルトル、同じサルトルがいるのだ。その同じサルトルが、自分が起こしたヒューマニズムに対する訴訟の中で行なった発言は一言も撤回することなく、自分が行なった主体の形態の粉砕については何も否認ないし後悔することなく、ある種の主体性の権利を、最後の最後に再度主張するのである。主体性はたしかに崩壊し、ごく小さなものとなり、あたうる限り空虚なものとなってしまったが、それでも物を志向し続けるのであり、それゆえに物に還元されてしまうことはない。つまり相変わらずフッサールの志向性の観念なのだ。

事柄を最も大所高所から眺めてみるなら、二つの大きな伝統がある。

ドゥルーズにまで続く稜線は、スピノザとライプニッツを経て、ある意味ではメルロー＝ポンティへと続く。一つの同質的存在、と彼らは言う。諸々の存在物、存在者の途絶えることなく連続する流れは、意味の目的論のごときものを形成している。意味は動物圏で生まれ、やがて人間圏で十全に展開するのである。およそ取るに足らないものから最も手のこんだものまで、動物性のほとんどないものから最もあるものへと連なる、鎖のようなもの。主体には特権はない。他の存在物に較べて特殊性があるわけではない。主体は、物のふにゃふにゃした練り粉の中に溶け込み、混ざり合っている。ライプニッツの場合は、連鎖はまず「植物的麻痺状態」で始まり、次いで「動物性」へと続き、意識と記憶で絶頂に達する。その過程は空隙も飛躍もなく、すべては微妙な差異と漸次的推移で進行する、と『単子論』は述べている。メルローの場合は、「始まる」とも「続く」とも「絶頂に達する」とも言う必要はない。すべての存在物は混ざり合い、あらゆる状態が入り組んで、意味と無意味は錯綜し、鋭敏な肉体と体験された意識、世界と精神は互いに互いを野生化し、前人間的生命の世界の中に住みついている「われ考える」と、逆に一種心的実体のごときもの、形をなさず手探りするばかりの思考のごときものが住まう世界との間に絶えず妥協が行なわれる。それからこの連鎖の果に、ライプニッツの遺産でもあればメルローの遺産でもある、ドゥルーズの内在平面、それらが形作る全般化された機械仕掛け、欲望の組み合わせ《アジャンスマン》が登場する。そこにおいては、なおも変様態《アフェクト》の領域に属しているものは何であり、物質に接続しているものは何であるかは、もはや分からなくなっている。これらの女‐生成、子供‐生成、動物‐生成、花‐生成、これら一切は欲望の極みなのだ、とギィ・オッケンゲムの『半獣神たちの五月以降』の序文は言う。その結果、哲学の営みそれ自体が、この「混沌浸透」、この「環境哲学」となってしまう。われ考える、だって？　そんなことはない。何がしかの思考がある、ということなのだ。私はそれの媒介手段ではあっても、作り手ではない。その結果ではあっても、原因ではない。欲望について妥当することは、思考にも妥当するのであるから、この思考が、どこで、いつ、いかにして、何者によって始まったかは、何者にも、まして私には、言うことができない。思弁の中心を外すこと。こうした拡大した理性の探査は、理性の務めなのだ。これもまたメルロー。この思考の身体、この観念の肉体、それこそが思考の大いなる冒険なのだ。これも相変わらずメルロー。このライプニッツ・メルロー・ドゥルーズの三幅対にとって主体はどうなるかと言うと、主体などは全く存在しない、ということなのだ。神話と夢と表象があるのみなのである。

そして第二の稜線がある。それはデカルトからフッサールとサルトルとサルトル的実存主義を通ってレヴィナスに至るものであり、そのメッセージは、サルトルにおいては次のようなものとなる。すなわち、なるほど実際のところ、おそらくは連鎖があるだろう。おそらくはおよそどんな主体の中にも、物の中の一つの物になろうとする、主体と物を融合させようとする、誘惑（危険？　宿命？）がある。おそらくは物と主体の間、下部心理の地獄と心理の地獄の間に分割線を引くことは、それほど容易ではない。確かなことは、〈人間〉と〈意識〉の哲学のあの帝王、〈自我〉陛下とは訣別する必要がある、ということである。しかしそれと同時に注意しなくてはならない。このような混同がその果の果まで行き着いてしまったとすると、とんでもないことになる。われわれを、花や自転車等々になってしまった石化した人間に変えてしまわないよう警戒しよう。私ことサルトルは次のように言う。主体がいかに考えられないものであっても、それが細分化の力に打ひしがれているといかに私が確信していようとも、それでも主体の仮説と虚構を再建するためにあらゆることをする必要がある。仮説としての主体。歯止めとしての主体。解けて行く編み物の縫い目としての主体。この主体の恍惚=脱自。外に出て存立することが必要なのだ。突起していることが。例の三幅対によれば、意識なき思考と十全の開花に達しない意識とがいっしょくたに芽生えているこの鉢の底から、主体がほとばしり出ることが、あたかも可能であるかのように――そう、かのように、だ――しなければならない。欲望の弁証法――ヘーゲルにおいてそうだったように、それがわれわれを動物界と事物の麻痺状態から引き剥がし、徐々に〈精神〉を生じさせることだろう――に賭ける必要がある（そう、賭けるのだ。主体はもはや存在ではなく、賭けなのだ）。メルローが、「過去一世紀来、哲学において為し遂げられた一切の偉大なことの出発点」であると述べた、あのヘーゲルがあり、またとりわけ客体と主体の二元性が危機に瀕したという事実がある。しかしまたサルトルが拠り所とすることになるヘーゲルもあるのであって、そのヘーゲルは、物を意識に、意識を物に変えるこの絶え間ない動きにもかかわらず、最後には〈精神〉の最後の特権を再び打ち立て、〈精神〉を通して、それでもどうやら物よりは意識の方に似ている何ものかの特権を再び打ち立てることになる。何がしかの思考がある、とライプニッツ・ドゥルーズ・メルロー=ポンティ派は言っていた。そしてこの「ある」（＝il y a）（ハイデガーの「ある」〔es gibt〕）の中からは、物化された言《パロール》の大いなる匿名の呟きが、非人格の「ひと」の勝利、ないし世論というもの――当然だろう？――の勝利の声が、『ラザロ』の中でマルローの対話の相手が語っていた「とかげの意識」「意識の痕跡器官」の声が聞こえる。何がしかの思考がある、とサルトル派はおうむ返しに言い直す。しかしサルトル派は、〈言

y a〉の〈y〉〔そこに〕に力点を置く。〈y〉の上への跳躍《エラン》を演出する。つまり奮起＝上への跳躍だ。この〈il y a〉にその飛躍〔エラン〕を与え、隠れていた力強さ、出現の力、荒々しい力を取り戻させるのだ。彼が〈il y a〉と言うと、言の出現そのものが、その時ならぬ出現、その出来が出現する。主観性の慎ましい壮麗さが出現するのだ。主観性は義務の世界から身を引き剥がし、世論から、他者たちの言葉と擦り切れた文化から自らを引き抜き、その結果、ついに思考の真の輪郭、閃光、鳴り響く音、夜の闇より強い光、さまよい放浪するが、真正の、大胆な言《パロール》が姿を現すのである。

だからサルトルとメルローなのだ。

話を簡単にするために、サルトル対メルロー、そして逆もまた可なり、と言うこともできる。メルローが〔ということはドゥルーズが〕、世界に抗して悲壮にこの主体を押し立てるということこそが大いなる危険の根源である、と主張する時、私の中のある部分はそれを聞き入れないわけにはいかない。全体主義の真の根源はまさにそこにある、この究極の主体主義の中にあるのではなかろうか？　大きな誤り、最初の誤りとは、「即自」の世界と「対自」の世界を分離し、そのようにして「対自」に「即自」に対する全権力を与えてしまったことではないのか？　「即自」は今のところは物質という顔を持っているが、やがては同じ効果を持ったままで他のいくつもの顔という顔を持つことになるだろう。つまりは他のいくつもの「対自」という顔を持つだろうし、顔というものは意識に担われているものである限りにおいて、他のいくつもの意識という顔を持つことになるだろう。そして狂信や非寛容への誘惑、党を絶対的なものにしようとする誘惑が生まれるのは、コギトのこの究極の狂気の中、再び主権者となった意識と、意識のこの主権そのものによって無定形のものとなってしまった世界とが、向き合っているという事態の中、この二つの領域が根底的に分離しており、衝撃や破局という様態でしか互いに出会うことがないというこの状態の中からなのではないだろうか？　要するに、サルトルはその将来の全体主義の最初の杭を打ち込んだのではなかったか？

さらに悪いことには、私のこの部分は、複雑で精密に練り上げられた現代的思考に関する信用をメルロー当人に（ということはドゥルーズ当人に）委ねざるを得ない。彼らが次のように述べる時、彼らに賛同せざるを得ないのである。すなわち、このように主体を最終的に救い出すということは、何を意味するのか？　物とのこの馬鹿げた対面とは、どういう意味なのだ？　間世界というものはないのか。〈歴史〉の象徴的中間というものはないのか。宇宙とは、即自と対自という二つの界の間の、交差も通路も持たない硬直した空間なのだろうか？　それはすさまじく単純な、素朴なヴィジョンではないか？　そのように考えたら、唯一重要なもの、半ば即自にして半ば対自の、世界のこの肉体であるもの、われわれ誰しもが関係を持つ真に現実的なるものであるものへの、到達を諦めてしまうことになるのではないか？　この「第三の領域」、事物の領域でも魂の領域でもない、二つのものの間の領域、「内部の哲学と外部の哲学」が不確かなものとなる――なぜならサルトル派が切り離されていると主張するこの二つの領域の間には「譲歩なき」絆があり、その中にあっては「内部は外部となり」、逆もまた真であるからだ――この縁《へり》の領域である「第三の領域」への道を閉ざすことになるのではないか[35]？　一言で言えば、より実り多い道筋を切り開いているのはメルローではないのか？　例えば彼は、〈歴史〉の神秘を〈受肉〉の神秘に喩えている（〈歴史〉の中には、先行的主体性ともいうべきものが、言わば堆積しているが、〈歴史〉がその先行的主体性のなかにおいて常にすでにこね上げられている時には、主体はそれだけ〈歴史〉の中で闊達に振る舞うことができる）。あるいは彼は、肉体の知というものがあり、この知のなかに、あたかもこの知の各地域であるかのように、目の知、手の知、皮膚の知という風に各器官の知、ないし器官の各断片の知があると述べる（物は肉体の相関物である、と彼は説明する。魂の相関物であるが、肉体の相関物でもあるのだ。そしてこの単純な命題が伝統的な主体の哲学に新しい要素をもたらしたことは認めないわけに行かない）。あるいはまた彼は「われわれが知っているいかなる思考も、肉体に生起する」と言っている（何とも感嘆すべき言葉ではないか）。このようなメルローは、より実り豊かな道筋を切り開いているのではなかろうか？

しかし私のもう一つの部分は、このような、差異も超越もない一義的な存在という観念そのものに対して、嫌悪しか抱くことができない。人間も植物も事物も動物も、同じ平面の上に存するような、こうした存在に対して、もはやうじゃうじゃとひしめく「襞」、どれも等価な「個別性」、ばらばらに分散した純然たる hecceité〔此性〕しか存在しないような、こうした「平面」に対して。心理が生理の一部分となってしまい、倫理が古い機械論的な図式に生じた一変異となってしまうような、こうした世界像は、本当に進歩と言えるのだろうか？ 獲物を待ち伏せるマダニの変身はコソヴォ人やチェチェン人の苦しみより意味と重要性を持ち得る、とわれわれに向かって述べることのできるこのような哲学は、果して愛好すべきものなのか？ この点については私は、『人間の顔をした野蛮』以来、見解を変えたことはない。私は、それがどんなに精緻に練り上げられたものであろうと、いかなる形態での自然主義にも生気論にも健全な嫌悪を抱き続けるものである。

私のこの第二の部分は、メルローがサルトルに対して予審を開始した全体主義の嫌疑に基づく裁判を逆転させようという気にならざるを得ない。最初の全体主義とは、レヴィナスが述べているように、〈存在〉を、裂け目もなく、己自身に飽和した、充満したものとみなす全体主義ではないだろうか？ 他のあらゆる全体主義に先立つ存在論的全体主義というものがあるのではないか？ そしてそれは、「イリヤ」〔il y a〕

の夜のそれ、ロゴスの非人格性のそれ、ざわざわと音を立てて包み込むロゴスの沈黙のそれなのではないか？　この〈存在〉に対して真っ向から一つの主体を置き、その主体の行き過ぎに賭け、その主体が一つの言《パロール》――その主体とともに始まってその主体とともに終る――の根源となるかも知れないと想像すること、これこそまさに、この事実そのものからして、この上ない反全体主義的行為なのではなかろうか？　サルトル、すなわち主体の仮定。サルトル、すなわち「魂」ないし意識の――何が何でも――万物に対する優位。物とは何か、と彼は尋ねる。それは意識の上にしばらくぐずぐずすることだ。そのような物にとって、現実存在するとは何か？　それは意識ないし認識の対象であるという身分を持つことである。では主体であるとはどういうことか？　それは意識し、認識する――ただし認識され把握される物と決して混ざり合うことなしに――ということだ。何でも好きなことを言うが良い。かくも進んで肉体を物と扱ったこの時代の終りに当って、何と言っても人間をゼロに、もしくは廃棄物に、もしくは生産物にしてしまった世紀に他ならない、アウシュヴィッツとソ連の収容所の世紀に対して、このメッセージは傾聴に値する。

要するに、私の第二の部分――実はこちらの方が枢要な部分なのだ――は、サルトルが現代性と倫理という二重の功績を認められることを願うものである。哲学を世間知らずの素朴さから引き出すという前例のない企て、構造主義的思考と人間科学の最も実り豊かな直観の唖然とするような先取り、ハイデガーの系譜に連なるヒューマニズムの脱構築の最初のものであって、決して最もささやかなものではない――これがサルトルのなし遂げたことなのだ（「人間の死」もしくはその近い将来における「消滅」もまた、彼はフーコーよりずっと以前に、マラルメに関するテクストの中で、喚起し続けた）[36]。それにまるで早くもこの時から、つまり三〇年代から、そして実を言えば、すべてが掛かっているあの志向性に関するテクスト『自我の超越性』以来、彼は、人間は本当に死んだのだという宣告が行なわれた世界を、下種野郎どもがどのように利用するかを理解していたかのように、ある形の「主体」に賭けたのである。その主体はもはや「存在者」ではないのだから、それに残された方策は、一つの観念であるということだけだ。しかしそれだけでも大したものではないか。観念だというだけでも。それは原理だし、倫理の規則だ。権利を支える土台となり得るものだ。これあるがゆえに、人間は、もはや〈人間〉の絵姿ではなくなったとしても、人間の諸権利の管轄下に委ねられることができるのだ。まさに世紀の難問だ。それこそ、もう一度言うが、知性と徳性というこの二つの台の上で賭をした哲学の功績に他ならない。人間の死ののちに、人間の諸権利が、死んだ人間の死んだ諸権利とならないようにするには、どうしたら良いのだろう。それが知りたければ、サルトルを読めば良い。昔のサルトルを。われわれはもう読まなくなっていたが。しかし「志向性」の観念と、そのフッサールの威光を背負った眩惑によって、彼はずっと以前から、われわれの方程式を解いていたのだ。

2 怪物とはなにか? 伝記的断片

自伝

いつも次のことが問題になる。すなわち、サルトルはなぜ彼の「倫理学」を書かなかったのだろうか。『存在と無』の最後に予告された「大倫理学」にあれほど言及し続けながら、それについて「ノート」しか残さなかったのはなぜなのか。またもう一つ、めったに発せられることはないものの、やはり同様に興味深い問いがある。すなわち、十二歳の年齢まで、つまりは母の再婚という決定的な出来事までを語った『言葉』を除いて、なぜ彼は真の「回想録」を書き残さなかったのだろうか。伝記的にはこう説明できる。まさにその出来事のせいだと。大きくなったら、綺麗なママと結婚するつもりでいたお山の大将の一人っ子にとって、その再婚は言語に絶する手荒な出来事だった。(1) そしてこの苦痛がおそらく彼の人生の、言葉で言い表すことのできない部分となったからなのだ。サルトルは一応この部分に言及するのだが、決して正面からではなく、ボードレールとの驚くほど酷似した運命を通して言及するだけだ。それ以外の面で、それは黙秘され系統的に消し去られ、それゆえに、伝記の企てをはばむ。その企てはこの話を突き詰めることも跨いで進むこともできず、その十二歳という入り口で決定的に押しとどめられてしまったのだ。だが、もう一つの説明も可能だ。もちろんそれはこの第一の説明と関係がないわけではないが。それはまず、自らを語るには、語るべき「自己」が必要であり、「回想録」を書くには記憶が必要だということだ。堂々と繰り広げられたり危機に瀕したりして機能する、何らかの記憶というものが必要なのである。ところがサルトルは記憶をもたない。彼は、十二歳の頃に有していた以上の思い出を持ちあわせない。彼はそういう風に出来ているのであり、自分をそのように作ったのであり、彼「である」ところの「私」は、血族のドラマやその他によって、己の人生を語り、そのすべての出来事をまとめるという考えそのものが単に意味をもたないような具合に、プログラミングされたのだ。誰の人生だって？　私の？　だがいったいその私とは誰なのか。彼は自分の同一性をどこから引き出すのか。第一、語る私と語られる私とのあいだにどのような一貫性があるのか。彼はたしかに『言葉』を書いた。それに『アデン・アラビア』の序文や「生けるメルロー＝ポンティ」、それに数多くこなした対談・インタビューのなかに、この不可能な自伝の断片を残している。だが、彼の生涯を一つの全体にまとめ上げるような大きな物語、つまりサルトル版『告白』や『成熟の年齢』は、彼の神経症もさることながら、彼の心的体系ゆえに、最後まで作品化されることはないのである。

内観

さてサルトルは『言葉』の作者である。また『言葉』以前にも、『奇妙な戦争—戦中日記』の作者でもある。しかしまさに、その中で、彼はこう書いている、「私はもう一五年以上も、自分が生きる姿を眺めないできた」、私は「自分自身にまったく興味がなかった」し、その上「自分の全生涯を細かく点検することに何らかの得があるとは思わない」。さらにその少し先のページでは、明らかに自分が変わったこと、戦争のおかげで自分の原則を放棄しつつあることを指摘したうえで、「戦争が終ったら、私はもうこの日記をつけないだろう。もしつけていたとしても、二度と私自身のことを語りはしないだろう。人生の最後の日まで、自分自身につきまとわれるなどはご免だ[2]」。さらに後のこと、それもかなり経ってから『家の馬鹿息子』の執筆に没頭していた頃にも、フローベールの次のような言葉が彼を魅了する。自分を語らないという誓いを改めて正当化しているように見える言葉だからだ。すなわち、「あなた方は間違いなく私のような人間だ。あなた方はみな、同じ恐るべき厄介な深淵を抱えている[3]」。この約束はほぼ守られる。繰り返すが、『言葉』を例外として——ただし、それがどのように、なぜ、またどのような文脈で書かれたかは後に触れる——、サルトルは内観の幻惑に二度と身をゆだねることはない。己自身を知れ、とアミエル派ヒューマニズムは言う。己自身を知るな、とサルトル流反ヒューマニズムは応酬する。なぜ己自身を知ろうとするのか、なぜ無益な内観に身を消耗させるのか。内面とは空虚な場であり、思考の産物、空気の流れ、フローにすぎないのに。自我とは憎むべきものではない。何ものでもないのだ。無意味というわけでないが、密度がないのである。自我への恐怖や嫌悪、自我の幻惑をののしるために、偉そうに構えたり、悲劇的で報復的でパスカル的な語調で語る必要はない。自我の観察から引き出せるものは、文字通り何もないということを確認すればいいだけだ。それこそ、ニーチェが「内面の家畜を始末する」という言い方をして言ったことであり、マルロー以前に、ローレンスが「汚らわしい小さな秘密」を攻撃したときの立場だ。そして、それは結局のところ、フロイトの理論の対極である。フロイトは、当時の天文学が発見し、同時にとてつもない密度を有することまで分かったブラック・ホールの一つであるかのように、「無意識」を論じた。ニーチェ（そしてローレンス）対フロイト。サルトルはニーチェ（ローレンス）の側に立って、もっとも果敢に「人格学」的誘惑と闘ったということになる者たちの一人だ。思想 対 心理学。思考への愛好 対 自己愛とその身辺雑記的出来事。私の中において興味あるものは、――サルトルは考えを曲げることなく言いつづけるだろう――自我を超えていくもの、自我からはみだすもの、世界を巻き込むものだけである。魂のなかで考慮に値するものは、「〈我れ〉支配」（ラカン）や「由緒正しき名高い〈我れ〉」（またも、ニーチェ）への係留を打破することを可能にしてくれるものだけだ。

透明性

隠すべきものは何もない、とサルトルは言う。しまい込んでおくべきものは何もない、だから隠すものはないのだ。内面性はない、だから秘密もない。主観性というものはなく、意識のひだも折り返しもない、だから保護すべき影の部分も、私生活もいらない。それが、サルトルの反ヒューマニズムの限界――しかし同時にその帰結――である。それこそが、この反ヒューマニズムのなかで――それ自体は実に実り多いものであるのに――いつも私には恐ろしく思えた点である。思い出してみれば、ビアンカ・ランブランとの最初のデートの時、連れ込まれた部屋のカーテンを閉めようとした彼女に向かって彼はこう言った。「私たちがこれからすることは、明るいところで行なわれるべきだ」。率直さの悪魔。透明性の陶酔。すべてを見ること。すべてを見せること。そして、主体にあらざる者の間の関係にあらざる関係を調整する、すべてがよく見えるというこの至上命令。フーコーの大パノプティコンを想わせる、危険な至上命令であり、純粋性への意志のサルトル的形態である。この初期のサルトルと、彼が後にさらされる全体主義の誘惑とをつなぐ接点であり、彼の抱く、もっとも強く死に結びついたファンタスムを産む源泉の一つとなるだろう。ただ、われわれの話はまだそこまでたどり着いていない。サルトルの生涯と作品には透明性への意志をめぐる物語がある。のちのサルトルにとっては、この意志は至上命令的で絶対的で無制限で、したがって政治的なものになって行く。だが、初期のサルトル、ニーチェ的で反逆的な芸術家サルトル、この若いサルトルとその貴族的なモラルにとっては、他の一切のものと同様に、透明性は、対等な人間同士のあいだ、いうなれば、シモーヌ・ド・ボーヴォワールと彼との関係、あるいは彼とごくわずかな親友とのあいだに限られる。残りの、他の人々、他のすべての男と女、偶然出会った男と女たち、つまり彼ら二人の人生の証人にして、彼ら二人の欲望の従順な対象たち、行きずりの恋人たち、仮初めの友人や仲間たちは、ジプシーの流儀にならって、友人同士ではない他人に用いる言語で話をすべき人々なのである。すべてを言うだって？　本当にすべてを？　とんでもない！　サルトルは一生涯、誰しもそうするように、嘘をつき自分にも嘘をつき、ある女をごまかしては、別の女で手っ取り早く済ませ、今度はその二人の女を交替で目立たぬ影の中に追いやって、そうやって生活を三つ、四つ、五つに仕切るのだ。つまり、影の女たちと光の女、偶然の女たちと必然の女——なんという告白だろう。

精神分析

これに対しては、先験的にはもちろん、不信感であり、抵抗である。まず第一に個人的な理由のせいで。

何しろ、彼は、母から、一人の男性がいて、その男を愛していると、だがその人のことは「おじさん」と呼ぶほうがいいと言われたのが十二歳だったために、自伝を十二歳で終らせている。そのような人間がどうやって精神分析と単純な関係を持てようか。しかしまた（とりわけ？）、理論的な理由もある。彼は、エゴの超越性、その実存、即自の吐き気を催す泥沼を抜け出るエゴの最終的な湧出、その究極の尊厳に賭ける哲学者なのだ。そのような哲学者にとって、人格学の深淵にわれわれを沈めるだけでなく、そして他の教義よりも、山ほどの秘密とそれを暴く手段にとりつかれているだけでなく、その上さらに、このエゴなるものは内在しており、エゴ自身の知らぬ間にエゴを支配している様々な衝動の大海の中に沈んでいると説く教義が、厄介な邪魔者でないわけはなかろう。ああ、ファンタスムや性分といったものがうようよしている、爬虫類のような、この光の差し込まない暗い魂のおぞましさ！　ああ、あの不明瞭な顔、読み取れない皺の数々、不幸と時を紡ぐ蜘蛛、魂の住家、下劣な陶酔、これらはみな、サルトルの初期の哲学が、愛しい自由の風にのせて吹き飛ばせると夢想していたものだ。ところが、そうしたおぞましい現実をフロイト理論は目の前につきつけるのである！　私はその頃のサルトルを思い描く。ポンタリスから渡されたいくつかの論文を、〈フロール〉でいつものように、つまり飛ばし読みで読んでいるサルトルを。急いで読むまでもない。戦闘的な哲学者がみなそうであるように、彼は自分の哲学小銃の銃口に正確無比なセンサーを接続していたが、そのセンサーは即座に不倶戴天の敵の存在を知らせた。だめだよ、いいかねポンタリス……。その無意識の話というのは……人が何かに動かされ、その作用を蒙り、これに従属し、あれに捕われているなどと言うこんな主張の仕方は……。君の言うフロイトというのは、哲学者じゃないよ。まるで警官だ、いやそれどころか、懲治部隊だ……。どちらかを選ばなきゃ駄目だ、彼かわれわれかを……彼のモラルかわれわれのかを……あの言説かこの言説か……あっちの店かこっちの店か……彼が正しいなら、私が間違っている、私が正しいなら彼の言っていることがおかしいのさ。要するに、私は彼に全面戦争を宣戦するよ。容赦なき全面戦争をね……。

いずれにせよ、そこから、決定的な発言が出てくる。「私は無意識を信じない[4]」。そしていくつかの子供じみた指摘。それほどそれは断定的にこう述べる。私の父は若くして死に、永遠にこの「私の父になる暇もなく、今日ならば私の息子であったもかしれない若い死者」であり続けてくれたので、人生からのこの余りにも早い退去は、私に「ひどく不完全なエディプス」を恵んでくれ、「優秀な精神分析医」が言うように、私は超自我をもたないというかなり特異な状況におかれることになった[5]。砲撃のような判断。こちらとしては一笑に付すべきか、憤慨すべきか、心配すべきなのか、分からない、それほど断固たる判断だ。あるいは判断としてではなく、症状として扱うべきなのか。「精神分析は原理をもたない。理論的基盤もない。せいぜいが――ユングや、フロイトの若干の作品において――まったく毒にも薬にもならない神話体系を伴なっているだけだ[6]」。テープレコーダーの男の話もそうだ。すでに引用したように、分析医の診察室に録音機を持ち込んで診療の契約をぶちこわす患者の話。彼はこのようにして医師のいんちきな科学、その権力欲、下劣な警察的本能を暴こうとした。そして、パンゴーやポンタリスの反対意見を押しきって、『レ・タン・モデルヌ』に、以下のようなやり取りを公表したことで、つまりは、この「行動に移る」ことに手を貸すことで、サルトルが味わう意地悪な喜び。彼は熱中のあまりそれをまさしく天才的だといって憚らない。テープレコーダーの男、ジャン゠ピエール・アブラハムは言う。「あなたには人を治すことなんかできない。あなたにできるのは、自分が抜け出せない父親の問題を人に感染させることだけだ。そして、分析会見のたびに、こんな風に犠牲者たちを、この父の問題で引きずりまわすのだ」。X医師は、狼狽し、科学と論証の数々も力及ばず、失った優位性をどうやって取り戻したらよいのかもはや分からない。「六〇九番に電話しますよ、あなたに出て行ってもらうために。六〇九番に、警察にです。あなたを退去させるために」。テープレコーダーの男「警察にだと。オヤジか。そうなんだ。あなたのオヤジは警官なんだ、私を逮捕させるために、父親に電話しようとしたわけだ……」。サルトルがいくら自分はフロイト理論の見せかけだけの友でなく、その同伴者だと言ってみても、(7) むだだ。実に下種な態度で次のように述べたところで何にもならない、「私は精神分析を笑いものにする気は毛頭ないし、またそんな手立ても持ち合わせていない。私はただ資料を、ささやかな生《なま》の資料、幸運をもたらす穏当なスキャンダルを提示しているだけだ」。そうは言ってもやはり、サルトルがまさに反フロイトのテロ行為――その種のもので最初の――に手を貸したことには変わりがない。また、「プロレタリアートが歴史の主体であるとマルクスが述べた意味で――ママ――主体である」とされる「テープレコーダーの男」の主張に、彼が与したことも間違いがない。分析的関係の暴力、分析医と被分析者の封建的な関係……意気消沈……一週間に一度か二度の譲歩……耐えがたい依存……そして今や、解放……ここで語っているのはアブラハムではない。まさに彼、サルトルなのである。この「精神分析的対話」の熱烈にして情熱的な解説の中でこう語っているのだ。それがゲリラ戦であることにも変わりはない。そのゲリラ戦は、ある時はひそかに、ある時は激しく、いずれにしても間断なく続けられ、このエピソードはまさにその目覚しい一例であるが、何年かのち、たとえばレイン*やクーパー*などイギリスの反精神医学派が出現したときに、他にも無数の活躍の場を見出すことになるだろう。そして最後に、あの気狂いじみた野心が存在することは間違いがない。すなわち、あの経験主義的な精神分析を新たな精神分析に置き換えようとする野心。サルトルは、その精神分析のフロイトであり、ジュネやフローベールの症例はフロイトにとってのドラ*やシュレーバー*の症例となるだろう。この野心は気狂いじみてはいても明瞭に表明され、極めて重要なものとして体験され、『存在と無』のまるまる最後の部分はこれに当てられている。そしてこの精神分析の新しい原理はその一つ一つが一対一で、あの権威主義的で、十分な根拠を持たない、悪質な、精神分析の原理に対立するものとなろう。つまり、私の右側（フロイトの精神分析）には、無意識、コンプレックス、恐るべきリビドー、原因の錯綜、自己の自己に対する不透明性、得体の知れぬ力に呪縛された主体、過去による支配、所与への隷属、そして恐らく隷属そのもの。そして、私の左（サルトル的精神分析）には、透明性の夢、根源的な計画と選択、明晰性と自己欺瞞、主体の手のつけようのない自由、分析者と被分析者とが向き合って行なう対談、もしかしたら治療用の寝椅子の廃止、などがある。要するに、もう一つ別の精神分析。光輝く、透明な精神分析。拍手喝采、これでいいかい、ママ？

だが、また同時に事はそれほど単純ではない。

というのも、この気狂いじみた計画、「私、ドクター・サルトルは、こう語る……」とわれわれに述べるこのやり方に対しては、二つの極めて異なる意味を付与することができるからだ。

まずは、こう自問することができる。なんたる誤解か、なんと嘆かわしいことか。フロイトが切り開いた科学の新大陸に対する、この実存的精神分析のご苦労な修繕作業は！　そもそも、本気なのだろうか。多少の意味でもあるのだろうか。フロイトの無意識が、人間の何やら訳の分からない、生理的、本能的、もっと言えば動物的な部分にわれわれを従属させると考えるその考え自体が、まったくもってばかげたものではないだろうか。

それは、ラカンをはじめとして、フロイトについてのいくらかでも真摯な読解が、何よりも優先的に言説に関わり、手っ取り早く言えば、文化に関わるこの実践についてわれわれに言いえたことに、真っ向から衝突するのではないだろうか。たとえばトーマス・マン(8)は、その三、四〇年も前、ナチズムの台頭するなかで、フロイトの教えの見事な明晰性を、ドイツ、そしてヨーロッパ中を呑み込みつつあった蒙昧主義の高まりに対比させてみせたが、それははるかに正しい見方であったのではないだろうか。サルトルは、そうしたことによって、二十世紀の大事業を捉え損ねたのではないか。主体とは何ものでもなく、ただの流れ、あるいは一つの単語だと語り、一方、無意識の方は、形の定まらない、漠然と原始的で猥褻なまむしの絡み合いで、そんなものは「信じない」と語っていたあいだに、時代のほうは、主要な理論的前進を果たし、リビドーやその言語効果の動きを探求しはじめていたのであって、彼はそうしたまるまる一つの時代と断絶してしまったのではないだろうか。六〇年代に始まるサルトルの影響力の衰退の理由は、彼がフーコーや、構造主義的マルキシスムや記号学や、あるいはレヴィ=ストロースを攻撃したこと以上に、そうした点にこそ求められるのではないだろうか。それにそもそも、そんな権利があるのだろうか。己の自由の理論と合致しないからという理由で、フロイト理論というこの壮大な構築物を、あれほど軽軽しく扱うのは困ったことではないのか。己の内なる必要性を哲学的美徳に仕立てあげ、口に出して言えないファミリー・ドラマには沈黙したまま、二十世紀のさなかに次のように書く作家というのは、滑稽ではないだろうか。「周りにいるのはアンキセスを背負うアエネアス*ばかりだが、私はただ一人でこちらの岸からあちら側へと渡る。一生涯、息子の背にまたがり続けるこれらの目に見えない生みの親なるものを嫌悪しつつ」。あるいは、もっと後になって、ラカン流行の最盛期に、ヒューストンに『シナリオ・フロイト』の草稿を受け入れさせることに成功しなかった後で、ついに次のような降伏宣言をしてしまう作家は——それも何という言い方だろう——滑稽ではないだろうか。「フランス人で、デカルトの伝統の中で育ち、合理主義のしみついた私」には、「フロイトを理解することは不可能だった(9)」。サルトルと彼の自由……。サルトルと彼の主体の哲学……。彼ははっきりと、こう言っているわけだ、「そうなのだ、まったく簡単なことだ。私は自由になりたかった。それなのに、私の行く手に、あのフロイト的教師たちや、あの鞭打ち爺さんや、あの快楽への罰とやらが、立ちはだかったのだ」。

だが、また別の捉え方も可能である。まず第一に、かの『シナリオ・フロイト』[10]に登場する若きフロイト、師に逆らい、確信をもたず、懊悩する若き叛徒としてのフロイトの肖像は、美しいと考えることができる。ジョーンズによる伝記に基づいて書かれたこの作品の本当の欠陥は、出来が悪いということでも、フロイト理論の精神と食い違うことでもなく、単に上映に五時間かかるということだった。第二に気づくことは、フロイト理論に対するサルトルの立場は、歳月とともに変わっていったということだ。彼は「若い頃、精神分析に深い嫌悪をいだいたことは」まぎれもない事実である、と自ら語っている。この嫌悪は彼の「階級闘争」と「弁証法的唯物論」と、マルクス主義への「盲目的無知」と同種のものだと、彼は強調する。このように語ること、しかもこうした口調で。「無意識」という観念が純粋な「デカルト的伝統」に培われ「合理主義のしみ込んだ」、かつての彼のような「フランス人」に衝撃を与えることもあった遠い過去の時代を想起することは、とりもなおさず、その時代が過ぎ去り、次なる時代、つまり実存的な精神分析の時代がその後に到来したということをほのめかしている。第三に、この実存的精神分析はそんな素振りはこれっぱかりも見せないが、公言するほど、いわゆる「経験主義的」精神分析、つまりフロイト流精神分析の理論的前提を、無効としてはねつけているわけではないとも受け取れるのだ。たとえば、サルトルは人間という動物の訓育の中で幼年期に重要な位置を認めることには賛同している。『一指導者の幼年時代』、ならびにそれが試みる三〇年代のある家庭の一人息子がファシストへ生成していく過程の描写において、自己同一化、対象の取り込み、投射といった用語を用いる正統的な分析から、サルトルはそれほど離れているわけではない。彼が「いかにして一人の子供が暗闇のなか、手探りで、大人が押しつける社会的な人物を、それが何者か分からぬままに、演じようとする過程を徹底的に研究することは、今日精神分析によってのみ可能となる」と彼が述べるとき、また、「子供がその役割のなかで息を詰まらせているか、そこから逃げ出そうとしているか、あるいはそれに全面的に同化しようとしているかをわれわれに示してくれるのは」、まさに精神分析であり、精神分析だけだと彼が繰り返し言うとき、さらには、「幼年時代の決定的な出来事と、その出来事を中心とする心的結晶化[11]」を追究することが精神分析の役割であると提示するとき、おそらくサルトルは「彼の」精神分析を念頭においているのだろうが、そうだとしても、フロイト派の人間としては、こういった彼の表現に反駁すべき点を見出すとは思えないのである。そして、自己欺瞞についての彼の分析、言い寄る男の手に自分の手が握られていることを忘れた振りをする女の描写を取り上げてみれば、それが偽りの意識ないしは無意識についてのフロイトの仮説とどの点で矛盾するのか分からなくなる（それにしても、彼は無意識の重要性を認めることもあったのだ。たとえばル・アーヴルで行なった、内的独白の誕生についての講演のなかでは、こう述べている。「無意識、知られることなく、探検されたことのない世界、無意識、すなわち意識がその泡でしかないような大きな波……[12]」）。そして最後に、第四の論点。とりわけ次のように考えることができる。すなわち『自我の超越性』の著者にして、純粋な活動としてのエゴの観念に深く執着したこの超現象主義者であり、機械論の、生物学主義の、一言で言えば実体論の残滓、現代思想を汚染し、それがいまだに十九世紀的土壌に根をおろしていることを証言するそれらの残滓の放逐を、いたるところで行なおうと決意した（フッサールの中にまでそれを行なおうとしていたのだから、フロイトの中でもやろうとするのは当然だろう）反ヒューマニストであるこの男は、フロイトに反対するどころか、本来のフロイト理論の中にも、そこから弟子たちが作り上げるべきだと考えたものの中にも存続しつづけている、人格学の残滓を清算しようとしているのだ。彼はそれ以外のことを言ってはいない。たとえば、リビドーの概念を心理生物学的に応用することに疑問を呈するときに[13]。あるいはコンプレックスの概念に[14]、あるいはフロイトの二大局所論の、あまりにも具体的な、ほとんどあまりにも物質化された形象化に、疑問を呈するときに。彼が『存在と無』の「欲望」を、次いで『弁証法的理性批判』の「必要」を、フロイトの「衝動」に、すなわち、それを理解する唯一の方法は「生理学的もしくは化学的な用語[15]」で解釈することだろうとフロイトが言ったあの「衝動」に対置するとき、彼としてはそれ以外のことをやってはいない。フロイトが自らの発見の最も革命的で実り豊かなものを表現するのに「生理学的かつ生物学的な言語に頼ったりする[16]」ことに自分は不快感を抱いたのだと言うときに、そう語るのは果たして平凡な反フロイト主義者だろうか。このように考えてくると、立場は逆転する。現代性において一歩先んじているのは、彼、サルトルの方なのである。精神分析のなかに、オカルティズムの暗黒の潮が引き際に残していった最後の沖積土の駆除を行なっているのだ。

そしてこれに関しては、ふたたび二つのやり方で述べることができる。

1。精神分析に対する現代の最大の批判は、ドゥルーズとガタリのそれであろうが、彼らがフロイトに批判するのは、おおむね、フロイトが用いる装置の極度の単純性である。すなわち、『アンチ・オイディプス』が説明するように、無意識が生み出すものは、エス、自我、超自我、ファロス、父の名といった型どおりの概念にそれらが閉じ込められていると考えた場合よりもはるかに豊かなのである！　欲望の現実の作動は、人が己の集団的配置、その生産、その陰謀をじっくりと覗き込むなら、要するに、自分自身とではなく、いかに外部に対応して配置を決定するかをじっくりと検討することを承諾するなら、はるかに情熱的なものとなるのだ！　ところで、それはほぼ、すでにサルトルが言っていることなのである。それこそ心理学とメタ心理学とに対する彼の批判が持ち得る意味の一つである。それは自我《エゴ》学と人格学のもたらす危険に対する彼の告発の基本にあるものである。とりわけそれは、すでに現象学が抱いていた気遣いであり、現象学が意識と外部の世界のあいだに打ち立てる構造的関連に対する気遣いであった気遣いを述べるもう一つ別のやり方である。そうなると、「テープレコーダーの男」のエピソードが、ドゥルーズとガタリによって、彼らの理論を例証する重要な場面の一つとして取り上げられることになるのは偶然ではない。また、その資料についての解説の中で、サルトルが「自分自身と自分が診る人物とのあいだに相互的な関係を築こうと努める」「精神分析医の新しい世代」にそれとなく言及していたのもやはり偶然ではない。その新しい世代のうちには、イギリス（レイン……）やイタリア（バザイア……）の反精神医学派が含まれると考えないわけにはいかないが。当のドゥルーズ・ガタリの方も、精神分析の始祖たちとともに、彼ら反精神医学派を拠り所とすることになる。つまり、サルトルは、『アンチ・オイディプス』の先駆者なのである。

2。精神分析を清算するどころか、彼はそれを徹底化する。常に言われることであり、また彼自身もしばしばそう思わせもしたが、フロイト理論が人の内面の家畜の管理に首をつっこんだのを遺憾としているわけではなく、より一層より巧みに、もしくはより厳密なやり方で、しかも当時の科学が仕掛けたおよそ見え透いた罠に落ちないようにしつつ、それに首をつっこまなかったことを遺憾に思っているのだ。超フロイト的サルトル。フロイト自身よりフロイト的なサルトル。フロイトは『精神分析入門』[17]の中で、「純粋に心理学的な概念」ではない一切のものを捨て去らなければならないと述べているではないか。ところが、ご覧の通りだ。サルトルはその方向に進んでいる。そして、彼が無意識というものを「信じない」というとき、それは、実際には、フロイトが許可した神経生理学者的、機械論的、心理生物学的な読みなどに用はないという意味なのであり、要するに彼はこう言いたいのだ。私はフロイトに逆らってフロイトを演じているのだ！　悪しきフロイトに対抗して善きフロイトを。「無意識の神話」は、あいまいな「目的論」と鈍い「機械論」の混肴として無意識を表象するが[18]、そんなものを私は認めない。フロイトの偉大な功績とは、自我の神聖なる一体性に攻撃を加え、主体とは結局のところ、決して「それがあるべき場所」にはないものだということを示した点ではないだろうか。サルトルはさらに、この方向を推し進める。彼はコギトに対するフロイトからの批判に対し、彼自身がフッサールに次いで、自我の避けがたい分断に関して理解したことを付け加える。ということは、このような仮説を立てることによって、彼は、ラカンがのちにその功績を独り占めにする一つの行為、つまり現象学とフロイト理論の結合を確実にするという行為の先駆けとなったということになろう。それは幾分、チャン・デュク・タオが、規模こそ違え、その主張によれば、「マルクスにフッサールを結合させ[19]」ようと企てたのに似ている。サルトルは、一気にラカン的になったフロイト理論にならい賛同しただろうか。後に彼は、『家の馬鹿息子』の出版にあたって行なったコンタおよびリバルカとの鼎談の中で、次のように打ち明けている。「私はある種の形態のもとでの無意識は相変わらず信用していない。しかし、ラカンにおける無意識の概念はより興味深いものではある……[20]」。

最後の言葉はポンタリス*に帰着するだろう。「テープレコーダーの男」を掲載した『レ・タン・モデルヌ』には、それに続けて、このテクストの掲載をめぐってなされた論争の主たる要素が掲載されている。そこからの引用だ。「サルトルが三〇年来精神分析学に対して保ってきた両義的な関係、惹かれる気持ちと故意の言い落とし——いずれも同じように根が深い——からなる両義的な関係について、いつかその歴史を書く必要があるだろうし、それればかりでなく、こうした視点から彼の作品を読み直す必要さえあるだろう[21]」。

怪物としてのエクリチュール

思想マイナス心理学は？　作品ということになる。生産し、書く機械だ。サルトルは自分自身に興味がないゆえに、内面のさまざまな力や形にあのような全面戦争を宣戦したがゆえに、文字通り、文学を作り出し積み上げる機械として己を生きた。もちろん実生活はある。他の欲求の領分もあり、そこにもまた彼のアヴァンチュールや運命の行く末がかかっている。だが、それはそうだとしても、彼がフル回転で稼動する工場として己を生きたことに変わりはない。この工場は、他人の言葉、他人の書物、他人の夢想や所持品や廃棄物や、個人的な物語や知覚という膨大な原材料の一切を、自分の言葉に変えていった。彼がル・アーヴルで、果てしなくつづく自己形成の歳月を重ねるうちにそれらのものを集めていったことはすでに見た通りだ。「私は本を書く機械に過ぎないということは十分わかっている」。これはシャトーブリアンの言葉だが、『言葉』の第二部の真中に、中間的銘句として引用されている。しかしこの言葉は、このような自己の機械化、言葉を形作り製造するというただ一つの目的に、時間を、人生を、人生のもろもろの出来事を、女たちを、肉体を従属させるこのやり方を見事に言い表している。「私は建設する必要がある、なんでもいいから、とにかく建設する必要があるのだ」、これは彼自身の言葉だ。一九二六年に、シモーヌ・ジョリヴェに打ち明けた言葉である。[22] 明確さを欠き対象が区別もされない（建設する、のはよいとして、いったい何を？）ままに、その言葉は組み立て細工をしようとする意志を語っている。それは作品を、というか、当時は作品計画のことを、鉄床や圧延機など、接続も不明瞭な怪物的な狂った機械、つまり、がらくたの集積、増大として語っているのである。「問題は完全な稼動だ」、という科白もある。ランズマンが報告している、やはりサルトル自身の口から出た言葉だ。[23] そして、それは彼の薬物との神経症的で自殺的なかかわりを示唆する一方、アンフェタミンの過剰服用のなかで、絶え間なく惜しみなく文学的素材を扱い、吐き出し、溢れ出させる純然たる機械として自分を知覚することが、改めて何を必要とするかについてもやはり十全に物語っているのである。そして、最後に、純粋な詩人、絶対的な芸術家であるマラルメについての次のような指摘。これはよく考えてみると、思ったよりずっと異様な指摘である。「諸技術のとてつもない発展の直前に、彼は一つの詩の技術を創出した。すなわち、テーラー*が人間の労働に十全な効率を与えるために人間を動員することを思いつきつつあったときに、彼は言葉の十全な効率を確保するために言語を動員する……」[24]。マラルメは白いページという強迫観念ゆえに、サルトルとはかけ離れている（彼のほうはページを黒くするのだ）。だが、このように、文学の製造工場という気がかり（彼はそれをマラルメから借り受けている）において、近い存在となる。

薬物

サルトルが若い頃サン・タンヌ病院でラガッシュ医師から施された、例のメスカリン注射とそのとてつもない効果は、周知の事実だ。蟹、蛸、骸骨のような靴、禿鷲のような雨傘、怪物のような顔、顔をゆがめる様々な事物……幻覚の嵐は、何年ものちに、『女ざかり』のなかでカストールによって語られることになる。それから、コリドランとの関係をめぐるお話一式も有名だ。この魔法の小さな錠剤の服用をめぐる、あの陰鬱な物語の数々はかつて噂として広がり、今でも流れている。彼はこの魔法の錠剤をぽりぽりかじり、噛み砕き、呑み込み、バルザックがコーヒーをがぶ飲みしたようにがぶ飲みしていた。どうかしている、死んでしまいますよ！　かまわんさ、「頭の中に太陽」を据え付けられるなら、死んでもかまわない。それで最大稼動、最大能力を超えて過熱することができるのなら、頭の底が抜け、神経と肉体をずたずたにしたって、大したことはない。人生は「破壊すべき道具」だとボードレールや十九世紀の「貴族的な」詩人たちは言っていた[25]。私はぼろぼろになってもかまわない、「弁証法的理性批判」を書きあげたなら、少し早めに死んでもいいのだ。双方のケースとも、完全稼動の理論が司令塔にある。文学だけが重要なのである。文学の量。そう、その通り、量なのだ。仕事量。多量の、どくどくと湧き出る、大量の、何ケースもの文学。インクと言葉のほとばしり。間欠泉。絶え間ない噴出、ヒューヒューと鳴る鍛冶屋のふいご。サルトルにはこういった面がある。ジィドに対する挑発だろうか？　文学的優秀性もまた量を通して得られるもので、決然として膨大な量を実現した作品群を通してしか到達できないとする考えがある。「私はつねに量の多さを美徳と考えてきた」、と彼は一九四〇年三月二十三日にカストール宛ての手紙で打ち明けている。私はいつも、偉大な芸術家はまた本来の意味で大きくものを見る芸術家でもあると考えてきた。たとえば、ティントレットだ。彼は世界で一番大きな油絵（パラッツィオ・ドゥカーレの『天国』）を描き、もっとも巨大なフレスコ画（スクオラ・ディ・サン・ロッコの旧食堂を飾る、六〇平方メートルに及ぶ『磔刑』）を描き、ヴェネツィアで最大規模の彩色装飾をいくつも制作した。「ほっておいたら」「ヴェネツィアの壁という壁」を自分の絵で埋め尽くしただろう。こういうことに薬物は役に立つのだ。そういうことのため、大きく見る、でっかく巨大なものを作るには、薬物をやる必要があるのだ。染物師の息子、ティントレットの時代のコリドランがどんなものだったか私は知らない、だが、私のコリドランのことはよく承知している。だから、私はそれを服用し、過剰摂取する。なぜならそれが、『言葉』のプールーが見よう見真似ではじめ、終いには私の病にまでなったこの執筆中毒症へのアクセス・コードなのだ、とどうやら彼は言いそうである。

またしても怪物

文学的優秀性というものを量で計ろうとするこのような見方は、奇妙に見えるかもしれない。あふれ出るようなこの饒舌、この貪欲で、支離滅裂でいささか狂気じみた激烈さ、そして肉体の過剰、魂と肉の入り混ざった流血と考えられるエクリチュールを前にして、舌の肥えた食通ぶることもできよう。このエクリチュールはさらに肩の荷を下ろすやり方、雄弁の中に水没するエクリチュール、急流、不整合な流出、病巣の転移、燃えたぎる溶岩、感覚と思考のパレード、急激な増殖、強迫現象とも考えられている。この脂肪分たっぷりの、草の生い茂ったエクリチュール、旺盛な脱線や逸脱、ランズマンの言う「ヘルニア」[26]に満ちたこのエクリチュールを前にして、身震いすることもできよう。少なくとも、私の内にいるボードレール的人間は身震いする――雑誌に書いた論考が次々と本になり、人の本のために書いた序文が次々と傑作となり、連載作家《シリアル・ライター》たるサルトルは、何でも動くものすべてについて書き、身のまわりにあって吐き気を催させる人生のすべてを、自分の言葉のなかに閉じ込めようとする気狂いじみた計画を育む。だが、この天変地異が印刷されて目の前に差し出されると、われわれは、彼の時代と現在の「虚弱体質の者たち」が誉めそやす「白い」「中立の」文学からの気分転換を味わえると考えることもできよう。最も偉大な作家のこうした強さが時に批判されもしたこと、たとえば、ベン・ジョンソン*がシェークスピアに対して非難した点はまさにそれだった（無数の余計な詩句……欠陥だらけの、「技量に欠ける」不器用な作品……）ことを想起してもいい。そして、それでもやはり、怪物的であろうと彼のこの過剰は、二十世紀末が部分的には自認した文学的ミニマル・アートとは異なる風格を有すると評価することができる。無言の、あるいは語りたがらない詩、簡潔な文体の魅力、気難しく言葉を削ぎ落とす簡潔、剥き出しの梁、何口かのビール、身近な文学、田園の幸福、もぞもぞ語られる僅少の抒情、無一物、冷たく希薄な空気、言語は沈黙の入り口であり（パラン）、あるいは沈黙への喪である（ヘルダーリン）。ただしヘルダーリンとパランは残念ながら、今や遠い存在になってしまった。つまり（二十世紀末は）、こうした「あるかなきかのもの」のなかに、主たる規則違犯、二十世紀最後の違反の一つの表現を見ようとしたのだ。このような事態に向き合うとき、サルトル的なものを書く機械に郷愁を覚えずにはいられないだろう。回転しつづけ、今日もなお回転しており、決して回転を止めるはずはなく、今でも彼の気前のよさの一つの表われであり続けるこのモーターに対して。

沈　黙

それでも、沈黙の美しさ、沈黙への郷愁の美しさというものはある。それが、アイルランドを離れる際に、「自分に残された三つの武器、すなわち沈黙、追放、策略を使って」永続する作品を作り上げようと誓うジョイスならば。

モーターの回転数を落とすか

サルトルとは逆の選択をし、回転数を落として、できる限り少なく生産し、言い換えれば、できる限り長い間作品制作の外、戸口にとどまっていようとする作家の偉大さというものもある。それは、ボードレールをはじめとする、ダンディの作家たちだ。母親にかんして、サルトルとボードレールは近い。アンヌ＝マリーはカロリーヌ*であり、オーピック*はマンシーである。裏切られた思いも同じ。母親のやさしさに包まれた緑の楽園から、むごくも引き離された同じ体験。しかも、義父の死後、片やオンフルールで、片やサン・ジェルマン交差点のアパルトマンで、仲睦まじい関係を取り戻した点も同じである。それに、自然を嫌悪したことでも、彼らには近接性がある。世界という鳥もち、いかがわしさやねばねばの強迫観念、人間のなかの生理的なものへの憎悪、肉欲や官能への畏怖、偶発性、動物性への病的恐怖、そして女に対しては、サディズムと覗き趣味、世界ではなく自分自身にたいする禁欲、冷感症、あるいは不妊症の女への好み、白粉、女優、ゲームとしての世界、手練手管。では違いは？　このような反自然主義から、ボードレールは稀少性の美学、冷血の美学を導き出した。それに対してサルトルは、目のくらむ方向転換によってそこから抜け出した。あたかも彼はエクリチュールのなかで自然の恐るべき横溢を模倣しているかのようなのだ。すなわち、パロディ、挑戦、カーニバル戦略、言葉やイマージュの過剰摂取、悪によって悪を制する治療、ヒステリックな転向、エスカレーション。これこそが、彼ら二人の誤解の本当の理由である。これこそが、サルトルの『ボードレール』が、本人が述懐するように[27]、出来の悪い、くだらぬ本になっている真の理由である。あの本は結局、自らの鏡が映し出すものの不気味な異様さを何一つ理解していない。大まかに言えば、ボードレールは彼が送ったあの地獄の生に、それを自ら「選んだ」からこそ「値するのだ」というのである。

再び、モーターの回転数を落とすか

モーターの回転数はただ一つしかないと、つまり、作品と人生の両方が一つの回転数で行くと信じる作家たちがいる。偉大な作家のなかには、一つの時間しか存在しないと考える者——例えば、スタンダール——がいる。時間とはただ一つの意味で考えられ、書くということの本質はその時間のなかに腰を据え、その純粋な時の流れに合致し、あるいはその流れが姿を隠しているなら、それを見つけ出すことにあると。サルトルは、二つの時間が存在すると思っている。彼は、これについてはプルーストと同様、二つの時間が交信し、対話し、交わるとしても、それでも二つはそれぞれ別個のものだと考える。二つ以上あるとまで言わせようと、あまり彼をけしかけてはならないだろう（実を言えば、作家の数と同じだけ、そして一人一人の作家についても、テンポ、文体、作品や本やページの瞬間の数と同じだけあるのだ）。しかし兎も角、二つの時間がある。作品の時間と生活の時間。通常回転数の時間と過剰回転数の時間。そして彼が信じていたのは、後者の時間に入り、その特徴である過剰回転数での稼動をはじめるには、クーデターが、無理強いが、そのつど新たに事を起こすかのような暴力が必要だということである。サルトルは、フローベールのように、セリーヌのように、したがってプルーストのように、エクリチュールの時間というこの幻滅の時間に入ることほど「自然」に逆らったことはないと信じた。だから、彼は薬物という心の微粒子の昂進剤に頼るのであり、頼らなければならないのである。サルトルは薬物中毒だったのか？　もちろん。当然だ。なぜなら彼は、文学とは別の手段による生活の継続だと思っていないから。文学という第二状態——憑依状態を意味する文字通りの第二状態——に入るためには、無理に引っ張り込む道具が必要だからだ。薬物は頭をおかしくするか？　そう考える者は多いが、なかでも、カントの『道徳の形而上学』は、「発酵飲料」等の「植物界に属する製品」と同様に、薬物は「自己自身の麻痺・鈍化」を生むと強調している。サルトルは、ボードレール、ゴーチエ、ド・クィンシー*、ルーセル、ミショーに次いで、逆の系譜に属する。すなわち、人工楽園を、文学的に用いることは必要であると弁護する系譜にいるのである。

またしても薬物

サルトルにとっての本当の薬物は、メスカリンでもなければコリドランでもなく、エクリチュールである。彼はエクリチュールを注射し、文学中毒だったのだ。そしてカストールはさしずめディーラーだった。戦争中、アルザス地方のブリュマットにいた彼に、必要があれば自分で持参して、インクや手帖や本や紙を補給していた。彼は本を読まない、書くのだ。それもちょっとやそっとではない、しょっちゅう書いているのだ。俗に狂った足*というが、彼の場合はまさに狂った手。紙の上を走る手。ギャロップし、言い回しや表現効果にも決して立ち止まることがない。「彼はもはや一つの書く手でしかなかった」、と晩年のプルーストについてモーリヤックは言った。同じように、サルトルは『言葉』のなかで、彼の筆が時として

「手首が痛く」なるほど「速く」書いていたことを語り[28]、そこに意外にもプルースト的狂気の所作を見出している。この強迫現象。憑依現象。機械的な、したがって機械のように自動的で、制御もなく、筆さえも手から落とすような全速力で疾走する、ほとんど猥褻なエクリチュール。エクリチュールというものをその本来の姿のぎりぎり限界まで推し進める、いかなる自己同一性からも離れ、奇妙で見知らぬ行為にしてしまう、この前方への逃走。それから、しばらく、手の動きだけで、言葉と別の言葉をこすり合わせる時の力だけで、たちまちにして、イメージが震え、わき立ち、過融解にいたり、結集していくのを目の当たりにするという印象。神経症としてのエクリチュールというのか？　サルトルはそう言うだろう。「病気」だと言うだろう。「ヘルニア」だとも。「全身に広がった癌」だとも。そしてそれは、後述するように、『言葉』の主要テーマでさえある。しかし、彼がすでに言っていること、常に言ってきたし、最後まで繰り返し言いつづけるだろうこと、それはエクリチュールが麻薬だということである。本物の薬物。作家の作家自身による、そして文学自体の魅惑の力と毒素とによる恒常的自家中毒。作家ならみな知っている。言葉の狂人たちはみな、言葉の言葉による重合を経験している。私が通常の回転数で稼動しているかぎりは、言葉はゼロだ。「より少ない」のではなく、「ゼロ」、まさしく「ゼロ」なのだ。言葉は衰弱し、文章は固まらず、しおれ、くずれ、冷えていく。ところが突然、言葉のまわりに真空がうがたれ、遠心分離した魂の真空の中にはもはやそれだけ、言葉だけが残った時、別の言い方をすれば過熱の条件ができた時、音節が凝結し、文が立ち上がり、形を成し、作家の想像世界全体が沸騰しはじめる。これこそ、アンフェタミンや麻薬が心のなかに引き起こす効果の正確な描写だ。シカールとの対談のなかで、サルトルはこう語る[29]。「私は書く前にあらかじめ考えることは滅多にない。仕事にとりかかる、そして書きながら、同時に分析し、文を練り、考えをさらに明確な、合理的なものにしていく」。さらに先の箇所では、「インスピレーションは、意識のなかに突如生まれて発達していく着想ではない。それはペンの先端にある。私は、細部を作り上げていくことと書くこととを区別しない。時間的順序から言っても、別々の作業ではないのだ」。要するに、言葉なのだ。言葉の精製所としてのエクリチュール。大量の言葉を精製しようとするマニアックで執拗な気遣い、それがあの麻薬なのだ。ボードレールは言った、「常に酔っていなければならない、すべてはそこにかかっている。それだけが問題なのだ」。何に酔うのか？　「ワインに」。それも結構。あるいはコリドランに。また、「美徳に」でも「詩に」でも「お好きなように」。サルトル的系譜。

サルトルという狂気

奇妙な戦争のかなりの部分を過ごしたブリュマットのホテルの臭くて汚い部屋――彼は、キューバでヘミングウェーが好んだ言葉を借りて、「Querencia」〔わが古巣〕と言っていた――、そしてその後移った、家具つきアパルトマンのやはり臭い部屋。彼は一人だ。誰とも会わない。食事のためにもほとんど手を休めない。カストールに語った話によると、人からは「黒手袋の男」と呼ばれていたという。垢で手が黒ずんでいたからだ。なぜなら、彼はまだ書きつづけていた。いつも書いていた。ある意味では、書くことしかしなかった。だから、身体を洗う暇もなくなる。それに、暖をとるために薪を切る暇もない。ある朝など、時間を惜しむあまり、家の家具を燃やそうとして人に止められたくらいだ。「大いなる作品の竈に火を絶やさぬよう、かつて家具や屋根の梁を燃やしていたように」〔マラルメ〕……。生者の世界から隔離され、だが、他者の言葉と自分の言葉という別の敵を相手に挑むこのもう一つの戦争――ただしこれは内戦だが――に没頭する彼は、この期間を通じて、もはやただの驚くべき転炉に他ならない。すなわち、言葉という他の生者の他の分子を、触媒作用を及ぼし、加水分解し、電気分解し、合成するのである。

サルトルと女たち

今日はこの女性。明日は別の女性。アルレットと昼食をとる日。昔の女たち、ワンダやミシェルの時間。かわいいエヴリーヌの時間。リリアーヌには何度もこう言った、「君はやって来たのが遅すぎた。もう時間がないから。仕事の時間に君を突っ込まなくちゃならない」。そしてリリアーヌはこの掟を内面化し、書斎の修理に指物師を呼ぶときにも、きちんと区別して「心配しないで。私の時間に来てもらうから」と言い添えるほどになる! それから、アメリカの恋人、ドロレス。シモーヌ・ド・ボーヴォワールが唯一嫉妬した相手。それに、ロシア人のレナ、彼女はこの予定のぎっしりつまった時間割の中に、不意に乗り込んでくる。「というわけで火曜を一回にしてくれたまえ」と彼は誰かに言い、別の誰かに、木曜をなしにしてくれ、と言う。それから、毛沢東主義者たちが彼の生活に押しかけてきた。リリアーヌは語る、もう時間はない、使える時間は全部埋まっている。そこで、「あの人たちと会う約束を私の時間に入れたのよ」! 相変わらずあの時間の強迫観念だ。相変わらず、作業効率、利潤、生産性、収益性の、つまりは時間の強迫観念なのだ。相変わらず、自分を機械として、生身の人間に張りつけた機械仕掛けとして、イメージするあの表象。その機械は、人生ではなく、言葉を、そして時間を、文学に変える。先ほど彼の師として、セリーヌ、ジョイス、ベルクソン、ヘーゲル、ハイデガーを挙げたが、ラ・メトリ*も加えるべきだった。ラ・メトリの言う「人間機械」、あの「ばねの組み合わせ」、過熱した「大時計」の、彼は要するに、見事な体現なのだ。(30)

サルトルの鷹揚なところ

そして同時に驚くべきは、こうして作り出した作品に対するサルトルの軽さである。だれもがそう証言する。サルトルの出版担当者で、秘書であったジャン・コーもその点を確認する。[31] 彼は原稿を読み直さない。ゲラもほとんど直さない。引用の正確さも、出典も決して確認しない。一度読み直せば気づいたはずの間違いや不出来な箇所、冗長な箇所もそのままにしておき、ときには出版後に見つけることもある。[32]『弁証法的理性批判』がうまく書けていないこと、「もう一度読み返し、削ったり縮めたりしていたら、多分あれほど詰めこんだ印象はなくなっていただろう[33]」ということを、彼は承知していたが、意に介さない。自分のテクストに倦まずたゆまず手を入れる作家はいる。たとえば、ボルヘス。一九四三年に、一冊にして出すという口実で『ブエノス・アイレスの熱狂』と『正面の月』に手を加えている。ブランショはデリダを発見したのちに、『終りなき対話』のテクストを書き直し、戦時中『ジュルナル・デ・デバ』に掲載した文芸時評のシリーズを『踏み外し』にまとめる際に、ハイデガーの名を消している。他にも沢山いる。ところがサルトルはそういったことを全くしない。事前には、作品をほとんど読み返さないに等しい。書く機械は減速し、冷え、完成品を記録する時間はぎりぎり一瞬しか取らない。では、後ではどうするのか。書かれたものは書かれたのだ。言葉を紡ぐ工場の記憶に、そのままの状態で、刻まれたのだ。そして、作品の発射、本を打ち上げて軌道に乗せる作業、これはそれなりに作品の一部であると、良し悪しは別として多くの作家が考える、つまり、この作業はテクストに付随するパラテクストを積み込み、多かれ少なかれ統制された意味を帯びさせて、最終的に本を仕上げ、最終的な輪郭を与えるのだと考えるのに対して、サルトルは意に介さないというどころではないのだ。彼は批評を読まないし、翻訳の監督もしない。本の発行部数を知ろうともせず、後には本の売上にも無関心になる。契約で注文をつけることもないし、出版社に特別な宣伝や扱いを要求することもない。確かに、インタビューは受けた。彼はおそらく、この打ち合わせ済みだか即興だかの言葉の戯れに最も喜んで応じた作家の一人ですらある。だが、それは政治的なインタビューで、戦闘的な発言行為だった。シャンセル*の申し出を受け入れたときも、自分が編集長となるのを承諾したばかりの新聞『リベラシオン』について語るという明確な条件つきであったし、『家の馬鹿息子』については何も、絶対に何も語らないという条件のもとであった。それはもう出版され、すでに彼からはすっかり遠いものになっていたのだ。それは彼の浪費癖のもう一つの側面、とりわけ、主体性についての彼の考え方の、もう一つの帰結なのだ。本は一度生まれたら、彼から離れていく。それは、文字通り彼の手から零れ落ちていく。まるで他人の作品になったかのようなのだ。けだし他人の作品には違いない。自己と自己との非合致の原理ゆえに、また主体が決して自己に対して同一ではないという規則ゆえに、本を注釈することのできるサルトルは、実際、それを書いた者ともはや同一人物ではないのだから。顔をもたないのなら、「作者」としての自分を生きる手立てはあるのだろうか？　ほとんど自己の主人でないのなら、作品のあとを追いかけて、その運命を支配しようとするどんな理由があるというのか？

作品の浪費

彼の鷹揚なところは、気狂いじみた作品の散逸という、もう一つ別の形で現れもする。彼の作品はこっちの女性の家に忘れたままだったり、あっちの女性のところで紛失したり、第三者にあげたりという具合に、あちこちにばらまかれるのだ。彼が書かずに署名だけしたテクスト（たとえば、サルトルがブラジルへ講演旅行に行っているあいだに、ペジュとランズマンがしたためたジャンソン機関への支援の手紙）、構想するだけで書かなかったもの（『戦中日記——奇妙な戦争』の中にひしめいている、あの無数の下書き、草案、遠大な文学的構想、草稿）があるのだから、サルトルが書いたけれど署名していないテクストも必ずや存在する（これは文学考古学者が、いつの日か、ある男性なり女性なりの書類のなかから見つけ出すだろう）。過剰な生産、それゆえ浪費。書く機械、それゆえ自らの作品のポトラッチ。サルトルは書きに書く。我を忘れたかのように書き、それゆえ自分の書いたものを忘れる。彼は、たとえば『戦中日記——奇妙な戦争』のことを覚えていただろうか。分からない、とアルレット・エルカイム・サルトルは語る。[34] まったく分からない。サルトルに言われて「四十二番地」*へ書類を捜しに行き、そこで偶然それを見つけ、救い出したのは彼女なのだ。サルトルがそれを気にかけていたか、あるいは覚えていたかさえ彼女には分からない。また、死の数週間前、「今、何をしているのですか」と尋ねたジャネット・コロンベルに対して、彼は「ヴィクトールと一緒に、マルセル・モースと呪術的思考について研究している」と答えた。「でも、それはもうやったことでしょう。三〇年前に、マルセル・モースと呪術的思考について、大倫理学の一〇〇ページ分を書いたでしょう！」、「ああ、そうだ、忘れていた……」。そこでコロンベルは、彼女が奇跡的にコピーを保存していたその一〇〇ページを彼に届けたのだった。すると彼いわく、「いや、すごいね、私は覚えていなかった……」。[35] ボルヘスのことが連想される。彼が『不死の人』[36] で想像したのは、ギリシャ語も忘れ、自分が『イリアード』を書いた事実も忘れてしまい、その自由な翻訳に讃嘆しはじめるホメーロスだった。このようなひどい健忘症を前にすると、われわれは夢見心地になる。それは、決して弱点ではなく、彼の作品系の含む必然性、それ自体の原則に合致した、ほとんどプログラムに書き込まれた必然性に他ならないと。どんな文でも書いてしまうサルトル？　垂れ流しのようにか？　確かに。だがまたサルトルは、自身の書物を蓄積して資産化しようとする誘惑に逆らってもいるのである。他の者よりもはるかに憎むべき、文化の年金生活者という、この別種の年金生活者に逆らっているのである。

未完成

私の特徴は「仕事」の大半を「道なかばで打ち捨てる」ことだ、とサルトルは言う。[37] 私は『存在と無』を完結していない。『自由への道』も完成させていない（「最後の機会」が欠けている）し、『弁証法的理性批判』も（第二巻）、『家の馬鹿息子』も（もっぱら『ボヴァリー夫人』を論じるはずだった第四巻は完成していないが、既刊の三巻はその膨大な「序文」にすぎないのだ。サルトルは第五巻を考えたこともあった）、ティントレット研究も完成させていない（半分で中断）。他にもまだまだ例を挙げられるはずだ。ヴェネツィアに関する試論も、『アルブマルル女王』も、『マラルメ論』も。おまけにマラルメについては大部分をなくしてしまったのだ。それから、『嘔吐』も完成していないし、『想像力』も本当の意味では終えていない。これも『存在と無』と同様「それはまた別の書で試みることである」という文で終るのである。「さあ、続けよう」と言う科白で終る『出口なし』も、そう言えないことはない。要するに、彼の本はどれ一つ完結していないし、それこそはプログラムの核心を成す、自分にだけ特有の奇妙な強迫現象だと彼は言うこともできただろう。それでは、どうしてそうなのか。理由はいくつも考えられる。まずは急いでいること、緊急切迫性、のためだと言うことができる。『言葉』には、[38]「私はいっぱいに書き込んだノートブックを床に何冊も投げ捨てたものだ。しまいにはその存在も忘れてしまい、それらはどこかへ消えてなくなった。このようなわけで、私は何一つ完成しなかった。始めの部分がなくなってしまったのなら、結末を物語っても何になろう」とあるが、そういうことだと言うことができる。[39] ドニ・オリエのように、子供の策略なのだ、と評することもできる。かつて母子で暮らした部屋で、眠りにつくためにアンヌ＝マリーにすてきなお話を語ってあげていたときのように、話のクライマックスで「慎重に中断したままにする」方を選ぶというのだ。待って、行かないで、まだ完全に終っていないよ。続きは次号で！　というわけだ。また、こうも言うことができる。語り手の悪知恵だと。物語を中断することで評決のときを遅らせようとする、シェヘラザード*的哲学者の悪知恵。お願いです、批評家ならびに読者の皆々様。どうか今すぐ判決を下さないでください、刑を執行しないでください。一番よいのはこれからなのです。また、こうも言える。気取り、断片の美学、作品の中の未完=無限への嗜好からだと。なぜなら未完=無限は約束であり、完結=有限とは体系の精神であり、体系の精神とは凝固したものであるから。終えるとは、いささか死ぬことではないか。「仕上げる〔止めを刺す〕」というフランス語は、終らせると殺すの二重の意味をもつではないか。輪郭や最後の線の細かな震えや逡巡に決着《けり》をつけるとは、作品の生命そのものを断念することなのではないか。あるいはこうも言える。生産力の枯渇への恐れのせいだと。源が涸れ果て、いつの日か本当にお終いになることへの恐れに突然とらわれるからだと。そうなると、人は蓄えをするものだ。足元にかき集め溜めこむ。未完にするというのは、保存し備蓄し溜め込んでおくことだと、自分のなかで何かが囁く。あの本にせよこの本にせよ、とにかく本の完結というのは、全生涯の業績の終りのメタファーのようなものだと、何かが示唆する。あるいは、こうも考えられる。「苦痛」のせいだと。まさに書くという、すさまじい「苦痛」、全身に転移した癌、文学細胞の異常な増殖。どの癌もそうであるように、何もせず放っておいたら文学細胞だって、死ぬことも終ることも忘れてしまうだろう。たった一ページでも私はくたくたになる、と彼は嘆く。ほんのわずかな文章を書くだけでもへとへとだ。だから、私は注意をするんだ。そうだろう。大事をとり、最近は、熱が出そうに感じたら、気まぐれに終り、中断するようにしている。それこそが、私がこれらの本という本を「苦痛の中に〔=未決のままに〕」放っておく理由なのだ。あるいは単にこうとも言える。「私はとりかかった本を途中で投げ出した。なぜならどう続けたらいいか分からなかったからだ」[40]。こうした説明の一つ一つには、それぞれ幾ばくかの真実がある。その一つ一つが、生涯を通して、一冊の本を仕上げられないというこの奇妙な症状を説明してくれる。だが単に、それはその作者の未完成が作品のなかに現れたもう一つ別の効果なのだと言うこともできる。本は未完だ。なぜなら作者が未完なのだから。無為のままに所在なげな作品。なぜなら主体そのものが己の場所からずれているのだから。その作品の作者と想定される主体の断片化の結果、ないしはその書き損じとしての体系の断片化。彼の本がどれも完結していないのは、また、彼の本がどれも、何もせず放っておかれ、奇妙でいささか不気味でさえある遺棄状態のまま、漂っているという例の印象を与えるのは、その作者が自らそういう風に生き、望み、理論づけたからだ。これこそが、穴をうがたれ、ばらばらに散乱し、内的に分裂した作家、自己と世界の苦悩〔＝未決〕のなかにいる作家なのである、これこそが自分自身の一貫性を根絶した作家なのである。彼にとっては、本を完結させることは、論理的に不可能なのである。人生とは穴だらけの織物だと、彼は一九七〇年にもなお、晩年の「本物の」テクストの一つで述べている。主体とは空虚である、人間の形をした巨大な空隙である。そのテクストが、まさに小説を完成させることのできない作家について主に語っている、『未完』と題された小説の序文であるのは、果たして偶然であろうか[41]。

再び、未完成

サルトルは、自分でそう思い込んでいたけれども、実は伝統的に未完の作品につきものの呪いをものともせずにつき進んだ唯一の作家ではない。たとえば、カフカ。彼の三大小説は、サルトルの小説と同様、完結していない。あるいはムジル。彼の『特性のない男』は制作途中で終った大河小説の原型である。それから、もちろんスタンダール。サルトルの愛するスタンダールは、小説の半ばはサルトルのと同様、未決のまま残されている。それにサルトルは、この未完の問題に思いをめぐらした唯一の作家でもない。たとえば、またしてもボルヘス。彼は、ヴァレリィの『海辺の墓』のスペイン語版に寄せた序文の中で、「実際、すべてが下書きである」、「決定稿という考え」は「宗教か疲労」の領分にのみ属すると書いた。それからジャコメッティ。彼は「形式」と、「造型」と「美学」とに戦いを挑み、「彫刻には完了も完璧もありえない」[42]と宣言した(ついでに言うなら、未完成に対するこの嗜好は、サルトルがジャコメッティに注ぐ関心とつながりがあるのではないだろうか。それに、『レ・タン・モデルヌ』のテクストのなかで、[43]ジャコメッティの彫刻を、「無の創造物」と呼び、「身体の線がどこにも刻まれていない」あの人間表象の数々を称賛するとき、また彼が「時には重い肉塊が褐色の漠然とした光輪によって、不明瞭にこっそりと、いくつかの力線の錯綜するどこかしらで終り、またある時には文字通り終ることがなく」と書くとき、彼は「ディエゴ」について語ると同時に、自分のことも語っているのではないだろうか。ジャコメッティの徐々に消えていくブロンズ像と同時に、自分自身の小説のことを語っているのではないだろうか)。また、もちろん、ジャンケレヴィッチだ。彼の古くからの憎むべきこの敵は、ベアトリス・ベルロウィズとの対談を収めた『未完成の中のどこか』で、完成に達しない形態についての論を開陳した。だがそれは、やはりサルトルが述べることとは異なる。サルトルが述べることは、はるかに過激なのである。未完成？　下書き？　いや、違う。というのも、下書きには悲惨なところがある。否定的な性格があるのだ。それにまた下書きとか未完成という考えには、作品とは完成されることのあり得るものであり、もし完成したなら、その方がよりすぐれたものになるという偏見が窺える。ところが、サルトルの未完とは幸福な未完なのである。それはまたしても、意識の栄光である未完成の相関物なのである。だから、彼の未完成もまた栄光に輝くもの、光り輝くものなのである。それはまさに、ニーチェの未完成である、「全体への敬意を失い」、「世界を細切れにする」よう呼びかける、この上ない断片の巨匠。このサルトルの未完に対しては、スピノザが無限について述べたことを述べたい気がする。つまり、未完成の接頭辞「未」(in)は、何かの欠乏や喪失を表すのではなく、極限的開放、豊かさを表すものなのである。

〈歴史〉

主体性というものには土台がないばかりか永遠性もないということ、また主体とは時々、時たま、断続的にほとんど痙攣によってしか主体であるにすぎないということからは、不可避的に〈歴史〉とその動きに向けられるある種の視線が生じてくる。「新歴史学」においても「昔の歴史学」においても、つまりフェーブル*やフーコーにおいてもラヴィス*やミシュレ*においても、事実と出来事はしばしば混同され、両派とも〈歴史〉は出来事と事実からなると言う。とんでもない、とサルトルは反論する。それは、レヴィナスによって注釈され、また彼自身はメルロー゠ポンティを注釈する立場にあったサルトルである。彼がまだ「事実に問いかける」[44]レベルにしかいなかった時に、メルロー゠ポンティは「出来事に語らせることを既に試みていた」。「事実」はまず第一に、複数形でしか用いられないが、それに対して「出来事」は単数形で述べられる。事実は「水面の広がり」、「横糸」、「筋立て」を形作る。片や「出来事」はその広がりや横糸や筋立てのなかの「穴」である(それは「盗賊のようにわれわれに襲い掛かる」[45])。事実は無数で、出来事は希少だ。事実は暗く、出来事は明るく輝やいている。事実は〈歴史〉を作るものであり、出来事は〈歴史〉を解体するもの、あるいは〈歴史〉を作り直すものであるが、それはまず最初にそれが〈歴史〉を切り裂いたがゆえなのである。事実の年代記を書くことはできよう。それは、〈歴史〉についてのある種の観念、すなわち歴史とは匿名の事件や規則性や反復的必然性でできているという観念である。そんなものには興味はない！　出来事を識別し、そこに目標を定め、それだけを語ることも可能なのである。さらには境界に、すなわち、事実の論理が出来事の論理に大転換し、規則性が突然雪崩を打って出来事に変わるあの不可思議な地点に身をおくことも可能である。ここにおいて、まったく異なる〈歴史〉の観念が出現する。乱入、中断、爆発、特異性に注目する〈歴史〉の観念。そんなものには新歴史学の歴史家たちも昔の歴史学の歴史家たちも関心を寄せないが、サルトルはそれに夢中になるのだ。アリストテレスは、普遍についての学しかない、と言った。伝統的な歴史学はすべてそこから出発している。ところがサルトルは言う。私の関心を引く〈歴史〉は、ただ一つ、出来事の〈歴史〉、もしくは事実が出来事に転化する、フラクタルな歴史だ。学問にはお生憎さまだが！　アリストテレスの理論など糞食らえ！　『存在と無』からは、新たな「新歴史」が出現したかもしれないのである。

思考すると呼ばれるのは何か

思考するとは、瞑想し、一つの考えを掘り下げ、深め、執拗にこだわり、それを熟させることだと信じられている。思考は、内省、忍耐、耐久力、粘り強さ、集中、頑固の——さらには、差しつかえなければ反芻や蒸し返しの——イメージと結び付けられる。サルトルにとっては、そうではない。というのも、〈主体〉が彼の言うところのものであり、彼の望む通りに、最も特異な出来事の歴史しか存在しないのは、それは思考というものが、飛躍と跳躍、跳ね上がりと跳ね返り、打撃と反撃、揺れ、爆発、爆燃、爆轟、つまりはやはり相変わらず出来事によって作られているからである。思考において興味深いのは出来事、したがって断絶だけだ。思考、真の思考は、決して緊張や精神集中や瞑想によって行なわれることはなく、あらゆる出来事がそうであるように、偶発的に、嵐のなかで行なわれるのだ。瞑想する深い思考の場である〈イリヤ《ある》〉がある。そのような場は、サルトルがハイデガーから離れていくにつれて、彼にとっては非・思考の場となっていく。状況へのスキャンダラスな補足として、予告なしに、轟音とともに「起こること」がある。そしてそれこそが、まさしく思考という冒険が到来する場なのである。

またしても、そして結局、断絶

二つの家系に話を戻そう。まず初めは三幅対だ。連続性という固定観念にとりつかれる者たち。暗い闇に沈む深層での統一を説く使徒たち。切るな、と彼らは言う。とにかく、切らないでくれ。世界は一つの鎖なのだ。存在とは存在者たちの連続体だ。そして、われわれがいる。われわれこと、ライプニッツ、メルロー＝ポンティ、ドゥルーズ（ベルクソンも加えるべきだろう）は、回線を復旧し、停電を修復するのが仕事だ。もしもし？　停電ですか。分かりました。すぐ伺います。モナドの技術者たるわれわれの出番だ。なにせ人生の電気技師ですから。どんなものも途切れてはいけない。つながっていなければならない。世界は電話交換器であり、電話網なのだ（ベルクソンは『物質と記憶』のなかで、文字通り「電話局」と言っている）。そしてわれわれがその交換手なのだ。それから、もう一つの家系。事実に対する出来事の支持者、「隠喩」の優雅なきらめきや「万物照応」に敵対する、冷たい文学の擁護者たちがいる。すなわち、デカルトとその爆発。フッサール。ブルトンと対立したバタイユ。サド。「マッコウクジラを三頭飲み込めるほど巨大な」「滑稽な口」をした「隠喩派」に怒号を浴びせるロートレアモン。それから、要するにサルトルだ。サルトルはサドとロートレアモンの側なのだ。あらゆるものをぶちまけろ、とこれらの悪しき主体どもは言う。断切せよ、断切せよ、と言っているのだ。電気のショートの美しさ。大いなる遮断の燐光。砲撃せよ、とにかく橋を、歩道橋を、存在と存在者の草原へと続く道を爆破せよ。アナロジーに対する、その「忍耐強い統一への意志」に対する戦争。「暗い闇に沈む深層での統一」への射撃。マラルメの「物を集めて群れとする」「神のごとき羊飼いの杖」などまっぴらだ。宇宙という巨大な電話交換器のもう一人の交換手にほかならない、プルーストの神のごとき羊飼いの杖もまっぴらだ。それは現実の緩みすぎた「つながりを締めなおし」、「秩序などない事物の内に秩序」を見出そうと躍起になっている。ヴィクトール・ユゴーも糞食らえだ。心霊術のコックリさんやら、闇の口やら[*]といった、この世とあの世との会話など引っ込め。何もかも炸裂し吹っ飛べばいいのだ。掛け値なしに、何もかも。分裂、断絶、分断の精神、断続、遮断だけがわれわれの夢に叶う。ここでもまた、サルトルの第一原則が確認される。レーニンより前にフッサール。ブルジョワ国家を殴りつける前に闇の口を殴りつけること。一言で言えば、政治とは、形而上学のうしろに引かれているものなのだ。

我れとは他者である

サルトルは、大きなテクストとしては彼の最初のレーニン主義的（ベルクソン的にしてレーニン主義的）テクストである『共産主義者と平和』を、発表後一五年もたった一九六四年に『シチュアシオンVI』に収めたが、その際に序文や状況の説明や注釈を一行たりとも添える労を取らなかった（しかも、このテクストが後々までも彼の汚点となる作品の一つとみなされることは、自分で分かっていたのに、である）。これをどう解釈すべきだろうか。無関心か、軽さか、あるいは大諸侯の心意気なのか。「そう、その通りだ。私はそれを書いた。確かに認める。だが、この上、自分の正当化をするなどという屈辱を押し付けないでくれ」。どれもその通り。しかしまた、自己と自己とのあの不一致、自分自身とのあの非類似、自分自身の過去との系統的な乖離、かつて自分がそうであった人間と今やそれになった人間との間の連続性の不在、彼が理論を仕上げたこうしたものの実際例でもあるのだ。『共産主義者と平和』だって？　ああ、そうだ……。覚えている……。かつてこんな弁駁書を書くという過ちを犯したはずの、あるサルトル……がいた。だが、そのサルトルと、今日この私が連帯性を感じるなどとどうして期待するのか。どうして私は、注釈し、自分のしたことを説明し、正当化し、言い訳しなければならないのか。これこそサルトルの逆説なのだ、「私は私が書いたものには全くつながっていないと感じる。だが逆に、私は書いたものを一語たりとも否認しない」[46]。

自己批判

人が大きな過ちを犯したとき――ハイデガーの言う、大変な愚行《へま》――、考えられる路線は二つある。ソルジェニツィンのケース、彼は若い頃の過ちについて、こう書いた、「私の間違いです、大失策です。ここに釈明を致します。そして、私が釈明するという事実それ自体が、私が変わったこと、また変わることによって償いをしたことの証しなのです」。今度は、ハイデガーの路線。「ノーコメント。友人たちに対しても、敵に対しても、私の改悛の言葉を聞きたくてうずうずしている勝利者たちにも、ツェラン、アーレント、フェディエ、レーヴィット、トワルニッキ、そしてチビのサルトルにも、私はほんのわずかな告白や悔恨の言葉を吐くこともしない。それは私があまりに誇り高いからか。考えを改めないからか。反対に、罪が大きすぎて、告白も償いも不可能なほどだからか。釈明するということは、ある意味で弁護し情状酌量を求めることだが、あの罪ははどんな情状酌量も不可能なものだと、諸君と同様私自身も承知しているからか。その気のある人に分かってもらえればいい。これについて私としてはもうこれ以上言うべきことは何もない」。さて、サルトルは第三の路線を提唱する。すなわち、時には、うわの空の、平然とした、ほとんど健忘症的な拒否。「どんな政治的見解であれ、あなたが二〇年も前から持ちつづけていて、いつの日か後悔したことのある政治的見解はありますか」という問いに、「一つもない、まったくない[47]」と答える。だが、この「一つも」は、人が思うかもしれないのとは異なり、尊大でも意固地でも断定的でもなく、反対に軽くて屈託のない「一つも」なのである。そしてまた、時には、「自己批判せよとおっしゃるのですか。いいでしょう。行きますよ。今日話している者は、原則的にその時語った者とは無縁であり、私は誤りを犯したと述べる当のその者は、実際に誤りを犯した者とは何ら共通点をもたないのですから、あなたを満足させることほど簡単なことはないし、またこれほどたいした結果をもたらさないこともないのです。お好きなだけ自己批判をあなたに致しますよ。どれもまったく重要なものではないのですから。いくらでも致しますし、ご要望がなくても先に致しますし、何だったらベルト・コンベアーで量産も結構です。何しろどれ一つとして、理論的には私に達するだけの力はなくなっているのです。何とも巧い自白だ。まず一つに、それであなた方は大変満足するだろうし、それはとりわけ私の私自身との断絶に署名をして、私の変身を証明し、私が過去を洗い流して、別のところで若返って生まれ変わるのを助けてくれるからです……」。

自己批判

繰り返すが、自己批判には二つのタイプがある。一つは道徳教化的な自己批判。すなわち、「重大な問題に関する意見を公表した者は誰でも、その意見を変える場合には、その旨を述べ、その理由を述べる義務がある。その点については、機関車が煙を吐き出すような具合に、自分の思考を生産する権利を作者に与えることはできないのだ」(メルロー=ポンティ、『弁証法の冒険』より)。もう一つは、「では、誤りはどこにあるのか。なぜならそれは現に存在し、われわれは自らの純粋さを感じるのと同じくらいに強くそれを感じるのだから。それはわれわれが非常に幸せだと信じていた世界の内部にあるのだ。そして突然大気を悪臭で満たしたのであり、われわれは息ができなくなったのだ」（ブランショ[48]）。サルトルは、このような哀れっぽい自己批判などは決してしようとしなかったし、あるいは逆にそんなものを重視していなかったからこそ、人が望んだものを自分も望み、時にはそれに譲歩する振りをしたのである。つまり、躍動的で、現実態の、積極的な自己批判なのだ。ときに言葉を伴わず、まさに自己を自己自身から脱出させ、過去の自己に逆らわせるか、もしくはもう一つの自己を即座に作り出し、その自己は先行する自己を否認するがゆえに、ひいてはそれの自己批判をしていると言える、そうした自己批判。この二つ目の自己批判をサルトルが実行していたと言うだけでは十分ではない。それは彼の思考のスタイルそのもの、彼の呼吸であり、身体の動きそのものなのである。『蝿』の主人公オレストのように、私が回心を遂行するには一瞬で十分なのだ、と後に彼は『言葉』のなかで述べている。一瞬で十分である。そうだ。流動性、軽さ、絶え間ない方向転換、断絶への嗜好、そして正しい考えとは新しい考えで、新しい考えとは前の正しい考えを打ち砕く考えであるという確信、こうしたものを持っている彼としては、回心し、自らを再び作り出し、またしても、自らの中にある年金生活者を打ち砕くには、一瞬で十分なのだ。「官僚的知識人」よ、恥を知れ。「実体としての言葉」「石ころのような観念」――フローベールによれば、こうしたものは愚かさの定義の一つである――に浸されたままの、文学と思想の安住者たちよ、恥を知れ。かなり後の方で書かれたけれど、こうしたテーマや嗜好を彼が決して放棄することのないことを証明するあるテクストの中で、彼がこう注釈しているような人間ども、つまり判決の日に「彼らの頭脳は普通は膀胱にできる病気に罹っていた、つまり結石があったのだ[49]」と言われるような連中は恥を知れ。

書物

カフカにとっては、「われわれの頭蓋と精神の内部で凍結しているものを打ち砕くアイス・ピックのように到来する」書物だけが重要である。サルトルにとってはこうだ。それを書く以前に私がそうであった者を変身させる書物だけが重要である。私が脳の中に抱えている小石、凝塊をこなごなにする書物だけが重要なのだ。サルトルは「骨」という言葉も用いている、私の脳の中にある骨と。一九六一年、メルロー＝ポンティへの追悼文には、「私は脳の中に骨を持っていた、私はそれらの骨をぎしぎしと打ち砕いたが、さすがに疲れを覚えた(50)」とある。十年後、『フローベール論』の執筆を諦めるよう説得しようとした毛沢東主義者たちに対しても、同じか、ほぼ同じ言葉を彼は発する。「ものを書いているこの人間は、古典的知識人で、あなたがたについて行くために自分の頭の骨を砕いているのです(51)」。これはサルトルとしては非常に稀な、生涯を通しての不変数要素の一つなのだ。また恐らくは、絶対自由主義者のサルトルと全体主義的サルトルとの、接点の一つでもある。

相変わらず自己批判

骨だって？　石だって？　肉体の中に、そして脳の中にだって？　受容された観念という骨。私のものでしかないのに、それでも受容された観念であり、紋切り型として働く観念。骨化した、つまりは、すっかり出来上がった観念。それは、たとえ私がそれを作り出した者であり、それを信じ、それを機能させ働かせるのが私だけであったとしても、一つの常套句として作用し、それゆえ私の思考の力強さ、動き、自由さえ封じ込めてしまう(52)。作者のいない常套句も存在する。しかしまた、私が作り手であり起源である常套句も存在する。彼が腹立たしく思っているのはそうしたものに対してである。そうした個人的紋切り型、私的常套句に対して彼は容赦ない戦いを挑む。自分自身に逆らって考えること。容易となった行為や言葉を難解にすること。すでに敷かれた道を遮断すること。習慣的な脈絡をショートさせること。自分自身の思考の進行の火工手となり、それを脱線させるよう専心すること。自然な傾斜に逆らって考え、後に『言葉』が述べるように、一つの観念の有効性を、その観念を抱く者が「不快感」を与えるかどうかで測定しようとすることといった具合に、ものごとの反対斜面を考慮すること。一言でいえば、ニーチェが述べていたように、「自分自身の性癖に敵対する」よう心がけながら、真理を追求することである。まさに自分が少しも考える気にならないものを思考するのでないとしたら、思考することに何の意味があるだろうか。それこそがサルトルにとっての、思考の努力というものなのである。われわれ、つまりサルトルの今日の読者と明日の読者一人一人に求められているものは、それである。サルトル的常套句を携えて二十一世紀に入っていくのか、それとも捨てていくのか。

爆　発

「爆発する思想家」の理論。爆発という語は実際、デカルトに適用される。だが、彼、サルトルにとっても該当する言葉だろう。彼はそれを自分自身にもあてはめ、自分が決して否認することのない厳しい務めにも適用することもできるだろう。すなわち、自分自身に逆らって考えるという務め、必要とあれば、この本とあの本との間で、あるいは一冊の本の中のこのページとあのページとで矛盾することを述べるという務め。一つの思考は、矛盾の精神、逆説、反対の意味、時には無意味、またしても矛盾、不都合を通して前進して行く。それゆえに、サルトル、常套句となった自分自身の観念が含む骨や石に手厳しく攻撃を加えるサルトルは、「逆らって考える」こと、とりわけ「自分自身に逆らって」考えることへの賞賛をやめたことは決してない。一は分かれて二となる。いかなる肯定も否定である。真理の最大の敵は、やはりニーチェが言っていたように、虚偽ではなく、確信なのである。ニーチェ的サルトルはこう言葉を継ぐ。思考の最大の敵は、確信である以上に、自己への卑しい密着である。「すぐれた」思想の第一原動力、その最初にして最後の指令はこうだ。「砲撃せよ！　出来合いの思想の司令部を。言いかえるならやはり、愚鈍さの司令部を！」。焦土作戦という言葉があるが、思想を焼き尽くす作戦の理論。永久革命という言葉があるが、永久矛盾の実践。恒常的残酷演劇のような思想の舞台、真の思想の舞台。サルトルはアルトーと出会い損なったというのか？　アルトーについて一度も語っていないというのか。その通り。だがまるで語っているかのようだ。なぜなら、思考とは彼にとってはあのペストであり、あの残酷の恒常的実行であるからだ。なぜなら、思考するとは、彼にとっては、思考中の、あるいは思考を止めた彼自身の頭のなかに、鉄のメスを突き入れて荒療治をすることなのだからだ。やはりジャネット・コロンベルが報告している彼の打ち明け話。『『存在と無』の存在論など何の価値もない。あんなものは空中に投げ出してしまおう(53)」。あるいは、「私の初期の倫理学は、独我論的なものだった。そこでは主体は単に他者と出会うだけだったが、今の私は他者とは主体の構成要素だと考えている」。それから、人生の最期になって——後に触れるが——全般的な自説の放棄。すなわち、私の哲学などは屑かごに投げすてるべきものだ。私はもう一度やり直す。最初からすべてをやり直す……。同質的で、一貫性を持ち、自分自身と自分の同一性に対して同一的であるようわれわれに厳命するのは、人生の税関吏にして、思想の税関吏どもだ。サルトルは同一性をもたない。だから、自分がかつてあったものにも、これからあるだろうものにも責任があると感じない。すべてに不実で、まず第一に自己に不実であるというこの素晴らしい任務。生涯にただ一枚の、同じ絵を描く画家たち。飽きることなく、同一の本を書き、書き直すことを試みる作家たち。彼は逆だ。自己の創造と再創造、断絶の、即興の、否認の実践、これこそが最も見事な芸術とみなされるのである。

フーコー

サルトルの、歴史的敵対者。サルトルは彼を攻撃し、また彼から攻撃された。しかし……フーコーは『ルーヴァンの対話』の中で、こう述べている、「人間の営みの中には、明証性がさびつき、光が消え、夜の帳が降りる瞬間がある。人々は、自分が盲滅法に動きまわっていることに気付き、それゆえ新たな光明が、新たな照明が、新たな行動指針が必要であると気付く。その時、一つの対象が問題として立ち現れるのである」。自分自身の思想の骨や石と闘いつづけるこのサルトルだって、このようなことを、文字通りそのまま先駆的に述べることはできたのではないのか。それこそは反逆的で、信じがたいほど不遜な、だがまさにそれゆえに創造的で天才的なサルトルのプログラムそのものではないか。生涯を通して、出来上がった自分自身の思想の残骸のうえに新たな対象と問題の光が到来し出現するようにさせようとしつづけたサルトルの。

パゾリーニ*

『私はだれか』という題名の自伝的詩集。そこにはもう一人の「黒い手袋の男」が登場する。それはサルトルではない。悪党で、詩人である。いかにも詩人そのものといった顔、つまりパゾリーニの顔をしている。しかしながら、そのテクストの中の次の言葉は、サルトルも否認しなかっただろう。「そうだ、共産主義者もまたブルジョワなのだ」。それからもう一つ。「ブルジョワジーは、今や、人類の人種的形態だ」。もう一人の自説放棄の理論家にして、実践者。サルトルと同様に、自己と矛盾し、自己から立ち去るボードレール的権利の、もう一人の擁護者。

サルトルは臆病だったのか

私が驚くのは、あれほどに系統的かつ徹底的な不忠実を信念とし、自分自身に似ないことにあれほど強く執着し、また価値ある唯一の思考は自分に逆らって考え、自分の中に堆積する自分自身の思想の石や骨を打ち砕く思考であると一生涯考え続けていたのに、そのサルトルが、ロマン・ギャリィ（アジャールをでっち上げた）、ペソア（異音同類語の眩暈）、デブリン*（「私の小説が生き長らえるものなら、私としては、未来がそれを四人の作者の作品と考えるだろうと思っている」）のようなタイプの冒険を、見たところ企てなかったことである。サルトルの世に現れない作品があるというのか？　他者になりたいという欲求がそのような窮極の限界にまで推し進められることはなかったのだろうか？　分からない……。夢想することはできる……。いや、やはりそうは思えない……。というのも、サルトルは、よくよく考えてみるなら、このような冒険を生きたが、しかし公然と生きた。同時にいくつもの生活（女たち……）を生きた。次々といくつもの生（『存在と無』は何の価値もない……）を生きた。形状可動的な運命（あのニーチェ的なサルトル、芸術家の、等々があり、次いで、間もなく、全体主義の共犯者たるもう一人のサルトルが出現する……）。ギャリィは、同一の人生に二度生まれたいと思って、アジャールを創り出したに違いない。スタンダールは「本の一冊一冊ごとに何冊分も生きているという感覚を味わいたい」と思い、百にのぼるペンネームを考え出した。サルトルにはアジャールもペンネームも必要ではない。彼は多数の人物と、スペアの運命とを同じ屋根の下に同居させたのである。

プルースト

こういったこと一切を考え合わせると、彼があれほど徹底的に、荒々しく、プルーストから離れたのは、やはり驚くべきことだと言えるだろう。というのも、この自己の自己に対する不忠実、今日の私と昨日ないし一昨日の私に対する異和性、そういったものをプルースト以上に巧みに述べた者がいるだろうか。間違って「アルベルティーヌ」の名で届けられた電報、つまりすべてを捧げても欲しかったものを手にしながらも、その時の自分にはそれはもうどうでもいいものになってしまっていることに気付いたときに、語り手が感じた安堵の気持ちと、そのすぐ後に感じた大きな悲しみを、彼以上にうまく述べることができた者は果たしているだろうか。サルトルが同一の生のうちに何度も生まれることができるという人間の能力を理論化する哲学者だとすれば、プルーストは過去そのものではなく、その過去の中でそうであった自分を「少なくとも見かけ上は」忘れることができるという能力を思考したのであるから、彼こそは、「われわれは一生涯を通して死につづける」という事実を理論化した作家なのではないだろうか。彼は、人間の、同一の生の中で何度も生きるという才能——正確に言えば——ではなく、——結局は同じことだが——何度も死ぬという才能を思考したのではないだろうか。プルースト的サルトル。あまりにもプルースト的な。だから、ジィドやセリーヌやベルクソンに対するのと同様に、自分のなかのプルーストの存在に、その支配力に抗ったのである。

誓約

自己に不忠実だから、他者にも不忠実なのか。そうだ。いやおうなく。「もちろん私生児というのは裏切るものだ。ほかにどうしようがある」。『悪魔と神』の登場人物はこう言う。そしてもっと先でこう言う。「俺はうまくくっつかない二つの部分でできていて、俺の半分と半分は互いに相手が大嫌いなのだ」。それに一九五八年に、ゴルツの『裏切り者』に寄せた序文。これはその題名が示すとおり、裏切りの原理の擁護と顕揚である。したがって、裏切りへの称賛。私生児性への、裏切り行為への称賛。アラゴンの声がここで聞こえてきそうだ。この本物の私生児*は語る。「絶えず、私は自分を裏切り、自分の言葉を否認し、矛盾することを言う。私は私自身が信用をおかない者である」。私の一部分はそれを恐れる。私の一部分は、こうした不信仰告白を、全般的不忠実宣言の表明を耳にして、マルローのようにこう思わずにはいられない。「活動的で、同時に悲観的でもある者は、忠実さが背後にあるのでない限り、現にファシストであるか、やがてファシストになる」[54]。そうなると私の一部分は、こう自問せずにはいられなくなる。すなわち、全面的かつ絶対的に自由な人間、人間を普段押し止めているあらゆる絆を実際に断ち切ることのできる人間、父もなく道標もなく、過去もなく無意識もなく、子供もなく、もちろん友人も持たない人間、『存在と無』が述べていたように、自分で自分を根拠づけ、己の存在をいかなる形態の外面性からも受けることがないというところに到達した人間、そのような人間とはまさに、「下種野郎」でないまでも、それほどサルトル的な用語ではないが、畜生とか悪人と呼ばれる者なのではないだろうか、と。しかしながら、私のもう一方の部分は、この驚異的な自由に魅了されずにはいられない。サルトルというこの見本、この絶対的な原型を感嘆することしかできない。ファシストだって？　いや、マルローには失礼ながら、このサルトルはファシストではない。せいぜい言えることは、ある意味で彼はファシストになるけれども、それはもっと後のこと、まずスターリン主義、次いで毛沢東主義の時代の話だということだ。もっとも、そちらのサルトル、この赤色ファシストのサルトルは、まさに悲観的な形而上学を捨てて、『弁証法的理性批判』の中で、例の誓約の理論を錬り上げる者になる。スターリン主義的なサルトルとは、誓約を行なったサルトルである。それに対して、誓いなきならず者サルトル、誓約を破るサルトル、何ものかとの連帯につながれていると感じることがなく、今回に限っては、人間を「約束する動物」と定義したニーチェの言葉を拒むサルトル、それこそが、逆にスターリン的誘惑を払いのけるサルトルである。嫌な野郎、サルトル、嫌悪すべきサルトル、実際に、多少は人間の顔をした野蛮人に支持を寄せることになるサルトル、それは『弁証法的理性批判』の中で人類への永遠の友情を誓うサルトルの方なのである。シニカルで悲観的なサルトル、途方もなく自由で芸術家のサルトル、同胞の共同体が要求するあらゆる絆への無関心を誇示しつつ、貴族的な倫理を実践するサルトルに対しては、この種の批判をいささかでも向けることはできないだろう。このサルトルこそは、形而上的裏切り者の、偉大にして美しい氏族の守護聖人なのである。彼は裏切りの術を操る。だが一七八九年の革命派貴族のように、もしくは二〇年代の赤い侯爵たちのように、アルジェリアのフランス人でスーツケースの運び手となった者たちのようにである。彼らは、自己を裏切る者、われわれはお前たちなのだと称する他者たちを裏切る者、自然発生的な共同体、自然宗教を、一言で言えば人を所有すると考えられるあらゆる集団を裏切る者にほかならない……何という教えだろう。

サルトルの貧しさ

彼は栄光に包まれた男だった。ベスト・セラー作家だった。もてはやされ、出版人にちやほやされ、戯曲が世界中で上演され、読みもしない者に作品を褒めそやされる、ティツィアーノのような国宝じみたものになった、晩年の『フローベール』の頃まで、演劇だけを取り上げても、依然として多額の金を稼ぎつづけた作家だった。ところが、もっとも信頼できる証人——たとえば、ランズマン——はいずれも、サルトルが貧乏だったと言う。彼らは、サルトルはますます貧乏になっていったと言う。彼の生活に何らかの方向性があるとしたら、それは、緊縮、禁欲、欠乏がますます極端になって行くという方向性だと強調する。矛盾だろうか。いや、そうではない。というのも、もう一つの貧しさが問題だからである。精神による貧しさ。存在による貧しさ。同一性の中に身動きできないように縛り付けるかもしれない一切のものを生涯にわたって追い出そうとした一人の男の貧しさ。またドイツの捕虜収容所で「自発的な乞食」となった男の貧しさ。捕虜仲間のマリウス・ペランは、後にその有様を次のように描写している、のみや虱、膿疱、頭の黒いしらみをつぶして、爪についた小さな血痕をじっと眺めるときに味わう苦い勝利感。まるで彼は形而上学的無一物の限界ぎりぎりまで、しかも一生涯を通して、つき進もうとしていたかのようではないか。

サルトルと金銭

莫大な金、確かにそうだ。百万フラン以上もっていることもよくあった、と彼はコンタに、いささか無邪気に打ち明けている。それも現金で。ポケットの中に。つまりすぐ手許に——たばこや眼鏡やライターや、「普段着、それもほとんどいつも同じ洋服」[55]と同じように。最晩年までずっとそんな調子だった——視力を失って、お札を間違えるようになってから、彼は不承不承その習慣を変える……。貯金するのか? いや。浪費するのか? その通り。『奇妙な戦争』にはこう書かれている、「私には浪費する必要がある。何かを買うためではなく(傍点は彼自身による)、貨幣のエネルギーを爆発させるため、いわばそれを厄介払いし、手榴弾のように私から遠くへと放り投げるために。お金にはある種のはかなさがあって、私はそこが好きだ。金が私の指のあいだからこぼれ落ちて、消えていくのが好きなのだ。金はつかみ取れない花火のように散っていく必要がある。たとえば、一晩で」[56]。こうした比喩の奇妙さは強調するまでもない。大事なのは、そうした比喩がこの件に対するサルトルの姿勢について教えてくれることだ。金は、所有するためではなく、所有を失うためにある。蓄積するためでなく、遠くへ放り投げるためにある。溜め込まれるのではなく、流通する金、貯蓄されるのではなく、逃げ去る金。狂った金の流れ、逆流、流入。金が「煙となって消える」のを見るのが好きということと、「金によって手に入れる物」[57]を前にした「異和感」。金銭と喪失。ポトラッチとしての金銭。否定的な貨幣としての金銭。金銭の非富裕性と非価値性。チップとして、いつも桁外れにばらまかれる金。贅沢（花火）としての金、だが同時に、暴力や破壊力（手榴弾）としての金。現実を清算するため、できるだけ現金が望ましい金。最大量の現実をどうやって清算すればよいのだろう。お金で、だ。では、その清算した現実をどうやって焼尽するのだろう。どうやって「煙となって消滅させる」[58]のか。それも、金によってだ。サルトルは決して生活を稼ぎ出す（生計を立てる）ことはないだろう。生活を焼尽するのだ。サルトルは、大量の金を叩きつけることと、社会をふっ飛ばそうとすることとの間に、決して矛盾を見出さない。逆である。いわゆるプロテスタント的倫理の対極。伝記作家が性急に彼に貼りつけようとするレッテル、プロテスタント的ピューリタニズムの、まさに対極。逆に、ボードレール流の「ブルジョワ」の姿が浮かび上がってくる。『文学とは何か』は、ボードレールが貴族たちの「これ見よがしな態度」を、その「寄生性」を、金銭をも「焼尽する」流儀を模倣していたことを示している。なぜ金銭を「焼尽する」のか。「火はすべてを純化する」[59]がゆえである。「湯水のように金を使う」サルトル。

サルトルと家

サルトルは決して家を好まなかった。だが伝説とは異なり、しっかり家を一軒所有したことはあった。義父の死にあたり、アパルトマンを買っているのだ。彼はそこに――一九四五年から一九六二年まで実に一七年もの間!――母とともに住んだ。だがその家とて好きではなかった。その家で彼が好まなかったもの、家を持つという原則そのものの中で決して好まなかった点とは、家が存在をしまいこむ場所であり、自己同一性や実存の堆積物であることなのだ。家は石で造られていると誰もが思っている。それは間違いだ。家は思い出でできているのだ。過去の断片で。死んだ魂と、それに、望むと望まざるとにかかわらず、ルサンチマンでできている。宿無しのサルトル。住所不定のサルトル。ここでもまた、何かの住まいを押しつけるかもしれない一切のものへの拒絶。彼はいつまでも溶融存在でありつづけたいと思っているのに、その溶融存在を凝固し固体化するかもしれないものがある、当然、そうしたもの一切に対する怖れ。存在しない、それゆえ持たない。ほとんど存在しない、それゆえ可及的最小限のものしか所有しない。『言葉』はもともと「ジャン失地王」と題されるはずだった。また、『言葉』の下書きにはこうある。「私は金も所有地も、私のものはなにも持ったことがない。――私はこの世界の用益権のみを持つ(60)」。それに、『蝿』のオレストはすでにこう言っていた。「私は土地も家臣ももたない王になりたい」。

サルトルとホテル

逆に、ホテルとホテル暮らしは大好きだった。彼はホテルの部屋の匿名性を好んだ。その匿名性から引き出される自由の感覚を愛した。家の中で起こるのとは逆に、ホテルでは自己同一性が係留点、固着する点を見出さないことを愛した。さらには、「いささかも所有しないこと」、「事物の支配を逃れ」たこと、生涯を通して、己の対自の、そしてある意味では己の矜持の「無化的孤独」に追い込まれたこと、そうしたことのお蔭で、「世界の全体性」に自由につながる通路が手に入ったことを彼は愛した。すなわち、「私が所有したいのは世界」であり、私はそれを「象徴的代替物」(61)なしに所有したいと思っている……。私はポール・ボウルズが私にこう告白したのを思い出す。自由の重荷があまりにも重くのしかかり始めた日、彼はタンジールに降り立った、と。「私は、『赤いジャングル』のなかでスレイド夫人にこう告白するレインマントル夫人のようだった。わたしたちはホテルで暮らすうちに自己同一性を失っていくわよ」(62)。サルトルも同じだ。ただし彼のほうは最後の最後までそれが好みだった。サルトルというのは客なのだ。遊牧民なのだ。彼はそれができる限り、ホテルからホテルへと、仮の宿から逢引用の部屋へと渡り歩いて暮らした。旅行であって、滞在ではない。脚で歩き回るが、根を張りはしない。あるいは根をおろすことがあっても、それは空間にではなく、時間にである。永遠に一時寄港中の、世界市民たるサルトル。激しい排外的愛国主義の世紀であった二十世紀の終幕に当たって勝利を収めたかに見える、グローバル化したエリートたちのモデルたるサルトル。この世紀の黄昏にあって、「国民共和派」あるいは「主権主義者」と自称する一派が仕掛けるあの嘆かわしい論争について、彼だったら一体何と言っただろうか。サルトルは民族主義者ではなかった。共和派ではなかった。彼こそは唯一の価値ある共和国、「アルブマルル女王」の共和国に属していた。ヴェネツィア、ニューヨーク、パリ、マラケシュ、ギリシャ、カーネーション革命*のリスボン、ハバナ、そしてふたたびヴェネツィア……年老い、盲目となったが、最後の願い、もう一度ヴェネツィアを見たいという願いはかなえられた……。

書物

ついに私は、『言葉』の再版に序文を書くことになって、それについて話を聞きたかったため、彼に会いに、エドガル・キネ大通りの、墓地を見下ろすところにある、彼が最後に落ち着いた小さなアパルトマンまで出かけて行った。そこには物品がなかった。家具もほとんどなかった。白いフォルミカのテーブル。灰皿がいくつか。乱雑と簡素の印象。だが、私を一番驚かせたのは、本さえなかったことだ。彼の本も、他の作家の本もなく、ただプレイヤード叢書だけが、一番大きな部屋の棚にアルファベット順に並べられていた。独学者の家というべきか。貧乏人の家のようでもある。本物の貧者の家。精神の財の領域にまで、取得の論理を拒否する者。あるいは——別の仮説ではあるが、結局は同じことになる——精神の財を非常に高いところに位置付け、全く金銭では支払いえないものと考えるあまり、それを自分で取得する、つまり本を所有するという観念そのものがいかにも奇異に見えてしまう者。そうした者は絵を所有するという考え、そうやってその絵を公共の用途から引き剥がすなどという考えは思い浮かべもしないだろう。そう、書物にかんしても同じなのだ。推測するに、彼は、図書館か、さもなければ彼の頭の中こそが書物の本来の場所だと考えていたにちがいない。書物は公共の興味に対して提供されるか、さもなければもちろん、抜粋の躍動する思想の素材として溶け込んでいるのである。「私にとって、読み終った本は死体にすぎない。あとは捨てるしかない(63)」。あるいはまた、デカルトというモデル。デカルトもまた書斎を持たないのを自慢にしていた。サルトルと彼の柩の布。サルトルとは、タブラ・ラサ〔白紙状態〕なのだ。

栄誉

彼は早くも一九四五年には、レジオン・ドヌール勲章を拒否する。レジスタンス活動を理由として打診されたにもかかわらず。[64] その四年後には、モーリヤックが立候補をすすめたけれどもアカデミー・フランセーズを断る。コレージュ・ド・フランスも断った。あらゆる文学賞、勲章、栄誉職を辞退するのである（ただ奇妙なことに、国民功労賞だけは受け入れて、一九六八年五月の数週間前に一等受勲者となっている）。プレイヤード叢書さえ最初は拒んでいる。そんな「墓場などお断りだ」と、ロベール・ガリマールに書き送っている！「生きたまま埋葬される」に等しい、と。たとえば後にボルヘスなどは、それを自分の仲間、精神によって同じ時間を生きる星となった古人たちと再会する又とない機会と考える。ところが彼は、まずそこにミショーのように（クロード・ガリマールへの手紙[65]にはこう記されている、「……このような素晴らしい叢書の一巻というのは、自分がすっかり閉じ込められているような文書であるわけです。それこそ私にとってもっともおぞましい印象の一つであり、私は一生涯、そうしたものと闘ってきたのです」）、とてつもない罠、彼にとって最も神聖不可侵なもの、すなわち自由を侵害する罠しか見出さない。彼が受け入れるのは、最後の最後に、生涯の仕事の「決算」が完了し、「大体は片付いた」、したがってゲームが終ったと感じたときでしかない。[66] その都度、同じ反応。その都度、変わることない無政府主義者が危険を嗅ぎつける。その都度、次のような確信が確認される。一人の作家を厄介払いするには幾つもの方法がある。作家を笑い者にし中傷し、変態、乱暴者、戦時中の対独協力者、フリーセックスの徒、口が臭い男と決めつけるには、その作家を栄誉で覆ってしまう——しかもそれは悪いこととは思われないのだ——しかないという確信である。『文学とは何か』以来、その都度、同じ直観。すなわち、あくまで生きようとし「あまりにも露骨で、生命力溢れる、激しく迫る」書物を出しつづける作家に対して社会がたくらむ本当の計画、社会が抱く夢とは、その作家が死者、ないしは瀕死の病人の列に立ち戻るのを見届けることなのだという直観。社会はそうした作家たちに言う。「あまり動き回るな、お前たちがやがてなる死者に今から似るよう努力しろ」と。そのためには、「精製」、「皮なめし」、「化学処理」から、この「生者の聖人認定」[67]という無敵の武器にいたるまで、あらゆる種類の方法がある。それにまた、その都度、このとてつもない矜持、貴族的な自己愛が作動する。もっとも戦闘的ないし最もアンガジュマン的な時期にあっても、それによって彼は群衆から超然とした姿勢をとり続けた。それゆえ、群衆の中では誰もが満足する栄誉に対しても、超然とした姿勢をとり続けたのだ。「アカデミーやレジオン・ドヌールを受け入れるには、余程卑下していなければならない[68]」。ボードレールの『赤裸の心』の、次の一節がこだまする、「勲章を受けることに同意するとは、自分を判定したり顕揚したりする権利を国家に、あるいは君主に認めることだ」。このサルトルは「政治活動」の会長職は引き受ける。彼は、平和会議、仏ソ協会、ラッセル法廷、後には毛沢東主義のあれこれの雑誌のトップで演じるよう望まれる、「有用な愚か者」の役割を受け入れる。またイスラエルの某大学の名誉博士号も受け入れる。しかし、いわゆる本物の栄誉、軽蔑する制度や機構から与えられる惨めったらしい栄誉は、ご免だ。そんなものは、彼は欲しくはないし、いつまでも欲しがることはないだろう。おまけにそれらの栄誉は、彼の本、なかでも『フローベール論』が冷ややかな関心で迎えられ扱われた時期に、彼の文学的才能に対してのみ与えられた「世間的な」是認のように彼には思えたのだ。それに、どのような基準でスピノザよりライプニッツに授賞したのか、その逆なのかなど一向に判明ではない。またしても反徒、サルトル。苦行者、サルトル。サルトルとその無一物の宗教、その形而上的清貧。それからまた、凝固させ、立像にしてしまうものを敵視する、手におえないベルクソン的人間。

ノーベル賞

それにしても、このノーベル賞拒否は何という出来事だったろう。(69) 何というスキャンダル。グラック*のゴンクール賞辞退はよく知られていた。ミショーが文学賞を断った話も。だがノーベル賞とは。しかも、サルトルがだ。サルトルが。サル・トル。サン・ジェルマン・デ・プレの王者にして、文学共和国の恥、哲学のスーパースター、サルトルが。いったい何で彼はかっかとなったのか。これまでの人生、メディアの足下で転がりつづけてきたのに、いきなりグラックやミショーのように、沈黙の人を気取るなど、本気とは思えない。そうだ、傲慢だ、と誰かが言う。最低の野郎だ、と。無理にも承諾させろ。逮捕しちまえ。スウェーデンのアカデミーに対してそんなことをするものじゃない。フランスにだってそんなことをしちゃいけない。サルトルが馬鹿をやってくれたおかげで立つ瀬がないじゃないか。ノーベル賞委員会が、いつかもう一度やり直して、別のフランス人を候補にすることを想像してみるがいい。彼の拒否のせいで、委員会はそんなことは嫌なこったと思うようになるかもしれない。それこそ、「井戸に唾を吐く」ということではないか。下種野郎。自分のことしか考えていない。この受賞が欲しくないというのはいいだろう。モーリヤックのように、この金で自宅の大庭園の囲いや浴室のタイルを修理する気がないなら、それもいいだろう。だが、われわれはどうなる？　仲間たるわれわれは？　彼の栄誉を通して、実は、永遠なるフランスが受賞するのだが、そのフランスはどうなる？　G・B・ショウ。これぞ、知識人、まさしく謙虚で同胞思いの真の偉人だ。彼は最初は断ったものの、考え直して、スウェーデン文学のための慈善事業に賞金を寄付したのだ。彼がスウェーデン文学などうんざりだと言うなら、それも認めよう。だが、賞金を利用して、南アメリカのゲリラ組織の一つに資金提供すればいいではないか。何しろ彼はあれほどゲリラを愛しているのだから。そうだ、そうだ、ゲリラだ。金が欲しくないなら、ゲリラ組織のどれかにやればいい。貧民たちにやることもできる。何しろ彼らは憤りの手紙を山ほど彼に送りつけて来て、作家が金を儲けるなどというのはけしからんと言っているらしい[70]のだから。その上、彼がノーベル賞を拒否したら、どれだけけしからん話か……！　何なら、スカンジナヴィアのテロリスト・グループにあげてもいい。もしそんなものが存在すればの話だが。あるいはスウェーデンの王政廃止運動にでも。何でも思う通りにすればいい。文学界の毒蜘蛛、蝿どもは、何にだって対応する構えだ。彼がゲームの規則を守りさえすればだが。

なおも、ノーベル賞

サルトルはもちろん固辞する。何が何でもノーベル賞というこのテロリズムには屈しない。彼はどうして固辞するのか。彼のスウェーデン語訳を出版するボニエ社のフランスにおける代表のカール・グスタフ・ビュルストルムに手渡されたあの名高い「声明」の中で彼が主張したような、「個人的」理由によるとは信じがたい。彼にとって重要な理由がいくつかある中で、ヴェネズェラのゲリラ闘争への、それ自体は正当な支援にノーベル賞を「巻き込む」ことを恐れると言うのだが、こうした問題でサルトルが世間を顧慮することなどありえないし、また彼が差し出された名誉を拒否するのは、ノーベル賞委員への思いやりからだとは想像し難い。怪しげな極左闘争にノーベル賞を巻き添えにする、言い換えればその神聖不可侵の「中立性」を危機に晒す恐れがあるからだ、というのだが。敢えて信じる気にはならない。それとは別に「客観的」と称する理由も添えられていたが、私としては、それも信じられない。ノーベル賞は西側陣営の賞である……東欧ブロックに敵対している。ところが、東欧ブロックは自分が属する一族なのだ……彼ははっきり「東欧ブロック」と言う……彼は敢然として、ノーベル賞選考委員会の面々の鼻面に「東欧ブロック」

の魅惑の力を送り届けている。ワレンベルイ一族の後継者たち、社会民主主義者でリベラルで、ベルイマン流で、ヒューマニストの、あの高潔なスウェーデン人たちの鼻面に。全くばかげた嘆かわしい話だ。また、ものを書き思考するこの優れた機械がそこで停止し、故障を起こし、このようなおぞましい愚行を大々的に生み出すとは、信じがたく、情けない。それに、彼が相変わらずこの同じ文書の中で、ノーベル財団が「ショーロホフ*に与える前に」パステルナーク*にノーベル賞を与えたのは遺憾であると述べるに至っては、とてもついて行けないという気になり、いっそ本気でないと思いたいところだ……。そうなのか。実のところ彼は、受賞者発表の一週間前、直ちにアカデミーの秘書に宛てて出した最初の手紙の中で、「受賞候補者のリストに名が載る」のは望むところではないと述べているのである。彼はそのことを繰り返し述べたし、いまでも繰り返し述べている。この選択の揺るぎなさ、その潔さには、別の理由が横たわっている。それはずっと真摯な、個人的な理由であり、それゆえに決定的な理由なのだ。もう一度言うが、彼を立像に仕立て上げ、それによって息を詰まらせるかもしれないあらゆるものの拠点に対する不信。彼が拒否したこの栄誉は、実は一〇年前にもう一人のシュヴァイツァーが与えられ、受け入れたものなのである。あのアルベルト・シュヴァイツァー、あの悪しきシュヴァイツァー、モデルないしは、むしろ反モデルとして最初から彼につきまとっていたあの壮厳のシュヴァイツァーが。一言でいえば、彼は「ティツィアーノ的解決」を拒否したのだ。防腐処置を施され、ミイラにされ、国宝ないしは、美術館の宝にされ、やがて忘れ去られる、そういう芸術家になることへの拒否。それこそ年をとるということだ。それは分かっている。彼はすでに尊敬で息が詰まりそうなのだ。各国を訪問するときは、彼も重要人物と対等に語らう重要人物というポーズをとる誘惑にかられることもあったに違いない。ところが本当の同輩の名は、ファノンであり、ジュネであり、そして後には毛沢東主義者たちなのだ。だからこそ、彼はその悪しき魔の囁きに抵抗する。そんな誘惑が兆すのを感じるや、彼は全力で、あのアカデミー化された革命家の役回りを拒否するのだ。他の者たち——たとえば、アラゴンやマルロー——はそれを受け入れ、そのために殺されてしまった。手に負えない人物、サルトル。妥協を知らぬ男、サルトル。操り人形だけでなく自分の中のミイラにも反抗する、生まれながらの反逆者で最後までありつづけたサルトル。だからこそ、彼はノーベル賞を拒否する……。彼の死に際しての、アルチュセールの言葉。アルチュセールが空で引用したあのマルクスの言葉。サルトルはいつもヴォルテールにたとえられるが、それは間違いだ。彼が似ているのはルソーの方で、彼は現代のルソーだった。というのも、ルソーから、彼は「生来の非妥協性」と、「既成の権力との妥協」をいささかも受け入れなかったという事実とを引き継いだのだから。(71)

最後に、サルトルと時間

主体がこのように穴だらけの、分解され、ばらばらになった、未完成の実在であり、すべてに対する、しかもまず初めに自己自身に対する不忠実を己の任務とするのである以上、彼が時間について抱く観念に対しても決定的な帰結がもたらされざるを得ない。

まず第一に、過去というものはない。もはや過去に対する忠実さなどというものはいささかもないのであり、過去とはまさしくそこから分離すべきものなのである。だから、彼にはとりわけこんなことは言ってはならない、「過去とは君を作り上げたものだ。君は君の過去の所産なのだ」とか、「過去の体験！　過去から受け継いだ英知！」などと。というのも、「彼らの過去は失われておらず、彼らの思い出は見事に英知と変わったなどとわれわれに信じさせようとしたがる」のは、「下種野郎ども」、牛のような面《つら》をした奴隷根性の「ブーヴィルの」ブルジョワたちなのであるから。サルトルの全体系の目的は、反対に、この過去、『存在と無』が、「即自によって取り戻され浸された一つの対自」[72]でしかないと述べるこの過去の外への、主体の不断の跳躍、剥脱、噴出を示すことにほかならないのである。

瞬間。瞬間だけが重要だ。彼が現実と呼ぶこの「恒常的な存在の穴。直ちに塞がれるが、その都度恒常的に再生する穴」だけが重要であり、価値がある。過去からの、言い換えるならば『即自』の鳥もちでの捕捉」からのこの不絶の剥脱だけが重要であり、彼の関心を引く。それは、彼によれば現在への愛好、瞬間への愛好の印である。それは、サルトルのマラルメ的な側面である（いまだ汚れを知らず、はつらつとした美しい今日……）。だがそれはまた、とりわけ彼のもつスタンダール的な傾向でもある（「瞬間の浸透に全身を委ねる」サンセヴェリナ夫人）。ただし、不安を抱えたスタンダール主義である。それは断絶の、爆発の、中断のリズムに合わせて息づく、沸騰し、ぶつかり、激動する瞬間の追求だ。眩暈としての瞬間。事物の充満の只中に発生するつむじ風のごとき瞬間。各々の瞬間に委ねられた時間であるこの持続しない時間。

続いて最後に、逆説的だがすばらしい次のような第三の観念。普通は現在というものの中身を構成し、意味や価値を積み込むのは過去である。過去というものには、現在に形を与え、ひいては未来に形を与える推力、圧力があるわけだ。ところがサルトルにおいては、過去はもはや何ものでもない。それはもはや重要ではなく、重きをなさず、力を及ぼしもしない。そのため、もし現在が単なる純然たる無になってしまわないようにするには、そして現在があの「無限小の」実在、あの「次元なき点」――これはフッサールが『内的時間意識について』で記述しているものであり、やはり『存在と無』の中で、「無限にまで至る分割の理想的到達点」に似ていると、サルトルが述べているものだが――とならないようにするには、そしてまた、現在というものが人間的な現在、人間の実存の核心をなし、そうしたものとして己を生きる、本当に人間的な現在であるようにするには、現在に自己同一性を見つけてやるために、過去とは反対側へ、すなわち未来の方へ向きを変える以外に解決策はない。現在をつくるのは未来であって、現在が未来をつくるのではない。現在に重くのしかかるのは未来であり、ベルクソンにおけるように、現在が未来の上にその重いつま先を乗せているのではない。通常考えられているように、過去が未来を生み出すどころか、未来こそが過去について「決定を下す」のであり、わけても「過去が生きているか死んでいるか[73]」を決定するのは、未来なのである。一般常識も彼以前の哲学者の大半もこぞって言っているように、私は過去にそうであった私から出発して、これから私がなるものになる準備をするのではなく、私が今ここであるものは、私がこれからなるものに左右されるのであり、したがって、現在に、そして過去に、その力と方向と味わいを授けるのは、私がこれからなるもの、つまり将来なのである。私は一つの現在をもち、一つの過去をもっている。過去から引き継がれ、私の「状況」を形作る一連の「条件付け」をもっている。重要なのは、この過去が私から作ったものから、私が何を作り出すかなのだ。重要なのは、「投企」であり、それが瞬間ごとに、この過去を超越し、それを変貌させるのであり、また過去を再演する能力も持っているのである。「全面的に条件付けられた社会的存在を、受け取ったものの全体を復元するわけではない人格に変えるその小さな動き[74]」。それこそが重要なのであり、さらに言うなら、サルトルは実存的精神分析のあらゆる試みにおいてそれの分析をすることになる。同時代人が幻惑され感嘆したのは頷ける。われわれには古臭く、時代遅れに見えるけれども、自由そのものであったこの思想を前にして、人々が驚嘆したことは理解できる。サルトルは恐らく、一種の怪物なのだ。サルトルであるということには恐らく、何らかの怪物性があったのだ。この奇妙で、特異で、共通の尺度をはずれた、いささか気違いじみたこの思想家。彼の多くの言表は、誰か別の人間の口から発せられたなら、惨憺たる結果に終ったにちがいない。恐らくサルトルであるということは、『フィガロ』社のオフィスで平穏に思索する賢者、アロンであるより、あるいはいつも決まった時間にエコール通りを上っていくメルロー＝ポンティ教授であるより、あるいは一日の執筆の仕事を急いで終らせ、ルールマランのスタジアムにサッカーの試合をしに行く善良なるカミュであるよりも、より複雑で苦しく、危険に満ちたことだった。だが哲学の歴史の中にそれほどいるわけではない、怪物というのは。そしてこいつ、この怪物は、それでも自由の思想家の中で最も徹底的であるという独自性を持っている。彼には、少なくとも現代において自由の仮説をもっとも遠く、眩暈にまで、ほとんど不条理にまで推し進めたと思われる思想を産み出した功績がある。他の反ヒューマニズムの徒、彼のあとに到来し、まさに彼が時代遅れだと主張する反ヒューマニズムの徒は、彼らにとって必然的な考えられないものに突き当たるように、この仮説に突き当たるだろう。彼は、彼がヒューマニストでないがゆえに、人間の本質という観念そのものを忌避したがゆえに、自由の哲学にほかならない哲学を作り上げた。そしてそのことこそが、実は彼においてこの上なく貴重なものと私には思える点なのである。

というのも、それこそがまさに、あの暗い伝説がおよそ系統的に覆い隠してしまったことだからである。その伝説のせいでサルトルは、この五〇年ほどにわたり、道を踏み外した人物の典型とみなされるようになった。屈服し妥協した哲学の見本にされてしまったのである。サルトルは政治的なサーカスの獣にされてしまい、独裁の軍靴に寝返った知識人の裏切りの象徴そのものに仕立て上げられた。あともう少しだ。もう少しで、サルトルはもう読まれなくなるだろう、実際にもう読まれなくなるだろう。そしてこのレッテルに、生きているかすでに死んだあの寓意に、あの暗い時代の証人になってしまうだろう。「見たまえ、かつて〈歴史〉が存在した時代に人がいかに誤りをおかしたか……見たまえ、かつて誤りと不名誉の具現であった彼は、今では足を鎖でつながれ、世界の地下牢の底へ投げ込まれている。そして世界のほうは、これはもう確実だが、二度と道を誤ることはないだろう」。

3 徹底的反ファシスト

伝説にとって生憎なのは、もう一人のサルトルがいることである。もちろん私としては、この過ちという問題自体は後でまた論じるつもりでいる。どのように、なぜ、どのような状況と情念の連鎖の中で、サルトルが、しかしまたサルトルだけでなくサルトルの世紀までもが、確かに道を踏みはずしたのかを示したいと、私は思う。それにとりわけ、なぜこの逸脱の長い歴史が、いわゆる「〈歴史〉の終り」とともに終らないのかを示したいと思っている。しかしさしあたっては、もう一人のサルトルだ。便宜上、あるいは慣習から、それに何と言ってもそれが『嘔吐』と『存在と無』のサルトルであるという理由から、「第一のサルトル」と呼ぶことのできる一人のサルトル。あるいは「若きサルトル」と言ってもよい。ただし、あくまでも年代的に若いというだけではなく、その反響は晩年になってもまだ残っている。この第一のサルトル、つまりは、若きサルトル、反ヒューマニズムの徒のサルトル、善良なる人間という神話に酔いしれるのを拒否する暗く過激なサルトル、みずからのベルクソン主義やジィド主義にまだとらわれているものの、そこから抜け出しつつあったサルトル、ニーチェやセリーヌにとりつかれながら、それを認めるのを憚っていたサルトル、あのアナーキストの、絶対自由主義のサルトル、自己に対する不忠実を最も神聖不可侵の任務とするようになるあのサルトル以前のサルトル。『弁証法的理性批判』時代のあの大いなる「進歩主義」の良心となる以前のサルトル。このサルトルは要するに、作られた像として固定された全体主義的知識人にもまだなっておらず、むしろその正反対のものなのである。反全体主義のサルトル。自由の求道家、サルトル。このサルトルはまさにそのペシミスムゆえに、その反ヒューマニズムゆえに、そしてこの反ヒューマニズムから全ての哲学的・政治的帰結を引き出しさえすれば、独裁政治を、ファシズムとスターリン主義までも含む——もちろんだ——あらゆる形態の独裁政治を思考し、問題化し、拒否するための最強の武装をした、今日の知識人の一人となったはずなのである。

というのも、もう一度言っておこう。第一の定理とは、次のことを忘れたなら、二十世紀を血で染めた全体主義は何も理解できないだろう、全体主義の指導者たちが諸国民の上に振るったすさまじい魅惑の力のことなど、何も理解できないだろうということである。すなわち、彼ら指導者たちは世界を荒療治する前、世界を戦火と流血の場としてしまう前に、ユダヤ人やクラーク*やブルジョワなど、この世に生まれてきたという罪だけを犯した「虱」や「害虫」の撲滅にかかる前には、新しい人間を生み出す、ということは、より良い世界を生み出すことを、第一の計画とする者として常に登場してきたという事実である。

確かに彼らは殺戮者だった。限りなく邪悪な拷問者だった。彼らのうち、ヨーロッパのユダヤ人を絶滅させようと企て、それによって、前代未聞の、比較を絶した、また敗北したのちにも今日に至るまで依然として唯一のものでありつづける大罪を行なった者たち——ナチス——に関しては、実際に言うべき言葉などない。だがそれが基準なのだ。それこそが比較するのではなく考えるための手段となる第一の方程式、それらの犯罪を決定的に互いに区別するものを決して見失わず、またそれらのそれぞれの特異性、特に「ショアー」の徹底的な特異性をなすものを何一つ犠牲にすることなしに、それでもそれらの犯罪に共同の規則性を把握することを可能にする第一の方程式なのである。彼らの強みは、まず最初に人類の友として登場したということだった。彼らの巧妙さ、才能とは、この上なくどす黒い魂胆にバラ色の衣をまとわせたことである。彼らの第一の、そしてもっとも恐ろしい秘訣は、正しく適用すれば、社会にとっての原罪である分裂と戦争の罪に終止符を打つことのできる方式——階級のない社会、千年帝国《ライヒ》、イスラム主義者のウンマなど――を彼らが手にしていると、同時代の人々に思い込ませたことであった。

今日において知られている社会はどれも、分裂した社会である、と概ね全体主義の指導者たちは口にしてきた。われわれ人間はそうした社会の中で散り散りばらばらで、互いに闘争している。みなさんがこうした政体に、つまり、こうした偽りの秩序、不完全で不純で引き裂かれた国家に服従する気に決してなれなかったのも無理からぬことだと私は考える。しかし、この私がみなさんに提案するものを見てほしい。このユートピアを。私が構想したこの設計図を見て頂きたい。われわれが一丸となってこれを実現するなら、激しい対立を鎮め、喧騒を静め、この哀れな社会の引き裂かれた身体を縫い合わせることができるだろう。どうしてこれに賛同なさらないのか。この輝かしい理想の国が現実に存在し、そのモデルを私が提示しているのに、どうしてそれに従うのを拒むのか。あなたは善を忌避するのか？　理想に逆らうというのか？

ところが、サルトルは、まさしく逆らうのだ。彼はこの種の企てや賭けに賛同することはできない。あれやこれやの政体が、それが主張するように、この共同体的理念なり理想的共同体なりを具現する資格があるか疑っているからではない。また、次のように言うわけでもない。「もしそうなら結構なことだ。人間同士の激しい対立にようやく終止符を打つものなら、善き共同体、万歳！　だが、その概念の上にまやかしがある。あなたが私に提案する社会は、本当に完璧なる者たちからなる社会ではない」。彼はもっと根底的にその計画の有効性そのものを疑うのだ。彼は「善き共同体」という観念自体に異議を唱えるのである。そして、存在論と倫理学との二重の資格でそれに異議を唱える。どんな社会であれ、社会がこうした純粋性、統一性と、自己への透明性と衛生の徹底と平和の状態に到達しうるという可能性に、異議を唱えるのであり、さらに、このような社会がたとえ可能であり、その社会がこのモデルに合致したもので、しかも仮りに最終的に存在するに至るとしても、それは言われるほど望ましいものではないと考えるのである。

善き共同体という仮説には存在論的に意味がないということ、それはすでに、第一のサルトルの形而上学のすべてから引き出される。第一のサルトルは〈人間〉というものを疑っている。それこそは『嘔吐』が絶えず述べ続けたことだ。〈純粋性〉そのものを疑っている。それこそ『嘔吐』のもう一つのテーマであり、次いで『自由への道』の、それからもちろん、ずっと後の作品ではあるが、『汚れた手』のテーマでもある。〈真理〉も疑っている。それこそは『存在と無』の教えの一つなのだ。そこで問題にされたのは、ラカンにおいてと同様に、「全て言い尽す」ことなど不可能な真理であった。彼は〈全体〉を、もっと正確にいえば、『精神現象学』の序文の冒頭部で果たされた、「全体」と「真」とのかの名高い結合——「das wahre ist das ganze」〔真とは全体である〕——を疑っているのだ。じっと耐え忍ぶだけでいい、時間の果てまで行く時間と勇気があるだけでいい。そうすれば、「真理」が必ずや栄光に包まれて立ち現れるというのだ。またまた、ご冗談でしょう！　ラカンと同様、サルトルが『存在と無』で攻撃したのは、まさにそういったことではないか。要するに、そうした一連の古い幻想や寓話に疑いをはさむサルトルが、どうして完璧な、ついにそれ自身へと出現する共同体といった観念そのものに、距離を置かずにいられるだろうか。それこそ今日まで存在したことはあっても、結局は頓挫してしまった共同体の真理であるような、激しい対立を一掃して和解に達し、平和がもたらされた共同体、理想的な、真に人間的な共同体という約束に、どうして苦笑せずにいられようか。それを、つまり完璧な共同体というこの仮定を、完璧に実行不可能で不条理と判断しないでいられようか。

これに付け加えて、——相変わらず存在論の範囲内で——またしても『存在と無』の中の「対他」と題する章で、間主観的関係とそれが繰り広げる波乱万丈の運命について彼が述べていることがある。他者に

「対する」存在、他者に「よる」存在……何世代もの教師たちにくどくど繰り返されてきたこの有名な文言の背後には、周知のように、他者なき存在という観念が潜んでいる……。サルトルは概ね次のように説明している。人間は溶融を夢見るかも知れない、人間は、『饗宴』の恋人たちのように、〈一者〉になろうとするかも知れない。しかし、その努力は報われない。人間の孤独は手の施しようがない。一つの主体がもう一つの主体に近づき、それに耳を傾け目で追うときに、逃れようのない呪縛、もしくは運命のようなものによって、主体は必然的にそのもう一つの主体を客体におとしめることになってしまう。ただし、他者、つまりそうして客体となった主体が、最初の主体にお返しをして、それに眼差しを向け、相手をおとしめる関係を逆転させるならば、今度は第一の主体が超越を剥奪されてしまうことになり、即自へと失墜してしまうのである。第一の意識は疎外され、ただ形勢を逆転させて、相手を疎外することによってしか、自己の疎外から解放されることはないのである。

それは、サルトルが読み直し、自分の言語に翻訳したショーペンハウワーの教えであり、あるいは、ロシュフーコーを初めとするフランスの偉大なるモラリストたちの教えである。つまり、視線とは不法な侵害なのであり、われわれはみな石と化したメドゥーサであって、しかも他のメドゥーサによって石に変えられるのだ。

それは、「希少性」というホッブズ的な問題系である。すなわち、私の隣人は、希少性ゆえに、私の敵とならざるをえない。人間は、フロイト理論家ならば不可能性や欠如や掟の作用と名づけるだろうもののゆえに、必然的に人間から切り離され、憎しみが愛より先に生まれる——人間のあいだには、和合も溶融もあり得ないのである。

それはまた、「承認をめぐる死闘」についてのヘーゲル的な考察でもある。それも最終段階まで推し進められ、ハッピーエンドで終らない死闘である。サルトルは、二つの意識はもはや互いに外部的ではなく、互いに互いの構成要素となる「総合的かつ積極的な関係」というヘーゲルの考えには信をおいている。[1]ヘーゲルが、私を主体にするものとは、他者に対する私の決闘、つまりは諍いと戦争であると、見事に見抜いた点を評価するのである。ただし、ヘーゲルがこの決闘を単なる契機と、『精神現象学』が〈絶対〉の視点をとりつつ、すでに次の契機、分離が解消する契機が来るとしていたのに対して、サルトルはそれを、人間同士の関係の常態であり、そのスキャンダルは決定的なものだと見ている。ヘーゲルとは反対に、彼は、二つの意識が出会うやいなや、際限なく、殴り合いが始まり、いつまでも続くと考える——宣戦布告ではない眼差しなど考えられず、互いに接近するやいなや、永遠に自由を失なう意識と意識の激しい口論とならない他者への行為も考えられない……。

一言でいえば、それはサルトルの律法である。紛れもない律法。その上それは、あらゆる律法の例に漏れず、主体間の諸関係の全領域をカバーする。彼が愛もしくはエロティシズムについて述べていることがそれを証明している。彼にとってエロティシズムとは、この終りなき葛藤のもう一つの形態に他ならず、「他者の死」を追求する一つのやり方であり、肉体という別の手段によって「魂と魂の戦争」を継続するもう一つのやり方に他ならない。この律法は第一のサルトルだけにとどまらない。それは彼のなかに実に深く根を下ろし、彼の思考の本体と緊密に一体化しているがゆえに、年代記の規則をかき乱し、晩年の、ほとんど知られていないあるテクストの中にも生き続けている（あるいは、戻ってくるのだろうか?）。この年老いた哲学者は、フェミニズムについての『リベラシオン』紙の質問に反撃して、過剰に極左主義的言葉使いを弄しつつ、慎重に、政治闘士風に、自己の確信を疑問形というオブラートに包みながらも、「性行為とは、同意のうえの強姦であるのが普通ではないか」、それは「本性を覆い隠してはいても、常に一種の強姦」なのではないか、「性交というものは」人が何と言おうと、また「今日の反抗の中で、これまでとは異なる女と男が構築されつつある」と想像する甘っちょろい無想家たちがどう思おうと、「攻撃的な要素」を不可避的に含むのではないかと、問いかけるのだ。つまり、「革命的な視点から重要なのは」「性行為が一つの暴力であるのか、あるいは暴力的性行為を基にして構築される均衡のとれた非暴力的な性行為というものは存在するのかどうか決める」ことだと、彼は声を荒げる。そして結論として、「私は攻撃性が性行為から完全に排除されることがあり得るとは思わない」と言った上で、最後に狼狽した対話の相手に次のように言ってのける。『リベラシオン』紙の読者の男たちの大部分は」、「性的な交わりのなかで、女が何を感じているものなのか」一度も考えたことがない。何故なら、性愛というこの肉体と肉体の戦い、万人の万人に対する終りなきこの闘いにおいて、それは「男たちの関心をほとんど引かない問題だ」からである、と。(2)

メルローはその点で彼をかなり非難した。主体であると同時に客体でもある二人の人間の関係、互いに理解し合おうとする動きのなかでも互いの尊厳と自由とを保つような二つの主体の出会い、こうしたものはサルトルにとっては常に不可能の範疇にあると。だから、確かに、ロカンタンからオレストを経て、ゲッツに至るまで、第一期の作品の登場人物はいずれも、さまざまな形の分裂、別離、対立を経験する孤独な男たちである。それはその通りだが。それが彼の幸運なのだ。それこそが、この第一のサルトルにとって善き共同体の観念は意味を持ち得ないということになる（もっともそれはアロンにとっても同様であり、この二人は、同一のペシミズムの二つの相貌を、つまり絶対自由〔無政府〕主義的相貌とリベラルな相貌とを体現しているかのようである）第一の「存在論的」理由なのである。

第二に、倫理学。このような見地が単に馬鹿げているというにとどまらず、好ましからざるものであるということ、彼が生について抱いている感覚に反するものであるということ、緊張も紛争もない社会という観念そのものが、彼にとっては、そのような社会が仮に出現するとしても、全くいかがわしい観念に見えるということ、要するに善き共同体とは蜃気楼であるばかりか危険な罠でもあり、そこから期待できるのは更なる悲惨と権利剥奪だけだということ、これがサルトルが三つの系列のテクストのなかで述べ、展開していることなのである。

彼が争いを称賛しているテクスト。戦争状態——ただし内戦だが——が彼にとって望ましく、むしろ健全な状態として立ち現れている一連のテクスト。彼は『存在と無』の中でこう述べている。熾烈な対立を消し去りたまえ、できるものなら、「統治されるもの」と「統治するもの」との軋轢という善玉のウイルスを除去してみたまえ。そうすれば、あなた方は、壊死をおこした死んだ社会を受け継ぐことになるだろう。プラトン（彼はそれで喜んだ）が、そしてマキャヴェリ（彼はそれを遺憾とした）がすでに見抜いたように、政治というものが警察の一形態と化してしまう社会を受け継ぐことになるだろう。

同意《コンセンサス》への批判。「共に」を意味する怪しげな接頭辞（コン）ではじまるこの単語、彼はその中に当時、溶融（「ともに感じる」）と隷従（「承諾する」）という二重の現実をかぎつけた。ああ、例えば、一組の男女というものへの彼の憎悪。この二人で行なう同意！　ジョイスにおけるのと同じように、「ともに感じる」二人の人間を描く彼の言葉はこうだ。二人はこうしてただ一つの生き物となって「自分を感じあい、自分を反芻しあい、自分の匂いを嗅ぎあい、八本の手足で触りあう」！　それに、魂の生活においても、都市《シテ》の生活にあっても、彼は決裂への好みを持ち、対話には信頼を置かなかった。決闘好きのサルトル、不和分裂の国王の密使、サルトル！

そして最後に、溶融集団への激烈な批判。そうなのだ！　この第一のサルトルの中には、その後崇拝するようになるものの正体を暴き出し、溶融集団のことを隷従のイメージそのものだと語るテクストがあるのだ。なかでも、『ユダヤ人問題の考察』には、(3)反ユダヤ主義者がまさしく「群衆の人間」として描かれる件《くだり》がある。その男は自分自身の人格が「集団の中に突然溶解する」のを感じたいと夢見ており、「原初の共同体が突如再び出現し、溶解温度にまで達する危機の時代への郷愁」の中で生きている。サルトルはまさに「溶解」と言っている。まさに「溶解温度」と言っている。そこ（『ユダヤ人問題の考察』）には、「暴動とか、犯罪とか、不正事とかの」機会に生まれ出て来る、「結社の絆が怒りである」「瞬間的な結社」が登場する。この「瞬間的結社」は、「溶融集団」の別名であるが、これはまさしく反ユダヤ的リンチ行為の温床そのものとして現れているのだ。

　ところが何と、彼がこのような分析と断罪を否認する時がまもなく訪れる。

　第二の哲学が誕生する。『弁証法的理性批判』の哲学である。それは、この好ましい不和、この戦争の市民性に対し、その最も直接的に政治的な意味、最も平板で、それゆえこの上なく愚かしくも粗暴な意味を付与することになる。つまり、六〇年代の西ヨーロッパで「階級闘争の特権的な形態」(4)として構想された「人民戦争」である。

　そして、この第二の哲学はとりわけ、この「溶融集団」の件《くだり》をもう一度徹底的に取りあげる。バスティーユの襲撃の例を基にして、溶融集団の誕生、作動、衰退を描き、それに称賛というよりも、熱に浮かされたような崇拝を捧げることになる。「溶融集団」は、人間がその「集列性」を断ち切り、真の人間性に到達する契機となるだろう。民衆の怒りの火で鍛え上げられた、これらの「瞬間的結社」は、真正な革命の聖地として立ち現れるだろう。そして『弁証法的理性批判』の中には、(5)反ユダヤ主義の分析、リンチ行為やロシアのポグロム〔ユダヤ人大虐殺〕、とりわけ、行間に読み取れる形で一九三八年ドイツの「水晶の夜*」といった現象の分析も登場する。その分析を読むと、サルトルの体系全体が重点をすっかり変えてしまったという耐え難い感情をわれわれは抱くはずだ。つまり、「外的条件付け」の理論、「集列に対する集団の連続的作用」の「理論」であって、それは「ある種の集団行動を、突如形成された集団の所産」、「大衆の『自発性』」の所産と「見る傾向がこれまでは余りにも強かった」ことを証明しようとする理論なのだ（だが、一体誰にその傾向が強かったのか？『ユダヤ人問題の考察』を書いたサルトルでないとしたら）……。

だが、まず第一に、彼の中のある部分は、この方向転換を決して完全には信じないだろう。この男の心の底には、人間の社会には何かしら純粋さと透明さへの意志に逆らう、野蛮で不気味なものが常にひそんでいるとする考えが消えることなく残るだろう。だから、『クロード・ルフォールに答える』には、スターリン主義の全盛期、彼が善き共同体の鍵を見出したと思った当のその頃に、論戦の熱に煽られて彼がはしなくも次のような告白を漏らすページがある。それは「党が階級と同一物だなどとどこかで私が書いているというのか。まるで私がアスパラガスをくくる紐のことを、束と呼んでいるかのようではないか」。これらの言葉に意味があるとすれば、彼が「アスパラガス」と呼んでいるのは階級のことであり、その「アスパラガス」を束ねる「紐」とは党のこと、ということになる。そうなると、なぜアスパラガスにとってこの紐が必要なのかということが問題になるだろう。アスパラガスは紐でくくらなければ駄目だからか。紐がなければ、元の集列性《セリアリテ》に戻ってしまうからか。あるいは、その束が偽の束であって、切り分けられていないアスパラガスの野生の姿を隠蔽し、おそらくは押し込めているからか。どれが答えであれ、比喩としては同じ意味だ。確かに彼は「階級」を論じているのであり、「階級」は、他のテクストでもこのテクストでも、明らかに「溶融集団」とは区別されている。しかし、結局のところ……。これら他の「考察」の中にも、楽観主義や、人類総体への揺るぎのない信頼の表明を見出すのは難しい。溶融していようがいまいが、いずれにせよ「プロレタリア的」群衆であるものに対して多少の不信の念があることを嗅ぎ取らずにはいられまい。こうした後期の、原則的には楽観主義が支配する時代にさえも、彼の初期の哲学を形作っていた反共同体的、芸術家的、ニーチェ的なペシミスムの残滓が消えずに残ったと考えずにはいられないのである。

そして、何が起ころうとも、後にこの第一のサルトルがどうなろうと、消えうせようが生き残ろうが、男女の関係についてのあのような発言の中に姿を見せ続けようが自己粛清を行なおうが、自分を憎むようになろうが未練のようなものとして居残り続けようが、いずれにせよこのサルトルは確かにいるのだ。永遠に若いまま、真の若さのままに。それは正しい思想の若さであるばかりか、傑作の――『嘔吐』、『ユダヤ人問題の考察』、『存在と無』――若さであり、彼はいわばその中に供託されている。一人のサルトルがいる、それはもうどうしようもないことだ。そのサルトルは社会とは曖昧で、暗黙のうちに更新される、脆弱で不安定な契約の産物である（溶融集団、誓約集団とはまさに正反対だ）のだから、社会には根拠などない（この点で彼は真正なる無・政府主義者なのだ）と考える。一人のサルトルがいる。それはもはや消し去ることのできないことだ。そのサルトルはあらゆる共同体（ブーヴィル）に対して、そして特に「理想的」として提示される傾きのある共同体に対して（ドイツ占領下、「社会主義と自由」の時代に起草されたフランス社会の改革案に窺える極度の節度、精度、形式主義、法律万能主義）抑えがたい不信をいだき、もっといえば敵意をいだいている。そのサルトルはペシミストで自由な、ペシミストだからこそ自由なサルトル、己の不和反目好きに形而上学的な内実を与え、望む者にはこの内実を遺贈するサルトル。すなわち、ヘーゲルに反対するサルトル。フッサールとその「モナドの共同体」に反対するサルトル。ハイデガーと、「本来的共存在」への通路と考えられた

〈死への存在〉というその観念に反対するサルトル。係争の思想家、人間と人間の好ましい、非常に好ましい不和の思想家としてのサルトル。ヘーゲルに対抗するシェリングを見出す、シェリング派サルトル。それは「エルランゲン講義*」のシェリングである。そこでシェリングは、「敵対関係」について、それは「客観的な理由」を有し、「物の本性そのものの中に根拠を有する」と述べ、「ある一つの体制を他のすべての体制の主人とすることによって、この対立に永遠に終止府を打つという希望は捨てる」べきであると述べている。(6)

相対立するものが和解に達することのない世界像を「悲劇的」と呼ぶのが適切であるならば、そして「悲劇的」という語が、係争についての非弁証法的なこうした見方を示すのであるなら、サルトルはまさに〈悲劇的なもの〉の思想家であると言わねばならない。

全体主義とはいずれも、この〈悲劇的なもの〉の否認からはじまっていることをきちんと認め、再び見出された「一者」なり〈全体〉なりという幻想のなかで、多様性を否認してしまうこの気違い沙汰を全体主義と呼ぶならば、この〈悲劇的なもの〉の思想と、人間とは何物でもないものであり否定性であるというこの定義こそ、全体主義の誘惑に対抗するサルトルの対抗火の最初のものであると結論する必要があるのだ。

自然な共同体などない

よかろう、と専制君主は反論する。天国の鍵を手にすると称する超主人という観念をあなたが拒絶することは認めよう。全体主義の君主たるわれわれには分かっているが誰もまだ見たことのない社会、そのような社会の祭壇に供える犠牲として身を捧げるよう求められるこの大事業に、あなた方がおびえるのも認めよう。では、その秩序の公式は前方にではなく後方にある、つまりそれは作り出すものではなく再び見出すべきものであると、あなた方に確約するとしたら、どうだろう。あなた方に次のようにささやくスピーチならどうだろう。「私が提唱する秩序は私が押し付けるのではない。それは私の気まぐれの産物でもなければ、私の知性の果実でさえない。それは自然の秩序なのだ。お分かりかな、し・ぜ・ん、なのだ。だから、もし私に功績があるとすれば、それはひとえに、その秘められた法則を見出し、解読し、恭しく報告したということに尽きる」と。要するに、今度は自然の声そのものに忠実なのだと称する調和から、どうやって逃げられよう。

これが、全体主義の第二の定理なのである。

これこそが、ファシストが、共産主義者が、イスラム原理主義者が、それぞれの汚れた掟をわれわれに押し付けるために用いる、二番目の思考の手口、あるいは、いかさま手品の手口なのだ。

それに特にそれは、サルトルが体験した、最初のファシズムの手口だった。何しろ、それこそは、三〇年代にモーラス主義者が主張し、さらにペタン派が四年間にわたって、大地への回帰、協調組合主義、社会有機体説、自然と称する共同体との和解といったものをベースに主張した言説だからである。

あなた方に選択の余地はない、と要するにモーラス主義者たちは言っていた。私自身、つまりモーラス主義を吹き込まれた専制君主たる私には、なおさら選択の余地などなかった。なぜなら、私のしたこととは家族、地域、民族の大きな声なき声に耳を傾けること以外の何物でもなかったからだ。オーケストラの名指揮者のごとく、それらの声を調和させようとして耳をすますこと以外の功績を――それに、単に人から感嘆されるだけでなく、服従されること以外の資格を――私は持っていない。もう一度言う、あなた方よりも私よりも古くからあり、常にわれわれよりすでに先にあったと私が説く秩序、あなた方は、それに帰依するなら、あなた方の最良の存在に忠実であるばかりか〈存在〉の真実そのものに忠実でいられると私があなた方に教える秩序から、あなた方はどうやって逃れられようか。

さて、それはもっとたちが悪い、とサルトルは答える。

もっと不条理で、はるかに憎むべきものだ、と。

とはいえ彼は、「それはいんちきだ！　自分の手管が作り出した秩序であることを承知の上で自然な秩序としてわれわれに提示するとは！」と言って反論するわけではない。こう言うのだ。「自分の統治規則を社会の自然な掟にすり変えておきながら、それでもいんちきをしていない、自分は誠実であるというのだから、なおさらそんな掟は正当と認められないし、嫌悪されて当然なのだ。そしてそれにはまたしても二種類の異なる理由がある」。

存在論の観点からして、彼はただの一瞬たりとも、自然に関するこれらすべてのお話を信じない。「自然状態は存在しない」と、またもこの『存在と無』の作者は言う。「人によって創設された社会」に「先立つ」、「自然な」集合体などは存在しないのだ。社会化された人間は、自然は過酷で、敵意に満ち、怒りっぽく暴力的であるのをすでに目にしたうえで、この自然を再び見つけ、垣間見るのだから、そこに「驚嘆」などというものは存在しないのだ。これはギリシャの穏やかな自然とは正反対である、ということを思い出しておこう。目がくらむような、魅惑的な、ハイデガー的謎とも正反対だ。始まりのこのパトス、現前のこの朝の輝きとも正反対だ。それらはハイデガーのものであって、そう、サルトルのものではない。自然は、サルトルにあっては、何も語らない。何も欲しない。何も命じない。自然は好ましいものではなく、おぞましいのだ。神秘的なものではなく、不気味なものだ。そんなものに訴えかけて人間同士を結びつけようとする考え、人間が永遠に共有すべきものであり、人間の集合体を支えているとかいう「土台」を当てにしようとする考え、それはサルトルには、人間が共通して崇拝すべきものとして先ほど提案されていた「理想」という考えと同様、ありそうにないものと思われるのだ。別の言い方をすれば、善き共同体の不可能性についての先ほどの分析に付け加えるべきものも削るべきものも何もないのである。土台を当てにする、自然状態というより堅固な地盤にコンセンサスの根拠を求めるという行為は、想像上の輝かしい未来にそれを投影するのと同様に――それ以下でも以上でもなく――意味がないのである。

だが、倫理学の観点からすると、つまり彼の好き嫌い、反射神経的反応や拒否反応の観点から、道徳の観点、要するに身体の観点からは、彼はさらに先まで突き進む。自然なものはすべて嫌悪すべきものである。自然なものであろうとするものは、すべて嫌悪すべきものだ。いかなる論理にも存在論にも反して、自然な共同体の観念は一応、一つの意味をもっていると仮定してみよう。たとえば政治的エコロジーが主張するように、他のいかなる絆よりも、「自然」の命ずるところに忠実な社会的絆が考え出されることを認めよう。しかしこのような展望は頭を垂れて服従する理由になるどころか、どう考えてもむしろ、抵抗のモティーフをもう一つ付け加えることになるだろう。大地は決して嘘をつかないものであるから、大地の掟への忠実さを回復しようとする企ては、否応なく人々の同意を勝ち得るはずだというのは大きな間違いだ。それは反対に、嘔吐を、反抗を、拒絶を巻き起こすばかりだろう。そして、まさに現実そのものが描いた設計図を敷き写したと称する大同業協同に基づく経済――またしてもヴィシーの例だが――は、好ましいもの、安心なものとみなされるどころか、それはファシズムのまさにフランス的な定義そのものなのだ。サルトル 対 モーラス、〈自然〉とは原罪により近いものであり、原罪の痕跡であるとして〈自然〉を憎んだボードレールに与するサルトル。ボードレールと同様に、そしてモーラスに反対して、反自然主義を標榜するサルトル。これのゆえに彼はこの全体主義の第二定理に耳を貸す気にはなれないのだ。

逸話。ボードレールが、自ら言うように、「グリル焼きの肉よりもソースで調理した肉の煮込み料理」、「新鮮な食材より缶詰」を好んだのと同じく、サルトルも、カストールの語るところによれば、レストランでいつも「自然の産物」よりも「缶詰」の食材を注文したものだった。そう、ボードレールのことを考える。バルベー・ドールヴィリィや十九世紀のダンディたちのことも。地下室や船上のレイモン・ルーセル、それに、食卓でたまたま庭や木が正面に見えると、席を変えてくれと頼むのが常だったモンドリアンのことも。

逸話。サルトルは女を愛した。彼の本を読んだことのない者がよく言うのとは反対に、彼の作品には女性の見事な肖像がいくつもある。『自由への道』のイヴィッチとローラ、『墓場なき死者』のリュシィ、『悪魔と神』のヒルダ（「すべてを愛しているのでないなら、何も愛していないことになる」）、『キーン』のアンナ、そしてまた、ボーヴォワールとの関係もそうではないか。相互性と尊敬の模範だ。だが逆に、彼にとって問題は肉体である。彼の問題、彼の嫌悪の的は、マルセルの「幸せで」「バターのような」肉体、ローラの「貪欲にむさぼる」「吸血鬼のような」肉体だ。だから彼は言う、私は服を着た女が好きだ、と（その点で、彼はまたしてもボードレールに近い。化粧を賛美したボードレールに）。私が女で好きなのは、肉の熱狂に反抗している部分だ（冷感症の女への賛美という点で、またしてもボードレールである）。あるいは、私は女の知性が好きだ、私は恋する女における知性のエロティックな力を信じる（その点では逆に、彼は『火箭』の作者と袂を分かつ。だが、知性とは冷血の別名なのだから、彼はボードレールよりボードレール的なのではないだろうか）。

またしても、逸話。サルトルは都会的な哲学者である。この上なく、舗道とビストロの哲学者である。独学者の王国たる図書館の静寂にいるよりも、〈フロール〉や〈クーポール〉のざわめきを、あるいは捕虜仲間のマリウス・ペランが語るように、大部屋の喧騒の方を好んだ。それに、自然と呼ぶべきものと接触するところでは決して一行たりとも文を書いていない、少なくともそう主張している。田園はどうだ？多少は描かれているが、ただし抽象的だ。静寂は？　集中するには最悪の解決法だ。樹木もそうなのか？都会の、飼いならされた、できれば血の気のない病弱な木々がいい。『嘔吐』に登場する、都市の外側で波打ち這い上り始め、都市を取り囲むあの「大いなる髪の毛」、都市の死あるいは衰退そのものをひたすら待ちつづけ、やがて侵入しようとしている「大いなる茂み」には気をつけろ。自然のなかにいると、彼は「不定形で根拠のない巨大な存在のなかに囚われているような気になり、その無根拠性ゆえに彼の全存在は戦慄する」、と彼は『ボードレール』の中で述べている。「反対に、都市の中では、物の存在はそれの果たす機能によって定義され、どれも何らかの価値なり価格なりを帯びているので、そうした物に囲まれていると」、彼は安心するのだ。つまり、それらの物は、「彼がそうありたいと願うもの、つまり正当化された現実性の反映を彼に送り返してくれるのである」。サルトルはベルニス*やヴォルテールの系譜に属する。自然を息苦しく貪欲で死をもたらすものとして貶める、大いなる皮肉屋の一族なのである。ラシ*によれば、自然や聖なる林を憎悪し、そこに長居することも住まうことも自らに禁じる預言者の系譜があるというが、サルトルはその末裔なのだ。ジャン＝ポール・サルトルというのはユダヤ人的人物なのである。反自然というユダヤ的な賭け。クラヴェルは、もう一人の「醜い」男、もう一人の「若者を堕落させる者」、他ならぬプラトンの師について、「ソクラテスというユダヤ人」という言葉を口にした。同じように、「サルトルというユダヤ人」、この頑固な反自然主義者は、反自然主義を決して譲ることなく、自然の香りを前にしたときにこみ上げる嘔吐感を決して癒そうとすることがなかったがゆえに、最後まで、彷徨、追放、自己と事物の特性の欠如を選択し続けた。自然は生だと？　いや、死なのだ。

またしても逸話。今度は、サルトルその人ではなく、ボーヴォワールの話。ボーヴォワールとコレットとの劇的な出会いのことだ。『第二の性』の作者と、彼女にとってのジィド、すなわち、過去の女性作家のうちで、勝利を得るためには押しのけて取って代わらなければならない相手との「歴史的な」対面である。コレットは愛想が良かった。警戒してはいたが、愛想はよかった。彼女は「ものすごい厚化粧をしていて」、「髪はぼさぼさだった」と、カストールは語る。きっと猫に囲まれていたに違いない。そして半ば身体不随のコレットは、警戒心と好奇心の入り混じった思いで美しい後輩をじっと見つめた。「あなた、動物はお好きですか」、と突然コレットが尋ねた。その問いに、後輩はぶっきらぼうに、無関心と憤慨とが混った口調で答えたのだ、「いいえ、全然！」私は彼女がチャーミングな唇の端をうんざりしたようにふくらませていただろうとさえ想像する。そのときは、自分がコレット教に対して最大の冒瀆的言辞、重大な異端の言葉を吐いたのだということに気づきもしなかったのだが。この二人、つまり、ボーヴォワールとサルトルは、猫やチンチラその他の、ペットと言われる動物が人の最良の友であるなどと一度も思ったことはない。この二人は、コレットと共に消え去ることはいささかもない自然主義のもう一つの顔、人間のさまざまな表情を動物に仮託する――「われらが祖先の動物たち」の引きつり笑いやしかめっ面が人間の顔に浮かぶというならともかく――あの精神薄弱な崇拝に加担することは決してなかった。サルトルは、『言葉』の中で、あるエピソードを次のように締めくくっている。それは「アメリカ人の友人」――おそらくネルソン・

オルグレンだろう——と一緒に、犬の墓地を墓から墓へとさまよい歩いたときの話だ。この男は墓碑銘のおめでたさに憤慨して、「セメントの犬」を蹴とばし、彼に向かってこう叫んだ、「子供や動物を愛しすぎる者は、人間に敵対してそれらを愛しているのだ」。

またもや、逸話。まさに子供時代。子供たち。子供というのは一つの記号だ。一つのテスト、まず第一に、文学のテスト。というのも、子供を描いた作家を取り上げてみたまえ。二〇〇年前から子供たちの魔法の物語を専門としてきた紛れもない文学の一ジャンルを取り上げてみたまえ。子供とその無垢さへの崇拝は、小児化された文学、つまり普通は実にくだらない文学を生み出すということはほぼ確かだろう。しかし、それほど知られていないが、それはまた政治のテストでもある。というのも、全体主義というものが、その徹底的な形態においては、人間の条件に張り付いた呪いから解放された「善き共同体」の夢であるというのが本当なら、そして全体主義は、悪も罪もなく、差異も不透明性もなく、一言でいえば純粋な、もしくは純化する能力をそなえた人類を目指すというのが本当ならば、全体主義は遅かれ早かれ、罪ある子供というイメージと出会うことになろう。世界の大宗教が何世紀も前から、その宿命性と原罪性、それゆえ徹底性を強調してきた罪の烙印を押された子供たち。そうなると必ずや、全体主義は子供を放免し、その無垢と権利を返してやろうとする誘惑にかられるだろう。そう、人間の顔をした、それゆえ幼稚な、無垢な顔をした野蛮人よろしく、次のように述べる時が必ず訪れるはずだ。「子供たちを解放しよう。子供たちに罪なきまま有罪の烙印を押し、犯していない過失の烙印を押す愚かきわまる教義とは縁を切ろう。その教義はとりわけ、われわれが、悪なき社会を夢想することを妨げるものだからだ」。このように、紛れもない罪の政治、ユダヤ人とキリスト教徒の「汝殺すなかれ」に対する紛れもない大反抗は、いずれも早晩、この侮辱を蒙った子供たちの下心ある名誉回復という契機を経ることになるだろう。「洗礼を受けない子供たちの劫罰」という見通しに対してドストエフスキーが上げた恐怖の叫び。聖アウグスティヌスによって理論化されたこの見通しは、彼の眼には、神秘の中で最も言語道断なものと映る。「もし誰もが永遠の調和を購うために苦しまなければならないとしても、子供たちはどうしたらいいのだ？　人間が罪において連座しているというのは分かる。だが、人間の罪に子供たちが連座するというのは、私には理解できない」とイヴァン・カラマーゾフはアリョーシャに言う。ドストエフスキーのさらに向こうに見えるのは、全体主義の冒険に多少とも棹差した知識人たちすべての本能的な反キリスト教主義だ。そして彼らの反キリスト教戦争の核心には、この子供をめぐるアウグスティヌスの一件がある。彼ら知識人は、キリスト教の教義を打ち砕いてしまわないかぎり、その一件がそれこそ彼らの権力への意志の前に置かれた紛れもない差し錠であることをよく知っているのである。すなわち、子供たちが地獄に落ち、悪が無垢な子供たちの中にまで忍んでいるなら、それはすなわち、人が決して完全に悪から解放されることはないということの証しなのである。また逆に、人が悪から解放され、あの夢見られた善き共同体の世界を生み出すことができると期待しうるのは、ただアウグスティヌスが間違っていたのであり、孩所〔未洗礼の幼児の霊魂が行く所〕に落とされた子供たちは、まさに天使であるか無垢なる者であると、まず最初に証明することができる場合だけなのである。まさにセリーヌだ。『苦境』をはじめとする彼の風刺文書は、反ユダヤ主義的悪罵が混ざっているが、子供への紛れもない賛歌でもある。つまり、魔法のような幼年時代……幼年時代こそわれらの救い……何かを愛さなければならないとしたら、子供相手なら危険はない……ベベール*によって、子供への愛によって名誉を回復するルイ＝フェルディナン・セリーヌというわけか？　もちろんのことだ。何しろ、と世間一般の自然主義は言う、子供と動物が好きな人間は、根っからの悪人でも全くの悪人でも

ありえないのだから、と。(7)

サルトルはこういったこと一切にも加担しない。一秒たりとも、このような子供への崇拝に賛同の署名をすることはない。彼はおよそ大いなる小児愛の賛歌を歌いだすようなことはないだろう。幼年時代の精神を見出すだって？　世界は子供によって救われるだって？　人間の諸権利に続いて、子供の聖なる権利を宣言しようだと？　まず第一に、彼には子供がいない。小説にも子供は出てこない。ありそうもない子供の影が『猶予』の中に何とかもぐり込んだ、だと？　居るとしても、ひどく影が薄いし、サルトルはその子が生きようが消えようが全く関心がないから、話の途中で名前が変わっても（はじめはパブロだったのが、一〇〇ページ先では、ペドロに変わっている）お構いなしだ。『ボードレール』でも『ジュネ』でも『フローベール論』その他でも、彼は主人公の幼年期を描写すること――幼年期は決定的であり、その後の人生の中で「あらゆるものの下敷き」となる――は嫌でもやらざるを得ない、というのか。一度だけ『聖ジュネ』の冒頭で、彼は大人たちに殺されてしまった「朗らかな子供」について語ってしまった。だが、それ以外では、出て来るのは「亀裂……劫罰……聖なるドラマ……調教の暴力……調教された動物の錯乱……彼らが後悔しつつ作りあげるこの怪物……大人たちの眼差しと欲望にさいなまれるこの漂流物……生きている子供をつかまえて、死者の皮膚の中に縫い込むのだ。その子はこの老いぼれた幼年時代の中で窒息してしまうだろう。ただ叔父たちの仕草を正確に再現する以外にやることもなく、死んだ後に、あとから生まれてくる者たちの幼年時代に毒を盛ること以外に希望のないまま……一人の子供が暗闇の中、手探りで、大人たちに押し付けられた社会的人物像を、よく分からないまま演じようとするその足取り……人に生涯続く刑を宣告する眼も眩む言葉……お前は泥棒だ、とジュネに公然と宣告する声、マラルメに、世界は呪われていると告げる声……」サルトルは、ある意味では紛れもない幼年時代の小説である『言葉』を書いている、というのか？　しかし彼はこの幼年時代を、かくも暗い絵に仕立て、かくも苦痛にみち、結局はかくも明白に呪われた体験としてしまったのだから、それは永遠の幼年時代というものに真っ向から唾を吐きかけたも同然なのだ。原初の天国というテーゼに侮辱を加えたも同然なのだ。それは、幼年時代を称揚するために書かれた本ではなく、幼年時代が大人に施す黒い魔法の呪いを祓うために書かれた本なのである！

またもや、サルトルはボードレールのようだ。アロンなら、サルトルは生涯で一度も子供をみつめたことがないと言うだろう(8)。デカルトが動物に無関心だったように、同じ理由から、サルトルは子供にほとんど関心を示さない。サルトルはアラゴンに似ていて、アラゴン（やはり同じ理由からなのか？　ところでアラゴンは同じような家族関係の錯綜を抱えていた*……つまり母の弟のように育てられたもう一人のフランスの大作家なのだ）は「一人の男の下劣さの程度は、もうけた子供の数で測れる」、そして、「父性」とは「有罪と推定される事項の中でも、法の裁きによって重いと判定されるべきものだ(9)」と長い間考えて来た。サルトルはまた、「子供への思い」が「結婚生活の破綻を覆い隠す」ためのものに過ぎない夫婦はこの上なく惨めだと考えるわけを、ジェラシに説明している。哀れな生活、失敗した人生、子供っぽい意見の一致《コンセンサス》、そして、小さい人間の匂いを嗅ぎ、感じること。失敗に失敗を重ねた人生で、子供はすでに死んだ命の唯一の猶予となっている……と(10)。

幼少期崇拝というのは、常にそして原則的に、純粋性への意志を生み出すものだというのでは、もちろんない。法則（魔術的に美化された幼少期像のないところに社会的自然主義はない）は厳密に逆転可能である（魔術的に美化された幼少期像とは、自然を根拠とする社会的絆、つまりは全体主義に等しい）ということではない、幸いなことに。しかし、まあ……このサルトルをけしかけて、次のような発言をさせるべきではないだろう。幼少期などというものは何て厄介な、押し付けがましいものか。〈主体〉もしくは社会が、幼少期という幻影、ということは善き起源、ということは善き自然、ということは善き共同体という幻影によって魔術的に美化されている事態を示すあらゆるものは、やはり打倒すべきだ。もしくは無視すべきだ。幼少期は、憎悪すべきものだ。なぜなら自然に近いからである。逆に自然は、幼少期の香りがするがゆえに、忌むべきものなのだ、と。

このペシミスムはあまり共感をよぶものではないと考えることもできよう。パブロは本当にパブロという名であって欲しかったし、『自由への道』には可愛い子供の描写がいくつかあって欲しかったと言うこともできよう。

幼少期に対するこの憎悪は、あの古くからある「生殖への恐怖」の一形態であると解釈することができよう。聖アウグスティヌスはそれを、現代と同様に当時もうじゃうじゃとひしめいていた「宗派」の大部分に見られる特徴と考えていた。精神分析ならそこに、「父であること」(11)に対する憎悪——こうした憎悪があったかどうかは疑わしいが、しかしかつて存在したと言われる——のこだまを聴き取ることだろう。

確かなことは、このサルトル——おそらく結局は、〈自然〉をあらゆる呪いの根源と同一視する「グノーシス派」*の家系に連なると思われる——、とりわけ、年齢(幼少期……)あるいは界(自然……)の間にある、些細だが決定的な区分——それがなければもはや主体は全くなくなってしまう——を易々と放棄するような気配を見せない形而上学者たるこのサルトルに向かって、もう一度言うが、すべてのファシズムがするように、そして特にわれらがフランスのファシズムがしたように、「私に従え、なぜなら私に従うということは、われわれの主人である〈自然〉に、善き〈起源〉に、従うことになるからである」と語りかけることは不可能だということである。

悪の問題

第三の定理。幼少期の問題を越えた先には、〈悪〉一般の問題がある。〈悪〉は存在する、とは大宗教の経典がさまざまに述べてきたことだ。人間が何をなし何を望もうと、〈悪〉の「残滓」はあり、また、ありつづけるだろうし、申命記によれば、それはこの地表から決して消え失せないだろう。社会の中だけでなく、世界の中にも、いくばくかの否定性、有限性、欠如、不幸が残っており、それは「創世記」この方、人間に相伴ってきたものであるが、あまりにも完璧な共同体を夢見ることを禁じるという、実に大きな利点を示しているのである。

ところが、〈悪〉などは存在しない、と専制君主は答える。〈悪〉は存在するはずがない、なぜならこの世には、私が克服しなければならず克服できないものなど何もないからだ。

私は職務を果たすために、私の計画を根拠づけ実現するために、私の全能への意志に対する最初で最後の歯止めを打破するため、一言で言えば、私の提唱する善き共同体を次の二種類――〈観念〉もしくは〈自然〉、下流への飛躍あるいは上流の記憶――のいずれかのもとで創設するために、まず始めに、根源的な悪の教義という、あのきわめて古い教義を無視する必要があるのだ。それは、グノーシス派だけでなく、諸々の偉大な神学と同じ古い歴史を持つものであるが。

あるいは、もっと正確に言うなら、誤解があるのだ。単に病気でしかないものが〈悪〉として提示されているのだ。怯えた目を大きく見開いてきょろつかせながら、われわれに向かって、永遠の〈悪〉、ということは癒しがたい悪、古来よりの呪いとして人間に重くのしかかっていると称する〈悪〉について語る者たちがいる。だが、人間は病気にかかっているのだと仮定するほうがずっと簡単だろう。はっきり病気と言っておこう。つまりは、人間のかかっている病気は、どんな病気もそうであるように、根治することができるのだ。

あるいは、さらにこう言おう。〈悪〉は存在しない。病気しか存在しない。世界は治療しうるものであり、治療し得ないものなど存在しない。哲学者はこれまで世界を解釈し、変革してきた。今や世界を治療することしか残っていない。別の言い方をすれば、政治は臨床医学の一分野となるすべを学んではじめて価値あるものとなるのであり、自分自身の救いを見出すことになろう（この定理からは直ちに次のような執拗な命題の連鎖が発生する。つまり、病気と言えば医者と言うことになるが、医者と言えば診断と言うことになり、診断と言えば、病気の原因であるウイルス的要因を検出し特定し排除することと言うことになる。このウイルス的要因は、スターリン主義者にとっては、ブルジョワと呼ばれ、ナチにとってはユダヤ人、イスラム原理主義者にとっては、教養ある西欧の白人という名をもつ。〈悪〉から病気への推移、臨床医学と政治の同一視、〈君主〉から医者への、そして権力意志から治療意志への変貌が、どのようにして虐殺の言説と強制収容所の具体的な原動力となったかが、ここに見てとれるのである……）。

さて、これにもサルトルは反抗する。

ずっと反抗し続けるわけではない。確かにそうだ。

彼が、治療する哲学者、すなわち虐殺者たる哲学者の服を身にまとう時がやがて来るだろう。

だが当面は、彼は反抗する。

彼もまた、全く同じように執拗な論理の力によって、反抗し、この図式を拒否することしかできないのである。

彼はそれを、二つの様態で行なう。そのやり方は、たとえ斜め読みでもいいから『嘔吐』を読みさえすれば、明瞭に浮き出て来るものであり、また、それだけをとっても、サルトルを彼の時代の大半の思想家から際立たせるに十分なのだ。

第一に、彼はごく単純に〈悪〉を信じている。彼は、マニ教徒やカタリ派と同様、世界を支配する二つの原理の存在を信じる哲学者の最後の一人である。この二つの原理は、相互に補完しあうが、それでもあくまでも対立するのだ。彼は時に「〈善〉は〈悪〉に先立つ。〈存在〉が無に先立つのと同様に」とか、また、〈悪〉は〈善〉の「寄生物」であるとか、「それは自らの無によってのみ眩暈的なのである」[12]と言うようなことがあるとしても、それでも管理し難く解決不可能の、手に負えない〈悪〉という仮説を完全に放棄することのなかった最後の一人である。この仮説は、哲学の歴史全体が、専制政治の歴史にはるかに先駆けてひたすら迫害しつづけてきたものなのだ。彼は〈悪〉の「神秘」ではなく、〈悪〉の明証性を信じる。〈悪〉という「躓き」ではなく、〈悪〉の権威を信じるのだ。訳の分からぬ弁証法的綜合の中で〈善〉と和解することを到達点とすることのない〈悪〉の権威を。彼は、世界の中には、そして人間の中には、暗黒の、溶けてなくならない、美化しえない部分があると信じている。その部分は、陳腐なルソー主義なら言いそうなことだが、文明から派生し、文明によって導き出され引き出された、ということではいささかもなく、実はもともとの起源から存在しているのだと信じている。それに、それを「信じる」だけでなく、理論面においてまた、この呪われた部分――これは全体主義の提灯持ちたちが魔術で美化している社会の裏側ないしは真理に他ならない――への認識を弁護するに留まらず、彼は小説や戯曲の中でそれを描き、探求の対象そのものにしている。汚れたもの、反吐が彼の好みにかなうというのは、さんざん言われつづけたことだ！「排泄物」の思想家だという非難も十分に浴びてきた！確かに、そう。その通りだ。彼は汚れたものや反吐の作家である。ねばねばしたもの、糞便、吐き気を催すもの、下劣なものの作家。彼が人間の中で興味をもつのは、その暗黒の部分だけだ。人間の屑に喜悦を覚えるのだ。彼はマルクスのように「腐敗は人生の実験室だ」と考える。後に、政治の時代、さらにはテロリズムの時代を迎えても、彼はまだ何かしらそういったものを抱えていることだろう。その時代にも相変わらず、ユダヤ人、黒人、プロレタリア、植民地現地住民、地に呪われた者たち、狂人たち、やがてはホモ、要するに、社会の裏側、人類の暗い面、「分離された人々」、「同化し得ない抑圧された人々」、「望ましからざる人々」、「あらゆる種類の脱落者たち」、こういった人々の名誉回復を計ろうとするようにみえることだろう。その筆頭がジャン・ジュネという、もう一人の地獄に堕ちた、悪の運命を背負った者である。「母の腹からまだ出ていないうちに、ヨーロッパのすべての牢獄のベッドが彼のために予約され、すべての刑徒囚輸送車の座席が予約されていた」[13]この男は、こうした人々の完璧な代表だと、最後まで彼は思っていることだろう。だから、この点においても、人間のもう一つの顔、ほとんど人間という種に対抗するような人間が姿を現すのに、ミシェル・フーコーを待つには及ばない。『狂気の歴史』を待つまでもなく、サルトルの作品の核心部で、政治的理性内の大分裂《グラン・シスム》が進行し、西欧のもっとも混濁した不名誉な部分が姿を現しているのである。それがサルトルの神学者的側面である。いまだに敬虔な側面である。それこそは『聖ジュネ』の中で、言い換えれば、彼の著作の中でも、「誠実な人間」が排除し「全力で否定する」人々、「捉えどころのない活気溢れる人々の蠢き」の探究にもっとも深く踏み込んだ作品の中で、十字架の聖ヨハネ*を倦むことなく引用し続けるサルトルである[14]。それこそは彼の中の、無神論に抗う部分である。彼は『言葉』の中で、無神論のことを「根気のいる過酷な」冒険であると言うだろう。二十世紀後半のヨーロッパには、悪を正面から見据えようとし、同時に、無神論をつきつめようとした——しかし成功はしなかったが——思想家は二人いる。聖なるものについての本物の考察を足がかりにして、極めてフランス的な伝統、ヴァレリィとベルクソンからシュルレアリストに至る、世界を理想化し、飾りつけ、魔術で美化しようとする意志の中にうかがわれる伝統に正面から立ち向かおうとした偉大な作家は二人いる。一人はジョルジュ・バタイユ「穢れ、老いぼれた、腐った臭いのする、あさましい、猥雑な、耄碌した」世界を（これはブルトンの『第二宣言』の中の言葉だが、まるで、サルトルを攻撃する『パリ・プレス』紙そのものではないか）われわれに啓示する「無神学」の使徒。もう一人は、ジャン＝ポール・サルトル、それも『嘔吐』と『出口なし』のサルトル。「極めて疑わしい」無神論の使徒（これは、ジュリアン・グリーンの言葉であるが、バタイユにも当てはまるだろう）。カトリック教徒なら「大して変更を加えずとも」その教義の大部分を追認することができるだろう。すなわち、骨抜きにされたが苦悩する人類、遺棄されているが郷愁を抱く人類、神から見捨てられたがひたすら天上だけを思う人類というわけだ。[15]バタイユ、サルトル。いずれも反全体主義の仕掛け、反全体主義への欲求である。

第二に、彼は人間と世界との、還元不可能で、決定的で治癒し難い不和を信じている。それを際立たせる人物像としては、中でも三つの引き立て役がいる。サルトルの作品系列の前半に現れ、彼自身が自分を定義するのに役立った人物像、すなわち、くそ真面目な精神、下種野郎、ブルジョワである。

まず、くそ真面目の精神とはなんだろうか。『存在と無』にはカフェのギャルソンの精神というのが登場する。自由とはまさに不断の摩訶不思議な自己創出に他ならないが、カフェのギャルソンの精神とは自由を犠牲にして自分自身の役という喜劇を演じる男の熱烈な専念を意味する。しかし、くそ真面目の精神とは、そうしたものである以前に、そのような役が現実存在し、それに意味がある、そして世界とは互いに調和し、ぴったりとはまり込み合っている仮面の集成から成っているのだと信じる者の精神状態なのである。つまり、「世界を信じる」者、[16]偶然性や吐き気の経験に目を向けず、社会とは美しく良き機械であるという幻想のなかで生きる者なのである。彼は自分もその機械のピストンの一つとなり、そこで、自分という小さな機械であるピストンを維持するのに大部分の時を費やすのだ。ロカンタンは言う。「私は店の中を見廻す。まるで滑稽劇だ。だれもがみな真面目な顔をして座っている。彼らは食事をしている。いや、食べているのではない。自分に課された仕事をやり遂げるために体力を補充しているのだ……」。

第二に、「下種野郎」とは何だろうか。それは、倫理学のカテゴリーであり、また、美徳の辞書からはみ出し、例えば、拷問者や殺人者、一般的な意味でのファシスト、倒錯者に当てはまるものだが、それよりも前に、まず形而上学の一カテゴリーなのであって、これもまた、何も疑わない者、特に、広い大きな社会の中に自分の役割と地位をみつけたら最後、そこにおける自分自身のささやかな存在の必要性を決して疑わない者を指す。(17) それはブーヴィルの住人の精神である。彼らは、ロカンタンの忠告に耳を傾けず、自分自身の運命を現にここにあり、自己と同一であり、自明であるというあり方で生きながら、何ものでもないものはなくて、「存在」があるということを当然とみなし、そのことのせいで最初から何かに驚くことがなく、哲学的なセンスや問いかけの姿勢がそもそも欠如しているせいで〈哲学とは、〈存在〉の余りにも塊的で、どろどろとした、耐え難い明証性を前にした驚きから始まるのではなかろうか〉、自分が生きている社会の様式にも、社会を統治している政体の性格にも、とどのつまりは、自分が社会で占めている地位が高いかどうかにも不安を抱く理由を見出さない。それは、この世にあることを当然のことと感じ、世界を秩序として、この世界における自分の地位を絶対的な必要性として感じるがゆえに、例えば、事実上の特権を、権利上の特権と考え、理の当然ながら、その権利を非難しようとする者は誰であろうと粉砕しようとする人間なのである。

第三に、ブルジョワとは何だろうか。彼のブルジョワへの嫌悪は——もっともフローベールやボードレールの場合もそうだったが——明確な政治的言説が出現するずっと以前から始まっており、最後の息を引き取るまで、彼の最も変わることのない情念の一つでありつづけたわけだが、この悪名高いブルジョワとは一体何なのだろうか。まさにそれは政治的なカテゴリーではない。社会階級（マルクスではブルジョワとは「所有者」もしくは「抑圧者」）とは何の関係もない。文化（フローベール——「下劣な考えをする者は誰であれ、私はブルジョワと呼ぼう」）とも何の関係もない。実人生の欲動（またしても、ボードレール・シンドロームだ。『猶予』の中の、義父である将軍に対するフィリップのケース。私は、ブルジョワを通して、わが義父マンシーを、ラ・ロシェルの大資産家たちを、『フィガロ』に拠る「べたべたするねずみ」たちを憎む。私は「あの男」マンシーに逆らって、「一生涯」ものを書き続けたのだ[18]）——にもかかわらず、というべきか——とも関係ない。それは、存在論的カテゴリーである。それは、存在の中に腰を据える一様態なのである。そんなことをするとまたまたハイデガーを誤解していると言われかねないが、サルトルの用語そのものとして、それは〈存在〉への開けの一様態であり、「現存性」の一存在様式である、と言いたいところだ。どの人の中にもある、くそ真面目な精神の重さと下種野郎の懐疑の不在とを一人一人の人間の中で組み合わせている部分を、彼は「ブルジョワ的」と呼ぶ。社会が作動していること（くそ真面目な精神）、その作動が正統であること（下種野郎）を信じて疑わないような人間の態度を、たとえその人間自体は社会学的にはブルジョワと名づけるにふさわしくないとしても、彼はブルジョワ的と呼ぶのである。さて、このブルジョワは幻想を異なる三つの方向に延長して行く。

まず、過去へ向かって。物事の現在の秩序を必然的にして正統的と捉え、一生懸命にその家系を辿ろうとする者、それがブルジョワである。『一指導者の幼年時代』のシルヴァン〔リュシアンの誤り〕・フルーリエのように、「生まれるずっと前から」「自分の場所は、フェロールの日の当たるところに定められていた」という確信、世界は、彼にその役割を割り当て保証するだけではなく、「彼を待ち望んでいた」、永遠の昔からでなくとも、少なくとも数世代前から「彼を待ち望んでいた」という確信を、確固として打ち立てようとする者、それがブルジョワである。それが、ブルジョワの「遺産相続人」的な側面である。我慢ならない相続的側面である。それは通常の定義に合致するが、サルトルはこの角度から見ることによって、この側面の必然性を再確認するのである。

未来へ向かって。この既成の物事の秩序には相変わらず疑いをもたず、一瞬たりとも、その暗く深い正統性について躊躇することなく、既成の秩序を永続させようと一生懸命に努める者、それがブルジョワである。世界が立派で正しい機械であり、自分がその世界の中で特別の席を占めているという確信に支えられて、至極当然ながら、何も動かないよう、すべてをひっくり返すような他性が出現し得る可能性は払い清められるよう、両手両足で支えようとする者、それがブルジョワである。それはブルジョワの「保守的な」側面である。今あるものを長続きさせよう、できれば永遠に続くようにしようとする彼らの傾向である。そして、ここでもまた、この保守主義と〈歴史〉への抵抗との深い淵源を見事に炙り出したのが、彼の分析の功績である。

最後に、〈存在〉の深みへ向かって。たとえ「労働者」や「プロレタリア」であっても、社会の中だけでなく世界の中に、世界の中だけでなく〈存在〉の中に根を降ろす者、それはブルジョワである。不透明で、亀裂も隙間もない充満した〈存在〉という存在観、その社会的ステータスがどうであれ、人は「岩の存在形態、世界のただ中における存在の惰性、堅固さ、不透明性」をもって存在するという存在観は、ブルジョワ的存在観である。そして、この意味で、『言葉』のシモノ氏はまさにブルジョワの典型そのものである。[19] 子供のサルトルが、ある祝日の午後、現代語学院の学院祭に連れて行かれ、アンヌ＝マリーがピアノを弾き、出席者一同がみな楽しい時を過ごし、彼、プールーは美しいご婦人たちにちやほやされていたその時、祖父シャルル・シュヴァイツァーが氏のことを思い出してこう言った。ああ、それはどんなにか羨ましい言葉だったろう！　「居るべき人が一人いませんね、シモノですよ」。アンヌ＝マリーの姿。「彼女は会話を途切れさせまいとして、バッハがお好きですかとか、海や山へ行くのはお好きですかとか、故郷の町によい思い出がおありですかとか、彼に尋ねる」。すると、シモノ氏は「しばし考え込む時間」をとることができるという素晴らしい特権を持っており、「自分の好き嫌いという花崗岩の山塊」に「内なる眼差し」をじっと注ぎ、そしてようやく落ち着いたよく響く声で、答えを発するのだ。それは、その場にいないという素晴らしい美質を与えられただけでは満足せず、そして自分は、その不在が「生身の柱」のように誰の目にも見える世界で只一人の人間であり、それゆえ「シモノ氏が欠けている、シモノ氏がいない」と人が言うことのできる世界で只一人の人物であると承知するだけでは満足せず、自分の好き嫌いの本性にも、この世界なりこの社会における自分の登録資格にもいささかの疑いも抱かない者の声であった。だから彼はこう答える特権を有していたのだ。「これが私の好みです。私とはこういう者です。これが私です。どこからどこまでもシモノその人です」。またしても、非常に幅広い定義だ。一つの社会階層ではなく、存在の階層なのだ。そしてもしかしたらこれは、三〇年代におけるサルトルの政治へのあの謎に満ちた無関心の理由の一つかも知れない。つまり、存在論的カテゴリーを敵と定めた者が、政治活動をし、人民戦線を支持し、デモ行進をするわけがないではないか。

サルトルは、「くそ真面目」でも「下種野郎」でも「ブルジョワ」でもない。作家人生の前半を、いやそれ以上を、これら三つの嫌悪すべき人物像を描くことに、そして自分はそれから遠ざかることに費やした。シモノ氏とは反対に、極めて早くから、自分がどの場でも居るべきなのに居ない者ではなく、誰からも待たれず求められないという、確かに辛く苦しいが反駁の余地のない感情、自分の存在自体が余分であり余計であるという感情を持っていた。そういえば、ニザンの父の存在も同様であり、彼はそのせいで死んだのだ[20]、サルトルだっておそらく好みは持っていたに違いないが、それは「私、シモノ氏は語る」とか、「私、サルトル氏が存在する」といった、高貴で雄《おす》的なカテゴリーに全体化し包摂することの不可能なものだった。だからサルトルは、逆に人間同士の関係や人間と世界の関係ほど自然でないものはないと信じている。〈人間〉は〈存在〉に敵対し、〈存在〉は〈人間〉に敵対すると信じている。〈人間〉は、さまざまな存在の中にあって余計で余分な一存在であり、「存在するものはすべて理由なく生まれ、弱さゆえに生を引き伸ばし、偶然によって死ぬ」と信じているのである。『ユダヤ人問題の考察』についての批評の中でバタイユが述べているように、「一般的には人間であるという事実の中には、乗り越える必要のある、重くむかむかする要素が存在している[21]」と信じている。マラルメのように、こう叫んでもおかしくない、「われわれはみな、出来損ないだ、モークレール、われわれはみな、予め出来損ないと定められた者なのだ!」――そして、この「悲観的な形而上学」こそ、「出来損ない、欠陥の中の一つの欠陥」であるという人間の定義こそ、彼が最後まで、もしくはほとんど最後までマラルメにおいて称賛するものなのである[22]。もしかしたらラカンのように、人が寄り集まるという事実そのもの、そしてこの集まりを形成する絆には、何かしら「しくじった」ところがあると言ってもおかしくはない。もう一度言うが、彼はこの出来損ない振りは手の打ちようがないと信じるがゆえに、また、人は偶然性と縁を切ることは絶対にできないだろうし、この世界を転落から引き上げ、世界を失寵から癒すことのできるプログラムなどは決してどこにもないだろうと確信するがゆえに、一言でいえば、悪の存在を信じており、それは単なる病気だと信じていないがゆえに、彼は二十世紀のさまざまな全体主義にひそんでいた、世界を治療するというファンタスムに対して免疫になっていた――暫定的であったとはいえ――のである。

サルトルの醜さについての短い覚え書き

サルトルは自分の醜さのことを語るのが嫌いだった、と言う人が時としている。

何ともおかしな考えだ。彼はちゃんと語っている。不断に語っている。そしておそらくそれは彼の主たる哲学的強迫観念の一つであるとさえ言える。

『言葉』には、ヘミングウェーばりに、七歳まで女の子として扱われ、いずれにせよ女の子のような服装をさせられていたプールー坊やが、ある日、恐ろしい祖父のシャルルに床屋へ連れて行かれた場面が出て来る。プールーは彼の金髪の巻き毛が切り落とされたとき、一瞬のうちに自分の明らかな不細工さを自覚するのである。

書簡より。「五歳まで、私は、ごく平凡なママたちに気に入られる、ややお決まりの髪型をした、可愛い赤ちゃんでした。五歳で髪を短く切った途端、その束の間の輝きは消え去り、私はヒキガエルのように醜くなった。今よりもずっと醜く」。

『家の馬鹿息子』より。間接的ではあるが、『この香を嗅げ』という題のフローベールの短篇が取り上げられている。それは、ぞっとするほど醜いマルグリットという少女の物語で、醜いという罪ゆえに群衆から非難されて、ひどく意地悪い性格になってしまったが、彼女はその意地悪さをどこにぶつけていいかわからず、結局自分自身に向けるしかなく、遂には自殺に追い込まれるのだ。

ジョン・ジェラシとの対談より。彼は十二歳の時、「プールー」がどれほど「恋人」を持ちたいと夢見ていたかを語っている。彼はリゼットという同じ年頃の女の子をみつけた。自由奔放な、可愛い金髪の女の子で、父親は「船の備品・装具を販売していた」。彼は彼女を観察し、彼女を夢に見る。ある日、ラ・ロシェルの海岸沿いに続く花咲く〈マイユ〉遊歩道の木陰で、彼女が男の子の一群に囲まれて、自転車にもたれて立っているのを見かけた。彼は小さな自転車に乗って彼女に近づき、彼女のまわりをぐるぐる回る。そして声をかけられないまま、彼女の関心を惹こうとできる限りのことをした。するとその可愛い女の子は、だれにともなくこう言い放ったのである。「一方の目がもう一方に龔ったれって言っているあの男は何者？」そして、周りの男の子たちは爆笑した。

『嘔吐』。鏡を前にして自分の姿を発見するロカンタンの有名なシーン。「今しも灰色のものが現れた……私の顔の鏡像だ……ぶよぶよした頬の地帯……これらのものはどれも意味を持たず、人間らしい表情すら持っていない……私が小さい頃、ビジョワ叔母さんがよく言っていた。『鏡をあんまり長く覗き込んでいると、猿が見えてくるだろうよ……』。いま私に見えるのは、まさに猿以下のもの、植物界との境にある、ヒドロ虫類のレベルのものだ……とくに目は、こんな近くからだと、おぞましい……ガラス状で、ぶよぶよして、盲目で、縁が赤く、まるで魚の鱗みだいだ……目、鼻、口は消えて、もう人間らしいものは何も残っていない……」

『別れの儀式』の中で問題になっているのも、やはりそれ、彼の見事なほどの、品のない、醜さである。そこで示される強烈な自画像の中には、『嘔吐』の作者ならではの腕の冴えが見られると同時に、彼が若い頃に愛読した一冊の本、レリスの『成熟の年齢』の冒頭部分の埋もれた記憶が、遠くの遠くから呼び戻される。「私に醜さを発見させたのは女たちだ」。それから、鏡の中に「いつも後に残っているもの」、つまりあの呪われた「やぶにらみの目」であるものを見つける、おぞましい体験のこと。それこそ、やぶにらみの目こそ私が「すぐさま」目にしたものだ。その後に、「沼地」のイメージが幅をきかせるようになり、子供の私の視線はそこにはまり込んでいった。私に見えたものは、「組み合わさって人間の顔になることのない」いくつもの線であり、しかもそれは、「一部は、やぶにらみの目のせいで、また一部は急速に私の顔に刻まれた皺のせいでもあった」。「人間の顔というもの、私が肉眼で隣人たちの上に見ている顔というものの基盤をなしているのは、掘り返した地面のようなものだった。ところが、私が鏡の中の自分を眺めるときには、この人間の顔なるものは見えないのである」。

アロンの『回想録』には、奇妙な打ち明け話が語られている。[23]「美少年のイメージが、われわれの会話の主題の一つになった。どうやって自分自身の醜さと折り合いをつけていけばいいのか？　サルトルは進んで自分の醜さについて語った（そして私も私の醜さについて語った）」。

『奇妙な戦争——戦中日記』。「Tは今の私を猥褻な山羊のようなものと思っている。このことは、ジュール・ロマンを知る者たちの数多の話に基づいて、この私がジュール・ロマンを吝嗇漢のように思っていたときと同じように、言語道断なことだと私には思える。彼についてもそうだが、私は自分についても、その欠陥は、正当化しえないが、自由によって全面的に乗り越えられたものだという印象を抱く。この非難はあまり正しくないことはわかっているのだが、私は少し自分をおぞましく感じる。……」

それに、かの名高い『アルブマルル女王』がある。この未完の書について、サルトルは「観光旅行イデオロギー」の問い直し、ないしは「壮年期の『嘔吐』となるはずだったと、言うのが習わしだったが、あるとき突然アストリュックとコンタにこうも打ち明けている。それは醜さについての考察、「人々の自分の身体に対する関係」について、「醜い」とはどういうことか、「美しい」とはどういうことかについての考察でもあるはずだったと……。

これらのテクストを通して、若きサルトルの苦悩が察せられる。

醜悪な顔の上に微笑みを貼り付けるため、沼地のイメージを自分にも人にも忘れさせるため、片方の目に糞ったれと言っているもう一方の目を管理し、肉の行き過ぎ、目鼻立ちの不規則な増殖を管理するために、彼が払わなければならなかったはずの努力が察せられる。

彼がこの宿命を超越し、受け入れ、この欲することなく押し付けられたすさまじい醜さを能動的な決意に変え、おそらくはその意味を逆転させ、それを「美しい」醜さにするのではなく（醜さもまた美しいものでありうるというのは、ロマン派の一大理念であるが、サルトルはあまりロマン派的ではない）、「誘惑」の武器にするために（それはひいては、義父の下した恐ろしい審判、「お前はいつまでも女に好かれないだろう」(24)*を克服することである）、彼が展開しなければならなかった具体的な哲学の作業が察せられるし、ほとんど読み取れる。ソクラテスとしてのサルトル、マンデス＝フランスとしての……しかしやはりいつもながらスタンダールという模範も忘れてはならない。スタンダールは彼と同様、しかめっ面や、目眩ましや、役の逆転や、気を逸らすためのお道化といった無数の策略の練習に励んだ。その目的はこの耐えがたく不当な醜さに人の注意がじっと注がれ、いつまでも留まることがないようにしようということだ。サルトルは確かに、スタンダールのように、髪を染めたり、「作り物の前髪」を付けたり、いくつもの仮面《マスク》をつくるところまでは行かないが。しかし意図は同じだ。やはりその目的は、まさに、容貌をゆがめるこの醜さを巧妙な工夫によって無効とし、非現実化することである。

だが、そういったことの前に、われわれはとりわけ、この醜さという根原的試練がいかなる形而上学的教訓となったかを理解することができる。

その教訓はそこにある。それは、第一のサルトルのもっとも強力で実り豊かな観念の一つに他ならない「反本質主義」の源泉そのもの、とまでは行かずとも、その源泉の一つである。「人はユダヤ人には生まれない、ユダヤ人になるのだ」。「人は女に生まれない、女になるのだ」……。このようにユダヤ人になること、女になること、そればかりでなくホモに、自由人に、奴隷に、植民地現地人に、作家に、馬鹿に、下種野郎になることの源泉には、この幼少の頃よりの「人は醜く生まれない、醜くなるのだ」がある。母が海軍の機関将校マンシーと結婚することを決意し、それと同じ仕草で彼の女の子のような巻き毛を切る*ことを決めた日に、彼はそれを悟ったのである。

その教訓はそこにある。それは密接に関連するもう一つの観念、すなわち人は常にこうした生成になることができ、たまたま手に入ったものから何かを作り出し、それを改造し、己の無限の自由の試錬を課すことができる、という観念の根源でもある。「四十歳を過ぎたら、人（男）は自分の顔に責任をもたなければならない」。こんな文を述べたことで、彼は人からどれほど恨めしく思われただろう。この言葉はどれほど顰蹙を買ったことか。それにこのような発言をした後、同じ趣旨のインタビューで、フランコの「ラテン人の下種野郎面《つら》」、その「意地の悪い、きたない皺」、「ナイフの一突きかギロチン」で切り落す必要のあるあの下種野郎の卑しい頭、などと口走ってもいるのだ[25]！ 後に『別れの儀式』で、そういった発言が「会話に熱が入って飛び出した言葉」であると語り、「この種の言葉はそのまま書き写されると、別の意味を帯びるものだ」と認めることに同意するが、サルトルは基本的には一度も発言を撤回していない。彼は自分のことを話している。この種の断言をするとき、自分が何を言おうとしているのか、彼には実によく分かっている。一人の男は多くの苦悩、自分に対する働きかけ等々を経たのち、自分にふさわしい生理学《フィジオロジー》〔容貌《フィジオノミー》か？〕を身につけるにいたるものなのである。そしてそれは、訳の分からぬ生物学的な宿命ではなく、当人の自由が絶え間なく働きつづけた証しなのである。それはまたも、彼の愛するスタンダールが信じていたことではないか。それに、ラクロがメルトゥイユ夫人について、次のように述べるときに、信じていたことではないだろうか。すなわち彼女は自分自身に大いに働きかけ、つまりは自由を大いに発揮したおかげで、自分の顔をコントロールするすべを身につけ、それを誘惑の企てを成功させるための武器にすることができたのだ、と。それに、栄光と眩惑の大家たるコルネイユはどうだろう。『嘘つき男』(26)で、彼は「心情の人々」を思い起こしながら、ドラントに、次のような確認の言葉を言わせている、「人はそれぞれ、額の上に、自分が何者であるかを書きつけて掲げている」。

それから、その教訓はおそらくそこにある。それは結局、主体と世界との不一致の経験にほかならない悲劇的な人生感情のサルトル版の母胎なのだ。こんな面《つら》をしている人間、調和も何もないあちこちがはみ出した風景にも似た、自分自身に怒っているような顔を持ち、片目がもう片方の目にずけずけものを言っており、その斜視のせいで、ほとんど生理学的に〔容貌そのものが、か?〕二重の焦点で物を見ているかのように見られている人間は、世界について転倒し、ねじ曲げられた見方、最終的には喧嘩早く、好戦的な見方をもたずにはいられないではないか。要するに、『白鯨』の鯨と同じで、二つの目はひどく離れているので、世界については、それぞれ別々の系列のイメージ、互いに連絡がなく矛盾する二系列のイメージを脳に送ることしかできないというわけだ。サルトルはジェラシに、自分が「改良主義者」や「修正主義者」になるのを妨げたのは、自分が醜いという事実だと述べたという(27)。厳密に考えるなら、この話は疑わしい。メルロー＝ポンティは、戦争前の、むしろ「非政治的」だったサルトルが、何らかの「共感」を抱いていたとしたら、その共感は「ベルジュリ主義」へと彼を近づけていったと語っているではないか。その頃「ベルジュリ*は急進党の一員で、他の者たちと一緒に、いわゆる『青年トルコ党』、すなわちかなり進んだ急進主義のグループを結成していた(28)」。この醜さと、それが〈存在〉の経済と調和にもちこむ救いようのない惨禍、それに、この行き過ぎ――それもアリストテレスが言うような「物質」の行き過ぎではなく、「偶然性」の行き過ぎ――、こうしたものが、物事にひそむ抗しがたい暗黒、したがって、世界と自分自身とを折り合わせることはできないという確信を、彼に抱かせる原因となったということ、そしてサルトルが他の人以上に、もしかしたら、カミュその人よりももっと、溶融の夢に耳を貸さず、その中の最も完成した形態、すなわち革命の夢にさえ長い間耳を傾けなかったのは、彼の醜さのお蔭であるということ、これは逆に、真実に近いように思われるのである。

サルトルの醜さ――世界の醜さ。

身体の不恰好――普遍的な、そして決定的な不具。

サルトル、第一のサルトル。それは悪を正面から見据えるがゆえに、自分のうちに、自身の顔の上に、鏡の中に、悪を見るがゆえに、おそらく他の誰よりも、淀みのない社会、悪や誤りから解放された半透明の社会という、死をもたらす大いなる幻想に対して免疫になっていたのである。

サルトルのもう一つの幸運であったのだ、彼の醜さは。

サルトルの自由の始まりには、この無秩序、この最初の暴力性があったのだ。それは、いかなるプログラムをもってしても打ち勝つことができないものであり、まさに世界の修復不可能な有罪性の比喩そのものなのである。

神学者、哲学者、専制君主

だが、これで終ったわけではない。人間という動物をめぐる問題とは、人間が帰結には同意せずに原理を受け入れるということがあるということだ。〈悪〉から解放された社会、そしてそのためには〈起源〉あるいは〈目的＝終末〉に結びついた社会という観念に熱狂することはある。ところが、そのためには代償を支払わねばならないという考えには、ぞっとして後ずさりする。するとそのとき、全体主義の専制君主がふたたび攻撃に出る。そして最後の第四の定理を持ち出すのである。

代償は重いものとなるであろう、それは確かだ。私があなた方に送らせる生活は、非人間的で悲惨なものに見えるだろう。しかし、しばし見方を変えて欲しい。狭い個人的な視点、自己中心的な、限られた視点から離れて、実現の暁にあなた方に約束されている途方もない世界の視点からものを見てほしい。あなたの視点を捨て、私があなた方に提起するこの大いなるユートピアの視点に立ってもらいたい。このユートピアの名において、専断、収容所、体制化された殺人、拷問、惨状を受け入れるよう私はあなた方にお願いする。そのときあなた方は、それらの一切は全体のプランに組み込まれていることが分かるだろう。この惨状、おそらく屠殺と呼ぶべきこの殺戮が至上の秩序を分有していることを理解するだろう。それは残酷で、無意味とあなた方には見えただろう。ところが、そんなことはない。意味はあった。秩序に従っていたのだ。それは、ユートピアの実現する幸福の時代が訪れるために、あなた方に同意するよう懇望されていた犠牲のようなものなのである、と。

それは宗教が行なう推論だ。宗教は、大いなる神学上の仮説を放棄し、己の力をカエサルの力に結び付けて、われわれにこう述べる。「神は完璧である、神の創造物もまた完璧である。耐えがたい不完全とあなたに見えるものも、この完璧を分有している」。あるいは、「この世の生は涙の谷間である。悪夢である。だがその後の推移を待ちなさい。最後までじっと辛抱していなさい。最後の審判の日に、この悲惨がどのようなものに変貌するかを、自分の目で見るまで待っていなさい。この世であなたが支払う犠牲は、あの世でのあなたの幸運の代価であることを理解しなさい」。

それは、大いなる哲学体系の言説である。哲学の体系はいずれもが、いつの日にかわれわれに次のようにしつこく繰り返すようになる。コジェーヴの言葉によれば、哲学者と暴君の間には本質的な違いはないということだが[29]、まるで明らかにコジェーヴの言う通りであるかのようなのだ。「あなたは自分の運命が不条理だと思っているのか。悪と善の配分が不平等だと。ならば、世界の秩序よりもむしろ自分の欲望を変えることだ」（デカルト）。善と不幸の不平等な配分の「概観的《シノプティック》」見方を採用せよ（プラトン）。〈実体〉の観点、その様態の必然的な展開という観点に立つようにせよ（スピノザ）。神の観点、至高のモナドにして、すべての遠近法を超越した、正確にして完璧な悟性にほかならない神の観点に立つようにせよ（ライプニッツ）。〈精神〉が現実化する来るべき瞬間に、思考によって、身を置くようにせよ。その瞬間に先立ち、その瞬間を準備したすべての哀れな出来事、盲目、苦痛、自己への無自覚、不可思議、ときに殺戮、破壊、暴力——その「唯一の事業」は「およそ冷淡で平板な死、それも、キャベツの先端を切り落としたり、一口の水を飲み込む以上の意味を持たない死」（ヘーゲル）にほかならない——の中で展開したすべての出来事は、過去に遡ってその瞬間によって意味を与えられるのだ。要するに、もう一度言うが、観点を変えよ。そうすれば、つい先ほどまではかくも不当に見えたものが、実際にはいかに摂理の領域に属するものであるかが分かるだろう。この塵のような小さな苦悩の一切が、これらすべての悪、これらのすべての混乱が、〈聖なる精神〉の到来のもう一つの側面、その裏の顔にほかならず、それに至る一番遠回りだが一番確実な道であったことが分かるだろう。

「いつになったら、至高の冗談の視点から人はものを書くようになるのだろうか、つまり、神が天から見下ろすような視点で[30]」、と皮肉家のフローベールは問うていた。ところがそれはすでに実現している。彼は気づかぬようだが、それはすでになされている。さらに、それは彼の後、その後に続く時代にはさらに一層なされるだろう。なぜなら、要するに何世紀も前から、大哲学はそのようにしてものを書いてきたからである。そして、その作法から着想を得て、やがて大いなる隷属化の機械《マシーン》も書くようになるだろう。それには専制主義の等級の高いところに位置する全体主義の機械《マシーン》から、低いところに位置するウルトラ・リベラリズムの機械《マシーン》までもが含まれる。ウルトラ・リベラリズムは、全体主義の機械と同一視され得ないものではあるが、次のような只一つの特徴を共有している。すなわち、結局のところ、ウルトラ・リベラリズムもまたこう命ずるのである。「観点を変えよ。避けられないグローバル化の視点に立て」。世界市場の見えざる手が操作する、自然発生的な調和の視点に立て。そうすれば、あなた方の破綻し、失業し、更迭され、辱められ、敗北した人生もまた、ウォール・ストリートやカリフォルニアの年金基金に君臨する新ヘーゲル主義者たちが聖なる呪文を握っている計画に与っていることが分かるだろう。

ところで、またしても、フローベール的サルトル以上に、この装置に無縁な者はいない。彼以上に、この概念の機械装置に敵対する者はいない。それは人間を慰めるという口実のもとに、人間に反抗を断念させ、服従するよう働きかけるものなのである。

そして、私が「彼以上に敵対する者はいない」と言い、この第一のサルトルを形而上学的反全体主義の無差別級チャンピオンにするのは、またしても二つの理由からである。

第一の理由は、もちろん、サルトルが自分の言葉でそれを述べているということである。フランス解放期に書かれた素晴らしいテクスト、「対独協力者とは何か」[31]である。その時点におけるサルトルを、犯罪的な歴史主義の信奉者とみなし、それに対してカミュは心を、とまでは行かずとも、モラルを一人で背負っていたと考える者はだれでも、それを急いで読み直さなければならないだろう。

彼はまず最初にこう述べている。私が対独協力者と呼ぶのは、「ドイツの勝利」を見て、そこから「ドイツ帝国に服従しなければならない」という結論を引き出した者である、と。

私が対独協力者と呼ぶのは、「どんな事実であれ、実現した事実に屈服し」、それが「実現したという理由だけで、実現した出来事を承認する」という、「深層に関わる根源的な決定」を行なった者のことである。そしてその決定は、その当人の「人格」の「基底」を形成することになるのだ。

私が対独協力者と呼ぶのは、「最新の歴史現象は、最新であるというだけの理由で最良のものである」とする「誤解したヘーゲル主義」を標榜する者である。その最新の歴史に不正や拷問や暴力が伴うとしても、致し方ない。何しろ「大きな変化はすべて暴力を基盤とする」ものなのだから。

そして、推論をさらにもう少し押し進め、人が最後の最後に内心ではこの暴力に同意するようになるのは何故かを自問しつつ、彼はこう付け加える。「対独協力者は、歴史主義と呼ぶことのできる知性の病に罹っているのだ」。対独協力者は、「みずからの行為を評価する際にはるかに遠い未来にわが身を置く」。この「未来の光にあてて出来事を判断するやり方」、「何世紀も先へ飛んだり、現在に戻ったりしながら」、「出来事を遠くから眺め、〈歴史〉の中に置きなおそうする」このやり方、現在を「過去に変え」、そうすることで、「現在というものの耐え難さを包み隠す」このやり方、それこそがまさに対独協力の精神なのである――どうしてドイツ人に抵抗し、ドイツ人を憎み殺さなければならないのか。五年経ったら、ドイツ人相手に商売をしているはずなのだから。

彼はこの視点の変化にこそ対独協力の精神の本質そのものがあると見ている。まさに「同一の都市も、異なった角度から眺めるたびに全く別のものに見え、そのために眺望としては何倍にもなるかのようである」と記したライプニッツにおけるように、その視点の変化は人間の苦悩や苦難のあれこれの出来事にも全く別の意味を与えることを可能にする。その変化がなければ、それらの出来事は耐えがたいものと受け止められるだろう。彼は、まさしく、神の視点を採ることこそ服従の精神の原理そのものであると見ているのだ。神は時の助けを借りて世俗化し、今や〈歴史〉という名で呼ばれるが、しかし完全に同じ形で作用を及ぼすのだ。「〈神的なもの〉、もしくは〈実体〉、もしくは〈絶対精神〉の視点を採れ。そうすればあなた方の苦悩は云々」と述べる言説と、それに呼応するように、「〈歴史〉の視点、言い換えれば、過去に変貌した〈現在〉の視点を採れ、そうすれば、この屈辱、敗北、死の収容所、拷問を受けたレジスタンス闘士、パリの街中に溢れるドイツ兵、ラジオ・ヴィシーから声が流れるあの耄碌したファシストの元帥、こういったすべての現在、この恥ずべき汚らわしい現在は、一挙に秩序の一環をなすものとなり、それによって、容認し得るものに思えてくるだろう」と述べるもう一つの言説との間には、いかなる違いがあるというのだろうか。

サルトルが、このテクストのなかで扱っているのは、もちろん本来の意味での「対独協力者」のことである。

彼が考えているのは、ドイツの勝利を甘んじて受け入れた者、それもドイツを特に愛するからではなく、〈歴史〉を愛するがゆえに受け入れた人々のことであり、現にそう明言している。しかし、いやでも目につくことだが、その描写は、ただの一語も変えずに、そのまますべての全体主義、もちろんソヴィエト全体主義までも含んだすべての全体主義のあらゆる協力者に当てはまるのである。

この文を書いた当のサルトルは、もちろん、そんなことはないと否定するだろう。しかし、問題は、彼が摩訶不思議にも——実に早々と！　わずか数ヶ月後には！——この輝かしい論証を忘れ、まさにソ連に関して、「みずからの行為の評価をする際に、はるかに遠い未来に」わが身を置き、「何世紀も先へ飛んで」収容所を「遠くから眺め」て、「〈歴史〉の中に置き直しつつ」、「その耐えがたさを包み隠す」などということを何故しでかしたのかということである。とりあえず、このテクストは存在している。それは、またしても、反論できない決定的なやり方で存在しているのである。それに、私としては、『反抗的人間』も『ヒューマニズムとテロル』も、全体主義の第四の定理への反駁として、これよりはるかに先まで論を推し進めたとは思わないのである。

しかし、私が彼を反全体主義の第一人者《チャンピオン》とするのは、主として第二の理由のためである。それは、このテクスト自体は結局は時の情勢に合わせて書かれたテクストにすぎないが、彼はそれ以上に、何よりも『嘔吐』、そして『存在と無』という二つの主要な書物の作者だからである。この二作に共通する原則は、偶然性は絶対的であり、悲惨は決定的であり、生きるという苦しみは癒しがたい、ということ、それゆえに主体がその生まれながらの苦しみや、ましてや抑圧の苦しみという別の激しい苦しみ――この苦しみは同意されることになる――を、納得して受け入れることを可能にする「善き」視点など、どこにも存在せず、これからも決して存在することはないということなのである。〈記憶〉の恵みによって、それまでにはなかった意味を過去に与えるために過去を再構築するのは、プルーストであって、サルトルではない。『嘔吐』の中で「完璧な瞬間(32)」を夢見ているのは、アニーであって、ロカンタンではない。「世界が古い一枚の画幅である振りをする永遠の瞬間(33)」を愛するのは、旅行者である。「予定された運命」を生きながら、自分の「不幸」は「試練」にすぎず、自分の「勝利した死」の前提、「死後の勝利」の条件、成功した生涯を手に入れるためによじ登らなければならない段階にほかならないと確信していたのは、昔のサルトル、子供のサルトル、『言葉』がその肖像画を素描しているサルトルであり、大人になったサルトルはそれを清算した。

そして今度はロカンタンが、「人があとから思い出す人生の各瞬間のように、整然と連続して行く」瞬間からなる人生を夢見るが、彼はたちまちその計画の虚しさという結論に達し、次のように述べる。それは「時を尻毛からつかまえようと試みるに等しいだろう」、と。それはまず『奇妙な戦争――戦中日記』で、次いで『言葉』ですることになる告白の、虚構の中での、予示にほかならない。私の一部分は、もちろん、人生というものが「仮縫いされた一群の下画がすでに施された刺繍用の布地であって、あとはその下画を刺繍して行けば出来上がる」ようなものであることを夢見たこともあるが、しかし、それはばかげた夢にすぎず、人生の試練によって私はそれを諦めざるをえなくなった……。

別の言い方をすれば、人生は意味をもたない、とこの第一のサルトルは考えている。いかなる約束も人生に宿ることはない。何らかの見えざる手が人生をこっそり導くということはない。人生は混沌としており、不定形だ。全くの無秩序であり霧であり、潰走する時間の錯綜、混沌。浪費なのだ。である以上、人間の苦しみ、特に拷問や監禁で味わわされる苦しみに、より以上の意味があるなどということはあり得ないだろう。

抑圧を眺めるのに良い視点などは存在しない、と偶然性の哲学者は明確に断言する。

決してどこにも、次のような確認を投げ下ろすことのできる高みなどはないのだ。「ほら。この方がいい。眼鏡を変えるだけでよかったのだ。視力を調節するだけでよかったのだ。これでよく分かるようになった。これらの専制君主たちは見たところ〈悪〉を行なっているが、実はわれわれの〈善〉のために働いていたということが。」

決して、口が裂けても、彼はそんなことを言うことはできないだろう。「待ちたまえ、なすに任せておきたまえ。〈歴史〉が自らを作り、己の事業をなすに任せたまえ。最後になれば、ただ最後になったときだけ、ひとたび期限が満了するなら、溶融の恍惚の中で、この血と汗と涙の大河が本当にどこに向かって進んでいたかを理解するだろう」。

一言で言うなら、あの〈弁証法〉という概念ほど彼に無縁のものはない。右や左のヘーゲル主義者、マルクス主義者や歴史主義者にあって、卑しい苦悩の鉛を純金に変えるというお伽噺のような力を持ち、もう一度言うが、意味のないものに意味を与える力を持つ〈弁証法〉という概念ほど。

そして、この拒否は彼のうちに深く根を下ろしているため、またサルトルは無意味な苦悩に飛びついてそれを弁証法化するという考えそのものに心の底では敵意を抱いているため、その後政治闘争時代になっても、非常に奇妙なテクストが書かれている。それは共産党との同伴者時代と毛沢東主義への賛同との中間の時代に書かれた、あまり知られることのないテクストだが、その中で彼は、人間たちの苦難を喚起し、〈歴史〉が人間たちを「選び出し、その上に馬乗りになって、踏み潰す」やり方、さらに「社会にほんの少しでも変化をもたらそうとすると、そのために労苦、汗、そしてしばしば血を支払わなければならない」ことを喚起しているが、また「歴史によって掃き飛ばされるちっぽけな葉くず、死んだ子供」という言語道断の事態を前にして、彼は思わずこう記しているのである。それは「答えのない質問」、もしくは「丸損」のようなものであって、この丸損は、「何ものをもってしても埋め合わせることができず」、ましてや、「弁証法化する」ことのできないものである、と。(34)

彼もまた、ときに「弁証法」を論ずることがあるのだろうか。

もちろん。しかしまさにその点が肝心なのだが、それは新しい弁証法であり、奇妙な弁証法なのだ。彼はそれを時には「回転ドア」に、時には「螺旋」、それも「幾つも中心を持つ螺旋」(35)(ベルクソンの最後の影響だろうか、プルーストの無意識的記憶なのだろうか）になぞらえているが、それはこれまでに知られるどの弁証法とも、とりわけヘーゲルのそれとは、主要な点において異なる弁証法である。その主要な点とは、それが二サイクルエンジンのように動くという点であって、これですべては一変する。それは三つではなく、二つの項を持つ。それは、「xはyに対立し、次いでそれと溶け合って、ともにZをなす」とは言わず、次のように言う、「xとyは対立しあっている。その通り。両者はいつまでも対立することをやめない。螺旋の一巻き一巻きには、新たな上昇あるいは前進のごときものがあり、それは超越的な原理もしくは神によって生み出されるのではなく、〈存在〉の中心にひそむ内なる原動力によって生み出される。それゆえこれを弁証法と呼ぶことも不可能ではない。しかし、上昇もしくは進歩があるとしても、回転ドアが一回りするごとに対立の動きが一段上の複雑さへと進むにしても、逆に、最初の二項を統合する第三項が存在しないため、果てしなく続くその運動は止まることがない」と。要するに、決着することなく、解決されることのない弁証法である。救いも、綜合もない、癒しがたい弁証法なのである。文字通り、堂々巡りを続けるエンジンであり、他のすべての弁証法が前提としている直線性とは絶縁している、ということはつまり、世界が神の摂理によって貫かれているとする考え方と絶縁しているのである。

解消されることなき悲惨。だがその埋め合わせとして、抑圧以外の何物でもない抑圧――他の意味付けが一切不可能な――を手に入れることができる。

主体は、ヘーゲルがまさに「悪しき無限」と呼んだものの中に閉じ込もる。しかし、――不幸中の幸いだ――苦悩の技術屋たちは沈黙し、この悪はいまだ知られざる善を孕んでいるなどとわれわれに語ることはできない。

この第一のサルトルに言ってみるがいい、「スターリンなり、ヒトラーなりを、弁証法的に考えるよう試みる必要があるだろう。これらの収容所が、拷問が、大量殺戮が進んで行く方向は何なのか自問してみる必要があるだろう」と。こう言ってみるがいい。「彼らの口走ったうわ言には意味がある、うわ言を言っているのは見かけだけなのだ」と。二十世紀のあらゆる「宗教的」感性がこれまで行ない、今もなお行なっているように、こう言ってみるがいい。ガス室を前にして、死者と同時に生きている者も焼いた火葬炉を前にして、生きたまま皮を剝がれた子供や尿の樽の中で溺れた子供の姿を前にして、そうすれば子供に次の拷問の夜を迎えさせずにすむと確信した父親の手で首吊りにされる子供の姿を前にして、人類に対する犯罪という人間的なものへの絶対的な冒瀆、二十世紀の最後の夕暮れに、ボスニアで、コソヴォで、あるいはチモールで、チェチェンでその影がまた忍び寄って来たあの冒瀆、を前にして、あの完璧な野蛮行為という謎を前にして、かつてトレブリンカ〔絶滅収容所の一つ〕で囚人の目を欺くためにだまし絵の駅を描いた殺人者たちの、あるいはコソヴォで、連行する人々に向かい、旅が町外れの共同墓穴で終ることを告げもせずに、五分で荷支度をするよう命じた殺人者たちの悪辣を前にして、あえてこう言ってみるがいい。そう、このあまりの恐怖を前にして、神の逸脱、一時的不在、一瞬の、もしくは決定的な退去を仮定してみるべきだと。あるいは反対に、子供たちがその小さな爪で壁を引っかく前のガス室の内側に、〈選ばれし人々〉と彼らの〈主〉との得も言われぬ近さを想定してみるべきである、と。サルトルは、彼の眼から見れば偶然性が人間の運命の最終的結論であるがゆえに、もう一度言うが、何ものをもってしても赦すことも、贖うことも、償うこともできない悪を信じるがゆえに、ただ単に、このむごたらしい弁神論にはいささかも耳を貸さないだろう。それが、彼の反ファシズムの譲ることのできないぎりぎりの結論なのである。

4 ヴィシー問題メモ
レジスタンス闘士としてのサルトル

ここで、あの伝記上の問題へと立ち返らねばならない。つまり、サルトルが、そしてごく限定的な範囲ではボーヴォワールが、もはや理論上のファシズムではなく、具体的な与件としてのファシズムに対してどのような姿勢をとったのかという問題である。

公式のヴァージョンは周知の通りだ。つまり、既に述べたように、サルトルは常に過ちを犯した知識人であり、ヴィシー政権とドイツ人への抵抗運動ということの件でも、例によって不名誉なことをしでかしたという、ステレオタイプな見解はよく知られている。

それについては、手の込んだ、というか倒錯的なヴァージョンも知られている。ウラディミール・ジャンケレヴィッチがほとんど死の床で示唆した見方、すなわち、アンガジュマンの哲学とは何から何まで——サルトルのアンガジュマン哲学もさることながら、多分それ以上に、メルロー＝ポンティのアンガジュマン哲学も——「一種の病的な代償行為であり、悔恨であり、戦時中に冒そうとしなかった危険の追求」にすぎなかったという見方である。サルトルは、メルロー＝ポンティと同様、「戦後に全精力をそそいだ」、ということになる、なぜなら、戦争中は、「義務を果たす年齢」に達していたのに、「何もしなかった」のであり、パリ解放にあたっても、ただ「強烈な感覚を味わう(1)」ためにあちこちの「バリケード」を見物して回っただけだ、というのだ。

その後も言われ、また繰り返し言われ続けているのは、次のようなことだ。サルトルがもしドイツ占領下に自分が疑わしい小心な態度をとったことを自らに非難する必要がなかったなら、彼はあれほどのことをしなかっただろう、つまり、知識人たちはアンガジュマンを強制されているというテーマを大げさに言い立てることもなく、穏健主義と闘う己の戦いに、故人にせよ存命にせよ作家たちを大挙して動員して、ある者には栄誉を授け、他の者を激しく批判し、過去に遡って彼らが人類の運命に無関心だったことを叱責するなどという、馬鹿馬鹿しい真似をするようなこともなかっただろう。

要するに、アンガジュマンの哲学はまやかしであり、文字通り無罪証明《アリバイ》であった。というのも、その哲学は時機を失ったアンガジュマンの代用なのであり、サルトルの頭上には、考えられ想像し得る限りのあらゆる疑いがのしかかっているのだから、というのである。『バリオナ』は捕虜収容所で上演され、『蠅』は占領下のパリで上演され、雑誌『コメディア』に複数の論稿を寄せ、パテ社のためにシナリオを書いた、カストールもラジオ用にシナリオを書いた、ずい分お粗末なレジスタンスだ、あるいはレジスタンス活動など全くなかったのだ、等々。もう少しで、ほんの少し情報操作が加われば——ことサルトルに関しては、悲しいかな、情報操作ははるか昔の話などでは決してない――彼はフランスで最初のペタン派に祭り上げられてしまうかもしれない……。

いつの日か、そのような中傷がいわれのないものだということを歴史家が示してくれる日が来るだろう。いつの日か――だがそれはいつなのか――ドイツの圧制下でヴィシー政府に直面したサルトルの姿勢がふたたび、それも正々堂々と、真の裁判にかけられることになるだろう。

私自身は歴史家でもなく、裁判官でもない。しかし結局、事実はそこにある。全ての事実が。それを検討しようとする者はそれをいつでも使うことができる。それらの事実を一つ一つ冷静沈着に取りあげていけば、全体として一つの顔を作り上げるだろう。たしかに英雄の顔ではないかもしれないが、だからといって不名誉なことなど何一つない顔、人が言いたがるほどには、己の哲学の約束からかけ離れていない顔だ。

サルトルの戦前

まずは、戦前である。おかしな戦前だ。当時、彼の内ではダンディズムと、前に述べたような理論的左翼主義とが混在していたため（ジャン・ルノワールの主人公たちも『夢見るブルジョワジー』の主人公たちも一緒くたにしてしまうような概念――「下種野郎」すなわち「ブルジョワ」の概念――を持つ人間にとって、左翼連合や人民戦線に賛成票を投じることが何の役に立とう）、結局サルトルは明確な態度表明をすることができなかったばかりか、迫りつつある事態の尋常でない重大さを見抜くこともできなかった。

彼はドイツで一年を過ごしている。だが、ケルンや、やはりベルリンに同じような形で滞在して帰国したマウーやアロンが、途轍もない出来事が起ころうとしており、西洋文明全体がぐらつきつつあると確信したのに対して、彼のほうは、まるで何も目に入らず何にも心を動かされていないようなのだ。後に自ら述べるように[2]、彼はその地ですばらしい「休暇」を過ごし、フッサールを読み、ハイデガーを発見して、あの高等師範学校時代の甘美な「無責任性」に再会するのである。

彼はパリに戻り、それから一九三四年夏にはル・アーヴルへ赴く。だが、アロン、それにニザン、同世代のすべての若き大学教授資格者《アグレジェ》たちが、共済会館でのミーティングに参加したジィドやマルローに拍手を送り、創設されたばかりの反ファシズム知識人監視委員会の地方支部の創設にそれぞれの領分で尽力していたのに対して、彼は共済会館でのミーティングにも委員会の地方支部にも関心を示していない。

次いで人民戦線が成立する。シモーヌ・ド・ボーヴォワールによれば[3]、この出来事は彼に「熱狂」を呼び起こしたというが、それでも彼は彼女とともにローマへ、そしてナポリへとずらかってしまい、その地で「異郷の生」を書き、またその地からオルガに宛てて美しい長い手紙を書き送ったが、その手紙は力を込めて、ナポリの旧市街の路地だとか、モザイク模様だとか、フレスコ画といった細々したことを喚起しているものの——政治については一言も触れられていない[4]。

それからスペイン内戦が勃発する。今度という今度は、さすがに彼もそれを念頭に置く。おそらくそこに賭けられているものの大きさを悟ったのだろう。そしてカストールはまたも後にこう述べるだろう。それは「二年半の間、私たちの生活全体を占め尽くしたドラマだった[5]」、と。それでも彼の「お気に入りの弟子」で「骨の髄まで左翼主義者」の「ボスト坊や」が国際旅団*に加わりたいという意向を伝えにきたとき[6]、彼は漠然と話を聞き、『壁』の短篇の一つに使うためにそっとメモをして、ボスト本人についてはニザンの許に相談に行かせるのだ。まるで彼らの小さなグループの中では、政治とアンガジュマンと真面目な問題の担当者はニザンと決まっているといわんばかりだった——ニザンは「くそ真面目の精神」とまで言われていた。

人民戦線の敗北。この敗北は、当時の左翼知識人全体にとって、レオン・ブルムが体現した希望の断末魔でありその死であったが、その直後の一九三八年七月十四日にカストールに宛てた長い手紙の中で彼が述べているのは、第一に「空は灰色である」、第二に自分が「ひどく共和主義者」になっている、第三に、高等師範学校の同級生、アルフレッド・ペロンが「襟のラベルホールに」「赤い小さなラベルを」差し込んで出ていったところだということにすぎない。この件に対して彼は、ロカンタンが独学者のヒューマニズム的誓いに対して好意を寄せなかったのと同様、大して好意を寄せていない。

それから、ついにミュンヘン協定をめぐる論争が来る。その中での彼の立場は明らかに教条主義的な平和主義者のそれではないが、シモーヌ・ド・ボーヴォワールが後に主張するのとは逆に、(7)純粋で堅固な反ファシズムの路線に与しているわけでもないのである。アロンと会話を交わした際、(8)要するに彼が述べたことは次の通りだ。「私は人々の生命を意のままに左右するつもりはない。ヒトラーに対する断固たる姿勢がもたらす政治的帰結に直面しようという気にはなれないのだ」。それからずっと後に、例によってコンタに打ち明けた彼自身の証言は、「私は自分の個人的な平和主義と反ナチズムとのあいだで引き裂かれていた」(9)(もっとも、「少なくとも私の頭のなかでは、反ナチズムがすでに優位にあった……」と付け加えているが)。

もしサルトルが何らかの「悔恨」を抱いたとするなら、まさにその点である。彼が何か「償う」べきものを持っており、「アリバイとしてのアンガジュマン」という命題にいくばくかの真理があるとすれば、それはそういったことすべてのせいなのだ。この時期の優柔不断や、彼自身が「ニザン」(10)の中で、自分の「いかなるアンガジュマンをも受けつけない非政治性」と呼んだもののせいなのである。それゆえ、例えば、ずっと後の一九七三年に『レ・タン・モデルヌ』に載せたかの名高い論稿「間抜け狩り選挙」なども、この時期の遠いこだまのようではないか、伝記によれば彼がどうやら一九三六年の選挙では投票に行かなかったという事実を後になってから正当化しようとする、ある種の弁明だったのではないか、と考えることもできなくはない。

それ以外、つまり、その後ずっと続く時代、『嘔吐』と、次いで『存在と無』によって勝ち得た名声が彼のどんな些細な言葉にも、それまで持ったことのない影響力を付与することになる一九四〇年以降の時代については、この五〇年来作りあげられてきた厄介なサルトル非難のばかげたデータファイルに載せるべきことは何も、ほとんど何もない。

脱走に疑問あり、だって？

トリーアの捕虜収容所、そしてそこからの「脱走」。この問題については、これまであることないこと書かれ、語られてきた。彼が解放されたのは、ブラジヤック*と同様、パリでドリュー・ラ・ロシェルが介入してくれたからだなどと言われた。ドイツ軍の中に後ろ盾や共犯者がいなければ、収容所から出ることはできなかったはずだと書かれもした。それとは逆に、――その語を口にするという誤りを最初に犯したのはシモーヌ・ド・ボーヴォワールだが――正真正銘の脱走、ヒロイズムとまではいかずとも、少なくとも脱走という言葉が前提とする小説じみた危険の香りを漂わせる、正真正銘の脱走のように語られたこともある。真相はもっと単純だ。彼の六ヶ月間の捕虜生活に関する信頼しうるただ一つの証言、マウリス・ペラン神父の本がそれを教えてくれる。ペランはドリューの口利きという説をはじめて耳にした時、即座に本を書くことを決意したという。(11)「兵士ジャン＝ポール・サルトル」が収容所を出たのは、彼、マウリス・ペランがサルトルの軍人手帳を変造して「斜視による方向感覚障害」を有すると書きこんだからなのである。そこで、彼は「手違いによる召集者」の数に加えられて収容所を出ることになった。ドイツ軍はその該当者を系統的に釈放していたのである。これは確かに、「大」脱走よりは栄光に包まれていない。だがいささかも不名誉なものではない。その当時、もっと波乱万丈な脱走はあったし、脱走者はナチという狼から逃れおおせても、すぐまたヴィシー政府という狼の口の中へ飛び込む危険があった。私は、同房の捕虜に偽の証明書を作って貰ってあっさりと収容所を出たサルトルのほうが、モンテ・クリスト伯流の華々しい脱走をしておきながら、自由の身となるや、ヴィシー政府の紋章を受けとり、おそらくはそれに見合う働きをすることになるミッテランとやらよりもずっとましだと思う。

『バリオナ』の一件

『バリオナ、あるいは苦悩と希望の戯れ』は、一九四〇年のクリスマスに際して、収容所で上演されたクリスマス劇のタイトルである。書いたのもサルトルで、パリのレリスの家でのパーティーの時と同様、サルトルはお祭り男の本領を発揮したわけだ。

長い間、脚本は発見されなかった。

長い間、サルトルはその上演を禁じ、台本の出版すら認めなかった（ただし、六〇年代に記念版が五〇〇部非売品として刷られている）。

そして、このような戸惑い、躊躇が、さまざまな疑惑をくすぶらせる結果にしかならなかったのは事実である。作品の戯曲としての質についての疑惑ではなく（今日では、この点こそがサルトルの本当の気がかりであったことははっきりしている。作品は「できが悪かった」、「論証的演説を長々と」盛り込み過ぎた、と自ら述べているのであるから[12]、その政治的意味、深層の意図、それに恐らくはそれにまつわるいくつかの妥協についての疑惑である（捕虜収容所でドイツ人の統制のもとに執筆され上演された作品で、「ローマ人がユダヤを支配していた時代の物語」だということしか分かっていなければ、あらゆる点で懸念があってもおかしくはない）。

今日、テクストは存在している。[13]

そして、われわれはもちろん、上演の条件、俳優の演技、書き割りや衣裳の詳細、作者の指示、演出のスタイルないし拙劣さ、またそれが受けた制約について大したことは知らないものの、それでも、十二月の二十四、二十五、二十六日の三夜に、汚く寒い会場でサルトルの仲間たちが何を見、何を聞いたかはある程度分かるのである。

さて、テクストは何を述べているのだろうか。

ローマ人による占領下のユダヤのとある村の物語だ。

ローマ人が税金の値上げを決定すると、この村の長で、占領者に対するユダヤ人の抵抗運動の一員であるバリオナは、以後は子供をもうけることを止めるという反撃手段に訴えるよう同胞に説く。

ところが、そこに彼の妻、サラが現れ、まさに自分が懐妊したことを彼に告げる。しかも、その同じ日、ベツレヘムの隣の村から、もう一人の新生児の報せが届く。「馬小屋の秣桶の中に産着でくるまれて寝ている」この新生児こそメシアであると、土地の呪術師や占い師は告げていた。

バリオナはどうするのか。村の呪術師は磔刑と復活まで含めてその新生児の未来を予言したが、バリオナは最初にそう考えた通りに、この赤子を殺すだろうか。それとも逆に、考えを変え、ローマ人の暴力からその子を守ろうとするのだろうか。その地方に広がっていた騒乱に不安を覚えたローマ人は、やはりこの赤子を抹殺しようと決めていたのである。

バリオナは、じっくりと考えたすえに、その子供を守ることにする。この幼いメシアが生き延びるように、マリアとヨハネとの赤ん坊が逃げおおせるまでの間、自分の命、村人の命を犠牲にして、ローマ人を押し留めようというのだ。そして、心を揺さぶる最後の場面で彼に別れを告げるサラに向かって、こう告げるのである。彼女とその子についても自分は考えを変えた、自分たち二人の子をこの世に産み出して欲しい、そしていずれその時になったら、父は歓びのうちに死んでいったと子供に伝えてくれ、と。

この「聖史劇」が文学的な問題、さらには形而上学的問題を提起しているというのは、また別の話である。サルトルのテクストに慣れ親しんでいる読者なら、「生殖恐怖症的な」テーマが突然棚上げされたように見えるこの物語、たとえば『自由への道』の中の話とは異なり、母性が幸せな出来事として現れるこの物語を、意外に思うだろう。それは確かだ。

バリオナという人物が、「世界のあらゆる子供たちの代わりに」〔ママ〕生まれた、王者たるこの子供の手に未来を委ねる言葉を耳にして、読者は不快に思うかもしれないし、必ずそう思うはずである。『嘔吐』の作者なら、このような子供にこのような讃辞を呈することなど決してなかっただろう、ということは、この私が真っ先に確信する。

それに、間もなく目にすることになるが、『バリオナ』の時点においてこそ、この奇妙なテクストの中にこそ、まさにサルトルの作品系と生涯の真の転換が起こったのだ。この収容所の体験と収容所におけるこの戯曲の執筆こそが、第二のサルトルの誕生、確かにメシア的で楽観的な第二のサルトル、あの厭世主義的な見事な形而上学に突然背を向けた、新たな意味でアンガジュマンを行なうサルトルの誕生の瞬間なのである。この厭世主義的な形而上学は、あたかも政治的な誤りから守ってくれる予防ワクチンであり、通行証のようなものであったのだが。

だが、それ以外のこと、つまりテクストの形而上学的ではない政治的な意味、収容所という状況と当時の状況に組み込まれている部分に関しては、そこにこめられた暗示は明瞭で、紀元一世紀のユダヤの生活とナチスの軍団に占領された国の生活との間の対応関係は不絶に喚起されており、したがってこの戯曲のメッセージはいささかの曖昧さも残さない。

『バリオナ』は占領と抵抗運動の寓話である。

『バリオナ』は子供を作ることをやめるという誓いと、次いでメシアを殺さずに生かすという誓いによって、二度にわたって抵抗の精神への称賛なのだ。

『バリオナ』は、人間の無敵の自由と、どんな状況下でもそれを選びとりさえすれば手にすることのできる己の抑圧者に挑戦する力、つまりヒロイズムは常に可能であるというサルトル的命題を、暗黒版と魔術的美化版で二度にわたって具体化しているわけである。

『バリオナ』は、要するにユーモアの溢れた、面白い劇であり、敵に対して、つまりローマの官僚レリウスに対して、風刺というもう一つの武器を大胆につきつける。レリウスは「社会的人間の新時代」、つまり「役所の書類」の時代を打ち立てた「神のごときカエサル」への驚嘆を口にする。彼は明らかに滑稽だ。自分より後で「官職に」就いた従兄弟が「ギリシャに派遣される幸運」に恵まれたのに対し、自分はこのような「僻地」、このような「片田舎」に追いやられた悪運を呪う。それは、植民地に埋もれて暮らす貧しい白人の繰り言そのものだ。これもまた滑稽だ！　そして、サルトルに反感を抱く者たちが彼の反ユダヤ主義の白状だとして最大限に取り上げようとした、作中に見られるユダヤ人への誹謗（「野蛮人たちを十五年もの間……、私には分かる、それで性格が鍛えられるのだ……、もう少しブランデーをくれ、それで性格が鍛えられるのだ……だがそれにしても……」)、レリウスが描き出すベッスールのユダヤ人の肖像(「大きな口、苦々しく滑稽な……下品だ、そう、下品……ああ、いつになったらローマの群衆を、わが同胞の顔を再び目にすることができるのだろうか、何も意味することのないわれわれ自身の顔を」)、パレスティナの砂漠の真中で彼が募らせる愛しい祖国ローマへの郷愁、また遠く離れた僻地にくすぶっていつも文句ばかり並べる不平家振り(「ローマの、植民地行政官学校を志望する若者に、植民地行政官の生活はひどい責め苦だと警告すべきだろう」)、こうしたものに関わる箇所がもたらす主たる結果は、愚かで偏狭で卑劣な植民地行政官の人物像を笑いものにすることだということが分からないとすれば、よほど悪意を抱いているか盲目であるかのいずれかである。この地方行政官自身、笑い者にされているのに気づいていないわけではないのだ(「ふむ、どうも奴は私をばかにしているようだ」、とレリウスは、バリオナが彼の国にローマが惜しみなく与えてくれた数々の「恩恵」に実に、横柄な口調で礼を述べて出て行ったあと、「傍白で」呟いているのだから)。

その場にいたドイツ人たちは、この皮肉をそれほど不審に思わなかったのだろうか。

それはあり得ることだ。

だが、恐らく、彼らはレリウスのようにこう思っていたのだろう、とマリウス・ペランは示唆する。まさに「連中をそう締め付けず、多少の幻想の余地は残してやろう、彼らがそうしたいなら、せめてささやかに笑う自由は残しておいてやろう」。

ペランはまたこうも述べる。きびしい検閲の目をごまかすために用いられた神話的カムフラージュが十分に功を奏し、特務曹長は「そうした一切」、これらの不敬と皮肉たっぷりの科白をすべて「大して問題にはならない」単なる「文学」だと受けとめたのだ、と。

恐らく、捕虜収容所という極度の無秩序がはびこる雰囲気の中に、思念によって身を置いてみる必要があるだろう。抜け目のなさと妥協がはびこる空気。脱走、衣服やビスコットの横流し、街中での労役、点呼に姿を見せない脱走者、その場合には、名前の前に「Entflohen〔逃亡〕」と書いて済ます下士官たち、「ブラコ」、つまり狡猾な密売人の天下。その男は本物の小軍隊を支配下において、噂によれば、金さえ払えば、頼んだ品物は何でも収容所内に運びこむことができるという。だから、このてんやわんやの、抜け目ない立ち回りの支配する雰囲気、この混沌の中で、仲間を楽しませようとするチビのフランス人の滑稽劇の一つや二つ、どうということはない。

いずれにせよ、重要なのは、当事者たち、つまり捕虜たちの反応である。

重要なこと、本質的なことは、どの証人も語っているように、フェラーやペランなど総勢六〇人の出演者がサルトルのテクストに命を吹き込んでいたとき、会場に漲っていた宗教的沈黙である。

そしてさらに、この沈黙の中で語られていたこと、サルトルの捕虜仲間が事実上耳にしたこと、彼らがそこから引き出した知的かつ実践的な結論、それについては、繰り返して言うが、疑いを挟む余地はない。

バリオナが配下の者たちに、「お前たちは自分の子供が、兄弟や父と同じように、鉄条網の間に挟まれて、腹わたを日昼にさらして死ぬのを願うのか」と呼びかけるとき、捕虜たちとしては、強制収容所について当時すでに知られていたこととまでは行かずとも、少なくともこの捕虜収容所の現在の状況を思わずにはいられない。

レリウスがバリオナに対して、彼の「協力」が欲しいと語り、徴税請負人に「ローマ政府としては各地の地元首長を優遇してやるのが得策なのだ」と説明し、自分は占領地の「制度や風習を尊重することを義務としている」と述べるとき、トリーアでさえも知られていたナチスの気配りのこと、つまり地元首長たるラヴァルやペタンを優遇したり、反ユダヤ的政令を発布し、次いで実施するにあたってフランスの制度や風習に依拠しようとした、あの気配りのことを誰もが思わずにはいられない。

最終幕で、バリオナが村人たちを前に演説し、「進もう（ローマの軍団に対して、が言外に仄めかされている）、ワインと希望と歌に酔いしれて」と語るとき、また彼が、必ずや訪れる明日への希望を胸に、武器を手に取って死ぬ決意をするとき、そこにこめられたメッセージが聞き取れないのは、聾ぐらいなものだ。サルトルの友人のハイデガー派の司祭たちや芸術家棟の居住者たち等々は、知っての通り、聾などではなかった！

何しろそれは「聖史劇」であったのだから、最後に付け加えておきたい。この聖史劇で鍵となる問題はユダヤ人とキリスト教徒との関係という問題である。このもう一つの問題の今日の状況における政治的重要性は強調するまでもないが、この戯曲はこの問題に決定的な回答を寄せている。「十字架にかけられる」ユダヤ人バリオナ……。ベツレヘムで「キリストである救い」が誕生したことを告げる、ほとんど使徒に等しいユダヤ人のカイフ……。途方にくれつつも、神なる子供を救うために駆けつけようとする謙虚なユダヤの民……。この命題も明らかに議論の対象となりうるものだ。ユダヤ人の観点からもキリスト教徒の観点からも、それは不条理で、短絡的で、神学的には珍妙であるか、愚かしくも諸教混合的であると思われるかもしれない。だが、独自性がないわけではなく、わけても上演の場を考慮に入れるなら、政治的な大胆さと有効性がないわけではない。というのも、この命題はまさしく、ユダヤ人を神を殺した民族とするるイメージ系を真っ向から叩いているのだからである。それは、キリスト教がユダヤ起源のものであることを再確認し、例証し、舞台に乗せているのだ。大部分がキリスト教徒の観衆を前にして、このように反ユダヤ的偏見の核心そのものを標的としていることは明らかである。

最後に、マリウス・ペラン神父の証言を聞こう。

この作品の上演が収容所内にもたらした具体的な影響について、当の拘留者であった彼が述べていることに耳を傾けよう。

「バリオナ以降、すべてが変わった。まるでサルトルが『ウイルス』を持ち込んだかのようだった。反抗が妨げられていた『長い潜伏期間』が、あたかも彼のおかげで終りを告げたかのようだった」。同室の者の間では「脱走」の話しか出なくなった、と彼は続けている。「暗号で書かれた」カードが回って来て、「残っている者に対して、これこれの男は故郷の村へたどり着いたとか、ド・ゴールの許に合流したとか、知らせるのだった」。

さらに、「バリオナの配下は、恐らく死へと向かって出発する」が、彼らが死ぬのは、「自由な人間たちの希望が抹殺されない」ためであるということは、われわれに明白に語られていた。したがって、サルトルは収容所にまさに「自由の衝撃的な発見」をもたらしたと言うべきだ……。

これ以上に何が必要だと言うのか。

これ以上に雄弁な証言があると言うのか。

そして、収容所で日々サルトルの身近で過ごした、道徳的に疑いの余地のない、この直接の証人の言葉に勝る保証がどこにあると言うのか。

『蝿』

パリへの帰還。

実際に自分で失敗作と評価したからであるにせよ、あるいは反対に、『バリオナ』は全作品の中で戦略的な位置を占めている——この点は後述するつもりだ——けれども、サルトル自身がそれをきちんと受けとめていないからにせよ、サルトルは『バリオナ』を否認した。

そして今や、サルトルは、シモーヌ・ジョリヴェを介して――それ以後、サルトルを演劇へと導く道には、常に女性がいることになる――彼の「第二の」処女戯曲をシャルル・デュランに持ちかけるのである。

彼が占領下のパリの中心部、かつてのサラ・ベルナール劇場であるシテ劇場でその劇を上演するのに同意したこと、それはもちろん疑問の余地のない事実である。

その劇場が、ドイツ宣伝局の文書の中に「親独的」と判定され、その資格でドイツの劇団公演を迎えるに相応しいとされた四四の劇場の一つとして堂々と記載されていること、これもまた事実である。

デュランが、マキへの加入を選ばなかった劇場主がみなそうであったように、恒例の手続き書類を揃えた、つまりドイツ軍検閲局に作品を送り、俳優と技術陣のリストを提出して、そのなかに一人もユダヤ人がいないことを名誉にかけて誓ったに違いないこと、ヘラー中尉の部局が必要と判断した修正にはすみやかに応じる旨の約束をしたこと、その劇の上演にあたり、ドイツ人にとっての『パリスコープ』〔各種催し物案内〕に当たる隔週発行の雑誌『ドイチェ・ヴェーグライター』に有料の広告を載せるのを了承したこと、こういったこともまた、すべて疑いの余地はない。

そして、これらすべての障害を乗り越えて、芝居が予告され上演された初演の晩に劇場のロビーで繰り広げられた「パーティー」について、何の証拠もないままにある伝記作者は、そのパーティーは行なわれ、サルトルも出席しており、さらには演劇関係者たちの正式の担当官であるルフト、バウマン、ラーデマッハーといった特別指揮官たちもいた[14]――立食料理、シャンパン、思いやり溢れる雰囲気、そして上機嫌なサルトルは、実にくつろいで、コクトーのように社交界の人士に向かって天才振りを見せつけるわけではないが、ドイツ人の前では感じのいいところを見せるのに余念がない――と述べているが、よほど極端な悪意がない限り、そんな場面を想像することはできないというのも明らかである。

まず第一に、占領下のサルトルとボーヴォワールの生活を糾弾する物語の中で、いささかの調査も反対調査もないままに、際限なく取りあげられ、飽くことなく蒸し返されるこのシーンは、繰り返して言うが、いかなる信用に足る証言にも基づくものでは全くないのである。つまり、二人が文学シーンに登場して以来、二人につきまとい中傷しつづけた噂の発信装置について分かっている点を考慮し、二人をめぐっては、数え切れないほどのどれも突飛なばかばかしい話が流され続けていることを考慮すれば、慎重になる必要があるのではなかろうか。

それから第二に、戯曲そのものがある。『バリオナ』同様、事実が、テクストがあるのだ。糾弾者たちには、まさにこれらの事実、これらのテクストにこそ関心を向けてもらいたかったのだが。

内容に関しては、つまり対象そのものと彼が表現していることとに関しては、よほどの自己欺瞞がなければ、今日でもなお時の情勢の明示的な反響が聴き取れるはずである。ある男（オレスト）が父を殺した者に復讐するために故国に戻り、都を暗殺者のカップル（エジストとクリテムネストル）から解放する。ここには、占領者ならびにフランスを裏切ってドイツと結んだ女という二重の形象を見ることは難かしくない。呪われたカップルが押しつけた罪と悔悟のイデオロギーを捨てない限り、都（アルゴス）は圧政を脱け出すことはできないだろう。ヴィシー政府の痛苦礼賛的言説、その悔恨信仰、フランスにのしかかっていた胸くそ悪い贖罪苦行の雰囲気へのあからさまな当てこすりである。地上の権力と宗教権力の同盟が、ジュピテルという登場人物が科白の中で「道徳的秩序」と呼んでいるものを全体として作りあげている（デュランが作者サルトルの指示に従って、カトリック神父の上祭服を着てジュピテルを演じたことは、モーリス・ド・ガンディヤックの証言によリ知られている）。これ以上分かりやすい話もあるまい。オレストは「己の自由の果て」まで突き進み、「自分の行為すべて」の責任を引き受ける。当時パリで、己の行為の結果としてドイツ人の報復行為を引き起こす危険を冒す「テロリスト」の問題をめぐってなされていた論争のことを思わずにはいられないだろう。オレストはさらに、己の自由であるが、また臣民たちに植え付けようともしている自由への呼びかけを絶叫し、謳い上げる。その自由こそが圧制に屈服したアルゴスの復讐を可能にしてくれるのだ。「私は自由だ、エレクトル。自由は雷のように私に襲いかかった」。また別の箇所では「私は自由で軽い」、「地上から一〇尺ほどのところに浮かんでいる」というほどに自由だと感じており、「一筋の糸ほどの重さもなく、空中に漂っている」とある。これが、果たしてドイツにおもねり協力する戯曲の口調だろうか。

次に形式に関して。このようなテクストをパリで上演することが時宜にかなっていたのかどうか、別の言い方をすれば、この長科白の連なりを果たして観衆がどのように受け入れたのか、対立する両陣営の人士がそこから何を理解したのかについては、もちろん何一つ確実ではない。しかし、メッセージ全体が、すべての観客と批評家の頭上を素通りしていったかのように決めつけることはできない。この点に関しても、やはり文書資料が証明してくれる。まず一方の側としては、『ラ・ジェルブ』に発表したカストロによる非難（「老いさらばえたシュールレアリスム」、「下劣なものへの偏愛」）、ロープローの『プティ・パリジャン』での非難（「キュビストでダダイストのがらくた」）と、次いで『ジュ・スュイ・パルトゥー』での非難（「何と醜く、何と古臭いことか」）、それに『コメディア』でのローラン・ピュルナルの揶揄（「糞便食的強迫」）や『フランス・ソシアリスト』（社会主義のフランス）でのジョルジュ・リクーの攻撃（「良き趣味の解体」）。雑誌名からは見分けられないが、これも対独協力派の雑誌であった。次いで、ドイツの新聞（アルベルト・ブェッシェの『パリザー・ツァイトウンク』での、次いでベルリンの、ゲッベルスに近い週刊誌『ダス・ライヒ』での評）もまた思い違いはしておらず、誤魔化されることなく、『蝿』の上演は、パリでもレジスタンスに喝采《マ》をおく《マ》ることが可能であることの証左だと見抜いている。要するに、この点でもまたこれ以上何が必要だというのか。ドイツの、あるいは親ドイツの新聞は、これほど明快に、彼らは『蝿』の作者を敵とみなしているのだと言っているではないか。もう一方の側では、ロンドンの『自由フランス』のリオネル・ド・ルーレは、苦痛礼賛とペタン派イデオロギーに対する批判に特に注目し、ガブリエル・マルセルの評もまた、「懺悔的」イデオロギーへの批判の辛辣さを指摘している。次いで、一九四三年十二月には、地下出版『レットル・フランセーズ』十二月号にミシェル・レリスのあの名高い論評が載る。[15] この雑誌はレジスタンスの実質的な機関紙であったから、この戯曲の意味やその具体的な政治的影響にいささかでも疑問があったなら、この作品をこのような形で取り上げはしなかっただろう。「われわれの一人一人が、オレストのように行動するだろう。飛躍を完遂し、危険を顧みず、自らの決断によって、こうして開始された非情な道に踏み出して行くだろう」。さらに先の方でこう書かれている。「宿命の犠牲者であったオレストは自由の闘士となった。彼が殺人を行なうのは、訳のわからない力に突き動かされた結果ではなく、事態を完全に把握した上で、正義を行なうためであり、この熟慮に基づく決断によって、ついに人間として存在するがためなのである……」

次いで最後に、一般の人々、観衆自身が、なかでも若者たちがいる。当時、若者たちは劇場に押しかけたこと、彼らもまた盲目でもなければ記憶喪失でもなかったことをわれわれはよく承知している。少なくとも四人の証言がある。アレクサンドル・アストリュックは熱狂的にこう語っている。「反抗と自由を含意する、ほぼ専ら行為に基づく、新しい倫理の基礎……」[16]。ポーランのフォートリエ宛ての手紙。「昨日『蝿』を観ました。とても素晴らしいと思いました。モーリヤックは全く不当だと思います。この悔悛者の都は、まるでヴィシーそのものです！」ジャン・デュヴィニョ。[17]「われわれはデュランによる『蝿』の上演に喝采を送った。そこに「新秩序」に敵対する政治的主張が見てとれるだけに、なおさら強く喝采したのだ」。それからデュサーヌはその『演劇短評』の中にこう記している。[18]「危険と行動でピンと張りつめた白熱した生に対するこの愛好を、検閲が見逃したのは、それがアイスキュロスのせいだと思ったのか、そこにレトリックしか見なかったからなのかは、分からない」。だが、「若者たちの誰もがそこに、自分たち自身の熱情を重ね合わせ、自分たちに向かってこのように投げかけられた訴えを十全に聞き取ったことは、よく分かっている」。

つまり、メッセージは伝わったのだ。

『出口なし』のメッセージも、同様に伝わるだろう。より難解で『存在と無』の命題に近いが、これもまた、当時の政治的・イデオロギー的情勢に対する暗示に満ちている。ガルサンの卑劣さ……牢獄のような世界……エステルという人物を通したレズビアンの復権……貞操尊重への批判……「将軍」「司教」「提督」の頭を切り落す（劇中のイネスの歌。これは二年前の一九四二年のクリスマスに暗殺されたダルラン提督への暗示だろうか？）……。この劇の初演は、連合軍のノルマンディ上陸まで数日という頃に行なわれた。パリの若者たちはまたも大喝采を送った。アンドレ・カストロを初め、対独協力派の新聞は、例によって「汚物」とか「汚水溜め」と決めつけ、「劇作家秩序審議会」の設立を呼びかけた。それは「『出口なし』のような吐き気を催す汚らしい作品を、その凡庸さの故にではなく有害な醜悪さの故に禁止する[19]」権限を有するとされていた。

作家の取り締まりが問題なのか、はたまた、思想をめぐる話なのか。もし本当に観念に関心があるなら、そして当時誰が何を考えたのか、人々が考えかつ闘うことを可能にした思想はいかなるものだったのかを、現実に即して知ろうとするなら、次のような明白な事実を受けとめざるを得ない。すなわち、パリで『出口なし』と『蠅』を上演するということは、確かに英雄的な行為ではなかった。それ自体では、命を危険にさらす行為ではなかった。しかし、その代わりそれは、サルトル自身の言葉を用いるなら、間違いなく「抵抗する作家」の行為であったのである。

占領下における二人のラスティニャック

『コメディア』は対独協力の文学上のショーウインドウである。

これはものを書きものを考える振りをし続けたいと願う極右の新聞である。

ところで、一九四一年六月二十一日の、「新シリーズ」第一号の第一ページには、この新聞の常連執筆者たちに混じって、ヴァレリィ、マルセル・カルネ、ジャン＝ルイ・バロー、オーディベルティ、オネゲールと並んで、ジャン＝ポール・サルトルの名が見える。そして、とりわけこの雑誌に『白鯨』についての論考（一九四一年六月二十一日）、次いで『蝿』の上演に際するインタビュー（一九四三年四月二十四日）、次いで一九四四年（二月五日）にジロドゥーへのオマージュを寄せている。このジロドゥーへのオマージュは、この新聞の社長であり、ブレッカー*展のパトロンにして名誉委員会の委員であったルネ・ドランジュの熱心な依頼を受けて書かれたものである[20]。これらの三つのテクストには、不名誉なことは何一つ書かれておらず、未来のサルトルが恥じ入らざるをえなくなるような言葉は一言も述べられていないが、それにしてもできれば他の場所に発表して貰いたかったというのも事実である。

それに加えて、恐らくはこのドランジュの口利きもあったと思われるが、いずれにせよジャン・ドラノワの紹介で、サルトルは一九四三年に、月給二万五〇〇〇フランでパテ社の脚本部に入ることになったという件。

さらにそれに加えて、シモーヌ・ド・ボーヴォワールの件もある。ボーヴォワールは教育行政当局から睨まれ、低く評価され、以前から、ジィドやプルーストやフロイトのテクストを通して有害なイデオロギーを広め、フランスの青少年を堕落させる「悪質教師」のレッテルを貼られていた。そして一九四三年七月には、女子生徒の一人ナタリー・ソロキーヌと同性愛の関係を結んでいるとする糾弾が、国民教育大臣アベル・ボナールへの報告書の中に記されてしまう。そのため、ボーヴォワールは正式にポストを失うことになり、「食うための」仕事を探さなければならなくなった。そこで、「ミュージック・ホールの歴史」というラジオの連続番組を担当するのを引き受けたのである。

以上三つの伝記上のエピソードは、事実であることが証明されている。

そして、まさしく妥協に他ならないこの三つのケースは、サルトル伝説が明らかに触れようとしなかったことである。

だが、これらの場合についても、事が作家に関わる以上は、またしてもテクストが述べることに耳を澄ますべきだ。

ボーヴォワールの一件については番組の台本が残っており、読むことができる。そして実際に読んだ者がいる。(21) その作者は保身を図ろうとしたのだろうか。当局の政治の方向に添うと思われるあらゆるものにことさらに追髄したのだろうか。事実は見ての通りだ。驚かされるのは、このスケッチ集が時局とは何の関係もない、ごく当り障りのないものであることだ。まるでごった煮のように、リュトブッフの散文やフランソワ・ヴィヨンの詩、滑稽劇、市《いち》の歌、中世の歌曲、ベランジェのシャンソンなどが詰め込まれている。「聴取者のみなさん、皆さんがかくも熱烈に喝采を送るこれらのショーの起源は何か考えたことがおありですか」と、第一回の番組の「声その一」は、ジャズの音楽をバックに語りかけていた。それに続いて、「時をかける旅」が始まる。俳優たちの声に乗って。その俳優の中には彼女の友人(オルガ・コサキエヴィッチ)もいれば、それほどでもない者(ジャン・ヴィラール)もいた。その旅の方針には不満を抱くこともできよう。

カストールが、生き延びるために、占領下で歌など唄うことを承諾したことに非難を浴びせることもできよう。だが台本の中には、支配者のイデオロギーや精神へのひそかな共謀の合図や目配せはいささかも見当たらず、ましてや、それらへの同意を示すいかなる言葉も文も見つけだすことはできない。

サルトルのパテ社就職の件に関しては、話は一層明解である。何しろサルトルは、占領軍にもヴィシー政府にも何一つ譲歩しなかったが、それだけでなくその機会を利用して、つまり自分の「立場」を利用して、程度はそれなりに異なるにしても執拗に、しかも己の最も一貫した実存的・哲学的プログラムに則って、己の自由を主張し、押し通し、反抗のメッセージを送ろうとしたのだから。それというのも、結局のところ、われわれは何の話をしているのか。蜃気楼の話ではない。失われた、幻のテクストの話でもない。実際に書かれ、残されており、中には映画化されたものもある五本のシナリオの話なのだ。それらは、カストールのスケッチと同じく実際に存在し、その上、その状況にあって、純粋にサルトルその人の手になるものなのである。パテ社で、彼はドラノワの映画『賭けはなされた』のシナリオを書いた。人種差別主義と植民地主義に対する見事なジィド的糾弾である『チフス』が生まれたのも、パテ社においてだった。この作品は、オーランシュとアレグレによって翻案され、一九五三年に、『傲慢なる者たち』〔『狂熱の孤独』〕となる。さらに、原稿料は払われたが映画化はされなかった『魔法使いの弟子』『大いなる恐怖』『レジスタンス』と題する三本の作品もそこで書かれた。これらのシナリオについて少なくとも言えることは、時の支配的イデオロギーとは大して関わりがないということである。特に、『レジスタンス』は、『一指導者の幼年時代』の主人公リュシアン・フルーリエの双子の兄弟というべき若きブルジョワ青年の物語であり、彼は対独協力派の家族の掟を破ってレジスタンスに身を投じるのである。

それから、『コメディア』の件については、『嘔吐』の作者たる者が自分の名を、この新聞の常連執筆者たちの名と並んで記されるのを許したという事実は、まことに不愉快だと思う者もあろうし、私がまさにその一人である。だが、サルトルがそこに発表した三つの作品のどれにも、フランス解放時やそれ以後に自ら削除しなければならなくなった言葉は一語たりともなかった、ということは声を大にして繰り返しておかねばならない。『蝿』についてのインタビューは、その戯曲そのものが行なったのと同様に、ヴィシー政権がフランスに蔓延させた「悔悛病」を激しく非難する恰好の場となっている。掲載紙の性格を考えれば、むしろ趣旨の大胆さに驚くべきだろう。『白鯨』に関する論文は、他人の作品を奪取するという、すでに見た通りのサルトルの常套的手法の場となっている。つまり、メルヴィルを自分のものにしてしまうわけだが、そのためにまず、それに序文を寄せたジオノからメルヴィルを引きはがすのだ。「田舎の詩人」にして「村の学者」たるジオノは、「自分を農夫に仕立て上げるのを義務と心得た。バレスが自分をロレーヌ人に仕立て上げたのといささか似ている」。そして「田園風・擬人化的神話体系の中に凝り固まったきりであり」「メルヴィルがあれほど軽蔑していた、あの陸《おか》の人間」の一人となったのである。それから、サルトルはメルヴィルを、「自分のお気に入り」のうちの二人に近づける。その一人は、ジョイス（もう一つの「すばらしい記念建造物」たる『ユリシーズ』のゆえに、「その二冊の本」に共通する壮大な「過剰」のゆえに）、もう一人はロートレアモンである（その「息吹」と、「液体の山のように屹立しては崩れ、奇妙で見事なイメージとなって砕け散る、海のような壮麗な文章」がその理由だ……）。要するに、彼はヴィシーでヴィシーを攻撃している。ヴィシー政府の精神を、当のヴィシー政府の地盤で、ないしはヴィシーの新聞の一つという土俵の上で非難しているのである。そして、サルトルがドランジュと手を結んだとしても、実質的に『コメディア』という新聞を認めるような態度をとったとしても、彼が重要な作品を委ねたのはあくまでも地下出版『レットル・フランセーズ』であったことを忘れるのは間違いだろう。(22) 一九四四年四月には同誌の一五号に、ヴィシー政権の映画政策についての基本的な批判、そしてその一年前には六号に、あの名論文「ドリュー・ラ・ロシェル、あるいは自己への憎悪」を載せている。この論文は、ファシズムを内側から理解する上で、従ってファシズムを捉え闘う上で、多数の政治活動ビラよりもはるかに有効な働きをしたのだ。ドリュー、そう、「このひょろっとした陰気な男、大きなでこぼこの頭、年を取る術を知ることのなかった青年然としたしおれた顔の男」、ドリュー、この液状で目印のない人物は、こう期待したのだ。すなわち、「外からすべての者に持ち込まれ、押しつけられる秩序が、彼が自分では打ち勝つことのできなかったこれらか弱く御しがたい情熱の数々に、規律を叩きこんでくれること、流血の破局災禍が訪れて自分のうちにぽっかりと空いた、自分では埋めることのできなかった空虚を満たしてくれること、権力のざわめきがかつて戦争の騒音がそうしたように、モルフィネやコカインより有効に自分のことを考えないで済むようにしてくれること[23]」である。

要するに、非難すべき点があるとすれば、それは野心、生きようとする、成功しようとする欲求、もしかしたら身軽さとある種のシニスムに対してだろう。この二人のラスティニャックの焦りを非難することはできよう。この二人は青年時代にパリを征服しよう、いつの日か栄光を勝ちとろうと、心に誓ったが、時が流れ、名声が手からすり抜けていくのを目の当たりにし、恐らくこれ以上待つ気がなくなり、待つことができなかったのだ。サルトルがボーヴォワール宛ての手紙で述べるように、二人が「大学教授の道に悪態をついて」リセの教師を辞めるのに、わざわざこの時期を選んだことを遺憾とすることもできよう。サルトルの栄光の資本の大部分がその時代に蓄積されたことに気づいて、それを嘆かわしいと考えることもできよう。重要なのは書いたものの内容であって、どこに書いたかということではないとする姿勢に、非難を浴びせることさえできよう。掲載誌は時には思った以上に大きな意味を持つのであり、己の名を疑わしい人物たちの名と並べて知らぬ顔では済ませられないと、サルトルに反論することもできるだろう。

これもやはり、基本的な反論ではある。発表媒体に対する彼の天使のごとき無頓着を告発することもできようし、しばしば彼自身も言っていたように、媒体はまたメッセージでもある——これは『文学とは何か』の中心テーマそのもの、ないし、ほとんど中心テーマではなかったか——と彼に言うこともできよう。「性格」や「気質」を非難することもできるだろうし、いずれにしても道徳論争を起こすことはできよう。すなわち、カストールは食べていくために、ラジオから給料をもらう以外に手段がなかったのか。サルトルは、たとえシナリオ『レジスタンス』を書くためであったとしても、パテ社から汚れた金を受け取るべきではなかったのではないか。それに、あちらにもこちらにも保証を与えるさもしい小細工、自分の真のテクストを地下出版新聞に持ち込みながら、一方ではドランジュとの接触を維持しているという、二股をかけるやり口、これは、その後何世代もの反抗する若者の思想の師となる彼サルトルを、ポーランごとき人物——夜は抵抗運動、昼はドリューと同じオフィスで仕事をする——と同じレヴェルに引き降ろすことになってしまうのではないか。こういったことはすべてしてもかまわない。それはそうなのだ。だが、彼が当のその時代にあって、今日振り返ってみてもファシズムへの同意とみなし得るような言葉は一言も記さず、そのような行為は一つも行なっていないことを、忘れる権利はないのではないか。

不当な非難

不名誉な振る舞いは決してなかった、というのは本当か？

密告なども卑劣な行為も一度たりとも行なわなかったか？　たとえば教師としての勤めの中で、教鞭をとった幾つかのリセで、占領者にいかなる妥協もしなかったか。

もちろん、それと反対のことを主張しようと試みた者はいる。

まず全般的に、サルトルとボーヴォワールを極悪非道のカップルとして描き出そうとした者たちがいる。この二人は決して下劣さと手を切ることがなく、認められ栄光を勝ち得ることも渇望していたが、裏切りにも飢えており、たとえば早くも四〇年六月には、まるで偶然であるかのように、ユダヤ人の女友達、ビアンカ・ランブランを見捨てたというのだ。彼女がそのように迫害に委ねられたのは彼ら二人のせいだというのである。

パテ社で、ジャン＝ポール・サルトルは、アルフォンス・シャトーブリアンの小説を原作とするピエール・ド・エランの『ド・ルールディーヌ氏』のシナリオを書きなおす仕事を引き受けた、と言う者もいた。これはエラン（ペタンの娘婿）とシャトーブリアン（『ラ・ジェルブ』誌の編集長で強硬な親ナチ派）の人物を考えれば、少なくとも評判を落とすような行為ではある。

また教職に関しては、二つの卑劣な行為を彼が行なったと決めつけようとした者がいる。一つは、一九四一年に、リセ・コンドルセで「カーニュ（高等師範学校文科受験準備級）担当の優秀な若き教師」が解任され、サルトルが後釜に座ったという出来事だ。その若き教師とは、ドレフュス・ル・フォワイエで、アルフレッド・ドレフュスの甥の息子にあたる人物だった。もう一つの方がより重大で、一九四三年に生徒のヴェイユが姿を消した時、サルトルは大して動揺もせず、リセの名簿に「欠席」とだけ記したという出来事である。

あいにく、これらの告発はただ単に何の意味もない。

ランブランの件とは、それはまさしく感情と官能が複雑に絡む込み入った話で、確かに遺憾な出来事かもしれないが、よくある話ではある。良心にもとる行ない、と言われれば、そうなのかも知れない。サルトルとボーヴォワールは、悪魔のような一組の恋人たちだと言いたいなら、言うが良い。メルトゥイユとヴァルモンだと私は前に言った。だが、誘惑されて捨てられたこの若い娘の一件に、想像することさえ破廉恥だというような動機を絡めることを可能にするような、発言も行為も何一つないのである。

パテ社の件に関しては、告発の信じがたい軽率さにこちらが当惑してしまう。サルトルがエランのシナリオのことを知る由がなかった、具体的に知る由もなかったことは、カレンダーをきちんと確認しさえすればすぐに分かることだ。要するに、サルトルがパテ社に入ったのは、彼の雇用契約書が証明するように、一九四三年の十月である。ところがその時には、そのシナリオは書き上げられていただけでなく、撮影も終り編集も終り、すでに上映されていたのだ。つまり、すでに五ヶ月も前からその映画はでき上がっており、封切りは何と……六月九日だった(24)！

その他の、彼の人生と教育者としての行動に向けられたひどい疑惑の数々についても、誹謗中傷であり、名誉毀損の意志に基づく珍妙な性質のものであることが歴然としている。なぜなら、リセ・コンドルセの地下室で短時間の、だが綿密な調査を行なっただけで、実に単純な真実が炙り出されたのだから……(25)。サルトルは一九四一年に、ドレフュス・ル・フォワイエの跡を引き継いだのではなく、フェルディナン・アルキエの跡を引き継いだのである。アルキエはリセの教頭としての通常の仕事に加えて新たに設けられた受験準備クラスを受け持ったのだが、それをやめたいと思っていたのである。またサルトルは、ヴェイユ少年を担当したことは一度もない。したがって一九四三年に、強制収容所に送られたこの生徒の名前の傍らに記された、例の「欠席」の文字はサルトルの筆になるものではなく、同じく哲学教師であったジャン・ロービエなる人物が書き入れたものである。

この件についてもやはり、いくらでもサルトルに非難を浴びせることはできる。熱心な行動をとらなかった、少年が連れ去られると知った時、それを阻止するためにリセの門に立ちふさがらなかった、と非難することだってできる。彼も彼の同僚たちも、たとえば黄色いユダヤの星の着用を強制された生徒たちとの連帯を表明するために、街頭でデモを行なうことを考えもしなかったことは遺憾だと考えることもできよう。そうなったら、労働組合も諸政党も、生徒の親たちも、非難されるべきだということになるだろう。その時代に行なわれた街頭デモは、一つだけある。一九四〇年の十一月十一日、何千人もの、たぶん一万人にのぼる若者たちが一握りの教師たちと一緒にシャンゼリゼ大通りを行進し、ドイツに対する「大勝利」の日を祝い、「無名の兵士」の墓に敬意を表し、途中でド・ゴール将軍の名を大声で称えた。サルトルと違って当時パリにいたボーヴォワールがこのデモに加わるべきだと判断しなかったことを遺憾とすることだってできるのだ。

彼が書かなかったことを書いたと言い、彼がしなかったことをしたと言って、それが遺憾だとすることは、できない相談である。

これっぱかりの検討も加えないまま、どれもこれも法外な噂話にとびつく「歴史家ども」の姿は、まことに嘆かわしい。

フランス国が教師たちに求めた、ユダヤ人でもなくフリーメーソンにも属していないという、例の「宣言」にしてもそうだ。サルトルが宣言に署名しなかったのは確認されている。ところが、もしかしてよく探せば……と歪んだペンを手にして、疑いの目で嗅ぎまわり続ける悪意に満ちた者たちが、相変わらずいるのだ。(26)

どうでもいい些事だというのか？　しかし、悪魔は、かつてなく細部に宿るのだ。

サルトル研究者たちが、その点でもまた、というよりまずその点において、この種の些事に根拠のないことを証明するために一つ一つ闘っていくのは、正しいことなのである。

基本的問題

サルトルは教壇になど立つべきではなかった、というのか。戯曲を上演すべきではなかったと？　作品を発表すべきでもなかったと？　一九四四年二月、プレイヤード賞の審査委員会に加わって、ムルージが受賞するよう仕向けたが、そんなものに関わるのは断るべきだったというのか？　三月五日、マルセル・モレの家で行なわれた、罪をめぐるバタイユとの討論会――公開の――を行なうのは諦めるべきだったと？　「科学哲学のサークル」から一九四三・四四年度の間に同サークルで発言するよう頼まれても、高等師範学校の校長が熱心なペタン派のカルコピーノであるのを理由にして、拒否すべきだったと？　一九四二年から四三年にかけて、シャルル・デュランの演劇学校でギリシャ演劇についての講義を持つのは控えるべきだったというのか？

一言でいえば、沈黙を守るべきだったのだろうか。そしてその沈黙は果たして彼を守ってくれただろうか。沈黙を守った者もいた。

ドイツ軍がフランスにいる限り、フランス国内では口を閉ざし何も発表しないと誓った者たちはいた。『嘔吐』のなかで嘲笑された「左派」のヒューマニスト、「あの気の毒なゲエノ」は、さしずめその筆頭だ。彼は知識人層全体に尊厳の教訓を与えたが、一九四〇年十一月に次のように話している。[27]「文学者という人種はもっとも偉大な人種の一つなどではない。長く世に隠れて生き続けることなどできず、自分の名が世に出るためなら魂も売るような者たちだ……」。彼自身もこの時は、自分の言葉がどれほど正しいか知ることはなかった。

だがこういう人間は、フランス文学の誉れであり、彼らの沈黙の誓いはまことに立派であるにしても、それに、フランスに残った作家がみな一斉に、彼らに倣って沈黙する道を選んだ場合には、どれほどの信用の失墜をドイツ占領軍ばかりかヴィシー政権にももたらしえたかを夢想することはできるとしても、現実はそうではなかったことを認めなければならない。他に明確に沈黙を守った者の名を挙げるのは実に難しいのである。ヴェルコールは、たぶんそうだろう……、マルローもいる（だが、スイスで作品を発表していた）……、それ以外の者は？　ああ、他の者たちは……。他の者たちの陣営、つまり、何も変えるべきではないと信じ、自分たちは作家であり、これからも作家のままだ、と考える人々——つまり、ほとんど全員——の一族。しばしばレジスタンス派でありながらも「フランス文学が続いていく」ことこそ最も重要だと考えた人々——何しろこの戦争がどれだけ続くのか、結局のところ誰にも分からなかった上に、一国の知的活動全体はこんな具合に、無期限に休止してしまうわけにはいかないのだから——の広大な沼の中から、要するに、この他の一族の中からは、反ファシズムの者だけに限っても、次のような者たちを見つけ出すことができる。NRFの査読委員会にとどまったポーラン、サン＝テグジュペリとその『戦う操縦士』、ヴィシー政権下では何も発表しないと誓いながら『君主たちの夜』と『四角い財産』を出版したケッセル、そのケッセルに励まされ、ロンドンに亡命する前に『さ迷う女』のテクストをコメディ・フランセーズの脚本審査に委ね、それをモンテ・カルロの劇場で上演したドリュオン、それから、ドノエル社から著作を出したエルザ・トリオレ（一九四一年に『千の悔恨』、その二年後に『白い馬』）、アラゴンの『屋上席の旅行者たち』——、トリオレも同様だが、彼はもちろんフランソワ・ラ・コレールの偽名で政治的なテクストの傑作も何冊か地下出版のミニュイ社から発表したが、だからといって合法出版の作品をおろそかにしたわけではない——デスノスもトリオレのように、アラゴンのように、地下出版の作品（『夜警の国家』、次いで『詩人の名誉』所収のテクスト）と合法出版の作品（『オージュルデュイ』誌の論考と小説『樽から出されたワイン』）とを平行してこなした。さらには『マダム・エドワルダ』と『内的体験』を発表したバタイユ、そして、反ファシズム派として夙に知られ、ドリューからも（「赤色スペインの支持者」）ルバテからも反ファシズムの徒と罵倒された（「彼に沈黙を厳命する」）モーリヤック――彼の『パリサイの女』はそれでも検閲の網の目をくぐり抜け、一九四一年九月に刊行されたが、そのとき彼は、宣伝梯隊《プロパガンダ・スタフェル》担当特別指導者《ソンダー・フューラー》ヘラーに「感謝の意」を表すため一冊献呈しなければ、と考えた。それからレリス。彼もまた、一九四三年にガリマール社から『癲癇』を刊行している。そしてカミュだ。かのモラリストのカミュにしても、四二年七月に『異邦人』を世に出し、その三ヵ月後には『シーシュポスの神話』を発表する。そして『シーシュポスの神話』の中のカフカの章を、ドイツ軍の検閲に配慮して削除し、その部分は南部の非占領地帯で別に発表することを受け入れている。以上挙げたなかに、画家たちは入っていない。その中の最も偉大でいかなる嫌疑の余地もない画家たちは除外してある。たとえばピカソだ。彼はグラン・オーギュスタン通りのアトリエで、まるで何事もなかったかのように仕事をつづけ、ヘラーやエルンスト・ユンガーなどにも門戸を開いていた。要するに、ロンドンやニューヨークへの亡命を選んだ者は別として、フランス・インテリゲンチャは全員打ち揃って、あらゆる傾向を混ぜ合わせて、占領下で活動を続けたのである。

　これは言い訳ではないのか。もちろん違う！　ただすべての人々に向けるべき諸々の非難を只一人の人間に対してのみ浴びせることはしない理由を述べたまでだ。過ちを相対化せよと言っているのではない。たった一人の人間を集団のスケープゴートに仕立ててはならないと言っているのだ。確かに、サルトルは『コメディア』に寄稿すべきではなかった。シモーヌ・ド・ボーヴォワールも後に回想録の中で認めているように[28]、「ドイツ占領地帯の新聞」とは、たとえわずかな接触であっても持つことは控えるべきだっただろう。あるいは、演劇活動をもう少し控えたなら、リセ・パストールとリセ・コンドルセの同僚のユダヤ人教師たちの罷免に対し、もっと強く抗議する余裕も——ジャンケレヴィッチの非難の趣旨はそれである——持てただろう。単に彼は、作品を書き発表し名誉や栄光を望み文学者として振舞ったのであり、その度合いは、コミュニストの下で活躍したアラゴンとトリオレ、『誤解』を舞台化したカミュ以下でも以上でもないのである。それに、たとえば、マルセル・ムルージの『エンリコ』に授与した例のプレイヤード賞審査委員会にしても、彼を誹謗する者に言わせれば、それに加わるのを受け入れたことは彼の伝記上のもう一つの汚点ということになるわけだが、同じその委員会にはサルトルの他に、マルセル・アルラン、モーリス・ブランショ、ジョー・ブスケ、アルベール・カミュ、ポール・エリュアール、ジャン・グルニエ、アンドレ・マルロー、ジャン・ポーラン、レイモン・クノー、ローラン・テュアルといった面々がいたことは、指摘しておくだけの価値はあろう。「ペタン派」集団としては、これ以上のものにお目にかかったことはない！

最後に付け加えておくが、他との比較ではなくそれ自体において、発言するより口を閉ざしていたほうがよかったかどうかも、確実ではないのである。この種の論点先取りの虚偽、「沈黙を守るべきだ」という唯一無二の至言命令にのみ則って一人の作家の姿勢を判断するやり方は、同じく重要なもう一つの問題への道を閉ざしてしまうという不都合をもたらす。つまり発言し続けた者たちが何を言ったのか、その発言の実際の重みという問題である。沈黙するよりもむしろ語ることを選んだ思想家を考えてみよう。その思想家はその発言によって具体的には何を言い、何をしたのか。教壇に立ちつづけようと決め、サルトルがやったように、最初の作文課題として「後悔」という主題を生徒に課した教師を想定してみよう。これもまた、反ヴィシーの現場の実践ではないだろうか。人格主義者のエマニュエル・ムーニエのように、マキの中にまで反民主主義・反自由主義的偏見を持ち込んだ哲学者たちもいる。そういった連中は黙っているほうがよかっただろう。モーラス派のレジスタンス闘士、モーラス派ゆえにレジスタンスに加わったという闘士もいた。彼らのモーラス主義はドイツ人への憎悪、占領された祖国への愛という形で作用した。彼らの行動は立派だったが、語る内容はお粗末だったのだ。パクストンが述べていることだが、レジスタンスのグループなどは、一九四二年十一月のドイツによる南部地帯の占領以降は、ペタン元帥の「労働、家族、祖国」のスローガンを掲げることに固執し、組織内のユダヤ人の数を制限する割り当て数を設けようとしていた。ここでもまた、道徳上の勇気にペタン思想に対する思想上の戦いが伴っていない。そして、サルトルにいつも対比されるガンディヤックのような人物については、何を言うべきか。ブルトルと交替でベルリンに赴き、そこで彼は企まれていることの重大さを見抜いたという。だが、『エスプリ』への手紙の中で、ヒトラーに魅惑されたことを告白しているのだ。あるいはアルマン・プティジャンのような人物は？　ポーランによれば前代未聞の軍事的勇敢さを備えた本物の「英雄」とのことであり[29]、一九四四年にヴォージュ山地で名を上げ、パリ解放に参加したが、しかしながらヴィシーの新聞に載せた不快きわまる記事十二本のゆえに、全国作家委員会のブラック・リストに載った。サルトルはそのようなものを一切書いていない。発表された作品にも、書簡や手帖にも、ヴィシー政権に対する共感や思想的親近性をわずかでも表す言葉は一語とて見あたらないだろう。そして彼が発表した作品、戯曲やその後すぐに出る『存在と無』については、何も言うべきことはないのである。それらの作品を読んだ者たち、聞いた者たち、理解した者たちの内で、レジスタンスの精神を強める方向に働いたということを除けば。

　自発的にして徹底的な――サルトルにそぐわない響きを持った語ではあるが、私は生来の、と言いたいところだ――反ペタン派であって、なおかつ英雄ではない、ということは可能である。

実生活においては、勇敢さでも献身でも、輝かしく際立つことはなかったが、思想の面では、勇敢の哲学、献身の哲学――サルトルは自由の哲学と称していた――を擁護し、例証したということは可能である。カヴァイエスではないが、孤独の中、やがては闇の中に生きるカヴァイエスに、考え生き闘うための他の理由を与えることになる一冊の書、『存在と無』を書く、ということは可能である。当時の若きレジスタンス活動家で、共産党に入党する直前のジャン゠トゥーサン・ドサンティは一九四三年の六月のその本の刊行をひどく待ち焦がれていたが、その彼は、当時ソルボンヌで代行教授を務めていたカヴァイエスが、サルトルがその作を博士論文として提出してくれるよう願っていたと語っている。もっとはっきり言うなら、『存在と無』は、この偉大なレジスタンス闘士カヴァイエスが逮捕される前に読んだ、おそらく最後の本、少なくとも最後の本のうちの一冊であると、ほのめかしているのである。(30)

最後に、そしてとりわけ明白な事実、つまり、サルトル自身が述べていたように「さまざまな勇気がありそれが人によって異なる」(31)ということを考えてみようとすることは可能である。この言葉はテクストの中でジィドについて用いられている。ところで、ジィドが「三つ折りのフラネルのチョッキを着て、危険な生活を送っている」というのはおかしな表現だと思った愚か者どもが大勢いた。しかし、この言葉もまた、そしてまず真っ先に、サルトルが自分自身について用いたものだと考えられるだろう。五〇年代初頭からサルトル悪行の噂を流しはじめた、別の――もしかしたら同じ――愚か者どもに対して、サルトルは遠回しにそのように答えたのだと考えられるのではなかろうか。そう、勇気という言葉はいくつもの意味を持つということ、そして占領下のパリの真っ只中で自由への賛美として鳴りわたる戯曲を上演することもやはり、しかも異論の余地なく、勇気から発する行為であったということを、認めないわけにはいかないだろう。

レジスタンス闘士、サルトル

その上、サルトルは、早くも一九四一年には活発なレジスタンス活動の隊列に合流した者の一人である。誰が？　サルトルがだと言うのか？　レジスタンスにだって？　おまけに活発な、だと？　ひょっとして人をからかっているのか。非難の余地もないのに卑劣な中傷を受けたサルトル、性格から来るちょっとした間違いを冒しただけのサルトルというのをわれわれに押し付けただけではまだ足りないのか。サルトル以上にサルトル派だと言われるぞ。サルトル当人は戦争中に「英雄的行動」をしたと考えられていることに気付いて、大急ぎで「それは明らかに私の行為ではない。私はただスーツケースを何個か運んだだけだ[32]」と説明しているではないか。そして、テクストをめぐってはこれまでの検討はほぼサルトル無罪を証明しており、確かに、『コメディア』、『バリオナ』、『蝿』等々については、あなたの説がご尤もであると考えるとしても、それ以外のこと、つまりサルトルとボーヴォワールが戦時を、パテ社やラジオ局で、あるいはカフェ・フロールの二階で、ストーブの傍らでぬくぬくと過ごし、彼らが決行した脱出とは、晴れた日々に、南部地帯の美しい街道を自転車で縦横に走りまわることだけだったということは、明白ではないか。

その通り、まさに明白ではないのだ。

そしてまたしても、私は「穏やかな占領時代」という説に背き、衝突することになるかも知れないが、サルトルとボーヴォワールはその点でももう一つの不当な判断の犠牲者であると確信する。この判断もまた、事実の冷静な検討には絶えられない底のものである。

それは「社会主義と自由」の件についてである。一九四一年三月、サルトルは収容所を出る。そして占領下のパリに辿り着く。さて、帰京したばかりの彼は何をするか。モンパルナス界隈のホテルの一室に、ボスト、オルガ、プイヨン、ワンダ、カストールという親友中の親友、「ファミリー」を招集するのだ。その数日後には、ゲィ・リュサック通りで二つ目の会合を、「軍靴のもとで」の責任者たちと行なっている。このグループは早くも一九四〇年十月にパリで結成された初期のグループの一つであり、そのメンバーは、ドミニック並びにジャン゠トゥーサンのドサンティ夫妻、モーリス・メルロー゠ポンティ、哲学科の女子学生のシモーヌ・ドゥブーとイヴォンヌ・ピカール、物理学者のジョルジュ・シャズラ、その弟のジャン、数学者のレイモン・マロ、フランソワ・キュザンであった。この二つのグループと共に――さらにジャン・カナパやラウル・レヴィといったリセ・パストゥールの教え子や元教え子たちも加えて――彼は「社会主義と自由」と名乗る新しいグループを発足させた。これは、レジスタンス運動についてのすべての良識ある歴史の中にはその名が記載されており、一九四一年末に解散するまで、宣伝・情報活動、ビラの印刷と配布、考察と分析などのあらゆる活動――重々しくはなく組織だってはいなかったが、現実の活動であることに違いはない――を繰り広げた。その目的は、のちに彼自身が語っているが、(33)「ペンの自由を守ること」であり、またその自由を「通して」、「他のあらゆる自由を」守ることであった。その活動の「世間知らず」な点、また、「熱狂の中で生まれ」「何を為すべきかが分からずに一年後に」消えてしまった「小さな組織」の情けない成果について、それが用心を欠いていた点や、謄写印刷機やビラを詰め込んだカバンを抱えて「パリの横断」を敢行した若き知識人たちの、時に無責任な面白半分の態度については、サルトル自身がすべて語っている。(34)グループの実際的な有効性について、その合言葉や計画の真剣さについて、また、サルトルがカヴァイエスと会って与えたとされる情報（アニー・コーエン゠ソラルが確認した限りでは、彼らは少なくとも二回会っている。一度は〈クローズリ・デ・リラ〉で、もう一回は〈プティ・リュクサンブールの庭〉で[35]）の信憑性、その情報価値については、証言はさまざまに分かれており、これについても、最大限に厳密な留保をつけることはもちろん可能である。だが、事実がここにある。しかも、それは異論を挟み得ない事実なのだ。レジスタンスがほんの少数のフランス人の事績でしかなかった時、とりわけコミュニストがフランスとドイツの労働者階級の友愛を称揚するに至り、SSの制服を着たプロレタリアに手を差し伸べるよう説くまでに至った時、フランス中が敗退と贖罪のイデオロギーとの衝撃に打ちひしがれていた時に、捕虜生活から戻るやいなや、旗幟鮮明にし、党派を設立し、それ以上あれこれ自問することなく地下活動に身を投じた、一人の小男がいたのである。危険はなかった、というのか？　それはよく言われることだ。だが、そう決めるのは早計である。悲しいかな、このような問題については、文句なしの判断基準とは危うく逃れることのできなかった危険という基準に他ならないのだから、時を経て今振り返ってご託宣を下すという、全く安楽な立場で次のような結論をぬけぬけと口にした連中に対しては、それなら自分でやってみろと言ってやれば良かったのだ。「ああ、社会主義と自由！　あれは、カフェ・フロールのレジスタンス運動だ！」（レイモン・アロン[36]）とか「サルトルのレジスタンスですって？　何の成果も上げない冗談です。地下活動の経験もなく、大風呂敷を広げてただ未来のフランスについての宿題をこなして悦に入る無責任な知識人の一味にすぎません」（ナタリー・サロート[37]）などと口走る連中に。この連中には思い出させてやればよかったのだ。サルトルの名というわけにもいかないから、一つにはジョルジュ・シャズラの名を。もう一つはイヴォンヌ・ピカールとアルフレッド・ペロンの名を。シャズラはビラ貼りの最中にドイツ警察に捕えられ、六ヶ月の獄中生活を送った。手榴弾によるテロ攻撃とサボタージュの強化を訴えるそのビラは、彼がサルトルと共に作成したもので、サルトルが彼と一緒に、あるいは彼の代わりに、そこでビラ貼りしていてもおかしくなかったのである。ピカールとペロンは、当時の狭い文壇で「サルトル・グループ」と専ら呼ばれていた集団のメンバーであり、サルトル自身と全く変わらない活動をしていた。しかしその二人は、一九四一年末、「人間博物館」の組織網の解体の時に逮捕され、強制収容所に送られた。そして一人は収容所で死亡し、もう一人は故国に帰還したのち抑留の後遺症で死亡したのである。

一九四一年夏の南部地帯への自転車旅行の件。これはサルトル非難の古典となっている。何十年も前から、意地悪い冗談や、したり顔の微笑の対象になってきた。そう、考えてもみたまえ。自転車に乗った二人のインテリ……太陽、そして夏休み……干し草に身を横たえ……チーズにリンゴ・タルトが食い放題……さんさんたる陽光を浴びて、レジスタンス運動を追い求める二人の教師の姿は、なんともコミカルではないか。有給休暇中といった風情の、自転車のチューブや食料補給の難問に頭を悩ます、ほろ酔い機嫌の不器用な小男の姿は、まず始めに苦笑いを誘うではないか。ただ困ったことに、その姿を笑う連中は、この二人の逃避旅行の目的は何なのかほとんど問題にしない。サルトルとボーヴォワールがこの二ヶ月の間、ロアーヌ、リオン、セヴェンヌ地方、モンテリマール、マルセイユ、コートダジュールを回りながら、実は何をしようとしたか、めったに問題にしないのである。彼らがそういったことを自問し、例えば、この二人の正確な旅程について考えてみたなら、二人は「社会主義と自由」を支援してくれるよう説得するために、カブリにいるジィドに会いに行こうとしていることが分かっただろう――だが、ジィドはひどくふさぎ込んでいた。それから、ダニエル・メイエルに会うために、グルノーブルへ向かう。ヒューマニズム的左派の良心であり、レオン・ブルムが逮捕されたのちには、社会党の魂ともいうべき人物。だが、彼もまた気力を失い、二時間の面会の間たった一つのことだけに固執していた。「レオンが牢獄にいる。レオンに絵葉書を送らなければ」。それから次はマルローだ。偉大なるマルローを二人はキャップ・デルの別荘に訪ねて行く。マルローはその三週間前に、同じ場所で、同じように「鶏のアメリカ風グリル」を用意して、かわいい息子の名付け親であるピエール・ドリュー・ラ・ロシェルを迎えていたのだ。そこでもまた二人の説得は不調に終った。「レジスタンスですって？　今この時に？　いやあ、無理ですよ。あなた方は感じがよくていい方たちだが、ちょっと世間知らずが過ぎますね。ロシアの戦車かアメリカの戦闘機が来るまでは、何もまともなことはできません。だから私は今のところは、私の『空想美術館』に打ち込もうと思っているのです」。たぶん、マルローの言う通りだ。たぶん、実のところ時は熟していなかった。そしてたぶん、偉大なマルローと、綺麗なジョゼット――サルトルは「絨毯を汚した上に、ドリューより食卓のマナーが悪い」と思った――に追い返されるチビのサルトルというこのシーンは、悲壮すぎて感嘆のしようもない。だが、これについても、真剣に考えてみる必要がある。戦略的分析はおそらく正しいのだろう。しかしそれとサルトルがこういう行動をしたということは全く別の話だ。そして、正しいにせよ間違っているにせよ、かくも多くの「偉人たち」が慎重な、もしくは賢明な待機主義の態度をとっていた時、スペイン内戦の「大佐」でかつてテールマン*委員会とディミトロフ*委員会のメンバーであった者が「フランスは出場停止になった、当面は何もできない」と評価していた時に、サルトルという名の一人の小男がいて、「相変わらず」為すべきことはあると考え、年長者たちを説得しようとしていたというのが事実なのである……。そんなに滑稽な話だろうか。そして彼が失敗したという事実は、果たして彼の科《とが》であるのか、それとも彼を追い払った者たちの科《とが》であろうか。

　コミュニストとの関係。これはもちろん、一九四一年末、「社会主義と自由」の解散に際して発生した問題である。当時、国内のレジスタンス運動は形をなし、ド・ゴール派とコミュニストという二つの統合の極を中心に統合されていった。サルトルはとりわけド・ゴール派ではなかった。無論、コミュニストでもなかった。それでも自身ではどちらかといえばド・ゴール派より共産党に近いと感じていた。彼のグループのような弱小グループが独自に活動していてもほとんど見込みがないことを自覚して、早くも一九四二年の一月か二月に、彼は最初の接近工作を行なう。第一段階は、ポーランの信託を受けた非公式の使者として接触するものの、ジャック・ドクールに軽くあしらわれる。「あなたの寄越したサルトルはどうもはっきりしない……ドイツのスパイだと言う者もいる……それにニザン、たしか若い頃、裏切り者のニザンの友人だったはずだ。その友人関係には怪しい点がありそうではないか」。第二段階は、ジャック・ドクールの死後、特にスターリングラードの直後にコミュニストの方が民主路線に転換し、彼らの方から接触をはかってきた。「私をなめているのか」とサルトルはまず言い返している。「南部地帯で配られたジャン・マルスナック作成のパンフレットを読むと、あなた方はハイデガーを読んでいるという理由で私のことを恥ずべきナチスと決めつけている。それなのにどうやって一緒に仕事をしようなどと言うのですか」。『レットル・フランセーズ』の編集長であったクロード・モルガンが諍いを治めた。党を代表して陳謝し、事態を収拾したのである。そうしてサルトルは『レットル・フランセーズ』に執筆するようになり、全国作家委員会に加わり、ゲエノ、レリス、モーリヤック、ドビュ・ブリデルとともに、ピエール・ニコル通りのエディット・トマ宅で開かれる会合に参加するようになる。サルトルはこの戦争の後半期には、初期におけるほど活発に活動しなかった、というのか。実際行動よりも、『蝿』や『出口なし』を執筆し上演する方に多くの時間を割いた、というのか。確かにその通り。しかし、まず第一に、よくよく考えれば、このような行程の方が別の行程よりましである。他の者がやって来ないうちにいち早く闘いに参加した者の方が、遅れてやって来て、いてもいなくてもどうでもいい時になってバリケードに姿を現す者よりはるかにましである。それに、「以前ほど活発でない」というのは、「何もしない」という意味ではない。それを証明してくれる、あまり知られていないが、驚くべきエピソードを最後に挙げておこう。アニー・コーエン＝ソラルが報告しているピエール・カーンをめぐるエピソードである。(38)

ピエール・カーンとは何者か。サルトルの高等師範学校の同級生で、フランス中部におけるレジスタンス運動の指導者の一人となった人物である。サルトルは、例の自転車旅行の際に、カヴァイエスの助言ですでに彼と連絡をとり、サン・テチエンヌ・ド・リュグダレスの彼の小さな家に出向いている。カーンは次第にレジスタンスの影の軍隊の中で昇進し、やがてレジスタンス全国委員会の書記となり、ジャン・ムーランの下で働いた。その彼が一九四三年五月にパリにやって来る。占領政府の部隊支援施設と兵站基地への破壊活動に向けた「専門活動グループ」を作るのがその任務であった。その彼は誰と会うのだろうか。軍事的に決定的な、しかも危険きわまりないことが間もなく判明する任務遂行の直前に、誰と連絡をとるのだろうか。高等師範学校の理科系学生たち、カヴァイエスやロジェ・ヴィボに近い血気盛んな学生たちである、学生遊撃隊「自由」の代表たちと、そして、とりわけ華々しいテロ攻撃ですでに名を馳せていて、活動を強化するための手段を提供してやる必要のあったプロの工作員たちとである。だが、こうした接触の枠内で、カフェ・フロールとも純粋に知的な論争ともとりたてて関係のない企ての最中に、またピエール・ブロソレットのような重要人物たちを保護する手段とかヴェルノンのダムを爆破する手段を見つけることが問題であった時に、カーンは数回にわたって、『存在と無』の著者と会い、その話を聞く労をとったのである。「行動に出るときだ……」と、サルトルは述べる。「ヴィルジュイフやアルクゥイユの石切り場に膨大な武器を貯蔵している友人たちと、私は連絡をとった……その手段が手に入り次第、われわれは他のテロ活動を開始し、列車を爆破することができるだろう。それについてはいろいろ考えがある……」。こう語るのは、そう、サルトルだ。戦闘員サルトル。爆破担当のサルトル。この変身したサルトルは、それがいかに異常なことと思えようが、この時期に、オレストの行なった決断、直接行動の決断を本当に行なっているのだ。しかも主要な活動家たち、つまりジャン・ムーラン傘下の爆破工作員たちはそのことに一瞬たりとも驚いた様子はない。この計画もまた不発に終ったというのか？　確かにそうだ。遊撃隊「自由」の若者四一人が銃殺されるという悲劇があり、カーンも逮捕され、強制収容所へ送られて、帰らぬ人となった。そして本格的に機能しはじめる前に組織網は解散する。しかし何だって？　それについてもまた、サルトルを非難しようというのか。他の者が殺されてしまったため彼が己の信念に殉じて死ぬ余裕がなくなったということについてまで、非難されるのだろうか。かくも多くの友人たちがアンガジュマンに一命を捧げたのに、彼のほうは最終的に何も失わなかったという理由で、彼の頭の中では亡くなった友人たちの霊が恐ろしいバレエを踊っている（まずもちろんカーン、それにアラスの要塞の共同墓穴で「不明者その五」とされたカヴァイエス、残忍な拷問を受けた同期生のポリツェール、それに高等師範学校の同級生で、モロッコ人散開狙撃兵部隊の先頭にたち、四四年七月、イタリアで戦死したシャルル・ル・クール。カーニュの同級生で、フランス国内軍の下士官として、クリスマスの日にアルザスで戦死したアンドレ・デレアージュ。やはりカーニュの出身で、同じ年に、やはり戦闘中に死亡したジャック・モノ。そして、イヴォンヌ・ピカール、ブルラ、ペロン）という理由で、ブラザヴィルでド・ゴール将軍の前に立ったロマン・ギャリーのように、あるいは最初に大臣に就任した時に豪華な執務室の天井の下でマルローが言ったように、サルトルもまた例によって「優れた者ほど先に逝ってしまう」と呟きたい気持ちに駆られたという理由で、あえて彼にこう言おうというのか？　「あなたの過ちは、他の人たちがもはやいなくなったのに、まだいるということだ。あなたの過ち、大きな過ちは、生き残ったことだ」と。一言でいえば、一人の人間を英雄にならなかったからといって非難するこうしたやり方には、根底的な猥褻さがありはしないだろうか。

5 サルトルは今

だがその前にもう一度だけ、「若き」サルトルの思想に戻っておこう。最後にここで、この思想だけを取り出してその輪郭を確定しておきたい。もちろん、それをそれ以降の生涯から切り離したり、それを捨象したり、ましてや絶対化したりはせず、それ自身の規則、論理、自己探求の仕方、定理や一貫性をもった、完全に別箇の思想として、それをそれ自体において考察しようと思う。われわれはいつも、まるでサルトルは一人しかいないかのように思っている。あたかも思想としてのサルトルは一つの「塊」のものである、取り上げるにしても捨て置くにしても、微妙な差異も異論の余地もない一塊のものであると思ったり、この初期サルトルはもう一人のサルトルの下書き、未熟な予示、あるいは素材としての粘土にすぎないと思っている。本当のところは、二人のサルトル、完全に別箇の、それぞれはっきりと異なる原理に従う、紛れもない二人のサルトルがいるのである。もちろん、この両者をつなぐ掛け橋はあるにはあり、第一のサルトルの中にどちらともとれる二面性を持ったテーマがいくつか見られるとしても、また主体の解体、透明性という理想、「外」と「内」との境界線――少なくともバンジャマン・コンスタン*以来、これをきちんと引くことが民主主義の条件の一つであった――の消去、といったものが後には全体主義的計画と結合することになったとしても、それでもこの第一のサルトルは、独立した、確固たる存在を持っているのである。そして、この初期の思想、第一期のサルトル思想、自由な人間のこの哲学、それが結局、新しい世紀の幕開けたる今この時ここにおいて、われわれになおも言うべきことを持っているかどうか、私はより明確に示したいと思うのである。

反ペタン派とは何か

ヴィシー。この言葉――ヴィシー――が明日の男女にとってどのような意味を持ち続けるのか、私には分からない。たぶん、もはや何の意味もないのかも知れない。たぶん、ページは最終的にめくられ、ロラン・バルトがかつて述べた「不吉で身の気のよだつ悪夢」ははっきりと終りを告げたのかも知れない。あるいは、反対に、国民共和派や、赤茶色傾向の者たちのおかげで、このフランスでのファシズムの歴史は永続するのかも知れない。一つのことだけは確かだ。つまり、『蝿』と『嘔吐』の著者にして、ドイツ占領期の真只中に、悔悛のイデオロギーと生来主義を攻撃したこの男、「投企」の理論家であり、ルーツや民族の崇拝、嘘をつかない大地とか、血や本質の掟などには見向きもしない徹底的コスモポリタン、最晩年にはベニィ・レヴィに向かって、驚くほど素朴にも、あの素晴らしき日々への愛着をこめて、自分にとって空間は「決して閉じられておらず」、自分は旅と「彷徨」しか好まないと語り、人類は休みなく世界を駆け巡ると言えるようなそうした人類を自分は夢みると述べる、このコスモポリタン――この男は、フランスの守護霊たちの復活を考え、それと闘おうとするわれわれにとって、最良の同盟者の一人であるということは確実である。

モーラス。バレス。すえた臭いのするキリスト教。それよりもっとひどい悪臭を放つ反キリスト教。愛国的共産主義。社会的人格主義。ペギー、もちろんだ。ペギーは欠かせない。「第二の」ペギーと人は言う。晩年のペギー。愛国詩人、兵士作家、苦渋と憎悪に酔う者、彼はジョレスが暗殺の太鼓の音を送られ荷車でギロチンに運ばれるのを見たいと夢見、道徳とは同じ土地に根をおろして同じ死者のことを夢見る隣人同士の間にしか考えられないとアレヴィ*に書き送り、「人間とはその素性なのだ」とか、「土地の人間でないかぎり友達にはなりえない」などと述べた。まるまる一つのプログラム。まるまる一つのフランス全体。黴の生えたフランス、とソレルスは言っていた。私に言わせれば、「フランス・イデオロギー」に他ならない。だが、結局のところ、ペギーが二人いると彼らは本気で思っているのだろうか。二人のペギー、晩年のペギーと、反逆者で、ドレフュス派で、ベルナール・ラザールの友人のもう一人のペギーは二人とも、「文学」に、「権利」に、「知性」に、「知識人」に、「民主制」に敵意をもつ、同じ「反文学」形而上学者を共有しているではないか。それに対して、サルトルは二人いると私は確信している。というのも、そこには一つの形而上学とその形而上学の裏返しという両刃があるからだ。楽観主義の、したがって全体主義者サルトル。まあ焦りなさんな、それにはもうすぐたどり着く。そして、こちらのこの男、若き日の、あるいはそれより少し年を食ったサルトル、厭世的で陽気なサルトル、絶望しているが、決して悲嘆にくれていないサルトル。彼は人々の魂が四散して行く事態には特効薬はないと考えた。それ故にこそまさに反フランスであり、かつてのフランスに反対するのだ。このサルトルは、まさしくモーラス、バレス、ペギー、ヴィシー、等々のページをもうめくり終えてしまったフランスに、これから入っていこうとする者への極上の贈り物なのだ。

要するに三つのテクストがある。

三つのテクスト、もしくはテクスト・シリーズ。それは、具体的な作品であり、まさに状況の中で書かれたものである。しかしそれは近くから遠くから今日的感性に語りかけずにはいない。

戦争の最中に地下出版『レットル・フランセーズ』に発表した、ドリューのケースに関する見事な論考。「ドリュー・ラ・ロシェル、もしくは自己への嫌悪」。ファシスト見習いのアイデンティティーをめぐる苦悩。「フランスとドイツの関係を、フランスを女役とする男女の性的結合として描く奇妙な比喩の数々」。すべてがそこにある。まさにすべてが。あらゆるファシズム、何よりフランスのファシズムの核心にひそむこの性的な内実についてのもっとも力強い分析の一つである。ドリューだけの話なのか。もちろん違う。彼と同じような例は他にも沢山考えられる。どの顔も見覚えのある、多くの者たちの例が。

ファシズムへと向かう精神の行程を描いた『一指導者の幼年時代』。その描き方は、当時にとっても現代にとっても、サルトル的リーダーシップの衣鉢を継ぐかも知れぬ者たちにとっても、それ以上に付け足すべきものはほとんど何もない。己の自由の試練に直面したフルーリエの狼狽。これからは自分で自分を作り上げなければならない、しかもそれを不断に行なっていかなければならないと悟ったときの彼の怯え。そのとき彼の目の前にはさまざまな衣裳が陳列されて彼を待ち構えている。そして、倫理と政治のプレタポルテの中心にあるそれらの衣裳類の中から彼が選ぶのは、己のアイデンティティーや己の人種の中にしっかりと根ざす、厳しい独裁的な指導者の衣裳という、実に心安らぐ衣裳なのだ——何という安らぎだろう。

「対独協力者とはなにか」。このテクストは五〇年前のものだ。これはドリュー・ラ・ロシェル論と同じく、〈歴史〉のために、〈歴史〉の炎のなかで書かれた。ところで、ここでもまた私は、ヴィシー精神、それに一貫してつきまとう矛盾、その逆説、そして恐らくはそれが残した遺産といったものが実際にいかなるものであったかを、これ以上に力強く正確に言いあてた分析をあまり知らない。「対独協力者」は「ファシストと混同する」べきではない。「名だたるファシスト」は、「弱体化し占領されたフランス」はフランス流ファシズムの出現に「最適」ではないと考えたがゆえに、「敵と手を組むのを控えた」。かつての「革命秘密行動委員会の連中は対独抵抗派となった」のだ。「占領はより少ない悪だ」と捉えて、「ドイツ人とうまく」つきあった、あの「社会主義者または平和主義者」たちだ。このテクストでもやはり全てが言い尽くされている。一九四五年に形成されたあらゆる伝説に対する反論としては、これ以上に明晰なものも、これ以上に事情に通じているものもない。おまけに、これらの反論はそうした伝説の形成以前に発せられているのだ。ペタン派が楯となったというのか？　何十万もの銃殺された人間はどうなのか？　フランス国民はこぞってドゴール派のレジスタンス闘士だというのか？　ファシズムは本当の民族的根底を持たないまま輸入されたものなのか？　対独協力であってヴィシー支持ではないというのか。占領下のフランスは占領されたがゆえに、それもただひとえに占領されたがゆえにのみファシストとなったというのか。サルトルを読みたまえ。私はサルトルを読んだ。私が三五年後に『フランス・イデオロギー』を書いたとき、彼が書いたものに多くを付け加えるべき必要はなかったのである。

それから、「汚れた手」の哲学を構成する一連のページがある。「純粋さのイデオロギー」もしくは「純粋さへの意志」に反撃しようとする者としても無関心ではいられないだろう。このイデオロギーは、この上なくあらゆる原理主義――ファシズムも共産主義も含めて――の根源なのである。純粋な汚れなき大地。聖なる大地と言う者もいる。なるほど「汚れなき」ものと「神聖な」ものとは同じではない。だが、大地を汚れなき純粋なものにする最良の方法は、第一にまずそれを神聖視することではないか。偉大なイスラエルを信奉する者たちの神秘主義的聖性。最近まで、世界革命の祖国（ソ連邦、中国、等々）を信じていた者たちの非宗教的な、あるいは外見上は非宗教的な聖性。たかだか数町歩の小石だらけの土地を己が民族の揺籃と考える者たち（コソヴォのセルビア人）の歴史に関わる、あるいは記憶上の聖性。つい最近には、共和国的聖性さえも現れた（ジュール・フェリィ*からシュヴェヌマンに至る、フランスは人権の国、その祖国であるという自画自賛）……。様々な形をとるが、しかしそれほど多様でもない、場所に関するこの同じような恍惚、またこのエクスタシーを自分たちの排斥活動の取り決めにする人々、二十世紀の全期間を通じてその崇拝する田畑を汚れた不純なる血の雨で蔽うことをやめなかった「国土」の偶像崇拝、こういったものに対して全力をあげて対立する哲学がある。初期サルトルの哲学である。人間の身体は神聖かもしれない。魂がそこに宿るやいなや、それは本質的に神聖なものとなる。しかし、肉体から場所へ、魂から国土へと話を移して、場所や大地、石くれや泥の山について、そこには記憶や精霊が宿っていると称するのは、何たる冒瀆的な行為か。聖なる場所という観念には意味がないこと、多くの人たちの後でこの私も生まれたある一つの場所のことを「聖なる」と称するのは、偶像崇拝に陥ることに他ならないということ、それこそが、彼がイスラエルに関する発言のなかで最後まで繰り返し主張し続けたことである——ショアーの後にかの地に誕生した国家に対して原則的支持の姿勢を、決して、あるいはほとんど決して、変えることはなかったからこそ、彼は強力にそう主張し続けたのである。

もちろん、場所を持たぬことへのこのような欲望は、フロイト派からすれば「やはり」何らかの意味を持つかも知れないことを、私は承知している。この無場所の欲望が「あらゆる」結びつきから自由であると称する主体にとりついたとき、いかなるタイプの神経症がその欲望に結びつくか、誰もが知っているか推察するところだ。土地なし、と人は言う。根なし、母型なし。しかしそれがどうだと言うのだ……母型なしなのか、はたまた母なしなのか？　母なき子なのか、あるいは唯一己自身の活動からのみ生まれた者なのか？　では〈父〉は？　〈父〉の名は？　神もなく、〈父〉もいないのか？　父なき神？　神なき父か？　〈父〉があり過ぎるのか？　人は〈父〉から何かを受け継ぐことはない、とサルトルは言い切ることになる。死んだ父以外に、良き父はない。彼は後に『言葉』の中で、自分は自分こそが己の存在の主にして起源であると感じていたと語り、己自身によって、つまりper seで創造され継続される、自己原因でありたいと望んだし、今も望んでいると語るとき、この「per se〔自己により〕」の下に、もう一つの否認である「Persée ペルセウス*」という音を聞き取らずにいられようか。ダナエの息子、もう一人の処女から生まれた息子、ただ母のみの行ないから生まれたペルセウス。だがそれは、結局大した意味はない。「自分自身にあることとないこと物語らない」というのと、各人にとっての、この神経症の政治的な利益を拒否することとは別の話だ。住所不定のサルトル。無宿、無法のサルトル。国境なきサルトル。またしてもサルトル的行為の、無限の自由だ。しっかり覚えておくがいい。

サルトル 対 フーコー

人種主義《ラシスム》。その代わりこれについては、人種主義という妄想の永続性については、私はほとんど疑いを抱かない。フランスにおいて、しかしフランス以外の場所でも、次のような幻想の未来に私はほとんど疑いを容れない。その幻想とは、これまで常に何よりもまずアイデンティティーに関わる幻想〔己に対して抱く愛の根拠をより磐石にするために他人を憎む〕であったが、それはこれからも伝統的な大いなるアイデンティティーの危機（ヨーロッパの建設、移民の大量流入、——最近のニュースによれば、昔からの共同体を脅かしているというこれらすべての自己愛の傷。例えば「フランス人第一主義」とか、あるいは「いいですか、私はフランス人ですよ」という科白は、文字通りもはやそれでしかない者の言葉なのだ）が増大し、あるいは増大するように見えるたびに、姿を突然現すことにならざるを得ない。こうしたことに対して、『植民者の肖像』という素晴らしい本がある。とりわけこの本の主張を支持することによってわれわれが手に入れる思想は、共同体といわれるものの実体性だけでなく、それを構成しているとみなされるそれぞれの主体そのものの実体性にも疑いを持つがゆえに、一個の人間は何らかの集団的本質にも個人的本質にも決して還元されうるものではないという考えを捨てないがゆえに、一言で言えば、私とは一揃いの特徴である以前に行為の総体であり、何らかの類型や集団を代表する者である前に一つの独自性であると信じるがゆえに、このように主体を黒人もしくはアラブ人、ベルギー人、フランス人であるということに還元することを忌避せざるを得ないのである。

　人種主義者とは、世界をさまざまな集団や種族のモザイクとして、それも人間観や社会的契約についての考え方ではなく、肌の色や土地への根ざしや血統や遺伝的特性を共有する集団ないし種族のモザイクとして捉えようとする者である。人種主義者とは、そこから出発して、人間はそれらの種族に属するものであり、それらの血統と遺産の虜なのだと述べる者、人間を最も的確に定義づけることを可能にするのは、各人の独自性よりも、肌の色や鼻の形、遺伝子だと語る者である。したがって人種主義者とは、そのように主体を定義づけて、主体を生来のものと想定される型《タイプ》の代表として互いに対立させたあとで、その対立を生来のものとして固定化する、つまり永遠化し、それまでは単に力なり利益をめぐる諍いに過ぎなかったものを、ほとんど神学的な、つまり仮借なき対決に変えてしまう者なのである。こういったことの一切は、サルトルにとっては意味がない。サルトルは、二十世紀の哲学者の中で、この本質を生来のものとする作業、各人をこの推定上の本質に還元する行為、さらには、その還元作用の永遠化と〈歴史〉の彼方への投影——こうしたものに意味を認めることがおそらくは最も少なかった哲学者なのである。

人種主義は二十一世紀が直面するだろう第一の課題でも、最も緊急の課題でもないと、判断する人も恐らくはいるかも知れない。だが、そうは思わないなら、そして私と同じように、反対にそれは最も激しいものとなりそうな憎悪の唯一の形態でないまでも、その一つであると考えるなら、その場合には、この憎しみを鎮火する最良の方法としては、要するに次のような三つのことを述べる言説に立ち帰ることしか現になく、またそれ以上のものはそうすぐには現れないだろうと結論する必要がある。第一は、実存は本質に先立つ、である。本質は実存をもたない。主体がそれに還元されるとか称するブール*や黒人やアメリカ人という想定上の本質など、まともに論ずることなどできない。繰り返して言うが、主体の唯一の本質とは、そんなものを持たないことであり、したがって人種などは存在しないのだから。第二。それでも人種は存在すると想像してみよう。共通の特徴というものが存在し、それが類型や種を作りあげるのだと、ほんの一瞬でもいいから認めてみよう。だが、それらは人が思うほど重要なものではないだろう。主体をいささかでも定義するものではないはずだ。個人の極端な独自性、その捉えがたく、絶え間ない出現を、一つの類型や種族のゲットーに押し込めようとする計画など、ばかげたものと言わざるを得まい。第三。要するに、すべては〈歴史〉である。すべてが状況であり、従って〈歴史〉である。それ故、どんな対決であれ——個人的なものでも集団的なものでも——その不可避的消滅を予言し得ないようなものはない。先祖代々の敵などはなく、永遠の戦争などもない。あるのは紛争であって、紛争であるのならカントや啓蒙思想家の幸運な忠告にふたたび耳を貸そうという気になることもあり得るのだ。互いに憎みあいたまえ、好きなだけ戦争をつづけたまえ、だが、いずれは憎しみの相手と手を組まざるを得なくなるように振舞っておきたまえ、という忠告に。

それはすなわち、このサルトルが永続的な平和の時代をわれわれに予告しているということなのだろうか。それはすなわち、この反人種主義や、反人種主義によって実行が可能となる紛争の脱本質化という手段によって、紛争の全くない平和化された人類という古い夢が、再び戻ってくるということなのだろうか。こうした夢もまた純粋への意志へと、それ故に犯罪へとつながっていることをわれわれは承知しているのであるが。いいや、そんなことはない。なぜなら、まさにそれこそがこの初期サルトルの力強さのすべてであるからだ。それが彼ならではの独創性であり、彼の言説の計り知れない価値であるからだ。彼は紛争を歴史化する、それこそが見事なのだ。彼は紛争を相対化する、それこそが本質的なのだ。彼は、フーコーより巧みに、そしてフーコーがブーランヴィリエ*風の「人種戦争」の言説が持つ妖しい魅力に屈している時にも、生来主義的で、人種主義的な、したがって人種絶滅主義的なあらゆる言説の呪縛から逃れることに成功している。しかし彼はだからといって「いい知らせだ！　今や和解は日程に上がっている。もう一押しで、すべての紛争が克服された新世界が生まれるだろう」と言ってのけるような、牧歌的な生来主義の轍に陥ることはない。換言すれば、なおも彼は、得てして人が相矛盾すると考えがちな二つの命題を一緒にして考える。それは彼にあっては補完しあうものなのだ、第一の命題はこうだ。憎悪、抗争とは副次的なものではなく、本源的なものだ。それらは人類の誕生とともに生まれたものであり、何らかの特別な型の社会とともに産まれたものではない。このような確信は黄金時代への郷愁や、善き共同体なるものの魅惑の力、失なわれた良き起原というテーマの生来主義的な愚劣さ、こうしたものに対して、頑強に抵抗し続けることを可能にしてくれる。第二の命題はこうだ。紛争と、それがとる形とは別物である。紛争の原理が永遠である、ということは、紛争がとるこの形もまた永遠であるということを帰結しない。全く逆である。そして紛争が次々と順繰りに起こり、果てることなく継起し、この紛争が終れば次はあの紛争が勃発するということ、それはわれわれに全く争いがなくなった時代が到来することを期待させるどころか、諍いの永遠の回帰を、それゆえに、一貫性のある反人種主義がしぶとく生き続けることを確信させるのである。

私は、サルトル自身が、この反人種主義をずっと守りつづけるだろうとは言っていない。おそらく彼はこの点でも、己の信念を裏切ることになってしまうだろう。「黒いオルフェ」なり『地に呪われたる者』の序文」、あるいは『弁証法的理性批判』の中の、まさに植民地化の分析に当てられた部分(1)さえもその例であるだろう。だが結局、原則は貫かれている。一人のサルトル、初期のサルトルがいる。彼は最後までこの反人種主義の趣旨を思考したということになろう。一人のサルトルが存在し、この若きサルトルは、来るべき人種主義との戦いに臨むための装備をわれわれに与えてくれたということになるだろう。このサルトル的反人種主義は寛容を土台とするものではない。人類への愛を土台とするものでもない。互いを知り愛し合うすべを学ぶよう推奨される共同体同士の、何やら知らぬ仲良しの関係とは何の——幸いにも——関わりも持たない。彼は、——実はフロイト同様——愛ではなく、憎悪こそが人間と人間を結びつける絆だとの仮説を立て、この仮説からすべての結論を引き出す。それは原則上の反人種主義だ。カンギレムがカヴァイエスのことを、論理的必然性から反ファシストになったと評したのと同じ意味において、主体と社会の定義に基づく論理的な反人種主義なのである。そして、だからこそ、それは今も貴重で、すさまじく有効なものであり続けているのである。

サルトルとユダヤ人――サルトル問題の考察

反ユダヤ主義。ある意味では、人種主義の対極。人種主義者は他者の中にある最も目につく差異（意味を欠いているが、目に見える差異）を憎むのに対して、反ユダヤ主義者は目に見えない差異を恐れ、追及し、そして可能な場合には、それを取り押さえ排除しようとする者だからである（こうした差異は、明白な特徴を呈さず、知らぬ間に世界を秘密裡に腐敗させてしまう力があると考えられるが、ゆえにいっそう油断のならない危険な差異なのだ。これについても、またしてもジャンケレヴィッチが、フロイトを注釈しつつ、こう述べている。人種主義は「他者への憎悪」であるのに対して、反ユダヤ主義は「他者であることを知覚しえない者への憎悪」である、と）。サルトルはこのもう一つの戦線においても、闘いと思想の良き同伴者であり続ける。それは、彼が『ユダヤ人問題の考察』（邦訳『ユダヤ人』）と題する、われわれがいまだにその教訓を汲み尽くしていないもう一冊の本の著者であるからに他ならない。

もちろん、その『考察』は、拙速だったとみなすこともできよう。アウシュヴィッツの名が一度も口にされないのは遺憾だと思う者もあろう――実際そう思った者は大勢いた（だが、この本が一九四四年末に書かれたのだと知れば、それもごく当然だとは言えまいか。マイダネックのガス室が言及されているだけでも立派と言うべきではないだろうか）。

次のことは遺憾だと思う者もあろう。実際、そのことを最初に述べたのは彼自身だ。ピエール・ヴィクトールとの対談で述べたのであるが。すなわち『考察』は、経典の民の「運命」と「秘密」について全く知らないまま、何の「資料」もなく、「ユダヤ人の本を一冊も読まずに」、「一気に」書かれたという点である（「何をもとに書いたのか」とヴィクトールが尋ねたのに対して、「もとにしたものなど何もない。私が攻撃の対象とした反ユダヤ主義をもとにして書いたのだ」と答えている[2]。

無知に加えて、あるいは多分その無知が原因だろうが、このサルトル、『考察』当時の、ということはつまり『自由への道』執筆当時のサルトルが、依然として明らかに夥しい数の偏見の虜であることを遺憾に思う向きもあるだろう。『分別ざかり』に登場する最初のユダヤ人は「堕胎医」ではなかったか。「髪を振り乱し、不健全な善良さをたたえる」サラは、シャルドンヌやピエール・ブノワ流のユダヤ女のカリカチュアではないだろうか。それから、『猶予』[3]には、ダイヤモンド商ビルネンシャッツ氏のひどく醜悪な人物描写がある。彼は、自分の娘の美しさに感嘆し（「これぞ本物のフランス人の顔だ」）、そうかと思えば、対照的に、店員のヴァイスが暇を告げにきたときには、そのばか丁寧な物腰にいら立ってみせる（「彼はヴァイスにはあまり共感を覚えなかった。なにしろこの男と来たら、宿命が顔に書いてある、ああした連中の一人だったのだ」）。サルトルの最晩年に、娘のアルレット・エルカイムとその恋人のエリ・ベン・ガルが、それらのテクストを彼の目の前に広げ、そして彼女の「怯えと諦めで大きく見開いた眼」というビルネンシャッツ夫人の人物像の描写を読んでみるよう彼に要求したとき、彼にこの種の戯画的表現が『考察』の中にまでのさばっているのを証明してみせたとき、サルトルは「不平を言いたげな様子で」、シュヴァイツェル家で支配的だった「ごく普通の」「穏やかな」反ユダヤ主義を引き合いに出し[4]、もう一度、「人は反人種主義者に生まれない、反人種主義者になるのだ」と主張した。

というのも、一人の男は己の時代から何がしかの遺産を贈られるものなのであり、サルトルは　実際、その点でもまた三〇年代の人間であり、三〇年代のステロタイプの虜であって、その最悪の偏見にとらわれていた――ニザンもそうだったが（『アデン・アラビア』でのブランシュヴィックの人物描写を参照のこと）――というのは一つの事実だが、その男がこの遺産をどうしたか、それをどう管理し、何に作り変えたかというのはまた別の話である。そして、次の何世代もの人間が、この遺産の遺産を具体的にどうするのかというのはさらにまた別の話であって、サルトルが称賛に値すると同時に、貴重な存在でもあるのは、まさにこの点においてなのである。

彼ことサルトルについては、この本を著したという非常な大胆さには、敬意の表明を惜しんではならない。ユダヤ人の強制収容所送りというのは特別なものであるらしいという噂に誰もが耳を塞いでいた時代、ユダヤ人の運命をナチズムの他の犠牲者、つまり「フランスのために死んだ者」や「愛国者」という破廉恥なほど曖昧な同一の範疇に一くくりにされたそれら犠牲者たちの運命と同一視しておくほうが万人にとって好都合であるか、口当たりがよいと思われていた時代、ユダヤ人の名そのものが口にされなくなってしまっていた――では、彼らの殉教や、その殉教の理由はどうやって語ればいいのか！――時代、そして、キリスト教徒たちの中でも最も上質で最も善意の人々がショアーのことを、新たなゴルゴダだとか、キリスト受難の報いだとか、贖罪的で供儀的な、実は心を慰める（エリー・ヴィーゼルの『夜』の序文で、モーリヤックは「すべては恩寵である」と述べた）、すさまじいユダヤ教の秘儀の一種としてしか受けとめられずにいた時代に、最初にあえてタブーを解除し、もう一度、恐怖を正面から見据えたこの書に対して、敬意の表明を惜しんではならない。

それでは、ユダヤ人に対してフランスという国民共同体にようこそお帰りなさいと歓迎の辞を記す者は誰一人いないのか、とサルトルとアロンは自問した。世界史上最大の惨事にして最大の犯罪についてのこの奇妙な沈黙を打ち破る論説は、ただの一つも出ないのか。[5] いや、一つだけある。しかも結局、その作者は彼、サルトルなのだ。まず最初のものは、一つの論考、「沈黙の共和国」である。彼はそこであえてこう書いている、「われわれは大量に収容所へ送られた。労働者として、ユダヤ人として、政治犯として」――ああ、ついに発せられた「ユダヤ人」というこの語の力強さ！　そして、よく考えると随分と奇妙な「われわれ」という語の気品！　次いで一冊の本が、この『ユダヤ人問題の考察』という本が出る。これは、問題を出発点から深くたどり直し、まず最初に反ユダヤ主義とは一つの「意見」などではないと断じている（「私は、ことさらに特定の人々を標的にし、彼らの権利を抹消するか、彼らそのものを絶滅させることを目的とする教義を意見と呼ぶことを拒絶する」）。

『考察』は、これだけのものに過ぎなかったかも知れない。ユダヤ人なしで四年を過ごし、この忘却をできれば忘れたいと思ったフランスに青天の霹靂のように鳴り響いた事件に過ぎなかったのかも知れない。「この国には、諸君がユダヤ人と呼ぶ男女がいる。彼ら彼女らはユダヤ人という名目で、ただその名目だけで、大量に抹殺された」ということ以外には何も述べていないのかもしれない。フランス人、すべてのフランス人を「ナチスが流させ」、「われわれの頭上に降りかかる」「このユダヤ人の血[6]」の一切に対する有罪性について注意するだけで済ませてしまったかもしれない。しかしそうだとしても、それが書かれ現に存在していることに感謝すべきだろう。

この時代のフランスは、強制収容所送りとなった者たちの話など聞きたくないのだと白状させられずに済むように、そうした者たちの沈黙か、さもなければ言葉で語れない苦しみという作り話を作りあげた、奇妙な国である。ナチズムの犠牲者一五人の遺体を集めて、無名戦士の墓の霊火を囲んで国民の敬意を表わそうとするときには、その中に強制収容所送りになったユダヤ人の遺体が紛れ込まないように注意する、という国である。要するに、偽りの羞恥心と、偽善と、それにもちろん、表に顕れない反ユダヤ主義の奇妙なごちゃ混ぜによって、最終的解決〔ユダヤ人絶滅作戦〕の最も「最終的な」もの、つまり、痕跡も記憶も残さない完全犯罪という考えを追認する国なのである。その完全犯罪は、ただその行為を行なうだけでは足らず、その痕跡、印、さらには記憶までも消し去らなければならない親殺しに似ている。ナチス親衛隊は殺人を偽装し隠蔽するためにできることはすべて行なったが、一九四五年の民主主義者たちは、その殺人が現に行なわれたことを忘れようと努めたことで、ある意味で大罪を永続化していたのである。早くも一九四一年の段階でジュアンドーに次のような奇妙な約束をしたジャン・ポーランについては、何をか言わんやである。「少なくとも、私が約束できるアンガジュマンが一つある。ドイツの壊滅のあとで、今度はユダヤ人の方が血の雨を降らせる仕儀に及んだら、私は、ユダヤ人を殺害した者を今憎んでいるのと同じ様に、心底ユダヤ人を憎むだろう」。それにもう一人の実存主義者、ガブリエル・マルセルは、生き残った者たちの声がいまだに大きすぎて世間を騒がせすぎて迷惑だと考えて、一九四六年四月には『フィガロ』紙に、次いで『テモワニャージュ・クレチヤン』に論説を載せて、彼らの厚かましさを激しく非難し、もっと慎みをもつよう求め、「あまりにもあからさまな侵食の意志」に対しては、「フランス人の利益を守るために」防波堤を「築いて防ぐことは、中央権力ならびに各職業団体の義務である」と言ってのけた。(7) サルトルはこのようなフランスに一撃を加えたのだ。わずか二〇〇ページの本で、彼は雑然と積み重なったこの偽善や倒錯的憐憫を一掃した。そして、クロード・ランズマン、ジャン・ダニエル、ロベール・ミスライ、ベルナール・フランクら、この時代のユダヤ人の誰にとっても、それは一つの解放であり、まるで「生きることへの意欲」が戻ってくるようなものだったのである。「この地上に、われわれに近い、われわれを理解してくれた男が少なくとも一人いた」とランズマンは感嘆している。(8)

私にとって、つまり私のようにショアーの後に、そしてこの本以後に生まれたユダヤ人にとって、この本は三つの点で価値があったし、今もなお価値を持ち続けている。

この本が描き出した反ユダヤ主義者の人物像は、人が何と言おうと、五〇年経った今も少しも古びていない。その人物像はフォーリッソンよりドリュオンに近く、著者はナチズムよりモーラス主義のほうを第一の標的に選んでいるのではあるが。「情念」としての、「信条」としての反ユダヤ主義。いかなる「明証」、いかなる「理性」にも逆らう反ユダヤ主義。われわれは、本当にそれから抜け出したのだろうか。世人が交替し名称も変わり場所も移り変わろうとも、われわれがいまだ立ち向かっていかなければならない相手とは、この狂った情念、文字通りのこの宗教なのではないだろうか。そして、このように容赦なく精確に、ユーモアさえまじえて反ユダヤ主義者の人物像を描いたことで、彼はわれわれにそれと戦う意欲と力と熱情を吹き込んでくれたのではないだろうか（ベニィ・レヴィは一九八二年にこう書いている、『ユダヤ人問題の考察』は私にとって、反ユダヤ主義的フランスの暴力に対し反抗を貫く支えとなった[9]）。「アメリカには黒人問題などない、あるのは白人問題だけである」とリチャード・ライトは語っていた。それは、ほとんどそのままサルトルの意見である。また彼は、二年前に『存在と無』でテストした、本来性と非本来性とのハイデガー的な区別を、最後にもう一度活性化させて、あの有名な「鋳型」のユダヤ人、つまり、反ユダヤ主義者の視線が作り出し、本人にとってはその視線を引き受けるか逃れるかしか選択の余地が残されていないユダヤ人の肖像を素描してみせる。このユダヤ人は、ただ他人がユダヤ人だとするがゆえにのみユダヤ人であるユダヤ人であって、エルサレムの地名を、聖書やタルムードではなく、ラシーヌの作品の中で知ったユダヤ人、子供のころ、エルサレムの神殿の破壊の物語でなく、ワーテルローの戦いの物語に涙したユダヤ人、「お前はユダヤ人だ」と人から言われるまで自分をユダヤ人と考えたことの決してなかったユダヤ人、ずっと後にサルトルがアルレット・エルカイム[10]に言ったように、「だれでも構わない、ただユダヤ名がついているだけの者」であるユダヤ人、現代のユダヤ人で、このような人物像を生涯のいずれかの時点で己のなかに認めることのなかった者はいないだろう。五〇年代六〇年代になっても、たいていの場合、自分が何も承知していない差異を言い立てられるという、ばかばかしい経験にさらされてきたユダヤ人の青少年がこのような文章に出会ったとき、どれほどの安堵と、どれほどの解放感を感じただろう。「ユダヤ人であることは、ユダヤ人という身分に投げ込まれ、遺棄されることである」、あるいは「ユダヤ人とは、他人がユダヤ人だとする者のことである。まさにこの単純な真実から出発しなければならない！」要するに、これはとてつもない解放だったのだ。

　次いで、第三の強権発動。これは、あまり知られておらず、おまけに、一連の註釈の山によって覆い隠されている。これらの注釈は、「他者・視線・内・ユダヤ人」の理論を駆使するサルトルは「ユダヤ教の肯定的側面」を見落とし、ユダヤ教の「精神的粛清」に専念したと、この五〇年来しつこく囁き続けている。しかしこの本はページ数は少なくても、何も見落としていないし、少なくともその第二章において、架空の「ユダヤ的差異」を現実のユダヤ人に押しつける行為と闘ったのちに、この闘いの第二の戦線へと論を進めている。その第二の戦線は、第一の闘いとは一見対立しつつ、実は第一の闘いとともにアウシュヴィッツ以降の「ユダヤ人の運命」の両義性の一切を構成しているものなのである。フランスには、ユダヤ人をふたたび受けいれようとする人々は大勢いる。しかし、それはユダヤ人が自分がユダヤ人であることを忘れるという条件のもとでなのだ、と彼は述べた。フランスは、一七八九年のグレゴワール神父のように、人々がフランスのユダヤ人に対してフランス人としてはすべてを与え、ユダヤ人としては何も与えようとしない、奇妙な国なのである。これに対して私、サルトルはこう返答する。〈人間〉それ自体は存在しない、したがってフランス人それ自体も存在しない、しかしフランスのユダヤ人であるという境遇の人々がいる。このことはよく考え、受け入れるよう試みなければならないのだ、と。このようにサルトルは同化＝溶解の共和主義的モデルに抵抗する。「人間の諸権利」を口実として、他の手段によって、やはりユダヤ人のいない世界を作りあげようとする抽象的普遍主義に反対である。ここでもまたサルトルは、二人いると考えることができるのであって、同じ一冊の本の中でさえも、自己に逆らって考えるという己の選択を堅持し、自己への、そして己の最初の思考への不忠実という永遠の論理を貫いて、「境遇」と「差異」とを混同することを拒絶し、この場合においては、「反ユダヤ主義者」〔ユダヤ人をその差異に還元し、かつその還元の権化となること〕と「民主主義者」〔〈普遍〉という祭壇に、一つの境遇、つまりは一つの特異性を供儀として捧げるよう誘う〕の双方が双子の関係にあると見抜いて、その双方どちらをも撥ねつける。そして実質的にはこのように述べるのである、ユダヤ人であるということは必然的に何らかの理性的存在や映像であるということではない。反ユダヤ主義者が、ユダヤ人であるということのこの肯定性をまさに生来のものと捉えようとすることで、それを変質させてしまい、ユダヤ人の諸々の特徴を集めて一つの憎むべきものという統合にまとめ上げるからといって、やはりこの肯定性が現に存在し、一つの形と歴史をもつということ、それは反ユダヤ主義者の手で作り出されたものではなく、まさにユダヤ人の手で作り出されたものであるということを否定することはできない。だから、この小さな本が「資料不足である」ということ、またユダヤ人であることのこの肯定性をサルトルは予感していたが、明確に名指しすることができず、結局は知るに至らず、彼もまた戯画化することをやめていないということは事実である。しかし、だからといって、この本をもまた戯画化してしまったり、この本がもたらした素晴らしい啓示を見落としてしまうことはできない、そんなことをするとしたら、全くもって遺憾である。私について言うならば、話は実に簡単だ。このサルトルが、どれほど無信仰で無神論者であったとしても、シュヴァイツァーの人間であったとしても、また彼の思想が、聖書やタルムードやブーバーやカバラやメンデルスゾーンやローゼンツヴァイク(11)が形成する広大な思想の大陸とどんなに無縁であったとしても、そしてのちに彼が、レヴィ＝ヴィクトールとの対話の中で行なうように、「ユダヤ人の形而上学的な性格」や「ヘーゲルがわれわれに押し付けようとした〈歴史〉から抜け出す」ためにユダヤ教が果たし得る役割について熟考するところから、その時にはどんなに遠く離れていたとしても、それでもやはり、私が七〇年代の終りに、レヴィナスの影響のもとで抵抗の哲学と倫理の根拠を聖書の中に求めようとしたとき、私が再び思いだしたのはまさにサルトルのことだったのであり、『ユダヤ人問題の考察』の第二部だったのである。(12)

ユダヤ教に対するサルトルの関わり方が最後まで、著しい共感の関係であったということを付け加える必要があるだろうか。

ベニィ・レヴィが記しているサルトルとの対話の中のエピソードをここで改めて想起する必要があるだろうか。サルトルは彼にこう言ったのだ、「私がユダヤ人の姿を描写するとき、私は自画像を描いている」。なぜなら、「ユダヤ人」の人物像と「著述《エクリチュール》のなかで生きる」(13)知識人の人物像の間には運命の同一性があるからだ。」

サルトルというユダヤ人。

夢のサルトル……

さあいよいよ、全体主義だ……。

中でも、ナチズムの敗退とともに、そしてソ連の勝利とともに、全体主義の唯一無二の形態となり、ヨーロッパに突然重くのしかかったスターリン主義だ。

「スターリン主義者が、ソ連が勝利したことから、モスクワの権威には屈服しなければならないと結論したのは、彼らの中に、深層の本源的な決意、つまり、どんなものだろうと出来てしまった事実には服従するという決意があり、それが彼らの人格の根底を作りあげていたからである」。

「スターリン主義者が自ら『現実主義』という通りの良い名を冠しているこの根本的な傾向は、現代のイデオロギーの中に深い根を持っている。彼らは歴史主義と呼びうる知的な病いに罹っている、それは、出来てしまった出来事を出来てしまったからという理由だけで承認する傾向に他ならない。彼らはこの歴史の哲学を探し出してきて自前のものとした。彼らにとって事実の支配とは、進歩に対する漠然とした信頼ならびに未来への従順さと調和している。そして未来とは、自分で作り上げることを諦め、ただ予測するに留めておくものなのだ」。

「誤解されたヘーゲル主義が、勿論幅をきかせる。大きな変化というものはいずれも暴力を土台として行なわれたがゆえに、そして力というものに何とも訳の分からない道徳的効能が授けられるがゆえに、暴力は承認される。かくしてスターリン主義者は、最も遠い未来に身をおいて自己の行為を評価しようとする。彼はわれわれの世紀に生きていても、ちょうど歴史家がフリードリッヒ二世の政策を判定するように、未来の世紀の見地からわれわれの世紀を判定するのである」。

「出来事を未来の光に照らして判定するというのは、どのスターリン主義者にとっても気をそそられることである。数世紀を飛び越えて未来に行きそこから現在を振り返って、現在を見つめ、現在を歴史の中に置き直してしまうなら、現在を過去に変え、現在というものの堪えがたい性格を覆い隠すことになる。このような歴史的態度の選択、および現在というものの不断の過去化こそが、スターリン主義の典型的な特徴である。事実への従順によって、スターリン主義者は裏返しの道徳をこしらえる。事実というものを権利の光に照らして判定する代わりに、彼らは権利というものの根拠を事実の上に置くのである。その暗黙の形而上学は、あること《ザイン》と、あらねばならぬこと《ゾルレン》とを同一視する。あるものはすべて良い。良いものは、あるところのものだ。『世界に打ち勝とうとするよりは、自分に打ち勝とうと努めること』という行動方針をデカルトから借用して、事実に服従することは、勇気と男らしい厳しさを鍛える手段だと、スターリン主義者は考えるのである」。

「スターリン主義者にとっては、情勢についての客観的評価のなかに出発点を持たないものはすべて、女や空想家の夢想にすぎない。そしてスターリン思想への抵抗を、一つの価値の肯定としてではなく、死に絶えた風習やイデオロギーへの時代錯誤的な執着として、説明するのである」。

倫理的厳密性と洞察力に貫かれた、かくも正当なこの小さなテクスト、スターリン主義の――ただし、モスクワではなくパリにおける――手口を暴いてみせるこれらの文章、正確には、共産主義そのものというより、共産主義に対する賛同――多分こちらの方がさらに一層不可思議なのだ――について全てが述べられているこれらの言葉、これはサルトルのものである。すでに長々と引用した「対独協力者とは何か」の、サルトルのほぼ一字一句そのままの引用なのである。ただし、一つの微細な違いがある。もちろんそれだけですべてが変わってしまうのだ。つまり、私は「対独協力者」をすべて「スターリン主義者」に置き換えたのである。

二つのことを言いたいがためである。

一九四四年のこのサルトルは、断腸の思いの極み、おそらくは狂気の極みにあって、己が描き出したばかりのこのスターリン主義者に自らなりつつあった。己自身の原則を踏みにじって、二〇年代と同様に、また一条の光が東からのぼるのを目にし始めた小さな集団の最前列に踊り出て、他の人々とともに、ヨーロッパを席巻することになる新たな協力者精神を作り出そうとしていた。

しかし——これがまったく不思議なのだが——、それと同時に彼の作品系列の中には、次のようなものが現にあった、もしくはあったかもしれなかった、あるいはもう少しであった、そしてある意味ではその寸前まであって、今はなくなってしまった。それは何かと言えば、まさに新しいファシズムの到来を見抜き、何ぴとにもましてそれを思考し、それに抵抗することを可能にしえただろう、いや、可能にしたにちがいない概念装置一式である。ほんの稲光りの間、言い換えれば、一つのテクストの間、痛ましくもあり貴重でもある、ほんのちっぽけなテクストの瞬間が過ぎ去るまでの間に、彼はこの装置本体を作りあげ、次いで忘れてしまったが、後世にそれを残してくれたのである。その装置とは、同じ時期にたとえばカミュが作り出したものより巧みにとは言わぬまでも、同じように、今や到来しつつあり、やがて世紀の終りまで続いて行く恐怖を理解することを可能にする装置なのである。

カミュの問題

私はこれまで、この問題を正面から取り上げるのを避けてきた。

これが最も難しい問題の一つであるため、実際に何が起こったのかについて問いかける時を遅らせてきた。

だがしかし……。

まずは、事実だ。

カミュは「おそらくは良き友であった最後の人だ」、とある日サルトルは、ミシェル・コンタに言った。(14)

たぶん、ただ最後というだけでなく、唯一本当の「相棒」であった。実際に愛したのは女性とつきあうことだけだったサルトルにとっては。

たぶん、ニザンからもアロンからも得られなかったものを、彼はカミュから与えられたのだ。つまり、男と男の友情、〈ラ・パレット〉や〈リップ〉での夕食、女たち、お祭り騒ぎ、バー〈ポン・ロワイヤル〉での親密で熱のこもった議論、シャルル・トレネのシャンソンに合わせてスローを踊った〈シューベルト〉での夕べ、フランシーヌとシモーヌ・ド・ボーヴォワールを伴った二組のカップルでの外出——「あれは愉快だった、一緒に随分と楽しんだものだ。彼は下品な話が好きで、私も負けていなかった。二人でさんざん猥談を語ったものさ。彼の妻もシモーヌ・ド・ボーヴォワールも呆れたという振りをしていた……」(16)

それに、評価もしていた。通常はライバルや同時代人を誉め称えることの少なかったサルトルだが、この後輩の作品に対しては、疑問の余地のない感嘆の念を抱いていたようである。

一九四五年に、サルトルはニューヨークで行なった最初の大講演会で、「非合法出版の論説を、しばしば危険な条件の中でいくつも発表したことで」、「ものを書くということは一つの行為であると考える習慣を身につけ」、「行動への愛好を身につけた」作家たちに言及したが、そのとき彼はカミュのことを語っていたのではなかろうか。

彼はまたジィドやアヌイやジロドゥーの世代の作家に対抗して、「その筆者の生命を危険にさらさずに書ける文は一行たりともない」という自覚の中で生きる英雄的若者たちに言及しているが、そのときに念頭にあったのはやはりカミュのことではないだろうか。

それより少し後に、その時にはもう、新たに登場した二大スターが丁丁発止と渡り合うのを見ることだけを期待している聴衆に対して、同じように神託のごとく堂々たる声で次のように言い放ったが、それは何ともすばらしい賞賛と敬意の声明であり、同世代の連帯感の発露であり、すばらしい大度と鷹揚のわざと言わねばならない。すなわち、「未来のフランス文学の主たる特徴は」「カミュの暗く純粋な作品の中」に見出される、「彼の作品は、幻想を持たず、しかし人類の偉大さへの信頼に満ちた古典的な文学の可能性をわれわれに与えてくれるのである」、と。

そして、最後に一九五一年の「アルベール・カミュに答える」。つまり論戦の真只中にあって、これまでの恨みを晴らす時がやって来て、恐らくはもっとも辛辣な言葉しか胸に抱いていないと見えたその時に、彼は最後にもう一度、カミュが自分にとってだけでなく、彼の世代にとって何を代表したのかを喚起し提示し、こう記すのである。「戦争が起こるや、君は何の留保もなしに抵抗運動に身を投じた」。そして「われわれの内の多くの者よりも（まして私よりも）深く、かつ全面的に」この時代を「君は生きたのだ」。何という讃辞だろう。

要するに、強い絆だ。

厳かに確言された本物の友情。これは、文学者同士の儀礼的な言葉のやり取りだとしてしまうことは難しい。

またそれは、一つには、強い仲間意識と敬意、それにもう一つ、つい先日までともに戦って来たレジスタンスという運動、あの大政治闘争、この二種類の金属で鍛え上げられた友情なのである。繰り返して言うが、このレジスタンスにおいて、サルトルはカミュに——マルローにもだが——、ある形の優越性を認めるのをやめたことはない。

では、一体何が起こったか。

このような性質の絆、これほど高らかに誇示された絆が、何によって断ち切られるなどということになったのか。
サルトルは、ある対話[16]の中で、こう説明をしている。カミュは「おもしろい奴」だった、と。そう、変に「勿体をつける」奴ではなかった。好色な冗談を言ったり、ケストラーとサン・ミッシェル広場を四つ這いで横切る競走をしたりしているうちは、一緒にいると愉快な、いい仲間の典型ですらあった。ところが、そのうち『異邦人』が成功を収め、感じのいい「アルジェリアの不良」――ママ――は「メルロー＝ポンティを攻撃」するほどになり、自分が「非常に真面目な哲学者」だと思い込みはじめる。そして、『レ・タン・モデルヌ』のグループがそのまま収まっていて欲しいと思っていた、感じのいいアマチュアという役回りから脱け出してしまうのである。

女たち、つまりオルガ、ジャニーヌ・ガリマール[17]、それに勿論カストール――カミュはフェミニスムが嫌いなだけに、彼女のことも同様に嫌っていたが――も、自分なりの説明を加えている。サルトルは「嫉妬」したのだ。単に、愚かにも焼きもちを妬いたのだというのである。カミュが「変わって」しまったから、というのは確かにそうだ。彼は「勿体をつけて」「仰々しい」人間になっていた。しかし、まさに女の問題がなかったら、つまりカミュが女にもてなかったら、事態はあれほど深刻にはならなかっただろう。女たちの中でもとりわけ一人の女にもてなかったら。オルガの妹のワンダはサルトルが夢中になっていた女性だが、カミュは危うく彼から「奪い取る」ところだった。オルガの断固たる介入のおかげでどうにかサルトルは彼女をひきとめることができたのだ。「一体どういう考えで、彼女はカミュを追い掛けたのだろう。彼にどうして欲しかったのだろう。私のほうがずっとましではないか。私のほうが優しかっただろう？　彼女はそのくらいのことは分かりそうなものだ」と彼は後になっても、いまいましさと、苦々しさと、当て推量を一杯抱えながら、ボーヴォワールに問いかける[18]。

哲学がある。厳密に哲学上の不一致。サルトルが何と言おうと、また、時代の流行や風潮や常識がいかなる混同を張りめぐらしていたにせよ、当時の新しい思想家たちをすべて結集すると称する、いわゆる「実存主義」については、『結婚』の作者と『嘔吐』の作者との間には、片や「不条理」の哲学と、こなた「偶然性」の哲学との間には、ずっと以前から、実は当初から、ひそかにくすぶり続けていた対立があったのだ。カミュ自身すでに『嘔吐』の刊行の際にこう語っているではないか。サルトルとの大きな違いは、自分ことカミュが〈不条理〉を出発点におくものの、最終地点でもそれを見出すつもりはない、という点である、と。[19] また彼は、サルトルの、即自と対自のあまりに硬直した対立には手放しで賛同できないという気持ちをたびたび表明してはいた。逆にサルトルとしては、カミュの連続への好み、類推と脈絡への偏執、自分が宗教にまで仕立てた断絶に対するカミュの不信感を批判したのには十分な根拠があると思っていた。カミュにとって本当の同時代人、精神的に近い人物がいるとしたら、それはサルトルよりもむしろメルロー=ポンティではないだろうか。

そして最後に、重要なこと、つまり政治がある。というのも、オルガは次のように言う。一般に知識人の、個別具体的にはサルトルの人生において、観念の衝突それ自体の重さは好きなだけ相対化してもかまわない。次のように述べ、繰り返し言うことができる。「観念の論争の中で、観念そのものは常に人が思うほど重要ではない。最初にあるのは別の戦争、世界像や肉体や行動様式の対立なのだ。観念は後から出てくるにすぎない。それは肉体がすでに述べたことに曲をつけるのだ」。それはそうかも知れないが、それでもこの場合には、勝負は政治の舞台というもう一つ別の舞台の上でもまた行なわれたのであり、そこでは、ソヴィエトの強制収容所の存在や位置付けや性格をめぐる議論を通して、片や『反抗的人間』と、こなたサルトル的思考——これは自分自身の直観を押さえ込み、自分自身の反射的反応を沈黙させ、己に苦行を強いるものである――との正面対決を通して、同時に最も決定的な勝負が行なわれたのだ。すなわち知識人同士の争い以上のもの、当時最大の「あの」思想論争より重要なもの、すなわち何千万もの男女の生と死と尊厳がそこに賭けられていたのである。

第一場。一九四六年十二月十二日。フォブール・ポワソニエール通りのボリス・ヴィアン家でのこと。ボスト、アストリュック、クノー、ポンタリス、プイヨン、メルロー＝ポンティ、シモーヌ・ド・ボーヴォワールがいる。カミュは遅れてやって来る。沈んだ様子だ。周りと打ち解けない。アルジェリアの不良少年はその夜は、冗談を言うような気分ではなかった。ところがそのあと、突然元気になる。メルロー＝ポンティをどなりつけたのだ。メルロー＝ポンティは、翌年『ヒューマニズムとテロル』となるものの最初の草稿、『ヨーガ行者と人民委員』を『レ・タン・モデルヌ』に発表したばかりだった。カミュに言わせれば、それは「モスクワ裁判を正当化するものだった」。カミュは彼に釈明を強く求めた。彼の襟をつかみ、殴りかかろうとしていたと言う者もいる。それから、その場に居合わせた者たちが仲裁に入って、サルトルが後に大げさに述べるように、メルロー＝ポンティは「華々しい暴力の行使を自分に禁じていたので[20]」、カミュは、その場の状況の滑稽さに気づいて、襟をつかんでいた手を放し、ひどく青ざめて身震いしながらドアをばたんと閉めて出て行った。サルトルとボストが後を追い、落ち着かせようと努めるが、それほど熱心な様子ではなかった（あまりに熱意を欠いていた？）。ご覧の通りだ……。言ったこっちゃない……相変わらずあのピエ・ノワールの面が出るのだ……バブ・エル・ウェドにいるみたいに、思想上の諍いの決着を拳骨でつけようとする喧嘩早いところが……全く度し難い奴だ！　その夜、カミュは『手帖』に次のように記している。「耐えがたい孤独、それを信じることもおとなしく受け入れることもできない」。そしてサルトルの方はこう書くのだ。「私にとって、この思い出は気持ちのいいものではない。この私が喧嘩の仲裁に入るなんて、何とも愚かなことをしたものだ。私はメルローの左側、カミュの右側にいた。コミュニストたちに対して友情を抱いたことを相次いで批判して、それから和解しないまま、二人とも死んでしまう二人の友の仲裁役をする羽目になるとは、何たるブラック・ユーモアだろう」[21]。

最終場面。それから五年後、コンデ通りで開かれた、『レ・タン・モデルヌ』のあの編集委員会でのこと。『反抗的人間』の出版が話題に上った。見事な本だ、とこの小さな会議は、討論のすえに結論する。精彩ある文章。現実の苦悩を背負った、あの何とも真似することのできない声、それはカミュの、いつも皆から愛されたカミュその人の声だ。だが、同時に、なんとも雑駁な本ではないか。哲学まがいの、わけの分からぬ文章。われらのカミュは、自分の間尺に合ったものを、つまり美しい不条理小説を書いていればいいではないか。それにこの本に対する大方の反応が問題となる。そちらの方が気懸りなのだ。ジャーナリスムの熱狂ぶりは胡散臭くないか。『フィガロ』紙が「戦後最大の本の一つ」との見出しを掲げたり、あるいは、「アカデミー・フランセーズの」エミール・アンリオが、反抗する大作家が正道に戻るのを歓迎したり、「アクシオン・フランセーズ」の機関誌である『アスペ・ド・ラ・フランス』が文明とフランスの永遠の価値への回帰を歓迎したりするのを目にしたら、疑問を抱いて然るべきではないか。そう、こういったすべてがキナ臭い。そこで、以下のことがほとんど票決によって決定した。第一に、委員会はこの哲学と称するやっつけ仕事もそれをめぐるお囃子もともに嫌悪する。第二に、一度そのことが承認され、それがこの雑誌の考えであるということが確定するなら、全く何も書かないよりはその趣きを述べる方が無礼でない。第三に、その任務は、その場に居合わせた編集委員会メンバーの一人、フランシス・ジャンソンに委ねられる。ジャンソンは、非の打ち所のない政治的経歴を持ち、（見事な戦歴……二十歳で、北アフリカの自由フランス軍に志願……）、サルトルに近い人物であり（『生きているサルトル』という著書を、サルトル本人から出版許可を得て出版したのは彼ではなかったか)、気配りも下心もない男で(シモーヌ・ド・ボーヴォワールが語るところによれば[22]、彼が編集部に持ち込んだ元々の原稿ははるかに厳しいものであった)であり、上手く行ったマフィアの犯罪の手口のように、「依頼」された標的とはいかなる接触もなかった(何年も経ってから、バー〈ポン・ロワイヤル〉で偶然顔を合わせたのが初めての出会いだった[23])ことが知られている。

そこで、ジャンソンのテクスト。「カミュの希望は、本当に世界の中でのどんな企てをも拒否することで『世界の流れ』を消滅させることなのだろうか」、あるいは「カミュよ、あなたは右ではない。宙に浮いているのだ」。

それに対するカミュの行き過ぎた回答。「編集長殿……私は、私自身と、己の時代の闘争を一つも拒否しなかった年老いた闘士たちが、〈歴史〉の方向にただ自分の安楽椅子を置くことしか決してしていない検閲者たちから有効性の教訓を休みなく押し付けられることに、いささか疲れはじめています……」(一九四四年に、サルトルはコメディ・フランセーズの警備に配属された際、桟敷席の安楽椅子に座って眠りこけているのを目撃された)。

サルトルもこれにはカチンときて、自ら筆をとる。その回答はこうだ、「カミュよ、教えて貰いたいものだ。一体どのような不可思議な理由によって、君の本を論じることが人類からその生きる理由を奪うことになってしまうのか。どのような奇跡によって、君に対して加えた異議はその場で冒瀆に変ってしまうのか」。「ああ、カミュよ、何と君は真面目なんだ、そして、君の言葉を借りるなら、君は何と軽薄なことか。もし君が間違っていたら？　君の本が単に君が哲学的に不適格であることを証明しているだけだとしたら？　この本が、大急ぎで原典に当たらずにかき集めた知識で出来ているのだとしたら？」

当時のジャーナリスム、新聞雑誌やゴシップ紙、つまり『ル・モンド』紙も『サムディ・ソワール』紙までもが、こぞってこの事件に飛びつき、鳴り物入りで報じ、そして、もちろん諍いを煽ることになった。

その日を境に、すべてが終ってしまった。

サルトルは後になって、『フランス・オプセルヴァトゥール』紙にこう述べはする。[24]「仲たがいなど、大したことではない。たとえ二度と会うことがないとしてもだ。要するに今までとは違うやり方で、われわれ二人に与えられたこの狭い小世界の中で、互いに相手の姿を見失うことなく、一緒に生きて行くわけだ」。それよりさらに後に、彼は絆の固さを強調するかのように、シモーヌ・ド・ボーヴォワールにこう打ち明けもする。「あんなことがあっても、私は彼のことを思わずにはいないし、私が読む本や新聞に彼の目差しを感じて、また、『これについて彼は何と言うだろうか、今この瞬間に何と言っているだろうか』と考えずにはいられなかった」。しかしもう遅い。

カミュの方はあまりのことに茫然自失したが（「彼は傷ついた雄牛のように、家のなかをうろうろしていた」と、マリア・カザレスはオクタヴィオ・パスに語った）、自分としては、憎しみに憎しみを重ねるのは避けようと努めた。そしてひたすら悪意ある仕打ちには軽蔑で、侮辱には沈黙で答えた（ジャン・ダニエルが報告している、あのマルティニック風カフェバーのシーン[25]）。しかし、もう遅い。

事はもう終ってしまったのだ。実際この二人の男は、それ以後、直接言葉を交わすことはない。ブルトンとアラゴン、シェリングとヘーゲル、フッサールとハイデガーのように、要するに、彼ら以前に「互いに相手の姿を見失うことなく、一緒に生きて行く、もう一つのやり方」を選んだすべての作家ないし哲学者たちと同様に。言葉を交わさない長い会話、影と影との対決、息が詰まって沈黙したこれらの言葉のはなはだしい物悲しさ、そしてやがて、勝負の終りが来る。シナリオは書きかえることができない。生き残った者は、故人を前に武器を置き、あるいは置いた振りをして、故人を抱擁し、ついでに、この友情が結局のところ自分が人生で出会えた最良のものであるとつぶやくことになる。
すでにメルローの死の後もこうだった。「優しくしめやかな、この悲嘆にくれる愛情は、疲れ切った友人たちを和解させるのだが」、彼らは「もはや争いの他には共通のものを持たぬまでに引き裂かれ、そしてその争いはある日、その対象がなくなった」ために止んだのである。[26]
そして今度はこうだ「カミュを殺した事故、私はそれを言語道断な出来事と呼ぶ……彼を愛したすべての人々にとって、この死には耐えがたい不条理性がある……彼の本――とりわけ、おそらく最も美しい本だが最も理解されなかった本である『転落』――が明らかに示してくれる彼の思想に賛成したり反対したりしつつ、誰もが生きていた[27]」。

それにしてもやはり、カミュと同意見で正しいよりは、サルトルと同意見で間違う方が正しいのは、なぜか

人間という点では、つぎ込んだエネルギー、論争のなかで露呈したそれぞれの気質という点からすれば、好感がもてるのは、明らかにカミュのほうである。サルトルは悪役の役回りだ。そして彼が悪役なのは、事態をどんな角度から検討しようと、つまり嫉妬だとか政治だとか、新たな誤解ないしは以前からの誤解等々の仮説をどのように取り上げようとも、あの時、彼の内で支配的であったのは、何かしら軽蔑に似たものであったからである。

ノルマリアン〔高等師範生〕の独学者に対する軽蔑。フランスのフランス人の、成り上がりのピエ・ノワール〔アルジェリア植民〕に対する軽蔑。大身の者、シュヴァイツェルの血を引く文化貴族階級からの、哲学者気取りの「滑稽でやくざな、アルジェの不良少年[28]」への軽蔑。ローアン公爵は家来どもを使ってヴォルテー

ルを殴らせる。[*] サルトルはジャンソンを使ってカミュを狙い撃ちさせる。それだけでもう、犠牲者はこの上なく好感のもてる人物になってしまうだろう。

サルトルか、カミュか？ もちろん、カミュだ。彼の寛大さ。彼の高貴さ。彼の言葉を用いるなら「激烈に幸福」であることによって、党派的で人を狙い撃ちする左翼に復讐するというその流儀。そして、サルトルの方にあるのは、あの暴力、痛めつけようとする意志、人を痛めつける手段についての博識。「アルベール・カミュに答える」は一つのモデルだ。軽蔑のモデルであるだけでなく、自己欺瞞の（「……君はかつて貧しかったかもしれない」）、信頼への裏切りの（「……君の内面の困難を包み隠すこの陰気な行き過ぎ、思うに、君はそれを地中海的節度と名づけているが……」）、根拠なき残酷さの（「……私は、君に『存在と無』を参照せよとはあえて提案しない。それを読むのは無意味に骨の折れるだけのことと君は思うだろう。君は難しい思想が嫌いだし、理解しなかったという批判をあらかじめ封じ込めるため、理解すべきものなど何もないと大急ぎで宣言するのだ……」）、特権知識階級的尊大さの（「……だが、原典に当たろうとしないとは、何たる癖を君は持っているのか。しかし君はよく知っているのだ、『抑止』というのは世界の現実の軍事力にしか適用されえないものだということを……」）、中学生的な、人を傷つけるユーモアの（「……まるで『熱くないかしら』と言いながら足指の先を水に触れる女の子のように、君は〈歴史〉を不信の目で眺め、それに指を突っ込んではすぐ引っ込めて、「歴史には方向はあるのか」と尋ねるのだ」）モデル、要するに、端的にいえば、低劣さのモデルである。

次に、政治的な観点から見ても、二人がそれぞれ擁護した、厳密に政治的な立場からしても、やはり疑問の余地はない。

全体主義的な言語道断な事態、新たな顔の下に野蛮を識別することができるかできないかという、知識人につきつけられたこの挑戦を前にして、反抗の精神と栄誉とは、直ちにカミュの側にあると判定される。アーサー・ケストラーやマーガレット・ブーバー＝ノイマンの証言を聴き取ったのは、彼、『反抗する人間』の作者、カミュである。一九五一年に、チェスラウ・ミロスが共産党支配のポーランドを脱出し、公認左翼の正統派たちが彼を犬よばわりした時に、ミロスに救いの手を差しのべたのは彼である。かの「歴史主義」、事実と権利とのこの混同、「出来てしまった出来事を出来てしまったからという理由だけで承認する」というこの誘惑に、つまり、それこそサルトルが対独協力者の心性の本質そのものと述べたばかりのものに抵抗したのも、カミュである。そしてこの対独協力者の心性、殺人者の立場への賛同、「事実に服従しなければならないという必要性」と「事実を道徳的に是認しようとする一定の傾向」とを混同することのやり口、一言で言えば「大きな変化というものはいずれも暴力を土台として行なわれる」と主張し、「力というものに何とも訳の分からない道徳的効能を授ける」「ヘーゲル主義」、これらのものの具体例が、全く意外にも見られるのは、彼、サルトルの側においてなのである。彼は強制収容所を「許しがたい」とするが、「いわゆるブルジョワ新聞が毎日それを利用しているやり方も劣らず許しがたい」とする。だから、彼は「トルクメニスタン人」——一体どうして「トルクメニスタン人」なのだ！——に加えられた仕打ちを「断罪する」。しかし、彼の主たる懸念は、相変わらず「カミュに答える」の中での話だが、「トルクメニスタン人に課された苦しみを利用して、われわれがマダガスカル人に被らせている苦しみを正当化する」ことを妨げることのようだ。彼は強制収容所を弾劾する。しかし、その「弾劾」にもかかわらず、その数週間後にはウイーンで開かれた平和会議に出席するのである。彼は人が犯罪に同意するにいたる心の機微を完璧に分析した。しかしここに〈歴史〉は繰り返され、彼は罠に落ちてしまうのだ。そして、物事を正しく見た、正しいことを述べたという疑問の余地なき功績をカミュに委ねてしまうのである。

もっとも、彼はそれを承知している。これこそまさに二人のサルトルの間の境界そのものなのだ。第一のサルトルには、第二のサルトルが現れるのが分かっている。第二のサルトルがゲームに加わろうとしているのが、そしてウイルスのように、自分の調子を狂わせ、カミュを非難するという過ちを犯させようとしているのが分かっている。彼がそれを承知していた証拠、カミュが自分に対して直ちにとった反応は正当であったということが分かっていた、あるいはかなり早くに分かった証拠とは、メルローやニザンのときと同様に、彼が好み得意とした「亡き友への追悼文」の形で、カミュの死の直後に彼に捧げることを決めた、あの称賛の辞に他ならない(29)。

亡き友の「頑固で、偏狭で、純粋で、飾り気なく官能的なヒューマニズム」――と彼は述べる――への称賛の辞。

彼が「固く結んだ拳の中に握り締めて」手離さなかったあれらの「人間的価値」への称賛の辞。「現代の真只中で」「マキャヴェリズムの徒」や「現実主義の黄金の仔牛像」に抗して「道徳的な事実の存在」を飽くことなく主張しつづけたあのやり方への称賛の辞。

「フランス文学」の風景の中で「最も独創的なもの」をなす作品群を残した「モラリストたちの長い系譜」の「後継者」である者に捧げる、称賛と賛美の辞。

彼とジャンソンが八年前に告発し揶揄し笑い者にし泥まみれにして汚したものすべてへの称賛の辞。カミュが果たしてこの称賛の辞を期待していたかどうかは神のみぞ知る。彼がそのようなものを望んだかどうかも、神のみぞ知るところだ。『転落』の中には、死の直前、彼がクラマンスの口を借りてサルトルに語らせた一節がある。サルトル＝クラマンスは、そこで奇妙な、実に驚くべき言葉を口にする。というのも、まるでこのような死後になっての謝罪を予感して書かれたかのようであるからだ。「われわれは何と感嘆していたことだろう――語っているのは、サルトル＝クラマンスだ。その彼が、余命いくばくもないカミュの筆によって語るのである――口には土が詰まって、もはや物を言うことがないわれわれの師たちを何と感嘆していたことだろうか。称賛の言葉が自然に湧き上って来る、たぶん、彼らが生きていた間ずっと、われわれから期待していた称賛の言葉が……」(30)。まさにこれだ、この称賛の辞がそうなのだ。それはもはや単に称賛の辞というだけではない。まことに稀なことだが、これは降伏であり、ほとんど武器を置き白旗を揚げる一つのやり方であり、自己批判だ。それから二〇年後、彼がモスクワ・オリンピック・ボイコットのキャンペーンに加わったのと同じだ。アンドレ・グリュックスマンとクローディ及びジャックのブロワイエル夫妻に連れられて、アロンとともに、共産主義ヴェトナムを逃れて南シナ海で難破したボート・ピープルの立場を弁護するためにエリゼ宮に出向いたのと同じように。その日そこに、彼の横にいたのは、実はアロンではない。カミュだ。カミュの亡霊なのだ。そう、その日、われわれ大勢の者がつぶやき、叫んだ、「カミュの報復だ！」と。晩年のサルトルのメッセージ、それはすでに一九六〇年の「アルベール・カミュ」追悼文を書いたサルトルのメッセージでもあったが、それをわれわれ大勢の者が耳にしたのである。「カミュへの謝罪を！　私に同意して間違えるよりカミュに同意して正しい方が明らかにましだったのだ」。

だが最後にまだ、この件についての第三の見方が残っている。哲学者を論じているからには、この争いの哲学的な内容に取り組まなければならない。形而上学的な気質という、別の気質の問題が残されている。『えこひいき』の中のグラックのテクストが思い出されよう。彼は「否定の感情」を代表する者としてサルトルを指名している。それは思想の体系よりもはるかに深層の情動性の中に刷り込まれている、とグラックは言う。グラックによれば、サルトルは自然に対して否《ノン》と言う。物質に対して、物質との調和にも否《ノン》。社会にも否《ノン》。考え得るあらゆる社会に否《ノン》。人類にも否《ノン》。生殖にも否《ノン》。他者たちにも、他者の眼差しというあの地獄にも否《ノン》。ブーヴィルのマロニエにも否《ノン》。独学者のヒューマニズムにも否《ノン》。すべてに対して否《ノン》。否《ノン》に対しても否《ノン》、というわけである。

このテクストの中では、サルトルが、同意というものにとりつかれた者たちと対比されていることも思い出されよう。あらゆるものへの然《ウィ》りをこの上なく高らかに歌い上げる詩人、「何のためらいも」なく、「包括的な」然《ウィ》りを唱える詩人、全体として捉えられた創造物への、絶対的で、幸福感あふれる、貪欲なまでの然《ウィ》りの作家。「神への、神の作り給うた万物への、教皇への、社会への、フランスへの、ペタンへの、ド・ゴールへの、金銭への、身入りのいい職業経歴への、族長の子孫への、公証人の立会いの下で結婚した、と彼自身が称する有力な家門への」然《ウィ》りの作家――、一言でいえば、ポール・クローデルに対比されているのである。

この同じテクストの中で、クローデルの名は、アルベール・カミュの名で置き替えることもできるだろう。『東方所観』の代わりに『結婚』や『シーシュポスの神話』を念頭に置くことができるだろう。そうすると、対比は同じようにしてあらゆる点について機能することになるだろう。つまり、サルトル的否《ノン》の感情に、カミュ的然《ウィ》りの感情、前者の自然への否《ノン》に、後者の大地への然《ウィ》り、前者の暗い天啓と後者の宇宙的な歓喜、一方には、決して完全には調和しないだろうと感じる世界のぞっとするような描写、事物恐怖症、肉体への嫌悪、あらゆるものを絶え間なく排出してしまうあのずきずきする痛さ、世界とその陰鬱な増殖へのアレルギーがあり、そしてもう一方にあるのは、ほとんど神秘主義的な恍惚、アルジェリアの風景のえもいわれぬ美しさ、太陽と季節の拍子に合わせた石と肉体との対話、果汁滴る果実、大地とその恵み、宇宙の永遠性と美しさ、マロニエではなく糸杉、兆しと星をちりばめた夜、ロカンタンの嘔吐感と対照的な、ギリシャ生まれのアルジェリア人アスリート、太陽に酔いしれる肉体、肉の聖なる神秘、その香り、その色、それと精神との婚姻、ねばねばしたものに対するに乾いたもの、余計なものたる身体とその抗い難い醜さに対するに栄光の肉欲、サルトル的な政治的ジィドに対するに快楽主義のジィド、「はじける果肉が濃密なシロップを滴らせる金色の巨大な柿」である。

この型の亀裂はよく知られている。

一神教が生まれた時から出現した古代異教徒の伝統とユダヤ・キリスト教の新しい世界との壮大な対決が見てとれるのである。

とりわけ見出されるのは、アレクサンドル・コジェーヴが『ヘーゲル読解入門』で、哲学の領域に断層を持ち込むことを止めたためしがないと語った、あの分裂である。つまり、一方には、自然は善であり、良き生を営むには自然に従えばいい、人間は己の占める場所によって何者であるかが定義される、と述べる伝統。それに対して、もう一つの伝統は、反対に、自然は「悪しきもの」であるどころか「敵意を秘めている」のであり、自然がわれわれに差し向ける力の矛先を転じて自然へと向けるようにすべきだと説く。聖アウグスティヌスによれば、恩寵以前の人類は「堕落の塊」にすぎないが、われわれは法なり洗礼なりの力——つまりはどちらの場合も文明の力ということになるが——によって方向転換し、「堕落の塊」とは異なる秩序へと到達するしか救いはないのだ、と。

ある意味では、つまり生きるすべとか喜びという意味では、おそらく、そしてまたしても、カミュの方が正しいと考えられるだろう。つまり、幸福、快楽、事物との友情、調和、官能、この世界への歓迎、今この現在に対する愛好、刹那のモラル。それに対するに、サルトルにあるのは、ある形の暗黒もしくは分裂、アウグスティヌス的な「苦い痛恨」、憎悪と卑しさの土壌から決して脱け出すことのない眼差し——それは人間同士の関係においてもいつでも再び現れ出ようとする——である。

だが、別の意味では、すなわち諸原理という意味において、またモラルと、それから政治の別の土台——

それは反射的反応のあとに来る、観念というものに他ならない――という意味においては、サルトルの発言に耳を傾けないわけには行かない。彼の旧友〔カミュ〕の側からそそくさと離れて、サルトルの側に移らずにはいられないのである。というのも、人間の自然への服従を主張する倫理とは一体何なのか。一体いつから、価値は欲望に根ざし、欲望は世界の秩序に根ざすということになったのか。正義よりも幸福について語るモラルとは、それでもモラルなのだろうか。世界を崇拝する、ということはつまり世界を観照し、世界に賛同し、世界を賛美するだけの政治は、それでもなお政治なのだろうか。

　この観照的な政治には、革命的な、ということはつまり全体主義的な政治の殺人的な行き過ぎを挫く力があるというのは本当だ。だが、こうした政治に対する闘いはどうなるのだ？　それに反抗は？　事物への不一致は？　それでも敢えて暗殺者に対して、あるいは単に既成秩序に対して立ち向かおうとするには、事物との不一致が必要のはずだが、それはどうなるのだろう？　人があのように世界の、事物の、太陽の友を自称するとき、自然やその自然発生的調和の聖なる法則に忠実であること以外の掟を己のものと認めなくなるとき、そして「同意だ、同意だ！　美徳のなかの美徳、それは世界の美しさに対する無垢な同意だ！」と高らかに歌い上げるとき、ニーチェのように、もっともそれはサルトルのニーチェとは別のニーチェだが、「生の宗教的肯定」[31]や「肉体の大いなる理性」や、大地、もしくは空、もしくは海との「婚礼」だけでよしとするとき、「人間の苦悩する心と世界の春とを常に調和させてきたし、これからも調和させていくものを、何一つ引き離したり排除したりしまいとするこの感嘆すべき意志」[32]を歌い上げるとき、人は何もしないという事態に追い込まれないだろうか。そこには、素知らぬ顔で、最悪なもののもう一つの母体が姿を現すことにはならないだろうか。自然に対するこの盲目の信仰は、あの行きすぎの以後であろうと以前であろうと、全体主義の、そしていずれにせよ、殺人の、もう一つの大きな源ではないだろうか。

もっとも、『異邦人』は……。そうだ、カミュよ、君の『異邦人』は……。この乾いた鮮明な作品、私がただちに敬意を表したモラリストの小説[33]……これは内容的には、人殺しの物語ではないか。君自身が、『異邦人』の中で、ムルソーは「太陽のせいで」、そして太陽が頭上で叩きつけた「シンバル」の音のせいで、殺したのだと言っているではないか。君をこの殺人者にしたのは、太陽への、真昼の思想への、宇宙への「然り《ウィ》」ではないのか。そして、君のマルタはどうだ。マルタは、そう、『誤解』のヒロインで、カリギュラの妹、彼とほとんど同じくらい暗黒の妹であるマルタもまた、「すべての問題を消し去ってしまう」力、「魂を死な」せてしまう力をもつ「太陽」を夢見ていると言いはしなかったか[34]。それにそれは同じ物語ではないか。人類の最初の殺人、つまり兄のカインが弟のアベルを殺したあの殺人事件以来、いつも同じ物語なのではないのか。あの兄カインもまた、そこにいるだけでいいと、隣人に近づき、呼び止めるだけでいいと考えていた。彼もまた、「相互主観性は一つの所与であり、それを根拠づけるのに〈掟〉は必要ない。良き自然と太陽の良き掟がある。それらが太古から発している命令に耳を傾けるだけで十分なのだ」と言っていた。そこで、ご覧の通りだ。すべてがそこから始まっている。すぐさま始まったのだ！　一挙に！

殺人など、簡単なことだ！　殺人は常にある。それこそ聖書が述べていることであり、カミュよ、君自身が、文学を、つまり良き形而上学をやっている時に、述べていることだ。人殺しは常にある。カインや、マルタや、ムルソーのように、対話をこしらえ人類をこしらえるという面倒を、「自然」に、そして「光の突然のほとばしり」に委ねてしまうとき、殺人は必ずやわれわれの前に姿を現すのだ……。

確かに、物事はいつもこれほどはっきりしてはいない。

そしてまた、それがこの対話に決着をつける言葉であるわけでもない。

まず第一に、もう一人のサルトルが現れる。カミュが太陽の形而上学で行なった以上に、悪から解放され、和解に達した社会を夢見ることになるサルトルが。「サルトル、すなわち全世界的牧歌への憧憬」、こう言ったのはカミュであり、この点では彼は正しい。

もう一人の、逆説的なカミュがいる。そのカミュと第一のカミュとの間のつながりがどんなものかはもちろん分析する必要があるだろうが、このもう一人のカミュは、恐らく、二十世紀のあらゆる思想家の中で、恐怖を真正面から見据える意志をもっとも遠くまで貫いたが、それにとどまらず、この〈悪〉の部分を一掃するという狂気の計画を胸にはぐくむ魔法使いの弟子どもに失格を宣言しようとする意志を、もっとも先の先まで貫いた者と言えるだろう。この狂気の計画こそ、彼もまた歴史主義と呼んでいるものの犯罪のすべてなのだ。それこそが政治的メシア思想の原罪なのであり、彼はハンナ・アーレントとともに、それに対する最も厳しい糾弾者であったということになる。そしてまたそれこそが、「ギリシャ的節度」への彼の呼びかけのもう一つの意味である。そのギリシャ的節度とは、〈歴史〉崇拝の適切な限界であり、「哲学を屍に変えてしまう」カリギュラたちの妄想に彼が設ける歯止め、もう一つの「汝殺すなかれ」に他ならない。(35)

この第二のカミュ、悲観的な、本来の意味で愁いに沈んだ、このカミュ、われわれが好みに応じて、「パスカル的」(希望への批判)とも「ドストエフスキー的」(イヴァン・カラマーゾフの発する永遠の「何故なのか?」。それは事物の無限の無秩序にどんな修復が施されようと、響き続ける)とも、アウグスティヌス的(「キリスト教徒の中で、悪の問題を真正面から見据えた唯一の偉大なる精神」)とも呼ぶことができるカミュ、世界と世界自身との不可能な和解を目指すとは何たる破廉恥と革命家たちを叱責する、この懐疑主義のカミュ、たとえ偶々人間が社会的な疎外に決着をつけたとしても、形而上学的な、根本的な疎外、人類という種と切っても切れない、バタイユが「人間による人間の呪い」と呼ぶもう一つの疎外が残るだろうという大いなる命題を掲げるカミュ、このカミュは今日でもなお、「悪しき」サルトル、〈歴史〉崇拝に与する同伴者のサルトルに対する最良の解毒剤の一つである。「控訴なく生き、和解しないまま死ぬこと、欲求する精神と期待を裏切る世界の間のこの永遠の決裂[36]」と彼は言う。あたかも『反抗的人間』は予め、『反逆は正しい』の錯乱に答えているかのようだ。

しかし、ご覧の通り。それはもう一人のカミュなのだ。それに、何と言っても、もう一人のサルトルなのだ。それは第二のカミュであって、『シーシュポスの神話』の最後の言葉が「すべてよし」であり、「シーシュポスが幸せであると想像しなければならない」であり、「不条理な人間は然《ウィ》りと言う[37]」であることをわれわれが忘れることのできないカミュなのである。また、それは第二のサルトル、第一のサルトルの掟を逆転し、今度は当の彼自身が自分なりのやり方で、「然《ウィ》りの深淵」を探索し、彼を崇拝する者たちを恐怖に沈めたサルトルであって、いかなる場合にも、このサルトルがサルトル全体の真実となることはないだろう。今のところ、われわれは第一のサルトルを相手にしている。サルトルは――カミュだって同じことだが――一つの塊ではない。そしてこの第一のサルトルが極めて早期に、しかも数少ない本の中で本質的に重要なことを述べたという功績は、何ものも、第二のサルトルでさえも取り消すとはできなかったし、これからもできはしないだろう。

言葉を本来の意味で用いるなら、意識と事物との不一致があり、反抗の精神を作りあげる、最小限の不忠実、最小限の断絶と闘争への愛好があるのは、第一のサルトルにおいて、『嘔吐』と『存在と無』の中においてであった。

コジェーヴの言葉を信じるなら、哲学論争一般、そして個別具体的にはサルトルとカミュの論争が、その神学的な次元と、それゆえにその形而上学的な深さとを取り戻すことを欲するなら、その母胎の、自然の、根源の掟への隷属から人間を解き放つ、あの原初の解放の思い出を持ちつづけているのは、彼、サルトルの方であり、彼こそが自由の哲学者だということになる。

別の言い方をするなら、もし厳密に政治的な次元から哲学の次元へ、つまりは神学の次元へと移るなら、二十世紀及びそれ以前に、全体主義の問題の核心がこれまで問われて来たのは、〈自然〉、〈悪〉、神なき創造物の悲惨、その堕落もしくは恩寵、原罪といった問題をめぐってであるということを思い出すのに同意するなら、もし、ユダヤとキリスト教の源泉から汲み取られる反自然主義——それは人間と世界との間に決定的な異和性、一定の距離を設定し続けるものであるが——なきところに、反全体主義はありえないということを思い出すよう努めるなら、そして最後に、民主主義の契約とは、人が確信を持って「それを構成する絆の中には自然なものは何もない、有機的なもの、運命的なものは何もない。それどころか、それは人工的な絆、脆い絆なのだ。不完全であるがゆえにいつでも訂正が可能な、無根拠であるがゆえに不完全な絆なのだ」と言うことのできる契約、しかも唯一そのような契約のみであるということを思い出すなら、そのときには、こう結論しなければならない。すなわち、そういったこと全てを考えるためには、『夏』の宇宙的な大饗宴や祝福のつぶやきよりも、偶然性のサルトル哲学の中の方が、より取り上げ、考えるべきものがある、と。

第Ⅲ部　時代の狂気

Le Folie du Temps

I もう一人のサルトル

スナップショット

ウィーン。一九五二年十二月。世界平和運動——またの名を「スターリンのインタナショナル」——が大会を開く。それは東欧での抑圧の最も暗黒の時期であった。狂気に達したソ連の党中枢がおのが陣営の中で粛正を進め、「兄弟党」の古参指導者たちを次から次へと排除して行った時期である。彼らは大抵の場合、国際旅団の古つわものか反ナチス戦争の戦士だった。それはまた同時に、モスクワで、しかしまたブダペストで、プラハで、ブカレストで、「ユダヤ民族主義」ないし「ユダヤ・シオニスト」の陰謀を未然に防ぐためと称して、前例を見ない暴力的な反ユダヤ弾圧が猖獗を極めた時期でもある。「白衣」事件*というまやかしの事件が起きるのは、それからわずか一ヶ月後のことである。一方、スランスキー裁判、自由ヨーロッパの隅から隅まで、同伴者たちの想像力を掻き立てるために仕組まれたこの大スペクタクル裁判は、ちょうど終ったところだった。チェコ党の書記長ルドルフ・スランスキーは、一〇人の被告とともに絞首刑に処せられた。そのほとんどが「ユダヤ系」だった。そして大会開会の数日前に、彼らの灰はプラハ近郊の野原に撒かれたのである。ところがサルトルはそこにいた。彼はそうしたこと一切を知っていたが、それでもそこにいたのである。三〇年代のモスクワ裁判*を覚えている者はだれしもそうだったが、彼もまた、この予め仕組まれた裁判の論理、拷問と恐喝で無理矢理引き出された自白の論理を知っていたが、それでも彼はそこにいた。気詰まりを感じていただろうか？　見たところ、そんなことはなかった。あの嘆かわしくも有名なファジェーエフ*と同じ演壇に並ぶことにも、それほど困惑した様子はなかった。ファジェーエフは、数年前に同種の集会において、サルトルを「タイプライターを打つハイエナ」、「万年筆を手にしたジャッカル」呼ばわりした当人である。しかしサルトルは満足そうだった。晴れ晴れとしていた。そして彼の短い演説が終ると、各国の党中枢のメンバーで占められた会場は総立ちとなり、彼にスタンディング・オベーションを送ったが、それに対して彼は有頂天になったのである。まさにそれは、世界プロレタリアートの公認の代表者たちから、仲間の一人として認められるという破天荒の栄誉を受けた「ブルジョワ」知識人の歓喜に他ならなかった。只一つ問題があった。『汚れた手』だ。というのも、偶然の巡り合わせで、『汚れた手』は、同じ時期にウィーンのとある劇場で上演されることになっていたのである。そして『汚れた手』は、相変わらずコミュニストたちの逆鱗に触れていた。功利主義的で、粗暴な、要するに真面目な職業的活動家（エドレール）と、ひたすら英雄主義と偉大さと直接行動のみを夢見る若い知識人の理想主義（ユゴー）を対比するこのやり方を、彼らは嫌っていたのである。ああ、そうですか。構いませんよ。このユゴーの下種野郎がウィーンに集まったエドレールたちを堂々と鼻先でせせら笑うなどということはさせません。この男が主人公だ、共感を集める主要人物だ、などとは言わせません。いわんや自分ことサルトルが、反共的戯曲を書いたなどとは。そこで彼は、自分の出版人や代理人、劇場支配人や演出家に電話をする。実際はあらゆる手段を尽くして、われとわが戯曲の上演の禁止を要求し、そしてそれを獲得したのだ。そして事態が明瞭になるよう、今後このようなトラブルが起きないように、この機会を捉えて彼は、一つの法律を公布する。それは紛う方なき法律で、彼の出版人たちはそれ以降は、この法に従うものとされるのである。よろしいですか、皆さん、今後はいかなる場所においても決して、『汚れた手』は当該国の共産党の明示された許可なしには上演してはならない、と致します。それは野蛮の最も暗黒の時代であると同時に、スターリン主義の白痴振りが極まった最も暗黒の時期でもあった。多くの知識人は距離を置き始める。ところがサルトルは逆方向に進むのだ。それまではどちらかと言えば慎重で、例えばメルロー＝ポンティなどに較べて深く踏み込んでいなかったサルトルが、まさにこの時期を選んで、まさにメルローが放棄しつつあった立場に同調し、世界に向けて、自分の新たな同志、ともに進みともに闘う同伴者たち、つまり、私サルトルとしては誓って、もはや決して衝突するような真似をしようとは思わない人々とは、ネルーダ*、アマード*、エレンブルグ*、そしてまたゴットワルト*とヨシフ・スターリンであると告げ知らせたのである。それを疑う者、例えば彼は自分が何をしようとしているのかあまり良く分からずにそんなことを仕出かしたのだと推測する者、彼はアラゴンに踊らされたのだ——当時、そういう噂が流れたが——と想像する者、そうした人々に対して彼は、「ウィーン会議は、誹謗中傷にもかかわらず、歴史的な出来事であり、今後もあり続けるだろう」、そして自分として言わせて貰えるなら、それは「自分の人間としての生涯で最も重要な」「三つの出来事の一つ」であると考える、と答えるのである。それと同等の重要な出来事とは、何と「パリ解放と人民戦線」だと言うのだ。

自己への憎悪

『汚れた手』。この『汚れた手』事件で信じ難いことは、それより数年前、一九四八年のこの劇の初演の際に、第一のサルトルが明らかに異なることを述べていたという点である。演劇とは私生児的ジャンルだ、と彼は言っている。情熱を掻き立てる、私生児的なジャンル。その私生児性は、おおまかに言うと、小説以上に劇は、創る者と同程度に受容する者に属するということに由来する。「私はどちらにも与しない」と彼は、『コンバ』[1]でのインタビューで述べている。私はとりわけどちらにも与しない。なぜなら良い劇作品とは、問題を提起すべきものであって、問題を解決すべきものではないからだ。その意味では、ユゴーが優勢だとしたら、結構なことだ。人間劇、真の人間のドラマ、人々が自己同一化を行なう人間のドラマが、結局はユゴーのドラマであって、エドレールはより暗く、より否定的な人物と見えるとしたら、それはそれで結構なことだ。当の作者の手を逃れ、本気で押し付けることに成功したと思っているプログラムの裏をかくというのは、偉大な作品の持つ力ではなかろうか?

もっと分りやすい例を挙げるなら、この劇はその数カ月後、ニューヨークで、『赤い手袋』という題で上演されたが、その時この第一のサルトルは、もう少し深く踏み込んでいる。自分なりに自分のテクストに割り当てた意味についてより立場を鮮明にしているのだが、それはウィーンで彼が行なったのとは正確に言って全く反対の方向で表明されているのである。「私はユゴーという名の男について劇を書いたのです」と、彼は記者たちに宣言する。次いで痛烈に言い放つ。「エドレールが私の書いた劇の主人公でないことは、みなさんも見逃さなかったと思います」。それから脚色者のタラダッシュが彼の原作を左寄りに引き寄せるのが得策と考えたことに怒りを露にし、ほとんど意地悪な口調でこう言うのだった。「タラダッシュの脚色の中には私のユゴーの面影は、何も、全く何も残っていません。タラダッシュのユゴーは、最後に勝ちはしません。原作では最後に勝つのですが (... Hugo doesn't win out in the end the way the original one does...)」。そしてインタビュアーが、良く理解できたかどうか心許なくなって、『汚れた手』は「人間はその歴史的環境によって決定されるという共産主義の考え方」を批判していると結論することができるか、その意味で、この戯曲は「反共的作品」と形容することができるか、と尋ねると、「ええ、その意味では私の戯曲はまさに反共的です (yes, in that sense my play is anticommunist)」という答えが弾け出た。

　要するに四年間ですべてが変わったのである。サルトルは同伴者となった。そして彼は、一貫性も真実らしさもいささかも気に掛けることなく、前代未聞の厚かましさでぬけぬけとこの驚異的な転換を遂行した。『汚れた手』は親共的戯曲だ、といまや彼は主張する。そう、そのことについては何者にも疑って貰いたくない。それは同伴者の劇、その歴史の中で容易ならざる時期にある党の救援に駆けつけるために書かれた同伴者劇なのだ。だからエドレールこそ、みなさん、良いですかな、共産主義者エドレールこそ、私の意図においては、これまで常にこの劇の主要人物だったのだ。ところがそれが、ウィーンを初めあちこちで、私が与えたこの意味の首枷を砕き始めている。この女《あま》は、このユゴーの下種野郎、この偽のハムレット、ロレンザッチョ*を一回り小型にしたような男に、侵入を許し、やがて誘惑される始末。それこそ党を侮辱し、最愛の作者たるこの私の人生に面倒を持ち込もうという魂胆だ。そうだ、先刻ご承知だ。ハムレット一味め。ロレンザッチョの輩の怪しげな誘惑の手の内は、先刻ご承知だ。ユゴーがこの話の傍役であり、今後もあり続けることは、了解済みだった。ところがどうだ！　この男がしゃしゃり出て来て、自分だけ良い目を見ようとしているに違いない。審査員のみなさん、誓って申しますが、真の共産主義者に敬意を表するために書かれた、この立派なテクストを、この男が反共主義の方へと引きずって行くに違いありません。そういう訳ですから、私はユゴーを罰します。『汚れた手』を罰します。私は文学の監視人、しかもまず最初に、私自身の作品の監視人になります。各自持ち場に就け。もはや何ぴとも持ち場を離れてはならない。ユゴー、エドレール、しかしまたブリュネ、ボリス、ジェシカ、＊マチュー、お前たちは、私がここにいる限りは、世界と、その世界の中での私の政治的発言の舞台という、より広大な舞台の操り人形なのだ。お前たちのうちの一人でもそのことを忘れ、たった一人でも勝手に自分で演じ始めようとするなら、もしくは私の役を演じたり、二人分の役を演じたりしようとするなら、実を言うと私は、私の人生が成り下がってしまったこの新しい仮装行列の中で、だれがだれで、だれがだれの役を演じているのか分からなくなってしまう。そして私の全作品を否認せざるを得なくなるのだ。

　この狂気の絶頂、自分自身と、登場人物の自由という「ブルジョワ的」先入見に加えられたこうした暴力の絶頂、歴史にも例を見ないと思われる、わが手でわが体を鞭打つこの実践（文学史にはもちろん、撤回され、否認され、処罰したり、さらには焚書にされた書物の例は枚挙に暇がないが、作家が自分の本の一つを、まるでその作者ではないとでもいうように、処罰したり、その意味に拷問を加えたり、別の意味を押しつけたりした例は見たことがあろうか）の絶頂は、一九六四年三月、『汚れた手』がトリノのスタビーレ劇場で再演された際に、『弁証法的理性批判』のイタリア語版の訳者パオロ・カルーゾに答えたインタビューである。私は最後にもう一度試してみるのだ、と、年とともにますます厳しくなったサルトルは言う。最後にもう一度、この呪われた『汚れた手』が、「同伴者」の作品であるということを立証させるのだ。しかし用心せよ。「もしこの劇がトリノで、反共的作品であると確認されることになれば、もし左翼諸勢力との私の合意が、右派の新聞とブルジョワジーがこの劇は反共的作品だと主張することを妨げることができないなら、この件は最終的に決済されることになろう。『汚れた手』は二度と再び上演されることはないだろう」。分りやすく普通の言葉で言えば、「最後のチャンスだ。私は最大の好意をもって、『汚れた手』に最後のチャンスを与える。しかしそれが私を裏切って、またしてもユゴーをエドレールにぶつけるような気を起こそうものなら——つまりそれは、私を私にぶつけること、悪しきサルトル（感じ易く、繊細で、ダンディで、ハムレット的な）を良きサルトル（私がそうなったと確約している、粗野で苛烈な闘士）にぶつけることだ——、その時は仕方がない。この劇は無へと、もしくは私がそれを引き出した元の独房へと戻ることになろう」。まるで夢でも見ているようだ。しかし夢ではない。そう語っているのはサルトルなのだ。『嘔吐』と『自由への道』の素晴しい芸術家なのだ。しかし目立たぬようにつきまとった鞭打ち爺さんが、科白を吹き替えている。この爺さんは何よりもまず、かつてサルトルがそうであった自由な芸術家を鞭打つのである。

反米主義について

ヴェネツィア。一九五三年六月。サルトルは新聞により、エセルとジュリアスのローゼンバーグ夫妻の死刑執行を知る。彼は直ちに電話を取り、エマニュエル・ダスチエ・ド・ラ・ヴィジュリィ*が社長を勤める『リベラシオン』紙に、前代未聞の激烈な論説を口述した。この論説そのものは立派なものである。この件の実態について、それ以降どんなことが分かったにせよ、サルトルが夫妻の死刑執行を「合法的リンチ」と告発したことは正しい。彼が「ローゼンバーグ事件は、われわれに関わることだ。無実の者を死なせるというのは、世界全体にかかわる事柄だ」と叫んだのは、正しい。全く正しい。そして私は今から振り返っても、その結びにマッカーシズムに対する罵倒の形で表明された憤りはなかなか見事だと思う。「あなた方はわれわれがマッカーシー*の文化を擁護しようとすると思うのか？　マッカーシーの自由を、マッカーシーの正義を擁護しようとしていると。この血塗れの馬鹿野郎があらゆる書物を焼き、すべての無実の者を死刑に処し、抗議する判事たちを投獄することを許すために、われわれがヨーロッパを戦場にしようとしているなどと思っているのか？」このテクストの中で困惑する点は、二つある。まずもちろん彼が、同じ時期に、しかしもう一方の「陣営」で、スランスキーとその共同被告という別の無実の者を死刑に処した別の血塗れの馬鹿野郎どものことを想起させるために、怒りの言葉にせよ憐憫の念を表わす言葉にせよ一言も発していないという事実である。それはこの非の打ち所のない哲学者が、人々の嘆きと苦しみを測定するための「良い」視点というものがあるという考えを拒否していたこの男が、突然、良い死者を選別し始め、罪の疑いのある犠牲者と特権的な死刑執行人――とカミュなら言っただろう――を指名し始めた、ということに他ならない。モーリヤックがこの点について彼に問い質した時、彼がかくも多くの主題についてかくも辛辣なのに、ソ連の反ユダヤ主義についてはまことに奇妙な沈黙を守っているのには驚く、と述べたのに対して、「雑誌が沈黙しているように見えるのは、日刊紙が喋り過ぎるからです[2]」と答えたのである。少なくともこの傲慢さが場違いなことは間違いない。次にもう一つの違和感は、マッカーシーだけに留まらず、アメリカ一般と、彼が「アメリカ的死に方 (American way of death)」――これが論説のタイトルである*――と呼ぶものに対する糾弾が行なわれている点から来る。ドス・パソスとフォークナーを読み、ジャズを愛好し、一九四六年にはニューヨークの摩天楼を発見して驚嘆の声を上げた、アメリカに魅了された旅行者だったあの男、一九四六年に、『恭しき娼婦』を「反米主義」と決めつけたチェリー・モーニエに、いささかも当惑することなく、「私は全く反米的ではない。反米的というのがどういう意味か分からない」と答えたあの男、それからさらに二年後、この戯曲がニューヨークで出版された際に、同じ発言を繰り返して、「この反米的という語がどういう意味かということさえ分からない」[3]と言っていたあの男が、いまやこう宣言するのだ。「アメリカは狂犬病だ。アメリカにわれわれをつないでいる絆はすべて断ち切ろう。さもないと今度はわれわれが噛まれて、狂犬病になってしまうだろう」。あるいは別の発言の中で、「アメリカ・ウイルスというものがある。それは知識人のペシミズムで、極めて急速にわれわれに伝染するだろう」[4]。そしてこのようにして彼は、幼稚な反米主義にのめり込んで行ったのだ。彼も知っての通り、そのような幼稚な反米主義というのは、三〇年代以来、極右の紋章の一つに他ならない。

「ソ連における批判の自由は全面的である」

一九五四年。ソ連からの帰還ものというのは、ジィド（とセリーヌ）のお蔭で、文学的に認められたジャンルとなっていた。そこでサルトルも、一つはソ連のせいで、もう一つはジィド（とセリーヌ）のせいで、このジャンルを試すことになる。つまり最初のソ連旅行から帰国した際、七月十五日から二十日まで『リベラシオン』に連載された会見のシリーズを通して、それを実行することになるのである。「ソ連には独特の人間のタイプが存在するという印象をお持ちになりましたか」とジャーナリストが彼に質問する。ええ、とサルトルは答える。もちろんです。例えば親切な「ピオニール・キャンプ」というのがあって、子供は「七歳の年から」大きな「スターリンの肖像画」の前で「ダンスをし」、「遊ぶ」習慣を身につけるのです。「社会的特権」の問題は「わが国」と同じように深刻な問題となっていると、お感じになりましたか？いや、全然そんなことはありません。「エリート層の少数の核」が「階層化」しようとしているだけです。しかもそのエリート層も、「批判」には敏感です。この層は、「恒常的自己批判」の状態にあり、特権を放棄しようとする気になっている、と言った方が良いかも知れません。フランスとの関係はどうですか？　好意をあなたの見るところ、この健気な大国はちっぽけなわが国との関係をどのように見ていますか？　好意をもって見ています、とまたもサルトルは答える。寛容と好意をもって。ただ「一九六〇年頃」、と言ってから、彼は言い直す。正確に言おうとしていることが感じられる。「一九六六年までに」もしフランスが「停滞し続けているなら」、「ソ連の平均生活水準は、わが国のそれより三〇から四〇％上回る」と、私サルトルはあなたに予告します。では批判の自由はどうですか？　ソ連人は、マレンコフ時代に起こった変化を解説し、検証し、さらには批判する自由を持っていると感じていますか？　もちろんです。ソ連では市民は「全面的な批判の自由を」持っています。ソ連の市民は「フランスの労働者」より「はるかに多く、はるかに有効なやり方で批判します」。ソ連市民が批判を行なうのは、「カフェの中」ではなく、「公開の場」で、「自分の責任」を自由に、十全に取りながら——それこそがこの上ない美点だというのだ！　——なのである。要するに「ソ連における批判の自由は全面的である」。これが五回連載の会見シリーズのタイトルとなっている。そして検閲を受け、排除され、収容所送りとなった作家たち、ソ連体制の粛正マシーンの「巨大な下水道が」「排出する」（ソルジェニツィン）最初期の反体制派も、「ものを書く可能性はまだ」有している、とサルトルは言う。彼らは「その上、過ちを償うために、新たな本を書くことを奨められている」とも。サルトルは知らないのだろうか？　彼がこのような恥ずべき発言を口にしている間にも、何千人という反体制派が、モスクワの牢獄の中に押し込められるか、「犯罪者誘導ネットワークの陰険で悪臭を放つパイプ」（これもやはりソルジェニツィンだ）を通って運び去られて行くのであり、彼らがもし彼の言葉を耳にしたなら、侮辱の言葉と受け取っただろう、ということを。サルトルは知らないのだろうか？　スターリンの死にもかかわらず、単に作家だけでなく、二五〇〇万人もの人間が依然として収容所の大規模な刑務施設の凍てつく地獄の中に拘禁されている、というか姿を消しているということは、ということを。彼は話に聞いたことはないのか？　二〇〇〇万ないし三〇〇〇万人の、とくにバルカル人、チェチェン人、イングーシ人、カルムーク人、クリミヤ・タタール人等々の「処罰された民族」出身の「特別植民」が、スターリン時代に集団的に流刑に処されているということを。彼は話に聞いたことはないのか？　彼の滞在中の五月に、カザフスタンのケンギール収容所の囚人たちが叛乱を起こしたことを。[6]　彼はニザンのことを忘れたのだろうか？　かつての己の分身、親友、彼が「少年としてまた青年として」持った「唯一の友」——と、のちに彼自身が述べるだろう——のことを。そしてモスクワから立ち昇って来る誹謗中傷のおぞましい噂を耳にすることはないのだろうか？　ニザンを「ブルジョワの協力者」、「デカ」、裏切りに取りつかれた男、『陰謀』のピュルヴィナージュのモデルで、アラゴンの『レ・コミュニスト』に出て来るスパイの新聞記者、あの忌わしいパトリス・オルフィラのモデルだと称するあの誹謗中傷の噂を。[7]　どうして彼はジィドのことを、さらにはセリーヌのことを、考えないのか？　『文学とは何か』[8]の中で、「スターリン的共産主義は、文学という職務の誠実な営みとは相容れない」とか「もし私にその権限があったなら、権力が文学を利用している目的に文学を奉仕させるよりは、むしろわれとわが手で文学を埋葬する方がましだと思うだろう」とか、さらには「われわれはまだ自由なのだから、共産党の番犬の群れに加わることはしない」と書いたあのサルトルはどこへ行ってしまったのか？　彼は知らないのか、分からないのか？　この手の発言をすることで、彼はまことに悲惨なことに後退しているということを。それも単に自分自身より、自分自身の哲学より後退している、というだけではない。一九五〇年一月に、[9]メルローが起草し、彼が連署したあの文書、ピエール・ダックスに反論して、彼がソ連の収容所の存在と、そこに少なくとも「一〇〇〇万から一五〇〇万人の囚人」がいることを認め、明瞭この上ないやり方で、「二〇人に一人の市民が収容所にいる時、社会主義は存在しない」という原則を確立したあの文書より後退しているが、しかしそれだけではない。彼は分かっているのだろうか？　それよりさらに嘆かわしいことだが、彼はソ連の指導者たちの精神状態よりも、ということはつまり、フルシチョフよりも、もしかしたら、旅行の間中彼の案内に張り付いたエレンブルグよりも後退しており、もちろん、ポーランドとハンガリーで勃発寸前だった叛乱よりも後退しているということを。おそらく彼は承知していただろう。でまかせを言ったのであり、しかもそのことを知っていただろう。おそらく彼はまさにジィドのことを考えただろう。もしかしたら、そのことしか考えなかったかも知れない。そして差を付けようとだけ考え、彼もまた「帰還する」が、しかしジィドとは違ったやり方で帰還しようと願うあまり、もしかしたら彼は、「一〇〇〇万から一五〇〇万人の囚人」のことより、『ソヴィエト紀行』〔ジィド〕や『メア・クルパ』〔セリーヌ〕のことしか念頭になかったのかも知れない。「一九五四年の最初のソ連旅行から帰った時、私は嘘を言った」と、二〇年後に彼は言うだろう。(10)「まあ、『嘘を言った』というのは、多分言い過ぎになるだろうがね。論説を一本書いた。もっとも私は病気だったから、仕上げたのはコーだが。その中で、思ってもいない、ソ連に好意的なことを述べたのだ。私がそうしたのは、一つには、どこかに招待されて帰って来たばかりで、招待してくれた者のことをこき下ろすなんてことはできないと思ったからで、もう一つには、自分がソ連に対して、自分自身の思想に対して、どんな立場にあるのか、良く分からなかったからでもある」。こんな説明について、自己欺瞞的なやましさとずる賢い磊落のこのような混淆について、どう考えたら良いのだろうか？　それは言い訳になっているのか、それとも聞いている方は打ちのめされてしまうのか。

フランス最後のスターリン主義者か?

フルシチョフ報告。それは青天の霹靂だった。一九五六年二月二十四日から二十五日にかけての夜の間に、非公開で行なわれたソ連共産党第二〇回大会の演壇に立った、国際共産主義の法王たるこの古参のスターリン主義指導者の報告は、「党内での抑圧と専横の支配」と数十万人の「犠牲者」の存在を告発した。そして、その犠牲者が「無実」であったことを「今われわれは知っている」――ママ――、それは「党と革命とに、そしてレーニン主義と共産主義の建設というレーニン主義の大義に献身した、清廉な」男女であったが、その命を共産主義が奪ったのだ(11)と述べたのである。このアクトアウトが現実にはいかなる意図で、いかなる下心をもって行なわれたかは、どうでも良い。K〔フルシチョフ〕氏当人が、何年もの間、ウクライナでの厖大な殺戮の責任者であったという人殺しの過去を持つということも、大したことではない。この作戦はまた、党指導部の支配権争奪の死闘という全般的枠組みの中で、スターリン一人にすべてをおっかぶせ、その後継者たちを無罪放免し、体制の存続を可能にしようとする策謀でもあったが、こうした作戦の意味さえも、大したことではないのである。報告は、早くも一九五六年六月初めにはその内容が西ヨーロッパに漏れ始め、致命的な衝撃を引き起こした。知識人階層全体にとって、特に同伴者層にとって、それはずっと以前から、時としては十月革命の直後から、共産主義政体に対して投げつけられて来た最悪の糾弾を確証するものに他ならなかった。そしてそれらの糾弾を聴き取ることを拒んでいたすべての者にとって、ソロフキー、カラガンダ、コリマ、ヴォルクータの強制収容大規模施設についての告発を帝国主義と反動の浅ましい策謀としか考えなかった、盲目で聞く耳持たぬ者たちにとって、クラヴチェンコ*を罵倒した者たち、ダヴィッド・ルッセ*に誹謗中傷を加えた者たちにとって、カミュとその視野の狭い道徳主義を嘲笑した者たち――例えば『レ・タン・モデルヌ』の読者たち――にとって、それは陶酔から醒めた幻滅の端緒であった。陶酔から完全に抜け出すには、もちろんまだまだ時間が掛かるにせよ、聖人の中の聖人が発したこの告白の中には、その最初の真の起爆剤が見出されたのである。ところが、知識人の中で、フルシチョフ報告が何かの切っ掛けになったとは全く思えない者が一人いた。その知識人とはサルトルだったのである。彼はそれから六ヶ月後、ハンガリーへのソ連軍の侵入の直後に『エクスプレス』で行なったインタビューの中で、信じられないほどの大胆さを発揮して、何と自分としては「心の底で」、この報告の公表はソヴィエト体制が犯した「最大の誤り」だと思っている、かくも長期にわたり体制を代表して来た神聖な人物の犯罪をすべて詳細に開示することは、このような率直さが、住民の生活水準が予め相当程度上昇していることによって可能となっていない時には、狂気の沙汰なのである」、この事件の唯一にして嘆かわしい「結果」は、「真実を、それを受け取る準備が出来ていない大衆に対してさらけ出した」ということになるだろう、と述べた[12]。自由をいかなるものにも優先させていたあのサルトルはどこへ行ってしまったのか？　あらゆる木で鼻をくくったような空疎な言葉遣いに敵意を抱いていた、あの透明性の使徒はどこへいってしまったのか？　あのもう一人のサルトル、反逆のサルトル、無政府主義者サルトル、あらゆる権力とあらゆる共同体に反乱するサルトルは、真実の伝達が住民の生活水準によって決まるというこの奇怪な考えについて、何と言っただろう？　何と言うだろう？　そして彼は、この真実の衝撃はあまりに強く、大衆はその衝撃に耐える用意が出来ておらず、別の言い方をするなら、さらにおぞましい事態が続いた方が良かったのだ、などと断言した時、自分自身を否認しているという気はしなかったのだろうか？

ブダペスト以後

ハンガリー、それは、ヨーロッパのインテリゲンチャ全体にとって、いずれにせよフランスのインテリゲンチャにとって、新たな苛烈な一撃だった。ソヴィエト化されたヨーロッパの凍結した歴史の舞台に、突然世論と諸国民が闖入して来たことに他ならなかった。それゆえにそれは、この凝固した歴史を信じ、共産主義は逆行不可能だと信じていたすべての者にとって、新たな見直しの機会だった。この時、人々の口は開き、この時、人々の知性は縛めを解かれて、解放され、この時、『フィガロ』は左翼知識人たちの請願書を再録し、いがみ合っていた『フランス・オプセルヴァトゥール』と『プルーヴ』は矛を収めたかに見えた。この時、強硬派中の強硬派のマルタン＝ショフィエ、「全国作家委員会」元会長で、クラヴチェンコを糾弾したこの男が、ルッセと手を携えて冬季競輪場《ヴェルディヴ》の演壇に上ることを恐れず——それほど感情が昂っていたのだ——、武器を持たぬ民衆に向けて戦車を繰り出させた「社会主義」を告発するために、インテリゲンチャのあらゆる系統が請願書を次から次へと発表した。要するにそれは、知識人の歴史でも希な、苛烈であると同時に壮麗な瞬間の一つだったのだ。ここに賭けられた争点の巨大さに直面し、ヨーロッパの鼓動する心臓部に対して冷血無情に遂行されたこの虐殺のおぞましさに直面して、一九五六年十一月のこの日々が数えた数千の犠牲者、数千の逮捕に直面して、彼らは一時、表面上の紛争、個人的な争いや隣人同士のもめ事、偽の亀裂を忘れ、おぞましい醜悪に対して共同戦線を張ることを選んだのである。サルトルも、他の者たちと同様に、憤りを見せた。まずはヴェルコールが起草した請願書に署名することで、憤慨を表明した。その請願書の署名者の中で彼が最も目立つ存在だった。それから数日後に、例の『エクスプレス』のインタビューで、彼は「ソ連の攻勢を留保なしに全面的に断罪」し、「ハンガリーでの虐殺を告発しない（もしくはできない）ソ連の作家の友人たちとの関係を、遺憾ながら、全面的に断ち切る」と述べ、フランス共産党の指導者たちについて「彼らの言葉の一つ一つ、彼らの一挙手一投足が、三〇年に及ぶ虚偽と硬直化の到達点であり」、これらの嘘つき、これらの硬直化した者たちとは「再び関係を持つことは不可能であり、今後も二度と可能になることはない」と言い切ったのである。それは結構で、見事でもある。そこには拒否の強さ、徹底ぶりが窺え、それは『共産主義者と平和』の作者にとって名誉となることだった。『嘔吐』の小説家、戦前の絶対自由主義者、自由の人が、今度こそ優勢を取り戻し、自分の中に居着いてしまったらしい狂信の徒に打ち勝つという嬉しい場面を目にすることができたと、だれしもが喜んだのである。しかしやんぬるかな、事は必ずしもそう単純ではなかった。例えばカミュ派だけを取り上げてみても、彼らはその請願書の中で、「クレムリンの指導者たちは、配下の戦車と飛行機をして蜂起した人々に向かって発砲させたことによって、再びモスクワを、ツァーリ専制の時のように、世界的な絶対主義反動の首都となした」と強調した。彼らは「この虐殺者たちを人類から追放に処し、依然として彼らの足跡を踏襲して、ハンガリー人民の血で両手を染める、自由諸国の共産主義指導者たちに烙印を押す」には、慎重の上にも慎重でなければならないなどとは思わなかった。その点はマルチネ*・モラン*・ブルデ*の請願書[13]の署名者たちも同様だった。それに対してサルトルの請願書は、穏健で、ほとんど用心深いとさえ言えた。それにいずれにせよ、はるかに戸惑いを見せていた。確かにそれはタイトルからして、「ハンガリー人民の反抗とその独立への意志を粉砕するための大砲と戦車の使用」を断罪するものであった。しかしその後に続く本文のかなりの部分は、右側を警戒し、ブルジョワジーと大義を同じくするように見えないようにすること、「今日敢えて憤激して見せる偽善者たち」の策謀を告発する――もちろん虐殺者への告発はそれ以上に行ないはするが、それにしても……——ことに当てられているという、苦しげな印象を与える。それにとりわけ、その後の数週間、さらには数カ月間の、サルトルの政治活動全体、彼の努力の全体は、このような大胆さの程度を調整し、辛辣さを和らげ、とりわけ彼が「陣営を変えた」などと考えさせないようにし、『エクスプレス』のインタビューで何を言おうと、実は決裂が不可逆的だと受け取られないようにする、ということを唯一の目的としているという感じがするのである。彼は武力行使を断罪するが、それを「政体の社会主義的土台と呼ばれるものが全面的に除去されてしまう恐れ」(14)で説明する。フランス・ソ連協会とは手を切るが、世界平和運動とも全国作家委員会とも手を切ることはしない。その点から見れば、ヴェルコールより手緩いのだ。(15)フランソワ・フェイトー*に作成を委ねた「ハンガリー特集」を『レ・タン・モデルヌ』に掲載するが、同じ号に、ソ連型社会主義を賞賛し、ハンガリー国民を「未成熟」な国民として示す論説を掲載する。次いで少しづつ、数カ月数年の間に、それとなく象徴的な正常化ないし平穏化の行為を次々に行なって行くのだ。エレンブルグと仲直りする。在パリ・ソ連大使館がフルシチョフのために行なったパーティーに出席する。モスクワで『ネクラソフ』、『アルトナの幽閉者』、『汚れた手』が上演されることに同意する。『恭しき娼婦』の結末をより「楽観的」なものに書き換えるという話さえ承認する。そしてミシェル゠アントワーヌ・ビュルニエ(16)が再度「ブダペストの衝撃」について尋ねると、彼はあっけらかんとして、こう答えるのだった。「あれはわれわれにとって、共産主義との決裂を表明する機会とはならなかった。問題は何らかの計画でも経済的必要でもなかったと、われわれは考えたのだ。状況に由来する制約があった。革命の不幸とでも言うべきものがね。それは社会主義を告発していたわけではない」。さらに同じ日に同じインタビューの中で、しかもロシアの戦車がいまだブダペストに駐屯している時に、こう言い放っている。「社会主義の建設の根源には、うねうねと曲がりくねった長い恐怖《テロル》があったということは良く理解できる」と。こうしていつの間にか明確な否認への道を少しずつ辿りながら、起こるべきことが起こることになる。「遺憾ながら全面的に」ソ連との間をつないでいたすべての絆を断ち切った男、「関係を取り戻すことはもはや二度と不可能」であろうと、誇り高く告げた自由の大天使たるこの男は、一九六二年の夏の初めに、次いでもう一度七月に、次いでさらに七回、つまり一九六六年までに都合九回、モスクワへの道を辿ることになる。そこでは基本的には何も変わってはおらず、彼は馴染みの街に再会するのだった。一九六三年――この年までにはアルジェリア戦争があり、モレ*への特別権限承認の投票、そして不服従の権利に対するフランス共産党の小心翼々たる態度といったことがあったにもかかわらず――になってもまだ、異様な忠実さのゆえに彼はいまだに、ソ連は「進歩というものが何らかの意味を持つ唯一の大国」であると書くのである。そして同じ年に、チェコの学生たちがカフカについてのシンポジウムという名目で、カレル五世大学で発言するよう彼を招待したが、彼らチェコの学生たちは、この自由の哲学者、彼らが遠く離れた地で反逆の哲学として読んでいた実存主義の法王が、この救世主、この預言者、彼らが何年も前から『自由への道』を手書きで書き写していたこの不服従の説教師が、その日数千の学生が検閲をものともせず、警察の警戒線を突破して発言を聴きに来たこの人物が、何と『弁証法的理性批判』と、実存主義をマルクス主義と組み合わせる手段について語るために来ただけなのだということを発見して、唖然とした。マルクス主義とは、もちろん彼らの目から見れば、愚劣さと抑圧の同義語にすぎなかったのである。(17)「あんたのお気に入りのサルトルは、当局に対して怖じ気づいたのさ」と、彼らは教授に言った。「あんたのサルトルは、客観的かつ主観的に、われわれを統治している花崗岩の男たちの共犯者だ」と。ここで誠実さへの配慮のために、サルトルはその年の終わりに、『プラーメン』誌主催の討論会で、彼を「マルクス主義に導いた」主たる要因は「フロイト、カフカ、ジョイスを読んだこと」であるから、彼としてはこれらの著作者たちが「退廃的」と形容されることは「受け入れ」られないと述べて、弾道修正を行なっているということは言っておこう。しかしそれにしても、このチェコの学生たちの言うことはもちろん的を射ている。同伴者が一人しか残らないとしたら、それは彼ことジャン＝ポール・サルトルだろう。

サルトルがソルジェニツィンを侮辱していた頃

この最初の時期は、一九六八年の五月革命とソ連のチェコスロヴァキア侵攻まで続くのだが、この時期は飛ばそう。マルガレーテ・ブーバー＝ノイマン、ルッセ、シローネ*他多数を含む、最初のソ連反体制派の時代は飛ばそう。この長い期間は飛ばそう。その間サルトルは、ソヴィエト「社会主義」の本性については、結局、かなり早期に大いなる幻想を育むことは止めたが、冷戦の風土と、次いで冷戦の習慣、それに第二次世界大戦の記憶、七万五〇〇〇人がナチスによって銃殺されたという神話の存続、スターリングラードの亡霊、こういったことがあり、さらにまた、カストールが書いているように[18]、この暴力は「追究する目的」と照らし合わせて判断すべきであり、ナチズムとスターリニズムの大きな違いは、ナチズムは人間を貶めたのに対して、スターリニズムはその当初の理想を完全に見失ったことは一度もない、という考えがあった。目的と手段を巡るこの詭弁は、まるまる一世代全体に強い影響を残したが、ソヴィエトに対するすさまじい寛大さがいつまでも長続きしたのは、こうした詭弁のおかげだった。もちろんそれで正当化し切れるものではなかったが。とはいえこれについても触れないでおこう。しかしその次の時代はどうなのか？　何者も、彼自身さえも、ソ連に新しい世界を建設しようとする意志の痕跡がいささかなりとも残っているとは信じなくなった時代にあって、サルトルはどのように反応したのか？『弁証法的理性批判』と『言葉』によれば、マルクス主義者ないしマルクス主義を志向する者であるサルトル、後に見るように、最後にはヘーゲル派となるサルトルは、おおむねプラハ事件と五月革命以降に成立する新たな風土に、どのように適応するのだろうか？　そしてとりわけ、後半期のソ連反体制派、中でもその先陣を切ったソルジェニツィンのパリ来訪を、どのように迎えたのだろうか？　時は一九七四年。毛沢東主義者たち自身が、ソ連の政治体制の評判を失墜させるのに大いに貢献していた。それはスターリン的「修正主義」への批判、つまりはフランス「共産」党――このかぎ括弧は、彼らの文書の中で付されているものだ――は、フランスで革命が勃発することに反対する保守的勢力となった、という考えを通してなされたのであるが。そしてサルトルも、毛沢東主義者たちに続いて、ついに距離を置いたのである。「共産党は、ド・ゴールとの客観的共犯の立場に身を置いている。……西ヨーロッパの共産党、特にフランス共産党は、スターリニズムによって、政権を奪取しないよう調教されたのだ……」[19]。ところがここに一人の毛沢東主義者がいて、まさに彼と対話をすることになる。それはフィリップ・ガヴィで、『反逆は正しい』[20]の中で、ソルジェニツィンの名を出して、サルトル自身のソ連に対する現在の考え方と、「そこには自由はどこにもない、指導層にさえも」という事実に鑑みて、ソルジェニツィンを「支持」すべきではないかと尋ねた。あの男もまた、詰まるところ、「ソ連の官僚主義的社会主義、すなわち非社会主義」に異議を申し立てているのではないのか。「彼の言うことには賛成でないとしても」彼は自由を求めているのではないのか。したがってわれわれは「客観的には」互いにつながりがあるのではないか、と。するとサルトルは、「ソルジェニツィンは十九世紀の思想を持つ人間を代表している。現代の社会に適応した思想を持っていない。だから彼は発展にとっては有害な要素なのだ」。さらに続けて「本当の反対派の思想は、単にソルジェニツィンのような個人が存在するということより重要な情勢の中から生まれて来るだろう」。そしてさらに続けて、このような少なくともあまりにお手軽と言える意見を正当化し、ソルジェニツィンが言おうとしていることは無効であり、いずれにせよ哲学者たるサルトルの省察の材料となるに値しないということを説明するために、「彼は収容所を経験した。だからソヴィエト・イデオロギーの影響を徹底的に被った」と言い放ったのである。これを置き換えてみよう。プリモ・レヴィ*はナチズムについてわれわれに何かを言う資格はない。なぜなら彼は死の収容所を経験しており、したがってナチス・イデオロギーの影響を徹底的に被ったからである。ロベール・アンテルム*は、ナチズムについてわれわれに何かを言う資格はない。なぜなら彼もまた、収容所を経験したのであり、徹底的にナチス・イデオロギーの影響を被ったからである。ここでもまた、これほどの魯鈍な愚劣さを前にすると、途方に暮れてしまう。何とも理解し難い盲目となってしまったものの中にいつまでも閉じこもられると、唖然としてしまう。サルトルの方は、一向に自説を変えようとはしない。長い間、彼は「ソ連反体制派」と呼ばれる人々を、上から見下す立場と、臆面のなさと、軽蔑との交ざった同じ態度で扱い続けるだろう。そして長い間、ほとんど「最後まで」彼は、一九一七年以来、この人々を押しつぶそうと陰謀を巡らせている国、もしくは体制、もしくはイデオロギーに対して、共感とまでは言わずとも、愛想の良い態度の名残を留め続けるだろう。もちろん距離は置いている。しかも年とともに、より明瞭に距離を置いて行く。カセク・カレル（一九七五年）、プリウーチ（一九七五年）、ミハイル・シュテルンとエドワルド・クズネツォフ（一九七六年）を支持する論説を書き請願書を出している。一九七七年にはブレジネフのパリ来訪に抗議している。一九七八年にはホアン・ゴイティソロに、ソルジェニツィンは「その意見と目標とするところは受け入れられないが」「収容所については」「重要な証言」[21]を漏らしている、と言い切っている。もちろん毛沢東主義者たちとの連携を強めたその一歩一歩が、このゆっくりとした後戻りの一歩一歩をなしてはいる。しかし後戻りというのは、とくにこれほど用心深く、しかも元の立場にきっぱりと立ち戻ることとして引き受けられていないのなら、転向とは言えない。スターリニズムに転向したサルトル、自分はオレストのような人間で、自分にとっては目配せ一つが転向に匹敵するのだと言っていたあのサルトルは、本当に反対方向の道を辿ることは決してないだろうし、完全に再転向することは決してないだろう。一九七〇年には彼は、アントニーン・リームの『三世代』への見事な序文*の中で、「機構を修繕することはできないだろう」、「人民が機構を奪取し、廃棄処分にする必要がある」と書くまでになっていた。また毛沢東主義者たちのように、「左翼連合は、ド・ゴール派以上に価値があるわけではない」、共産主義者は、すべてを勘案してみると、おそらく資本主義者よりも質が悪いものとなった[22]、と考えていた。しかしそれでもなお彼は、それより一〇年経った、一九八〇年一月末に、〈ラジオ・ヨーロッパ1〉でイヴァン・ルヴァイと対談した際、モスクワ・オリンピック大会のボイコットを求める請願書の下に彼の署名があることについて解説を求められると、「私はソ連をファシスト国とみなすわけではない」と叫んだのである。そしてやがて「新哲学者たち」と呼ばれる運動が出現した。その十八番にして、おそらく唯一の合意点は、ソ連反体制派への支持だった。それに対してサルトルは、彼の最悪のスターリン主義時代の最悪の条件反射を取り戻して、『ロッタ・コンティヌア』誌上のインタビューで、われわれをCIAの手先だと糾弾したのである。その日、『ル・モンド』の最後のページに、このニュースが載った時の事を思い出す。私はジャン＝マリ・ブノワと、当時われわれの小グループの司令部になっていたバー〈ル・トイッケンハム〉にいた。私はびっくりし、彼もびっくりした。二人とも信じられなかった。笑い飛ばすべきか？　心配になるべきか？　怒りに我を忘れるべきか？　チエリィ・レヴィに電話するべきか？　訴訟に訴えるべきか？　われわれはその発言をあるがままに受け取る、つまりいささか愚劣な嘆かわしい侮辱の言葉だが、どちらかと言えば大した影響は持たない、と受け取ることを選んだ。

今から振り返ってみれば、それはおそらく、若い知識人の目から見て、当時のサルトルがどれほどの不評に陥っていたかの指標を与えてくれる。私が本当に気にかけたことは一つしかなかった。バーテンのジャックの好意を失わぬようにすること。彼は当時、私にとってスガナレル*の役を果していたが、「あの頃は」〈ラ・パレット〉でサルトルに給仕したことがあるのが自慢だった。突然、敵対する二つの忠誠に引き裂かれた彼が決断を下すのを、手助けする必要があったのだ……。

気前の良い男

サルトルの気前の良さ。サルトルは気前の良さそのものだ。実人生の中で気前が良い。友人たちはそのことを知っている。女たちも、死ぬまで彼が面倒を見た年老いたシモーヌ・ジョリヴェも、彼が懸命に資金援助をした新聞も、彼が迎え入れ、後援し、激励した見知らぬ人々も。それに金も、ざくざくと流れ出すあの金、欲しがる者のところへ、友人たち、追従者たち、さまざまの革命運動、委員会、またしても女たち、昔の女たち、小セクトへと注ぎ込まれた金。彼は作品の中でも気前が良い。例えば伝記の中にうかがえる感情移入の能力（気前の良さの知的形態）。それによって彼は、ボードレールの頭の中に入り込み、マラルメの意識の——もしくは声門の！　——動きを復元し、ジュネが身の境遇を拒み、引き受け、再び拒み、立ち向かう、あのとんでもない歩みの跡を見つけ出すのだ。それにフローベール！『家の馬鹿息子』の二三〇〇ページ、「ギュスターヴ少年」という、愛されることなき子供、あまり愛されず、正当化されず、もしくは余計な子供の、夢や無能非力、狂気や窮地、「受動的活動性」や「昏迷」や「喜劇」を探査して過ごしたあの一〇年、これこそは論証的友愛の、それゆえに気前の良さの模範ではなかろうか。それに彼の序文！　彼の序文好き。彼はこの序文を書くという行為でも巨匠となったわけだが、この行為はテクストなり人物なりへのまことに特異な形態の献身を前提とするものだ。序文については考えられるドクトリンは二つある。フローベール・ドクトリン（「序文を書くくらいなら、首を吊った方がましだ」）もしくはブルトン・ドクトリン（彼の自宅の入口には「序文お断り」とあった）と、その反対がマルカム・ラウリィ路線*（「私は序文が好きで、ちゃんと読む、云々」）。ところでサルトルは文句なくラウリィ派だ。ここでもまた彼は常に、別の人間の作品の中に潜り込み、それとの衝突であれ共感であれ対話を始める用意がある。別の言い方をすれば、魔法の館の入口にわれわれ読者を案内する用意が常にできている。そしてそこにもまた間違いなく気前の良さの印があるのだ。サルトルはある意味で、政治的にも気前が良い。そう、その通り、この点は譲れない。ローゼンバーグ夫妻擁護の彼のテクストには、偉大さがあり、気前の良さがある。『地に呪われたる者』の頃、彼は積年の屈辱に苦しむ犠牲者たちの救援には原則としてすぐに飛んで駆けつけたものだが、そのやり方には偉大さがあり、気前の良さがある。アルジェリア戦争反対の彼のアンガジュマンには、偉大さがあり、気前の良さがある。スペイン共和派を称えた彼の見事な文章の中には、偉大さがあり、気前の良さがある。彼らスペイン共和派は、「ドイツのユダヤ人」のように、次いで「オーストリア人」、次いで「チェコ人」と「ポーランド人」――と言っても、戦前の彼らのことだ。つまり敵の名前がまだスターリンではなくて、ヒトラーだった時の彼らなのだ――と同様に、「次々と死んで行った」。「叫びをあげる最後の者たち」も死んだ……しかし「一冊の本」が残っている……残っているのだ、「印刷された言葉が。それは『耳を塞いでいた』われわれに、どのように『人は希望の終りを叫ぶ』のか、思い出させてくれるのである」(23)。サルトルはこの気前の良さを心掛けたが、それで悦に入ることがない慎み――これも気前の良さか――を忘れなかった。『存在と無』の中で、彼が贈与の底には権力への意志の一つの形態があり、人を隷属させようとする欲望の一形態がある、と説明している箇所を見てみると良い。あるいは贈与される物品が自分「のものである」のでなくては、「贈与する」ことはできないのだから、贈与とは「所有」の最も高次の形態である、という分析も彼はしている。要するにサルトルは気前の良さ〔寛大さ〕そのものなのだ。あらゆる形態、あらゆる状態での気前の良さ〔寛大さ〕なのである。ところがどうしたことか、この気前の良さの泉が涸れたように見える瞬間がある。その瞬間とは、奇妙なことに、彼の意識に、そしてシモーヌ・ド・ボーヴォワールの意識に、共産主義の犠牲者たちの姿、もしくは亡霊、もしくは単に言葉が届いた時なのである。要するにソルジェニツィンだ。ソルジェニツィンの発言を考察することへの拒否に留まらず、その声を聞くことさえ拒否する。ソ連反体制派の件が問題となるその都度、彼らの先行きに彼が向ける眼差しの極端な残酷さ。ずっと前の例を一つ。一九四七年三月にシモーヌ・ド・ボーヴォワールはサルトル宛の手紙にこう記していた。「ロシアについての心を捉える本を読んでいます。書いたのはクラヴチェンコで、ワシントンのソ連大使館にいたのですが、近年、党から抜けたのです。自分の経験を語っていますが、それは全くケストラー*の話と一致します。正直のところ、『レ・タン・モデルヌ』に一部でも掲載する必要があると思います」。しかしクラヴチェンコが「自由を選んで」パリに降り立った時、共産党の誹謗中傷の想像を絶する激しさに直面し、自分は捏造者でもヒトラー信奉者でも、もちろんCIAの手先でもないことを証明しなければならなくなった時、彼は孤立してしまい、サルトルもシモーヌ・ド・ボーヴォワールも彼の味方にはならなかった。(24) この二人は、あちらの人々の救援に飛び、こちらの人々の味方をして生涯を送った。地球上のすべての迫害される人々に系統的に門戸を開くことを、己の義務とし、ほとんど職務としていた。しかしここに一人の男が、二十世紀が経験した最も非人間的なものに酷似した迫害の手法を事とする地域からやって来た。進歩的新聞はこぞって彼に汚泥を浴びせた。「何だこの男は？　ソ連の兵士たちがナチの軍隊を打ち負かしている時に、連合国の間に不和の種を撒き散らし、ヒトラーとゲーリングを利することをして』。だがこの不当な仕打ちに対して、中傷で裏打ちされたこの迫害に対して、彼ら二人は何も言うべきこと、書くべきことを見出さなかったのである。クラヴチェンコを弁護するために、サルトルもボーヴォワールも、ただの一行も書いていない。

想像力

それはカミュだった。ピエール・ピュシュー*の死刑執行の直後、ペタンの下で内務大臣を務めたこのヴィシーの高官——この男は、随分と遅ればせながら気が咎めて、アルジェまで来て臨時政府に仕えることになるのだが、実はその前に、無数の抵抗運動の闘士や人質を死刑に処していた——を銃殺に処したのは正しかったか否かという問題をめぐって、パリの知識人の間で論争が行なわれた時に、この死刑執行を正当なものと主張するために——奇妙なことに自分としてはあの男に対して「憎悪もなければ」「憐憫もない」としつつ——、『レットル・フランセーズ』誌上に掲載された美しいテクストの中で、次のように書いたのは、カミュだった。ピュシューの真の罪とは、自分の目から見て実際に死刑に値すると見えた誤りとは、正確に言えば、これらすべての男女を死刑場に送り込んだことではなく、ましてや「裏切り」や「対独協力」や「敵と内通して」仕事をしたことでもなく、その行為を「快適で匿名のオフィス」という避難所から行なったこと、大して注意も払わぬ無造作な手で、もしかしたら仕事にうんざりした手で署名した省令が、「死へと引きずられて行く無実のフランス人にとっての末期の夜明けに姿を変えることになる」ことを、その目で見たことも、予想したこともないということ、自分が死へと送り込んだこれらの「肉体」に、

「正義というものの身体的概念」をもって、「肉体の目をもって」「近寄る」ことをしなかったということ、要するに彼の最大の罪、最も赦し難い誤りとは、一言で言えば、想像力を欠いていたことなのだ、と書いたのは、カミュだった。このテクストはたちまち一同を驚愕させた。『レットル・フランセーズ』の編集部は、何らかの註を付けるべきだと考えた。「想像力の欠如」を対独協力者の最高の罪とするこの奇妙な考えには一線を画すという、困惑し切ったその註は、おそらくエリュアールの手になるものだ。しかし……その日カミュは、彼以降、オフィスの犯罪と呼ばれるようになるものの本質そのものをズバリと言い当てたのではなかったか？　実際、アイヒマンを始めブスケ*やパポン*等に非難することのできる点の一切を口にしたのではないだろうか？　そしてまた、それと知らず、そうするつもりもなしに、強制収容所の世界というこの映像なき世界――だから、それが考えられるためには、真の想像力の働きを必要とする世界――との関係の中でサルトル神父が犯した真の誤りをズバリと指摘したのではなかろうか？　どんな論争文の中よりも、どんな「『レ・タン・モデルヌ』編集長殿への手紙」におけるよりも見事に、ズバリと言い当てたのではなかろうか？　サルトルの最初の著作は『想像力の現象学的心理学』だった。次いで彼は『想像界』〔『想像力の問題』〕を上梓した。国家博士論文になってもおかしくない研究だった。彼は「情動理論」の押しも押されもせぬ専門家であり、しかも「想像力」という「情動」の専門家だった。ところがこのことは本当なのだ。彼がソ連に赴いた時、私服の同伴者たちに文字通りお散歩させられていた時、彼用にきっちりと演出された、目の前に差し出される牧歌的な映像を真に受けていた時、見せられる書割りの裏側はどうなっているのか、どうやら一瞬たりとも疑問を抱くことなく、ウクライナやシベリアを旅した時、彼は全く単に、ピュシューのように、想像力を欠いていたのだ。他者に対する好奇心がなかったからか？　よく言われるように、世界は観念ほど彼の興味を引かなかったからか？　「いかなる感受性も」持たず――

これはジャン・コーの説だ[25]――、「自分の生活からいかなる明瞭な感情性も、打ち解けた情愛性も追放」したからか？　「一種知的異常発達とでもいうべきものによって」――これもコーだが――あらゆる種類の感情性という汚れを完璧に「磨き落し」、己の「気前の良さ」を、「道徳的なサイン、頭脳で練り上げられたコードにしか」応答しない「頭の」気前の良さにしてしまったからか？　彼のティントレットやヴェネツィアについてのテクストの読者は、中国についてのテクストの読者でさえも、そしてあの見事な数多くの、非常にスタンダール的な「イタリア年代記」の読者は、一秒たりとも、彼が好奇心に欠けると非難することなど思いもよらない。ではなぜなのか？　それこそ解明しなければならない点だ。それこそまたしても、サルトルの大きな謎なのである。

わが友、カストロ

キューバ。彼のキューバ旅行の後に出されたテクスト、あの気が触れたような、理解し難い[26]テクスト。時は一九六〇年、春。キューバの新政体は、設立後二年も経っていない。しかし急進化の拡大という古典的な力学――もっともこの情け容赦ない力学をサルトルは、その最初のルポルタージュから特定していたが――によって、キューバ新政体は、中央ならびに東ヨーロッパの社会主義政体の欠陥をすでに自分のものとしていた。特別法廷、新聞の定期的搾取、ハバナとサンタクララ監獄での刑の略式大量執行、強制収容所、多数の見物人の前で行なわれる人民裁判――ヒステリー状態の群衆が古代ローマでのように親指を下に向けて、被告の死刑を決める――、フーベルト・マトスの逮捕、民主的な、もしくは単にフィデル〔カストロ〕に敵対するすべての指揮官の要職からの排除もしくは粛正、要するに、政体成立の最初の数カ月間に全体主義的傾向を覆い隠していた民主的な外面は崩れ去ったのだ。ところがこの激動の地にまたまたサルトルが降り立ち、シモーヌ・ド・ボーヴォワールとともに、カストロに伴われて三日間、全島をくまなく歩き回り、帰国するや、この驚異に満ちた冒険を一六回に及ぶ『フランス・ソワール』の連続記事で物語る。昼のカストロ……夜のカストロ……、タイムも取らなければ、休む間もなく、日夜邁進する革命、早めに来て下さい、と言うから何時だと思ったら、夜中の十二時だった……新たに始まる一〇年間の最初の年、それは世界革命第一年だ……都市のカストロ、畑のカストロ……ジープのハンドルを握るカストロ……「バルブド」〔髭面たち〕の軍服姿のカストロ……カストロと農地革命……人民の友、カストロ……砂塵の中にうずくまり、冷蔵庫を修繕するカストロ、もしくはとある家の図面を引くカストロ……農民戦士カストロ……聖カストロ、役者にして役者……。そしてサルトルとカストール、この二人はすべてを受け入れ、すべてを鵜呑みにし、一歩進むごとに、彼らの招待主の目覚ましい人気に驚嘆する。国際的お人好し、新たな信仰のお坊さんといったところだ。「あなた方の中にあるヒューマニズムに敬意を表します」とサルトルは、対話の相手にはだれ彼構わず同じことを繰り返す。彼女の方は、恍惚として同志カストロを手で叩き、興奮した拳骨を小刻みに食らわせながら、「本当に存在するのね！ 本当に存在すると言えるわ！」と叫び、彼は彼で、「己に逆らって考える」必要性、頭の「骨を砕く」必要性を語るあのかくも見事なテクストの霊感を再び見出すのだが、ただしそれは、何とも哀れなことに、噴飯もののパロディにしかなっていない。「革命とは荒療治だ」、「社会がハンマーで己の骨を打ち砕き、己の諸機構を解体する」ようにさせる動きなのだ。暴力はどうかと言うと、この革命は「究極の治療法」であって、「暴力によって押し付ける」必要がある。その結果、「敵の殲滅」にまで至ったとしてもやむを得ない〔このメッセージはキューバ新政府に受け入れられ、新政府はその誕生以来、「敵」とされた者一万五〇〇〇人から一万七〇〇〇人を銃殺し、一〇万人を収容所や監獄や「危険な前線」に送り込んだ）[27]。共産主義はどうかと言うと、「このことは何度でも言っておく必要があるが、キューバ人は共産主義者ではなく、自分たちの国土にロシアのミサイル基地を設置することなど考えたこともない」（こう言っている間に、当のキューバ人たちはソ連人の腕の中に跳び込んで、それから数カ月後には、いわゆるミサイル危機が勃発する）。またフィデル〔カストロ〕のことを聞くのか？　フィデルは天使だ……フィデルは「全体と細部の男」だ……フィデルは「島であり、同時に人々、家畜、植物、大地、つまり島全体なのだ」……私は「彼のものたる」キューバ人に囲まれたフィデルの姿を見た。「キューバ人たちは、次から次へと眠り込んで行ったが、カストロは彼らを同じ一つの不眠の夜へと結集させた。民族の夜、彼の夜だ……」。それから締め括りは、あの若者礼讃の爆発。「サルサ」をバックに、居並ぶ若きタイタン〔巨人族〕たちを前にした時のあの驚嘆の念。その革命的活力がまさに掛け値なしに「スタンダールがあれほど愛した精力[28]」をサルトルに思い出させたこのタイタンたちは、天上に駆け上り、天界を襲撃しようとしているのだ。「政権内には老人はいない！　指導者の中では老人にはただの一人も出会わなかった。島中を回り、すべての指揮管理の部署を、それも序列の上から下まで訪れたが、敢えて言うなら、私の息子たちにしか出会わなかったのである」。これは二年前、『エクスプレス』誌上の一連の論説で、王様を欲しがるゴール〔ガリア〕の蛙どもに鉄槌を下し、ド・ゴールへの個人崇拝を激しく非難したあの男と同一人物とは、とても思えない。『地に呪われたる者』への序文の中で、「何が何でもわれわれを無知蒙昧の中に留めておくことを職務とする大呪術師をわれわれの頭の上におっ被せた」「軟弱な左翼の強硬派中の強硬派」たちを揶揄した、あの妥協することなき人物とは、とても思えない。一体何が起こったのか？　パリで真実であったことは、ハバナでは真実ではないのか？　大呪術師の偶像崇拝は、ここではなかった効力を、あそこでは持つのだろうか？　だとすれば、それは何故か？

暴力、新たな観念？

大衆民主主義。『共産主義者と平和』[29]の中で、サルトルは「大衆民主主義」なるものを「ブルジョワ民主主義」に対置している。その特徴は何か？　どんな点でそれはブルジョワ民主主義と異なるのか？「全員一致」という点、必然的な「全員一致」という点においてである。しかもその全員一致は、「反対者たちの粛清によって絶えず作り直される」。反対者たちが抵抗したら、どうするのか？　サルトルはためらうことはない。「彼らに暴力を揮うことも辞さないだろう」。何故なら「集団の目から見れば」「異論を唱える者とは犯罪者なのだから」と、彼は記す。

犬。「反共主義者は犬だ。私はこの考えを変えることはない。決して変えはしないだろう[30]」。サルトルがこのすさまじい言葉を口にした時、友人のニザンの「番犬」という言葉のことを考えていたことは、想像することができる。とりわけその言葉をそのコンテクストの中に置き直して、それが皮肉なことに、第二様態のサルトルがフランス共産党のマルクス・レーニン主義に対して再び何らかの距離を置き始めた頃のテクストの一つ、「生けるメルロー＝ポンティ」の中で発せられたことを思い出すこともできる。しかしそれにしても！　彼はまさに犬と言ったのだ。政治において人を動物に貶めることが何を意味するかを、だれよりも良く知っていたサルトル、『地に呪われたる者』への序文の中で、それが植民地主義者の最悪の特徴であり、植民地主義者を見分ける確実な印の一つだと書いたばかりのサルトルが、反共的な敵どもを犬呼ばわりすることになるとは。ここにもまた、二重のサルトルがいると考える必要がある。二人のサルトルがいると。そうなのだ、ほとんど互いに戦闘状態にある二人のサルトルがいると、考える必要があるのだ。そしてその二人のうちの一人は、レーニンのように語ることも（早くも冬宮の奪取の翌日には、ブルジョワジーの「蛭ども」もしくは「蠍ども」もしくは「害虫どもを絶滅させる」ことを企てていた）、ゴーリキーのように語ることも（「労働者と農民の党がその敵をシラミのように皆殺しにするのは、全く当然のことである」）、あるいはあのフランスの元ユダヤ人問題担当官（モーリス・パポン）のように語ることも（一九七八年に、アウシュヴィッツでは「シラミをガスで殺しただけだ」と言い放った）、辞さないのである。

『地に呪われたる者』。念のため言っておくが、フランツ・ファノンのこの本に序文を寄せるという考えそれ自体は、軽蔑すべきものではない。旧植民地帝国の声なき民に己の声を貸し与え、原則として、第三世界の住民という名もなき者たち、数にも入らない者たちの側に立つというこの企ての中には、シャトーブリヤンの言葉を借りるなら、「諸国民の復讐」を引き受け、そのために一冊の本を捧げ、もしかしたら他にも数冊の本を捧げ、もしかしたら生涯のかなりの部分を捧げるというこの姿勢の中には、なかなかに品格ある振舞いがあった。その振舞いは、知的職業の尊厳と先験的に相容れないものではなかったが、いずれにせよ、ブーヴィルを初め各地のあらゆるオメー氏*たちのでっぷり太った無関心に出会うのみだった。彼らオメー氏どもは、「法の尊重」と「ヨーロッパの精神的遺産の最良のものへの讃辞」という旗の下に、その無関心と軽蔑という汚らわしい密輸品をまさしく持ち込んでいたのである。しかしだからと言って、このような自己嫌悪の営みに身を投じるべきだったのだろうか？　当のファノン自身より先に進んで、あの奇怪な殺人の呼び掛けを発するべきだったのだろうか？　熱狂に捕われて、「ヨーロッパはわれわれの大陸に前脚を掛けた。それを引っ込めるまで、切り付ける必要がある」とか「一人のヨーロッパ人を打ち倒すのは、一石二鳥だ。同時に抑圧者を一人と被抑圧者を一人消滅させるのだから。後に残るのは、死んだ男が一人と自由な男が一人だ」と叫ぶサルトルとは、いったい何者か？　彼は『嘔吐』の時にもそんなことを書いただろうか？　このようなタイプのテクストでは、自己憎悪と純然たる狂気のどちらが勝っているのだろうか？　まさにサルトルは何かに取り付かれている。

テロリズム称賛

さて最後に、毛沢東主義者たちだ。彼らの暴力との関係にまつわる奇妙だが根強い伝説がある。それによると、彼らは暴力の誘惑に駆られたことがあった。特に「新人民抵抗運動」の創設に際して、ド・ゴール主義国家への究極の武器としてテロリズムに訴える可能性を真剣に検討したのだ。しかしこの冒険を共にしていた「民主的」大知識人たち——クラヴェル、フーコー、そしてもちろんサルトル——の働きで、同じ頃、イタリアとドイツの毛沢東主義者たちが無造作に転げ落ちて行った坂道の途中で、手後れにならぬうちに彼らを引き止めることができたと言うのだ。この伝説はうまく出来ている。しかし意味がない。おそらくクラヴェルは……。もしかしたらフーコーも（もっとも、心を乱し人を魅了する〈歴史〉の暴力、戦闘の血、人種戦争、等々を語る最晩年のテクストは、フーコーが穏健な民主主義者で、同志たちに直接行動の危険を説いたという説にとって有利とは言えないが）……。しかしそれに対してサルトルについては、この伝説は単に疑わしいだけでなく、端的に虚偽である。その証拠はいくつもあるが、私としては特に、ミュンヘン・オリンピックの最中に起こったパレスチナ解放機構によるイスラエル選手一一人の殺害の直後に『人民の大義』に掲載されたテクストを挙げよう。彼は書いている。[31]　私は「ミュンヘン事件がフランスの新聞および世論の一部によって、許し難い言語道断な行為と判断されているのは、全く言語道断だ」と考える。イスラエルとパレスチナは「戦争状態」にあるが、パレスチナ人は「この戦争の中で」「テロリズム」という「唯一の武器」しか持たず、「見捨てられ、裏切られ、住処を追われた」この民は、「決死のテロリズムを決行することによってしか、憎しみの強さと勇気を示す」ことができないのであるから、これらのテロ攻撃は正当であり、「民族解放戦線のテロリズムがフランス人に対して行なわれていた時、それを是認したフランス人は、今度はパレスチナ人のテロリズム行動を是認するしかないだろう」。テロリズムは「恐ろしい武器」である、ということは彼も認める。しかし「貧しい被抑圧者たちには、他に武器はない」。それにこの襲撃は、「世界各国の数百人のジャーナリストが集まる国際競技の最中に起こった」ため、「世界的な重要性を帯び」、「パレスチナ問題を諸国民の目の前に突き付け」、「パレスチナの戦士の絶望と、この絶望が彼らに与える恐ろしい勇気とを、万人の目に歴史的に示した」のである。もっともサルトルは、この文を書いた時、テロリストたちの企ては選手を人質に取って、どこか友好国に連れて行くことだと、まだ信じていたということは、言っておかなければならない。つまり彼は、ミュンヘン市警察が突入を行ない、部分的には連邦警察との意見の齟齬から、彼らを殺すことになったのだと確信していたのである。それにこのテクストは、二重に予防線を張っている。それは政治風土と文脈と、とりわけ「媒体」がプロレタリア左派の機関紙であるという特殊事情を考えれば、決定的な予防線であるが、まずイスラエルは「主権国家」であると述べ、次いで「パレスチナ人の第一の敵は、そのいくつかは言葉では彼らを支持しつつ、その一方で彼らを虐殺しようとしている、あの封建的独裁諸国家ではないかと自問することは」許される、と述べている。この封建的独裁国家とは、要するにアラブ諸国のことだ。しかしそれにしても……これほどぬけぬけとした論法でこのタイプのテロリズムを賛美した知識人というのも滅多にいないだろう。これは『ユダヤ人問題の考察』の著者なのか？　どうして、いかなる錯乱のゆえに、いかなる策略によって、はたまたいかなる人格分裂によって、あのユダヤ人の友はこのような「パレスチナ問題」の立て方に保証を与える、などということを仕出かしたのか？

経営者どもを豚のように屠殺せよ！

あなたは今でも「政治的理由による死刑に賛成」ですか、と一九七二年のクリスマスイヴに、ビュルニエとビゾが彼に尋ねた。答えは「はい。ブルジョワジーが権力から放逐された革命国家で、暴動や陰謀を扇動するブルジョワは、死刑に値するだろう」。さらに続けて「革命政体は、それを脅かす一定数の個人を処分しなければならないが、そのための手段としては私は死刑しかないと思う。牢獄だと、常に出獄の可能性がある。一七九三年の革命家たちは、おそらく十分に殺さなかったのだ」。

一九七七年に、セルジュ・ジュリィとミッシェル・ル・ブリが『リベラシオン』に「ティヨンからバーデルへ」(32)を掲載した時の、彼の失望。毛沢東主義者たち、彼と同様に、「新人民抵抗運動」の理念を支持した者たちが、このように意見を変えて、状況の多様性も、〈歴史〉も、特にテロリズムの歴史も顧慮せず、無差別に革命的暴力を断罪するなどということに対する彼の激怒。「全く！　住民を恐怖に陥れるために、抵抗運動家たちを『テロリスト』と呼んだのは、ナチどもなのだ！」

『エスクワイア』誌上に掲載された、P・ベニシューによるあのインタビュー。私の知る限り、これはこれまでに一度も否認されていない。経営者の幽閉に賛成、経営者が机の引き出しに小便をせざるを得ないのも、賛成。教授たちを焼き殺すのにも反対しない。彼らの中には犯罪者がいるのだから（「burning professors, because some of them are criminals ...」)[33]。彼が一九七〇年五月号以来、名目上の編集長を務めている『人民の大義』の論調については触れずに置こう。なにしろ始めから終りまで、「経営者を屠殺せよ」とか、「金玉で吊り下げろ」とか、「奴等は豚なのだから」生きたまま「皮を剥げ」だとか、代議士を「リンチしろ」とか、監禁中の経営者が「小便に行かせてくれ」と頼んだら「ズボンの中にしろ。お前は汗で尻に張り付くパンツなど経験したことはないだろう。せめて濡れた尻がどういうものか知るが良い」と答えろ[34]、などというアピールが並んでいるのだが……。

またしても、そして相変わらず、暴力。やはり『人民の大義』に載った、「革命を遂行する女性労働者たち」のコミュニケの野蛮さ。彼女たちは女性経営者に向かってわめく。「気をつけるが良い！　一生涯、同じ相手を叩いていられるわけがない！　あんたもその一員の掃き溜め一族を皆殺しにする日は近付いているんだから[35]」。彼が相変わらず編集長を務める新聞には、他にも野蛮なテクストがいくらでも掲載されている。だからと言って彼が袂を分かったという話は、聞いたことがない。「あの経営者からは、要求貫徹まで、ガキどもを取り上げる必要があろう。ガキがいればだが[36]」。当時のルノー公社総裁、ドレフュスは、ビヤンクールの「組合ゴロ」とおぼしき別の犬に後ろからやっている犬という姿で漫画にされている。これも別に彼の顰蹙を買ったわけではなさそうなのだ。例の『レ・タン・モデルヌ』の特集号——これこそは間違いなく彼の雑誌だ——は、編集責任が毛沢東主義者たちに委ねられ、その一人は九月虐殺*の賛美を行ない、もう一人は判事、弁護士等々の役割分担の中にも読み取れるブルジョワ形式主義とは縁を切った裁判を説き勧め、三人目は直截なリンチの擁護をするという有様だ。そして「新パルチザン」たちが、蜂起がなかなか起きないことに業を煮やして、労働者の娘の殺害の犯人と判断された、犯人に決まっていると断定された、ブリュエイ＝アン＝ナルトワの気の毒な公証人に対する非難攻撃を開始することをついに決定した時、『人民の大義』が自分たちの手で制裁を加えるといきまく「プロレタリアート」の怒りに呼応して、「奴をわれわれに引き渡せば良いのだ。私は奴を剃刀で細かく切り刻んでやる……車の後ろにくくり付けて、時速一〇〇キロでブリュエイ中を引きずり回してやる」とか、「奴を少しずつ苦しませる必要がある……この狼を五分間だけわれわれに任せてくれれば良い……そうすればたちまち裁きは付けられるだろう、われわれは小羊ではないのだから……」などという文を掲載した時、確かにサルトルは妄想にストップをかけた。プロレタリア左派のリーダー、ベニィ・レヴィの言葉を借りるなら、サルトルは、これらの態度はいささか「珍妙」だと考えていることを「思い知らせた」。[37]『ル・モンド』[38]に宣言文を寄せて、その中で、「いかなる被告も、有罪と判断されるまでは無罪と考えられる」という旧来の原則を喚起し、その原則が、「フランス革命の人民による征服の成果」であるという事実を強調し、「人民裁判」は、その名に値するものなら、「この原則を放棄してはならず、それを立て直し、自分のものとしなければならない」と主張した。しかしそれでも彼は、このような「憎しみ」の反応を「正当」と判断することに変わりはなく、その同志たちから離れるわけでもなく、怒りを露にするでも、一線を画すでもなく、次のような文を彼らに対して寄せるのである。[39]その中で彼は、これまでに行なわれた「悪しき習慣」――ママ――は厳しく批判するものの、それは十分に「敵のことを考慮に入れて」いない、つまり戦術的に稚拙であるという主要な誤りを犯しているビラや宣言文が敵を利することになることを考慮していない、という事実に要約されると し、さらに「編集委員会全体との合意の上で」、あの気の毒なルロワ公証人の有罪を一瞬たりとも疑わないと、再確認するのである。ここにもまた、もう一人のサルトル、間違いなく、もう一人のサルトルがいる。気狂いじみた、無気味なサルトル、お好みに応じて、人に恐怖の念か嫌悪感を抱かせ、もしくは呆然自失させるサルトル、それはいずれにせよこれまでになく理解し難いサルトルなのである。

水流のもつれ

事実については以上だ。

最も極端な証拠物件のうちのいくつか、ほんのいくつかに過ぎない。

ということはつまり、サルトルはこの生涯の第二の部分において、単に誤りを犯すことしかしなかったということなのだろうか？　そのスターリン主義時代、次いで毛沢東主義時代に、その名声と尨大な権威によって、二十世紀最大のおぞましき言動と頑迷とを覆い隠したということ以外に何もしていないということだろうか？

もちろん違う。これについても、事はそれほど単純ではない。この期間においても、あの気前が良く、光り輝く偉大なサルトル、正義と権利、自由と友愛に燃えた、貧しい見捨てられた人々の味方、抑圧された者のためにいつでも燃え上がる構えができており、それ故に、時代がしばしばエゴイズムに凝り固まっている時に、燃え上がったあの太陽のようなサルトルに再会するような場面は、以前と同じほど、あるいはほとんど同じほど数え上げることができるだろう。

例えばアルジェリア戦争のサルトルがそうだ。

一九五九年に、ハンガリー事件以来姿を消し、その間に、民族解放戦線フランス支部を支援して地下活動に移っていたフランシス・ジャンソンが救いを求めた時に、直ちに支援の手を差し伸べたサルトルがそうだ。

全体主義現象の把握においては、カミュとアロンに対して、随分と間違った言動をしたものだったが、逆にそれからしばらく後に、植民地問題については正しかったサルトルがそうだ。何故なら恭しき左翼に向かって、アルジェリア人には独立の権利があると言い切ったのは、彼であった（カミュではなかった）からであり、脱植民地化は政治の問題ではなく、尊厳と、正義と、道徳の問題であると、何とも華々しく確言したのは、彼であったからだ（アロンではなかった。アロンもアルジェリア独立に賛成だったが、それは——彼はこの件についてこう言っている——フランスがもはやその野心を実行する手段を持たず、植民地帝国という重荷を降ろすのは利益に適うことだ——彼はまさに利益と言った——からであった）。

カレル五世大学〔プラハ〕での情けない講演より三ヶ月後に、それでもロシアの戦車のプラハ侵入に抗議したサルトルがそうだ。

生涯最後の日まで、クルド人問題とアルメニア問題に、ほとんどただ独り態度表明をしたサルトル、一九六六年にビアフラ人の味方をしたサルトルがそうだ。[40]

カストロについて、「希有なる人物の一人」で、「尊敬の念を」抱いていると書いたカストロ崇拝者だが、それから一〇年後、卑劣とグロテスクが覇を競った熱帯版モスクワ裁判でパディヤが同性愛の罪で断罪された時、彼を擁護する嘆願書に署名したサルトルがそうだ。

イスラエルを無条件で支持するサルトルがそうだ。一九七四年に、アロン、イオネスコ等と共に、ユネスコの反シオニズム的見解に憤激する抗議[41]に署名したサルトルがそうであり、またその翌年、国連がシオニズムを人種主義と同一視したことに対する抗議に、フランソワ・ミッテラン、ピエール・マンデス＝フランス、アンドレ・マルローと共に署名した[42]サルトルがそうだ。そのサルトルは、それから二年後に、在パリ・イスラエル大使館に赴き、まさしくイスラエルへの友情と、反ユダヤ主義との不断の闘争に対して贈られた栄誉、すなわちエルサレム大学名誉博士号を受けた。[43]それは彼がこれまでに受け入れた極めて希な栄誉の一つだった。そのサルトルは、『ショアー』の作者、クロード・ランズマンの友人で、彼に『レ・タン・モデルヌ』の後事を託すことになる。このサルトルは、六日戦争〔第三次中東戦争〕の際に、しかしそれだけでなく、より驚くべきことには、十月戦争〔第四次中東戦争〕の際にも、極左の友人たちにとって大きな打撃になるのも厭わず、「一億人に対する三〇〇万人の抵抗」を支持して燃え上がり、「イスラエルの破壊」の兆候が「前途に現れている」と考え、それ故にユダヤ国家の不安、その立場、さらにはそのレトリックさえも支持したのである。(44) 大知識人で、ここまでした者はほとんどいない。そうなのだ、このサルトルは、たったいま見たように、パレスチナ人擁護のためには非常に徹底的で、極端に暴力的な態度表明を行なったし、またユダヤ国家と並んで創設されたパレスチナ国家の運命を大いに気遣っていたけれども、その一方で、ショアーの生き残りたちが自分たちの国と国家を手に入れる権利を、ただの一度も疑ったことはないのである。例えばあの『人民の大義』の苛烈なテクスト、彼がミュンヘンでのイスラエル選手たちの虐殺さえも正当としたあのテクストの中においてさえ、すでに見た通り、パレスチナ人の真の敵、彼らに対して加えられている不正を必死に永続させようとしている勢力は、イスラエルの中にではなく、むしろ「進歩的」と言われるアラブ諸国の中に見出されるのだと、毛沢東主義者たちに向かって指摘しようとしたあの意志〔まさに力業だ！〕。例えばまた、『反逆は正しい』(45) というあのいきり立った、気狂いじみた本、思考への憎しみが民主主義への憎しみと競い合っているあの本の中で、対話相手の一人、フィリップ・ガヴィが、太古より続く知的労働と肉体労働の区別がついに廃滅される未来の時に言及した時、もう一人の対話相手、ピエール・ヴィクトールが、それを受けて、そのような計画がすでに実現されつつある国は現に存在する、それは人民中国だと発言するより前に、サルトルはこう答えたのだ。「一つの実例を挙げてみよう。君たちのイスラエルに対する態度からして、君たちには気に入らないだろうが」、それは「キブツ」

という例だ。そこで「私は知的肉体労働者の類型に初めて出会った」。そこでは「羊飼い」が「羊の番をしながら」、本を読み、ものを書き、ものを考えるということが珍しいことではない、と。

要するに、事はもつれ、錯綜している。完璧な「良い」サルトルがいて、それとは時間的順序で画然と区別される悪いサルトル、破滅したサルトル、果てしなく誤りを犯し続け、その過った道程に時代全体を引きずり込んだ、何から何まで惨めなサルトルがいる、というわけではない。正確に言うなら、二人のサルトルがいるのだ。その二人は、そのように言うのがおおむね正確であるがゆえに、「第一の」サルトルと「第二の」サルトルと言うことができる。不確かで脆い一本の線、不断に移動する不安定な線が、彼の生涯を二つに分けており、彼の作品系列も分けている。ここまで私がして来たように、「若いサルトル」（おおむね『嘔吐』と『存在と無』のサルトル、ぎりぎり広げて『聖ジュネ』と『文学とは何か』のサルトル）と「もう一人のサルトル」ないし「第二のサルトル」（ソ連および共産党との同伴関係のサルトル――『共産主義者と平和』、『弁証法的理性批判』のサルトル）と呼び続けても構わない。しかし二つの時期は重なり合っている。絶えず互いにはみ出し、食い込み合っている。まるでこの二人のサルトルは、互いに他方を腐敗させ、汚染し、侵入して猛威を揮うとでもいうようなのだ。まるで互いに雑音で妨害し合う二つの電波、敵対しているが同時的な二つの意味の発信源があり、果てしなく電波を交差させ合い、つまりは撹乱し合っているかのようなのだ。そして第一のサルトルの中には、第二のサルトルの予兆のようなものがあったし、透明性への愛好、もしくは自己批判の拒否、もしくは具体的なものないし事物への回帰の、極めて「ニザン」的な呼び掛けが、第二のサルトルの狂信、ないし暴力性、ないし主体の軽視（結局、マルクス主義への転向を具体的に説明していた、あの素晴しい表現、「私の頭の中には骨が入っていた。痛かったけれど頭を振ると、それはかちかち音を立てた」に至るまで）を何がしか予告していたのであり、この第二のサルトルの肖像、全体主義的サルトルの肖像を描こうとするなら、もちろん第一のサルトルの方へと向かい、いくつかの特徴をたっぷりと仕入れておくべきなのであって、さらには例えば、『存在と無』の中の、純然たる撓みとしての、ねばねばとしての即自の記述は、もちろん「クロード・ルフォールに答える」の中の単一の党――唯一それのみが、「大衆」というもう一つの即自、この「分子の渦」[46]を階級へと変貌させることができる――への賛美と無関係ではないわけだが、今度は逆に、第一のサルトルの肖像を描くためには、純然たる時間的順序の境界を侵犯する必要があったのであり、ニザンやメルロー＝ポンティの肖像まで、ティントレットに関するテクストや『アルブマルル女王』まで絶えず突き進み、『言葉』や『家の馬鹿息子』の時代にまで赴くことが出来たし、そうしなければならなかったわけだが、それはこの第二のサルトルの中に、第一のサルトルの、青年サルトルの発する遭難信号（SOS）として読み取らないわけには行かないいくつかの悔恨、もしくは愛惜の念、もしくは心そそられる誘惑が散見するからなのだ。このサルトル、絶対的に反逆者で共同体と無縁なサルトルは、全体主義者たるサルトルの内側で生き続けていた。取るに足りないささやかな生ではあったが、それでも何とか生き続けていたのである。

冒険家の誘惑

まず最初が、冒険家の誘惑である。時は一九五〇年。したがって第二期の始まる頃だ。この転換期についてサルトルは、「生けるメルロー＝ポンティ」の中で、それは共産主義へと行き着く長い「反芻」の期間に該当すると述べている。彼はある意味ではすでに共産主義の中にある。彼が何と言おうと、率直に言って、すでにあの規律ある闘士、マルクス主義者なるものになっている。その証拠は数々あるが、中でも私としてはルイ・デルマスの本、『ユーゴスラヴィア共産主義』に寄せた長文の序文を挙げたい。そこで論じられるのは、「ソヴィエトの出城」、「革命的大衆」、「〈歴史〉の主体たるプロレタリアート」、「上昇階級」と「下降階級」、「歴史過程の客観性」、『ヒューマニズムとテロル』における「政治的失敗」の概念、ローザ・ルクセンブルクとレーニンにおける「権力奪取」理論の比較といった問題であり、要するに〈歴史〉観の問題だが、その〈歴史〉観はすでに、公式には数カ月後に彼がなることになる闘士のそれなのである。ところがここにロジェ・ステファーヌ*が登場する。マルローの同伴者で、レジスタンス活動家であり、のちに『フランス・オプセルヴァトゥール』の創刊者となる男だが、当面は、『冒険家の肖像』と題する大して厚くもない本の著者で、彼もまたサルトルに序文を寄せるよう頼んで来る。サルトルは、例によって承諾する。そして例によって彼はその機会を、自分が関心のある「大論争」の一つを徹底的に掘り下げるのに利用したのである。それに彼は、その論争が自分にとってこれから始まろうとしている時代の核心に位置することを感じていた。それは、彼自身の言葉によれば、「冒険家」と「闘士」という相対立する二大人物形象の間の論争だった。公式には彼の心は闘士の方に傾いていた。テクストの大部分は、「自分が歴史を作る階級と党の一員であることを承知しており」、自分が「具体的な任務と大いなる希望によって定義されていることを」承知している、闘士という人物の謙虚な偉大さを称揚することに捧げられている。闘士は「あらゆる点で正しい」と、彼は強調する。それに対して冒険家は、闘士に「寄生する者」である。ああ、悲壮なるかな、ローレンスやマルローのように、一つの社会の建設のために闘うが、その社会が一たび日の目を見るや、いかなる地位も与えられず、「その思い出さえも忘れられ」てしまう、あの「命知らずの男たち」は。おお、〈歴史〉に断罪された大冒険家たちの哀れな運命よ。彼らは、サルトルが「狂人」、「見捨てられた野獣」、「狂い咲きの植物の増殖」として描き出す「ブルジョワ的人間」の近親者だ。この読解の第一段階では、せいぜい彼が同意するのは、二つの人物形象の間の外交的綜合を弁護することぐらいにすぎない。すなわち闘士が屈託なく「冒険家的美徳の遺産」を回収し、闘士の規律が思慮深く、冒険家の飽くことなき「否定性」を組み入れるという綜合である。

しかしテクストはまさに裏返しに読める。ほんの少しでもテクストが語るのに任せ、とりわけその動き、そのテンポ、その文体効果、そのメロドラマとまでは言わないが、その劇的展開に身を任せさえすれば、このテクスト全体は、『汚れた手』と同様に、おそらくはわが意に反して、冒険家の礼讃となるのだ。冒険家はあるいは、「社会主義社会」の中にもはや席を持たないかも知れない。おそらくは「エゴイズム」から「自尊心」や「自己欺瞞」までの「ブルジョワ階級のあらゆる悪徳」を持っているだろう。しかしながらこれらの数ページには、取り違えようのないトーン、語調があり、最後に筆者の好みと共感は、明白に冒険家の方に、その「素晴しい自由性」の方に向かうのである。サルトルは転向の間際にいる。闘士的活動の世界に、最終的に決定的に――と彼は信じている――潜り込んで行こうとする、まさに直前なのだ。要するに、党の活動に身を捧げるために自分自身の意志を放棄した、学友のジョルジュ・ポリツェールに、三〇年後にして追い付こうと決心したのである。そのことを彼はまさにここで、当のこのテクストの中で述べている。ところがまさにその瞬間、このテクストにおいて、彼は最後にもう一度、彼が無差別に「英雄」とも「冒険家」とも呼ぶこの奇妙で不条理な人物、「自分の将来の滅亡のことで頭が一杯の」「非存在」の王者の賛美を行なうことを選ぶのだ。そのように強制されてなどいささかもいないのだが。彼の言葉を聴こう。おそらく冒険家は「間違って」いる。しかし「闘士の勝利に拍手を送ったのちに」やはり「私は、孤独に沈み込む」冒険家の「後を追って行くだろう」。次いで「彼が敗北者にして勝利者として、遠ざかって行くのを私は目で追う。もはや居場所を持たないこの都市の中で彼はすでに忘れ去られている。彼は人間の絶対的実存とその絶対的不可能性とを同時に証言していると、私は思う」。そしてさらに先で、「未来のローレンスたちが根本的に不可能であるような社会主義の都市は、私には消毒され殺菌された不毛の都市と思える。社会主義者の目から見て、ローレンスが〈悪〉そのものであるとしても、目的は〈悪〉を根絶することでなく、それを〈善〉の中に保持することだと、私は断固として主張するものである」。

イタリアへの愛

ローマとヴェネツィアの誘惑。彼がローゼンバーグ夫妻についての論説「狂犬病を病む獣ども」を口述した時、彼がヴェネツィアにいたことは、すでに述べた。彼が「デュクロの逮捕、盗まれた彼の手帖、伝書鳩の茶番劇」を知った時、彼は正確にはヴェネツィアにいたわけではないが、ともかくイタリアにいた。そこで彼は、『共産主義者と平和』の初稿の執筆に取り掛かった。彼が一九五四年七月に、「エレーヌおよびピエールのラザレフ夫妻に答える」を口述したのも、イタリアからだった。ラザレフ夫妻は彼とほぼ同時期にソ連に行き、彼とは反対の印象を持ち帰ったのだ。一九五六年に、ハンガリー蜂起が起こった時も、やはり彼はイタリアにいた。あの事件は、彼の共産党との最初の激しい決裂の切っ掛けとなる。彼がタルコフスキー擁護のキャンペーンを開始したのも、ヴェネツィアにおいてだった。その際、『ウニタ』紙に掲載した『イヴァンの少年時代』〔『僕の村は戦場だった』〕を弁護するための見事な手紙の筆の勢いで、ソ連邦は「進歩という言葉が意味を持つ唯一の大国」である——一九六三年の事だ！——と書いてしまう。一九五八年に、信じ難いほど激烈な、あの一連の反ド・ゴールの戦闘的論説の最初のものである「侮蔑の憲法」を書いたのも、ローマにおいてだった。一九六四年七月十二日に、モーリス・トレーズ*の死を知ったのもローマにおいてであり、故人を悼んで、これまでに書いた最も杓子定規なテクストの一つを書き送ったのも、ローマからだった。「……国際労働者運動の偉大なる人物の一人……その知性、活力、勇気、そして粘り強さ……フランス共産党がフランス第一の党となったのは、とりわけ彼のお蔭である……[47]」。さらには一九六八年に、プラハ事件が勃発した時に彼が滞在していたのもローマであり、彼が次のような最初の反応を発表したのはイタリアの新聞――共産党の夕刊紙『パエセ・セラ』に対してだった。「私はこれは本物の攻撃であり、国際法で戦争犯罪と呼ばれるものであると考える」。こうした一連の巡り合わせから、いくつかの結論を引き出すことができるだろう。それらの結論はいずれも妥当であるが、すべてが関連していると考えるか、個々別々と考えるかは、受け止める者の気分によって変わるだろう。まず第一の結論。すなわち、サルトルは、全く単にイタリアで時を過ごすというだけの話だ。彼は、スタンダール以来最も深くイタリア的であったフランスの作家であり、見事にイタリアのことを語っている。だれもがするようにローマについて語るが、とりわけヴェネツィアについて語っており、彼はヴェネツィアを陽気な町と見るまことに珍しい作家の一人なのだ。「イタリアで最も陽気な町、唯一陽気な街」と、彼は言う。活気のあるにこやかな町、というこのイメージは、ミュッセ、マン、トゥルゲーネフ、[48]ロチによる型通りのイメージ*とは反対である。ヴェネツィアに死す、呪われた恋人たち、臨終を看取る黒いゴンドラ、もの寂しいラグーナ、死を想わせる息づかい、石と水の夢想、石棺と沼沢地、死体の防腐処置、凍りついた墓、暗い悦楽、バレスのように[49]、ヴェネツィアとは疑り深い心と気難しい口だと考えること、己の熱病、明晰なうわ言、憔悴し切った意気消沈をそこで育むこと、こういったこと一切はもうお終いだ！　何という休息だろう！

第二の結論。すなわち、もしかして二つのことが関連し合っているのではないか？　イタリアにいるという事実と、彼の政治的態度表明の急進性――その意味はともかくとして――との間には、因果関係があるのではないか？　彼がフェニーチェ劇場にいた時とか、スペイン広場の階段にいた時に、事件の報がいきなり不意打で彼に届いたからこそ、彼は例の「息の詰まるような」感覚に襲われて、『共産主義者と平和』を書かざるを得なくなったのではないだろうか。あれほどに憤激し、あれほどに激烈で過激だったのではないだろうか。彼は貢納物を納めていたのではないだろうか。政治に対して支払う年貢は、自分が戦線離脱をしていると感じていた時に、より重くなったのではないだろうか。そしてローマもしくはヴェネツィアの逸楽は、その都度、有罪感という恐ろしいウイルス、それゆえに余儀なくされた激烈さ、さらなる激化のウイルスを彼に植え付けることになったのではないか。これに次いで、第三の結論。すなわち、サルトルには二つの「方角」がある。モスクワの方角とローマおよびヴェネツィアの方角とがある。モスクワを逃れてヴェネツィアに来るが、ヴェネツィアでモスクワに捕まってしまう。モスクワの（もしくはキューバの、北京の）誘惑というものがある。つまりくそ真面目の精神だ。彼はそれを『嘔吐』の中でかくも容赦なく叩きのめしたが、ある意味でそれが復讐をしたのだ。それからヴェネツィア（あるいはローマ、あるいはボローニャ）の幸福というものがある。この魔法の都ヴェネツィアがあり、彼は生涯の終りの終りまで、毎年そこに赴くのだった。もうこの町を眺めるための目も持たず、自分を支えるための脚も持たなかったが、構いはしない。彼はそこにおり、ヴェネツィアもまたそこにあった。彼はカサ・フローロの小さな部屋にただ独り、ヴェネツィアの運河の囁きに耳を傾ける。そしてだれかに外へ連れ出された時には、以前、チュニスやパレルモにおけるよりも、ヴェネツィアにおける方が多量にあると書いたことのある、あの光の濃密さのようなものを感じるのだ。ヴェネツィアとその数多の鏡。ヴェネツィアとその数多の運河。それは空やラグーナと溶け合っている。ヴェネツィアとその群島。それはあのもう一つの群島に似ている。若い頃、自分の精神の形そのものだと彼自身が言っていた、あの群島に。彼は自分の住処にいる、というだけのことなのだ。彼は自分の中にいる。それは彼の魂のもう一つ別の志望。政治はイタリアに逆らう。しかしイタリアは政治に逆らうのだ。スタンダールはすでに、『ローマ、ナポリ、フィレンツェ』の序文の中で次のような結論を述べていたではないか。「それがわれわれの世紀の不幸な星回りなのだ。作者は楽しむことしか望んでいないのだが、彼の絵は終いには、政治のくすんだ色調で黒ずんでしまう」と。

フローベールを書いて死ぬ、ということか？

最後にフローベールの誘惑。何故フローベールについてこんな厖大な本を書くんだ、と毛沢東主義者の友人たちは彼に尋ねる。何故こんなブルジョワのこれほど保守的な作家について、芸術史上主義の徒で、その沈黙によってパリ・コミューンの虐殺に責任のある作家について書く必要があるんだ。いや、あんたが言ったんだよ。そう書いたのはあんたなんだ。「フローベールとゴンクールは、それを妨げるためにただの一行も書きはしなかったがゆえに、コミューンに続く弾圧に責任がある」と私は考えると、あんた自身が書いたじゃないか。だから何故なんだ。こんなことを書いておいて、何故、毎日毎晩、夜も昼も閉じこもり続けるんだ？　この無用の作家、反革命の犯罪的作家だけを相手に。何故フローベールで、戦闘的新聞ではないのか？　何故フローベールで、民衆的小説ではないのか？　さもなければ、戯曲を書かないのか？　そう、そう、そいつはいい考えだ、あんたは昔はちゃんと演劇をやったじゃないか。捕虜収容所の仲間たちのために『バリオナ』を書いたじゃないか。何故、新たな『バリオナ』を新たな仲間たち、プロレタリアのために書かないんだ。ビヤンクール*に希望を取り戻すために、何故『バリオナ』を書かないんだ。サルトルはその都度、言い訳をする。「私は年寄りだ……分かってくれたまえ……こんなに年寄りなのだ……もし私が五十歳だったら、こんなことは言わないが……六十五歳なのだ……六十五歳にもなった今となっては、変われと言われても無理だよ……この本は松葉杖のようなものだ……あるいはとても古くからの習慣のようなもの……あるいはもしかしたら、病気のようなものかも知れない……そうなのだ……最後は体が動かなくなる老人がいるけれど……私の場合は逆なのだ……手が狂ったように暴走する病気……ペンが激しく踊り続ける病気に罹っているのだ……私の手には負えない……止まることがないのだ……力ずくで止めようというのか？　いま書いているページを手からもぎ取ろうだって？　それは無情だ……そんなことをしたら私は死んでしまうだろう……」しかし本当に本当のところを彼は言っていないという感じがする。だれにも、カストール以外には。それは口で言うに言えないことなのだ。つまり彼が「フローベール論」を手放さないのは、実はそんなことはできないからなのだ。そんなことができないのは、彼にとって文学が依然として、ヴェネツィアの香りや冒険家の精神と同じく、呼吸する空気、そのお蔭で生きていられる空気と同じほど、不可欠なものなものであり続けているからだ。もう一度言うが、二人のサルトルがいる。正確には、魂の二つの志望があると言うよりは、二つの息遣い、ほとんど二つの速度があると言うべきだろうか。いつか彼は、文体とは常に「速度」の問題だと、言ったではないか。『人民の大義』に寄せるテクストの速度がある。激高……激怒……剣のような……鉄槌のようなペン……休止時間を持たない、ある意味で人を殺す声……それからもう一つ別の速度、より秘かな、より内密の、世界の進行とは一致しない速度がある。それは『嘔吐』の時代以来変わっていない。夜が来て、毛沢東主義者の友人たちが帰り、彼が再び独りになって、自分自身と自分の手の音域に調子を合わせた時に、彼を別の世界へと運んで行く速度なのだ。その世界では、時は代わる代わる縮んではまた伸び、あらゆる長さの時間が入り混じる中で、ジョイスが再びフロイトと対話を始め——再びと言うが、果してジョイスはその対話を止めていたことがあっただろうか？　――、哲学が小説と、パルダイヤン*の不敗の夢がギュスターヴ少年の夢と対話を始めるのだ。その一切が一冊の本のために行なわれる。その本こそは、自分の最良の部分なのだ、自分の最後の大著であって、その刊行は若い頃の『嘔吐』の刊行と同じくらい嬉しかった[51]と、彼はカストールに、カストールだけに打ち明けるだろう。プールーは死んでいない。サルトルもまた死んでいない。だからヘラクレスのような大力無双のサルトルも死んではいないのだ。二股と二枚舌のアクロバット。変わるには年を取り過ぎているだって？〔冗談じゃない！　彼がこれほど力強かったことはこれまでにないのだ！　なにしろこのように、プルーストのような夜と闘士としての昼という二重の地下生活を並行して送るには、すさまじい力強さが必要なのだから。モーリヤックが末期の迫るプルーストについて述べた例の有名な「彼はもはやものを書く手にすぎなかった」と、後に見るように、彼に自分の本来の文学的部分に背を向けさせることになるこの昼の意識という、二重生活を送るには。

もちろん分裂症を問題とすることもできる。それに感嘆し、仰天し、憤慨することもできる。作家というのは普通の人とは違う別の時、別の時の流れの中に生きているが、それはどうも承服しがたい、と呟くこともできる。こうしたサルトルの二重化、サルトルの多数化を、文学的マラーノ主義*の一形態――本来のマラーノ主義と同様に謎めいて魅惑的な――と見ることもできる。この点について、すでに「子供という王様」が次のように記している、『言葉』の一風変わった場面を思い出すこともできよう。「自分には声が二つあるような気がしていた。その一つは、ほとんど私のものではなくて、私の意志に支配されていなかったが、それがもう一つの声にその言葉を吹き込んでいた。私は自分が二重であると決めた。この軽い混乱は夏まで続いた。私は疲れ果て、苛立ち、ついには恐くなった。『あれが僕の頭の中で喋っているよ』と母に言ったが、幸い母は心配しなかった」。さらにまたこのサルトル症例は、大芸術家がそれぞれ示すさまざまな変わり方、二重になり、多数の人生を送るそのさまざまな様態について、省察する材料だと考えることもできる。時の中で変わる者もいる。変貌、異なる作品群の継起、季節、バラ色の時代と青の時代、きっぱりとした断絶、暗い切断——マルロー、ピカソ、モンドリアンの人生のやり直し。しかしまた、同じ時に変わる者、同じ瞬間に二重である者もいる。彼らはそれゆえに変わっても本当に変わりはしない、いずれにせよ甘んじて断絶してしまうことがない。ルソー、ジャン＝ジャックを裁く*、であり、またしてもアジャールとギャリィであり、要するに逆説的に、サルトルとはサルトルの二重の声、ジャン＝ポール、サルトルを裁く、なのであり、ジャンはポールに対面し、ポールはジャンと対面する。ウインクをしてこう言う。僕は変わるかい？　答えは、そうだな、何とも言えないな、かあるいは、いずれにせよいつもではないさ、だ。ところが逆に、こうした断絶なき回心の、こうした果てしなき二重の眼差しの、もしくはこうした二重焦点の視界——自分を踏み付けにして初めて人は両義性から抜け出せるのだということを、決して視野から失わない——の原型である、もう一人のサルトルがいる。

　このような者たちは、裏表のある二心の輩だと言うべきだろうか？　二頭の暴れ馬に引かれた馬車のようなものだと想像すべきだろうか？　二つの名前が合わさった名前の呪いもしくは効能の現象学を試みるべきだろうか？　ジャン＝ポール・サルトルやジャン＝ジャック・ルソーがその例だが、あのピエール＝フェリックス・ガタリもそうだ。ドゥルーズはある有名なテクストの中で、ガタリは、「ピエール（＝石）」の抑鬱性の重力と福者たちの心弾む「フェリシテ（＝至福）」との間を果てしなく揺れ動いていると、うまいことを言ったものだ。サルトルの場合は（もちろんもう一人のジャン＝ポール（ローマ法王、ヨハネ＝パウロ）の場合もそうだが）、彼自身の名前の二重化の特性について注釈する必要があるだろうか？　反逆者ヨハネと建設者パウロ……黙示録のヨハネと教会の創設者パウロ……一方は、破壊的終末論、時の終りの幻影、対するに、再建の時……。それにしてもシュヴァイツァー家の少年、牧師の曾孫で、プロテスタント教の染み込んだあの少年は、フィヒテが一八〇四年から一八〇五年にかけての「今という時代の性格」(52)についての一連の講演の中で、ルターの肖像を描き出そうとして、「キリスト教の極めて異なる二つの形態」を対比している箇所を知っているだろうか？　その二つの形態とは、ヨハネの「最初の原初的宗教」と、パウロの「グノーシス主義」であるが、後者はキリストの教えの「原初的逸脱」であって、「キリスト教の分解の基礎」であり、そうである以上はプロテスタント教の先取りということになるのだが。

そう、こういうわけで、第二のサルトルは第一のサルトルを盗み、その肉を喰らい、血を吸い取るが、完全に消し去ってしまうことはなく、パウロのように、新たな教会への道を進む。これまで以上に、このままにしておくわけには行かない。この二重化の深層の理由を探らないわけには行かない。一体この男の生活と頭の中に何が起こって、その結果、第二のサルトルが、第一のサルトルの中に入り込んで絡み付き、逸脱と凄まじい誤謬を体系的に産出する仕掛けを据え付けるということになったのかを、理解するよう努めないではいられないのである。彼は何を見たのか？　何を垣間見たのか？　何を理解したのか？　モスクワででも、キューバででも、北京ででもなく、ここで、彼自身の中で。何を見、何を理解した結果、このようなタイプの言説を述べるようになり、これほど徹底的に変わったのか？　このパウロとは何者か？　そして彼のダマスへの道*はどこにあるのか？

2 知識人の人生における過誤の管理規則について

だが、そもそも「誤り」とは何か。ひとりの知識人が、この場合はサルトルが、「誤った」という時、正確には何をいっているのか。「サルトルは誤った。サルトルは誤った」と囃せば十分なのか。ショッキングな文章や、常軌を逸した態度表明の数々を指摘すれば事足りるのだろうか。つまりいかなる権利において、声をあげることができるのだろうか。この絶えず誤りを犯し続けた知識人を、私はいかなるものさしで裁こうとしているのか。いかなる法廷で、いかなる手続きによってなのか。思想裁判所というものが永久の昔から存在し、未来永劫の裁定を下すべく、起訴理由、訴追証言、明白な状況証拠、証拠物件、決定的証拠、そして最後には判決を啓示された真理として振りかざすのだとして、そんなものに価値があろうか。

だからテクストをもういちど手にとろう。すべてのテクストを。どれほどおぞましいことになろうと、それらに探り棒を入れ、その発生を辿りなおし、その謎を突き止めようと試みること。ハイデガーやセリーヌなどに対して行なったように、文章に亀裂を生じさせ、引き裂き、転倒をもたらすような微細な内部への破裂、すなわちあの眩暈の瞬間を捉えること。しかしまずは方法の問題である。

思想史における「状況」の概念について

ひとは常に、知識人とは単純・明澄な世界の内部で考え、行動しなければならないものであるかのように思う。まるで世界とはミサ典書のようにそのままずらすらと読める明解なもので、その正確な意味を浮かび上がらせるためには、その気になって目を向け、ちょっと集中するだけで良いというかのように振舞っている。別の言い方をすると、知識人たちの方は合理的な行為者としては程度の差があるが、彼らが行動する世界の方は、完全に合理的であり、そこでは善と悪、真と虚が透明性と自明性のうちに見出されるという原則から出発しているのである。

ところがもちろんそんなことはない。知識人もすべての人と同じように不透明で、謎に満ち、闇に覆われた世界を相手にしている。歴史的行動——サルトルの言うプラクシス——の世界は灌木林《マキ》ないし雑木林であり、濃淡の異なるいくつもの影が落ち、矛盾に満ちたサインとメッセージ、嘘と幻影と真実のかけら、ごちゃごちゃに交じったライン、いわば正確な思考の展開に対するありとあらゆる障害に満ちている。で、最初に問うべき問題、一人の知識人を断罪する前に、そもそも裁く前に行なうべき調査とは、彼が関わった灌木林《マキ》ないし雑木林の具体的な特徴に向けられねばならないだろう。誰もが闇のうちにいる。そのとおり。だが、各人にそれぞれの闇がある。正確に言って、この人の闇とは、どんな闇だったのか。あの人の闇とは。本当のところ、彼が関わった特殊具体的な霧の厚みとはどのようなものであっただろうか。その霧の厚みこそが、彼にとって見えないものと見えるもの、聞こえないものと聞こえるもの、つまりは、ある種、語りうるものと語ることが不可能な、または困難なものを決定したのだ。

　それこそがサルトル自身が「状況」という概念によって示唆したものである。それはサルトルが「自分の時代のために書く」のなかで言っていることだ。そこで彼は時代を「肉体的で生命をもつ濃密なもの」と定義し、主体はその時代を「盲目的に、激高と恐怖と熱狂のうちに[1]」生きると説明している。とするとサルトル自身に、この第二のサルトルに、さらにはこの第二のサルトルの大量のテクストの中でも、まさにスターリン主義時代に属したテクストに、この優れてサルトル的な原理を適用することは、妥当であろうし、公平であろう。これらのテクストを断罪することはできるし、そうせねばならない。『存在と無』の著者が、その時まで当人が述べてきたこと、考えてきたことすべてに対する生きながらの否定であるような政治に賛同したことには、強い憤りと不快を感じることはあるし、感じざるをえない。しかし彼を断罪すると同時に、理解しようと試みねばならないし、理解するためには、この闇、もしくはこの暗がりのうちにはいりこまなければならない。そここそ彼が歩み、そして迷った現実の場所なのだ。さもなければ過去に遡って裁く遡及的訴訟という最悪の訴訟の証拠調べを行ない、思想に対する見せしめの公開裁判という最悪の裁判をすることになってしまう。〈歴史〉か伝説か。この世紀を理解しようするのか、それとも魔女裁判を行なおうというのか。〈歴史〉を望むなら、選択の余地はない。すこしだけ、歩みを止めねばならない。そして足踏みを続けながら、あの厚く垂れこめていた霧を再現しようと試みなければならない。霧は今ではすっかり晴れて、不思議なほど見晴らしのいい風景が現れたのだが、当時その中をさ迷った者にとっては、この霧は深く、物事の輪郭をぼやかし、正しい道をかき消していた。彼の誤りのいくつかはこの霧によって部分的には説明できる。霧の教えというわけだ。

例えば、朝鮮戦争の初期一九五二—五三年に〔ママ。朝鮮戦争は一九五〇—五三〕、米国が朝鮮で細菌兵器を使用しているという噂が流れた。今日私たちはこれが嘘であったことを知っている。ソ連の宣伝機関が得意としていた膨大なでっち上げのひとつに過ぎず、今から見ると噴飯ものであることを今の私たちは知っている。しかし当時それを知る者は少なかった。少なくともそれを断言できる者は少なかった。特にこの噂に関する研究というものはなされておらず、その数週間の報道の網羅的な分析もないし、その分析をとおして、このおとぎ話が当時のインテリゲンチャ、報道機関、政治家たちにいかなる災禍を引き起こしたかを正確に測定することもできていない。だが、そのわずかに分かっているところによると、サルトルのように、そして彼以前にも、罠に落ちて、ただナチスのみが使用しえた武器を米軍も使っていると硬く信じ込んでしまった者は数多く、極めて数多くいたのである。だがこれは言い訳にはならない。それに、もしこのタイプの噂を慎重に用心深く考察することが期待できる人がいたとすれば、もし率先してそれを検証しようと、もしくは検証させようとすることを期待することのできる知識人が只の一人でもいたとすれば、それはまさしく、彼、サルトルだった。彼のみは『レ・タン・モデルヌ』のチーム全体をこのテーマの検討に取りかからせ、その間、左翼の人々を支配していた狂気じみた激しい興奮を冷やすことができたであろう。だが事実は動かせない。彼が激しい反米キャンペーンに身を投じたとき、頭にあったのは、このことである。朝鮮での米軍総司令官「リッジウェイのペスト」に常軌を逸した激しさで挑みかかった時、言おうとしたことは、まさにこのことである。ところが、人はこの怒りの調子からは何も聞き取れないだろう。あの狂気、霧の凝縮物を忘れて、今から見るなら、無分別といおうか説明不可能、不条理にしか見えない言葉で、アメリカは「狂犬病だ」とわめいたときに彼が本当に言おうとしたことはきちんと届くことはない。この凝縮物もまた時の狂気と霧なのである。言説もまた行為である。噂もまた言説である。そこには〈言説にして噂でもある出来事〉、霧という出来事があり、それは思想史が本当に「状況」の物質性を復元し、その重さを測ろうとするなら、避けて通れないものなのだ。

当時の倫理的貧困。とりわけ政治家のそれ。フランスの政治家たちはすでに、三〇年代において冴えないものだった。彼らは、ほぼ衆目の一致する非難の対象であった。それが大衆がコミュニズムに、ファシズムに賛同した一因だった。しかし少なくとも言えることは、彼らが戦争、とりわけヴィシー政権の季節《とき》を経た後でも、なんら成長しなかったということだ。では、レジスタンスの夢はどうなったのだろうか。闘争の歳月の間に構想されたあの素晴らしい企ての数々はどうなったのか。新たな共和国を夢みた者、つまり「社会主義と自由」という地下活動の中で、新しい外交政策、新しい通貨、三権のこれまでとは異なるあり方や司法の独立の原則そのものの再定義などの土台を何もかもごちゃまぜにして、打ち立てるとてつもない憲法草案を作り、「フランスがナチの鎖から解放された時のために、長期的な政治的・社会的・倫理的展望」[2]の夢に耽った者が、このような期待はずれの体制、時として惨めで、いずれにせよ望んでいたものとあまりに違うこの体制をどうして受け入れることができるだろうか。凝固した約束。変わることのない希望の星の亡霊。ゆっくりと消えていく社会主義の赤い影。そして胸には、わがものにすることのできなかった夜明けへの満たされぬ想い。首相がペタン派の粗雑なリサイクル品であるアントワーヌ・ピネ*であるフランスを考えてみるがいい。一九四〇年七月には賛成票を投じたルネ・コティ*を大統領として戴く共和国を考えてみるがいい。「ソヴィエトの侵攻」の強迫観念に付き纏われて、早くも「ブルターニュに引きこもって」武装抵抗闘争を組織し、水兵アンリ・マルタンにインドシナ戦争を告発した廉で五年の懲役を科す、臆病で陰険なフランスを考えてみるがいい。モレのやり口、すなわち時の首相モレがひとつの世代に対して、それゆえサルトルに対して見せるその忌まわしく、まさに絶望へと誘う顔を想像してみるがよい。思うがいい。ジョレス、ブルム、人民戦線を受け継ぐギィ・モレと称するこの男のフランス左翼の歴史に対する寄与とは、錯綜したマルクス主義的教条主義とアルジェリアでの火炎放射器を手にした平定政策という卑劣なシニスムとを結びつけることにあったといえよう。「モレ氏は裏切りへと飛び込んだ。そこで悠々と動き回っている。私は歴史上これほど多くの人を同時に裏切った人物を知らない[4]」。サルトルが一九五二年の春、「パリに急いで戻ってきた」いきさつを語り、次のように言うとき、サルトルの言葉を信じなければならない。「これらの汚らしい子供じみた振舞には胸糞が悪くなった」、「書くか、窒息するかのどちらかだった」。この窒息する感覚、そのとき彼が実感したと述べているこの圧迫感を文字通りに理解する必要がある。まさにそれこそが、『共産主義者と平和』という、それにしても奇妙なテクストを書かせたのだ。やがて「ブルジョワの死体の悪臭」だとか「軟弱な左翼の強硬派中の強硬派」、あるいは「左翼」というこの「腐肉」、「この悪臭を放つ、あお向けになった大きな死体」を激しく非難していく、まさに怒りに息をつまらせ、激しくあえぐこれらのページから聞こえてくるものなのだ。だからといってこれであのことが正当化されるわけではない。そして、時代の凡庸さは、この殺人的暴力の説明とはならない。フランス左翼の失われた名誉が当然のことながらすがりついて行くはずの、もうひとつの左翼、一言で言えば共産党——サルトルはそれに同調しはじめていた——が、肝心なときに、モレに全権力を委ね、アルジェリアでの抑圧政策に加担し、フェルナン・イヴトンを見捨て、軟弱な左翼の強硬派中の強硬派の悪行の大半を批准するのだから、なおさらである……とはいえ……これがまたしても、当時の風土なのだ。これが時代の霧なのだ。これがその闇であり、すくなくとも彼が見た闇であり、そのなかを彼は手探りで、よろめき、倒れこむのである。

暴力。これらの凡庸な者たちもまた、殺人者とまでは言わないが、暴力的であり、アルジェリアを、殺人衝動をぶちまけるまたとない舞台としたという事実。ではファノンに関するテクストを手にとろう。時を隔ててみると、文字通り、いきり立ったように見えるテクストを再び手にとること。あらためて言うが、何ものも殺人への呼びかけを正当化しはしない。このテクストによって何世代にもわたる論理的暗殺の徒に紛れもないバイブルを提供してしまった過ちに対しては、何ものも、いかなる事情も、情状酌量とはならない。そしてこの種のテクストが真に「地に呪われたる者」の代表者もしくはそう名乗る者の手に落ちた時に生じた具体的効果を、私がこの眼で観察することのできた巡り合わせが少なくとも一度はある。それは七〇年代の初めのカルカッタ地方だった。当時、両ベンガル〔インド領ベンガルとパキスタン領ベンガル〕は南のケラーラと同様に、とりわけ血塗られた毛沢東主義者のゲリラ組織の活動の舞台となっていた。彼らの十八番のひとつに、銃口を頭につきつけて一発で殺す処刑があった。処刑されるのは「地主」と彼らが呼ぶ者たちだが、たいていの場合、中国ならば「中貧農」と呼ばれたであろうつつましい土地所有者でしかなかった。私は運動の二人の歴史的指導者のうちのひとりであるモハメッド・トーハ*との会見のため、国境の向こう側、彼らの聖域であったバングラデシュの林のなかへと向かった。彼は控えめな容姿の背の低い男で、洋服を着ており、田舎の公証人のようだった。この革命と犯罪の役人は、先週、対立するアブドゥル・モティン*の組織の幹部を何人か生石灰のなかに生き埋めにしたと、まったく自然な様子で語ったことを覚えている。だがとりわけ、彼は重病人だった。たぶん喘息だとおもうが、眼と唇は窪み、聞き取りにくい声で話し、当時はアフリカの女王*よろしく、男たちの背に担がれなければ移動できず、クメール・ルージュの先駆者とも言うべき戦士たちからなるささやかな護衛隊に囲まれ、宿営時の大部分を酸素テントの下で過ごしていた。酸素テントといえば、フランツ・ファノンが生涯の最後の月日をそこで送ったという証言を思い出さずにはいられなかった。彼はフランツ・ファノンを知っていただろうか。ファノンを読んでいたか。言うまでもない。私は彼がテントの入り口の、木陰の小さな十字フレームベッドの上で上体を起こすのを目にした。どうやら訪問客があるときは、そこに移されるらしい。彼には生気が戻り、眼と顔が熱を帯び、声は変わって、突然力強くなった。時に痰がのどにからんだが、彼はあわてることなく、駆け出しの役者が一秒一秒数えているかのようにして、辛抱強くやり過ごすのだった。要するにそうして彼は奇妙な英語で、時にわめきたて、時に小声でささやき、息苦しくなりそうなときは早口になり、時にくすくすと妙な笑い声を立てながら、『呪われたる者』のいくつかの文章を私に正確に朗誦した。それから、私がフランス人なので、サルトルの序文の文章、「ヨーロッパはわれわれの大陸に手を掛けた。手を引っ込めるまで、切り傷をつける必要がある」、もしくは「一人のヨーロッパ人を葬ることは一石二鳥である、云々」も朗誦した。その姿は今でも眼前に浮かぶ。サルトル、偉大なサルトル、『嘔吐』と『聖ジュネ』の著者が、ベンガルの密林の孤独の中で、幻想的な殺戮を夢みている病的で興奮したこの殺人者の汚らしい口から吐き出されるとは、なんたる愚弄であろうか。もちろんだ。なんたる惨めさ、なんたる愚弄。ただし事はそこで終るわけにはいかない。つねにテクストというものはその効果だけに還元することはできない。たとえその効果が確実だとしてもである。裁判――裁判があるべきだとしての話だが――は、われわれがただこのテクストをアルジェリア戦争たけなわのフランスという気狂いじみた状況への気狂いじみた答えとして聞き取ること「も」できるのでなければ、公正なものとならないだろう。[5] 死者一〇〇万人と報じられている。二〇〇万人の強制退去。恐ろしい拷問。フランス共和国は、ナチズム後、一世代にして、例外的法規を復活させ、集中収容所を復活させた。適切か否かはともかく、強制収容所を思い起こさせるのは間違いない。一九六一年十月十七日にはセーヌ河に数百人の死者が投げ込まれた。三〇年後になってもその状況は明らかになっていない。だがそれがその時点で人々の心に強い印象を与えたであろうことは誰もが認めよう。これらすべてにサルトルは答えているのだ。彼の序文に見える言葉の暴力は、この現実の暴力に対して答えているのだ。これらの言葉を文字通り聴きとることができるのは、時代のざわめきの中から、十月二十二日〔ママ〕の溺死者たちの最後の叫びを、振り下ろされる警棒の唸り声を、アルジェリアの山岳地で拷問された者たちのうめき声を、拷問する者の押し殺した笑い声——モハメド・トーハの声もそうだ——を聞き分けたり、想像しようと努める者だけである。

マルクス主義。私たちにとって、その訴訟は終結している。終りを告げた世紀の子である私たち、血塗れの決算の証人でもあれば書記でもある私たち、いまやこのおぞましい決算書類のすべてを手にした私たちにとって、幻想の時は、幸運にも過ぎ去った。スターリンはレーニンのうちにいた。レーニンはマルクスのうちにいた。そして、それは反抗や無秩序の思想からは遠い。人間たちに向けられた、主人や神に対する蜂起の勧めからは遠い。つまり反マルクス主義の主な思想家たち、実際にアロンの弟子筋がずっと言ってきたように、それが不服従を説き、「反逆は正しい、いつだって造反有理」と主張してきたがゆえに断罪すべし、というのとはほど遠く、マルクス主義思想はまさに正反対の説教をするものであるがゆえに有罪宣告されるべきだったし、それはいまも変わらない。すなわち「つねに服従は正しい。これこそは主人たちの鞭と牢獄、その恐怖政治と死んだ愛を受け入れるための新たな理由、正しき千の新たな理由なのだ」と説いたがゆえに、人間の心に「自発的隷従」のバネを植えつけるのに、ラ・ボエシー*が考えだした概念以来、最適のものを作り出したゆえにである。だがそれでは、サルトルは？　サルトルがマルクス主義者になったとき、彼の頭の中には、要するに何があったのか。このマルクス主義者になるということは、どのような時代のざわめきのうえに、浮かび上がり、際立っているのか。主体を考えることだったのか、それとも集団を考えることだったのか。〈歴史〉を考えることか、それとも資本の現状なのか。それは革命のマルクス主義だったのか、管理のマルクス主義だったのか。悲観的マルクス主義か楽観的マルクス主義か。清らかな手か、汚れた手か。マルクスとともに人民に蜂起を説こうとしたのか、それとも平和を説こうとしたのか。重要なのは反抗だったのか、規律だったのか。例の「人間の本性」を回復することなのか、具体的な人間というこの汚らしい動物を服従させることなのか。ベルクソンやフッサールやハイデガーの代わりに、マルクスが収まったということなのか。ヘーゲルの再発見に続いて。いまだ答えの見出せない問いではある。霧に包まれた問い。サルトルのマルクス主義という霧。

最後に革命的観念。真の問題は、革命という観念そのものであることを今日の私たちは知っている。もし二十世紀の教訓というものがあるとするなら、もし記憶のなかにとどめるべき遺産、この世紀が完全な徒労の世紀であったとしない遺産があるとするなら、それは革命的観念の衰退、そしてその崩壊である。ところで、これについては事はどのように起きたのだろうか。もし現代思想の歴史、ただしその観念的、ないし夢想的、ないし粉飾をほどこされた歴史ではなく、その現実の歴史に注意を払うなら、具体的には幻滅はどのように生じたのだろうか。おそらくこの幻滅、この衰退を生きる多くの仕方があった。とりわけ、一度も魔力に魅了されたことがなかったため、この幻滅を生きる必要が全くなかった優秀な精神の持ち主たちもいる。一度も崇めることのなかった偶像を燃やす必要のなかった人々、それに知識人も大勢いる。だが他の者たちは？　この歴史の中で〈歴史〉へと生まれた人々は？　一七八九年の記憶、進歩主義の神話、人間を変えるという考え、社会主義の夢、歌を唱う未来、サン＝ジュスト[*]、チェ・ゲバラなどによって支配された言語のなかで考えることを、ほとんど話すことさえも学んだ種族に属する信奉者たちのことだ。彼らにとって、この世界語の信奉者にとって、程度の差こそあれ意識的にこの政治的言語に、人が国や少年時代に帰属するようにして帰属したすべての人、偶々その言語へと生起した者にとって（それにひとは自分の生まれと同様、政治的出生も選ぶことはできない。悪しき霧を払ったり、厄介なねばつきを払いのけたりすることはできる。だが自分の生まれと同様、政治的出生を選ぶことは決してありえない……）、要するにそこで政治的発言へと生起した者たちにとって、この世紀の最大の教訓、すなわち革命の理念は犯罪的にして野蛮な理念であるという考えは、天から降ってきたものではない。それはひとつの重大事件に由来する。より正確には二重の出来事、中国とカンボジアの双子の革命の産み落とした果実である。このように語る者たちがやって来たのだ。「われわれ以前のあらゆる革命家は、試みに失敗した。彼らは生産力のシステムに革命をもたらした。ときとして生産関係のありかたを、さらには国家権力の構造を、それにともなう特権と濫用ごと、一新した。しかし不幸の真の源、一人の人間がもう一人の人間に従属するという事態を生み出す本当の理由は、心と体の中にもっと深く根を張っていたのだ。なぜならそれが、人間の欲望の働きだったのであり、われわれが話す言語の構造、人間が空間を占める仕方、たとえば都会と田舎、肉体労働と知的労働が分かれているという事実だったのだ。これらの隷属の究極の原動力、旧来の世界の真の基盤に対して、われわれ以前のいかなる革命家も手を下すすべも知らず、その勇気もなかった。われわれこそそれを初めて実行する者である。われわれは、初めて、途中で止めずに最後までやり抜くのだ。都市から住民を追い出し、結婚と性行動を統制し、中国語とカンボジア語を作り直し、その都度つねに〈歴史〉が終った先にある舞台に腰を据えることによって、それをなし遂げるのだ」と。この者たちはこう発言し、とりわけ実行した。彼らは歴史上初めて徹底的な、化学的に純粋とさえ言うべき革命を試みることで、まさにそれこそが問題であり、そこにおいてこそ最悪のものが生じるのだという証拠を提出したのである。この革命は、中国のスローガンが言っていたように、「世界の歴史を真っ二つに分断する」がゆえに、ヒトラー以降前例のない野蛮を生み出したのである。革命は可能だった。ひとの魂の奥の奥底にひそむ不幸の源泉を狩り出すことは可能だった。思い切って実行するだけでよかったのだ。だが、この作戦は人類を解放し、繁栄と幸福の治世に入らせるどころか、逆にもっとも暗い地獄の中へと突き落としたのである。こうしてあの法則、ほとんど定理と言えるもの、すなわち、もっとも野蛮な革命とは挫折した革命ではなく、極限まですすめられた革命であるという定理が確立したのだ。これは二十世紀の真の獲得物のひとつである。革命は、成功すればするほど、災いをもたらす犯罪的なものになる……。要するにサルトルは、当然のことながら、こうしたこと一切をまったく知らなかった。サルトルの同時代人の誰も、革命という観念そのものに内在する有毒性という、この問題系についていささかの考えも持っていなかった。その生きた証拠、実のところ唯一の証拠を手にしていなかった。当時、左翼インテリゲンチャは革命を可能と考える楽観主義者と不可能と考える懐疑論者とに分かれていた。もしくは革命の到来が間近に迫っていると信じる熱にうかされた気質の者たちと、革命を遠いもの、はるか先の事柄と考える、もしくはそう望む怠惰な魂の持ち主たちに分かれていた。もしくはガローディや、残念ながらサルトルもそうなのだが、ソ連が社会主義への途上にあると思っている者たちと、トロツキストや〈社会主義か野蛮か〉の新トロツキストのように、ソ連において革命は裏切られ、道を踏み外してしまったので、革命を救うためには、別の場所で、別の仕方で、正しい道に戻さなければならないと考える者たちに分かれていた。もしくはシモーヌ・ド・ボーヴォワールとカミュに分かれていた。ボーヴォワールはこう言った。確かだと言えることは何もない。しかし革命は進行中であり、モスクワで、そしてまもなくキューバで「厖大な数の人々に境遇の改善をもたらす」体制の基盤が敷かれたことは疑いえない。この「追求されている目的」、この「方向」、この「理由」を踏まえて、「スターリンの政策によって引き受けられた犯罪的な暴力の部分」を判断し、受け入れるべきであろう、と。(6) それに対してカミュは答えた。「革命は可能だろう。階級のない、それゆえに幸福な社会はいつの日か生まれるかもしれない。しかし確実ではない。それにそれがいつ到来するのかも確実ではない。だから、懐疑が残る以上、私はあなたたちがこの単なる見通しの名において、わたしたちに課そうとしている莫大な犠牲を受け入れることは拒否する」。だが真の問題は革命の原理そのものが善き原理なのかどうか、人間を変え、人間の歴史をある種白紙からやり直そうという考えそのものが、幸福な考えなのかどうかという問いであるはずであり、真の議論は、革命が可能か、差し迫っているかどうかではなく、革命とは本当に望ましいものなのか、必然的にすさまじい野蛮をもたらすものなのではないかをめぐってなされるべきであったのだが、これについては誰一人、ほとんど誰一人取り組むことはなかった。というのもこのためには、最後の抵当権が解除される必要があったからだ。つまり少なくとも一つの革命が解放の企ての極限にまで突き進み、まさに極限に指が触れたその瞬間から、最悪のことが始まるという絶対的な証拠が、生き延びた者たちの目の中に読まれるということが必要だったのだ。光の果てるところには闇があり、解放の夢の果には死体の山がある。それが中国とカンボジアの二つの「文化」革命、と言うことはつまり「徹底的」な革命の教訓である。それが私たちの頭に残っている響き、臭いだ。だがサルトルはどうだったのか。サルトル主義者たちは？　そして時代は？

思想の生命における真理のステイタス

ではここに明るい光の代わりに、霧を考慮に入れながらやり直そうと努める思想史を仮定しよう。サルトル、ボーヴォワール、メルロー＝ポンティ、ジャンソンが歩み、誤りを犯さざるを得なかったあの闇が描かれたと仮定しよう。

そうなると残るはもうひとつ別の幻想である。それは消し去るのがいっそう執拗な幻想、世界の構造ではなく、そこで誤りを犯す主体の構造にかかわる幻想である。

主体であるとは、単純な冒険であるかのように考えられている。言表を産み出し、そしてそれらの言表の中で、真実の言表と虚偽の言表とを区別することは、自明なことであるかのように考えられている。

ひとは、サルトルの冒険やアラゴンの冒険、あるいはこれらの霧に覆われた知的冒険のどれにしても、まるで自分が真実と誤謬の巨大なゲームないし試合に参加しているかのように語る。拍手したり、どなったり、やじったり、採点したり、足を踏み鳴らしたり、一方にはもう一歩だ、他方にはよけろと叫ぶ。時には歴史のうちに入りこみ、画面の後ろに回り、登場人物たちに交り、彼らと一緒に燃え上がり、どこまでも同伴し、彼らを自分自身の内なる劇の端役や操り人形に変えてしまう。

要するに、霧だけではなく、その中に生きる魂たちを全く知らぬまま、この歴史を語るのだ。真理を探し求め、誤りを犯す魂の中で何が起こっているのかを全く知らぬままに。

スピノザの定理。

「学者」にも「無知な者」と同様に、太陽は「こぶしと同じ大きさ」に見える。学者はそれに加えて「真実の観念」を持ち、「誤った観念」を持たない。学者は太陽の形状について妥当な観念を抱く。しかしだからといって、彼の身体、ということはつまり彼の魂が、別の観点からするなら、太陽という別の物体の存在とそのイメージによって、影響を受け続けることには変わりはない。主体の有限性。固有の身体という経験性に由来する能力の欠陥性。認識能力の限界。認識能力は無限の意志に適合せず、物質的存在の事実性に応じて変わる。学者は物理学なり天体力学の法則により通じている。とはいえ「無限の」距離にあるものを「二〇〇フィート」先にあるように見せる錯覚の力に対してより抵抗力があるわけではない……そう、哲学者も同様だ。人がうらやむ才能を持っているかも知れない。だが一歩書斎から出れば、普通の人が抱く幻想や心象や幻影や錯覚や妄想や情熱などに支配される並の人に戻ってしまう。哲学者は死について一切を知っているかも知れないが、それでもやはり死を恐れるのだ。神経症について一切を知りつつ、それでも神経症を病む。天文学の法則のみならず、独裁政治の歴史や、反逆の歴史や、独裁に変質する反逆の歴史について誰よりも通じているかも知れない。だが、反逆を生み出したり、それを変質させたり、さらには反逆が生み出した独裁への賛同を育む、そうした単純な情熱に襲われたとき、そうした知識はあまり役に立たないだろう。何故かくも多くの偉大な精神が、キューバの、中国の、ソ連の「新しい人間」について世迷言を述べたのか。それは愚行の源流には情熱があるからだ。それはデカルトによって悪しき判断の根源にあるとされた「私たちの行動様式の欠陥」、精神の一時的な「蒙昧化」、「混同」とは関係なく、誤りの前には、新しきもの一般に対する、そして個別的には新しき人間に対する情熱があるからだ。それは、最も周到に準備されたイデオロギー上の選択の根源には、知識人が「間違った」と言うことを可能にするような巨大な狂気——すでに分類定義されていると否とにかかわらず——があるだろうが、それより以前に単純な感情が見出されるからだ。それこそ彼ら知識人が構築する建造物の秘密の石材のようなものであるが、知識人はそれをまさに太陽がこぶし大に見えるという抜きがたい感覚と同じように非知識人と分かち持っている。それが新たな人間というものの持つ魅惑なのである。タブララサないしゼロからやり直すことの魅惑である。力の崇拝、純粋さへの愛好、無垢を望ましいとする考え、そしてまた調和、透明性、抗争も葛藤もない完全に平穏な社会が望ましいとする考えである。そして若さ……ああ若さ……知識人だって、だれとも同じように、この若さの魅惑に屈しないでいられようか。知識人とはいえ皆と同じように、若さとは世界の未来であると口走ってしまうこともあるのだ。若者礼讃がこれまで、ファシスムや共産主義と繋がっていたことを知っていても、それがもたらす抗いがたい魅惑に、他の者以上に抵抗できはしない。こうした情熱こそ、政治的理性の素数である。その黒いアルファベットのようなものである。その真の原理。政治の基底にある、それゆえに枯れることのないその水源である。あらゆる全体主義、原理主義、ファシズムが、公式的には、公的な討論の場から消えていると仮定しよう。それらが全面的、徹底的、一般的な非難の対象になっていると仮定しよう。だが、それらは一群の大衆が、絶望か信仰のなかで、純粋で透明な若い社会という甘美な夢を再び育み始めるとき、すぐさま再生するだろう。恐ろしくもまた無垢な同じ夢を抱くこの群衆の先頭、またはそのしんがりには、いつもとおなじく、知識人の姿があるだろう。彼らは、〈歴史〉の教訓を忘れたからか、それとも情熱に打ち勝つには、己の悟性の原理や己の精神を導く規則をよりよく調整するだけでは足りなかったからか、こうした熱狂を理論づけることになり、それゆえに誤りを犯すことになるのである。

ニーチェ（もしくはメルロー＝ポンティ）の定理。

ひとつではなく、複数の真理がある。真理の還元不可能な複数性。[8] たとえそれを打開しようとしても、たとえ、遠近法主義とそれが含意する相対主義に対する不安から、ちょうどサルトルがメルロー＝ポンティとの論争でしたように（「……私は真理は一つだとずっと考えてきたし、今もそう考えている。……これに対してメルロー＝ポンティは、遠近法の多数性の中に安全性を見出していた……」[9]）、はるか遠くに、われわれの無知の地平に輝く真理——それが何とか誤りを犯した者の歩みの導きの糸となる——という仮定を立てたとしても、われわれは二つの難問にぶつかることになろう。第一に、この〈真理〉は〈存在〉と同様に、複数の意味で述べられ続けるだろう。考える主体の数だけ、考える状態にある身体の数だけ、瞬間の数だけ、この真理の意味ではないが、真理への「通路」があるということになるだろう。人間、ひとりひとりの人間、そしてまたひとりひとりの知識人が、ソフィストが言っていたように、この〈真理〉の尺度なのであり、誤りを犯す恐れなしに、すべての人に課せられ、逸脱者を雷で打ち、あれこれの人間の誤りを罰するものと想定される真理の審級はどこにも、絶対に存在しないということになるだろう。第二に、〈真理〉はひとつの地平線であるだろう。そう、一つの理念、もしお望みなら、おそらく、精神を導く規則といってもいい。しかしそれはフィクション、到達できない幻影、もしくは理性的存在のようなあり方をしており、争奪の的たる財宝とか、占拠すべき場所とか、管理して、そこから水を引く泉のようなあり方をしていない。もし作用をうけるこれらの身体のかわりに、真理の単純にして晴朗な瞑想に専心する真理の主たちがいるのなら、事はどんなに簡単であっただろう。すべては早く進んだことだろう。そして決して壮麗に姿を現すことのない真理のこうした多数性、曖昧性の代わりに、もし、凡俗の目からは隠され、突きとめるのが難しいにしても、それでも真理が、唯一の真理が君臨することができるのなら、われわれはその周りに参上し、それにつながれるだろう。真理に耳を澄ますのは知識人の務めであり、知識人たちは時代の黄金の探索者であり、真理の失われたアークを探し求める冒険者である。だからニーチェなのだ。だがカントでもある。サドとともにカントというのではなく、『道徳の系譜』の著者とともにカント。ギリシャのソフィストたち、またサルトルの「生けるメルロー＝ポンティ」。われわれはすべてを見たのだろうか。すべてを。知識人たちが誤りを犯すのは、真理が一つでなく、その「すべて」が告げられるわけではなく、結局「この世界のもの」ではないがゆえである。知識人たちが誤りを犯すのは、真理への道が標識も出口もない不確かな道であり、プロタゴラスによれば、「個人と個人の間でも、都市と都市との間でも、どちらかが知において優越するなどということはどこにも」なく、またプラトンによってとりあげられ、ニーチェに絶賛されたソフィストのひとり、ゴルギアスが言うように、〈真理〉への「距離」について「他人よりもより通じている」と、アプリオリに主張することは何びとにもできないからである。[10] 結局サルトルはこのように述べることもできるだろう。私が誤りを犯したのは、「普遍概念」は存在せず、それらは〈個別的なもの〉[11]の個別的なケースでしかないがゆえである、と。私としては、彼のこうした言葉を保持しつつも、その相対主義と状況主義は保持せずに、こう言おう。彼が誤りを犯したのは、〈普遍概念〉は存在するが、それは遠くに、還元不可能な、到達し得ない超越において存在するからである。彼が誤りを犯した、誤りを犯し続けたのは、つまり、カストロ主義や、脱植民地主義の目的や手段についての真理、さらには一九六一年のＦＬＮ支持への呼びかけ――これは直ちに反愛国主義的な行為として、さらには裏切りとして現れる可能性があった――の正当性についての真理は、真理として啓示されたものではなく、意見と意見の自由な対決の論争の係争点であったからである。そうした意見と意見の戦いというのは民主的な闘争と同様に、結論がどう出るかは予め確定していないのである。サルトルは忘れよう。結局のところ、八〇年代の初めに赤軍のアフガニスタン占領に反対して、イスラム過激派も含めてアフガン国民を擁護した人たちは、自分が絶対に誤りを犯していないと確信していたのだろうか。それから一五年後に、われわれが旧ユーゴスラヴィアを構成する諸民族の分離の意志を正当と認め、人権の尊重、人間の虐殺されない権利の尊重の名において、かってはコスモポリタニズムそのものであった二つの帝国〔オーストリア・ハンガリーとオスマン・トルコ〕の境界線上に現れた、国民国家の目覚めのようにも見えるものを承認したとき、われわれは絶対に真実のなかにあるという確信はあったのだろうか。われわれには何も確かでなかった。われわれは真理を方程式としてではなく、冒険として生きていた。もしもう一度やらなければならないのなら、われわれはそれをもう一度やるだろう——同じ当惑、同じ信念、そして誤りを犯す危険を冒さなければならないという、同じ静かな確信をもって。

ソクラテス(もしくはハイデガー)の定理。

これは前の定理の相関物である。「危険は美しく、希望は偉大である」とソクラテスは言った。そしてハイデガーは「偉大に思索をするものは偉大に誤りを犯すことになる」と言った。この第三の定理が述べているのは、物事の自然の流れに寄り添う時より、運命を試す時の方が、誤りを犯す可能性が高くなるということである。思索の危険を避けたり、払いのけたりする時よりも、思索の危険を冒す時の方が、賭けをしない時より、大きく賭ける時の方が、集団の中に並ぶ時より、独り身を晒す時の方が、経験と知恵の蓄えを増やすだけの時よりも、希望に賭ける時の方が、一言で言えば、思考しない時より思考する時の方が、誤りを犯す可能性はもちろん高くなるということである。この定理はこうも述べている。思考、真実の思考とは状態ではなく、過程であり、静止ではなく、運動であり、真の歩みとは、すでにソフィストが言っていたように、踏み固められた道から外れた、運に左右される危険な歩みであり、まさにこの理由から、冒険と誤り、そぞろ歩きと道に迷うことという二つの意味における彷徨に陥ることがある。これら二つの意味は一枚のコインの裏表のように密接に結びついているのだ。そう、思考とは歩む道なのだ。メト・オード〔méth-ode〕、道に従っていくこと〔＝方法〕である。そして、エクス・オード〔ex-ode〕、道から外れること〔＝脱出〕である。そして時には進路を見失わず、時には見失ってさまよう、罠と障害に満ちた暗い歩みのようなものであり、前に進むかと思うと、後戻りし、進むかのたれ死ぬか、そして闇、相変わらずの闇、この闇から、この避けられない錯誤から抜け出る手段はない。お分かりのように、私はサルトルの言い訳をしているのではない。ましてやハイデガーの言い訳をしているのではない。だが、偉大な思想家はいつだって思想の冒険者なのだ。行動が、こうした冒険のひとつに該当するなら、それは避けることのできない危険性であり、計算できないものへの跳躍であり、試練であり、骰子の一擲である。それは偶然を消し去ることも、どこへも行き着かずただ道に迷うだけという危険も消し去ることがない。そしてこの冒険がいっそう狂おしく、混沌として、悲劇的なのは、時代がまさにそうであり、思想家が苦悩と激動を引き受けて生きようと努めるからだ。「私の属す世代は動乱の世代である」とバタイユは『文学と悪』の序文で言っている。「いかなる時代においてもこれほど重く歴史的経験が思想にのしかかったことはない」とレヴィナスは、『困難な自由』の冒頭で書いている。そしてドゥボールは後に『われら戦場に赴き……』のなかで言う。「このようにして新たな戦火の時代がすこしずつ燃え上がっていったのだ。現在、生きているもののたちの誰もその終りを見ることがないだろう」と。そしてサルトル自身も、終戦直後に、メルローをはじめとする何人かとの友人としての論争には「心地よい微風」が吹いていたにもかかわらず、この時期には「高波」が襲いかかり、「わたしたち二人は額と額をぶつけ合い、次の瞬間には、互いに相手とは正反対の方向に投げ飛ばされた」。……もちろんこの高波の及ばないところに身を置くことを選ぶこともできる。良識とか慎重とか学の陸地にしっかりと根を下ろすこともできる。アロン流のもっと平穏で、とやかく言われない航行を好むこともできる。あるいはミネルヴァのふくろうのように、夜の帳が下りるまで、事件がすっかり鎮火するまでは飛び立つことのない哲学をよしとすることもできよう。だが、逆に凪よりも嵐を選ぶこともできる。聖パウロのように、より大胆な航行のために支払うべき代価である「嵐、難船、あらゆる種類の気苦労」の中を行く思想家たちのあとをたどろうとすることもできる。別の言い方をするなら、サルトルという名をもつこの思考の冒険に与しようとすることができるのである。この思考の冒険は、あらゆる重要な思考の冒険と同じく、最良と最悪を共に運ぶのだ。——最高度の明晰性、名誉、寛大さ、勇気、そしてそのあとに突然予告なしの醜悪な責任放棄、極端な妥協、そして盲目。カストロと反カストロ。対独協力思想の本能的拒絶とソヴィエト思想の罠。イスラエルへの無条件の全面的忠実さと『人民の大義』時代のテクスト。もちろん選り分けることは不可能だ。よいところだけとって、悪いところを捨てることはできない。全てか無かだ。自分で選んだつもりで、実は仕組まれて取らされたカードなのだ。サルトル革命は必ずしも一枚岩ではない。エクリチュールと思想の革命がすべからくそうであるように、曖昧な冒険である。サルトルと同意見で間違えた方が、アロンと同意見で正しいのよりましだったのだろうか。もちろんそんなことはない。しかしどんな強力な思考にも内在している曖昧な部分を、避けがたいものとして受け入れる必要があったし、今でもそれは必要だ。それにアロン自身が『歴史哲学入門』で認めていたように、思想の骰子が実際に投げられてしまえば、錯誤は不可避であることを認めなければならなかったし、今でも認める必要があるのだ。

スピノザの第二の定理。

狂人もまた正午に、今は昼だ、と言うことがありうる。狂人も理性的人間もどちらも同じ言葉を口にし、同じ言表を産み出し、一見したところ同じ言説を行なっているように見えることもある。これは両者が同じ事を述べていることを意味しないし、両者を同じ真理の旗のもとにまとめることができることも意味しない。例えばまさにアロンとサルトル。この二人の「親友《プチ・カマラッド》」は意見対立の中で人生を過ごした。アロンが『レ・タン・モデルヌ』誌を離れてから、二人はほとんど全てのことに関して意見が一致しなかった。例外はアルジェリア戦争が起こったときで、二人はフランスを弾劾し、アルジェリアの独立を願うことで、一見したところ一致するにいたった。本当に一致したのか。実際そのまま無造作に次のように言うことは可能だろうか。「サルトルとアロンは意見が一致していた……サルトルとアロンは、その件だけに関しては、同じ立場に立っていた……サルトルとアロンは二〇年後、もう一度だけ、ヴェトナムのボートピープルのときに、大統領府に向かう階段で、この緊急事態に際して、凪に嵐を起こすこと、もしくは逆に嵐を凪に変えること、に同意した」と。まさに、否である。たしかに表面的な一致はある。発言の表面的意味と表面的には同じ言葉が発せられたという事実はある。しかし少し耳を澄ましさえすれば、語られたことの表層を少しこすりさえすれば、それらの語に与えられた意味はほとんど反対であることに気づく。アロンは独立に賛成、というのは本当だ。だが、彼が賛成なのは三つの理由からだが、それらの理由は単にサルトルの理由と何の関係もないだけでなく、アンリ・アレッグの『尋問』の序文の著者たるサルトルにはおぞましいものにしかみえないし、かつて二人の同級生が道を分ったときよりもさらに一層、両者を遠ざけることにしかなり得ない。一、独立は避けがたく、実際的な人間であるアロンは、避けがたいものに逆らうことを好まない。倫理か？　正義か？　独立が隷属より正しいのか正しくないのか、そんなことは彼の関心ではない。それは正しい問題の立て方であるとは、彼は一度も、あるいはほとんど一度も考えはしない。彼の〈問題〉は歴史の意味＝方向であり、独立は〈歴史〉の方向にあると考える。独立に逆らうことはしたくないし、できないのである。二、戦争は「いやいやながら」行なわれるだろう。つまり「断固たる意思なしに」行なわれるだろう。そして「いやいや行なわれる」戦争に「成功の機会」は少ない。この戦争の責任？　戦争が引き起こす苦しみは？　戦争のやり方は？　拷問は？　正しい戦争と不正な戦争があるのか？　やはりアロンが関知するところではない。もし、彼が「結果」に自信を持っていたら、平定作戦の「成功」を疑っていなかったら、部隊と銃後の士気が良好であると感じ取っていたら、彼はその立場を見直し、戦争が最後までなし遂げられ、勝利することを甘んじて受け入れたであろう。さしあたり、一二一人宣言のスキャンダルが発生した際には、彼は最も鋭い矢を「裏切りについて」という意味深長な題を冠した記事のなかで、ＦＬＮへの資金運搬者たちだけに向けている。[12] 三、「人口増加率」は「地中海のあちら側とこちら側で」あまりに「異なる」ので、「この人種と宗教を異にする二つの民族が同一の共同体の部分となることは出来ない」（相変わらずアロンの言葉だ）。ここでもまた、彼は何が言いたいのだろうか。いかなる点で「人口増加率」の違いが独立に有利に働くのか。「人種と宗教を異にする二つの民族」からなる共同体を耐え難いとみなす哲学とは、なんと奇妙な哲学であることか。いずれにせよこれはサルトルの哲学ではない。サルトルの言葉でも概念でもない。概念の観点からすれば、原理と形而上学の面からすれば、彼は結局のところほとんど「フランス領アルジェリア」の支持者たちの方に近い。彼らは、反ファシスト知識人監視委員会*のかつてメンバーであるジャック・スーステルのように、当時アロンを「歴史的宿命というモロック神*のまえに」跪いていると批判し、さらにアラブ系イスラム教徒フランス人にも本国人と同一の権利を与える「普遍的」で「コスモポリタン的」で大胆な偉大なるフランスを主張していた。そのスーステルはOAS*のボスのひとりではなかったか。その男が同盟者なのだ。しかもさらに悪いことには、彼は、一九六一年と一九六二年に二回にわたってサルトルを初め、何人かのアパルトマンや事務所にプラスチック爆弾を仕掛けた者たちのリーダーだった。確かにそうだ。しかし思想の歴史はこのように進む。思想的係争点に特有のテンポと時間性はこのように進む。だから思想においては（「思想において」というとき、私は、同じひとつの言語を話し、同じ語彙を用い、おなじ構文に従いながら、場合によって意見を異にする言表を切り出しているという事実から生じる極めて特異な親密さというものを念頭に置いている）同盟者よりも敵対者に近いということがありうるのだ。この件においては狂っているのはだれか。昼の十二時に今は昼だと言って、間違っている者は誰だ。各人は自分の選択をなす。もしくは自分の賭けをなす。確かなことは人が真実を語りながら誤りを犯すこともあるということだ。もしくは逆に、文字通りには真実に反する主張を口にしているその時に、真実のうちにあるということさえあるのだ。

カンギレムの定理。

正された誤りは真理への道であり、条件であり、やむを得ない通過点であるとする理論。これはバシュラールから引き継がれたものだ。実証主義は、真実の「永遠性」と言っていた。フッサールはそれを引き継いで、真理の「全時間偏在性」と言った。より現代に近い他の思想家は、「認識論的切断」が、永久に先史時代（つまりは誤り）と科学（つまりは真理）を分けるとする。こうしたことにカンギレムとバシュラールは――伝説とは逆に、彼らは「認識論的切断」という語は口にしたことは一度もない――答える。科学史というものがある。したがって、科学において真理は歴史性を有するのだ。したがって誤りから真理へ続く連続性ではないまでも、少くとも誤りから真理へと向かう道が、たとえ曲がりくねり、見分けがたく、あるいは目に見えないとしても、存在する。したがって本来の意味での真理とは、必ず誤りを経ているのである。したがってまったく誤りを犯さないこと、いかなる仕方でも行方の定まらぬ彷徨ではない行程を願うことは、認識の歩みに背を向けることであり、同時にまったく真理に到達しないことを宣告されることである。これは科学について真実である。反射概念や細胞理論や質量欠損の概念を作り出すという時には、これは真実である、とカンギレムは言う。だが政治においてはどうか。政治において科学と同じ規則が妥当すべきであると言う者はいるだろうか。実際そんなことは誰も言わない。それに、大雑把に言って「実証主義の」錯覚と呼ぶことのできる錯覚の本質は私もわきまえている。生物学もしくは物理学での真理のありようから、国家に関わる事柄において専ら通用する真理のありようを導き出せるとする点である。だが、どちらにころんでも錯覚であり、どちらかを選ばねばならない。というのはもう一方の解決策というのは、この場合、超越的真理という観念であって、これも劣らず、しかもとびきりの幻想だからである。この超越的真理は、全てか無かの法則にしたがい、歴史性の法則、したがって討論の法則を免れており、それが到来する時には啓示された観念ないしプラトン的イデアの厳密さをもって押しつけられるのである。私個人としては前者を好む。実証主義の危険のほうが、〈歴史〉の外にある真理の危険よりもましだと思う。すべてを考えあわせた結果、私としては、科学において有力な漸進的な精錬の論理というものと根本的には異なることのない論理に従う真理に、賭ける。それは、決して与えられるものでなく、公的なものであれプライベートなものであれ、論争の対象であり、長く深い議論を経たのちに初めて押しつけられるものだからである。いずれにせよこれはサルトルの見解である。そしてこれは、自分の悪癖を正当化したり、自己批判しようと心掛けることがまことに少なかった彼が、〈社会主義か野蛮か〉の、とりわけクロード・ルフォールの早咲きの反スターリン主義に関して、コンタに質問されたときに答えた以下のような会話の断片の意味である。「真理とは『生成した』ものであり、重要なのは、そこに至る道、そこに辿り着くために他者とともに自らの上に加える作業である。この作業なくしては真理は真なる誤謬でしかありえない[13]」。この「生成した」真理という観念は、彼の筆の下に何度も再来する。とりわけ「生きているジィド」のなかで『コリドン』の著者の無神論者への生成に関して、再来する。それが意味するのはこういうことだ。すなわち、誤りとは真理の歴史、真理の運動そのものである。真が到来するためには、ヘーゲルが「否定的なものの作業、苦しみ、忍耐」と呼んだものが必要である。この忍耐なくして、この苦しみなくして、こうした真理へと向かう誤りの「道のり」なくして、ジィドの無神論と同様に「ゆっくりと獲得され、半世紀の探求の後に完成する」真理の「ゆっくりとした成熟」なくして、要するに「誤りが次々に正されて行く継起、部分的見解が補正され、拡大して行く継起」なくして、真理はない。そうでなければ、そう、おそらく何らかの真理はあるかもしれないが、その真理はまたしても偶々正午に、今は昼だと述べるスピノザの狂人の真理であろう……。

まさしく、ヘーゲルの定理。

カンギレムの定理を急進化したもの。真理は決して、「目的=結末」ではない、と『精神現象学』の著者は言っている。それは決して「結果」などではない。それはとても長く、とても複雑な運動であり、それを通してもはや「主体」ではなく「実体」である一つの「真」が、己から出て、己の他者のうちに自己を取り戻し、さらに己自身と他在のうちに反射しつつ、乗り越えられた他者性を含む生き生きとした具体的な真理となる。したがって、こうした「他者性」を忘れること、そうした「他者性」は何やら知らぬ知の先史時代のごときものの中に打ち捨てて、もはや「結末」と「結果」のみに集中しようとすること、一言で言えば、真理が長い間、錯誤の国の中を歩んでいたその歩みの痕跡にほかならない悪しき膿を抜き出して、真理を「洗浄すること」、そして当面は、真理の探究者の伝記を、まるで歳をとった悪漢の伝記のように書き換えて、近似値に甘んじるとか、真理に反するといった避けがたい妥協が残した痕跡をぎりぎりの直前になって消してしまおうと試みること、それは「事象そのものを避けて通るための発明」の数のうちに加えてしかるべき手法である。それはまた「厳密さの見せ掛けとそれに到達するために動員された努力」とを、一方では「そうした努力を完全になしで済ませている」[14]という事実と組み合わせることで、われわれの手に、ひとつのぼろ布、抽象、ヘーゲルの言う「死体となった」真理しか残さないやり口なのである。別の言い方をすると、誤りとは単に真への道ではない。誤りとは、単に終着点に到達したときに満足と感慨をもって、しかしそれからはきっぱりと縁を切って眺めることのできるような「過去の乗り越えられた」段階ではない。それはまたあの幸運な誤り、肯定的で実り豊かな誤謬でもない。精神分析の治療においては、そのような誤りなしでは言葉の作業は中断され、それとともに真理の作業も停止させてしまうのであるが。そうではない。誤りは存在する。つねに存在する。それは真と一体をなす。真というものの本体に組みこまれているのだ。真が真となる生成があり、そこには単に誤りが「通りすぎた」だけではない。それは誤りを永遠化し、保持し、真なるものの肉のうちに書き込み、その結果、この肉は死体の肉ではないということになる。自己の誤りを忘れる真理は血の気のうせた真理である。根強い誤りの堆積に沿って長々と「展開」したという事実から切り離された真理は、肉体を失った真理である。ひとたび生成した後には、その言表の本体そのものに残る、これまでに経験し、克服しなければならなかった誤りのいかなる跡をも消し去ることで、自己を強化することができると思うような真理は、逆の結果に立ち至ることになるだろう。そして己の権威をなす重さも厚みも奥行きも失ってしまうだろう。サルトルはこれについてもまた、二つの例を示している。ヘーゲルとの明らかな近接性のうちに、こうした宿命的な肉体喪失の二つの特に明白な例を喚起している。一つはジィドの例。あの「無神論」は、もしジィドが「二十歳の時に抽象的に決めた」のだったら、実は「にせもの」であっただろう、とサルトルは言う。抽象的なものであっただろうからだ。しかしより重要なのはフルシチョフ報告の例である。これについてサルトルはこの報告から一四年後に、アントニーン・リーム著『三つの世代』の序文[15]において触れており、なぜ自分が当初手放しでそれを歓迎することがなかったかを説明しようとしている。サルトルは言う。「スターリンが虐殺を命じ、社会主義革命の祖国を警察国家に変えてしまったというのは真実」であると。だが、この真理が「お上から下された」ものであり、ソヴィエトの人々の頭の上にまるで「棍棒の一撃」か「落雷」のように落ちてきたもので、その「歴史性」を構成し、少なくともそれを暴露する者たちの頭の中でその真がそのような形のものへと「生成した」という結果をもたらした、いかなる「分析」も「解釈の試み」も伴っていない以上、つまりは、フルシチョフの頭から完全武装をして出てきた啓示された真理として提出され、万人が共有した、スターリン主義というあの長い誤りについては一言も語らない以上、たとえそれがどれほど「真」であろうと、「事実によって裏付けられた虚偽」に過ぎず、したがって、「真」を作り出すことよりも、揺らいだ「権力」の土台を据えなおし、「前任者が生きている者たちを排除したのと同じように、厄介な死者を取り除くことで」、この新たな権力の土台を据えようと画策する、策士ないしは策士集団の策謀の様相を呈していたのである。……明らかに自己欺瞞の気配がうかがえるが、それは大目に見よう。当初まずい反応をしておいて、後になって立て直そうとする企みのかなり苦しい臭いがするがそれは大目に見ておこう。何ものも、いかなる詭弁も、当初「フルシチョフ報告」の発表そのものを遺憾としたという生《なま》の事実を消すことはないだろう。それはそうとして、この推論にもそれなりの筋はある。確かに使用法の提示されない真理はドグマないし独断的に押しつけられる事実でしかありえない。確かに生きている真理と死んだ真理があり、真理を死なせる最良の仕方は、手探りの部分を消去するためにそのテクストを書き換えることである。確かに誤りなき真理という観念は、抗体なき身体、他なき同一物、他者性なき交換、もしくは射影なき光と同様に意味がない。

最後にサルトルの定理。

〈社会主義か野蛮か〉*についてのサルトルの言葉に戻ることにしよう。先ほど引いたたったの一言よりもずっと長い、この話し言葉による哲学の奇妙な瞬間へと戻ることにしよう。その時、コンタが鼻先で振り続けるあの過去の切れ端を前にして、老哲学者がもがくさまを目にすることができる。なぜ〈社会主義か野蛮か〉とあのような論争を行なったのか、とコンタはこだわる。あなたはそれよりましな手がなかったので共産主義者たちに近づいたのだとわれわれに言い、もし「極左運動」が「戦後に」存在していたら、「すぐさま参加」していただろうと言った。だとすれば何故、すぐさま〈社会主義か野蛮か〉と話し合わなかったのか。結局ルフォールは多少正しかったのではないか。あなたが今日、彼と彼の友人たちが「それほど間違ってはいなかった」ことを最終的に認めるのを拒否するのは、間違いでないのか。例えばあなたの例の「絶対自由主義的社会主義」……「あなたがここで再び自分の主張として提示している」この「絶対自由主義的社会主義は」、よく考えてみると「あなたよりもむしろ彼らの方に」見出されるのではないか。サルトルの困惑が感じ取れる。執拗に食い下がるコンタを前にして、この自己批判の実行をあまり好まなかった――それは本当だ――男が苛立っているが感じられる。とはいえ、要するに彼はそれを嫌ったためしもない。普段は、サルトルは人が望むだけ遺憾の念を表明したものである。遺憾に思うという行為がもともと彼にとっていかなる意味もないからである。ところがここでは彼はその類のものを表明しない。何も譲らないのである。わずかなりとも昔の立場を否認するくらいなら死んだほうがましだと思っていることが感じ取れる。さらにコンタがあえて次のように言うとき、苦い思いどころか、今回はもはやまったく彼には似合わない、わずかばかりの嫉妬さえ感じ取れる。ともかく……ルフォールのお陰で……コーン=ベンディット*やピエール・ヴィクトールのような人たちは余計な時間を使わずに済んだのではないか……と。恨みまでも感じ取れる。〈社会主義か野蛮か〉は「小セクト」もしくは「あるかないかのちっぽけなもの」に過ぎなかった、ともぐもぐ呟くとき、何かルサンチマンに似たものが感じ取れる。そしてついに彼が激高して、ルフォールの考えは今日の光に照らしてみれば、「一九五二年に自分が表明した考えよりも正しいように見える」が、「当時はまったく正しくなかった」、そして正しくなかったのは、「彼らの立場が間違っていたからだ」と述べるとき、われわれとしては、次のように呟かずにはいられない（もっともこれは、概ねコンタが言ったことなのだが）。「なるほど！　止めの一言ですね。あなた方は正しいという誤りを犯し、私は誤りを犯したことで正しかった……あなた方は政治的に少数派だったがゆえに、知的に誤りを犯している、というわけですか。……ルフォールは客観的に言って、反動の、反革命の、ヒトラー主義トロツキストなどの陣営に属していたということになりますが、そのとき彼はどこから語っていたのでしょうか、どの立場から、どの場所から意見を表明していたのでしょうか。彼は誰の利益のために尽くしていたのでしょうか」。スターリン主義のレトリックそのもの……知識人の恥であった言説のタイプそのものではないか。こうして時をへだてても一度耳にするだけでも、戦慄せずにはいられない代物……ただこのテクストの別の読み方の可能性はある。まず初めにあるのは困惑である。何が何でも白状しようとしない一徹な年寄りの執拗さという点は、間違ない。そしておそらくは結局このルフォールとの論争は、アロンやカミュ、さらにはメルロー＝ポンティその人との論戦よりも癒されることのない大論争、開いた傷口、ほんとうの悔悟として彼の記憶に残った。彼はまたこの間に、これ以外にも、謎めいた、議論の余地のあることを二、三口にしている。それは自己欺瞞の中で口にされたものだが、それを全く聞き取らないというのは間違いだろう。一、〈社会主義か野蛮か〉の人たちは「私がまだ理解していなかった何かを理解していた」ということには必ずしもならない。例えばスターリン主義の秘密を私以上に見抜いていたわけではない。私と彼らの真の違いは、それぞれが考えていたことの中身よりも、考えていた「理由」と当時の政治的・知的戦争の中で占めていた「位置」からくる。二、コーン＝ベンディットのような人がルフォールを「読んだ」のは確かだ。だがルフォールを読んだことで彼は「余計な時間を使わずに済んだ」と言いきれるのだろうか。時間を得したと思いながらも、実は損していることもある。時間を損していると思っても、得していることもある。共産党の同伴者としての「寄り道」が続いた「三、四年」間、私とことサルトルの身に起こったことがまさにそれだ。その間、私は自分の時間を損し、魂まで損したと言う者さえいたが、時至れば、自分の明晰さに貢献するはずの情報を蓄えることができたのである。三、真理は――上記参照のこと――ひとつの作業である。真理は、その言表を作成するために、自分に対して他者とともに行なった作業と切り離せない。だから〈社会主義か野蛮か〉ならびにルフォールとの論戦に関して問うべき真の問題は、「誰がいつ何を言ったか」よりも、「私と彼らはそれぞれどこから来て、どこを通ったか、それぞれの真理をまとめあげる前にそれぞれが錯誤のいかなる闇を、層を、厚みを経験したか」である。明らかにサルトルは真理の作業を、キリスト教徒がキリストの受難を、マルクス主義者がプロレタリアートの受難を理解するように理解している。真理の歴史性についての彼の観念の底にはキリスト教的・プロテスタント的先入見の残滓がある。つまり光がかくも強烈なのは闇の中を通ったからだというのである。聖性がかくも純粋なのはおぞましき深淵に沈んだからであり、栄光――主の栄光、人間の栄光――がかくも光り輝くのは、卑劣の深みで溺れそうになったからである。したがってサルトルがルフォールおよびその仲間たちに行なう本当の批判とは、ほんんど次のようなものとなる。「彼らは真理を述べていた。それはその通りだ。しかし、彼らはこの真理を述べているとき、自分が何を述べているか知らなかった。彼らは十分に誤りを犯していなかったので、自分の真理がどれほど正しいのか分からなかったのだ」。一方、サルトル当人については、さほど誇張するまでもなく、彼はほぼ次のように述べているということになろう。私は共産主義者でスターリン主義者だった。私はカストロを擁護した。ヴェトナムへの爆撃について「ジェノサイド」と言った。ソ連では批判の自由は全面的であり、反体制派は嘘つきであり、フルシチョフ報告は失策であると書いた。支持しがたき独裁を支持し、反共主義者は犬だと言った。ダヴィッド・ルッセとカミュを侮蔑した。しかしこのような誤りの積み重ねそのもの、愚行と不名誉の中への転落、怪物との長い親交、こうしたもののおかげで、それから離れた現在、私は自分が何を言っているのか、何の話をしているのか、分かっているのである」と。しかし同時に……これはそれほど馬鹿げているだろうか。真をめぐるエコノミーをこのように見る見方にはある種の英知が存在しないだろうか。いずれにしても〈真実〉の抗いがたく輝かしい索引力という、偽善的でもあれば、愚直でもある神話と縁を切る最良のやり方ではないか。誠実に信じ切った誤りはあらゆる誤りの中で一番許しがたい、とラカンは言っていた[16]。サルトルは結局この公式をひっくり返す。その行為は、それ自体に限っては、興味深いところなきにしもあらずである。すなわち彼にとっては、誠実に信じ切った真理こそが許しがたい、というのである。そして彼が〈社会主義か野蛮か〉の人たちにむける本当の批判は、自己欺瞞ないし自己の呪われた部分によって織られることも、手を加えられることもなかった、重しを持たない純粋な真理に、満足しきったこと、今なお満足していることである。そんなことを言うのは戯画化だ、と言われれば、確かにその通りだ。しかし、半分は本気だ。というのも最後の定理は、以下のようなものだからだ。すなわち、ひとつの真理のなかの真理の含有量は、その真理が通り抜け、打ち勝ち、乗り越え、そして最後の最後に保持しなければならなかった誤りの量によって測られる。こうして誤りを通り抜けることだけでなく、誤りを保持することも省略してしまった真理、自らの誤りと否定性の博物館となることのなかったような真理、ひとことでいえば、至高の、到来した真理の肯定性によって輝くだけの真理、このような真理は傷つきやすい、無防備な真理であろう。免疫を失って、わずかな攻撃にも感染してしまう身体が無防備だ、というのと同じ意味で。それはもろく、ひ弱な、文字通り虚弱な真理、とりわけ、いつでも起こり得る誤りの反撃に対して抵抗力を持たない真理ということになるだろう。

政治における赦免の重みについてのメモ

しかし、それもまた違う。

〈歴史〉は夜であるとか、霧であるとか、サルトルとボーヴォワールがこの闇の中に道を見失ったのだ、と言うだけで済ますことはできない。

状況の不透明さという原理、手探りは必然的で、主体というものは自分自身の動機、自分の行動、自分が行為する文脈に対して、盲目であるという原理、これだけですべてを説明することはできない。

そうできないのは、このタイプの説明が、この場合でも別の場合でも、つねにいささか不十分と感じられ、その都度、同じような不快感、そしてルフォールとの論戦におけるように、同じような自己欺瞞のやましさを残すのは、またサルトルの大きな誤りのどれをとっても——もちろんアラゴンやドリューの誤りについても同じことが言えよう——「完全には」、こうした文脈による説明によって処理し得るものではないのは、つまり、一言で言えば、サルトルはドリューと同様に、あらゆる情状を酌量してもなおかつ、非難されるべきであると誰もが感じているのは、あらゆる状況もしくはほとんどあらゆる状況において、共通の法則を打破して、この不透明性に打ち勝ち、事態を正しく見抜く人間がいるからである。

フランス・レジスタンスが始まったときのサン島の水夫たちがそうだ。

ドリューだけでなく、フランス全体が敗北を、対独協力を、ヴィシーへの服従を宿命とみなしている時に、ひそかに、ほとんど音も立てず、極く自然に、極くあたりまえのこと、単に義務を果たすという感じで、後から振り返って見ると唖然とさせられるのだが、ド・ゴール将軍のもとに集結するため、スティーヴン・ハウスへと、カールトン・ガーデンへと向かった何人かの男女がそうだ。

四〇年の夏、ブルターニュの海岸に上陸した自由フランスの最初の工作員、ジャック・マンション[*]がそうだ。

あらゆる道理に反して、妻子を捨てて船に乗り、ロンドンに向かったレミー大佐ことジベール・ルノー[*]がそうだ。

ブルデ、ガロー=ドンバル[*]、パッシー[*]、ダスチエ・ド・ラ・ヴィジュリィ、ムーラン他の、かくも多くの人々がそうだ。名士もいれば、一介の市民もいた。あらゆる地平の出身で、あらゆる信仰を奉ずる人たちの群れが、ある朝、本当に何故とも知れず、その上、自分でも何故と知らず、自分の行動に説明を付けようともせずに、列を抜け出して、ノンと言ったのだ。

しかしまた、まさに全世界が東方に上がる偉大なる光明に跪拝し、「自由主義的」ないし「ブルジョワ」知識人階級のある部分が全面的にこの新たな曙光に熱狂し、ロマン・ロランやバルビュスやニザンが、そしていずれの日にか、サルトルが、自己に固有の意志と悪しきブルジョワ意識を新たなるこのプロレタリア教の祭壇に供えていたその時、早くも二〇年代からこの光明が恐るべき大火災の明かりである闇への前奏曲であることを理解していた人々がそうだ。

ヴィクトール・セルジュ*がそうだ。最初期のボリシェヴィキであり、戦時共産主義とレーニンに追従していた彼はたちまちにして、赤色テロルのメカニズムを理解し、告発した。今は二十世紀の真夜中だ。私は闇夜の帳がモスクワに降りるのを見た。さらにモスクワを超えて全世界に、降りるのを見た。そしてあの壮大な希望、私が信じ、我が青春時代以来の「神も主人もないという理想」の達成のようにおもえたあの夜明けは、もはや、巨大な虚偽に過ぎないのだ。彼がこう言ったのは、一九二九年のことだ……。良心を持たぬ出世主義者たち、腐敗した政治局員たちがこの虚偽を保ち続けるのである。

ボリス・スヴァーリン*がそうだ。彼はコミンテルン執行委員会の元メンバーで、『ユマニテ』の元編集長であり、つまりは大本営のひとである。誰も「ああ、スヴァーリン、あれは右翼だ」とか「スヴァーリンは事情に通じていない。自分が何を言っているのかも、何を話しているのかも分かっていない」とは言えない。その彼は一九三五年にその著作『スターリン』で、ボリシェヴィスムの歴史を示したが、それから三世代もたって、それ以後数百の証言がなされたのちの今になって、それに対して私たちは、本質的には何も付け加えるべきものはないのである。彼は生ける奇跡なのだ。サルトルの徒であるなら、逆にスヴァーリンはサルトルの「定理」のきわめて明白な具体例であり、彼のしたことは、誤りの極限まで突き進んだということにほかならず、極限まで進み、怪物の臭いとうなり声を見分けるすべを知ることによって初めて人は……云々と、反論するかもしれないが。要するに彼はすぐにすべてを理解し、サルトルが「階級闘争」は「ソ連ではなくなった」[17]と宣言するより二〇年前に、すでに「階級闘争」の極端な冷酷さがどれほど倍加したかを測定した男であるという奇跡なのである。

アンドレ・ブルトンもそうだ。彼はシュールレアリストにして革命家であり、革命家でありながらシュールレアリストであった。エリュアールやアラゴンが受け入れたオルグを拒否し、従来からの拠点を堅持し、脅しにも有罪宣言にも屈することがなかった。「イタリアの石油産業についてのちょっとしたレポートを書いて下さい。……なんですって？　抵抗なさるのですか？　いいですか、私たちが全体的な革命を提案しているのに、どうしてシュールレアリストでありつづけることができるのですか。分りますか、全体的な革命なんです。全体的というのは、身も心もってことです。精神は物質なのですから。人生を変えるとは、まず最初に世界を変え、知識人たちに現実と、物質と、事物の厳しい他者性と組み打ちするすべを教えたあとに可能になるのです。「まさにそこなんですが、——ブルトンは抗弁する——あなた方が現実と事物を物神にしてしまう点は、私としては納得がいかないところなのです……この共産主義の中には、粗暴さがあるように見受けられます。それは文化と精神の価値に決定的に敵対するように私には見えますね」。そうだからこそ、一九三五年、文化防衛会議が開かれたとき、彼はムッソリーニによって国外追放された偉大なイタリアの教授ガエタノ・サルヴェミーニ*に演説させるよう主張して押し切ったのである。「ソヴィエトの政治警察の存在を忘れるよう努めるとしたら、私はゲシュタポに抗議する権利もファシストのOVRA〔イタリア秘密警察〕に抗議する権利もないと思うだろう。ドイツには強制収容所がある、イタリアには刑務所島がある。そしてロシアにはシベリアがある……」。アンドレ・ブルトンを称えよ。

ジィドもそうだ。一九三六年、彼はその著書『ソヴィエト紀行』で、こう述べた。「今日、ヒトラーのドイツさえも含めて他のいかなる国においても、精神がこれほど自由でなく、屈服し、怖れおののき（恐怖におびえ）、隷属させられていることはないのではないか[18]」。

アンテ・チリガ*、イストラティ*、オーウェルもそうだ。抑圧は一九一八年から始まっている！ 最初に、レーニンその人が、ソヴィエト革命元年の八月九日から、ペンザ地域でロシアの富農《クラーク》、ギリシャ正教司祭、白衛軍に対して、情け容赦ない大衆的テロルが適用されること」を要求しているのだ！ 「疑わしきものは、市の郊外の強制収容所に閉じ込めよ[19]」と命令したのは彼なのだ。よきレーニン主義者などいない。革命としての限りでの革命そのものが、邪悪にして、犯罪的だったのである……。

サルトルと同時代の何人ものフランス知識人もそうだ。彼らは同じ闇の中にとらわれ、さらにはメルロー＝ポンティのように、闇をさらに深くする事に貢献したが、やがてそれまでの自分に背を向けるに至り、サルトルが見なかったことを見、聞かなかったことを聞いたのである。

ケストラーやシローネやヤスパースのような元からの反ファシストもそうだ。彼らは、朝鮮戦争の勃発当初、ベルリンに結集して世界に対し、反全体主義とは時の反ファシズムなのだと説明した。彼らは言う。われわれの行動は過去の発言を取り消したり、それと矛盾することを主張したり、過去の闘争を放棄したりすることとは全く違う。それどころか、この闘争への忠実さによって、そして反ファシスト文化と完全に連続した形で、われわれは、文化の自由擁護会議を作るのである。われわれは三〇年代の名誉の源泉たる反ファシスト文化の当事者であり、今、この会議を通じて、もうひとつの対独協力と闘うつもりなのだ。

要するに、これら一群の男女は同じ夜の闇の中に迷いこみ、基本的には同じ先入見の虜となりながら、あらゆる理屈に反して、あらゆる法則と定理を踏み越えて、そこから身を引き離すにいたったのである。なぜ？ どのようにして？ ほかの者たちが明晰でなかったときに明晰であった者たちがいるのはどうしてなのか。同じ文脈で同じ情報を手にしながら、ほかの者たちが、虚偽の中、誤った動きの中に足を取られているときに、正しい行為をする者がいるのはどうしてなのか（誤った動きという表現は行きあたりばったりで使ったものではない。サルトル自身が「生けるメルロー＝ポンティ」のなかで使っている表現である。「……誤った観念は誤った動きと同じくらい犯罪である……」）。一言で言えば、ヴィクトール・セルジュが、サルトルが七〇年代末になってようやく認めた――それも怪しいが――ことを、一九二八年に理解していたのはどうしてなのか。絶望のなかで、いまは「二十世紀の真夜中である」と記したセルジュに対して、サルトルは「稲妻の落ちないところは至る所、夜である」[20]と答えているのはどうしてなのか。彼において「稲妻」は共産主義への延長された回心の雷と理解されるのである。ブルトンやバタイユが、結局さほど誤らなかったのはどこから来るのか。

　われわれとしてはときとして、カヴァエスのケースのように、論理であり科学であると言いたくなる。抑圧の論理と科学があり、抵抗の論理と科学があるのだと。セルジュが抵抗したのは、彼が事態を詳しく知っていたからだ。サルトルが服従したときに、セルジュとスヴァーリンが反逆したのは、彼らが怪物の間近にいたために、その悪臭を放つ息の臭いをかいだからである。ではピエール・カーンはどうだろう。彼は、武器を手にヒトラー主義へのレジスタンスの最終局面――悲しいことにそれはまた、彼の生の最後の局面だった――に入ったとき、ソヴィエト主義は大規模な全体主義装置のもう一つの側面だと考えていた[21]。エリー・アレヴィ*はどうだろう。彼は一九三六年に、フランス哲学会で、「ソヴィエト主義」は「文字通りファシズム」であり、この「ファシズム」という「古い言葉」は、「イタリア産」ではあるが、結局のところ「二つの体制に共通の性格を示し」、共通の「演繹」を行なうためにもっとも適切なものである[22]、と主張したのだ。マルセル・モースはどうか。彼はフランス哲学会に対して、記憶に値する手紙を書いて[23]、アレヴィとその「演繹」の救援に駆けつけた。その手紙の中で「ロシアの中心にすっくと立ちはだかる共産党は、ファシスト党とヒトラーの党が大砲も艦隊も持たないが、強大な警察機構を備えて立ちはだかっているのとまったく同様である」と書いた。同じモースの一九二三年のテクスト[24]はどうなのか。彼はすでにその年にはジョルジュ・ソレル、この「とげとげしく虚栄にみちた男が」二つの世界を結ぶ絆となっていたからであったにせよ、ムッソリーニのファシズムとボルシェヴィズムとの密かな同族性を直感していた。クロード・ルフォールはどうか。彼はスターリンの恐怖政治を告発するだけで満足せず、早くも一九五六年には『スターリンなき全体主義[25]』を書いて、共産主義に作用し、共産主義のこの上ない脆さの原因をなしている矛盾を診断したのだ。

しかし時には逆に、いやちがう、そうではないのだ、と言いたくもなる。抵抗者たち、本物の抵抗者たちは必ずしもつねに、それほど事に通じていたわけではない。それに、学者もいたが、普通の人々もいた。一群の知識人や教師や作家もいたが、一介の市民たちもいた。だれもが同じ価値を持ち、われわれのだれとも同じ価値を持つひとたちである。即座にペタンとは恥辱であると理解したサン島の水夫たちであり、ニザンと同様に独ソ協定が犯罪の調印であると見抜いたフランスの労働者たちである。彼らは本能によって抵抗した。彼らは反射的に抵抗した。抵抗の精神は、彼らにあっては、議論されるものではなく、文句なく認めるものなのだ。それは演繹されるものではなく、言明されるものなのだ。コンクリートで固めた日々の生活にうがたれた穴のようなもの。世界の夜の闇に刻まれていく裂け目である。あるいはそれも演繹なのかもしれないが、しかし、クラヴェルの言う、「電撃的な」演繹であり、それ自体に対して不透明であり、言葉も本当の理由もなく、「そとから見ると稲妻しかみえない」、そうしたものである。ここで思い出すのは、クラヴェルが、「偉大な」レジスタンスではなく、それに後続する「もうひとつの」、レジスタンス、つまり五〇年代からソヴィエト主義に対して起こった抵抗運動について、人々には二つのタイプがあると言っていたことだ。一つは、実は大部分の人間で、ヨーロッパが二つに分断され、その東半分は軍靴のもとに捕われの身であるという事実を、宿命と考えつづけたひとたち。もう一つは、それとは反対に「ノー」と言うひとたち。なぜ「ノー」と言うのか自分でも分からず、まるでだれかに腕をつかまれ髪を引っ張られたときのように、「ノー」と言うのだ。最初にむき出しの拒絶がある、と彼は言った。知性は後からついて来る。知性は根源にあるのではなく、常に後からくるのだ。それは最初の拒絶に仕える者なのである。

科学にせよ、本能にせよ、事実はそこにある。説明がどうであれ、二つの場合がそれぞれどう説明されようと、事実はそこにある。「状況」の、「闇」の、「霧」の、私の言う暗き森の中を進むという現実がある。しかしもう一つの現実もある。それは前のに劣らず現実的であって、あの正しい人たちの言葉そのものが構成する思考の行使の現実の条件を気にするなら、この現実の方もやはり引き受けなければならない。あの正しい人たちが存在するという事実。ジィドのような人物が戦前に、「これらの犠牲者たちの姿が見える。その声が聞こえる。私の周りにいるのが感じられる。昨夜私は彼らの猿轡をかませられた叫びを聞いて目を覚ました。今日私にこれらの文を口述筆記させているのは彼らの沈黙なのだ(26)」と書くのが可能であったという事実。モーリヤックのようなひとが、その演繹の本性がいかなるものであろうと、一九三八年(27)に双子の全体主義のどちらの肩も持たず、コミュニストたちをファシズムと同様に「神の娘たちである自由な国家の回りを徘徊する」のに専念している「人殺したち」と呼び、「モスクワで、私たちは革命の二〇年後に人類の賛美者たちが人類をどうしてしまったのかを見た」と叫ぶことができたという事実。あるいはあのような人物が赤い収容所という明白な事実を前にして恐怖の叫びを挙げたという事実。カミュの『カタロニア賛歌』の人、疑いようのない反ファシストにして、ナチズムの前進を阻止するために、死の危険を冒した最初の人物たちの一人であるオーウェルが、その感情の激発のメカニスムがどのようなものであれ、カヴァイエスにおけるように超越論的なものであれ、クラヴェルのように電撃的なものであれ、一九四五年[28]に、東欧における全体主義的権力による精神と文化と名誉の侵害を告発できた事実。オーウェルが語る唯一の「霧」、呑み込まれたと感じた霧は、「ウクライナの飢饉や、スペイン戦争や、ポーランドに対するロシアの政策のような主題を覆いつくす虚偽と偽の情報」の霧であるという事実。こうしたことすべてがサルトルに対して抗弁する。こうした一切が彼を断罪し、分析のやり直しを強く求めるのである。

では要するに、何が起きたのか。一体何が起きたがゆえに他の者たちが正しくものを見ていた場所で、彼が誤りを犯してしまうようなことになったのか。ゼロから再出発する必要がある。「大知識人」の頭の中から再出発し、そこで何が企てられ、行なわれたのか、理解しようと試みる必要がある。彼が見たこと、体験したこと、垣間見たこと、聞いたことを再構成して、ものが見えず聞こえないというこの不可能性の中に分け入る必要がある。これこそは依然として二十世紀のもう一つの破局とも言うべきものであり続けるだろうし、一人の知識人にとっては、もっとも恐るべき挑戦であり続けるだろう。いよいよ、哲学的調査、最終回。

3 告白

では、何が起きたのか。改めて問うが、サルトルが近づいた深淵とは何だったのか。サルトルが経なければなかった試練とは何だったのか。恐怖を抱いたのだろうか、しかし何に対してなのか。奥底に触れたというが、いかなる奥底なのか。政治に関してであれ、パスカルの「夜」に匹敵するものは、サルトルにあったのだろうか。もしくはフランツ・ローゼンツヴァイクの数時間の体験——ベルリンの教会で、キリスト教に改宗することを決意したが、次いで余人には決して窺い知ることのできない理由で再びユダヤ教にもどり、『贖いの星』の執筆を決意したあの体験に匹敵するものはあったのだろうか。サルトル自身がかくも見事に語ったフローベールの発作、てんかんの苦しみの中で『ボヴァリー夫人』の作者の運命が決した発作に類するものを、たとえ時の中に薄めたかたちではあれ、彼自身は体験したのだろうか。その作品のうちに、人生のうちに、おそらくは作品と人生の交差するところで、ジェスト〔振る舞い〕ともテクストとも決めがたい両者がない交ぜになった、ジェクストとでも呼ぶべき次元で、何かが起きたはずではないか。この自由人、この反逆者、炎の人、ダンディ、この断固たる決定的反全体主義者、私が「第一のサルトル」と呼んだ人は、その魅力の源泉であったものに背をむけ、最悪のスターリン主義者たちの共犯者となり、ウィーンからモスクワまで、ハバナから北京まで、霧によっても、誤謬と真理の定理によっても説明のつかない態度表明やテクストを積み重ねるという、正道を踏みはずした大いなる過誤の人となったのだから。これが最も難しい問題である。もともと最も入念に守られている以上、最も窺い知ることのできない秘密なのである。あちらに言い間違いが一つ、こちらに打ち明け話がいが一つ。五〇年代、六〇年代の派手な鳴り物入りの書き散らかしの中で発表されたテクストや対談のはしばしに漏らされた断片的な情報、こうしたところからやり直すことが必要である。こうした希な告白は多少は丈夫な唯一の糸なのであって、これは必ず手繰らなければならない。それはサルトルのせいなのだ。二十世紀のせいなのだ。サルトルの心をさいなみ、今もわれわれに付き纏う数々のイメージ――暗い災厄、いくつもの地に落ちた信念共同体、狂った民衆、大変革への志向、革命が徹底的なものとなるかどうか、文学に何ができるか、中国――の渦のせいなのだ。この巨大な狂気においてさえ、そしておそらくは、とりわけその狂気の中において、サルトルがそうありつづけたこの「世紀人」のせいなのだ。

サルトルの「転回」

一つの事件があった。こういう出来事だ。それによって私は反民主主義者にして、下種野郎になったのだ、などとサルトルはもちろん言いはしない。

私は徹底的な反ファシストだった。二十世紀の人間が、自分の中で高まって来る誘惑をはね返すようすであったあらゆる形而上学的免疫を自分の中に持っていた。ところがこういう次第で、この免疫は消えてしまった、などとサルトルは告白しない。

だが、自分は変わったと言っている。

ひとつの事件があった、と最初に言ったのは当人である。人生の上の事件であると同時に作品の上の事件でもあり、「回心」、「変身」、もしくは一時彼の師であったハイデガーの言うような「転回」の起点となった事件があると述べている。

サルトルは述べている。繰り返し述べている。その執拗さじたい好奇心をそそるほどだが、自分は衝撃を受けたと、そしてその衝撃はすぐにすべてを変えはしなかったし、影響が出てくるには時間がかかった、だがそれは深層での震動のごときものであり、時限爆弾、遅効性の毒のようなものとなって、血管のうちにも、思考の血流のなかにも、腰を据えたと語っている。

この事件とは一九四〇年のことである。

だが一九四〇年といっても、必ずしもナチズムのことではないし、フランスの敗北とそれに続くパリ市民の南仏への逃亡でも、占領下のパリの街での黄色い星でもない。彼なりの危険と高揚と後悔が伴ったレジスタンス活動でさえない。そうではなくて、もっと散文的なこと、とりわけはるかに奇妙なことなのだが、ドイツのトリーアの高台にあった一二D捕虜収容所で過ごした七ヶ月のことなのである。

ジョン・ジェラシへのサルトルの打ち明け話を聞いてみよう。(1)「私は捕虜収容所で、高等師範学校以来久しぶりに、集団生活の一形態を体験した」。私が「収容所」で気に入ったのは「大衆の一員という気分」であった。「全体として」私はそこで「幸せ」だったといえる。

『言葉』の中で彼の語る言葉を聞こう。町内の映画館ならではの「誰にも平等にのしかかる快適さの欠如」について書かれた繊細な郷愁あふれる有名な箇所がある。まだマンシー氏と再婚するまえの母親と二人だけで入った映画館で、自分は汗ばんで、熱烈な匿名の「群衆」のなかに身をしずめる喜びを知ったと彼は言う。この「むき出しの状態」、この「人間であることの危険性についての漠然とした意識」を私が再び見出したのは「一九四〇年、一二D捕虜収容所」においてだった(2)。

それよりもずっと後になって、ヴィクトールおよびガヴィとの対談で彼が語る言葉を聞こう。ここでは捕虜生活だけではなく、戦争が思い起こされている。「私は自分がきちんとした小さな原子であるかのように思っていたが」、「強大な力」はこの原子をつかまえ、「意見をたずねもせずに、他の原子たちとともに前線におくりこんだのだ」。戦争、そして捕虜生活は「私にとって、群集のうちに持続的に潜り込んでいく機会」となった。「自分では群衆の外に出ていると思いこんでいたが、実際は一度も群集から離れていなかった」。試練が「私の目を開かせたのだ(3)」。

一九七五年の「七十歳の自画像(4)」での発言を聞こう。ここでサルトルは捕虜収容所についてははっきりとは述べていないが、「動員」、「戦争」、「ナンシーの兵舎」のことを語り、彼と同様「何をすべきかわからず右往左往」している、それまで「見ず知らずの」たくさんの「男たち」と、運命を分かち合うことになったさまを思い起こして、この出来事は「本当に私の生涯を二つに分けた」と言っている。「私が戦前の個人主義、純然たる個人から、社会的なものへ、社会主義へと進んだ」のはそこでなのだ。それは「私の人生の本当の転換点となった。それ以前とそれ以後というわけだ」。それは「社会への関わり方が形而上学的であった『嘔吐』のようなそれ以前の作品と、私がそれに向けて「ゆっくりと導かれていくこととなった」『弁証法的理性批判』のような「それ以後の」作品とを分かつ切断線である。

シモーヌ・ド・ボーヴォワールの回想録の証言を聞こう。「捕虜としての体験は彼に深い影響を刻んだ。連帯を教えたのである」。彼は「虐げられた」と感じるどころか、「欣喜雀躍として、共同生活に加わっていった」。ノミ、シラミに悩むどころか、さらには身体検査やシラミ退治の実施、カギのかからないトイレ、雑役、家畜運搬車、尻を蹴られること、こういったことに屈辱を感じるどころか、「大衆のうちに埋没し、どれも同じひとつの番号」となったと感じること、そして「ゼロから始めて自分の企てを成功させること」に「深い満足感を感じた」のである。彼は「何人もの友情をかち得た」。「自分の考えを認めさせた」。「クリスマスには独軍への抵抗として書いた戯曲『バリオナ』の上演のため、収容所中を動員し、喝采を博した」。「仲間づき合いの厳しさと温かさによって、彼の反ヒューマニズムの矛盾点は解消していった(5)」。

最後に、一九四六年、ニューヨークで行なった講演での彼の言葉。これはフランス語では長い間、未発表だった珍しいテクストのひとつである。ここでサルトルは、まさに『バリオナ』の執筆と初演を回想している。一九四〇年のクリスマスの夜に、捕虜収容所で上演されたクリスマス劇である(6)。「この機会に、私はフットライト越しに仲間たちに向けて、捕虜生活の条件について語りかけた。すると彼らは突然、水を打ったように静かになり、熱心に耳を傾けたではないか。そのとき私は演劇が本来あるべき姿を悟ったのである。つまり、偉大な集団的、宗教的な現象であるということを」。

これらの引用は少し長すぎた。しかしそれらをすべて示す必要があったのだ。というのもここに見られる執拗さこそが意味深いのだ。演劇の問題ついてはあとで論じることにする。この現前の芸術、距離も媒介もない文学、マイナーであると同時に魔術的なジャンルについては。作家を読者に、さらに読者同士を近づけるその魔法の力を有するがゆえに、演劇は戦後、この上なく政治活動的ジャンルとなり、サルトル思想の流布の手段、思想の戦いが繰り広げられる、高度に戦略的な場となることは、周知の通りだ。サルトルは子供のころから演劇を夢みていた。リュクサンブール公園で、少女達を誘惑しようとして、椅子の後ろに身体を隠して、演じた人形劇以来、演劇で活躍する自分を想像してきた。だがそれまでは一歩踏み出す勇気がなかった。その意欲を実行に移す機会も、大胆さもなかったのである。そして、ここ、捕虜収容所において、拘留されている仲間たちに気晴らしを提供したいという気持ちが彼に行動に移ることを許した、ないしは命じたということを、われわれは知らされる。サルトルが『蠅』と『出口なし』を書いたのは、『キーン』を翻案したのは、『ネクラソフ』の冒険に乗り出したのは、要するに、世界中で上演される偉大な劇作家となり、自分の思想を伝えるためのこのうえない手段として演劇を用いたのは、数百名の、空腹をかかえ寒さに震える捕虜たちが、自分の書いたテクストに耳を澄まして、同じ考えで一体となるのを目にした、あのクリスマスの夜のおかげであり、私たちもその恩恵を受けていることを知らされるのである。いまとりあえず大事なことは、サルトルがボーヴォワールに話をした際、演劇のせいで――だがそれだけのせいではないが――「欣喜雀躍」したと言っていることだ。大事なこと、尋常ならざることは、両者の証言から、サルトルが収容所で「幸せ」であり、そこで彼は解放され、完成され、己自身と己の真の欲求とを悟るに至ったらしいということである。これらの証言によれば――他のテクストも引用できるし、それも『ニュー・レフト・レヴュー』誌でのインタビューを始めとして、掃いて捨てるほどあるのだが――サルトルは、この二〇〇日の隷従の日々、この悲惨と極限の無一物と屈辱の長い期間を、まさに現実にナチスの「軍靴のもとで」過ごした季節を、まるで実り豊かな試練であるかのように乗り切ったことになる。そしてもしそうであったなら、もしこの試練が、悲惨以上に、とは言わないまでもそれと同程度に、喜びを生み出したのであるなら、もし、誰であれ彼の立場にあったら、悪夢として生きたであろうし、ある意味では現に悪夢であったこの季節について、サルトルが最後まで、幸福と平穏のイメージ、明るい思い出しか持ち続けることができなかったとしたら、それは彼がそこで今まで知らなかった感情を体験し、それに魅了されたからである。つまりは集団への没入。じっとりと汗に濡れ、熱烈な大衆の懐に飛び込むこと。人を包みこみ、守ってくれる共同体の臭い。さあ、思い切って言ってしまおう。友愛の愛好、友愛の感覚、友愛の価値にほかならない。

ここで言われていることの意味をしっかりと理解しよう。

サルトルが捕虜収容所に入った時、彼は個人主義者だった。

彼は——われわれが彼と別れたときは——アナーキスト、ダンディ、スタンダール派であった。

群集とは彼にとって、なんとなく嫌な不定形のマッスに過ぎなかった。遠くから、ブーヴィル、すなわちル・アーヴルの高台から、眺める方がよかった。

集団が、集団という観念そのものが、作用を及ぼすことがあるのは、人間を隷従させたり、反抗を挫いたりする不吉な仕掛けとしてだけであるように感じていた。

意外なこと、それはこの若いニーチェ主義者、岩壁の上から下界を見下し、あらゆるものに疑惑を抱く男、数と憐れみの掟に敵対する男、あらゆる集団の背後、とりわけ幸福を謳歌する集団の背後に、専制的で致死的な巨大な猛獣の臭いを嗅ぎつけてきた、この徹底的な個人主義者が、そのニーチェ主義を捨て、自ら言うように「社会主義」と「連帯」を発見したことである——事件（彼が回心とか、生涯が二つに分かれるとか、それ以前とそれ以後などという言い方をしているのは納得がいく）とは、彼が捕虜収容所の生活という失墜と転落の生活から、そして社会にも家畜の群れにも似た集団への沈潜から、さらには品位を落とすような手荒な扱いを受けた日々から戻った時、彼は共同体の価値と呼んでしかるべきものの賛同者となっていたことである。

自分自身の〈独学者〉になる

この回心の物語には、注意深く読む時、ひとつの特異な点がある。それはドゥニ・オリエを始めとする最良の注釈者が見落とすことのなかった点だ。[7]

確かに奇妙だ。逆説的である。彼が物語るのはかなり常軌を逸した経験――誰よりも自由な一人の人間が、捕虜収容所でその真実を見出すという――であるから、十分な根拠を持って、それは唯一無二のものであると判断することができるはずだ。ところがまさにそれは唯一無二ではない。どこかで読んだことがある。しかもサルトルの最も有名な著作、つまり『嘔吐』の中で読んだ話なのだ。

思い出そう。

不潔で甘美な「捕虜収容所」。

「二〇〇名がぎゅうぎゅう詰めに」なっている収容所内の板張りのバラック。

二〇〇名の拘留者、そう、「押し合い圧し合いして」、「ほとんど真っ暗な闇」の中、「臭い」と「息をする音」によって語り手は喜びで気絶せんばかりだ。

そして、そこで、このバラックの悪臭、極限的な雑居状態、息が詰まる感覚の中、心の中にわきあがる「強い喜び」が胸をふくらませ、彼を陶酔させる。「私はこれらの男たちを兄弟のように愛していた。全員を抱きしめたかった」。

これは同じ捕虜収容所ではない。もちろんのことだ。

同じ戦争でもない。『嘔吐』の中に出てくるのは第一次世界大戦である。

だが、二つはまったく同じイメージだ。ほとんど同じ舞台装置。この語り手が捕虜収容所を指して使う「集中収容所」〔＝強制収容所〕という表現まで同じだ。それまでかくも「ひとりきり」だった彼はここにおいて――これも相変らず引用だが――「人間を信じること」、人間を「愛すること」を学ぶのである。

別の言い方をすれば、同じ拘留条件にある同じ共同体を同じように発見するのだ。

そしてこれはフィクションの中で、サルトルより三〇年前に同種の共同体的陶酔と恍惚を体験したとされる登場人物の経験なのだ。この人物の名は周知の通り、〈独学者〉である。

フィクションと実体験の二つの物語の異常なまでの遭遇、ほとんど一字一句違わぬ一致を前にして、要するにサルトルが二年後に自分の身に起ることをあらかじめ描いてしまった小説のこのページを前にして、読者は二つのタイプの解釈のいずれかを選ばなくてはならない。

まずは、もちろん、その予知能力の大きさに驚くのもいい。状況とそれを表す言葉が、幻覚かと思われるほどそっくりなのは、芸術が人生を模倣する以上に人生は芸術を模倣する、というオスカー・ワイルドの法則の新たな具体例だと考えてもかまわない。小説と、作者と、その人生が見せた天才的妙技を大声で賛嘆してもいい。さらに先に進んで、数年後まで一足飛びに飛ぶなら、サルトルが何食わぬ顔で同じ事をやらかしているのを目にすることもできる。一九六四年に書かれた『言葉』の中で、彼は実際にわが身に起こるよりも十年も前に、失明の経験を記述しているのだ。そう、『言葉』の中にこんな一頁がある。アンヌ＝マリーが部屋に入ってきたときプールー坊やは暗闇の中で書いていた。「なんて暗いの、坊や、眼が見えなくなってしまうわよ」と彼女は叫ぶ。ところが彼は自分の「未来の失明」を「西暦三〇〇〇年」に予言しつつ、書き続ける。周知の通り、一九六四年当時のサルトルは、特に失明を恐れる理由はなかったのに、それからさき、人生のまさに最後において、「ベートーヴェンが耳が聞こえなくなった以上に盲目――

ママ――となって、「手探りで」、「最後の著作」を執筆するとさえ予言するのである。いつの日か「書類の中からその草稿」が発見され、彼の「甥の孫息子たち」はその解読に成功し、感嘆の声を挙げるだろう。「あの人が暗闇の中でものを書いたというのはやっぱり本当だったんだ」と。

だが、もっと冷静に、(それにしても……)もう少し小説風にではなく、ものごとを捉えることもできよう。この〈独学者〉という登場人物は、『嘔吐』のなかで一番滑稽で、ロカンタンに、つまりはサルトルに笑い者にされているということを思い出すこともできる。このすぐあとに続くページでは、多種多様のありとあらゆるヒューマニズムが滑稽な調子で列挙されることを思い起こそう。そして〈独学者〉は、悲壮で愚かしい勤勉さをもって、それを体現しているのである。〈独学者〉が顔を赤らめ、哀願し、卑屈に、甦った感動に打ち震え、群集への自分の愛は実に強いものであって、「集った人々」を目にすると、自分は「その集団の中に潜り込」まずにはいられなくなるのであり、「見知らぬ人の葬列についていく」ということさえあったと語るのを聞いて、ロカンタンが激怒するのを思い出すことができるし、思い出さねばならない。さらにレストラン〈ボタネ〉での恐ろしい場面。この男が捕虜収容所で自分は幸せだった、恐怖や不潔さや混雑や息の詰まる感覚にもかかわらず、そこである種恍惚のごときものを感じたと語るのを聞いて、この作者の代弁者ロカンタンはいらだち、この男の優しさでびしょびしょの濡れた眼にチーズ用ナイフを突き立てることを夢想する。そこで結論しなければならない。一九四〇年にサルトルは、彼の全著作のうちで最も才能溢れる作品の中で自分が愚弄したイデオロギーに転向するという唖然とする事態に立ち至ったのだと、認めなければならない。彼の人生でもっとも大きな事件、新たなサルトルの誕生を決定し、彼自身が言うところの『存在と無』以降の自分の哲学の方向を決定したと、彼自身が告白している衝撃ないし転換とは、このグロテスクな人物、いわば彼のブヴァール*、彼のペキュシェ*、そしてヒューマニズムの愚かさの具現者――それまで、断固として敵対し続け、誰よりも見事にその哀れむべき肖像画を描いた当の人物――の思想への同調であったということだ。

もちろん、こうした旋回をしたのは彼が最初ではない。

それどころか二十世紀の知識人の歴史のうちに、このタイプの回心――まことに遺憾な、自殺同然の、明らかに常軌を逸した転向を数え始めたらきりがないほどである。

バレス。掟の敵、ダンディ、『オロンテスの園』の御し難い個人主義者は、晩年に至って、馬鹿げた国粋主義――殺戮を歌うナイチンゲール、フランスの教会の大いなる憐れみ、祖国、進歩――に加担する。

ジィド。第二のジィド。『新たな糧』で、ナタナエルを「同志」と呼び、今にもメナルクとラフカディオの価値を安値で叩き売りしかねない、大切にしていた自分の個人主義を新たなスターリン主義的な祖国の祭壇に捧げかねないジィドだ。

イギリスびいきのドリュー。アラゴンとマルローの友で、コレット・ジュラメックの夫であったドリューは、そこに至る何の必然性もないと思われる、しかもそれが己の――社会的な、しかしそれ以上に精神的な――破滅をもたらすことを承知しつつ、反ユダヤ主義の深淵に飛び込んでいった。

ロマン・ロランは、共産主義に最初に改宗した者のひとりだ。「対立に超然たる」聖職者のモラルを一夜にして放棄し、赤色テロルへの理解しがたい熱狂に沈潜する。

最後にアラゴン。シュールレアリスム時代、「モーラスの馬鹿野郎とモスクワのもうろく野郎」を公然と罵倒して、ソヴィエト革命を取るに足らぬ出来事であると言い、思想のレベルでは漠然とした内閣の危機ほどの重要性もないとした、あの若きアラゴンは、一九三〇年、シュールレアリスト・グループの立場を擁護する使命を帯びて、ウクライナのハリコフに飛ぶや、不可思議なことに、突然、完全に教化されて戻ってくる。私は重病人のようなものでした、と彼は打ち明けることになる。私は再教育のためにビエロモストロイの感化院に収容される犯罪者のようなものでした。そこにおいて、この精神のビエロモストロイにおいて（ここにもまたサルトルにおけると同じように、この上ない回心の場所としての収容所のイメージ）私は自分自身を見つけ出し、自己を実現し、完成させたのです。そこにおいて、私は自分の孤独から癒され、シュールレアリスムという「どん底」から脱出したのです。「今日、私は自分が新しいエネルギーを備えた、まったく新しい人間だと感じています。過去の私という人間は暗闇の存在のように思えるのです(8)」。

とはいえサルトルのケースが、この分野においてはもっとも華々しいものであることには変わりはない。たしかに彼は『社会主義レアリスムのために』の作者アラゴンのように「私の愛する妻が子を産んだら、私が最初に教える言葉はスターリンだろう」などと書くことはしないだろう。だが、彼もまたアラゴンのようにイデオロギーを変えるだけでは満足しなかった。その『バーゼルの鐘』の主人公たちのように、ストライキの労働者たちの行進の気品に打たれるか、目の前で労働者が殺された時に襲ってくる抑えがたい反抗感に捉われるだけではない。自分が馬鹿にし、踏みつけ、破壊したイデオロギーに同調したのだ。それを攻撃するために自分の著作のうち最も重要で最も美しい本を書いた、その当の世界観を奉じるに至ったのである。冷静に、自分が何をしているかを完全に承知しつつ、後半生を、前半生の間中徹底的な冷酷さであざけり、泥の中を引きずり回し続けた当の思想の同伴者となって過ごす構えを見せたわけだ。要するにもう一人別のサルトルが生まれた。それ以前のサルトルの眼から見れば耐え難いほど醜怪な、明らかに過去の自分を忘れた、滑稽なサルトル。もしできるなら、彼はそれを消し去るか、銃殺するか、せめてはレストラン〈ボタネ〉のチーズ用ナイフで刺し殺しただろう。

この振舞いは常軌を逸している。とりわけ類例がない。実はひとつだけ先例がある――まあ先例といえるかどうか。それはプラトンである。『法律』のなかで、法の名において、自分の対話編が焚書となり、ソクラテスの死刑判決が是認されるような法律を提案しているのだ。もっともサルトルの同時代人は見誤らなかった。状況のあまりの異常さをよく見ていた。彼らの信じられないという思いとか、ときには狼狽については、少なくとも三つの証言がある。

最初に気づいたのはシモーヌ・ド・ボーヴォワールである。「ロカンタンとして出ていった」サルトルが彼女の元に「独学者」[9]として戻ってきた、と彼女は記している。

次がエチアンブル[*]。彼は『レ・タン・モデルヌ』誌の古参メンバーだったが、ルバテ[*]の『ふたつの旗』に関する論文[10]を発表した後、遠ざけられた。「カミュ、ルフォール、そして私と関係を絶つことで、あなたは実は、ジャン＝ポール・サルトルその人を追放したのだ。若者たちの王者、サルトル、しかしその若者たちはこれからあなたに不信の意を表明するのみである。追い払われた王者、はるか彼方の王者よ」。

そしてとりわけ、すでに引用済みの、ジル・ドゥルーズらとともに小さなグループを作っていたトゥルニエの文章。そこには自分たちは師を真似て、「〈ヒューマニズム〉」のなれの果ての「汗と内面生活でぷんぷんにおう使い古された間抜け」をゴミ箱に捨て去ったのに、師がそのゴミ箱をあさっていることを知ったときの呆然自失が報告されている。トゥルニエは書いている。私たちの一人は「一九三八年に出版された小説『嘔吐』の中に一切の鍵を見つけたと思った」。つまり、この小説の中には語り手が「独学者」と呼んでいる「滑稽な登場人物」がいて、「ヒューマニズムの信奉者を名乗る」だけでなく、「永遠に人間的なものの言葉に尽くせない価値を発見したのは一九一四年から一八年の捕虜収容所の生温かい人いきれの中だった」と打ち明けている。そう、トゥルニエはこう結論する、「すべては明らかだった。一九四〇年に捕虜となったサルトルは独学者に変身して私たちのもとに戻ってきた」……。

『バリオナ』を読む

だが、もっといいものがある。

サルトルは明言していない。「そうだ。私は意見を変えた。恐らくもっといい奴に、前より寛大になっただろう——それにしても〈独学者〉も結局そんなに悪いとは思わない」などとは。

サルトルは、共同体、人類愛、ヒューマニズムに回心しておいて——それ以外のもの、自分の哲学の基本的概念には、いわば手をつけないでおくということはできなかった。

回心はすべてを変えた。

それはあらゆるものに染み込み、すべてを運び去った。

あらゆる正真正銘の回心がそうであるように、存在全体、哲学体系全体に襲いかかり、その根底までも揺さぶった。

その証拠として『バリオナ』を取り上げよう。例の捕虜収容所で書かれたクリスマス物語であり、サルトルは、その上演があの一変した発見と時を同じくして行なわれたと述べている。その証拠として、この極めて奇妙で、心動かされるテクストを、一歩一歩細かく読み直すことから浮き上がって来るサルトルの魂の軌跡を取り上げよう。このテクストにこれまでそれに相応しい位置が与えられて来たとは思えない。これを七つの契機もしくは楽章に分けることにする。これは劇の七つの「景」ではなく、サルトルの躊躇、迷い、そして最終的にその変貌という大きな節目に対応している。いわば第一のサルトルと第二のサルトルとの間の、テクストにおける、そしてテクストによる格闘のごときものである……。

第一楽章。バリオナの演説。ローマの占領軍の最高指揮官、レリウスに対して、ユダヤの村、ベトツルの長老たちからなるコロスに対し、村長であるバリオナは絶望に満ちた、暗い世界像を開陳する。これは概ね『嘔吐』のそれである。「世界はだらだらと際限なくすすむ失墜である。世界はどこまでも落下し続ける土塊でしかない……」。ついで「人生は敗北である。誰も勝利者ではなく、誰もが敗者だ。すべては常に不首尾に終っており、この世で最大の狂気は、希望である」。ついで、子供をみごもったと告げる妻のサラに向かって、「運が試せると思うは人の常だ。ひとはこの世に子供を生み出す時、その子供は幸運に恵まれていると思う。だがそうではない。あらかじめ賭けはなされている。悲惨や絶望や死が四つ辻で子供を待っているのだ」。つまりこのバリオナは、ペシミストであり、暗い男である。第一のサルトルのように、人生とは敗訴であり、人間は出来そこないの種だと考えている。ロカンタンの遠縁のいとこだ。ロカンタンもまた世界に自分という悲惨と失敗を付け加えることを嫌っていたことを思い出そう。「何らかの身振りをすること、余計な出来事を引き起こすことになってしまうだろう。しかしそれも余分なものだろう。こんなふうに現実存在するものはうんざりするほどある」。そしてこのバリオナは、ペシミズムとローマ軍に何ものも譲り渡すまいとする意志を突きつめ、子供の誕生ストライキを開始するという、すぐれて「ロカンタン的な」行動を行なう。占領軍の代表者、レリウスは、狼狽して、「出産奨励主義」の見地を擁護する。「諸君は先ず始めに社会の利益を考えることをせ」ずに、こうした決定を下すことはできない。「兵士の不足によってローマの戦勝が止まってしまう」としたら残念なことだ。これに対して、バリオナは、後のカタリ派のような、〈慰め〉を受けたあとで、死に至るまでの極端な断食をする「忍耐」か、もしくは、種の絶滅に至るまでの、これも極端な性的禁欲を実践する「完徳苦行僧」よろしく、「生殖嫌悪」的見地を擁護する。「新たに生まれる人間で、世界の際限のない断末魔を新鮮によみがえらせる」のは真っ平だ、と彼は言う。ローマ軍が「無人の町」しか支配できなくなれば良い。出産奨励反対、小児誕生奨励にもその前提となる小児崇拝にも反対。子供とは、占領者たちが歌い上げる世界の未来ではもはやないし、もはやあってはならないのだ。この第一楽章において、作者の共感がどこに向かっているのかは明らかに感じとれる。とくにバリオナが文字通り、ロカンタンや『自由への道』のマチューの見地を主張していることが、よく見て取れる。サルトルにおいては、演劇の登場人物たちは、小説の登場人物とは逆に、代弁者である。ペシミズムと反抗、ペシミズムに根ざした反抗によって、バリオナは、この第一楽章においては、第一のサルトルの代弁者である。今のところ「回心」はない。

第二楽章。羊飼いたちの話。舞台はベトツルを見下ろす山の中。そこでポール、ピエール、シモン、カイフが〈通りすがりの者〉、次いで〈天使〉の訪問を受ける。天使は彼らにベツレヘムで神秘的な誕生があったことを告げにやって来たのだ。ついで舞台はベトスールの広場。早朝、先ほどの者たちが感動のあまり、ほとんど震えながら、村人たちに、山で天使から告げられたことを伝えにやってくる。〈自然〉の賛歌。「かさかさときしむ音がした。口ずさむような歌声が聞こえた。そこかしこでざわめく音がした（……）まるで、目に見えない木々に芽が生えたようだ。まるで自然が自分だけで、冬の一夜の間に春の壮麗な祭りを祝うために、この荒れ果てた凍えた台地を選んだようだ」。〈希望〉の賛歌。受胎告知が呼び起こした純粋で美しい希望。「今日のような夜がある」、とポールは言う。「何かが生み出されると人が信じる夜。それほど重みのある夜が。ところが結局は明け方に一陣の風が吹くだけだ」。〈幼年期〉への賛歌、愛の歌――〈幼年期〉それ自体と、そしてこの子供、生れたばかりの幼な子イエスの〈幼年期〉への賛歌。天使は言う。「そう、お生まれになった！　その無限で聖なる精神は、生まれたばかりの汚れた幼児の体の中に囚われている。そして苦しみ、無知であることに驚かれている。そうです、われらが主はまだ幼な子以外の何ものでもないのです……」。歓喜への賛歌。さらには再生、星辰と世界の変革――テクストは極めて正確に、黄金時代と言っている――への賛歌。「村人たちよ、羊飼いたちよ、歌い、踊ろうではないか。黄金時代が戻ってきたのだ」。〈自然〉……〈幼年期〉……〈希望〉……〈黄金時代〉……これ以上語らずとも、景観が、そして世界像が変わったことは一目瞭然だろう。これは反バリオナ、反・第一のサルトルである。これらの新しい登場人物の口を通して述べられる〈歴史〉の概念は、第一楽章のそれとは厳密に正反対であること、とくに『嘔吐』のサルトルが示したものと正反対であることを、事に通じている観客は理解するる。思想 対 思想。ヴィジョン 対 ヴィジョン。第二のサルトル 対 第一のサルトルということだろうか？

第三楽章。再びバリオナ。彼は羊飼いたちの「よた話」――こうバリオナは呼ぶ――に反発して、自分の意見を開陳し、あますところなく論じ尽くし、優位を取り戻す。バリオナは、激昂して言う、「哀れな気違いどもめ。あきめくらどもめ」。自分の原則を曲げない強情なバリオナ。「不正の柱のように、私は天に抗して立ち上がるぞ。私は和解することなく一人で死ぬのだ」。無神論者バリオナ。決定的に無神論者。天への挑戦と堂々たる挑戦宣言。まさにドンファン・シンドロームである。「もし永遠者が雲間に顔を見せたとしても、私はその言葉に耳を傾けはしない。なぜなら私は自由だからだ。神は私を粉々にすることもできよう。私を松明のように燃え上がらせることもできよう。私を火中に投じられた蔓のように苦しみで身もだえさせることもできよう。だが、人間の自由という青銅の柱、この折れ曲がることのない柱に対しては何もできはしないのだ」。ユダヤ人バリオナは、決定的にユダヤ人であり、それゆえ決定的にペシミストである。「〈メシア〉は来なかった。決して来ないだろうと、この私に言って欲しいのか。この世界は際限のない落下である。〈メシア〉とはこの落下を止め、事物の流れをいきなり逆転させ、世界をまるで鞠のように空中に弾ませる者であろう」。この仮定は馬鹿げていて、下劣で、最悪の隷属に加担するものであると、彼はほのめかす。つまりバリオナは、〈メシア〉を信じず、個人に受肉した人格のある〈メシア〉という考えを一秒たりとも想定する気がないゆえに、村人たちにこう勧めるのだ。「自分の不幸を真っ向から見据えよ。人間の尊厳は絶望のうちにあるのだから」。まるで現代の偉大なユダヤ教の思想家たち、ブーバー*、ショーレム*、エマニュエル・レヴィナスではないか。まるで初期ソルジェニツィンの「恐怖を正面から見据える」のようではないか。とりわけこれまで以上に第一のサルトルの「反全体主義の定理」そのものではないか。かくしてまたしても、捕虜収容所と、捕虜収容所での演劇の発見とがきっかけとなったと見なされる例の「回心」からは、遠い。

第四楽章。ここで事態は複雑化する。ここで、初めて疑いの影が、それまでの全く正統的な語りのうちに滑り込んでくる。第五景二場。レリウスとバリオナは人気のない村で、二人だけで向かいあっている。村人たちは全員ベツレヘムへ神の子を讃えるために行ってしまったのである。二人は「村長」、「総督」と呼び合う。「あなたにお目にかかれて光栄です」とローマ人がユダヤ人に言う。こちらこそ、とユダヤ人がローマ人に答える。「お笑いになるでしょう」とローマ人は続ける。そしてト書きに実際、「バリオナは笑う」とある。彼はさらに尋ねる。「これらのこと、これらすべてのことについてどうお考えですか」と。バリオナは「私も同じ質問をするところでした……」。人気のない村の中で、取るべき方策に迷い苦しむ二つの魂、そしてこの迷いをきっかけとして巡り合った二つの魂という感じがする。まるでひそやかな言葉にならない共謀があり、言葉をすりぬけつつも、かつての誤解を拭き払い始めたかのようだ。バリオナはレリウスの共犯者か。イエスの眠る秣おけを目指して出発した村人たちの狂気と信仰の発作を前にして、ユダヤの長《おさ》とローマの代官の間に、ある種の聖なる結びつきができたのか。そうかも知れない。ありそうな話だ。もちろん、何一つ明白に述べられてはいない。だが、会話が不意にそれを示唆するのだ。サルトルがひっそりと方針を変え、おそらくは主張も変え、羊飼いたちの考えの方に飛び移ったという何とも残念な印象を抱く。バリオナはサルトルの代弁者だった。バリオナの歴史へのペシミスム、絶望の形而上学は、サルトルの深い思索の表現と見えた。ところがここですべては一変し、この形而上学は占領者の陣営へと投げ返されたのだ。歴史へのペシミスムは、秩序の思考だろうか。「失敗した種」、「敗北」としての生、「際限のないだらだらとした落下」として生きられる世界、こうした嘔吐的ヴィジョンは、考えていたほどラディカルではなかったのか。向う岸——メシア主義、楽観主義、黄金時代、大騒ぎ——には、自由と反逆の真の息吹があるのか。そうかも知れない。劇作法の、この段階においてはすべてが、またしても可能である。第一のサルトルのイデオロギー的敗北も含めてすべてが。

第五楽章。照準調整。立場と不愉快な印象の訂正。今度は話すのは「呪術師」である。非常に高齢で歩くこともままならないこの呪術師は、相変わらず村に二人だけで残っているレリウスとバリオナの前で、あの神の子と、そのゆりかごを中心として生まれつつある奇妙な宗派がこれからどうなるかを予言し始める。あの子は成長するだろう。貧しくなるだろう。水をワインに変えるだろう。ラザロとかいう者を生き返らせるだろう。その他にも細々とした奇跡を行なうだろう。最後には捕まり、鞭打たれ、十字架に掛けられ、復活するだろう。そして、彼はレリウスの質問に答え、とりわけ、とりわけ二つの重要な情報があると言う。カードを配り直すような情報だ。まず反抗はどうだ？　その男は本当に反抗を説くだろうか。バリオナの力不足の手から反逆の松明を受け継ぐのだろうか。答えは然り、である。「カエサルの物はカエサルに返せ」を原則とする独特な種類の反逆だ。このような事態は、レリウスには頭から「大いに気に入る」ことである。次に世界はどうだ？　彼は本当に世界を変えようとするだろうか。金持ちや権力者を困らせる輩のひとりなのか。答えは然り。ただしもっとあとで、天国においてである。というのは「彼の父の王国はここではない」からだ。これもまたレリウスを喜ばせる。彼にはこれで十分なのだ。観客は誤解していたことになる。早く結論を下しすぎていた。同盟関係の実際の動きをよく把握していなかったのだ。とりわけ、新しい宗教がローマ皇帝の世俗権力をまったく脅かしはしないことを理解していなかった。もっとも当のバリオナがそれを明言する。あらん限りの荒々しさを傾けて明白にそう述べる。そしてここで再び、彼が著者の見地を引き受けていることをだれもがはっきり感じとることになる。「さあ、正直に言い給え。このメシアはあなたたちの仲間だ。ローマの回し者だと」。賭けがやりなおされたようだ。バリオナは優位を取り戻した。羊飼いたちの考え、つまりメシア主義、感傷的な素朴さ、楽観主義、こうしたものが占領者に利する結果となるのは明々白々である。彼のペシミズムの側へと、作者の心の奥底の考えだけでなく、観客の共感も再び、傾いていく。

第六楽章。同じ事。バリオナの思想、つまり第一のサルトルの思想は、ありったけの力と激しさをもって最後にもういちど主張される。そして羊飼いたちの思想、つまり歴史への楽観主義とヒューマニズムは、それと対称的に評価を下げる。バリオナが夢見ていたメシアとは、「射るような眼と、きらめく鋼に身を固めた」男であり、自分は「戦闘の阿鼻叫喚」の中、このメシアに付き従い、「ひなげしの花を刈るように」、

「ローマの兵士たちの首をはねる」だろうと考えていた。その戦いの頭《かしら》としての矜持。ところがこのメシアは、心に「人としての怒り」が湧き上がるのを感じたとき、「平手打ち」や「足蹴」をくらったとき、頭を垂れるように命じる去勢者なのだ。そしてこれもロカンタンや後のマチューと同様の、真にサルトル的主人公のもつ決然たる生殖嫌悪。バリオナは幼児崇拝の愚かさに陥ることへの拒否を明言するのだ。そして彼もまたベツレヘムに向かう。全速力で走る。憐れな村人たちよりも早く着くために走るのだ。だがそれは、その子供の「か弱い首をしめる」ため、『自分の子供』の代わりに、せめてそのグロテスクで神聖な子供をわれとわが手で殺めるためだ。バリオナはレリウスにそう説明する。レリウスは静かにその場を立ち去る。「藁の上に横たわる紫色をした死骸」に、俺はその子をしてやる。そのあとで「彼らは跪けばよい」。もしそうしたいなら、俺が彼らに残してやった「産着に包まれた小さな死体」を崇めるがよい。少なくとも俺は「忍従と犠牲の精神を説くご立派な説教」を未然に防いだことになろう。それから、バリオナはようやく到着した村人たちの群に近付かぬよう、大きなマントの裾で顔を隠して、クリスマス・キャロルと哀れむべき聖歌《ホサナ》の歌声の響く中、最後の独白を始める。その終りの二つの文のうちにすべてが述べられているのだ。「主よ、私の罪でしょうか。あなたが私を夜の獣として作られ、私の肉の中に、朝は決して訪れないという、このおぞましい秘密を刻み込んだのは」。次に「私の罪でしょうか。あなたのメシアが、十字架上でくたばる哀れな乞食であり、エルサレムが永遠に捕われの身であることを、私が知っているのは」。これで劇が終わってもよかっただろう。これがこの劇の教訓となることもできただろう。というのは、回心以前のサルトルの信条であったものとは、まさに終末論とあらゆる最終的解決の拒絶であり、永遠の捕囚への確信、そして申命記が述べるような、地上から決して消え去ることのない「貧しさ」への確信であるからだ。そしてそれは、依然として『バリオナ』の作者の信条でもあるように、今のところは見える。

第七最終楽章。ところがここでどんでん返しがくる。第六景の終りと第七景にまたがる、いくつかの科白の中で最後の逆転が起る。それまで劇は、それとは反対方向に進んでいたと見えていただけに、まことに華々しい逆転なのだ。バリオナは最後になってたじろぐ。あの小さな秣おけのある馬小屋の戸口に立ち、今にも飛びかかろうという構えだ。しかし目に入ったのは子供の姿ではない。実際、母親の姿も、そのシルエットしか見分けられない。その代わり、闇の中に彼と同じように立っている男の姿が目に見える。その子供に注ぐ優しい眼差しを目の当たりにし、自分が殺害計画を実行したときに、その「放心状態のように明るい眼」いっぱいに溢れるだろう名づけようのない恐怖を想っただけで、彼はたじろぎ、殺すのを断念する。そのときバルタザールが登場する。この至福なる三博士の一人は、バリオナのうちでいかなる内心のドラマが演じられたかを知らないまま、あの小さな肉体に受肉した真の信仰の功徳を彼に述べはじめる。あの幼な子は世界中のすべての幼な子のために生まれた。このの ち幼年期は聖なるものとなり、これから生まれる一人一人の子供のうちに、キリストは甦るであろう……万人にとって喜びがあるだろう……人間とは、もはや必ずしも、暗黒の形而上学が考えるような、余計な存在ではない……悪はそれ自体としては何ものでもない……悪とはひとがそうあって欲しいと考えるところのものなのだ……要するにペシミズムは克服された。この世界には悪が明るい色合いで現れる地点が常にあるのだ……。ところがバリオナは彼を殴るか黙らせることをせず、朝は決してこないだろう、一度たりとも来はしなかった、エルサレムは捕われのままだろうと自分は信じるものだと、彼に向かって繰り返すこともせず、バルタザールの言葉に耳を傾け、しかも感動に打ち浸るのである。そこへ村人たちが近づいてくる。彼らは、その間にローマの軍団がベツレヘムに向かって進軍し、「万力で締めるように」町を包囲することを知らされてこう叫ぶ。

「バリオナ、あなたは正しかった。この赤子は呪われている。われらが民は呪われている。あなたの言うことを聞くべきだった。町に降りてこなければよかったのだ」。彼は語り始める。しかも打って変わった声で穏やかに。誰もが呆然とすることには、始めはメシアのために彼を裏切り、今また、向かい風がちょっと吹いただけでメシアを裏切る信念なき民草たちを叱りつけるのである。私は今もお前たちの長か。然り。命令を言われるがままに実行するか。然り、然り。では私がお前たちに命じることを聞け。われらはローマ軍を待ちうける。われらが体を防壁となそう。われらは死ぬであろう。然り、だが、歓喜の中、神のうちに、メシアを救うために死ぬのだ。苦悩する暗い長、自らの救いを世界の拒否、むき出しの反抗の中に置いていたユダヤのロカンタンは、新たな宗教の歌い手となった。

これが『バリオナ』だ。

これが知る人すくなく、上演されることなく、それでいて極めて重要なこの戯曲の形而上学的意味である。政治的な意味ではない。

テクストは政治的曖昧さをほとんど示していない。これは断言できる。そこにはナチスに対する寛容さなり、妥協のいささかの印もない。その二つの側面のいずれにおいても、つまり、出産のストライキへの呼びかけによっても、最後の戦いへの呼びかけによっても、時代の雰囲気と収容所という環境の中では、このテクストは、勇気への、そしておそらくはレジスタンスへの呼びかけだけを奏でている。

問題は哲学面である。

というのはそここそが、「回心」の一切の意味が単に形成されているだけでなく、表現され、明示化されている場所であるからだ。

サルトルは一九四〇年に、単にヒューマニズムと共同体への愛へと移行したのではない。哀れな「独学者」と、悔恨なり共感なりの何やら知れぬ躍動の中で和解しただけでは済まなかった。勢いの赴くままに、彼は楽観主義者、歴史主義者、メシア主義者、要するに進歩主義者になったのである。

アラゴン、ドリュー、ロラン一味——三〇年代への回帰

おそらく、この事情を完全に把握するためには、バリオナを離れ、今度はサルトル自身の魂の中を奥深く遡らなければならないだろう。

おそらく、この男の心のうちで、しかももっと奥深いところ、意識の裏側で起ったであろうことについてわれわれに教えてくれるような心理学的調査など存在しない。捕虜収容所において、そして捕虜収容所での芝居において、彼がバルタザールの側に立ち、〈独学者〉の名誉回復を行ない、楽観主義とヒューマニズム、しかもなによりもまず『嘔吐』のなかであれほど愚弄した共同体崇拝の信奉者の側に身を置くに至ったのはなぜなのか。

仮説。あまりに脆弱な意識は、折れ、砕けることしか願っていなかった。サルトルが主体に与えた定義そのもの——不安定性、非適合性、半流動性、等々——が、不可避的に主体化の冒険そのものを、脆弱な、従って、かりそめで、不確実（貴重であるが不確実……）なものにした。『存在と無』は、自由な、自律的な、ある意味では勝ち誇る主体の喚起によって終っているが、とはいえこの主体は、「不幸な意識」という悪性の酸によって蝕まれており、「もの」、「即自」になって楽になること、ほとんど重荷を降ろすことだけを夢見ていた。

仮説。不安と苦悩にさいなまれ、奇妙な夢（蟹、雨傘の魚、奇怪な幻覚、タコ……）に満ちた個人主義。物質と即自に戻ることへの恐怖にさいなまれると同時に、その欲望によってもさいなまれる、不安に満ちた個人主義。『言葉』はサルトルの個人主義がその反対物に付き纏われるのを決してやめはしなかったことを明らかにしており、プールー坊やは、群集の薄暗い物質性に魅了され、眩暈がするほどの嫌悪と同時に、群集のうちに自らを消滅させようとする誘惑にも魅了されていたと述べる。この『言葉』を信じる必要があるだろうか？「ネズミと人間」が私たちにほのめかすことを理解する必要があるだろうか？つまり主体性は、「群集の怒声」に付き纏われ、ほとんどまつわりつかれ、引き裂かれており、あらゆる種類の声と幻影が反響しているということを。捕虜収容所はサルトルをそれから解放した、それらの声を黙らせ、その苦しみから彼を癒したと想定すべきだろうか？サルトルは——少なくともサルトルの一部は——捕虜収容所でこう呟いたのではないか。「蟹の時間は終った。ブーヴィルのマロニエの根の不潔極まる光景と、そのときから私につきまとった吐き気は、過去のものだ」と。

さらに仮説。自我の耐えがたい軽さ。自由という重荷。「私の自由だと？」とマチューは叫ぶ。[11]「それは私に重くのしかかる。何年も前から私は自由だが、それは何にもなりはしない」。その少し前では、「息をつかせてくれ」と彼は、政治活動に参加するよう迫るブリュネに言った。ブリュネは「息をつき給え。だが、急ぐんだ。明日にはお前は年をとりすぎているだろう。お前の自由の奴隷になっているだろう[12]」。さらにその前では、[13]「お前は自由になるためにすべてをあきらめた。もう一歩先に進め。自分の自由そのものをあきらめるんだ」。ひとはどのようにして自由の奴隷になるなどということになるのか。自由はどのようにして重荷になるなどということになるのか。これはやはりアラゴンの経験である。ドリオと手を結んだときのドリューの経験である。カミュによれば、これは自由の重さよりも、責任という苦しい重荷よりも、

「石の幸せ」の方がましだと考えた、すべての疲れた魂の経験である。おそらくはサルトルの経験である。おそらくは、無理矢理集団のなかに溶かしこみ、ひとつの登録番号に——すべての登録番号からつくられ、すべての登録番号の価値があり、どの登録番号もそれぐらいの価値はある、そんなひとつの番号に変えてしまうことで、結局のところ彼自身の意志という重荷を肩から降ろすという甘くにがい喜びを、サルトルに教えてしまったのではないか……。

仮説。具現化。[14] サルトルの全著作を通じて、具現化の強迫観念がある。それはまず外から押しつけられ、次いで望まれ、願われ、やがて払いのけられるのである。例えば、ユゴーが「私の考えを具現化しているのはエドレール」[15] なのだから……「特定の国における」〈観念〉の「具現化」としての「現実の」社会主義……さらに具現化としての政治的代表。しかし現実の濃密さの中では誤りであり、破滅をもたらし、高くつく(「私は代表という観念は、真の社会の中では消えるはずだと思う」[16])……肉体そのものも、恐れられると同時に、愛されている……そして、最後に「肉体を失った」知識人の陶酔と悲惨……。つまりは宗教から始まる古い論争、シュヴァイツァー家特有の論争であり、プロテスタント文化を継承した、彼の心の中に極めて古くから、深く根ざしたためらい、肉の拒絶(『存在と無』)と肉への郷愁(『弁証法的理性批判』)との間のいずれをとるべきかというためらいなのである。

仮説。現実的なもの——アラゴンなら「現実世界」というだろう——への郷愁。引き裂かれた主体性とその貧血的小説やガラクタ詩の空虚な宇宙とは正反対に「生きて、死ぬに価する」[17] そうした世界である。こうした誘惑もまた二十世紀全体を通じて存在する。そして、道徳、思想、芸術、文化といったものは、生存競争やストライキや戦争の美しくも獰猛な厳しさの前では無に等しいとささやくのを止めない。相変わらずブリュネだ(しかしエドレールかも知れない)。「少しばかりこぶを作る、力強い筋肉をした男」。この筋肉のせいで「簡潔で厳格な真理にもとづいて考える」男、「まっすぐで、かたくなで、自信を持ち、大地を踏みしめ、芸術だとか心理学だとかの天使のような誘惑に屈しない男」。まさしく「そこにいる、本当に現実の」男、「その口の中には本当のタバコの味がある」。その眼にはマチューが目にするだろうすべてのものよりも「いっそう真実で、いっそう濃密な」像が映っている。これぞ男。本物の男だ。マチューは彼の前では、「煮え切らず、年相応の成熟もなく、焼きが甘く、非人間的なもののあらゆる眩暈につきまとわれており」、恥じ入り、打ちひしがれて、こう思うのだ。「俺は男らしいところがない[18]」。……二十世紀のあらゆる全体主義の同性愛的側面については、もっともっと論じられて良い。

さらに仮説。自己憎悪。あまりに白い手を持ち、人生という学校で学び始めた知識人の自己への憎悪。恥ずべき、不毛な特権的知識人《マンダラン》の自分への鞭打ち。こうした男には今日は捕虜収容所が、明日にはプロレタリアートとの一体化が、明後日には工場への住み込みが、償いの機会を与えてくれる。「戦後」の知識人は「思想の濫用[19]」によって「くたばった」、と彼は言う。どうせ言うなら、思想という犯罪と言ったらどうなのだ。彼らは「社会の現実を越えた高みに」身を置くという誤りを犯した。モーラス主義者なら「雲の中に」と言っただろう。ところで彼は、「未来の社会」が「いつか知識人など必要なくなり、各人が自分のために知的労働を行なう[20]」ことになる可能性を排除しない。これもまた、サルトルと彼の世紀なのだ。サルトルすなわち世紀そのもの。間テクスト性の信奉者たちは、これまで一度でも、『自由への道』を他の同伴者小説と照らし合わせることを考えたことがあっただろうか。とくにそのなかでも最初のもの、ロマン・ロランの小説と。年老いたクレランボー*はすでに、プロレタリア的欲求の泉に浸って、そのよろめく活力を回復させているではないか。個人主義の「砂漠」とロマン・ロランは言った。そしてそれは捕虜収容所でのサルトルの結論でもある。『魅せられたる魂』のティモン、共産党の人民委員たち、アーシャを誘惑して、彼女を回心させる人物、繊細さも感情もない、これらの無愛想な人物たち、大挙して突進してくるこれらの野蛮人ども、これらの悪党どもは、ブリュネのモデルではないのか？　そして若いマルクが、回心するのをためらって、「僕の心は僕のものだ[21]」と抗議するとき、アーシャは乱暴に「あなたの自由な心は何に役立つの」と言い放つ。ブリュネとマチューの問答が聞こえてこないだろうか。「何の役にも立たぬ自由……自由の奴隷……」。

要するに、またも同じ問題。実際に何が起きたのか。捕虜収容所で彼は、いかなる隠れた欠陥が自分の中にあるのに気付いたのか。集団への没入によってその欠陥は治癒されたという話だが。彼は集団の中に、秘められた病から癒してくれる、これも隠れて目につきにくい美徳を見抜いたのだろうか。捕虜収容所からの退出について彼の語る話の中で、彼は監禁から解放された者、窒息から息を吹き返した者という印象を与えるが、それはどこから来るのか。ここで、われわれはかつてなく探索しがたい人間と言うものの謎に突き当たる。これを探ろうとする者は仮説、推測へと追い込まれる。それでも、一番妥当と思われるのは、若者礼讃、敬虔主義、現実崇拝、漠とした罪責感、純粋さへの渇望、罪なき贖罪、熱狂といったものの混合であろう。これはまさに二十世紀の爆発性混合物であった。サルトルはおそらくそれを極限的濃度にまで高めた。

いずれにせよ確実なことは、新しいサルトルがそこで確かに誕生したことである。ウイルスが猛威を振るうとまでは言わないにしても、いよいよ姿を現そうとする前に長い間、体の内部に隠れているように、新たなサルトルがテクストの中にその十全な効果を生み出すのは今すぐではない。だがそれでも新たなサルトルはついに生まれたのだ。始めはそっと、ほとんど目に付かぬ形で、そして『共産主義者と平和』からは堂々と、新たなサルトルは第一のサルトルに相伴い、競合することをもはや止めない。そのときから、そこに意味の新たな光源のようなものが出来上がった。それは、もう一度言うが、例えば二つのプラトンの間に起ったこととは異なり、第一のサルトルを破棄したり、覆い尽くしたりするのではなく、共存するのである。ひとつの身体に投げ込まれたもうひとつの魂。同一の名前で公表される第二の作品系列。この後サルトルはまるで、二つの周波数か、二重の波長を用いて放送する放送局のようなものとなる。一方の周波数は他方を妨害し、それに絶えず寄生し、時にはかき消し、時にはかき消されるという風に、最後まで続くのだ。

改宗宣言

この読解の格子に従って、後期の作品系列全体を再検討することもできるだろう。

この新たな光源の光に照らして、五〇年代の政治的テクスト、『弁証法的理性批判』、さらには、後で見るが、『言葉』さえも、読み直すことができるし、そうせねばならないだろう。

例えばヒューマニズムの問題。サルトルは反ヒューマニストであり続ける。より正確には、最後まで、ロカンタンの〈独学者〉への憎悪に表れていた青年期の反ヒューマニズムへのある形での忠誠を守り続けるサルトルがいる。ただし捕虜収容所効果、『バリオナ』効果の流れに棹差して、『存在と無』の哲学の字句と精神には明らかに矛盾する、反対のことを今や述べる、一連の別のテクストがある。「そう、最終的には、ヒューマニズム……ヒューマニズムをそれほど無礼な仕方で扱う権利はない……『嘔吐』がしたように哀れなゲエノを笑い者にする権利などない……それにそれはとても簡単なことなのだ……」。私は罪滅ぼしに、『言葉』の最後の言葉をゲエノから借用することにしよう。「ひとりの人間、すべての人間から出来ており、すべての人間と同じ価値がある、云々」。これはゲエノが、ヴェネツィアに関する一九二一年のテクストのなかで、バレスへの架空の呼びかけの末尾で発した「ちょっとした月並みな一文」の無意識的記憶である。あなたは、「ひとつの魂が他のひとつの魂と同じ価値があると考えたことなど一度もない」のでしょうか？　そうなのです。「ひとつの魂は他のひとつの魂と同じ価値があるのです」。というのも、「魂の領域には未開墾地などないのですから」(22)……実存主義は、結局のところヒューマニズムである……悲惨さのポエジーがある……汗と収容所の簡易便所の小説……何かしら壮麗なものがある。そう、壮麗なものと言ったのさ。二つの魂が共に、同意のうえで、互いの交じり合ったくさい臭いを嗅ぎ合うやり方には、何か壮麗なものがある。……そして尻への足蹴も、そうだ。尻の穴のソネットではなく、よき仲間が待っている大部屋の入り口で、恍惚と陶酔のうちに食らう尻への足蹴のポエジーなどと言うのはだれだ？……サルトルは反ヒューマニストにして、ヒューマニストである。ペシミスト・サルトル、かつて絶望していたこの男はいまや、ひとりの労働者は、「疎外され」ているという事実、「自分のため、そして万人のために自由を要求している」という事実だけで、人類そのものとなるだろうと判断するのだ(23)。

　共同体。共同体への恐怖。よき共同体とは罠であり、愚かで犯罪的な夢であり、あらゆる全体主義のこの上ない源泉であるという考え。『聖ジュネ』の中には、この考えの何かしらが残っている。さらに『家の馬鹿息子』の中にも。そして実は、文学的関心、ないし文学への関心が、いまだに操縦桿を握っているすべてのテクストの中には、残っている。しかしここにもまた、もう一人のサルトルが現れる。捕虜収容所のバラックの甘美な雑居状態が忘れられず、また、捕虜仲間との「一体性《コミュニオン》」を感じた時、その安楽感ゆえ、ほとんど「恍惚」ゆえに「卒倒」したという、〈独学者〉と同様の印象を思い出すがゆえ、さらに『バリオナ』の例のあの夜の魂の融合の忘れがたい瞬間を経験したがゆえに、彼はこの共同体の問題を全面的に取り上げ直し、それを哲学的探求の対象とした。この探求は「クロード・ルフォールに答える」とともに始まり、『ボードレール』を経て、『弁証法的理性批判』で到達点に達する。共同体の思想家サルトル。集団、集合態を愛するサルトル。かっては決裂、分裂、個別性の爆発、意識の拡散しか愛することのなかったサルトル。反ユダヤ主義の一味とその凶悪な集会を「溶融集団」と呼んでいたサルトル。このサルトルが突然、この概念を、さらに明確に言うなら、この語を再び取り上げ、それをとりわけフランス大革命と一七八九年七月十四日の分析を通じて、『弁証法的理性批判』の核心にさえ仕立て上げるのだ。原子のようにばらばらの意識を粉砕せよ、とこの第二のサルトルは言う。個々ばらばらの個人は、語源的意味からしても、他の点からしても、「馬鹿*」でしかないし、今後もそうだろう。家の馬鹿息子たちを粉砕せよ。馬鹿の聖家族――フローベール、フォークナー、そしてボードレールその人……を粉砕せよ。彼らは社会関係も、本当の性的関係もないということを、たちまち受け入れてしまう。さらに集列集団を粉砕せよ。この偽の集団は、馬鹿の並列であり、普通選挙はこの馬鹿たちの表現であるという以上に、彼らを作り出すものであり、ほとんど彼らを結び固めるセメントなのだ。「間抜けを罠にかける選挙」という表現は、残念ながら有名になったが、それよりずっと前に彼はこう言っているのだ。「秘密投票用紙での投票は、大衆を彼らの根源的な散在状態に再び投げ入れる。各人は自分の孤独を再び見出し、〈集団として〉何を考えているのか知ることができないので、自分ひとりで考えていることしか言い表わさない。ついさっきまでは、集会や仕事場などで……[24]」。だから溶融集団万歳。この集団の中では個人は残りのアィデンティティーを失い、バスチーユ攻略の時のように、もしくは、それより程度は劣るとしても、彼が『コンバ』紙に寄稿した、一九四四年の八月ルポルタージュの中で語るパリ解放の時のように、もはや友愛としての恐怖《テロル》政治のみが幅をきかせる。アロン――ついでに言い添えておくと、彼は二人のサルトルの間の断絶を、つまり「神の不在」

に正面から向かい合う「孤独な人間」と『弁証法的理性批判』で見出された「われわれ」との間の対立を見抜いた稀な注釈者の一人である[25]——は、この第二のサルトルに関して、「革命的大衆を、そして、実質的には閉鎖されていた監獄の長官の首が槍の穂先に突き刺されて掲げられたのを、西欧において留保なく賛美した最初の哲学者」であると述べている。アロンはさらに強調する。サルトルは「溶融集団の中で個人が本来的人間性に達することを讃える」ということを敢えて行なった最初の哲学者であり、こうした蛮行への共感、暴力的なものを良しとする先入観、友愛の恐怖政治《テロル》の選択には、「ファシスト哲学者」なら「賛同するはずである」ということを悟っていない[26]。これは真実だ。この診断は、やんぬるかな間然するところがない。ただしアロンは逆に、一つの細部を見落としている。すなわち、このファシストになることは、独学者になることとヒューマニズムとの直接的結果であるということである。

　またしても主体性。「主体」の問題と問題としての主体。『存在と無』や最初期の「現象学」マニフェストがおこなった壮大な脱構築=再構築の名残りは、『ボードレール』、『聖ジュネ』の中に見られ、おそらくはあちこちに、例えば異端とされたチトー主義を支持するテクストの中にも見られる。そこには「ユーゴスラビアの指導者たち」は、「主観的なものの再発見[27]」という、実り豊かと想定される冒険へと乗り出したと書かれている。ハイデガーに逆らい、哲学的現代性と自分自身の存在論的直観に逆らって、ある面では、いかなる理性にも逆らって、抵抗の防波堤でもある主観性の極を必死に守り抜こうとしたあの執拗さの思い出は、例えば最晩年のインタビューの中で、読みもせずに構造主義者たちを攻撃するという不手際を演じた際に、顔を出す。そんなわけで、私が第一のサルトルの肖像を描いたとき、彼がかつては反ヒューマニズムの糸と、それなくしては抵抗精神と人権が空文で終る意識の堅持の糸とを、一緒に結び合わせた唯一の現代哲学者であったことを示すために、私はサルトルの第一期の著作と同様に第二期の著作からも材料を汲み上げることができたのである。しかし五〇年代の大いなる政治テクストが到来する。そして次のようなことを発見するのだ。すなわちそれまでは反ヒューマニズムが超越と賭けとしての意識の保持に随伴していたし、〈人間的なもの〉への軽蔑が、純然たる単独性と単独者としての主体との護持というものを相関者にしていたのが、今度はヒューマニズム、つまりは結局、具体的な人間たちよりも大文字の〈人間〉の味方をするということが、逆の結果をもたらすことになってしまうということである。独学者的にして、共同体志向のサルトル、端的に言えばヒューマニスト・サルトルは、五〇年代において「主体性」について語るとき、つねにそれを「ブルジョワ的」と形容している。何かと言うと溶融集団を持ち出し、溶融集団の熱で、集列的集合態が溶解するのを見ることだけを願っていたサルトルは、それからは主体の「孤独」と称するものとは、「工場」をより上手に「動かす」ことを目指すブルジョワ的秩序の術策にすぎないと考えるようになり、さらに、ばらばらに孤立し、活動することのない労働者、要するに孤独な労働者を、マルクスが「人間以下」と形容したことを褒め称えるに至る。[28] 進歩主義者サルトル、一言で言えば、プロレタリアートの千年の鎖を断ち切ることに貢献したいと願うサルトル、ニーチェ的芸術家の何も産み出すことのない不毛性を償う革命的知識人は、単独の人間の諸権利、つまりは端的に言って人間の諸権利、さらに具体的に言うなら、「人身保護」、「投票権」さらには「思考の自由」、「寛容」といったものは、「いずれもプロレタリアートをいっそう疎外することにしかならない形式的自由[29]」にすぎないと考えるのである。すべては最晩年のテクストの一つ『反逆は正しい[30]』の一頁で述べられている。そこでサルトルは次のように記すに至る。これは〈テロル〉の哲学的正当化にほかならない。「個人が集団の中にいるということは、たとえ少々恐怖にさらされるとしても、ひとから離れることを考えて一人きりでいる個人よりもやはりいい、と私は思う」。「少々恐怖にさらされる」とは、なんとも素晴らしい……。そしてまた、この時期のもう一つの極限である、「冒険家の肖像」の中でも、すべてが述べられている。周知の通り、そこでのサルトルはいまだに二つの姿勢の間でバランスを取っていた。だがそれにしても次のような「活動家」の姿というのは、早くも五〇年代の初めに、冒険家の肖像への序文が粗描していたものなのだ。[31]「〈自我〉を捨てよ、と〈党〉が要求するというのは真実に背く。捨てるべき〈自我〉でも持っているなら、余分というものだ。入〈党〉は、まさしく人間界への加盟に相当すべきなのである。党は、〈自我〉を奪うどころか、逆に与えるものだ。私は何の皮肉も交えずに言おう、他者たちの友愛に満ちた目の中に自己の姿を発見するのは、確かに心暖まることである、と」。

またしても共同体。最優先されるべきは主観性の法則であり、単独の人間こそがアルファにしてオメガであるとサルトルがつねに述べていた、一つの領域――思考の領域があった。ところがそこでも第二のサルトルは意見を変えている。そこでもまたサルトルは、拘束を解かれた主体性の危険を告発する。周知のように、決して論争も返答もしない男、アロンと哲学を語るより、綺麗な女性ととりとめのないことを話すほうが好きだといつも公言し、一九七五年にもコンタに、[32]若い頃は、「アロンやポリツェールとずいぶん議論した」が「何の役にも立たなかった」、いずれにせよ「知識人同士の思想論争」は昔から「大嫌いだった」と語り、それは「つねに自分以下の存在になるからであり」、「馬鹿げたことを言う」ことになるからだと言っていた男、この同じ男がぬけぬけと、「集団での思考は個々ばらばらの思考に勝る」と、これまで常に――そう、これまで常に！――考えて来たと言ってのける。ぬけぬけと、一七九三年のセクション*の先例をよりどころにして、「真の思想とは集列を離れ、集団となる人々の思想」[33]であると語る……まるで、単独の個人は今でも、相変わらず「馬鹿者」であると、繰り返し言わなければならないとでもいうようだ。まるで、ばらばらの個人は、集列の、つまりは非思考の側に立つことだと繰り返し述べる機会を一つも逃してはならないとでもいうかのようだ。そしてこの領域においても、この思考の領域においても、革命や暴動の領域においても、偽の群衆、偽の集団、偽の策略から離れるべきであるとでもいうかのようなのだ。この衆愚、大衆、烏合の衆は互いにぶつかり合う個人の集合であり、サルトルは彼らをカオスから引きはがし、暴徒の熱狂状態へと運びこもうとする。これもやはりヨハネ対パウロだ……パウロの宗教についてフィヒテは、すでに引用した小さなテクストの中で、それは「論争」の宗教、「煩瑣な推論」の教義であると言っていた。これに対してヨハネの独我論は、純粋な恩寵の神を告げている。「この神のうちに私たちはみな居り、みな生き、至福たりうる」、そのような神を。

マルクス主義。私はここまで、サルトルのマルクス主義についてはほとんど語らなかった。それはサルトルが、第一のサルトルが、マルクス主義者ではなかったからだ。彼はマルクス主義者になる必要も理由もなかった。当時主体の冒険にしか関心がなかったからである。それに、この第一のサルトル、「単独の人間」のサルトル、『嘔吐』、『一指導者の幼年時代』、『戦中日記――奇妙な戦争』、『存在と無』のサルトルは、フッサールとハイデガーを発見し、マルクスを受け入れる必要を感じなかった精神の一人であるということは疑いのないところだ。だが今や群衆が姿を現した。この新しい対象は、要するに捕虜収容所で、上から降ってきたわけだが、それを体験してしまった以上、考究すべく試み始めなければならなかったのだ。フッサール？　例の「物そのもの」へ戻ることを考え、物の「魅力」や「野生」や「恐ろしさ」等々を復原するには、実に優れている。しかし群集についてはゼロだ。ハイデガー？〈存在〉、〈根源〉、時代性、つまりは〈歴史〉の思考だ。だが注意せよ。ハイデガー思想が「共同存在」の問題に乗り出すとなると、ナチスという「大変な愚行《へま》」はもはや遠くない。ではニーチェはどうかというと、話にもならない。群集についての真正の思考がその威厳を取り戻すためには、ニーチェは忘れられるべきもの、さらには破壊されるべきものなのだ。残るはマルクス。結局、残るはマルクスのみだ。捕虜収容所生活が残した新たな義務明細書を履行するためには、マルクスを読み始めるか、もしくは読んでいる振りをしなければならない。それももちろん批判的マルクス。とりわけ単独性の問題に盲目で、「一個の人間とは何であるかという感覚を完全に失ってしまった[34]」マルクスである（その点を補うために、『方法の問題』や『家の馬鹿息子』が、マルクス主義を補完するものとして執筆された。……）。しかしともかくマルクスである。〈人間〉や〈歴史〉ではなく、〈社会〉がどうなっているのかを理解するためのマルクス。マルクスが彼のスピノザとなる。もし彼が社会的絆とはどうなっているのかを理解するという新たな挑戦に直面しなかったら、決して読まなかったであろうマルクスがである。

生殖嫌悪。これは第一のサルトルの最も大胆――かつもっとも強迫観念的――なテーマの一つだった。そして私はサルトルがボードレールとおなじく、幼子、母性、懐妊にまつわる宗教の神聖性を剥奪していくやり方を好ましいと思っていた。ところが『バリオナ』とともに逆方向の動きが始まる。そして一〇年後には目を疑うようなテクストが発表されることになる。『嘔吐』の生殖嫌悪者、一九四四年には堕胎をめぐってまるまる一篇の小説を敢然として構築したあの挑発者、生殖という観念そのものが嫌悪を催させると言っていたあの偶像破壊者が、ブルジョワジーは民衆が子供を作るのを妨げようとしている、民衆をいっそう集列化するために生殖能力を奪おうとしていると非難し始めたではないか。「われらがブルジョワジーは犯罪者だったのが、いまや堕胎医になった」。つまり「ブルジョワジーはプロレタリアたちが生まれないように取り計らうのだ。連中を街頭で虐殺することは当世の趣味にあわないからである[35]」。スターリン主義か。そう言うこともできよう。たしかにソヴィエトの最盛期に、多産性を英雄視する映画監督が、それもかなりの数、現れた。しかしここで大切なのは、スターリン主義を生み出し、「共産主義と平和」の中でこのような嘆かわしくもまた、本質的に反動的な——もしこれらの語に意味があるとすればだが——議論を展開させた起源が、またしても、人間への愛であるということ、具体的な人間たちではなく大文字の〈人間〉への賛同、小さな個人ではなく人間という種を選択することであるということ、要するに、手っ取り早く言うなら、ボードレールの軸ではなくユゴーの路線を選択することであるということなのだ。『ボードレール』は一九四六年に書かれた。したがって「共産主義者と平和」の六年前である。では、かくも奇妙なこの本の中で重要なのはこのことでもあったのだろうか？　自発的に、と言うことはつまり形而上学的に、ボードレール派であったサルトルは、そのボードレール主義と手を切り、その内なるボードレールを殺し、ヒューマニズムへの同調をなしとげるために、まるまる一冊の本を書いていたということだろうか。

さらに長々と続けることもできるだろう。ヒューマニズムと歴史的楽観主義と共同体という価値の再発見がもたらした記号の全面的反転の例を数多く挙げることもできよう。

アメリカの問題。ダンディー的な愛着。スタンダールがローマやフィレンツェを散策したように、彼もニューヨークを散策した。ところがやがて、そこもまた、極めつけの集列性と単独の人間の街であることに気づいた時には嫌悪を覚えるようになる。

自然の問題。「良き」サルトル、第一のサルトルは、首尾一貫した反自然主義の例であったはずだ。主体を脱自然化するためにできる限りのことをしたはずである。人間の自由とは、その代価を払って初めて成立することを知っていたのだから。ところがそれから歳月を経て、彼は『弁証法的理性批判』の中で、こう書くのだ。「人間の歴史も自然の冒険の一つである」。それは「人間が物質的必要性を持った一つの物質的有機体である」からだが、それだけでなく、「内面性の外面化としての加工された物質は人間を生産するが、人間の方は、己が全体化する多様性の全体化運動の中で、己の生産物の外面性を再び内面化するよう強いられるかぎりにおいて、物質を生産または使用するのである[36]」からなのだ、と。

最後に自由の問題。『存在と無』のアルファでもオメガでもある言葉……「対自」はつねに「即自」に対して勝利を収める……「ドイツの占領下においてほどわれわれが自由であったことはない」……ところがその後、捕虜収容所のあとで突然、こんな風に考える。何で私はこんな馬鹿な考えを持ったのか？ よくそんなことが言えたものだ。原則は事実性であり、自由は例外なのだ。本当の問題は、「私の事実性があるとして、どのようにしてそこから解放されて、何が何でもより自由になればよいのか」ではなく――「単独性があるとして、どのようにそれを乗り越え、そこから連帯、社会を出現させたらいいのか」ということである、と。

ヒューマニスト、ゆえにファシスト？

はっきりさせておこう。

私は、サルトルが犯したすべての誤りの原因は、共同体の価値を感動のうちに発見したことにあると、言おうとしているのではない。

サルトルが生涯の後半において、かくも多くの誤りを犯すことになったのは、彼が自分自身の独学者になったからだとか、捕虜収容所で友愛の楽しさを味わったからだ、と主張しているわけではない。

そうではないが、そこには確かに、この逸脱の源泉の一つがある。確かにそれは、予測可能な情け容赦ない連鎖によって、ソ連においては批評の自由は全面的であるとか、カストロは素晴らしい人物である、というような文を書かせるに至った伝記的・哲学的事件の一つではあるのだ。

改めて三つの例をあげよう。

それは第二のサルトルのコーパス、もしくはその反動で第二のサルトルを作り上げる結果となったコーパスからいくつか取り出された、三系列のテクストである。私としては、これが立証の仕上げとなると期待する。

1、透明性。 サルトルはそれまで常に透明性の唱道者であったし、最後まであり続けるだろう。そして、『戦中日記――奇妙な戦争』の中には、つまりは回心の直前の青年期においては、この問題について、次のような熱烈な信仰告白が見られたのである。「私の精神の中には非情な光が君臨しており、それはまさに冷たい光の下で影も隅も黴菌もない、衛生的な手術室だ[37]」。ただし第一に、『戦中日記――奇妙な戦争』のこの箇所には、すぐあとに次のようにこの透明性の定言命令を相対化する文が続いている。「内面性というものが完全に排出されることはないので」、「確かに私のものであり、私である一種の自己欺瞞」が私には残るが、自己欺瞞といっても、「それは秘密を守っているという事実ではなくて、むしろそうした誠実さそのものから逃れてそれに身を捧げないようにする、ある種のやり方のうちにあるのだ」と。第二に、この原理的透明性は、事実上の不透明性を排除することはなかった。全く逆である。サルトルは実生活の中で、各人が秘密や誤解や影の部分を持つ不可侵の権利を認めていた。いささかこみ入った生活を送ったどんな作家とも同様に、自分の生活を二重、三重、四重に区分し、それぞれを密閉して、嘘をつくことさえなかったわけではない。たとえば『弁証法的理性批判』が印刷される時、彼はガリマールに、シモーヌ・ド・ボーヴォワールに捧げる正式の献辞とは異なる、別の女性への献辞を印刷した版を密かに数部作ってくれるように頼んでいる。第三に、この透明性は明らかに自分自身への透明性として提示されており、「自己」について、つまり彼の用語で言えば、「対自」について、彼が抱く観念によって要求されるものであった。私自身の目に対して透明であることは私の義務である、と彼は言っていた。そしておそらくこの透明性は結局のところ、明晰さの別の名称以外の何ものでもなかったのである。ところが今や別のものとなった。再び見出された共同体の強い光のもと、彼が生涯の第二部において知ることになる魂の捕虜収容所の影一つ残さぬ、ゆらめく光のもとで、透明性の定言命令は完全にその意味を変える。このときから政治的定言命令となるのだ。そしてイデオロギー的な、さらに道徳的な定言命令となるのである。すべてを言い、すべてを見せるということは、各人に課された義務となる。共同体の意識と監視を何ものも逃れることがないように。別の言い方をすれば、それは極小の意識たちの間で、一体性、友愛、融合を妨害しかねない影を、あらゆる影を消し去ってしまおうとする意志である。もはや自分自身に対する透明性ではなく、他者たちに対する透明性、神に対する透明性でもなく（タルムードは、人間に前の顔と後の顔という二つの顔を与え、神の目から見て両側からすらすらと読み解けるよう、何人の心の内も神の光を逃れることのないようにしていた）、別の神に対する、より妬み深く、より多くをもとめ、より独占欲の強い、神聖不可侵の共同体という神に対する透明性である。サルトルはミシェル・コンタにこう言っている。(38)私たちは私の私生活について「それが他のものから切り離されているかのように」語った。ところが、「私生活と公の生活との区別は存在しない」。私は「私生活、つまり隠された、秘密の生活を持つ権利があると主張することはできない」。「ひとの実存は一個の全体をなしていて」、「内と外、主観と客観、個人的なものと政治的なものは、必然的に互いに影響しあう」のであり、「それぞれが一つの同じ全体性の側面である」からだ。そして「人々のあいだの関係を腐敗させている」のは、「各人が相手に対して、隠された、秘密のことを保持している」ことだ。身の毛がよだつではないか。「固有」と「共同」の境界を消し去り、意識同士を互いに開っぴろげにして、まがいものの鏡の無限の戯れを繰り広げることによって、サルトルは人と人の間にギリシャ人がヒポプシアと呼んだもの、すなわち、おぞましき「盗み見」、「疑惑」[39]を再び招き入れる。それこそはおそらく魂と魂の間の全体主義の本当の始まりであろう。しかしとくに目につくのは、この疑惑の文化、各人が互いに拘束される可能性、したがって欲すると否とにかかわらず、相手を罰する可能性として把握された透明性が、またしても、捕虜収容所の期間に生まれたままの、完璧で留保なき理想的共同体という理念に由来しているということだ。〈透明性〉にその恐るべき要求を課す共同体を目指す企てであり、共同体はよきものであり、よい共同体が存在するという考えなのである。

2、人間の本性。 周知の通り、第一のサルトル、反ヒューマニストのサルトルは、人間の本性という観念を信じていなかった。人間はあったところのものであった。人間は己の偶然性、己の不安定性、己の単独性のうちにのみ実存していた。人間は未完了であった。しくじった者だった。バリオナ——第一のバリオナ、ベツレヘム以前、メシア的結末以前のバリオナ——の言うように、必然的に失敗し、完全かつ決定的に未完了であった。言い換えるなら、人間を定義し、人間に実体や真実を、要するに「本性」を与えておいて、次いで人間をこの「本性」に割り当てて、人間がそれと合致するか、それを自分のものとするのを手助けするというのは、まず第一に無分別だし、第二に危険であると主張するサルトルがいたし、今もいる。〈人間〉の真実というものがあり、具体的人間はそれの下書きにすぎないということになるわけだが、その〈人間〉の真実を具体的人間に割り当てるとなると、「この人間は〈人間〉ではない、この人間はそもそもこの〈人間〉であるべき使命を有するのであって、この〈人間〉になるために長い道のりをたどらなければならない」ということになると、恐るべき装置を始動させることになるということをわきまえているサルトルがいたし、今もいる。この装置とは、具体的人間を理想的人間に近づけるために純化し、現実の人間を、その特性により近いと見なされる新たな人間への犠牲に捧げ、この新たな人間を前者の肉と血と灰で捏ね上げる装置である。いまや彼はヒューマニストである。ヒュー・マ・ニス・ト。つまり、人間の本性を信じているということ。彼は人間は一つの真実を持つこと、もしくは、いずれにせよそれを持つべきだろうことを信じている。自分が知っており、身の回りで観察している人間たちは、この理念《イデー》の前では、悲劇的なほどに不備で、未完成であると彼は信じている。言い換えると、彼らのでき損ない振りは修復できると信じている。そう信じることで、人間の美しく、完全無欠な〈理念〉は手の届くところにあると信じることで、サルトルは理の当然として、その理念を現実化することを、人間がそれに一致できるように〈人間〉を作り出し、作り直すことを呼びかけることになる。「われわれが現実に知っている人間の未来」となるはずの「より良質の別の人間」を想像し、しかもそれを想像するためにその状況、それが犠牲となっている専制、ときにはその殉教を考えあわせて、具体的な人間のうち、より良質の真の人間に最も近いと思える者たちに立脚することになるのだ。そこから生まれたのがソ連に関するテクストだ。「そこで私は新たなタイプの人間たちに出会った[40]」。そしてキューバに関するテクストでもある。「キューバでは明晰な実践が人間の本性そのものを変えた」。『地に呪われたる者』の序文でもある。確かにそこでは、サルトルは「われらのヒューマニズムのストリップ[41]」をなおも激しく非難している。「この欺瞞のイデオロギー」はついにその本性である「強奪のまことに見事な正当化」として現れる、と。しかし、それは偽のヒューマニズムであり、悪しきヒューマニズムであって、サルトルはそれに対して植民地現地人が到達するヒューマニズムをぶつけるのである。植民地現地人は世界を再生させ、人間の本性を到達させつつあるのだ。サルトルがテロリズムの犯罪を賞賛した恐ろしい文章はだれもが知っている。ヨーロッパ人の汚れた手を「切りさいなむ」ことが語られるおぞましい件《くだり》はだれもが記憶している。これらの文は、芸術家であり、ニーチェ主義者、スタンダール信奉者としてのサルトルの時代には考えられないものだった。これらの文は新ヒューマニズムの信条表明が認められたのでなければ、意味を持たず、口に出すこともできない。そしてそこからは、政治的・倫理的・社会的優生学が派生して来る。

3、最後に**人間の本質**。「良き」サルトルは実存は本質に先立つと信じていた。独学者が得々として語る人間の本質という観念を嫌悪していた。サルトルは主体たちの来るべき真実であるとかいう〈理念〉もしくは〈理想〉という観念を退けたが、同様に、主体が己の根拠を持つ場たる基底、要するに実体という観念も退けた。彼は主体が自由であると考えていた。自分が自由であることを欲していた。自分は、手を伸ばしても届かない(42)「風のような存在」、「何ものとも、私自身とさえも連帯していない」と言っていた。例えばユダヤ人について語ったとき、『ユダヤ人問題の考察』の中でユダヤ人たちの「ユダヤ人であること」の実体性を喚起したが、それは偶然的、逆転可能な実体性であり、ユダヤ人たちはそれを完全に放棄することもでき、いずれにせよそれは、必然性の形で彼らに課されるものではなかった。そして、本質というものへのこの嫌悪、人間はあるところのものである前に己が作るものであるという考えのうちには、人種差別の誘惑に対する本物の予防証明があったのである。しかしここにもまたもう一つの哲学が出て来る。「ヒューマニスト」である第二のサルトル、彼は「ヒューマニスト」になったがゆえに、すべての人間に共通の基底を仮定し始める。それまで錨も降さずに、浮遊していた主体に錨を与え、その状況を本性とし、その偶然性を運命としたのである。さらに、例えばナショナリズムや、地域主義と接触するようになると、それまでつねに嫌悪していた根《ルーツ》を下すことのイデオロギーに立ち戻る。根といえば『嘔吐』のマロニエの根しか知らなかった偉大なサルトルが、『黒いオルフェ』と名づけたサンゴールの詩のアンソロジーへの序文の中で、黒人諸民族の根をわれ知らず称賛してしまうのだ……テクストはとても美しい。とても抒情的だ。その始まりの数行——「これらの黒い口を閉ざす轡を外したとき、君たちはいったい何を期待していたのか」——は偉大なサルトルのものだ。「ここにすっくと立ってわれわれを見つめている人間たち」、「見られているという戦《おのの》き」、これら「黒い松明」のもとでわれわれ自身の「眼に送り返される」われわれ自身の眼差し、といった展開は、真のサルトル、『存在と無』の、眼差しの可逆性を語るサルトルである。しかし、すぐにテクストは別の場所に移動してしまう。オルフェ神話のヴァリエーションが、全く別のサルトルのものであるとても奇妙な考察に道を開く。オルフェがユリディスを探すように、黒人たちは黒い魂を探す。オルフェが目を閉じ、後ろ向きに洞窟の奥に下りていくように、黒い人間は白人の文化のもとで死に、次いでトランス状態と詩と魔術のうちに、己の「起源」への絶対的信仰へと再生することを決意するのである。サルトルが、最後の方で、この魂は「一つ状態ではなく」、「純然たる自己超出」であると言っても無駄だ。「ネグリチュードは弁証法的である」、「単に先祖返りの本能の開花というだけではない。とりわけそんなものではないのだ」、「普遍的なものの曙光をそこに見出すためには、特殊性を徹底的に生き抜かねばならない」と、いくら用心深く但し書を付けても無駄である。さらにはっきりと「この人種主義に反対する人種主義こそ、人種の差の撤廃に通じ得る唯一の道である」と叫んでも無駄だ。言葉は現に発せられてそこにある。サルトルは黒い人の「先祖から受けついだ価値」を歌い、「黒い〈本質〉をその心の立坑の底に見出す」と語る。テクストは、テクスト全体は、埋もれた「黒い魂」、「ネグロの本質」、植民地現地人の善き本性があり、そしてその発掘はもはや単に解放闘争の一契機、弁証法的一段階、一つの局面ではないと、われわれに告げるために構築されている。もはや己を解放することではなく、根を下すことこそが重要なのだ。己を創り出すことではなく、己を見出すことが。己の起源から身を引きはがし、起源の命じるものを飛び越えることではなく、逆に起源と和解し、文字通り、一つに溶け合うことが。見つかったか？　何が？　ネグリチュード（黒人性）が。そしてこれは次のようなとても奇妙な表現を生み出す。少なくとも言えることは、あの素晴らしい「実存は本質に先立つ」からあまりに遠いということだ。ネグリチュードは「ネグロ」にとって「埋もれた幼年時代」、「黒人種の幼年時代と大地の呼び声」「祖先たちの純然たる遺産」「本能のうずき」「〈自然〉の不可分の単純さ」のようなものである。さらには「彼が抑圧されるのは彼の人種の内において、人種のゆえにである以上、彼はなによりも自らの人種について自覚しなければならない」。「人種主義者」サルトルなのか？　そうではない。だが、そのヒューマニズム、永遠に人間を支えているとかいう人間の基底への信仰によって、少なくともアイデンティティーの論理の側へと立ち至ったサルトルなのである。

文学に救われて

分水嶺はそれほどはっきりしたものではないし、とりわけ越えがたいものではないと、もう一度、繰り返す必要があるだろうか。二重焦点（二重というのは、二重放送の二重、そしてもちろん二重の眼差しの二重だ……）と切断（厳密で、ドクマ的なものだ――かつての認識論的切断という嫌な思い出が甦る……）との区別を再度強調する必要があるだろうか。

まず二つのインスピレーションが同一のテクストのうちに共存し、互いにせせら笑っているようなケースがある。一つの例が『文学とは何か』だ。これについては、主要部については世間が抱いていた悪意あるイメージは無効であることを私はすでに示した。しかしそれでもここかしこに奇妙な文章を読むことができる。文学は「階級なき社会においてのみ、その十全な本質の高みにまで昇りつく」……作家は「亀裂なき共同体」においてのみ本来の自分自身になる……他にもある。確かに稀であるし、ほとんど無自覚の誤りではあるが、しかし、そうした文はある。点滅しているのだ。まるで自動車のヘッドライトの合図のように、くすんだ蛍光灯のように。当然だ。神のごときヒューマニストが生まれたのだから。その誕生の告知なのだから。もう一つの例は「対独協力者とは何か」だ。この素晴らしいテクストは、フランスのファシズムの輪郭を描き出している。この中に書かれていることはすべてが正しい。五〇年経って、修正すべき点はまったく、もしくはほとんどない。ただし不意に、言語が暴走する。言語が暴走するというのは、文字とはすなわち精神であり、サルトルのポルターガイストがとんでもないことを二つばかりうかうかと漏らしてしまうからである。「対独協力者の大部分はブルジョワから出ているというのは事実である」。一方「労働者のすべて、農民のほとんどすべてはレジスタンス派だった」。なぜか。大地は嘘をつかないからか？　つぎに「高位聖職者の中に対独協力的態度の者が見られた」のは、「法王至上論」で説明がつくだろう。それに対して「祖国の土にしっかりと根を張り、フランス教会独立主義者であり、ローマからはひどく疎んじられている下位聖職者は、全体として、頑固な抵抗の態度を示した」。この命題は歴史的に誤りである。その上意味がない。一九四〇年の夏、最初のレジスタンス派は、ファシズムと戦い続けるためにはフランスを離れ、ロンドンに向けて船に乗らねばならなかったわけだが、それは形而上学的には極めて強引な行為だった。なぜならそれは、フランスという国を国土から切り離し、祖国愛を郷土と根《ルーツ》への情熱から切り離すこと、一言で言うなら、自分の国を、自分の靴底に貼り付けて持ち運ぶことであったからだ。

そして「強固に根を降していること」を「強固なレジスタンス」の条件とすることによって、サルトル（反ファシスト）は一瞬の間、サルトル（根を降した人、アイデンティティーの人）に屈したと言わざるをえない。一瞬の間とはいえ、やはり屈したことに変りはないのだ。毒をもって毒を制するように万事承知の上で、ペタン主義によってペタン主義と戦おうとしたのだろうか？ それとも実体なき対象、潜入したスパイ、寄生虫の類なのか？

さらに捕虜収容所の前、つまり「回心」の前、それが影も形もなかったときに、戦後になってはっきり現れるアイデンティティーの論理の予兆のようなものが記録されているテクストがある。一つの例は、ナボコフの小説『誤解』についての一九三九年の批評。サルトルはこの小説が「面白くないのは、作者がこれを書いた国の中では外国人であるからだ(43)」と書く。さすがのバレスもここまでは言わなかったろう。もう一つもっと知られた例として、カミュの『異邦人』についての批評を挙げよう。これはカミュを称賛する批評には違いないが、そこに現れる「状況」の観念、作家は必ず「船に乗り込んでいる」という考えは、これもまた、アイデンティティーの擁護からさほど遠くない。または一九三六年のコレット・オードリー*との会話。オードリーはヒトラーがフランスにまで到達する可能性を喚起し、自分たちのような者にとってはつねに「亡命する」可能性が残るだろうと言う。いや違う、と「状況」の哲学者は答える。「作家が亡命するのは望ましいことではない」と。作家たるもの、「自分の現実、自分の民族の現実、自分のいる現実と接触し続ける(44)」必要があると。まるで「状況」とは「民族の現実」だというかのようだ……まるでサルトルの思考の努力の一切は、すでに状況と根《ルーツ》という二つの概念を区別することを目的としないかのようではないか。……だがそれは……一瞬の不注意……たゆたい……微小な逸脱のようなもの、放心のようなものだ。バレスであり、ペギーであり、いまだに三〇年代、二十世紀初頭なのである。こうした彼が身を引き剝がしたもの、もしくは引き剝がそうとしていたものすべてが、再び戻ってきて、ひそかにトラックを一周し、遠ざかっていく……。亡霊がサルトルに付き纏っているのだ――未来のサルトルという亡霊が。

それから最後に、反対のものものもある。暗い時代の最も暗い時代、作家サルトルであるサルトル、作家であるが故に己のうちの第二のサルトルの誘惑を絞め殺すサルトルがつねに存在するであろうという事実がある。例えば「フローベール」だが、もうそれに触れるのはよしにしよう。例えば『出口なし』のガルサン。「地獄とは他人のことだ」。もしこれらの言葉に意味があるなら、この文は溶融とか、よき共同体とかを説く者への辛辣な否認である。つまりはそうした者の一人であるかぎりのサルトル自身への否認である。例えば『自由への道』の第四巻、「最後の機会」だってそうだった。レジスタンスとフランス解放の闘争を舞台とするこの小説の計画表は、『嘔吐』の極端な個人主義を抹消して、ともに闘う人間たちの栄光を歌い、いまだ個々バラバラの主観性の経験に留まっていた『猶予』を越えて、いまでは「溶融集団」と呼んでいるものを感じ取れるようにすることであった。時は一九四五年、つまり回心の直後のことである。だが、小説はできない。書き進められない。それはまるで文学のマチエールがその計画表に抵抗したかのようである。そして何とか生み落とすのに成功したわずかな断片、例えば「奇妙な友情」と題された一節の中では、この小説で「共産党員」を代表するブリュネはかつてなく「愚かで」、「懐疑」にとらわれ、「スキャンダル」と「孤独」にかまけている人物として登場する。ここで唯一のまともな「溶融」とは、彼の見出された「主観性」とヴィカリオス――コミュニストの裏切り者であり、ニザンの面影がある――の死体との溶融である。「党など糞食らえだ。お前だけが俺の無二の友だ」。

4 サルトルの挫折

私はここまであまりヘーゲルの名を出さなかった。フッサールの名は出した。ニーチェも。ハイデガーも。爆発の思想家、デカルトの名も挙げた。さらに歓喜の理論家、もしくは多数性の理論家であるスピノザの名も。密かにモデルとされながら、結局否認されるベルクソンも。しかしヘーゲルの名はほとんど出さなかった。ただし承認をめぐる死闘という図式や「一人の他人によってしか対自的に存在しない対自存在」という「天才的直観[1]」――ママ――を、部分的に、サルトルがヘーゲルに借用していることは指摘したが。

ところでサルトルは彼のすべての同時代人と同様に、不可避的にヘーゲルと関わりを持った。真の対話、紛れもなく決定的な対決を、彼はヘーゲルとの間で持った。しかし最終的にはその対決は貫徹されなかったのである。

しかしとりわけ私はこう考える。この対決、ヘーゲルと優劣を競い、それだけにとどまらず、ヘーゲルの提起した問題にも立ち向かおうとするこの熱っぽく、結局は絶望的な試みに、サルトルは最終的に敗れ去ったのだ、と。

そしてこの敗北こそが、第二のサルトルの誕生を決定する二つ目の大事件——ただし今度は哲学的な出来事だが——であると私は考える。そしてそれは〈独学者〉に成ることと組み合わさって、破滅の到来を早めて行くことになる。

ところで事は実際このように推移したのだろうか。

捕虜収容所事件の時と同じように、サルトルが「倒すべき相手はヘーゲルだ。最大の相手はヘーゲルだ。二十世紀の、そして我が人生の道半ばにして、力を競うべき相手はヘーゲルだ」と心に決めた瞬間があったのだろうか。そしてのちに前言を翻して、「ヘーゲルの方が強い。私はヘーゲルと競い合うだけの器ではなかった。私もヘーゲルの挑戦を受けて立ったが、私以前にヘーゲルと決闘した者たちと同様、敗れてしまった。武器を置き、押し黙る以外に道はない」と、戦いから手を引くことを宣言した瞬間があったのだろうか。

おそらくなかっただろう。これはおそらくひとつのお伽話である。そしておそらくこのお伽話は、サルトル自身が、フローベールの幼少年期や病気や宿命について作り上げたお伽話、「そうだったと証明するものは何もない」と考えるべきお伽話と同様である。しかしそれでもいい。このお伽話は気に入った。それに私がこれを取り上げることができるだけの目に見える兆しは、時代の中にも、サルトルの人生の中にも、十分に見てとれるのである。

ヘーゲル、コジェーヴ、世紀

さてヘーゲルである。あの時代におけるヘーゲル問題。ヘーゲルが彼の同時代人たちと同様、後継者たち、つまりサルトルの同時代人の上に揮った並はずれた魅惑の力の大きさは、いくら言っても言いたりることはない。フェサール神父*や、ルフェーヴルとグターマン*による初期の断片的翻訳、次いでジャン・ヴァール、ジョルジュ・ギュルヴィッチ、エマニュエル・レヴィナスらの初期の研究論文が出回り始めるとすぐ、いいかえると、『精神現象学』、『「大」論理学』（長い間、ベルトロ*の『大百科事典』中のリュシアン・エール*執筆の項目しか入手可能ではなかった）に対して大学が張りめぐらしていた検疫警戒線が破られるとすぐ、ヘーゲル哲学の主要テーマが人々の心を捉えたのである。それに特に、一九三三年から一九三四年に高等研究院の「宗教哲学」科で行なわれたコイレの講義、さらに、その翌年から始まったアレクサンドル・コジェーヴの講義が揮った並はずれた影響力は、いくら強調しても強調しすぎることはない。コジェーヴは『精神現象学』を敢然として取り上げ、それを六年間に渡って、一節ごと一行ごとに注釈していった。両者とも、とくにコジェーヴは、「〈歴史〉の終り」というヘーゲルのテーマを聴衆の口に合うように講じたのである。そのテーマは見慣れない、面喰うような、そして冷徹な乾いた黙示録の香りのする、心底から恐ろしいテーマで、聴衆はただ、呆然と拝聴するのみであった。

ヘーゲルが一度も「〈歴史〉の終り」を口にしなかったというのは本当だろうか。

コイレは、コジェーヴが何と言おうと、この仮説を持ち出している。しかしあくまでひとつの仮説としてである。「ヘーゲルがそれを信じたということは可能である（彼は何度も「可能である」を繰り返している）」。彼が単にそれは「体系の本質的条件である」だけでなく、「この本質的条件はすでに実現して」おり、「歴史は実際には完了した……」[2]と考えたことは「あり得る」（彼は「あり得る」を強調する）。

ヘーゲルの著作そのものにこの表現が現れることは稀で、『歴史における理性』（「世界史は東から西へと進む。ヨーロッパは真にこの歴史の最終段階であり、アジアはその始まりである」[3]）と、『世界歴史の哲学講義』（原理は完成した。それゆえ時間の終りは生起した」[4]）に見られるくらいである。これはいずれも講義で学生たちのノートから作られたテクストであることは周知の通りである。

こうしたことはすべて真実である。ヘーゲルは「歴史の終り」を告げることはなかったし、吐き気がするほど繰り返されてきたもうひとつの秘跡的文言、世界のすべての性急なヘーゲル主義者にとっては、しばしばヘーゲルを一言で要約するような文言である、あの「現実的なものはすべて理性的であり、理性的なものすべては現実的である」を口にすることもなかった。ヘーゲルは自分の名において、自らの声で語るとき、例えば『精神現象学』の序文においては、むしろ逆の立場を主張する傾向さえあった。「われわれの時代は生誕と新たな時代への移行の時代であるということを見てとるのは難しいことではない」、何故なら「精神は決して休息することなく、つねに前進する運動の中にあるものと理解される」からである、と。そしておそらくこの「〈歴史〉の終り」という考えは、アレクサンドル・コジェーヴというこの天才的注釈者、だが、一般には空想家、ほら吹き（デリダ[5]に言わせれば「狂人」もしくは「超形而上学者《バタフィジシャン》」、いずれにせよ「狂信家」）と言われている男の発明である。彼自身も、ある朝目覚めた時に次のような直観を持ったと告白している。それは『精神現象学』は秘教的な書物であり、あらゆる秘教的な書物と同様に、行間を読む必要があり、もしそのように読むなら、とくに第六章の最後を秘儀的テクストとして扱うなら、一つの名、ナポレオンの名が浮き出してくるのを目の当たりにすることとなる。その名は文字通りには現れるわけではないが、この仮説によってこれまで謎に包まれていたテクストは、新たな光の下に解明されるのだ。[6]……「ナポレオン」と「普遍的にして等質的な国家」……「本来の意味での〈歴史〉の終り」としての「イエナの会戦」……したがってイエナの航跡に、「時間と〈歴史〉と〈人間〉の終り」として構想された「絶対知」の到来……そのときから、「最後の歴史的事件」となった〈賢者〉の出現があり、そのあとでは〈歴史〉は止まり、〈哲学〉は消え去る……この「〈哲学〉と〈歴史〉の停止」とともに「一種の歴史以後とも言うべきもの」の中に入って行く。そこでは「〈人間〉は動物としては、生存し続ける」が、「本来の意味での〈人間〉」、つまり認識し、行動し、所与を否定し、誤りを犯し、戦争をし、血まみれの革命を引き起こす人間は、「決定的な消滅」へと向かう[7]……結局、この〈歴史〉の終りは、「宇宙的破局」以外のすべてである。というのも、それは「哲学の消滅」をもたらすとしても、逆に「それ以外のすべて」、つまり「芸術、愛、遊びなど」については、何も変える理由は全くないからだ[8]……。そう、これらのテクストの中で語っているのはコジェーヴである。ヘーゲルではない。一九三三年から一九三九年にかけて、高等研究院の小さな教室に押しかけた、幻惑された聴衆を前にして、宗教の祭式のようにものものしく振舞っていたコジェーヴである。『精神現象学』の著者がこうした省略的で、ときに晦渋で、それでいて学者的厳密さとどことなく山師的な預言の双方が刻印された文言を、己のものと認知しただろうとは到底思えない。しかし、ここで重要なのは、ヘーゲルが言ったことよりも、彼が言ったと言われていることである。重要なのはコジェーヴの読解が、いかに気違いじみて、空想的で、欺瞞の結果であると言われようとも、ブルトンやバタイユ、アンリ・コルバンやジャック・ラカン、エリック・ヴェイユ、ジャン・イポリット、レイモン・クノー、メルロー＝ポンティ、フェサール神父、ジャン＝トゥーサン・ドサンティ、レイモン・アロン、ロジェ・カイヨワ、ジョルジュ・ギュルヴィッチ、ロベール・マルジョラン*、その他多くの者にとって、ということは間接的にサルトルにとっても、それがこの件についての定説《ドクサ》、絶対的な公認普及版《ウルガタ》となったことである。また、重要なのは、もう一人のヘーゲル、『大論理学』のヘーゲルである。『精神現象学』は結局、この『大論理学』の序文にすぎないが、この『大論理学』の対象はもはや「歴史」でも「自然」でも、いわんや「人間」でもなく、「ロゴス」である。そしてここではヘーゲル自身が、自分の書物を「神の顕示」、「天地創造以前に存在していた」神の悟性の表象であると主張しているではないか。[9] このテクストにおいて、「ロゴス」は〈国家〉や〈歴史〉よりもはるかに、世界的自己意識ないし〈絶対精神〉が顕現する場になると私たちに告げているのは、ヘーゲルその人ではないか。さらにコジェーヴによる仲介も越権行為もなしに、人間が諸世紀を経る中で自らに表象することのできたものの全体、人間が将来において自らに表象し、思考することのできるものの全体を、この「ロゴスの論理」によって包括することができると主張したのはヘーゲルではないか。要するに「本来の」ヘーゲル哲学、『大論理学』のそれは、両義性とも、過大解釈とも、拡大適用とも、強引な意味付けとも無縁のところで、真の体系――原則として、魂と心のあらゆる態度、あらゆる観念、あらゆる感覚、既知および未知のあらゆる錯誤、垣間見られたあらゆる真理、それゆえにまた彼以前および彼以後のあらゆる思想の構えが記載されている網羅的にして完結した真の体系の姿を示しているのではないだろうか。

このヘーゲルはおそらく〈歴史〉の終りを語りはしない。「哲学の終り」を語っている。

彼はおそらく次のように言うことはもはやない。「これが世界の現在あるがままの姿だ。そしてこれが未来においてなるだろう姿だ。しかし世界はもはや変わることはないだろう」とは。そうではなく彼は次のように言うだろう。「これが世界がどのように見られてきたか、そしてこの先、どのように見られるかだ。これが主体的な自由と実体的全体性とを和解させることによって、包括的な位相――単に過去の学説だけでなく、考えうるあらゆる学説を組み込むことのできる――を提示する知の体系だ」と。ヘーゲルは「よりよい」哲学を提供するとは主張しない。「唯一の」哲学、いずれにせよ「最後の」哲学を提供すると主張するのだ。過去の偉大な試みのいずれに対しても、世界の歴史始まって以来初めて、次のように言うことができると主張したのだから。私はあなたの努力と、真理への寄与と、その避けがたい限界、等々を査定した、と。

このような「装置」を幸運にも受け継いだ者には、何か言うべきことが残っているだろうか。アリストテレスやカントの真理一覧の野心を継承し、しかもそれを改良し完成させてしまった真理一覧を手にしているヘーゲル以後の現在、何かなすべきことが残っているのだろうか。

残っているのは、それを繰り返すということだけだ、と概ねコジェーヴは言う。

残っているのは、ヘーゲル自身がしていたことをするということだけだ。ヘーゲルは晩年、精神なき（だがすべてを言ってしまったことを承知している者にとって、霊感がなんの役に立つだろう）祝福を与える老人となり、同じ講義を繰り返すか、時間つぶしに新聞を読み、トランプをしていた。

残っているのは、コジェーヴ当人がしていることをするということだ。彼は高等研究院の「授業」の中で、目がくらむまで果てしもなく、しかも「歴史的」過程ないし「精神」の過程という、「賢者」が理解し、完成させた「深い真実」を理解させるために注釈し続けている。

残っているのは、〈書物〉を読み、繰り返し読み、考え直すことだ。しかもそれを聖書に対してするように、永遠に行なうことだ。[10]「戦後においてもなお、世界の未来、ということはつまり現在の意味と過去の意義とは、詰まるところ、今日、ヘーゲルの著作をいかに解釈するかにかかっていると言える」[11]とコジェーヴは書いている。したがって残っているのは、預言者が言っていたように、「あらゆる起源は満了し」、〈書物〉はすべてを「包含し」、「思考のあらゆる可能性を汲み尽くし」たのであり、「いかなる言説を〈書物〉に対置しても、それはすでに〈書物〉の言説の一部をなしている」[12]と認めること、そしてこれまでにない概念の格とか、今まで一度も予想されたことのない真理だとか、前代未聞の学説だとか、等々を創出したと主張すること以上に無益で馬鹿げた、俗悪なことはないということを認めることなのだ。

これはほぼ、ブランショの言っていることである。彼は『終りなき対話』の中で、こう打ち明けている。「万人にとって、なんらかの形で〈歴史〉は終りに近づいている」。われわれは「みな、程度の差はあれ、終了した〈歴史〉の観点のもとに生きている。すでに大河のほとりに座って死んでは再び生まれ変り、至福と知によって、宇宙の、したがって神の充足であるはずの充足に満ち足りて」。

これはアルチュセールが言っていることだ。彼はマルクス主義に転向する前に、青年期のテクスト[13]のなかで、次のように説明している。ヘーゲルは「わたしたちの世界」そのものとなり、「単に真理としてでなく、現実として」わたしたちの間に現前しており、「現代思想」は、その負債を意識していようといまいと、ヘーゲル哲学という「母なる真理」への「依存」を把握していようといまいと、その否認や無知や「忘恩」まで含めて、一から十まで、アルチュセールが「ヘーゲルの衰退」という壮大な名称で呼んだもののうちで形成されたのである。

それはフーコーの深い確信である。彼は、やはりヘーゲル、コジェーヴ[14]と同様に、「人間の死」を告げた後に、「言説」を分類し、「エピステーメー」を切り出し、「知の領野」を測量し、「言表」をその「出来事」の「緊密性と個別性」のうちに把握し、それらが排除する「言表形式」を突きとめること、要するに、哲学を排して――謙虚で、忍耐深く、情熱的な――考古学を据えつけることに残りの人生を捧げたのである。たしかにフーコーは自分が「〈歴史〉を否定した」と認めるのを拒絶することができたし[15]、「さまざまに異なるレヴェルでの変貌を浮かび上がらせるため、一般的で空虚な変化というカテゴリーを棚上げする」ことだけに留めたのだと主張することができる。だが彼もまた、ヘーゲルによってすべてが閉じられたことを肝に銘じたのであり、それが、「今日性の存在論」の企ての意味するところなのである。それは「われわれ自身の存在論」、「現在の存在論」とも呼ばれるが、彼はそれを人生の最後の数年に、カントの小著『啓蒙とは何か』の解釈のなかで表明している。

それはラカンが図表や結節点によって、さらには円と曲線を駆使して行なったことである。

そしてレヴィ＝ストロースは、哲学の原理そのものを沈黙のうちに放棄した。

ある意味ではデリダさえも、少なくとも初期デリダは、形而上学の歴史が閉じられたと断言し、その閉ざされ、見たところ飽和状態の空間の内部に閉じこもった。もちろん、それを脱構築するためではあるが。「われわれは全く単に歴史の終りとしてのではなく、歴史の閉鎖としての絶対知を信じる……」[16]。

これは実は、反歴史主義者であることを口実にして、反ヘーゲル主義者とみなされたすべての「構造主義者」がしていることである。しかし、構造主義者の第一世代は、自分がヘーゲルとコジェーヴのどちらに、キリストとその伝道者のどちらに忠実なのか本当は分からぬまま、〈歴史〉の終りではないにしても、少なくとも哲学の終りを肝に銘じたのであり、〈理念〉の時代は過ぎ去ったと判断し、自分としては歴史家、系譜学者、脱構築者、過去ないし現在についての考古学者、地質学者、テクスト中毒患者、霊感を得た古文書学者、拘束なき記号論者、地誌学者、位相学者、体系の歴史の研究者、社会学者になる必要があると判断したのである。形而上学者風の無邪気さを免れていさえすれば、どの仮説も甲乙つけ難く、いずれも有効だった。われわれは——私が「われわれ」と言うのは、それは私の師にあたる人たちであり、つまりは私の世代であるからだが——この形而上学者としての無邪気さは、ヘーゲルとともに死に、ハイデガーによって埋葬されてしまったと固く信じ込んでいた。

「ヘーゲルのユダヤ人たち」とは何か

さて私はヘーゲル哲学の「啓示」としての側面を強調しよう。

ヘーゲル自身のキリストたらんとする誘惑と、その最初の注釈者たちの使徒的な使命を強調しよう。コジェーヴとコイレは要するにこう言っている。あなた方はメシアを待っていたのか。プラトン、アリストテレス、デカルト、スピノザ以来、そして時代は異なり、言語は異なっても、解き難い同一の諸問題を、籠の中の鳥のように堂々巡りさせてきた先達たちよりこのかた、哲学は口ごもり、哲学は贖い主を待っていると、あなた方は思っていたのではないか。ところが今やそれは果たされたのだ。哲学には、大小の預言者もいれば、お告げの天使たちもいた。そしてカントないしフィヒテという、善き知らせを予示する素晴らしき洗礼者ヨハネも出現した。そして今や告知された方が到来する。メシアが、至高の救世主が、人となった神、神の子が到来する。新たなキリストが、本来の終末論が沈黙する中で、典型的な奇跡の反復の雰囲気の中で（ヘーゲルが『精神現象学』の最後のページの最後の行に「完」の文字を書き込んだ瞬間、ナポレオンがその部屋の窓の下を通り、それから一世紀半後に、その伝道者たる私、コジェーヴは、ヒトラーが至高の狡知によってフランスに宣戦布告したその日にその解説を完了するに至る）、やはり〈精神〉の新時代の幕を切って落とす。そして『精神現象学』は出来事の年代記にすぎず、この出来事の到来に至る重要な契機を物語る小説、詳細な叙事詩、その遍歴物語にすぎなかった――これは強調しておこう――が、『大論理学』の方はそれよりも見事に何が生起したのかを正確に提示しているのだ。これこそは人類のバイブル、福音書、〈第三の契約〉であり、「天上の王国の実効的現実性……」(17)である――ママ――ところの「普遍的で等質的な国家」なのだ。

かかる啓示に対して、この思考の雷鳴――それが聞こえる所ではどこでも人々の意識を動揺させ、知覚のシステムを狂わせ、思考とさらには想像力の作動様態をぐらつかせる――に対して、頭をたれ、判決をうけいれ、崇拝する者たちは、もちろんいる。しかしこの知らせに抵抗し、それを公言する者もいる。あらゆるメシア到来の瞬間にはそうであるように、いずれにせよキリストその人のエピソードではそうであるように、信徒や篤信者がいる。だが反乱者、愛国急進派、真理に逆らう者、もしくは単に懐疑的な者たちもいる。彼らはこの〈終末〉を告げ、具現しているとの奇妙な主張に対して敢然と立ち向かうのだ。

多種多様な抗議者、異議申し立てをする者、疑り深い者、精神の反抗者たちの群が、最初の茫然自失の時が過ぎると、もう一つ別の声を上げ始める。「光輝くあけぼの」を信じず、「実際的な知」も願わず、彼らの知と時代の知が「学」のランクまで「上昇する」ことも願わず、単に考え続ける思考の声だ。

私はこれらの人々を「ヘーゲルのユダヤ人」と呼ぶことを提案する。

これらの懐疑論者ないし反抗者を「ヘーゲルのユダヤ人」と呼ぶ提案は、かなり理にかなっている。彼らはこう言うのだ。「いや、違う。ヘーゲルはメシアではない。その他の預言者と同じ一人の預言者だ。非常に偉大な預言者かも知れないが、メシアでは絶対にない」。

私が「ヘーゲルのユダヤ人」と呼ぶのは、憂鬱や怒り、ためらいと信念のうちに、反旗を翻す者であり、たとえそれで信用を失うことになり、無知で馬鹿正直と非難され、時にはヘーゲル哲学がきっちりと裁定を下した矛盾や論争の前の段階に後戻りしたという気にさえなろうと、哲学の闘争を続けることを決心した者たちのことである。

「ヘーゲルのユダヤ人」には三つの種族がある。

まず最初に、次のように言う者たちがいる。「メシアだって？　それも結構。だが、お前たちの言う選ばれた者の顔を見よ。プロシア国家への崇拝の中で生涯を終えた男の前に全人類がひれ伏すよう求めることができると本当に思うのか。だから追い求めねばならない。さらに探し、追い求めねばならない。私たちは〈精神〉が、〈歴史〉の中にあって隠された秘密のようなものであることは認める。だが、ヘーゲルがその秘密を暴いたとは思わない」。

これは青年ヘーゲル派だ。彼らは師の死後すぐに、帝国の敗北から生まれた無数の諸国家の中に、現実と真理と自由の実体的結合を見ようとする者たちに憤慨した。

フォイエルバッハでもある。彼は推論それ自体は悪くはないが、結論が間違っていると指摘する。弁証法を「転倒させよう」、地に足のついた弁証法にしよう、と彼は叫ぶ。図式が機能するためには「〈理念〉」の代わりに「〈人間〉」と言うだけで良い。「絶対精神」とは「〈人間〉」であり、もっぱら〈人間〉だけであると認めるだけで良いのだ。

そしてもうひとりの青年ヘーゲル派、カール・マルクスでもある。彼もまた、普遍的〈歴史〉のメシア到来の原理に反対はしない。だが、メシアを名乗る人物の哀れな顔には、メシアを認めることを拒絶する。「メシアか。それはよかろう。だがナポレオンがメシアだと？　それともナポレオンのドイツでの後継者がそうだというのか。悪ふざけか。挑発か。本当に、現代の官僚制国家を〈歴史〉の栄光の肉体に、神的〈理念〉の現実化に、世界の魂にしようというのか」。

つまり終末論的展望には賛成。しかし提案された日程表には反対。メシアが到来するという考え、そしてその日には、「現前の霊的な光」の中で、人間はついに己の本来の場にあり、その存在は正当とされ、自由になるという考えには、賛成。しかしヘーゲルはこのメシアではない。最終的状態、〈歴史〉の終りなどの考えには賛成。だがそこに到達する道筋を構想し、実行するのは他の者たち――私の仕事だ、とマルクスは考えた。

第二に反乱をおこす人々がいる。「メシアなどというものは全くない。論駁すべきはメシアという原理そのものだ。哲学者たるもの、哲学の歴史が最後の言葉を言い終ってしまったなどと、どうして認めることができよう。〈理念〉に仕える者として、真理の、したがって〈歴史〉の働きが、自らを全体化して、停止するなどという考えにどうして馴染むことができよう」。

ニーチェはこの第二の意味で、ヘーゲルのユダヤ人である。『反時代的考察』[18]の中で、彼はヘーゲルの滑稽な傲慢を皮肉って、教授は「普遍的過程の頂点と最終点はベルリンでの自分自身の生活と一致する」ことを確信し、そこでこんなニヒリズム時代用のメシア主義を、この期待も不安もない宗教を、最後の人間の神秘神学を、こんな衰弱し切った哲学をわれわれに押しつけようとしているのだと、言っている。

キルケゴールはヘーゲルのユダヤ人である。秘められた内面性、解体し苦しむ自我、ヘーゲルの忌まわしい全体化に還元できない主体性、こうしたものの哲学者である彼の語るのは、アイロニー、懐疑主義、哲学的断片、生命の黄金の木のしたたる緑、絶望――おそらくヘーゲルは「体系」については正しいが「主体」については間違っている。おそらく「論理」について語るときは正しい。だが、「実存の体系」などというものはない。「経験のうちで生きられた」のではないもの、「自分自身の確実性に結ばれて」いないものは、「知られない」のだ。この自己の確実性こそ、この還元不可能で、誘惑的で、絶対的な主体性こそが、ヘーゲルの体系が機能していないことの疑うべからざる証拠である……[19]。

バタイユは、ヘーゲルのユダヤ人である。クノーが語るところによれば、バタイユは「ヘーゲルないし、フランスの哲学の読者層がかわるがわる見出して来たさまざまに異なるヘーゲルと対決した」。そしてこの「二〇年」にわたる対話、すさまじい「苦痛をともなう」精神の組み打ちの中から、最後には自分自身を「根本的にヘーゲルに与しえない者として」認識するに至ったようだ。しかし同時に彼は「この自己認識は、自身が他に匹敵するものがないと述べている理論（ヘーゲル理論）を知った後に、初めて可能になったということを承知しており、彼は、そのようにして、それによって媒介されたが、還元されることはなかったということになる」[20]。バタイユは、ヘーゲルのユダヤ人である。（彼は今度は）コジェーヴを「今日最大の哲学者」[21]と思っており、その「月曜講義」によって、「疲労困憊し、打ちひしがれ、一〇回も殺され、息がつまり、釘付けにされた」と言っているが、それでも自分の存在の一部はこのような全体的な合理化に抵抗すると結論せずにはいられなかった。彼は「時下最大の哲学者」にこう書き送る。「いまや〈歴史〉が完了したことは認めます。ただ決着はついていません」。私がそれを認めるのはあくまでも、「真実らしい仮定」としてであり、しかもあなたがそのように言うからです。しかしこの型の考えは同時に、「極限のものに背を向ける」という危険を冒すことにならないでしょうか。このように考える思想家について、「懇願は彼のうちで死んだ」、彼にはやがて「シャベルの柄」だけしか残らないだろうと言うのは適切ではないでしょうか。それに「私の生」を見て下さい。「私の生」という「開いた傷口」を見て下さい。それだけで十分に「私を定義する」「用途なき否定性」、この日々の「挫折」、これらの「聖なる淫奔の数々」を見て下さい――こうしたものすべては「ヘーゲルの閉じられた体系」に対する生きた、燃えつくような「反証」となっているではなかろうか[22]。

ショーペンハウワーはヘーゲルのユダヤ人である。

アドルノはヘーゲルのユダヤ人である。彼はヘーゲルの〈普遍〉の中には、彼が「非真実」と呼ぶものがあり、その観念論の中には現実的なものに対する「激高」があると診断する。

脱構築のデリダはヘーゲルのユダヤ人だが、もっと悪知恵にたけたそれである。絶対知だと？　よかろう。そう、ヘーゲルが絶対知の法則をわれわれに残したことは認めよう。しかし絶対知の先には何もないのか。その見えない国境線の向こう側に、国境線と戯れ、それを一時停止にしたり、破滅の危地に追い込んだりするような思考や言葉があるのではなかろうか。それの探索こそ、脱構築者の責務にほかならないのだが。

時期はそれぞれ異なるとしても、今世紀の生ける思想家たちはみな、ヘーゲルのユダヤ人である。死せる者に対する生ける者の反乱、偉大なる時代の哲学に対する生ける思考の果敢、これがヘーゲルのユダヤ人なのだ。「〈歴史〉の終り」だと？　ニーチェは正しかった。それは老人の教理だと、言ったのだ。意識は、世界が自分のあとになおも継続して行くと考えただけで、硬直してしまったのだと。いまわの際に、今後もこれまでに聞いたこともないことが起きるかも知れないと気付いた魂の苦悩、人間的な、あまりに人間的な魂の苦悩なのだ。「わが亡き後に洪水は来たれ」ではなく、「洪水だけは来てくれるな」である。もしくは、洪水はよい。だが、来るなら、私の時代に来たれ、である。私が洪水を予告し、解釈し、同行する。そして私の後には、にぶい貿易風が吹けばよい……。

第三に、作られていく〈歴史〉、血と肉の生身の〈歴史〉、二十世紀の哀れで悲劇的な〈歴史〉を観察するヘーゲルのユダヤ人たちがいる。彼らは恐怖を前にして、歴史の宿命であるかのような数え切れない大虐殺を前にしてこう叫ぶ。「この虐殺の連鎖の中に、この夜の中に、どのようなものであれなんらかの成就を、まして〈歴史〉と〈理性〉の完遂を見ることがどうしてできようか」と。

あのルナンも「ヘーゲルのユダヤ人」である。彼はヘーゲルを伝聞でしか、またはヴィクトール・クーザンの『ドイツの思い出』を通してしか知らなかったが、そのヘーゲルとの沈黙の対話の中で、〈歴史〉は進歩しない、〈理性〉が〈歴史〉を運ぶということはない、〈現実〉は増大する合理性もしくは抗いがたい完遂の方向には、まったく進まない、一度たりとも進んだことがない、ということに気付いて行く。アテネはマケドニアに敗れ、ギリシャはローマ軍に占領され、中国は満州族王朝に粉砕された。いずれも優れたものが劣ったものに、高い文化を持つ者が野蛮な者に屈服した例ではないか。つまりは〈知の光《リュミエール》〉の敗北ではないか。

『贖いの星』の著者、フランツ・ローゼンツヴァイクは、ヘーゲルのユダヤ人である。彼は一九一六年、バルカン戦線の塹壕から世界がアポカリプスの中に沈んで行くのを目にした。〈歴史〉の終りだと？　まさか。前進する合理性と人間性の完遂だと？　そして戦争についてのヘーゲル派の理論……彼らの理論によれば、たとえどんなにおぞましいものであろうと、戦争は主体を「感覚的なもの、俗悪なもの、個別的なものへの埋没」から引き剥がす長所があるということになる……。彼らはこれでもそう確信し続けているのだろうか。総力戦なるものを生み出したこの戦争の後でも、彼らは、戦争は「個人的利益の優先」といった、人類の「愚劣な言動」を打破し、より高い「倫理的段階」へと人類を導く効果があると言い張るのだろうか。『贖いの星』の著者には、「むき出しの土の襞の中に虫けらのように身を潜める」兵士の叫びが聞こえる。これらの男たちがおぞましさのあまり、恐怖で身も心もかきたてられて、殺戮の場へ向かうのが目に見える。そして個人の「倫理的段階」への上昇としては、観察できるのは、生きた獣の果てしない狼狽、脳漿が炸裂して、血と泥にまみれるさま、殺戮の臭いばかり、つまりは動物性への、さらには植物性への退行、人間性のゼロ度ばかりだ。一九一四年の後では、人はヘーゲル主義者ではいられない。〈歴史〉は終った、現実的なものは理性的である、などという説を支持することはもはやできない。〈人間性〉の観念そのものが塹壕への遺棄の中で疑問にさらされたのだ。これがヘーゲルのユダヤ人、ローゼンツヴァイクが述べたことである。

さらにそのあと、アウシュヴィッツ時代を生き、生きのびた哲学者ないし思想家たちも、ヘーゲルのユダヤ人たちである。何と変てこな犯罪だろう、と彼らは言う。恐ろしく、いやしい罪ではあるが、同時に何とも変で、われわれをとまどわせる、多くの点でこれまで聞いたことのない犯罪だ。一つの民族が世界のあらゆる地表から、このように追い立てられるのを見たことがあるだろうか。一つの国家が、一民族を狩り出すためにこれほどの手段、これほどの想像力と科学の資源、これほどの産業を総動員するのを見たことがあるだろうか。戦争中の国が、しかも敗北の間際にもなって、強制収容所に囚人を送る列車の方を部隊や武器の輸送に優先させたり、子供たちを狩り出すために何大隊もの警官や兵士を動員するなどということは想像できただろうか。プリモ・レヴィ、ジャンケレヴィッチ、レヴィナスの目には、さらに『専制政治《ティラニー》について』のレオ・シュトラウス*にとっても、結論は疑いを容れない。第一に、なによりもそこには極端な、根本的に非人間的な野蛮がある。ヘーゲルのいう歴史以降ではなく、原始歴史、ないし動物歴史だ。人間性はそこでも一九一四年のときと同様に、しかし、もっと悪く、動物界の中で最も動物的なものへと連れ戻されてしまった。第二に、これらの犯罪は理性を逸脱している。この世のいかなる理性もそれを理解することはできないし、これからもできないだろう。存在論的犯罪なのだ、と彼らは言う。形而上学的ジェノサイド。理解しようとする企てそのものが、絶対的に猥褻なことなのだ、とクロード・ランズマンは言う。第三に、そこに〈善〉または〈意味〉の到来のなんらかの段階——それらの犯罪を通して〈善〉や、〈意味〉は己を探し求める、といった――を見ることはもはや論外である。これに輪をかけて猥褻なのが、すべての非宗教的弁神論である。あからさまに主張しようと、暗々裏に主張しようと、摂理を説く言説、つまり「イオニアからイエナに至るまで」、意味を持たないものに意味を与えようとし、狂った神、もしくは倒錯した神、もしくは狡猾な神――これはヘーゲル自身による神の定義だ――が上演する神の喜劇として〈歴史〉を提示しようとしてきた言説は、すべて破綻した。第四に、弁神論というカードに賭けること、つまり何らかの仕方で〈歴史〉哲学の枠組みの中で、つまり〈歴史〉の終りという枠組みの中で考え続けるということは、事件が起こったあかつきには、何も見えず、何も理解しないままで終ってしまうということ。そしてもし偶々事件が再来したときには、相変わらず何も理解しないままで終ってしまう。レオ・シュトラウス[23]は書いている。「われわれが専制に直面したとき、それもこれまでの最も有力な思想家たちがなしえた最も大胆な想像をすべてにおいて凌駕する専制に直面したとき、われらが政治学はそれを識別することができなかった」と。第五に――これがとくに重要なのだが――野蛮性の前代未聞の姿がここにあるということである。そしてこれが前代未聞だということこそ、〈歴史〉が終っていない証拠である。だがら、逆に、レヴィ＝ストロースは、虐殺の全般的歴史のレベルで、人類学者たる私が知っているはずの殺戮の数千年にわたる歴史の中で、ショアーは実際に唯一無二のものであると認める発言を全くしていない。また同様にミシェル・フーコーは生涯の終りに次のように主張している。しかしそれこそ彼の思索の主たる方向ではなかろうか。[24]すなわちナチス国家は、数多の人種差別国家の一つであり、十八世紀以来確立された権力の形を「最高の発作にまで」推し進めたというだけの話である。そして〈最終解決〉と一九四五年の三―四月に出されたドイツのインフラストラクチャーの破壊を命じる政令とのあいだに、真の性格の違いはない。また政治史の理解可能性の原理は「戦闘の血と泥のうちに」、「夜が明けて日が昇るときに死んで行く、罪なき者たち」のうめき声の中に、探し求められるべきであるが、こうした政治史のレベルで言うなら、ユダヤ人の虐殺はやはり現実に特殊的とは言えない。まるでショアーの特殊性、特異性、唯一性の問題は、〈歴史〉の終りの理論に対する、最も議論の余地がないがゆえに最も危険な反証であるかのようではないか。〈歴史〉の終りを確実なものとするためには、ナチスの犯罪の〈歴史〉をありふれたものとし、中和化し、修正しなければならないかのようではないか。……

フーコー問題への註。私はもちろんフーコーが「修正主義者」だったと言おうとしているのではない。私はまた彼が、留保なき反ヘーゲル主義者、つまりは彼なりのやりかたで、ヘーゲルのユダヤ人たらんとし、そのように生きたことも忘れていない。それにいま私は目の前に『言葉と物』の例のページを開いている。フーコーが、マルクスは「〈歴史〉の終りという大いなる夢想」を分有したと非難しているあのページだ。この「実証主義的にして、終末論的なひと続きでの」言説の中では、人間は「還元されると同時に、約束された真理として」現れる。そしてそれに与するものはだれでも十九世紀の素朴な「進化論」の中に組み込まれてしまうのだ[25]。これとは別に彼は見事なテクスト[26]の中で、「一五〇年前から」哲学に対して課された唯一の真の問題は、「いかにして全くヘーゲル派であることをやめるか」ということであると説明しつつ、「あとからあとから出現するこれらの逃亡者、犠牲者、異分子、要するにヘーゲルが世界の夜から消し去ろうとしたあれらの血まみれの顔と別の白い影」を喚起している。これは実はヘーゲルの有名なテクストを示唆しているのだ。「あたり一面は闇だ。するとここに血まみれの顔が現れる。あちらには別の白い影。その二つはともにたちまち姿を消す。人の目をしっかりと見据えるときに気づくのは、この闇夜なのだ」。私が述べているのは二つのことだ。まず第一は、フーコーの試み、考古学的さらには古文書学的でさえある姿勢を決断したこと、この、哲学者とは公証人もしくはテクストという記念建造物の検査官であるという自画像、こうしたものは、フーコー自身が何と言おうと、コジェーヴ的〈歴史〉観念なしには何一つ可能ではない。つまり終りに到達した〈歴史〉は、新たなメリメよろしく、無限の印刷済みの表層を、延々と管理する務め以外のものを残すことはないという観念である。さてそれからもう一つ。この終った〈歴史〉という観念は、その内的な限界として、このショアー事件に突き当たる、ということ。まさにそこから、レヴィ＝ストロースのケースと同様に、『社会を守れ』の著者フーコーが、概ねナチズムを、とくにブーランヴィリエが考えた際限のない人種間戦争の一事例に還元してしまうという、なんとも異様な晩年のテクストの一切が出てくるのである。……

以上が論争の一部始終だ。

以上が、最後までヘーゲル哲学の大いなる影の下で生きることになった一つの世紀の全体図である。おそらくこの世紀は、ヘーゲルに対する、連綿と長く続く、そして十分に推論を尽した、ヘーゲルのユダヤ人たちの抗議以外の何ものでもなかったのである。

二十世紀に人が何をしたかといえば、一つの論争の項と項の間で悪戦苦闘すること以外に何もしなかった、ということになるかも知れない。その論争は、今から振り返るといかにも異様で、もしかすると、煩瑣に見えるかも知れないが、われわれの先輩たちには重大事だった。

実際、私はこの風土から逃れた思想家を一人として知らない。そして哲学者ないし詩人であるということは、ヘーゲルと対決すること、ヘーゲルという出来事の大きさを測ること、ヘーゲルが自らに提起した問いを一つ一つ生き抜く、またはヘーゲル自身を問題に変えることだと考えなかった思想家を一人として知らない。サルトルに至るまでそうなのだ。またの名をプールー、またの名をパルダイヤン、またの名をフラカス、ユダヤ人の王にして哲学者たちの君主。これらのヘーゲルのユダヤ人たちの、最大ではないにしても少なくとも時間的に最後の人物ということになる。

再び哲学、もしくはヘーゲルの魔法の円からいかに抜け出すか

サルトルはすでに述べたように、コジェーヴの講義に出席していない。ソルボンヌでのフッサールの講演を聞きに行かなかったのと同様であり、『ビフュール』誌に載ったコルバンによるハイデガーの最初の翻訳を読んでいないのと同様である。それにこれは、彼が逃した重要な出会いの最初の例でも最後の例でもない。すでに見てきたとおり、出会いを逸するというのは、哲学の次元でも政治の次元でも、彼の人生の構造となっている。

その半面、サルトルは彼らを知っていた。サルトルがヘーゲルもしくはコジェーヴ、もしくは両者の刻印を受けた時代の空気から逃れたとは私には想像できない。

彼が高等研究院でのセミナーの噂を聞かなかったとは信じられない。少なくとも、熱心に通い詰めていたメルロー＝ポンティか、イヴォンヌ・ピカールの口から聞いたはずだ。イヴォンヌ・ピカールは、高等師範の女子学生で、後に「社会主義と自由」の責任者となり、強制収容所に送られ、殺されてしまう。当時はサルトルの信奉者、そして同時にコジェーヴの歌ミサの信奉者だったことは確かだ。

それに周知のように――それも彼自身の口から語られている[27]――、サルトルの『精神現象学』との真の出会いはイポリットの翻訳と注釈に始まる、つまり戦後直後に始まったのではあるが、「一九三九年ごろ」には彼は、間接的影響や伝聞によって、またあちこちで拾い集めた断片を通じて「ヘーゲルから多くのも

のを吸収していた」。

そしてどうも彼は、そこから逃れ、魔法の円から脱出し、一歩横にずれたり、後ろに退いたり、前に出たりしようとするのではなく――より興味深く、哲学的にはより危険なことなのだが――この円の中に腰を据え、その言葉とコードの火を盗み出し、恐るべき終焉の思想が彼の時代に突きつけた挑戦を受け止め――ただし内部から――ようとしたかのようなのだ。

サルトルが、ゴミとくずと絶対悪の思想家であることを思い起そう――それだけですでに事実上の反ヘーゲル主義である。

サルトルが半ばバタイユ主義者であり、無神論者であり、〈悪〉を正面から見据えること、したがって否定的なものを美化し、無益な苦痛を有益な苦痛に変え、意味を持たぬものに意味を与えるといった考えそのものを忌避することを己の哲学的面目としていたことを思い起そう――この点でも彼は反ヘーゲル主義者である。

そしてとりわけ、私がその主要な「定理」に言及した、あの政策を思い起そう。これによって、第一のサルトルは、例の〈歴史〉の法廷という考えそのもの、言いかえれば、〈悪〉を受け入れそれに屈従するには、善き視点、すなわち裁定を下される〈歴史〉の視点を取りさえすればよい、という昔からの考えに敵意を抱く、度しがたい〈悲劇〉の思想家であった。これもまた、これまでに登場した反ヘーゲル哲学のうち、もっとも徹底的なものの原理ではないだろうか。

ところが今や、哲学者、真の哲学者が登場し、自分の最初の大著『存在と無』を、ヘーゲル哲学が残した二つの問題――〈歴史〉の終りと哲学の終り――に真正面から取り組むために捧げようとする。そしてすでに見たように、この戦士が得意とし好んで用いた、長期にわたる巧妙な包囲戦術の一つを展開した末にそれを実現しようとするのである。

第一段階。彼はヘーゲルを真似る。自分の声をより一層聞いてもらうように、同時代の人々に、自分が大ヘーゲルの息子ないし孫であるとほのめかす。彼は身分を証明してみせる。ヘーゲル哲学への言及が哲学的豊かさの外的な印だと思っているインテリゲンチャに貢物を納めるのだ。物真似サルトルだ。模作と偽造物の愛好者、セリーヌやドス・パソスを真似たサルトルが、今やその役者にして高等師範学校文科受験準備学級生ならではの並外れた才能の限りを尽くして、ヘーゲルの真似をし始めるのである。

ヘーゲルのように、彼は「現象学」を予告する。

さらにヘーゲルのように――この書の副題からして明らかだが――この現象学が「存在論」に裏打ちされ、支えられるように気を配る。

ヘーゲルのように――そしてデカルトに逆らって、ライプニッツ、さらにはスピノザにさえ逆らって――「否定」というものに、単に論理的な役割だけではなく、実体のうちに内在する運動――サルトルもまたこれを「弁証法的」運動と名付けている――における積極的にして実際的役割を与えるのである。

コジェーヴはその注釈の中で、このような「二元論的存在論」を構築すべきことを呼びかけていなかっただろうか。それは絶対知の体系の中に陰画として刻みこまれており、〈賢者〉が自分の代わりに追随者に書かせるべく残しておいたものである。サルトルはコジェーヴの計画表を埋めていく。ヘーゲルが未決のままに残していた書物を書くのだ。『存在と無』を『精神現象学』の一種の模作もしくは続編とする第一レベルの読解がある。世紀の大思想に対する敬意を慎ましく表する、節度ある正統的な本として読む読み方がある。

その目次。その副題。そして「ヘーゲル風の」、限界ぎりぎりのページ。そこでサルトルは「人間現実」

を「それが存在への現実的な現前としてそれであるべきであるところの一つの具体的な否定から、溢れ出る」かぎりにおいて、ただそのかぎりにおいてのみ、「諸否定の未完結的な全体[28]」であると定義するのである。こちらにはヘーゲルの「解決」、あちらには「ヘーゲルの天才的直観」という語が散見する。こうしたことすべては超ヘーゲル主義的な響きがするではないか。次のように言うこの奇妙な現象学者以上のヘーゲル主義者はいないだろう。もし「年代的な順序」ではなく、「一種の無時間的弁証法」の視点を採用しようとするなら、そのときは「『精神現象学』第一巻で」ヘーゲルが「独我論」とそれへの必然的な「反駁」に与えている「解決」は、「フッサールによる解決に対して大きな進歩」を実現していると。[29]

第二段階。ヘーゲル哲学をペテンにかけること。ヘーゲルの子供を作ること。できるならば、こっそりと作ること。内部から異議申立てをして、ヘーゲルを取り壊すこと。これこそもう一人のサルトルである。抜け目ないごろつき、真理の炭焼き党員《カルボナーロ》、したたか者である。また同じ戦士サルトルでもあるが、しかし、今や敵陣深く侵入し、敵の警戒を鈍らせた上で、相手の概念を奪取して、それを巧みに流用し、武器としてヘーゲルその人に突きつけようとする、いずれにせよ自分のものにして変質させてしまおうとするのだ。彼がフッサール、ハイデガーに対して、こうした振る舞いをするのはすでに目にした。当時の大思想に対し、文字通り海賊行為を行なっているのは目にした。ヘーゲルに対しても同じことをするのだ。ヘーゲルに対してハイデガーをぶつける。次いで、改めてフッサール、次いで、デカルトとそのコギトをぶつける。今や真っ向から、ヘーゲルに向かい、強力なサルトル・ウイルスを植えつけているところだ。

本はヘーゲルに対する宣戦布告から始まる。それはあからさまではないが、あからさまなカントへの参照を援用していることから明白である。第一部第一章III（「無についての弁証法的な考え方」）の全体がそれにあたる。サルトルはここで、存在と無のいずれをも空虚な抽象として捉えるヘーゲルの存在と無の概念を粉砕する。『小論理学』の最初の言葉である「いかなる規定もない、純然たる存在」については、「何も」言うことができない、それは「無」と「同じもの」である、とヘーゲルは主張している。誤りだ！とサルトルは反論する。非常に粗雑な誤りだ。「ヘーゲルに反駁してここで指摘しておかなければならないのは、存在は存在し、無は存在しないということである」。真っ向からヘーゲルに向かって、カントとともに、もう一度言っておくべきことは、次の通りである。すなわちこの「存在しない」無は、そのわずかな存在を存在から引き出しているのであり、もし、万が一存在が消えてしまったりしたら、「この存在の全面的消失は、非存在の到来を意味するわけではない。反対に、そうなれば、無ももろともに消滅してしまうだろう」。

本は（第四部、第二章、Ⅱ、Ⅲ）「ゲーム」、さらには「スポーツ」ないし「スキー」といった、著しく「無償」の、もしくは「真面目でない」あらゆる活動の称賛で、完結する。こうしたものを主要な哲学的対象のランクに引き揚げるということは、コジェーヴの学説には挑発として響いたであろう。コジェーヴ学説の呪文はまさに相変わらず、「真面目」であった（「〈歴史〉を真面目にとる」……「死者をもたらさない出来事は真面目な出来事ではない」等々）。その上この称賛は（この本のまさに最後の言葉となる）、これもやはり無償の、作品も結果も残さない、悦ばしき自由の肖像へと行き着く。「己をあらゆる価値の源泉としての価値ととらえる」、「自由そのものであろうとする自由」、要するに、作ることではなく行動すること、もしくは目的なき合目的性、もはや超越にも外部性にもつきまとわれることのない空回りする実践として構想された自由の肖像である。この自由はカントによる美的享受に、さらにはキルケゴール的イロニーにも近く、『精神現象学』の核心にある作品、労働、対象の変形、プラクシスへと向かう辛い労苦に耐える自由からはほど遠い。

そしてこの二つの項の間、このプロローグとこのフィナーレの間、この二つの反ヘーゲルの突撃の間に横たわる六〇〇ページにわたる大哲学の中で、当時入手可能の反ヘーゲル主義を最大限動員している——サルトルはカントを演じているという事実だけからも見てとれる——わけだが、この哲学は、「絶対知」の体系の枠組みに、少なくとも、次の三つの楔を打ちこんでいる。

1。まさしくキルケゴールへの参照。それは「他者の存在」に関する章のIIIの冒頭に、見られる。ヘーゲルに対して、「個別者としてのかぎりにおける個別者の復権要求を代弁するキルケゴールを、対置しなければならない」とサルトルは言う。ヘーゲルに対して、個別者を対置しなければならない。この個別者は、「自分の具体的な存在の承認」を要求しているのであって、「普遍的構造の説明」を要求しているわけではないのだ。そうだ、サルトルは「ヘーゲルのユダヤ人」の中の最も根本的な者としての〈普遍者〉は、「それが個別者のために存在するのでないかぎり、何の意味も持ち得ないだろう[30]」ということを証明する者としての、キルケゴールを参照するのである。

2。同じ「他者の存在」の章でサルトルはさらに続ける。「存在を認識と同一視する」という罪を犯したヘーゲルは、「二重の楽観論告発」を受けるべきである、と。まず認識論的楽観論——こちらの方が軽いが——である。「いかなる普遍的認識も、意識個体間の関係から引き出されることはない」し、「対象=他者と主観=我れとの間」にも、まして「自己(についての)意識と他者についての意識との間」にも、「共通の尺度」などない。存在論的楽観論。こちらのほうが「根本的」である。というのはこれは「意識個体の複数性という言語道断な事態を終らせる」という意図のもとに、ヘーゲルの「視点」をそのまま「全体主義的視点」——ママ——としているからである。この手品の種は、「出発点」で「複数性」の「全体性」への「超出」を自らに与え、したがって「コギトの必然的確実性」を無視しておきながら、到着点で「真理は〈全体〉の真理である[31]」と断言することにほかならない。

3。「否定の否定」の概念の批判。これはサルトルもよく承知しているように、ヘーゲル哲学の力の源である。そこでサルトルは、否定を認めるが、否定の否定の方は認めない。彼はこのことを長々と繰り広げられる議論を通して、何度も繰り返しながら、まず「対自の欲望の対象となる存在とは、それ自体においては、自分自身の根拠となる即自存在である」ということ、次いで「対自は、即自の否定である即自への単なる純然たる回帰を欲することはできない」ということ、したがって否定の否定の観念そのものが意味と妥当性を失うということを論証していく。では、弁証法はどうなるのか。サルトルにはサルトルなりの弁証法があることを、思い起こそう。それは「頭を切り落とされた」弁証法、「綜合なき」弁証法であり、「進歩」によってではなく、「回転扉」によって、機能する。この螺旋的な形態ゆえにそれは次のような二重の特性を持つ。まず同じ地点をいくども、さらには無限に通過するという特性。次いで、これこれの出来事が、その起源や根源を、それに先立つ出来事の中にあるわけでも、近い出来事の中にさえあるわけでもなく、場合によってはきわめて遠いかも知れないが、この頭を切断された弁証法によってそれとの共鳴を引き起こす、そうした出来事の中に見出すことを可能にするという特性である。この弁証法と、ヘーゲルの線的で進歩主義的な弁証法とに共通のものは、弁証法という名のみで、これは紛れもなく別の弁証法である。〈歴史〉の弁証法的運動の、認識論的にも存在論的にもまったく別のモデルである。しかしサルトルは一秒たりとも自分がヘーゲルに対抗する能力のあることを疑わない。自分のモデルが先行者のモデルに対して優越することを疑わないのである。『存在と無』は、『精神現象学』なのだ。ただしより優れたそれであるが。

そして第三段階、――第三の作戦。それは哲学を作り直すことである。しかも昔風のやり方で。まるでヘーゲルもコジェーヴも存在しなかったかのように。彼らの存在にもかかわらず、まるでゼロから再出発することができ、またそうしなければならないかのように。彼らが最終的に円環を閉じたと称する〈体系〉の内在的合理性など、サルトルは信じていないかのようだ。もはや哲学はない、と「賢者」たちが言ってるというのか？　もはや決して、と？　そしてナポレオンがイエナで彼ら賢者たちの一人の窓の下を通ったとかいう理由で、思考の営みは、今後は、聖なるテクスト、ないしそれを予告したテクストの注釈に限定されねばならないというのか？　こんな考えは、私は承服しがたい、とサルトルは言う。しかし私はその忌避を行動で示すことにする。私があなた方にこの大部の哲学書を投げつけるのは、そのためである。この本はコジェーヴ・ヘーゲルの公認普及版《ウルガタ》が無価値なものとしたもっとも伝統的な問題を再び取り上げる。存在と時間、一と多、形而上学概観、超越、生と死、時間、世界、無の起源、虚偽と真実、〈理念〉、存在論と倫理学、苦悩と欲望、肉体、性、認識、神、そう、神だ、神という永遠の問いを、私は自分なりに取り上げ、それが「自分自身の即自存在の根拠であるようなひとつの意識の理想」[32]以外の何ものでもないことを示そう……。

「ヘーゲルのレベルまで上って行くことはさほど難しく」はないはずだ、とサルトルはレイモン・アロンの前で予言していた。彼らの学生時代の、サンジェルマン大通りとバック通りの角での立ち話だ。[33]使命は果たされた。このサルトルは、「ヘーゲルのユダヤ人」である以上に、ヘーゲル哲学に対する無信仰の徒、堂々と禁忌を犯す、厚かましく、臆面もなく、不遜な遊び人である。彼は哲学の終りの終りを宣言する。宣言当時の哲学の一般的風潮であった、悲嘆に暮れた懐旧から脱却することが可能であると宣言し、それを実証して見せた。哲学は純粋たるアカデミックで博物館的な営為——今日なお大抵はそこに追い込まれているが——とは別のものになりうると予告し、それを事実で証明してみせたのである。

彼は獅子吼する。哲学史は私たちに残されている哲学の唯一の形式ではない。彼は力説する。哲学者は、みながみな必ずしも哲学の教授ではない。メルロー＝ポンティとアロンは教授だ。フッサール、ハイデガー、ヘーゲルは、すでに教授だった。フーコー、アルチュセール、デリダもやはり教授となるであろう。彼、サルトルは教授だったが、教授であることを止める。彼は、自分はもはや教授ではなく、自分の哲学はもはや、そして永久に教授の哲学ではないと言った最初の哲学者なのである。こういう哲学者は久しい以前から存在せず、今後もずっと存在しないだろう。なるほど彼の哲学の実質とは挙げて、偉大なテクストを読み直し、利用し、剽窃し、書き直し、ピンはねし、表現することとなろう。だがその目的は唯一、偉大なテクストを蘇らせ、それらのテクストとともに各人に課されている例の大問題——哲学者たちはそれを打ち捨てて来たのだ——に立ち返るということなのである。

これが『存在と無』の魅力である。

これが、サルトル以降の者の目から見れば、この企ての告知が即座に並はずれた熱狂に迎えられた理由の一つである[34]。

このような理論面での幸福感とも学問的無邪気さとも言うべきものの中には、何か非常に美しく、非常に感動的なものがある。これがこの第一のサルトルの思想の雰囲気をなしているのだ。

サルトルは、誰もが感じているように、ヨーロッパの偉大な哲学者たちのうちで、時間的に言って最後の——まさしく最後の？——哲学者なのである。

哲学者たちにとどめを刺す

ただし、何たることか、サルトルは、失敗する。

もっと正確に言うと、当初は成功だった。全き成功だった。何しろ『存在と無』という、輝かしく、壮麗で、〈精神〉の見事なカーニヴァル、鳴り物入りの夢、偉大な書物があるのだ。しかしすべてはまるで、彼自身がこの本当とは思えない成功におびえ、怖気づいたかのように進行する。すべてはまるで、この最初の本が発する自由の印象を前にして、彼の中にある何かが目眩を起こしたかのように進行するのだ。そして彼はこの書を否定し、忘れ、他の著作の中に残りかねないその痕跡をできるかぎり消去することに、残りの生涯を費やすのである。

作戦は、完全な勝利を収めるために、まず第一に続編があることを想定していた。本物の続編が、つまりこの書の最後の行で予告された例の「次の著作」である。それは「自由」の問題を『存在と無』がやり残したところから再び取り上げるものとされていた。だが、この続編が出て来ない。実は、金輪際出て来ることはないだろう。周知の通り、晩年になって、最後の対談相手たちから、自分の軌跡と著作の総括を求められると、サルトルはすすんで次のように答えるのだ。『存在と無』は「何の価値もない」。例えば人間は自由である、「状況がいかなるものでも」、「ドイツ占領下[35]」においてさえも、つねに自由であるという命題は、今から振り返ってみると、「馬鹿げて」いたり、さらには「言語道断」と見える。だから自分としては故意に、自分の哲学の工事現場を未決のままにしたのである、と。

もっとも真実は、この予告された続編の代わりに、つまり『存在と無』の論理的延長となったであろう、自由についての哲学、もしくは倫理学の代わりに、サルトルは「倫理学のためのノート」を出す、というより手元に置いておく、ということである。この膨大で錯綜したテクストは、多くの点で興趣尽きないが、まず第一に断片の集積のままで、欠落が多く、それにとりわけ、すでに裁定を下し、とうに乗り越えたと信じていたヘーゲル的大問題に再びとらわれているように見える。これらの問題は、まるで哀惜か足枷のように立ち戻って来て、この新たなページにつきまとうのである。確かに、「実存主義」とは「〈歴史〉に抗する」ものであるということは、主張している。その論拠は「人格の還元不可能な個別性の断定[36]」にすぎないとしても。確かにキルケゴールへの賛同は繰り返し表明している。キルケゴールによる純粋な否定性、悪しき意識、などとしての主体の定義は、ここでも依然としてヘーゲル的「普遍」に対置されており、ヘーゲル的「普遍」は「混乱しており」、とりわけ死と有限性を混同している点において「馬鹿げている[37]」とするのだ。そしてナチスという謎に取り組み、たとえば、オラドゥールの虐殺*を喚起するのも、やはり力をこめて、「オラドゥールの子供たちの苦痛を救うことのできない」〈歴史〉は「意味のない[38]」〈歴史〉である、と述べるためにほかならない。まるでレヴィナスかカミュの声が聞こえるような気がするではないか。もしくは彼、サルトルの声、それも第一のサルトル、「対独協力者とは何か」のサルトル、〈歴史〉が私たちの運命の主人であることを認めるのを拒絶するサルトルの声が。ところが数節離れた箇所では、「もし〈歴史〉があるなら、それはヘーゲルの〈歴史〉である」、「他の〈歴史〉はありえない[39]」とも書いている。もしくは「哲学は世界を変えつつある人間と区別できない」とか、「現勢態における人間の全体性、これが哲学である[40]」という文もある。これなどは、半ばヘーゲル主義者たるマルクスが連署してもおかしくない文章ではないか（「長い間人間は世界を解釈してきた。今や世界を変革しなければならない」は同じ断章のなかで引用されている）。もしくは次の長い註記。これはさらに問題含みで、まるで告白か後退、もしくは方針転換のような響きがある。「哲学の頂点はヘーゲル。マルクスはヘーゲルが全貌を示すことがなかったもの（労働に関して敷衍すること）をもたらすが、多くのヘーゲルの偉大な観念を取り逃がしている。数等劣るものだ。次いでマルクス主義への退化が起こる。ヘーゲル以降のドイツの退化。ハイデガーとフッサール、小者の哲学者。フランス哲学はゼロ。新実在論哲学は粗雑。なぜアンチテーゼ（マルクスの唯物論的アンチテーゼ、新実在論の外的関係と内的関係のアンチテーゼ）は必ずテーゼより優れているのか。なぜアンチテーゼはテーゼを包摂するのか」[41]。

つぎに『弁証法的理性批判』がある。レイモン・アロンが「異様で圧倒的で、ほとんど怪物的なモニュメント」[42]と評する、この暗く陰鬱な書は、『存在と無』が悦ばしいのと正反対に死を想わせる。声は変わり、語り口はこんがらがり、熱狂は空回りし、筆の運びは、見かけだけ軽やかで、実は憔悴し切っている。彼の著作のうちでマルクス主義への移行を画す著作だからだろうか。おそらくはそうだ。そしておそらく、次のようなサルトルに関する古典的な分析にも一半の真実性はある。「フッサール主義者」であったサルトルに戦争が襲いかかり、そこで彼はこの戦争と、次いで収容所をきっかけにして、頭の上に落ちてきた「歴史性」を考えるために、ハイデガーを利用した。だがハイデガーによって否認されたため、仕方なくマルクスで代用することにして、『存在と時間』の代わりに、『共産党宣言』というもう一つ別の教科書、歴史性や、具体的世界との関係や、事物と肉体と現実の正しい用法についてのもう一つ別の教科書を選ぶ、という分析である。しかし、私は別のことがあると思う。マルクス主義への賛同は、もっと本質的な現象が落とす影であると私は思う。より具体的に言うなら『倫理学ノート』の「次いでマルクス主義への退化」という文言を真面目に受け取るべきだ、ということだ。洗いざらいぶちまけて言うなら、『弁証法的理性批判』があれほど鈍重なテクストであり、その中で著者が自分自身の直観の中に足を取られて歩行もままならないという感じをあれほど不断に与え、無駄な熱狂と倦怠、痛恨と抑制された神経衰弱、こうしたものが混ざり合ったひどく奇妙な臭いを発散しているのは、この書が現代哲学の歴史の中で、ほとんど他に例を見ない一つの現象の舞台となっているからだと、私は確信している。まるでサルトルは「欲望」から「必要」へ、「現存在《ダーザイン》」から「プラクシス」へ、「無化する意識」から「社会的・物質的世界」の中に組み込まれたものとなることへ、「他者の眼差し」に発する暴力という観念から、「希少性」によって引き起こされる別の暴力という観念へ、「地獄とは他者のことだ」という考えから、地獄とは「道具もしくは物品もしくは実践的惰性態」であるという考えに移行することによって、アロンが見抜いたように、一つの新たな存在論の基礎を据えているかのようなのだ。そうすることで、つまり『存在と無』の形而上学を捨て、もう一つ別の形而上学を採用することで、まるで突然自分自身の直観を否認し始め、本質的な問題の大部分について、初期の思考の最も正しい命題とは正反対のことを言い出したかのようなのだ。一言で言えば、かつてあれほど華々しく捨て去ったヘーゲル哲学の円環に立ち戻り、これまでたどってきた見事な道のりを逆方向にたどり直すかのようなのである。

例えば哲学。哲学はいきなり「同時代の知の全体化」と性格づけられたが、その定義そのものが問題である。『弁証法的理性批判』は、次のように述べている。(43) 哲学は「あらゆる認識の統一を遂行する。それは己の時代と世界を前にして興隆しつつある階級の態度と技術の表れである主導的図式に則って行なわれる」。それはまた他のところではこうも述べている。「現に生ける哲学を世界の流れに再び適合させるには及ばない。そればは百千の創意、百千の個々の探求を通じて、自ら適合していくのだ。なぜなら哲学は社会の動きと一体なのだから」。さらに同じテクストの少し先にはこうある。大いなる野心は終った！　大構築物などくそくらえだ！　これからは哲学者は、「まだよく知られていない土地を整備し、いくつかの建物を建て、ときには内側の変化もいくつかもたらす」が、「根本的には何も刷新することのない」、「相対的な人間」であるだけに甘んじるのだ。これはヘーゲルの「絶対知」からそれほど遠いことだろうか。「絶対知」には「根本的に新しいもの」は何も到来しないと見なされていたではないか。さらにこれらの細かな「整備」と、コジェーヴが「歴史の終り」の後に生じる出来事を帰着させた「属州の帝国への追随」との間に、いかなる違いがあるというのか。

例えば、実存主義。相変わらず『方法の問題』という同じテクストの中で、サルトルは自分の生涯と著作のこの段階においても、なおかつ実存主義を語る必要があるだろうかと自問する。そして答える。私が実存主義を「イデオロギー」と見なしていることは「分かるだろう」。ではイデオロギーとは何か、と彼は続ける。それは「〈知〉の余白に生きる寄生的体系であり、当初はそれに対立したが、今日ではそれに統合されようと試みている」……これもまた、おそろしく、我慢できない言葉だ。たとえ文脈によって、彼がここで考えているのは、まず第一に「ヤスパース様式」の実存主義の「キリスト教」、つまり「軟弱で、陰険な」版であるということが明確であるにしても、たとえ、彼が主張する実存主義は「それとは別の実存主義であり、マルクス主義の余白に発展したものであって、マルクス主義に逆らって発展したものではない」と明確に説明する配慮をしているにしても、そのレトリックが彼を裏切っている。ヤスパース様式の実存主義を「過去の遺物」として語るとき、明らかに彼はヘーゲル的な哲学史の考え方に立っている。「キルケゴールがヘーゲルの合理的観念論に抵抗したのは正しかったが、今やなすべきことはそれではない」とサルトルが結論するとき、今後は彼の心とは言わないまでも、少なくとも頭がどちらの方に向かって行くかは明白である。

まさにヘーゲルとキルケゴールの対立なのだ。これは『存在と無』の解きがたい対立であった。それは一方は「汎論理主義」と「体系」、そして他方は「実存」、「事象そのもの」、「実存するという事実」[45]という純然たる「出来事」の間の——根本的な[44]——二分法なのである。ところがこの対立は「解決を見出す」と今やサルトルは言う。人間が「意味づけられたもの《シニフィエ》」でも「意味づけるもの《シニフィアン》」でもなく、とはいえ意味は異にするが、ちょうどヘーゲルの「絶対的主体」のように、同時に「意味づける=意味づけられたもの」[46]であり、「意味づけられた=意味づけるもの」であるという事実のうちに解決を見出すというのだ。彼がいくら距離を置こうとしても無駄である。ヘーゲルの名を口にするときはいつもそうだが、いくら慎重に言おうとしても無駄である。『存在と無』はヘーゲルから極限的な距離をとっていたが、今やそこから遠くへと来てしまった。キルケゴールの名を口にするだけで、ヘーゲル哲学とその全体性の幻想に対する絶対的な隔りを刻むことができた時代は、はるかに遠い。「デンマーク人」への参照が、主体をヘーゲル的な「普遍の不断の彼方」として、主体を閉じ込めようとする「あらゆる形態」を崩す純粋な「否定性」として定義することに役立っていた『倫理学ノート』さえも、今でははるかに遠い。『花のノートルダム』の作者が「考えることのできない」、つまり「唯一無二で」、「言い表せない」自分の主観性を舞台に乗せ、「普遍的なものとも個別的なものとも共通の尺度を持たない」ままである「特異な私」を称揚することで、キルケゴールの反ヘーゲル的な身振りを現代に蘇らせたことを称えた『聖ジュネ』[47]からは、はるかに離れたところにいる。逆に根本的な否認には極めて近いのだ。サルトルは今やキルケゴールが、「信仰の表明」を絶えず繰り返してその中に立てこもり、さらに自分の「不合理的単独性」に閉じこもることで、体系の「外に身を持した」、結局は、ピューリタン的な瞞着された小ブルジョワジーの空疎な主観性のモデルとなってしまった、と非難するではないか[48]。そして『弁証法的理性批判』の刊行の直前に行なわれたマドレーヌ・シャプサルとの対談で、「ヘーゲルとともに哲学の中に歴史は悲劇として闖入した」のに対して、「キルケゴールともに」闖入したのは、「伝記」であり、それも「道化芝居ないし市民劇として」なのだと述べるではないか。

さらにキルケゴールについて。キルケゴールについては、サルトルの本格的なテクストがある。[49] それは『弁証法的理性批判』の少し後、一九六六年にユネスコのシンポジウム「生けるキルケゴール」に際して行なわれた講演の記録である。しかしそれはさらに明瞭である。確かにサルトルは「ゼーレン」の運命の還元不可能な「単独性」を強調している。「体系によって予見され」ながらも、キルケゴールは、「師が指定した席」にではなく、「体系のあとに、預言者のあとに生き延び得る者として」、別の言い方をすれば巨大な「ヘーゲルのユダヤ人」として姿を現しているということを、証明していた。しかしこのテクストは同時に「この癒し難い単独性」とは、それを介して「普遍が世界に到来する」ものなのだ、とも言う。そして「ヘーゲルという探照灯の光にとらえられ、追い詰められた」「主観性の騎士」は「何をなそうと」「不幸な意識の限界内で」動きまわる運命にあり、「有限と無限の複合的弁証法」を実現することしかできない様を示してみせる。そして最後に次のような言葉で終るのである。それらの言葉は『哲学的断片』の著者に対しては死後の非難であり、逆に『精神現象学』の著者には敬意の表明であるかのように聞こえざるを得ない。すなわち「ヘーゲルにぶつかった彼は、ひたすら己の設定された偶然性を人間的冒険に明け渡すことに専念しすぎたのである」。彼の大きな誤りとは「合理性という実践をないがしろにした」ことであり、二つの系譜の継承者であるわれわれの務めとは、「キルケゴール的内在性を歴史的弁証法」に組み込み、「〈歴史〉」と「超歴史なもの」とを、「歴史的過程の超越的必然性」と「たえずやり直される歴史化の自由な内在性」とを共に考えること、要するに「キルケゴールとマルクス」を和解させることである——これは端的に言えば、前者を絶対知の空間に組み込み直すことを意味するのであり、それゆえにキルケゴールに対してヘーゲルが正しいと正式に認めることにほかならない。

『存在と無』のペシミズム。〈歴史〉の目的に関して、しかしまた〈人間〉の目的に関するこの極端な懐疑主義は、『存在と無』をあれほど根本的にヘーゲル哲学から隔てていたものである。ところが『弁証法的理性批判』では計画表が変わってしまった。たとえば疎外。疎外はそれまでは、交差し、互いに相手を屈服させる二つの眼差しの対決の不可避的な結果として提示されていた。本質的に決して理解し合えない対自と対他との地獄的な関係の構造的な、ということはつまり必然的な帰結だったのである。ところが今や、一つの新たな概念、「稀少性」の概念が登場し、この関係を説明する。稀少性は乗り越えうる、偶然的な現象であるから、いつの日かそれが消え去ると考えることは許されるし、『存在と無』では厳密に考え得ないことであったこと、つまり「万人にとって十分」なだけあるという状況、豊富さのうちに主体が協力する状況、対象化の弁証法がそのおそろしい効果を生み出すのをやめる状況というものを、少なくとも理論的には垣間見ることは許されるのである。『方法の問題』はこう注意している。「私は、人間が稀少性の歴史的産物である以上、かつて稀少性の関係以前に人間には相互性の関係が存在したと主張するわけではない」(これはサルトルの反ルソー的立場である)。しかし彼は付け加える。「この相互性の人間関係がなければ、稀少性の非人間的関係も存在しないだろうと言っているのだ……」[50]と。さらにとりわけ晩年のテクスト、「七十歳の自画像」において、次のように説明する。「社会的和合」はおそらく「今日は実現可能ではない」かも知れないが、「私が『弁証法的理性批判』で示したように、私に言わせれば、人間同士の過去と現在のあらゆる対立の基盤である物質的な稀少性が、まず第一に除去されることによって、人間同士の経済的・文化的・感情的関係の変化が成就した暁には」、それは実現可能となるだろう――これは彼がまさに、『弁証法的理性批判』のときから、ヘーゲル哲学の影響で、そのハッピーエンドの構想を受け入れ、疎外が消えさった魔法の世界に賭けていることの証左である。これはもう一度言うが、『存在と無』のすべての仮説に矛盾する。

さらにペシミズム。第一のサルトルの肥沃なペシミズムが、楽観論に生成したこと。その証拠として挙げたいのは、『弁証法的理性批判』の中で、「革命」の概念について起こったことである。この観念は『存在と無』の中ではきわめて否定的な係数を帯びていた。「革命家」の形象とは哀れな形象であって、彼はそれについて、「みずから自分に対して岩の存在様式を、〈世界の - ただなかに - おける存在〉の堅さ、惰性、不透明性を与えた」と言ってはばからず、その哀れな形象を「所有者」の形象とともに退けていた。[51]彼がこの双子の形象を、『嘔吐』の中でロカンタンが激しく攻撃した例の「くそ真面目の精神」に帰着させたことには、中国とカンボジア、そしておそらくはイランの後に、革命家の後継者たちが、革命の欲求そのものに付与することになるあのデフレーションを、またしても先取りするある種の予知能力が窺われないわけではない。だが、ここで全てが逆転する。今や革命が、暴力革命が、社会と時代のもっとも劇的な矛盾が解消する道具として、そして場所として、われわれに提示されるのだ。いやいや、どこでもそうだというわけではない。若きサルトルの両面性はここかしこに生き残るだろう。例えばロジェ・ステファーヌの『冒険家の肖像』への序文。その中では、サルトルの心が、活動家の方ではなく、冒険家と呼ばれるあの賭博師、あの不断の異邦人、万人に対する、それゆえに自分自身に対する裏切り者のほうに傾いていることが見てとれた。しかし『弁証法的理性批判』は反対方向に転換する。バスチーユ奪取と溶融集団の誕生を記す有名なページだ。合法化された殺人と、結局のところリンチへの称賛――アロンによれば同種のものの嚆矢――なのである。またとりわけこれ以降、サルトルが考える集団の概念だ。彼の「認識論的出発点」は「自己（についての）必当然的な確実性としての意識」であることは変わらないと、彼は主張する。[52]集団は「有機体」ではないし、例えば身体の特徴をなすような型の単一性には決して達することはない、といくつもの箇所で述べもする。それ自体としての「全体性」と単なる「全体化」を区分し、「未分化の全体性[53]」の出現について、短絡的な「黙示録的」読解をせぬよう注意しもする。しかし、この時期のサルトルの雰囲気の根源は、まさに黙示録を志向しているのだ（一九七〇年の『ニュー・レフト・レヴュー』でのインタビューでの発言、「不断の黙示録という観念はもちろんきわめて魅力的である[54]」を参照せよ）。いずれにせよ、このサルトル、「実践的総体」の理論のサルトルは、ヘーゲルならば倫理的段階と呼んだであろう段階へと主体を高めるこの上ない場として、集団を掛け値なしに称賛し、「テロル」、ないし彼のいう「友愛としてのテロル」、「自由の独裁」――これは彼の毛沢東主義者への接近の理論的基礎の一つとなる――を称賛している。サルトルがまず最初にあのヘーゲル主義者になってしまったがゆえに、はじめて彼はそれをすることができたのだということが感じとれ、はじめて彼はあの理論的転換と戦略的接近を遂行することができたということが見てとれるのである。

最後に、マルクス主義。『弁証法的理性批判』がサルトルのマルクス主義への同調を表示しているのは確かだ。しかし次の二つのことを言い添えるのを忘れるなら、この同調をよく理解することはできないし、その影響の及ぶ範囲もその本性も理解することはできない。まず第一は、彼が同調したマルクス主義は、ヘーゲル哲学のカテゴリーを通して見られ、読まれ、表現された、ヘーゲル化されたマルクス主義であるということである。『歴史と階級意識』（一九二三）におけるルカーチのマルクス主義が思い起こされる。さらにアルチュセールが六〇年代初頭に攻撃にのり出す、あの「人間主義的」マルクス主義、つまりはヘーゲル的マルクス主義を思わずにはいられない。サルトルは、早くも一九五六年[55]には、それを未知の認識論的資源にあふれたすばらしき「未開墾地」としていた。掃いて捨てるほど例はあるが、この第二のサルトルにとって「マルクス主義者」であるということは、「〈歴史〉の意味の複数性は、未来の全体化という地《じ》の上に、それに連動し、かつ、それとの矛盾においてのみ、発見されるし、措定される」と主張することなのだ、という文を読むとき、そしてサルトルがわれわれの「理論的・実践的任務」、「この多機能的世界におけるわれわれの歴史的責務」とは、この「全体化」を「日ごとにより近いものとすること」、「〈歴史〉が一つの意味＝方向だけをもち、〈歴史〉が、それを共同で作りだしていく具体的人間たちの中に解消しようとする瞬間[56]」が早く到来するようにすることである、と述べるのを聞くとき、彼は「マルクス」と言っているが、心と言葉の奥底で考えているのはヘーゲルのことであると思わずにはいられない。それに同調の事実そのものと、同調とその必然性を表現する仕方、要するにマルクス主義は「われわれの時代の乗り越えがたい哲学」であるというあの有名な決まり文句は、望むと望まざるとにかかわらず、思想の歴史についてのヘーゲル流の語り口への根本的賛同を証言している。おそらくあの文句は、人が普通考えているよりも微妙な意味を持っており、サルトルはマルクスが乗り越えがたいのは、デカルトやロックがその時代に乗り越えがたかった以上でも以下でもないと、正確な説明を加えるよう常に気を配っていた[57]。というのも、いかなる時代にも常に、「およそあらゆる個別的思索の腐食土」にして「あらゆる文化の地平」となる思想があり、それが「表現」している「歴史的モメント」が「乗り越えられないかぎり」、それはその地平であり続け、君臨する乗り越えがたい哲学というこの役を保持し続けるからである。しかし君臨する哲学というこの観念、各時代には、その時代の論争を要約し、諸問題の大部分を包含する、要するにその時代の「精神」を表現する支配的哲学があるという仮説そのものが、この上なくヘーゲル的な仮説ではないだろうか。それにまさしく、サルトルはもはや、ヘーゲル主義者としてヘーゲル哲学の時代区分のカテゴリーと様式を用いて、議論しているにすぎないという証拠ではないだろうか。それにデカルト哲学……デカルト哲学とマルクス主義は実際に比較し得るのだろうか。デカルト哲学はマルクス主義のように、その到来そのものによって先行する哲学を廃棄してしまうと主張したことがこれまでにあっただろうか。どの哲学についてであれ、サルトルがマルクス主義について言ったこと、つまり「マルクス主義者が小指を上げるまでもなく」、「鎧袖一触で」、「敵性思想」は、つまりこの場合は「ブルジョワジー」の思想は崩壊し、「死んでゆく[58]」などと言った者があっただろうか。さらに、この文の続きに当る、あまり引用されることのないページで、彼が実存主義それ自体を「マルクス主義の中に残った飛び地」として提示し、さらに同じページで、「『反マルクス主義的』議論はマルクス主義以前の観念が外観を若返らせて登場したものにすぎない[59]」と、自分は「しばしば断言」したものだと書くとき、また、マルクス主義の「乗り越え」と称するものは「前マルクス主義」への逆戻りでしかないであろうと強調するとき、さらにまた別のテクストの中で[60]このマルクス主義について、それは「われわれの思想の風土、われわれの思想が栄養を摂取する環境」であると言うとき、マルクス主義は「それだけで〈文化〉である。人間、作品、出来事を理解させてくれるのは、唯一それのみである」と言うとき、あるいはまた、あからさまにヘーゲルの名を引いて、マルクス主義は「ヘーゲルが〈客観的精神〉と呼んだものの真の運動」であると言うとき、サルトルは、他のいかなる思想にも認めないような特権をマルクス主義に認めているではないか。そしてこの特権はまさにコジェーヴがヘーゲル哲学に与えていたものなのである。

「マルクス主義」を時代の「乗り越えがたい地平」とするという、この話は実は奇妙な話なのだ。まず第一に、あの決まり文句が奇怪である。明らかに冗語的なのである。地平というものはその定義からして乗り越えがたいものではないだろうか。近づくにつれて遠ざかる線、つまり文字通り乗り越えがたい線のことを「地平」と呼ぶのではないだろうか。次にこの文言の控えめなところである。この文言は常にサルトルの狂信的信念の明白な印の一つとされてきた。私が心に留めるのはむしろ彼の慎重さである。自制とさえ言える。何故ならサルトルは結局こう言うこともできたであろうから。「マルクス主義はわれわれの乗り越えがたい現在である」と。このように断言することもできただろう。「マルクス主義はわれらが日々の義務、祈り、日々の務めである」と。だがそうではなかった。彼はわれらが「地平」といった。マルクス主義は勝利を収めるだろう。だが「地平」においてだ。つまり無期限にということだ。この微妙な、そしておそらくは無意識的な「我慢だ。まだすぐというわけではない」のうちに、ある種究極の慎重さ、もしくはためらいを聞き取らずにはいられない。もしくは第二のサルトルが新たな世界にダイビングしようという時に、第一のサルトルが最後の力を振り絞った叫びが飛び出してきたのかもしれない（『勝負の終り』のベケット、「だが地平に何があって欲しいと思うのかい」）。そして最後に、以上を踏まえ、この二重のニュアンスについてお分かり頂けたら、残るはいよいよ本質的な事柄である。すなわちこの文言はひとつの告白であるということ。そしてサルトルが何を告白しているかと言うと、彼がヘーゲル主義者の線的な〈歴史〉とまったく同じ思想史の時代区分に同意しているということである。第一のサルトル、頭を切り落とされた弁証法と回転扉のサルトル、〈歴史〉とは際限なく続く、大幅に理性にもとるものだ、と信じることに名誉を賭けたあのサルトルが、ある種〈絶対知〉の仮説に同調したのである。この〈絶対知〉のごときものは、この場合は、サルトルによってマルクス主義という名で呼ばれるわけだが、まさにヘーゲル主義者の絶対知と同様に、敵対する、もしくは競合する、もしくは単に無関係の、もしくは旧い、あらゆる思想に対して、己の空間の中に飛び地または保有地区として組み込まれるという刑を宣告しているのである。

サルトルが「人間の歴史は自然の冒険である」と言った一節を引用することもできよう。あるいは別の、次のような一節を。「ヘーゲルとマルクス以降、人間の弁証法的認識は新たな合理性を要求しており」、「この合理性を構築しようとしないなら」、われわれは次のような窮地に追いこまれる。すなわち「われわれの述べる文や語の一つとして、粗雑な誤りでないものはない」。

あるいは、次のように断言する一節を。「人間同士の現実の関係は必然的に三項からなる」。これは、二つの主体の間、もしくは主体と客体との間の永遠の交替、もしくは対決という基盤に立脚する、二項からなる——決して三項からなることはない——サルトル独自の「二原理的」弁証法を捨て、三項からなる古典的弁証法に席を譲ったと確認することにほかならない。

あるいはさらに別の次のような一節を。そこで彼は、「知はわれわれを隅々まで貫いており、われわれを位置づけた上で溶かしこむ」、さらに「われわれは至高の全体化作用に生きながら統合——強調は原文——されている」と断言した上で、かつてだれよりも見事に身を引き離していたあの全体主義の定理を、ほとんど一字一句そのままに取り戻しているのだ。「われわれの分裂、われわれの不幸の種である矛盾は、乗り越えられるために措定されている契機である」、「悲劇的な経験や、人を死へと至らしめる苦悩の純然たる実体験は、体系によって吸収される」。

さらに同じページの脚注には、多少混乱してはいるが、それでも明瞭な告白が見える。「ヘーゲルを実存主義の側に引き寄せることができることは疑いを容れない……[61]」。

ヘーゲルは悪魔だというのか。

ヘーゲル哲学には暗黒の魅力が、魔力があるというのか。

それはヘーゲル哲学を骨抜きにしようとして一旦中に入りこんだが最後、出口が閉じて出られなくなる罠なのか。

『倫理学ノート』のすでに引用した注のなかで、極めて明晰な瞬間に、彼は、ヘーゲルは「最強」であり、彼以降にはフランス哲学は「ゼロ」でしかありえないと書いているが、そのサルトルの言葉は正しかったと信じる必要があるのだろうか。

事実はまさにその通りなのだ。

サルトルはヘーゲルに降伏した。

彼は実際にヘーゲルを読んだ——と、彼は言っている。そしてついに真の弁証法の何たるかを理解した。そしてヘーゲル哲学につかまってしまったのだ。

単に自由の哲学から出発しただけでなく、この自由の哲学をヘーゲルに真向から立ち向かって（論理対論理……体系対体系……ヘーゲルに対し、実はド・ゴールに対するように振舞うこと。つまり力対力……）構想しようとする意志から出発したサルトルは、その都度、厳密にヘーゲル的な立場に立ち戻ることになってしまったのである。

極左のコジェーヴ

ここから先、一体どうなるのだろう。

自分が一生をかけて逃がれようとしてきた影につかまってしまったと感じた時、どうしたら良いのだろうか。

それまで、常に信じようとしてきたこととは逆に、あらゆる言い得ることは言われ、あらゆる考え得ることは考えられ、ヘーゲルの後には可能な哲学はもはやないと結論せざるを得ない時、どうするのだろうか。

その時には、まず、沈黙することになる。

勝負に負けたのだから、沈黙するのだ。

冒険を試みた。可能な限り前方へと冒険を進めていった。だが今やそれが無駄であったことが分かった。だから幕引きの太鼓を打つのだ。

それはフーコーが前に引用した対談の中で、言っていることである。彼はサルトルが「本来の哲学的思弁」を「あきらめ」、自分の全「活動力」を「政治的行動」にほかならない「行動」の領域に「投下し直す」時期を、「一九五〇―一九五五年」と同定している。

しかしそれはとりわけ彼自身が最晩年に述べることでもある。ベニィ・レヴィとの対話の中で、彼はいささか痛恨の思いをこめてこう述べている。「私は世界を驚かすような、つまりシェークスピアやヘーゲルのタイプの作品業績を残さなかった。だから私がそうしようとしたことから見れば、挫折ということになる」と。[62]これはさらにそれより前に、また別の全く例外的なテクストの中で彼が言っていることでもある。それは『弁証法的理性批判』刊行の数日前に行なわれた、マドレーヌ・シャプサルとのインタビューでの発言である。

サルトルはインタビュアーに彼の思考の奇妙な動き方について説明する。サルトルはものを書くというこの狂気、言葉、観念の、そして余談、脱線の不規則な増殖について彼女に語る。すでに見たとおり、こうした増殖こそが彼の思考の通常の作動モードなのだ。

その彼が今や、おそらく表現を誇張するために、そしてもしかしたらシャプサルを誘惑するために――イヤー、分かりませんよ――（「美しい女性とどうでもいいことを話し、アロンとは哲学を語る」……さて、美女が哲学の話をするように仕向けたら、一体どうなるだろう）、論証に一生懸命になって一連の驚くべき断定をシャプサルに向かって繰り出すのだ。

まず、この増殖は病気なのだ、と言う。より正確には「癌」とさえ言うべきだろう。そう、私は癌を病んでいる。そしてその癌とは、私の哲学的エクリチュールのことだ。

次いで、私をこの癌から「救った」ということが、完成間近な――このインタビューの時点ではまだ印刷中だった――この大部の著作の功績なのだ。私は気分がいい、と彼は言う。これほど気分がよかったことはない。そして分かるのだ。これからは「まるで四六時中、自分の哲学を追い駆けているかのように、本の中で脱線する必要を感じることはもうないだろう」ということが。

最後にこうして癌が治癒した証拠、生まれて初めてこのような幸福感に満たされたその印とは、自分が「完全に空っぽになり安らかだ」と感じているということである。私の哲学はそこにある、と彼は言う。つねにそこにある。だが、おかげさまでもう動かない。「小さな柩の中に収められるだろう」。そこで永遠に眠り続けるだろう……。

小さな柩……それは奇妙なことに、『文学とは何か』の冒頭で、当時の「批評家たち」が好んでいた――と彼が称する――すえた臭いのする、腐敗した、陰気な世界を描き、笑いものにするために使った表現である。「うるさい連中はいなくなって、納骨所の骨壷のように壁に沿って、板の上に並べられた小さな柩だけが残った」(63)。

小さな柩……サルトルはまさにこう言っているところなのだ。自分は生きた思想を持っていた、と。癌性ではあれ、その思想は生きていた。ところがここに一冊の本が登場した。『弁証法的理性批判』だ。これが彼を癌から癒し、彼を癒すことによって彼を殺す、より正確には、彼の内にある、哲学することへの愛、才能、手段を殺してしまう、と。

「プラトンの病を治癒する」よう時代を誘うニーチェの言葉を思う。ただしサルトルは、プラトンのみならず自分自身から治癒しなければならないが。

ランボーについてのマラルメの言葉を思う。エチオピアのハラールに向けて旅立ったランボーは「生きながら詩の切除手術を受けた」かのようだ、と彼は言った。サルトルも同様に哲学の切除手術を受けたかのようだ。『弁証法的理性批判』は彼のハラールだ。そして実際に『弁証法的理性批判』の後、彼は沈黙した。自分の哲学的冒険は死んで、小さな柩に入れて埋葬されたということは既定のことと、明らかに彼はみなしている。

私の「思想」は「死んだ」、と『弁証法的理性批判』のある注の中で彼は言っている。それは「マルクスとヘーゲル以降」、「新たな合理性」を「構築する」必要性を説明していた当ページの注である。だから、私の思想は死んだのだ。「中には、腐肉の臭いのするものもあれば、とても綺麗な小さな骸骨になっているものもある」。確かにその通りだ。

それから今や沈黙してしまった以上、死装束の思想を包むこの新たな決定的でとり返しのつかない弔いの沈黙の中で、何かに専念し、残された少ない時間をできるだけ有意義に過ごさなければならない。とくに、今後はかくも平穏なものとなるこの真理と乗り越えがたく確実なこの哲学が、理論のみならず実践においても、乗り越えがたく確実であるようにしなければならない。

それを実行に移さなければならない。

現実的なものが合理性と合致するようにしなければならない。

コジェーヴのようにしなければならない。コジェーヴは正典的テクストを注釈するだけに満足せず、戦後、第二の人生を国際的な大機関の中で過ごした。彼自身の言葉を借りるなら、「帝国の諸属領を整列させること」、つまり明瞭な用語をつかうなら、ヘーゲル的大原理に応じた地球の再編成に尽力したのである。

ところがそれは、まさしくサルトルが、彼なりの仕方ではあるがこれから行なおうとすることなのである。

コジェーヴが哲学の終りから、今や欧州経済協力機構加盟国間の貿易の自由化、発展途上国の援助、マーシャルプラン、もしくは英国の欧州共同市場への参加などに取り組む必要があるという結論を導き出したのと同様に、また彼がその第二の生において、自分の哲学的知性のすべてを、原材料価格の理論を練り上げたり、アルジェリアに関する、エヴィアン協定締結のために舞台裏で尽力するのに注いだのと同様に、サルトルも、憂鬱そうに、いささか寂しげに、共産党員のために、次いで毛沢東主義者のために献身し、尽力し、彼らの側について、この世で、われわれの時代の乗り越えがたい哲学を現実化するために尽力することになる。

　サルトルは『弁証法的理性批判』の後、おそらくはすでに『倫理学ノート』の後には、一種極左のコジェーヴのごときものになっている。

　この「ヘーゲルのユダヤ人」は、コジェーヴと同様に、きわめて論理的に、〈普遍者〉の公僕に変貌する。この普遍者がまとう顔はコジェーヴの場合のように、ロベール・シューマン*やレイモン・バール*のそれではなく、トレーズ、フルシチョフ、カストロ、ついでベニィ・レヴィのそれである……。

　サルトルは三〇年代を公の論議に首を突っ込むことなく過ごし、身近な人々の証言によれば、とくに秘書だったジャン・コーの証言によれば、五〇年代になってもまだ、政治を「労役」、「陰気なわずらわしさ」、尽きることのない「吐き気」の源とみなしており、新聞さえ読まず[64]、もしくはいやいや読んでいた。この絶対的な芸術家は一九七〇年に今後の計画について尋ねられた時、やはりこう[65]答えている。「私が示したいと思っているのは、いかに一人の人間が政治に立ち至るかということです。どのように政治につかまり、政治によってどのように別人にされたかということです」。さらに付け加えて「というのは、思い出していただきたいのですが、私は政治に向いていなかったのです。でも政治が私をとても巧みに変えてしまったので、最終的には私は政治をせざるを得なくなったのです」。こうしてこの男は、時事問題に波長を合わせて生きていくことになる。そして時事問題は次第に抑制の効かなくなっていくテンポで、意見、デモ、事件についての頭に血が上ったコメント、必要な扇動ないし無駄な扇動、攻撃文書を、次から次へと彼に要求して行く。「思想の砂漠を襲う言葉の洪水」（ヴォルテール）。請願書の記録保持者（一九五八年から一九六九年の期間について、調査によって確定済みのあらゆる立場の四八八の声明のうち、サルトルはひとりで約一〇〇点に署名している。これは人権同盟議長のダニエル・マイエルの三倍に当る）。嘆かわしくもまた悲嘆にくれるサルトルは、一種パブロフの犬のような条件反射的活動家となり、メガホンからメガホンへ、演壇から演壇へ、新たな信仰の福音を伝えに駆けつける。その信仰の対象とはその時その時でソ連であったり、キューバであったり、中国、毛沢東主義等々、であったりする。

少し文学の話をしようかしら、とカストールは、のちに『別れの儀式』としてまとめられる一連の最後の対談の一つで、サルトルに尋ねた。最近はあなたの話は政治のことばかり。人があなたにする質問はいつも同じ質問ばかりで、しかもいつも政治的質問ですから。それに対してサルトルは、憂鬱そうに、いや、いや、いいんだ。政治の話をしよう。政治というのは結局、「私が避けることができなかった事柄を示して来た」。私は「政治的人間」ではなかった。それは確かだ。だが「政治的な反応」をして来た。私は政治のなかに「引きずり込まれた」のだ。「だから、広い意味での、つまり政治に関係を持たされ、政治に浸透された人間という意味での政治的人間の条件というのは、私を特徴づけている事柄なのだ」。

別の質問。何故かくも遅かったのか。何故この「政治に関係を持たされ、政治に浸透された」人間になるのがかくも遅かったのか。サルトルは、これも『別れの儀式』の中で言う（そしてこれはクロード・ランズマンを初めとする友人たちがしばしば寄せている答えでもある）。「そういう具合なのだ。特段の説明はない。人間の人生はこのように展開すべきなのだ――彼はまさに「べき」と言っている。最初は政治的ではない。それから五十歳ぐらいになって、政治的になる。ゾラを見たまえ。それから、ジィドも、ユゴーも。私は自分の生涯をいつもこのように見て来た。文学から出発して、政治に行き着くだろうと考えて来たのだ[67]」。よかろう。しかし私としては第一のサルトルを思い出す。第一のサルトルの書くことの幸福、哲学することの幸福を。当時、ユゴーであれ、ゾラであれまったく気にも止めていなかった、愛すべきダンディスム、振る舞いと思考のあの驚くほどの自由を。あのダンディで、芸術家のサルトル、『嘔吐』と『存在と無』のサルトルが「自分の生涯をいつもこのように見て来た」とは思えない。全く思えないのだ。必ずや別の理由があったはずだ。彼があのような政治的人間になるためには、哲学が終ったと宣言されることが必要だった。彼が自分の生涯ないし、残りの生涯の大半をキューバでのサトウキビの収穫をコメントしたり、ブラジルでのマルローのプロパガンダに反撃したり、さらにチトー*、ナセル*、レヴィ・エシュコル*と外交儀礼の挨拶を交換したり、『人民の大義』の編集長を引き受けたり、『リベラシオン』を創刊したり、ヴェトナムでのアメリカの犯罪に関するラッセル法廷の議長を務めたり、ランス*の鉱山の責任者の「人民」裁判の検事役をしたりすることに捧げることを受け入れるには、彼がこの職業的同伴者の役にぴったりと収まることができるためには、まず初めに、〈歴史〉の終りとは言わないまでも、少なくとも哲学の終りの理論家たちに降伏することが必要だったのである。

哀れなサルトル。

哀れな年老いたサルトル。自分自身と自分の名声にうんざりしたサルトル。

一九六〇年二月、ハバナでカストロに向かい合っている彼の姿を眺めてみる。――細心綿密だが、いささか愚直な微笑を浮かべ、尊敬の念を垂れ流しながら、崇拝する人に顔を向けている。カストロは健康そのもので、このチビの男とその男が体現しうるものすべてに対する軽蔑を隠そうともしていない。この私にお近づきになれるのは光栄なのだ、お話できるとは、さらに鮮烈な光栄なのだ。

サルトルの有名な写真を眺める。お定まりの例の写真だ。そんなものに還元されてしまうというのはなんともひどいことだ、ということぐらい分っている。だが、その写真が事態をかくも雄弁に物語っているのだから、いかんともしようがない。だからこの写真の彼を眺めるのだ。ビヤンクールのルノー工場――「徒刑場」と彼は言った――の正門前で樽の上に立つ彼の姿を。彼はセリーヌ風にカナディエンヌ〔羊の皮の裏つきジャケット〕を着ている。樽と同様にこぶだらけでごつごつしている様子だ。より庶民的に、あるいはよりはつらつと見せたがっているかのように片手をポケットに入れている。手にはマイク。顔は驚くほど引きつっている。何やらディオゲネスが政治活動をするといった風情。まさに新たな「人民の友」で、聴衆に熱弁を振るっている最中なのだが、ただし間の悪いことに、写真に民衆の姿は見えない。わずかに人影が四つ五つ。いずれも疑わしそう、あるいは嘲笑的と見て取れる。残りはジャーナリストで、上の空で彼にマイクを差し出している。「公衆の哲学者」は滑稽と悲壮の中に沈んで行く。知性の光を熱狂的に愛した男、その派手な言動で世界を喜ばせたコルネイユ的英雄は、幻の聴衆に説教する悲しき道化になり果てた。もはや勇者パルダイヤンではない。マタモール*である。ル・シッドではなく、ドラント*でもなく、〈嘘つき男〉である。もっとも彼もそれは承知している。いつもながら写真は人をだまさない。彼がもはや自分のお喋りにだまされていないことははっきりと見て取れる。彼自身も疑わしげで、目はうつろ、顔の半分はそこにいても、もう半分はすでにどこかに行ってしまったように見える。

私はサルトルがくたくたになって次のように述べているラジオ番組を聴いたことがある。[68] 何も言うことはない、本当に何もない、自分はジャーナリズムにつかまってしまった作家にすぎず、それ以外のすべてのもの、自分の作品、本は、「かすかな埃のにおい」がするように思え、「ほんの少し古い」ように見え、自分はそれから「切り離されている」と感じると言うのだ。それから突然、あまりにも乾いた声に変わり、空虚で機械的な言葉が次から次へと繰り出される。果てしなく神託と祈りをとなえ続ける政治の経典筒である。カフェのギャルソンのお芝居を演じるカフェのギャルソンの真似をして見せてくれるとはご苦労なことだった！

　これらの歳月の間に彼がとった立場はどれも同じというわけでない。それはもちろんだ。

　例えばアルジェリアの独立のために戦った時期。この戦いは勇気あるものだったということ、これはすでに言ったし、繰り返し言おう。

　それから毛沢東主義の時期……毛沢東主義の時期とは、三〇年代から五〇年代のスターリン主義の巨大な逆上の再現、しかもそれに輪をかけた、徹底的もしくは異国風の再現としか考えることができない人たちに、私は与するものではないということは、繰り返し言っておく必要があるだろうか。

　それでも、『弁証法的理性批判』に続く、もしくは伴うこの時期において、心を打たれるのはサルトルの悲しみである。彼の発言から発散する痛恨の印象。心を打たれるのは、その声の雑音のような音色。かつてはあれほど明瞭だったのに、今では響きを失い、しゃがれ声になってしまった。その声はまるで昆虫のような変態によって音を消されてしまったようで、かつては公認されていた乾いた不遜さは見る影もない。その声で彼は五月の反乱者たちの「若さ」を前にして、自分が突然、いかに「臆病で、疲れきってへとへとで、ぐったりしている」[69]と感じたか、と述べたのである。サルトルが五月二十日にソルボンヌの大階段教室で、自分の新たな帰属を表明しにやって来たとき、心に残ったのは、ここでもまた疲労困憊であり、眼差しの喪失したような気配であり、痛ましい微笑みだった。「では私はこれで失礼しましょう。すこし疲れ始めたからです。もしみなさんの質問に答え続けたら、馬鹿なことを言ってしまうでしょう。ですからもう失礼した方がいいのです……」[70]。彼はかつてあれほど陽気だった。あんなにも快活だった。あんなにもすばらしい生ける人だった。その顔にも、その声にも、頭が破裂するほどに思考するその思考の仕方にも、あのような幸福感、あのような歓喜があったのだ。彼が哲学者であったときには……。

　そのとき彼は彼自身の影でしかなかった。かつての彼自身の泡《あぶく》でしか。まさに亡霊だった。これ以上に悲しむべきことがあろうか。『存在と無』の著者が次のような考えと悲しい情熱とにとりつかれたこと。すなわち〈歴史〉は終ったのだから、残るのは、「知識人としての自分を消し去ること」、「求められるであろう政治的に正しいすべての責務を果たせる態勢を作っておくこと」。いずれもサルトル自身の言葉だ――。つまりこの予告された終りを成就し、終りをよき終りへと導くことだけなのだ。これ以上に哀れなものがあるだろうか。自分自身の砂漠に引きこもっているところを、引きずり出され、テレビカメラの前、デモ隊の中、あるいはソルボンヌへ、共済会館へと引きずり回される老境のサルトルほど。まるで彼の言う具体的〈普遍者〉の具現の可能性をいつまでも追い求め続けるとでもいうように。

　私はサルトルの「弁解」をしているのではない。もちろんだ。

いわんや「ルソーの誤り」という例の決まり文句の代わりに、架空の「コジェーヴの誤り」という決まり文句を持ち出しているわけではない。

一つの冒険、一つの失墜、――それはサルトルのそれに留まらず、二十世紀という世紀そのものの冒険と失墜であった――を説明しようとしているのだ。

　一つの思考の狂気と、思考への憎悪を理解し、物語ろうとしているのだ。それもまた二十世紀そのものの思考の狂気と憎悪であり、大知識人たちのうち、それを完全に免れることのできた者はわずかしか、ほんのわずかしかいない。

サルトルが哲学を変えたのは、政治を変えたからではない。「この新しい政治、そして共産主義者との、次いで毛沢東主義者とのこの同伴、これは確定事項だ。この選択をどのように合理化すべきか。どのように考えるべきか。そしてそれを一番よく説明できる哲学はいかなる哲学か」などと彼は呟きはしなかった。そうではなく、彼は哲学を変えたからこそ、積極的で悦ばしい、遊戯的な、肯定的な哲学を捨てて、死を想わせる、終焉の側に立つニヒリズムの哲学へと移ったからこそ、彼はあのような同伴者になったのだ。あのような毛沢東主義者に、そして結局は、あのような全体主義者になったのだ。

5 文学のための墓

一九六四年一月十日、ガリマール社から出た『言葉』というシンプルな題のサルトルの小さな本は、すぐさま、途方もない熱狂を引き起こす。文学者たちは喝采を送り、批評家たちは恍惚となった。巨匠がその芸術の頂点でついに代表作をものすという、なんともフランス的な時間を、我先に寿ぐのだ。昨日までは悪魔のようなサルトルを貶めようと躍起になっていた論敵たちに至るまで、この放蕩息子の帰還を喜ばない者はいなかった。ああ、それにしてもなんという作家だ！　なんという男、なんという作家だ。政治のことは、感心しない……その代わり、これには脱帽だ……見事な散文……魂の小説……一人の詩人の解放、そうなのだ、自分を人質に取っていた「偉大な主義主張」に対して、アッカンベーをしてやったのだ。ありがとう、サルトル。フランスとフランス語の名において、礼を言います。(1)ああ、せめてあなたがペン先を、もっと頻繁に、その奇跡のインクに浸すことに同意してくれるなら。もっと頻繁に、このように織細で、優しく心を動かす、美しい書物をわれわれに届ける気になってくれるなら。世界が魅了された。インタビューの依頼、翻訳の契約が世界中から殺到した。その労苦に対して、ノーベル賞まで授与しようということになった。この洗練された小さな著作、この文学の故郷への帰還、ついに・アンガジュマンを・断念した・純然たる・作家としての著作が、サルトルにこの至高の栄誉をもたらすのである。こうしたことすべて、この雨と降り注ぐ讃辞と敬意の中、それが現代文学史上もっとも巨大な誤解の一つであることに気づいた者は、少なくともうわべは誰一人いなかった。こうしたことすべて、この体制順応主義と伝統主義的の高揚の中、大分あとからサルトル派になった者たちは、論敵の舌鋒が結局のところ鞘に収まっていくのを見て、恍惚と安堵のため息をもらしたのだが、言わなければならないのは反対のことであるのを承知しているようには見えなかった。つまりこのテクストの発表はサルトルの変貌を加速させ、望むと望まざるとにかかわらず、彼を野蛮人たちの輪の中に投げ込むことになった出来事の中で三番目の、そしておそらくもっとも決定的な出来事であるということをである。

偽の自伝

というのも、まず第一に『言葉』とは何か。

実際とても見事で、彫琢されてはいるが、よくよく見ると、見掛けよりもはるかに奇妙なこの本は何を述べているのか。

見たところ確かに、自伝である。

それは昔風の幼少年時代の物語でさえある。内観の修練、郷愁、原風景、胸を熱く焦がすような、もしくは胸を引き裂くような告白、エディプス・コンプレックスとアンキセス・コンプレックス、早死にしすぎた父、あまりに長い間崇拝の対象となった母、祖父と祖母、醜さの決定的な発見——この醜さという「神童が溶解してしまった生石灰」——さらには、近親相姦の誘惑のほのめかしさえある。

とても美しい「告白」ではある。そのいくつかはアンソロジーの中に残っている。「長く垂れた巻き毛」のエピソードはまさしくそれだ。金髪の巻き毛が、失われることなく、耳のあたりでゆれていた間、醜いという明白な事実を隠してくれていた。しかし祖父シュヴァイツァーが孫息子が女の子のような頭をしているのに嫌気がさして、床屋に髪を刈らせようと決めた日、恐ろしい醜さがむき出しになる……綺麗なママの目のくらんだ眼差しの下で、「バナナ商人」や「蝶を求めて」を書き綴るサロンの猿。「しーっ。入って。でも足音を立てないようにね。私の天才、神童ちゃん、モーツァルト坊やが執筆中なの……」、人形劇の場面……映画……バロー氏の肖像（小学校の先生。息がひどく臭くて、彼に「えもいわれぬ気詰まり」を感じさせたが、それこそ先生の卓越と美徳の証拠だと彼は思った）、シモノ氏の肖像（「口髭に油を塗り、前髪を染め、娘のような頬をした五十男」で、シャルル・シュヴァイツァーは「ここにいて当然の人がいる、シモノだ」と言った）、ピカール夫人の肖像（家族の友人で、少年のものを書きたいという激しい欲望を目の当たりにして、最初にこう言った人だ。「本というものはよく書かれていれば、絶対に害にはなりません」。そして彼を励まし、早咲きのエキゾシズム趣味を育てるため、「地球儀」を贈った）。そして最後に、祖父。リベラルで、学識あるアルザス出身のプロテスタントの見事な形象。ユゴーのように自分をヴィクトル・ユゴーと思い込み、父のいないプールーの教育を引き受ける狂人（ついでに言えば、後に見るように、孫にものを書くことのウイルスを感染させてしまう……）。

要するに、サルトルはついに彼の『成熟の年齢』を書いたのだ。闘牛の角の前に身をさらし、己自身にとどめの一撃を加えること、そしてそれにともなうお芝居の一部始終という具合に、全てが揃っている、というのが通常言われていることである。彼はこれに時間をかけたというのは、その通りだ。それに費やした時間は一〇年になる。というのは一九五三年の例のあの日に、ストラスブールで、すでにカストールに存念を打ち明けていたと思われるのだ。その日、サルトルはなんとも奇妙な感じで、いささか心ここにあらずという様子で、テーブルでシュークルートを食欲もないままつつきながら、「文学なんて下らない」と口の中でぶつぶつ呟いたのである。ミシェル・ヴィアンにも同じ年にイタリアで、何か言ったようだ。イタリアへは休暇で行ったのだが、どうやらそこで執筆を始めたらしい。翌一九五三年には〔実は前年の一九五二年と思われる〕、「アンリ・マルタン事件」に関するインタビューの中で、半ば公式に『言葉』を予告している。そこではサルトルはこれをむしろ「政治的な」性格のテクストとみなしており、「第一次世界大戦、両大戦間期、占領、そして戦後を生きた世代の一員」(2)たる自分の自画像を描き出すものと考えていた。その前年〔実は、同年の一九五二年〕、「アルベール・カミュに答える」の中で漏らされた奇妙な打ち明け話がある。その時は、それに注意を払った者は皆無だったが、そこでほのめかされていたのが、まさに『言葉』だったのだ。「もし私が残酷に見えても、心配しないでください。私は自分について、まもなく同じ調子で語るでしょう。私に命中させようとしても無駄です。でも信用してください。こうしたことすべての代価は支払うつもりです(3)」。つまり贖罪の書物であり、息の長い仕事なのである。彼のすべての著作の中で、書き始める決心をするまで最も長い間温めた本である。しかし最も良く熟した歌というものはつねに、段違いに美しいものだ。サルトルはレリスに対して強い感嘆の想いを抱いているとしばしば語っているではないか。レリスが金持ちで、自分が原則的には嫌悪しているブルジョワジーに属しているにもかかわらず。カストールは一九四四年、『尻尾をつかまれた欲望』の上演の晩、グラン・トーギュスタン河岸のレリス宅に初めて入ったとき、自分たち、彼女とサルトルは、ついに栄光の魔法の世界にずかずかと踏み込んだという感じがした、といつも言ってきたではないか。二人とも『成熟の年齢』を、自伝文学の傑作としてではなく、文学そのものの傑作と見なしているではないか。それにサルトルが『分別ざかり〔理性の年齢〕』という題をつけたのは、『成熟の年齢〔人間の年齢〕』への目配せであり、また『言葉』より二〇年も前に、彼に対する臣従を暗示していたのではなかろうか。果たしてご覧の通り、まさに図星というわけだ。サルトルによく見られる、あとになって効いて来る効果というもののもう一つのケースなのだ。もっとも、レリス自身はフランス解放以来、自作に対して距離を置いた。彼は自己満足とは無縁の自画像を描くことで、危険の中に身を投じ、極端なリスクを冒し、「闘牛の鋭くとがった角」に身を晒すかのような当時の自分のやり方を、最初に笑い飛ばした人だ。さらに当時寄せられた最良の批評、ブランショの批評は、この本、この闘牛としての文学の実践とは、「至高の死」の「彼」という「眼差しも顔貌も名前もない巨大な像」に徐々に席を譲っていく「私」、省略され、消え去る「私」なるものの証言だと考えた。ところが今やサルトルは、時期もわきまえず、自分なりのレリスをやり、レリスの轍を踏み、今度は自分が、文学的内観という魅惑的な最高度の危険を引き受けようとしたわけである。

これが公式的見解である。

これが、刊行時に最も一般的に提唱されたこの本の読み方である。

これが今日でも、この「衝撃的な」テクストをめぐるコンセンサスである。これについては、「彼の知性は外気に当って気分転換している」（ブロンダン）[(4)*]だとか、この純粋な「魔法」、この「偉大な文学的達成」、この「完全に古典的な文体は、典型的ブルジョワ作家たちの文学的伝統に連なる」（ルーアール）[(5)*]、などと評された。

しかし厄介なことには、もう少し近寄って眺めてみるなら、特に、文体の名人芸が導き入れた幻覚効果を払いのけようとしてみるなら、サルトルの物語の語り手としての才能――実際サルトルは、『戦中日記――奇妙な戦争』以降、これほどまでに物語を語り、読者をはらはらさせ、おそらくは途方に暮れさせることに喜びを感じたことはない――が読者を陥れる困惑を、克服することに成功するなら、形式においても内容においても、自画像というものの規範的なジャンルからはどうしようもなく遠ざかるしかない一連の奇妙さに、やがて気づくことになるのである。

レリスの本とは逆に、また〔シャトーブリアンの〕『墓の彼方からの回想』、ルソーの『告白』、アウグスチヌスの『告白』とは逆に、もしくは、現代ものだけに限定するならジィドの『一粒の麦もし死なずば』とは逆に、この自伝というジャンルのあらゆる傑作が一つの実存の全体性とは言わないまでも、一つの運命の全体性を再構成することを本質とするのとは逆に、まず第一に、この本の話はこれといった理由もなく、十一歳という幼年期が終り、本格的な事柄がこれから始まろうという時に終ってしまう。

このジャンルの通常の語りとは逆に、つまりあらゆる作家の自伝が、たとえそれがどれほど異様であろうと、少なくとも事実に関しては、なんらかの一貫性と秩序を保持しているのとは逆に、この自伝は、構成そのものの中に、語りの無数の変則がちりばめられている。繰り返し、構成の明らかな錯誤、偽りのもしくは偽造された思い出、時間的秩序の異常、嘘、小さなごまかし、本当らしさの欠如、あらゆる種類の矛盾、急な針路変更、唐突な未来への投影、正当な理由のない後戻りといった具合だ。(6) すべてが自己満足とは無縁で、真の感動とも無縁な、臨床医のような、時としてシニカルなユーモアを基調として語られており、それがいくつかの例外（アンヌ＝マリーとの関係等々）を除けば、物語の大部分を浸しているため、この作品は、得体の知れぬ心の闇として長い間、育み続け、宝物か秘密のように大切に守り通し、訳の分からぬままに抱えこんでいたものを、突然明るみに出す決意をして試みた表現という以上に、自伝というジャンルのパスティシュないしパロディーのようなものになっているのである。

三番目に「フィナーレ」の謎がある。例の「すべての人から作られ、すべての人と同じ価値があり、どんな人間も彼と同じくらいの価値がある、ひとりの人間」。確かに素晴らしい。まさにサルトルの面目躍如たるものがある。二〇年の時を隔て『自由への道』の主人公マチューの姓と響き合うこだまだ。彼の姓は伊達や酔狂でドゥラリュだったのではない。街の人《ドゥ・ラ・リュ》、まったくだれでもいいそこらの人なのだ。たしかにサルトルの分身ではある。しかし彼と同じく、すべての人から作られ、すべての人と同じ価値がある、云々。しかし、これもまた、普通ひとが告白のフィナーレに期待することとは正反対のものではないか。そもそもこのジャンルは、苦しみ不安に駆られた主体性、できれば引き裂かれた主体性、いずれにせよその特異性を還元することができない主体性を登場させるときにしか真価を発揮することはない。それはジィドや、さらにアンリ・ブリュラールが言うような、己を、諸々の人間の中でもっとも掛け換えのない存在にする――まだそうした存在になっていないとしての話だが――瞬間である。しかしわれわれはその対蹠点にいるのではないか。自伝の音調、一言で言えば、主人公の内面の声を復元し、それによって読者の深い関心を掻き立てることのできる良き調性といったものは、結局のところ、ルソーの『告白』の冒頭の、『言葉』のフィナーレに劣らず有名な一文、「これこそは……唯一の人間像である云々」の中にむしろ見出されるのではないか。こちらの方が語り手のほとんど怪物的な特異性を強調するという利点がある。

次いで第四に、この本が言っていること、まさに明示的に言っていることがある――時に大音声で浴びせられ、時にほのかに暗示されている本当の主題がある。これをかくも多くの注釈者が刊行時にも、その後も頑強に無視しているのは信じがたい。それはすなわち、文学とは妄想、子供の夢想、蜃気楼である、ということである。文学は祖父の過ちによって、八歳の頃に私が落ちた罠であり、アンヌ＝マリーを始め何人もの人間がその過ちに加担した。私がこの本を書くのは、そんな誘惑には絶対負けないと誓った私が、かくも多くの人々と同様に、己の汚らしい秘密の箱を広げて見せるのを決心したのは、この罠を描写し、この蜃気楼の誕生を物語り、それを支配していた「前提」もしくは「備給」を見つけ出し、とりわけ、それから身を引き剥がし、その魅惑と手を切り、そこから脱出しようと試みるためなのだ。「私はこの本をその本来の姿で受け取ってもらいたいと思う。つまり迷妄からの覚醒の企てとしてである[7]」、とサルトルは強調する。

『言葉』は本当は何を言っているのか

はっきりさせよう。もっとテクストに肉迫し、はっきりさせよう。いかなる点で文学は、このような蜃気楼なのか。ものを書くことを、三〇年間に渡って心を苛んできた長きにわたる妄想と言うとき、サルトルは正確には何を言おうとしているのか。ル・アーヴルのカフェで栄光を待ち望むラスティニャックだった、すでに遠いあの時代からあれほどの力を注いだこのものを書くという仕事に対して、彼が向ける具体的な非難、苦情とは何なのか。要するに、文学はいかなる点で、何の罪があるのだろうか。

第一の苦情。ものを書きたいという欲求は、天職、つまり己の奥底から湧き上がってきた呼びかけであるにはほど遠く、大部分の作家が吹聴しているように、そして彼自身、長い間信じていたように、自由に選んだ使命、もしくは逆に、命じられた使命であるにはほど遠く、さらにこの委任を誇らしく受けた者をある種の英雄に、自由の使徒にする委任——自由が自分自身の決定の根源にあるがゆえに、この自由は勇敢に擁護されるだろう——であるにはほど遠く、それは——彼は気づくのである——外から自分へとやってきたのだ。それは、彼の中で、あのお祖父さん、彼が「カール」とも呼んでいる、シャルル・シュヴァイツァーという「とても年老いた死者」からの呼びかけへの答えなのだ。それはまた彼の声の中にある、自分の声ではない声、彼を育て、本を書くという意志を、当人が完全に信じていないままに、彼に吹き込んだあの人物の「録音された」声の反響なのだ。子供とは大人が「己の後悔から作り上げる」「怪物」である、とサルトルはよく言っていた。『言葉』と同時期に書かれ、四年前に発表されていたニザンの肖像の中でもすでに彼が説明していたことだが、子供とは小さい哀れな不具者であり、父親の世代が「外国の軍隊のように占領し」、その汚らしい計画で「汚染」するものなのである。ところで、彼にあっては文学もこの汚染のようなものなのだ。サルトルの欲望の中に植えつけられた、父ではないが、祖父という〈他者〉の欲望の結果なのである。サルトルの心の中に「居座った」カールこそが、勝利した文学者という未来の「星」を「指で指し示していた」のであり、死してなお現在も指し示し続けているのだ。これらの年月の間、そしてその後も、サルトルが書き出そうとする時はいつも、彼の声が耳に聞こえたのであり、彼の声ではっと目を覚まし、「机に」つくのだった。もし「祖父を喜ばせようという唯一つの狂おしい望みがなかったら」、「かくも多くの昼と夜を費やし、かくも多くの紙をインクで塗りつぶし、かくも多くの誰にも望まれていない書物を市場に投げ入れることは」なかっただろう、と彼は結論する。何者かに取りつかれたサルトル。自分自身を所有せず、自分が所有していると思っていた最も大切なものを何ものかに奪われたサルトル。彼は自分を自由だと考えていた。言葉への愛好は己の自由の生きた印だと考えていた。彼は黒い分身であるジャン・ジュネと同様に、想像界に生きるという選択を意識的に行なったのであり、想像界は自分の「出口」にして「投企」(8)となったと考えていた。そしてここ三〇年来、この印、この殉教を、人間は状況がどのようなものであれ、決して全面的に疎外されてしまうことはないという命題の、自分に関する具体例としてさらし続けてきた。ところがそれは誤りだったのだ。実際は、彼は書けという命令を「皮膚の下に」「縫いこまれて」いたのだ。脳の中の「封印された皺の中に」、書けという偽の委任が書き込まれていたのだ。それでも彼は一日、ペンを取らずにいると傷口がひりひりした。それは今も変わらない。彼の声だと思っていた声、彼に書くことを命じ、彼に見るべきもの、聞くべきもの、語るべきものを口述したあの声は、サルトルのおでこに触りながら「この子には文学のこぶがある」と言ったあの偉大な〈他者〉の声の内面化された形態なのである。腹話術人形、サルトル。作家であるということは、彼の場合、疎外そのものであるということを理解したサルトル。

これはサルトルがすぐに冒頭の数行で記していることだが、あまつさえ、問題の「年老いた死者」は聖職者と呼ぶべきものであるという更なる欠陥を抱えていた。彼はボードレールの父と同様に——サルトルとボードレールの伝記上の生涯のもう一つの類似点！——聖職につくように家族——彼の父は、小学校教員で後に食料品店屋となる——から仕向けられた。もっとも彼はボードレールの父とは逆に、この運命を逃れはした。フランソワ・ボードレールの方は請願をたて、修道服を着た。それを脱いだのは、年をとってから『悪の華』の作者の誕生を可能にするために他ならなかったが。その彼とは逆に、シャルル・シュヴァイツァーは、聖職の修行を断念する。より正確に言えば、ドイツ語を教え、つぎに十六世紀のドイツの詩人・音楽家ハンス・ザックスに関する博士論文を提出し、「直接教授法」によるドイツ語教育法を考案し、教科書を出版することで、断念した聖職の世俗的代用品を作り出したのである。しかしそれでも、類似は明白である。それにサルトルは、奇妙なことに二度も、まるでシャルルが最終的にはやはり牧師になったかのように述べている。二回も彼のペンは言い間違いをし、伝記上の真実を無視して、奇妙にも自分を「聖職者の孫」と定義しているのだ。しかし事実上はほとんどそれに違いない。というのはシャルルは最後の最後になって、彼の「高位聖職者的ヒューマニズム」の中に己の聖職者的リビドーの全てを注ぎこむ以外に何もしなかったからである。彼は〈神的なもの〉を「失わなかった」が、それは「〈文化〉の中にそれを注ぎ込むため」だった。「精霊」にはいつまでも忠誠を守ったが、それは「芸術と文学、古典語と現代語、直接教授法」の守護聖人と考えられた「精霊」に対する忠誠だった。したがって、この実現しなかった召命、内向した教理問答、学と学の伝達の技術の中に転用されたこの信仰の中から、〈知〉と〈文芸〉とを聖性と同一視する姿勢を堅持することになり、それを、孫に押し付けたのである。サルトルは——そしてそれがまさに己を責め続ける点であるが——そこから脱け出ることがなかった。彼は『言葉』に至るまで、「名の知れぬ神聖な偉大な力」が彼が委任されていることを保証し、彼の大作家としての生涯を律しているると考えるのを一度も止めていない。幼年期の最初のテクストから、思想の師としての本物の本に至るまで、図書館は書物の宗教が執り行なわれ、その福音が説かれる「神殿」であるという考えを、一度も放棄したことはない。私は「教会の子」だったと、強調する。「幼年時代から」、ばかげた「聖職者の陽気さ」を具えていた。この懐疑論者、（父方からの）カトリックと（母方からの）プロテスタントの混合物、この「服従の精神」と「批判精神」の混成（しかしこれは早くから、批判と自由検討の伝統の方へ傾く。母親自身のカトリック教がヴォルテール的な軽い調子のものだったからである。）。要するに、あらゆる宗教性に対する己の生来の猜疑心は、この二重の帰属のゆえであると思い込んでいたこの無信仰の人間、この無神論者は、天使や聖母や神が「その名で呼ばれている限り」、それらのものへの、そして最終的には神への信仰などに陥る気遣いはないと考えていたのだが、今やこれらの信仰は、新しい「衣装」で変装して彼のもとに戻って来たのである。そこで彼はすっかりだまされてしまった。彼は自分を懐疑論者だと思っていたが、気が付いたら、神秘主義者になっていた。自分は迷信に対して免疫があると思っていたのだが、文学が生涯を捧げた大きな信心となっていた。ジィドへのオマージュの中で書いたように、神の死と無神論の大いなる冒険を行き着くところまで推し進めたと考えていたし、初期のテクストの一つで、フランソワ・モーリヤックが芸術家ではないと同様に、「神は芸術家ではない」と断言することで、すべてを言い切ったと確信していたのだが、それが今は「聖職へと」復帰し、「文学と祈り」を混同している。書物とは何か？〈聖なるもの〉の最終的形態である。作家とは？まがいもののキリスト者のことだ。私、作家サルトルとは？時代の最後の司祭の一人なのだ。これが第二の苦情である。無神論者にとって、この苦情は生半可のものではない。

第三の苦情。司祭とは何か。この地上での神の代理人である。真の信仰の聖遺物箱の番人だ。地上と天上、人間たちと聖なるものの仲介者である。しかしとりわけ、これも『言葉』が言うところによると、「同胞の世話を引き受け」、同胞の救済に貢献するという、恐ろしくも滑稽な務めを託されていると、そう考える者のことである。その思い込みが正しいかどうかは別にして。ところがそれこそサルトルのしたことに他ならない。彼はよく承知しているが、それこそは彼の作家としての最初の歩みの原動力となり、彼に取りついている心地よいがおぞましい投企なのである。「偽の子供」プールーはこう考えた。「獣性」を宿命とする「種」があり、あさましく哀れな苦境に足掻く「民草」がいる。彼らをこの酷い運命から引き剥すには、二つのやり方があり、それ以外のやり方はない。一つは「亡くなった聖職者の聖遺物――つまり絵画、書籍、彫像」を「保存」すること。これは美術館や図書館の仕事だった。もう一つは「少なくとも一人の聖職者が生き残って仕事を続け、未来の聖遺物を作り出すこと」。これこそ、彼、プールーの仕事となるだろう。彼こそ〈永遠〉を前にした生ける聖職者、モヒカン族の最後の者、この分野の最後の証人だ。自分こそこの聖職者になろうと彼は誓う。劫罰を受け、武器を奪われた人類の救世主となるだろう。惨めな民衆を「教化する」だけでなく、民衆を「己自身から、そして敵から護る」ことのできる「模範的人生」を送るだろう。自分の本を「荘厳ミサ」として書き上げ、天のよき使いとなって、人々の上に天の「祝福」を引き寄せるだろう。彼、サルトルは極めて早くから、「隣人を救うため、神のために書く決心」をした。「ひとは隣人のために書くか、もしくは神のために書く」と『言葉』は記している。サルトルは、最初にものを書いた頃から、自分は本を売るのではなく、その「ペン」を「同胞」の「贖い」に「捧げ」なければならないという考えの中で生きて来た。彼らを楽しませたり、考えさせたり、読まれたりするのではなく、形而上学的混乱と倫理的苦悩から「救う」こと。彼の狂気、彼の偏執、とりわけ彼の誇りがどれほどのものだったかと言うと、「毎朝」目を開けると、彼は「窓辺に駆け寄り」、「まだ生きている紳士淑女が通りを行きかうのを眺めて」、それは「黄昏から東雲まで、部屋で仕事をする者——彼——が彼らになお一日だけ生きながらえる猶予を与える不滅の一ページを書くために苦闘した」おかげだと考えずにはいられないのである。慢心としての文学。精神錯乱としての文学。偏執病と高慢の最高段階としての文学。おまけに上空飛翔ないし山上から下を見下ろすことへの偏愛が付随する。これは、文字通り、物や人を上から見下ろす態度であり、要するにサルトルが『文学とは何か』の中ですでに非難していた、あの軽蔑というものの実践に他ならないが、『言葉』の中で彼はその体験の系譜を辿っている。すべてはル・ゴフ通りの七階のシュヴァイツァー家の「屋根を見晴らす」アパルトマンに始まる。奇跡の子の栄光の肉体はそこに宿っていた。それから半世紀後、彼は、モンパルナスの墓地を見晴らす新しい建物の一一階で、からかい好きの年老いた熾天使となって、自分の本の原稿に手を入れている。すべては、その一一階で完了するのだ。この二つの住処の間には、住まいを高いところに、「神聖な木」の天辺に選ぶ習慣が長い間にわたって続いたわけだが、それは彼の鼻持ちならない人を見下す態度の印でもあれば、座でもあるのだ。彼は言う。いろいろやってみたが駄目だった。「深く沈もうと情熱」を傾けた、そのために「潜水夫」用の「底におもりのついた靴」を履いてみたのだが、うまく行かず、私の「高度計」は「狂って」しまった。私は「習慣」で「空中に住んで」おり、「たいして望みもなく、下方を探し回る」。もし人がその幼年時代にではなく、その幼年時代の場所に属しているというのが本当なら、サルトルにとってのその場所とは「止まり木」、「鳩舎」、黄金の「鳥かご」である。彼らはそこで存在と無の境の、エーテルの中に止まっている。まるで只一人、二〇億の人間を見守る見張り番のように。作家と「民草」。作家と「モグラ塚」。傲慢。尊大。嫌われ者の特権階級の最後の化身。要するにこれが作家なるものの真の姿勢、情熱なのである。

もちろん、ここでサルトルのニーチェ主義を思い起こさなくてはならない。彼の中にはきわめて古いニーチェ主義の地層があることを。それは彼が一度たりとも認めることも否認することもなかったが、それだけ執拗なもので、その淵源は高等師範学校時代、ニザンとの会話、共に「超人性を培った」時期、サクレ・クール辺りへの夜の繰り出し、『嘔吐』の執筆にまでさかのぼる。というのも、つまるところ……こうした作家の系譜……高位聖職者のヒューマニズムについてのこうした考察……同胞たちを救済するために自分は在るという幻覚の中に生きている世俗の聖職者たちのカーストへのこうした批判……地上の世界とその細かな卑しい打算に対する背後世界としての天……「上」と「下」への永遠にして偽りの分割……真の生に背を向ける逆様の生……これらすべてはニーチェ的な響きがするからだ。これらすべては、ニーチェが「聖職者の理想」と呼んだもののありようを思い出させずにはおかない。しかもサルトルはこの表現をほとんど踏襲している。この理想を激しく非難するため、『道徳の系譜』と『人間的なあまりに人間的な』の口調を見出しているのだ。それは『エロストラート』以来忘れていたが、まるで昔の歌のように蘇ってきたのである。言葉というものには単に歴史だけではなく、論理もあるのである以上、まるでこのニーチェ時代の再来、彼の数千ページに及ぶ政治活動的作品系列の下に埋もれたと思っていたニーチェ主義の痕跡は、この本の別の層を照らし出し、これまでに挙げた苦情の系列にさらに四つ目の苦情を示唆しているかのようなのである。テクストは言う。文学という宗教は、「獰猛な宗教」である。それは低劣な魂の本性である「怨恨」と「辛辣さ」の混ぜもので育まれる。それは人間を「毒し」、人間を「汚染する」。これはすっかりルサンチマンに対するニーチェの批判そのものではないか。作家は「人類の友」たろうとする。文学の道に入ったのはただ同胞への「愛」からだと主張する。しかしこの愛の「仮面」の下、アンガジュマンの作家といわれる者の「ヒューマニズム」宣言の背後に、サルトルの第三の耳、系譜学的にして、唯物論的な彼の耳、今日、「言葉」という「迷妄からの覚醒」に必死に取り組んでいるその耳は、現実の人間に対する憎しみ、憎しみとまでは言えないとしても、いずれにせよ冷淡さというものが立てる、ほとんど聞き取れないが、しかし残念ながら現実に音を出している不快な軋みを聞き分けているのだ。他者への愛だと？　冗談にもほどがある。善意だと？　何たる欺瞞。だれからも認められる大衆救済者だと？　何たるお笑いだ。これもニーチェの言うところの聖職者に他ならない、作家は口を開けば他者の救済を口にするが、頭の中には自分の救済しかない。魂の医者を気取る「詐欺師」であって、他のだれとも同様に、「何食わぬ顔で自分の救済」をどうするかしか考えていない。「しかもイエズス会士の言い草ではないが、（私の救済は）おまけで結構なのです」と抜かしやがる！　そして最後に死への愛着。この陰鬱で、死に蓋われた声調があらゆる文学的試みと彼自身の文学的試みの中心に潜んでいるのだと彼は考えた（まるで『曙光』または『この人を見よ』のようではないか)。「ものを書くことへの愛好」と「生きることへの拒否」……「死は私を誘うめまいであった。私は生きることが好きではなかったから……」、「私が現実存在することを許す口実を私自身に見つけ出させるための、書くという狂おしい企て」、「もし私が根源にまで戻るなら、そこには、前方への逃走、いやいや追いこまれる自殺が見えるだろう。英雄的行為よりも、殉教よりも、私が探し求めていたのは死であった……」。これらの文言の端と端をつないで結びつけることもできよう。別の文言を引用することもできよう。それでもやはりニーチェなのだ。ニヒリズムに対する、無の意思に対する、「最後の人間」の「疲れきった」現実存在に対するニーチェ的批判の枠内であることに変りはない。こうしてわれわれは、文学においても勝つのは死であるという発見——第四の発見——を突きつけられるわけである。

しかし今や——相変わらずテクストをさらに仔細に見ていくと、その本文そのものの中に——サルトルが「想像的なものの選択」に対して向けるべきだと思っている苦情の中で最後の、そしておそらく最悪のものが見えて来る。それこそ文学の真の罪であり、その他の全ての罪の源泉であり、文学に別れを告げるもっとも重大な理由である。文学は罠なのだ。それが嘘であるから。そしてそれが嘘であるのは、文学はわれわれが言葉を物と取り違え、現実の物の映像、そのシミュラークルを現実と取り違えるよう仕向けるからだ。この考えは少なくとも五回、この物語の中に出て来る。ル・ゴフ通りのアパルトマンの書斎に最初に入り込んだときのこと。彼はまだ文字を読むことができなかったが、本を開くだけで、「小さな押し花の中から乾いた声」が聞こえると思っていた。祖父はただ視線の力だけで、それらの押し花を蘇えらせることができるのだった。後に、——と彼は言う——ずっと後に、私は「反ユダヤ主義者が、ユダヤ人たちは自然の教訓もその沈黙も知らないと非難するのを幾度となく耳にした」。しかし私は「彼らユダヤ人よりもユダヤ人」であったし、今でもそうだ。というのは、私も本の中で世界を学んだのであるから。本は「私の鳥と鳥の巣であり、私の家畜と牛小屋と田園だった」。数ページ先では、グラン・ラルース百科事典、その図版、不思議なグラビアの中への旅が語られる。それは、彼にとって「あらゆるものの代わりをしていた」。「人間も動物もそこに、親しくじきじきに存在していた」。それは「本物の鳥」、「本物の蝶」、「本物の花」だった。「ブーローニュの森の動物園」の猿より「もっと猿らしい」猿だった。リュクサンブール公園で、すれ違う人間たちよりも「もっと人間らしい」人間だった。「生まれながらのプラトン主義者」だった子供の私は、「物よりも観念により多くの現実性を見出していた」。事物の中に世界を認めるより前に本の中で「世界に出会っていた」。「本で得た経験」の無秩序を「現実の出来事の偶然的な成り行き」と混同していた。もっと先に行くと、少年作家のデビューの話になる。彼は自分の最初のノートブックの表紙に紫色のインクで、「小説帖」と仰々しく書き込む。これが私の「ペテン」だったと、サルトルは強調する。私は記号を書き込み、それは私の想像力の目のあたりに生身のものとなって行く。これが私の狂気だった。私がミミズのはったようなものを記すと、きつね火のようなその光沢は、目の前で「物質のくすんだ固さ」と交換される。私が、ベドウィンとかライオンとか、第二帝政期の大尉とか、アマゾンの流れを遡る筋骨隆々たる若き探検家と名づけると、彼らは「私のペン先」から、肉体をもって出現した。そのため私は「またしても、言葉を事物の真髄と思っていた」。物を呼び、呼び止め、名づけることは、それらのものが「カルレマミ」こと祖父母のシュヴァイツァー夫妻の「食堂に入りこんで来る」ための必要十分条件であった。さらに終り近くに進むと、幻想から覚めた大人たるサルトルが、プールー少年を狂人にしてしまった「聖職者の観念論」を理解してやるための「情状酌量」を数え上げていく、次のような記述がある。「世界を言語を介して発見したので、私は長い間、言語を世界だと思っていた」。現実存在するとは、私の目には、「〈ことば〉の無限の一覧表のどこかに載っている品質統制名称を持つということ」であった。今でもなおそうかも知れない。そして最後に、ほとんど最後のページにある記述。この本がその真理へと凝縮されて行く瞬間だ。「私は物をその名称と混同してしまった。信じるというのはそういうことだ」。別の言葉で言うなら、作家とは悪霊に取りつかれた者、迷信を信じる者、心の中での司祭、生ではなく死に取りつかれた者であるが、さらにそれに加えて（そしてそれは作家なるものの誤りの中で最悪なもの、卑劣さの肩書きの中で最もひどいものなのだ）記号の非現実の世界の中で生きている者たち、影に触っているだけなのに、事物に達していると思い込んでいる者たちのことである。この知覚システムの重大な混乱が、正しい主体を究極の悲惨な精神異常へと立ち至らせる。これを『家の馬鹿息子』は「精神朦朧」と名づけ、その分析をフローベールの症例について行なうことになるわけだが、その原理は、すべての重度の精神病者に見られるように、影を事物と取り、われわれを構成する言葉を敵対的で不穏な異物と受け取ることにある。

要するに、文学は幻影以上のもの、つまり神経症なのだ。

それは神経症以上のもの、一つの病状であって、あらゆる本物の病気と同じく、何らかの治療に委ねられるべきものなのである。

サルトルは長い間、文学が、病気への答え、治療、薬だと思っていた。『嘔吐』の中では次のように書いてさえいる。「私は治った。だから書くことを止める」。あるいは「私は吐き気がやって来ると思う。そしてものを書いていれば、それを遅らせることができるような気がする」。彼はそれをもう信じていない。逆のことを信じている。はっきり言うなら、文学とは「長く、苦い、優しい狂気」であり、彼はその症状の一覧を作り始めたばかりなのだが、つい先日までは一刻も早くその病気を癒やす必要があったのである。

彼が『言葉』を書いたのは、言葉を攻撃するためなのだ。

『言葉』はシェークスピアの「言葉《ワーズ》、言葉《ワーズ》、言葉《ワーズ》」という言葉から『言葉』と名づけられた。つまりどれもこれも言葉にすぎない……言葉というこの取るに足らないものに魅了される愚かさとは縁を切る必要がある……というわけだ。

『言葉』の中には、ユゴーのエドレールに向けた言葉の反響を聞き取ることもできる。それはエドレールが彼に、きわめて「濃密で」きわめて「現実感ある」、「真に生きる者」の権威の高みから、「おまえは才能がある……ものを書く才能がある」という言葉を投げつけた時のことだ。ユゴーという美しい魂の無力な憤激の言葉が発せられる。「言葉、いつも言葉だ！」と。

『言葉』は一人の作家の幼少期の魅惑的な物語である前に、あまりに長く浸ってしまった政治から戻ってきた巨匠が悔悛を示すために、自己虚構化、さらには一人称物語を試みて、あるフランスの幼少年についての本物の小説をわれわれに贈ろうとした、というような無垢な実践である前に、文学という職業の営みそのものに対する攻撃なのだ。そこで文学は錯乱や魂の倒錯、人生と精神に対する罪、まさに犯罪そのものと同一視されているのである。

このような『言葉』の身振りの意味を理解した者はいない。その意味、おそらくはその本当の美しさを取り逃してしまったのだ。これを書くことが何故、その著者にこれほど高くついたのかさえも理解していない。少なくとも一〇年に及ぶ、疑い、ためらい、呆然自失と恐怖の歳月。そしておそらく初めて経験した長い、ペンの痙攣《テタニー》の歳月。『言葉』が婉曲にほのめかしていることは、少なくともエピローグの中で明確に述べられている。しかしそれが耳に入った者は、ほとんどいないのだ。すなわち文学は終った。私がこの本を書いたのは、文学に永遠の別れを告げるためである。

文学への別れ――一つのフランス的伝統

この行為は、その原理としては、特に目新しいものではない。

それは、ある意味で、文学の世界における、きざな演技、お芝居、もしくは目くらましの手の古典でさえある。

それに文学への別れは、さまざまな形態に分かれてはいるが、一つの独立した文学ジャンルをなしている、と主張することは全く可能である。『言葉』もそのジャンルに属する作品なのだ。

悲劇的な別れがあると言えよう。ランボーの場合だ。

不可解な別れがあると言えよう。ラシーヌの場合。

怠惰な別れ、これは表明する労をほとんどとらない。コンスタンの場合だ。

金持の裕福な別れがある。レリス、アレクシス・レジェ*、ルーセル。

不名誉な別れ。マルローは、決して明言しないで別れて行った。幻惑を与えるために、自分の昔の著作というカードを際限なく切り続けた。

それとは逆の、年老いた役者（ロマン・ギャリィ）の別れもある。ところが彼はいつまでも終りにしようとしない。いつまでも舞台からの退場を予告しながら、素晴らしい本を出し続けるのである。

アラゴンの焚書的傾向の別れがある。マドリードのホテルの床の上で、ナンシー・キューナード*――後に彼は「身動き一つせず、凝固していた」と描写することになる――の目の前で、一五〇〇ページの『無限の擁護』を焼いた。

ヴァレリィの簡潔で、言葉を惜しむ別れがある。一言も発せず、身振り一つなく、そのまま口をつぐみ、ほとんどものを読むこともない。そして少なくとも『若きパルク』までは沈黙。冒険であり、ほとんど一つの作品であり、いずれにせよ作品の一つの契機であり、独立した一箇の文学的事件であるような別れというのもあるだろう。まさにヴァレリィの場合がそうだ。しかし、それ以上にマラルメだ。この沈黙の自営業者は、言わざることを耕し、ほとんど彫刻に仕上げたが、それはまさに大事業だった。

別れ以外に何も言わない別れもある。冒険に実際に終止符を打ち、書くことへの嫌悪と、ページをめくって、過去を忘れたいという気持ちを述べる、そういう別れ。『ライ麦畑でつかまえて』の後のサリンジャーがそうだ。逆に作家をいささか作家以上のものにすると考えられる別れもある。その作家は深淵をかすめ、形而上学と恐怖に触れた。別れを告げることで、文学はその真理に向かって乗り越えられたのだ（これもランボー）。

もはや言うべきことがなくなったので、離れていく人たちがいる（ジェーンの死のあとのポール・ボールズ）。逆に言うべきことがありすぎるが、このありすぎた部分は言葉で言うことができないがゆえに離れていく人たちもいる（アウシュヴィッツのあとにもはや可能な詩はない）。

自分の言葉が晦渋になったと思い、明瞭である必要があると考えて沈黙する傾向の人がいる（ヴィトゲンシュタイン、『論理哲学論考』命題七、「語りえぬことについては沈黙せねばならない」）。また、自分の言葉が明瞭に、過度に明瞭になってしまったようだが、真理は晦渋なままに留まるべきだということを承知している人がいる（ラカンと彼の「半ばまで言う」）。

雄弁な沈黙がある（これもラカン。「黙ルは沈黙ヲ守ルではない」）。そして何も言わない言葉がある（ハイデガー。

内容のない言葉、紋切り型を際限なくくどくどと繰り返すこと)。

発言とは沈黙であることを理解し、話すことによって沈黙し、何も言わない場合よりも巧みに沈黙できるのだと信じている人たちがいる。ブランショがそうだ。そして沈黙は発言と不可分であり、発言の最高の段階ないしもっとも繊細な形態であるという同一の原則から出発しながら、逆の方向に進む者がいる。黙ることで話すのだ。またしてもマラルメの場合だ。この話すことをやめない沈黙の人は、沈黙を「組み立てること《コンポゼ》」は、一つの詩句を作ることよりも「美しさで劣る」ものではないと言い、何度も繰り返し言う饒舌の人なのだ。

激昂した別れがある。バタイユは一九四五年にこれまでに「詩ほどに憎んだものは何も」なく、「くだらぬ詩句」が大嫌いで、これからは「詩の曖昧さに抗して」書くと告げた。

オデュッセウス的別れ。戦後のカイヨワは、自分の原則とフィクションに対する新たな嫌悪という帆柱に固く身を縛る。セイレーンの誘惑にもはや負けないことを確信するためだった。

幻滅した別れ。映画に移る時のパゾリーニは、「そのようにして詩というものに対する評価を拒否した」。「重要なのは詩ではない。絶対に」という自明の理をそのようにして自らに課したのだ。「行動の言語」の方が「限りなく魅惑的」であり、「詩人の職業は、そのものとしては次第に無意味になって行く(9)」と自らに言い聞かせるのだ。

預言的な別れ。ボルヘス。「私は音楽が音楽に絶望することがあり得るか、大理石が大理石に絶望するすべを知っているか分からない。しかし文学は己がものを言わなくなる時を予言するすべを知る芸術である。己の効能そのものに攻撃を加え、己の解体に恋い焦がれ、己の終焉に言い寄るすべを知る芸術である(10)」。

「いきなり」の別れだってある。その最初の言葉が、自分は絶対に語らない、だから最後の言葉もないと述べる作家たち。これらの小シュールレアリスト、またはその先駆者たちの極端なまでのダンディズム。例えばアルチュール・クラヴァン*は、一七ヶ国を脱走したのち、ある日、メキシコ湾に消えた。彼はボクシングという技の方が文学という芸術よりも無限に高尚なものだという考えを変えることはなかった。

実際に黙ることなく、別れを告げることもしないが、そうしたい気持ちがないわけではないと呟きながら生涯を送る作家たちがいる。慣例通りのパトスに背いて、また、書かなかったら死んでしまうからこの本を書くのだというロマン派的または新ロマン派的テーマに背いて、さらにはまたしても「プルーストの路線」と呼ぶことのできるもの（義務としての、心が機械的に命ずるものとしての文学）、またはバタイユ（必然的な小説とは、それが書かれなかったら、われわれが窒息してしまうだろうような小説である）に背いて、本を書くのは人生の、アルファでも、オメガでもないと考えた偉大な作家たちがいる。バルザック――「もし、私に事業の才覚があったら、人間喜劇を書くことはなかっただろう」。スタンダール――「もし私が恋愛で幸せになれたら……」。セリーヌ――「生涯年金が貰えていりゃあ、とっととずらかってるさ」。フローベールその人も――「文学は私にとって、もはや、それでおかまをほられる張形でしかない。しかもいかせてくれないのだ」。

要するに、『言葉』をこの伝統の中に置きなおす読解というものがありうるのだ。何らかの理由で、多少なりとも真剣にしかも思想的一貫性をもって、おふざけか挑発かあるいは悲劇の口調で、文学とは――ヘーゲルによる芸術と同様に――過去の、失効したものであると告げようとした人たちのこの堅固に確立した伝統――サルトルの目から見たもの、彼の私的なパンテオンの中にあるものも含む――の中に置き直す読解が。

ただし事は、ここでもまた、それほど簡単ではない。

そして同じ別れでも、この別れ、サルトルの別れの中には、決定的な二、三の屈折がある。それがあるためにサルトルは、今しがた見たように規範的自伝から遠ざかったわけだが、それと同様に、確実に文学的別れのジャンルからも離脱するのである。

まず第一に、これは非常に美しい別れである。念入りに手を加えられ、例外的なまでに美しい。言葉とは言葉に過ぎず、それほど心遣いするだけの価値はないということを言うために、これほどの努力を見せつけ、これほどの言葉の花火を打ち上げたためしが、これまであったとは私は思わない。一つのさよなら。しかしなんとも美しいさよならだ。文学という幻想の暴露――しかし文学そのものによる暴露だ。己の内なる作家への死刑執行――だ。しかしそれは一種の激発、カーニヴァルないし、レヴューのフィナーレとも言うべき、絶頂への上昇の中で執行されるのだ。この絶頂は、傲慢の印なのか、最後の皮肉の印なのか、悔悟、はたまた郷愁、戦略のうちのどの印なのかは分らない。しかし、なんらかの前例を想い出させることがないのは明らかである。別れの儀式。イメージと効果のおびただしい氾濫。見本市、最後のパレード、閲兵式、最後の花束、軽業、歓喜の火花、ファンファーレ。サルトルが――すべての証言は一致する――これほどテクストに凝ったことはない。これほど忍耐と、情熱をもって、散文を彫琢したことはない。「自分自身に異議申し立てをする作品は可能な限り巧みに書かれねばならない」と、サルトルは後にコンタとリバルカに言う[11]。さらにコンタとアストリュックの映画の中で、「私はこの本が人を苛立たせるものであることを望んだ。それが見事な文で行なわれる文学への別れであることを望んだ[12]」。最後にシモーヌ・ド・ボーヴォワールに向かって、私はこの本が「他のものより文学的であることを望んだ。それがまあ、言ってみるなら、ある種の文学に別れを言うことだと考えていたからだ……[13]」。

いいだろう。しかし彼はこう言いながら、このやり方がいかにも不作法であることを理解したのだろうか。『言葉』によって、現代文学の中でもっとも能弁な別れ、とりわけもっとも豪奢な別れを告げたことが分っていたのだろうか。

第二に、それは非常に徹底的である。非常に強く、非常に徹底的なのだ。この本で驚かされる点、すぐに目につく点は、暴力的激しさであり、ほとんど憎悪であり、なによりもまず、この本に取りついているような自己への憎悪である。サルトルはこれまで「文体」を警戒してきた。それは、彼の祖父が「スタンダールに認めず、ルナンに認めていた」「謎めいた力」だった。サルトルはすでに『文学とは何か』の中で、アンガジュマンの芸術、つまりは芸術一般は、スタンダールがまさに「文体の媚」――燃え上がり、やけどしてしまう言葉、余計な完璧性、いかにも詩でございますといった詩風、これらはとるに足らぬものだ――と呼んでいたものを警戒しなければならないと言っている。また、ゴルツの『裏切り者』の序文では、この本は「美をあらゆるものの上におく」者、また「死」の同義語である「文体」というこの「高慢な者たちの大仰な花押」を攻撃する兵器たろうとした本だと、書いている。彼はボードレールについて試論を書いたが、ボードレールの詩については、つまり文体については、一言も触れなかった。この点については彼はかなり批判を浴びた。とりわけレリスから批判されたものである。彼がマラルメについて、五〇〇ページ書いた――その大部分は失われてしまったが――のは、マラルメを通して、記号の礼拝と純然たる形式の偶像崇拝、また、文によって世界を殺そうとし、文の中ではその色彩と玉虫色の光沢と煌きと音の響きのみを好んだ、この常軌を逸した化学者を告発するためである。この「統辞行為」は炎症をおこしており、一度しか役に立たない言葉しか必要とせず、同じ仕方で二度と再現されることのない作品制作の模範は演劇であると考えて、まさに演劇作品を制作するようにして文学作品を制作したのである。劇の上演のような文字のレイアウト《ティポグラフィ》。ページは舞台に変えられ、読者は観客に変えられる。オペラ、パントマイム、バレエの妄想。言葉を扱う照明技師、道具方、衣装係としての芸術家の肖像。本とは一つの出来事であり、真の出来事は二度と繰り返さない……要するに、サルトルは初期のテクスト以来、文体に対して攻撃するのをやめたことはない。ところがサルトルは文体というものが己の本質的部分であることを知っていた。それだけに、その誘惑を抑える義務があると感じていたのだ。しかしこの警戒がいかに強いものであったとしても、この攻撃がどれほど荒々しいものであったとしても、少なくとも散文のテクストにおいては、「思想」ないし「内容」に対して形式が優位に立ってはならないという配慮が、作品系列全体を通して、いかに大きなものであったとしても、サルトルはやはり作家であった。彼は陽気な言葉狂いであり続けたのだ。そして最悪のテロリズム信奉の時代においても、最も政治的なテクストならびに時点――例えば、『共産主義者と平和』――においても、敵にぶつけるという条件でなら、攻撃の武器になるという条件でなら、別の言い方をするなら、フェンシング流で（「長い間、私は自分のペンを剣だと思っていた」[14]――これは『アンリ・ブリュラールの生涯』の「わたしたちは片手にペンを、片手に剣を持つ[15]」という一文の反響である）かボクシング流で（『弁証法的理性批判』）実践されるという条件でなら、文学者の腕前というものがアンガジュマンの文学のあとげとげしい世界の中で市民権を持ち続けるということを、サルトルは一度たりとも疑わなかったのである。ところが『言葉』以降はもうそうは考えなくなった。既に見たとおり、「凶悪な宗教」とか「さもしい冗談」と言うようになる。文体や修辞的効果やイメージへの配慮とは、「古い胆汁」が染み出した猥褻な染みにすぎず、そんなものはさっさとふき取ってしまわねばならないと考えるようになる。この「性格上の神経症」を描写するために、彼は前代未聞の臨床的とげとげしさを帯びた隠喩を見つけ出すのであり、その神経症は「頭」からは退散したが、「骨の中に流れ込んだ」と表現するのだ。彼の憎しみは実に大きく、相手を痛めつけ、自分自身をも痛めつけようとする意志は実に大きく、こうした一切を説明するのに彼は、はるか以前から舞い戻ってきた口調に立ち戻るのだ。つまり作家一般の、そして個別的には彼自身の作家への生成を、あの卑劣なリュシアン・フルーリエ──『一指導者の幼年時代』のアンチ・ヒーローで、反ユダヤ主義者、外国人排斥者、あの混りけなしの下種野郎──の生成になぞらえようとするのだ。ここでもまたプラトンによる詩の断罪のことが頭に浮かぶ。詩人たちを国家から追放するというプラトンの行為が頭に浮かぶ。その公式の動機は、詩人たちが弁証法と、真理に達するための論証的方法とが理解できないということであったが、実際には、詩というものがプラトン自身の才能の一側面、彼自身の存在の一部分であり、この部分に対して、この己の内なる詩人に対して、彼は永遠に扼殺するという類例のない憎悪と、自己懲罰の行為を決断したのだ。サルトルもまさにこうなのである。『言葉』におけるサルトルの野蛮な自己毀損も、同様なのだ。こうして、『言葉』以降は、多くは対談である一連のテクストの中で、悲嘆にくれ、倦み疲れた老サルトルが、いまだに彼の話を聞きたいという者に向かって、文体も美も効果もない、要するに文学を全く持たない散文という貧弱な理論を開陳する、ということになる。そんな散文が見事な出来映えを見せるとしたら、それは、言葉によってではなく、言葉にもかかわらず実現してしまったことなのだ。

そして最後に、『言葉』は政治的書物である。隅から隅まで政治的な書物なのだ。サルトルは「狂気、性格的神経症、幻覚」と言う。文学が「現実」から、「世界」から遊離していると叱りつける。しかしこの本の真の言外の意味、暗黙のメッセージ、本文の中では、ほのめかされるだけだが、周辺テクスト、つまり出版に際して行なわれた対談の中では、はるかに率直に表明されているメッセージとは、作家は、己の仕事を時の政治的要請に従わせ、服従させるという掟に屈しなければならないということである。想い出してみるなら、こんな掟は、『文学とは何か』の時代のサルトルは、どんなことがあっても受け入れなかった。ところが『言葉』以降は、彼は人類が苦しんでいると口にし始める。われわれの周りで子供たちが飢えで死んでいる。そして「飢えで死んで行く子供を前にした時」『嘔吐』は「無力である」[16]。『言葉』……『嘔吐』……私はここに大きな分水嶺が、サルトルという山脈の大断層帯があると以前から感じていた。サルトルの読者には決定的に二つの閥族があるとずっと思っていた。彼のゲルマントである『言葉』の方と、彼のメゼグリーズである『嘔吐』の方、――芸術家の方と、形而上学的・文学的・政治的理由により内なる芸術家を殺すことを決めた者の方。サルトル自身がそのことを確証している。自分は『嘔吐』への憎しみから『言葉』を書いたと言ったのだ。『言葉』は、彼が過去に遡って、『嘔吐』の政治的裁判を行なった本であると、明瞭この上なく暴露している。『言葉』の中で、この二つの契機という仮定を正式に認めているのである。豪奢で、天才肌の、社会的要請とは無縁で、共同体の命令に逆らう、文学への登場。子供たちが飢えて死んで行くだって？ なるほど、しかし文学はそれに対して何もできないし、そのこと自体もまたどうしようもないことだ。ところが今度は『言葉』とともに、文学からの退場。『言葉』では、彼はくそ真面目な精神、革命的ヒューマニズム、人類愛へと回心する。しかしあくまで本物の愛であり、人類を上から見下ろしてきた偽の預言者のそれではない。そこで彼は「無力である」として『嘔吐』を断罪する。ただし『嘔吐』について、「文学プロパーの観点からいえば」『嘔吐』は彼が「最も見事に作り出した」ものだと言い続けるのである……[17]。

現代性は、フローベール以降、二つの〈救済〉の形態のうちのどれを選択するかという問題を抱えて来た。神の死の時代、ニーチェの時代であったが、またジィドの時代、ジィドがサルトルにその企てを引き継がせた徹底的無神論の時代でもある。この時代は、〈芸術〉による救済と政治による救済のいずれを採るかためらっていた。時にはフローベールやマラルメやイエナのロマン派機関紙『アテネーウム』*とその「見えない教会」の夢のように、〈芸術〉を永遠なる到来、大いなる出来事の幻影、要するに絶対とした。一篇の詩とは何を言おうとするのか？　何も。何も言いはしない。行なうのである。何かを表現するのではない。行動するのだ。詩に問うべき唯一つの質問とは、何について語ったかではなく、まさにそこで何が起きたかなのである。詩とはその一篇一篇が一つのキリストである。書物とは無神論の市民にとっての絶対である。また時には、逆に、思想に向かう通路は事物の中、本当の物、物事の政治的次元と、変えるという事実の中にしかないと考える者もいた。当時のマルクスや、ヘーゲルや、彼らと同じ考えを持って、知識人たちは世界を「解釈する」ことはもう十分にやってきたのだから、今や世界を「変える」時だと主張した全ての者たちのように、〈言葉〉があらゆることの最終的目的であるというのは問題外だと考えたのである。始めに言葉ありき。そこまではよかろう。しかし最後の最後に来て、物ではなく、〈言葉〉の味方が勝利するというのは受け入れられない。サルトルは後者の方針を選択する。かつては前者の方針を選んでいたのだ。彼は長い間、〈芸術〉は絶対——ab-solu〔離れ脱する〕と同様にただ独り離れてあるもの、いかなる偶然性からも世界からも切り離されたもの——であると信じた者たちの一人だった。そしてサルトルは一時期、マルローのように、しかしまたその先駆者であるバレスのように、自分の人生と、自分の救済を、書物への愛好と革命への欲求という二重帳簿に賭けてみようとさえしたのである。しかしいまや決断した。〈芸術〉に背く革命に賭けるのだ。〈芸術〉の代わりとしての革命であり、革命に奉仕する〈芸術〉でさえあるだろう。この可能性も彼は、もう一度言っておくが、『文学とは何か』の時代には拒絶していた。これゆえに『言葉』は、あの悪評さくさくの『文学とは何か』よりも後退した本になっているのだ。サルトルは『言葉』の続編となるべき「政治的自伝」を、とくにロシア語版の序文などで予告し続けていたのに、結局出すことがなかったのは何故なのか。そんなものは必要なかったからである。出したとしたら、重複になっただろう。何故なら『言葉』は、ほろりとさせる魅力的な外貌をしていてもすでに完全に政治的な著作であったからだ。何故なら『言葉』は、サルトルが自分の回心の本当の小説を発見し、物語っている本であるからだ。何故自分は〈芸術〉に背いて、それも永遠に、政治を選んだかという回心の。

ニザン、ブルトン、ポリツェール、他

しかし、それでは……サルトルは人を欺く小さな本、しかも実はきわめて暗いこの本を書いたとき、正確には何を考えていたのだろうか。

彼が『嘔吐』や『自由への道』やあれほど愛した文学に、不吉で冷ややかな別れを告げたとき、実際のところ、彼の頭には何があったのだろうか。「文学への別れ」の古き良き伝統ではないというのは確かなのだから。

もう一度『言葉』を、しかも今度は同時期に書いたテクスト——とりわけ、「ポール・ニザン」は知っての通り、同じ感情的・精神的鉱脈から採掘され、同じ火のような激しい文体で書かれている——からの反射光に照らして、再読するなら、彼の念頭にあった名前、彼につきまとい、敢えてこれを書く上で力となった名前は、マラルメ、ヴァレリィ、ボルヘス、コンスタン、アレクシス・レジェといった、最終的には豪奢な背教者たち、建前だけの、あるいはお芝居だけの脱走者たちの名前ではなく、別の、もっと徹底的で、とりわけもっと近しい集団の名前であることがすぐに分かる。要するに、彼の青春期の「怒れる若者たち《アングリー・ヤング・メン》」のことだ。

もちろん、ニザンのことは考えている。すでに高等師範学校のとき、「文学にはうんざりだ」、自分は「映

画の撮影技師」になると言っていたこの若き文学者のことを考えている。「あまりに多くの言葉を読み、そして書いたので、言葉には嫌悪を感じる。事物に働きかけ、言葉を用いることなく、手を使って、事物を変えたい」と好んで語っていたこの精神の脱走者のことを考えている。ニザンがその薄く冷たい声で、この言葉の牢獄、この檻には息が詰まる、だからアデンへと出発すると告げるのを聞いた時の、自分の呆然自失を考えている。後に、ずっと後になって、彼はこうはっきりと告白するのだ。[18]「私はニザンのように党に入るべきだったし、三九年には彼と同様に党から出るべきだった。そして殺されないようにすべきだっただろう……」。

ポリツェールのことも考えている。このもう一人の「生皮をはがれたように感じやすい男」[19]は、三〇年代の論考で、ベルクソン主義者や隠れフロイト主義者やブランシュヴィク流観念論者を一緒くたにして、運動よりも反動を好み、真の運動よりも偽りの運動を、直接行動よりも哲学を、そしてさらに物よりも言葉を好むと告発して、こきおろした。サルトルは彼の厳格さに非常に感嘆した。次いで〈占領下〉ではその勇気に感嘆した。戦前には、彼の燃え立つような美しい髪を借用して、ロカンタンの髪にするということさえしたものだ。今日では、彼の怒りを思い起こす。まるで昨日のことのように、彼の拒絶の燐光が目に浮かぶ。手榴弾のように乾いた彼の言葉が再び耳に聞こえる。あまり理解できていなかったから、お利口さんの高等師範学校生だったサルトルにはそれらの言葉は不意打ちだった。物思いに沈んだ彼が、自分の前で「屈強なロシアの水夫たちがクレムリンのフランス製タピスリーの上でタバコをもみ消している」[20]様を喚起した日のことを思い出す。彼の学識ある野蛮さを、野蛮な純粋志向を思い出す。高等師範での彼の姿が目に浮かぶ。このもう一人の「言葉から辞任した男」の姿が……。野蛮人、確かにそうだ。だが、考える野蛮人。折れることはあっても、たわむことはなかった。もし、ポリツェールが生きていたなら、フローベールについての本を書いて、時間を浪費するようなことをしただろうか。

ジィドのことも考えている。とても若いときのジィドを考えているはずだと、私は確信している。『法王庁の抜け穴』のジィド。それこそ彼の師、もしくは反面教師、もしくは悪魔祓いで払いのけられた師であるが、彼こそは、ニザンより前に、ポリッツェールより前に、純然たる文学に対する軽蔑、無償の行為ならびに、行為一般への憧憬を語った最初の人なのだ。さらにそのジィドは、本の中で語られる気楽な人生の中で起こるのとは反対に、「チェスの勝負の中でのように」、一度やったことは「やり直す」ことができない、そういう人生への好みも語った。変だぞ。ほとんどアカデミー会員のようなジィドというイメージは……変だ。彼が残した哀れな、寒がりの老いぼれという世評は……サルトルは騙されない……彼は若きジィドが何をしでかしかねなかったか分かっている。この一貫性の欠如を教えてくれた師、若者たちの王侯を想い出す。自分が存在するためには、この人を引き摺り下ろさねばならなかったのだ……もし彼が悔むとすれば、フルーリソワールを殺すことはあらゆる文体論に匹敵すると現実に考えていた気配のある、この比類なき攪乱者のことを、もっと早くにもっと真剣に受けとめておけばよかったのに、ということである。

マルローのことも考えている。サルトル・マルローという軸があるのは確かだ。大臣作家と劫罰を受けた者たちの僕《しもべ》たろうとした作家との間には真の関係がある。それは憎しみと、密かな、または公然たるライバル意識からなるだけでなく、目立たない近さ、白状されることのない暗黙の共謀、友好的ではないが、浅からぬ内通からなる関係である。サルトルが「私はマルローが好きではない。彼は私にあまりに近すぎる」[21]と明言したとき、彼は何を言いたかったのか。マルローはマルローでアルジェリア戦争の最中に、ドゴール主義の吟唱詩人、紐つきの体制知識人という役柄に縛られながら、それでも最後には「共和国的」拷問に対して激しく抗議したが、そのとき何のことを、誰のことを考えていたのか。さらにもっと後になって、『反回想録』の冒頭で、「私の知るほとんどの作家は自分の幼少時代を愛しているが、私は自分の幼少時代が嫌いだ」[22]と言い放ったとき、マルローがライバルのことを考えずにこの文を書いたなどとどうして考えられよう。サルトルはまさに『言葉』の中で「私は自分の幼少時代とその名残の一切を嫌悪する」[23]と告げていたのだ。ここではマルローの方がサルトルのことを考えている。このとき、一九六四年には……言葉という空砲をこめた銃に別れを告げる……。今度はサルトルの方だ。レトリックのまどろみから覚めたサルトルが、『希望』の登場人物たちを思い起こす。彼らは見事に書かれた一頁よりも狙い違わぬ銃の一撃の方が大切と考えていた。自分もほぼ同じところに来ている、とサルトルは呟く。自分はよく考えてみると、音楽家のマヌエル*、美術史家のスカリ*が、この戦争をして勝利したいなら、〈芸術〉を断念すべき時が来たのだ、と気づいた時にいた地点と、ほぼ同じところにいるのだ。もっと正確に言うなら、彼はマルロー自身の立場に立っており、できれば立ちたいのである。しかし、同じマルローでも、若きマルロー、大臣になるためではなく、スペインで赤い「大佐」に、そしてアルザス・ロレーヌ地方で「ベルジェ大佐」になるために、初めて己の作品系列を投げうった若きマルローなのだ。何しろそれが掟、マルローの定理と呼ぶべきものなのである。この表現は彼にとって苛立たしいものかも知れないが。すなわち、行動か芸術か、決断しなければならない。行動の人、本物の行動者とは、常に芸術を断念した芸術家である。マルローの初期の主人公たちが——そしてもしかしたらマルローその人も？——優雅さ、極度の優位性を帯びているのは、そのためなのである。注意深く見るなら、彼らは常に自分の芸術に高い理念を抱く芸術家であり、そしてそれを良心の命じるままに断念した者たちである[24]……すでにロカンタンが言っていた。「生きるか物語るか、選ばねばならない」。ロカンタンは物語ることを選んだ。彼、サルトルは、マルローと同じく、彼の主人公たちと同じく、生きることを選ぶ。

シュールレアリストたちのことも考えている。彼の青春期のもう一つの英雄群像である。彼はシュールレアリストであったことは一度もない、というのか。その通り。『磁場』が出たとき、彼は十六歳だった。そして彼はこの現象に染まらなかったフランスで唯一の学生なのだ。学友のニザンほどにもこれに関心を向けなかった。ニザンは少なくとも党からブランシュ広場の一味に潜入せよと命令されて、任務として赴いている。そしてサルトルが運動の先駆者たちと出会った時、彼の小説家としての眼差しはアンドレ・ブルトンの眼差しと交差したが、結局はブルトンを『一指導者の幼年時代』の中に、アシル・ベルジェールのグロテスクな姿で登場させて戯画化しただけだった。しかしまさに、だからこそ、なおさらなのだ。今や、彼は理解した。彼は理解し、受け止める。暴力。侮辱の言葉。直接行動への呼びかけ。人々の頭を殴る手始めに精神を打ちのめすこと。ジャリ。ロートレアモン。お前たちは死者に平手打ちを食わしたことがあるか。牢獄を開け。軍隊を解散させよ。司祭の一人一人に面と向かって嫌悪感をぶちまけること。真赤な怒り。復讐的リビドーと性的シニスム。ミノトールを放て。われわれはヨーロッパの敗北を願う者たちだ。常にわれわれは敵に手を貸すだろう。親たちよ、お前が見た夢の中身を子供たちに話してやれ。精神は檻の中にある。檻をダイナマイトで爆破すべきだ。言葉によるテロリズム。それはもしかしたらいつの日か言葉なしのテロリズムになるだろう。言葉とは人間の汚れを消す消しゴムだ。それができないなら、勇気をもって自分を消し去ってしまえ。なんと大地は乾き、火事に好適ではなかろうか。火事こそは大地の真の光なのだ。未成熟性の効能。モナリザには髭をつけてしまえ。コンコルド広場にはコサック騎兵。「再び見出すべく努めようではないか」、そう、「憎悪の時代、満たされることなき欲望の時代、破壊の時代を。われわれよりいくらも年上でないアンドレ・ブルトンが、コンコルド広場の泉水でコサックが馬に水を飲ませるところを見たいと願ったあの時代を[25]」。待てよ？　これはポリツェールか、ブルトンか？　そんなことはどうでもいい。偉大な言葉というものには作者などいないのだ。それにシュールレアリストたち自身が言っていた。「シュールレアリスムの本旨」は、詩の前での「万人の全面的平等」、「共通の遺産」への各人の平等なアクセスを主張することである。この「共通の遺産」は「きわめて近いうちに、一部の人たちの専有物であることをやめるはずである[26]」。これはまるで『言葉』の結末みたいではないか。ある意味で、『言葉』の結末なのだ。まるで『言葉』は最も単純なのから最も練り上げられたのを含めて、あらゆるシュールレアリスト的行為を剽窃したかのようだ。まるでサルトルはそこで突然、当時は何も理解できないでいたあの反逆のうちの何ごとかを、三〇年経ったのちに再発見したかのようだ。まるで晩年になって、相変わらず晩年になってからだが――しかし遅れという言い方が許されるなら、この遅れは、結局のところ、レリスとその『成熟の年齢』に対する遅れ以上に、今ごろ自伝を始めるという遅れ以上に、最も驚くべきものと思われる――サルトルはニザンやポリツェールや、さらにはブルトンや若きアラゴンやダダへの回帰を通して、遅ればせの青春の危機に身を委ね、失われた途方もなく膨大な時間を取り戻すかのようなのだ。……

ああ、あまりにお利口さんの子供たち……。

あまりに愛され、可愛がられた子供たちは、時が経つにつれて、自分は運がよすぎた――『言葉』の言葉を用いるなら、「待望の天からの授り物」として生まれた――ので、激烈さを身につけることができなかったのではないかと自問する。

祝福された子供……救われた子供……甘やかされた幼少時代に、祝福され、すくすくと育ったこうした子供たちは、「選ばれた者という確信」をもって成人していくが、こうして選ばれてあるということが結果的に、自分から不品行や無軌道や苛立ちや激怒――ニザンについてのエッセイが言うところの「劫罰」――

を取り上げてしまった、と彼らは考える。

想えば、第一のサルトルは、まさしく「怒れる者」であった。

『嘔吐』の著者たる若きサルトルは、彼なりの仕方で、相当「いかれた男」で、金色の幼少時代を過ごしたかどうかは別として、〈悲劇性〉と反抗に関しては、誰からも教えを受ける必要のない男だった。

しかし今や彼は、幸福な少年のコンプレックスを心に抱く。

自分の小ブルジョワとしての反乱とは別の、高熱に震える者たちの、もっと暗い反抗があるのだ、と彼の一部分が呟く。

彼の内なる何かがやがては、こうした見捨てられた子供たち、または呪われ、傷つけられた青年の一人でなかったことをいささか悔いるようになる。成人した男の「聖なる攻撃性」とは、こうした青少年時代の遺産なのだ。

父がいなかったために、彼は超自我を持つことがなかったと確信している。しかし超自我、すなわち踏みにじる〈掟〉も、破るべき禁忌もないという事実は、真の反抗の呼びかけもまた知ることができない運命を彼に押しつけたのではないだろうか。そうだとすると、羞恥と「素行の悪い者たち」の憎悪の「純金」に比べるなら、自分の憎悪や怒りは、これまでのところ「贋金」[27]に過ぎなかったと、恥ずかしさと自己嫌悪を感じずにはいられないではないか。

そこで彼は遅れを取り戻す。

予定に合わせるかのように、怒り出すのだ。

二十世紀の恐るべき子供たちが二十歳でしたことを、彼は五十歳で、しかも早回しでやろうというのである。

彼はお利口な子供だった。これからは恐ろしい老人になってやる。

彼は順応的な高等師範学校生だった。それだけに一層反抗的になるだろう。

少年時代には、「すべての原点」となるあの「拒否」、「剥き出しの反抗」を、彼は実際にやり損ねたか、少なくともそう思っている。それらのものを最後になって見出すことになるだろう。

青春期のあの激しいいら立ちをやり過ごしてしまったが、己を取り戻して、己を失うのは決して遅すぎることはないと考えて、熾天使は態度を硬化させ、祝福された者は自分を呪い、実際に生きることなく過ごしたあの歳月の精神を取り戻す練習に取りかかる。その歳月の未達成の苦い味わいは今でも口の中に残っているのだ。

これもまた『言葉』の意味である。

これがあまりに入念に仕上げられたこの美しすぎる散文を貫いているものである。

このすべすべした本の中には、ニザンやポリツェール、さらにはジャン・ジュネといった、不幸と反乱の天使たち、愛されなかったがゆえに大きくなった、あの恩寵を失った壮麗な兄弟たちへとサルトルを結びつける黒い糸のようなものがある。

ここで語っているのはキャリバン*か？　ちがうカインだ。ニザンのように(28)「囚人の足につながれた鉄球」を「引きずる」カインの黒い声。このアベルの中には、カインへの郷愁が感じ取れる。彼は決してカインではなかったが、その姿は彼に取りつき、彼を魅惑していた。『言葉』草稿を見れば、どれもがこのことを証明しているのである。

彼は時代遅れでシュールレアリスムをやる。

平和な時代のマルローないしポリツェールをやる。

『言葉』のさわりや、それ以後の毛沢東主義者時代の政治的テクストやビラに見られる、いかにも青春後期的な、人を侮辱するような空威張りの調子に至るまで、先輩たちの音楽の正確な再現に他ならない。

しかしながら、小さな違いが一つだけある。しかも彼はそれをもって自分の優位とする。すなわち彼らはいくら文学を呪っても、やがては常に文学に戻ってきたのだ。例えばシュールレアリストのように、いくら本などは無益だと言っても、何度となく言っても、彼らは長い間に渡って本を断念することはなかったし、この暗い拒絶も、彼らはそれをやはり常に本の中で表明すべきだと考えていたことは確認せざるを得ない。それではこの私ことサルトルも同じようにしよう。破門の果てまで行ってやろう。断念の果てまで。遅れてクラブに加わった、文化と古い世界への憎悪を抱く者たちの末っ子である彼は、奇妙なことに、彼らが大きく開いたまま放っておいた文学の傷に、さらに切っ先を突き入れるということをやってのけることができる。文学による反文学は終った、と彼は言っているようだ。今より後は、つまり『言葉』という私の最後の誇示より後は、見事な文章で文学を公然と侮辱するという、文学者の偽善はお終いだ。マラリア〔パリュード〕熱は終りだ。そう、ジィドの『パリュード』のような、マルローの初期の冒険家たちの植民地熱のような、言葉の牢獄で息が詰まるからとアデンに旅立ったニザン自身のような、マラリア〔パリュード〕熱は終りだ。しかしニザンは一年後、たしかに熱を帯び、たけり狂って戻ってくるが、文学という道具を、「それを抑制する条件から解き放ち」、「敵に対する武器とする」ことで[29]、最終的には、救うことを決意していた。このようにして、このような論理的反抗と五十男の思春期の果てに、この生まれながらの作家、この文学狂い、『嘔吐』以来、本によって、本のためにしか生きていなかったこの男、この言葉人間、この本人間、今でもマドレーヌ・シャプサルに[30]、「独房の中で暮らし」、『アルトナの幽閉者』のフランツのように「死ぬまで静かに書き続ける」ことができるということが、自分のもっとも大切な願い、もしくは未練の一つであると説明するこの男は、このようにして文学の有罪を宣告しながら、文学が必然的に、本性からして有罪であると断言することで、別の言葉で言うなら、あらゆる時代のシュールレアリストの中でもっとも徹底的であろうとすることによって、己自身に対して宣戦布告をしているのだ。己のもっとも貴重なものに唾を吐き、己自身の最悪の敵となり、長い、きわめて長い贖罪期間を開始するのである。その期間は彼の失明によってようやく終る。

彼は哲学の切除手術を受けた。

彼はいま、文学の切除手術を受ける。

三〇年代へと転換したものの、その怒りに油を注ぎ、競り値を吊り上げたために、彼は二重に切除を施されたわけである。

毛沢東主義の本、『言葉』

もちろん、彼はそれに半分しか成功しない。

この文学への別れは、ある面では、死文となることは明らかだ。

まず、彼自身が『言葉』の終りで言っていることがある。「私のぺてんは、私の性格でもある。神経症を治すことはできるが、自分自身という病から回復することはない」。

次のような最後の憂鬱な告白がある。「私は相変わらず書いている。他に何ができよう。これは私の習慣であり、それに職業なのだ」。これは初めの方にあった次の件《くだり》の反響である。「おそらく私は人生を、始めた時と同じように、本に囲まれて終えるだろう」。

それに、何よりも最後の書、「フローベール論」がある。彼はそれに『言葉』の後すぐに取り掛かり、引き続き一五年間、携わることになる。

『家の馬鹿息子』はフローベールに対するオマージュの書ではなく、憎悪の書であると、いくら言っても無駄である。フローベールは自分の「反対物」であり、作家についての自分「自身の」概念の「正反対」、自分が嫌悪する「形式理念」が具体化したもので、自分の現実の姿からは対蹠点にあると、いくら言っても無駄である。他にも次のようなことを、いくら言っても無駄である。これは『言葉』の続きであり、膨大だが必要なエピローグである。プールーがそれを続けるのであり、プールーの治癒は最後まで続けねばならない。「文学の中」だけでなく、「自分自身」の中においても、下劣な文学理念と「とても奥深くても古くからの決着」をつけなければならない。同一の戦争の継続である。マリオネットを分解し、ばらばらにして、踏みつける、等々……いくらそんなことを言っても、彼がそれを書き、それが素晴らしい本であることは変わらない。多くの点で、それは彼の傑作であり、彼のあらゆる才能の結集であり、マルクスとフロイトが混ざり合い、プルーストが再び見出され、彼の〈倫理学〉がついに完成し、彼の〈政治学〉、彼の〈詩学〉という風に、あらゆるものの結集であり、彼の小説のうちの最高の到達点であることは変わらない。

この本は精神衛生のための試みであり、ダイエットの実践であると、いくら彼が言っても、彼に続いて他の者が、いくら言ったとしても無駄である。自分はこの本を、熱狂もなく、義務として、道徳的責務として、不純物を始末するために書いたのだと言っても無駄である。それは言葉にすぎないことをわれわれは感じるのだ。そしてそれどころか、彼がそれに愛着を覚えていることも感じる。そしてそれを完成したときには、手放さなければならないことに、ほとんど悲嘆にくれていることも感じる。一九七一年にコンタとリバルカに、これからさしかかる人生の暗い時代において、自分には「心地よい命令としてはフローベール論を終えるということ」しかないと語った時、彼は真剣だったと感じるのである。そして毛沢東主義者の友人たちの目の届かぬところで、ほとんど不法に書かれたと称するこの怪物的書物の中には、喜びも美しい形式への配慮もなしに、一見したところ、無用な完璧を排した、一見彫琢されていない、いささか無色透明なエクリチュールで書かれた素晴らしいページがあり、彼のむき出しの声、彼の哀れな男としての声が聞こえることを感じるし、とりわけ目に見えるのだ。——しかしなんと言う声だろう。なんという音楽だろう、もはやそんなものを気にかけていないと称するこの時においてさえも。

要するに、私は結局これが、ゲームの秘密の目的ではないかと考えることさえあるほどなのだ。さらに、螺旋の更なる回転によって、文学理性の新たな、そして今回はまことに驚くべきものとなっている狡知の果てに、この最後のサルトルは、こっそり隠れて、ものを書くという治療不可能な快楽を味わい、その快楽を甘美な違反として、心地よい罪として生きていく立場にわざわざ身を置いたのではないかと疑うことさえある。その快楽は、口に出すことができなくなったがゆえになおのこと味わい深くなったのだ。サルトルが「ポール・ニザン[31]」の中で言っているように、「この秩序」、私の友人が「打ち砕こう」としているこの既成の秩序、「それが存続するのを」私は望んでいた。というのは、それに「爆弾」を投げつけるという考えを愛しており、その爆弾が「言葉」であることを望んでいたからだ。確かにサルトルは過去形で語っている。言葉が「若くて、硬く」、ブルジョワの掟を粉砕するためにそれを使っているのだと感じていた彼の青春時代のことを語っている。それに原則として、彼はこの型の態度に対しては厳しい。すでに『文学とは何か[32]』で、このような態度は、「革命家」ではなく、「反抗者」の本質とみていた。反抗者とは、「自分の反対とルサンチマンの美学を正当化し」、「社会秩序」に対して自分は「永遠に余所者」であると感じるために、ブルジョワジーを「必要」とするのだ。しかし過去だけの話でなかったとしたらどうなのか？彼の一部分が、背くべき掟、言葉の爆弾を投げつけるべき禁忌という考えを愛することを続けて（または再び始めて）いたとしたら。政治的掟、毛沢東主義者の掟、そしてそれに先立つ、五〇年代、六〇年代には知識人に対する本物の憎悪に突き動かされていた、愚かなフランス共産党への無条件の忠誠の掟が、結局はそのような役割を果たしていたのだとしたら。この掟が、想像的なものの選択を許さず、まさに己自身の声によるものも含めて、想像的なものの行使を、単に無益であるだけでなく、犯罪的であると宣言することによって、そこに楽しみを見出す、それも密かに楽しみを見出すという立場にサルトルその人を立たせるという、なんとも微妙な結果をもたらしたとしたら。この仮説はいささか常軌を逸している。しかしそもそもこの話全体、この冒険全体、この一連の回心のすべてが常軌を逸しているのだから、それに比べれば、それほどではないということになろうか。これら一連の回心は、ときには広く知れわたり、大いに喧伝され、全世界が証人となり、地球全体が巨大な反響室となる底のものであるが、またときには、沈黙の回心――そんなことはないとは言い切れないではないか――、まさにこの場合のように息を潜めた回心なのだ。つまるところ、この仮説は、彼の秘書になったプロレタリア左派の指導者、ベニィ・レヴィも表明することになるものである。ベニィ・レヴィはサルトルの人生の終り、彼らの最後の対談の一つで、サルトルの毛沢東主義時代の「二股思考のシステム」について尋ねている。「革命家たちとのあなたの討論にもどろう。彼らと同じ目的を分かち持つと、あなたは言っていた。しかし心の中では警戒心を持ち続けていた。彼らが目的にたどり着かなければいいな、と……」[33]。もしそうだとするとサルトルは、文学に反対し、文学を破廉恥で、罪に汚れたものとすることで、文学をそれだけ危険に満ちた、強く、貴重なものにすることこそが、実はその効用なのだと称して、ほぼ同時期に「テロル」を礼讃していた同時代人たちと同じだ、ということになる。あるいはまた、過去に遡って、あの昔のライバル、すべてのライバルの中でもっとも真剣で、最も頑強で、おそらく最も恐るべき者であるジョルジュ・バタイユが正しいことを認めるということになる。バタイユは『文学と悪』の中で、カフカにとっての「父親の圏域」であったものに相当する共産主義が、新たに書物の有罪を認めた上で弁護をすることで、書物がその意味と力を取り戻すことを可能にするとして、共産主義を擁護している。そしてこの『言葉』の時期のもっとも厄介な様相とは、最後の時の直前において、まさに最期にあって、もう一人のサルトルとは別のサルトルが生まれて来ることだ、ということになろう。それはいっそう夜行性の、いっそう神秘的なサルトルであり、己の古くからの狂気を断ち切ると言明し、そして事実、断ち切るまさにそのときに、別れを告げ、暇を乞う——彼自身の昼間の意識からすれば、それが現実に誠実な暇乞いであることは、疑う余地がない——当のその動きの中で、自分の芸術観を一変させてしまうサルトルである。昨日は、結局のところ彼が常にそうして来たように、「社会的機能」流の単純な目的との合致——明日はおそらく到来する社会主義の社会との合致ということになろう——として考えられた文学のヴィジョン、しかし今日は、はるかに気高く、いっそうの困惑をもたらす、掟を外れた文学という考え……。

最重要な点が残っている……成功したかどうか、全面的であるかどうかは別として、作戦は実行された。文学への戦争はともかくにも宣言された——そしてこうしたこと一切は冒険の全般的意味に影響を持たないわけはないのである。

サルトル自身を始めとして、[34] だれもが、彼の人生の最大の問題、ボードレール、マラルメ、ジュネ、フローベールの伝記を通して問い続けたとされた問題、『言葉』の中で、そしてすでに『言葉』の前にも、あらゆる間接的な自伝的試みの中で、発したとされる問いとは、作家とは何か、「ボクシング・チャンピオンや提督や宇宙飛行士[35]」になろうとすることよりも、「ものを書こうとする真の動機」とは究極のところいったい何なのか、というものであると、これまで常に考えて来た。これはおそらく以前は正しかった。しかしもはや正しくない。問題は今や、『言葉』以降は、逆になっていると考えなければならない。より正確に言えば、『言葉』の作者は、もう一つ別の、逆方向の問題の脈絡をつなぎ直したのだ。この問題にはサルトルは『自由への道』の中で、作品を書かない作家、マチューの人間像を通して、あるいは『一指導者の幼年時代』で、作家になり損ねたリュシアン・フルーリエに関して、すでにかすかに触れている。それはすなわち、作家でないものとは何か。最終的に、ものを書かない理由とは何か。『番犬』における倫理学と同様に、文学とは何の意味もないもの、ゼロだということを発見する作家とは何か。そして文学がゼロであるなら、己の内にある文学的な神経や繊維やばねに禁欲を強いるためにどうしたらいいのか。

私自身を始めとして、だれもが、これまで常に、サルトルは最後の「大作家」であると、考えてきた。最後の巨人、最後の文学の恐竜、栄光と荘厳の大作家という、このきわめてフランス的な種の最後の標本だと。それは以前はまだ真実だった。しかし今ではもはや真実ではない。というのは『家の馬鹿息子』があろうとなかろうと、この第二のサルトルはもはや作家ではないし、もはや作家でありたいと思っていない。単に『言葉』や『家の馬鹿息子』の中だけでなく、人生の中で、魂の中において、心に思い描き、部分的には己自身に押しつけてきた表象において、大作家の神話と縁を切るのである。ヴォルテールよ、ユゴーよ、人類の良心よ、私の夢はあなた方の夢よりも美しい。シャトーブリアンとなるか、然らずんば無。スタンダールにしてスピノザ、あなたがたの墓に小便をかけてやるぞ。ジィドを殺すか、さもなければ死ぬしかない。そしておそらくはここにノーベル賞拒否の別の理由がある。真の理由、ベネズエラのゲリラの話や、東欧ブロックへの忠誠や、体制に回収されてしまう怖れ、といったことよりも重要な理由がある。何のノーベル賞だと、仰るのですか？　正確にはどの本に対してなのですか。とんでもない、皆様方。誤解です。救いようがありません。私が自分の文学上の義務から自由になったと宣言したまさにその瞬間、その本に対して、賞を出されるとは。取っておいて下さい。すべて取っておいて下さい。私の本とは言いませんが、せめてその賞状を焼いてください。私は国の宝などではありません。私はしがない染物師〔ティントレット〕です。

次のように言われ、繰り返し言われた。彼は単に最後の作家だけでなく、最後の知識人であると。知識人とはつまり、正確に言うなら、作家としての著作によって獲得した栄光を用いて、作家として行動し、時にペンを置いては、未亡人、孤児、罪なくして迫害される者を助けに飛んでいく作家のことである。またこうも言われた（リオタール）[36]。サルトルは世界を贖う不変の責任を「作家」から「知識人」へと移転したと。ところが、それももはや真実ではない。そしてそこでも『言葉』が境界線となっている。というのは知識人とは、何よりもまず、気が向けば、罪なくして迫害される人に我が身を贈与する作家の謂いである。ところで、彼はもはやこうした作家ではない。彼にはもはや与えるべきものは何もない。だから、当然の帰結として、贈与と恩恵と中断の複雑な絡み合いに基づく古い仕掛けは、すっかり中断されてしまった。次に知識人といえば、普遍的な価値の天空とこの地上の仲介者となる者であり、具体的な人間たちにそれらの価値をもたらす者である。しかしこの「普遍」の観念、状況から独立した、凝固した本質のように、あらゆる場所、あらゆる時代に妥当する〈正義〉、〈真〉、〈善〉があると称する考えは、彼が、少なくとも『文学とは何か』以来信じるのを止めた観念である。この仲介者という人物像、この世俗の秩序と原理の秩序とを連結しにやって来る聖職者というイメージ、価値の天空と地上の都とを仲介するという観念は、まさに彼が『言葉』の中で攻撃の的としたものだった。人々を教化する？　啓蒙する？　分かち持たれた文化の灯をもたらすだって？　そんなことをどうやって信じ続けることができようか。人々に、光をもたらすなどと、どうやって主張することができよう。自分の唯一の強迫観念が、自分自身の頭脳の中にある光をなんとか消そうということなのに。彼は最後の知識人ではない。知識人であることをやめた最初の人間なのだ。一つの系譜、ないし隊列のしんがりではなく、別の隊列、彼の言う、「新しいタイプの知識人」の隊列の先頭に立つ者である。彼は〈自由〉と前進する〈真理〉を擁護する聖職者たちの見事な戦いを永続させる、ドレフュス派たちの最後の者ではない。彼はフランス知識人の武勲詩におけるドレフュス的契機の終りを体現する。それはドレフュスの雪辱ではなく、その真の死である。ドレフュス派主義の達成ではなく、そのフィナーレであり、そして最後には、その葬儀である。葬儀はすでに行なわれた、その墓石、それこそが『言葉』なのだ。

次のように言われ、繰り返し言われた。最後の時期、あらゆる時期の中で最も暴力的で、最も熱狂的な時期、『人民の大義』紙上での殺人への呼びかけとミュンヘンでのイスラエル選手虐殺の正当化の時期、もう一人のドレフュス――つまり、なんと組合によって、おかまを掘られた犬の姿で漫画にされたルノー公社のドレフュス――の時期において、彼、サルトルの方から毛沢東主義者の方に近付いたのであって、毛沢東主義者の方がサルトルに近付いて来たのではないと。また次のように言われた――そしてそれは、サルトルについての解説の常套句でもあるが――。サルトルは、構造主義と、それがフランスの学生たちに向けて送り出した新しい巨匠たちによって厄介払いされた、失墜した哲学者で、世の動きから取り残され、予想どおり『言葉』以降何も発表することなく、辛い立場にあった彼は、若返りの泉に浸かるようにして毛沢東主義者の列車に飛び乗って突っ走った、と。そして私自身も、自分の不人気を感じ取って、怒れる若者たちに言いなりに引き回されていた、とてもとても年老いた男を覚えているような気がする。彼の恭順振りは、結局のところ、なかなか感じのよいものではあった。この若者たちは、彼の目には、非合法活動への好みと、反抗の精神、道徳性、不遜さの、きわめて望ましい混合を体現しているように映ったのである。ただし『言葉』がなおも存在する。己の謎の中に閉じこもったこの小さな本がある。この本の、正確にはその命題ではなく、その身振り、すべての身振りであり、そしてもちろんのこと何よりも先ず、文学という宗教への批判、ドレフュス派的な絶対的信仰の否認、例の「新しいタイプの知識人」の考案といったものが、毛沢東主義的思考のありようをかなりよく先取りして示していたことに、私は気づく。というのも、結局この「新しいタイプの知識人」とは何か。サルトルはその性格をどのように定義しているのか。フランスにおいて、知識人についての考察は、明示的であろうとなかろうと、いずれにせよ形而上学の含有量が高い、心と体の関係という理論の枠組みにこれまで常に従って来た。ときには、魂が体を指揮する。デカルトにおけるように、魂は体に対して、船に対する水先案内人の立場に立つ。そしてこれが、知識人が民衆を指揮し、その知性によって啓蒙し、かの階級意識を外からもたらし、まさに民衆の前衛を構成するようなあらゆる政治——例えばレーニン主義の政治、もしくはクロード・ルフォールに対する答えの中に見えるサルトル自身の政治——の基盤である。また時には、エピキュロスないし十八世紀の唯物論哲学者たちにおけるように、体が魂を指揮する。この場合の魂とは、体からの流出であり、出血であり、体液に他ならない。そしてそれは次のような言説を伴うすべての政治的実践——ポピュリスト的と言えようか——の土台である。すなわち真理は大衆から来る。つねに大衆から来る。前衛の仕事とは、この真理を拾い上げ、定式化し、広めることである、という言説。ところがサルトルはこれを一新する。最後のサルトル、ポリツェールとニザンに回帰するサルトルは、上記のいずれも取らず、第三の理論を提案する。もはや魂と体、なのではない。この二つの実体は互いに外部的なもので、その一方が他方の権威のもとにある、というのではない。そうではなくて、魂は体の中にあるのだ。体の本体の内に溶けこみ一体化している。今度はスピノザの理論だ。相変わらずニザン……であるが。それは同一物であり、同一物質である体と魂を、延長の観点もしくは思考の観点から見て記述する。そこで記述される政治的実践は、知識人を船に対する水先案内人とか、偉大なる操舵手、または民衆のもとへと赴き、その聴きとりにくい聖なる言葉を持ち帰る聖人にすることはなく、一時的な存在にしてしまう。これについてサルトルは、マルクーゼとの会談からガヴィおよびヴィクトールとの対話に至るまで、知識人は利己心を捨てねばならない、と繰り返し述べている。その外部性を無くすこと。民衆のもとに行くのはいいが、しかしそこにずっと留まらなくてはならない。街頭へ降りるのはもちろんだが、ビルの天辺に戻ることはない。要するに、下へ降りて行き、錘をつけ、靴に鉛をつけ、己の耐え難い軽さを治癒して回復すること。そして深き淵の底で静かな水の中の魚のように、体の底深くに沈んで行くのだ。体はこれからは彼なしで己を表現するであろう。これこそはまさに毛沢東主義者が下放定着と呼んでいたものではないか。われわれの青春に響き渡った例のスローガンのすべての理論的モデルではないだろうか。知識人の地位を廃すること……頭のなかで貧者になること……西欧において上と下、知的労働者と肉体労働者を分かつ隔たりを無くしてしまうこと……書物とは不幸の記憶である……文化革命……そしておまけとして、己の内なる老人を殺すこと、彼を彼の最深部において変えること、まっすぐその魂に照準を合わせること。おそらくわれわれはサルトルを読んでいなかったのだ。私としては、いかにして初めて一冊の『言葉』に出会ったかを語る機会を得たことがある。[37] 七〇年代の初めに全くありそうにない偶然によって、カルカッタで出会ったのだ。しかし思い出は思い出、〈歴史〉は〈歴史〉だ。もし思想史を作るなら、もし人々の記憶喪失もしくは誤った記憶──『言葉』を参照せよ――にもかかわらず、思想が実際の順序で継起するもう一つ別の時間性を辿ることに専念するなら、それは明白この上ないことなのだ。つまりサルトルは、一度だけ、『言葉』によって、出来事に先んじていたということは……。

結局、私は彼が誤りを犯した理由を探してきた。あらゆる全体主義的誘惑に抗するワクチンの接種を受けていたこの男を、ソヴィエトへの、次いで六〇年代のキューバへの肩入れから、この親中国の時期に至るまで、二十世紀後半のあらゆる精神錯乱への加担者にしてしまった、個人的で内密だが、それでいて決定的な出来事を探してきた。その最後の出来事とは、まさにこれなのだ。共同体の発見、次いで哲学的挫折の後に来た、最後の宿命的決断とは、己の内なる作家を殺すことだったのだ。というのは、この殺人、より正確には自殺の試みの先には、そして文学という宗教へのこの批判と、それに付随する、ドレフュス派的な古い絶対的信仰への批判の先には、サルトルその人のみのケースをはるかに越えた、残念ながら、あまりにも周知の、まるまる一つの政治的論理があるからだ。『言葉』のサルトル、「不機嫌なデカ頭を支えるのに精一杯の」作家の滑稽さを嘲弄するサルトルは、思考に対する憎悪を抱く条件が熟している。どんな労働者が書いたどんなビラでも、たとえ憎悪に満ちたものであったとしても、それが自分自身の言葉を持つのなら、彼の目には知識人の単なる言葉よりも価値があると映る。『言葉』のサルトル、瞬間的な回心のみを尊重し、ものを書くという運動、書くことに固有の緩慢さの内に、真実が真実になるために要する時間ではなく、無意味な時間、失われた時間――それは実際には生から逃がれ、死を探し求める時間なのだ――を見るサルトル、このサルトルは、若者礼讃への条件が熟している。そして彼はこの時期、陽気に若者礼讃を実践し始めるのだ。サルトルは次のように述べている（六八年五月の少し前に行なわれたある対談の中で[38]。この対談では彼は見事に、「若者の脱政治化」の神話を笑いものにしているのではあるが）。これらの「若者たちは政治的にはしばしば私と同じレベルにあり、教えを乞いに来るのではなく、対等の立場で議論をしに来るのである」。その後、六八年五月のさなか、ラジオで、コーン＝ベンディットとの奇跡的な出会いについて語りながら、次のように言う。[39]「わたしたちは全面的な服従によって、芯を抜かれ、消耗し、疲れきって、無気力な人間だった」と。このサルトルは、政治的・道徳教化的自己批判という、全体主義的気質の持ち主たちから高く評価されるもう一つの実践をいつでも行なう準備ができていただけでなく、自らそれを志願した。彼はそれまで慎重にそれを避けて来た。贖罪または自己懲罰のこの種の儀式には見事な無関心を示して来た。それが今は、若いインタビュアーを目の前にするだけで、ビュルニエなりイヴ・ビュアン*を相手に語るというだけで、彼はやすやすと己の罪を認め、悔悟の印に頭に灰をかぶって、自分の哲学と文学は何の価値もないと何度も繰り返し、生まれ変わった人類がゴンクール兄弟やフローベールの古くすえた臭いのする憂鬱などには関心を持たなくなる――そいつは結構！――時代が来ると説明し、突然ほとんど陽気な口調になって、もし自分が十五歳若ければ、『家の馬鹿息子』の草稿をくずかごに捨てるだろうと口走るのである。そしてとりわけ、とりわけ、溶けて周りと混ざり合いたいというこの狂おしい欲求、プールーを際立った存在になし得たもの、そして今日なお、彼の後継者を際立たせ得るもの全てをこのように追い払おうとする態度、そしてまた、例のフィナーレ（「全ての人から作られ、だれとも同じ価値を持つ人間、云々）の悪意を持たぬとの誓い、ということはつまり、ありきたりで平凡であるとの誓い、こうしたものすべてが、いったいどのようにして第一のサルトルの偉大な仮説であったものと折り合いをつけるのか、了解に苦しむところだ。その仮説とは、周知の通り、彼の拒絶の十字架のように、それを振りかざしただけで、危険が立ちどころに退散したあの原則、まさに強情で手に負えない独自性、主観性のアトムたる意識のことであった。意識はなるほど壊れて、穴が開き、同一性も安定性もないが、とにもかくにも彼のあらゆる抵抗の揺るぎない防波堤のようなものであったが、それを今や彼は、犠牲にするのである。サルトル流全体主義の源には、文学と自己への憎悪というこの最後の特徴があるのである。

エピローグ　盲目の哲学者

それがやって来るのが少しは分かる盲目がある。ボルヘスの場合がそうだ。父親……祖父……ほとんど盲人の一家に生まれる方が有利でさえある……自分を待っているのがどういうことなのか分かるからだ……準備ができるのだ……闇の中で見ることや影とともに生きる訓練ができる……自分の力を配分する……五官が揃っている間に五官を同時に働かすよう、とりわけそのどれかを特権化しないよう気を配る……間もなく不自由になる感覚と、強化していく感覚との間に精妙な契約を結ぶ……闇に慣れていく。闇がゆっくりとやって来るのにまかせ、本当に到来した時、ついに闇の帳が降りた時にも、すでに十分適応しており、体系的に練習も積んできているので、依然としてかなりの光が残ることになる……。

サルトルの方は逆の境遇に身を置いた。

彼が何も予期していなかったからではない。障害は突然襲ってきたわけではない。それどころか、『言葉』には、プールーが、ベートーヴェンが耳が聞こえなかったのと同じように目が見えなくなったが、それでも闇の中で最後の傑作を書いている自分の姿を想像するという場面があった。そしてプールーの曾孫は「あの人はこれを闇の中で書いたのだ」と叫ぶのである。さらに『奇妙な戦争――戦中日記』にも、同様に衝撃的な一節がある。若き兵士サルトルがカストールへの手紙にこう書いているのだ。「今日のところはここまでにしておく。目が痛くて、もう何も考えられないのだ。自分が目で考えているのだと、これほど痛感したことはなかった」。しかし予感と待機では大分違う。大きな隔たりがある。病を予感しながら、それを心の底から拒む、ということはできる。病が近づいて来るのを感じながら、決して病につかまることはないかのように振舞う、ということも出来る。これがまさにサルトルのケースなのだ。まるで『存在と無』と『弁証法的理性批判』の著者は、自分の人生と作品と書くことについての考え方を、五官のうち、やがて喪失する運命にあった感覚〔視覚〕の支配下に置くことに意地の悪い喜びを感じていたかのように、ことは推移したのである。

彼は眼差しの哲学を作った。

彼は、人が世界に到達し、所有するのは、眼差しによってであることを、哲学的に立証した。主体であるとは、見るということ、もしくは、最悪の場合には、見られるということであり、この二重の視覚なしに、物に向けられたこの自己の目、自己に向けられたこの他者の目なしには、主観性など全くない、ほとんど人間性もないと、サルトルは考え、それを証明した。

彼は日々の暮しの中、人間として作家としての生活の中で、とりわけ透明性と栄光への愛好から、自らを同時代人の感嘆と憎悪と好奇心と厚かましさと呼びかけと悪口とおしゃべりに、つまりはその眼差しに身を晒すことによってのみ存在する、一種光そのものである人間とも言うべきものに仕立て上げた。

思えばより重大なのは、彼が内的生活という考えそのものに対し、情け容赦ない戦争を仕掛けたことだ。彼はプルーストやベルクソンだけでなく、珍妙と考えられるテオデュール・リボー[1]とも同一視される「内面の力」に対して全面戦争を行なったのだ。つまり全てを「外部性」に投下し、それが彼の「現象学」、この「外に寝る」〔とっぴな〕哲学の唯一の対象となったのである。

しかもそのうえ、さらに悪いことには、思考についての彼の考え方そのもの、「ものを書くという行為、細く、太く、丸く線を引いて文字を記して行く行為、それこそが思考の形態である[2]」のだから、ひとは書くように考えるのだという言明、思考の運命を、したがって言の運命をエクリチュールの実践というもう一つの「現前の形而上学」に結びつけている点、こうしたことすべてによって、今や冬が来てしまうと、サルトルは貧者の中の最も貧しい者よりもさらに無一物となってしまったのだ。もし考えることが書くことであるなら、もはや書くことができるほどに目が見えなくなった時、思考のうちの何が残るだろうか。もし紙の上に慎重においていく記号と線の連鎖を通してしか、概念の作業がないのなら、この目に見える繋がりが「不可能になって」しまってからは、まさに「思考の実際の活動」が「ある意味で、消滅して[3]」しまうと、結論しないわけにはいかないだろう。

サルトルは西洋の哲学者のなかで、プラトン的な眼差しの特権を確証した最後の者である。

サルトルは、プラトンのように、見ることと考えることとは同一のことであり、同一の語――「イデイン」――が見るということと観念を持つということを指示すると考えた最後の哲学者である。

彼は不幸なヘーゲル主義者でかつてあったし、あり続けたが、それでもヘーゲル主義者ではあり、「思考と省察は額に結びついて」おり、この思考の最良のものは「眼に集中する」と信じていた[4]。

おそらく彼には別の選択が可能だっただろう。おそらくは、もう一度言うが、彼が予感していた境遇には別の出口があったはずである。ジィドのように、視覚とは「われわれの感覚の中でもっとも厄介な感覚」だと考え、例えば「触覚」の方を好むことだってできた。もしくはハイデガーのように、この昔ながらの眼に対する特権と縁を切って、見られるものの要素における存在と存在者のあの混同を否定し、数千年に及ぶ明るさ《リュミエール》の保証を持たずに思考することを企てることだってできたはずである。しかし実際はこうだった。彼はジィドとは縁を切ったが、ハイデガーにはしばらくついていっただけで、すぐに離れてしまった。まるで時至らば、サルトルは眼差しを切り札としたのだ、さらに、そして常に眼差しを切り札としたのだ、と言われるよう、あらゆることを、完全にあらゆることを行なったかのようであり、さらには、いわば、唯一眼差しの権威の下に身を置いたかのようなのである。

「光がなくてもできることはたくさんある」と、ボルヘスというこのもう一人の偉大な盲人は、ある日、ミラノで私に言った。闇の中でも光の中と同様にやれることはたくさんある。例のサルトルは、非常に困難な境遇に身を置いてしまったのだ。彼は自分の中で内部を殺してしまった。感覚的世界や内面化された世界をしりぞけ、目に見える世界を切り札とした。それはまるで将来に向けて自殺の伏線を張るようなものだった。彼にとって失明が魂の消滅になってしまったのは、そのためなのだ。

その頃、私自身もサルトルに出会った。腫れた顔、こわれそうな小さな体、客にはゆったりとした肘掛け椅子をゆずり、自分は安物の腰掛に不安定に座る彼の流儀。すでに——まだ一九七四年にすぎなかった——極端なまでに眼を凝らしており、声は彼に似つかわしくない弱々しさで、そのため言葉をよく響かせることができなくなっていた。

その頃、昼食時に、モンパルナス大通りを〈クーポール〉の方に歩いて来る彼の姿を見かけることは珍しくなかった。彼は暖かそうなカナディヤンコートを着て、一歩一歩慎重に、時には足を引きずりながら、時には逆に、転ぶのをおそれるかのようにとても足早に、ぎこちなく歩いていた。女性——たいていの場合は若い女性だった——がつきそい、腕をとって、バランスを崩しそうになると体を支えてやり、レストランでは彼の肉を切ってやったり、果物の皮をむいてやったり、ブラッド・オレンジの袋をむいて、口に入れてやったりしていた。ことに、ファンや他の若い女性が近づいてきた時には、安心し切った微笑を浮かべ、興味あるふりをして、空虚な目を向けた。その目は、いつわりの好奇心を証すものにすぎず、もはやかつての現象学者の目の哀れな残照にすぎなかった。

彼は毎日、ぼんやりと思いを巡らせたり、テレビを見たり、うとうとしたりして過ごしていた、と言う。よくめまいがしたり、ボードレールのような麻痺に陥ることがあり、その度に周りの女性や友人たちはぞっとするのだ。

それでもまだヴェネツィアには行ったが、ほとんどの時間、ひとりで部屋に閉じこもり、少し凶暴な雰囲気で、運河から上ってくる音に耳を傾けていた。

カーネーション革命の時にポルトガルにも行った。カストールとピエール・ヴィクトールも一緒で、途中でセルジュ・ジュリ*も加わった。しかし、彼が発した唯一つの質問は、隊長たちの運動とか、スピノラ、アントゥネス少佐、オテロ・デ・カルヴァーリョらの間の派閥抗争とはこれっぱかりの関係がない、「私はリスボンを見られるだろうか」という質問だった。

『言葉』の中で、自分は人生を始めた時と同じように、本に囲まれて終えるだろうと言っていたサルトル。作り話と夢と虚構の世界に縛りつけられた悪しき宿命を嘆くふりをしていた彼はまさに、明らかにもはや一行たりとも文を読むことができなかった。

サルトルは七十歳だった。

七十歳は、普通、それほどの老齢ではない。

例えば、まさしく同年輩のアロンは、それまでそれほど頑健であったというわけではなかった。しかし七十歳の彼は、溌剌としていた。まさにエレガントだった。社会の一遇の自分の領分の中で、若い時なら決して望みさえしなかったような、勲章や栄誉を次から次へとかっさらっていた。さらにサルトルと共にヴェトナムのボート・ピープルの立場を擁護するために訪れたエリゼ宮の階段で、足取りの覚束ない竹馬の友に腕を差し出して支えてやっている彼の姿を見るがいい。

ところがサルトルはこの体たらくなのだ。それはコリドランとアルコールとタバコの摂りすぎのせいなのか。生涯変わることのなかった、無茶な生活態度のせいだろうか。「『弁証法的理性批判』を書き上げて、もう少しぼろぼろになって死ぬのは本望だ」と叫んだ時、彼は自分が何を言っているのか分かっていたのだろうか。サルトルは消耗したのだ。もはや残骸だった。ぼろきれだった。哀れな肉体は壊れてしまい、彼を見捨て、後にシモーヌ・ド・ボーヴォワールが『別れの儀式』の中で語るように、比喩ではなく、現実に、彼の体の末端という末端から逃げ出し始めたのだ。そしてこのカオス、この巨大な空虚、この深淵、そしておそらくはこの混乱、この麻痺状態の中に、一人の男が突然現れ、重きをなしていく。サルトルは、この男をピエール・ヴィクトールという偽名で、プロレタリア左派を指導していた時から知っていた。しかし、彼がサルトルという小国家の「構成」の中で、しかるべく想定されている、偉人の正式「秘書」という高位に就いたことが、たちまちのうちに全てを変えることになる。

ベニィ・レヴィとの出会い

私は、その頃のピエール・ヴィクトールに少しばかり会ったことがある。すでに別の機会に、語ったことがあるが、ある日、私の父がジャン=ピエール・ヴェルナン*にギリシャ・ローマ古典に精通している「獏」――家庭教師――を私に紹介してくれるよう頼んだところ、ヴェルナンは私にアルチュセールのところへ行くように言った。そのオフィスで、私はこの「恐ろしい若者」が現れるのを目にした。とてもやせていて、無愛想で、陰謀家のような雰囲気があった。私がすぐに惹かれたのは、その鷲のような横顔、今にも飛びかかろうとするレスラーのような軽いいかり肩、長すぎる緑青色のパーカー、そして、たとえアルチュセールに紹介されたにせよ、新参者に哲学を教えるなどというつまらぬ真似はできないというその態度であった。

私はこの男がこの当時に、まるまる一世代のノルマリアン〔高等師範学校生および卒業生〕に対して揮った奇妙な影響力について語ったことがある。彼は真の魅力とは無縁で、美男でも才気煥発でもなく、〔ボリビアの〕カミリ刑務所での服役体験があるわけでもなく、口数少なく、どちらかといえば口下手で、いずれにせよ、六八年五月の偉大な学生リーダーたちの陽気な能弁をこれっぱかりも持ち合わせていなかった。しかし、彼からは乾いた力が、雷が発散していた。明白な原因が見当らない光輝、絶対的で断固たる権威（この組み合わせはまことに珍しいもので、それ以降、他の誰のうちにも見出されることは決してなかった）を発していた。その源泉は隠れたままだったが、それだけに一層執拗だった。

そして、長い年月がたち、彼自身がすっかり変わってしまい、その実際の理由を一度も説明することのなかった回心を行なった挙句、ある朝、かつてニザンが発ったように、ただし二度と戻ることなく、東フランスのラビ養成学校《イェシヴァ》へと出発し、さらにそのあとエルサレムへと旅立ち、そしてそこで、最新の情報によれば、聖書やタルムードやアレキサンドリアのフィロン*のテクストに秘められた文言、もしくはエマニュエル・レヴィナスの思想に親しみつつ暮しているらしい。しかし今日でもなお、私はこの博識にして謎めき、簡潔を好んで激烈な、かつてのあの過激派学生に対して、漠たる魅惑を感じずにはいられないということを言わねばならない。彼は偉大な学識を好みながら、同時にそれを軽蔑しており、本の中で暮らしながらも、フロイトとおなじく、本が「不幸の息子」であり、世界のいかなる図書館も、一度その時が来て〈歴史〉がゼロからやり直される時には、その白紙の第一ページの無慈悲な美しさを前にして、なんの重みも持つことはないと考えていた……。

　こうしたこと全てがサルトルを魅了したのだろうか。

　われわれの誰もがそうだったが、サルトルは、実際彼の中に、何度も言明したように、新しいタイプの知識人の原型を見たのだろうか。

　サルトルは、他の者たちと同じようにこの「指導者」――人によっては、「馬上の人」とも言うだろう――の魅惑の力に屈したのだろうか。プロレタリア左派の解体までは、道徳主義に取り付かれ、信じられないほど高圧的で、毛沢東主義者たちのセクトを支配していた、このマルクス主義のソクラテスの魅惑の力に。

　それとも逆に、別のものへと向かっている不安な魂を予感したのだろうか。「人間の魂の中にまっすぐに狙いを定め」、人間を「その最深部において変える」ということだけを語っていたこの「指導者」の中に、すでに毛沢東からモーセへ、〈偉大なる夕べ〉〔革命決行の日〕の神話からタルムードの聖なる文字へと移行しつつあった、将来の改宗者を見ていたのだろうか。
彼のユダヤ教がサルトルを魅了したのだろうか。
彼はアロン、ランズマン、そしてもちろんアルレット・エルカイムに続いて、ジャン＝ポール・サルトルの生涯の四人目のユダヤ人だったのか。

アルレット・エルカイム、そう、この〔アルジェリアの〕コンスタンチーヌ出身の若いユダヤ人女性を、サルトルは六〇年代の半ばに、養子とすることに決めた。誰もが唖然とした。この男は一度も結婚したことがなかった。決して、本当に一度たりとも、子供を欲したことはなかった。では、何故この若い女性を？

この選択は彼に何をもたらすものだったのか。彼女に対して借りがあると感じていたのだろうか。いかなる借りか。この行為を通していかなる負債を精算したのか。彼女は彼のリビドーと象徴の経済の中で何を具現していたのか。まさにユダヤ教なのか。近親相姦の成就なのか。それとも別のことか。いずれにせよ、彼はこの愛人を自分の娘にすることに決めた。いずれにせよ彼女は、生涯を通じて係累などからは自由であろうと欲したこの男が、法的親族関係を打ちたてようとした世界で只一人の人物なのである。このことはあのことと無関係なのだろうか、という問いを逃れることはできない。この二つのいずれ劣らず信じがたい執着を説明するのに、この「ユダヤ人」という能記を動員せずに済ますことができるとはどうも思えない。彼がアルレットを養子にすると、つまり彼女に自分の名前を与えると決めたのと、その数年後にヴィクトールとあのようなまことに奇妙なつながりを結ぶことになり、ひとたびそのつながりが確立するや、ヴィクトールに本名であるベニィ・レヴィを名乗るように仕向け——それを支援した——ことは偶然だろうか。

あるいはまた、まったく別の手がかりも考えられる。一度ある奇妙なテクストの中で、サルトルはこの若者には「女性的長所」があると、述べたことがあるのだが、彼はその辺に引かれたのだろうか。彼は「ホモセクシャル」ではないが――そう断っているのは彼自身だ――、ひとりの「タフガイ」でもあったこの「指導者」との対話の中に、彼が「女性たちと好んで交わす」、いつも「男女間の出来事」を話題にする、おしゃべりの喜びを見出したのだろうか。これは「男が相手ではめったにない(5)」ことだった。

どんな仮説も可能だ。それらは矛盾するというよりも、互いに補完的である。しかしいずれにせよ、事実は事実だ。巨大な、唖然とする事実、古くからのサルトル信奉者にはおそらく辛く悲しい事実である。

この男には本当の男の友達がいなかった。この女好きの男は、アロンやプイヨンとの議論よりも「サガンの無駄話」(ベルナール・フランク)の方を、それまで常に好んで来た。この感情に関する無神論者、無信仰者は、友情を称揚するのはカミュに任せ、友情という問題の根本については、常にプルースト(とカフカ)の側に立ち、ベルル*(とブランショ)の立場に反対していた。彼はプルーストと同じく、友情というものはばかげたもの、嘘、時間の無駄、暇つぶしであると考え、そればかりかカフカと同様に、このような〈友情〉崇拝のあまりにも仰々しい称揚の中には、口には出されない、恥ずかしい同性愛の部分が混ざり合っているのを常に感じていた。その男が、自分の秘書にかぶれてしまい、身近に置いて、離れることがないのである。「サルトル・ファミリー」の一同は、サルトルが寄り付かなくなり、とくに神聖不可侵なる『レ・タン・モデルヌ』の編集委員会にばったりと出席しなくなったことに意気消沈し、彼を引き寄せるために、編集委員会に、ピエール・ヴィクトール――今後はベニィ・レヴィと呼ぶようサルトルは命じた――を招こうとさえ考えるのだった。……

ところがそれだけでは済まなかった。この単独の思考の哲学者、人は執筆と孤独な沈黙の瞑想の中で自分自身と向かい合うことによってのみ思考するのだと常に言ってきたこの男、同時代人たちに激しく殴りかかることを憚ることなかったこの論客——ただしそれはあくまで、自分が先に発砲した時に限り、カミュ、メルロー、モーリヤック、レヴィ＝ストロースにきちんと答えているようにはみえないが（答えることが何になる、と彼は問うていた。論争の中では、人は本来自分自身よりひどく劣ってしまうのだ。思索家は誰にも答えない。誰にも語りかけない。自分に逆らって考えるのであって、他人に対抗して考えるのでは決してないのだ……）。その彼が、その哲学者が今や、自分の代わりに見ることを彼の眼に委ね、自分とともに考えるという責務を彼の頭に委ねたのだ。二部合唱の長い言葉の作業に取り組み、その作業はいつの日か新しい本として結実するべきものとされたのだ。

やむを得ない代替の策なのだろうか、この本は。偽の本なのだろうか。これこそ本当に暇つぶしであり、何とかものを読み、考え、眠らないでいるために彼に残された最後の手立てだったのか。それは彼が言っていることとは全く違う。逆に「もしわれわれがこの本を出すなら、人は私のことをこれまでとは違う形で語ることになろう」とレヴィに打ち明けている。[6] さらにシカールに対して「私は、自分が哲学で考えてきたことを完全に変えてしまう書物を書いている[7]」。そして、私がその本を書き終えたなら、「『存在と無』と『弁証法的理性批判』の中身は何一つ立ち行かなくなる」に至るだろう、と。さらにまたやはりシカールに対して、もうずいぶん長いこと、彼が見せたことのない熱狂のニュアンスをこめてこうも言っている。それは「新しい形式」であり、たとえばヒュームの対話などとは全く違う真の哲学的対話である。「もし最後までいければ」それは『存在と無』で予告した例の「倫理学」となるだろう。おそらく私は——なんたる〈歴史〉の皮肉であろうか——ついにそれを書いている最中なのだ。

魂が身震いしているのが感じられる。

知性が甦って来るのが見てとれる。「ファミリー」はそれを見てとった。

この生ける屍──「死んだ人間、まさしくそれが私だった」……この本の中で語っているのは「もはや完全に生者」であるわけではない……この本は「書かれたものを越えた」本である(8)──この死んだも同然の男が思考に、したがって生へと戻ってきたのだ。

彼は穏やかになった。ほとんど心静かだった。シモーヌ・ド・ボーヴォワールは、「秘書」がサルトルと過ごす許可を与えてくれた午後に、自分が本を読んでいる間、サルトルが活力を取り戻し、うとうとしなかったことを、ほろ苦さ半分、幸福感半分で確認している。

こんな風に一九八〇年の三月、彼の死の数週間前──しかし誰もそうは思わなかったろう。それほどサルトルは突然元気を取り戻し、体はともかく精神を自分で制御しているようだった──『ヌーヴェル・オプセルヴァトゥール』誌の読者たちは、五年前に始められた対話の最初の抜粋を目にしてあっけに取られた。『いま希望とは』と題され、きわめて濃密で、ぎっしり詰まった、三週連続の二五ページは、確かにサルトルが眼を覚ましたことを証明していた。しかし、それは己の流派〔パリ・フロイト派〕を解散した時のラカン、文化大革命中の毛沢東と同じ目覚め方だった。つまり、かつてフランスで紅衛兵の向こうを張った男、あるいはまた彼自身のうちで決して降参することのなかった老いたる紅衛兵を『レ・タン・モデルヌ』の司令部の襲撃へと差し向けたのである。数十年来堆積して来たサルトル的知の全体に対して燎原の火を放ったのだ。自分自身の作品系に一連の悲痛な見直しを敢行したのである。それを彼に命じ、吹き込んだものが何なのか、分かる者はいないだろう。自己への憎悪か、それとも自己への敬意か、自己破壊の激昂か、思考への愛か、激しい生への意欲か、死への意欲だろうか、それともタブララサへの愛好だろうか、反逆──己に対して向けられる反逆までも含んだ──の情熱か……。

サルトル信奉者たちの顰蹙

私は「不安」を感じたことは一度もない。例えば、サルトルは呆然とする友人たちに公然とこう言い放った。それはまさに「一九三〇年から一九四〇年の哲学の鍵となる概念の一つ」だった。私は「鍵となる概念」に足並みをそろえたのだ。

もしくは、「私は絶望したことが一度もない」。「私自身のものでありうるような性質としての絶望に、多少なりとも直面したことは一度もない」。それは「冗談だった」。はったりだった。それを口にしたのは「誰もがそれを口にしていたから、それが流行だったからだ」。しかしそれを本当に実感することはなかった。誰もが「キルケゴールを読み」、それについて語っている時代だったからである。

　もしくは、「私の全著作は一つの挫折である。私は自分が言おうとしたことを言わなかったし、望んだように言い方で言うこともしなかった」。

もしくは、レヴィが不滅性について、またサルトルの「不滅への欲求」と『存在と無』の「カフェのギャルソンの存在欲求」とを区別するものは何かについて、問いただしたのに対する答え。「私の仕事は不滅であろうとする意思によって導かれることはなかった」。まずは当然の答えだ。しかし、これに続けて、サルトルの長年の親衛隊の隊列にさらに大きな困惑を引き起こす、当然でもないことを言い出すのだ。「思うに、不滅は存在する。しかしそれはそういう具合に存在するわけではない」。そしてその少し先には、自分が「気に入っている」ものとして、死後の肉体の復活というユダヤ教的ヴィジョンに言及する、まさに呆然とするような件《くだり》。彼は確かに肉体と言っている。肉体が「この新しい世界において生者として再び生まれる」瞬間に確かに言及しているのだ。つまり彼は完全に理解していたわけだ。そして、それは自分を魅了する、ユダヤ教の大いなる神秘とは、魂の不滅ではなく（もし魂だけが問題なら、どんな仏教ないし異教でも、どんな輪廻の理論でも、少なくとも用は足りるだろう）、おそろしく、そして心を乱す、ほとんど考えられない肉の復活なのだ、と繰り返すのだ。

これに次いで、最も奇妙で、理解しがたく、彼をよく知る者にとっては、彼がシカールに告げた通りに、自分の哲学を「完全に変え」、『弁証法的理性批判』と『存在と無』という大伽藍の何ものも「立ち行かないものにしている最中であることの、真の印が現われる。つまりこうした爆竹のような科白、結局はついでに行なった指摘、挑発、思いつき、観測気球に過ぎなかったかも知れない肉体の復活の一件が終ったあとにやって来る、このテクストの最後の段は、まるまる、彼のユダヤ思想の発見に当てられているのである。

これをさして新しいことではない、というのか？『ユダヤ人問題の考察』の著者は、すでにずっと以前から、この問題への関心を述べていたではないか。それはそうだ。ただし今や問題は、ユダヤ人「問題」ではない。まして反ユダヤ主義でも、ユダヤ的存在に向けられ、それをユダヤ人として作り上げる眼差しでもない。ユダヤ教そのものが問題なのだ。ユダヤ教としての限りのユダヤ教の肯定性、精髄、栄光が問題なのだ。サルトルが大胆に、この民族はいつも「形而上学的に」生きてきたし、今も生きていると述べる、この民族の運命を考えることなのである。この「形而上学的に」という表現には、ハイデガーが民族について——別の民族だが——述べた「すぐれて形而上学的」という表現の、かすかだが、はっきりと聴きとれる反響を、第三の耳、間テクスト性の耳は聴きとらずにはいない。そのためことはさらに一層謎めくのだが。要するにサルトルが、呆然とする『ヌーヴェル・オプセルヴァトゥール』誌の読者に告げたことは、プラトンと同じくらい聖書の中に、ヘーゲル、フッサールと同じくらいラビ・アキヴァ*の中には、ひとりの哲学者にとって、考察すべきことがあり、さらにこの二つの源泉、二つのモラル、二つの宗教を結びつけ、聖書的思考様式とギリシャ的思考様式とを、預言者的言説とロゴス中心となった言とを調和させることは、もしもうしばらく生きられるなら、彼に残された時間の喫緊の課題となろうということである。

これに加えて、この奇妙な記録がかもし出す自由で、ほとんど親密な雰囲気。

さらに加えて、『人民の大義』紙以来の、サルトルと毛沢東主義者の友人たちとの間では必ず「君、ぼく」で話すあの話し方（しかも彼はカストールを始めとして、身近な者たちとは「あなた、私」で話していたのだ）。

さらに加えて、この討論という形式の利点についてサルトルは詳述している。彼はこれを最悪よりはましなもの、当座の仮の言説として実行するに留まらず、積極的に引き受けようとしていたようなのだ。「今まで私はペンと紙を前に机に座り、ひとりでしか仕事をしたことがなかった。それに対して、今われわれは一緒に思考を作っている」。

「一緒に思考……」

もう少し先には「二人で作る」思考……

もっと先には「われわれが一緒に作りあげた複数形の思考。これは絶えず私に新しいものを委ねてくれる」。

また別の箇所で、「考えるとはひとりで考えること(9)」であると常に公言していた、とレヴィに指摘されて、いくつもの観念が「われわれへと向けて移動している」と答えている。

さらに別の場所では、(10)こうも言う。ヴィクトールとのこれらの対話が「私は好きだ」。というのは「互いに罵りあい」、彼は私を「揺さぶるからだ」。私が対話に、真の対話に求めているのはそういうもの、彼が私を揺さぶり、揺り動かすということだ。

サルトルはついに、気が狂ったのか。それともスピノザ主義者になったのか。それともタルムード注釈者か。二種類の対話があるというのか。（タルムードの）良い対話対プラトン的悪しき対話、ということなのか。身も心もひとりのラビとなって死ぬことを決心したと、彼はまさに言っているのだろうか。

「ファミリー」の驚愕は想像できる。

彼らの疑い、苛立ち、怒りは想像できる。

ある者——オリヴィエ・トッド*——は「老人誘拐(11)」という言い方をしている。

また別の者——シモーヌ・ド・ボーヴォワール——は、後に『別れの儀式』の中で、「思考誘拐に等しい」という言い方をし、怒りとおそらくは悲しみに我を忘れて、元の毛沢東主義者の指導者が老人に、ほとんど強制的に、正気の沙汰とも思えない発言をさせたのだと書くことになる。

ジョン・ジェラシは何年も前から、ヴィクトールとは別にサルトルと会話を行なっており、公認の対談者ないし、回想録作者としての役割をかなり自負していたが、そのジェラシは、慎みの一線を踏み越えてしまう。そしておそらくは何人もが心の中で考えていたはずのことを声高に述べるのである。ベニィ・レヴィだと？「狂信的な戦闘隊長」、「エジプト系ユダヤ人」であり、「フランス系でさえない」。彼は「悪魔的な操作」の果てに、もはや自分の能力を意のままにできない衰えたサルトルを強いて、架空の「ユダヤ的ルーツ」をでっち上げに行かせ、自分自身の歴史を「上から下まで書き直」させたのだ。「ラビにしてタルムード学者となった」、一種「助言者」のごときものとして、この自由な精神、このヴォルテール主義者をユダヤ化したのだ(12)。

要するに、クロード・ランズマンと『反逆者』の著者、アンドレ・ゴルツことジェラール・オルストという注目すべき例外を除いて、「ファミリー」の大半が、検閲の権利を主張した。それが得られないとなると、言語道断だ、哲学的公共財産の濫用だ、と叫んだ。私たちのサルトルが盗まれた！　サルトルに細工をし、捻じ曲げ、変質させ、改竄したのだ！　存命の最大の哲学者が、思いやりのない独善的なゼペット爺さんの手で操られる、哀れなマリオネットに変えられたのだ！

動揺、圧力、誹謗中傷の力は著しく、『ヌーヴェル・オプセルヴァトゥール』誌の編集長、ジャン・ダニエルは、掲載のためのテクストを受け取った時、彼自身、テクストの真正性とまでは行かずとも、少なくともその中で自分の考えを表明しているとされるサルトル当人の能力の状態を疑いかねないところだった。そこでサルトル本人が、彼に電話をかけて来て、論争の的となっている文を、よく響く明瞭な声で、確証してみせ、場合によっては暗唱してみせなければならなかった。それで彼は掲載を決定したのだ。「お手元にテクストはありますか」。「頭の中にあるよ」とサルトルは答えた。実際、「サルトルはテクストを諳じていた」とダニエルは言っている……[13]。

レイモン・アロンを始めとする、永遠の反サルトル主義者まで、抗議する理由——別の理由——を見つけた。もし知識人たちが自分自身のマリオネットを自分で壊し始めたら、一体どうなってしまうだろう。もしサルトルが反サルトル主義者たちよりもさらに反サルトル主義者となってしまい、自分自身の舞台装置を取り壊し、われわれに代わって銅像を倒してしまったら、われわれはどうなってしまうだろうか。彼は何をしようとしているのか。どういうつもりなのか。これから思慮深くなろうというのか。鼻持ちならぬ信心の中で人生を終えようというのか。では、もし彼が先頭に立ってわれわれのお株を奪い、われわれと同じように分別のある人間になろうと決意するとしたら、われわれはどうなるのか[14]。彼が自分に小便をかけるのは構わない、それはシモーヌ・ド・ボーヴォワールの問題である。おまけにそれを文学にするなら、彼女にとって悪いことではない。しかしわれわれが〔彼に吐きかけるために〕口に溜めたつばを奪う楽しみだけで、彼が自分につばを吐くのなら、フェアーではない、許しがたい。それは欺瞞であり、計り知れない誤りであり、迷惑千万だ。

噂が大きくなる。狭い町内の境界を越え、パリの境界を越え、国境を越えて行く。世界中の新聞・雑誌において、数ヶ月に渡って、この信じがたい事件が話題になった。世紀の哲学強盗事件、前代未聞のイデオロギー資金の横領、最大の存命哲学者が自分の著作の大半を引き裂き、ラビに変装して、生涯を終えることを決心した——決心するようにだれかが手助けした？——というわけである。

これらの者のだれもが、サルトルは単に年老いただけでなく、ぼけたと考えた。単にベニィ・レヴィに魅惑されただけでなく、監禁されている。ユダヤ教=極左主義のならず者の餌食であり、この男はサルトルを「動揺させる」ために揺さぶったのであり、死の間際に、邪悪な聴罪司祭のごとく、彼から己を否認する言葉をだまし取ったのだ、というのである。

ユダヤ教徒サルトル？

もちろん、ベニィ・レヴィを「弁護する」ことは私の任ではない。

彼は、自分できちんと弁護した。まずは新聞で、(15) そして、ヴェルディエ社から、もっと後になってから出版された——それが遅れたというのがサルトル主義者たちの攻撃の唯一の口実である——対談の完全版の序文の中で。

彼は身体の復活をめぐる件に「唖然とし」、それを「とばさせようと」試みたが、サルトルがそれに執着していることに気づいた次第をまことにきちんと述べている。サルトルが不安を体験したことがないとか、吐き気ははったりだったとの言明に唖然として、アルレットとともに、この老人に対して、この告白が引き起こさずにはいない「反響」への注意を喚起した次第を語っている。しかし、それこそまさに、対談の中でサルトルが強調しようと願っていた部分であることに気づいたのだ。

サルトルの娘、アルレット・エルカイムも戦線に加わった。それはサルトルの死から一年後、カストールに宛てた厳しくも見事な公開書簡(16)によってである。当時『別れの儀式』の出版によって、抗争はさらに深刻になっていた。アルレットはこう語る。それは「私が彼の眼の代わりをしようとしていた」時期だった。「同時期の別の対談」についても、私はすでにそのようにしていたが、私はサルトルに対話を「くりかえし読」んであげた。「一文一文、そして全文を何度も、サルトルがうんざりするまで」繰り返し読んだ。だからサルトルは「自分の望みどおりに付け加えたり、訂正したり」心ゆくまですることができた。こう述べた上で、アルレットは、情け容赦なく言う。あなたが私と同じようにするのを「どんな場合でも」妨げるものは何もなかった。何も、そして誰も「あなたがメモを手にして、彼のそばに座り、自分の批評を彼に告げるのを」禁じはしなかっただろう。「あなたが何もしないことに」まず驚いたのはサルトルだった。「あなたに向かって、サルトルは死ぬ前には生きていたと言う自明の理を」言いたかったたし、今も言いたいものだ。「彼はもはや眼がほとんど見えず、肉体は衰弱していた。しかし、ものを聞いて理解することはできた。しかしあなたは彼を不作法にも存在を主張する死人のように扱った」。さらに続けて、とどめの一撃を加える。あの「サルトル法廷」という着想……あなたの「サルトル法廷」という考えがどこから湧いてきたのか。「彼の対談を裁くために、『サルトル法廷』を召集することを考えていると、あなたが彼に向かって言えたなどと、どうやって理解できるのでしょうか」。

だから私としてはこの「ふたつのファミリー」の抗争においてどちらかに味方することは控えようと思う。私がそう思うのは、この手紙の調子にしても、サルトルの死の直後のレヴィとアルレットの態度についてあちこちで言われたことにしても（カストールが到着する前にアパルトマンは、荷物が一切合財運び出された上、閉ざされていて、彼女には何も、置物の一つ、衣類の一つ、思い出の本の一冊も残されていなかった。遺産相続の紛争であり、遺骸とその記憶をめぐる専有の闘争である）、どんな仕打ちをも行なったという点では、どちらの側も同じであることを示しているからだ。

しかし、結局事実はある。テクストがあり、事実があり、そして事実でもあるテクストがある。これら全ての事実を改めて取り上げ、この奇妙な案件の部分部分をつなぎ合わせるなら、ともかくもいくつかの堅固な真実が浮かび上がってくるだろう。

まずはこのことだ。「操作」と彼らは言っている。サルトルは卑劣なベニィ・レヴィに乱暴に「操作」されていたということである。よかろう。しかし、操作はいいとして、結局、誰が誰を操作しているのか。テクストを読んでみるなら、操作が常に同一方向でなされたというのは、それほど確かなことだと断言できるのだろうか。若い革命家が老巨匠を自分の得意の分野に引きずりこむ。それは確かにそうだ。例えば彼が極左主義の危機と死を分析する時、プロレタリア左派が「スターリン主義的ないし共産主義的な党の観念の手前へと遡ろう」としたこと、しかし、それをサン・キュロットと『ペール・デュシェーヌ』紙*の記憶に依拠して行なったために消滅したと語る時、「急進性」と彼が「立ちあがった主権」と呼ぶものを批判する時、またこのテクストの最後の節の冒頭で、「革命的」と称する群衆と観念に対する、きわめて古くからのユダヤ的「警戒心」に言及する時、「革命的群集なるものの下」には「ユダヤ人虐殺《ポグロム》を行なう群集」への昔ながらの恐怖と動揺を「予感」するというユダヤ的反応を口にする時、語っているのはレヴィであり、サルトルはただ同意するだけである。「そう……」、「違うとは言わない……」、「確かに……」、「きみは間違っていないと思う……」。プラトンの対話篇の進み方と同じである。ただしレヴィがソクラテスの役で、サルトルがヘルモクラテスかクリティアスの役である。しかし、テクスト全体がこのように進むわけではない。今度はサルトルの方が対談の相手を「異論を出す者」、「反論者」——ほとんど「パンチ・ボール」、と彼は言う——として使うのだと表明する件もあるのだ。あるページでは、自分の本のことは、この若者の方が、つまり、一〇年前にエジプトからやってきて、自分の著作から哲学する楽しみを汲み取ったこの弟子のほうがよく覚えていると、あっけらかんとして述べ、さらにこうも言っている。こうした男を手許に置いているというのはなんと便利であることか！　今述べている最中のことと、「一九五〇年」に書いたかも知れないこととの間にひょっとして矛盾があるかどうかチェックするのに、これほどよい方法があるだろうか。私がこのことに気付いた時、君が「私の思考の歴史」にも「哲学の歴史」にも通じていることがわかった時、君がサルトル思想の生き字引であり、この対談のおかげで、君という人間の姿をした書庫を利用できると分かった時、君は「私にとって興味深いもの」になった。「きわめて有用」と言ってもよい。もし「有用」という語が身も蓋もないと見えても、かまいはしない……この場合に誰が誰を利用しているのか。ヴィクトールはサルトルを道具に使っているが、サルトルも同様にヴィクトールを道具に使っているのではないか（ついでに言うなら、「サルトル主義者たち」のうちで、四〇年前から自分の人生を、自分の企てを、時には幸福や思考を、サルトルという大聖堂の影で作りあげてきた者たちも、同じようにサルトルを道具に使ったのである）。

次に以下のことだ。ベニィ・レヴィに「きみ呼ばわりされる」サルトル……「手荒に扱われる」か「酷使される」サルトル……ごろつきとその共犯者エルカイムにこずかれる哀れな小さな老人、サルトル……いかにも奇妙な図だ。サルトルの作品群の中にはこの図式にもとづいて作られた本がもう一つある。対談集の第一作である。六年前に出版されたこの本の中でサルトルは、すでにベニィ・レヴィ（まだピエール・ヴィクトールと名乗っていたが）ならびに、やはり毛沢東主義者で、赤いインドの革命勢力〈ナクサライト〉*のについての本の著者、フィリップ・ガヴィと対話をしている。この本ですでに、彼らは君ぼくで話をしている。この本ですでに、サルトルはいささか無礼な若い同志たちに「対等に」扱われていた。彼らはサルトルを「腐った沼」――ママ――と扱い、彼ら自身がしたように、自ら「知識人の殻を一切剥ぎ取る」ようサルトルを促すだけでは満足せず、「トラックに隠れてルノー社に入り込ませた」ことや、「警官に殴られるが関の山の、大抵は役にも立たない作戦に派遣した」ことだけで満足せず、今や彼の作家としての活動に対する「統制権」――まさに言い得て妙だ――を要求していた。もしサルトルの著作目録の中に「若者礼讃」のテクストがあるとするなら、もし大サルトルが自分の頭に灰をかけられることを受け入れ、自分の話をなおも聞こうとする者に向かって、六八年五月を引き起こした神聖なる若者たち――彼らは「彼サルトルに逆らって」そして彼のような人々に逆らって、それを行なったのだ――の明晰な発言に比べれば、無力な、退廃的ブルジョワ知識人たる自分は取るに足らないのだと訴える本があるとするなら、それこそは『反逆は正しい』と題されたこの最初の対談である。今になってみると、この本は戦慄せずには読み通せない。そこで問題はこうである。『いま希望とは』が発表された時、誰もがひどく怯えた様子だったのはどうしてなのか。このテクスト、『反逆は正しい』というこの最初のテクストがすんなり通り、今度のものが突然、かくも多くの揉め事を引き起こしたのはどうしてなのか。『反逆は正しい』では、サルトルは本当にとんでもないことを述べ、若者礼賛のゆえに、同志たちに例えば、「まったく非合法的で、常に非合法的かつ暴力的行動を試みることのできる組織」を「保持」すべきであると勧めたり、「普通選挙」というものの性格を「民衆運動と直接民主主義の正当性を、なんらかの適法性にすりかえるためのブルジョワ権力の狡知」と定義したり、さらには『嘔吐』の時代の美しい「悲観主義」を「昼食後のちょっとしたお楽しみ」か「ベルトのかわりにズボン吊りをするといった」漠然たる「性格的特徴[17]」に還元したりしているのだが、だれもこの本には心を乱しはしなかったし、今日なお心を乱していないのはどうしてなのか。それよりは、サルトルが、聖書の中に存在論や倫理学や抵抗思想の基礎を見つけたと宣言する方が、明らかにより重大であるとみなされたのはどうしてなのか。ピエール・ヴィクトールは大目に見てもよかったのなら、問題なのはベニィ・レヴィなのか。奇妙だ。

さらに次のことがある。われわれが知る限り、サルトルが自己解体を行なったのはこれが初めてではない。この否認の専門家、不実の巨匠は、これまでも自分に逆らって考えること、自分の頭の骨を折ること、できる時はいつでも、己自身の思想の要石を砕くことを義務として来た。それこそが思想の名に値する思想たるものの第一の義務なのだ。思い起こすに、彼は自分の作品系の一部を変え、否定し、引き裂き、熱に浮かされたようにそれを別のものに代え、さらに決裂し、期待を裏切り、前言を翻し、逆のことを言うことに人生を費やした。サルトルはすでに——コンタとアストリュックの映画の中、レドモンド・オハンロン*との対談の中で、さらには既に『奇妙な戦争——戦中日記[18]』の一断章の中でさえ、自分が「吐き気」の経験を一度たりとも「体験して」いないと述べていた。また既に——一五年前、ピエール・ヴェルストラーテンに——「われわれは常に自分の言いたいこととは多少なりとも別のことを言ってしまう[19]」と述べていた。『存在と無』の中には「とてもひどい章[20]」がいくつかあり、できるなら自分の全集からは抹消したいと繰り返し言っていた。彼は『存在と無』に対する憎しみから『弁証法的理性批判』を書き、『存在と無』、『弁証法的理性批判』、『嘔吐』に対する憎しみから『言葉』を書いた。となると、やはり問題は同じである。昨日は、撤回への権利をサルトルに認めていたのが、今日は事実上それを禁止するのはどうしてなのか。結局サルトルが決して説明しなかったこれらすべての方針変更にもかかわらず、これまで彼に付き従って来たくせに、ここに来て突然、憤慨するのはどうしてなのか。彼の生涯を通して、受け入れ、さらには称えてきたもの、彼のスタイルそのものとみなしてきた断絶への志向、それを突然、怪しからんと言い出すのはどうしてなのか。この転回の能力こそが、彼の至高にして貴重な自由の証しとまでは言えずとも、彼の活力の証しだとみなしていたのに、今やレヴィのことが問題となると、そしてユダヤ教の神秘神学、その精髄、その形而上学的運命についてのレヴィとサルトルの共同の考察が問題となると、それこそはサルトルの破滅の只一つの印であると考えるのはどうしてなのか。奇妙だ……ますます奇妙だ。

そして最後に、あのテクストがある。これら全ての背後に一つのテクストがある。これは本物のテクストだ。驚くべきことに、サルトルが望み、語り、そして人が好もうが好むまいが、サルトルが思考したこのテクストについて、かつても現在も、やれ操作だ、やれ裏切りだ、横領だと叫ぶ全ての者、一介のエジプト系ユダヤ人がフランス最大の哲学者に、真の信念を捨てさせ、聖書の信仰を奉じるよう強制した――最後の最後に問題なのはやはりこれなのだ――と思うだけで怒りに震える全ての者は、サルトルが実のところ何を言っているのかを、知ろうとしなかったのである。私は目の前にこのテクストを置いている。その二つの形、『いま希望とは』と、それが単行本になった『権力と自由』の両方を持っている。たしかに、これは口頭で語られた哲学のテクストである。未完成であり、多くの点で熟していないテクストである。繰り返し、下らぬ部分、不適切な箇所、後戻り、後悔だらけだ。このテクストは、たしかに、ユダヤ哲学の栄光を歌う前に、サルトルの体系のいくつもの側面をまるまる乱暴に取り壊してしまう。しかし彼は何の動機もなくそうしたのではない。取り壊す楽しみのためだけにそうしたのではない。自己懲罰の実践でも、焦土作戦――死に瀕した老作家が、気まぐれにも、自分の創造物に執着するあまり、「私が死ぬだけでは駄目だ。私の体系も私と共に死ぬべきだ。もし私の哲学が私のあとに生きながらえるなら、呪われればよい」――でもない。これらのページで興味深いもの、その読解が当惑と同時に熱狂をもたらす原因、それは、倒壊した彼自身の思想が現出させる深淵の上にぴんと張られたこのユダヤの糸の両端に、そう、この新たな「ユダヤ的」発想の間近で、別の命題、別の概念が――それは正確には別の思想体系の別の「側面」と言えるものではないが、いずれにせよ「要石」であるものが光を放っているのが見えることである。サルトルはこの本では、「政治」をやっていない。『反逆は正しい』の時のように、毛沢東主義者の友人たちに闘争のため、その内なる知識人の地位を捨て去るための武器を与えることなどしていない。彼は思考しているのだ。思考することを再び始めているのである。これこそが奇妙にも、古くからのサルトル親衛隊が、そして読者が、大多数の注釈者が、見ることを拒んだことなのだ。

サルトルのようにユダヤ的

というのも、結局このユダヤ教の一件とは何なのか。

ユダヤの民を「形而上学的」民族と定義した時、この最後のサルトルは結局、何を言おうとしていたのか。彼にとって「ユダヤ人」であるということは、またはこの「ユダヤ人であること」を拠り所とするということは、何を意味するのか。彼の思考の中で、この文言がもたらす具体的な結果とは何だろうか。

具体的には、四つある。

まず新たな行動の哲学。サルトルとベニィ・レヴィはたったいま見たように、九月虐殺からプロレタリア左派に至る急進性の伝統と決別した。彼らは、いかにも慎重にではあるが——とくにサルトルは正確に言えば「まだはっきりとは分からない」と表明することを重視しているようだが——、『弁証法的理性批判』の中で展開された「友愛としての恐怖《テロル》」の考え、つまりテロリズムの殺人の血の中に封印された友愛の絆という考えを批判した。また、「本来の人間性」とわれわれの間に横たわる「諸々の段階」を暴力によって「飛ばそう」とする企てを、正常なものにあらずとして退けた。愛を憎悪の上に築くことはできないし、共生を戦争の上に、対他を「敵を殺すことを本質とする作業」の上に築くことはできないということを改めて指摘することで、二人は一致した。要するに、『地に呪われた者』の序文の問題系全体を粉砕したわけである。それ以降は、彼らの「問題」は、「単純である」。革命という観念をどう扱ったらよいのか。それは最終的に「挫折した」のか。それを「捨て去る」ことを「選ぶ」べきか。それとも別の形で考え直すべきか。答えは、続けなければならない、である。続けることを可能にするもの、それはメシアニズムの概念である。それをわずかでも「ユダヤ的」、つまり預言者的という意味で捉えさえすれば、少なくとも三つの利点が手に入る。それはいずれも、彼らが行なおうとしている勝負において、重要な理論的前進となるものである。メシアニズムが人間に約束している「終末」は、経済的ないし政治的である以前に、なによりもまず「倫理的」な終末である。したがってこれはマルクス主義との決別である。あらゆる世俗的メシアニズムにおいては、「法という観念」は「時代遅れ」とみなされ、「違反」が行動の原理そのものとなるが、それと反対にこのメシアニズムは、「律法」(レヴィ)を、さらには「権利」(サルトル)さえも復活させるのである。あれほど多くのサルトルの誤りの源にあった非合法主義の誘惑は終った。あらゆる革命的イデオロギー、あらゆるマルクス主義、レーニン主義、スターリン主義、毛沢東主義は、約束された黙示録の瞬間まで、峻厳なるがゆえに血まみれの論理に沿って、生産様式のいくつもの「段階」が現れては消えてゆく「多段式」ロケットのようなものと観念された〈歴史〉のイメージに囚われていた。これに対してユダヤのメシアについては、二つのことが同時に言われる。すなわち、メシアは彼の到来の翌日にやってくるだろう、と。そしてまた、メシアは、聖なる〈律法〉に従って生き始めた時から、どんな個人の魂と行為の中にもすでに不断にいるのだ、と。――これはまさしく、マルクス主義的経済主義と非合法主義の終りであるのみならず、終末論的幻想の終りでもある。終末論的幻想自体もまた、その多数の最終的調整手段と同様に、終末の日付を定め、それを時間のある一つの正確な点に位置づけることによって、虐殺の情け容赦ない法を認可してきたのだ。進歩主義的神話を捨てて、ユダヤのメシアニズム。これが第一の獲得物であり、きわめて重要な成果である。

次に共同体についての考え。サルトルが共同体に対して、常に拒否（『存在と無』）と崇拝（捕虜収容所の体験、次いで『弁証法的理性批判』）の間を揺れ動いてきたことを思い出そう。いかなる種類の共同体的定言命令にも逆らう、単独の人間の哲学と、主体性の鮮烈な埋葬を伴う共同体内的人間の哲学のいずれを採るか迷い続けた。ところがここで突然、ユダヤ思想に由来する「社会を求める欲望」が登場し、この長くうんざりするアポリアを逃れるものと思えた。ここに、ユダヤ的「経験」に由来する、数千年に渡って存続して来た社会の明白事が浮かび上がり、それが初めて彼に、一生涯結びつけようと試みて果たせなかった、二つの系を結び合わせることができるという感情を抱かせたのである。サルトルは説明する。ユダヤ人たちの神は、集まった群衆に、つまり状況にある群衆に語る、しかしまた、自分の似姿として作られた単独の人間、「数千年前から」、「唯一の神と」向き合う奇跡のなかで作られてきた単独の人間にも語るのである。これこそは単独者の声を押し殺させるどころか、それらを吸収し、巧みに編成する集まりというものの、ついに見出された方式である。サルトルは強調する。この群集とは会衆であり、絆をなす。私は君のおかげで、そしてアルレットのおかげで、またランズマンという「素晴らしい友人」のおかげで、ユダヤ人とその唯一神との「きわめて特異な」関係についていささか考えた結果、この群集は、祭儀を通して、一つの掟、一つの〈書物〉を同じくするのだということを知っている。ただし、この絆は時代を越えるだけでなく、国をも越えるのである。そして私はまたこのことも理解したのだが、この絆は種族も血も土地も「祖国という観念」も根拠とするものではない。ディスアポラの共同体、全世界にまたがる、軽やかな共同体、これこそは共同体に付き物のべたつきを払いのけることのできる最初の、そしておそらくは唯一の共同体である。そしてこの共同体は複数の統一原理を自らに与える。まさに近年において、この共同体は、イスラエル国となった一つの国家のなかに自らを認めることとなった。ただし、この国家は共同体の全体を包括するわけではなく、この共同体にとっては、この国家という形式だけでなく、別の可能な統一の形式が、それも実に沢山、存在した。つまり、政治上の〈一者〉は唯一の「〈一者〉の名」ではなく、政治的な世界概念が、人類の歴史の最終的結論であるわけではないということである（ここで語っているのはレヴィであるが、それはサルトルの直観の「度肝を抜かれるような」単純さを解説するためである）。サルトルはユダヤ教の信者となったのだろうか。違う。そうではなく、もっと興味深い事態が起こっているのだ。すなわちユダヤ思想がサルトル思想のなかで働いているのだ。「ユダヤ的実存」を介することで、「対他存在」の謎を考えるために、溶融集団とは別の可能な道筋があるという証拠が見出されたのだ。二十世紀が甘んじる他なかった、憎しみのこもった、粘液的で有毒な集まりというものと、ついに決別することのできるタイプの共同体の予感である。

一つの〈歴史〉哲学。より正確には、現代が〈歴史〉哲学と名づけている、要するに、ヘーゲル哲学以外の何物でもないものへの批判。思えば、ヘーゲルとの力比べこそがサルトルの人生の哲学的大事であった。全てを試み、全ての力を、完全に力の限りを戦いに注ぎ込んだものの、ヘーゲルの方が強く、降伏せざるを得なかった時の彼の憂鬱を思い出すがいい。ところがその点でもやはり違ったのだ。最後の突きが残っていたのだ。最後の最後に見せるべき手札が。ヘーゲル哲学が理解できなかった実在、もしサルトルがそれを取り上げて自分のものとしていたなら、体系を乱し、挫折に追いこむに十分であっただろう実在が残っていた。ヘーゲル哲学が思考しなかったもの、それがユダヤ思想である。この盲点、〈歴史〉というものを、「主権を有する政治的現実性」、「国土」、「他の国家との関係」を持つ「諸国家」の歴史という形式のもとでしか考えないあらゆる哲学に対する、この永遠の否認、それこそは、ユダヤの民という——少なくとも最近まで長い間そうであった——この国家なき民なのである。〈歴史〉はヘーゲル的なものではないという証拠、「〈歴史〉哲学から離脱しても」かまわない——サルトルはまさしくこう言っている——証拠、ヘーゲルが必ずしも正しくない、つまりはヘーゲルはまったく正しくないという証拠——時として正しいこともあるヘーゲル思想などというのは、何にもならない——、それは昂然と頭をもたげた、手の施しようのないこの小民族が頑として居続けることである。数千年前から、融合、吸収、全体化の試みに対し、そしてつい最近では絶滅の試みに対して抵抗している民族である。ヘーゲルは「ユダヤ人を片付け」たがっていた、とベニィ・レヴィは指摘している。何という冒険の皮肉だろう。「ヘーゲルがわれわれに課そうとしたこの歴史から脱け出ることを可能にするのはユダヤ人」なのだから。ユダヤの民が「形而上学的にこれまで生きて来て、今も生きている」という事実のおかげで、ヘーゲルの万力の締め付けをゆるめることが期待できるのだ。サルトルは満足であり、ほとんど陽気でさえある。これは最も美しい勝利であるが、同時に最も思いがけない勝利なのだ。復讐に似ている。第二回戦だ。哲学上の幸運でもある。ついに、コジェーヴ主義者たちに対するヘーゲルのユダヤ人たちの勝利が実現した。

そして最後に、倫理学の可能性。すでに見たように、倫理学の問題はサルトルの思考のもう一つの大きな挫折だった。「大倫理学」を書くことは、『存在と無』以来の彼の夢だった。しかし大々的に約束し、何度も取り組んだが、そのたびごとに断念したのである。まるで別の魔法、もしくは同じ魔法によって前進を阻まれているかのように。さらに思い出すなら、こうした倫理学の不可能性、他者を事物とは別のものとして考えることができないという点、いずれにせよ他者との出会いを、最善の場合でも〈存在〉の中へ の埋没の経験的形式の一つ、最悪の場合には存在論的破局としてしまう傾向、こうしたものは、メルロー=ポンティには、サルトルの全体主義的傾向の起源そのものと見えていた。ところが、そこにおいても『権力と自由』は断絶する。断絶であるというのは、サルトルがユダヤ思想から一つの語を、そして語の背後にある概念――彼によると、これまで自分の「哲学作品」の中で、一度もそれを「研究」したことがなかったと、彼は言う（ただしレヴィは『家の馬鹿息子』の中にそれはすでにあるとサルトルに指摘している）――を借用しているからである。それは「義務」の概念である。私は他者から義務を負わせられ（強制され）ている、と彼は言う。私は若い頃は、倫理学の基礎を「相互性なき意識」の中に、より正確に言えば、「他者なき」意識の中に探し求めた。各個人を「過度に独立」なものとして放置しており、それを結びつける時は、溶融集団、誓約集団の「テロルとしての友愛」の中においてだった。しかし今はそれが無意味だったことを知っている。私の意識は単に他者の実存に結びついているだけでなく、この他者の現前や、場合によってはその不在さえも、私の意識に負担としてのしかかり、私の意識の内実をなすということを私は知っている。そしてこの新たな確信、この他者への義務に満ちた意識という理念、無差別的に客体でも主体でもあることがついに可能となった魂の直観、これらのものを私は『家の馬鹿息子』や「テープレコーダーの男」の紹介文のなかで予感していたのだが、それだけではだめで、これについてもまた私はユダヤの英知の中にそれを探しにいき、見つけたのである。

『アルトナの幽閉者』には、劇の筋の背景に、沈黙のうちに筋を支配しているきわめて変わった人物がいる。誰もが忘れているようだが、それはいけにえのようにのどを切って殺されたラビである。しかし、サルトルは忘れていなかった。より正確には思い出したのである。そしてベニィ・レヴィの助けを得て、[21]苦しむラビの上に身をかがめ、まだ残っている息を集め、そして結局は蘇らせるわけである。

サルトルとレヴィナス

しかしさらに驚くべきことがある。

よく言われるように、観念は万人のものである。概念もそうだ。どこで、いつ、どのように、誰の作品で、それらが生まれたのか、わざわざ調べることはしない。しかしまさにそうではない。概念、真の概念は単なる観念のようなものではない。出生証明がある。命名がある。その作者の名前である名前を持っている。書物と同じく、絵画と同じく、ある種の家具と同じく、署名付きなのだ。

ところで、この大騒ぎの中、誰も口にせず、おそらく目にとまらなかったが、少し離れて遠くから見ると一目瞭然となるものがある。それは、自分の過去の体系を壊して、別の体系を構築しようとし始めたサルトルが用いるこれら四つの概念、これら四つの理論的所作、自分の新しい思考建造物の土台を据えるために、その周りに配置した要石は、どれも別の哲学者の署名が付されていたということである。ほぼ同年輩で、一般大衆にはあまり知られていない、控え目で、ほとんど秘められた人、ここまでわざと私は意図的にその名をほとんど口にしなかったが、その哲学者とは、エマニュエル・レヴィナスである。

それは明らかなのだ。この他者性の倫理学は、他者性の倫理学という語だけは用いていないけれども、他者の〈超越〉、自己への配慮に先行する他者への配慮、無限の観念、ということはつまり他者の観念によって自己が遠い昔から囲まれていること——要するに、思考し、行動する主体を特徴づける正義の限界なき要請というレヴィナスの偉大な観念を剽窃しているのだから。

それは明らかなのだ。ヘーゲルと〈歴史〉哲学をめぐる論争は、周知の通り、レヴィナスの重要な案件だった。ただしレヴィナスはきわめて早くから、サルトルよりもずっと以前に、何が賭けられているのかを指示し（「普遍的〈歴史〉の彼方」を考える）、方法を決め（世界を勝利者の視点からのみ見ることを止める）、依拠すべき発言のタイプを定めた（聖書の預言者たちの常に過剰で、文脈から外れ、自らによってのみ権威をもつ発言）。レヴィナスは、サルトルに先立ち、さらには現代哲学全体に先立ってこの危険な隘路に踏み出したのだと、改めて言うことができるし、従って彼がサルトルの死に際して、これらの最後の対談の中に「偉大な哲学者が行なった、己のヘーゲルに対する態度の再考察[22]」を読み取ったのは、根拠のあることだ、と言うことができる。

それは明らかなのだ。『困難な自由』、『タルムード読解』の著者をよく知る者は、共同体のパラドックスが彼にどれほどつきまとっていたかを知っているのだから。

そして最後に、革命の問題は、そのものとしては、レヴィナスが専念した問題ではないが、逆にサルトルとレヴィが定式化したようなメシアニズムの概念は、すでにレヴィナスがショーレム、ローゼンツヴァイク、プラハのマハラルに続いて、終末論の展望から引き離そうとしていた概念にきわめて近い。メシアなきメシアニズム。もしくは、いずれにせよ人格的メシアがいないメシアニズム。誕生の日付ないし出現の正確なモメントを持たないメシア。賛歌を歌う明日という寓話とは無縁で、信仰よりも行為の方が重みを持つ宗教にふさわしい、日々の日常のメシア。都市の門で物乞いする乞食、王侯、癩者、あなた、私であるかもしれないメシア。己を示すことなく突然出現するメシアは、到来することなく、ここいる。要するに、それは終末や光り輝く未来やユートピアや絶対といった暗い幻想から身を引き離すことのできたメシアである。

この最後のサルトルはレヴィナス主義者である。

明らかに、異論の余地なく、根底においてレヴィナス主義者である。

その刻印は深く、言語の共通性は全面的であり、まるで、生涯の最後に自分たちが二つの異なった体の中に宿った同一の魂であることを発見した、ボルヘスの二人の神学者のようだ。

しかもサルトルは、それ以前の本の中で、レヴィナスを引き合いに出すことはほとんどなく、この本の中、このテクストの本文そのものにおいて、レヴィナスとのほとんど交わりとも言うべきもののうちに書かれたように見えるページにおいて、一度もその名前をあげていないため、事態はいっそう奇妙で、二人の近さがいっそう当惑を誘い、不可思議に思えるのだ。

不作法なのか。

ドス・パソスやハイデガーを発見した頃のように、はっきりと言わないまま剽窃する、彼の昔からの習慣なのだろうか。

発表されたのが抜粋であるから、完全版が出るのを待っていれば、レヴィナスの名が見当り、それゆえサルトルの借りも、明らかになるはずだ、というのか。

それが気になった私は、当事者に当たってみることにした。

それは私自身が、レヴィナスのあからさまな影響下に書いた著作の中で、私自身のユダヤ教への「回帰」

をおこなったばかりの時期だった。

それは若いユダヤ人たちのまるまる一世代が、彼と、その『タルムード読解』に触れて、ヘブライ文字の非常な美しさ、その生き生きとした言葉、その力を再発見した時期であった。

そして私は彼に会いに行った。それから時々伺うことになった彼の住んでいた瀟洒なアパルトマンは、オートゥイユ地区の小さなユダヤ学校の上にあった。そこで私は自分について、彼のおかげでようやく無知に別れを告げた世代について語った。そしてその時たった一度だけだが、生涯の終りに、断りもなしにレヴィナスを真似し始めて、世間を仰天させたあの巨大な思想家について語った。

まるで昨日のことのように彼の姿が目に浮かぶ。

小柄で、丸々と太ったその姿。幅の広い縞の模様の濃紺のダブルのスーツ。白のポケット・ハンカチーフ。ズボンの位置が随分上になっていて、そのせいでよけいに背が低く見えた。手入れのよい華奢な手。磁器に描かれたようなばら色の顔。片方の目にものもらいが出来て、困っていた。チンザノをゆっくり楽しむ三〇年代の名士の顔つき。しかし話し始めた瞬間、それがまるで奇跡のように消えた。熱のこもった、ほとんど熱烈な声は、天才的な思考のあとを追い駆けるのにくたくたのようだったが、その声のリズムに合せて、その顔は本当の表情を、その美しさを取り戻していった。そして私がついに訪問の目的だった質問を彼にした時、サルトルは最後にレヴィナス派に変身したという仮説を口にした時、彼はうっとりさせるような怯え、ほとんどパニックを見せた。リトアニア出身の一介のユダヤ人たる彼が、フランス最大の有名作家に、私がほのめかしたような影響を与えることができ、それによって、数ヶ月前から世間を騒がせているあの途方もない騒動の原因を作ったと考えただけで。「いえ、いえ、そんな風に思わないで下さい……まさか私がそれほどまで、名誉ある卓越したフランスの哲学者に影響を与えたことなどありません……

そんな僭越なことは……そんな危険なまねはしなかったでしょう……」。

しかし、われわれは、少しずつ、彼はそのつど否認したが、彼とサルトルとの関係の歴史——小説と言うべきかも知れない——を再構成して行った。

第一期。三〇年代。彼のフッサールとハイデガーに関する本。サルトルのよく知られたエピソード。彼はその本を探しにジベール書店に行き、そこに自分の求めていたものの啓示を見つけたのだ。だから出会いはなかった。しかしサルトルの哲学者としての第一歩への決定的な影響はあった。——例の「私はレヴィナスを介して現象学へとやってきた」である。

第二期。その後の全ての期間。数十年間、半世紀にも及ぶこの時期、最初の驚嘆の記憶まで忘れさられたように見える。そしてこの半世紀の間、直接的ないしテクストを通してのいかなる接触も、もはやこの二人の同時代人にはなかったように見える。彼らは別の惑星に生きているかのようだった。

それに続いて第三期。つまり、今この瞬間。相変わらず接触の影さえない。二人の間にも、二人の作品群の間にも直接の関係は相変わらずない。しかし、ベニィ・レヴィも私と同様に、私と同時期に、「ユダヤ教について彼もまた何も知らないまま」[23]、その「回転」を始めていたが、それをレヴィナスを通して行なったのである。彼は、レヴィナスを読み、彼に会い、私と同様に、オートゥイユ通りの小さなアパルトマンへの道をたえずたどっていた。そしてサルトルについてレヴィナスに話し、翌日にはレヴィナスについてサルトルに話し、レヴィナスのいくつかの本をサルトルに音読してやった。そしてこのような往復運動を繰り広げるうちに、彼は二人の哲学者、等しく偉大で、等しく重要で、相変わらず互いに話したことがなく、彼がいなかったなら互いを知らないままであっただろう二人の哲学者の間の、生身の接触そのもの、人間の姿をした連結記号となったのである。

彼は自分が何をしているか知っていたのだろうか。自分が思想の歴史にとんでもないいたずらを仕掛けたことを直観していただろうか。ひとりの偉大な思想家の思考をもうひとりの偉大な思想家の思考に移植する――まさに移植であって、これ以上にいい言葉はない――手術を行なっていると自覚していただろうか。喜んでいただろうか。不安だったろうか。要するに彼は、極左主義の死や革命の挫折などの後で、偉大な非合法活動家としての、陰謀と機密のプロとしての最後の経験を生きているところだったのではなかろうか。彼はレーニンが革命決行前夜、こちらのポケットには『精神現象学』を、もう一方のポケットにはブローニング式自動拳銃を入れて、ネヴァ川を渡って行くあの有名な場面を知っていた。それで夢想をかき立てられたかも知らない。彼はいささかこのレーニンだったのではないか。いくつもの午後、エドガル・キネ大通りからオートゥイユへと、そしてまた逆の方向に、セーヌ川を渡る時、完全な非合法活動的秘匿の中で、思考の革命決行を準備する一種哲学のレーニンとも言うべきものであるという感想を抱いたのではなかろうか。それとも二人の友人、二人の師を持ち、まさに自分を介して二人を話し合わせる男という無邪気さで、この奇妙な冒険を生きていたのだろうか。彼のみぞ知るだ。その代わり今日、われわれは二つのことを言うことができる。

1、これは、いずれにせよ前代未聞の、同時代者間の「出会い」の図柄である。接触なき出会い。遠隔伝達。ひとりの使者、その使者一人を乗せた駅馬車が一方の地からもう一方の地へと、一つの思考からもう一つの思考へと移動し、その二つの思考が、接触することのないまま、互いに話をし、相手に答える。いわば二重スパイ、レヴィナス思想のもとに赴くサルトル帝国の代表にして、サルトルの聖座に潜入するレヴィナスの密使。もしくは――もう一つ別のイメージ――善玉菌の感染、病気の名を知らせぬまま良きウイルスを接種する健康な保菌者。まさにこの点が、サルトル・ファミリーが怒りとヒステリーの中、さらには悲しみの中に漠然と感じたとったものなのかも知れない。この超一流の諜報員、改悛しない陰謀家、空想の党指導者――彼が夢見た党は縮小されてセクトとなり、さらにはセクト内の一分派になってしまい、メンバーとしては彼自身を残すのみとなってしまったが、それでも古い世界とその細分化された思考を粉砕し続ける――、このようなイメージは、サルトルを操る悪魔的な、レヴィというイメージとそれほど矛盾しないではないか、と言うのか？　それはそうかも知れない。ただし、結局、思考が作用したのは、まさにこのような形でだった。それに、彼自身が「近年のこの四〇年間は、この二人の哲学者のひそかな連接によって支配されている」(24)とみなすこの二人の哲学者の対話をこのように成立させたことは、たとえ形成過程にある一冊の本という舞台の上だけであるにせよ、無意味なことではない。

2、彼らの心理はどうであれ、そして哲学において重要なのは魂よりもテクストであり、精神と精神の対話よりもテクストの魂であるということを認めるなら、出会いは確かに行なわれた。この奇妙な中傷を浴びた本、瓦解して行く精神の証言であるこの耄碌した無残な本は、まさしく二十世紀後半における哲学史上の出会いで最も重要なものの一つ――おそらくは掛け値なしに最も重要な出会い――の場となったのである。ハイデガーとサルトルの出会いがあった。またはハイデガーとニーチェ。またはベルクソンとメルロー＝ポンティ。ラカンの言う「カントとサド*」があった。それらに比してこの出会いは、さらにありそうにない、さらに途方もない出会いであるが、おそらくはより稔り豊かで、決定的な出会いである。それは二十世紀を血まみれにした世俗的メシア思想の終りの始まりを、その卓越した代表者の手で署名しているからである。これこそが時代の手術台の上で出会ったレヴィナスとサルトルの衝激なのである。

われらが若い人

私は、その数週間のサルトルを想像する。

憂鬱か。違う。それどころか喜んでいる。ほとんどうきうきしている。サルトル主義者たちに一杯くわせてやった、という思い……のちにレヴィが言うように、「あの連中」の足元をすくってやったということ……それにまた、またしても自分の頭の骨をばらばらにした感じ。人生の好機にはいつもそうだったように、例の思想の礎石をまたしても粉々にした……そして、ある形の哲学的幸福感。そうまさに哲学的な幸福感だ。一撃で、ただの一撃で、正しく考えることへの妨害者四人組を粉砕したのだ*——それが大喜びし、己が自由になり、解放されたと感じる本当の理由ではないだろうか。青年時代、哲学の冒険に乗りだした頃、ハイデガー、フッサール、そして杏のカクテルの哲学を発見した時に感じたのと同様の陶酔をどうして感じないでいられただろうか。

人というのは奇妙なものだ。遺言が好きで仕方がない。新刊書を、著者がまもなく死ぬという口実で、いつも最後の言葉にしてしまう。彼らは彼が死んだことを知っている。彼がその本を書いていた瞬間に、まもなく死ぬことになっていた、ということを知っている。そこで彼はそれらの最後の言葉に、近づきつつある死の影を投影する。そして「最後の書」とか「最後の言葉」とか遺書と言うのだ。しかし、作家の方は知らない。間もなく死ぬことを多少なりとも漠然と知っている者も少しはいるが（ヘルマン・ブロッホの描くウェルギリウス……）、多くは何も知らず、何も感じず、延々と続く猶予の中で生きている。あるいは逆に（結局同じことになるが……）ずっと死を予期し続けて、常に死が差し迫った状態で生きて来て、そのために死などに意味がなくなっている。いずれにせよサルトルについては明らかだ。彼は何も知らないのみならず、その問題自体に意味がない。彼はいつだって、死については、無意識についてと同様に無神論者だったではないか。人間は死への存在ではなく、人間を死へと運命付けるものは決して何もなく、厳密な意味で、無統制の、ばかばかしくてお話にならない、偶然的な死、したがって暴力的な死しか存在しないという考え（これがハイデガーと決別した秘められた動機の一つだった）を常に主張して来たではないか。彼の時間との関係そのもの、未来を見据え、生涯の重要なモメントをどれも新たな誕生としてとらえる、「逆方向の」と彼が称していた生き方、ボーヴォワールが言うように、彼は自分自身の過去との真の「同一性」を持っておらず、したがって、厳密な意味で、「経験」[25]も持たないという考え、こららは全て、己本来の死というものへの恐怖と、さらにはそれへの自覚そのものを防いでくれる、かけがえのない通行証ではなかったろうか。老いそれ自体についても、己の死すべき身体という観念についても、己自身の肉体の衰退を通しての己の死の了解についても、彼は、そうしたものの経験を実際に持っておらず、そうしたものはまたしても他人の眼差しの効果以外の何ものでもないと、何回となく言っており、ここでもまた言っているではないか。

「誰もが私を老人扱いする」と彼は言う。しかし、「私はそれを笑い飛ばしてやるのさ」。それは「老人は自分を老人と感じない」からである。老人は「他者たち」の「眼差し」の中で自分が老いていると感じる。老いは「それ自体で、老人に何かを教えてくれるものではない」。そして若い対談相手に、自分の寿命はあとどれくらいと考えるかと訊かれると、「五年」と答え、さらに言い直す——私は彼が微笑むか、笑う様を想像する——。「心の中では十年だと思っているけれども、そこまでは言えないだろうから、慎重に、五年と言うのさ」。

十年でも、五年でも、どちらでもかまわない。彼が思ってもみなかった唯一のこと、それは死がすでにそこに来ており、すでに彼の同伴者となっていることだ。わずか数週間で、『ヌーヴェル・オプセルヴァトゥール』誌に「記録」が発表されてからは数日後に、彼は死ぬ定めだったということだ。

したがって、例のテクストを、彼は最後のものとしてではなく、ある種最初の、もしくはまたしても最初のテクストとして、やり直し、蘇えり、源泉への復帰と考えていたことを認めねばならない。事件の三年前に『リベラシオン』紙に掲載された対談の抜粋の最後の言葉がある。サルトルはいささかの皮肉もなしに、こう言い放っている。「私はきみが語っていた若い人のようなものだ。自分の最初の本を作っているのだから」。

だから繰り返して言うが、彼は上機嫌である。

せいぜい彼は思うにまかせない体の不機嫌さに対し怒りを覚えるぐらいの話だ。

せいぜい、朝、起きるのに苦労した時、または体の下のシーツが濡れているのを感じた時に、時として腹を立てるぐらいのところだ。

老いた体と若い魂、肉体の牢獄と自由な魂の耐えざる争い——同一の存在の中で、この元気な生者とこの死にゆく者で同時にあるということ以上に、大きな悲惨、怒りの大きな動機がこの世にあるだろうか。

しかし、それ以外の点は——こちらの方が、重要だ——全てうまくいっていた。この盲人がこれほどものをはっきり見たことはなかった。この体が利かない老人、ほとんど障害者と言ってもいい人が、これほど自分が自由だと感じたことはなかった。彼は二十年、もしくは三十年来、自分の迷妄の原因となった偏見の山を掃き捨てた。自らを解放したのだ。「あの」ファミリーからだけではなく、家族というもの、あらゆる家族から、そして捕虜収容所とそこでの有害な啓示を得たときに行なった最初の回心以来、常に持っていた必要、自分の家族や共同体をでっち上げるという必要性から解放されたのである。

毛沢東主義者たちはどうなのだ？　ベニィ・レヴィは、一つのファミリーとして、彼一人だけで新しい家族として、あのファミリーに取って代わった、というのか。そんなことはない。心配をしなさんな、不平家諸君、カストール、わが友人たちよ。私は治った、と言っているのだ。本当に治った。レヴィは知っているが、私は、おまけの五年ないし十年を、己の解放の行為や砂漠からの脱出や治癒を際限なく語ることに費やす積りはない。

サルトルはユダヤ教徒になったというのか。タルムードこそ永遠の真理だと？　それはそのときの話だ。今のところ何も確実ではない。私はすでに他の場所にいる。もっと遠くだ。この本はまさに突破口であった。私が自分で、諸君全員とともに私の頭のなかに立てていた壁にあいた穴だ。まるで錠がはずれたようなものだ。まるで門が、とてもとても重い門がついに動いたかのようだ。重い門が動いた時人は何をするか。門を押す。少し前に進み出る。そして初めはおずおずと一歩を、眼を半ば閉じて、新しい道に一歩踏み出していく。「全てをゼロからやり直すのか」と、われわれの対談の最後に、ベニィ・レヴィは私に尋ねた。もちろん、と私は彼に答えた。七十五歳というのはそれほど年老いているわけではない。全てを取り上げ直し、再び馬に乗り、思考の作業を再開するのにふさわしい年だ。きみのおかげで、われわれが一緒に移動させた礎石のおかげで、全てが再び可能になった。友人たちよ、私はそういうところまで来ているのだ。再び進み始めているのだ。ひとりで。ずっと前から私はひとりではなくなっていたが、今またカフカのように、レヴィナスのようにひとりだ。そしてまた、若きサルトル——覚えているだろう？——のようにひとりで。さあ、諸君も来たまえ。これは、本来の意味での、われわれの最後の革命となるだろう。

というのも、サルトルはこの時、無数の計画を持っていた。

フローベール論の第四巻がある。最初、レヴィを雇ったのはこのためだった。だから当然、これは再開する。この唯物論的伝記を作ることを試みるのだ。それは、下から、足から、脚から、性器から、つまり「下半身から」書かれるものになる、と彼は言っていた。「本」はあとから、「上方に」、「体全体の要約」[26]としてやって来るにすぎない。

毛沢東主義者の友人たちがずっと前から彼に語っていた大衆小説がある。レヴィとの最初の対談で、サルトルは「各人がひとり孤独に」読むのではなく、「一緒に」[27]読むものだと言っていた。もし彼がそれに取り掛っていたら。それを口述していたら。

演劇がある。サルトルは芝居をやるのがとても好きだった。『バリオナ』はもちろん……しかしパリも……テクストが生身の役者たちに演じられる……女優たちの香りと観客の香水の匂い……。あの『倫理学』がある。いまやその原理は把握した。それは完成した。『フェードル』のように、あとは書くだけでいい。

テレビがある。これからテレビのバスチーユ襲撃を再開する必要があるだろう。時代は変わった。ジスカールはサルトルのおかげでレヴィに戻ったヴィクトールの帰化を認めた。何が何だかよく分からない。しかし明らかなことは、これはジュリアン*の時代に死産した番組をもしかしたら蔵の中から出してやることができる兆しなのだ。

彼の盲目それ自体も……結局、病気を上手に役立てる方法というものは、いつもあったわけではない、というのか？　しかし、彼が『権力と自由』をなし遂げることができたのは、レヴィナスの思考もさることながら、最終的には、この「健康上の支障」のおかげだったのではないか。[28]盲目なくして、彼は人間の顔というものの見えない本質を、つまりその超越を、したがってその他者性を理解することができただろうか。この方向へ進む必要があるだろう、目に見えない出現……輝きを持たぬ、省略的な光……顔の本質は形ではなく、言葉を話すことである……顔というものは、見ることよりもその言葉を聴くことのほうが千倍も重要である……ロカンタンが『嘔吐』の中で毎日毎日一日中、自分の顔を見つめ続けても、それが理解できなかったのは偶然ではない……顔はうかがい知れないものであり、その本質は目に見えない。これこそサルトルが理解したことであり、これから述べようとしなければならないことである。

さらに盲目。もし、盲目がさらに彼の身につけたものを奪い、感覚的喜びの大半を奪い去り、ゲーテが勧めたように「仮象の世界から徐々に身を引いて行き」ながら老いて行くことを強いて、これまで常に拒否してきたこと——自分の内部を見つめる術を知ること——を強制するなら？ もし、もはや二度と、リスボンを、ヴェネツィアを、愛した女性たちを、女優たちを、見ることができないように宣告することによって、彼が一生涯逃げ続けた内的生活へと押し込めるとしたなら？ 盲目は彼の〈トラピスト修道院〉なのだ。そこでは、『ランセ伝』*とまではいかずとも、せめて真の内面の回想録、『言葉』の続編、彼がまことに理不尽にも邪険に扱った精神分析に関するエッセイが書ける……。

もちろん、『権力と自由』は彼の『ランセ伝』ではない。

それにもちろん『権力と自由』でのサルトルは、傑作をものするシャトーブリアンでも、パピエ・コレを作り出すマチスでも、厳格主義から自分を解放して素晴らしい『判断力批判』を書いたカントでも、あるいはボードレール、彼からやはりひどい扱いを受けたあの哀れなボードレールでさえない。日によっては朝、歯の抜けた哀れな口から「畜生」と吐き捨てることがあるというところまで、サルトルによく似た特徴を数多く示すあのボードレールではない。『哀れなベルギー』でのボードレールのように、自分の弟子、もうひとりのベニィ・レヴィに口述していたら、大作になったはずの材料を積み重ねているわけではないのだ。

そう。この本は、重要な大作ではなく、来るべき大作の可能性の条件なのである。無数に湧き上がる夢想の群、そして早くも言葉となったものの群のようにひしめいている――彼はそれを感じる――他のいくつもの著作のための本なのである。今こそまさに、サルトル思想が障害を乗り越え、新たに展開していくのが感じられる最後の再開の時なのである。

ところがまさにその時に彼は死んでしまい、再生の儀式は別れの儀式と一致してしまった。このことは二重の感情を覚えさせる。

まずは大きな悲嘆。惻隠の情。永遠に非現実のものとなってしまった幻の作品群への愛惜。永久のリンボ〔地獄の縁〕。ほとんど失われた書物のリンボとさえ言える。自分の死の直前に次のように言ったのは、彼の身内のひとり、マラルメではないか。若い作家が自分の力不足の犠牲となって死ぬのは「三面記事」である。老詩人が「少しずつ自分の素質をすべて理解し、自分の作品群を今まさに開始しようとしている時に」死ぬのは、「人間の悲劇そのものである」[29]と。

しかし同時に歓喜。というのも、死は何も証明しないからだ。サルトルの最後のイメージが、崩壊して行く力のイメージではなく、躍び上がるために身構えた思考のイメージであったはずだという事実を、死は何一つ変えはしない。死は、最後のサルトルの栄光を何一つ奪わない。その不死鳥の優美さ、彼に宿り、生起することしか要求しない新たな奇跡的な活力を何一つ奪わない。「ひとりの若者が死んだ」と、彼がかつてシャンソンを書いてあげた昔の女友達が言った[30]。そして彼の埋葬に押しかけたパリの民衆はこう言った。「この老人は、われらが若い人であった」と。

訳者解説

本書は、ベルナール=アンリ・レヴィ Bernard-Henri Lévy の *Le Siècle de Sartre*, Grasset, 2000. の翻訳である。二〇〇〇年一月、フランスの書店という書店の店頭には、この本が並び、同時にサルトルの写真を表紙に掲げた週刊誌が並んだ。最大の高級誌『ヌーヴェル・オプセルヴァトゥール』の表紙の文言は、「二〇年間の煉獄ののち、サルトルは還って来る」であった。

「サルトルは、煉獄にいる」と、サルトル死後よく言われた（実際は、ある意味ではその死よりはるか以前から煉獄にいたとも言えるのだが）。そのサルトルは、もちろん知識人サルトルであり、共産主義との同伴者から、毛沢東主義の同伴者へと進化し、実存主義によって補足・補完されたあるべきマルクス主義を構築しようとしたサルトルである。しかし、毛沢東の死によって急速に終息した中国の文化大革命の実態が明らかになる一方、クメール・ルージュ（考えて見ると、これもフランスの毛沢東主義と同様に、フランスで形成された思潮だったが）のカンボジア支配による自国民の大虐殺が、「暴力的手段によって一挙にかつ根底的に理想社会を実現しようとする（終末論的）革命」という観念の、究極の現実化の姿を、ほとんど「教科書的」なまでに示そうとしている頃、サルトルは死に、そして共産圏の消滅に至る一〇年間が始まる。

ひと頃、ソ連の存立を支えているのは、フランス共産党とフランス左派だという声が聞かれたものだが、サルトルの死から一〇年で、終末論的暴力革命によって成立した世界が消え去ったのには、複雑な感慨を覚えずにはいられない。いずれにせよ、サルトルは、こうした終末論的革命観の異論の余地なき擁護者と見なされており、こうした世界情勢の進展の中で、その評価と威信は低下する一方とならざるを得なかった。

こうした主たる批判のポイント以外にも、誹謗中傷に近い暴露なども行なわれた。例えば、第二次世界大戦中のサルトルの、反ユダヤ主義やドイツへの「協力」の疑惑を提起したジルベール・ジョゼフの『かくも穏やかな占領』Gilbert Joseph, *Une si douce Occupation...*, Albin Michel, 1991. や、かつての恋人の一人、ビヤンカ・ランブランがサルトルとシモーヌ・ド・ボーヴォワールとの性的関係について暴露的に語った『狂わされた娘時代』Bianca Lamblin, *Mémoires d'une jeune fille dérangée*, Editions Balland, 1993. である。

しかし、『嘔吐』や『存在と無』、あるいは『自我の超越性』などの初期の哲学的著作におけるサルトルの魅力、その豊かさや慧眼の魅惑は抗いがたく、いずれにせよ捨てがたかった。少なくとも、サルトル以後のフランスの思想家たち、構造主義、ポスト構造主義、あるいはポストモダンなどと言われる、いわゆる「現代フランス思想」の隆盛の基盤にあるのはサルトルであり、その基礎をなし、同時にそれが乗り越えなければならない障壁をなしていた(「われわれの時代の乗り越え可能なもの、乗り越えられたもの一切」デリダ)のは、サルトルである、というのは事実であり、もしサルトルをそのまま「歴史の屑篭」の中に投げ捨てるなら、かつてサルトルにあれほど熱狂したフランスの戦後とは一体なんなのか、サルトルを愛し信奉した自分達は、いったい何者であり、かつて何者だったのか、という問いが、フランスの知識人界全体に突き付けられるであろう。

サルトルを救い出すことを試みる必要があった。何が救い出せ、何が救い出せないのか、きちんと検証する必要があった。

同時にまたそれは、サルトルがあのような道に踏み込んで行ったのは、なぜ、如何にしてであるかを検証する作業でなくてはならない。さらには、われわれ自身が、二十世紀が、なぜ、如何にして、あのような全体主義体制、「収容所列島」、毛沢東主義的、ないしクメール・ルージュ的大虐殺へと突き進む結果になったのか、を検証しなければならない。それを、完全に過ぎ去った過去、「歴史の終り」以前の「前史」として、あるいは、例えばヨーロッパや日本のような「先進国」の社会に住む者にとっては無縁の現象として、手を触れぬままでいることはできないだろう。われわれはあまりにも安易に、無自覚に、克服されることなく過ぎ去ったものを、忘却の彼方に沈めているのではなかろうか。

この課題に真っ向から取り組んだのが、ベルナール＝アンリ・レヴィである。彼はサルトルとは対立する思想的系統の出身（アルチュセールの弟子）で、ソ連体制への批判を中心的命題とする「新哲学者」たちのリーダーとして登場し、サルトル・カミュ論争的なくくり方をするとすれば、カミュ的な立場を貫いて来た。つまり革命による全人類の解放と、理想社会の実現といった終末論的・ユートピア的観念ないし幻想の誘惑に身をゆだねることを拒否し、不正と不条理の蔓延する現世にその都度具体的に対処して行こうとする立場と言えようか。その彼が、二十世紀の終り、二十一世紀の始まりにあたって、サルトルに本格的に取り組む課題を自らに課したのは、サルトルを避けては二十世紀を総括は出来ず、二十一世紀に乗り出すための足場を作ることは出来ないと、実感したからであろう。序文の中には、この課題のために、サルトルを一から読み直す（あるいはむしろ、読み始める）さまが正直に語られている。例えば『存在と無』は、これまで毛嫌いして（？）読んでいなかったらしいが、それを読んで彼は、目も眩むような讃嘆の念を覚える。そして、彼を本書の執筆へと決定的に乗り出させるきっかけとなった二つのエピソード（崩壊直前の東ドイツでのスターリニズム官僚と、サラエヴォでのボスニア知識人の銃火の下でのサルトル講読会）は、いまさらながらサルトルの全世界的なプレゼンスの圧倒性を思い出させてくれる。それはまた、五万人が参集した、サルトルの葬儀が、喚起していることでもある。

このような作業の末に、彼が設定するに至ったサルトル検討の出発点は、サルトルが「世紀人」である、とする定義である。すなわち「世紀」と「人」がイコールで結ばれている複合名詞。つまり、サルトルはまさに二十世紀をまるまる体現し、二十世紀という世紀そのものである、という意味である。そして、二十世紀が、十九世紀までに西欧が築き上げて来たものの集大成、ないし現実化、そしてそれの全世界への拡大の時代であるとすれば、サルトルとは、西欧的なものの集大成でもあるということになる。それは、自由なる個人的主体を基盤ないし単位とする社会（近代社会）であり、かつ、理想の実現に向かって進歩を続ける楽観的な社会でもある。そして、サルトルがスターリン主義的、毛沢東主義的「誤り」に突き進んだとしたら、それもまさに二十世紀そのものが陥った過誤の体現にほかならない。

さて、このサルトル擁護、弁護論の根本的な機制は、まず第一に、二つのサルトルの峻別である。第二の機制、むしろ立脚点ともいうべきものは、ヒューマニズム批判である。レヴィにとって、全体主義現象とは、生来の自然として与えられた共同体への所属を社会の理想的条件として設定し、それに所属しない異分子を排除しようとする、生来主義＝自然主義的純粋志向であり、その意味で、理想的人間本性を前提とするヒューマニズムも、全体主義を孕んでいる、ということになる。したがって、ヒューマニズムの誘惑を拒否する者こそ、全体主義に汚染される可能性の最も少ない、いわば免疫を有する者ということになる。アルチュセールの「理論的ヒューマニズム批判」を継承して、レヴィが練り上げたこの反ヒューマニズム論は、まことに刺激的で、示唆に富む考え方と言えよう。

そこで、『嘔吐』の絶対的悲観主義、あの偶然性の思想、ヒューマニズムへの徹底した批判と揶揄のサルトルを「第一のサルトル」、「実存主義はヒューマニズムである」としたサルトルを「第二のサルトル」とする「二つのサルトル」論が成立する。二つのサルトルという考え自体は、特に目新しいものではない。「明るいサルトル」と「暗いサルトル」の対比は、むしろ自明の事柄に属する。『嘔吐』から、いわゆる実存主義ヒューマニズムの形成までの間に、第二次世界大戦が横たわり、その間にある種の転換があったことは疑いない。しかし、多くの者は、多少なりとも時系列的な「順当な」発展とそれを捉えていた。問題は、もしサルトルが、「誤り」を犯したとするなら、それはいつから始まるのか、明確な指標は一九五二年の「共産主義者と平和」からなのか、それとも六八年五月以降の、毛沢東主義者の青年たちとの交流が始まった時からなのか、といったことであった。

これに対してレヴィは、この二つをほとんど別の人格のように峻別する。第二のサルトルとは、カストロの前で卑屈に微笑み、「ソ連における批判の自由は全面的である」と宣言し、テロリズムを賛美し、ソルジェニツィンを初めとするソ連の反体制派を侮蔑したサルトル、もう一人のサルトルである。このような峻別の仕方は、いささかセンセーショナルすぎる嫌い無しとしないが、問題の所在と構造を明確にするには効果的であろう。この「第二のサルトル」の始まり、これを彼は、大戦中のドイツの捕虜収容所における集団生活の体験と、収容所で上演されたクリスマス劇『バリオナ』であると特定する。この体験は、サルトルの生涯に起こったまことに摩訶不思議な巡り合わせに関連している。すなわち、『嘔吐』の中で、〈独学者〉は主人公ロカンタンに対して、（第一次）世界大戦中の捕虜収容所における、人間愛への目覚めとヒューマニズムへの転向を語り、ロカンタンの激烈なヒューマニズム批判と揶揄を引き起こす。ところが、その〈独学者〉の身に起こったことが、それから数年後に当の作者の身に起こるのである。つまりサルトルは、自分が作り出した〈独学者〉に、自分自身がなってしまうのだ。

とはいえ、この二つのサルトルの区別は、必ずしも時系列的なものだけではなく、この転換の後にも「第一のサルトル」が完全に消滅するわけではなく、二つのサルトルは奇妙な共存を続けて行き、その間に、第二のサルトルは段階を追って、より「完成」されて行く。

この「二つのサルトル」論の真骨頂は、ヒューマニズムのサルトルが「悪しき」サルトルであり、反ヒューマニズムの悲観論のサルトルが「良き」サルトルである、という一種の転倒にあるだろう。こうして「第二のサルトル」から区別された第一のサルトルは、第二のサルトルにまつわる誤解を払拭し、そのあるべき姿が十全に再現される。それは、全体主義に侵されることの最もあり得ない精神、自然というもの、共同体というもの、自然な共同体というものへの、根底的な反逆者である。またそればかりでなく、文学的には当時考えることのできたあらゆる技法的革新を試み、思想的には、西欧的な主観や意識をすり抜けてしまう「物」の現前にだれよりも肉迫し、自我と意識の精妙な仕組みにだれよりも分け入った者であって、要するに、ヴィトゲンシュタイン、アルチュセール、ラカン、フーコー、ドゥルーズ等、一見サルトルと敵対し、サルトルを乗り越えたと見える多くの思想家の着想や考え方を先取りしている者、つまり彼らの先駆者なのである。その意味でも、彼は文学的・思想的二十世紀を体現する者である。

同時にまた、優れた才能と精神が、このような全体主義への転向を行なったのも、二十世紀を通じて見られた現象である。ファシズムの誘惑に屈したセリーヌやハイデガー、そして共産主義に同調ないし転向したジィド、ロマン・ロラン、アラゴン……。サルトルのケースは、ここでもやはり最も大規模であり、この点でも彼は二十世紀を集約的に体現する。

レヴィの分析は、これだけに留まらない。共同体の誘惑への屈服をその第一段階とするなら、サルトルの「第二のサルトル」への転向は、さらにヘーゲルとの対決とその挫折（その証左は『弁証法的理性批判』である）、そして最後に己の内なる作家を殺し、文学という営みそのものを病として罪として否定する自殺行為（『言葉』）へと進展して行く。しかし、このような自殺行為によってほとんど生ける屍となったサルトルは、ピエール・ヴィクトールの仲介でユダヤ思想に邂逅し、新たな思想的可能性が目の前に開けるのを感じる。それは奇しくも、レヴィナスへの回帰でもあるのだ。サルトルの哲学者としての直接の出発のきっかけを提供した本（『フッサールの現象学における直観の理論』）の著者たるあのレヴィナスへの。そして無数の計画を胸に抱き、活力に溢れてこれから跳び上がろうと身構えた姿勢のままで、サルトルは死んだ。「一人の若者」として——と、レヴィは語る。サルトルの生涯の終りを、陰気な葬送のイメージではなく、歓喜に満ちた若々しさとして描き出すこの叙述は、感動を誘わずにはいないだろう。

以上のようなレヴィの立論は、もちろん手放しで受け入れることができるわけではなく、さまざまな議論を呼ぶところでもあろうし、できれば細部を厳密に検証したいところでもある。例えば、反ヒューマニズムを反全体主義の要素とし、ヒューマニズムをテロリズムの賛美への基盤ないし出発点とするのは、いささか機械的に過ぎないだろうか。

しかしそれはそれとして、レヴィの推論は、全体としてまことに網羅的かつ周到であり、その都度、あらゆる仮説を一つ一つ検討して行く。時に議論は、文学史・思想史の全般に及ぶ普遍的事例へと飛躍し、思いもかけない人物や言説が喚起される。事が哲学や文学に内在する永遠不変の問題性に関わるからに他ならない。

また、当然ながら、本書は、先行する諸研究を踏まえているが、専門家の著作に限らず、あくまでも広範な一般的読者を相手にするものに相応しく、例えば先に挙げた、ビヤンカ・ランブランの暴露や、ジルベール・ジョゼフの非難などにも、丁寧に対応している点は指摘しておこう。第Ⅰ部第1章が、サルトルと女たち、という話題で始まるのは、当然、前者に対する絶妙な対応であり、より重大なジルベール・ジョゼフの非難に対しては、第Ⅱ部第4章で、論点を一つ一つ潰して行くような的確な反論がなされている。つまりサルトルは、できればしない方がよかったことをいくつかしているが、ことさら不名誉なこと非難されるべきことをしているわけではないことが、綿密に論証されている。

また導入部で、サルトルの比類ない特徴を、全体的知識人としての全体性に見ようとし、より具体的には、哲学者と文学者の兼務、つまりまさしく「スタンダールとスピノザ」に同時になろうとした前代未聞の企てとその実現に見ようとする姿勢は、アンナ・ボスケッティ的であり、ひいてはブルデュー的であると、言わねばならないだろう。また、サルトルが、文学ではジィド、哲学ではベルクソン（界における位置だけでなく、文学的・思想的内容においても）の後継者であるという立論も同様であり、ボスケッティ＝ブルデュー的視角が、サルトル専門家の間はともかく、一般知識人の間には浸透している、ないし共有されている、ということを証明しているように思われる。

ベルナール＝アンリ・レヴィについてはすでに多少触れたが、一九七七年に『人間の顔をした野蛮』で、「ヌーヴォー・フィロゾフ」の一番手として颯爽とデビューして以来、フランス知識人界の第一線で旺盛な活躍をしている。人種・民族差別に対処する人権団体「SOSレイシズム」の創設に加わる等、政治的・社会的アンガジュマンも意欲的に行ない、ボスニア内戦に際しては、サラエヴォに赴き、映画を制作してもいる。また、思想的・政治的エッセーだけでなく、美術にも造型が深く、『フランク・ステラ』、『ピエロ・デッラ・フランチェスカ』、『ピエト・モンドリアン』等の画家論や、『悪魔に導かれて』（一九八四。メディシス賞受賞）や『シャルル・ボードレールの最後の日々』（一九八八）といった小説も書く。まさにかつてのサルトルを思わせる全体的知識人の形象を、今日において具現していると言えよう。

そんなことを考えると、フランスにおいて、全体的知識人というサルトル的形象は、現在でも生々しい現実性を保持しているということが、感じられる。死の直前のピエール・ブルデューが、「現代のサルトル」と呼ばれたこと等も思い出される。そしてベルナール＝アンリ・レヴィに、このようなサルトル論を書かせたのは、一つにはこの形象ではないか、つまり、フランスにおいては、サルトルが残したこの形象を引き継ぐことが、一流の知識人の責務である、という自覚があったのではなかろうか。少なくとも、サルトルの全幅に己の全幅で立ち向かい、格闘の末、敬愛すべき先輩に「恩を返す」という気持があったのではなかろうか。

ただし、サルトルは「醜男」で知られていたが、ベルナール＝アンリ・レヴィは、かなりの美男である。彼が毀誉褒貶が激しく、特に「メディアに顔を出し過ぎる」として嫌われるのは、一見、気障な色男風の彼の容姿が、軽薄な才子という印象を与えるからではなかろうかとさえ思えて来る。

いずれにせよ、今日、彼によってサルトルが論じられるということ、しかもそれが七〇〇ページに迫ろうという大部のサルトル論となったことの意味は果てしなく大きい。

彼の作品はすでに三〇件にも達するが、その一々を提示するには及ばないだろう。ここでは邦訳があるものだけを紹介するに留めておこう。

La Barbarie à visage humain, Grasset, 1977.（『人間の顔をした野蛮』西永良成訳、早川書房、一九七七年）
L'Idéologie Française, Grasset, 1981.（『フランス・イデオロギー』内田樹訳、国文社、一九八九年）
Les Hommes et les Femmes (avec Françoise Giroud), Orban, 1993.（『男と女・愛をめぐる一〇の対談』三好郁朗訳、東京創元社、一九九五年）
La Pureté dangereuse, Grasset, 1994.（『危険な純粋さ』立花英裕訳、紀伊国屋書店、一九九六年）
Qui a tué Daniel Pearl?, Grasset, 2003.（『誰がダニエル・パールを殺したか？』山本知子訳、日本放総出版協会、二〇〇五年）

訳語について。

まず、Humanisme という語について。これについては、「ヒューマニズム」、「ユマニスム」、「人間主義」の可能な三つの訳語のうち、主に「ヒューマニズム」を採用することにした。一長一短ある中で、最も分かり易いだろうとの判断である。ただし、ことさらに厳密な統一を目指しはせず、コンテクストによっては「人間主義」とした場合もある。

Sujet (subjectivité) について。これは「主体」と「主観」で大いに悩ましい語であり、できれば「主体=主観」などとするのが厳密であるかも知れないが、それも煩瑣であり、主に「主体」「主体性」と訳すことにした。これについても、「主観」「主観性」は必ずしも排除されていない。

Parole, langue, langage, mot. 日本語とうまく噛み合わないこれらの語は、あまり不自然にならない限り、parole「言」、langue「言語」、langage「言語活動」、mot「言葉」もしくは「語」とした。

Salaud. これもサルトル用語の一つだが、周知の通り、白井浩司氏はこれを「ろくでなし」と訳されている。この訳語の選択は、今から六十有余年前になされたものだが、「ろくでなし」というのは、むしろ社会的には落ちこぼれ的なマージナルな人間を意味するのではなかろうか。社会に巣食い、幅を聞かせる「俗物」たる salauds には、むしろ「下種《げす》」辺りが適当ではないかと、私は常々思っており、この機会に「下種」もしくは「下種野郎」とした。

サルトルの作品のタイトルについて。*La Transcendance de l'Ego.* これは『自我の超越』と訳されているが、「超越」という語は、行為としての「超越すること」と理解される嫌いがある。そこで「超越している」「超越的である」という性格を明確に表現する「超越性」が適切と考えた。*L'Imaginaire.* この書名は『想像力の問題』と訳されている。しかしラカン以来、「想像界」という訳語が定着しているし、現にこの本の中でも「想像界」と訳されているのであるから、『想像界』と訳すべきだと考えた。

なお引用については、既訳を参考にさせて頂きつつ、基本的には自律的に訳させて頂いた。感謝の意を表しつつ、ご理解をお願いするものである。

凡例的な事柄にも、ここで触れておきたい。

原文中イタリックの書名は、『　』でくくり、≪　≫は「　」とした。ただし、≪　≫でくくられた文中の〝　〟は、基本的に『　』とした。通常、一冊の本となったものはイタリック、雑誌等に掲載されたテクストは、≪　≫で示される。しかし、レヴィは、この点についてあまり厳密でないので、基本的には原著者の指定を尊重した。また、大文字で始まる重要な語は、〈　〉でくくった。施設・組織等の名称も、〈　〉でくくった場合がある。原文中の（　）は、（　）とした。一方、訳者が加えた註記の類いは、すべて〔　〕内に示してある。なお、書名以外のイタリックは傍点とした。また特に分り易く強調するために編集部で太字に変えた箇所がある。

原註についての基本方針は、原註欄の冒頭に示してある。訳註については、私の学生たちを読者として想定して付けたため、あるいは不必要なものもあるかも知れない。逆に、時間的制約から調べきれなかったものも多い。ご教示頂ければ幸いである。

本書の翻訳出版が決定したのは、本書の刊行直後であった。二〇〇〇年一月の刊行後、直ちに一部入手し、藤原書店社長、藤原氏にお願いしたところ、ご快諾戴いた。その時は私一人で訳そうと志したが、他に優先すべき仕事もあり、なかなかこれを進められないでいる内に、私自身が学内で激務に就くことになり、三宅氏と黒川氏に協力を要請、最後には澤田氏にまで協力を仰ぐことになった。分担は次の通りである。

石崎＝プロローグ、第Ⅰ部1、2章、第Ⅱ部1章、第Ⅲ部1章。澤田＝第Ⅰ部3、4、5章。

三宅＝第Ⅱ部2、3、4、5章。黒川＝第Ⅲ部2、3、4、5章、エピローグ。

三人の訳者の原稿については、私が徹底的に朱を入れさせて頂いた。したがって文責は基本的に私にある、ということになるが、最終段階では全員が何度か集まって、私の担当部分も含めて率直な意見交換を行なったので、かなり実質的な共同作業となったと言うことができる。原註や訳註についても、互いに情報交換し、協力しあった成果である。

ベルナール＝アンリ・レヴィの文は、論述文としてはまことに異例の、自由奔放な、飛躍と逸脱に満ちた果てしない自問自答の展開、ないしは連想の赴くままに連なる内的独白といった趣の文で、フランス人によく見られる、引用に対する放縦も最大限に発揮しており、分かり易く言えば厄介な文であり、よほど彼の気持を汲み取り、彼の気持に寄り添うのでなければ、分かりもしなければ、とんでもない誤解も仕出かしかねない。最初は、前途多難と思われたが、この一年間、この翻訳以外の事は必要最小限に留めて、ほとんど毎日取り組んでいる内に、何とかリズムと気持が分かるような気がして来たものである。とはいえ、気付かない問題点が沢山あることは当然である。忌憚のないご指摘・ご教示を戴ければ幸いである。

今年（二〇〇五年）は、サルトル生誕百年にあたる。パリの国立図書館でのサルトル展を始め、全世界でサルトル関連の催しが行なわれており、日本でも、秋からは日仏会館と東京日仏学院でサルトル映画祭が予定されており、一一月には青山学院大学でサルトル国際シンポジウムを開催する。このような年に、本書の翻訳を完成し、刊行することができることは、身に余る幸せである。この企画をご快諾下さり、ある時は辛抱強く見守り、ある時は叱咤激励して下さった藤原書店社長、藤原良雄氏、そしてほとんど寝食を忘れて、大詰めの編集作業に打ち込んで下さった編集部の刈屋琢氏には、この場で心よりの御礼を申し上げるものである。また私の大学の同僚を初め、多くの方にさまざまなご教示を頂いた。さらに大詰めに来て、翻訳家の上田美子氏と青山学院大学講師、鈴木隆芳氏に急遽ご支援頂かねばならなくなった。ここに感謝の意を表するものである。

二〇〇五年五月　サルトルの一〇〇回目の誕生日（六月二十一日）を数週間後に控えて

石崎晴己

サルトル略年譜　1905-1980

一九〇五　6・21ジャン＝ポール・サルトル、パリ16区に生まれる。父はジャン＝バチスト（一八七四年生まれ）、母はアンヌ＝マリー（一八八二年生まれ）。両親の結婚は一九〇四年5月3日。

一九〇六　9・17父死去。母とともに祖父母の住む、パリ西隣のムードンに移る。その後、一家はパリ5区に移る（ル・ゴフ通り1番）。

一九一五　リセ・アンリ四世校の第六級に入学。

一九一六　第五級で、ポール・ニザンと同級生になる。

一九一七　4・26母、ジョゼフ・マンシーと再婚。ラ・ロシェルに住む。11月からサルトルはラ・ロシェル・リセの第四級に入る。

一九二〇　アンリ四世校第一級に寄宿生として転校。再会したニザンに教えられて、ジィド、モラン、プルーストなどを読む。

一九二二　6月、バカロレアに合格。リセ・ルイ大王校の高等師範学校入学準備級に移る。ニザンも同様。

一九二三　同人誌『タイトルのない雑誌』に「病的な天使」、「ふくろうジェジュ」を発表。

一九二四　8月、高等師範学校合格。同期生に、レイモン・アロン、ジョルジュ・カンギレム、ダニエル・ラガッシュ、ポール・ニザンなど。

一九二五　カミーユ（シモーヌ・ジョリヴェ）と知り合い、恋愛関係になる。

一九二七　論文「心理生活におけるイマージュ、その役割と本性」を提出。「ある敗北」を書く。留学中の九鬼周造に個人教授をする。

一九二八　教授資格試験に失敗。「アルメニア人エル」を書く。

一九二九　7月、シモーヌ・ド・ボーヴォワールと知り合う。教授資格試験合格。11月、18ヶ月の兵役が始まり、サン＝シールの気象隊に配属される。

一九三〇　母方の祖母、ルイーズ・シュヴァイツァー死去（享年81）。

一九三一　ル・アーヴルのリセの哲学教授に任命される。ボーヴォワールはマルセイユのリセに赴任。英米の現代作家の小説技法について連続講演会を行なう。「真理伝説」が『ビュフール』誌に掲載される。

一九三二　シャルル・デュラン、コレット・オードリーと知り合う。10月、ボーヴォワール、ルーアンのリセに転任。

一九三三　レイモン・アロンによって、現象学の教示を受ける。レヴィナスの『フッサールの現象学における直観の理論』を読む。9月、ベルリン・フランス学院に留学。

★1・30独でヒトラーが首相になる。

一九三四　ベルリンで、『メランコリア』、『自我の超越性』を書く。10月、ル・アーヴルに戻る。ボーヴォワールの教え子、オルガ・コサキエヴィッチと知り合う。

一九三五　3・21母方の祖父、シャルル・シュヴァイツァー死去（享年91）。

★7・14人民戦線が成立。

一九三六　『想像力』刊。「エロストラート」を書く。夏、イタリア旅行。ナポリでの体験を題材に、「異郷の生」を書く。

★6・4ブルム内閣成立。

一九三七　『自我の超越性』、『哲学研究』誌に掲載。『メランコリア』がガリマール社に採用される。タイトルは『嘔吐』に変更。「壁」を『NRF』に掲載。秋、ヌイイのリセ・パストゥール校に赴任。

一九三八　『嘔吐』刊。「部屋」、「水入らず」、フォークナー論、ドス・パソス論を発表。「一指導者の幼年時代」を書く。オルガの妹、ワンダと知り合う。

★3・12独軍、オーストリアに侵攻。翌日併合。

一九三九　短編集『壁』、『情動論素描』刊。9月2日、動員され、ナンシーへ。『奇妙な戦争——戦中日記』として死後刊行されることになる膨大な日記の執筆と読書。

★8・23独ソ不可侵条約調印。9・1独軍、ポーランド侵攻。9・3英仏、独に宣戦。9・17ソ連軍ポーランド侵攻。

一九四〇　『想像界』刊。『壁』でポピュリスム小説賞を受賞。5・23ポール・ニザン死去。6・21独軍の捕虜となる。まずバカラ（ナンシー南東の町）に、8月半ばにはトリーアの捕虜収容所12Dに送られる。12・24『バリオナ』を執筆・上演。自らも、バルタザールの役で舞台に立つ。

★6・14独軍、パリ占領。7・11ヴィシー政権成立。

一九四一 3月中旬、「右目の部分的失明による方向感覚障害」との偽の証明書により民間人になりすまし、釈放されることに成功、パリに帰還。パスツール校に復職。ジャコメッティと知り合う。レジスタンス組織「社会主義と自由」を結成。夏、占領地帯を自転車旅行。ジィド、マルロー、ダニエル・マイエルらと接触するが成果なし。10月、リセ・コンドルセ校に赴任（～一九四四年）。「社会主義と自由」を解散。

★6・22 独ソ戦開始。

一九四二 フロール、クーポールでの執筆。『猶予』と『存在と無』を並行して執筆。フローベールの書簡を読み、実存的精神分析の計画を抱く。9月、「『異邦人』解説」執筆（発表は一九四三年）。

一九四三 『蠅』、『存在と無』刊行。ドリュー・ラ・ロシェル、バタイユ、ブランショについて評論。CNE（全国作家委員会）に参加。ジャン・ドラノワの仲介で、映画会社パテ社と契約を結ぶ。翌年にかけて『賭けはなされた』他、何篇かのシナリオを執筆。6・2『蠅』公演。シャルル・デュラン演出。総稽古の際、カミュと知り合う。ミシェル・レリス、レイモン・クノーと知り合う。

一九四四 『コンバ』にパリ解放（8・25）のルポルタージュ。「沈黙の共和国」を発表。ジャン・ジュネと知り合う。

一九四五 『出口なし』、『分別ざかり』、『猶予』刊行。1～5月、『フィガロ』、『コンバ』の特派員として米国へ。ニューヨークでブルトン、マッソン、レジェなどと知り合う。1・21 義父ジョゼフ・マンシー死去（享年70）。10月、『レ・タン・モデルヌ』創刊。講演「実存主義はヒューマニズムか？」。

★5・7 独、降伏。

一九四六 『実存主義とは何か』、『墓場なき死者』、『恭しき娼婦』、『ユダヤ人問題の考察』刊。

一九四七 『シチュアシオンI』、『ボードレール』刊。ジャン・ドラノワ監督作品『賭けはなされた』公開。アロンと決裂。

一九四八 『汚れた手』、『シチュアシオンII』刊。

★5・14 イスラエル建国、5・15 第一次中東戦争勃発。

一九四九 『魂の中の死』、『シチュアシオンIII』、『政治鼎談』刊。「奇妙な友情」発表。

一九五〇 『冒険家の肖像』他、多くの序文を書く。

★6・25 朝鮮戦争勃発。

一九五一 『悪魔と神』刊。2月、ジィド死去。「生きているジィド」執筆。秋、イタリア旅行へ。『アルブルマルル女王』に取りかかる。

一九五二 『聖ジュネ』刊。5月、反リッジウェイ・デモで、共産党指導者デュクロが逮捕されたことをローマ滞在中に知る。即座にパリに戻り、『共産主義者と平和』を執筆。サルトル・カミュ論争、始まる。12月、ウィーンの世界平和会議に参加。

一九五三 『アンリ・マルタン事件』刊。サルトル・ルフォール論争。メルロー=ポンティ、『レ・タン・モデルヌ』から脱退。

★3月、スターリン死去。7・27 朝鮮戦争休戦合意。

一九五四 『キーン』刊。最初のソヴィエト旅行。9月、ウィーンでの『汚れた手』の上演に反対。

一九五五 メルロー=ポンティ、『弁証法の冒険』でサルトルを批判。ボーヴォワールが反論を書く。9〜11月、ボーヴォワールと中国訪問。

一九五六 『ネクラソフ』刊。3月、アルレット・エルカイムと知り合う。11月、ソ連のハンガリー介入を批判する。「スターリンの亡霊」執筆。

★2・14〜15 ソ連共産党第20回大会のフルシチョフ報告で、スターリン批判がなされる。10・24 ハンガリー事件、10・29 第二次中東戦争。11・4 ソ連のハンガリーへの第二次介入。

一九五七 『方法の問題』刊。「ヴェネツィアの幽閉者」発表。アンリ・アレッグ『尋問』の書評。ド・ゴールの首相としての政権復帰(6・1)、第五共和国憲法制定の国民投票(9・28)に反対の論陣を張る。

一九五八 ★5・15 アルジェリアの現地フランス軍の反乱。10月、フランス第五共和制発足。12・21 ド・ゴール、大統領になる。

一九五九 『アルトナの幽閉者』初演、翌年刊行。

★1月、キューバ革命。カストロ、政権掌握。

一九六〇 『弁証法的理性批判』刊。1・4 カミュ、交通事故で死亡。「アルベール・カミュ」を三日後に発表。2月、アルジェリア民族解放戦線支援組織「ジャンソン機関」発覚。2〜3月、キューバ訪問。カストロ、ゲバラと会見。『フランス・ソワール』にルポルタージュ「砂糖に吹く風」を書く。3月、ニザン『アデン・アラビア』の再刊に序文。3・31 パリ訪問中のフルシチョフが主催したソ連大使館でのレセプションに出席。5月、ユーゴスラヴィア訪問。チトーと会見。8月、「アルジェリア戦争における不服従の権利の宣言」(121人宣言)に署名。8〜11月、ブラジル訪問。

一九六一　5・4メルロー=ポンティ急死。7・19ボナパルト通り42番の自宅がOASによるプラスチック爆弾のテロを受ける。7〜10月、ローマ滞在。フランツ・ファノンと対談、「生きているメルロー=ポンティ」執筆。9月、ファノン著『地に呪われたる者』の序文執筆。

一九六二　1・7二度目のテロの被害にあう。6月、ソ連訪問。

★3月、エヴィアン協定調印。国民投票を経てアルジェリアの自決権承認。7月に独立。

一九六三　『言葉』を発表。翌年刊行。11月、チェコスロヴァキアに滞在。

一九六四　『シチュアシオン』Ⅳ、Ⅴ、Ⅵ、刊。4月、ユネスコで「生きているキルケゴール」と題した講演。10月、ノーベル賞辞退。

一九六五　『シチュアシオンⅦ』刊。アルレット・エルカイムを養女にする。

★米空軍、北ヴェトナムへの空爆を恒常化。

一九六六　5〜6月、ソ連へ。ソルジェニツィン、サルトルとの会見を断る。9・18〜10・16日本訪問。講演「知識人の擁護」を行なう。

★8月、中国で文化大革命が本格化する。

一九六七　5・2ラッセル法廷の議長として、米国の戦争犯罪を裁く。

★6・5第三次中東戦争勃発。

一九六八　五月革命で、学生への支持を表明。コーン=ベンディットと対談。8月、チェコスロヴァキアへのソ連軍の侵攻を非難。

一九六九　1・30母死去。4月「テープレコーダーの男」の『レ・タン・モデルヌ』掲載をめぐり、ポンタリスが離脱。

★4・28ド・ゴール、大統領辞任(翌年11月死去)。

一九七〇　アントニーン・リーム『三つの世代』の序文で、ソ連との最終的決裂を示す。4月、『人民の大義』の編集長を引き受ける。その際、ピエール・ヴィクトール(ベニィ・レヴィ)と知り合う。10・21ルノー工場前での街頭演説。

一九七一　『家の馬鹿息子』Ⅰ、Ⅱ刊。6月、モーリス・クラヴェルに協力し『リベラシオン』を発足させる。

一九七二　『シチュアシオン』Ⅷ、Ⅸ、『家の馬鹿息子』Ⅲ、刊。

一九七三　6月、右目の眼底出血により、半ば失明状態。10月、エドガル＝キネ通りに転居。
★10・6 第四次中東戦争勃発。

一九七四　『反逆は正しい』刊。

一九七五　「七十歳の自画像」発表。秋、ピエール・ヴィクトールと「権力と自由」のための共同作業を開始。
★4月、サイゴン陥落。ヴェトナム戦争終結。カンボジアではポルポト派がプノンペン入城。

一九七六　『シチュアシオンX』刊。映画『サルトル自身を語る』完成。
★9月、毛沢東、死去。10月、江青ら四人組逮捕。文革、実質的に終わる。

一九七七　『サルトル自身を語る』を本として出版。この時期、数多くの声明文に署名して、『ル・モンド』に掲載する。

一九七八　2月、イスラエル訪問。

一九七九　「ヴェトナムに救援船を送るための委員会」に参加。6・20 アロン、グリュックスマンとともにジスカール＝デスタン大統領と会見。
★1・7 ヴェトナム軍、カンボジア侵攻。ヘンサムリン政権成立。2・17 中越紛争。12・26 ソ連、アフガニスタン侵攻。

一九八〇　ソ連を非難。モスクワ五輪のボイコットを支持。3月、「いま、希望とは」発表。3・20 肺水腫により入院。4・15 死去。4・19 葬儀。

（作成　黒川学）

(17)『反逆は正しい』前掲書，pp.82, 83, 84, 98, 105, 105, 374.（邦訳，Ⅰ，p.98, 101, 124, Ⅱ，p.224-225）

(18) Jean-Pierre Boulé, Sartre médiatique : la place de l'interview dans son oeuvre, Minard, 1993, p. 209.〔ジャン=ピエール・ブレ『メディアのサルトル』〕

(19)『シチュアシオンⅨ』前掲書，p.47.（邦訳，p.38）

(20) « Une vie pour la philosophie », entretien inédit avec Jean-Paul Sartre, *Magazine littéraire*,〔「哲学のための人生」ジャン=ポール・サルトルとの未発表対談，『マガジン・リテレール』182号，1982年3月，p.76.

(21) サロモン・マルカ，前掲書.

(22) *Le Matin*, avril-mai 1980, p.11.〔『ル・マタン』1980年4-5月〕

(23)『ベニィ・レヴィとサルトル』前掲書.

(24) 同前.

(25)『別れの儀式』p.412.（邦訳，p.405）

(26) ミシェル・シカールとの対談，前掲書，p.11.（邦訳「書くことの行為に向かって」岩崎力訳，『海』1980年1月号，中央公論社，p.353）

(27)『反逆は正しい』前掲書，p.72.（邦訳，Ⅰ，p.81）

(28)『権力と自由，サルトルの現在』前掲書.

(29) Préface à *Mallarmé*, Gallimard, coll. Poésie, 1966,〔ポエジー叢書版『マラルメ』への序文〕.『シチュアシオンⅨ』前掲書，p.199に再録（邦訳，p.158）. Juliette Gréco, *Le Monde*,〔ジュリエット・グレコ，『ル・モンド』〕1980年4月17日.

(24) ドゥニ・オリエ，前掲書，p.187.
(25)「ポール・ニザン」鈴木道彦訳，『シチュアシオンⅣ』前掲書，p.141.（邦訳，p.115）
(26) Blanchot, *La part du feu*, Gallimard, 1949, p.95.〔ブランショ『焔の文学』重信常喜訳，紀伊国屋書店，p.47〕中の引用による.
(27)「ポール・ニザン」，『シチュアシオンⅣ』前掲書，p.146.（邦訳，p.119）
(28) 前掲書，p.157.（邦訳，p.129）
(29) 同前，pp.174-175.（邦訳，pp.142-143）
(30) シャプサル，前掲書，p.98.（邦訳『作家の声』朝比奈誼訳，晶文社，p.263. 以下に再録.『シチュアシオンⅧ』前掲書，海老坂武訳，p.21）
(31)「ポール・ニザン」，前掲書，p.147.（邦訳，p.120）
(32)『文学とは何か』前掲書，p.140.（邦訳『シチュアシオンⅡ』p.133）
(33)『いま，希望とは』前掲書，p.30.（邦訳『朝日ジャーナル』Vol. 22, No. 18，1980年4月18日号，p.16）
(34)「サルトル，サルトルを語る」，『シチュアシオンⅨ』前掲書，p.134.（邦訳，p.105）
(35)「サルトルが『言葉』について解説する」，*Le Monde*〔『ル・モンド』〕1964年4月18日.
(36) ジャン=フランソワ・リオタール「サルトルの成功」，前掲書，p.89.（邦訳，p.123）
(37) Bernard-Henri Lévy, *Questions de principe II*, Livre de Poche.〔ベルナール=アンリ・レヴィ『原則的な問題Ⅱ』〕
(38) サルトル「アリバイ」，前掲書，pp.130 et 134.（邦訳『シチュアシオンⅧ』pp.95, 98）
(39) RTL，1968年5月12日．ジャン=フランソワ・シリネリ，前掲書，p.340の引用による.

エピローグ　盲目の哲学者

(1) Levinas, *Noms propres*, Le Livre de Poche, coll. Biblio, 1987, p.118.〔レヴィナス『固有名』合田正人訳，みすず書房，p.157〕
(2)『オブリック』前掲書，ミシェル・シカールとの対談.
(3)『シチュアシオンX』前掲書.
(4) Hegel, *Esthétique*, t. III-1, p.128.〔ヘーゲル全集20a，『美学　第三巻　上』竹内敏雄訳，岩波書店，p.1639〕．「サルトルに関する証言」前掲書，p.264 の引用による.
(5) « *Pouvoirs et liberté*, actualité de Sartre », entretien avec Benny Lévy, *Libération*,〔『権力と自由，サルトルの現在』ベニィ・レヴィとの対談，『リベラシオン』〕，1977年1月6日.
(6)『権力と自由，サルトルの現在』前掲書.
(7)『オブリック』前掲書.
(8)『権力と自由，サルトルの現在』前掲書.
(9)『権力と自由，サルトルの現在』前掲書.
(10) Lettre à Claude Gallimard.〔クロード・ガリマール宛書簡〕．アニー・コーエン=ソラル，前掲書，p.632 の引用による.
(11) *Un fils rebelle*, Grasset, 1981, p.15.〔『反抗的息子』〕.
(12) ジョン・ジェラシ，前掲書，pp.40-43, 235.
(13) Jean Daniel, *Avec le temps*, Grasset, 1999, pp.102-105.〔ジャン・ダニエル『時のたつにつれて』〕.
(14) Raymond Aron, « Sartre à *Apostrophes* », n° spécial, « Sartre », *Libération*. p.49.〔レイモン・アロン「『アポストロフ』でのサルトル」，『リベラシオン』サルトル特集号〕.
(15)『ベニィ・レヴィとサルトル』サロモン・マルカとの対談，前掲書.
(16)『リベラシオン』1981年12月3日.

ル」,『ヌーヴェル・オプセルヴァトゥール』〕1229号, 1988年5月27日-6月2日.

(71) « Jean-Paul Sartre, l'ami du peuple », entretien avec Jean-Ederen Hallier, *L'Idiot International*,〔「人民の友, ジャン=ポール・サルトル」ジャン=エデラン・アリエとの対談,『イディオ・アンテルナショナル』. 以下に再録 *Chaque matin qui se lève est une leçon de courage.* Editions Libres Hallier, 1978, pp.190-202.〔『つねかわらず明ける朝は, 勇気の教え』〕

第Ⅲ部　5　文学のための墓

(1) Alain Bosquet, *Combat*,〔アラン・ボスケ『コンバ』〕, 1964年1月30日

(2) ミシェル・コンタ『何故, そして如何にして, サルトルは『言葉』を書いたのか』前掲書, pp.21-22.

(3) « Réponse à Albert Camus », *Les Temps modernes*,〔「アルベール・カミュに答える」,『レ・タン・モデルヌ』82号, 1952年, 8月.『シチュアシオンⅣ』前掲書, p. 122 に再録. (邦訳, p.99)

(4) *Le Quotidien de Paris*,〔『コティディアン・ドゥ・パリ』〕, 1980年4月17日.

(5) 同所.

(6) Philippe Lejeune, *Le Pacte biographique*, Seuil, 1975.〔『自伝契約』花輪光監訳, 水声社. *Moi aussi*, Seuil, 1986.〔『私も』〕

(7)『言葉』のロシア語版への序文. *Novy Mir*〔『ノーヴィ・ミール〔新世界〕』〕10号, 1964年10月, にあり, ミシェル・コンタ『何故, そして如何にして, サルトルは『言葉』を書いたのか』前掲書, p.456に引用されている.

(8)『聖ジュネ』の「カイン」の章.

(9) Pier-Paolo Pasolini, *Qui je suis*, Arléa, 1999.〔ピエール=パオロ・パゾリーニ『私はだれか』〕

(10) Jorge Luis Borges, « De l'éthique superstiteuse du lecteur », *Œuvres complètes I*, Gallimard, Pléiade, 1993. p.212.〔ホルヘ・ルイス・ボルヘス「読者の錯誤の倫理」,『論議』牛島信明訳, 国書刊行会, p.79〕

(11)「『家の馬鹿』について」,『シチュアシオンX』前掲書, pp.93-94. (邦訳, p.89)

(12) ミシェル・コンタ『何故, そして如何にして, サルトルは『言葉』を書いたのか』前掲書, p.123の引用による.

(13)『別れの儀式』前掲書, p.274-277. (邦訳, p.271-275)

(14)『言葉』前掲書, p.205. (邦訳, p.173)

(15) *Vie de Henry Brulard*, Gallimard. Folio, 1981, p.383.〔『アンリ・ブリュラールの生涯』桑原武夫, 生島遼一訳, 岩波文庫, 下巻, p.190〕

(16) « Sartre s'explique sur *Les Mots* »,〔『サルトルが『言葉』について解説する』〕Jacqueline Piatier〔ジャックリーヌ・ピアティエ〕によるインタビュー, *Le Monde*〔『ル・モンド』〕1964年4月18日.

(17)『シチュアシオンX』前掲書, p.155. (邦訳, p.145)

(18)『反逆は正しい』前掲書, p.81. (邦訳, Ⅰ, p.93)

(19)『言葉』前掲書, p.172. (邦訳, p.未詳)

(20) ジョン・ゲラシ, 前掲書, p.191.

(21) J・F・ルエット『サルトル対ニーチェ』前掲書, p.165.

(22) André Malraux, *Antimémoires*, 1967. p.10.〔アンドレ・マルロー『反回想録』竹本忠雄訳, 新潮社, 上巻, p.20〕

(23)『言葉』前掲書, p.135. (邦訳, p.114)

et Michel Contat, Gallimard, 1977, p.97.〔『サルトル――自身を語る，アレクサンドル・アストリュック，ミシェル・コンタ監督作品』海老坂武訳，人文書院，p.105〕
(36)『オブリック』前掲書，p.251.
(37) *Cahiers pour une morale*, Gallimard, 1983, p.77.〔『倫理学ノート』〕
(38)『オブリック』前掲書，p.255.
(39) 同前，p.251.
(40)『倫理学ノート』前掲書，p.15.
(41) ジャネット・コロンベル，前掲書，p.139の引用と注釈による.
(42) レイモン・アロン『暴力の歴史と弁証法』前掲書，p.9.
(43) ジャネット・コロンベル，前掲書，p.190.
(44) Georges Gurvitch〔ジョルジュ・ギュルヴィッチ〕次のものに挙げられている. Emmanuel Levinas, *Esquisse pour une histoire de l'existentialisme*, L'Arche, 1949, p.43.〔邦訳，ジャン・ヴァール『実存主義的人間』永戸多喜雄訳，人文書院，p.52〕
(45) エマニュエル・レヴィナス，前掲書，p.11.
(46)『弁証法的理性批判』前掲書，p.23.（邦訳『方法の問題』p.19）
(47)『聖ジュネ』前掲書，pp.210-211 et 267.（邦訳，新潮文庫，上巻，p.317-319, 401）
(48)『弁証法的理性批判』前掲書，p.129.（邦訳『方法の問題』p.185）
(49) « L'Universel singulier », *Situations IX*.〔「単独的普遍者」松浪信三郎訳,『シチュアシオンIX』〕
(50) ジャネット・コロンベル，前掲書，p.207.
(51)『存在と無』前掲書，p.669.（邦訳，III，p.330）
(52)『弁証法的理性批判』前掲書，p.167.（邦訳，I，p.50）
(53) 前掲書，p.484.（邦訳，II，p.52）
(54)『シチュアシオンIX』前掲書，p.125.（邦訳，p.99）
(55) J. -P. Sartre, « Le réformisme et ses fétiches », *Les Temps modernes*,〔サルトル「改良主義と物神」鈴木道彦訳，『レ・タン・モデルヌ』〕122号，1956年2月号.『シチュアシオンVII』前掲書，pp.111-112に再録.（邦訳，p.92-93）
(56)『弁証法的理性批判』前掲書，p.63.（邦訳『方法の問題』p.102）
(57) 前掲書，p.17.（邦訳『方法の問題』p.16）
(58) サルトル「改良主義と物神」，前掲書，p.111.（邦訳，p.92）
(59)『弁証法的理性批判』前掲書，p.21.（邦訳『方法の問題』p.16）
(60) サルトル「改良主義と物神」，前掲書，p.110.（邦訳，p.91-92）
(61)『弁証法的理性批判』前掲書，pp.22-34〔新版〕p. 74, 189*〔初版〕.（邦訳『方法の問題』p.18, 122. I，p.122）
(62)『権力と自由』前掲書，p.25.
(63)『文学とは何か』前掲書，p.33.（邦訳『シチュアシオンII』p.62.）
(64) ジャン・コー，「サルトルに関する証言」前掲書，p.1120.
(65)「サルトル，サルトルを語る」，『シチュアシオンIX』前掲書，p.134.（邦訳，p.105）
(66) ジャン=フランソワ・シリネリ，前掲書，p.336.
(67)『別れの儀式』前掲書，pp.474-476.（邦訳，p.462-465）
(68) *Radioscopie*, entretien avec Jacques Chancel,〔『ラディオスコピー』ジャック・シャンセルとの対談〕，1973年2月7日.
(69)『サルトルの著作』前掲書，p.463.
(70) « Sartre à la Sorbonne en Mai 68 », *Le Nouvel Observateur*,〔「68年5月，ソルボンヌでのサルト

(10) アレクサンドル・コジェーヴ，前掲書，p.393.（未訳）

(11) Alexandre Kojève, *Critique*,〔アレクサンドル・コジェーヴ『クリティーク』〕，1946年，2-3号，p.366.

(12) アレクサンドル・コジェーヴ，前掲書，p.469.（邦訳，p.275）

(13) Louis Althusser, « Du contenu dans la pensée de G. W. F. Hegel », 1947.〔ルイ・アルチュセール『G・W・F・ヘーゲルの思考における内容について』〕．以下に再録．*Ecrits philosophiques et politiques*, tome 1, Stock/Imec, 1994, p.210.〔『哲学・政治著作集 I 』市田良彦，福井和美訳，藤原書店，p.210〕

(14) アレクサンドル・コジェーヴ，前掲書，p.395.（未訳）

(15) *Archéologie du savoir*, Gallimard, 1969, p.261.〔ミシェル・フーコー『知の考古学』中村雄二郎訳，河出書房新社，p.301〕

(16) Jacques Derrida, *La Voix et la Phénomène*, PUF, 1967, p.115.〔ジャック・デリダ『声と現象』高橋允昭訳，理想社，p.194〕

(17) Alexandre Kojève, Lettre à Léo Strauss, 2 novembre 1936,〔アレクサンドル・コジェーヴ，レオ・シュトラウス宛1936年11月2日付書簡〕．*De la tyrannie*, Gallimard, 1997, p.272.〔レオ・シュトラウス『僭主政治について』〕に所収．

(18) Nietzsche, *Seconde intempestive*, Garnier-Flammarion, 1988, p.118.〔ニーチェ『反時代的考察』秋山英夫訳，角川文庫，上巻，p.206〕

(19) ジャン=ミシェル・ベスニエ『近代・現代哲学の歴史』前掲書，pp.448-449.

(20) Raymond Quneau, « Premières confrontations avec Hegel », *Critique*,〔レイモン・クノー「ヘーゲルとの最初の対決」，『クリティーク』〕1963年9月，pp.700-701.

(21) « Cinq minutes avec... Georges Bataille », *Le Figaro littéraire*,〔『ジョルジュ・バタイユとの5分間』，『フィガロ・リテレール』〕117号，1948年7月17日．

(22) *Lettres à Roger Caillois*,〔ロジェ・カイヨワ宛書簡〕．Marc Richir, « *La fin de l'Histoire* », *Textures*,〔マルク・リシール「〈歴史〉の終わり」，『テクスチュール』〕1970年6月号の引用による．

(23) ジョスラン・ブノワとファビオ・メルリーニ，前掲書，p.193.

(24) Christian Delacampagne, *De l'indifférence, Essai sur la banalisation du mal*, Editions Odile Jacob, 1998, pp.131-176.〔クリスティアン・ドゥラカンパーニュ『無関心について，悪の大衆化についての試論』〕

(25) ミシェル・フーコー『言葉と物』前掲書，p.331.（邦訳，p.340）

(26) *Dits et Ecrits*. t. III，前掲書，p.281.〔『ミシェル・フーコー思考集成』筑摩書房〕

(27) コンタとリバルカとの対談，『シチュアシオンX』前掲書，p.110.（邦訳，p.104）

(28)『存在と無』前掲書，p.231.（邦訳，Ⅰ，p.438）

(29) 同前，p.291.（邦訳，Ⅱ，p.41）

(30)『存在と無』前掲書，p.296.（邦訳，Ⅱ，p.51）

(31) 同前，pp.296-301.（邦訳，Ⅱ，pp.51-61）

(32) 同前，p.653.（邦訳，Ⅲ，p.300）

(33) Raymon Aron, « Mon petit camarade », *l'Express*,〔レイモン・アロン『我が同級生』，『エクスプレス』〕1980年4月19-25日号

(34) ミシェル・フーコー，ジャン=ピエール・エルカバックとの対談，前掲書．以下に再録．*Dits et Ecrits*, vol. 1, p.662.〔『ミシェル・フーコー思考集成Ⅲ』筑摩書房，p.54〕

(35) « La République du silence », *Situations III*, Gallimard, 1949, p.11〔「沈黙の共和国」白井健三郎訳，『シチュアシオンⅢ』人文書院，p.7〕; *Sartre par lui-même*, texte du film d'Alexandre Astruc

(26)『暴力の歴史と弁証法』前掲書，pp.128-129.
(27) « Faux savants ou faux lièvres », *Situations VI*, p.55.〔「チト-ー主義論」，『シチュアシオンVI』p.44〕
(28)「共産主義者と平和」，『シチュアシオンVI』前掲書，p.208.（邦訳，p.167）
(29) 同前，p.125.（邦訳，p.101）
(30)『反逆は正しい』前掲書，p.171.（邦訳，Ⅰ，p.205-206）
(31)『シチュアシオンVI』前掲書，p.8.（邦訳，p.6）
(32)『シチュアシオンX』前掲書，pp.190 et 191.（邦訳，p.177-178）
(33)『反逆は正しい』前掲書，p.170.（邦訳，Ⅰ，p.205）
(34)『弁証法的理性批判』前掲書，p.58.（邦訳『方法の問題』，p.91）
(35) ドゥニ・オリエ，前掲書，p.291.
(36)『弁証法的理性批判』前掲書，p.186.〔新版〕（邦訳，Ⅰ，p.76）．ヌーデルマン，前掲書，p.82.
(37)『戦中日記——奇妙な戦争』前掲書，p.329.（邦訳，p.321）ジュリエット・シモン，前掲書，p.22.
(38)「70歳の自画像」前掲書.
(39) Thucydide, *Histoire de la guerre du Péloponnèse*, Livre II.〔テゥキュディデス『戦史』第２巻〕
(40) *Libération*,〔『リベラシオン』〕1954年7月14-20日.
(41) *Les Damnés de la terre*, Maspero, Cahiers libres, 1961, p.25.〔『フランツ・ファノン著作集３ 地に呪われたる者』鈴木道彦，海老坂武訳，みすず書房，p.17.『シチュアシオンＶ』p.160に再録〕
(42)『戦中日記——奇妙な戦争』前掲書，p.356.（邦訳，p.345-346.）
(43) ドゥニ・オリエ，前掲書，p.34の引用による.
(44) ジョン・ジェラシ，前掲書，p.209.

第Ⅲ部　4　サルトルの挫折

(1)『存在と無』前掲書，p.293.（邦訳，Ⅱ，p.46）
(2) Alexandre Koyré, « Hegel à Iéna », in *Etudes de l'histoire de la pensée philosophique*, Gallimard, coll. Tel, p.189.〔アレクサンドル・コイレ「イエナのヘーゲル」，『哲学思想の歴史研究』所収〕
(3) Père Gaston Fessard, « Attitude ambivalente de Hegel face à l'Histoire », Hegel-Jahrbuch, 1961, p. 54.〔ガストン・フェサール「〈歴史〉に対するヘーゲルの両義的態度」，『ヘーゲル年報』〕.
(4) Christophe Bouton〔クリストフ・ブトン〕の引用による, Jocelyn Benoist et Fabio Merlini, *Après la fin de l'Histoire*, Vrin, 1998, p.98.〔ジョスラン・ブノワとファビオ・メルリーニ『〈歴史〉の終わりのあとで』〕
(5) Jacques Derrida, *Spectres de Marx*, Galilée, 1993, p.120.〔ジャック・デリダ『マルクスの亡霊たち』〕
(6) Dominique Auffret, *Alexandre Kojève*, Grasset, 1990, p.237.〔ドミニク・オフレ『アレクサンドル・コジェーヴ』〕
(7) 同前，p.301.
(8) Alexandre Kojève, *Introduction à la lecture de Hegel*, Gallimard, coll. Tel, 1997, pp.434-435.〔アレクサンドル・コジェーヴ『ヘーゲル読解入門』上妻精，今野雅方訳，国文社，p.244〕
(9) *Science de la logique*. Aubier-Montaigne, 1972-1981, vol. 1, p.19.〔ヘーゲル全集6a『大論理学 上巻の一』武市健人訳，岩波書店，p.34〕

(23) 同前, p.223.
(24) Marcel Mauss, *Ecrits politiques*, Fayard, 1997, p.509.〔マルセル・モース『政治論集』〕
(25) Lefort, *Eléments d'une critique de la bureaucraite*, rééd. Gallimard, coll. « Tel », 1979.〔ルフォール『官僚主義批判の原理』〕
(26) *Retouches à mon retour de l'URSS*, Gallimard, 1937, p.66.〔アンドレ・ジィド『ソヴェト旅行記修正』,『ジィド全集第12巻』小松清訳, 新潮社, p.145〕. *Temps présent*,〔『タン・プレザン』〕1938年3月25日, 2月25日.
(27) François Furet, *Le passé d'une illusion*, Laffont/Calmann-Lévy, 1995, p.442.〔フランソワ・フュレ『ひとつの幻想の過去』〕

第III部 3 告 白

(1) ジャン=フランソワ・シリネリ, 前掲書, p.168.
(2) ドゥニ・オリエ『散文の政治』前掲書, p.265, の引用による.
(3)『反逆は正しい』前掲書, p.24.(邦訳, I, p.20)
(4)『シチュアシオンX』前掲書, pp.179-180.(邦訳, p.167)
(5)『或る戦後』前掲書, pp.16-17.(邦訳, 上巻, p.12)
(6)『状況の演劇のために』前掲書, pp.57 et 64.
(7)『散文の政治』前掲書, pp.265-268.
(8) Micheline Tison-Braun, *Le Drame de l'humanité athée*, tome II, Nizet, p.293.〔ミシュリーヌ・ティゾン=ブロン『神を信じぬ人間のドラマ』〕
(9) ドゥニ・オリエ, 前掲書, p.273.
(10) *Littérature dégagée*, Gallimard, 1952, p.157.〔『拘束なき文学』〕
(11)『自由への道』, 前掲書, p.525.(邦訳『自由への道 第一部 分別ざかり』p.135)
(12) 同前, p.522.(邦訳, p.132)
(13) 同前, p.521.(邦訳, p.131)
(14) François Noudelmann, « Figures de l'action politique », « Témoins de Sartre II », 前掲書, pp. 982-1008.〔フランソワ・ヌーデルマン「政治活動のフィギュール」,「サルトルに関する証言II」〕また, *Sartre, l'incarnation imaginaire*, L'Harmattan, 1996.〔『サルトル, 想像的具現』〕
(15)『サルトルの著作』前掲書, p.183.
(16)『反逆は正しい』前掲書, p.306.(邦訳, II, p.138)
(17) *Monde réel*〔『現実世界』〕第一巻のあとがき.
(18)『小説集』前掲書, p.522.(邦訳『自由への道 第一部 分別ざかり』p.132)
(19)『反逆は正しい』前掲書, p.80.(邦訳, I, p.94)
(20) « La gauche, le désespoir et l'espoir »,〔「左翼, 絶望と希望」〕Catherine Clément〔カトリーヌ・クレマン〕によるインタビュー. *Le Matin*〔『ル・マタン』〕1979年11月10日.
(21) Romain Rolland, *L'Ame enchantée*, *L'Annonciatrice*, Albin Michel, 1933, II, p.46.〔ロマン・ローラン『魅せられたる魂 予告する者』〕
(22) Jean Guéhenno, *Caliban parle, suivi de Conversion à l'humain*, Grasset, 1928, rééd. 1962, pp.151-153.〔ジャン・ゲエノ『カリバンは語る, 附して人間性への回心』〕.
(23)『反逆は正しい』, 前掲書, p.45.(邦訳, I, p.47)
(24) « Les communistes et la paix », *Situations VI*,〔「共産主義者と平和」,『シチュアシオンVI』〕p.374.(邦訳, p.297)
(25) *Marxismes imaginaires*, Gallimard, coll. Idées, 1970, pp.44-45, 168.〔『空想的マルクス主義』〕

第Ⅲ部　2　知識人の人生における過誤の管理規制について

(1) ジャネット・コロンベル，前掲書，p.176.

(2) コーエン=ソラル，前掲書，p.230.

(3) Robert O. Paxton, *La France de Vichy*, Seuil, Point-Histoire, 1974, p.311.〔ロバート・O・パクストン『ヴィシーのフランス』〕

(4)「スターリンの亡霊」白井浩司訳，『シチュアシオンⅦ』前掲書，p.152.（邦訳，p.127）

(5) François Maspero, « Quelqu'un de la famille », entretien avec Miguel Benasayag, in « Témoins de Sartre II », op.cit. , pp.1010-1022.〔フランソワ・マスペロ『家族の一人』ミゲル・ベナサヤとの対談，「サルトルに関する証言Ⅱ」前掲書〕

(6) *Pour une morale de l'ambiguité*.〔『両義性のモラル』，『シモーヌ・ボーヴォワール著作集2　人間について』松浪信三郎，富永厚訳，人文書院〕次のものに引用されている．Pierre Rigoulot et Ilios Yannakakis, *Une pavé dans l'Hisoire*, Laffont, 1998, p.21.〔ピエール・リグロとイリオス・ヤナカキス『〈歴史〉の中の敷石』〕

(7) Laurent Dispot, *Manifeste archaïque*, Grasset, 1986, pp.119-120.〔ローラン・ディスポ『時代遅れの声明』〕

(8) Bernard Pautrat, *Versions du solei*, Seuil, 1971〔ベルナール・ポトラ『太陽の諸ヴァージョン』〕; Jean Granier, *Problème de la vérité dans la philosophie de Nietzsche*, Seuil, 1966.〔ジャン・グラニエ『ニーチェ哲学における真理の問題』〕

(9)「生きているメルロ=ポンティ」，『シチュアシオンⅣ』前掲書，p.194.（邦訳，p.163）

(10) Emmanuel Terray, *La politique dans la caverne*, Seuil, 1990, chapitre 1. « La politique des sophistes ».〔エマニュエル・テレ『洞窟の中の政治』，第1章「ソフィストの政治」〕Barbara Cassin, *Positions de la sophistique*, Vrin, 1986.〔バルバラ・カサン『ソフィストの立場』〕

(11) ジュリエット・シモン，前掲書，p.112.

(12) Raymond Aron, « De la trahison », *Preuves*,〔レイモン・アロン「裏切りについて」，『プルーヴ』116号〕1960年10月.

(13)『シチュアシオンⅩ』前掲書，pp.183-184.（邦訳，p.171）

(14) Franck Fischbach, *Du commencement en philosophie, étude sur Hegel et Schelling*, p.142.〔フランク・フィッシュバック『哲学における始まりについて　ヘーゲル，シェリング研究』前掲書〕中の引用による.

(15)『シチュアシオンⅨ』p.252.（邦訳，p.201）

(16)『エクリ』前掲書，p.859.（邦訳，Ⅲ，p.394）

(17) *France-URSS*〔『仏ソ』〕90号，1953年2月.『サルトルの著作』前掲書，p.260，の引用による.

(18) André Gide, *Retour de l'URSS*, Gallimard, 1936, p.67.〔アンドレ・ジィド『ソヴェト旅行記』，『ジィド全集第12巻』小松清訳，新潮社，p.46.〕

(19) Lénine, *Œuvres complètes*, t. 36, p.504.〔レーニン『全集』〕リグロ，前掲書，p.181の引用による.

(20)「メルロ=ポンチ」，『シチュアシオンⅣ』前掲書.

(21) François George, « Pierre Kaan, penseur du totalisme », *Commentaire*,〔フランソワ・ジョルジュ「ピエール・カーン，全体主義の思想家」，『コマンテール』82号，1998年夏号〕.

(22) Elie Halévy, *L'Ere des tyrannies*, 1938, rééd. Gallimard, coll. Tel, 1990, pp.215 et 226.〔エリ・アレヴィ『圧制の時代』〕

(17) Ilios Iannakakis の証言．コーエン=ソラル，前掲書，p.581の引用による．

(18) *Pour une morale de l'ambiguïté*, Gallimard, coll. Idées, 1974, p.211.〔『両義性のモラル』松浪信三郎訳，『ボーヴォワール著作集２』人文書院〕

(19) *Spiegel*〔『シュピーゲル』〕でのインタビュー，『シチュアシオンⅧ』前掲書．

(20)『反逆は正しい』前掲書，pp.347-349*.（邦訳，Ⅱ，pp.190-192）

(21) Juan Goytisolo〔ホアン・ゴイティソロ〕との対談，*El Pais*,〔『エル・パイス』〕1978年6月11日．

(22)『シュピーゲル』，前掲書．

(23) Juan Hermanos, *La Fin de l'espoir*, Julliard, 1950.〔ホアン・エルマノス『希望の終り』〕への序文，『シチュアシオンⅥ』に再録〕

(24) M. -A. Burnier,〔M - A・ビュルニエ〕「サルトルに関する証言Ⅱ」前掲書，p.932.

(25) Jean Cau〔ジャン・コー〕「サルトルに関する証言Ⅱ」，p.1125.

(26)『オブリック』前掲書，p.295.

(27)『コミュニズム黒書』前掲書，p.779.

(28) アニー・コーエン=ソラル，前掲書，p.665.

(29)『シチュアシオンⅥ』前掲書，pp.373-374.（邦訳，pp.297-298）

(30)「メルロー・ポンチ」前掲書，p.248*.（邦訳『シチュアシオンⅣ』p.208）

(31) « A propos de Munich », *La Cause du peuple*, n°29〔「ミュンヘンについて」，『人民の大義』〕，1972年10月15日．『ル・モンド』1992年3月1日のニコラ・ヴェイユの記事中の引用による．

(32) Jeannette Colombel, « Brumes de mémoire »〔ジャネット・コロンベル「記憶の霧」〕，「サルトルに関する証言Ⅱ」前掲書，p.1157 の報告による．

(33) *Esquire*, VIII, n°14〔『エスクワイア』〕1970年12月号．

(34) *J'accuse*, n°2,〔『われ弾劾す』〕1971 年5月31日．

(35)『人民の大義』n°14, 1969年12月10日．

(36)『われ弾劾す』前掲書．

(37)「ベニィ・レヴィとサルトル」サロモン・マルカとの対談，前掲書．

(38)『ル・モンド』1972年5月26日．p.10.

(39)『人民の大義』1972年6月．

(40) Bernard Kouchner, *Libération*, « Spécial Sartre », 1980, p.40.〔ベルナール・クーシュネール『リベラシオン』サルトル特集号〕

(41)『ル・モンド』1974年11月17-18日．

(42)『ヌーヴェル・オプセルヴァトゥール』1975年11月17-22日号．

(43) *Cahier Bernard Lazare*,〔『ベルナール・ラザール手帖』〕1976年10-11月号，p.11.

(44) Ely Ben Gal〔エリ・ベン・ガル〕が *Al Hamishmar*〔『アル・ハミシュマル』紙〕に寄せた記事で伝えた発言『ル・モンド』1973年10月27日，に再録．

(45)『反逆は正しい』前掲書，pp.102-103.（邦訳，Ⅰ，pp.120-121）

(46)『シチュアシオンⅥ』前掲書，p.204*.（邦訳，p.164）

(47) *L'Humanité*〔『ユマニテ』〕1964年7月16日．

(48)『アルブマルル女王』前掲書，pp.64-67.

(49) Jean Guéhenno, *Caliban parle*, Grasset, 1927.〔ジャン・ゲエノ『カリバンは語る』〕

(50)『家の馬鹿息子 1』前掲書，pp.930-931.（邦訳，p.329-330）

(51)『別れの儀式』前掲書，p.30.（邦訳，pp.24-25）

(52) *Vrin*, 1990, pp.108-116.

(23) エルベール・R・ロットマン『アルベール・カミュ』前掲書，p.510.
(24) *France-Obsevateur,*〔『フランス・オブセルヴァトゥール』〕No. 505，1960年1月7日．*Le Nouvel Observateur,*〔『ル・ヌーヴェル・オブセルヴァトゥール』〕1994年6月15日，並びに『シチュアシオンⅣ』前掲書，pp.126-129.（邦訳，p.102-105）に再録.
(25)「ジャン=ポール・サルトル訪問」,「サルトルに関する証言Ⅱ」前掲書，p.1194
(26)「メルロー=ポンチ」前掲書，p.281.（邦訳，p.234）
(27) Art.　Cit.
(28) アルベール・カミュ，前掲書.
(29)『シチュアシオンX』前掲書，p.96*，p.196.（邦訳，p.183）
(30) Albert Camus *Théâtre, Récits et Nouvelles*, Gallimard, Pléiade, 1974, p.1492.〔アルベール・カミュ『演劇，物語，短篇小説』プレイヤード叢書〕
(31) *La Volonté de puissance*, trad.　Bianquis Gallimard, 1942, tome II, p.345.〔『権力への意志』〕
(32)『夏』前掲書，p.844.
(33)「『異邦人』解説」1943年2月，『シチュアシオンⅠ』前掲書，p.112.（邦訳，p.84）
(34)『演劇，物語，短篇小説』前掲書，p.1787.
(35) Eric Werner, *De la Violence au totalitarisme*, Calmann-Lévy, 1972, pp.51-58.〔エリック・ヴァーナー『暴力から全体主義へ』〕
(36)『シーシュポスの神話』,『エッセー』より，前掲書，pp.135, 139, 143.（邦訳，清水徹訳，新潮社，p. 72, 87, 96）
(37) 同前，pp.197-198.（邦訳，p.173）

第Ⅲ部　1　もう一人のサルトル

(1) *Combat*〔『コンバ』〕, 1948年3月3日.
(2)『サルトルの著作』前掲書，p.281.
(3) ジャン=フランソワ・シリネリ，前掲書，p.281.
(4) アニー・コーエン=ソラル，前掲書，p.405.
(5) Stéphane Courtois 他，*Le Livre noir du communisme*, Robert Laffont, Bouquins, 1998, p.278.〔『コミュニズム黒書』〕
(6) 同前，p.297.
(7) ジョン・ジェラシ，前掲書，p.229.
(8)『シチュアシオンⅡ』前掲書，p.287.（邦訳，p.221）
(9) Maurice Merleau-Ponty, Jean-Paul Sarte, « Les jours de notre vie »,〔メルロー=ポンティ，サルトル「われらの生の日々」〕『レ・タン・モデルヌ』1950年1月号.
(10) アニー・コーエン=ソラル，前掲書，p.457.
(11) Nikita Khrouchtchev, *Souvenirs*, Robert Laffont, 1971, p.329.〔ニキータ・フルシチョフ『回想録』〕
(12) « Après Budapest, Sartre parle », L'Express,〔「ブダペスト以後，サルトルは語る」,『エクスプレス』1956年11月9日.
(13) *France-Observateur*, 1956年11月8日号.
(14)「ブダペスト以後，サルトルは語る」,『エクスプレス』，前掲書.
(15) Pierre Grémion, *Intelligence de l'anticommunisme*, Fayard, 1995, p.260.〔ピエール・グレミヨン『反共主義の知性』〕
(16)「サルトルに関する証言Ⅱ」前掲書，p.913.

ドゥザンティ「『存在と無』50周年」〕, 1993年7月2日.
(31)「生きているジッド」,『シチュアシオンIV』前掲書, p.86.(邦訳, p.74)
(32)「サルトル, サルトルを語る」,『シチュアシオンIX』前掲書, p.101.(邦訳, p.80)
(33)「メルロー=ポンチ」,『シチュアシオンIV』前掲書, p.193.(邦訳, p.162)
(34) 同前.
(35) アニー・コーエン=ソラル, 前掲書, p.233-234, シモーヌ・ド・ボーヴォワール『女ざかり』前掲書, p.552.(邦訳, 下巻 p.111)
(36) ジョン・ジェラシ, 前掲書, p.261.
(37) Arnaud Rykner, *Nathalie Sarraute*, Seuil, 1991, p.174.〔アルノー・リクネル『ナタリー・サロート』〕
(38) アニー・コーエン=ソラル, 前掲書, pp.266-268.

第II部　5　サルトルは今

(1) 第二部, セクションC.
(2) Jean-Paul Sartre et Benny Lévy, *L'espoir maintenant*, Verdier, 1991, p.74.〔ジャン=ポール・サルトルとベニィ・レヴィ『今, 希望とは』海老坂訳,『朝日ジャーナル』vol. 22, No. 18, 1980年5月2日号, p.30〕
(3)『猶予』前掲書, p.814.(邦訳, p.77)
(4) エリィ・バン=ギャル, 前掲書, p.316, それに「サルトルに関する証言 I」前掲書, p.1285.
(5) Maurice Szfran, *Les Juifs dans la politique française*, Flammarion, 1990, pp.55et suiv.〔モーリス・スズフラン『フランスの政治におけるユダヤ人』〕
(6)『ユダヤ人』前掲書, p.165.(邦訳, p.168)
(7) モーリス・スズフラン, 前掲書, p.55.
(8) 同前, p.58.
(9) Benny Lévy et Sartre, Entretien ave Salomon Malka, pour *Radio communauté* repris par Laurent Dispot, in *Le Matin de Paris*.〔『ベニィ・レヴィとサルトル』ラヂオ・コミュノテにおけるサロモン・マルカとの対談, 1982年1月16日, ローラン・ディスポにより『パリの朝』に所収〕
(10) エリィ・バン=ギャル, 前掲書, p.319.
(11) Henri Meschonnic « Sartre et la question juive », *Etudes sartriennes* I, 1984, p.140.〔アンリ・メショニック『サルトルとユダヤ人問題』〕
(12) *Le Testament de Dieu*, Grasset, 1979.〔『神の遺言』〕
(13)『ベニィ・レヴィとサルトル』サロモン・マルカとの対談, 前掲書.
(14)「70歳の自画像」前掲書, p.196.〔『シチュアシオンX』前掲書, p.183〕
(15) 同前.
(16) ジョン・ジェラシ, 前掲書, pp.268-269.
(17) エルベール・R・ロットマン『アルベール・カミュ』前掲書, p.518.
(18)『女たちへの手紙II』p.320.
(19) *Alger Républicain*〔『アルジェ・レピュブリカン』〕, 1938年10月20日, *Essais*, Gallimard, Pleiade, 1990, p.1417〔プレイヤード叢書『エッセー』〕より.
(20)『メルロ=ポンチ前掲書, p.215.(邦訳, p.181)
(21) 同前, p.216.(邦訳, p.182)
(22)『ある戦後』, ロットマン, 前掲書, p.510の引用より.

(4)『女たちへの手紙』前掲書，pp.63-89.（邦訳，pp.67-94）
(5)『女ざかり』前掲書，p.315.（邦訳，上巻 p.259）
(6) アニー・コーエン=ソラル，前掲書，pp.170-171.
(7)『女ざかり』前掲書，p.345.（邦訳，上巻 p.313）
(8) レイモン・アロン『暴力の弁証法と歴史』前掲書，p.27.
(9)『シチュアシオンX』前掲書，p.178.（邦訳，p.166）
(10)『シチュアシオンIV』前掲書，p.182.（邦訳，p.149）
(11) *Avec Sartre au stalag 12D*, Ed. J. P. Delarge, 1980.〔『収容所12D でサルトルと共に』〕
(12) *Un théâtre de situations*, Folio essays, 1992, p.266.〔『状況の演劇』〕
(13)『サルトルの著作』前掲書．なおプレイヤード叢書『サルトルの演劇』にはミシェル・リバルカ校訂による新版が入る．
(14) Gilbert Joseph, *Une si douce occupation*, Albin Michel, 1991, pp.265-266.〔ジルベール・ジョゼフ『かくも穏やかな占領時代』〕
(15) Oreste et la cité, repris in *Brisées*, Mercure de France, pp.74-78.〔「オレストと都市」，『折り枝』所収.
(16) *Messages*, 1943, repris in Alexandre Astruc, *Du stylo à la caméra et de la caméra au stylo*, L'Alchipel, 1992, p.54.〔『メッサージュ』，アレクサンドル・アストリュック『ペンからカメラへ，カメラからペンへ』所収〕
(17)『レ・タン・モデルヌ』，「サルトルに関する証言II」前掲書，p.1208.
(18) *Notes de théâtre*, 1940-1950, Lardanchet, 1951, p.124.〔『演劇短評』〕
(19) Ingrid Galstar, *Le Théâtre de Jean-Paul Sartre devant ses premiers critiques*, Jean-Miche, Place, 1986, pp. 70, 218, 219.〔イングリッド・ガルスター『初期の批評に先立つジャン=ポール・サルトルの演劇』〕
(20) ジャン=フランソワ・スィリネリ，前掲書，p.179. Laurence Bertrand Dorléac, *L'Art de la défaite*, Seuil, 1993, p.188.〔ローランス=ベルトラン・ドルレアック『敗北の芸術』〕
(21) Ingrid Galstar, Simonne de Beauvoir and Radio-Vichy : about some rediscovered radio scripts, *Simonne de Beauvoir studies*, volume 13, 1996, p.103.〔イングリッド・ガルスター『シモーヌ・ド・ボーヴォワールとラディオ・ヴィシー，発見されたラジオ台本』〕
(22) ジャン=フランソワ・スィリネリ，前掲書，p.177.
(23)「ドリュー，あるいは自己嫌悪」，『サルトルの著作』前掲書，p.1090.
(24) Alain et Odette Virmaux, *Jeune Cinéma*, n°231, p.27.〔アラン並びにオデット・ヴィルモー『若き映画』〕
(25) Enquête de Jacques Lecarme, *Bulletin d'information du Groupe d'Etudes sartriennes*, No12, juin 1998, annuel, 89, boulevard Auguste-Blanqui, 75013, Paris, pp.94-95.〔ジャック・ルカルムのアンケート，1998年6月〕
(26) ジルベール・ジョゼフ，前掲書，p.187
(27) Jean Guéhenno, *Journal des années noires*,（*1940-1944*）, Gallimard, 1947.〔ジャン・ゲエノ『暗い時代の日記，1940-1944』〕Gille et Jean-Robert Ragache *La vie quotidienne des écrivains et des artistes sous l'occupation*, Hachette, 1988, p.59.〔ジル・ラガッシュ，ジャン=ロベール・ラガッシュ『占領下の作家と芸術家の日常』〕中の引用による.
(28)『女ざかり』前掲書，p.498.（邦訳，下巻 p.113）
(29)『女たちへの手紙』前掲書，p.369.（邦訳，p.106）
(30) Jean-Toussaint Desanti L'Etre et le Néant a cinquante ans, *Le Monde*〔ジャン=トゥーサン・

前掲書〕

(12)『聖ジュネ』前掲書，pp.176, 182.（邦訳，p.266, 276）

(13) 同前，pp.41-42.（邦訳，p.60）

(14) Jean-François Louette, *Silence de Sartre*, Presses universitaires du Mirail, 1995, p.53〔ジャン=フランソワ・ルエット『サルトルの沈黙』〕

(15) *Journal*〔『日記』〕，1951年6月12日，1953年5月17日.

(16)『存在と無』前掲書，p.641.（邦訳，Ⅲ，p.277）

(17) Etienne Barilier, *Les Petites Camarades*, Julliard-L'Age d'Homme, 1987, p.39.〔エティエンヌ・バリリエ『親友たち』〕

(18)『別れの儀式』前掲書，p.186.（邦訳，p.185）

(19)『言葉』前掲書，p.75.（邦訳，p.62）

(20)「ポール・ニザン」，『シチュアシオンⅣ』前掲書，p.162.（邦訳，pp.132-133）

(21) *Œuvres complètes* XI, p.226.〔ジョルジュ・バタイユ著作集第14巻『戦争／政治／実存』山本功訳，二見書房，「ユダヤ人問題」p. 72〕

(22)「マラルメ」，『シチュアシオンⅨ』前掲書，p.195.（邦訳，pp.154-155）

(23) Alain Buisine, *Laideurs de Sartre*, Presses universitaires de Lille, 1986, p.54〔アラン・ビュイジヌ『サルトルの醜さ』〕

(24)『奇妙な戦争——戦中日記』前掲書，p.327.（邦訳，p.318）

(25) « Sartre parle de l'Espagne », Interview par Philippe Gavi, *Libération*.〔「サルトル，スペインを語る」フィリップ・ガヴィによるインタヴュー，『リベラシオン』1975年10月28日〕

(26) 第三幕，第一場.

(27) ジェラシ，前掲書，p.97.

(28) Maurice Merleau-Ponty, « Il n'y a pas de bonne façon d'être homme », entretien avec Georges Charbonnier, reproduit dans *Esprit*, juillet-août 1980, p.41.〔モーリス・メルロ=ポンティ「人間である良いやり方はない」ジョルジュ・シャルボニエとの対談，『エスプリ』1980年7-8月号に再録〕

(29) *Tyrannie et sagesse*, Gallimard, 1954, p.252.〔『専制と知恵』〕

(30) Gustave Flaubert, *Préface à la vie d'écrivain*, Seuil, p.90.〔ギュスターヴ・フローベール『作家の生涯への序文』〕

(31) *Situation III*, Gallimard, 1976, pp 51-56.〔『シチュアシオンⅢ』p.29-42〕

(32) 前掲書（『嘔吐』），pp.204-208.（邦訳，pp.232-239）

(33) *La Reine Albemarle, ou le Dernier Touriste*, Gallimard, 1991, p.133.〔『アルブマルル女王』

(34) Discussion sur la critique a propos de *L'Enfance d'Ivan*, *L'Unita*〔『イヴァンの幼年時代』，『ウニタ』紙，1963年10月9日〕，*Situations VII*, pp322 et sq に再録.〔『シチュアシオンⅦ』p275〕

(35)『家の馬鹿息子』前掲書，p.657.（邦訳，Ⅱ，p.13）

第II部　4　ヴィシー問題メモ

(1) ジャン・ピエール・バルーとロベール・マッジオリによるインタヴュー，*Libération*〔リベラシオン〕1985年6月10日.

(2)『戦中日記』前掲書，p.100（邦訳，p.92），Jean-Francois Sirinelli, *Deux intellectuels dans le siecle, Sartre et Aron*, Fayard, 1995, p.119.〔ジャン・フランソワ・スィリネリ『今世紀における二人の知識人，サルトルとアロン』〕

(3)『娘時代』前掲書，pp.271-272.（『女ざかり』上，p.245）

(54) *L'Espoir*, in *Œuvres*, Pléiade, p.558.〔『希望』〕
(55)『シチュアシオンX』前掲書，p.202.（邦訳，p.187）
(56)『奇妙な戦争――戦中日記』前掲書，p.297.（邦訳，p.289）
(57) 前掲書，p.300.（邦訳，p.291）
(58)「文学とは何か」前掲書，p.139.（邦訳，p.132）
(59) 同前，p.133.（邦訳，p.129）
(60) ミシェル・コンタ『何故，そして如何にして，サルトルは『言葉』を書いたのか』前掲書，p.10.
(61)『奇妙な戦争――戦中日記』前掲書，p.306.（邦訳，p.297）
(62) モハメッド・シュクリ，前掲書，p.105の引用による.
(63)『奇妙な戦争――戦中日記』前掲書，p.305.（邦訳，p.297）
(64) ジョン・ジェラシ，前掲書，p.55.
(65) Olivier Rolin, « Ecrivains de 1899 », *Le Monde*, 1999年8月27日〔『1899年の作家たち』〕からの引用.
(66)『シチュアシオンX』前掲書，p.206.（邦訳，p.192）
(67)『文学とは何か』前掲書，p.35.（邦訳，p.63）
(68) マドレーヌ・シャプサルによるインタヴュー，前掲書，p.96.
(69) ジャン=ジャック・ブロシエ，前掲書，p.144 et sq.
(70) サルトル「アリバイ」,『ル・ヌーヴェル・オブセルヴァトゥール』1964年11月19日，『シチュアシオンⅧ』に所収，前掲書，p.144.（邦訳，p.105-106）
(71) *Le Monde*, 1980年，4月17日.
(72)『存在と無』前掲書，p.164.（邦訳，Ⅰ，p.305）
(73) 同前 p.165*.（邦訳，Ⅰ，p.307）
(74) 同前，p.580.（邦訳，Ⅲ，p.158）

第Ⅱ部　3　徹底的反ファシスト

(1)『存在と無』前掲書，p.277.（邦訳，Ⅲ，p.307）
(2) *Libération*,『リベラシオン』1973年11月15日
(3) *Réflexions sur la question juive*, Gallimard, 1954〔『ユダヤ人』安藤信也訳，岩波書店〕, Cl. et J. Broyelle, *les Illusions retrouvées*, Grasset, 1982, p 228〔Cl 並びに J・ブロワィエル『見出された幻想』〕中の引用による.
(4) Palmiro Togliatti, *Les Temps modernes* No 221,〔「パルミーオ・トリアッティ」鈴木道彦訳〕,『レ・タン・モデルヌ』1964年10月,『シチュアシオンⅨ』前掲書，p.143に再録.（邦訳，p.114）
(5)『弁証法理性批判』前掲書，p.735-738.（『弁証法理性批判 3』人文書院，p.108-112）
(6) Scelling, *Leçons d'Erlangen*, trd. Courtine-Martineau, pp.272-274.〔シェリング『エアランゲン講義』〕
(7) Philippe Muray, *Le XIXe Siècle à travers les âges*, Denoël, 1984, p 556.〔フィリップ・ミュレイ『天使を通しての19世紀』〕
(8) *Histoire et dialectique de la violence*, Gallimard, 1972, p.212.〔『暴力の弁証法と歴史』〕
(9) Louis Aragon, *Défense de l'Infini*, Gallimard, 1986, p 181.〔ルイ・アラゴン『無限の擁護』〕
(10) ジョン・ジェラシ，前掲書，p.247.
(11) Gérard Hadadd, *Les Biblioclastes*, 1990, p.232.〔ジェラール・アダッド『ビブリオクラスト』

(29) L'écriture et la publication, ミシェル・シカールとの対話，『オブリック』所収，前掲書，p.21.〔『書くことの行為に向かって』岩崎力訳，『海』1980年1月号，中央公論社，p.373〕
(30) La Mettrie, *Textes choisis*, Les classiques du peuple, Editions sociales, 1954, pp.178-179.〔ラ・メトリ『選集』〕
(31) ジャン・コー『記憶のクロッキー』，『サルトルの証言II』前掲書，pp.1107-1136.
(32)「『家の馬鹿息子』について」ミシェル・コンタ並びにミシェル・リバルカによるインタビュー，前掲書，p.93.（邦訳，p.89）
(33)「作家とその言語」ピエール・ヴェルストラーテンとの対話，前掲書，p.75.（邦訳，p.60）
(34) ミシェル・コンタ『何故，そして如何にして，サルトルは『言葉』を書いたのか』前掲書，p.465による.
(35)「サルトルに関する証言II」前掲書，pp.1140-1141
(36) J. -L. Borges, *Labyrinthes*, trd. Caillois, Gallimard, 1953〔ホルヘ=ルイス・ボルヘス『不死の人』土岐恒二訳，白水社，1996年〕
(37)「『家の馬鹿息子』について」前掲書，p.92.（邦訳，p.88）
(38)『言葉』前掲書，pp.148-149.（邦訳，p.125）
(39)『散文の政治』前掲書，pp.62-72
(40) マドレーヌ・シャプサルとの対話，前掲書，p.96
(41) « Je-Tu-Il », préface à l'*Inachevé* de André Puig, Gallimard, 1970〔「私—君—彼」アンドレ・ピュイッグ著『未完』の序文〕海老坂武訳，『シチュアシオンIX』に再録，pp.277-315，特にp.286参照.（邦訳，pp.220-251）
(42)『著作集』p.135, « Inachèvement », *Nouvelle Revue de psychanalyse*, No 50, p.11〔『未完（成）』〕中の引用による．また，Claude Lorin, L'*Inachevé*, Grasset, 1984〔クロード・ロラン『未完』〕参照.
(43) Les Peintures de Giacometti,〔「ジャコメッティの絵画」矢内原伊作訳〕『レ・タン・モデルヌ』103号，1954年6月，『シチュアシオンIV』に再録，p. 355.（邦訳，pp.302-303）
(44)「メルロー=ポンチ」，『シチュアシオンIV』前掲書，p.207.（邦訳，p.174）Jean Wahl, *Esquisse pour une histoire de l'existentialisme*, L'Arche, 1949, pp.95-96〔ジャン・ヴァール『実存主義的人間』永戸多喜男，人文書院，p.69〕
(45)「メルロー=ポンチ」前掲書，p.208.（邦訳，p.175）
(46) Francis Jeanson, *Sartre dans sa vie*, Seuil, p.232〔フランシス・ジャンソン『サルトル，その生涯』〕からの引用，『奇妙な戦争——戦中日記』前掲書，p.329.（邦訳，p.321）
(47) ルクセンブルク放送，1967年．Michel-Antoine Burnier, *Le Testament de Sartre*, Orban, 1980, p.162.〔ミシェル=アントワーヌ・ビュルニエ『サルトルの遺言』に収録〕
(48) *Celui qui ne m'accompagnait pas*, Gallimard, 1955, rééd. « L'imaginaire », 1993, p.221.〔モーリス・ブランショ『私についてこなかった男』谷口博史訳，書肆心水，2005年〕
(49)「寒い国からやって来た社会主義」1970年，『シチュアシオンIX』前掲書，p.245.（邦訳，p.196）
(50)「メルロー=ポンチ」，『シチュアシオンIV』前掲書，p.250.（邦訳，p.210）
(51) ガヴィ，サルトル，ヴィクトール『反逆は正しい』前掲書，p.104.（邦訳，p.124）
(52) René Scherer, Regards sur Deleuze, Editions Kime, 1998, p.109.〔ルネ・シェレ『ドゥルーズへの眼差し』〕
(53)「サルトルに関する証言II」前掲書，p.1139.

付されている）in *Signes*, Gallimard, 1960, pp.89-92.〔「間接的言語と沈黙の声」粟津則雄訳，『シーニュ I』みすず書房，pp.109-113〕.
(36)『シチュアシオンIX』前掲書，p.195.（邦訳，p.155）

第II部　2　怪物とはなにか？

(1)『言葉』前掲書，p.21.（邦訳，p.15）
(2)『奇妙な戦争——戦中日記』前掲書，p.175.（邦訳，p.166）
(3)「サルトル，サルトルを語る」前掲書，p.110.（邦訳，p.87）
(4) ゲルトルッド・コック「映画化されるフロイト」,「サルトルに関する証言 I」前掲書，p.574中の引用による.
(5)『言葉』前掲書，pp.18-19，p.24.（邦訳，p.14，18）
(6)『弁証法的理性批判，方法の問題』前掲書，p.46.（邦訳，p.71）
(7) « L'Homme au megnetophone », *Les Temps modernes*, n°274〔「テープレコーダーの男」,『レ・タン・モデルヌ』274号〕1969年4月，『シチュアシオンIX』に再録，pp.329-358.（邦訳，p.263-288）
(8) Thomas Mann, *Freud et la pensée moderne*, rééd. Aubier Flammarion, 1970〔トーマス・マン『フロイトと現代思想』〕, Gérard Haddad, *Les Biblioclastes*, Grasset, 1990, p.230〔ジェラール・アダッド『ビブリオクラスト』〕からの引用.
(9)「サルトル，サルトルを語る」,『シチュアシオンIX』前掲書，p.105.（邦訳，p.84）
(10) Le Scénario *Freud*, Préface de J. -B. Pontalis, Gallimard, 1984〔『シナリオ・フロイト』ポンタリスによる序文〕
(11)『方法の問題』前掲書，p.58.（邦訳，p.84),『存在と無』前掲書，p.629.（邦訳，p.306）
(12) アニー・コーエン=ソラル，前掲書，p.143.
(13)『存在と無』前掲書，p.629.（邦訳，III，p.306）
(14) 前掲書，p.632.（邦訳，III，p.312）
(15) S. Freud, « au-delà du principe de plaisir », *Essais de psychanalyse*, Payot, 1983, pp.109-110〔S・フロイト『快楽原則の彼岸』,『著作集第6巻』小此木訳，人文書院. 同，井村訳，『選集第4巻』日本教文社〕
(16)「サルトル，サルトルを語る」,『シチュアシオンIX』前掲書，p.105.（邦訳，p.84）
(17) *Introduction à la psychanalyse*, trad. Suzanne Jankélévitch, Payot, 1972, p.11〔『精神分析入門』懸田・高橋訳，『著作集第1巻』人文書院. 同，井村・馬場訳，『選集第1・2巻』日本教文社〕
(18)「サルトル，サルトルを語る」前掲書，pp.105-106.（邦訳，p.84）
(19)「メルロー=ポンチ」前掲書，p.243.（邦訳，204）
(20)『シチュアシオンX』前掲書，pp.110-111.（邦訳，p.104）
(21) Réponse à Sartre par J. -B Pontalis,〔「J - B・ポンタリスからサルトルへの回答」〕『レ・タン・モデルヌ』274号，1969年4月.『シチュアシオンIX』に再録，p. 360.（邦訳，p.289）
(22)『女たちへの手紙 I』前掲書，p.9中の引用による.（邦訳，p.7）
(23)「サルトルに関する証言 II」前掲書，p.1246.
(24)「マラルメ」,『シチュアシオンIX』前掲書，p.159.
(25)「文学とは何か」前掲書，p.134.（邦訳，p.129）
(26)「サルトルに関する証言 II」前掲書，p.1246.
(27)「サルトル，サルトルを語る」,『シチュアシオンIX』前掲書，p.113.（邦訳，p.89）
(28)『言葉』前掲書，p.148.（邦訳，p.125）

(13)『マラルメ』前掲書，p.137.（邦訳，p.182）
(14)「寒い国からやって来た社会主義」加藤晴久訳，『シチュアシオンIX』前掲書，p.245.（邦訳，p.196）
(15)『戦中日記，奇妙な戦争』前掲書，p.28.（邦訳，p.未詳）
(16)『愛と文体　フランカへの手紙』前掲書，p.301.（邦訳，II，p. 356）
(17) 同前，p.297.（邦訳，II，p. 346）
(18) « Une idée fondamentale de la phénoménologie de Husserl : l'intentionnalité »,〔「フッサールの現象学の根本的理念」白井健三郎訳〕『シチュアシオンI』前掲書，p.31-35*.（邦訳，p.26-30）
(19)『サルトル，己の世紀から憎まれた意識』前掲書，p.103.
(20) François Fonteneau, *L'Ethique du silence*, Seuil, 1999, p.30.〔フランソワ・フォントゥノー『沈黙の倫理』〕
(21) Louis Althusser, *Réponse à John Lews*, Maspero, 1973, p.43.〔ルイ・アルチュセール『ジョン・ルイスへの回答』,『歴史・階級・人間』西川長夫訳，福村出版〕次のものの引用による．Eric Marty, *Louis althusser, un sujet sans procès*, Gallimard, coll. L'Infini, 1999, p.120.〔エリック・マルティ『ルイ・アルチュセール，訴訟なき主体』椎名亮輔訳，現代思潮社〕
(22)「『家の馬鹿』について」,『シチュアシオンX』前掲書，p.99-100.（邦訳，p.94）
(23) 同前，p.110.（邦訳，p.104）
(24) « L'Anthropologie »,〔「人間科学について」海老坂武訳〕Cahiers de philosophie, n°2, février 1966.『シチュアシオンIX』に再録．pp.94-98.（邦訳，pp.75-78）
(25) Jacques Lacan, *Séminaire*, Livre XI, *Les quatre concepts fondamentaux de la psychanalyse*, Seuil, 1973, pp. 79-80.〔ジャック・ラカン『セミネール』第XI巻，『精神分析の四基本概念』小出浩之他訳，岩波書店，pp. 111-112〕
(26) Betty Cannon, *Sartre et la psychanalyse*, PUF, 1993, p.234.〔ベティ・カノン『サルトルと精神分析』〕
(27) *Les Mots et les Choses*, Gallimard, 1966, pp.353-354.〔『言葉と物』渡辺一民，佐々木明訳，新潮社，p.364〕
(28) « Entretien avec Bernard Pingaud », *L'Arc*, n°30, 1966.〔「ベルナール・パンゴーとの対談」,『アルク』〕
(29) Michel Foucault, « La Pensée du dehors », *Critique*, n°229, juin, 1966.〔ミシェル・フーコー「外部の思考」,『クリティック』〕
(30) Michel Foucault, *Essai sur le sujet et le pouvoir*, Gallimard, 1984, pp.297-298.〔ミシェル・フーコー『主体と権力』〕
(31) Daniel Defert, « Lettre à Claude Lanzmann »,〔ダニエル・ドゥフェール「クロード・ランズマンへの手紙」,「サルトルに関する証言II」前掲書，p.1201. Claude Mauriac, *Le Temps immobile*, VI, Grasset, p.77.〔クロード・モーリヤック『不動の時』〕
(32) H. Dreyfus & P. Rabinow, *Michel Foucault, un parcours philosophique*, Gallimard, p.331.〔ドゥレフュス，ラビノフ『ミシェル・フーコー，哲学的歩み』〕同じ著者たちによるフーコーとの対談，『ヌーヴェル・オプセルヴァトゥール』1984年6月1日．
(33) Gilles Deleuze, Claire Parnet, *Dialogues*, Flammarion, 1977, pp.18-19.〔ジル・ドゥルーズ，クレール・パルネ『ドゥルーズの思想』田村毅訳，大修館書店〕
(34) ジュリエット・シモン，前掲書，pp.63-64, 70-71.
(35) « Le Langage indirect et les voix du silence »,（「ジャン=ポール・サルトルに」との献辞が

『ハイデガーと戦争のイデオロギー』〕

(16)『サルトルの著作』前掲書，p.654.

(17) Philippe Lacoue-Labarthes, *La Fiction du politique*, Christian Bourgois, 1987, pp.150-151.〔フィリップ・ラクー=ラバルト『政治という虚構』浅利誠，大谷尚文訳，藤原書店，p.190-191中の引用による〕

(18) « Autres Rhumbs », *Œuvres II*, Gallimard, 1960, p.685.〔「倫理的考察」，『ヴァレリー全集 4』市原豊太訳，筑摩書房〕

(19) マルティン・ハイデガー『ニーチェ』圓増治之，セヴェリン・ミュラー訳，創文社.『形而上学入門』岩田靖夫，ハルトムート・ブフナー訳，創文社.『形而上学の根本概念』川原栄峰，セヴェリン・ミュラー訳，創文社.『ヘルダーリンの讃歌「ゲルマーニエン」と「ライン」』木下康光，ハインリヒ・トレチアック訳，創文社.『ハイデガーと戦争のイデオロギー』前掲書．Nicolas Tertulian, *La Qunizaine Littéraire*〔ニコラス・テルトゥリアン，『キャンゼーヌ・リテレール』誌，1984年9月15-30日付〕

(20) Martin Heidegger, « Textes politiques 1933-1934 », in *Le Débat*, p.176-192.〔ハイデガー「政治的テクスト1933-1934」，『デバ』誌，48号，1988年1-2月号〕

(21) ニコラス・テルトゥリアン，前掲書，p.23の引用による.

(22) Martin Heidegger, « Le Rectorat 1933-1934 », trad. François Fédier, in *Le Débat*, , p.86.〔ハイデガー「学長職1933-1934」，『デバ』誌，27号，1983年11月号〕

(23)『存在と時間』前掲書267 .（邦訳，p.388-389）

(24) *Chemins qui ne mènent nulle part*, Gallimard, 1980, p.84. 該当箇所なし〔『杣径』茅野良男，ハンス・ブロッカルト訳，創文社〕

(25) « Service du travail et université », *Le Débat*, n° 48, p.180〔「労働奉仕と大学」，『ハイデガー拾遺』p.104-105〕

(26) Luc Ferry et Alain Renaut, *Heidegger et les modernes*, Grasset, 1988, pp.82-84.〔リュック・フェリー，アラン・ルノー『ハイデガーと現代人』〕

第II部　1　実存主義は反ヒューマニズムである

(1)「マラルメ」，『シチュアシオンIX』前掲書，p.194.（邦訳，p.154）

(2)『存在と無』前掲書，p.52*.（邦訳，新装版上巻，p.72）

(3)『オブリック』前掲書，ミシェル・シカールとの対談.

(4)『戦中日記，奇妙な戦争』前掲書，p.166.（邦訳，p.157）

(5)『存在と無』前掲書，p.461*.（邦訳，II，p.379）

(6) Juliette Simon, *Jean-Paul Sartre, un demi-siècle de liberté*, département De Boeck Université, 1998, pp. 17-20 他，随所.〔ジュリエット・シモン『ジャン=ポール・サルトル，自由の半世紀』〕

(7)『存在と無』前掲書，p.31*.（邦訳，新装版上巻，p.42）

(8) 同前，pp.33, 66-71.（邦訳，新装版，pp.46, 91-98）

(9) *De près et de loin*, Didier Eribon との対談, Seuil, coll. Points, 1991, pp.225-226〔『遠近の回想』竹内信夫訳，みすず書房，p.291〕.

(10) Gabrielle Ferrières, *Jean Cavaillès, un philosophe dans la guerre*, Seuil, 1982.〔ガブリエル・フェリエール『ジャン・カヴァイエス，戦争下の哲学者』〕

(11) Georges Canguilhem, *Vie et mort de Jean Cavaillès*, Les carnets de Baudasser, Villefranche, Pierre Laleur éditeur, 1976, p.39.〔ジョルジュ・カンギレム『ジャン・カヴァイエスの生と死』〕

(12) アニー・コーエン=ソラル，前掲書，p.234.

ジャン・トレル「アナーキズムの父，バクーニン，シュティルナー，ニーチェ」〕どちらもルイ・パント，前掲書，p.47中の引用による．

（58） Lettre à Charles Maurras, 25 septembre 1939, citée in Frédéric Grover, *Drieu La Rochelle*, Gallimard, 1979, pp.130-131.〔シャルル・モーラス宛て1939年9月24日付け書簡，フレデリック・グロヴェール『ドリュー・ラ・ロシェル』中の引用による〕

（59） Zeev Sternhell, *Ni droite ni gauche. L'Idéologie fasciste en France*, Seuil, 1983, pp.81 et sq.〔ゼエフ・ステルネル『右でも左でもなく，フランスにおけるファシズム・イデオロギー』〕

（60）「新しき神秘家」，『シチュアシオンⅠ』前掲書，p.166.（邦訳，p. 148）

（61）『戦中日記』前掲書，p.107.（邦訳，p.98）

（62）『シチュアシオンⅣ』前掲書，p.144.（邦訳，p. 117）

（63） ジャン=フランソワ・ルエット，前掲書，p.30.

（64）『家の馬鹿息子』第3巻，p.264.

（65） Denoël, Médiations, p.166, cité in Michel Contat, *Comment et pourquoi..., op.cit.*, p.288.〔コンタ『何故，そして如何にして，サルトルは『言葉』を書いたのか』前掲書中の引用による〕

（66） 第260，261，262号に掲載され，後に『シチュアシオンⅠ』前掲書に収録された．

第Ⅰ部　5　ハイデガー問題メモ

（1）『エクリ』前掲書，p. 528.（邦訳，Ⅲ，p.282）

（2） *L'avenir dure longtemps*, Stock/IMEC, 1992, p.168〔ルイ・アルチュセール『未来は長く続く』宮林寛訳，河出書房新社，p.235〕

（3） *Introduction aux philosophies de l'existence*, Denoël, Méditations, 1971, p.20〔「実存哲学入門」〕

（4） Emmanuel Levinas, *Totalité et Infini*, Le livre de Poche, Biblio, p.38〔エマニュエル・レヴィナス『全体と無限』合田正人訳，国文社，p.54-55〕« Comme un consentement à l'horrible », *Le Nouvel Observateur*, 22 janvier, p.82.〔「怖ろしきものへの同意」，『ヌーヴェル・オプセルヴァトゥール』誌，1988年1月22日〕

（5） H. W. Petzet, *Auf einen Stern zugehen*, Societäts-Verlag, Frankfurut, 1983, pp.231-232.〔ペツェット『星に向かって――マルティン・ハイデガーとの出会いと対話』〕

（6） Victor Farias, *Heidegger et le nazisme*, Verdier, 1987, rééd. Biblio, 1989, pp.117-124.〔ヴィクトル・ファリアス『ハイデガーとナチズム』山本尤訳，名古屋大学出版会，p.122-130〕

（7） Jean-Pierre Faye, *Le Piège*, Balland, p.80〔ジャン=ピエール・ファイユ『罠』〕

（8）『ハイデガーとナチズム』前掲書 p.281-283.（邦訳，p.264-266）

（9） Karl Löwith, *Ma vie en Allemagne avant et après 1933*, Hachette, 1988, p.78〔カール・レーヴィット『1933年以前と以後のドイツにおける私の生涯』

（10） Hugo Ott, *Martin Heidegger, éléments pour une biographie*, Payot, 1990, p.165.〔フーゴ・オット『マルティン・ハイデガー　伝記への途上で』北川東子ほか訳，未来社，p.231〕

（11） Lettre à Constantin von Dietze,〔1945年12月15日付けコンスタンティン・フォン・ディーツェ宛て書簡，『マルティン・ハイデガー　伝記への途上で』前掲書，p.338.（邦訳，p. 483-484）

（12）『ハイデガーとナチズム』前掲書，p. 289.（邦訳，p.269）

（13） 前掲書，p.153-154.（邦訳，p.155-156）

（14） Martin Heidegger, *Réponses et questions sur l'histoire et la politique*, Mercure de France, 1977.〔ハイデガー『歴史と政治への答と問い』〕

（15） Domenico Losurdo, *Heidegger et l'ideologie de la guerre*, PUF, 1998, p.187.〔ドメニコ・ロスルド

覚の現象学』竹内芳郎他訳，みすず書房〕

(32) Alexandre Astruc, « Heidegger m'a dit... », *Combat*〔アレクサンドル・アストリュック「ハイデガーは私に言った」，『コンバ』紙，1946年7月5日〕

(33) Jacques Lacan, « Liminaire », *La Psychanalyse*, 1, 1956, p.VI ; « L'instance... », *La Psychanalyse*, 3, 1957, p.528.〔ラカン「リミネール」，『精神分析』所収，「無意識における文字の審級，あるいはフロイト以後の理性」，『エクリII』所収〕

(34) G. Granel et S. Weber, *Lacan et les philosophes*, pp.52 et 224.〔グラネル／ヴェベール『ラカンと哲学者たち』，ルディネスコ『ラカン伝』前掲書，p.306中の引用による〕

(35)『弁証法的理性批判』前掲書，p.26.（邦訳『方法の問題』p.23）

(36)『シチュアシオンIV』前掲書，p．275.（邦訳，p.230）

(37)「作家とその言語」，『シチュアシオンIX』前掲書，p.52.（邦訳『哲学言語論集』，p.177-178）

(38)『家の馬鹿息子』前掲書.（邦訳，第1巻，p.144）

(39) Jean Cau, *Croquis de mémoire*, Julliard, 1985, pp.200, 248.〔ジャン・コー『回想録』〕

(40)「生けるメルロー=ポンティ」，『シチュアシオンIV』前掲書，p.190.（邦訳，p.159）

(41) Heidegger, *Qu'est-ce qu'une chose?*, Gallimard, pp.217-218.〔ハイデガー『物への問い』〕

(42)『存在と無』前掲書，p.77.（邦訳，上巻，p.107）

(43) « Qu'est-ce que la métaphysique ? », *Questions I*, 1990, p.61.『形而上学とは何か』

(44)『存在と無』前掲書，p.604.（邦訳，新装版下巻，p.966）

(45)『存在と時間』前掲書，p. 226.

(46) *Sartre, le dernier philosophe*, Grasset, 1993.〔アラン・ルノー『サルトル，最後の哲学者』水野浩二訳，法政大学出版局〕

(47) Martin Heidegger, *Schelling. Le traité de 1809 sur l'essence de la liberté humaine*, trad. Jean-François Courtine, Gallimard, 1977, p.32-33.〔ハイデガー『シェリング』〕

(48)『弁証法的理性批判』前掲書，p.247.（邦訳，I，p.213）

(49)『聖ジュネ』前掲書.

(50) Jean-François Louette, *Sartre contra Nietzsche*, Presses universitaires de Grenoble, 1996, p.58.〔ジャン=フランソワ・ルエット『サルトル対ニーチェ』〕

(51)「往きと復り」，『シチュアシオンI』前掲書，p.217.（邦訳，p.197-198）

(52) Gide, « Lettre à Angèle », in *Prétextes, suivis de Nouveaux prétextes*, Mercure de France, 1973, p.82.〔ジィド「アンジェルへの手紙」〕

(53) Charles Andler, *Nietzsche. Sa vie et sa pensée*, t. III, Gallimard, 1958, p.227.〔シャルル・アンドレール『ニーチェ，生涯と思想』〕

(54) E. Seillère, *Apollon ou Dionysos, Etude sur Frédéric Nietzsche et l'utilitarisme impérialiste*, Paris, 1905. P. Lasserre, *La Morale de Nietzsche*, Mercure de France, 1902. Cités in Luis Pinto, *Les Neveux de Zarathoustra, la réception de Nietzsche en France*, Seuil, 1995, pp.60-61.〔E・セイエール『アポロンかディオニュソスか，フレデリック・ニーチェと帝国主義的功利主義に関する研究』，P・ラセール『ニーチェの道徳論』，どちらも，ルイ・パント『ツァラトゥストラの甥たち，フランスにおけるニーチェ受容』中の引用による〕

(55) « Le Nietzsche de Jaspers », in *Recherches philosophiques*, vol. VI, 1936-1937.〔「ヤスパースのニーチェ」，『哲学探究』誌，第6号〕

(56) *Introduction à la philosophie allemande depuis Nietzsche*, Stock, 1926.

(57) A. Lévy, *Stirner et Nietzsche*, Alcan, 1904. Jean Thorel, « Les Pères de l'anarchisme : Bakounine, Stirner, Nietzsche », *La Revue bleue*, n° 51, 1893.〔A・レヴィ『シュティルナーとニーチェ』，

(6)『言葉』前掲書，p.26.（邦訳，p. 20）
(7) *Critique de la raison dialectique*, Gallimard, 1960, pp.22-24.〔『弁証法的理性批判』（邦訳『方法の問題』），p.25-28〕
(8)『ニュー・レフト・レヴュー』誌，特集「サルトルによるサルトル」前掲書，p.108.
(9) Erostrate, in *Le Mur*, Gallimard, 1939.〔「エロストラート」，『壁』所収，人文書院〕
(10)『嘔吐』前掲書，pp.184, 185, 138-139, 55-56.（邦訳，p. 212, 213, 156-157, 55-56）『文学とは何か』前掲書，p.22.（邦訳，p.23）
(11)『反逆は正しい』前掲書，p.101.（邦訳，p.120）
(12) Introduction à *L'Anthologie de la nouvelle poésie nègre et malagache de Léopold Senghor*, 1948, *Situations III*, Gallimard, 1976, pp231-286, passim.〔「黒いオルフェ」，『シチュアシオンⅢ』p. 159-207随所〕
(13)『存在と無』前掲書，p.220.（邦訳，上巻，p.317 ）
(14) François George, « Manes et fabula »,〔フランソワ・ジョルジュ「マナと寓話」，「サルトルに関する証言Ｉ」前掲書〕p.41.
(15) « Foucault répond à Sartre », entretien avec Jean-Pierre Elkabbache, *La Quinzaine littéraire*, n° 46, 1er-15 mars 1968.〔「フーコー，サルトルに答える」，『ミシェル・フーコー思考集成Ⅲ』原和之訳，筑摩書房，p.54-62〕
(16)『女ざかり』前掲書，p.157.（邦訳，上巻，p.125-126）
(17)「生けるメルロー=ポンティ」，『シチュアシオンⅣ』前掲書，p.192.（邦訳，p.161）
(18) ジョン・ゲラシ，前掲書，p.172中の引用による．
(19) 次のものの引用による．Jean-Michel Besnier, *Histoire de la philosophie moderne et contemporaine*, 2, Le livre de Poche, 1998, p.738.〔ジャン=ミシェル・ベスニエ『近現代哲学史』〕
(20) コルバン編のハイデガー訳は，1938年にガリマール社の「エッセー」叢書として出版された．収録されているのは，1936年の講演，「ヘルダーリンと詩の本質」，『存在と時間』の46〜53，72，76節，『カントと形而上学の問題』42〜45節，「形而上学とは何か」，「根拠論」．
(21) *Bifur*,〔『ビフュール』第8号，エリザベット・ルディネスコ『ジャック・ラカン伝』前掲書 p.587〕の引用による．
(22) アンナ・ボスケッティ，前掲書，p.91.（邦訳，p.525）
(23)『文学とは何か』前掲書，p.45.（邦訳，p.48 ）
(24) « Lettre sur l'humanisme », in *Questions III*, Galliamrd, 1976, pp.97-98 et 106.〔『ヒューマニズムに関する書簡』，『ハイデガー全集 9 』辻村公一，ハルトムート・ブフナー訳，創文社，p. 416-417, 423〕
(25)「思惟の経験」，『ハイデガー全集』創文社，p.221.
(26)『存在と無』前掲書，p.562.（邦訳，p. 905）
(27) *Frankfurter Allgemeine Zeitung*.〔『フランクフルター・アルゲマイネ・ツァイトゥング』紙，1994年1月19日〕
(28) *Nietzsche*, II, Gallimard, 1971, p.384.〔『ニーチェ 2 』、『ハイデガー全集』創文社〕
(29) Frédéric de Towarnicki, *Martin Heidegger, Souvenirs et chroniques*, Bibliothèque Rivages, 1999, p.85.〔フレデリック・ド・トワルニッキ『マルティン・ハイデガー，思い出と年代記』〕
(30) Hans-Georg Gadamer, « Das Sein und das Nicht », in Traugott König, *Sartre ein Kongress*, Rowohlt, 1988, p.37.〔トラウゴット・ケーニッヒ編『サルトル・シンポジウム』所収，ハンス=ゲオルグ・ガダマー「存在と無」〕
(31) Maurice Merleau-Ponty, *Phénoménologie de la perception*, Gallimard, 1945.〔メルロー=ポンティ『知

(18) サルトル『小説集』前掲書中のミシェル・コンタの伝える言葉.
(19)『女ざかり』前掲書，p.271.（邦訳，上巻，p.221）
(20) « Portrait de l'antisémites », *Les Temps modernes*,〔「反ユダヤ主義者の肖像」,『レ・タン・モデルヌ』誌，第3号，1945年12月〕
(21) Dominique de Roux et Michel Beaujour, « L. -F. Céline », *Cahiers de l'Herne*, 1963, rééd. Le livre de Poche, 1994, pp.507-511.〔『エルヌ』誌「L・F・セリーヌ」特集〕
(22)『女ざかり』前掲書，p.158.（邦訳，上巻，p.128）
(23) Jacques Lecarme, « Sartre, Céline : deux violents dans le siècle », *Magazine Littéraire*.〔「サルトル，セリーヌ，世紀の二大暴れ者」,『マガジン・リテレール』誌〕282号，1990年11月.
(24) *Céline tel que je l'ai vu*, L'Arche 1951, p.138.〔『私の見たセリーヌ』〕
(25) サルトル『小説集』前掲書，p.1666.
(26) Geneviève Idt, « Pastiches et parodies », in *La Nausée*, Hatier, 1971, pp.71-74.〔ジュヌヴィエーヴ・イット「文体模写とパロディー」,『嘔吐』〕
(27) 次のものの引用による．モハメド・シュクリ，前掲書，p. 178.
(28) Paul Valéry, *Cahiers*, t. 1, Gallimard, Pléiade, 1973, p.406*.〔ポール・ヴァレリー『カイエ 2』佐藤正彰・寺田透訳，筑摩書房，p.40〕
(29) ミシェル・コンタ，ミシェル・リバルカ編『小説集』前掲書，pp.1674-75.
(30)『言葉』前掲書，pp.118-126.（邦訳，p. 98-102）
(31) Lettres à Milton Hindus, in *Céline tel que je l'ai vu*, p.143 et 173.〔ミルトン・ヒンダス宛書簡，1947年6月11日，10月12日，『私の見たセリーヌ』所収〕
(32) *Mon ami Bardamu*, p.74.〔『わが友バルダミュ』〕
(33) Elisabeth Roudinesco, *Jacques Lacan*, Fayard, 1993, p.349.〔エリザベト・ルディネスコ『ジャック・ラカン伝』藤野邦夫訳，河出書房新社，p. 290-291〕
(34) Philippe Solers, *Théorie des exceptions*, Gallimard, 1986.〔フィリップ・ソレルス『例外の理論』宮林寛訳，せりか書房，1991年〕
(35)『女ざかり』前掲書，p.134.（邦訳，上巻，p.99-100）
(36) *Bloc-Notes III*, Jeudi saint, avril 1961, Seuil, 1993, coll. Points-Essais, p.55.〔『ブロック・ノート』〕
(37)『戦中日記』前掲書，p.226.（邦訳，p.216）
(38)『シチュアシオンIV』前掲書，p.364-386.（邦訳，p.309-327）

第I部　4　「ドイツ系」の哲学者

(1) Jean Hyppolite, *Figures de la pensée philosophique*, PUF, 1971, p.232.〔ジャン・イポリット『哲学思考のフィギュール』〕
(2) P. Andreu, « Bergson et Sorel », in *Les Etudes bergsoniennes*, vol. 3, p.63-64.〔P・アンドルー「ベルクソンとソレル」,『ベルクソン研究』第3号〕
(3) Lettre à G. Maire, *Cahiers du Cercle Proudhon*, II mars-avril 1912.〔『プルードン・サークル手帖』2号，1912年3-4月掲載，G・メール宛て書簡〕
(4) Lettre de Bergson à Berth,〔1936年1月14日付けベルト宛てベルクソン書簡〕次のものの引用による．Philippe Soulez et Frédéric Worms, *Bergson*, Flammarion, 1977, pp.120-121.〔フィリップ・スレズ，フレデリック・ヴォルムス『ベルクソン』〕
(5) Georges Politzer, « Après la mort de M. Bergson », in *Ecrits I : La philosophie est ses mythes*, Editions sociales, 1969, p.280.〔ジョルジュ・ポリツェル「ベルクソン死後」,『エクリ I，哲学とその神話』〕

(52) マドレーヌ・シャプサル，前掲書，p.95.
(53) ギィ・ドゥボール，前掲書，pp.13, 14.
(54) Marcel Proust, *Contre l'obscurité*, 1896年7月15日〔マルセル・プルースト「晦渋性を駁す」鈴木道彦訳，『プルースト全集15』筑摩書房〕.
(55) マドレーヌ・シャプサル，前掲書，p.95.　ならびに« Mallarmé »,〔「マラルメ」平井啓之訳〕『シチュアシオンⅨ』前掲書，pp.191-201.（邦訳，pp.152-161）
(56) Jean-Paul Sartre, *Mallarmé*, Gallimard, coll.　Archades, 1986, p.30.〔『マラルメ論』平井啓之，渡辺守章訳，中央公論社，p.49〕
(57)『シチュアシオンⅨ』前掲書，p.46.（邦訳，p.37）
(58) ギィ・ドゥボール，前掲書，p.24.
(59) ピエール・ルパーブ『アンドレ・ジィド，メッセージを伝える者』前掲書，pp.451-452.
(60) Jacques Lecarme, in Michel Contat, *Pourquoi et comment Sartre a écrit « Les Mots »*, PUF, 1996, p.188.〔ミシェル・コンタ編『何故，そして如何にして，サルトルは『言葉』を書いたのか』〕
(61)「文学とは何か」前掲書，pp.72, 75-76.（邦訳，p.89, 91）
(62)「『レ・タン・モデルヌ』創刊の辞」前掲書，p.15.（邦訳，p.11-12）

第Ⅰ部　3　ジィドと訣別するために

(1)『言葉』前掲書 p.54.（邦訳，p. 43）
(2) Entretien ave Clalire Parnet, réalisé par Pierre-André Boutang〔ピエール=アンドレ・ブータン監督『クレール・パルネとの対話』1995年1月15日から1997年1月4日放映〕
(3) Jaques Lacan, *Les Ecrits*, Seuil, 1966, pp.739-765.〔ジャック・ラカン『エクリⅢ』宮本忠雄ほか訳，弘文堂，p.223-254〕
(4) Herbert R.　Lottman, *Albert Camus*, Seuil, 1978.〔H・R・ロットマン『伝記アルベール・カミュ』大久保敏彦，石崎晴己訳，清水弘文堂，1982年〕
(5) Claude Roy, *Moi je*, Gallimard, Folio, 1969, p.242.〔クロード・ロワ『私は』〕
(6) Michel Surya, *Georges Bataille, la mort à l'œuvres*, Gallimard, 1992, pp.72-7 3.〔ミシェル・シュリヤ『G・バタイユ伝　上』西谷修，中沢信一，川竹英克訳，河出書房新社，p. 75-77〕
(7) Maurice Sachs, *Le Sabbat*, Gallimard, L'Imaginaire, 1979, chap.XIX et XX, pp.169-190.〔モーリス・サックス『サバト』〕
(8) « Gide vivant », *Situations*, IV, op.cit.　, pp.86-87 et 89.〔「生きているジィド」，『シチュアシオンⅣ』人文書院，p.74-76〕
(9) « Jean-Paul Sartre, romancier philosophe », propos recueillis par Claudine Chonez, *Marianne*.〔「ジャン・ポール・サルトル，哲学者・小説家」クローディヌ・ショネによるインタビュー，『マリアンヌ』誌，1938年11月23日〕
(10) 1975年12月7日
(11) ミシェル・コンタ編『何故，そして如何にして，サルトルは『言葉』を書いたのか』前掲書，所収のジャック・ルカルム.
(12) 前掲書，p.226-228.
(13)『家の馬鹿息子Ⅰ』p.153.（邦訳，Ⅰ，p.162）
(14)『日記』前掲書，p.1054.
(15)『存在と無』前掲書，p.437.（邦訳，新装版下巻，p.719）
(16)「サルトルに関する証言集Ⅱ」前掲書，p.1162.
(17)『シチュアシオンⅣ』前掲書，p.10.（邦訳，p.4）

(24) Alain Badiou, *Petit manuel d'inesthétique*, Seuil, 1998, p.12.〔アラン・バデュー『非美学小教本』〕
(25)「作家とその言語」,『シチュアシオンIX』前掲書，p.40.（邦訳，p.33）
(26) *Saint Genet, comédien et martyr*, Gallimard, édition de 1970〔『殉教と反抗』白井浩司，平井啓之訳，新潮社〕. 次のものに引用されたテクスト Henri Meshconnic, « Situation de Sartre dans le langage », *Obliques*,〔アンリ・メショニック「言語におけるサルトルの立場」,『オブリック』前掲書，pp.160-166.〕
(27)「『家の馬鹿』について」前掲書，p.93.（邦訳，p.89）
(28) « Sartre par Sartre »〔「サルトル，サルトルを語る」平井啓之訳〕『シチュアシオンIX』前掲書，p.123.（邦訳，p.97）
(29) *L'Idiot de la famille*, I, Gallimard, 1971, p.139.〔『家の馬鹿息子』平井啓之，鈴木道彦，海老坂武，蓮實重彦訳，人文書院，p.146〕
(30) *L'Etre et le néant*, Gallimard, 1945, pp.469-477.〔『存在と無II』松浪新三郎訳，人文書院，p. 393-410〕「文学とは何か」,『シチュアシオンII』 前掲書，p.218.（邦訳，p.188-189） Suzanne Lilar, *A propos de Sartre et de l'amour*, Grasset, 1967, pp151-155.〔『サルトルと愛について』〕
(31) セルジュ・ドゥブロフスキー，前掲書，pp.118-119.
(32)『別れの儀式』前掲書，pp.166, 184, 204.（邦訳，pp.164, 182, 203）
(33) 前掲書，pp.28-29.（邦訳，pp.58-59）
(34) 同前，pp.82-84.（邦訳，pp.95-97）
(35) 同前，pp.32-33.（邦訳，p.62）
(36) 次のものに引用による．John Ireland, *Sartre un art déloyal*, Jean-Michel Place, 1994, p.160.〔ジョン・アイアランド『サルトル，不実の芸術』〕
(37) Albert Camus, *Théâtre, Récits, Nouvelles*, Gallimard, Pléiade, 1974, p.1726.〔アルベール・カミュ『演劇・物語集』プレイヤード版〕中の補足資料
(38) Bertrand Poirot-Delpech,〔ベルトラン・ポワロ=デルペッシュ〕「サルトルに関する証言II」前掲書，p.865. ジャン=フランソワ・リオタール『インファンス読解』p.90.（邦訳，p.124. 但し「ブールヴァール劇的」という語は見当たらない）
(39)「文学とは何か」前掲書，pp.79-82.（邦訳，pp.94-95）
(40) 同前，pp.33-34.（邦訳，pp.62-63）
(41) 同前，p.132.（邦訳，p.128）
(42) 前掲書，p.154.
(43) 同前，p.43.
(44)『シチュアシオンX』前掲書，p.105.（邦訳，p.100）
(45) 同前，p.156.（邦訳，p.145）
(46)『シチュアシオンIX』前掲書，p.32.（邦訳，p.26）
(47) Philippe Gavi, Jean-Paul Sartre, Pierre Victor, *On a raison de se révolter*, Gallimard, 1974, p.190.〔フィリップ・ガヴィ，ジャン=ポール・サルトル，ピエール・ヴィクトール『反逆は正しいI』鈴木道彦，海老坂武訳，人文書院，p.230-231〕
(48) Denis Hollier, *Politique de la prose*, Gallimard, 1982, p.149.〔ドゥニ・オリエ『散文の政治』〕
(49) « Présentation des *Temps modernes* », *Situations* II, Gallimard, 1975, pp.14-15.〔「『レ・タン・モデルヌ』創刊の辞」〕『シチュアシオンII』前掲書，pp.10-12.
(50) Madeleine Chapsal, *Envoyez la petite musique*, Grasset, 1984, p.102.〔マドレーヌ・シャプサル『ささやかな音楽を送って下さい』〕
(51)『ボーヴォワールへの手紙』前掲書，1939年10月22日，p.368.（邦訳，p.104）

第I部　2　スタンダールとスピノザ

(1) Anna Boschetti, *Sartre et « les Temps modernes »*, Minuit, 1985, p.236.〔アンナ・ボスケッティ『知識人の覇権』石崎晴己訳，新評論，p.357〕
(2) Michel Contat, « Le film *Sartre par lui-même* et l'autobiographie »,〔ミシェル・コンタ「映画『サルトル』と自伝」〕「サルトルに関する証言II」前掲書，p.1176.
(3)『知識人の覇権』前掲書，p.257.（邦訳，p.382-383）
(4)『シチュアシオンIV』前掲書，p.189.（邦訳，p.158-159）
(5) « La visite à Jean-Paul sartre »,「サルトルに関する証言II」前掲書，pp.1194-1195.
(6) Qu'est-ce que la littérature?, Gallimard, Folio, 1985, p.266〔「文学とは何か」加藤周一，白井健三郎訳，『シチュアシオンII』p.224〕.
(7) アニー・コーエン=ソラル, 前掲書，p.123.
(8) A・ボスケッティ，前掲書，pp.176, 177, 226, 228-229.（邦訳，pp.265-267, 341-342, 343-346）
(9) 特に次のものを参照．« La Parole "sacrée" de Hölderlin »,〔「ヘルダーリンの『聖なる』言葉」〕*Critique*, 7, 1946年12月；repris dans La *Part du feu*, Gallimard, 1946.〔『完本 焰の文学』重信常喜，橋本守人訳，紀伊国屋書店〕
(10)「メルロー・ポンチ」,『シチュアシオンIV』前掲書，p.217.（邦訳，p.182）
(11) 同前，p.197.（邦訳，p.165）
(12) « L'écrivain et sa langue »,〔「作家とその言語」鈴木道彦訳〕 Pierre Verstraeten との対談，*Revue d'esthétique*, juillet-décembre 1965,『シチュアシオンIX』前掲書，に再録，p.81.（邦訳，p.64）
(13) Introduction aux *Ecrits de jeunesse*, Gallimard, 1990, pp.7-33.〔『青年期著作集』の序文〕
(14) Marcel Proust, *Le Temps retrouv*, Gallimard, Folio, pp.217-218.〔マルセル・プルースト『見い出された時』〕
(15) *La Nausée*, Gallimard, 1938, Folio, pp.33-36.〔『嘔吐』改訳新装版，白井浩司訳，人文書院，pp.29-32〕
(16) 同前，pp.239-242.（邦訳，pp.277-279）
(17) Gabriel d'Aubarède, « Rencontre avec Jean-Paul Sartre »,〔ガブリエル・ドーバレード「ジャン=ポール・サルトルとの出会い」〕, *Les Nouvelles littéraires*, 1er février 1946；André Hebdo, *L'Enjeu du discours*, Complexe, 1978〔アンドレ・エブド『言説の賭金』〕中の引用による．
(18) Jean-François Lyotard, « Un succès de Sartre »〔ジャン=フランソワ・リオタール「サルトルの成功」〕, *Critique*, n°430, 1983. *Lectures d'enfance*, Galilée, 1991, p.91に再録〔「言葉――サルトル」竹内孝宏訳，『インファンス読解』小林康夫他訳，未来社，p.125〕.
(19) Michel Contat, in J. -P. Sartre, *Œuvrs romanesques*, Gallimard, Pléiade, 1981, pp. 1967-1969.〔サルトル『小説集』中のミシェル・コンタの註〕
(20) Manuel de Dieguez,〔マヌエル・デ・ディエゲス〕「サルトルに関する証言II」前掲書 p.126.
(21) Bertrand Saint-Sernin,〔ベルトラン・サン=セルナン〕「サルトルに関する証言II」前掲書 p.165.
(22) Jacques Lacan, *Le Seminaire*, livreI, *Les Ecrits techniques de Freud*, Seuil, 1975, p.254.〔ジャック・ラカン『セミネールI　フロイトの技法論』小出浩之他訳，岩波書店〕
(23) Alain Badiou, *Monde contemporain et désir de philosophie*, Cahier de noria, n°1, 1992.〔アラン・バデュー『現代世界と哲学の欲望』〕

表〕, in *Obliques*, n°24-25, Michel Sicard 監修, 1981. « Les produits finis du Tintoret », 〔「テイントレットの完成品」〕*Le Magazine littéraire*, n°176, septembre 1981.
(37)『カストール他何人かの女への手紙』前掲書, p.39.
(38) Georges Bataille, *Œuvres complètes VI*, Gallimard, p.90〔『ニーチェについて』酒井健訳, 現代思想社, p.155〕.
(39) Maurice Merleau-Ponty, « Il n'y a pas de bonne façon d'être homme », 〔「人間である良いやり方はない」〕Georges Charbonnier, との対談, 1959年5月, 次のものに再録, *Esprit*, 〔『エスプリ』〕1980年7-8月号, pp.39-41.
(40) *Libération*, « Spécial Sartre »〔『リベラシオン』サルトル特集号〕1980年4月21日.
(41)『戦中日記　奇妙な戦争』前掲書, p.380.(邦訳, p.369)
(42) 次のものの引用による. Jean-Jacques Brochier, *Pour Sartre*, Lattès, 1995, pp.15-22.〔ジャン=ジャック・ブロシェ『サルトルのために』〕ジョン・ジェラシ, 前掲書 pp.53-56. Jeannette Colombel, *Sartre ou le parti de vivre*, Grasset, 1981, pp.73-74.〔ジャネット・コロンベル『サルトル, 生きる決意』〕『リベラシオン』サルトル特集号, 前掲書.
(43)『リベラシオン』サルトル特集号, 前掲書, 中の引用による.
(44) Paul Claudel, *Journal*, tome II, 〔ポール・クローデル『日記』第二巻〕Gallimard, Pléiade, 1969.
(45) Annie Cohen-solal, *Sartre*, Gallimard, 1985, p.414〔アニー・コーエン=ソラル『サルトル』〕.
(46) Louis Althusser, *Lettres à Franca*, Stock-Imec, 1998, p.518〔ルイ・アルチュセール『愛と文体　フランカへの手紙』阿尾安泰他訳, 藤原書店, 近刊〕.
(47) Curzio Malaparte, *Il y a quelque chose de pourri*, Denoël, 1960〔『何かが腐っている』〕.
(48) Guy Debord, In girum imus nocte et consumimur igni, Gallimard, édition 1999, p.23.〔ギィ・ドゥボール『われら戦場に赴き劫火に焼かる』〕
(49) Michel Contat, « Sartre était-il démocrate? »〔「サルトルは民主主義者だったか」〕, Florence Gould Lectures, vol. III, 1994-1995, pp.24-57.
(50) « M. François Mauriac et la liberté », *NRF*, février 1939. Repris in *Situations I*, Gallimard, 1947, pp.33-52.〔「フランソワ・モーリヤック氏と自由」小林正訳, 『シチュアシオンⅠ』人文書院, pp.30-49〕.
(51) François Mauriac, *Bloc-Notes*, II, 〔『ブロック・ノート』〕1959年9月27日 Seuil, coll. Points-essais, 1993, p.319.
(52) *France-Soir*, 〔『フランス・ソワール』〕1969年2月28日. 次のものの引用による. Michel Contat, Michel Rybalka, *Les Ecrits de Sartre*, Gallimard, 1970, pp.72-73〔『サルトルの著作』〕.
(53) 同前, p.72.
(54) La Table ronde, 1946.
(55)『言葉』前掲書, p.135.(邦訳, p.113)
(56)「サルトルに関する証言Ⅱ」前掲書, p.1214.
(57) Gide, *Journal* 1939-1949, Gallimard, Pléiade, p.290〔『ジッドの日記Ⅴ』新庄嘉章訳, 日本図書センター, p.310〕.
(58) 次のものの引用による. Pierre Lepape, *André Gide, le messager*, Seuil, 1997, p.459.〔ピエール・ルパープ『アンドレ・ジィド, メッセージを伝える者』〕
(59) 同前, p.474.
(60) « Gide vivant », 〔「生きているジード」白井浩司訳〕*Les Temps modernes*, n°65, mars 1951.『シチュアシオンⅣ』前掲書, p.87(邦訳, p.74)に再録.

〔セルジュ・ドゥブロフスキー「サルトル，自伝への手直し」，クロード・ビュルジュラン編『サルトルの読書』所収〕.『別れの儀式』前掲書，p.218.（邦訳，p.217）

(15) ビヤンカ・ランブラン，前掲書，p.54.（邦訳，p.57）

(16) « Sur *L'Idiot de la Famille* », entretien avec Michel Contat et Michel Rybalka, in *Situations X*, Gallimard, 1976, p.105.〔「『家の馬鹿』について」ミシェル・コンタ，ミシェル・リバルカによるインタビュー，『シチュアシオンX』人文書院，p.100〕

(17)「七〇歳の自画像」ミシェル・コンタによるインタビュー，『シチュアシオンX』前掲書，pp.141-142.（邦訳，p.132）

(18) Simone de Beauvoir, *Les Mandarins*, Folio, Gallimard, 1988, tome 2, p.55.〔シモーヌ・ド・ボーヴォワール『レ・マンダラン１』朝吹三吉訳，人文書院，p.47〕

(19) *La Force de l'âge*, Folio, Gallimard, 1986, p.76.〔『女ざかり 上』朝吹登水子，二宮フサ訳，紀伊国屋書店，p.56〕

(20) *La Force des choses, II*, Folio, Gallimard, 1972, pp.9-10.〔『ある戦後 上』朝吹登水子，二宮フサ訳，紀伊国屋書店，p.5〕

(21) Claude Lanzmann, « Tabula rasa », *Les Temps modernes*, « Témoins de Sartre II », octobre-décembre 1990〔クロード・ランズマン「タブラ・ラサ」，『レ・タン・モデルヌ』1990年10，12月，「サルトルに関する証言Ⅱ」〕，p.1252.

(22) クロード・ランズマン「サルトルに関する証言Ⅱ」前掲書，p.1250.

(23) *Les Aventures de la liberté*, Grasset, 1991.〔ベルナール=アンリ・レヴィ『自由の冒険』〕

(24) それぞれ，*L'Epress*,〔『エクスプレス』〕1958年5月22日，同年9月11日，同年9月22日，1961年6月4日.

(25)『レ・タン・モデルヌ』「バタイユ特集号」1999年1-2月，p.259.

(26) « L'alibi », *Le Nouvelle Observateur*, 19 novembre 1964, repris in *Situations VIII*, Gallimard, 1972, p. 142.〔「アリバイ」海老坂武訳，『シチュアシオンⅧ』人文書院，p.104〕

(27) *Les Mots*, Gallimard, Folio, 1972, p.169.〔『言葉』白井浩司訳，人文書院，p.142〕

(28)『女たちへの手紙』前掲書，p.9.（邦訳，p.7）

(29)『言葉』前掲書，p.133.（邦訳，p.112）

(30) François Caradec, *Raymon Roussel*, Fayard, 1997, p.51.〔『レイモン・ルーセル』〕

(31)『女ざかり』前掲書.

(32) Roger Stéphane, *Portrait de l*'aventurier, Sagittaire, 1956, への序文．次のものに所収．*Situations VI*, Gallimard, 1984, p.15.〔「冒険家の肖像」海老坂武訳，『シチュアシオンⅥ』人文書院，p.11〕

(33) 次のものの引用による．Raoul Vaneigem, « Pourquoi je ne parle jamais aux médias », *Le Nouvelle Observateur*,〔「なぜ私はメディアに決して語らないのか」，『ヌーヴェル・オプセルヴァトゥール』〕1999年8月22日.

(34) James Leo Herlihy への1966年4月30日付けの手紙．Mohamed Choukri, *Le Reclus de Tanger*, Quai Voltaire, 1997〔『タンジールの隠遁者』〕中の引用による.

(35) « Merleau-Ponty vivant », *Situations IV*, Gallimard, 1964, p.211.〔「メルロー・ポンチ」平井啓之訳，『シチュアシオンⅣ』人文書院，p.177〕

(36) 以下のものの随所に．『レ・タン・モデルヌ』1957年11月号，『シチュアシオンⅣ』人文書院，前掲書に収録（邦訳「ヴェネツィアの幽閉者」平川祐弘訳）．« Saint Georges et le dragon », in *Situations IX*, Gallimard, 1972〔「聖ゲオルギウスと龍」粟津則雄屋久，『シチュアシオンⅨ』人文書院〕．« Saint Marc et son double »,〔「聖マルコとその分身」〕死後発

原　註

この原註訳出に当っては，フランス語がある程度読める方は，原書を参照しなくても，本訳書の原註で用が足りる，ということ，かつ，フランス語を読まない読者の便宜も最大限に図ることを，目指した．その結果，おおむね次のような原則に基づいて作成した．

＊初出においては，原書タイトル等を示し，そこでのページを示し，訳書がある時は，そのタイトルも示しつつ，そこでのページ数も示す．
＊訳書がない時は，原書のタイトルを訳出する．
＊初出以外では，原語を表示せず，括弧内にて訳書のページを示す．
＊新聞等の日付は，原則として和訳にて示す．
＊原註のページが誤っている時は，修正して，*を付ける．確認できない時は，そのままのページ数を記す．訳書のページが確認できない時は，「p. 未詳」とする．実際，原註のページの誤りは，かなり多数に上った．また，明確な引用ではなく，内容要約的なページの指示の場合は，それが正しいのかどうか，判断しにくいという時もあり，その際は，機械的に原註で指示されたページに対応する訳書のページを記してある．（監訳者）

第I部　1　サルトルの栄光

（1）*Lettres au Castor et à quelques autres, II*, Gallimard, 1983, p.184.〔『カストール他何人かの女への手紙』（本書はＩのみが，前半が『女たちへの手紙』，後半が『ボーヴォワールへの手紙』として，訳出されているため，IIについては，原書タイトルの直訳を掲げる)〕
（2）*Lettres au Castor et à quelques autres, I*, Gallimard, 1983, p.309.〔『ボーヴォワールへの手紙』朝吹三吉，二宮フサ，海老坂武，西永良成訳，人文書院，p.41〕
（3）同前，p.330.（邦訳，p.64）
（4）*Le Potomak 1913-1914*, Stock, 1924.〔『ポトマック』〕
（5）前掲書，p.188.（ただしこの部分の邦訳は，『女たちへの手紙』朝吹三吉，二宮フサ，海老坂武訳，人文書院，p.198-199）
（6）*Carnets de la drôle de guerre*, Gallimard, 1981, p.340-341.〔『戦中日記　奇妙な戦争』人文書院，p.332〕
（7）*La Cérémonie des Adieux*, Gallimard, 1981, p.385.〔『別れの儀式』朝吹三吉，二宮フサ，海老坂武訳，人文書院，p.380〕
（8）*Alger Républicain*〔『アルジェ・レピュブリカン』〕, 1939年3月12日．John Gerassi, *Sartre, conscience haïe de son siècle*, Editions du Rocher, 1992, p.223.〔ジョン・ジェラシ『サルトル，己の世紀に憎まれた意識』〕中の引用による．
（9）Bianca Lamblin, *Mémoires d'une jeune fille dérangée*, Balland, 1993, p.40.〔ビヤンカ・ランブラン『狂わされた娘時代』坂田由美子訳，草思社，p.40〕
（10）Alain Buisine, « Ici, Sartre », *Revue des sciences humaines*〔アラン・ビュイジーヌ『こちらサルトル』,『人間科学雑誌』〕66巻, 195号, 1984年7-9月号.
（11）『女たちへの手紙』前掲書，p.188.（邦訳，p.198-199）
（12）ビヤンカ・ランブラン，前掲書，p.162.（邦訳，p.173）
（13）『女たちへの手紙』前掲書，p.243.（邦訳，p.256）
（14）『女たちへの手紙』．次のものの引用による．Serge Doubrovsky, « Sartre, retouches à un autoportrait », in Claude Burgelin, *Lecture de Sartre*, Presses Universitaires de Lyon, 1986, pp. 130-131.

■エピローグ　盲目の哲学者

789 **ジャン=ピエール・ヴェルナン**　Vernant, Jean-Pierre 1914-.　古代ギリシャ文明研究の大家．コレージュ・ド・フランス名誉教授．1937年，教授資格を主席で取得．戦時中は，レジスタンス活動に身を投じ，トゥルーズで中心的人物．戦後は，ＣＮＲＳ，高等学術研究院，古代文明比較研究所，コレージュ・ド・フランスで研究に従事．主要著作に『ギリシャ思想の起源』．

790 **アレキサンドリアのフィロン**　Philon d'Alexandrie 前16-50.　ユダヤの哲学者．プトレマイオス家支配のギリシャ文化の下で，裕福なユダヤ人家庭に生まれる．聖書とプラトン哲学の相補性を論証することを課題として，モーセ五書の外面的な字義の背後に隠されている意味を比喩的方法によって示す．彼の解釈は初期のキリスト教神学に影響を与えた．

792 **ベルル**　Berl, Emmanuel 1892-1976.　ジャーナリスト，歴史家，小説家．戦前の反ファシスト週刊誌『マリアンヌ』に寄稿．サッシャ・ギトリ，マルロー，コレット，ブルトンの友人．『ブルジョワ思想の死』，小説に『シルヴィア』．

797 **ラビ・アキヴァ**　Rabbi Akiva 50?-135.　ユダヤのタルムード学者．無学な羊飼いだったが，40歳にしてトーラを学び始める．ハドリアヌス帝のときの，ローマ支配に反旗を翻したバル・コホバの乱（第二次ユダヤ戦争）（131-135）の精神的指導者．ラビ・アキヴァは弟子のコホバをメシアと呼び，戦いに送り出す．

798 **オリヴィエ・トッド**　Todd, Olivier 1929-.　ジャーナリスト，作家．1953年に『レ・タン・モデルヌ』に加わる．『ヌーヴェル・オプセルヴァトゥール』でも健筆を振るう．ヴェトナム戦争では特派員として活動．サルトルへのインタビューも多いが，その共産党との関係，中国についての見解などは早くから批判する．小説の他に，浩瀚な伝記『カミュ，ある一生』（1996）がある．『帝国以後』の著者，エマニュエル・トッドの父．

802 **『ペール・デュシェーヌ』紙**　ジャック・ルネ・エベール（1757-94）が1790年から発行した革命的大衆紙．下品な毒舌で富裕層をからかい，庶民の代弁者として人気を得た．エベールは，王政停止を求める92年8月10日の蜂起で活躍．山岳派による政権掌握後は，最左派としての過激な主張により対立，94年3月にダントン派とともに処刑される．

804 **ナクサライト**　1967年，インドの西ベンガル州のナクサルバリで，土地を持たない農民の武装蜂起があり，それ以降，毛沢東思想の影響下に，農村の武装革命を唱える急進左派の総称となる．

805 **レドモンド・オハンロン**　O'Hanlon, Redmond.　イギリスの旅行作家．

819 **ラカンの言う「カントとサド」**　サド選集の序文として書かれたテクスト．『エクリ』所収．

820 **四人組**　中国文化大革命の四人組へのほのめかしと思われる．

824 **ジュリアン**　Julien, Marcel.　テレビ局〈アンテヌ２〉のディレクター．「プロジェクト・サルトル」の担当者．

相，56年，大統領．56年にはスエズ運河国有化を宣言する．このとき英，仏，イスラエルは軍事介入するが（第二次中東戦争，スエズ動乱），米ソをはじめとする国際的非難により，停戦，撤兵．アラブ・ナショナリズムの旗手として，威信を高める．サルトルは，1967年に会見している．この年，ナセルは第三次中東戦争で敗北．

レヴィ・エシュコル　Eskol, Lévi 1895-1969．イスラエルの政治家．キエフ近郊の生まれ．シオニスト運動に参加し，1913年パレスチナへ．イスラエル建国後は，大臣を歴任し，第四代首相（1962-1968）．1965年，西独との国交締結など，外交関係の改善に努める．サルトルとボーヴォワールは1967年，エジプトに続いてイスラエル訪問．

ランスの鉱山　1970年2月，フーキュールの国営炭鉱でガス爆発が起こり，死者16名を出す．その抗議として，プロレタリア左派の活動家たちが，エナン・リエタールの国営炭鉱事務所を襲い，逮捕される．12月，事故における経営者である国の責任を問うため，サルトルは検事として論告を行なう．「第一回ランス人民法廷」は『シチュアシオンⅧ』所収．

727 **マタモール／ドラント**　マタモールは，スペイン劇の人物から，自分の手柄や能力を大言壮語する人間の意．コルネイユの喜劇『舞台は夢』（1635）でも，ほら吹き隊長として登場する．ドラントはコルネイユ『嘘つき男』の主人公．

■第Ⅲ部　5　文学のための墓

735 **ブロンダン**　Blondin, Antoine 1922-91．作家．政治的なアンガジュマンと絶縁した「軽騎兵」と呼ばれるグループのひとり（他にジャック・ローラン）．映画化された『冬の猿』などで人気作家．

ルーアール　Louard, Jean-Marie 1943-．作家．

750 **アレクシス・レジェ**　Léger, Alexis 1887-1975．筆名はサン＝ジョン・ペルス Saint-John Perse．詩人．外交官．グァドループ生まれ．12歳まで島で暮らす．その後，ボルドーで法律を学び，外交官のキャリアに入る．1960年ノーベル文学賞受賞．

ナンシー・キューナード　Cunard, Nancy 1886-1965．英国の郵船会社キューナード・ラインの創設者の孫娘．1920年代初め，パリに渡り，詩人達と交際し，自らも詩集を出版する．アラゴンとは1925年末から一時，恋愛関係にあった．

753 **アルチュール・クラヴァン**　Cravan, Arthur 1887-1920．フランス語で書いたイギリス人作家．詩人にしてボクサー．ローザンヌ生まれ．1912-15，パリでダダの中心人物．『マントナン』誌を作る．第一次世界大戦を逃れ，バルセロナへ．ジャック・ジョンソンとの伝説的なボクシングの試合をする．そしてニューヨークでの短く，激しい活動．メキシコ湾で行方不明．

758 **『アテネーウム』**　ドイツ・ロマン派の文芸紙．1798-1800．発行者はシュレーゲル兄弟．ノヴァーリスらも寄稿．

763 **マヌエル／スカリ**　マルロー『希望』の作中人物．

767 **キャリバン**　シェイクスピアの『テンペスト』に登場する怪物．ゲエノの『キャリバンは語る』での「キャリバン」は，搾取される教養なき人々の象徴であり，学者プロスペロの権力の基盤である書物への反感を抱く存在．

780 **イヴ・ビュアン**　1938-．作家，精神分析医．1964年に『クラルテ』（共産主義学生同盟の機関紙）で，サルトルにインタビュー．1965年のシンポジウム『文学は何ができるか』を企画．

ンチュールもあった．レジスタンスでも活動．ルネ・クレマン作品『鉄路の戦い』(1945)のシナリオを担当．女性作家としては初のメディシス賞受賞（1962)．『サルトルと人間的現実』の著作もある．

■第III部　4　サルトルの挫折

679 **フェサール神父**　Fessard, Gaston 1897-1978．イエズス会士．

グターマン　Guterman, Norbert 1900-84．ワルシャワ生まれ．1920年代にパリで勉学．ルフェーヴル他，シュールレアリスト，マルクス主義者と交友を持つ．1930年には米国に移る．ルフェーヴルとの翻訳『ヘーゲル選集』は1938年刊．他に共訳として『マルクス選集』(1934)．

ベルトロ　Berthelot, André 1862-1938．1885-1902年に刊行された32巻本の『大百科辞典』の編者．

リュシアン・エール　Herr, Lucien 1864-1926．高等師範学校卒で，22歳で哲学の教授資格試験に合格した後，生涯，母校の司書を勤め，ペギーやレオン・ブルムを含む多くの学生を育てる．1905年の設立当初からＳＦＩＯに加わる．ドレフュス事件でも積極的に擁護の側に立つ．

681 **ロベール・マルジョラン**　Marjolin, Robert 1911-86．経済学者．1948-1955，欧州経済協力機構の初代事務総長．欧州経済共同体の副委員長．欧州共通通貨の創設に尽力する．

693 **レオ・シュトラウス**　Strauss, Leo 1899-1973．政治哲学者．ドイツ，マールブルク近郊の村に生まれ，フライブルク，ハンブルクの大学で学ぶ．ギリシャ哲学，マイモニデス，スピノザの研究．1932年，パリ，ついでイギリスへ．37年には米国へ移り，シカゴ大学で長く教えた．現在の米国「ネオコン」に多大な影響を与えている．『専制について』はクセノフォンによる，僭主と詩人の問答である『ヒエロ』の翻訳と注解．

707 **オラドゥールの虐殺**　1944年6月10日，リモージュの西方の村，オラドゥールで，642名（うち約500名は女性，子供）が虐殺された．子供たちは教会の中に集められ火をつけられた．

724 **ロベール・シューマン**　Schuman, Robert 1886-1963．仏の政治家．ＥＵの生みの親の一人．リュクセンブルクに，ロレーヌ地方出身の両親のもとに生まれる．一家はまもなくドイツ領であったロレーヌに戻ったので，ドイツの教育を受ける．第一次大戦後，フランス国籍になり，政治活動を始める．1942年にはレジスタンスに参加．1950年5月9日，外相として独，仏の石炭・鉄鋼資源を超国家的機関のもとで共同に管理するというシューマン宣言を出す．翌年，欧州石炭鉄鋼共同体（ＣＥＣＡ）が発足．後の欧州共同体，欧州連合の基礎となる．5月9日はヨーロッパ・デイとして記念日になっている．

レイモン・バール　Barre, Raymond 1924-．政治家．もともと経済学者．1967-72年，欧州委員会で，経済・金融担当の委員．1976-81年はジスカール・デスタン大統領の下で首相．失業とインフレへの対処を求められ，緊縮財政をとる．

726 **チトー**　Tito, Josip Broz 1892-1980．ユーゴスラヴィアの政治家．クロアチアの生まれ．1920年共産党入党．37年書記長．第二次大戦時はパルチザン戦術により，ほぼ独力でナチを放逐．1948年，民族主義的偏向によってコミンフォルムから除名される．1961年，第一回非同盟諸国会議をベオグラードで開催する．サルトルとボーヴォワールは1960年5月，ユーゴスラヴィア作家同盟に招待され，ベオグラード訪問．チトーと会う．

ナセル　Abdel Nasser, Gamal 1918-70．エジプトの軍人，政治家．1948-49年の第一次中東戦争では，前線の指揮官．52年のエジプト革命において，自由将校団を率いる．54年，首

世紀の真夜中ならば』(1937) は,ウラルに追放されたロシアのトロツキストを描いた小説で,スターリンの収容所を扱った最初期の文学作品.

ボリス・スヴァーリン Souvarine, Boris 1895-1984. キエフ生まれ.幼少時に仏へ移住.フランス共産党とコミンテルンの創設者のひとり.指導部で活動.レーニン死後の内部抗争において,スターリンと敵対し,1924年にあらゆる組織から追放される.

623 **ガエタノ・サルヴェミーニ** Salvemini, Gaetano 1873-1957. メッシーナ,ピサ,フィレンツェ大学で,歴史を教える.1911年週刊誌『ユニタ』創刊.1925年に逮捕される.イタリア追放後も,反ムッソリーニの論陣を張る.

624 **アンテ・チリガ** Ciliga, Ante 1898-1992. ハプスブルク支配のクロアチアで,農民の子として生まれる.1926年,ユーゴスラヴィア共産党の代表として,モスクワへ.トロツキーに与して,1930年逮捕,シベリアの収容所へ送られる.この体験をもとに『大いなる嘘の国で』を著す.

イストラティ Istrati, Panait 1884-1935. フランス語で書いたルーマニア出身の放浪の小説家.1916年から独学でフランス語を勉強し,ロマン・ロランのアドヴァイスで執筆を始める.1828年,ソ連に行くが,失望するだけに終わる.批判文書を書くが,周囲のものからは批判を浴びた.

625 **エリー・アレヴィ** Halevy, Elie 1870-1937. 歴史家,哲学者.19世紀英国史を専門とする.『専制の時代』では,第一次世界大戦のあとで,個人の活動への国家のコントロールが増し,その束縛の新たな組織化としての社会主義への道が開かれたとする.

■第Ⅲ部 3 告 白

638 **ブヴァール/ペキュシェ** フローベールの未完作品の主人公.筆耕を職とした二人が,思いがけない遺産を得たことから職を辞めて,さまざまな学問に取り組むが,ものにならないままで終わり,結局もとの筆耕に喜びを見出していく.このテキストの一部に含まれるのが『紋切型辞典』.

641 **エチアンブル** Etiemble, René 1910-2002. 作家.『レ・タン・モデルヌ』の文芸欄を担当.1953年2月,ルバテ『ふたつの旗』の書評でコミュニストを侮蔑したとして,サルトルは絶縁状を送りつける.

ルバテ Rebatet, Lucien 1903-72. 作家.『アクション・フランセーズ』で,音楽,映画批評担当.極右の『ジュスィパルトゥ』紙の編集者 (1932-44).1946年,対独協力により,死刑判決を受けるが,のちに恩赦.作品に『残骸』(1942),『ふたつの旗』(1952).

646 **ブーバー** Burber, Martin 1878-1965. ユダヤ人哲学者.ウィーンに生まれる.シオニズム運動に参加.ヘブライ大学で教える.主著『我と汝』(1923).

ショーレム Scholem, Gershom 1897-1982. ユダヤ神秘主義とカバラ研究の大家.ベルリンに生まれる.シオニスト.ヘブライ大学で教える.著書に『神性の神秘的形姿』(1962).

655 **クレランボー** ロマン・ローランの1921年発表の小説のタイトルと主人公の名.第一次大戦時の反戦知識人の孤立と,共産主義への接近を描く.

659 **「馬鹿」** idiot の語源である,ギリシャ語の idiôtês は「単なる一個人」(公人,専門家との対比で) を意味する.そこから「非専門家」,「無知な者」,「教育のない者」の意味ができた.

662 **セクション** フランス大革命の際の,パリの自治的地区単位.48のセクションがあった.

675 **コレット・オードリー** Audry, Colette 1906-90. 1930年にルーアンのリセで,教員.1932年に赴任してきたボーヴォワールと親交を結ぶ.1937年頃,サルトルとの間で短いアヴァ

親中国的態度を捨てた点で異なる．

アフリカの女王　ジョン・ヒューストン監督，ハンフリー・ボガートとキャサリン・ヘプバーン主演の映画（1951）のタイトル．敬虔な宣教師ローズと飲んだくれ船長とが，ドイツ軍の砲艦を撃沈すべく，いがみ合いながらも苦難を乗り越えていく．アフリカの女王とは，この船長が所有するおんぼろ蒸気船の名．これを担いで川くだりに乗り出していく．

597 **ラ・ボエシー**　La Boétie, Etienne de 1530-63.　ボルドーの最高法院評定官としてモンテーニュ（1533-1592）の友人．『自発的隷従論』（1549頃執筆，1576刊）は，暴君が存在し続けるのは人々がすすんで屈していくからだとする．

598 **サン=ジュスト**　Saint-Just, Louis Antoine de 1767-94.　フランス革命期の急進的理論派．公安委員会で，ロベスピエールの片腕として働く．テルミドール9日に逮捕され，翌日処刑される．

610 **反ファシスト知識人監視委員会**　1934年3月5日，社会党の人類学者ポール・リヴェ（1876-1958），共産党系の物理学者ポール・ランジュヴァン（1872-1946），平和主義の哲学者アラン（1869-1951）を発起人に結成．「労働者へ」の声明を発表．直接的には2月の右翼が引き起こしたパリ街頭の騒擾事件への危機感を契機とし，内外のファシストに対抗するために，社会党，共産党が統一行動をとるように促し，人民戦線結成を用意した．

611 **モロック神**　古代セム人の男性神．子供を生贄として捧げる祭儀で知られる．

OAS　Organisation Armée Secrète（秘密軍事組織）の略．1961-63年にアルジェリアの独立を妨げようとした右翼の軍事組織．アルジェリアとパリでプラスチック爆弾によるテロを行なう．

617 **コーン=ベンディット**　Cohn-Bendit, Daniel 1945-.　モントバンに生まれ，ドイツの高校を出たあと，ドイツ政府からユダヤ人学生奨学金を得て，パリ大学（ナンテール）で社会学を学ぶ．68年5月の学生リーダー，スポークスマンとなり，国外退去処分となる．その後はフランクフルトで，ジャーナリスト．1984年からは緑の党に参加する．「90年連合・緑の党」から欧州議会議員に選出される（1994-99）．1999年からはフランス緑の党より選出の同職．

621 **ジャック・マンシヨン**　Mansion, Jacques 1914-90.　1939年9月動員されるが，40年4月負傷のため，除隊．同年6月イギリスに渡り，自由フランス軍に参加．7月から9月にかけて占領地で，情報収集活動などを行なう．その後も数度にわたり，特殊任務に従事，一方でその指導者としても活動．

ジベール・ルノー　Renault, Gibert 1904-84.　1940年6月，イギリスに渡り，自由フランス軍に参加．情報部に配属され，8月にはフランスへ．レミー大佐として諜報網の創出，維持にあたる．実録物の著書多数．

ガロー=ドンバル　Garreau-Dombasle 1898-1999. 合衆国で，ド・ゴール派のグループ France Forever を作り，ルーズヴェルトに対し「自由フランス」の外交的地位の獲得を図る．戦後，メキシコ大使．ちなみに女優で，ベルナール=アンリ・レヴィのつれあいのアリエル・ドンバルはその孫．

パッシー　Passy 1911-98. 本名アンドレ・ドヴァヴラン Dewavrin, Andre.　軍人．ド・ゴールのもとで情報局を創設．パッシーの偽名で占領地域で活動．

622 **ヴィクトール・セルジュ**　Serge, Victor 1890-1947.　ベルギーに暮らすロシア人家族のもとに生まれる．フランスに移住後，若年よりアナーキズム運動に参加．1919年からはロシア革命に参加．1923年からはトロツキーに近づく．1928年にスターリンによって，党から追放され，著述を始める．1933年には逮捕，投獄される．その後，ベルギーへ．『もし今が

562 **ブスケ**　Bousquet, René.　ヴィシー政府の警察長官．フランス警察は，ドイツのユダヤ人検挙に協力したが，その直接の責任者が彼である．

パポン　Papon, Maurice.　レイモン・バール内閣の予算相を務めていた1981年5月，ドイツ占領下でのユダヤ人絶滅計画への協力という過去が暴露された．ジロンド県副知事として，1500人のユダヤ人を摘発し，パリに移送した，というものである．紆余曲折を経たのち，16年後の1997年，死刑が確定した．

567 **オメー氏**　フローベール『ボヴァリィ夫人』の登場人物．薬剤師で，地方ブルジョワの典型．

571 **9月虐殺**　1792年9月2日，パリ市民が各所の監獄を襲撃，王党派を虐殺した事件．

578 **ロジェ・ステファーヌ**　Stéphane, Roger 1919-94.　ジャーナリスト．レジスタンスで27ヶ月の投獄を経験．『オプセルヴァトゥール』(『ヌーヴェル・オプセルヴァトゥール』の前身）の創刊に参画．1955年にインドシナ戦争反対のキャンペーンのゆえに逮捕され，3週間拘禁される．

580 **モーリス・トレーズ**　Thorez, Maurice 1900-64.　1930年から64年まで，フランス共産党書記長．

581 **型通りのイメージ**　ミュッセには，戯曲『ヴェネツィアの夜』(1830)，マンには『ヴェネツィアに死す』(1912) がある．

583 **ビヤンクール**　パリ南西郊．ルノー公社の工場があり，労働運動の最大の拠点の一つだった．

585 **パルダイヤン**　フランスの大衆的剣戟小説作家ミシェル・ゼヴァコ（1860-1918）の作品の主人公．幼いサルトルは，このヒーローに自己同一化する．

マラーノ主義　マラーノとは，キリスト教徒による征服後の，イベリア半島のユダヤ人で，キリスト教への改宗を拒否した者たち．外面的•社会的に己の信仰を秘匿して，生きる生き方．

587 **ルソー，ジャン=ジャックを裁く**　ジャン=ジャック・ルソーの作品『ルソー，ジャン=ジャックを裁く』のタイトルをそのまま借用したもの．

ダマスへの道　パウロは，もともとは熱心なユダヤ教徒で，キリスト教徒鎮圧のため，兵を率いてダマス（ダマスカス）へ向かう途中，雷にうたれて落馬した．これを契機に改宗，熱烈なキリスト教徒となる．

■第Ⅲ部　2　知識人の人生における過誤の管理規制について

592 **アントワーヌ・ピネ**　Pinay, Antoine 1891-1994.　1936年から国政に参与，1940年7月，ペタンへの全権委任に賛成票を投じる．公職追放が解けたあとの1946年以降，第四共和制，第五共和制下で，国民議会議員．52年に首相．その後も，外相，蔵相など歴任．1960年引退．

593 **ルネ・コティ**　Coty, René 1882-1962.　1923年より国民議会議員，1930年より上院議員，1940年ペタンへの全権委任に賛成票．復権後は1947年から大臣を歴任．1954年から58年まで第四共和制最後の大統領．

594 **モハメッド・トーハ**　Toha, Mohamed.　1966年に人民連盟から離れ，東パキスタン共産党（マルクス＝レーニン主義派）を結成．1971年，総選挙で勝利した人民連盟によるバングラデシュ独立宣言と，その後のパキスタン軍による制圧の後，バングラデシュの独立闘争を中国にならい農村革命に結び付けようとゲリラ活動を続けた．

595 **アブドゥル・モティン**　Motin, Abdul.　1969年，東パキスタン共産党を除名され，1971年に東ベンガル共産党（マルクス=レーニン主義派）を結成．同じ毛沢東主義者でありながら，

て逮捕され，強制収容所に送られた体験を基に，『強制収容所の世界』(1946) を発表．1948年に，サルトルとともに〈革命的民主連合〉を結成．クラヴチェンコ事件に際して，ソ連収容所問題調査委員会の結成を呼びかけた．

551 **マルチネ**　Martinet, Gilles.　社会主義者の言論人．1950年，ブルデ，ロジェ・ステファーヌとともに『オプセルヴァトゥール』(『ヌーヴェル・オプセルヴァトゥール』の前身) を創刊．

モラン　Morin, Edgar 1921-.　社会学者．

ブルデ　Bourdet, Claude 1909-96.　ジャーナリスト．41年からレジスタンスに参加．『コンバ』の活動をアンリ・フレネイと共に始める．ヴィシーの警察の捜索を受け，1942年夏からは地下活動へ．44年にはゲシュタポに捕まる．戦後，『オプセルヴァトゥール』(『ヌーヴェル・オプセルヴァトゥール』の前身) の創刊の中心人物．

552 **フェイトー**　Fejtö, Ferenc-François 1909-.　ハンガリー出身の歴史学者．1938年にフランスに移住．レジスタンスに参加．『ハンガリーの悲劇』(1956) などの著作で名声を博す．サルトルから『レ・タン・モデルヌ』のハンガリー問題特集号 (1956年11月-1957年1月) の編集を任される．

553 **モレ**　Mollet, Guy 1905-75.　18歳のときからＳＦＩＯ (労働者インターナショナル・フランス支部) に参加．レジスタンスにも参加する．1946年，代議士，同年，ＳＦＩＯの事務局長 (69年まで)，ブルム内閣 (1946-47)，プレヴァン内閣 (1950-51) で国務大臣，1951年には副首相，1956-57年，首相．交渉によるアルジェリア問題の解決を目指して政権に上ったが，結局，武力による抑圧政策に転じる．

554 **シローネ**　Silone, Ignazio 1900-78.　イタリアの小説家・政治家．1921年イタリア共産党に加わり，指導者の一人．モスクワに行った後，スイスに移り，スターリン批判を開始する．30年除名．45年，イタリアに戻り，社会党代議士．小説に『パンと葡萄酒』．

556 **プリモ・レヴィ**　Levi, Primo 1919-87.　作家．イタリア，トリノのユダヤ人家族に生まれる．レジスタンスに参加，逮捕され，アウシュヴィッツに送られ，奇蹟的に生還．その体験を描いた『これが人間である以上』(1947) でデビュー．

ロベール・アンテルム　Antelme, Robert 1917-90.　マルグリット・デュラスの夫．妻とともにレジスタンスに参加．逮捕され，強制収容所に送られ，フランソワ・ミッテランによって奇跡的に発見される．

557 **『三世代』への見事な序文**　「寒い国からやって来た社会主義」加藤晴久訳，『シチュアシオンⅨ』人文書院，所収．

スガナレル　モリエールが創造した人物．いくつかの作品に登場するが，人物像はそのつど多少異なる．最も有名なのは，『ドン・ジュアン』の従者としてのスガナレルであろう．

マルカム・ラウリィ　Lowry, Malcolm 1909-57.　イギリスの作家．メキシコ，カナダ太平洋岸などを放浪．メキシコでの体験を前衛的手法で描いた『活火山の下』(1947) で注目された．

ケストラー　Koestler, Arthur 1905-83.　ハンガリー出身のユダヤ人．内戦下のスペインにイギリスの新聞の特派員として赴き，フランコ軍の捕虜となり死刑宣告を受けた体験を語ったルポルタージュ『スペインの遺書』(1937) を発表．1940年には，ソ連の秘密裁判を題材とした『真昼の暗黒』で注目を集める．この頃，パリでサルトルらと親交があった．

561 **ピエール・ピュシュー**　Pucheu, Pierre 1899-1944.　ドリオの〈フランス人民党〉に参加．ヴィシー政府で産業大臣，次いで内務大臣．この時，ドイツ軍による人質の処刑の選抜に当り，彼は共産党員を特に処刑対象に選んだ．1943年に逮捕され，死刑に処された．

を最も自由な制度と定義した．著書に『フランス旧統治の歴史』(1722)．
523 **ヴォルテールを殴らせる**　摂政オルレアン公を風刺する詩を書いたため1717年に11ヶ月バスティーユに収監されたヴォルテールは，出獄後文学的名声を得るものの，1726年，ローアン公爵との口論により不当な侮辱を受けた挙句，再度バスティーユに投獄された．

■第Ⅲ部　1　もう一人のサルトル

536 **「白衣」事件**　1953年1月13日，ソ連において9人の医師が，重要人物の暗殺を企てたとして告発された．そのうち7人がユダヤ人だった．しかし同年3月にスターリンが死ぬと，彼らは釈放され，復権した．「医師団の陰謀」事件とも言われる．
537 **モスクワ裁判**　1935年から数次にわたってモスクワで行なわれた，反対派の粛清のための裁判．これによりロシア革命において，スターリンに勝るか同等の威信と業績を持つ指導者たちは一掃された．特に1938年のブハーリンを含む裁判は，メルロー=ポンティやサルトルが取り上げて，分析している．
ファジェーエフ　Fadeev, Aleksandr Aleksandrovich 1901-58. 社会主義リアリズムの代表的作家で，ソ連作家同盟書記長．スターリン下の文学統制の頂点にいた．
538 **ネルーダ**　Neruda, Pablo 1904-73. チリの詩人．共産党に入党．アジェンデ政権が成立すると，駐仏大使．しかしピノチェットのクーデタでアジェンデ政権が倒された直後，別荘で死ぬ．
アマード　Amado, Jorge 1912-2001. ブラジルの作家．左派の政治活動家でもある．
エレンブルグ　Erenburg, Ilya Grigorevich 1891-1967. ソ連の大作家．第二次世界大戦の勃発からパリの陥落を描いた『パリ陥落』(1941)，ナチスの崩壊までを描いた『嵐』(1946-47)など，スケールの大きい大長篇，そして54年には，スターリン批判を先取りした中編『雪どけ』を発表．
ゴットワルト　Gottwalt, Klement 1896-1953. チェコの共産党クーデタの中心人物．これにより大統領となる．
540 **ロレンザッチョ**　ミュッセの戯曲『ロレンザッチョ』(1834) の主人公．大義の実現のために放蕩者の仮面を被って機会をうかがっていたが，いつしかその仮面が本物となっていた男の悲劇．
541 **ジェシカ**　『汚れた手』の登場人物．主人公ユーゴーの妻．
542 **ダスチエ・ド・ラ・ヴィジュリィ**　D'Astier de la Vigerie, Emmanuel 1900-69. 1941年6月にはカヴァリエスと知り合い，レジスタンス組織〈リベラシオン=スュド〉(南部解放) を創設．1944年9月の臨時政府成立時に内務大臣．共産党系の日刊紙『リベラシオン』の編集長を務め，1946-58年は共産党の代議士として活動．
543 **マッカーシー**　McCarthy, Joseph Raymond 1908-57. アメリカの政治家．上院議員として，非米活動調査委員会の委員長として「赤狩り」を行ない，マッカーシー旋風を巻き起こした．
543 **……論説のタイトルである**　6月22日付『リベラシオン』紙に掲載された論説のタイトルは，「狂犬病に罹った動物たち」．一方，『レ・タン・モデルヌ』7月号は，「アメリカ的死に方」というタイトルの論説を掲げて，ローゼンバーグ事件を論じている．ここには軽い混同がある．
548 **クラヴチェンコ**　Kravchenko, Victor. 駐米ソ連大使館員だったが，ソ連体制を批判する本を発表して，パリに亡命．共産党の激しい攻撃を浴びた．
549 **ダヴィッド・ルッセ**　Rousset, David 1912-97. 作家，政治活動家．レジスタンス闘士とし

ルターニュに里子に出されたが，13ヶ月後にパリに戻され，母，祖母，叔母たちのいる女ばかりの家で育った．母マルグリットはアラゴンを弟として入籍し，本人にもそう信じ込ませていたという．

421 **グノーシス派** キリスト教の真理に対するグノーシス（直感的認識＝霊知）を根本思想に置く初期キリスト教の異端的分派．

425 **十字架の聖ヨハネ** Juan de la Cruz 1542-91. スペインの神秘家，抒情詩人，聖人．

435 **「女に好かれないだろう」**『奇妙な戦争——戦中日記』で語られる言葉だが，該当箇所では，実際には，"Il ne saura jamais parler aux femmes"であり，動詞は parler が使われている．従って，正しくは「女性とどうやって口を聞いたら良いかいつまでも分からないままだろうよ」となる．

436 **女の子のような巻き毛を切る** サルトルは7歳のときに，祖父に理髪店に連れて行かれ，髪の毛を切られた．つまり髪を切らせたのは実際には祖父だった（『言葉』邦訳，p. 71-72)．

437 **ベルジュリ** Bergery, Gaston 1892-1974. フランスの政治家，弁護士．1934年急進党を去り，ヴィシー政府のもとでモスクワ大使に任命され(1940)，その後アンカラ大使(1942-49)．1949年裁判にかけられるが，刑を免れた．

■第II部　4　ヴィシー問題メモ

452 **国際旅団** スペイン内戦（1936-39）の際，共和国側を支援するために駆けつけた義勇兵を編成した部隊．

454 **ブラジヤック** Brasillach, Robert 1909-45. フランスの小説家，批評家．王統派の「アクシオン・フランセーズ」に参加．第二次世界大戦中，ドイツ占領軍に協力，戦後銃殺刑に処せられた．著書に『閃光の盗人』(1932)，『われわれの戦前』(1941)．

468 **ブレッカー** Breker, Arno 1900-91. ドイツの彫刻家．ファシズム彫刻の第一人者．

487 **テールマン** Thalmann, Ernsnt 1886-1944. ドイツの政治家．25年共産党中央委員長に就任．33年ナチスにより逮捕され，大戦中に収容所で処刑された．

ディミトロフ Dimitorov, Georgii Mikhailovich 1882-1949. ブルガリアの政治家．35年コミンテルン書記長となる．第二次世界大戦中は反ファシズム運動を指導し，45年ブルガリアに帰国して党書記長に就任，46年から首相を兼任した．

■第II部　5　サルトルは今

493 **バンジャマン・コンスタン** Constant de Rebecque, Benjamin 1767-1830. フランスの作家，政治家．小説『アドルフ』で知られるが，近年その政治思想家としての側面が捉え直されている．ツヴェタン・トドロフは『バンジャマン・コンスタン——民主主義への情熱』で，コンスタンは「自由主義的民主主義の最初の偉大な思想家ではないか」と記している．

アレヴィ Halevy, Daniel 1872-1962. フランスの歴史家，批評家．フランスではじめてニーチェを翻訳した．ペギーと親交があったことでも知られる．主著に『フランス労働運動試論』(1901)，『ニーチェの生涯』(1909)．

496 **ジュール・フェリィ** Ferry, Jules 1832-93. フランスの政治家．普仏戦争時にセーヌ県知事，パリ市長．その後，文相，首相などを務め，初等教育の無償化，義務化を推し進める一方，チュニジア，コンゴなどへの植民地主義政策を推進した．

497 **ペルセウス** ギリシャ神話の英雄．アルゴスの王女ダナエの息子．

499 **ブール** フランス在住のアラブ系二世，三世．

500 **ブーランヴィリエ** Boulainvilliers, Henri de 1658-1722. フランスの歴史家，哲学者．封建制

刊した，アナール派の歴史家.

ラヴィス Lavisse, Ernest 1842-1922. フランスの歴史家. 歴史学者として，多くの歴史教科書を残した.

ミシュレ Michelet, Jules 1798-1874. フランスの歴史家. 膨大な歴史書を残した.『フランス史』全17巻,『フランス革命史』全7巻など.

372 **コックリさん／闇の口** コックリ（狐狗狸）さんは，憑依による占いの一種. 闇は幽霊を表わす. ベルギーに亡命したユーゴーは，その後英仏海峡のジャージー島に移り，そこで1853年から55年まで，家族とともにこうした心霊術にのめりこんだ.

379 **パゾリーニ** Pazolini, Pier Paolo 1922-75. イタリアの詩人，小説家，映画作家. 50年代に文芸雑誌『オッフィチーナ』編集に携わり，また，60年代にはサングィネーティらの新前衛派と対立した.

380 **デブリン** Döblin, Alfred 1878-1957. ドイツのユダヤ系小説家. 精神科医として出発し，表現主義の作家として『たんぽぽ殺し』(1913)，また『ベルリン・アレクサンダー広場』(1929) を発表. 1933年ナチスにより著書が禁書となり，パリに亡命し，フランス市民権を得るが，さらにアメリカに亡命した.

382 **アラゴン……本物の私生児** アラゴンは1897年，パリに私生児として生まれた. 父は警視総監を務めた大物官僚だったと言われる.

387 **カーネーション革命** ポルトガルの長期にわたるサラザール独裁体制（1968年まで）のあと，植民地戦争を継続するその後継者，カエタノに対して，スピノラ将軍を擁する軍部の青年将校が中心になって起こしたクーデタ（1974年4月25日). 当初国民の熱狂的支持を受け，兵士たちは銃口にカーネーションを挿したことからこう称される.

391 **グラック** Gracq, Julien 1910-. フランスの小説家. 1951年に『シルトの岸辺』でゴンクール賞を受けるが，辞退した.

393 **ショーロホフ** Sholokhov, Mikhail Aleksandrovich 1905-84. ソ連の小説家. 1965年度ノーベル文学賞受賞. 代表作に長編『静かなドン』,『開かれた処女地』.

パステルナーク Pasternak, Boris Leonidovich 1890-1960. ソ連の詩人. 57年長編『ドクトル・ジバゴ』をイタリアで出版，58年度のノーベル文学賞に選ばれたが辞退し，国際的な話題を呼んだ.

■第II部　3　徹底的反ファシスト

400 **クラーク** ロシアの富農階層. ロシア革命後，徹底した弾圧の標的となる.

408 **水晶の夜** 1938年11月9日，ドイツ全土でナチスが突撃隊などを使って，ユダヤ人商店，家屋，シナゴーグを攻撃した事件. ユダヤ人900人以上が殺され，2万6千人が強制収容所に送られた. ナチスはこれ以降，ユダヤ人迫害を強めることになった.

410 **「エルランゲン講義」** シェリングは1820年から27年までエルランゲンに住み，21年から25年までの講義のノートを残した.

415 **ベルニス** Bernis, François Joachim De Pierre 1715-94. フランスの作家，政治家. 貧乏貴族の出で，ポンパドゥール夫人の庇護を得て，ヴェネツィア大使などを務めた.

ラシ Rachi または Rashi (Solomon Ben Isaac) 1040-1105. ラビ. 聖書とタルムードの注釈者.

418 **ベベール** セリーヌ『夜の果ての旅』に登場する少年. 主人公バルダミュ医師の診療空しく，死んでしまう.

420 **アラゴン……家族の錯綜を抱えていた** 私生児として生まれたアラゴンは，生後すぐにブり』.

■第II部　2　怪物とはなにか？

341 **パノプティコン**（一望式監視施設）　フーコーが西欧社会における権力装置の事例として分析した，18世紀末ジェレミー・ベンサム考案による監獄建築．中央の塔に監視人をおき，それを取り囲む環状の建物の独房に囚人を収容して，監視し管理するシステム．

344 **レイン**　Laing, Ronald David．イギリスの精神科医・作家．1927年グラスゴー生まれ．反精神医学の提唱者の一人．著書『引き裂かれた自己』(1960)，『狂気と家族』(1964）など．

クーパー　Cooper, David．イギリスの精神科医．1931年生まれ．レインと共著で，サルトル的なテーマを考察した『理性と暴力』を1964年に出版した．他に『精神医学と反精神医学』(1967)，『家族の死』(1970）など．

ドラ　Dora．フロイトが分析したヒステリー患者の若い女性の名．フロイトはその研究から『あるヒステリー患者の分析の断片』を1905年に出版した．

シュレーバー　Schreber, Daniel Paul．ザクセンの控訴院議長で，精神病患者として回想録を出版．フロイトはそのシュレーバー議長の症例の研究を『自伝的に記述されたパラノイアの一症例に関する精神分析学的考察』(1911）にまとめた．

346 **アエネアス**　アンキセスの息子．トロイア落城の際，父を背負って脱出．のちにローマを建国する．ローマ最大の叙事詩，ウェルギリウスの『アエネイス』の主人公．

351 **ポンタリス**　Pontalis, Jean-Bertrand 1924-．フランスの精神分析学者．『新精神分析学雑誌』の編集者を務めた．著書に『フロイト以後』，『精神分析用語辞典』(共著）など．

353 **テーラー**　Taylor, Frederick Winslow 1856-1915．アメリカの機械技師．作業量を基準として賃金を決める差別出来高給制などによる労働者の科学的管理法，テーラーシステムを提唱した．サルトルは『弁証法的理性批判』の第二部においても，この方法について記述している．

355 **ベン・ジョンソン**　Jonson, Ben 1572-1637．イギリスの劇作家・詩人・批評家．彼の喜劇『十人十色』は1598年シェイクスピア一座で上演され評判を得た．『十人十色』は気質喜劇の代表作と言われる．

356 **カロリーヌ**　ボードレールの母．

オーピック　ボードレールの義父．ボードレールは5歳で父を失い，翌年母はオーピックと再婚した．

358 **トマス・ド・クィンシー**　De Quincey, Thomas 1785-1859．イギリスの作家．作品に阿片中毒の経験を語った『阿片常用者の告白』(1822）など．ボードレールやネルヴァルなどに影響を与えた．

狂った足　意のままに動かない足のことを言う．

361 **ラ・メトリ**　La Mettrie, Julien Offroy de 1709-51．フランスの医者，唯物論哲学者．魂は脳の物質的組織の一部であり，人間はこの動力によって動かされる機械であるとする，機械論的唯物論を展開した『人間機械論』(1747）を書いた．

363 **シャンセル**　Chancel, Jacques．フランス国内放送の人気対談番組「ラジオスコピー」の企画・司会者．この番組は，毎日一人の人物を招待して，シャンセルと対談させるもので，1968年から20年以上も続けられ，実に5000人以上の人物が登場したと言われる．

364 **42番地**　サルトルが住んでいた，ボナパルト通りのアパルトマンの番地．

366 **シェヘラザード**　『千一夜物語』で王に物語を語る女性．

369 **フェーブル**　Febvre, Lucien 1878-1956．ブロックとともに29年に『社会経済史年報』を創

304 **ロカール**　Rocard, Michel 1930-. 政治家．統一社会党の書記長を務めたのち，社会党に合流．ミッテラン政権下で閣僚を歴任したのち，第二次ミッテラン政権下で首相．

ピザニ　1968年に〈改革運動〉を結成して大統領選挙に立候補したエドガル・ピザニ Pisani, Edgar（1918-）であるとは，どうも思えない．

ベレゴヴォワ　Bérégovoy, Pierre 1925-93. 社会党の政治家．第二次ミッテラン政権下で，閣僚を歴任したのち，首相に就任（1992年4月）．国民議会選挙での右派の勝利により，退任（1993年3月）したのち，汚職を疑われて自殺（5月）．

ファビユス　Fabius, Laurent 1946-. 社会党の政治家. 閣僚を歴任したのち，首相（1984-86）．

エディット・クレソン　Cresson, Edith 1934-. 社会党の政治家．ファビユスを継いで首相となる（1991年5月15日）が，一年足らずで辞任（1992年4月2日）．その後，ヨーロッパ評議会等で活躍．

シュヴェヌマン　Chevènement, Jean-Pierre 1939-. 現代のフランスを代表する政治家の一人．ミッテランが再編・結成した社会党の書記長を務め，ミッテラン政権誕生とともに，防衛大臣，内務大臣などを歴任．

エレーヌ　アルチュセールの妻．1980年11月16日，彼女は，精神病の発作を起こしたアルチュセールの傍らで，絞殺死体として発見される．

306 **ドゥブレ**　Debray, Régis 1940-. 哲学者，作家．青年時代にキューバ革命に傾倒し，ゲバラを慕ってボリビアのゲリラに参加，逮捕，入獄するという経歴を持つ．作家としては，『雪は燃える』（1970）でフェミナ賞を受賞．ミッテラン大統領の顧問を務めたのち，共和国理念の擁護者となる．

311 **マイモニデス**　Maimonides（イブン - マイムーン）1135-1204. ユダヤ人の医師，哲学者．アラブ・イスラム哲学の成果に依拠しつつ，ユダヤ教神学の体系化に努めた．

307 **チェ・ゲバラ**　Che Guevara, Ernetso 1928-67. アルゼンチン生まれ．医学を修め，ラテンアメリカを旅する．キューバでカストロとともにゲリラ戦を行う．1965年まで，キューバで，国立銀行総裁，工業相を勤める．1966年，ボリビアで革命組織に加わり，政府軍に殺害される．

312 **ジュール・ロマン**　Romains, Jules 1885-1972. 第二次世界大戦前のフランスで最も多産な小説家の一人．ユナニミスム（一体主義）を標榜．代表作『善意の人々』は，27巻に上る厖大な長篇で，1932年から47年まで，刊行が続けられた．サルトルの愛読書の一つで，『猶予』にはこれの技法的影響がうかがわれると言われる．

テオデュール・リボ　Ribot, Théodule 1839-1916. 心理学者．哲学から独立した，客観的・実験的な心理学の樹立を目指した．

315 **人は主体に生まれない……**　言うまでもなく，『第二の性』IIの第一部「女はどう育てられるか」の冒頭の句「人は女に生まれない．女になるのだ」のもじり．

324 **フーリエ**　Fourier, Charles 1772-1837. いわゆる空想的社会主義者．

トゥルニエ　Tournier, Michel 1924-. 作家．『魔王』（1970）でゴンクール賞受賞．『精霊の風』（1977）は，自伝的エッセー．

325 **Heccéité**　ドゥンス・スコトゥスの概念，haecceitas をフランス語化したもの．個物は，普遍的な本性が「これ」という形相的限定を受けることによって成り立つ，とする．この「これ」という限定を haecceitas と呼ぶ．

ドゥンス・スコトゥス　Duns Scotus, Johannes 1266-1308. スコットランド出身のスコラ学者．トマス主義を批判．普遍者とともに個物の実在性を主張．

327 **『死の床に横たわりて』と『アブサロム，アブサロム』**　実際は『サートリス』や『響きと怒

241 **トラークル**　Trakl, Georg 1887-1914．オーストリアの詩人．

251 **アレーテイア**　ギリシャ語で真理・真実を意味する言葉．語源的には忘却されていないこと，隠蔽されていないことを表すことから，ハイデガーは文字通り，真理を隠れなさ，不覆蔵性と捉えた．

258 **ブルクハルト**　Burchkhardt, Jacob 1818-97．スイスの美術史家・文化史家．主著は『イタリア・ルネサンスの文化』．

ユビュ王　アルフレッド・ジャリの喜劇『ユビュ王』をはじめとする一連の喜劇の主人公．強欲で尊大な卑劣漢．

260 **プラトンとかいう人の『クラテュロス』**　ラカンの1973年のセミネールでの発言．

■第Ⅱ部　1　実存主義は反ヒューマニズムである

282 **ポンジュ**　Ponge, Francis 1899-1988．事物を綿密に記述しようとする特異な手法で詩作を行なった詩人．代表作『物の味方』（1942）を中心とする初期の詩作は，サルトルの評論「人と物」で詳細に論じられている．

283 **ジャン・カヴァイエス**　Cavaillès, Jean 1903-44．論理学者，数学哲学者．レジスタンスの指導者となり，逮捕（1943），処刑される，その生涯は本文に詳しい．

287 **大文字のH**　フランス語で「人間」は Homme であり，それを総称的に示す時は，大文字で始められる．

288 **「68年の思想」**　リュック・フェリィ，アラン・ルノーの『68年の思想』は，68年前後から台頭した思潮（主に構造主義と規定することができる）の特徴を反人間主義とし，その現れをフーコー，デリダ，ラカン，ブルデューの四人に沿って分析した．

290 **デュ・ボワ=レイモン**　du Bois-Reymond, Emil 1818-96．ドイツの数学者．

291 **ジャン=トゥーサン・ドサンティ**　Desanti, Jean-Toussaint 1914-2002．哲学者．現象学，数学哲学を専攻．高等師範学校でカヴァイエスとメルロー=ポンティと知り合い，サルトルのレジスタンス組織〈社会主義と自由〉に，妻のドミニックとともに加わる．その後，非合法時代の共産党に入党し，共産党系知識人として活躍したが，1956年に離党する．

297 **マンシー技師**　サルトルの義父，ジョゼフ・マンシー．

アルベルト・シュヴァイツァー　Schweitzer, Albert 1875-1965．神学者にして医師にしてオルガン奏者．アフリカのガボンに病院を建て，生涯その地で診療に当る．1952年のノーベル平和賞受賞．彼はサルトルの祖父の甥に当る．

ジャン・ゲエノ　Guéhenno, Jean 1890-1978．作家．ヒューマニズム的社会主義を標榜．雑誌『ウーロップ』の編集長を勤める．

299 **ゴーリキー**　マキシム・ゴーリキー　1868-1936．ソ連革命期の代表的作家．文学創作と革命の要請を結び付けようとした．

300 **アントナン・アルトー**　Artaud, Antonin 1896-1948．20世紀前半の演劇の革新者．バリ島演劇から発想を得て「残酷演劇」を提唱．原初の呪術的演劇空間を再建しようとした．遺伝性梅毒と診断される激しい頭痛に生涯苦しみつつ，死んで行く．

302 **ランセ**　Rancé, Armand Jean Le Bouthillier de 1625-1700．フランスの宗教者．シトー派修道会に入り，ソリニィのトラピスト修道院本院の修道院長となり，厳格な戒律遵守の方向で改革を行なった．シャトーブリアンがその伝記『ランセ伝』（1844）を執筆している．

303 **カナパ**　Kanapa, Jean．サルトルの教え子．共産党系の知識人・ジャーナリストとして活躍．サルトルには，カナパが『ユマニテ』で行なった批判に反撃した論説，「カナパ作戦」（『シチュアシオンⅦ』に再録）がある．

おまえの一騎打ちだぞ」と言う場面は有名．

222 **ブーヴィル** 『嘔吐』の舞台となるブーヴィルは架空の港町だが，泥の町を意味し，語感的には，牛の町ともとれる．

■第Ⅰ部　5　ハイデガー問題メモ

227 **シャール** Char, René 1907-88. フランスの詩人．シュールレアリスム運動に参加．第二次大戦中はレジスタンスの闘志として戦う．

230 **プラトンのかの『第七書簡』** 『第七書簡』はプラトン晩年の著（偽作とする説もある）．プラトンはみずからの哲学の理想を実現しようと，シラクサの青年僭主ディオニュシオスに実地指導を試みた．『第七書簡』はその経緯を説明したもの．

231 **フレンケル** Fraenkel, Eduard 1888-1970. フライブルク大学，古典文献学の正教授だったが，1933年夏学期に罷免．

232 **「長いナイフの夜」** ヒトラーによる粛正事件（1934年6月30日-7月2日）．ナチ親衛隊（ＳＳ）隊員を用いて，レームを始め突撃隊（ＳＡ）の幹部を逮捕拘禁，処刑．さらには，前首相シュライヒャー夫妻，党内左派のグレゴール・シュトラッサー，ミュンヘン一揆の時の州総督カールも殺害．

233 **ファリアス** Farias, Victor 1940-. チリ生まれ．1987年に発表した『ハイデガーとナチズム』は激しい論争を引き起こした．

ゲーリング Göring, Hermann 1893-1946. ドイツの政治家．ヒトラーに次ぐナチス指導者として軍備拡大と経済の自給自足化をはかる．

ゲッベルス Goebbels, Joseph 1897-1945. ドイツの政治家．ナチスの宣伝相として国民を戦争に動員．ベルリン陥落直前自殺．

ローゼンベルク Rosenberg, Alfred 1893-1946. ドイツの政治家．ナチスの理論的指導者．

ルドルフ・ヘス Hess, Rudolf 1894-1987. ドイツの政治家．ヒトラーの側近でゲーリングに次ぐ指導者と目された．

ハンス・フランク Franck, Hans. ドイツの法学者，帝国司法長官などを歴任．

オイゲン・フィッシャー Fischer, Eugen. ドイツの解剖学者，優生学者．

236 **アブラハム・ア・サンタ・クララ** Abraham a Santa Clara 1644-1709. ドイツのカトリック説教師・文章家．彼の説教と著作は異国人と異教徒への敵意を極端に駆り立てるものだった．

237 **パウル・ツェラン** Celan, Paul 1920-70. ルーマニア生まれのドイツ語表現のユダヤ詩人．パリに住み，隠喩に富んだ詩を書いた．

フランツ・ローゼンツヴァイク Rosenzweig, Franz 1886-1929. ユダヤ人哲学者．ドイツ，カッセルに生まれる．ミュンヘン，フライブルク，ゲッティンゲンの大学で学ぶ．「ヘーゲルと国家」で博士号．キリスト教に回心していたが，1913年ユダヤ教に戻る．ブーバーとともに旧約聖書をヘブライ語からドイツ語に新たに訳した．主著は『贖いの星』．

マルクーゼ Marcuse, Herbert 1898-1979. アメリカの思想家．ナチスの迫害でドイツから亡命し帰化．マルクス主義とフロイト理論の再検討から疎外の問題を論じた．

ガス・トラック ナチスはユダヤ人の殺害にガス室だけでなく，囚人を乗せて走行中にガスで殺害するガス・トラックも使用した．

239 **タレス** Thalès BC625-547?. 古代ギリシャの数学者，自然哲学者，七賢人の一人．星を観察していて，溝に落ちたという有名な逸話がある．

ディオゲネス・ラエルティオス 3世紀頃のギリシャの伝記作家，『ギリシャ哲学者列伝』を著す．

168 **美しく見ること**（ボーヴォワール） 原文は beau voir，意味としては「美しくみること」だが，発音はボーヴォワールとなる．
171 **ラプジャード** Lapoujade．画家．サルトルには彼を論じた「特権なき画家」（『シチュアシオンIV』所収）がある．

■第I部　4　「ドイツ系」の哲学者

174 **マリー・ボナパルト** Bonaparte, Marie 1882-1962．フランスの精神分析家，フロイトの弟子，神経症における社会文化的要因を研究．主著に『クロノス・エロス・タナトス』など．
アンナ・ド・ノアイユ Anna de Noailles 1876-1933．フランスの詩人．ノアイユ伯爵と結婚し，社交界の花形となる．
175 **ジョルジュ・ソレル** Sorel, Georges 1847-1922．フランスの社会思想家．『暴力論』により，労働運動に影響を与えたが，その思想はのちにファシズムによって利用された．
177 **マチス** Matisse, Henri 1869-1954．フランスの画家．フォーヴィズム運動の中心人物．
ラッセル Russel, Bertrand 1872-1970．イギリスの数学者・哲学者．記号論理学を集大成，現代分析哲学の出発点をつくった．核廃絶運動やベトナム反戦運動にも尽力．
バーナード・ショウ Shaw, George Bernard 1856-1950．イギリスの劇作家・批評家．イギリス近代演劇を確立．
ポパー Popper, Karl 1902-94．オーストリア生まれのイギリスの哲学者．「反証可能性」の理論に基づく科学方法論を提唱．
ガブリエル・マルセル Marcel, Gabriel 1889-1973．フランスのカトリック哲学者．キリスト教的実存主義を説く．
178 **「運動イマージュ」** image-mouvement．ドゥルーズの大著『シネマ』の第1巻は，「運動イマージュ」と副題されている．
180 **アガトン** アンリ・マシスとアルフレッド・ド・タルドのペンネーム．『新ソルボンヌの精神』は1911年に出版．
181 **ポリツェール** Politzer, Georges 1903-42．高等師範学校でのサルトルの学友．共産党員で，中央委員会経済部会の責任者に任じられると，それまでの哲学および精神分析の研究を投げうって，経済学の専門家となる．1942年，レジスタンスで逮捕され，拷問の末，殺害される．髪が赤毛で，『嘔吐』の主人公ロカンタンの赤毛の髪は，彼から借用されたものと言われる．
182 **ル・センヌ** Le Senne, René 1882-1954．フランスの哲学者，両大戦間の講壇哲学の代表．
ラヴェル Lavel, Louis 1883-1951．フランスの哲学者，両大戦間の講壇哲学の代表．スピリチュアリズム再興の地盤を築く．
187 **カイエンヌ** 南米北部，フランス領ギアナの都市．
タナナリヴ マダガスカルの首都アンタナナリボの旧称．
198 **アレクサンドル・コイレ** Koyré, Alexandre 1892-1964．ロシア生まれのユダヤ系の哲学者．科学思想史を専門とする．
203 **コジェーヴ** Kojève, Alexandre 1902-68．ロシア生まれのフランスの哲学者．フランスでのヘーゲル講義によって大きな影響を与える．
207 **ジャン・コー** Cau, Jean 1925-93．1946年から57年まで，サルトルの秘書を務める．61年には，『神の慈悲』でゴンクール賞を受賞．後に回想録を残している．
221 **ラスティニャック** バルザックの小説の登場人物．『ゴリオ爺さん』の末尾で，ペール・ラシェーズ墓地からパリを見下ろすラスティニャックが，パリに向かって「今度はおれと

モーリス・サックス　Sachs, Maurice 1904-45.　フランスの作家『屋根の上の牡牛の時代』.
136 **モーリヤック氏は芸術家ではなかった**　サルトルの初期の論考「モーリヤック氏と自由」の最後に,「神は芸術家ではないし, モーリヤック氏も芸術家ではない」という有名な言葉がある.
138 **ヴァレリィ・ラルボー**　Larbaud, Valéry 1881-1957.　フランスの作家・批評家, ジョイスをフランスに紹介. バルナブースはラルボーの小説の主人公.
139 **フルーリソワール**　ジィド『法王庁の抜穴』(1914) の登場人物. ローマに向かう列車の同じコンパートメントにたまたま乗り合わせた, 見ず知らずのラフカディオに突き落とされる.「無償の行為」の犠牲者.
ボリス少年が本を盗もうと……　ボリスが盗んだ辞書は「十四世紀より現代にいたる歴史的語源的俗語隠語辞典」(『自由への道』第1巻, p. 158).
141 **ゲルデロード**　Ghelderode, Michel de 1898-1962.　ベルギーの劇作家.
143 **フィロクテテス**　ギリシャ神話の人物, トロイア戦争に加わったギリシャの武将のひとり. トロイア遠征に向かう途中毒蛇にかまれレームノス島に一人置き去りにされたが, 10年後ギリシャ軍によって連れ戻され, トロイア王子パリスを射殺した. 彼を主題としてソフォクレスは悲劇を書き, ジィドにも戯曲『フィロクテート』がある.
アストリュック　Alexandre, Astruc 1923-.　フランスの映画監督. カメラ＝万年筆理論の提唱者. 映画『サルトル』(1977) の監督.
147 **アンキセス・コンプレックス**　アンキセスはギリシャ神話の英雄. 美と愛と豊穣の女神アフロディテに見初められ, 息子アエネアスをもうける. その後約束を破ったため, ゼウスに脚萎えにされるが, トロイア落城の際には, 息子アエネアスの背に負われて救い出された. アンキセス・コンプレックスとは, このようにアエネアスが父親を背負っているところから命名されたコンプレックスと考えられる.
150 **シャトーブリアン**　Chateaubriand, François René de 1768-1848.　フランスの作家, ロマン派の先駆者.
151 **ジューヴェ**　Jouvet, Louis 1887-1951.　フランスの俳優, 演出家. 映画にも多数出演.
デュラン　Dullin, Charles 1885-1949.　フランスの俳優, 演出家. 映画にも多数出演. サルトルの『蝿』などを演出.
152 **ソラル**　スイスのユダヤ系作家アルベール・コーエン Albert Cohen (1895-1981) の処女小説『ソラル』(1930) の主人公で, 出自は貧しいが, 野心的なユダヤ人青年.
154 **ラビッシュ式の共産主義**　ラビッシュ Labiche, Eugène (1815-88) は, フランスのヴォードヴィル作家. セリーヌの『苦境』に, プチブル向けの共産主義の代名詞として挙げられている.
『ゾラに捧ぐ』　1933年10月1日, メダンにおけるゾラ没後31年記念会での講演.
156 **ミルトン・ヒンダス**　Hindus, Milton.　アメリカの評論家, セリーヌの評伝『敗残の巨人』の著者.
157 **ベレジナ河**　ロシア遠征で失敗したナポレオン軍が, 退却途中に渡った河. 破局, 破滅の代名詞.
163 **ゼリグ**　ウッディ・アレン監督, 擬似ドキュメンタリー形式で描く喜劇『カメレオンマン』の主人公. 周囲の環境に順応して姿かたちが変わってしまう特異体質の持ち主.
ラミュ　Ramuz, Charles Ferdinand 1878-1947.　スイスのフランス語作家.
バルビュス　Barbusse, Henri 1873-1935.　フランスの詩人・小説家. 代表作に『地獄』『砲火』など.

テスピス　ギリシャ悲劇の祖とされる半ば伝説的な人物.

110 **ベルンスタン／ギトリ**　Bernstein, Henry 1876-1953. Guitry, Sacha. いずれもいわゆるブールヴァール劇的な劇作家の代表.

112 **解放後**　ここで想起されていると思われる『分別ざかり』の舞台は, 第二次世界大戦直前のパリである. しかし, 戦後の風俗としての実存主義流行には, あの『分別ざかり』の世界の模倣という側面もあつたことは確かであろう.

113 **ヴェルコール**　Vercors 1902-91. 本名 Jean Bruller. レジスタンス文学の代表作『海の沈黙』の作者. 占領下に深夜出版を創設,『海の沈黙』を書いて, 本格的な作家活動に入る.

スワン／ベルゴット／テスト氏　スワンとベルゴットは, プルースト『失われた時を求めて』の登場人物. テスト氏は, ポール・ヴァレリィの『テスト氏』の主人公.

114 **ゴルツ**　Gorz, André 1923-. ジャーナリスト, 作家. ウィーン生まれ. 1946年, ローザンヌで寄宿生生活をしていたときに, サルトルの講演を聴く. 49年にパリに移り, ジャーナリストになる. 1955年から『エクスプレス』記者. 61年に『レ・タン・モデルヌ』編集委員となる（83年まで). 彼の第一作『反逆者』(1958) のためにサルトルが書いた序文が「ねずみと人間」.

115 **ベニィ・レヴィ**　Lévy, Benny 1945-2003. 毛沢東主義集団〈プロレタリア左派〉の指導者. 初めはピエール・ヴィクトールと名乗っていた. サルトルと知り合い,『反逆は正しい』(1974) となる鼎談に加わる. サルトルの秘書となり,『レ・タン・モデルヌ』の編集委員会に加わり, 盲目となったサルトルに読書サーヴィスをすると同時に,『権力と自由』と題される予定の, 二人の対談による思想構築の試みを開始する等, 死の直前のサルトルの活動への彼の関与は, 本文に詳しい. サルトルの死後, エルサレムに定着し同地で死去.

117 **『リベラシオン』**　1973年に創刊された日刊紙. サルトルを初め, フーコー, クラヴェルが資金を拠出した.

120 **ドゥボール**　Debord, Guy 1931-94. ルカーチの流れを汲むマルクス主義的思索家. 代表作『スペクタクルの社会』では, スペクタクルが,「宗教的幻想の物質的再構築」として全世界的な社会的絆をなしていることを示した.

122 **オレステス**　(フランス語ではオレスト) アガメムノンの息子. 姉エレクトラと協力して, 父を殺害した母を殺す. この物語はアイスキュロスのギリシャ悲劇『オレスティア』三部作を初め, 多くの劇で描かれるが, サルトルの『蝿』もこれに材を採っている.

123 **バンダ**　Benda, Julien 1867-1956. 『聖職者の裏切り』(1927) の著者. この本は,「抽象的正義に仕える者」たる知識人が, その職務を裏切り, 権力に屈服しようとする誘惑に負けてしまう傾向を, 告発する, 知識人論の名著である.

■第 I 部　3　ジィドと訣別するために

132 **レオン・ブルム**　Blum, Léon 1872-1950. フランスの政治家・作家. ジョレスと親交を結び, 社会党に入党. 29年党首となり, 35年急進社会党, 共産党などの反ファシズム勢力を結集して, 人民戦線を結成. 36-37年, 人民戦線内閣の首相をつとめたが, スペイン戦争不干渉政策で不評をかった. 40年ヴィシー政府に逮捕, 45年までドイツに抑留された.

ピエール・クロソウスキー　Klossowski, Pierre 1905-2001. フランスの作家, バタイユから影響をうけ, 神学とエロティシズムの独自な融合を示す作品を書く.

クロード・ロワ　Roy, Claude 1915-97. フランスの作家, 詩人, 批評家.

クラウス・マン　Mann, Klaus 1906-49. ドイツの作家. トーマス・マンの息子. ファシズムに抵抗した.

97 **ファイユ** Faye, Jean-Pierre 1925-. 作家，言語理論家．作家としては一貫して前衛的姿勢を堅持し，言語理論家としては，政治的・イデオロギー的言語の機制の解明に取り組む．

フレーゲ Frege, Gottlob 1848-1925. ドイツの数学者，哲学者．意味論への道を切り開き，ラッセルやヴィトゲンシュタインにも多大な影響を与えた．

98 **ブリス・パラン** Parain, Brice 1897-1970. 哲学者，小説家．言語の問題に先駆的な取り組みを見せた．サルトルは「往きと復り」と題する評論で彼を論じている．

100 **プールー** 幼年期のサルトルの愛称．

101 **デュ・カン** Du Camp, Maxime 1822-94. 文筆家．フローベールの少年期以来の親友．フローベールと何度か旅行を共にし（ブルターニュ，オリエント），『ボヴァリィ夫人』の発表を支援した．

ブイエ Bouilhet, Louis 1822-69. フローベールの幼少よりの親友．詩人で，劇作家でもある．

102 **ドゥブロフスキー** Doubrovsky, Serge. 高等師範学校出身の評論家，小説家．サルトルについて興味深い研究を残している（『自伝的なもの，コルネイユからサルトルまで』）．

106 **ピエール・ノラ** Nora, Pierre 1931-. 言論人，出版者．ガリマール社で「人間科学文庫」，「証言者」，「歴史文庫」等のポケットブック叢書を企画．1980年には雑誌『デバ』を創刊．人間科学と歴史学を拠点とする「知的民主主義体制」を標榜する．

ファブリス／サンセヴェリナ夫人／モスカ伯 スタンダール『パルムの僧院』の主人公たち．サンセヴェリナ夫人は，ファブリスの叔母で，彼を深く愛し，向こう見ずな彼を危地から救い出すために手段を選ばない．モスカ伯は，パルマ公国の宰相で，彼女の恋人．

108 **「ペストのごときリッジウェイ」将軍** リッジウェイは朝鮮戦争で，マッカーサーの後任として，国連軍総司令官に任命されたが，朝鮮で細菌兵器を使用したとの非難を共産圏より浴びた．そのため彼が1952年5月，パリを訪問した際，共産党系の大規模なデモが組織され，それを弾圧する中で，共産党の実力者，ジャック・デュクロが逮捕され，それがサルトルの怒りを引き起こして，「共産主義者と平和」を執筆させることとなったが，その際のデモ隊のスローガンに，「リッジウェイはペストだ」という文言があった．

ローゼンバーグ夫妻 原子爆弾の機密をソ連に漏らしたとの嫌疑で，夫婦共に死刑判決を受け，国際的世論の反対の中，執行された．

アンリ・アレッグ Alleg, Henri 1921-. アルジェリア共産党員．1950年から1955年の発行禁止に至るまでの『アルジェ・ピュブリカン』紙の編集長．その後非合法活動に移り，1957年6月に逮捕．拘留中に拷問を受け，その体験を綴った『尋問』を発行（1958）．サルトルは即座にこれを紹介する記事を『エクスプレス』に掲載するが，その号は当局に押収される．『尋問』も発行禁止にされるが，スイスで，サルトルの記事を添付した形で出版された（「一つの勝利」，『シチュアシオンＶ』に再録）．

フェルナン・イヴトン Yveton, Fernand 1926-57. アルジェリア生まれのフランス人で，アルジェリア共産党員．ＡＬＮ（民族解放軍）の活動を支持．1956年11月，アルジェリアの発電所に爆弾を仕掛けたことで逮捕され，翌年2月，ギロチンにかけられる．

ゲルージ夫妻 Guerroudji. アブデルカデル・ゲルージは，アルジェリア共産党員で小学校教員．1957年1月4日に逮捕され，拷問を受けた後，同年12月7日に死刑判決を受けた．妻のジャックリーヌはフランス人で，小学校教員．やはり逮捕され，夫とともに死刑判決を受ける．

109 **フェルナンデス** Fernandez, Ramon 1894-1944. 作家，批評家．1920年代から『ＮＲＦ』に拠って活躍した．『メッセージ』（1926）という評論集がある．

ピヴォの飄々たる個性もあり，大いに人気を博していた（1975-90年）．

バレス　Barrès, Maurice 1862-1923．フランスの民族主義的右派の思潮を代表する大作家．

■第I部　2　スタンダールとスピノザ

76　**ゲルー／ヴュイユマン／イポリット／カンギレム／ジャン・ヴァール**　いずれも当時の第一線の哲学者たち．ここに原綴での姓名と生没年を示す．Guéroult,Martial 1891-1976．Vuillemin, Jules 1920-2001．メルロー=ポンティの後任として，コレージュ・ド・フランスの認識哲学正教授に就任．Hypolite, Jean 1907-68．ヘーゲル研究の第一人者．Canguilhem, Georges 1904-95．フランス科学哲学の第一人者．Wahl, Jean 1888-1974．実存哲学研究の第一人者．

77　**ジャン・ダニエル**　Daniel, Jean 1920-．アルジェリア生まれのユダヤ人．週刊誌『エクスプレス』を経て，1964年に『ヌーヴェル・オプセルヴァトゥール』の創刊に参画，編集長となる．

グルニエ　Grenier, Jean 1898-1971．作家，哲学者．アルジェのリセに勤務した時，アルベール・カミュを教え，影響を与えた．

ヒューストン　Huston, John 1906-87．アメリカの映画監督．『マルタの鷹』，『アフリカの女王』，『白鯨』等．サルトルに『フロイト』のシナリオを依頼するが，最終的にはそのシナリオは採用されなかった．

79　**121人宣言**　1960年9月5日に発表された「アルジェリア戦争における不服従の権利の宣言」．ナドー，ブランショが起草．サルトルを初め121人の有力知識人が署名した．

86　**ラランド／ブランシュヴィック**　Lalande, André 1867-1963．Brunschvicg, Léon 1869-1944．いずれも戦前のフランス講壇哲学に君臨した哲学者．

番犬　ポール・ニザンは『番犬たち』（1932）の中で，当時の支配的哲学者たちを，支配階級の番犬と規定して論じた．

「**このようなものとして……**」『自我の超越性』原書（*La Transcendance de l'Ego, Vrin*, 1972）p. 68.（邦訳『哲学論文集』人文書院，p. 225．新装版『自我の超越　情動論粗描』p. 68）

87　**独学者**　『嘔吐』の主要な登場人物．

マルセル　『自由への道』の登場人物．主人公マチューの愛人．

88　**ムジル**　Musil, Robert 1880-1942．未完に終った記念碑的大長篇小説『特性のない男』の著者．

ブロッホ　Bloch, Hermann 1886-1951．ジョイスの意識の流れをさらに豊かに複雑にした手法で『夢遊の人々』（1931-32）や『ウェリギリウスの死』（1945）を執筆．

89　**ハイゼンベルクの時代のアインシュタイン**　やや短絡的な省略的引用である．この部分をそのまま引用しておこう．「サルトルはそれ（小説のエクリチュール）が，古典的な小説のニュートン的宇宙に抗して，アインシュタイン的であることを望んでいたのだった．ところで，小説の賭け金は，ジョイスとガートルード・スタイン以来，もはや相対性の方程式のもとに検討されるものではなく，不確定性の諸関係によって思考されるものであった．ヌーヴォー・ロマンは，敬虔なアインシュタインの時代というよりは，むしろハイゼンベルクやデンマークの異教徒たちの時代に身を置いていたのである」．竹内孝宏氏訳による．

95　**カリクレス／ヒュラス／フィロノウス**　Calliclès, Hylas, Philonoüs．カリクレスはプラトンの対話篇『ゴルギアス』の主要人物．他の二人もプラトンの人物と思われるが，未詳．

ゴンゴラ　Gongora, Luis de 1561-1627．スペインの詩人．形式と内容についての規範の無視，ラテン語風の構文と新語の導入，古典の引用と奇抜な比喩による難解な表現，などを特徴とする独特の文体は，「ゴンゴリスモ」と呼ばれる．

他方は存立し得ない．従って，ノエシス的〈我れ〉とは，意識の志向性としての〈我れ〉というほどの意味であるが，厳密には，これはサルトルの立場とは必ずしも一致しない疑いがある．

ロカンタン　『嘔吐』の主人公．

58　**サント=ブーヴに賛同する**　有名なプルーストのエッセイ『サント=ブーヴに反駁する』のもじり．

クノー　Queneau, Raymond 1903-76．小説家．シュールレアリスムから出発し，常に言語的・文体論的探究を続けた．その真骨頂は『文体練習』（1947）や『一千兆の詩』であろう．『地下鉄のザジ』（1959）とルイ・マルによるその映画化（1960）によって，一般読者にも知られるようになった．

59　**耐え難くない軽さ**　ミラン・クンデラの小説の表題『存在の耐え難い軽さ』のもじり．

ヴィアン　Vian, Boris 1920-59．作家にして，ジャズの演奏家（トランペット），等々，八面六臂の活躍をして，若くして去った異才．『うたかたの日々』には，サルトル実存主義の狂乱が活写されている．

ムルージ　Mouloudji, Marcel 1922-94．（アルジェリアの）カビリア出身．小説や演劇やシャンソンに才能を示す．サルトルの映画『賭はなされた』に出演．サルトルの強力な推挽で小説『エンリコ』がプレイヤード賞を受賞．

アルセスト　モリエールの喜劇『人間嫌い』の主人公．社会の不正に怒り，不正や悪の温床たる人間の性《さが》も冷徹に断罪する堅物．

64　**エミール・アンリオ**　Hanriot, Emile 1889-1961．フランスの小説家，批評家．第二次大戦後は『ル・モンド』紙で長く書評を担当した．

66　**「ケツの狂躁患者」**　サルトルによるセリーヌへの批判たる「反ユダヤ主義者の肖像」(『レ・タン・モデルヌ』1945年12月．これは翌年出版される『ユダヤ人問題の考察』へと発展する）を読んで，セリーヌが執筆した反論文は「ケツの狂躁患者」と題されている．

クローデル　Claudel, Paul 1868-1955．フランスの詩人・劇作家，外交官，カトリック信仰に支えられた作品を書く．

68　**役者にして殉教者**　サルトルのジャン・ジュネ論『聖ジュネ』（1952）の副題は「役者にして殉教者」である．

69　**なしくずしの死**　セリーヌの小説『なしくずしの死』（1936）の表題から．

72　**ジャック・ローラン**　Laurent, Jacques 1919-2000．作家．セシル・サン・ローランの名で『いとしのカロリーヌ』等の大衆小説を書く傍ら，『愚行』でゴンクール賞を受賞．諷刺文書『ポールとジャン=ポール』（1951）では，サルトルを20世紀前期の作家ポール・ブールジェと比較して，批判している．

軽騎兵　戦後，実存主義文学への反発として，政治的アンガジュマンに背を向ける姿勢を強調した一群の新進作家が登場し，「青い軽騎兵」と呼ばれた．ロジェ・ニミエやフランソワ・ヌーリシエに，ジャック・ローラン等，さらにフランソワーズ・サガンも，このグループに入ると言われる．

ポーラン　Paulhan, Jean 1884-1968．文壇の黒幕にして，文芸批評，文学理論の重要人物．1925年に『新フランス評論』の編集長．占領下ではこの職を辞し，『レットル・フランセーズ』と深夜叢書を創刊し，文学的レジスタンスに貢献．『レ・タン・モデルヌ』の創刊メンバーにも加わっている．

74　**ニミエ**　Nimier, Roger 1925-62．訳註「軽騎兵」を参照のこと．

「アポストロフ」　文学を中心とする新刊案内のテレビ番組で，企画・司会のベルナール・

論するために『共産主義』を発表（1953）．しかしその後は『レ・タン・モデルヌ』の寄稿者の一人となる．「121人宣言」の中心人物の一人．

45 **マリオットの法則**　体積と圧力の反比例の法則．マリオットは，17世紀のフランス物理学者．

46 **クイユ**　Queuille, Henri 1884-1970．1948-49年のフランス首相．北大西洋条約を締結した．

ジスカール・デスタンのオルレアニスム　ジスカール・デスタン Giscard d'Estain, Valéry (1926-）は，ポンピドゥーの後の第五共和国第三代大統領．第五共和制下初めての，ド・ゴール派以外の大統領で，知的な穏健政策を進めた．オルレアニスムは，ブルボンの傍流，オルレアン家に伝統的なリベラリズム．1830年の七月革命でフランス国王となったルイ=フィリップの政治姿勢を指すことが多い．

47 **シモーヌ・ジョリヴェ**　Jollivet, Simone．サルトルの父方の遠縁の親戚．トゥールーズ在住．1926年から数年間，サルトルと熱烈な恋愛関係にあった．かなり奇矯な性格で，サルトルは翻弄されたようである．『嘔吐』のアニーのモデルとも言われる．また「カミーユ」，「ミエット」，「トゥールーズ」等の渾名でも呼ばれた．

ル・アーヴル時代　サルトルは1931年から37年まで，ル・アーヴルのリセに赴任している．

トゥプフェル　Töpfer 1799-1846．スイスの作家，画家．

48 **ラニョー**　Lagnaeu, Jules 1851-94．フランスの哲学者．ライプニッツの影響の下に思索を重ねた．アランには『ラニョーをめぐる回想』という著作がある．

ボーフレ　Beaufret, Jean 1907-82．フランスにおけるハイデガー研究の第一人者と目される．早くも1946年にハイデガーを訪問．その『ヒューマニズム書簡』は，ボーフレの質問に対する回答として，ボーフレに宛てたものである．リセ〈コンドルセ〉の高等師範学校受験準備課程の教授として，リセ教員のキャリアを全うする．

クラヴェル　Clavel, Maurice 1920-79．キリスト教の系譜に連なる哲学者，ジャーナリストにして演劇人．五月革命の学生運動やリップの労働組合の自主管理運動にも強い関心と支援を寄せ，「新哲学者たち」が登場した際も，支援を惜しまなかった．ＴＮＰ（国立民衆劇場）の事務局長や『ヌーヴェル・オプセルヴァトゥール』のテレビ時評欄担当を努めたが，1960年からはパリのいくつかのリセで教鞭を執っている．

50 **ヴァニーニ**　Vanini, Lucilio 1585-1619．イタリアの哲学者．トゥールーズに滞在中，魔術と占星術の廉で火刑に処せられる．

51 **本来の意味での「殉教者」**　この語は本来，「（神の）証言者」を意味するギリシャ語から由来する．

53 **バルタサール・グラシアン**　Gracián, Baltasar 1601-58．17世紀スペインのモラリスト．『宮廷人』（1647）は箴言集である．

ティントレット　通称，il Tintoretto 1518-94．ルネサンス期ヴェネツィアを代表する画家の一人で，現代の画家以外で，サルトルが愛着を抱くほとんど唯一の画家．彼はティントレットについて数編の論文を書いている．

ティツィアーノ　Tiziano Vecello 1490-1576．ティントレットと同時期にヴェネツィア画壇に君臨した巨匠．

54 **ドリュー**　ドリュー・ラ・ロッシェル Drieu La Rochelle, Pierre 1893-1945．大戦間期の代表的な小説家．ファシズムに共鳴し，占領下では対独協力的立場を採り，ドイツの敗北により自殺する．

56 **ノエシス的〈我れ〉**　フッサールは，意識の要件を，その志向作用たる「ノエシス」noesisと，志向対象たる「ノエマ」noemaの両側面と考える．この両者は不可分で，一方のない動を続ける.

マドレーヌ　マドレーヌ・ロンドー Rondeau, Madelaine. ジィドの従姉で，後に結婚. しかし，肉の交わりを行なわない夫婦であった. その関係は小説『狭き門』に反映していると言われる.

36　**ボリス／ボスト／イヴィッチ／マチュー／ローラ／ダニエル・セレノ**　ボスト Jacques-Laurent Bost は，サルトルの教え子で，信奉者. ボーヴォワールと恋仲になる. それ以外は，いずれも『自由への道』第一部『分別ざかり』の登場人物.

ホルヘ・センプルン　Semprun, Jorge 1923-. スペイン人. 家族でフランスに亡命し，パリで修学. レジスタンスに加わり，逮捕されてブッヘンヴァルトの収容所に送られる. 戦後はスペイン共産党に加わり，スペインでの非合法活動にも従事. フランコ後のスペインで初めて公然と帰国を果し，ゴンザレス社会党内閣の文化大臣に就任. フランス語とスペイン語で旺盛な作家活動を展開. 映画シナリオ『戦争は終った』などもある.

37　**クリナメン**　もともとはエピクロス派の，特にルクレティウスの概念で，原子の微小な「偏り」を意味する.

38　**ガローディ**　Garaudy, Roger 1913-. 戦後のフランス共産党の主要なイデオローグの一人. 68年の五月革命とソ連軍のチェコスロヴァキア侵入の後，フランス共産党の指導部を批判して，除名となる.

41　**ファノン**　Fanon, Frantz 1925-61. フランス領マルチニック生まれの黒人. 精神科医. アルジェリアの病院に勤務するうち，アルジェリア独立運動に参加. ＦＬＮ（民族解放戦線）の機関紙『エル・ムジャヒッド』の政治欄を担当，ＦＬＮの指導的イデオローグとなる. 独立後はガーナ大使. その主著『地に呪われたる者』はサルトルの序文を付して，1961年に刊行された.

42　**フランソワ・マスペロ**　Maspero, François 1932-. 政党から独立した政治的アンガジュマンを標榜する出版社，〈マスペロ〉社の創設者. 彼自身は1955年に共産党に入党するが，一年後に離党，フルシチョフ報告の流布に取り組んだ，という経歴を持つ.〈マスペロ〉社は，アルジェリア独立運動にも積極的に関わり，ファノンの『地に呪われたる者』も出版している.

44　**ラッセル法廷**　英国の哲学者，バートランド・ラッセル（1872-1970）の呼びかけによる「ヴェトナムでの戦争犯罪に対する国際法廷」. 1967年5月ストックホルム，11月にはデンマークで開廷. サルトルは当初から参加し，議長を務める.

6月18日のアピール　1940年6月，ドイツ軍の電撃作戦によってフランスはドイツに屈服，占領されることになるが，そんな中，ド・ゴール将軍はロンドンに渡って自由フランス政府を樹立し，フランス国民に対独抗戦を呼びかけた. 敗戦に打ちのめされたフランス国民は，「フランスは一戦闘に敗れたが，戦争に敗れたわけではない」との呼びかけによって，希望と気力を取り戻した.

68年 対 58年　1954年から始まったアルジェリア独立戦争への対処で苦慮する中，フランスはアルジェリア独立の方向を模索し始めたが，1958年5月，これを不満とするアルジェリア駐留軍と植民者が叛乱を起こして，ド・ゴールの政権復帰を要求する. ド・ゴールはこれにより政権に復帰し，大統領に選ばれ，第5共和国が成立する. 一方，1968年5月のいわゆる「五月革命」は，ド・ゴール政権に大打撃を与え，翌69年4月，ド・ゴールは大統領を辞任する.

マスコロ　Mascolo, Dionys 1916-97. 活動的左翼知識人の一人. 1946年に共産党に入党するが，1949年に，「チトー主義者」として除名される. サルトルの『唯物論と革命』に反で結ばれた恋人同士．セシールは，かつてメルトゥイユ侯爵夫人を捨てたジェルクールの婚約者．彼女は復讐のために，ヴァルモンにセシールを誘惑させようとする．

マリー・スーランジュ　ラクロの恋人で，未婚のままその子供を生む．ただし，二人はその後，結婚している．

『不謹慎な宝石』　ディドロ（1713-1784）が匿名で発表した小説．宝石が，それを身につける女性の情事の秘密を語るという設定．

彼の養女　アルレット・エルカイム．最晩年にサルトルは彼女を養女にして，周囲を驚かせる．

ドロレス　ドロレス・ヴァネッティ Vanetti, Dolorès．サルトルのアメリカ人の恋人．解放直後に渡米した際に知り合った．唯一，ボーヴォワールを嫉妬させた女性と言われる．

ネルソン・オルグレン　Algren, Nelson．ボーヴォワールの恋人．

24-25　**オルガ／ワンダ／ミシェル／ビヤンカ・ランブラン**　いずれもサルトルの恋人．オルガとワンダは姉妹（コサキエヴィッチ）．特にオルガについては32ページの訳注も参照．ミシェルは，ボリス・ヴィアンの妻．またビヤンカ・ランブラン Limblin, Bianca は，1993年に，*Mémoires d'une jeune fille dérangée*（『狂わされた娘時代』）を発表して，自分がボーヴォワールの恋人でもあったことを告白しつつ，サルトルおよびボーヴォワールとの関係について赤裸々な暴露を行なった．ちなみに，この本の表題は，ボーヴォワールの *Mémoires d'une jeune fille rangée*（「きちんとした娘の回想録」＝『娘時代』）の表題のもじりである．

26　**タニア（可愛いブルダン）**　同前．ただしタニアは，オルガの妹ワンダの別名と思われる．

ポルトガルの尼僧　1669年に作者不詳として発表された『ポルトガルぶみ』は，ポルトガルの尼僧のフランス士官への純愛の思いを綴った書簡集で，フランス恋愛心理小説の先駆と言われる．

29　**きちんと見ようとする**　ボーヴォワール Beauvoir の名は，beau「美しい，見事な」と voir「見る」からなる．

大サルトル女　la Grande Sartreuse．La Grande Chartreuse「シャルトル大修道院」（アルプス山中に建つ）にかけた洒落．

32　**ザザ／オルガ／ナタリー・ソロキーヌ（リーズ）**　いずれもボーヴォワールの同性愛の相手．オルガ・コサキエヴィッチは，サルトルとも恋人関係を持ち，ボーヴォワールと三人で「トリオ」を形成する．『招かれた女』のグザヴィエールのモデル．

33　**アラゴンが犯した失敗**　アラゴンは，同性愛的嗜好を持つことが，エルザ・トリオレに発覚し，悶着を引き起こしたことがある．

34　**ランズマン**　Lanzmann, Claude．『レ・タン・モデルヌ』の編集長．映画作家でもあり，『ショアー』を制作・監督した．ボーヴォワールの恋人でもあった．

スコットとゼルダ　スコットはスコット・フィッツジェラルド Scott Fitzgerald 1896-1940．アメリカの作家．失われた世代の代表的存在で，代表作は『華麗なるギャッビー』（1925年），『夜はやさし』（1934年）等．美貌の妻ゼルダ Zelda とともにヨーロッパで派手な遊興生活を繰り広げ，「スコット王子とシンデレラ・ゼルダ」と言われた．

エルザ　エルザ・トリオレ Triolet, Elsa 1896-1970．モスクワ生まれのロシア人で，マヤコフスキーの義理の妹．一度目の結婚の後，ルイ・アラゴンと邂逅．その伴侶にして詩の女神となる．アラゴンの詩集『エルザの眼』（1942）は，その代表例．トリオレ自身も小説家として活躍している．

ボウルズ　Bowles, Paul 1910-84．アメリカの作家，作曲家．はじめ作曲，次いで音楽批評を経て，小説の創作に入る．セイロンなどを転々としたのち，モロッコに在住して創作活

訳　註

実在人物については，原則として原綴を姓→名の順で掲げ，次いで生没年を掲げる．
見出しにすでに名が示されている場合も，同じ扱いとする．
例）**モラン**　Morand, Paul 1884-1968.
ロマン・ギャリィ　Gary, Romain 1914-80.

■プロローグ

10　**パリ・ブリュンヌ**　パリのセデックス（重要企業・政府機関宛の郵便物の配達制度）専用の郵便集配センター．

11　**光明の島**　ヴェトナム・ボートピープル救援のために「病院船」として派遣された船の名．当面，収容した難民の健康の確保を遂行していたが，やがてフランス政府は，船上の難民すべてにヴィザを発給する決定を下すに至った．ベルナール・クーシュネール等のイニシアチヴで始められた，ボートピープル救援活動には，サルトルも参加．レイモン・アロンと共に大統領府に陳情に行った時の写真は，よく知られている．

14　**フェルナンド・ペソア**　Pessoa, Fernando 1888-1935. ポルトガルの詩人．少年期の10年間，南アフリカのダーバンでイギリス式の教育を受ける．1913年頃から三つの異名を用い，別々の人格の詩人として詩作する．

ロマン・ギャリィ　Gary, Romain 1914-80. ロシア系ユダヤ人の作家．14歳の時，フランスに移住．『空の根』（1956）でゴンクール賞を受賞．一方，この頃，エミール・アジャールという新人が登場し，『これからの人生』（1975）でゴンクール賞を受賞したが，それがギャリィの偽名であることが判明し，スキャンダルを巻き起こした．

■第Ⅰ部　1　サルトルの栄光

21　**モラン**　Morand, Paul 1888-1976. 外交官にして作家．『夜ひらく』等で大戦間期の人気作家となるが，ヴィシー政権によってルーマニア大使に任命される．

シャルドンヌ　Chardonne, Jacques 1884-1968. モラリスト風の心理小説の達人．占領下では対独協力的な態度をとった．

スーステル　Soustelle, Jacques 1912-90. 高等師範学校卒，民族学を専攻．フランス敗北を受けてロンドンの自由フランス政府に参加．フランス解放後は，ド・ゴール派政党，フランス人民連合（ＲＰＦ）の創設に参画．1955-56年，アルジェリア総督として，「フランスのアルジェリア」（アルジェリアをフランス領に留める）政策を主唱，1961-69年には国外追放となるが，恩赦後は政治活動を再開，欧州評議会などで活躍する．

グレコ　Gréco, Juliette 1927-. サルトルは『出口なし』で登場人物のイネスに歌わせた『ブラン・マント通り』La Rue des Blancs-manteaux を贈る．曲を付けたのはジョゼフ・コスマ．

22　**カストール**　ボーヴォワールの渾名．Beauvoir の音が英語の beaver に似ているところから，ビーヴァーを意味するフランス語の Castor を渾名にしたもの．

24　**メルトゥイユ侯爵夫人／セシール・ヴォランジュ／ヴァルモン**　18世紀フランス小説の傑作として知られる，ラクロの小説『危険な関係』（1782）の登場人物．数多くの男性との情事を誇るメルトゥイユ侯爵夫人とリベルタンの放蕩児ヴァルモンは，実は奇妙な信頼関係

285, 305, 308, 372, 548, 566-567, 578, 596, 622, 624, 777, 808, 818
レリウス(作中人物)　458-460, 643, 646-649
レリス, ミシェル　58, 132, 223, 433, 455, 466, 479, 488, 734-736, 750, 755, 765

ローアン　522
ロカンタン, アントワーヌ(作中人物)　56, 81, 85-87, 158, 161-162, 185-186, 220-222, 294-297, 320, 405, 427, 433, 444-445, 453, 527, 638, 641, 643-644, 649, 651, 657, 714, 761, 763, 825
ローゼンツヴァイク, フランツ　237, 510, 629, 692-693, 814
ローゼンバーグ, エセル　108, 542
ローゼンバーグ, ジュリアス　108, 542
ローゼンベルク, アルフレート　233, 256
ロチ, ピエール　40, 581
ロック, ジョン　716
ロートマン, アルベール・フレデリック　290, 293
ロートレアモン　161
ロービエ, ジャン　475
ローブロー　465
ロマン, ジュール　145, 167, 312, 434
ローラ(作中人物)　36, 92, 414
ローラン, ジャック　72
ロラン, ロマン　622, 639, 655
ロルボン(作中人物)　185
ロレンザッチョ(作中人物)　540
ローレンス, トマス・エドワード　340, 578, 580
ロワ, クロード　132
ロンドー, マドレーヌ　34, 131, 711, 721, 768

ワ　行

ワンダ(・コサキエヴィッチ)　25, 361, 516
ワイルド, オスカー　637
ワグナー, コジマ　215
ワグナー, リヒャルト　215

ライプニッツ, ゴトフリート・ヴィルヘルム　91, 93, 326, 329-331, 371, 390, 440, 442, 699
ラヴィス, エルネスト　369
ラヴェル, ルイ　182
ラウリィ, マルカム　559
ラエルティオス, ディオゲネス　239
ラカン, ジャック　35, 96, 122, 131-133, 146, 163-164, 174, 199, 203, 206, 215, 226, 230, 251-252, 255, 260, 261, 308, 320-322, 340, 345-346, 351, 402, 431, 619, 681, 685, 751, 794, 819
ラザレフ, エレーヌ　580
ラザレフ, ピエール　63, 580
ラザール, ベルナール　493
ラシュリエ, ジュール　193
ラシーヌ, ジャン　161, 507, 750
ラスティニャック(作中人物)　160, 221, 468, 472, 738
ラス・ヴェルニャス, レイモン　63
ラシ　415
ラッセル, バートランド　44, 177, 319, 390, 726
ラーデマッハー　463
ラニョー, ジュール　48
ラフカディオ(作中人物)　139, 639
ラプジャード, ロベール　171
ラブルース, ピエール　67
ラブレー, フランソワ　155
ラミュ, シャルル・フェルディナン　163
ラランド, アンドレ　86
ラルボー, ヴァレリィ　138, 146
ランジュ(作中人物)　25
ランズマン, クロード　34, 41, 237, 352, 355, 363, 383, 506, 575, 693, 725, 791, 798, 810
ランセ, A. J. Le B. de　302
ランブラン, ビヤンカ　25-27, 340, 474
ランブール, ジョルジュ　58

リオタール, ジャン=フランソワ　775
リクー, ジョルジュ　465
リクール, ポール　193
リッジウェイ, マシュー　108, 591
リバルカ, ミシェル　84, 115, 321, 351, 754, 771
リボ, テオデュール　312, 785
リーム, アントニーン　557, 615
リュシィ(作中人物)　414
リュトブッフ　469
リルケ, ライナー・マリア　241

ル・クール, シャルル　490
ル・シッド(作中人物)　727
ル・センヌ, ルネ　182, 193
ル・ブリ, ミッシェル　570
ルーアール, ジャン=マリー　735
ルイ=フィリップ　130
ルヴァイ, イヴァン　557
ルカルム, ジャック　151-152
ルクール, ドミニク　306
ルーセル, レイモン　47, 358, 414, 750
ルソー, ジャン=ジャック　60, 110, 118, 239, 394, 424, 586, 713, 729, 736-737
ルッセ, ダヴィッド　549-550, 554, 619
ルナール, ジュール　167, 282
ルノー, アラン　213
ルノー, ジベール　621
ルノワール, ジャン　451
ルフェーヴル, アンリ　218-219, 679
ルフォール, クロード　408, 577, 613, 616-619, 621, 626, 641, 659, 777
ルフト　463

レイン, ロナルド・デイヴィッド　344, 350
レインマントル夫人(作中人物)　387
レヴィ, チエリィ　557
レヴィ, プリモ　556, 693
レヴィ, ベニィ（ピエール・ヴィクトール）　44, 115, 364, 492, 502, 507, 510, 572, 575, 617, 632, 721, 724, 772, 787-789, 791-792, 797-798, 800, 802-805, 808, 811, 813, 817, 823-825
レヴィ, ラウル　292, 484
レヴィ=ストロース, クロード　67, 131, 252, 286, 346, 685, 694, 696, 793
レーヴィット, カール　228, 233, 373
レヴィナス, エマニュエル　95, 97, 191, 195, 197, 213, 227-228, 230, 253, 263, 326, 330, 334, 369, 510, 607, 646, 679, 693, 707, 790, 813-819, 823-824
レオナルド・ダ・ヴィンチ　83
レジェ, アレクシス　750, 760
レナ　361
レーニン, ウラジーミル・イリッチ　176, 186,

チ　545
マロ, レイモン　484
マン, クラウス　132
マン, トーマス　165, 258, 345
マンシー, ジョゼフ　297, 356, 428, 436
マンシヨン, ジャック　621
マンデス=フランス, ピエール　435, 574

ミケランジェロ　169
ミシュレ, ジュール　369
ミショー, アンリ　358, 389, 391
ミスライ, ロベール　506
ミッテラン, フランソワ　46, 303-304, 306, 455, 574
ミュッセ, アルフレッド　581
ミュラー, マックス　235, 746
ミロス, チェスラウ　524

ムジル, ロベルト　88, 367
ムッソリーニ, ベニート　176, 623, 626
ムーラン, ジャン　489-490, 621
ムーリエ=ブータン, ヤン　72
ムルソー(作中人物)　81, 530
ムルージ, マルセル　59, 477, 480

メイエル, ダニエル　73, 486
メナルク(作中人物)　639
メーヌ・ド・ビラン　193
メルヴィル, ハーマン　471
メルトゥイユ(作中人物)　24, 436, 474
メルロー=ポンティ, モーリス　53, 59-60, 66, 76, 80-81, 95, 103, 167, 178, 181-182, 184, 199, 203, 206-207, 224, 276, 329, 331, 338, 369, 371, 374, 376, 397, 437, 450, 484, 516-518, 538, 566, 577, 601, 604-605, 618, 624-625, 681, 697, 705, 812, 819
メンゲレ, ヨーゼフ　233
メンデルスゾーン, モーゼス　510

モイーズ(作中人物)　152
毛沢東　35, 98, 100, 111, 115, 187, 223, 247, 274, 285, 361, 376, 382, 390, 393, 446, 555-557, 568, 570-571, 573, 575, 583-584, 594, 715, 724-725, 728, 730, 768-769, 771-772, 776-778, 790, 794, 797-798, 804, 807-808, 823-824
モザイク(作中人物)　152-153, 452, 498
モース, マルセル　364, 625, 626
モスカ伯(作中人物)　106
モーツァルト, ヴォルフガング・アマデウス　733
モティン, アブドゥル　595
モニエ, アドリエンヌ　73
モーニエ, チエリー　218, 543
モーラス, シャルル　132, 174, 176, 178, 218, 411, 413, 481, 493, 507, 639, 655
モラン, ポール　21, 74, 163
モラン, エドガール　551
モリエール　53
モーリヤック, フランソワ　37, 62, 66-67, 70-72, 74, 88, 90, 128, 132, 134-136, 146, 148, 155, 168, 358, 389, 391, 466, 479, 488, 504, 543, 585, 627, 742, 793
モルガン, クロード　488
モレ, ギィ　553, 593
モレ, マルセル　477
モンテ・クリスト伯(作中人物)　455
モンテルラン, アンリ・ド　21, 141
モンドリアン, ピエト　414, 586

ヤ　行

ヤコポ　⇒ティントレット
ヤスパース, カール　217, 624, 710

ユゴー, ヴィクトール　45, 59, 99, 128, 144, 167, 372, 654, 665, 726, 733, 774
ユゴー(作中人物)　537, 539-542, 733, 749
ユーデンツヴェック(作中人物)　152-153
ユビュ王(作中人物)　258
ユリディス(作中人物)　672
ユンガー, エルンスト　479
ユング, カール　164, 224, 343

ヨハネ　457, 586-587, 663, 686
ヨハネ=パウロ　586

ラ　行

ラ・ブリュイエール, ジャン・ドゥ　69, 143
ラ・ボエシー, エチエンヌ・ドゥ　597
ラ・メトリ, J. de　361
ラ・ロシュフーコー　143, 162

57-58, 67, 80, 102-103, 105, 137, 140, 149-151, 154-156, 167-168, 190-191, 203, 341, 353-358, 360-361,414, 416, 449-450, 452-454, 464, 468-470, 472-474, 476, 479, 483-484, 486, 514, 516, 518, 520-521, 554, 560-561, 564, 584-585, 600-601, 620, 633-634, 641, 667, 725, 734, 754, 784, 787-788, 794, 797-799, 801-823
ボウルズ, ジェーン　34, 751
ボウルズ, ポール　34, 47, 52, 387, 751
ホシンヌ, ベライド　108
ボス, メダルト　206
ボスト, ジャック=ローラン　36, 452, 484, 518
ホッブズ, トマス　403
ボードレール, シャルル　53, 116, 161, 167-168, 171, 338, 353, 355-358, 360, 380, 385, 390, 413-414, 420, 427-428, 558, 659, 664-665, 740, 755, 773, 787, 825
ボードレール, フランソワ　740
ボナパルト, マリー　174
ボナール, アベル　469
ホーネッカー, エーリッヒ　14
ポパー, カール　177
ボーフレ, ジャン　48, 205, 227
ボーメル, ジャック　21
ホメーロス　123, 364
ポーラン, ジャン　72-73, 108, 135, 149, 232, 466, 473, 478, 480-481, 488, 506, 524, 547, 559, 628
ボリィ, ジャン=ルイ　48
ボリス(作中人物)　36, 91-92, 139, 541, 622
ポリツェール, ジョルジュ　181, 490, 579, 662, 760-762, 764-765, 767, 777
ポール(作中人物)　644
ボルヘス, ホルヘ・ルイス　362, 364, 368, 389, 752, 760, 783, 786, 815
ホルクハイマー, マックス　66
ポンジュ, フランシス　167-168, 282, 328
ポンタリス, ジャン=ベルトラン　342-343, 351, 518

マ　行

マイエル, ダニエル　725
マイモニデス　311
マウー, ルネ　451
マキャヴェリ, ニッコロ　406, 525
マスコロ, ディオニス　44
マスペロ, フランソワ　42
マタモール(作中人物)　727
マチス, アンリ　177, 825
マチュー(作中人物)　36, 64, 87, 90-92, 139, 147, 160, 221, 223, 541, 644, 649, 653, 655-656, 737, 774
マッカーシー, ユージン・ジョセフ　543
マトス, フーベルト　563
マヌエル(作中人物)　763
マハラル　311, 814
マラパルテ, クルツィオ　67
マラルメ, ステファヌ　80, 119-122, 156, 168, 171, 276, 278, 282, 288, 298, 335, 352-353, 360, 365, 372, 395, 419, 431, 558, 723, 751-752, 755, 758, 760, 773, 826
マリア(聖母)　457
マリタン, ジャック　174
マール, ドラ　58
マルクス, カール　38, 76, 117, 129, 144, 175-176, 178, 186v187, 214, 221, 223, 227, 229-230, 248-249, 255, 274-275, 289, 301, 303, 305, 308-310, 319, 323, 344, 347, 351, 394, 425, 428, 446, 553, 555-577, 593, 596-597, 618, 661, 663-664, 684, 688-689, 695, 707-708, 710, 712, 715-718, 723, 759, 770, 790, 808-809
マルクーゼ, ヘンベルト　237, 778
マルグリット(作中人物)　121, 432
マルジョラン, ロベール　681
マルスナック, ジャン　488
マルセル, ガブリエル　87, 159-160, 223, 414, 177, 466, 506
マルタ(作中人物)　530
マルタン, アンリ　734
マルタン=ショフィエ, ルイ　550
マルタン・デュ・ガール, ロジェ　138, 167
マルチネ, ジル　551
マルチネリ, J. L.　153
マルティノー　198
マルロー, アンドレ　13-14, 21, 36-37, 41, 43, 54, 62, 73, 107, 128, 132-134, 146, 162, 167, 169-170, 312, 331, 340, 382, 394, 452, 478, 480, 486-487, 490, 515, 574, 578, 586, 639, 726, 750, 759, 762-763, 767-768
マレンコフ, ゲオルギイ・マクシミリアノヴィ

ブルデ, クロード　551, 621
ブルトン, アンドレ　21, 62, 99, 132, 203, 371, 426, 521, 559, 623, 625, 681, 760, 764-765
プルードン, ピエール•ジョセフ　176, 218
ブルム, レオン　132, 158, 453, 486, 593
ブルラ　490
フルーリエ, リュシアン(作中人物)　428, 470, 494, 757, 774
フルーリソワール(作中人物)　139, 762
フレーゲ, ゴットローブ　97, 261
ブレヒト, ベルトルト　110, 133
フレンケル, エドゥアールト　231
ブレンターノ, フランツ　264
フロイト, ジグムント　38, 79, 96-97, 129, 131, 163-165, 185, 214, 224, 261, 305, 308, 320, 340, 342-351, 403, 468, 496, 501-502, 553, 584, 761, 770, 790, 794
ブロガン, ルイス(作中人物)　24
ブロソレット, ピエール　489
プロタゴラス　260, 262, 605
ブロッホ, ヘルマン　88, 820
フローベール, ギュスターヴ　31, 38, 100-101, 142, 167-168, 208, 278, 320-322, 339, 344, 358, 375-376, 383, 390, 419, 427-428, 432, 440-441, 558-559, 583-585, 629, 659, 676, 678, 748, 753, 758, 762, 770-771, 773, 780, 823
プロメテウス(作中人物)　132, 148
ブロワイエル, クローディ　526
ブロワイエル, ジャック　526
ブロンダン, アントワーヌ　735
ブロンデル, モーリス　189

ヘヴェシー, フォン　235
ペキュシェ(作中人物)　638
ペギー, シャルル　123, 175, 177, 493, 675
ヘーゲル, G. W. F.　29, 50, 76, 80, 95, 117, 142, 144, 163, 170, 179, 192, 198, 202-203, 213, 217, 248-249, 266, 288, 312, 331, 361, 403-404, 409-410, 440-442, 446-447, 510-511, 521, 524, 528, 555, 597, 613-615, 677-705, 707-713, 715-721, 723-724, 753, 759, 785, 797, 810-812, 814
ベケット, サミュエル　164, 718
ヘス, ルドルフ　233
ペソア, フェルナンド　14, 380
ペタン, H. P. O.　44, 411, 451, 460, 466, 474, 477, 480-481, 492, 495, 527, 561, 592, 626, 675
ペツェット, ハインリッヒ・ヴィーガント　229, 235
ベテラン　310
ベートーヴェン, ルートヴィヒ・ヴァン　637, 784
ベベール(作中人物)　418
ヘミングウェー, アーネスト　118-145, 155, 360, 432
ベーム　198
ヘラー　463, 479
ヘラクレイトス　178, 203, 226, 242-243, 268
ベラフォンテ, ハリィ　35
ペラン, マリウス　200, 384, 415, 454-455, 459, 460
ベランジェ, ピエール•ジャン•ド　469
ペリクレス　120, 268
ベルクソン, アンリ　60, 88, 98, 104, 142, 173-189, 192-199, 206, 212, 214, 217-219, 222, 226, 265, 274, 312, 328, 361, 371-372, 381, 390, 396, 399, 426, 446, 597, 663, 677, 761, 785, 819
ベルゴット(作中人物)　113
ベルジェール, アシル　764
ベルジュリ, ガストン　437
ペルセウス(作中人物)　497
ヘルダーリン, フリードリッヒ　242-243, 267-268, 355
ベルト, エドゥアール　176, 218
ベルナノス, ジョルジュ　62
ベルニス, F. J. de P.　415
ヘルムリン, シュテファン　15
ヘルモクラテス　803
ベルル, エマニュエル　792
ベルロウィズ, ベアトリス　368
ベルンスタン, アンリ　110
ベレゴヴォワ, ピエール　304
ペロン, アルフレッド　453, 485, 486, 490
ベン•ガル, エリ　503

ポー, エドガー•アラン　171
ホー•チ•ミン　11
ボイムラー, アルフレート　256
ボーヴォワール, シモーヌ•ド(カストール)　21-23, 26-27, 29, 33-34, 39-40, 47-48, 52-53,

ビルネンシャッツ(作中人物)　503
ヒンダス, ミルトン　156

ファイユ, ジャン=ピエール　97
ファジェーエフ, アレクサンドル・アレクサンドロヴィチ　537
ファノン, ジョジー　42
ファノン, フランツ　41-42, 393, 567, 594-595
ファビユス, ローラン　304
ファブリス(作中人物)　106
ファリアス, ヴィクトル　228, 233
ブイエ, ルイ　101
フィッシャー, オイゲン　233
フィッツジェラルド, スコット　34
フィッツジェラルド, ゼルダ　34
プイヨン, ジャン　484, 518, 792
フィリップ(作中人物)　92, 321, 428
フィロクテテス(作中人物)　143
フィロノウス(作中人物)　95
フィロン　790
ブヴァール(作中人物)　638
フェイトー, フランソワ　552
フェサール神父　679, 681
フェディエ　373
フェーブル, リュシアン　369
フェラー　460
フェリー, ジュール　496
フェルスター, エリザベット　219
フェルナンデス, ラモン　109
フェレール, ポール　200
フォイエルバッハ, ルートヴィヒ・アンドレアス　688
フォンテニエ　50
フォークナー, ウィリアム　90, 129, 135, 145, 155, 157, 167, 327, 543, 659
フォートリエ, ジャン　466
フォーリッソン　507
フーコー, ミシェル　35, 97, 131, 189, 226, 230, 251-252, 254-255, 261, 322-324, 335, 341, 346, 369, 379, 403, 425, 497, 500, 568, 684, 694-696, 705, 721
プーサン, ニコラ　169
ブスケ, ジョー　480
ブスケ, ルネ　562
フッサール, エドムント　80, 86, 88, 95-96, 99, 100, 142, 170, 184-185, 189-197, 200, 202, 206, 209-210, 213, 215, 223, 225-226, 236, 252, 264, 266, 274-276, 278, 283, 290-293, 312-313, 317, 319, 326, 329-330, 336, 348, 351, 371-372, 395, 409, 452, 521, 597, 611, 663, 677, 697, 700, 705, 708, 797, 817, 820
プティジャン, アルマン　481
ブートルー, エミール　189
ブナセイヤック　307
ブノワ, ジャン=マリ　557
ブノワ, ピエール　503
ブーバー=ノイマン, マーガレット　523, 554
フラ・アンジェリコ　169
ブラジヤック, ロベール　454
ブラック, ジョルジュ　169
ブラッサイ　58
プラトン　59, 95-97, 99, 111, 202, 230, 245, 260, 269, 292, 406, 415, 440, 605, 612, 641, 657, 686, 722, 747, 757, 785, 797-798, 803
フランク, ハンス　233
フランク, ベルナール　72, 506, 792
フランコ, フランシスコ　108, 436
ブーランヴィリエ, アンリ・ド　500, 696
ブランシュヴィック, レオン　86, 178, 189, 215, 503
ブランショ, モーリス　44-45, 51, 77, 79, 99, 105, 167, 237, 288, 362, 375, 480, 684, 735, 752, 792
フランス, アナトール　109, 169
プリウーチ　556
フーリエ, シャルル　324
ブリッソン, ピエール　63
ブリデル, ドビュ　488
フリードリッヒ二世　511
ブリュネ(作中人物)　90, 92, 160, 223, 541, 653-654, 656, 676
ブリュラール, アンリ　⇒スタンダール
ブルクハルト, ヤーコプ　229, 258
ブールジェ, ポール　72, 85, 167
フルシチョフ, ニキータ・セルゲイヴィッチ　547-549, 552, 615-616, 619, 724
プルースト, マルセル　56-57, 86, 91, 104, 120, 122, 146, 161, 163, 175, 182, 248, 312-314, 357-359, 372, 381, 444, 447, 468, 585, 753, 770, 785, 792

576-577, 622, 626, 676, 739, 744, 760-762, 764-768, 771, 777-778, 790
ニーチェ，フリードリッヒ　59-60, 95, 116, 131-133, 165, 167, 179, 192, 202, 204, 215-226, 231, 234, 244, 266, 268, 274, 290, 308, 314, 340-341, 368, 377-378, 380, 383, 399, 409, 529, 582, 604-605, 635, 661, 663-664, 671, 677, 689, 691, 722, 744-746, 758, 819
ニュシンゲン(作中人物)　160

ネルーダ, パブロ　538

ノアイユ, アンナ・ド　174, 414
ノヴァーリス　165
ノラ, ピエール　106, 157

ハ　行

ハイゼンベルク, ヴェルナー・カール　89
ハイデガー, エルフリーデ　233, 235
ハイデガー, ヘルマン　232
ハイデガー，マルティン　66, 80-81, 86, 93, 95-97, 142, 145-146, 163, 170, 180, 182-184, 188-189, 191, 197-215, 218, 223, 225-227, 229-241, 243-248, 250-271, 274-276, 278, 286, 288, 300, 331, 335, 361-362, 371, 373, 409, 412, 428, 452, 461, 488, 507, 521, 589, 597, 606-607, 631, 660, 663, 677, 685, 697, 700, 705, 708, 751, 786, 796, 815, 817, 819-821
バウマン　463
バウムガルテン　231, 235
パヴロフ，イヴァン・ペトローヴィチ　106, 725
バクーニン, ミハイル・A　218
バークリー, ジョージ　192
バザイア　350
バシュラール, ガストン　177, 611
パス, オクタヴィオ　521
パスカル, ブレーズ　92, 95, 107, 143, 162, 339, 531, 629
パステルナーク, ボリス　393
パゾリーニ, ピエル・パオロ　379, 752
バタイユ, シルヴィア　58
バタイユ，ジョルジュ　44, 49-50, 58, 77, 79, 102, 105, 132-133, 160, 167, 199, 215, 219-220, 223-224, 244, 284, 371, 426, 431, 477, 479, 531, 607, 625, 681, 690, 698, 752-753, 773
パッシー(アンドレ・ドヴァヴラン)　621
パディヤ　574
パブロ(作中人物)　160, 421
パポン, モーリス　562, 567
パラス, アルベール　149
パラン, ブリス　98, 216, 355
バリオナ(作中人物)　456-457, 459-652, 669
バール, レイモン　724
バルザック, オノレ・ド　114, 160, 297, 353, 753
パルダイヤン(作中人物)　168, 585, 696, 727
バルダミュ(作中人物)　152, 158
バルト, ロラン　97, 133, 227, 252, 492
バルナブース(作中人物)　138
パルネ, クレール　324
バルビュス, アンリ　163, 622
パルメニデス　243-244, 268
バレス，モーリス　40, 74, 128, 134, 471, 493, 581, 639, 658, 675, 759
バロー, ジャン=ルイ　58, 468, 733

ビアンション(作中人物)　160
ピカソ, パブロ　58, 165, 169, 479, 586
ピカール, イヴォンヌ　484-486, 490, 697
ピカール夫人　733
ピザニ　304
ビジョワ(作中人物)　433
ビゾ　570
ピトー(作中人物)　92
ヒトラー, アドルフ　43, 66, 79, 81, 92, 113, 198, 228, 230-232, 234, 241, 243, 247, 249, 253, 258, 265, 268, 270-271, 284, 286, 453, 481, 559-561, 599, 617, 623, 625-626, 675, 686
ピネ, アントワーヌ　592
ビュアン, イヴ　780
ピュシュー, ピエール　561-562
ヒューストン, ジョン　79, 346
ヒューム, デイヴィッド　192, 793
ヒュラス(作中人物)　95
ビュルストルム, カール・グスタフ　392
ピュルナル, ローラン　465
ビュルニエ，ミッシェル・アントワーヌ　552, 570, 780
ピランデルロ, ルイージ　110
ヒルダ(作中人物)　414

ディドロ, ドゥニ　110, 161
ディミトロフ, ゲオルギ　487
ティモン（作中人物）　655
ディルタイ, ヴィルヘルム　218
ティントレット（ヤコポ・ロブスティ）　53-55, 163, 314, 354, 365, 563, 577, 775
デカルト, ルネ　36, 49-50, 94-95, 101, 161, 190, 193, 198, 202, 223, 275, 278, 318-319, 326, 330, 346-347, 371, 377, 388, 420, 440, 512, 602, 677, 686, 699, 700, 716-717, 777
テスト（作中人物）　113
テスピス　109
デブリン, アルフレッド　380
デュ・カン, マクシム　101
テュアル, ローラン　480
デュヴィニョ, ジャン　466
デュクロ, ジャック　108, 580
デュサーヌ, ベアトリス　466
デュジャルダン, エドワール　147
デュラン, シャルル　463-464, 466, 477
デュ・ボワ=レイモン, エミール　290
テーラー, フレデリック・ウィンズロウ　353
デリダ, ジャック　118, 227, 230, 234, 287, 294, 362, 685, 691, 705
テールマン, エルンスト　487
デレアージュ, アンドレ　490
デロルト, マドンナ　54

ド・クィンシー, トマス　358
ド・ゴーチェ, ジュール　218
ド・ゴール, シャルル　21, 41-46, 76, 81, 132, 462, 476, 487-488, 490, 527, 555, 557, 565, 568, 580, 621, 720
ド・ラ・ペイラード, テオドーズ（作中人物）　297
ドゥブー, シモーヌ　484
ドゥフェール, ダニエル　323
トゥプフェル　47
ドゥブレ, レジス　306-307
ドゥブロフスキー, セルジュ　102
ドゥボール, ギィ　119-120, 122, 607
トゥルゲーネフ, イワン・セルゲイヴィチ　581
ドゥルーズ, ジル　37, 130-131, 133, 178, 182, 197, 289, 324, 325-326, 329-333, 349-350, 371, 586, 641
トゥルニエ, ミシェル　131, 324, 641
ドゥンス・スコトゥス　220, 325
ドクール, ジャック　488
ドサンティ, ジャン=トゥーサン　291, 482, 484, 681
ドス・パソス, ジョン　89-90, 93, 135, 145, 155, 162, 167, 326-327, 543, 699, 815
ドストエフスキー, フョードル・ミハイロヴィチ　132-133, 137, 216, 302, 418, 531
トックヴィル, アレクシス　46
トッド, オリヴィエ　798
トーハ, モハメッド　594, 596
トマ, エディット　488
ドラ　344
トラークル, ゲオルク　241
ドラクロワ, ウジェーヌ　112
ドラノワ, ジャン　468, 470
ドランジュ, ルネ　468, 471, 473
ドラント（作中人物）　437, 727
ドリオ, ジャック　653
トリオレ, エルザ　154, 478, 480
ドリュー・ラ・ロシェル, ピエール　218, 454, 472, 487, 494
ドリュオン, モーリス　478, 507
ドールヴィリィ, バルベー　414
ドルバック, P. H. T.　104
ドレ, ジャン　131
トレーズ, モーリス　580, 724
トレネ, シャルル　514
ドレフュス, アルフレッド　154, 474, 493
ドレフュス・ル・フォワイエ　474-475
ドレフュス（ルノー公社総裁）　571, 776
トワルニッキ, フレデリック・ド　205, 228, 373
ドンバル, ガロー　621

ナ　行

ナセル, ガマル・アブデル　726
ナタナエル（作中人物）　639
ナボコフ, ウラジーミル　675
ナポレオン　46, 248, 680-681, 686, 688, 704

ニザン, ポール　25, 86, 116, 154, 181, 200, 219, 221, 430, 452, 453, 488, 503, 514, 525, 546, 566,

162, 356, 361, 406, 471, 553, 584
ショウ, ジョージ・バーナード　177, 391
ショーペンハウワー, アルトゥール　131, 165, 192, 220, 403, 690
ジョリヴェ, シモーヌ　47, 352, 463, 558
ジョルジュ（作中人物）　92, 139
ジョレス, ジャン　218, 493, 593
ショーレム, ゲルショム　646, 814
ショーロホフ, ミハイル　393
ジョンソン, ベン　355
シラノ・ド・ベルジュラック　58
ジロドゥー, ジャン　122, 468, 514
シローネ, イニャツィオ　554, 624
ジンメル, ゲオルグ　218

スヴァーリン, ボリス　622, 625
スカリ（作中人物）　353, 358, 763
スーステル, ジャック　21, 610-611
スタンダール（アンリ・ブリュラール）　39, 75, 103-104, 134, 143, 168, 357, 368, 395, 435-436, 563, 565, 581, 583, 635, 665, 671, 737, 753, 755-756, 774
スターリン, ヨシフ　123-124, 244, 248, 253, 284-287, 382, 383, 399, 408, 423, 447, 488, 511-512, 536, 538, 544-546, 548, 554-555, 557, 559, 573, 590, 596, 600, 613, 615, 617-619, 622, 626, 630, 639-640, 664-665, 728, 802, 808
スティルナー, マックス　218
ステファーヌ, ロジェ　578, 714
スピノザ, バルーク・デ　49-51, 60, 62, 69, 75, 95, 103-104, 249, 289, 293, 298, 308-309, 326, 329, 369, 390, 440, 602, 609, 613, 664, 677, 686, 699, 774, 778, 798
スピノラ, アントニオ・デ　787
スーランジュ, マリー　24
スランスキー, ルドルフ　536, 543
スレイド夫人　387
スワン（作中人物）　113, 313

聖アウグスティヌス　418, 421, 528
聖ヨハネ　425
セザンヌ, ポール　165, 169
ゼマッハ, S.　249
ゼリグ（作中人物）　163
セリーヌ, ルイ=フェルディナン（・デトゥーシュ）　21, 62, 66, 91, 132, 145, 149, 150-151, 153-161, 163-164, 167, 241, 249, 274, 358, 361, 381, 399, 418, 544, 546-547, 589, 699, 727, 753
セルジュ, ヴィクトール　622, 625
セルバンテス　53
セレノ, ダニエル（作中人物）　36, 90-92, 139, 160, 167
センプルン, ホルヘ　36

ソクラテス　95, 243, 263, 265, 415, 435, 606, 641, 790, 803
ソシュール, フェルディナン・ド　99, 260-261
ソラル（作中人物）　152
ソルジェニツィン, A. I.　373, 545, 554-556, 560
ソレル, ジョルジュ　44, 175-176, 182, 186, 218, 306, 493, 626
ソロキーヌ, ナタリー　32, 469

タ　行

ダスチエ・ド・ラ・ヴィジュリィ, エマニュエル　542, 621
ダックス, ピエール　546
ダナエ（作中人物）　497
タニア　26
ダニエル, ジャン　77, 506, 521, 799
タラダッシュ, ダニエル　539-540
ダラディエ, エドワール　92
ダルラン, フランソワ　467
タレス　239, 269
タンハウザー　235

チェンバレン, アーサー・ネヴィル　92
チトー　660, 726
チャン・デュク・タオ　11, 44, 351, 441, 542, 774
チリガ, アンテ　624

ツァ・ミューレン, ハインリッヒ・フォン　232
ツァラトゥストラ（作中人物）　95, 215-216, 223
ツェラン, パウル　237, 373

ディオゲネス　239, 727
ディオニュシオス　230
ティツィアーノ　53-55, 163, 165, 383, 393

コルネイユ, ピエール　437, 727
コルバン, アンリ　197-201, 681, 697
コレット　416
コロンベル, ジャネット　364, 378
コーン=ベンディット, ダニエル　617-618, 780
ゴンクール兄弟　101, 391, 583, 780
コンスタン, バンジャマン　492, 750, 760, 791
コンタ, ミシェル　84, 115, 143, 151, 321, 351, 384, 434, 453, 513, 613, 616-617, 662, 668, 754, 770, 805
コンディヤック, E. B. du　161

サ 行

サガン, フランソワーズ　24, 792
サックス, モーリス　133
サド　220, 371, 605, 819
サラ(作中人物)　91, 160, 456-457, 503, 643
サリンジャー, ジェローム・デイヴィッド　49, 751
サルトル, アンヌ=マリー　356, 365, 429-430, 637, 736, 738
サン=ジュスト, ルイ・アントワーヌ・ド　598
サン=テグジュペリ, アントワーヌ・ド　203, 205, 478
サンゴール, レオポルド・セダール　672
サンセヴェリナ夫人(作中人物)　106, 395
サント=ブーヴ, シャルル=オギュスタン　55, 58, 126, 175, 238-240

ジィド, アンドレ　34, 62-63, 68-69, 72-75, 122, 126, 128-146, 148, 156, 160, 167, 173-175, 181-183, 189, 216, 219, 220, 222, 274, 298, 354, 381, 399, 416, 452, 468, 470, 482, 486, 514, 528, 544, 546-547, 613, 615, 623, 627, 639, 726, 736-737, 742, 758, 762, 768, 774, 786
シェークスピア, ウィリアム　355, 721, 748
ジェシカ(作中人物)　541
ジェラシ, ジョン　114, 191, 313, 420, 432, 437, 631, 798
ジェラシ, フェルナンド　191
ジェリコー, テオドール　112
シェリング, F. W. J. von　143, 188-189, 213, 319, 410, 521
ジオノ, ジャン　471
シカール, ミシェル　359, 793, 796
ジスカール・デスタン, ヴァレリィ　46, 824
シナトラ, フランク　36
シモン, ジュリエット　644
シャガール, マルク　169
ジャコメッティ, アルベルト　168, 368
シャズラ, ジャン　484
シャズラ, ジョルジュ　484-485
ジャック(作中人物)　160
ジャック(バーテン)　558
シャトーブリアン　150, 162, 165, 167-168, 352, 474, 774, 825
シャプサル, マドレーヌ　711, 721, 768
シャルダン, J.-P. S.　169
シャルドンヌ, ジャック　21, 503
シャルリュス(作中人物)　313
ジャンケレヴィッチ, ウラディミール　177, 368, 449, 480, 502, 693
シャンセル, ジャック　363
ジャンソン, フランシス　363, 519-520, 523, 525, 573, 601
シャール, ルネ　227
ジュアンドー, マルセル　506
シュヴァイツァー, アルベルト　143, 297, 393
シュヴァイツァー, シャルル　101, 147, 182, 429, 733, 739-740, 747
シュヴェヌマン, ジャン=ピエール　304, 307, 496
シュークリ, モハメッド　47
シュタウディンガー, ヘルマン　231
シュテルン, ミハイル　556
シュトラウス, レオ　693-694
ジュネ, ジャン　66, 99, 100, 109, 141, 143, 152, 158, 167-168, 171, 182, 218, 224, 278, 344, 393, 419, 425, 558, 576, 595, 658, 660, 711, 739, 767, 773
ジュピテル(作中人物)　464
シューベルト, フランソワ　514
シューマン, ロベール　724
シュラーゲーター　231
ジュラメック, コレット　639
ジュリィ, セルジュ　60, 570, 787
ジュリヤン, マルセル　44
シュレーバー, ダニエル・パウル　344
ジョイス, ジェイムス　53, 90, 145-149, 155,

カール, ジャン=ジャック　50
ガルサン(作中人物)　467, 676
カルネ, マルセル　468
カルーゾ, パオロ　541
カレル, カセク　556
ガローディ, ロジェ　38, 303-304, 320, 599
カロリーヌ(作中人物)　356
カーン, ピエール　153, 489-490, 625
カンギレム, ジョルジュ　76, 90, 178, 291-292, 501, 611-613
ガンディヤック, モーリス・ド　228, 238, 481
カント, イマニュエル　165, 177, 192-193, 198, 217, 223, 252, 265-266, 283, 292-293, 319, 358, 499, 605, 683, 685-686, 700-702, 819, 825

ギトリ, サッシャ　110
ギャリィ, ロマン　14, 55, 380, 490
キャリバン(作中人物)　767
キュザン, フランソワ　484
キューナード, ナンシー　750
ギュルヴィッチ, ジョルジュ　679, 681
キリスト　37, 109, 158, 179, 203, 224, 267-268, 290, 417-418, 461, 493, 504, 528, 531, 533, 587, 618-619, 629, 650, 685-687, 710, 742, 759
キルケゴール, ゼーレン　144, 165, 203, 215, 689, 701-702, 707, 710-712, 795

クイユ, アンリ　46
クーザン, ヴィクトール　692
クズネツォフ, エドワルド　556
グターマン, ノルベルト　679
クノー, レイモン　58, 66, 480, 518, 681, 690
クーパー, デイヴィッド　344
クラヴェル, モーリス　48, 74, 254, 415, 568, 626, 628
クラヴチェンコ, ヴィクトール　548, 550, 560-561
グラシアン, バルタザール　53
グラック, ジュリアン　391, 526
クラテュロス　260-262
クラマンス(作中人物)　525
クリティアス　803
クリテムネストル(作中人物)　464
クリーク, エルンスト　256
グリュックスマン, アンドレ　526
グルニエ, ジャン　77, 480
グレコ, ジュリエット　21, 59
グレゴワール神父　508
クレソン, エディット　304
グレトゥイゼン, ベルンハルト　217, 219
クレランボー(作中人物)　655
クロソフスキー, ピエール　132
クロティス, ジョゼット　487
クローデル, ポール　66, 146, 527
クンデラ, ミラン　88

ゲエノ, ジャン　297, 477-488, 657-658
ケストラー, アーサー　516, 523, 560
ケッセル, ジョゼフ　478
ゲッベルス, ヨーゼフ　233, 240, 465
ゲーテ, J. W. von　133, 168, 825
ゲーデル, クルト　290
ゲバラ, チェ　307, 598
ゲーリング, ヘルマン　233, 561
ゲルデロード, ミシェル・ド　141
ゲルー, マルシアル　76
ゲルージ, アブデルカデル　108
ゲルージ, ジャックリーヌ　108

コー, ジャン　152, 207, 362, 547, 563, 617-618, 724, 780
ゴイティソロ, ホアン　556
コイレ, アレクサンドル　198-200, 227-228, 679, 686
コーエン=ソラル, アニー　484, 489
コクトー, ジャン　23, 25, 62, 82-83, 132, 463
コサキエヴィッチ, オルガ　⇒オルガ
コサキエヴィッチ, ワンダ　⇒ワンダ
コジェーヴ, アレクサンドル　203, 440, 528, 532, 679-686, 690, 696-697, 699, 701, 704, 710, 717, 720, 723-724, 729, 811
ゴーチエ, テオフィル　358
ゴットワルト, クレメント　538
コティ, ルネ　593
ゴメス(作中人物)　91, 160, 191
ゴヤ, フランシスコ・デ　171
ゴーリキー, マクシム　299, 567
コリヤール　307
ゴルギアス　260-262, 605
ゴルツ, アンドレ　114, 382, 755, 798

319, 751
ヴィボ, ロジェ　489
ヴィヨン, フランソワ　469
ヴィラール, ジャン　469
ヴェイユ, エリック　228, 681
ヴェイユ少年　474-475
ヴェドリーヌ, ルイーズ
⇒ランブラン, ビヤンカ
ウェーバー, マックス　231
ヴェルコール　113, 478, 550, 552
ヴェルストラーテン, ピエール　98, 121, 207, 805
ヴェルデス, ニコール　73
ヴェルナン, ジャン=ピエール　789
ヴォランジュ, セシール(作中人物)　24, 27
ヴォルテール　43, 45, 69, 104, 128, 134, 144, 394, 415, 522, 725, 741, 774, 798
ヴザン, フランソワ　198
ヴュイユマン, ジュール　103
ウルフ, ヴァージニア　93
ウルブリヒト, ヴァルター　14
ウルマー, カール　233-234

エヴリーヌ　361
エジスト(作中人物)　464
エシュコル, レヴィ　726
エドゥアール(作中人物)　139
エドレール(作中人物)　537, 539-542, 654, 749
エピクロス　95, 777
エラン, ピエール・ド　474-475
エリュアール, ポール　480, 562, 623
エール, リュシアン　679
エルカイム, アルレット　364, 503, 507, 791, 801, 804
エルニュ　304
エレクトル(作中人物)　465
エレンブルグ, I. G.　538
エンゲルス, フリードリッヒ　305

オーウェル, ジョージ　624, 628
オッケンゲム, ギィ　330
オット, フーゴ　45, 81, 228
オーディベルティ　468
オテロ・デ・カルヴァーリョ　787
オデット(作中人物)　91, 160
オードリー, コレット　675
オネゲール, アルチュール　468
オハンロン, レドモンド　805
オーピック　356
オリエ, ドゥニ　365, 636
オルガ(・コサキエヴィッチ)　24, 32, 36, 57, 452, 469, 484, 516-517
オルグレン, ネルソン　24, 33, 416
オルスト, ジェラール　798
オルフィラ, パトリス　546
オルフェ(オルフェウス)　187, 672
オレスト(作中人物)　139, 375, 386, 405, 464-466, 490, 557

カ　行

カイフ(作中人物)　461, 644
カイヨワ, ロジェ　219, 223, 681, 752
カイン　472, 530, 767
ガヴィ, フィリップ　44, 115, 555, 575, 632, 778, 804
カエサル, ユリウス　439, 458, 648
カザレス, マリア　521
カストロ, フィデル　465, 467, 563-565, 574, 605, 608, 619, 666, 724, 726
カストール　⇒ボーヴォワール, シモーヌ・ド
カセアリウス　49
ガタリ, フェリックス　349-350, 586
カナパ, ジャン　303-304, 484
カネッティ, エリアス　215
カフカ, フランツ　160, 167, 367, 376, 479, 553, 773, 792, 823
カミュ, アルベール　13-14, 25, 37, 46, 55, 58, 62, 72, 77, 81-82, 110, 132, 134, 160, 167, 224, 397, 438, 441, 479-480, 513-532, 543, 549, 551, 561-562, 573-574, 600, 618-619, 627, 641, 653, 675, 707, 734, 792, 793
カラマーゾフ, アリョーシャ(作中人物)　418
カラマーゾフ, イヴァン(作中人物)　418, 531
カリギュラ(作中人物)　530-531
カリクレス(作中人物)　95
ガリマール, ガストン　66
ガリマール, クロード　389
ガリマール, ジャニーヌ　516
ガリマール, ロベール　389
ガリレイ, ガリレオ　305

人名索引

人名は本文から拾い、姓→名の順で50音順に配列した。名は、本文に現れない場合でも可能な限り補ったが，判明しない場合は省略した。

ア　行

アエネアス　346
アイスキュロス　467
アイヒマン, カール•アドルフ　562
アインシュタイン, アベルト　89
アガトン　180
アキヴァ, ラビ　797
アーシャ（作中人物）　655-656
アストリュック, アレクサンドル　143, 434, 466, 518, 754, 805
アドラー, アルフレッド　224
アドルノ, テオドール　240, 691
アドルフ（作中人物）　87
アニー　444
アヌイ, ジャン　122, 514
アブラハム, ジャン=ピエール　343-344
アブラハム•ア•サンタ•クララ　236
アベル　530, 767
アマード, ホルヘ　538
アミエル, アンリ•フレデリック　313, 339
アラゴン, ルイ　33-34, 62, 109, 112, 154, 157, 159, 167, 249, 382, 394, 420, 478, 480, 521, 538, 546, 601, 621, 623, 639-640, 652-654, 750, 765
アラン　48, 156
アリストテレス　180, 203, 239, 258-259, 262-263, 370, 437, 683, 686
アルキエ, フェルディナン　475
アルチュセール, ルイ　35, 67, 96, 227, 230, 247, 251-252, 255, 284-285, 287, 289, 294, 299-304, 306-310, 315, 319-320, 394, 684, 705, 715, 789
アルトー, アントナン　300, 378
アルトマン, ジョルジュ　154
アルプヴァックス, モーリス　131
アルラン, マルセル　480
アレヴィ, ダニエル　493, 625
アレグレ, マルク　73, 143, 470
アレッグ, アンリ　108, 609
アーレント, ハンナ　228, 230, 237, 373, 531
アロン, レイモン　24, 75-76, 80, 119, 190-191, 215, 224, 396, 405, 420, 434, 451-453, 485, 504, 514, 526, 573-574, 596, 608-610, 618, 659-660, 662, 681, 704-705, 708-709, 714, 721, 788, 791-792, 799
アンキセス　147, 346, 733
アンテルム, ロベール　556
アントゥネス, メロ　787
アンドレル, シャルル　217
アンリオ, エミール　64, 519

イヴィッチ（作中人物）　36, 64, 87, 92, 414
イヴェンス, ヨリス　165
イヴトン, フェルナン　108, 594
イストラティ, パナイト　624
イポリット, ジャン　76, 175, 189-190, 681, 697
イルベール, ポール（作中人物）　221

ヴァイス, ヘレーネ　235, 503
ヴァニーニ　50
ヴァネッティ, ドロレス　24, 67, 361
ヴァール, ジャン　76, 103, 110, 118, 177, 204, 217, 219, 638, 679
ヴァルモン（作中人物）　24, 475
ヴァレリィ, ポール　117, 126, 132, 162, 177, 240-241, 368, 426, 468, 751, 760
ヴァーレンス, アルフォンス・ド　198, 228, 239
ヴァロワ, ジョルジュ　218
ヴィアン, ボリス　59, 518
ヴィアン, ミシェル　25, 361, 734
ヴィカリオス（作中人物）　676
ヴィクトール, ピエール　⇒レヴィ, ベニィ
ヴィーゼル, エリー　504
ヴィトゲンシュタイン, ルードヴィヒ　96,

著者紹介

ベルナール=アンリ・レヴィ (Bernard-Henri Lévy)

1948年アルジェリア生まれ。思想家，作家。1968年，高等師範学校入学。ジャック・デリダ，ルイ・アルチュセールに師事。1971年，哲学教授資格取得。『コンバ』紙のバングラデシュ特派員，母校の講師などを務めたのち，1973年グラッセ出版社の文学顧問に就任。同時期，フランソワ・ミッテランの専門家グループの一員となる。

1977年『人間の顔をした野蛮』(邦訳，早川書房)で，「ヌーヴォー・フィロゾフ」の旗手としてデビュー。『フランス・イデオロギー』(邦訳，国文社，1989年)『危険な純粋さ』(邦訳，紀伊国屋書店，1996年)といった作品の他，『フランク・ステラ』『ピエロ・デッラ・フランチェスカ』『ピエト・モンドリアン』等の画家論や，小説『悪魔に導かれて』(1984年，メディシス賞受賞)『シャルル・ボードレールの最後の日々』(1988年)など小説も執筆。近著に『誰がダニエル・パールを殺したか？』上・下(邦訳，ＮＨＫ出版)。

監訳者紹介

石崎晴己（いしざき・はるみ）

1940年東京生。早稲田大学大学院博士課程単位取得。現在，青山学院大学文学部教授。専攻，フランス文学。訳書に，ボスケッティ『知識人の覇権』（新評論），ブルデュー『構造と実践』『ホモ・アカデミクス』（共訳），トッド『新ヨーロッパ大全ⅠⅡ』（Ⅱ共訳）『移民の運命』（共訳）『帝国以後』（以上，藤原書店）等多数，編著に『世界像革命』（トッドほか，藤原書店）等。

訳者紹介

澤田 直（さわだ・なお）

1959年東京都生。白百合女子大学教授。専攻，哲学。パリ大学哲学博士。著書に『〈呼びかけ〉の経験』（人文書院）『新・サルトル講義』（平凡社）等，訳書にサルトル『真理と実存』（人文書院），ペソア『不穏の書，断章』（思潮社）等。

三宅京子（みやけ・きょうこ）

1956年東京都生。早稲田大学大学院文学研究科博士課程後期満期退学。早稲田大学等非常勤講師。専攻，20世紀フランス文学。訳書にベルク『風土としての地球』（筑摩書房），デュビィ＋ペロー『女の歴史Ⅴ　20世紀』（共訳，藤原書店），ディオン『フランスワイン文化史全書』（共訳，国書刊行会）等。

黒川 学（くろかわ・まなぶ）

1958年神奈川県生。早稲田大学第一文学部卒。東京都立大学大学院博士課程満期退学。青山学院大学・明治大学講師。専攻，フランス現代文学。著書に『アミカルマン・ビス』『映画――フランスの鏡』（ともに共著，駿河台出版社）等。

サルトルの世紀《せいき》

2005年6月30日　初版第１刷発行©

監訳者　石崎晴己

発行者　藤原良雄

発行所　株式会社 藤原書店

〒162-0041　東京都新宿区早稲田鶴巻町523

電　話　03（5272）0301

FAX　03（5272）0450

振　替　00160-4-17013

印刷・製本　図書印刷

Printed in Japan
ISBN4-89434-458-0

ラクー＝ラバルト哲学の到達点

ハイデガー 詩の政治

Ph・ラクー＝ラバルト
西山達也訳＝解説

ハイデガー研究に大転換をもたらした名著『政治という虚構』から十五年、ハイデガーとの対決に終止符を打ち、ヘルダーリン／ハイデガー、ベンヤミン、アドルノ、バディウを読み抜くラクー＝ラバルト哲学の到達点。

四六上製　二七二頁　三六〇〇円
（二〇〇三年九月刊）
◇4-89434-350-9
HEIDEGGER — LA POLITIQUE DU POÈME
Philippe LACOUE-LABARTHE

死後発見された哲学的ラブレター

愛と文体（全5分冊）
（フランカへの手紙 1961-73）

L・アルチュセール
阿尾安泰／飯田伸二／遠藤文彦／佐藤淳二／佐藤（平岩）典子／辻部大介 訳

アルチュセール絶頂期における、最愛の既婚知識人女性との往復恋愛書簡、五百通、遂に完訳なる。『マルクスのために』『資本論を読む』の時期に綴られた多様な文体、赤裸な言葉が、生身のアルチュセールを浮き彫りにする。

四六変上製　各三九二頁
I・II　三八〇〇円　III・IV・V未刊
（二〇〇四年六月刊）
I◇4-89434-397-5　II◇4-89434-398-3
LETTRES À FRANCA　Louis ALTHUSSER

アルチュセールの新たな全体像

哲学・政治著作集 I

L・アルチュセール
市田良彦・福井和美訳

よく知られた六〇年代の仕事の「以前」と「以後」を発掘し、時代順に編集。「善意のインターナショナル」「人間、この夜」「ヘーゲルへの回帰」「事実問題」「ジャン・ラクロワへの手紙」「結婚の猥褻性について」「自らの限界にあるマルクス」「出会いの唯物論の地下水脈」「唯物論哲学者の肖像」ほか

A5上製　六三二頁　八八〇〇円
（一九九九年六月刊）
◇4-89434-138-7
ÉCRITS PHILOSOPHIQUES ET POLITIQUES TOME I　Louis ALTHUSSER

全著作を対象にした概念索引を収録

哲学・政治著作集 II

L・アルチュセール
市田良彦・福井和美・宇城輝人・前川真行・水嶋一憲・安川慶治訳

アルチュセールが生涯を通じ、際だって強い関心を抱き続けた四つのテーマ（マキアヴェッリ―フォイエルバッハ、哲学、政治、芸術）における、白眉と呼ぶべき論考を集成。マキアヴェッリとスピノザを二大焦点とする、「哲学・政治」への全く新しいアプローチ。

A5上製　六二四頁　八八〇〇円
（一九九九年七月刊）
◇4-89434-141-7
ÉCRITS PHILOSOPHIQUES ET POLITIQUES TOME II　Louis ALTHUSSER

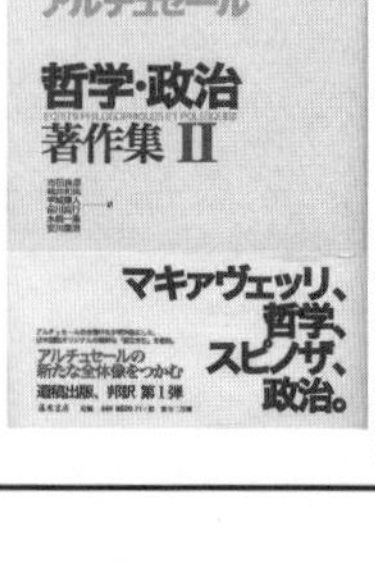

1989年11月創立 1990年4月創刊

月刊

機

2005
6
No. 161

発行所 株式会社 藤原書店 ©
〒一六二―〇〇四一 東京都新宿区早稲田鶴巻町五二三
電話 〇三・五二七二・〇三〇一（代）
FAX 〇三・五二七二・〇四五〇
◎本冊子表示の価格は消費税込の価格です。

編集兼発行人
藤原良雄
頒価 100円

一九九五年二月二七日第三種郵便物認可 二〇〇五年六月一五日発行（毎月一回一五日発行）

サルトル生誕百年記念！
『サルトルの世紀』、遂に今月刊行！

新たなサルトル像

澤田直

二十世紀最大の「知識人」、ジャン＝ポール・サルトル（一九〇五―八〇）の生誕百年を記念し、欧米で大反響を呼んだベルナール＝アンリ・レヴィによる『サルトルの世紀』を今月いよいよ刊行する。

フランス本国での昨今の「サルトル・リバイバル」の発端の書となると共に、全く新たなサルトル像をわれわれの前に示し、「フランス現代思想」の全体を、そして二十世紀という時代そのものをも活写してみせた本書の魅力について、気鋭のサルトル学者、澤田直氏にご寄稿いただいた。

編集部

● 六月号目次 ●

『サルトルの世紀』、『世紀の恋人』、今月刊！
新たなサルトル像　澤田直　1
時代を駆け抜けた二人　門田眞知子　6
私は「Denker」と呼ばれたい　粕谷一希　8
音楽の「意味《インターテクスチャリティ》」の多層性　前島良雄　10
ゾラの現代性を読み解く　小倉孝誠　12
リレー連載・石牟礼道子というひと 8
天地《あめつち》の間《あわい》　岩岡中正　14
岡松参太郎と後藤新平　春山明哲　16
リレー連載・いのちの叫び 78
愛のアラーム　森繁久彌　18
リレー連載・いま「アジア」を観る 29
文化は政治という国境を越える？　小倉和夫　19

〈連載〉『ル・モンド』紙から世界を読む29「トルコの癌　歴史認識」（加藤晴久）20　triple∞vision 50「心配力――*Giulietta Masina*」（吉増剛造）21　思いこもる人々51「うしろ髪引かれる太郎梅　今も『南風』書を見て思う　鶴見太郎氏」（岡部伊都子）22　帰林閑話128「粛々」（一海知義）23　ＧＡＴＩ66（久田博幸）24／5・7・8月刊案内／読者の声・書評日誌／東京国際ブックフェア／刊行案内・書店様へ／告知・出版随想

サルトル・リバイバル

ジャン＝ポール・サルトルの生誕一〇〇年にあたる今年、フランスでは国立図書館（ＢＮＦ）で開かれている大規模なサルトル展が多くの観客を集め、大小様々のシンポジウムが各地で開催され、満を持して出版されたプレイヤード叢書版『戯曲集』をはじめ、サルトル関連の新刊が書店の店頭を賑わしている。それだけではない。週刊誌や日刊紙もこぞってサルトルの特集を組んだ。日本ではすっかり忘れ去られた感のあるサルトルだが、母国フランスではいまなお健在であり、若い読者も『嘔吐』などの小説のみならず、自伝『言葉』や哲学書『存在と無』などにも手を伸ばしているようだ。

とはいえ、サルトル復権は今年突然始まった現象ではない。同じような出版ラッシュは、五年前にもあった。世紀の変わり目が近づき、没後二十年を迎えた二〇〇〇年、あたかも評決のときがきたかのように矢継ぎ早にサルトル関連の書が出版された。もちろん専門家による地道な研究はそれまでも跡絶えたことはなかったが、サルトル研究者でもサルトル主義者でもない著者たちがいっせいに本を出し、再検討が本格的に始まったのである。そして、そのようなサルトル・リバイバルのいわば火付け役となったのが、ベルナール＝アンリ・レヴィ（以下ＢＨＬ）の六六〇頁を越える『サルトルの世紀』だった。かつてヌーヴォー・フィロゾフ（新哲学派）として華々しくメディアに登場したＢＨＬが、そして、むしろそれまでサルトルに対しては批判的な発言をしてきたＢＨＬが、臆面もなく――そして、ナルシスティックに――サルトル礼賛を展開する大著を発表したのだから、話題に上らぬわけはなかった。

サルトル再発見の機会

第二次世界大戦後、フランスのみならず、世界の思想界を席巻したジャン＝ポール・サルトルは、その存在感ゆえに、後続する作家や哲学者たちから、文字通り目の上のたんこぶと見なされ、構造主義以降はもっぱら批判の対象となってきた。いや、きちんとした批判すらされることなく、斬り捨てられてきたといったほうが正確であろう。そのサルトルを真

▲ジャン＝ポール・サルトル（1905−80）

正面からとりあげたのが誰あろう、一九七七年の『人間の顔をした野蛮』によってヌーヴォー・フィロゾフのリーダー的存在となったＢＨＬ、ドゥルーズからは、哲学的にはゼロ、無内容であり、単に知のマーケティングに長け、多数受けを狙うヌーヴォー・フィロゾフのなかで、興行師、記録係、楽しい音頭取り、ディスクジョッキーの役を演じていると、こき下ろされたＢＨＬだったのだから、誰もが興味をそそられずにはおれなかった。多くのベストセラーを生み出してきたＢＨＬの筆力は、先ごろ邦訳の出た『誰がダニエル・パールを殺したか？』を見ても明白だが、それだけでは思想の巨人と向き合うには装備不足だ。狂信的なイスラム主義者に誘拐されて殺害された『ウォールストリート・ジャーナル』紙の記者を「調査報告小説」という独自の手法で描いた彼が、『サルトルの世紀』でとった手法は、世紀の巨人ＪＰＳ（サルトル）と自分（ＢＨＬ）をだぶらせつつ、自伝的な要素を織り交ぜて語るという仕掛けだった。

実際、ＪＰＳとＢＨＬに共通点がないわけではない。一九四八年、アルジェリアに生まれたユダヤ系のＢＨＬは、サルトルと同様、高等師範学校で学び、同じように哲学教授資格を取得した（しかし、これはフランスのほとんどの作家・思想家のキャリアだ）。早々と教職から足を洗い、筆一本で立つようになった点も同じだ。そして、ＪＰＳと同様、行動する論客として、私ＢＨＬも世界中をかけめぐると著者は言いたげに見える。

私自身、このＢＨＬの本を手にしたときには、「なぜあのＢＨＬが、自意識過剰なまでのナルシストのＢＨＬが、いま、サルトルなのだろうか」という戸惑いを感じずにはおれなかった。だが、読んでみると、ふつうのサルトル研究の本とは異なる不思議な魅力を備えた本だ、と感想を言った友人たちの反応がよく理解できた。たしかに、事実誤認や論証の粗雑さや飛躍もあるが、重箱の隅をつつくよう

な専門論文の近年の成果のエッセンスを絶妙にパッチワークして一つの絵巻物に織り上げたこの本は、一般読者にとっては、人間としての、作家としての、思想家としてのサルトルを、新たに発見するための絶好の機会を与えてくれる。そして何よりも、読む者に評伝としての力がひしひしと伝わってくるのだ。それは、作家として、劇作家として、ジャーナリストとして、雑誌の編集者として、哲学者として、批評家として二十世紀を横切ったサルトルの姿を、同じく、作家として、劇作家として、ジャーナリストとして、雑誌の編集者として、哲学者として、批評家として、(スケールはかなり違うが)二十世紀の終わりから新世紀へと駆け抜けようとするＢＨＬが情熱をこめて描き出しているからに他ならない。

　全三部各五章から成る均整のとれた構成を見るだけでも、その特徴は見て取れよう。

三幕のステージ

　第一部「世紀人」では、全体的な知識人としてのサルトルがどのように誕生していくのかが、文学・思想界の力学を交えながら描かれるが、これはいわば、サルトルを座標軸とした二十世紀のフランス文学・思想の見取り図とも言える。つまり、サルトル以前、哲学で言えば、ベルクソン、ニーチェ、フッサール、ハイデガー、文学ではジョイス、ジイド、セリーヌ等々、サルトルの同時代およびサルトル以降、バタイユ、メルロー=ポンティ、ラカン、フーコー、ドゥルーズ、アルチュセール、(あまり言及されないのはデリダ)といった、綺羅星のような布置がサルトル現象とともに語られるのだ。

　第二部「サルトルに公正な裁判を」では、サルトルをとりまくありとあらゆる神話が検証される。七〇年代に構造主義にとって替わられるようにして、現代思想の前景から退いていったサルトルに対する批判はいろいろあるが、その中心にあるのは、「サルトル＝主体の哲学＝人間主義」という短絡的なレッテル貼りであろう。ＢＨＬは、サルトルが何よりも「反ヒューマニスト」であるという点を強調しながら、具体的な作品にあたりつつ、この故なき非難に対して反論を試みる。ＢＨＬによれば、サルトルの人間主義が六八年の思想によって乗り越えられたどころか、話は逆で、サルトルこそが反人間主義の先駆者であり、また、あらゆる全体主義と対決する知識人のモデルであり続けるのだ。

　第三部「時代の狂気」では、後期から晩年のサルトルに焦点をあてながら、し

ばしば失敗と目されるサルトルの政治思想が俎上に載せられる。ＢＨＬによれば、サルトルは一人ではなく、二人のサルトル、お互いに相反するサルトル（いやさらには第三のサルトルまでいる）がいるのであり、そのために一見矛盾した数々の行動（ソ連賛美、毛沢東派の若者たちの支持）が現れるということになる。

▲ベルナール＝アンリ・レヴィ

フランス現代思想の裏と表

以上のような内容が、スピーディで畳みかけるような文章、読む者を惹きつけて放さない文体で書かれているために、サルトルを知らない者であっても、この大部を一気呵成に読むことができる。そして、読後にはサルトルについて新たなイメージが像を結ぶことになろう。それはいま必要とされる思索し行動する知識人のモデルとまではいわないにしても、思索と行動の在り方を示唆してくれるひとつの形象であろう。だが、それだけに留まらない。さらに興味をそそられるのは、若きＢＨＬとアルチュセールとの対話の回想など、ふんだんに盛り込まれた逸話の類だ。その意味でも、本書の功績は、サルトルを軸としながらも、より広くフランスの現代思想全体のステージをわかりやすく、また魅力的に活写した点にあると言ってもよいだろう。フランス現代思想のいわば裏と表の紹介、それが「サルトルの世紀」と題された、三幕からなるこのステージの骨子なのである。

（さわだ・なお／フランス思想・文学）

サルトル生誕百年！　『世紀の恋人──ボーヴォワールとサルトル』、今月刊！

時代を駆け抜けた二人

門田眞知子

共に自由に生きた二人

サルトルとボーヴォワール。二十世紀のフランスにおいてこれほど話題になり、また話題にされねばならなかったカップルはいなかったと思う。行動する《アンガージェ》作家として歴史の渦中に果敢に身を投じ、実存主義的立場から共に凄まじく書き、個性的で自由な二人自身の生き方において、彼らは時代の先駆であったといえる。二人は生涯、既成の結婚制度に囚われず、別の恋愛にも身を委ねたが、互いをパートナーとして最後まで信頼と自由を貫き、共に生きたのも事実であった。

最晩年の両者の傍で

この原著者のクローディーヌ・セール＝モンテーユは、最も若い世代として女性解放運動に参加し、当時、還暦直後のボーヴォワールに邂逅する。（『晩年のボーヴォワール』を参照）以来、稀有な生き証人となった。晩年のサルトルとは十年、ボーヴォワールとは十六年間、両者の私生活の傍にあって、多くの出来事を目撃し、近しい存在として二人の死を見守った。シモーヌから妹の画家エレーヌを紹介され、エレーヌとは殊のほか親密な友情を結んだ。日常の対話から得た様々な証言にもとづき、サルトルとシモーヌの子供時代や二人の固有の生活がかつてなく精彩で生き生きとした筆致で蘇る。

この伝記はきわめてオリジナルなものである。文学者カップルが、誕生から未だ出会う以前の少年・少女時代の社会的状況と共に、彼らの心理的、精神的な面にも力点を置いている。その方法は常に二人を同時に眺め、時間の推移に従って有機的なバランスで語っていく。サルトルが、父親のいない「幸福な子供時代」から、肩まで届く巻き毛を切った大事件、「自分」のためだけに存在した母親が、権威的な別の男と再婚するまで。その桎梏からいかにサルトルが「自由」を求め文学を志したか。一方、シモーヌは良家のお嬢さんとして育ち、家族のなかの優秀な子供であったにも関わらず、受けた教育はカトリックの私立女学校、ドジール

▲サルトルとボーヴォワール

塾においてであった。サルトルとシモーヌの受けた教育の間には「開き」があったが、シモーヌの父親の浮気に「家庭の中に出来た男たちと女たちの間の不和」は、後にただ一つの共通の信仰、即ち自由へとシモーヌを駆りたてた。

やんちゃな「評判の悪い」ノルマリアン《高等師範学校生》のサルトルの目の前に、知性溢れた美貌のお嬢さんのシモーヌが現れる。彼らの邂逅、そして哲学のアグレガシオン（上級教員資格試験）の受験勉強をともに始める情景は、われわれの青春時代にも通じる場面である。サルトルのノルマリアン仲間すべてを恋させたシモーヌは、以来「カストール（ビーバーの意）」の愛称を得た。

的確な歴史的背景、状況描写

原著者は、数学者の父と化学者の母という学究的な雰囲気のもとで育った。シモーヌの少女時代の矛盾に同調し、自らのお嬢さん時代の意味をあらためて確認している様子も読み取れる。

また自身、歴史学博士でもあり、第一、二次世界大戦、戦後五〇―六〇年代、アルジェリア独立運動、世界的に拡大された六八年パリ学生革命、米・ソ冷戦時代の行動、ボーヴォワールのフェミニズム運動などに至るまで、歴史的背景、状況が的確に描き取られ、いかにも二十世紀の歴史を反権力的な立場で横断した二人の伝記として説得力あるものになっている。

この三月、パリで、筆者は〈サルトルと彼の世紀〉展を見た。映像の中で動きしゃべる若いサルトルは、大変魅力的な男性であったが、いまもその著作と行動はわれわれに感動を与え続けている。

（かどた・まちこ／鳥取大学教授）

世紀の恋人
ボーヴォワールとサルトル
クロディーヌ・セール＝モンテーユ
門田眞知子・南知子訳
四六上製　三五二頁　二五二〇円

■好評既刊
晩年のボーヴォワール
C・セール／門田眞知子訳
四六上製　二五六頁　二五二〇円

『反時代的思索者――唐木順三とその周辺』、今月刊！

私は「Denker」と呼ばれたい

粕谷一希

編集や出版について哲学する

生涯、編集や出版と関わりをもって生きてしまった私には、編集や出版と学芸との関係、また、政治や官僚、企業や実業との関係について（あるいは違いについて考えこんでしまうことが屡々あった。編集や出版について哲学することは、編集者である私の義務に思えたのである。

ホリエモンさんがいうように、インターネットの時代には、既存のメディアは無意味になってしまうのだろうか。かつてテレビの出現で新聞・雑誌・出版の世界が衝撃を受けたように、いまやテレビも含めて、インターネットの出現の影響を正面から直視しなければならない時代になった。

しかし、私が生きてきた時代は、牧歌的で活字メディアの黄金時代であった。そうした時代に、編集や出版の理念型はどう考えられるだろうか。私にとっては筑摩書房が、理念型の多くを満たしている存在に思えた。

「思想する人《デンカー》」と呼ばれたかった男

その筑摩書房創業の三人のうちの一人である唐木順三は、反時代的文人として生き、ながい模索の果てに、独自の自在な境地を獲得した存在であった。彼は黄金期の京都大学哲学科に学び、哲学の落第生を自称しながら「思想する人《デンカー》」と呼ばれることを念願とした人であった。唐木順三は職業的哲学者ではなかったが、考える人、思想する人、ひとりの哲学徒であった。

▲粕谷一希氏

唐木順三の思考の深まりと拡がりを考えることを通して、理念型としての編集と出版の意味を、具体的に実感できるのではないかと私は考えたのである。

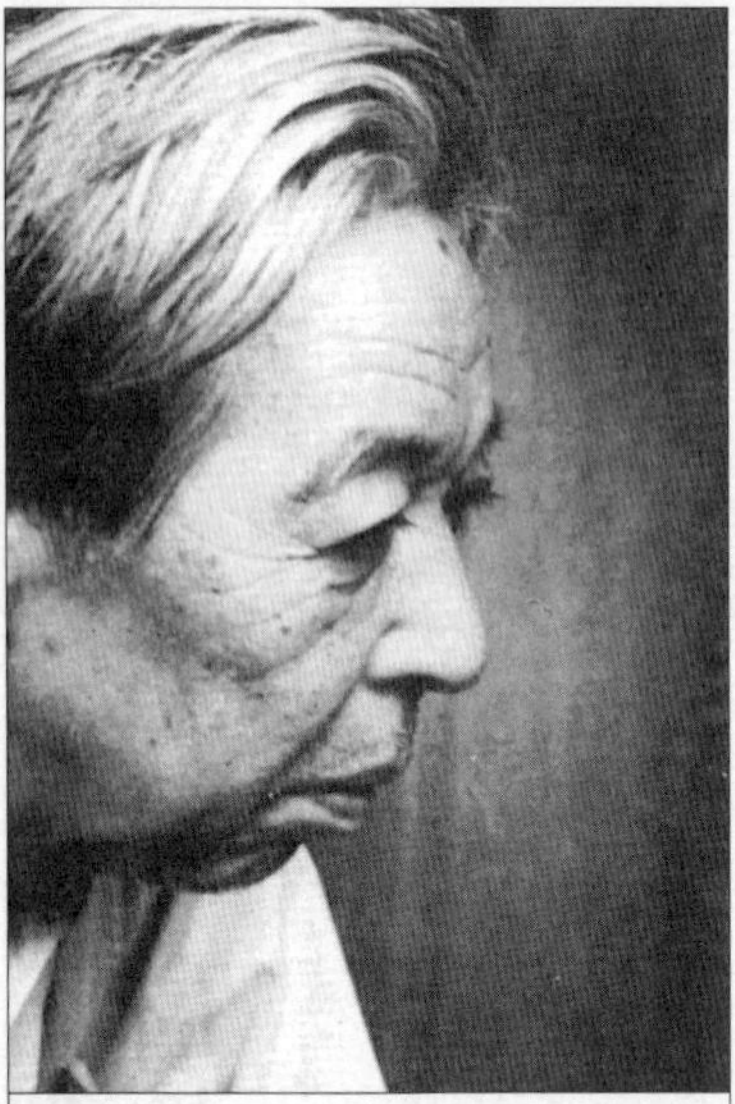

▲唐木順三（1904-80）

「昨日の世界」

ここに描かれた風景や肖像は、すべて昨日の世界であることを私はしみじみ実感している。しかし、人文的教養を失った人間は野蛮人にすぎないと私は確信しており、インターネットの時代、コンピューターの時代にも、ちがった条件、環境の下で、人文的教養は復活するだろうと思う。復活しなければ、人類の未来はないのだから。

教養ある市民層はもろくもナチズムに蹂躙されたではないか、とは西洋史家野田宣雄の呈出したアイロニーだが、蹂躙されても必ず甦り、何回でも自己を主張しつづけるのが、人間の宿命であろう。

その人文的教養の核心は、哲学・史学・文学であるということは、季節はずれの私の信念である。本書は、予定している三部作の第一部であるが、書き終って単なる習作であり覚え書であり、ノートに過ぎないことを痛感する。西田幾太郎について、芭蕉や良寛について、結論的評価を書くまでに至らなかった。書くという作業は、新しい課題を生み出す。新しく生れた思念・理念を、もう少しちがった形で、私自身の思索を深めてみたいと考えている。

（かすや・かずき／評論家）

反時代的思索者

唐木順三とその周辺

粕谷一希

第一章 筑摩書房というドラマ
第二章 京都大学哲学科の物語
第三章 漱石と鷗外
第四章 戦後という空間
第五章 反転―中世へ
第六章 中世的世界の解釈学
第七章 批評と思想の間
第八章 哲学と社会科学
第九章 ふたたび京都学派について
第十章 信 州

四六上製 三二〇頁 二六二五円

マーラー研究の泰斗による古典的文献、待望の全訳

音楽の「意味」の多層性《インターテクスチャリティ》

前島良雄

日本のマーラー受容の危うさ

一九九〇年ごろをピークに、マーラー・ブームといわれるものがあった。コンサートで盛んにとりあげられ、CDは次から次へと新しいものが出され、さらには女性誌までもが、「マーラー特集」などを組んだりした。そのような「ブーム」はいつしか鎮まったが、コンサートのレパートリーとしてほぼ定着したし、また、CDも引き続き、というか、さらに一段と多く、新しいものが出され続けている。

そのような状況の中で、日本語によるマーラー関係の文献もすでにかなりの数のものが出版されている。それらの中には、たいへんすぐれたものもあればそうでないものもあることは言うまでもないことである。

だが、欧米に比べると、コンサートでの演奏頻度の高さやCDの発売量の多さの割には、文献の量が少ない。あまりにも少なすぎると言わざるをえないのではないか。このアンバランスには危ういものがある。

「音楽」というものは、聴いて何かを感じとればそれでいいというものではないか、という素朴な意見は、対象が「クラシック音楽」、それも「マーラーの交響曲」ということになる場合には、やはり正しくないと言わなければならないのであって、知的に理解する必要がある（というのはあまりに大きな問題なのだが、ここで詳しく論じる余裕はないので、反発は覚悟しながら断言するだけにしておこう）。

というわけで、フローロスである。

なぜフローロスか

フローロスのマーラー論は、作曲家の生の中から作品がどのようにして成立してくるのか、そして、その作品にはどのような意味があるのかということを包括的に捉えたものとしては、（強引なところも多々あるのだが）随一と言えるものである。そうであるからこそ、今までに多くの論者によって、断片的・部分的に引用され、言及されてきたのであろう。だが、さかんに引用され、言及されてきているにもかかわら

ず、まとまった著作が日本語で紹介されなかったのはなぜだろうか。

おそらく、フローロスという学者が、普通は「標題音楽」とは考えられていない音楽までも「標題音楽」として捉える人であると思われていて、敬遠されているということが理由の大きな部分を占めているのであろう。

そう。フローロスを通して、あるいはフローロスを参考にしてマーラーの交響曲を聴くということは、マーラーの交響曲を「標題音楽」として聴くということである。このように言うと、不愉快そうな顔をする人がかなりたくさんいる。クラシック音楽愛好家の中には、ある音楽を「標題音楽」として捉えることに対するためらいのようなもの、場合によっては軽蔑のようなものがあるからである。

なぜそんな傾向があるのか。

それは、「標題音楽」という言葉が、まったく誤解され、矮小化されて使われていることに原因がある。

辞書で「標題音楽」を引いてみると、「文学的内容や絵画的描写など、音楽以外の観念や表象と直接に結びついた音楽」というような説明に出会うことになる。要するに、なにかある音楽以外のものを、音楽を使って表現しているのが「標題音楽」であるということである。

そのようなものが「標題音楽」であるのならば、ある音楽を「標題音楽」として捉えるということは、音楽を一義的に音楽以外のものに還元できるものとして捉えるということになってしまう。音楽の絵解きである。なんとつまらない。

だが、「標題音楽」として捉えるということはそんなことではない。そもそも辞書にある「標題音楽」の説明が誤りなのである。

音楽が生成していく、音楽を超えたひとつの世界、その世界を実現している作品の多層性を明らかにしていくこと、それが「標題音楽」として捉えるということなのである。

（まえじま・よしお／音楽評論家）

▲G・マーラー（1860-1911）

各分野の日仏第一級の執筆陣が、ゾラの魅力に迫る！

ゾラの現代性を読み解く

小倉孝誠

ゾラの多様な世界

作家の没後百年という節目に合わせて、二〇〇二年から藤原書店で「ゾラ・セレクション」（全11巻・別巻二）の刊行が始まった。これまで小説七巻とジャーナリスティックな著作一巻が出版され、あとは文学批評、美術評論、書簡集がそれぞれ一巻ずつ残されるのみとなった。そして最後には別巻として、『ゾラ・ハンドブック』が加わることになっている。文字どおり、わが国初の本格的なゾラ著作集である。

それと並行してこの度、日仏の研究者たちの論考を集めた『ゾラの可能性――表象・科学・身体』が刊行される。十五名の著者たちのなかには文学研究者のみならず、歴史家、美術史家、科学哲学史家なども含まれる。専門分野が多岐にわたるというのは、ゾラという作家の射程の広さをよく示している。実際それを反映するかのように、本書に収められた諸論考は、十九世紀フランスが生んだゾラという巨大な作家の多様な世界を照らし出してくれるのだ。

歴史から身体へ

ゾラは十九世紀後半のフランスを、そのあらゆる側面において語り尽くした作家である。当時のフランス社会を特徴づける、あるいは揺るがした諸問題がゾラ作品においてどのように表象されているかが、まず歴史的な視点から総括される（アラン・コルバン、モーリス・アギュロン、工藤庸子）。つづいて、五つのテーマに沿って、ゾラ文学の現代性が具体的に検証されていく。

『ルーゴン＝マッカール叢書』の作者が医学、遺伝学、テクノロジーなど同時代の科学的な知に深く染まっていたことはつとに指摘されてきた。それを単なる影響関係として論じるのではなく、フィクションの世界に転移させつつ、独自のイマージュ体系を築いたゾラの想像力の布置を問うことが可能であろう（アンリ・ミットラン、ジャック・ノワレ、金森修）。医学的な知との関連で重要なのが身体、と

りわけ女性の身体のテーマであり、初期の『テレーズ・ラカン』から最晩年の『豊饒』にいたるまで、ゾラはこの主題に魅せられていた。ジェンダー批評の観点からみて、きわめて興味深い作家なのである（ミシェル・ペロー、小倉孝誠）。

視線の作家

すぐれて「視線の作家」だったゾラは、人、もの、建築物、風景などを描写することに類い稀な才能を示し、絵画や写真に関心をいだき、その作品は二十世紀の映画作家たちにとって特権的な対象となった。その意味で、現代の視覚文化を先取りしていた作家である（稲賀繁美、高山宏、野崎歓）。そのゾラのまなざしをもっとも強く引きつけたもののひとつが都市、とりわけ「十九世紀の首都」パリとその風景だった。ゾラが表象したパリがあるからこそ、現代のわれわれは十九世紀後半のパリをイメージできるのである（朝比奈弘治、宮下志朗）。

▲E・ゾラ（1840–1902）

そして最後に、フランスと日本の例にそくして、ゾラと他の作家たちの、ときには思いがけない照応関係が論じられる。明治期の日本文学に決定的なインパクトをおよぼしたことは、周知のところだろう（荻野アンナ、柏木隆雄）。

以上六つのセクションに分類された諸論考をとおして、読者はあらためて、ゾラという作家の豊かさと現代性を認識できるはずである。

（おぐら・こうせい／慶應義塾大学教授）

ゾラの可能性

表象・科学・身体

小倉孝誠・宮下志朗編

第1章 歴史
歴史家から見たゾラ　A・コルバン
ゾラという名の共和主義者　M・アギュロン
マリアとマリアンヌ　工藤庸子

第2章 科学
自然主義と「モダン・スタイル」　A・ミットラン
ゾラ、機械のイマージュと神話　J・ノワレ
仮想の遺伝学　金森修

第3章 女性
『ルルド』から『真実』まで　M・ペロー
ゾラにおける女・身体・ジェンダー　小倉孝誠

第4章 視覚文化
慧眼と蹉跌　稲賀繁美
百貨と胃袋　高山宏
ゾラの後継者としてのジャン・ルノワール　野崎歓

第5章 都市
記憶のありかをめぐって　朝比奈弘治
ゾラのパリを訪ねて　宮下志朗

第6章 間テクスト性
ゾラの名は、ラブレー　荻野アンナ
ゾラ・紅葉・荷風　柏木隆雄

A5上製　三四四頁　三九九〇円

リレー連載　石牟礼道子というひと　8

天地《あめつち》の間《あわい》

岩岡中正

間《あわい》の人

自分の勝手な思いこみで石牟礼さんの思想について色々と書いたものを本人に差し上げると、「本当にまあ。私はこんなことを考えていたんですか」と心から驚かれる。思想史を専攻しているのだが、研究対象は歴史の彼方の外国の本の中などではなくて、この目の前におられるのだから、こんな素敵なことはない。とはいえ、いつもニコニコと笑っておられる石牟礼さんにお会いすると、私は聞こうと思っていた質問などたいてい忘れてしまうから、もったいない話だ。

石牟礼さんは不思議な方で、目の前に座っておられる本人と、まるでシルエットのようにして魂だけが浮かんで語っておられる姿と、いわば実体と幻影の二重写しに見えるときがある。ときにゆっくりときにもどかしげに話されるのだが、それが一方で現《うつつ》の声として、同時に魂から発して私の魂に伝わる空《くう》なる声として、二重音声で聞こえることがある。作品の印象もそうで、彼岸と此岸《しがん》の間に遊ぶ自由な世界が、何ともいえない魅力なのだ。石牟礼さんは間《あわい》の人である。

早春の頃

今年はいつまでも春寒く、桜の開花の声も聞かない。この頃、花といえば、石牟礼さんの「花を奉るの辞」を思い出すのだが、私はこれが大好きだ。「春風萌すといえども　われら人類の劫塵いまや累《かさ》なりて　三界いわん方なく昏し」にはじまり、「こゝに於いて　われらなお地上にひらく一輪の花の力を念じて合掌す」で終わる。わずか七百字にも足りない願文《がんもん》だが、思い切々として香気ただよい、石牟礼文学のエッセンスのようなものだ。その証拠に、そのつくりといい思いといい、最新作の能「不知火」の原型ではないかとも思われる。この一輪の花こそ、海霊の宮の斎女にして竜神の姫・不知火がわれら人類のために灯す火にほかならない。「花やまた何　亡き人を偲ぶ

よすがを探さんとするに　声に出せぬ胸底の想いあり　そを取りて花となし　み灯りにせんとや願う」。早春の頃、しんと心を鎮めて、ひとり声に出して読むのにふさわしい文章だ。

存在の復権

あるとき、石牟礼さんにとってどんな時が幸福ですかと聞かれて、石牟礼さんが即座にこう答えられたのをはっきり覚えている。それは、私が風になって吹かれているとき、自分が感受性に満ちあふれて宇宙と一体化していると実感しているとき、その時が一番幸福で、私は風にそよぐ雑草の一本として精霊の物語を伝えていきたい、と言われた。

▲石牟礼道子氏（2003 年頃）

　この答えから、まず石牟礼さんにとっての認識とは何かがうかがえる。それは、認識の主体と客体という近代の二元論を超えて、何とか対象と一体になろうとするものだ。それはそもそも「認識」というより、自分が元々、宇宙という全体の一部であることへ回帰しようとする思いのようなものではないか。石牟礼さんにとっての認識とは、渡辺京二さんによれば、客体を分析するような認識ではなく、無数にそよぐアンテナか触手のように全体を「感知」することなのだ。

　つまり、石牟礼さんにとって幸福とは、元々自分がその一部であった全体という「存在」に還ることだ。これを存在の復権と呼べるだろう。近代化が「存在から作為へ」であったとすれば、今日の脱近代化とは「作為から存在へ」立ち戻ることである。私たちは再び存在の根源に立ち戻って存在の絆を回復しなければならない。

　こうして石牟礼さんの幸福観や「存在」への回帰の思いにふれていると、ふと高浜虚子の俳句を思い出した。

　　天地《あめつち》の間《あわい》にほろと時雨かな

　小さな自我が宇宙の彼方へと昇華し、ほろと時雨がこぼれたかと思うと、詩が生まれる。石牟礼さんは、そのような詩と宇宙の物語を、天地の間にあって語り続ける人である。

（いわおか・なかまさ／熊本大学教授）

『〈決定版〉正伝 後藤新平』（全8巻・別巻一）、好評刊行中！

岡松参太郎と後藤新平

春山明哲

台湾旧慣調査と岡松

鶴見祐輔は『正伝・後藤新平③ 台湾時代』で「鯛の目とヒラメの目」をめぐる挿話を二度書いている。はじめは、後藤新平が児玉源太郎総督に台湾統治の方針として「慣習を重んずる」、「生物学の原則」で臨むよう勧めた場面である。もう一ヶ所は、一九〇〇年（明治三十三年）、京都大学の岡松参太郎博士に委嘱して「台湾旧慣調査」を実施したとあるくだりで、後藤の言によれば「比良目の目を鯛の目にすることはできんよ。（略）社会の習慣とか制度とかいうものは、みな相当の理由があって、永い間の必要から生まれてきているものだ。（略）だからわが輩は、台湾を統治するときに、まずこの島の旧慣制度をよく科学的に調査して、その民情に応ずるように政治をしたのだ」とある。しかし、台湾旧慣調査の実像、岡松の事跡や後藤との関係は長く忘れられていた。

新進の民法学者の起用

岡松参太郎は、一八七一年（明治四年）、豊後国高田（現大分市）の儒学者甕谷《ようこく》の三男として生まれた。岡松家は肥後・熊本藩の飛び地である高田の代官職を務める家柄であった。弟の匡四郎《ただしろう》は井上毅の養子となり、のち東京帝大教授、鉄道大臣となっている。一八九四年、参太郎は帝国大学法科大学を首席で卒業し、民法典の公布に合わせて『註釈民法理由』を著した。欧州留学に派遣されて一八九九年に帰朝、新設された京都帝大法科大学の民法学教授に就任した。弱冠二十九歳、新進の法学者であった岡松を、後藤は臨時台湾旧慣調査会の第一部長に起用したのである。

▲台湾時代の後藤新平

『台湾私法』、『清国行政法』など浩瀚な調査報告書は植民地政策資料であり、二十世紀初頭台湾社会の「百科全書」的

▲岡松参太郎(1871-1921)

な記録でもある。後藤の遠大な意図は英国のインド統治をモデルにした「台湾民法典の編纂」にあり、未発に終わった立法構想中に明治憲法改正案が存在していた事は刮目に価する。調査と立法には、岡松をはじめとして織田萬《よろず》（行政法）、石坂音四郎《おとしろう》（民法）ら京都帝大の教授が参加し、大学に事務所も設けられていた。

日露戦争後、満鉄総裁に就任した後藤は岡松を理事に起用し、経営方針、事業計画等の立案、調査部・東亜経済調査局の創設などにあたらせた。一九一三年（大正二年）に京大、翌一四年に満鉄を辞職した岡松は、『無過失損害賠償責任論』など日本民法学史の里程標となる著作に没頭する傍ら、後藤の求めに応じて、「大調査機関設立ノ議」（原敬首相に提示した産業国策機関構想）などの草案を執筆している。一九二一年、山地原住民に関する先駆的研究である大著『台湾番族慣習研究』の刊行を待たず、岡松は五十年の生涯を終えた。

「学俗接近」

岡松参太郎は、学問の自由・大学の自治という京都帝大法学部の精神を体現した法学者であるとともに、後藤新平の国家的経綸のブレーン・スタッフでもあった。

「大風呂敷」後藤新平の本領は、ヴィジョンに基づく「プロジェクト」の立案と実行にあったと思われる。後藤の標語「学俗接近」は、専門家による科学的方法論と経営戦略との緊密な結合を示している。岡松は後藤が書いた「構想メモ」に体系的・論理的な内容と表現を与え、プロジェクト企画書を仕上げたのであった。

岡松家旧蔵の膨大な文書資料は、震災・戦災を奇跡的に生き延び早稲田大学図書館に現存する。岡松文書は後藤文書とともに、近代日本の国家経営を解明するための有数のアーカイブであり、「後藤新平の全仕事」を把握するための屈指の研究資料である。岡松と後藤は、その生涯の行程のみならず、奇しくも資料保存の運命をも共有したのである。

（はるやま・めいてつ／国立国会図書館専門調査員）

〈参考文献〉
春山明哲「明治憲法体制と台湾統治」、『岩波講座 近代日本と植民地4』所収

リレー連載　いのちの叫び　78

愛のアラーム

森繁久彌

七十余年も芝居をやっていると、なかには忘れたい、消してしまいたいこともあるが、又どんなに些細なことでも、決して忘れない感動があるものだ。

＊　＊

九州・久留米で、「佐渡島多吉の生涯」を公演した時のことである。最前列の客席で、一人のうら若い女性が下を向いて居眠っている。俳優たちもみんなこの女性を気にしていた。

やがて芝居が終わり、私たちは客席に向かってご挨拶をした。何ということだ！　拍手を送る彼女の両眼は閉じたまま——全盲の女性であった。私は溢れる涙をこらえた。たまりかねて私は舞台から駆け下りて彼女の前にしゃがみ込むと、美しい手をとり、何度も「ありがとう！　ありがとう！」と礼を言った。

＊　＊

三十三年間、病院の壁に向き合ったままで過ごしたという自閉症の患者さんがいた。

ある日、彼は一枚の新聞広告を医局員に示して、「どうしてもこれを観たい」と懇願した。何と「屋根の上のヴァイオリン弾き」の広告だった。先生と看護師さんが付き添いなら大丈夫だと聞いて、私はこの方（松五郎さんという）を芝居に招待することにした。

当日、久々に外気に触れた松五郎さんはコチコチに緊張していたが目の前に展開される舞台に眼も心も奪われた。やがて小さく手をたたき、目に涙をいっぱい湛えてすっかり劇に引き込まれていった。病院に戻った彼は人が変わった。彼はプログラムを見せて回り、おしゃべりになり、トクトクと芝居を語ったという。自閉症から解放された松五郎さんが、なぜ「屋根の上のヴァイオリン弾き」を観たいと言い出したのか、それは永遠の謎だが——。

＊　＊

私はアメリカの作家、エドワード・オルビーが喝破した「演劇とはアラーム」という一言が忘れられない。演劇は、いつとはなしに陰に隠れてしまった基本的な人間愛を、ふと目の前に引き寄せてくれる。

（もりしげ・ひさや／俳優）

リレー連載　いま「アジア」を観る　29

文化は政治という国境を越える？

小倉和夫

一尺ほどの直径の円い太鼓の拍子に合せ、扇子一本で仕草を加えながら、悲恋や親孝行の物語を数時間に亘って語り、かつ歌うという韓国の芸能、パンソリとよばれる伝統芸能は、その庶民性や感情の起伏をうまく伝える独特の歌い方、或いは歌と語りの絶妙なバランスなどの点で、日本の義太夫と類似したところがある。

そこに注目して、このパンソリと日本の文楽との共同公演を、日韓友情の年である今年の記念公演として日韓両国で開催しようと云う企画がもち上った。

しかし、演目の設定、共演のやり方などを議論しているうちに、お互いの独自の芸術性や伝統を壊さないで、しかも双方の良いところをひきたたせるような共演はできそうにもないことが分った。

そこで、文楽は文楽、パンソリはパンソリとして、同じ日に続いて公演する形で、観客が双方を鑑賞できる形にしようと云うことで日韓の関係者の意見がまとまった。

ところが、いざ具体的な実行段階になると、韓国側の内部で、パンソリは、太鼓を打つ鼓手と歌を歌う歌手の二人しかいないのに対して、文楽は、人形使い、義太夫、三味線と多彩であり、これでは観客から見て韓国のパンソリの方が「見劣り」がすると云う意見が出た。結局伝統的パンソリ公演はとり止めになり、その代わりにパンソリを基にはしているが、伝統楽器の合奏もあり、合唱もあり、舞踊もあると云う、いわばオペラ風の演劇が公演の中身となった。

出演者もややにわか作りの編成となり、第一級のパンソリ歌手は出演しなかった。公演場所も東京三宅坂の国立劇場の大劇場だったため、パンソリ特有のチュイムセ（かけ声。歌舞伎のサクラのようなもの）も無く、オペラ風の演出とあいまって、どこかよそよそしく、見た目にはきれいだが、伝統的なパンソリの味はほとんどなかった。

文化が国境を超える時はややもすると、「政治的」色がつきかねないようだ。

（おぐら・かずお／国際交流基金理事長）

Le Monde

■連載・『ル・モンド』紙から世界を読む　29

トルコの癌　歴史認識

加藤晴久

ドイツ側に付いて第一次大戦に参戦したオスマン・トルコ政府は、国内に住む二〇〇万人のアルメニア人が敵国ロシアと通じていると疑い、この抹殺を決定し、一九一五年四月二四日を期して実行を開始した。十二歳以上の男子は殺害。残る女・子ども、四五歳以上の男はシリアの砂漠とメソポタミア方面へ強制移動。大半はその途上で、あるいは各地の収容所で死んだ。犠牲者の総数は一〇〇万～一五〇万人。これは、英仏米の連合国、ドイツまたトルコの資料によって客観的に裏付けられている歴史的事実である。

共和国建国の父ケマル＝パシャの上からの強権的な近代化路線を引き継いだ「国家の中の国家」軍部と現在のエルドガン政権は、政教分離の問題で対立はあるが、アルメニア人ジェノサイドの史実を認めない点では一致している。このジェノサイド否認は、クルド人問題の存在の否認とキプロス共和国承認の拒否とともに、今のトルコ共和国の礎なのである。

トルコがＮＡＴＯの反共産圏橋頭堡であった時期には欧米諸国はこの問題に目をつぶってきたが、冷戦終了後、アルメニア共和国（人口三二〇万人）とヨーロッパ各地に住む三〇〇万人のアルメニア人の働きかけで、多くの国が次々にジェノサイドの事実を公式に認めている。だが、トルコ政府は、戦時下という文脈で殺戮と移住はあったが、「ジェノサイド」説はデマ、と主張している。

今年二月、「一〇〇万人のアルメニア人と三万人のクルド人がトルコで殺された」と現代トルコ文学の旗手オルハン・パムクがスイスの新聞に語ったと伝わると、官民、マスコミ挙げてのヒステリックな糾弾が始まった。「パムクはトルコのアイデンティティ、トルコ国軍、トルコ全体に対して、根拠のない言明をした情けない輩」だと指弾されている（『ル・モンド』四月十三日、二四／二五日付）。

過去を正面から見つめ、正しく総括し、次の世代に受け継いでいくことができるかどうか。その国の民主主義のレベルを計るメルクマールである、と言うべきか。

（かとう・はるひさ／東京大学名誉教授）

triple ∞ vision 50

心配力――*Giulietta Masina*

吉増剛造

『機』の先月号のこのページの薄さ（インクの？色の？）が、何かの兆（きざ）しか、前兆のようにも思われて、（編集担当の溝尻敬さんとともに……）出来上った『機』（二〇〇五年五月号）を手にして、心配、……心にかかって思いわずらうことの、これも薄い、気層のようなものが、わたくしたちのムネにもひろがってきていて、別世界の渚の朝の潮の香に、身を漬たす、浸されるような気がしていた。こんなときには、心配を、逸《ソ》らせるようにして時折することですが、異国語ではどうだろうかと、伊太利語で「心配」、「気がかり」を引いてみた。すると「*preoccupazione*㊛」という表示があらわれて、一瞬、『道』や『カビリアの夜』の、不安そうなジュリエッタ・マシーナの面《おも》影《かげ》が、柵を叩く音やお皿を摩《さす》る仕草をともなって、顕って来ていて、こうして「心配＝*preoccupazione*㊛」の波の香りも、不図、居所（いどころ）を、見いだしていたのだった。

考えるともなく考えていると、わたくしたちが〝薄さ〟に対する感受性を弱めているのだということよりも、〝心配をする力〟を、どんなかたちによっているのか、どんな他の力によるのか、しかとは名指すことは出来ないものの、「心配力」、「心配をする大きな力」を、少しづつ喪（うし）ないつつあることに気がつく。その女の心の大きな影が、ジュリエッタ・マシーナの面影の傍（かたわ）らに現われてきたのは、ほぼ確実だと思いますが、いかがでしょう?

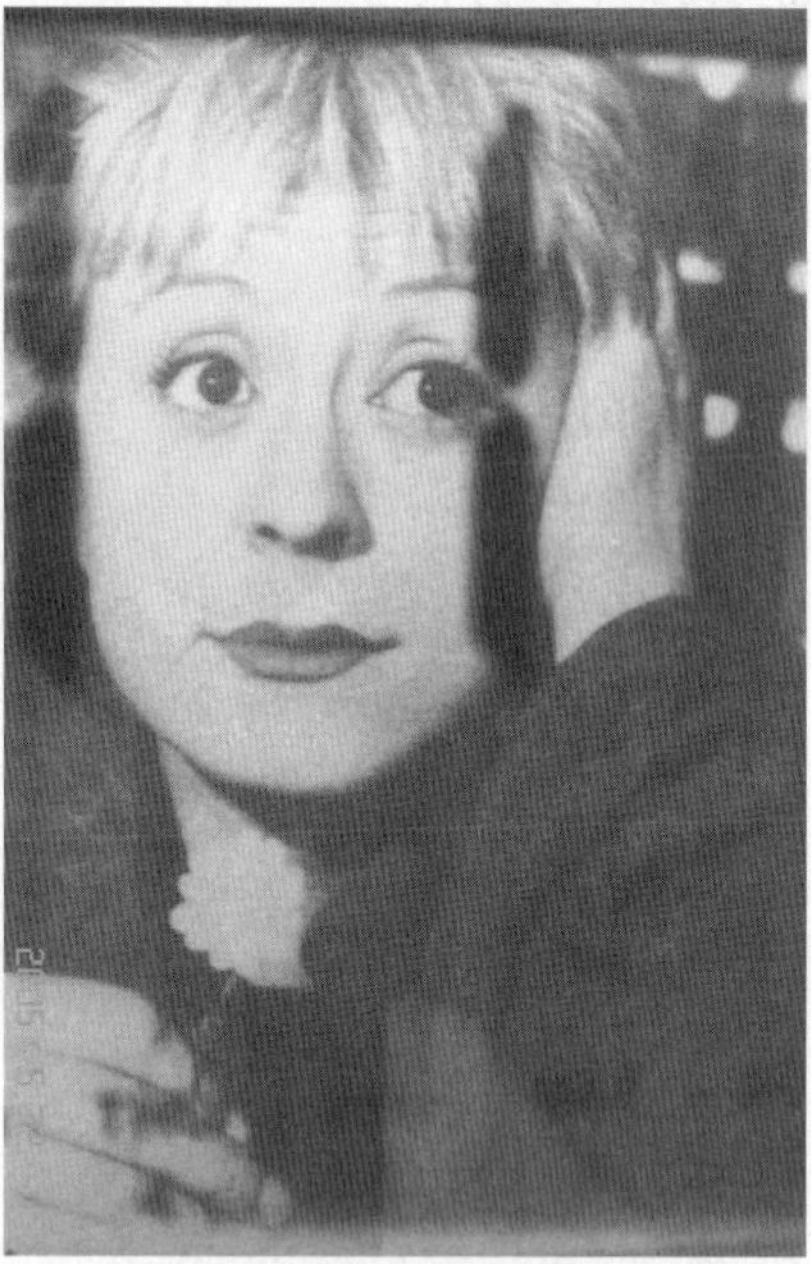

想像はさらにすすんで、ジュリエッタが「*preoccupazione*《プレオキュパティオーネ》」と、ゆっくりと小声で、少し俯きながら発語するシーンを想像しながら、そこから始まる映画の道を、わたくしは自然に、自（おのづ）から考えていたらしい。伊太利映画のもたらした恵みをも、わたくしもまた、わたくしの身体に再発掘をしているのかもしれなかったし、遠い地母神の声に耳を傾けていたのかもしれなかった。（予定していた写真をすてて……）大急ぎで彼女の瞳と瞳の回（まわ）りの空気を求める〝小さな旅〟にでた。『カビリアの夜』『道』を、ＤＶＤでさがしたが、（二〇〇五年五月二十二日、日曜日、朝、*fiasco* 東雲（しののめ）の）十分程の〝小さな旅〟では、出逢うことは不可能かと思った瞬間に、ジュリエッタ・マシーナの〝潤んだ眼の手〟が、*CD*本にあらわれてきて、その刹那に、〝*Thank you everybody*〟と、イタリア訛りの彼女の声が、本のページ上に、あざやかに蘇っていた。

（よします・ごうぞう／詩人）

連載　思いこもる人々　51

うしろ髪引かれる太郎梅
今も「南風」書を見て思う

鶴見太郎氏

岡部伊都子

久しぶりに来て下さった女性が、私の仕事部屋にひろげている「南風」と書かれた半紙に、「五年　鶴見太郎」と記されているのを見て、「まあ、うちの娘は早稲田大学に行ってるんですよ。鶴見先生に学んでいるのを喜んでいました。小学校五年生の時、何といい字を書かれたものですね。」と、讃嘆の声を放たれました。ほんと、いい書です。

この間、小著『玉ゆらめく』を鶴見太郎氏にお贈りしたところ、

――勾玉がどうしてああいう形になったのか。それは「牙玉」からではないかといわれて、思いついたのが「玉牙」という言葉である。――

と書いているのに共感のおハガキを下さったのを思いだしました。

日本史学専修の講師、もう三十九歳の太郎先生を心に思う時、つい「太郎ちゃん」とおよびしてしまいます。

鶴見俊輔先生と貞子先生のひとり子でいらっしゃる坊や、お小さかった頃からすぐれて賢明であったのを思い出してしまうのです。

この書もいただいて嬉しくて「太郎ちゃん墨蹟・南風」と書いた大封筒に入れて保存していたのを、転居の荷の中から見つけて机上に飾っていたのでした。「五年」と記された「南風」、品格ある書。この南風の意味はどういうことだったのでしょうか。

「ミナミカゼ」、「ナンプウ」、「ハエ」と、いろんな読み方があります。その時いらした場の影響もあるでしょう。南風には、春の気配があるのかもしれませんね。

この二月、転居する前の三十年近く住んでいた家には庭があり、四季の草木が豊かでした。門から玄関までの間にある石燈籠のそばに何か一本の木を植えたくて、「何がいいでしょうね」と少年太郎さんにおたずねすると、「梅がいいよ」と言われました。梅がお好き……。

早速、白梅を植えて「太郎梅」と名づけ、花の咲く日を待ちつづけました。梅一輪咲き始める早春の感動は、寒明ける喜び、香りと共に忘れられません。

そして年々木も逞しくなってゆき、花も増し、今年も蕾豊かに咲こうとしていましたのに、その庭を離れて、小さなマンションへ移りました。ここにはお土がありませんのよ。

（おかべ・いっこ／随筆家）

連載　帰林閑話　128

粛々

一海知義

「粛々《しゅくしゅく》」という言葉を聞いて、私たちがまず思い出すのは、頼山陽《らいさんよう》が川中島の合戦を詠じた次の詩句である。

　鞭声粛々　夜　河を過《わた》る

ところが最近、といってもうかなり前からだが、政府与党の政治家たちが、この言葉を愛用している。

「いろいろと問題はあろうが、この法案は粛々と通していただかねばなりません」。

　この語、たとえば『広辞苑』を引いてみると、

　①つつしむさま。②静かにひっそりとしたさま。③ひきしまったさま。④おごそかなさま。

と説明している。

　政治家が、「法案を粛々と通す」というのは、この①〜④のうち、どれにあたるのだろうか。

　ところでこの言葉の最も早い用例は、もちろん山陽の詩句でなく、中国最古の詩集『詩経』にすでに見え、その古注に、「敬《つつし》むなり」とか「疾《すみや》かなさま」などという。

　「敬むなり」というのは、先の①つつしむさま。③ひきしまったさま。④おごそかなさま。というのに当るだろう。保守党政治家たちが法案を「粛々と通す」というのは、彼らのつもりとしては「厳粛に通す」と言いたいのだろう。

　しかしどうも胡散臭い。真意は、反対なしの「静かにひっそりとした」環境で、ということにあるのではないか。

　精神病理学の野田正彰《まさあき》教授は、少年が突然人を刺し殺すこの頃の世相の背景にあるものについて、「政治家がまともに議論もせずものごとを決めることを『粛々と』と表現するようなおとな文化の反映ともいえる」と言っている（『しんぶん赤旗』〇五・二・二六）。

　問答無用、対話無視ということだろう。

　そういえば山陽の「鞭声粛々」も、上杉謙信の軍勢が突然闇討ちをかける時の描写であった。法案も、討論無用、疾《すみや》かに通せ、ということか。

（いっかい・ともよし／神戸大学名誉教授）

（道教思想が反映された龍山寺の屋根／台湾、台北）

連載・GATI 66

中国建築の屋根はなぜ反っているのか

―― 棟飾りに躍動する龍や鳳凰が天と照応する／「飛翔」考⑯ ――

久田博幸
（スピリチュアル・フォトグラファー）

伝統的な中国式の屋根工法は道教の神仙思想を体現している。鳥の翼のような反《そ》り屋根が「天」と交触し、長寿ご利益《りやく》に与《あずか》るのだという。屋根を支える軒垂木《のきたるき》に角材と丸材を重ねる「二重垂《たる》木《き》」にも道教宇宙観の「天円地方《てんえんちほう》」思想が施され、しかも易の「地天泰《ちてんたい》」なる卦《け》が天地を強く引き付け合い、この世の不易安泰を祈念しているともいう。

中国の棟《むね》飾りは元来、春秋戦国時代末頃から唐代の半ばにかけて鳥形が主流だった。晋代の初め頃から台頭してきたのが名古屋城の金の鯱《しゃちほこ》の原型となる鴟尾《しび》瓦《かわら》である。この鴟尾《しび》や鴟《とび》には悪鳥という説も含め諸説がある。鴟尾《しび》瓦《かわら》は我が国の東大寺などの寺院建築にも踏襲された。やがて仏教伝播に伴い、鴟《し》尾《び》はインドの神話獣「摩迦羅《マカラ》」（鯱《しゃち》の尾を持つ）に代わられた。「鴟《とび》から鯱《しゃちほこ》」へ、つまり鳥から魚への変容は道教思想から仏教思想への変容でもある。

屋根工法を大別すると、「反《そ》り屋根」、「起《むく》り屋根」、「（両者の）折衷型」とがある。雨水を一気に流す放物線状の「反り」や逆に雨水を優しく受けとめる「起《むく》り」など、匠《たくみ》の知恵が駆使されている。

五月新刊

われわれにとって子守唄とは何だろう?

別冊『環』⑩
子守唄よ、甦れ

〈巻頭詩〉子もりうた　松永伍一
〈座談会〉子守唄は「いのちの讃歌」　松永伍一＋市川森一＋西舘好子
【子守唄とは何か】尾原昭夫／真鍋昌弘／鵜野祐介／原荘介／林友男／吹浦忠正／北村薫／佐藤四郎／宮﨑和子
【子守唄はいのちの讃歌】松永伍一／上笙一郎／もず唱平／加茂行昭／三好京三／小林輝冶／藤田正／村上雅通／もり・けん
【子守唄の現在と未来】小林登／羽仁協子＋長谷川勝子／小林美智子／中川志郎／西舘好子／ペマ・ギャルポ／春山ゆふ／ミネハハ＋新井信介／赤枝恒雄／高橋世織／菅原三記／斎藤寿孝
【附】全国子守唄分布表(県別)
菊大判　二五六頁　二三一〇円

日韓友情年記念出版!
「アジア」の渚で
日韓詩人の対話
高銀・吉増剛造
[序]姜尚中

民主化と統一に生涯を懸け、半島の運命を全身に背負う「韓国最高の詩人」、高銀。日本語の臨界で、現代における詩の運命を孤高に背負う「詩人の中の詩人」、吉増剛造。半島と列島をつなぐ「言葉の架け橋」。「海の広場」に描かれる「東北アジア」の未来。

四六変上製　二四八頁　二三一〇円

二十世紀最高の歴史家の方法論を集成
歴史学の野心
F・ブローデル／浜名優美監訳

捕虜収容所時代のノートや「長期持続」などの名高い論文の数々、未完の大著『フランス史』の遺稿など、ブローデル歴史学の理論的核心をなすテキスト群を完訳。

A5上製　六五六頁　六〇九〇円

大空への欲望——その光と闇
飛行の夢 1783-1945
熱気球から原爆投下まで
和田博文
写真・図版三二〇点

飛行への熱狂、芸術の革新、空からの世界分割、原爆投下、そして現代。モダニズムが追い求めた夢の軌跡を、数多の言説の中にたどり、貴重な図版を駆使して描く決定版!

A5上製　四〇八頁　四四一〇円

確とした自我をもって生きた女たち
〈岡部伊都子作品選・美と巡礼〉(全五巻)
女人の京
完結!

日本初の留学尼僧・善信尼、恋に生きた独身の帝王・称徳天皇、美貌と気品と才華の名妓・吉野大夫、池大雅の陰に秘かに画才を咲かせた池玉瀾……歴史にしっかりと足跡をつけてきた古代から近世の女たち。

[解説]道浦母都子
四六上製　二四〇頁　二五二〇円

「夢が本当でなからんば、何が本当か。」
〈石牟礼道子全集・不知火〉(全17巻・別巻一)
12 天湖ほか
エッセイ 1994
[第7回配本]

「私は、色と音の溢れるこの小説を、天を見上げるようにただただ見上げていたい。」(町田康氏評)

[解説]町田 康
月報 磯崎新・大倉正之助
岩岡中正・嘉田由紀子
A5上製貼函入　五二〇頁　八九二五円

読者の声

ゴッホはなぜゴッホになったか■

▼私はゴッホ崇拝というものを否定するものではないが、なぜゴッホなのかということを考えると、ゴッホの絵に対する取り憑かれたような情熱が、十年という短い時間の中で、雑念を入れない感情の高ぶりを、かくす事なくすなおに表現され、作品を休むことなく次々と完成させた者に神が与えたごほうびである。自らの命を断ったのは残念。

（東京　自営業　**戸國盛弘**　68歳）

聖地アッシジの対話■

▼私は仏教徒です。そして我が家の出自は和歌山県栖原で、明恵上人由縁の施無畏寺では、江戸から東京へと脈々三百年引続き檀徒です。かかる状況のため、明恵上人を格別尊崇しているひとりであり、今般河合氏とピタウ大司教の対話を強い関心をもって読了しました。対話から得難い教えを受け、感銘深いものがあります。尚、本書の諸処にある〝コメント〟は要領よく記述されておりますが、十九編の〝コラム〟はなかなか得難い解説で、理解の助けになったことを特記しておきます。

（東京　**小澤雄次**　89歳）

〈岡部伊都子作品選・美と巡礼〉玉ゆらめく■

▼『岡部伊都子作品選・美と巡礼』を全巻申込み、それぞれの作品に年代を超えて感動を与えていただき感謝しています。戦後六十年、学徒動員で終戦を迎え、原体験を通して平和、戦争のテーマを人間の業としてある時は勇気を出し、挫折感のはざまで生きてきたようです。改めて『作品選』を手にして真実に生きるすごさを感じます。『玉ゆらめく』解説者の佐高信さんの解説文はマイノリティーに対する実感の文章です。十数年前私が国体で講演いただいた時と変わらない姿勢に脱帽します。

（京都　**古田光秋**　77歳）

〈岡部伊都子作品選・美と巡礼〉古都ひとり■

▼八六年に、岡部先生に出版社を通して手紙をお送りして以来、折に触れてご指導を賜っています。認知症の姑が逝った直後から始まった夫の妄想が原因の離婚調停が不調で裁判になり、裁判も生活も行き詰まり、こどもたちと話し合うことさえできなかったとき、思いのたけを出版社へ送ったのでした。美しい和紙にしたためられたお心籠るお手紙が、ご署名入りの『紅のちから』といっしょに届いて涙いたしました。「ゆくゆくは文章を書きたいけれど先生のご本の文章に打ちのめされて自信を失った」などとも書いた私に、先生は親しく優しく、励ましとお教えを賜りました。裁判は八九年に高裁勝訴判決確定。第二の人生は十六年目、これまでに拙いながら三冊を出版、今なおご指導を頂いております。この度の『岡部伊都子作品選・美と巡礼』では、先生の「今」にお会いできましたことがことさら嬉しく、ときには音読を交えながら深い味わいに浸りました。またも先生の文章に打ちのめされて、七十四歳はまだ精進のときありと自分に言い聞かせております。

（東京　執筆業　**梅井妙子**　74歳）

環16号〈特集・「食」とは何か〉■

▼希にみる良書であると思う。何故なら、ヒトを含む生き物達が健康を維持するには、授けられた食性に従う事だからである。この本が日本人の健康回復への一助になればと思う。

（鹿児島　農業　**前田勇二**　46歳）

音霊の詩人■

▼とても良い書籍で、ＣＤもとって

も良い。又より良い出版物を期待しています。書籍は外国生活の苦悩など詳しく書かれており、とても良かった。CDも奥深く、心の底に伝わる響きに感激しました。
（神奈川　会社員　加藤勝　61歳）

※みなさまのご感想・お便りをお待ちしています。お気軽に小社「読者の声」係まで、お送り下さい。掲載の方には粗品を進呈いたします。

書評日誌（四・一～四・三〇）

(書) 書評　(紹) 紹介　(記) 関連記事
(TV) 紹介、インタビュー

四・一　(書) 週刊読書人「資本主義vs資本主義」（「学術思想」／「経済に関する『誤診』を正す」／「諸理論の基礎および公準のうちに」／高橋洋児）
(紹) 毎日新聞（東京本社版夕刊／四・一五大阪本社版夕刊）「老年礼賛」「しゅうりりえんえん」「鶴見和子・短歌百選」「藤原映像ライブラリー」（「鶴見氏・岡部氏の対話」／「臨場感たっぷりに」／「ＤＶＤ『老年礼賛』発売」／重里徹也）

四・四　(紹) 朝日新聞（夕刊）「老年礼賛」「藤原映像ライブラリー」（「窓」／「『いい顔』を見た」／越村佳代子）

四・五　(記) 読売新聞（夕刊）「絆」（「絆　歌手生活四〇周年記念 加藤登紀子展」）

四・七　(紹) 東京新聞（夕刊）「聖地アッシジの対話」（「今週の本棚」／「大人の対話」）

四・八　(書) 週刊朝日「魔の沼」（「才能と情熱と努力のあとを感じる名作」／「失われてはならないことばがここにある」／荒川洋治）

四・九～一七　(書) 共同通信配信「ゴッホはなぜゴッホになったか」（「新刊紹介」）

四・一〇　(紹) 東京・中日新聞「岡部伊都子作品選・美と巡礼」「古都ひとり」「かなしむ言葉」「美のうらみ」「女人の京」「玉ゆらめく」「まごころ」（「出版情報」）

四・一一　(紹) 京都新聞「世界で一番美しい愛の歴史」（「ブック・サイト」／「土地と一族の歴史を語る」／与那原恵）

四・一二　(記) 朝日新聞（夕刊）「絆」（「獄中の夫　結んだ一四一通」／「学生運動・出産・歌……」／「加藤登紀子さん往復書簡を出版」／北野隆一）
(紹) 読売新聞（夕刊）「絆」（「トレンド館」）

四・一六　(書) 週刊東洋経済「資本主義vs資本主義」（「ブックレビュー」／「他理論との比較からレギュラシオン理論を再構築する試み」／奥村宏）

四・一七　(書) 日本経済新聞「中世とは何か」（「泰斗が語る『文明』の光と影」）

四・一九　(紹) 福井新聞「『作品』として読む　古事記講義」（「ｂｕｎｋａ」／「山田元仁愛女子短大助教授」／「古事記に文学的魅力」／「講義内容を一冊に」）

四・二二　(書) 日本経済新聞「ゴッホはなぜゴッホになったか」（「礼賛のシステム精緻に分析」／馬淵明子）

四・二三～二四　(書) 共同通信配信「絆」（「革命家と歌手の愛の書簡」／久間十義）

四・二四　(書) 読売新聞「中世とは何か」（「従来の歴史像に修正迫る」／神崎繁）

四・二七　(紹) 東京新聞「ゴッホはなぜゴッホになったか」（「ゴッホ神話を考える――聖人崇拝と罪障感」／三浦篤）

四・三〇　(紹) 産経新聞「中世とは何か」（「書店員のオススメ」／深谷保之）

七月新刊

戦後の日本の形を作った七年間の真実

環 学芸総合誌・季刊 【歴史・環境・文明】 Vol. 22

【特集】占領か解放か——占領期再考

五百籏頭眞／伊藤隆／入江昭／小倉和夫／中馬清福／御厨貴／楠綾子／三輪芳朗＋ラムザイヤー／杉山章子／粕谷一希／川崎賢子／佐藤一／大塚英志／鈴木猛夫／山本武利／有山輝雄／川島真／塩澤実信／谷川建司／ブランドン

〈小特集・知識人は敗戦と占領をどう受け止めたか〉吉田茂（保阪正康）／折口信夫（小林覚）／保田與重郎（渡辺京二）／柳田國男（鶴見太郎）／津田左右吉（鈴木瑞枝）／高山岩男（岡田明憲）／徳富蘇峰（杉原志啓）／高群逸枝（河野信子）／笠信太郎（高成田享）／和辻哲郎（粕谷一希）／緒方竹虎（栗田直樹）／重光葵（武田知己）／笹川良一（御厨貴）／女性たち（尾形明子）

〈追悼 A・G・フランク〉籠谷直人／勝俣誠／川勝平太／杉原薫／西川潤／濱下武志／本多健吉／武者小路公秀／山下範久

〈竹内浩三、遺稿新発見！〉小林察／稲泉連／よしだみどり

〈緊急特集・中国反日デモの真相〉金子秀敏／国分良成／藤原秀人／馮昭奎／孫秀萍／王敏／三田剛史

〈連載〉鶴見和子／榊原英資／子安宣邦／石牟礼道子

「文学」はいつ誕生したのか？

作家の誕生

A・ヴィアラ

塩川徹也監訳

辻部大介・辻部亮子・久保田剛史・小西英則・千川哲生・永井典克訳

アカデミー、国家メセナ、作家の権利と検閲などに関する詳細な分析から、十七世紀フランスにおける「文学場」の成立を初めて捉えた名著。「文学」や「作家」という存在を自明視させる構造そのものを、ブルデュー的手法によって鮮やかに明かす。

十五歳からの竹内浩三の詩才が爆発

竹内浩三詩画集 まんがのよろづや

［色・構成］よしだみどり

一九四五年、比島で若い命を散らした「天性の詩人」竹内浩三。十五歳のみずみずしい感性で描いた「まんが」や詩を、**オールカラー**で再構成。竹内の漫画が、本書で初めて楽しめる！

「開かれた曼荼羅」を求めて

曼荼羅とは何か

頼富本宏×鶴見和子

南方熊楠の思想を「曼荼羅」として読み解いた鶴見和子と、密教学の第一人者・頼富本宏。数の論理、力の論理を超え、異文化の共生を尊ぶ「曼荼羅の思想」の可能性に向け徹底討論。

女性の愛に導かれ成長する青年の物語

〈ジョルジュ・サンド セレクション〉（全9巻・別巻一）

1 モープラ——絶対なる愛

小倉和子訳＝解説

山賊に成り下がった小領主モープラ一族のベルナール。無教養な野獣も同然の彼が、強くて優しい女性の愛に導かれ成長してゆく。［第4回配本］

日本全土のインフラを整備

決定版 正伝 後藤新平

内容見本呈（全8分冊・別巻一）

鶴見祐輔 一海知義・校訂

5 第二次桂内閣時代 一九〇八～一六年

逓相兼初代鉄道院総裁として初入閣。鉄道・郵便・電話・電信・海運など近代日本のネットワークを構築。

八月新刊

「男爵いも」生みの親の秘められた悲恋

サムライに恋した英国娘

男爵いも、川田龍吉への恋文

伊丹政太郎＋A・コビング

維新動乱の土佐に生まれ、明治初頭の英国で造船を学んだ川田龍吉。その頃、彼と恋に落ちた英国女性からの八十通の恋文が、龍吉の没後に発見された。生涯密かに保管された手紙から見える、もう一つの『舞姫』の悲恋。

猪飼野から人間存在の底を見つめる

金時鐘詩集

猪飼野／光州詩片

［解説対談］鶴見俊輔×金時鐘

七三年二月を期して消滅した大阪の在日朝鮮人集落「猪飼野」をめぐる連作詩『猪飼野詩集』、八〇年五月の光州事件を悼む激情の詩集『光州詩片』――在日朝鮮人である詩人が「支配者の言語」で綴った、日本国、日本語への報復の詩集。

中国語と日本語を学ぶあなたへ

〈中国語対訳〉

シカの白ちゃん

岡部伊都子・作
李広宏・訳

CD付

ひたいに白い花かんむりのような毛をはやした奈良公園の人気者、シカの「白ちゃん」。一生にたった一頭の子ジカを生んだだけの、せつない白ちゃんの愛のものがたりを、中国語と日本語対訳で構成。

写真多数

石牟礼文学の頂点

〈石牟礼道子全集・不知火〉（全17巻・別巻一）

11 水はみどろの宮ほか

エッセイ1988–1993

「私たちの生命というものは、遠い原初の呼び声に耳をすまし、未来にむけてそのメッセージを送るためにある。お互いは孤立した近代人ではなく、吹く風も流れる水も、草のささやきも、光の糸のような絆をつないでくれているのだ……」（石牟礼道子）

［解説］伊藤比呂美　［第8回配本］

6月の新刊

タイトルは仮題

サルトルの世紀 ＊
B-H・レヴィ／石崎晴己監訳
四六上製　九一二頁　**五七七五円**

世紀の恋人 ＊
ボーヴォワールとサルトル
C・セール=モンテーユ
門田眞知子・南知子訳
四六上製　三五二頁　**二五二〇円**

反時代的思索者 ＊
唐木順三とその周辺
粕谷一希
四六上製　三二〇頁　**二六二五円**

マーラー 交響曲のすべて ＊
C・フローロス／前島良雄・前島真理訳
A5上製　四八八頁　**九二四〇円**

ゾラの可能性——表象・科学・身体 ＊
小倉孝誠・宮下志朗編
A5上製　三四四頁　**三九九〇円**

近刊

学芸総合誌・季刊
『環　歴史・環境・文明』㉒ 05・夏号 ＊
〈特集・占領か解放か——占領期再考〉

作家の誕生 ＊
A・ヴィアラ／塩川徹也監訳

曼荼羅とは何か ＊
頼富本宏×鶴見和子

『〈決定版〉正伝・後藤新平』（全8分冊・別巻一）
5 第二次桂内閣時代 一九〇八〜一六年 ＊
鶴見祐輔／校訂・一海知義

竹内浩三詩画集 まんがのよろづや ＊
［色・構成］よしだみどり
全カラー版

〈ジョルジュ・サンドセレクション〉1（全9巻別巻一）
モープラ——絶対なる愛 ＊
小倉和子訳=解説　［第4回配本］

サムライに恋した英国娘 ＊
男爵いも、川田龍吉への恋文
伊丹政太郎／A・コビング

金時鐘詩集 ＊
猪飼野／光州詩片
［解説対談］鶴見俊輔×金時鐘
CD付

〈中国語対訳〉
シカの白ちゃん ＊
岡部伊都子作・李広宏訳

〈石牟礼道子全集 不知火〉11（全17巻・別巻一）
水はみどろの宮 ほか ＊
エッセイ 1988-1993
［解説］伊藤比呂美　［第8回配本］

5月の新刊

歴史学の野心 ＊
F・ブローデル／浜名優美監訳
A5上製　六五六頁　**六〇九〇円**

「アジア」の渚で——日韓詩人の対話 ＊
高銀＋吉増剛造
四六変上製　二四八頁　**二三一〇円**

別冊『環』⑩
子守唄よ、甦れ ＊
松永伍一＋市川森一＋西舘好子他
菊大判　二五六頁　**二三一〇円**

飛行の夢——熱気球から原爆投下まで ＊
和田博文
A5上製　四〇八頁　**四四一〇円**
カラー口絵四頁　写真多数

〈岡部伊都子作品選・美と巡礼〉（全五巻）
女人の京 ＊
岡部伊都子　［解説］道浦母都子
四六上製　二四〇頁（口絵二頁）　**二五二〇円**
完結

〈石牟礼道子全集 不知火〉12（全17巻・別巻一）
天湖 ほか　エッセイ 1994 ＊
［解説］町田康　［第7回配本］
A5上製布クロス装貼函入　五二〇頁
口絵・月報付　**八九二五円**

好評既刊書

学芸総合誌・季刊
『環　歴史・環境・文明』㉑ 05・春号
〈特集・いま、日本外交はどうあるべきか〉
菊大判　三〇四頁　**二九四〇円**

『〈決定版〉正伝・後藤新平』（全8分冊・別巻一）
4 満鉄時代 一九〇六〜〇八年
鶴見祐輔／校訂・一海知義
四六変上製　六七二頁　**六五一〇円**

＊の商品は今号に紹介記事を掲載しております。併せてご覧戴ければ幸いです。

書店様へ

▼いつもお世話になっています。▼ル=ゴフ『**中世とは何か**』忽ち四刷。一時的に品切となりご迷惑をおかけしました。全国各店で好調な売行が持続しています。引き続き積極的なご販売を。▼加藤登紀子さんの『**絆**』、登紀子さんの歌手生活四〇周年コンサート全国ツアーが始まり、共同配信の書評とともに各紙誌・テレビなどで紹介が相次いでおります。7月までの全国ツアー、まだまだ話題が続きます。▼今月、サルトル生誕一〇〇年です。原書刊行時から日本でも紹介が相次ぎ、翻訳が長く待望されていたB-H・レヴィ『**サルトルの世紀**』を刊行。本書を中心に、同時刊『**世紀の恋人——ボーヴォワールとサルトル**』もあわせ、**〈サルトル・フェア〉**を是非。フェアリストご用意しております。ご請求下さい。（営業部）

『子守唄よ、甦れ』出版記念

現代人にとって「子守唄」とは何なのか？

〈シンポジウム〉子守唄よ、甦れ

第一部　シンポジウム　（五〇音順）

赤枝恒雄（赤枝六本木診療所院長）
市川森一（脚本家）
小林 登（子どもの虹情報研修センター長）
中川志郎（（財）日本動物愛護協会理事長）
羽仁協子（音楽家）
藤村志保（女優）
松永伍一（詩人）
〈司会〉**西舘好子**（日本子守唄協会代表）

第二部　日本の子守唄の旅
原荘介／川口京子／長谷川芙佐子

（日時）二〇〇五年七月十六日（土）午後二時～（開場・一時半）
（場所）青山ダイヤモンドホール
（参加費）三〇〇〇円
（主催）NPO法人・日本子守唄協会
（提携）藤原書店　**（協賛）**㈱栄光
（後援）文化庁／厚生労働省／日本放送協会（予定）／共同通信社／子どもの虹情報研修センター／（財）こども未来財団／（社）日本民族音楽協会
＊お問合せ・お申込は藤原書店まで。

「後藤新平の会」創立記念

昨秋より刊行が開始された「後藤新平の全仕事」。その後藤に関心をもつ人々が出会える〝場〟として、「後藤新平の会」を創立する。後藤新平の仕事を正しく理解してゆくための研究会活動や、後藤新平の精神を、現代及び未来を生きる我々が継承してゆくための〝場〟にしたい。

〈シンポジウム〉21世紀と後藤新平 ——人材登用と世界戦略

〈パネリスト〉（五〇音順）
苅部 直（東京大学助教授）
下河辺淳（元国土事務次官・NIRA理事長）
増田寛也（岩手県知事）
森まゆみ（作家）
〈司会〉**御厨 貴**（東京大学教授）

（日時）二〇〇五年七月二十三日（土）午後一時半～（開場午後一時）
（場所）プレスセンター10階・ABCホール
（参加費）二〇〇〇円
＊お問合せ・お申込は藤原書店まで。

出版随想

▼五月下旬、朝鮮半島から一陣の風が吹いた。五日間の慌ただしい滞日だったが、昨日、風のようにどこかへ去っていった。韓国を代表する詩人、高銀《コウン》だ。
▼日本統治下の韓国で生まれ、道で拾ったハンセン病患者の詩集を読んで、稲妻が走る。祖国の分裂、朝鮮戦争時の同じ民族同士の憎悪、殺戮で精神錯乱に。出家するも、幻滅し還俗。何度も自殺未遂を繰り返す。民主化運動の先頭に立ち、幾度もの投獄・拷問を体験。二〇〇〇年、南北首脳会談に同行、両首脳の前で「大同江のほとりで」という即興詩を詠む。「……何のためここに来ているか／何のためここに来て帰って行くか／民族には必ず明日がある／……ああこの出会いこそ／この出会いのためここまで来た／……」
▼三日間、熊本で石牟礼道子さんとゆったりと対話をしていただいた。特にテーマも決めずそれぞれの体験を踏まえた身近な話、それがいつのまにか時空を超えた壮大な叙事詩に変わってゆく。不知火海と東海《トンヘ》を舞台に話はどんどん広がり深まり、「海は受胎の場です」と石牟礼さん。それを聴いた高銀さんの躰は突然舞い上がり、一身（心）同体となって二人の話は続く。こんな元気が出る対話は、前代未聞の体験。お二人に深謝。（亮）